Denmark Norway Sweden Finland

0　100　200　300　400km

主要鉄道
主要道路
主要航路

ノールカップ（P.284）
Nordkapp
マーゲロイ島
Magerøya
ホニングスヴォーグ（P.283）
Honningsvåg
ハンメルフェスト
Hammerfest
ヴァルドー
Vardø
ヴァドソー
Vadsø
ウツヨキ
Utsjoki
ヒルケネス（P.290）
Kirkenes
ラクセルブ
Lakselv
アルタ
Alta（P.286）
（P.278）トロムソ
Tromsø
アンデネス
Andenes
カラショーク
Karasjok
（P.288）
イナリ湖
Inarijärvi
イナリ
Inari
イヴァロ
Ivalo
カウトケイノ
Kautokeino
サーリセルカ
（P.527）Saariselkä
エヴェネス
Evenes
エノンテキオ
Enontekiö
タンカヴァーラ
Tankavaara
ナルヴィーク
Narvik
（P.271）
アビスコ
Abisko
（P.406）
（P.530）
レヴィ
Levi
ラップランド地方
キールナ
Kiruna
（P.402）
リッツェム
Ritsem
キッティラ
Kittilä
ソダンキュラ
Sodankylä
ラポーニア地域
ストーラ・ショーファレット
Stora Sjöfallets
コラリ
Kolari
ファウスケ
Fauske
イェリヴァーレ
Gällivare（P.409）
ケミヤルヴィ
Kemijärvi
ロヴァニエミ
Rovaniemi
（P.521）
（P.520）
ルカ
Ruka
モ・イ・ラーナ
Mo i Rana
ヨックモック
Jokkmokk
トルニオ
Tornio
クーサモ
Kuusamo
（P.520）
サンドネショエン
Sandnessjøen
ラヌア
Ranua
モショエン
Mosjøen
ボーデン
Boden
ハパランダ
Haparanda
ケミ
Kemi
Arvidsjaur
ルーレオ
Luleå（P.410）
オウル
Oulu（P.518）

フィヨルド地方

モルデ
Molde
ガイランゲルフィヨルド P.248
オーレスン
Ålesund
オンダルスネス
Åndalsnes
ガイランゲルフィヨルド
Geirangerfjord
ヘレシルト
Hellesylt
ガイランゲル
Geiranger
ノールフィヨルド P.250
ストリーン
Stryn
ノールフィヨルド
Nordfjord
オルデン
Olden
フローロ
Florø
ブリクスダール氷河
Briksdalsbreen
ヨステダール氷河
Jostedalsbreen
フォルデ
Førde
ソグネフィヨルド P.240

地球の歩き方 A29 2025-2026年版

北欧

Scandinavia

Cover Story

街なかに多くの運河が流れるコペンハーゲンは、
古くからたくさんの船乗りたちが立ち寄る港町として栄えてきました。
デンマーク語で「新しい港」を意味するニューハウンには、
クレヨンで塗ったようなビビッドカラーの木造家屋が並びます。
ここは、かつて船乗りたちが羽を休めた繁華街。
童話作家・アンデルセンもここを愛し、3度も居を構えました。
今も昔もデンマークのシンボルとして親しまれています。

地球の歩き方 編集室

SCANDINAVIA  CONTENTS

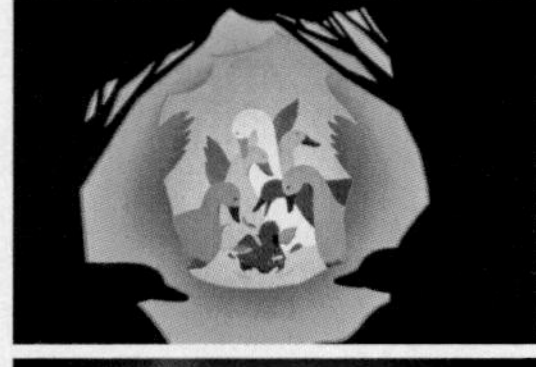

基本情報

45 デンマーク

157 ノルウェー

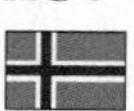

295 スウェーデン

415 フィンランド

535 旅の準備と技術

出発前に必ずお読みください！　旅の安全とトラブル対策…565

Column

歩き方の使い方

本書で用いられる記号・略号

観光局 URL、SNS
それぞれの町を紹介しているウェブサイトの URL と、SNS（エックス、フェイスブック、インスタグラム）のアカウント名です。SNS をブラウザで見る場合は、加えて各 SNS の URL が必要となります。

アクセス
主要な町からのアクセス方法を紹介しています。
飛行機　鉄道
バス　フェリー

観光案内所
観光案内所のデータです。

- 住　**住所**
- TEL　**電話番号**
- FAX　**ファクス番号**
- FREE　**無料通話番号**
- URL　**ウェブサイトアドレス（http://は省略）**
- 開　**開館時間**
- 営　**営業時間**
- 運　**運行時間**
- 催　**ツアーなどの催行時間、期間**
- 料　**料金、入場料**
- 休　**定休日、休館日（祝祭日や年末年始、クリスマスを除く）**
- MAP Map　**地図のページ数、エリア**
- E-MAIL　**電子メールアドレス**
- 行き方▶▶▶　**見どころへの行き方**

Stavanger
スタヴァンゲル

Map P.158-A4
人口:14万9048
市外局番:なし

スタヴァンゲル情報のサイト
www.fjordnorway.com/no
@RegionStavanger
@regionstavanger
@regionstavanger

スタヴァンゲルの行き方
オスロから1日8～22便、所要約55分。ベルゲンから1日1～11便、所要約35分。空港から市内へは空港バスFlybussenで約25分、158NOK～。
オスロから1日3～4便、所要約8時間40分。ベルゲンから1日8～10便、所要約4時間50分。

1970年代に北海油田の基地として急速に成長した町で、ノルウェー第4の都市。町の中心部には17世紀の古い家々が隙間なく並び、独特の景観を作り出している。港町なので魚市場や野菜市場が立ち並び、大都市とは思えない和やかなムードが漂う。

木造家屋が並ぶ港周辺

スタヴァンゲルの歩き方

カラフルな町並みのØvre Holmegate通り

市街地は、スタヴァンゲル大聖堂Stavanger Domkirkeから港を中心とした一帯。港には、ガラス張りの魚市場があり、東には海に沿って海運会社の利用していた三角屋根の古い建物が並ぶ。ノルウェーの都市にしては珍しく、17世紀以降大火事に遭っていないので、木造の建物が多く残されている。

スタヴァンゲル大聖堂から北へと延びるキルケガータ通りKirkegateを中心とした左右1～2ブロックのあたりは、入り組んだ道の両側にショップやレストランが並ぶ繁華街だ。大聖堂の目の前では青空市場も開かれる。一方、港の西側は旧市街になっており、木造のかわいらしい建物が並んでいる。

鉄道駅や長距離バスターミナルは、中心街からブレイア湖を挟んだ南側にある。中心街までは歩いて10分くらいかかる。

スタヴァンゲルの観光案内所
Map P.261-A1
Strandkaien 61
51-859200
www.fjordnorway.com/no
6/19～8/31
　月～金 8:00～18:00
　土・日 9:00～14:00
9/1～6/18
　月～金 9:00～16:00
9/1～6/18の土・日

おもな見どころ

ノルウェー石油博物館　Norsk Oljemuseum
Map P.261-B1

スタヴァンゲルの基幹産業である石油とガスに関する歴史や油田設備などに関する博物館。精密な模型を使ってわかりやすく展示しており、なかでも基地内での生活風景を再現したブースは興味深い。油田の歴史や石油についての映像を上映しているシアターもある。

建物は原油基地を模した造りになっている

ノルウェー石油博物館
51-939300
www.norskolje.museum.no
6～8月
　毎日 10:00～19:00
9～5月
　月～土10:00～16:00
　日 10:00～18:00
なし
180NOK

260

ナイトスポット

The Library Bar
ライブラリー・バー　MAP P.60-B1
コペンハーゲン・プラザ(→P.97)の1階にある…
市庁舎前広場、中央駅周辺
Bernstorffsgade 4
28-305861
ligula.se/the-library-bar
火～木17:00～24:00

ショップ

Illum
イルム　MAP P.58-B3
北欧ならではの生活用品を豊富に…
ストロイエ周辺
Østergade 52
33-144002
illum.dk

レストラン

Grøften
グロフテン　MAP P.60-B1
チボリ公園内にあり、創業は1874年と園内最古。デンマークの伝統料理を中心にバラエティ豊かな季節のメニューが揃う。ニシンのマリネ、ローストポーク、ソーセージなどがセットになったグロフテン・デラックス・プレートは355DKK。
市庁舎前広場、中央駅周辺
Tivoli, Vesterbrogade 3
33-750675
groeften.dk
日～木12:0…
金・土12:0…
(チボリ公園…
チボリ公園の…
250DKK～
A D M V
コペンハーゲ…

ホテル

Copenhagen Marriott Hotel（市庁舎前広場、中央駅周辺）
コペンハーゲン・マリオット　MAP P.57-C4
Kalvebod Brygge 5
88-339900
www.marriott.com/ja
ⓈⒹ1695DKK～　朝食285DKK
A D M V　406室
日本の予約先 0120-988267
コペンハーゲン中央駅(徒歩13分)
運河沿いに立つ11階建ての高級ホテル。吹き抜けのロビーは開放感満点。夏季は運河の横にテラス席が出て、カフェとして利用可能。客室は36m²～と広々。

ホテルの部屋
Ⓢシングルルーム(1人部屋1人利用)
Ⓓダブルまたはツインルーム(1部屋2人利用)
※本書掲載物件中の（ ）の数字は週末、または夏季の料金となっています。室ホテルの客室数

地 図

- 観光案内所
- ホテル、ユースホステル
- レストラン、カフェ
- ショップ
- ナイトスポット
- 博物館、美術館
- 大聖堂、教会
- バスターミナル
- 空港
- フェリーターミナル
- 地下鉄駅
- 銀行
- 両替所
- 郵便局
- 図書館
- 病院

ホテルの設備

- バスタブ
- バスタブ一部のみ
- テレビ
- テレビ一部のみ
- ドライヤー
- ドライヤー貸し出し
- ミニバー
- ミニバー一部のみ
- ハンディキャップルーム
- インターネット
- インターネット 有料

クレジットカード
- CC 利用できるクレジットカード
- A アメリカン・エキスプレス
- D ダイナースクラブ
- J JCB
- M マスターカード
- V VISA

レストラン
- 予 1人当たりの予算

S鉄道、及びエストーの駅
M地下鉄駅
Tトラムの停留所
Bバス停
最寄りの駅・停留所名とそこからの所要時間の目安

■本書の特徴

本書は、北欧を旅行される方を対象に個人旅行者が現地でいろいろな旅行を楽しめるように、各都市のアクセス、ホテル、レストランなどの情報を掲載しています。もちろんツアーで旅行される際にも十分活用できるようになっています。

■掲載情報のご利用に当たって

編集部ではできるだけ最新で正確な情報を掲載するよう努めていますが、現地の規則や手続きなどがしばしば変更されたり、またその解釈に見解の相違が生じることもあります。このような理由に基づく場合、または弊社に重大な過失がない場合は、本書を利用して生じた損失や不都合について、弊社は責任を負いかねますのでご了承ください。また、本書をお使いいただく際は、掲載されている情報やアドバイスがご自身の状況や立場に適しているか、すべてご自身の責任でご判断のうえでご利用ください。

■現地取材および調査時期

本書は、2023年9月から2023年11月の取材調査データを基に編集されています。また、追跡調査を2024年4月まで行いました。しかしながら時間の経過とともにデータの変更が生じることがあります。特にホテルやレストランなどの料金は、旅行時点では変更されていることも多くあります。したがって、本書のデータはひとつの目安としてお考えいただき、現地では観光案内所などでできるだけ新しい情報を入手してご旅行ください。

■発行後の情報の更新と訂正について

本書に掲載している情報で、発行後に変更されたものや、訂正箇所が明らかになったものについては『地球の歩き方』ホームページの「ガイドブック更新・訂正情報」で可能なかぎり最新のデータに更新しています（ホテル、レストラン料金の変更などは除く）。出発前に、ぜひ最新情報をご確認ください。

URL **www.arukikata.co.jp/travel-support/**

■投稿記事について

投稿記事は、多少主観的になっても原文にできるだけ忠実に掲載してありますが、データに関しては編集部で追跡調査を行っています。投稿記事のあとに（東京都○○ '19）とあるのは、寄稿者と旅行年度を表しています。ただし、ホテルなどの料金は追跡調査で新しいデータに変更している場合は、寄稿者データのあとに調査年度を入れ〔'24〕としています。皆さまの投稿を募集しています（→ P.575）。

北欧4ヵ国ビジュアルガイド

1

2

3

4

デザインとおとぎの国へようこそ！

デンマーク
Denmark

北欧諸国で最も南に位置するデンマークは、穏やかな酪農王国。「パンケーキのよう」と呼ばれる国土はなだらかで、最高所でも海抜147mしかない。運河や公園の回りに季節の花が咲く様子は、アンデルセンが書いたおとぎの世界そのもの。

デンマーク人は「ヒュッゲ」という言葉を大切にしている。これは、心の底からリラックスできる時間のことで、「世界一幸せな国」なんていわれるデンマークを象徴する言葉。かわいい町を歩いて、デンマーク流「ヒュッゲ」を体感してみて！

デンマーク、ノルウェー、スウェーデン、フィンランド。ざっくり「北欧」と呼ばれる4ヵ国は、実はとっても個性的。それぞれの魅力をギュッと詰めて、ビジュアルガイドとしてお届け！

1コペンハーゲンのニューハウン。運河沿いにカラフルな木造家屋が並ぶ 2コペンハーゲンとノルウェーのオスロ間を結ぶDFDSシーウェイズ 3デザインの国らしく、現代美術館が多い。こちらはアロス・オーフス美術館 4デンマークといえばビールとスナップス。地元の人は交互に飲むとか 5おもちゃのような兵隊が歩く、コペンハーゲンのアメリエンボー宮殿 6デンマーク名物のオープンサンド、スモーブロー。肉から魚介までよりどりみどり 7悲しげに海を見つめる人魚の像。童話作家アンデルセンは、デンマーク出身 8王国だけに、たくさんの宮殿や城がある。こちらはコペンハーゲンのローゼンボー離宮

1片道約2時間のトレッキングの末にたどり着くプレーケストーレン。がんばったご褒美のような絶景だ 2ノルウェー西部のフィヨルド地方は、映画『アナと雪の女王』の舞台。こちらはアレンデール城のモデルとなったボルグン・スターヴ教会 3 7月には水平線の上を滑るように進む、沈まない太陽が見られるノールカップ

↑

2

3

フィヨルドがもたらす美しい景観

ノルウェー

Norway

ノルウェーといえば、フィヨルドだ。南北に細長い国土の海岸線はすべて入り組んだフィヨルド地帯になっている。フィヨルドはノルウェーを代表する観光地でもあり、鉄道や船、バスを使った周遊ツアーが人気だ。ツアーの拠点となる町も美しく、山に囲まれた狭い土地にカラフルな家々が密集する様子は、まるでおもちゃの箱庭みたい。

北部は、北極圏のラップランド。冬は雪と氷に覆われ、夜にはオーロラが舞う。ヨーロッパ最北端の岬や岩絵など、魂ゆさぶる体験が待っている！

4

5

6

7

8

4アルタにあるロック・アート（岩絵）。紀元前4200年くらいから書かれたという貴重な遺跡 5不思議な彫刻が無数あるオスロのヴィーゲラン公園 6フィヨルド地方のオーレスンは、アールデコスタイルの美しい町並みで有名 7ノルウェーの名物はサーモンやエビなどのシーフード。ベルゲンの魚市場では、サンドイッチでも味わえる 8北極圏最大の町、トロムソにある北極教会

ストックホルムの旧市街（カムラ・スタン）にある大広場

都市と自然が融合する理想郷

スウェーデン

Sweden

北欧諸国のなかでも、最も美しい町並みを持つのがスウェーデンだろう。首都ストックホルムの旧市街には石造りの重厚な建物が並び、北欧の強国としての矜持を感じられる。南部には中世の古城や邸宅(マナーハウス)が点在し、見る者をおとぎの世界へと誘う。また、バルト海に浮かぶ無数の島々はリゾートアイランド。旧市街と自然を楽しみに、夏にはたくさんの人々が押し寄せる。

北部のラップランドは、山と森が連続する自然の宝庫。夏はハイキング、冬はオーロラを楽しめる。

5

6

1 バラと廃墟の町として知られるヴィスビィ 2 人気のリサ・ラーソンは、スウェーデン生まれ 3 スウェーデンで一度は食べたい、本場のヴァイキング料理(スモーゴスボード) 4 北部には豊かな自然が広がる。こちらは全長400kmにも及ぶトレッキングルート、王様の散歩道があるアビスコ国立公園。オーロラのベスト観賞地としても名をはせる 5 南部のスコーネ地方には古城が点在している 6 ヴェクショーの大聖堂で見つけた、ガラスの祭壇。コスタ・ボダやオレフォスなどの工房が点在するガラスの王国の拠点だ

1白樺の林に差し込む柔らかな光。これぞ、フィンランドの原風景 2映画『かもめ食堂』にも登場した"黄金キノコ"ことカンタレッリ。マーケットのほか、映画と同じように自分で狩ることも可能 3宝石みたいなベリーを、森のなかで発見！

©Ekaterina Kondratova / shutterstock.com

4ヘルシンキのランドマーク、ヘルシンキ大聖堂　5ヘルシンキには、マリメッコをはじめとしたフィンランドブランドのショップが集中。日本よりもお買い得！　6観光や買い物途中のひと休みは、優秀デザインのカフェで決まり。こちらはヘルシンキのカフェ・アアルト。デザインはかのアルヴァ・アアルトだ　7ラップランドのロヴァニエミ近郊にあるサンタクロース村では、本物のサンタクロースに会える　8サウナは、フィンランドが発祥。各地にさまざまなサウナがあるので、ぜひチャレンジしてみて！　9ラップランドに住む先住民族、サーメ。アクティビティに申し込めば、カラフルな衣装に身を包む彼らに会うことも

穏やかなる「森と湖の国」

フィンランド

Finland

「ただいま」。フィンランドは、思わずそんな言葉が出てしまうような国だ。ストックホルムのような美しい旧市街も、ノルウェーのような大自然もない。ただ、頬をなでる風はさわやかで、人々はみな親日家。町を歩くだけの日々が、とっても楽しいのだ。この国では、なんでも体験してみるのがおすすめ。森を歩いてベリーを摘んだり、おしゃれなカフェで休憩したり。1日の終わりにはサウナでデトックスし、インテリアのすてきなホテルで眠る。暮らすように旅するのが、フィンランドを満喫するとっておきのコツなのだ。

リニューアルした ムンク(ノルウェー)とアンデルセン(デンマーク)のミュージアムへ!

ミュージアムの多い北欧で今絶対に外せないのが、リニューアルオープンしたふたつのミュージアム。その全貌と見どころを、注目ポイントをおさえて徹底解説!次の旅ではぜひ足を運んでみて。

ノルウェーが生んだ世界的画家のすべてがここに!

01 ムンク美術館

オスロ/ノルウェー

2021年10月22日、再開発が目覚ましいウオーターフロントのビョルビカ地区に移転オープン。ひとりの芸術家に焦点を当てた美術館としては世界最大級の規模で、ユニークな建築スタイルも話題に!

オペラ座の対岸にあり、存在感を放つ美術館。時間をかけてじっくり鑑賞を

1油絵から版画までムンクが手がけた幅広い作品が見られる 2「NAKED(裸)」の間などテーマ別の展示が特徴

海沿いエリアに立つモダン建築物

新装オープンしたムンク美術館はオスロフィヨルドを見渡す海沿いに立ち、遠くからでも目を引く独創的で近未来的な建築物。俗名も「MUNCH(ムンク)」と改め、13階建ての建物、11のギャラリーにムンクが残した約2万7000点以上の作品が所蔵されている。

最も有名な『叫び』をはじめ、『マドンナ』『接吻』『吸血鬼(愛と痛み)』『太陽』といった代表作をテーマ別に展示。油絵、パステル画、テンペラ画、版画(リトグラフ、木版)、スケッチなどさまざまなスタイルも紹介し、あらゆる角度からムンクの生涯と魅力について知ることができる。

ムンク美術館 Munch-museet

建物北側のエントランスを入ると広いロビーにチケット売り場、カフェ、ショップ、トイレ(3、6、9、12、13階にもあり)、ロッカーがある。常設展・企画展は4階から。日本語の音声ガイドも用意されている(詳細データは→ P.185)

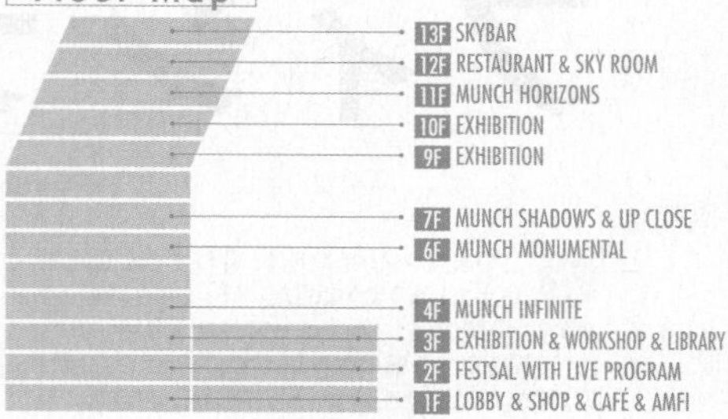

ムンク美術館でやるべき 9 TOPICS！

TOPICS 01 まずは必見！ 3つの『叫び』を見比べる

4F MUNCH INFINITE

代表的な3つの『叫び』の展示スペースは作品の劣化を防ぐために照明が落とされている。30分ごとに1作ずつ公開される仕組み。いちばん人気で混雑するので譲り合って鑑賞しよう。

テンペラ画

顔料と卵などを混ぜ合わせた絵の具を使うテンペラ・油彩画。マットな質感でくっきりした豊かな色彩が特徴。

Edvard Munch: The Scream. Tempera and oil on unprimed cardboard, 1910?

版画（リトグラフ）

約30作あるという『叫び』のリトグラフ版画のひとつ。1895年に制作されたモノクロバージョン。

Edvald Munch, The Scream, Lithograph, 1895.

ドローイング（クレヨン）

厚紙に描かれたクレヨンのやわらかい質感に注目。1890年代にムンクは多数のドローイングを制作した。

Edvald Munch, The Scream, Crayon, multicoloured, 1893.

TOPICS 02 テーマ別に並ぶ 数々の名作を鑑賞

4F MUNCH INFINITE

ムンクの内面まで理解できるよう、『In Motion』『Outdoors』『Gender』など12のテーマに沿って作品を紹介。おもなテーマと代表作は以下のとおり。知られざる秀作も多数見られる。

Theme
ALONE（孤独）

『憂鬱』

恋愛関係に悩む人物をモデルにした作品。人間の内面世界が生々しく表現されている。「孤独」コーナーには有名な『絶望』の展示も。

Edvald Munch, Melancholy, Oil on canvas, 1893.

Theme
To DIE（死すること）

『死と子供』

ムンクの作品の大きなテーマのひとつといえるのが「死」。本作は死の床にいる母と姉ソフィーを描いたとされる。姉の死の直前を表現した『病める子』も要チェック！

Edvald Munch, Death and the Child, Oil on unprimed canvas, 1899.

Theme
NAKED（裸）

『思春期』

裸の少女を描いた作品。「裸」コーナーには恥ずかしそうにする人、堂々と海辺に立つ男性などさまざまな裸の人物が展示されている。

Edvald Munch, Puberty, Oil on unprimed canvas, 1894.

心の声が伝わってくる

Theme
ONE SELF（自分自身）

『自画像とワイン』

年代も技法もさまざまな自画像が並ぶコーナー。こちらはアルコール依存症に悩んでいた40歳頃のムンク。どこか物憂げな表情が印象的。

Edvald Munch, Self-Portrait with a Bottle of Wine, Oil on canvas, 1906.

Theme
VARIATION（変化）

同じモチーフの作品を技法や趣向を変えて何枚も描くのがムンクのスタイル。「変化」のセクションで作風や表現方法の違いを見比べよう。

TOPICS 03

晩年に描かれた明るい作品に触れる

精神病院から退院し、オスロ郊外で創作活動を行った晩年期は、それまでと異なる明るい作風がメインに。同じ人物とは思えない色彩豊かな作品は希望が感じられるものばかり。

左/光り輝くような大作は圧巻 上/パステル画も見応えあり

『太陽』
人間と自然界の調和を表した作品。力強い太陽が生命とエネルギーの源として描かれている。

Edvald Munch, The Sun, Oil on canvas, 1910-1911.

TOPICS 04

ムンクのリアルな生活を垣間見る

マルチメディア・インスタレーションでムンクが晩年までの30年間を過ごしたエーケリーの別荘を再現。絵の道具も見られる。

ムンクが実際に使っていた絵筆を展示

エントランスにある、年代ごとのムンクの写真コラージュ

7F MUNCH SHADOWS

TOPICS 06

最上階の展望テラスから絶景ビュー

上階のエレベーターホールは片側が全面ガラス張りでオスロフィヨルドが一望のもと。12・13階にはテラスとレストラン、バーも！

絵に描いたようなオスロの美景が広がる

12階にあるレストラン「ビストロ・トーヴ」

TOPICS 05

版画体験でアーティストになる

ムンクの木版画を紹介するギャラリーでは実際に版画体験ができるコーナーも。木のテーブルに彫られた作品を版画にしてみよう。

テーブルに彫られた版の上に画用紙を広げ、好きな色のクレヨンでこすると作品が浮かび上がってくる！

7F MUNCH UP CLOSE

TOPICS 07

モダンな建築美を楽しむ

スペインの建築事務所が担当。タワー型デザインが特徴で、低酸素コンクリートを使うなど環境に配慮した造りとなっている。

要塞を思わせる建物。上階の傾斜もユニーク

Designer >>>> フアン・ヘレロス

デザインを手がけたのは、スペインにある有名建築事務所エストゥディオ・ヘレロスの創設者フアン・ヘレロス氏（左）。パートナーのイェンス・リヒター氏（右）と共同で作業にあたった。

TOPICS 08 企画展やイベントに潜入する

多目的スペースやギャラリーがあり、ムンクに関連する新進アーティストの企画展やコンサート、ワークショップを随時開催。旅行者も参加できる。

9階で行われた企画展『Corpus Infinitum』で映像作品を鑑賞

世界の新進アートに触れて感性が磨かれそう

2F 3F 9F 10F

TOPICS 09 ミュージアム限定！ムンクグッズを買う

1F MUSEUM SHOP & CAFÉ

さまざまなムンクグッズを揃えたミュージアムショップはおみやげ探しに最適。カジュアルなカフェもあり、夏はテラス席もオープン。

1 リトグラフ版『叫び』のホーローマグカップ199NOK 2 収納ケース付き折りたたみエコバッグ129NOK～は複数サイズを展開 3 Tシャツ249NOK 4 マグネット40NOK～ 5 持ち手が長く肩に掛けられるトートバッグ219NOK 6 カラフルな消しゴム各39NOK

カフェで『叫び』のバーガーを！

バンズの上に粉砂糖で『叫び』が描かれたデザートバーガー95NOK

美術館館長に INTERVIEW！

以前の4.5倍の広さになり展示の幅が広がった

新しいムンク美術館の展示スペースの面積は約4500㎡。以前は1000㎡ほどしかなかったので、4倍以上も広くなりました。ギャラリー数は11に増え、200以上の作品を常設展示できるように。これまではスペースの関係で展示が難しかった作品もお見せできるのがうれしいです。

ムンクはもちろん、ほかの作家をフューチャーするスペースもあります。40歳以下の若手が対象である「ムンク賞」に輝いた気鋭アーティストを紹介する企画展や、ムンクと同時代を生きた画家の作品展など、新しい展示も随時行っています。

オスロの美しい景色を堪能できる

美術館の建物自体も大きな意味をもっています。この建物は単なる美術館ではなく、現代のオスロを象徴する新名所として、多目的に利用していただけるよう設計されました。

私たちは訪れた人々にムンクだけではなく、オスロの美しさも感じてほしいのです。建物の上階からはすばらしい眺望を存分に楽しんでいただけると思います。ノルウェーやヨーロッパの料理を提供するレストランもあるので、食事目的で訪れるのもおすすめです。

Profile

トーレ・ハンセン　Tone Hansen

ヒルネケス生まれ。国立美術アカデミーとマルメ美術学校で学ぶ。ヘニー・オンスタッド美術館の館長などを務め、2022年5月から現職。

多様な角度からムンクの魅力に迫る

旧ムンク美術館では年代別に作品を展示していましたが、ここではテーマ別にしています。ムンクはひとつのテーマを掘り下げ、何年にもわたってさまざまな手法で作品を生み出したので、このほうがムンクについてより深く知ることができると考えたからです。

例えば世界的に有名な『叫び』も多作で、異なる5種類の作品が作られました。当館では約30作あるといわれる版画だけでもムンク自ら手で色を付けた6作を所蔵しています。4階で特に重要なテンペラ画、リトグラフ、ドローイングの3作品を常設していますが、実はもっと多くのいろいろな『叫び』が存在するんですよ。

ほかに注目したい作品は『思春期』『接吻』『吸血鬼』など。また、ムンクの作品というと絵画の印象が強いと思いますが、彫刻や写真も手がけており、当館ではそれらも見ることができます。知られざる名作を発見できるでしょう。

02 アンデルセン博物館

オーデンセ／デンマーク

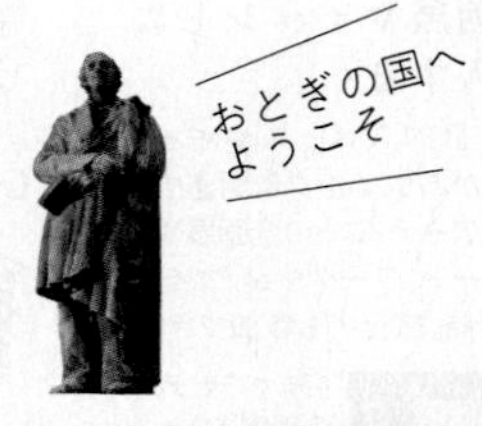

おとぎの国へようこそ

童話作家・アンデルセンの作品と世界観を学ぶ

「人生は、最もすてきなおとぎ話のような冒険だ」。こんな言葉とともに幾多の名作を世に送り出したデンマーク人童話作家・アンデルセン（→P.126）。その軌跡を伝える博物館が2021年6月にリニューアルした。

01 入口
02 ライフ
03 フェアリーテイル
04 レガシー
05 ミュージアムショップ
06 ミュージアムカフェ

庭園のなかに木造のパビリオンが点在する

1 格子状の木枠を多用したガラス張りの外観も印象的 2 花と緑に彩られた庭園の散策は無料

おとぎの国への入口

デンマーク第3の都市・オーデンセの旧市街にある「アンデルセンの生家」を含む一角に位置するアンデルセン博物館。木枠を用いた伝統建築をベースに設計を手がけたのは、日本人の隈研吾氏。デンマークでは有名なアンデルセン童話『火うち箱』のように展示室の約3分の2が庭園の地下へと潜り込み、バリアフリーのスロープを下りながら別世界へと進んでいく。おとぎ話の世界観を音と光のインタラクティブな展示で再現し、おもに3つのテーマで空間を構成。ただ作品や解説を眺めるのではなく、生涯の大半を旅に投じたというアンデルセンの人生を追体験できるような構成となっている。

アンデルセン博物館　H.C. Andersens Hus

アンデルセンの生家を核として1908年に開館。オーデンセ最大の観光名所でもある。安全性の理由から入場人数の制限を設けているため、繁忙期の訪問はウェブサイトでのチケット購入を推奨。詳細データは（→ **P.121**）

Designer >>>>　隈研吾

1954年生まれ。1990年、隈研吾建築都市設計事務所設立。東京大学特別教授・名誉教授。50を超える国々でプロジェクトが進行中。自然と技術と人間の新しい関係を切り開く建築を提案している。

アンデルセン博物館 2hours 満喫モデルコース

START!

01 オーディオガイドを借りて出発

日本語はないが無料のオーディオガイドは必須。サウンドゾーンと呼ばれるスポットに立つと自動で音声が流れる仕組み。

02 貧しい幼年時代から始まる「ライフ」

愛用品や旅から持ち帰った海外みやげを展示。恋愛と放浪を繰り返した意外な素顔も垣間見られる。童話作家としてはもちろん挿絵や切り絵の名手でもあり、その貴重な作品は必見。

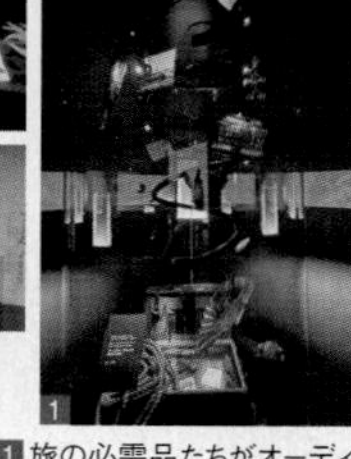

葬儀の際に配られた案内状も

1 旅の必需品たちがオーディオガイドを通して語りかけてくる 2 タッチ式のピクチャーブックが楽しい 3 腰をかがめて穴の中をのぞいてみよう

03 おとぎ話の世界が広がる「フェアリーテイル」

デジタルアートを駆使し、「雪の女王」「親指姫」「マッチ売りの少女」など12の作品を再現。見て、触れて、好奇心をそそる工夫が満載で、作品を知らなくても十分に楽しめる。

1 自分が王様になっちゃう「裸の王様」 2「人魚姫」では岩を模した椅子に座って頭上を眺めてみよう 3 日本でもおなじみの「みにくいあひるのこ」

04 見学のクライマックス 童話王の「レガシー」

リニューアル前からある「記念館」と「アンデルセンの生家」からなる。偉大な功績を残し、オーデンセの栄誉市民にも選ばれたアンデルセンのルーツがこぢんまりと残されている。

1 波乱万丈の生涯を順を追って描いた天井画 2 道路側のいちばん奥にある小さな部屋が生家

+ MORE!

外に出てアンデルセン子供時代の家へ

アンデルセン博物館から徒歩8分。同日中にかぎり博物館のチケットで無料入場できるのでまとめて見学しよう(開館時間は異なる)。

05 ミュージアムショップでおみやげさがし

入口と同じ建物内。アンデルセン作品と地元アーティストとのコラボレーションなど、オリジナルグッズが多数。

1「親指姫」のノート275DKK 2 旅先でもハサミを走らせたというアンデルセンの切り絵モビール49DKK 3 直筆の手紙をまとめた英訳版100DKK

06 ミュージアムカフェで休憩

見学後は敷地内の「Café deilig」へ。誰もが知る童話作品をモチーフにした食事やドリンクメニューのほか、スモーブロー(オープンサンド)も充実。

日替わりケーキなどのスイーツも！

DATA
TEL 60-174189 営休 アンデルセン博物館と同じ

一生に一度は観たい天体ショー

オーロラを観に行こう！

うっすらと空が色づき始め、瞬く間に一面に光が広がるこの神秘的な現象は、フィンランドで「レヴォントゥリRevontulet=キツネ火」と呼ばれており、キツネのしっぽで舞い上がった粉雪が太陽に反射したものという伝説に基づいている。感動の天体ショーを見に行こう！

大きなオーロラは、まるで宇宙が降りてくるような景観

オーロラの基礎知識

知っているようで意外と知らない、オーロラのこと。基本的なことを学んでおこう。

鑑賞シーズン

ハイシーズンは12～3月で、この時期なら毎日のようにオーロラ観賞ツアーが出ている。なお、実はオーロラは冬だけでなく1年中出ている。夏は白夜のため見えないのだ。近年では秋のオーロラツアーも人気。湖にオーロラが映り込む「逆さオーロラ」は、感動間違いなしの絶景！

オーロラの仕組み

オーロラは太陽の黒点運動により発生する帯電した微粒子（太陽風）が、地球の大気中の原子や分子に衝突して放電し、発生したもの。原理としては蛍光灯と同じ。カーテン状にはためいて見えるのは、電気を帯びた微粒子が地球の極に引き寄せられているため。

オーロラが観られるエリア

地球上でオーロラが発生するのは、地磁気極を中心とした楕円形のオーロラ・オーバルと呼ばれる帯の下。北極圏以北のラップランドはこの帯の真下にある。なお、オーロラ・オーバルは北のみでなく南にもあり、南極上空でも同じようにオーロラが発生している。

一般的な色は、緑色

大きく渦を巻くオーロラ

オーロラの色と形

オーロラのカーテンは裾が100km、上部は500kmほど上空にある。衝突した大気中の原子や分子の種類によって色や形が異なり、窒素が多いときは青く、酸素が多い場合は赤いオーロラが現れる。高度と原子、色の掛け合わせは以下の通り。赤いオーロラが出るのは非常に稀。形も、カーテン状のものから渦巻き型、コロナ型などさまざま。

- 上空180～500km × 酸素 - 赤
- 上空100～250km × 酸素 - 緑
- 上空100～120km × 窒素 - ピンク 青 紫

オーロラ観賞時の服装

上半身
化学繊維の下着＋薄手のウールorネルシャツ＋セーターorフリース＋ダウンジャケットorマウンテンパーカー

手
インナーにポリプロピレンの手袋、その上にウールの手袋など

下半身
保温性のあるインナーパンツ＋ダウンパンツ

靴
ウールの靴下＋ムートンorスノーブーツ

頭
ニットキャップとネックウオーマー

その他持っていくと便利なもの
乾燥対策のため、リップクリームとハンドクリームは必須。カイロは貼るタイプが◎。暗くて手元が見えないので、ペンライトがあるといいが、回りの風景や人に照射するのは厳禁。

＼どこ行こう？／

ノルウェー　スウェーデン　フィンランド

3ヵ国のオーロラリゾート

オーロラ・オーバルの下には、オーロラを観賞できる施設の整った「オーロラリゾート」がある。3ヵ国を代表するリゾートはこちら！

フッティルーテン

Hurtigruten

ベルゲンからヒルケネスまで、フィヨルド地帯を航行するクルーズ船。全ルート乗ると片道でも7日かかるが、途中からの乗船も可。船から観るので、冬でもダブルオーロラのチャンス！（→P.558）

トロムソ

Tromsø

北極圏最大の町。光の届かないエリアまでバスで向かい、オーロラの出現を待つオーロラハンティングツアーが人気。フッティルーテンに乗りながらオーロラを観るツアーもある。（→P.278）

ロフォーテン諸島

Lofoten

海面から急峻な山々がそびえ立つ独特の景観をもつ。古い漁師小屋を改装したロルブーというこの地方特有の宿に宿泊して、オーロラツアーに参加するのがおすすめ。（→P.273）

アビスコ

Abisko

スカンジナビア半島のなかで最も晴天率が高いとされる山岳リゾート。周囲に明かりはほとんどなく、オーロラ観賞に最適。宿泊して、じっくりオーロラが出るのを待とう。（→P.406）

ノルウェー

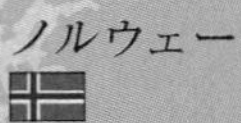

キールナ

Kiruna

世界最大の地下鉱山をもつ、スウェーデンの鉄鋼産業の中心。オーロラ研究所である、スウェーデン王立スペース研究所がある。北極圏をゆくノールランストーグ鉄道の駅もある。（→P.402）

スウェーデン

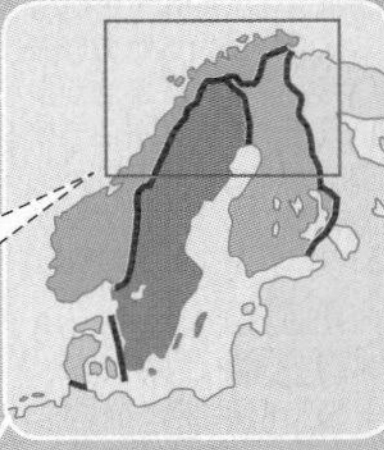

ラップランドとは？

ノルウェー、スウェーデン、フィンランド、ロシアの特に北極圏（北緯66度33分）以北。先住民族のサーメが住むエリアで、夏は白夜、冬は太陽の昇らない極夜になる極限の地。

オーロラの観測方法

**オーロラはどうやって見るのがいいの？
充実のツアーから町なか、ホテルまで
見られる方法はコチラ**

❶現地鑑賞ツアーに参加する

ほとんどの町に、現地オーロラ鑑賞ツアーがある。ツアーでは近隣のオーロラが見えやすいポイントに移動しオーロラが出るのを待つ。ツアーや会社により移動手段がバスだったりスノーモービルだったりと異なる。オーロラを待つ施設も、コタというサーメのテントや湖畔の小屋、車内などさまざま。

1小屋では、温かい飲み物やスープが振る舞われることも
2日本語のツアーは、日本でパッケージで申し込むのが主

❷町なかから鑑賞する

町の中心は明るいのでなかなか見られないが、明かりが少ない町外れならオーロラが見られる。運がよければ、空を見上げたら見えた、なんてことも。

町を散歩中に出ている
なんてことも

❸ホテルから鑑賞する

ロヴァニエミのラップランド・ホテル・スカイ・オウナスヴァーラ（→P.526）やサーリセルカのカクシラウッタネン・アークティック・リゾート（→P.528）、アビスコのSTFアビスコ・ツーリストステーション（→P.408）などホテルから見るのも手。

カクシラウッタネンでは、寝ながらオーロラが観られるグラスイグルーがある

ノールカップ
ヒルケネス
フィンランド
ケミ
シュオテ
オウル

レヴィ
Levi

映画『雪の華』のラストシーンのロケ地になったオーロラリゾート。こぢんまりとした町だが、ホテルやレストランなどが集中している。アクティビティも豊富に揃っている。(→P.530)

サーリセルカ
Saariselkä

ロヴァニエミの北約300km。ウルホ・ケッコネン国立公園の麓にあるプチリゾート。明かりが少なく、町なかでもオーロラ観賞が可能。ベストスポットは、国立公園の入口あたり。(→P.527)

ロヴァニエミ
Rovaniemi

アルヴァ・アアルト設計の美しい町並みと自然が融合。北8kmの北極圏に位置するサンタクロース村もあり、観光やアクティビティが充実。町の規模が大きいので、グルメも多彩。(→P.521)

ルカ
Ruka

ラップランドではないが、オーロラ・オーバルの下にある。宿泊客はフィンランド人が8割という穴場で、よりローカルな気分が味わえる。中心となるのはルカ・ビレッジ。(→P.520)

昼間はこれで決まり！ ウインターアクティビティ

人気ランキング Best 5

オーロラが出るのは夜。では昼は何をするのか？ それはずばり、冬ならではのアクティビティ！ 絶対体験したいアクティビティを、ランキング形式でご紹介！

1位 犬ぞり Dog Sled

1位はやっぱり、犬ぞり！ 6〜10頭ほどのハスキー犬がそりを引っ張るので、思った以上にスピードがでる。実はこの犬ぞり、場所やツアーによって、距離や道のりなどが大きく異なる。初心者向けなら後ろにスタッフが乗ってくれ座っているだけだが、上級者向けだと自分で操縦し、山道を行くハードコースまである。申し込む前に確認を。

1そりは森の中を疾走していく。スリルも味わえる 2そりは通常ふたり乗りで、後ろで立っているのがマッシャー（操縦者） 3かわいい犬たちに癒やされよう

2位 トナカイぞり Raindeer Sled

乗れば誰でもサンタクロース気分になれちゃう、ほのぼの系アクティビティ。通常、そりを引っ張るのはトナカイ1頭なので、スピードもそれほど出ずある程度の年齢なら子供でも体験できる。そりの後には、トナカイに餌をあげたりもできる。

1トナカイの餌は、なんと苔 2人よりトナカイのほうが多いラップランドならではのアクティビティ

3位 スノーモービル Snowmobile

冬の交通手段としても一般的なスノーモービルが3位にランクイン！ 自分で運転することができるが、かなりのスピードが出るので出し過ぎに注意して。スノーモービルでハスキーやトナカイ牧場を訪れ、そりを体験するコンビネーションツアーも人気。

特別な免許は必要なく、日本の普通運転免許があればOK

4位 アークティック・フローティング Arctic Floating

近年人気のウオーターアクティビティ。参加者は特殊なフローティングスーツを着て、川の中へざぶん。流れにまかせて、ふわふわと漂う。川の音が耳に心地よく、ウオーターベッドのような寝心地。川のほか海で体験するツアーもある。

不思議なほど寒さも感じない

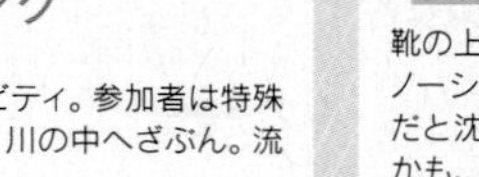

5位 スノーシュー Snowshoe

靴の上に平たい鋲のついた靴（スノーシュー）を履いて歩く。普通だと沈んでしまう雪深い森のなかも、これを履けばへっちゃら！ 自分のペースで歩けるので、より自然を身近に感じたい人向け。

1これがスノーシュー。滑る心配もない 2北極圏トレッキングを楽しんで

北欧ブランドで叶える丁寧な暮らし

北欧の人々が大切にするモノ選び

近年、日常生活に真摯に向き合う丁寧な暮らしが注目を浴びています。それとセットで話題にあがるのが、北欧ブランド。なぜ丁寧な暮らしが北欧ブランドと関係付けられることが多いのでしょうか。

北欧では、暗くて長い冬の間、家でいかに快適に過ごすかを大切にしています。そういった環境から、使う人のことを考えぬき機能性やデザイン性の高い北欧ブランドが誕生しました。北欧の人々は値段で選ぶだけでなく、自分の暮らしに合う心地よいモノ選びを重視しています。

心地よさで選んだマグカップで飲むコーヒーが特別な味に感じるのは、心が豊かになった証拠。「いつも」を少しアップグレードすることが心の豊かさを育みます。北欧の人々は北欧ブランドを通して自然とそれを学んでいます。私たちも心地よいモノを集めて、丁寧な暮らしを始めてみましょう。

その1

お気に入りの食器で食卓を彩る

北欧の食器は何気ない食卓を鮮やかに彩るデザインが豊富。お気に入りの食器で食べるご飯は、いつもより何倍もおいしく感じるはずです！

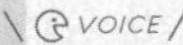

味気ない料理でも一気に映えます！ 盛り付けが上手くなくても、おしゃれに見せてくれます。

“食卓に楽園を”

Paratiisi

フィンランド語で「楽園」を意味する、人気のシリーズ。明るく大胆に描かれたフルーツや植物が、何気ない食卓を一気に華やかにしてくれる。【アラビア】

“北欧食器の顔”

Bersa

スティグ・リンドベリを代表する名作。発売以来根強い人気を誇るシリーズ。目を引く葉っぱのイラストが特徴。存在感があるので、オブジェとしてもグッド。【グスタフスベリ】

“優美さがあふれ出る名品”

Blue Fluted Half Lace

ブランドを代表するパターン。職人によって、一つひとつ手描きで絵付けされた優美なカップ&ソーサーは、優雅なティータイムを過ごす時にぴったり。【ロイヤル・コペンハーゲン】

VOICE

フォークやスプーンは細長いので、底が深いガラスや食器との相性も抜群です！

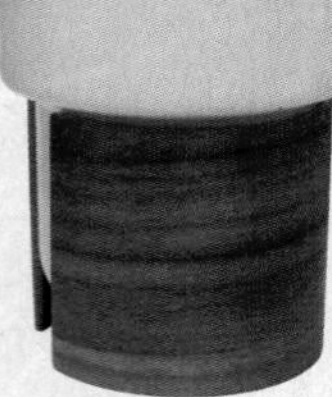

“収納力に優れたグッドデザイン”

Warm

陶器のカップの溝にハマるように作られた木製の持ち手が特徴。保湿と断熱に優れた木製は、取り外すことができ、陶器を重ねて収納できて便利！【トンフィスク・デザイン】

“どんな料理も映える！”

Mon Amie

1952年の発売から長く愛され続けている。模様が内側にも描かれているので食材がよく映える。サラダやフルーツなど、ちょっとした盛り付けに大活躍。【ロールストランド】

“タイムレスなカトラリー”

Arne Jacobsen

通称AJカトラリーと呼ばれている。スタイリッシュなデザインは飽きが来ず、長く使えると好評。映画で使用されたこともある。【ジョージ・ジェンセン】

アラビア
ARABIA
1873年創業の陶器メーカー。数多くのデザイナーにより、名作を生み出してきたフィンランドを代表するブランド。(→P.488)

グスタフスベリ
Gustavsbergs
北欧の食器を代表する名作を生み出してきた。現在もグスタフスベリで商品を製造している。(→P.344)

ロイヤル・コペンハーゲン
Royal Copenhagen
デンマークを代表する、老舗ブランド。アンダーグレイズ技法や手描きなどの伝統を守り続けている。(→P.108)

トンフィスク・デザイン
Tonfisk Design
ふたりのデザイナーによって設立された新鋭ブランド。すべて自社工場で商品を製作している。

ジョージ・ジェンセン
Georg Jensen
銀細工師のジョージ・ジェンセンにより創業。アールヌーボーの技法を用いたジュエリーや食器などを扱う。(→P.109)

ロールストランド
Rörstrand
1726年創業のスウェーデン王室御用達ブランド。ノーベル賞授賞式の晩餐会でも使用されている。

その2

北欧家具に囲まれて自分好みの空間を作る

北欧では冬の間家で過ごす時間が長く、インテリアにこだわる人が多くいます。使い手を思って作られた名作たちがあなたの住空間を彩ります。

“おしゃれに体にフィットする”

AAC 22

異素材を組み合わせたおしゃれ椅子。背中や腰、太ももまで包み込むので、長時間座っていても疲れにくい。【ハイ・ハウス】

“色あせないデザイン照明”

Flowerpot VP1

ヴァーナー・パントンが手がけた名作を復刻。ミッドセンチュリーを代表する名作ながら、現代のインテリアにも馴染むデザイン性の高さが人気。
【アンド・トラディション】

“北欧家具のアイコン的存在”

Series7™

アーネ・ヤコブセンが手がけた、世界で最も売れた椅子。背座一体型で包み込まれるような座り心地。モダンになりすぎないデザインもグッド。
【フリッツ・ハンセン】

“陰影が生むやわらかな光”

PH Artichoke

ポール・ヘニングセンによるデザイン。72枚のシェードから生まれる光は、必要な部分だけをやさしく照らしてくれる。
【ルイスポールセン】

＼VOICE／
来客用の椅子として使っています。使用しない時は重ねて収納できるので便利です。

“使い方はあなた次第！”

Stool 60

アルヴァ・アアルトによりデザインされたスツール。サイドテーブルやディスプレイなどさまざまな使い方ができ重宝する。【アルテック】

“かわいくてしっかり暖かい”

Mikkel Baby

羊毛100%のブランケット。軽さ、暖かさ、やわらかさに優れている。柄や色が豊富で、置いておくだけでもおしゃれ！
【ロロス・ツイード】

＼VOICE／
滑らかな肌触りと、ソファにかけていてもサマになるデザインが気に入っています。

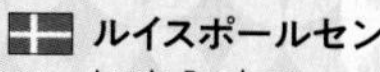

“シンプルな部屋のアクセントに”

Gröna Fåglar

スウェーデン語で「緑の鳥」を意味する、ベストセラーのテキスタイル。華やかな柄と鮮やかな色使いが、存在感を放つ。
【スヴェンスク・テン】

ハイ・ハウス
Hay House

新鋭のインテリアブランド。1950〜60年代のデンマーク家具を基に、現代にマッチする家具や雑貨を扱う。(→P.109)

アンド・トラディション
& tradition

1930年から現代までに手がけられた知名度の高いデザイナー家具を扱う。若手デザイナーの起用も積極的に行う。

フリッツ・ハンセン
FRITZ HANSEN

北欧家具のアイコン的存在を多くを生み出してきた。一流のデザイナーや建築家とコラボした作品を得意とする。

ルイスポールセン
Louis Poulsen

ワインの販売会社として誕生。工具と電気用品の販売を開始し、その後照明器具の販売もするようになった。

アルテック
Artek

建築家のアルヴァ・アアルトら4人によって設立された。シンプルでシックなデザインが特徴で。(→P.489)

ロロス・ツイード
Røros Tweed

ノルウェー中部の村、ロロスで作るブランケット。伝統的な織物を基にしたものや、芸術家とコラボした作品も手がけている。(→P.223)

スヴェンスク・テン
Svenskt Tenn

錫のオブジェを販売する店としてスタート。その後、テキスタイルに力を入れインテリアブランドとして有名になった。(→P.362)

その3

実用的でおしゃれなキッチン用品を集める

使い込むほどに製品の本質が問われるキッチン用品だからこそ、本当にいいモノを選びたいところ。北欧には実用性もデザイン性も抜かりなしなアイテムが揃っています。

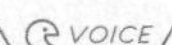

VOICE
蓋はひっくり返しても安定するので、お玉置きとしても使えます。

“置いてるだけでキマる鍋”

Koben Style II

スープや煮込み料理で大活躍するホーロー鍋。蓋を鍋敷として利用できて便利。食卓にそのまま出せるぐらい、ポップなカラーと愛らしいフォルムがキュート！【ダンスク】

“万能なリネンタオル”

USVA

霧を意味するウスヴァのハンドタオル。速乾性の高いリネンなので、食器拭きや野菜の水切りにも最適！ 使うほどに味わいが増すアイテム。【ラプアン・カンクリ】

VOICE
熱をじっくり伝える特性がある鋳鉄なので、煮込み料理に最適です。ご飯もおいしく炊けます！

“なんでもおいしく仕上がる予感”

Sarpaneva

ティモ・サルパネヴァによるキャセロール。木の持ち手は取り外しができ、蓋を持ちあげることができる。中がホーローになっており、お手入れも楽ちん。【イッタラ】

“普段の暮らしを彩るテキスタイル”

Elefantti

定番パターンのひとつ。ふきんからエプロン、鍋つかみなどさまざまな製品に使われている。ワントーンからマルチカラーまでさまざま。【フィンレイソン】

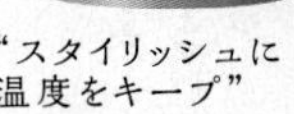

“スタイリッシュに温度をキープ”

Classic Jug/
Vacuum Jug

ステルトンの定番といえば、この魔法瓶。インテリアに馴染みやすいシンプルでスタイリッシュな見た目が好評。サイズは0.5ℓと1ℓの2種類。【ステルトン】

“出合えたらラッキー☆”

Lotus

ブランドの代表作、ロータスシリーズのホーロー鍋。生産を終了しているため、アンティークでのみ入手可能。台所に置いてあるだけで明るさをプラスしてくる。【キャサリンホルム】

ダンスク

DANSK

スカンジナビアのモダンアートがコンセプト。使いやすさにこだわった現代的なデザインが多く人気。

ラプアン・カンクリ

Lapuan Kankurit

1973年にスタートした老舗のテキスタイルブランド。暮らしに寄り添うあたたかみのあるデザインが中心。(→P.489)

イッタラ

Iittala

タイムレスで使いやすさを重視した商品を展開。丈夫かつ収納力があり、日常使いにぴったり。(→P.488)

フィンレイソン

Finlayson

1820年創業のテキスタイルブランド。生活に密着するアイテムを手頃な値段で販売。毎年新作パターンを発表。(→P.499)

キャサリンホルム

Cathrineholm

ホーロー製のキッチン用品を販売。1960年に倒産したが、ロータスシリーズは現在もアンティークショップで人気の作品。

ステルトン

Stelton

ステンレス製のテーブルウエアを手がける。世界中の美術館で展示されるほど、世界でも知名度が高い。

その4

オブジェを飾って暮らしにエッセンスを加える

北欧の家庭ではキャンドルを灯したり、花を生けてみたり、オブジェを置いたり……。そんなさり気ないひと手間が暮らしをより豊かにしてくれます。

"愛嬌満点のほっこり系"

Lion

リサ・ラーソンの名作といえばこちら。チャーミングな表情ところんとしたルックスがたまらない。手描きなのですべて表情が違う。【セラミックストゥーディオン】

VOICE

大きいサイズと小さいサイズを並べて置くと、かわいさ倍増です♪

"北欧の自然から生まれたトントゥ"

tontut

フィンランドの妖精、トントゥがモチーフ。国産の松や白樺などを使っており、ぬくもりが感じられる。衣装やポーズは種類豊富。【アーリッカ】

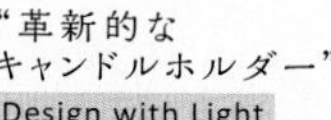

"革新的なキャンドルホルダー"

Design with Light

吹きガラスと本革のストラップ、ステンレスを組み合わせた、ユニークなキャンドルホルダー。持ち運びもできるので場所を問わず使える。【ホルメゴー】

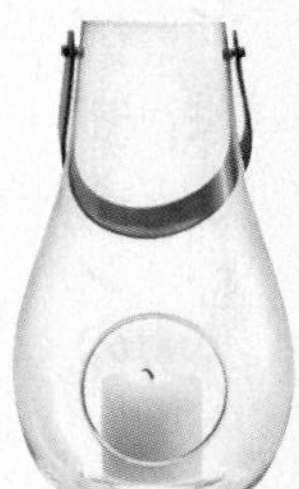

"表情豊かなバードオブジェ"

Bird

オーク材を使用した手作りの木製玩具。子ども、大人、祖父母の3世代の家族を表現。頭と胴体が動くので多彩な表情が楽しめる。【アーキテクトメイド】

VOICE

花瓶は、たった一輪生けるだけでもおしゃれにキマります。

"うっとりする曲線美"

Alvar Aalto Collection

アルヴァ・アアルトによるデザイン。オーロラや湖などをモチーフとした曲線が美しい。花瓶やキャンドルなどさまざまな種類がある。【イッタラ(→P.30)】

"自分好みにポーズをアレンジ"

Monkey

1951年にカイ・ボイスンがデザイン。サルの愛らしさを細かく表現。腕と足が動かせるので、置く場所に合わせてポーズを変えられる。【カイ・ボイスン デンマーク】

アーリッカ
Aarikka

1954年に創業した雑貨&アクセサリー店。天然素材を使用した丸いアイテムを中心に販売している。(→P.491)

セラミックストゥーディオン
Keramikstudion

グスタフスベリで活躍した陶芸家のリサ・ラーソンが独立したブランド。職人たちが手描きで作品を作り続けている。(→P.345)

ホルメゴー
Holmegaard

1825年から続くガラスメーカー。美しい作品を多数生み出してきた。伝統的な手吹きで造られており、アートとしての評価も高い。

アーキテクトメイド
Architectmade

デンマーク国内でも特に人気が高く、入手困難だった名作を復刻させたブランド。現在も手作業で作られたアイテムを多く販売している。

カイ・ボイスン デンマーク
Kay Bojesen Denmark

元々、ローゼンダール社で販売していたが、デザイナーと同じ名前のブランドとして近年独立。ゾウやウサギなどの動物や、兵隊も揃う。

その5

タイムレスなデザインのファッションを楽しむ

北欧の洋服も長く愛用できる、飽きのこないデザインが豊富です。良質なアイテムがひとつでもあると、ファッションの楽しみ方が広がります。

VOICE
織りでできているので、とても丈夫です。マチ付きで見た目よりも大容量です。

"目を引く織りのテキスタイル"
Doris
ギリシア神話の海の神様にちなんだテキスタイル。海の波のようにあらゆる方向に模様が広がる。色やサイズのバリエが豊富。
【ヨハンナ・グリクセン】

"キュートなクマがポイント"
Albatross
定番シリーズといえばこちら。クマのロゴがかわいさをプラスし、カジュアルすぎないデザイン。さまざまなカラーを揃えている。【カルフ】

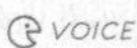

VOICE
大きな花とポップな色使いが気分を明るくさせてくれます。

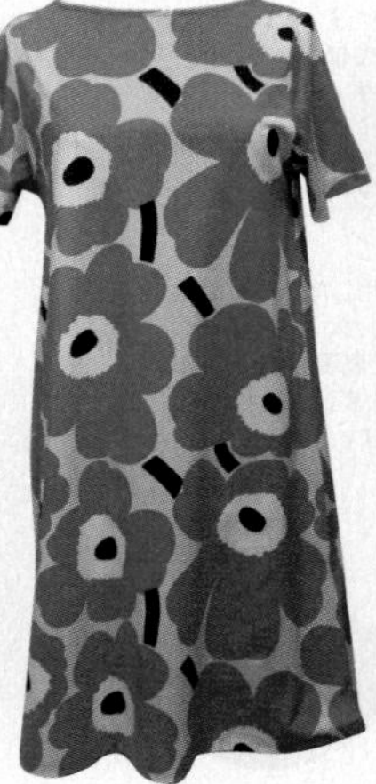

"気分をアゲてくれる一着"
Unikko
1964年にマイヤ・イソラがデザインした、ブランドを代表する人気のパターン。ウニッコとはフィンランド語で「ケシの花」という意味。【マリメッコ】

"ネクストブームの予感!?"
Tulip Tote
若い女性の間で人気のバッグ。チューリップのように開いた大きな口は、取り出しやすく大容量なのがうれしい！
【リトル・リフナー】

"子どもから大人まで使える"
KANKEN
子どもたちが使うスクールバックとして発売されたバックパック。耐久性に優れており、大人になっても使えるデザイン性の高さが好評。
【フェールラーベン】

"デニムの最高傑作"
Classic fit jeans
最も人気が高いのがジーンズ。美しいシルエットでありながら、履き心地のよさを実現した。スタイルの異なるラインナップも充実。
【アクネ・ストゥディオズ】

ヨハンナ・グリクセン
Johanna Gullichsen
織りによって生み出された幾何学的な模様が特徴。ポーチやバッグなどの雑貨を中心に扱う。(→P.490)

カルフ
Karhu
1916年設立の老舗シューズブランド。男女問わず楽しめるデザインで、多くの国民が愛用している。(→P.484)

マリメッコ
Marimekko
北欧ブランドの代名詞的存在。多彩なテキスタイルを、雑貨・ファッション・ホームのジャンルで展開。(→P.486)

リトル・リフナー
Little Liffner
次期トレンド候補として注目されている。北欧らしい機能性に優れたデザインと、イタリアの職人技を組み合わせたバッグを販売。

フェールラーベン
FJALLRAVEN
スウェーデンの小さな田舎町で生まれた、アウトドアブランド。ファッションアイテムも豊富に扱う。

アクネ・ストゥディオズ
Acne Studios
デニムブランドとしてスタート。世界からも注目を集めるファッションブランドへと成長した。(→P.365)

北欧ブランド便利帳

名作を生んだデザイナーたち

北欧ブランドを代表するデザインを造りあげてきた巨匠をご紹介。

アーネ・ヤコブセン
Arne Emil Jacobsen
1902-1971

デンマークのモダンデザインで外せない。建築物から、インテリアやカトラリー、照明などの生活雑貨までトータルでデザインを手がけた。

ヴァーナー・パントン
Verner Panton
1926-1998

近未来的なデザインとビビッドカラーが特徴で、ミッドセンチュリーな作品が多い。椅子、ランプ、テキスタイルなど多岐にわたるデザインを手がけた。

ポール・ヘニングセン
Poul Henningsen
1894-1967

"近代照明の父"と称される、デンマークを代表する照明デザイナー。複数のシェードを使い光を拡散させるPHランプを手がけた。

カイ・ボイスン
Kay Bojesen
1886-1958

元々銀細工士だったが、1930年代頃から木工も手がけるようになった。おもちゃなどの木工のほか、オリジナルカトラリーでも有名。

スティグ・リンドベリ
Stig Lindberg
1916-1982

グスタフスベリ専属デザイナーとして活躍、陶器作家でもある。遊び心あふれる陶器だけでなく、絵本の挿絵などマルチな才能をもつ。

マイヤ・イソラ
Maija Isola
1927-2001

ウニッコを手がけた、マリメッコを代表するデザイナー。自然や旅行などからインスパイアを受け、大胆で華やかなパターンを多く生み出した。

アルヴァ・アアルト
Alvar Aalto
1898-1976

フィンランドを代表する、モダニズム建築家。建築にとどまらず、インテリアや都市計画など、幅広いジャンルで活躍し続けた。

ティモ・サルパネヴァ
Timo Sarpaneva
1926-2006

ガラスや木材、金属、テキスタイルなど多様な素材を使った作品を次々と生み出した。イッタラの「i」のロゴマークもデザインした。

国別のデザイン事情&まとめ買いできるショップ

国によってデザイン事情はさまざま。北欧ブランドがまとめて買えるショップもおさえておこう！

デンマーク

椅子や照明などのインテリア家具で有名なブランドが多い。王室御用達のブランドも人気が高い。

- **イルムス・ボーリフス**
  家具や雑貨、キッチ用品など北欧ブランドをバラエティ豊かに揃えるデパート。(→P.109)

ノルウェー

ほかの北欧諸国と比べると知名度は低いが、スタイリッシュなデザインの家具が多い。

- **グラス・マガジン**
  高級デパートの一部のフロアでインテリア雑貨を扱っている。(→P.216)
- **ノルウェー・デザインズ**
  キッチン用品や食器、テキスタイル、ジュエリーまで幅広く揃う。(→P.217)

スウェーデン

陶磁器が有名だが、近年ファッションブランドの成長も著しい。

- **オーレンス・シティ**
  陶磁器やガラス、ホーム雑貨などの北欧ブランドをまとめ買いできる。(→P.364)
- **ヴィルヘルム・ペテルソン**
  アクセサリー専門店。スウェーデンブランドを中心に有名ブランドを揃える。(→P.365)
- **セルヴェーラ**
  キッチン用品を専門に扱っており、スカンジナビアのブランドが中心。(→P.366)

フィンランド

テキスタイルを中心に、陶磁器やガラス製品など多様なブランドがある。

- **ストックマン**
  フィンランドの有名なブランドを始めとする、さまざまな北欧ブランドが見つかる。(→P.483)
- **ロカル**
  ファッション、雑貨、アクセサリー、家具などフィンランドのブランドがずらり。(→P.491)

Gourmet

自然の恵みが詰まった

北欧グルメが食べたい！

北欧に来たらぜひとも食べていただきたい料理をラインアップ。
前菜からメイン、デザートまで北欧グルメのフルコースを召し上がれ！

デンマーク

デンマークは、牧場と農地が国土の約70%を占める酪農王国。名産は豚肉やチーズなどの乳製品で、パンの種類も豊富。伝統料理のスモーブローは日常的に食べられているので、どの町でも見かけることができる。

スモーブロー
Smørrebrød

デンマーク風のオープンサンドイッチ。肉や魚介などをパンにのせて食べる。前日の夕食の残り物を翌日のランチにアレンジしたのが始まり。

フリッカデーラ
Frikadeller

デンマーク風のハンバーグ。ひき肉に塩、コショウなどで味付けしてバターで焼く。ブラウンソースと一緒に召し上がれ。

ノルウェー

ノルウェー特有の急峻な山々は農業に向いてないため、食材は魚介類が中心。サーモンやタラが有名で、ベルゲンやオーレスンで獲れたタラは高級品だ。肉料理はヤギや羊、ラップランド圏ではトナカイが食べられる。

バカラオ
Bacalao

塩漬けにして干したタラをたっぷりの野菜と一緒にトマトで煮込む。トマトの酸味と干ダラのしょっぱさがベストマッチ！

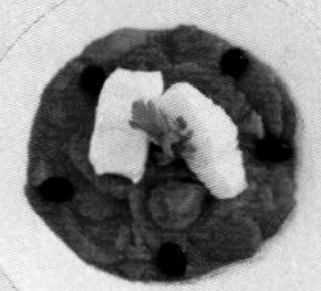

タシュケトンガ
Torsketunger

北部でよく食べられる、タラの舌の揚げ物。外はカリッ、中はモチッとした食感。レモンを搾って、ソースをつけて食べる。

スウェーデン

バルト海産の魚介類、スコーネ地方の農産物、北部ではトナカイ料理が食べられる。レストランなどでは、伝統的なスタイルのビュッフェ、スモーゴスボードSmörgåsbordが一般的。また、国民は「フィーカFika」と呼ぶお茶の時間を大切にしている。

ヤンソン氏の誘惑
Janssons Frestelse

アンチョビとジャガイモを交互に重ね、クリームをのせて焼いた料理。ベジタリアンの宗教家ヤンソン氏がつい口にしてしまったのが名前の由来。

ピュッティパンナ
Pyttipanna

スウェーデンの素朴な家庭料理。賽の目にカットしたジャガイモと肉を炒め、その上に目玉焼きか生の卵黄をトッピング。

フィンランド

バルト海で獲れる魚介類、北部のラップランド料理が味わえる。森で採れるベリー類やキノコはフィンランドならではの食材だ。ベリーはそのままでも食べるが、肉料理のソースとしてもよく使われる。穀物を使用した素朴な食べ物も多い。

肉料理 ベリーソース添え

肉料理×ベリーソースの組み合わせはフィンランド料理の定番！ 肉のうま味とベリーの甘酸っぱさが、意外とよく合う。

シナモンロール
Korvapuusti

くるくる巻いたユニークな形からフィンランド語で「パンチされた耳」と呼ばれている、国民食。菓子パンPullaの代表格だ。

Starter
前菜

レストランやホテルの朝食ビュッフェなどでよく目にする前菜はこちら！

ニシンの酢漬け

北欧の前菜を代表する一品といえばこちら。酢やスパイスでニシンを漬け込んでいる。トマトやカレー味もある。

クジラのカルパッチョ

ノルウェーは捕鯨国のため、クジラ料理が食べられる。クジラ肉は刺身のほか、スモークやステーキなどのメニューが堪能できる。

エビ

新鮮なエビは、塩ゆでしてレモンを搾って食べるのが一般的。オープンサンドイッチやサラダの具材としてもよく使われている。

スモークサーモン

北欧の食卓でよく登場するノルウェーサーモン。そのまま食べても、オープンサンドイッチの具材でもOK。多彩な楽しみ方ができる。

Soup
スープ

寒い土地だけに、スープの種類が豊富。冷えた体をあたためて栄養チャージ☆

キノコのスープ

キノコ大国のフィンランドでは、多彩なキノコのスープSienikeittoが味わえる。なかには、毒キノコ、シャグマアミガサタケを使ったスープも。

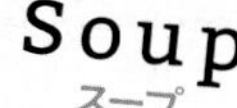

豆スープ

2ヵ国では「木曜日に豆スープを食べる」習慣がある。潰したエンドウ豆を煮込んだスープに、マスタードを付け足すのがツウ！

サーモンのスープ

北欧4ヵ国で親しまれているスープ。塩っ気のきいたサーモンと野菜が入ったクリーム仕立てのスープは、一度食べたらやみつきに。

スープはパンと一緒に！

スープを頼むと必ずパンが付いてくるので、スープに付けながら食べよう。スープの味が染みこんだパンは最高！

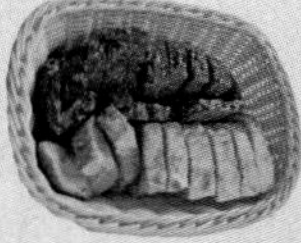

Fish & Meat
魚&肉料理

北欧の大自然のなかで育まれた、魚介類や肉はメイン料理のテッパン。

ニシンのフライ

バルト海で獲れた新鮮なニシンは、各国で親しまれている。油でカリカリに揚げたフライは、中はふんわりとしていてたまらない！

トナカイ肉のロースト

ラップランド地方でよく食べられている。クセは少なく、ほどよい歯ごたえがある。煮込み料理やスープの具材に入っていることも。

魚料理のお供ディル

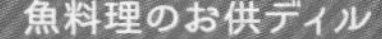

魚料理の香りづけとして使われるハーブ。細かく刻んでサラダにも使われる。さわやかな香りでそのまま食べてもOK！

羊肉とキャベツの煮込み

羊肉とキャベツをコンソメスープで煮込んだ、フォーリコールFårikål。ノルウェーの一般的な料理で、あっさりとした味わい。

ザリガニ

スウェーデン人の大好物、ザリガニKräftor。ディルと一緒にゆでた真っ赤なザリガニをお酒と一緒に食べる。ザリガニ漁が解禁されるのは、夏の終わり頃。

フレスケスタイ

デンマークの家庭料理Flæskestegで、皮付きの豚肉をローストしたもの。豚もも肉に塩とコショウをすり込んで焼く。カリカリの皮が香ばしくて美味！

ヒラメのフライ

北欧4ヵ国の家庭料理。タルタルソースやレモンを搾って食べるのが一般的。ディープフライではなく、パンフライが多い。

ミートボール

北欧の伝統的な家庭料理。各国で味付けが少しずつ異なるので食べ比べてみてはいかが。

つけ合わせの定番、ジャガイモ

メイン料理と一緒によく出てくるジャガイモ。ゆでたものやマッシュポテトが定番。

Bread
パン

オープンサンドイッチなどの食事系から菓子パンまで、各国さまざまな種類が揃う。

カレリアパイ

カレリア地方の郷土料理、Karjalanpiirakka。ライ麦で作られた生地に、ミルクで炊いた米を詰めてオーブンで焼く。バターやスクランブルエッグをのせて食べよう！

ヴィナーブロード

ウィナーブロードWienerbrødはデンマーク語で「ウィーンのパン」という意味のデニッシュペストリー。カスタードなどのずっしりとした甘さが特徴。

セムラ

スウェーデンの伝統菓子、Semla。カルダモンが香る生地に、アーモンドペーストとホイップクリームがイン！イースター前の2月によく目にする。

ライ麦パン

スライスして食事と一緒に食べる。栄養価が高く、独特な酸味があるのが特徴。スープのつけ合わせとしてよく登場する。

Dessert
デザート

各国特有の個性豊かなデザートが楽しめる。お気に入りのデザートを見つけてみて！

ルーネベリタルト

2月5日の「ルーネベリの日」の期間だけ登場するRunebergintorttu。アーモンドや砕いたジンジャークッキーの生地に、ラズベリーソースをトッピング。

チーズ

デンマークでは、チーズOstはデザートとして食べることが多い。酪農王国だけあって、バラエティに富んだ種類が味わえる。

ベリーのタルト

ベリーがよく取れるフィンランドならではのタルトMarja torttu。甘酸っぱいベリーと生地の甘さが絶妙。季節によって異なる種類のベリーが楽しめる。

北欧生まれのアルコール

各国ともアルコールの種類が豊富。ただし、デンマーク以外の3ヵ国はアルコール販売への決まりが厳しいため、事前に購入できる場所などを確認しておこう。

デンマーク

1日約1000万本ものビールを消費するビール大国。定番は、ジャガイモの蒸留酒、スナップスSnaps。4ヵ国のなかで最も手頃な値段で購入できる。

スナップス（左）はレモンを搾ってビールと交互に飲む

ノルウェー

よく飲まれているのはビールとスナップス。世界最北のビール工場マック・ウルや、赤道を越えて造られるスナップスなどがある。値段は4ヵ国のなかで最も高い。

個性派揃いのマック・ウルのビール

スウェーデン

スナップスやビール、ウオッカがよく飲まれる。販売場所の制限があるが、アルコール度数3.5%以下ならスーパーやコンビニで手に入る。値段はノルウェーより少し安い。

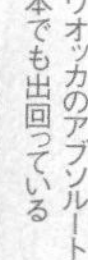

ウオッカのアブソルートは日本でも出回っている

フィンランド

ウオッカやビールのほか、ウオッカベースのロングジンが人気。ほか、ベリーを使ったリキュールもおすすめ。デンマーク以外の2ヵ国よりはリーズナブル。

サウナ後の定番、ロングジン（右）とおみやげに最適なベリーのリキュール（左）

北欧の MUST BUYは

その国ならではの食が購入でき
北欧らしいかわい

DENMARK

ココアドリンク
◀女の子のパッケージでおなじみのマチルダMatilde。こちらはミルクシェイクバージョン

ライスケーキ
▶お米を固めた軽やか食感のお菓子。チョコレートでコーティングしてある

チーズ
▶酪農王国のデンマークでは定番。赤い帽子の男の子が目印。クセがなく食べやすい

チョコレート
◀オレンジ色のレトロなパッケージのチョコレート。小腹がすいたときにもぴったり

ディップクリーム
◀ディル入りのディップクリーム。作り方はサワークリームに入れて混ぜるだけ！

クラフトビール
▶デンマークでは各町に地ビールやクラフトビールがある。かわいいパッケージも多い

デンマークのスーパー事情

高級スーパーのイヤマIrmaのほか、黄色と黒のカラーのネットNetto、アルディALDIなどディスカウント系のスーパーがある。町なかでは大きなデパートの地下や住宅街のそばなどに店舗がある。

女の子「イヤマちゃんがトレードマーク」

NORWAY

コーヒー豆
◀ハイクオリティなカフェが多いノルウェーでは、スーパーでもこだわりのコーヒー豆が買える

缶詰
◀魚が描かれたパッケージがキュートなサバのトマト煮。トマトの酸味がグッド！

ラクリス
▶植物で味つけした飴。北欧では大人気だが、かなり独特な味。試してみる価値あり?!

ヨーグルト
▶ヨーグルトは朝食の大定番！ こちらはマンゴー&アップル味で、プロテインも入っている

チョコレート
◀チョコでウエハースを包んだ、クヴィック・ルンシュKvikk Lunsj。「お手頃ランチ」という意味

粉末スープ
◀インスタントのフィッシュスープ。魚介と野菜がたっぷり入ったベルゲン風とロフォーテン風

ノルウェーのスーパー事情

メニーMENYやレマ1000REMA 1000、コープCOOP、キウィKIWIが4大スーパー。路面店からデパ地下までさまざまな場所にある。なお大型のスーパーは日曜休み。小型の店舗は営業している場合も。

小さな町にも必ずある

スーパーマーケット
これ！

ーパーマーケットで、レッツおみやげ探し☆
ッケージにも注目!

SWEDEN

チョコレート
▲ダイムDaimは、スウェーデンを代表するチョコレート。バター風味のキャラメルが入っている

ヨーグルトドリンク
▶飲むヨーグルト、ヨッギYoggiはクリーミーな味わい。イチゴやマンゴーなどフレーバー豊富

ニシンの酢漬け
◀ビン詰めにされたニシンの酢漬けは、北欧みやげの定番！クリームやカレーなど味もさまざま

クネッケブロード
▶ライ麦粉から作った薄い乾パン。北欧全土でよく食べられる。穀物やナッツ入りのものもある

グミ
▶車の形をしたグミのようなお菓子、ビラーBilar。パッケージには「最も売れている車」とある

魚卵ペースト
▲鮮やかなブルーのチューブが目立つカレKalles。魚卵のペーストで、パンやパスタに◎

スウェーデンのスーパー事情
スウェーデンでよく見かけるスーパーはイカICA、コープCOOP、ヘンクープHemköpの国内チェーンとドイツ系のリドルLiDLなど。小規模から大型までさまざまな店舗があり、町なかにも店舗を展開している。

お手頃系スーパーのリドル

FINLAND

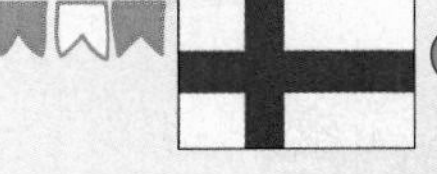

粉末スープ
◀「黄金キノコ」と呼ばれるカンタレッリのスープ。お湯を注ぐだけで簡単に食べられる

チョコレート
▼日本からインスピレーションを得た、ファッツェル社のゲイシャGeisha。ヘーゼルナッツ入り

ベリージャム
▶フィンランド特産のベリーのジャム。パンに塗るほか、肉料理のソースにも使われる

ビスケット
◀フィンランドのスーパーにはムーミンのパッケージがたくさん！ムーミン型のビスケット
©Moomin Characters™

マスタード
▶黄色のパッケージがおしゃれなヘムHemのマスタード。マッカラ（ソーセージ）と一緒にぜひ

サルミアッキ
◀「世界で最もまずい飴」として知られる。薬草を塩化ナトリウムで味付けしており、確かにまずい

フィンランドのスーパー事情
K-マーケットK-MarketとS-マーケットS-Market、ふたつが主要。大型の店舗はデパートやショッピングセンター内に多い。S-マーケット系列のアレパArepaやシワSiwaはディスカウント系。

2大スーパーのひとつ、Kマーケット

Ground

2000円以下でも大満足！ B級グルメ探検隊 Expedition

何かと物価の高さがフォーカスされがちな北欧。でも、探せば「安くておいしい」B級グルメもたくさんあるんです！ 昨今の物価高にも負けない、おすすめグルメはこちら。

01 GOURMET Soul Food

ホットドッグ屋台

ヨーロッパ有数の酪農王国であるデンマークでは、ホットドッグがソウルフード！首都コペンハーゲンでは町なかにホットドッグの屋台が登場し、ひとつ30～50DKKくらいで購入可能。

手が汚れないフレンチホットドッグ

ピクルスやフライドオニオンをトッピング

Juicy!

1 駅や広場の近くにあることが多い 2 さっと焼いてすぐに渡してくれる

揚げニシン、いかが？

02 GOURMET

屋内&屋外マーケット

北欧4ヵ国にはそれぞれ観光客はもちろん地元の人も御用達の青空マーケットや屋内マーケットがある。こうしたマーケットは、スープやサンドイッチなどお手軽フードの宝庫なのだ！

Fish

ランチにぴったりのロヒケイット（サーモンのクリームスープ）

1 ヘルシンキのマーケット広場 2 ベルゲンの魚市場ではシーフードのサンドイッチやスープが味わえる 3 コペンハーゲンのトーベヘルネ 4 デンマークの定番、スモーブロー（オープンサンド）

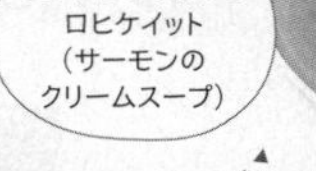

おもなマーケット

- トーベヘルネKBH コペンハーゲン（→P.106）
- マトハーレン・オスロ オスロ（→P.197）
- 魚市場 ベルゲン（→P.231）
- ヒョートリエット ストックホルム（→P.338）
- エステルマルム・サルハール ストックホルム（→P.359）
- マーケット広場 ヘルシンキ（→P.446）

03 GOURMET ローカルファストフード

看板もかわいい☆

HESBURGER

WOW!

ファストフードの王道、ハンバーガー。スウェーデンは「マックス」、フィンランドは「ヘスバーガー」というローカルチェーンがある。ベルゲンにはフィッシュバーガーの名店も！

おもなファストフード店

- ソーステレネ・ハーゲリン ベルゲン（→P.233）
- マックス ストックホルム（→P.360）
- ヘスバーガー ヘルシンキ（→P.481）

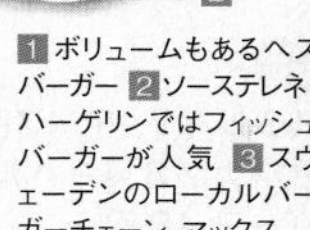

1 ボリュームもあるヘスバーガー 2 ソーステレネ・ハーゲリンではフィッシュバーガーが人気 3 スウェーデンのローカルバーガーチェーン、マックス

04 GOURMET スーパー＆コンビニグルメ

スーパーやコンビニでは、レンチンで食べられるパック総菜やホットドッグなどを販売しており、格安でボリュームも満点！ グラム売りのサラダバーもあるので、ぜひ利用したい。

Fresh!

1 温める必要なくそのまま食べられるものも多い 2 ホットドッグは各国のコンビニで注文可能 3 小エビたっぷりのサンドイッチ 4 ビタミン不足のときはサラダバーを利用してみて

各国のコンビニ

デンマーク

最もよく見かけるのはセブン-イレブン。ただし24時間営業の店はまずない。パンやコーヒー売り場が充実している。

ノルウェー

ノルウェー最大のコンビニチェーンは、ナルヴェセンNarvesen。駅や空港はもちろん、町のいたる所で見かける。

スウェーデン

多いのはセブン-イレブンと、ローカルコンビニのプレスビローンPressbyrån。おしゃれな黄色い看板がよく目立つ。

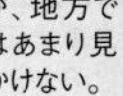

フィンランド

フィンランドのコンビニはRキヨスキR Kioski。ヘルシンキなど都市部にはたくさんあるが、地方ではあまり見かけない。

Bakery

1 デンマークではデニッシュペストリーをぜひ食べたい 2 スウェーデンやフィンランドの定番、シナモンロール

05 GOURMET 地元人気ベーカリー＆カフェ

地元でも評判のパン屋さんは、食費を安く浮かせたい旅行者の強い味方！ ライ麦パンやデニッシュペストリー、シナモンロールなど各国の伝統的なパンはマストイート！ テイクアウトのほかカフェ併設の店も多い。

おもなベーカリー＆カフェ

- ラウケーフーセット コペンハーゲン（→P.103）
- ボーケー・ハンセン オスロ（→P.208）
- ベーテ・カッテン ストックホルム（→P.357）
- エロマンガ ヘルシンキ（→P.481）

カフェのランチビュッフェ

特にフィンランドでよくあるのが、カフェが提供するランチビュッフェ。スープやサラダ、パンが中心のメニューだが、温かいおかずがある場合も。特におすすめの店舗は以下！

おすすめビュッフェ

- エクベリ・カフェ ヘルシンキ（→P.479）
- ファッツェル・カフェ・クルーヴィカツ 3 ヘルシンキ（→P.479）
- マリトリ ヘルシンキ（→P.487）

1 マリメッコ本社に併設したマリトリのランチビュッフェ 2 好きなだけ取ってOK! 3 ランチや朝食ビュッフェが人気のエクベリ・カフェ

1 ストックホルム中央駅地下のフードコート 2 コペンハーゲンのチボリ・フード・ホール 3 バーガーはどのフードコートでも見かける 4 タイや中華などアジア料理も定番 5 地元らしいメニューならシーフードをチョイスして

フードコート

Food Court

北欧では最近、おしゃれなフードコートが増殖中！デパートや駅、複合施設にある場合が多く、ファストフードからアジア、エスニックなどバリエーション豊かな店が入っているので、数人でシェアして食べるのも◎。

- チボリ・フード・ホール コペンハーゲン（→P.106）
- ストームス・パークフス オーデンセ（→P.125）
- クングス・ハーレン ストックホルム（→P.359）
- ケー25 ストックホルム（→P.360）

アジア＆エスニック料理

地元密着のアジアやエスニック料理のレストランでは、ランチにお得なセットメニューを提供していることが多い。定番は中華やベトナム、タイ、インドカレーなど。ケバブスタンドでは1000円以下でボリューム満点のメニューが味わえる。

がっつり食べたいときはケバブ屋台がおすすめ

Chinese

中華料理店には格安のランチがあることが多い

1 ストックホルムにあるアジアンファストフード、タイ・ファストフード＆スシ（→P.361） 2 アンカラ（→P.105）のトルコ料理ビュッフェ

COLUMN 北欧の世界遺産

デンマーク

❶イェリング墳墓群、ルーン文字石碑群と教会
1994年文化遺産
Jelling Mounds, Runic Stones and Church

デンマーク初代国王ゴームが王都としたイェリング。ここに残る2基の大きな墳墓、教会、ルーン文字が刻まれたふたつの石碑は国内最古の考古学資料。

❷ロスキレ大聖堂
1995年文化遺産(→P.119)
Roskilde Cathedral (Roskilde Domkirke)

1170年アブサロン大主教によって築かれた大聖堂。ロマネスク様式とゴシック様式を主調に複数の建築様式が併用されている。デンマーク王室の霊廟でもあり国の象徴的建築物。

❸クロンボー城
2000年文化遺産(→P.117)
Kronborg Castle (Kronborg Slot)

シェイクスピアの『ハムレット』の舞台となった城。1574年フレデリク2世の名により再建に着手。その11年後に完成した。

❹ワッデン海
2009、2014年自然遺産
Wadden Sea

砂と泥からなる世界最大の干潟。2009年にオランダとドイツが登録され、範囲の拡張にともない2014年デンマークも追加された。

❺スティーブンス・クリント
2014年自然遺産
Stevns Klint

中央アメリカのユカタン半島に衝突した隕石の影響を示す地層が見られる。約6500万年前の衝突時の地層や、当時の生物化石を間近に観察できる。

❻モラヴィア教会の入植地クリスチャンフェルド
2015年文化遺産
Christiansfeld, a Moravian Church Settlement

1773年に建設され、モラヴィア教会の入植地となったクリスチャンフェルド。建物は、現在でも使用されている。

❼シェラン島北部のパル・フォルス狩猟景観
2015年文化遺産
The par force hunting landscape in North Zealand

バロック様式の景観を森林地帯に応用した景観。直角に交差した通路はマス目上になっており、石柱や柵にも番号が振られている。

❽ヴァイキング時代の環状要塞群
2023年文化遺産
Viking-Age Ring Fortresses

970～980年の間に作られた、5つのヴァイキング遺跡。幾何学の円形をしており、要塞として利用されたと考えられている。

ノルウェー

❾ブリッゲン
1979年文化遺産(→P.226)
Bryggen

ハンザ同盟の在外拠点として発展した町ベルゲン。ブリッゲン地区はドイツ商人の居留地として建設、以降、幾度も再建がくり返されている。

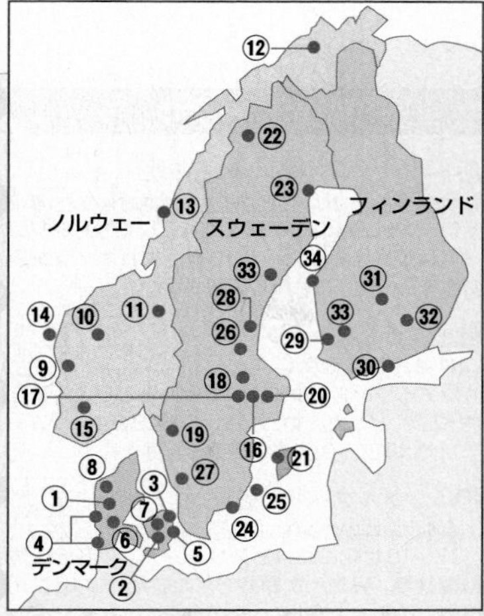

⑩ウルネスの木造教会
1979年文化遺産(→P.245)
Urnes Stave Church (Urnes Stavkyrkje)

ルストラフィヨルドの奥地ウルネスに立つ、「スターヴヒルケの女王」と呼ばれる最古の木造聖堂。

⑪ーロス鉱山都市とその周辺
1980年、2010年文化遺産(→P.221)
Røros Mining Town and The Circumference

1644年に発見された銅鉱山と歴史をともにする町、ローロス。「鉱山街の飾り」と呼ばれる聖堂と木造の家々は1679年の再建時のまま残る。

⑫アルタのロック・アート
1985年文化遺産(→P.286)
Rock Art of Alta

先史時代の集落跡とともに発見された2000もの岩絵。ほとんどが石や獣の角で輪郭線を引いた花崗岩の上に顔料を塗ったもの。

⑬ヴェガオヤン-ヴェガ群島
2004年文化遺産
Vegaøyan-The Vega Archipelago

北緯66度に位置する数十の島からなる群島。島の人々は1500年前から漁業とケワタガモの羽毛の収穫を中心に生活している。群島には石器時代に人間が移り住んだことを伝える痕跡も多く残る。

⑭西ノルウェーフィヨルド群 ―ガイランゲルフィヨルドとネーロイフィヨルド
2005年自然遺産(→P.240、P.248)
West Norwegian Fjords-Geirangerfjord and Nærøyfjord

ガイランゲルフィヨルドはノルウェーを代表する4大フィヨルドのひとつ。ソグネフィヨルドの最先端部分から先のネーロイフィヨルドは標高1700m級の山々が両側にそびえている。

⑮リューカンとノトデンの産業遺産群
2015年文化遺産
Rjukan-Notodden Industrial Heritage Site

20世紀初頭にノルスク・ハイドロ社が、人口肥料の生産のため創設。水力発電所・送電回線・工場・輸送施設・町で構成されている。

※グリーンランドはイルリサット・アイスフィヨルドIlulissat Icefjord(2004年)、クヤータ・グリーンランドKujataa Greenland(2017年)、アーシヴィスイト＝ニピサットAasivissuit – Nipisat(2018年)が登録。

スウェーデン

⑯ドロットニングホルムの王領地
1991年文化遺産（→P.334）

Royal Domain of Drottningholm (Drottningholms slott)

ローヴェン島に王族の夏の離宮として建設された。一度は焼失するがカール10世后エレオノラが建築家テシン親子に依頼し再建された。

⑰ビルカとホーヴゴーデン
1993年文化遺産

Birka and Hovgården

ヴァイキングによる交易の中心地として隆盛を誇った町、ビルカ。またアデルユース島のホーヴゴーデンでは国王や有力者の墳墓が発掘されている。

⑱エンゲルスベリの製鉄所
1993年文化遺産

Engelsberg Ironworks

17～18世紀におけるスウェーデンの基幹産業は製鉄業。製鉄所が操業を開始したのは16世紀後半、このエンゲルスベリが最初。

⑲タヌムの線刻画群
1994年文化遺産

Rock Carvings in Tanum

「先史時代の画廊」と呼ばれる場所がタヌム。そこに残る数々の岩絵は、紀元前1500年から紀元前500年の青銅器時代に描かれた。

⑳スクーグシェルコゴーデン
1994年文化遺産（→P.337）

Skogskyrkogården

1917年から3年をかけ、スウェーデンの建築家アルプルンドとレーヴェレンツにより建設された森林墓地。

㉑ハンザ同盟都市ヴィスビィ
1995年文化遺産（→P.389）

Hanseatic Town of Visby

12世紀から14世紀にかけてハンザ同盟のバルト海貿易の中継基地として繁栄したが、1525年にリューベックによって町は破壊された。

㉒ラポーニア地域
1996年複合遺産

Laponian Area

ヨーロッパ大陸最北部のラップランドには先住民族ラップ人（サーメの人々）が住み、約5000年前から伝統的生活様式を守り生活してきた。

㉓ルーレオのガンメルスタードの教会街
1996年文化遺産（→P.411）

Church Town of Gammelstad, Luleå

ガンメルスタードは、中世の教会村。聖堂周辺には、礼拝に訪れる教区民のための宿泊施設の木造コテージが立ち並ぶ。

㉔カールスクローナの軍港
1998年文化遺産

Naval Port of Karlskrona

バルト地方にある港町。温暖で冬でも海が凍らないことから、1680年スウェーデン海軍の新拠点として町が造られた。

㉕エーランド島南部の農業景観
2000年文化遺産（→P.388）

Agricultural Landscape of Southern Öland

島の南部には、石灰石を敷き詰めた道がある。また、5000年ほど前のものと思われる住居群がユニークな景観を作り上げている。

㉖ファールンの大銅山地域
2001年文化遺産（→P.377）

Mining Area of the Great Copper Mountain in Falun

中世から大銅山地域として栄え、17世紀には世界の銅産出量の3分の2を占めたファールン。13世紀以来、銅の生産活動が行われていた。

㉗グリメトン・ラジオ無線局、ヴァールベリ
2004年文化遺産

Grimeton Radio Station, Varberg

スウェーデン南西部のヴァールベリに残る20世紀初頭の無線通信所。電化以前の通信技術をもつ通信所としては世界で唯一のもの。

㉘ヘルシングランドの装飾農場家屋群
2012年文化遺産

Decorated Farmhouses of Hälsingland

スウェーデン東部のヘルシングランドに点在する農家群。バロック、ロココ式など多彩な様式を用いた豪華な装飾が特徴。

フィンランド

㉙ラウマ旧市街
1991年文化遺産（→P.505）

Old Rauma

1400年頃スウェーデンとの交易都市として繁栄を極め、その後町は焼失。18～19世紀にかけて587軒の家屋が再建された。

㉚スオメンリンナの要塞群
1991年文化遺産（→P.450）

Fortress of Suomenlinna

スウェーデン統治下の1748年に、ヘルシンキ港沖合の6つの無人島に築かれた要塞。ロシア軍の攻撃で1809年陥降ロシア軍の駐屯基地となった。

㉛ペタヤヴェシの古い教会
1994年文化遺産

Petäjävesi Old Church

縦と横が同じ長さのギリシア十字形の平面をもち、その交差部の天井を八角形の半円ドームが覆う。18世紀のフィンランドの木造聖堂の典型例。

㉜ヴェルラ砕木・板紙工場
1996年文化遺産

Verla Groundwood and Board Mill

19世紀、フィンランドの経済発展を支えた製材・製紙工業の中で、フィンランドに建設されたものとしては現存する唯一の工場。

㉝サンマルラハデンマキの青銅器時代の石塚墳
1999年文化遺産

Bronze Age Burial Site of Sammallahdenmäki

青銅器時代に花崗岩で造られた30以上もの埋葬場跡。3000年以上前に北欧で社会、宗教的に意味をもって葬儀が行われていたことを示す。

スウェーデンおよびフィンランド

㉞ハイ・コースト／クヴァルケン群島
2000年、2006年自然遺産

High Coast / Kvarken Archipelago

スウェーデンのボスニア湾西岸、バルト海の北に位置する。無数の群島と氷河期に形成された湖沼や入江、高地などが見られる。

※このほか、ノルウェーやスウェーデン、フィンランドなど10ヵ国にまたがるシュトゥルーヴェの三角点アーチ観測地点群Struve Geodetic Arcも2005年に文化遺産に登録されている。

Denmark

デンマーク

夜のチボリ公園（コペンハーゲン）

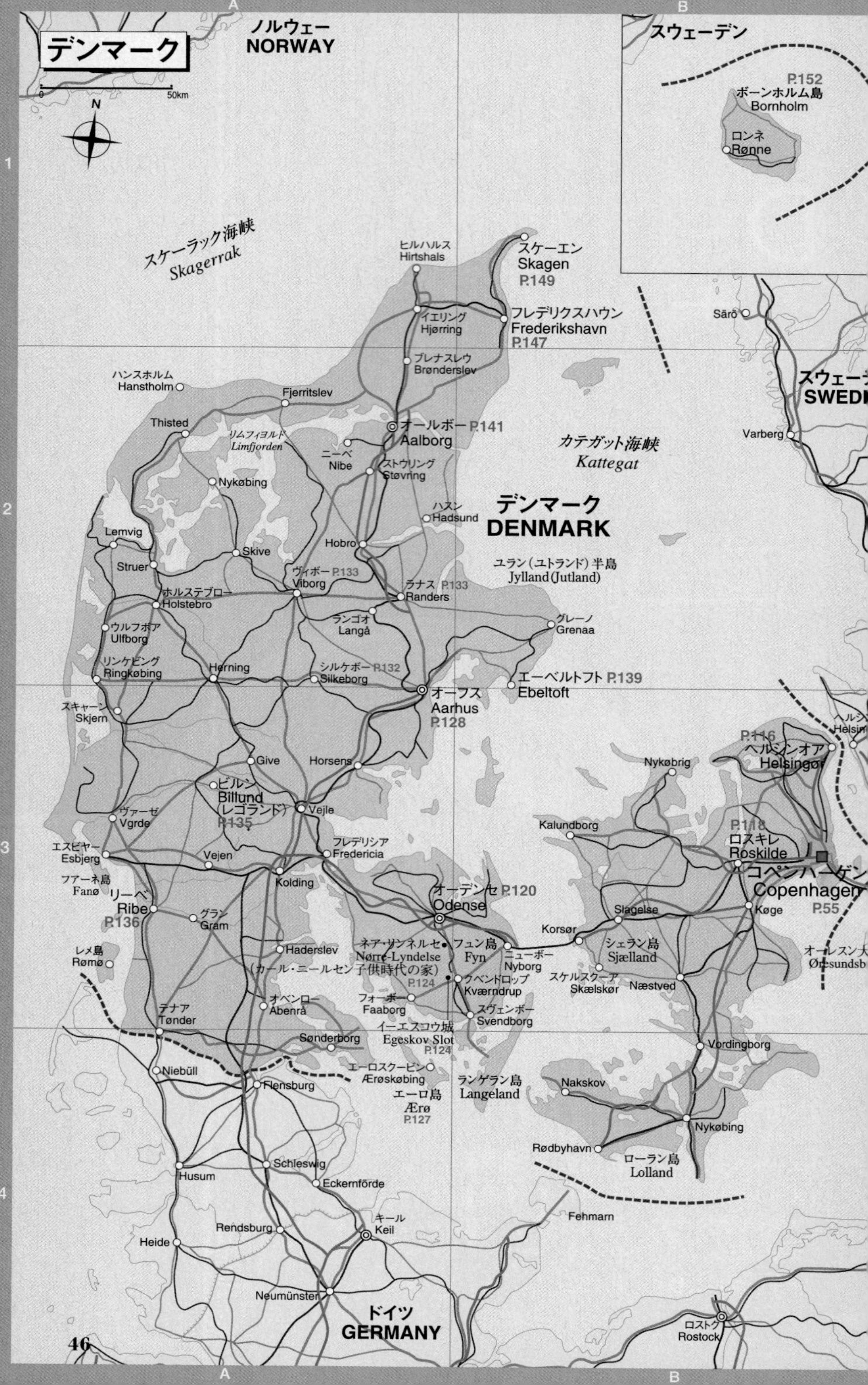

デンマーク
ノルウェー
NORWAY
0
50km
N
スウェーデン
P.152
ボーンホルム島
Bornholm
ロンネ
Rønne
スケーラック海峡
Skagerrak
ヒルハルス
Hirtshals
スケーエン
Skagen
P.149
イエリング
Hjørring
フレデリクスハウン
Frederikshavn
P.147
ブレナスレウ
Brønderslev
Särö
スウェー
SWED
ハンスホルム
Hanstholm
Fjerritslev
Thisted
リムフィヨルド
Limfjorden
オールボー P.141
Aalborg
ニーベ
Nibe
ストウリング
Støvring
カテガット海峡
Kattegat
Varberg
Nykøbing
ハスン
Hadsund
デンマーク
DENMARK
Lemvig
Skive
Hobro
Struer
ヴィボー P.133
Viborg
ラナス P.133
Randers
ユラン（ユトランド）半島
Jylland(Jutland)
ホルステブロー
Holstebro
ランゴオ
Langå
グレーノ
Grenaa
ウルフボア
Ulfborg
リンケビング
Ringkøbing
Herning
シルケボー P.132
Silkeborg
エーベルトフト P.139
Ebeltoft
オーフス
Aarhus
P.128
スキャーン
Skjern
Give
Horsens
ビルン
Billund
（レゴランド）
P.135
Vejle
ヴァーゼ
Vgrde
エスビヤー
Esbjerg
Vejen
フレデリシア
Fredericia
Kolding
ファーネ島
Fanø
リーベ
Ribe
P.136
グラン
Gram
オーデンセ P.120
Odense
Haderslev
ネア・サンネルセ
Nørre-Lyndelse
（カール・ニールセン子供時代の家）
P.124
フュン島
Fyn
ニューボー
Nyborg
クベンドロップ
Kværndrup
レメ島
Rømø
オベンロー
Åbenrå
フォーボー
Faaborg
スヴェンボー
Svendborg
テナア
Tønder
イーエスコウ城
Egeskov Slot
P.124
Sønderborg
Niebüll
エーロスクービン
Ærøskøbing
エーロ島
Ærø
P.127
ランゲラン島
Langeland
Flensburg
Nykøbrig
ヘルシ
Helsin
P.116
ヘルシンオア
Helsingør
Kalundborg
P.118
ロスキレ
Roskilde
コペンハーゲン
Copenhagen
P.55
Slagelse
Køge
Korsør
シェラン島
Sjælland
スケルスクーア
Skælskør
Næstved
オーレスン大
Øresundsb
Vordingborg
Nakskov
Nykøbing
Rødbyhavn
ローラン島
Lolland
Schleswig
Husum
Eckernförde
Fehmarn
キール
Keil
Rendsburg
Heide
Neumünster
ドイツ
GERMANY
ロストク
Rostock

デンマーク イントロダクション

Denmark Introduction

北欧諸国のなかで最も南に位置し、ヨーロッパ大陸と陸続きのユトランド半島と500近い島々からなるデンマーク王国は、自治領であるグリーンランドとフェロー諸島を除けば4ヵ国のなかで最も小さい。「デンマーク」とは英語名で、デンマーク語の正式名称はダンマルク王国Kongeriget Danmark。

国土はなだらかな地形が続き、パンケーキのような形と表現される。高い山や大河はないが、美しい海岸や複雑な海岸線を成すフィヨルド、丘陵や森などの景色は変化に富んでいる。

国名の原意が「デーン族の境界地帯」に由来という説があるように、ヨーロッパ大陸に対する位置関係が、歴史上宿命的に大きな意味をもった国である。北欧最初のキリスト教化、封建制領土の一部導入（スリースウィ公爵領）、北欧最初の宗教改革、19世紀のドイツとの民族抗争などといった歴史的事件。またナチス・ドイツによる中立侵犯・占領、第2次世界大戦後のNATO（北大西洋条約機構）加盟、EC（ヨーロッパ共同体、EUの前身）への北欧唯一の加盟という社会の変化にいち早く対応したという現代的状況も、北欧の最南に位置する国という決定的要因が大きく影響した結果であった。19世紀後半からはヨーロッパ屈指の酪農国として経済的にも発展し、農産物加工、造船、機械工業を基礎とした近代的工業国となっている。

かのウォルト・ディズニーが参考にしたというコペンハーゲンのチボリ公園

アンデルセンが生まれたオーデンセには、彼が子供時代を過ごした家がある

現在、ひとりあたりのGNI（国民総所得）が世界でもトップレベルに位置し、先進的な社会保障制度をもつ福祉国家として知られている。また、童話作家アンデルセンをはじめ、哲学者キルケゴール、彫刻家トーヴァルセンなど個性的な芸術家を産み、1940〜60年頃のいわゆるミッドセンチュリーの時代には、ヤコブセンやウェグナー、パントンなど北欧モダンデザインを世界に広げた優れたデザイナーを次々と産み出した。

世界中の人々がデンマークを「おとぎの国」と絶賛するように、森の緑と草花、紺碧に輝く湖沼が多く、どこへ行っても公園のような美しい景観を見せてくれる。カヌーやクロスカントリースキー、フィッシングをはじめ、四季折々のアクティビティが楽しめ、年間を通して多くの観光客が訪れる。

なお、デンマーク人がよく口にする言葉に「ヒュッゲHygge」があるが、これは心あたたまる、親密という意味をもつ。「世界一幸せな国」と言われるほど国民幸福度が高い、デンマークの国民性にふさわしい言葉と言える。

ジェネラルインフォメーション

デンマークの基本情報

国　旗
赤地に白十字「ターネフロウ」

正式国名
デンマーク王国 Kongeriget Danmark
（英語名 Kingdom of Denmark）

国　歌
「麗しき国（Der er et yndigt land）」
「王クリスチャンはそびえ立つマストの傍らに立った（Kong Christian）」

面　積
4万3098km²（本土）、フェロー諸島1399km²、グリーンランド約220万km²

人　口
約596万人（2024年3月時点）

首　都
コペンハーゲン København
（英語名 Copenhagen）

元　首
フレデリック10世
Frederik X
（2024年1月即位）

政　体
立憲君主制

民族構成
デンマーク人。ユトランド半島のドイツ側国境内には大きなデンマーク人コミュニティがあり、デンマーク語がよく通じる。

宗　教
国民の約72%がプロテスタント（福音ルーテル派）。そのほかローマ・カトリックなど。

言　語
デンマーク語。多くの国民が英語を話す。

通貨と為替レート

DKK

▶旅の予算とお金
→P.544

通貨は、クローネKrone（単数）。または、クローナーKroner（複数）。略号はDKK。また、補助通貨としてオーレØreがある。1DKK=100Øre。紙幣は50、100、200、500、1000DKKの5種類、コインは50Øre、1、2、5、10、20DKKの6種類。近年キャッシュレス化が進み、現金払いできないケースが増えている。必ずクレジットカードを用意すること。

●2024年4月24日現在 1DKK=22.22円

50クローネ

100クローネ

200クローネ

500クローネ

1000クローネ

50オーレ

1クローネ

2クローネ

5クローネ

10クローネ

20クローネ

電話のかけ方

▶国際電話について
→P.562

日本からデンマークへかける場合

国際電話識別番号 010※	＋	デンマークの国番号 45	＋	相手先の電話番号（最初の0は除く）

※携帯電話の場合は010のかわりに「0」を長押しして「＋」を表示させると、国番号からかけられる
※NTTドコモ（携帯電話）は事前にWORLD CALLの登録が必要

入出国

ビザ
観光目的の旅（あらゆる180日間に90日以内滞在）なら不要。※

パスポート
シェンゲン協定加盟国出国予定日から3ヵ月以上の有効残存期間が必要。

▶出発までの手続き
シェンゲン・ビザ
→P.543

※ただし2025年に予定されているETIASの導入後は渡航認証が必要となる

日本からのフライト時間

SAS（SK）が羽田空港からコペンハーゲンへの直行便を運航、所要時間は約13時間30分。

▶北欧への行き方
→P.547

気候

北欧諸国のなかで最も南に位置し、ドイツと陸続きであるユトランド半島と、コペンハーゲンのあるシェラン島、オーデンセのあるフュン島というふたつの島を中心に、大小500近い島々からなる。国土は最高地点でも海抜わずか173mしかなく、なだらか。美しい海岸や複雑な海岸線をなすフィヨルド、丘陵や森などの景色は変化に富む。沿岸を流れるメキシコ湾流のおかげで、緯度のわりに気候は穏やか。四季も比較的はっきりと分かれている。

▶旅のシーズンと気候
→P.538
▶旅の持ち物
→P.550

コペンハーゲンと東京の気温と降水量

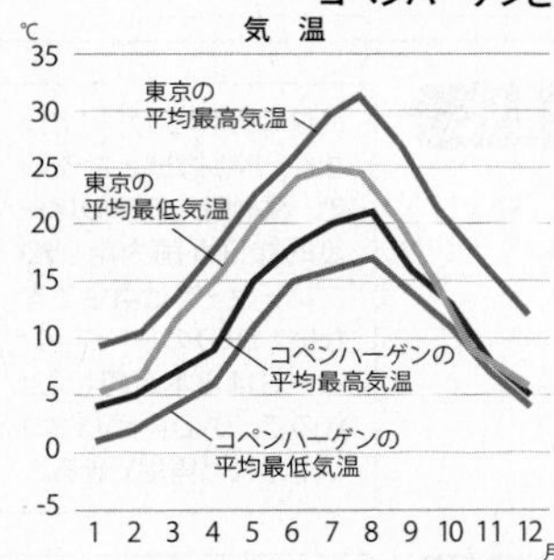

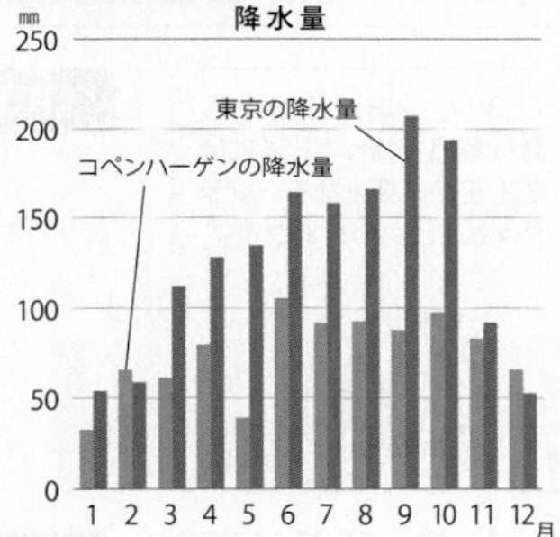

ビジネスアワー

以下は一般的な営業時間の目安。2012年に終業時間法が自由化し、コペンハーゲンでは土曜に営業時間を延長、日曜も営業するショップが増えた。

銀　行
月～水、金曜10:00～16:00、木曜は10:00～17:00。土・日曜、祝日は休業。

郵便局
都市のオフィスの場合、毎日または月～土の10:00～20:00まで営業していることが多い。

デパート・ショップ
月～金曜11:00～18:00、土曜11:00～17:00など。地方都市では日曜は定休となる。

リカーストア
月～木曜9:00～17:30、金曜9:00～19:00、土曜9:00～17:00、日曜は休み。

デンマークから日本へかける場合

国際電話識別番号		日本の国番号		市外局番、携帯番号の最初の0を除いた番号		相手先の電話番号
00	+	81	+		+	

▶デンマークの国際電話
国際電話は、一般の加入電話かホテル客室の電話機からかけられる。ホテルで利用する場合、手数料がかかる場合が多いので注意しよう。また、公衆電話からもかけられるが、携帯電話の普及により公衆電話の数はかなり減少している。海外で使用できる携帯電話を持参しておきたい。

時差とサマータイム

中央ヨーロッパ時間（CET）を採用しており、時差は8時間。日本時間から数えると、マイナス8時間となる。サマータイムは、3月最終日曜から10月の最終日曜まで。この時期は、1時間早い時間となり時差は7時間になるので、飛行機や列車などの乗り遅れに注意しよう。また、グリーンランド南西部都市と日本との時差は12時間となる。

祝祭日（おもな祝祭日）

年によって異なる移動祝祭日（※印）に注意。

日付		祝祭日
1/1		元旦
3/28（'24）	※	洗足木曜日
3/29（'24）	※	聖金曜日
3/31（'24）	※	イースター
4/1 （'24）	※	イースターマンデー
5/9 （'24）	※	昇天祭
5/19（'24）	※	聖霊降臨祭
5/20（'24）	※	ウィットマンデー
6/5		憲法記念日
12/24		クリスマスイブ
12/25		クリスマス
12/26		ボクシングデー
12/31		大晦日

電圧とプラグ

230V、50Hz。日本から電気製品を持っていくには変圧器が必要となる。プラグは丸2ピンのB、Cタイプ。

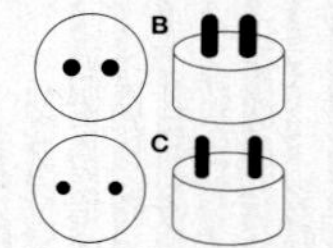

DVD方式

日本のNTSC方式ではなく、PAL方式となるので、現地購入のDVDは一般的な日本国内用DVDプレーヤーでは再生できない。DVDのリージョンコードは日本と同じ「2」なので、DVD内蔵パソコンであれば再生できる。

チップ

料金にサービス料が含まれている場合がほとんどのため、チップの習慣はない。ホテルやタクシーで大きな荷物を持ってもらうなど、特別な用事を頼んだときに、お礼として渡す程度。レストランでは、料金にサービス料が含まれていないときのみ、7～10％程度のチップを渡す。

飲料水

ほとんどの場所で、水道水を飲むことができる。心配なら、キオスクやコンビニでミネラルウオーターを購入しよう。ミネラルウオーターはほとんどが炭酸入りのため、苦手な人は確認してから買うこと。デンマーク語で炭酸入りは「Med Brus」、なしは「Uden Brus」。

郵便

国際郵便は以下に分類されている。

A Prioritaire：優先便

ポスト投函可能。はがきや100gまでの封書を日本へ送る場合は50DKK。郵便局でも手続きができるが、ウェブサイト URL www.postnord.dk で発送受付、支払い、電子ラベルの発行まで完結するのでおすすめ。投函の際、見えるところに「Prioritaire」と記載すること。日本への所要は1週間～10日ぐらい。ポスト投函の場合プラス1～3日。

小包は最大20kgまでとなり、5kg 564DKK、10kg 917DKK、20kgは1799DKK。なお、パッケージ代は別にかかるので注意。日本到着までは、1週間～10日ぐらい。デンマークの郵便局はすべてセルフサービス。郵便小包の場合、自分で包んでラベルを書いてから、番号札を取って順番を待つ。

税　金

TAX

ほとんどの商品に25％の付加価値税（VAT）が課せられているが、EU加盟国以外の国に居住している旅行者が、「TAX FREE」と表示のある店で1日1店舗につき300.01DKK以上の買い物をした場合、商品にかけられている付加価値税の最大20％が払い戻しになる。

買い物の際

「TAX FREE」の表示のある店で300.01DKK以上の買い物をしたら、旅行者である旨を申し出て、免税書類を作成してもらう。作成の際、原則として身分の確認とパスポート番号が必要となるので、パスポートを携帯しておこう。また、免税扱いで購入した商品は、デンマークまたはEU最終国出国まで開封してはいけない。

出国の際

デンマークから直接日本へ帰国する場合や、EU加盟国以外の国へ出国する場合は、デンマーク出国時に払い戻しを受けるための手続きを行う。

①北欧4ヵ国で購入した商品の場合、コペンハーゲンのカストロップ国際空港のターミナル2と3の間に、グローバルブルー・カウンターがある。そこで免税書類を提出し、代行スタンプを押してもらう。免税書類には、商品購入時のレシートを添付しておくこと。購入した商品の包みを見せるように言われることもあるので、手続きは荷物をチェックインする前に行うこと。スタンプの受領期限は、商品購入月の末日より3ヵ月以内。手荷物の場合は出国手続き後に税関スタンプをもらう。

②スタンプをもらったら出国手続きを行う。日本へ免税書類を持ち帰った場合は、グローバルブルー専用ポストに免税書類を投函すればクレジットカードまたは小切手で払い戻しを日本円で受け取ることができる。ただし、手続きが行えるのは、グローバルブルーの「TAX FREE」の加盟店のみ。

カストロップ国際空港で払い戻しを受ける場合、スタンプをもらったあと、出国審査の手前にあるグローバルブルー・カウンター（税金払い戻しカウンター）に免税書類を提出する。クレジットカードへの手続きや銀行小切手で自宅に郵送もできる。その際、住所・氏名はローマ字で正確に記入すること。免税書類（税関スタンプ受領済み）の申請期限は商品購入日より1年以内。

※デンマーク出国後、ほかのEU加盟国を旅行してから帰国する場合、最終的にEU加盟国を出国する際に手続きして税金の還付を受けることになるので、デンマークでの手続きは不要。数ヵ国分の免税書類もまとめて手続きしてくれる。

安全とトラブル

他のヨーロッパ諸国と比べても、治安は良好。しかし、2004年の旧東欧諸国のEU加盟後、置き引きや窃盗などの犯罪は増加の一途をたどっている。荷物から目を離さないように注意し、夜中のひとり歩きなどはやめよう。

警察　消防　救急車　112

▶旅の安全とトラブル対策
→P.565

年齢制限

飲酒とたばこは18歳未満の場合は不可。カジノは18歳以上なら入場できる。また、レンタカー会社によっては19歳や23歳以上などの制限を設けている場合もある。

度量衡

日本と同じく、メートル法を採用している。重さもキログラム単位。

その他

飲酒と喫煙

デンマークでは、ビールなどのアルコールはコンビニやスーパーなどで簡単に購入が可能。価格はビールが333mℓで7～14DKK程度と、ほかの北欧諸国に比べて非常に安い。たばこは日本と比べても非常に高く、マルボロなら20本入り1箱1300円くらい。デンマークでは、屋内の公共の場所、レストランやバーなどはすべて禁煙。ホテルは禁煙室と喫煙室の両方があるところもある。

インターネット

Wi-Fiの普及率が高く、ほとんどの宿泊施設で利用可能。また、空港やレストランなど、公共の場でも使用できる場所が多い。

▶インターネットについて
→P.563

デンマーク国内交通ガイド

デンマーク国内の交通なら、何といっても鉄道が最も便利。バスは近い距離にある都市間を移動するには使えるが、長距離となると途中の町で何度も乗り換えなくてはならない。また、国土も狭いため、飛行機で移動するよりも鉄道を利用するほうが早いということもしばしば。

飛行機

SASなどの航空会社が、コペンハーゲンを中心に国内便を運航している。空港は複数の都市が共同で使用している場合も多い。一部の区間ではローコストキャリアのノルウェー・エアシャトルNorwegian Air Shuttle（DY）も就航。なお、本誌に掲載している各都市の行き方の便数、および所要時間は、SASのもの。

SAS
TEL 70-102000 URL www.flysas.com
ノルウェー・エアシャトル
TEL 70-807880 URL www.norwegian.com

鉄道

一部の私鉄を除いて、デンマーク国鉄Danske Statsbaner（DSB）が運営している。デンマークは島と半島で成り立つ国だが、コペンハーゲンのあるシェラン島と、オーデンセのあるフュン島、そしてユトランド半島は橋とトンネルで結ばれており、陸続き感覚で利用できる。全部で9路線ほどあり、シェラン島、フュン島、ユトランド半島を結ぶ路線はそのうちの5本。オーデンセまで行き、オーデンセからユトランド半島のフレデリシアFrederisiaまで同じルートを進み、その後行き先に分かれて進んでいく。ユトランド島のブラミン〜リーベ間などは、私鉄のゴーコレクティブGoCollectiveが運行している。

デンマーク国鉄
TEL 70-131415 URL www.dsb.dk

デンマーク鉄道の車両は、すべて同じデザイン

鉄道時刻を調べる

ウェブサイトを利用して調べるのがもっとも簡単。乗り換え検索で出発駅と到着駅、日付を入力すると、スケジュールと運賃が表示される。現地の駅などで無料でもらえる時刻表はないが、有人の窓口に行き目的地と希望の日時を告げればすぐに調べてもらえる。コペンハーゲン中央駅には、構内のほぼ中央に鉄道インフォメーションがある。

チケットの購入

◆日本で購入する

デンマーク国鉄のウェブサイトで予約・購入できる。チケットは自分で印刷するか、スマートフォンで提示できるようになっていればOK。現地で発券する場合は、チケット売り場や自動券売機にて。

◆現地で購入する

駅にある有人の窓口もしくは自動券売機から購入可能。窓口の場合は必ず、そばにある専用の機械から、順番待ちの番号札を取ること。電光掲示板に自分の番号が表示されるか番号が呼ばれたら、指定の窓口に行き目的地や時刻、列車番号などを伝える。

コペンハーゲン中央駅のチケット売り場

予約について

基本的にどの鉄道も予約は不要だが、座席を確保したい場合は追加料金を支払えば予約できる。特にインターシティ・リュンとインターシティに乗る際や、長距離での利用、混雑する週末などに2等車を利用する場合は、予約をしたほうが安心だ。1等はたいてい予約なしでも座れる。駅の窓口で尋ねれば列車がどれくらい混んでいて、予約したほうがいいかどうかを教えてくれる。インターシティ・リュンとインターシティに使われている車両は、座席上の荷物棚にある表示窓に席の予約状況が表示されている。そこに駅名が表示されていたら、その駅まで予約されているという意味。予約が入っていない場合は「KAN VARE RESERVERET」と表示されている。なお、予約は利用日の2ヵ月前から受け付けている。

予約料金

座席指定をする場合、運賃のほかに別途予約料金がかかる。国内線のインターシティ、インターシティ・リュン、国際線の座席や寝台それぞれの料金は窓口で確認できる。

割引料金について

デンマーク国鉄にはさまざまな割引料金がある。なかでも使い勝手がいいのが、旅行者向けのDSB Orangeという割引チケット。割引率は混雑具合や購入日などにより変動し、ラッシュアワー以外が狙い目だ。ウェブサイトで予約・購入ができる。購入したら、チケットは自分で印刷またはスマートフォンなどにダウンロードしておく。

コペンハーゲンからの区間料金の目安

～オーデンセ
DSB1（1等）559DKK
スタンダード（2等）379DKK

～オーフス
DSB1（1等）679DKK
スタンダード（2等）499DKK

～オールボー
DSB1（1等）737DKK
スタンダード（2等）557DKK

～フレデリクスハウン
DSB1（1等）758DKK
スタンダード（2等）578DKK

DSBアプリ

駅でのチケットの手続きが面倒なら、DSBの公式アプリが便利。ダウンロードして必要事項を入力するだけで、チケットの予約や購入、時刻表の検索ができる。支払いはクレジットカードで。

おもな列車の種類

インターシティ Inter City(IC) **と**
インターシティ・リュン Inter City Lyn(ICL)
インターシティはいわゆる特急列車で、コペンハーゲンを中心に国内主要都市に向けほぼ1時間おきに出発する。3両でひとつのユニットを形成している。1等の席はどちらか一方の端にあり、窓の上に入った黄色い線が目印。インターシティ・リュンは、停車駅の少ない超特急。

普通列車 レジオナル Regional(Re)
地方からの通勤通学用にも使われており、朝と夕刻に便が増える。

ほか、シェラン島のヘルシンオア～ヒレロズ間、ユトランド半島のブラミンBramming～リーベ間などの数ヵ所で私鉄が運行している。

リーべへ行く私鉄、ゴーコレクティブ

長距離バス

ヨーロッパ諸国から便がある国際バスのフリックスバス社FlixBusがある。コペンハーゲン、ヘルシンオア、ロスキレなどのある北シェラン島に路線をもつ首都圏交通公団HURなどデンマーク東部のバス事業社が合併してできたモビアMovia、オーフスやオールボーなどユトランド半島を走るエックス・バスX-Busなどはあるが、国土の大部分に路線があるような長距離バスはない。

フリックスバス社
URL global.flixbus.com

いくつかのバス会社がある

デンマークに関するエトセトラ

食事

前菜としてよく食べられるのが、ニシンの酢漬けやマスタード漬け。オープンサンド（スモーブロー Smørrebrød）も名物。薄く切ったパンの上にゆでた小エビやスモークサーモン、野菜などを盛りつけている。デンマークの特産はポーク。皮付きのポークをカリカリにローストしたフレスケスタイ Flæskesteg やスヴィーネコツレツ Svinekotlet を注文してみよう。ひき肉料理のフリッカデーラ Frikadeller は家庭的な味のデンマーク風ハンバーグ。オードブルにニシンのマリネ、メインは豚肉料理、そしてチーズ、最後にデンマーク産のアイスクリーム。これでデンマーク料理の典型的なコースをひと巡りしたことになる。また、酪農王国デンマークで見逃せないのが、チーズとパン。デンマークのパンで有名なのは、その名もデニッシュペストリーDanish Pastry。サクサクの生地に砂糖をまぶしたり、中央にクリームやチョコレートなどを入れたりした甘い菓子パン。ちなみにこのパン、デンマーク語ではヴィナーブロード Wienerbrød（ウィーンのパン）と書く。チーズはクリームや青カビ、白カビなどタイプはさまざま。ヤギの乳から作ったチーズも人気だ。

見た目も美しいスモーブロー

おみやげ

ロイヤル・コペンハーゲンやジョージ・ジェンセンなど、北欧ブランドのアイテムは日本よりも比較的安く購入できる。デパートや直営店では日本への郵送サービスを行っているので、椅子など大きな家具を買った時でも安心だ。ただし、アンティーク商品を扱う店では、そういったサービスは行っていない。持ち帰れるほどの小さなものならいいが、郵送が必要となる大きなものだと、自分で郵送の手続きをしなければならないので面倒だ。かわいい木製のおもちゃやレゴなどもデンマークならではのおみやげだ。食料品なら特産のチーズがおすすめ。

デンマーク生まれの有名人

『人魚姫』や『みにくいあひるのこ』など数々の名作を生み出したハンス・クリスチャン・アンデルセン H. C. Andersen は、フュン島のオーデンセ出身。また実存主義哲学の創始者とされるキルケゴール Søren A. Kierkegaard はコペンハーゲン生まれ。北欧デザインの発信地らしく、アーネ・ヤコブセン Arne Jacobsen やポール・ヘニングセン Poul Henningsen など、多くの有名デザイナーも生んでいる。

デンマークのイベント

1年を通じて音楽や映画、演劇、ファッションなどのイベントが催される。7月のコペンハーゲン・ジャズ・フェスティバルには世界的に有名なプレイヤーが出演。8月のクロンボー城のハムレット上演などの野外劇も見逃せない。ほかにも、夏至の日を祝う夏至祭やクリスマスマーケットなどの定番のイベント、またファッションに関するイベントなども開催されている。

2024～2025年イベントカレンダー

6/24 デンマーク各地
夏至祭

6/29～7/6 ロスキレ
ロスキレ・フェスティバル
URL www.roskilde-festival.dk

7/5～14 コペンハーゲン
コペンハーゲン・ジャズ・フェスティバル
URL jazz.dk

7/13～20 オーフス
オーフス・ジャズ・フェスティバル
URL www.jazzfest.dk

8/2～4 コペンハーゲン
コペンハーゲンヒストリックレース（CHGP）
URL chgp.dk

8/5～9 コペンハーゲン
コペンハーゲン国際ファッション・ウィーク（春／夏）
URL copenhagenfashionweek.com

8/7～10 ヘルシンオア
クロンボー城ハムレット上演
URL hamletscenen.dk

8/10～18 オールボー
オールボー・オペラ・フェスティバル
URL www.aalborgopera.dk

8/15～25 オーデンセ
H.C.アンデルセン・フェスティバル野外劇
URL www.hcafestivals.com

8/16～25 コペンハーゲン
コペンハーゲン・クッキング・フェスティバル
URL www.copenhagencooking.dk

8/24～25 コペンハーゲン
カルチャー・ハーバー
URL kulturhavn.kk.dk

8/26～9/1 オーデンセ
オーデンセ国際フィルム・フェスティバル
URL filmfestival.dk

8/30～9/8 オーフス
オーフス・フェスティバル
URL www.aarhusfestuge.dk

10/11 コペンハーゲン
カルチャー・ナイト
URL kulturnatten.dk

11月下旬～1月上旬頃 オーフス
旧市街クリスマス
URL www.dengamleby.dk

12月上旬～中旬 オーデンセ
H.C.アンデルセン・クリスマスマーケット
URL www.city-odense.dk

1月下旬～2月上旬頃 コペンハーゲン
コペンハーゲン国際ファッション・ウィーク（秋／冬）
URL ciff.dk

2月上旬～下旬頃 コペンハーゲン
ウインター・ジャズ
URL jazz.dk

3月中旬～下旬頃 コペンハーゲン
ドキュメンタリーフィルム・フェスティバル
URL cphdox.dk

5月上旬頃 コペンハーゲン
コペンハーゲン・マラソン
URL copenhagenmarathon.dk

※日程は予定日。
参加の際は問い合わせること。

Copenhagen
コペンハーゲン

日本から北欧への玄関口となるコペンハーゲンは、シェラン島Sjælland の北東部にあるデンマークの首都。デンマーク語で「商人の港」を意味し、多くの運河をもつ港町は、商業上の重要な拠点として発展していった。

コペンハーゲンの歴史は、12世紀半ばにアブサロン大主教によって建設されたクリスチャンスボー城から始まる。その後17世紀には、「建築王」と呼ばれたクリスチャン４世(在位1588～1648年)のもと、多くの建築物が建てられ、町は次第に大きくなっていった。現存する赤れんがで造られたオランダ・ルネッサンス様式の歴史的な建造物は、ほとんどがこの時代に建てられたものである。

市街地では、建築物の撤去が容易に許可されない。やむを得ず建て替えなければならないときでも、周囲の建物との調和が義務づけられている。また市庁舎の塔(105.6m)より高い建物を建ててはならないという市の条例により、近代的な高層ビルもない。こうした徹底した政策が功を奏し、町はいつまでもその華麗なたたずまいを保ち続けている。この独特の重量感のある町並みは、戦争による挫折と、それを繰り返すまいとした市民の知恵の賜といってもいい。その挫折とは、19世紀の初め、ナポレオン戦争の際フランスに加担し、敵対する英国軍によって町が破壊されたこと。その知恵とは第2次世界大戦の折、ナチス・ドイツに形の上で降伏し、町を戦火から守ったことだ。

重厚な石造りの建物やカラフルな木造家屋、モダンな近代建築が絶妙なバランスをとった町並みは、おとぎの国の首都にふさわしく美しい。また、2024年1月の新国王フレデリック10世即位の舞台にもなったクリスチャンスボー城をはじめ、欧州最古の歴史を誇るデンマーク王室ゆかりの見どころも一般公開されている。ゆっくりと滞在して、新旧の魅力に触れてみたい。

カラフルな建物が軒を連ねる港町、ニューハウン

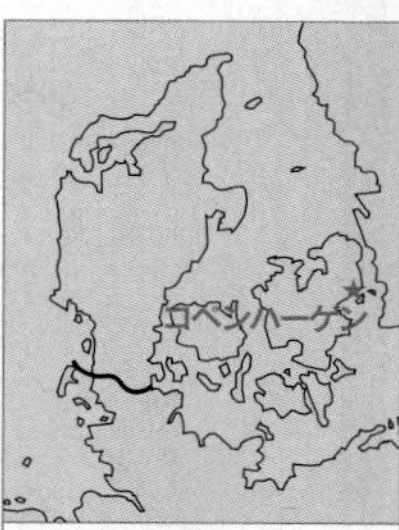

Map P.46-B3
人口:66万2366
市外局番:なし

デンマーク情報のサイト
URL www.visitdenmark.com
X @GoVisitDenmark
f @denmark
◎ @govisitdenmark

コペンハーゲン情報のサイト
URL www.visitcopenhagen.com
X @VisitCopenhagen
f @VisitCopenhagen
◎ @visitcopenhagen

市外局番について
デンマークには市外局番はない。国内どこからどこへかけるにも、8桁の番号をダイヤルする。

CHECK!
コペンハーゲンの呼び方
コペンハーゲンCopenhagenとは英語名。デンマーク語での表記はケヴンハヴンKøbenhavnとなる。駅や空港ではデンマーク語で表記されているので、間違えないようにしよう。

※北欧では、近年急激にキャッシュレス化が進み、現金払い不可の観光施設や店舗が増加している。クレジットカードを必ず用意すること。

専用レーンが張り巡らされた、"世界一自転車フレンドリーな町"

※エックス、フェイスブック、インスタグラムは、アカウント名のみを表記しています。
ブラウザで見る場合は、加えて各SNSのURLが必要となります

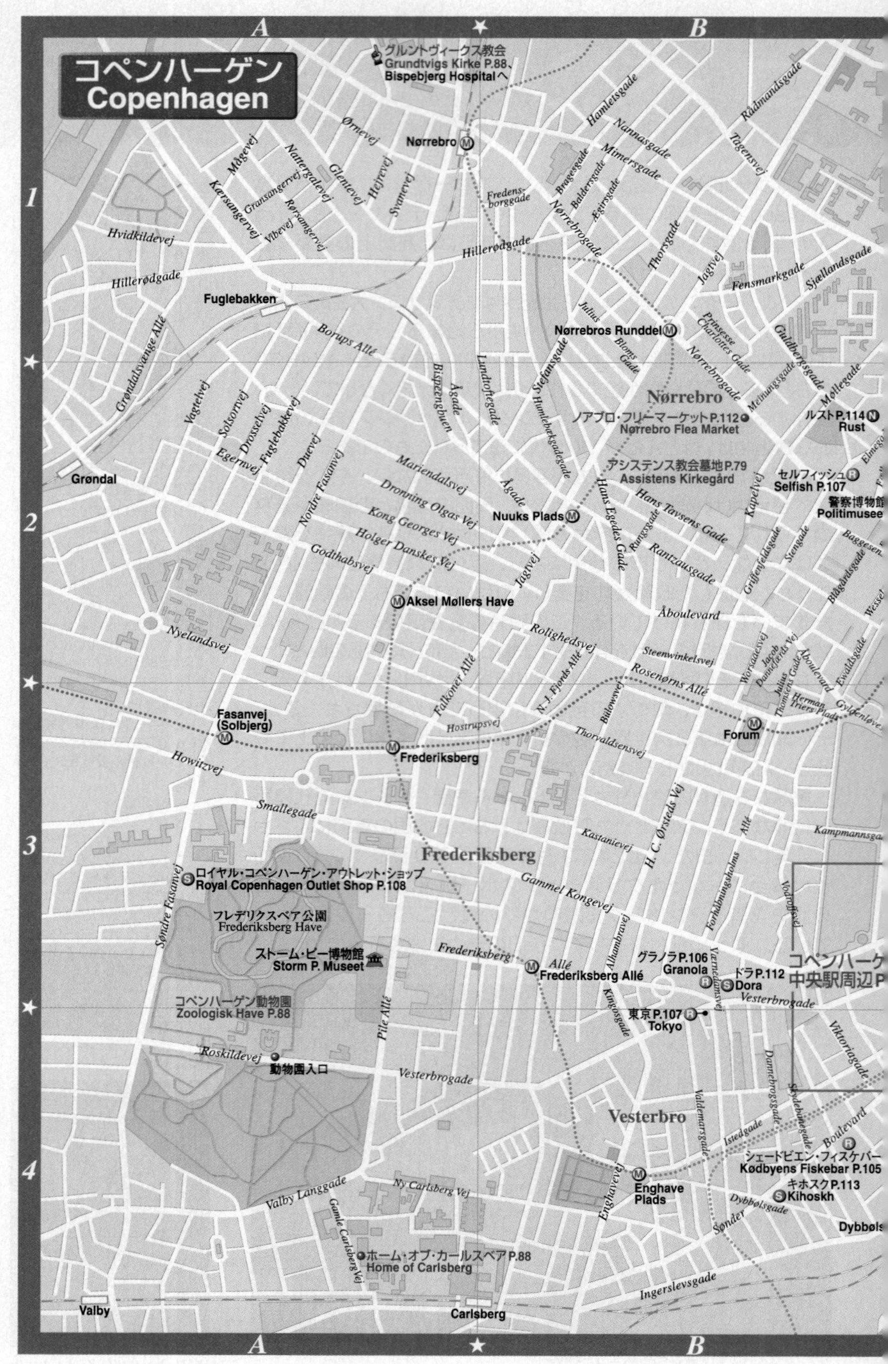

コペンハーゲン
Copenhagen
A
B
1
2
3
4
グルントヴィークス教会
Grundtvigs Kirke P.88、
Bispebjerg Hospitalへ
Nørrebro
Ørnevej
Møgevej
Nattergalevej
Glentevej
Hejrevej
Svanevej
Kærsangervej
Gransangervej
Rørsangervej
Vibevej
Hvidkildevej
Hillerødgade
Fuglebakken
Grøndalsvænge Allé
Borups Allé
Bispeengbuen
Lundtoftegade
Ågade
Vagtelvej
Solsortvej
Drosselvej
Fuglebakkevej
Egernvej
Duevej
Grøndal
Nordre Fasanvej
Mariendalsvej
Dronning Olgas Vej
Kong Georges Vej
Holger Danskes Vej
Godthabsvej
Nuuks Plads
Aksel Møllers Have
Nyelandsvej
Hamletsgade
Nannasgade
Mimersgade
Tagensvej
Rådmandsgade
Fredens-
borggade
Bragesgade
Baldersgade
Ægirsgade
Nørrebrogade
Thorsgade
Jagtvej
Fensmarkgade
Sjællandsgade
Julius
Nørrebros Runddel
Bloms
Gade
Prinsesse
Charlottes Gade
Guldbergsgade
Stefansgade
Humlebæksgade
Meinungsgade
Møllegade
Nørrebro
ノアブロ・フリーマーケットP.112
Nørrebro Flea Market
ルストP.114
Rust
アシステンス教会墓地P.79
Assistens Kirkegård
セルフィッシュ
Selfish P.107
警察博物館
Politimuseet
Kapelvej
Hans Egedes Gade
Hans Tavsens Gade
Rungsgade
Rantzausgade
Griffenfeldsgade
Stengade
Baggesen
Blågårdsgade
Åboulevard
Rolighedsvej
Steenwinkelsvej
Rosenørns Allé
N. J. Fjords Allé
Bülowsvej
Worsaaesvej
Jacob
Danefærds Vej
Julius
Thomsens Gade
Herman
Triers Plads
Ewaldsgade
Gyldenløve
Falkoner Allé
Hostrupsvej
Thorvaldsensvej
Forum
Fasanvej
(Solbjerg)
Frederiksberg
Howitzvej
Smallegade
H. C. Ørsteds Vej
Allé
Kampmannsgade
Kastanievej
Frederiksberg
Gammel Kongevej
Forhåbningsholms
Vodroffsvej
ロイヤル・コペンハーゲン・アウトレット・ショップ
Royal Copenhagen Outlet Shop P.108
Søndre Fasanvej
フレデリクスベア公園
Frederiksberg Have
ストーム・ピー博物館
Storm P. Museet
Frederiksberg
Allé
Frederiksberg Allé
Alhambravej
グラノラP.106
Granola
ドラP.112
Dora
Værnedamsvej
コペンハーゲ
中央駅周辺P
コペンハーゲン動物園
Zoologisk Have P.88
Vesterbrogade
Kingosgade
東京P.107
Tokyo
Viktoriagade
Pile Allé
Roskildevej
動物園入口
Vesterbrogade
Dannebrogsgade
Vesterbro
Valdemarsgade
Istedgade
Boulevard
Sønderboulevard
シェードビエン・フィスケバー
Kødbyens Fiskebar P.105
キホスクP.113
Kihoskh
Enghave
Plads
Enghavevej
Dybbølsgade
Sønder
Dybbøls
Valby Langgade
Ny Carlsberg Vej
Gamle Carlsberg Vej
ホーム・オブ・カールスベアP.88
Home of Carlsberg
Ingerslevsgade
Valby
Carlsberg

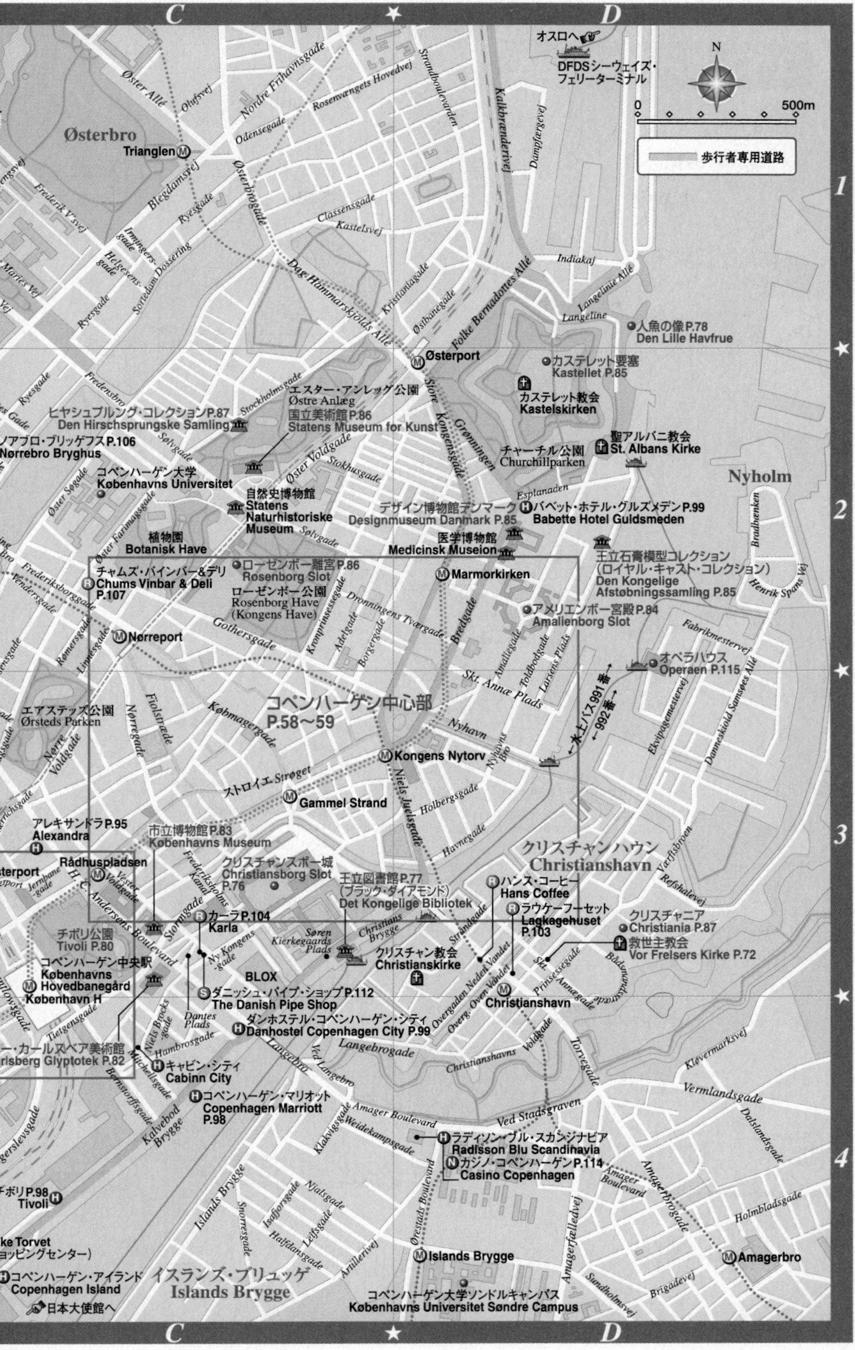
オスロへ
DFDSシーウェイズ・フェリーターミナル
500m
歩行者専用道路
Østerbro
Trianglen
人魚の像P.78
Den Lille Havfrue
Østerport
カステレット要塞
Kastellet P.85
カステレット教会
Kastelskirken
エスター・アンレッグ公園
Østre Anlæg
国立美術館P.86
Statens Museum for Kunst
ヒヤシュプルング・コレクションP.87
Den Hirschsprungske Samling
ノアブロ・ブリッゲフスP.106
Nørrebro Bryghus
聖アルバニ教会
St. Albans Kirke
チャーチル公園
Churchillparken
コペンハーゲン大学
Københavns Universitet
Nyholm
自然史博物館
Statens Naturhistoriske Museum
デザイン博物館デンマーク
Designmuseum Danmark P.85
バベット・ホテル・グルズメデンP.99
Babette Hotel Guldsmeden
植物園
Botanisk Have
医学博物館
Medicinsk Museion
王立石膏模型コレクション
(ロイヤル・キャスト・コレクション)
Den Kongelige Afstøbningssamling P.85
ローゼンボー離宮P.86
Rosenborg Slot
チャムズ・バインバー&デリ
Chums Vinbar & Deli P.107
ローゼンボー公園
Rosenborg Have
(Kongens Have)
Marmorkirken
アメリエンボー宮殿P.84
Amalienborg Slot
Nørreport
オペラハウス
Operaen P.115
水上バス991番
992番
エアステッズ公園
Ørsteds Parken
コペンハーゲン中心部
P.58〜59
Kongens Nytorv
ストロイエ Strøget
Gammel Strand
アレキサンドラP.95
Alexandra
市立博物館P.83
Københavns Museum
クリスチャンハウン
Christianshavn
Rådhuspladsen
クリスチャンスボー城
Christiansborg Slot P.76
王立図書館P.77
(ブラック・ダイアモンド)
Det Kongelige Bibliotek
ハンス・コービー
Hans Coffee
ラウケーフーセット
Lagkagehuset P.103
カーラP.104
Karla
クリスチャニア
Christiania P.87
救世主教会
Vor Frelsers Kirke P.72
チボリ公園
Tivoli P.80
クリスチャン教会
Christianskirke
コペンハーゲン中央駅
Københavns Hovedbanegård
København H
BLOX
ダニッシュ・パイプ・ショップP.112
The Danish Pipe Shop
Christianshavn
ダンホステル・コペンハーゲン・シティ
Danhostel Copenhagen City P.99
ニュー・カールスベア美術館
Ny Carlsberg Glyptotek P.82
キャビン・シティ
Cabinn City
コペンハーゲン・マリオット
Copenhagen Marriott P.98
ラディソン・ブル・スカンジナビア
Radisson Blu Scandinavia
カジノ・コペンハーゲンP.114
Casino Copenhagen
チボリP.98
Tivoli
Islands Brygge
Amagerbro
コペンハーゲン・アイランド
Copenhagen Island
イスランズ・ブリュッゲ
Islands Brygge
日本大使館へ
コペンハーゲン大学ソンドルキャンパス
Københavns Universitet Søndre Campus

コペンハーゲン中心部
A
B
1
2
3
4
ローゼンボー離宮P.86
Rosenborg Slot
ローゼンボー公園
Rosenborg Have(Kongens Have)
労働者博物館
Arbejdermuseet
トーベヘルネKBH P.106
Torvehallerne KBH
イスラエル広場
Israels Plads
Nørreport
映画博物館
Det Danske Filminstitut
シューネマンP.104
Schønnemann
バウム・ウント・フェアートガーテ
Baum und Pferdgarten
ノーマルP.113
Normal
ラウンド・タワー（円塔）
Rundetaarn P.73
アンカラP.105
Ankara
アーノルド・ブスク
Arnold Busck P.113
コペンハーゲン中央図書館
Københavns Hovedbibliotek
サンクト・ペトリP.94
Skt. Petri
A.C.パークス・ティーハレンP.113
A.C. Perch's Thehandel
ピーター・ハーツP.111
Peter Hertz
ノールNorr P.112
オーマンズ1921
Aamanns 1921 P.101
リズ・ラズ
Riz Raz P.105
コペンハーゲン大学
Københavns Universitet
ノーマン・コペンハーゲン
Normann Copenhagen P.108
エコ・エスターギャーゼ
Ecco Østergade
ジョージ・ジェンセンP.109
Georg Jensen
グッチ
Gucci
ロイヤル・コペンハーゲンP.108
Royal Copenhagen
ルイ・ヴィトン
Louis Vuitton
イルム
Illum P.110
聖母教会
Vor Frue Kirke
イルムス・ボーリフスP.109
Illums Bolighus
聖霊教会
Helligånds Kirken
リゼット・スニーカー・ストアP.111
Rezet Sneaker Store
レインズ
Rains P.111
ストロイエ Strøget P.74
ハイ・ハウスP.109
Hay House
ニコライ教会
Nikolaj Kirke
ヨーロパ1989
Europa 1989 P.103
ラ・グラスP.102
La Glace
レゴ・ストア・コペンハーゲンP.111
Lego Store Copenhagen
アマートーゥ広場
Amagertorv
カレ・ジュエリーP.111
Carré Jewellery
コペンハブナー・カフェーンP.104
Københavner Caféen
スロッツケラン・ホス・ギッテ・キックP.101
Slotskælderen Hos Gitte Kik
ガンメルトーゥ広場
Gammeltorv
Gammel Strand
ボートツアー乗り場
ニュートーゥ広場
Nytorv
ベートルス・サロンP.103
Bertels Salon
ガンメル・ストランド
Gammel Strand
フライング・タイガー・コペンハーゲンP.112
Flying Tiger Copenhagen
スロッツホルメン
Slotsholmen
ニュートーゥ
Nytorv P.104
トーヴァルセン彫刻美術館P.77
Thorvaldsens Museum
ラウケーフーセット
Lagkagehuset
アブサロン大主教時代の城跡
Ruinerne Under Christiansborg
城跡入口
クリスチャンスボー宮殿
Christiansborg, De Kongelige
ロイヤル・レセプション・ルーム
De Kongelige Repræsentationslokaler
市庁舎前広場
Rådhus Pladsen
Rådhuspladsen
ビリーブ・イット・オア・ノットP.83
Ripley's Believe it or Not!
コペンハーゲン・ダウンタウン・ホステル
Copenhagen Downtown Hostel P.99
国会議事堂
Folketinget
モジョP.114
Mojo
クリスチャンスボー城P.76
Christiansborg Slot
アンデルセン像P.79
コペンハーゲン市庁舎P.73
Københavns Rådhuset
演劇史博物館P.77
Teatermuseet
王室の厩舎
De Kongelige Stalde
チボリハレンP.100
Tivolihallen
国立博物館P.82
Nationalmuseet
チボリ公園
Tivoli P.80
王立戦争博物
Krigsmuseet
Øster Voldgade
Gothersgade
Nørre Voldgade
Frederiksborggade
Nørregade
Fiolstræde
Købmagergade
Kronprinsensgade
Vestergade
Nygade
Vimmelskaftet
H.C. Andersens Boulevard
Vester Voldgade

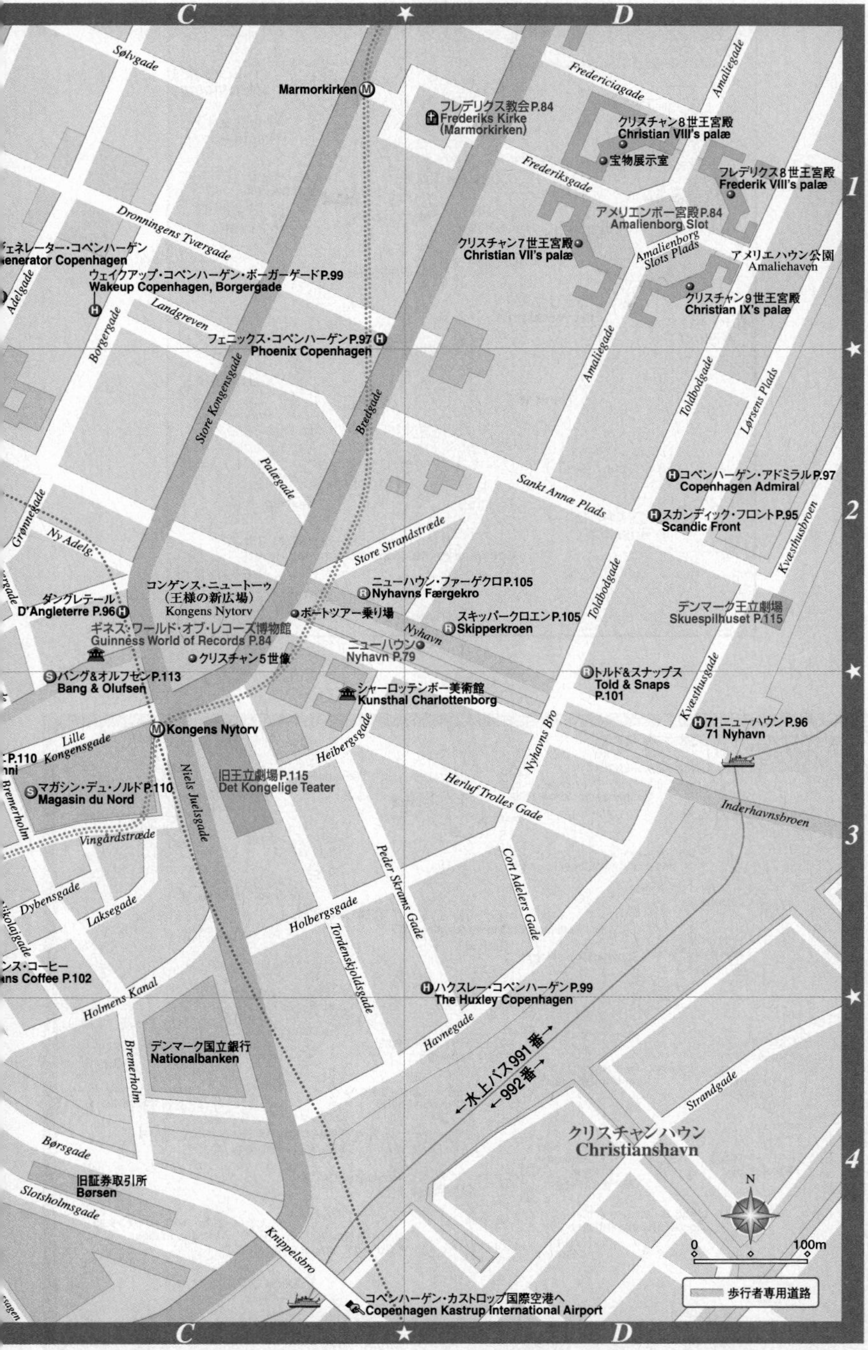

C
D
1
2
3
4
Sølvgade
Marmorkirken
フレデリクス教会P.84
Frederiks Kirke
(Marmorkirken)
Fredericiagade
Amaliegade
クリスチャン8世王宮殿
Christian VIII's palæ
宝物展示室
Frederiksgade
フレデリクス8世王宮殿
Frederik VIII's palæ
アメリエンボー宮殿P.84
Amalienborg Slot
Dronningens Tværgade
クリスチャン7世王宮殿
Christian VII's palæ
Amalienborg Slots Plads
アメリエハウン公園
Amaliehaven
ウェイクアップ・コペンハーゲン・ボーガーゲードP.99
Wakeup Copenhagen, Borgergade
Adelgade
Borgergade
Landgreven
クリスチャン9世王宮殿
Christian IX's palæ
フェニックス・コペンハーゲンP.97
Phoenix Copenhagen
Store Kongensgade
Bredgade
Amaliegade
Toldbodgade
Lørsens Plads
Palægade
Sankt Annæ Plads
コペンハーゲン・アドミラルP.97
Copenhagen Admiral
スカンディック・フロントP.95
Scandic Front
Grønnegade
Ny Adelg.
Store Strandstræde
Kvæsthusbroen
ニューハウン・ファーゲクロP.105
Nyhavns Færgekro
Toldbodgade
コンゲンス・ニュートーゥ
(王様の新広場)
Kongens Nytorv
ダングレテール
D'Angleterre P.96
ボートツアー乗り場
スキッパークロエンP.105
Skipperkroen
デンマーク王立劇場
Skuespilhuset P.115
ギネス・ワールド・オブ・レコーズ博物館
Guinness World of Records P.84
Nyhavn
ニューハウン
Nyhavn P.79
クリスチャン5世像
バング&オルフセンP.113
Bang & Olufsen
トルドスナップス
Told & Snaps
P.101
シャーロッテンボー美術館
Kunsthal Charlottenborg
Kvæsthusgade
71ニューハウンP.96
71 Nyhavn
Kongens Nytorv
Lille Kongensgade
Nyhavns Bro
Heibergsgade
マガシン・デュ・ノルドP.110
Magasin du Nord
Bremerholm
Niels Juelsgade
旧王立劇場P.115
Det Kongelige Teater
Herluf Trolles Gade
Inderhavnsbroen
Vingårdstræde
Peder Skrams Gade
Cort Adelers Gade
Dybensgade
Laksegade
Holbergsgade
Tordenskjoldsgade
Holmens Kanal
ハクスレー・コペンハーゲンP.99
The Huxley Copenhagen
Havnegade
デンマーク国立銀行
Nationalbanken
Bremerholm
←水上バス991番→
←992番→
Strandgade
クリスチャンハウン
Christianshavn
Børsgade
旧証券取引所
Børsen
Slotsholmsgade
Knippelsbro
N
0
100m
歩行者専用道路
コペンハーゲン・カストロップ国際空港へ
Copenhagen Kastrup International Airport

コペンハーゲン郊外
N
0
10km
スウェーデン
Sweden
クロンボー城
Kronborg Slot
ヘルシンボリ
Helsinborg
Tisvilde
ルイジアナ現代美術館P.89
Louisiana Museum of Modern Art
ヘルシンオア
Helsingør
Esrum Sø
フリーデンスボー宮殿P.89
Fredensborg Slot
フムレベック
Humlebæk
Arresø
フリーデンスボー
Fredensborg
オーレスン海峡
Øresund
フレデリクスボー城P.92
Frederiksborg Slot
Hundested
ヒレロズ
Hillerød
Hørsholm
Sjælsø
フレデリクスン
Frederikssund
イセフィヨルド
Isefjord
デュアハウスバッケンP.90
Dyrehavsbakken
ベルビュー・ビーチP.91
Bellevue Strand
Farum
Furesø
Klampenborg
オードロップゴー美術館P.90
Ordrupgaard
Stenløse
オーレスン大橋
Øresundsbron
デンマーク国立水族館 ブルー・プラネットP.88
National Aquarium Denmark, Den Blå Planet
ロスキレフィヨルド
Roskilde Fjord
コペンハーゲン
Copenhagen
Taastrup
Kastrup
ロスキレ
Roskilde
コペンハーゲン・カストロップ国際空港
Copenhagen Kastrup International Airport
ドラオアP.90
Dragør
アマー島
Amager
Karlslunde

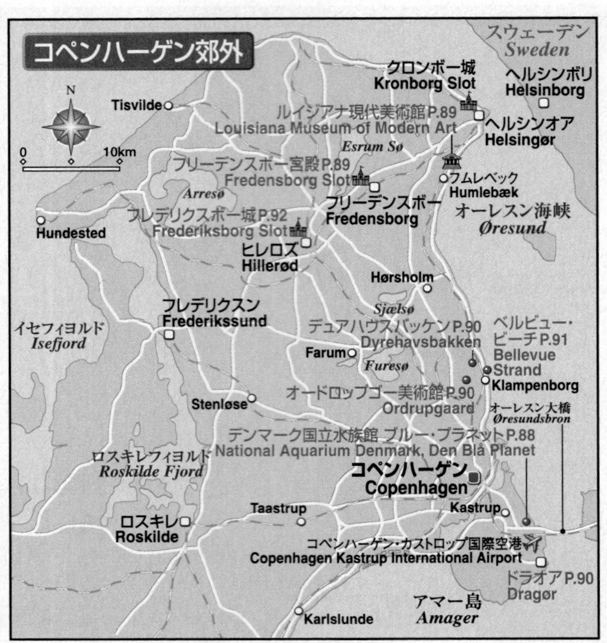

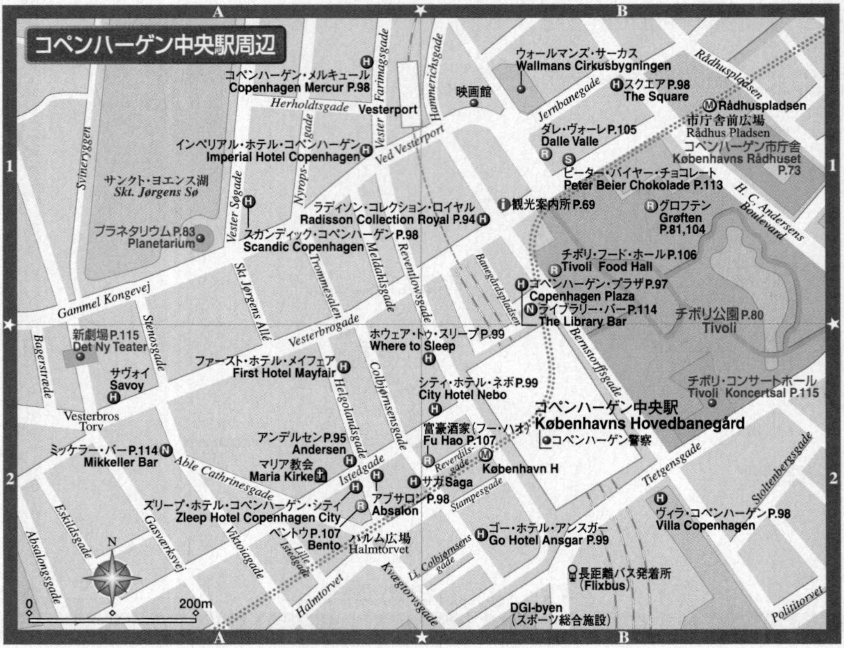
コペンハーゲン中央駅周辺
A
B
1
2
コペンハーゲン・メルキュール
Copenhagen Mercur P.98
ウォールマンズ・サーカス
Wallmans Cirkusbygningen
Rådhuspladsen
映画館
スクエアP.98
The Square
Herholdtsgade
Vesterport
Jernbanegade
Rådhuspladsen
市庁舎前広場
Rådhus Pladsen
Vester Farimagsgade
Hammerichsgade
ダレ・ヴォーレP.105
Dalle Valle
インペリアル・ホテル・コペンハーゲン
Imperial Hotel Copenhagen
Ved Vesterport
コペンハーゲン市庁舎
Københavns Rådhuset
P.73
Svineryggen
サンクト・ヨエンス湖
Skt. Jørgens Sø
Nyrops-gade
ピーター・バイヤー・チョコレート
Peter Beier Chokolade P.113
H. C. Andersens Boulevard
観光案内所P.69
ラディソン・コレクション・ロイヤル
Radisson Collection Royal P.94
グロフテン
Grøften
P.81,104
プラネタリウムP.83
Planetarium
Vester Søgade
スカンディック・コペンハーゲンP.98
Scandic Copenhagen
チボリ・フード・ホールP.106
Tivoli Food Hall
Meldahlsgade
Trommesalen
Reventlowsgade
Banegårdspladsen
コペンハーゲン・プラザP.97
Copenhagen Plaza
ライブラリー・バーP.114
The Library Bar
Gammel Kongevej
Skt Jørgens Allé
チボリ公園P.80
Tivoli
Vesterbrogade
新劇場P.115
Det Ny Teater
ホウェア・トゥ・スリープP.99
Where to Sleep
Stenosgade
Bagerstræde
ファースト・ホテル・メイフェア
First Hotel Mayfair
Bernstorffsgade
サヴォイ
Savoy
シティ・ホテル・ネボP.99
City Hotel Nebo
チボリ・コンサートホール
Tivoli Koncertsal P.115
Helgolandsgade
Colbjørnsensgade
Vesterbros Torv
コペンハーゲン中央駅
Københavns Hovedbanegård
富豪酒家(フー・ハオ)
Fu Hao P.107
アンデルセンP.95
Andersen
コペンハーゲン警察
ミッケラー・バーP.114
Mikkeller Bar
マリア教会
Maria Kirke
Reverdilsgade
København H
Able Cathrinesgade
Istedgade
サガSaga
Tietgensgade
Stoltenbergsgade
ズリープ・ホテル・コペンハーゲン・シティ
Zleep Hotel Copenhagen City
アブサロンP.98
Absalon
Stampesgade
ヴィラ・コペンハーゲンP.98
Villa Copenhagen
Eskildsgade
Gasværksvej
ベントウP.107
Bento
ハルム広場
Halmtorvet
ゴー・ホテル・アンスガー
Go Hotel Ansgar P.99
Absalonsgade
Viktoriagade
Lille Istedgade
Li. Colbjørnsens gade
長距離バス発着所
(Flixbus)
N
Halmtorvet
Kvægtorvsgade
0
200m
DGI-byen
(スポーツ総合施設)
Polititorvet

コペンハーゲン到着

飛行機で着いたら

コペンハーゲンの空の玄関は、市の中心から約10kmほど南に位置するコペンハーゲン・カストロップ国際空港Copenhagen Kastrup International Airport (Københavns Lufthavn)。空路でのコペンハーゲン入りは、すべてこの空港に到着する。

コペンハーゲン・カストロップ国際空港

Copenhagen Kastrup International Airport

コペンハーゲン・カストロップ国際空港は、ガラスを多用した北欧らしいモダンなデザインだ。ターミナルはかつて1から3まであったが、今はターミナル2と3に集約され、ターミナル間は徒歩で行き来できる。SASはターミナル3を利用しており、日本からの直行便もここに到着する。鉄道や地下鉄の駅もターミナル3と直結している。空港では現在、ハブ空港としての機能充実を図るべく、ターミナル3の大規模な拡張工事を行っている。工事完了は2027年以降の予定。

建物の前面はすべてガラス張り

日本からの便(→P.547)
北欧諸国からの便(→P.554)

コペンハーゲン・カストロップ国際空港
Map P.60上
住Lufthavnsboulevarden 6
TEL32-313231
URLwww.cph.dk

コペンハーゲン・カストロップ国際空港Copenhagen Kastrup International Airportは英語表記。現地語の表記はKøbenhavns LufthavnまたはCPH Lufthavnとなる。

空港内の銀行
Forex
URLdanskebank.dk
セキュリティチェック前(ターミナル2)
営毎日6:00～20:00
休なし

空港のインフォメーション
開5～9月
毎日5:10～23:00
10～4月
毎日6:10～23:00
休なし

航空会社のチェックインカウンターの横にある。観光案内のほか、市内地図や各種パンフもある。

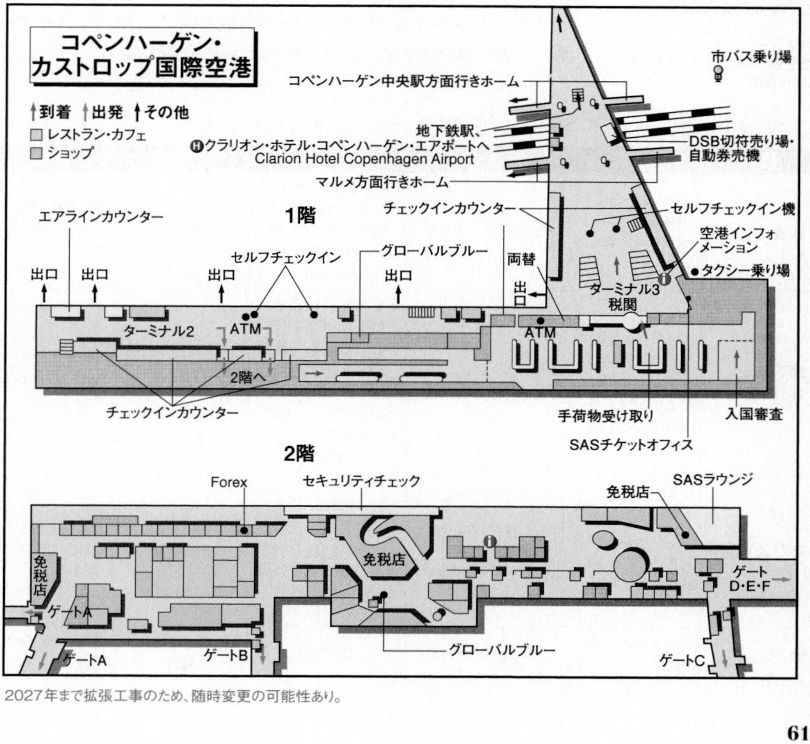

コペンハーゲン・カストロップ国際空港

到着 出発 その他
レストラン・カフェ
ショップ

1階
コペンハーゲン中央駅方面行きホーム
地下鉄駅、
クラリオン・ホテル・コペンハーゲン・エアポートへ
Clarion Hotel Copenhagen Airport
マルメ方面行きホーム
市バス乗り場
DSB切符売り場・自動券売機
セルフチェックイン機
空港インフォメーション
タクシー乗り場
チェックインカウンター
エアラインカウンター
セルフチェックイン
グローバルブルー
両替
出口
ターミナル3
税関
ターミナル2
ATM
2階へ
チェックインカウンター
手荷物受け取り
入国審査
SASチケットオフィス

2階
Forex
セキュリティチェック
免税店
SASラウンジ
免税店
ゲートA
ゲートB
ゲートC
ゲートD・E・F
グローバルブルー

2027年まで拡張工事のため、随時変更の可能性あり。

デンマーク国鉄
TEL 70-131415
URL www.dsb.dk
空港～中央駅
運 24時間
料 36DKK
(コペンハーゲン・カードDiscoverで乗車可)
所要約14分。チケットはDSBの切符売り場か、自動券売機(クレジットカード利用可)で購入できる。また、デンマークと対岸のスウェーデンを結ぶオーレスン大橋Øresundsbronを通ってスウェーデンへ直接アクセスすることもできる。

地下鉄(→P.67)
運 24時間
料 36DKK
(コペンハーゲン・カードDiscoverで乗車可)
ノアポート駅まで所要約15分。チケットの購入については(→P.64)。

市バス(→P.66)
運 24時間
料 36DKK
(コペンハーゲン・カードDiscoverで乗車可)
バス停はターミナル3のタクシー乗り場の方向へ出て、道路を越えた所にある。チケットはDSBの券売機で購入できる。運転手から直接購入することも可能(小銭のみ使用可能)。

タクシー
料 空港から市内まで250～350DKK程度

空港から市内への行き方

鉄道、地下鉄

Tog

デンマーク国鉄DSBの列車が、コペンハーゲン・カストロップ国際空港とコペンハーゲン中央駅Københavns Hovedbanegårdとを結んでいる。路線は何種類かあり、行き先が同じでもコペンハーゲン中央駅に停車しない列車もある。DOTのDOT Billeltter(→P.64欄外)や乗り換え案内アプリをダウンロードしておくと、路線検索がスムーズだ。コペンハーゲン・カストロップ国際空港駅CPH Lufthavnを出発し、3つめの駅がコペンハーゲン中央駅。また地下鉄M2線も空港に直結している。M2線は中央駅を経由せず、コンゲンス・ニュートーゥ駅Kongens Nytorvやノアポート駅Nørreportなどの駅に停車する。コペンハーゲン中央駅に行くのであればコンゲンス・ニュートーゥ駅でM3またはM4線に乗り換えよう。

市バス

Busser

市バスや長距離バスも乗り入れている。市バス5C番でコペンハーゲン中央駅前のHovedbanegården(Tivoli)まで所要約35分。市庁舎前広場Rådhuspladsenやノアポート駅へも行く。

タクシー

Taxi

ターミナル3の出口にタクシー乗り場がある。料金はメーター制。所要時間約20分で市内の各ホテルに到着できる。

コペンハーゲン・カストロップ国際空港から市内へのアクセス

種類	乗り場	行き先	運行時間	所要時間	料金
鉄道	ターミナル3に直結の空港駅地下に乗り場がある	コペンハーゲン中央駅	24時間(5:50～22:35頃は約10分間隔、22:35～翌5:50頃は20分～1時間間隔)	約14分	36DKK(3ゾーンのシングルチケット)
地下鉄(M2線)	ターミナル3に直結の空港駅エスカレーターで上がったところにホームがある	コンゲンス・ニュートーゥ駅、ノアポート駅など	24時間(月～金曜の7:00～9:00、14:00～18:00は2～4分間隔、月～木曜の24:00～翌5:00は20分間隔。上記以外の時間帯は3～8分間隔)	コンゲンス・ニュートーゥ駅まで約13分、ノアポート駅まで約15分	36DKK(3ゾーンのシングルチケット)
市バス5C番	ターミナル3のタクシー乗り場方向へ出て、道路を越えた所	Hovedbanegården(Tivoli)駅(コペンハーゲン中央駅前)	24時間(7:00～9:00、15:30～17:30は3～7分間隔、上記以外の時間帯は10分間隔)	約35分	36DKK(3ゾーンのシングルチケット)
タクシー	ターミナル3の出口	希望の場所	24時間	市内なら約20分程度	250～350DKK程度

列車で着いたら

ほとんどの国際列車はコペンハーゲン中央駅が終着駅。国内列車やマルメからの国際列車も、中央駅を通る。

コペンハーゲン中央駅

København Hovedbanegård

コペンハーゲンの中央駅は、町のほぼ中心に位置している。駅舎はホームよりも一段高い位置にあり、構内にはレストランやファストフード店、コンビニエンスストア、両替所、警察、各種ショップがある。市内の一般の商店が閉まる週末でも営業している。

バスで着いたら

国際線のバスはコペンハーゲン中央駅西側の"ホテル通り"の南にあるDGI-byenのすぐ横に到着する。

船で着いたら

オスロからのDFDSシーウェイズのフェリーは、カステレット要塞北にあるフェリー乗り場に到着する。到着時刻に合わせ乗客専用のバス（有料）が市内中心部まで、市バス26、27番がエスターポート駅Østerportまで行く。

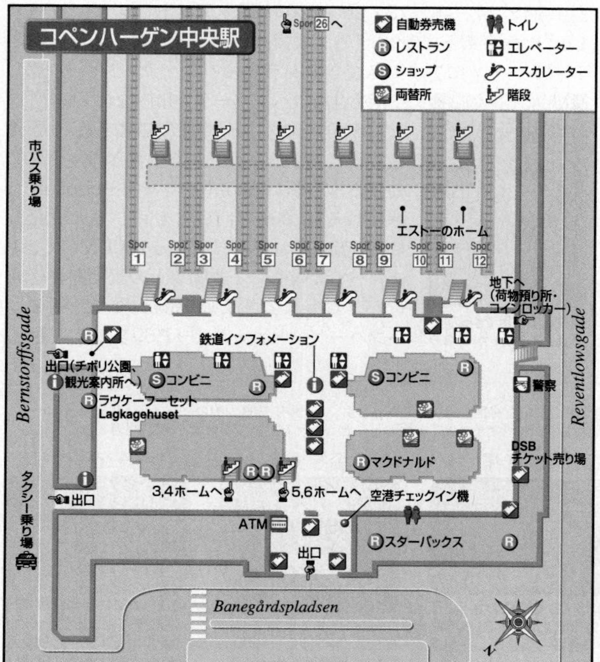

コペンハーゲン中央駅

ヨーロッパ諸国からの鉄道
（→P.548）
北欧諸国からの鉄道
（→P.555）

コペンハーゲン中央駅
Map P.57-C3·4/P.60-B2
DSBチケット売場
TEL 70-131415
開 月～金 7:00～20:00
　土・日 8:00～18:00
休 なし

赤い自動券売機でも購入可能

中央駅の両替所
Forex
営 毎日8:00～20:00　休 なし

長距離バス発着所
Map P.60-B2

ヨーロッパ諸国からのバス路線
（→P.549）

北欧諸国からのバス路線
オスロから8時間～8時間20分程度、ストックホルムからは9時間30分～10時間25分程度。

DFDSシーウェイズ・フェリーターミナル
Map P.57-D1
URL www.dfds.com

北欧諸国からのおもな航路
オスロから
1日1便、所要約19時間。

DFDSシーウェイズ
デンマークのコペンハーゲンとノルウェーのオスロ間を結ぶ航路を「パールシーウェイズ」と「クラウンシーウェイズ」の2隻のクルーズ船で運航。過去6年間、ワールド・トラベル・アワードの「ヨーロッパにおける優れたフェリー運営部門」に選ばれている。

DFDSシーウェイズのターミナル

コペンハーゲン中央駅にあるコインロッカーは現金に対応しておらず、クレジットカードのみでの決済。

•コペンハーゲンの市内交通•

コペンハーゲン市内の公共交通機関は、デンマーク国鉄DSBの運行するエストーS-togと呼ばれる近郊列車と、モビアMoviaが運営する市バス、メトロ開発公社Metroselskabetが運営する地下鉄の3種類で、同じチケットが使える。ドットDOTがすべての総合案内を行っている。

料金とチケット

エストーと市バス、地下鉄のチケットは共通で、料金はゾーン制。コペンハーゲンを含むシェラン島のほぼ全域がゾーン分けされ、目的地まで何ゾーンあるかによって料金が決まる。駅やバス停で自分の行きたい場所が何ゾーンになるのか確認しておこう。市内の移動ならほとんど2ゾーン内で収まる。また、デンマーク国鉄の普通列車Reも、ゾーン内なら同じチケットで利用できる。

エストーと市バス、地下鉄は、定められた制限時間内なら相互乗り換えが可能だ。乗り換え制限時間は、購入したチケットのゾーン数によって異なり、2ゾーンなら1時間15分、3ゾーンなら1時間30分で以降ゾーンごとに15分ずつ追加される。シングルチケットには購入した日付と時間があらかじめ刻印されているので、そのまま乗り換えればいい。市バスとエストー、地下鉄共通の24・48・72・96・120時間チケット、シティ・パスCity Passもある。1〜4ゾーンまでのシティ・パス・スモールと1〜99ゾーンにアクセスできるシティ・パス・ラージがあるが、空港を含むコペンハーゲン市内なら1〜4ゾーンで十分。エストーや地下鉄の各駅の券売機で購入できる。各駅にある青と赤のランプの読み取り機は、ガイセコートRejsekortと呼ばれるICカード向けのもの。カード発行には80DKKのデポジットと100DKK以上のチャージが必要。1週間以上の長期滞在者向けだ。おもな公共交通機関が乗り放題のコペンハーゲン・カード（→P.69欄外）も便利。

券売機で使用できるのは小銭とクレジットカードのみ

ドット
DOT
TEL 70-157000
URL dinoffentligetransport.dk
エストー、市バス、地下鉄の総合案内。事前にDOT Billetterのアプリをダウンロードし、クレジットカード情報を登録しておけばオンラインでチケットを購入することも可能。

チケット料金
料 シングルチケット（2ゾーン内乗車可）24DKK
シティ・パス・スモール
料 24時間 90DKK
48時間160DKK
72時間220DKK
96時間280DKK
120時間340DKK
（1〜4ゾーンまで）

Rejsekort
ガイセコート
URL www.rejsekort.dk
デンマーク国内の交通機関で利用できるプリペイド式の交通ICカード。平日の朝や夕方といったピーク時間外に利用すると料金の20%が割引され、利用回数が多いのであればお得。旅行者が購入できるのはRejsekort Anonymousというカードで、自動券売機やキオスクで購入できる。チェックイン（改札）時に70DKK以上の残高がないと利用できない。駅のホームや出入口に読み取り機が設置されており、チェックインの際は「Check ind」に、チェックアウトの際は「Check ud」にタッチする。カードの払い戻しは不可、チャージ分の有効期限は5年間。

チェックアウトを怠ると超過料金が発生してしまうので忘れないように

チケットの買い方

表記を英語に選択して操作しよう。自動券売機はクレジットカードに対応する一方、紙幣が使えないことがほとんど。現金で支払う場合は小銭の用意を。

①チケットを選ぶ

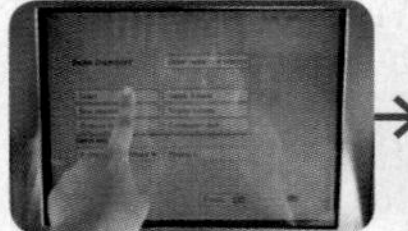
購入するチケットの種類を選ぶ。シングルチケットはTickets、シティ・パスなどはTourist ticketsを選択。

→ **②行き先を選ぶ**

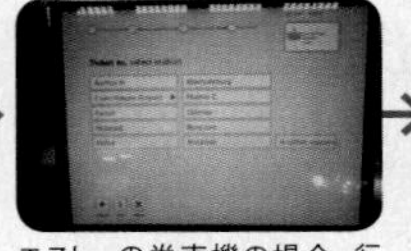
エストーの券売機の場合、行き先の駅を指定する。地下鉄の券売機の場合は、ゾーン数を選ぶ。

→ **③お金を払う**

クレジットカードもしくはコインで支払う。クレジットカードの場合、PINコード（暗証番号）が必要。

→ **④切符を受け取る**

購入した切符は券売機下部の受け取り口に出てくるので、忘れずに受け取って。複数枚購入した場合は枚数の確認を。

●エストー

S-tog

デンマーク国鉄の運行するエストーは、コペンハーゲン市内と近郊の都市とを結ぶ近郊列車。市内にもいくつかの駅があるので、近距離の移動にも使える。コペンハーゲン中央駅の場合、9〜12番線がエストーのホームだ。改札はなく、チケットを購入したらホームに下りて列車に乗る。ホームに路線名と行き先が表示されているので確認しておくこと。車両のドアは通常自動で開かず、ドア付近のボタンを自分で押して開ける。車両内のドアも同じようにボタンを押して開ける。車両には自転車ごと乗り込めるスペースもある。すべての駅に停車するが、降車時もドアは自動では開かないのでドア付近のボタンを押して開けること。

赤い車体のエストー

車内には自転車専用のスペースもある

エストー

運路線によって異なるが、5:00〜24:30頃まで。

ユーレイルデンマークパスやスカンジナビアパスなどデンマーク国鉄で有効な鉄道パスでも利用できる。

エストーのマーク

Ⓢは首都圏を走る近郊列車（エストー）で、Reは郊外まで行く列車。どちらも国鉄で実質的な違いはなく、チケットも共通。

赤いマークのエストー

無賃乗車はやめよう

改札がないからといって、無賃乗車はしないように。検札がときどき行われ、無賃乗車が見つかったら750DKKの罰金。

アプリを使う際の注意

切符の購入など、クレジットカード決済に対応しているアプリでは、利用登録の際に使用しているスマートフォン端末へのSMS認証や現地のIPアドレスが必要な場合もある。利用する予定があれば、渡航先でも電話番号を使える設定にしておくとスムーズ。

各種交通系アプリはデンマーク語と英語に対応

※土・日曜はBx、E、Hの路線は運行しない。代わりに路線AがKøge駅まで、金・土曜の深夜のC線はフレデリクスンからコペンハーゲン中央駅までの運行。

シングルチケットは購入した際にすでに有効時間が印字されているため、購入後はすぐに使わないといけない。複数枚の買い置きはできないので注意。

エストーの乗り方

エストーの乗り方は以下のとおり。ホームには次に到着する便のアルファベットと行き先を案内する電光掲示板がある。

① 停留所を見つける

エストーの目印はⓈのマーク。地下鉄もある駅なら多くの場合接続しているが、ホーム間の距離が遠い場合もある。

② 乗車する

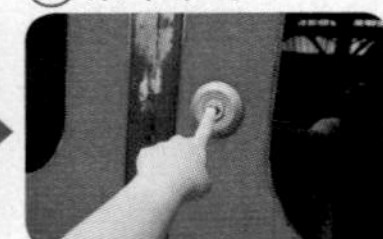

ドアにあるボタンを押して乗車する。自動ドアではないので、押さないと開かない。車内のドアも同じ。

③ 降りる駅をチェック

車内の座席の出入口に電光掲示板があるので、現在地や降りる駅をチェックしよう。

④ 降車する

車内側のドアにもボタンがあるので、到着したら押してドアを開き、下車する。

市バス
TEL 70-157000
URL www.moviatrafik.dk
運 A-Busは終日運行しており、7:00～9:00および15:30～17:30のピーク時は3～7分間隔の運行、それ以外の時間は約10分間隔の運行となり、深夜は減便。S-Busは6:00～翌1:00頃の運行で、ピーク時は5～10分間隔、それ以外の時間は約20分間隔の運行。深夜バスは、1:00～5:00頃まで。

チケットの購入方法
市バスチケットは、自動券売機での購入のほかバスのドライバーから直接購入できる(小銭のみ)。遠くへ行く際は運転手に料金を確認しよう。自動券売機での購入方法はP.64を参照のこと。

おもなタクシー会社
Taxa 4x35
TEL 35-353535
Dantaxi
TEL 48-484848

流しのほかアプリ対応のタクシーもある

● 市バス

Busser

市バスを上手に活用しよう

市バスは非常に発達しており、中心部から郊外まで網の目のように路線が張り巡らされている。車体は通常のバスが黄一色。エストーや地下鉄の駅など市内交通の拠点を結ぶ1A～9Aの幹線バスA-Busは一部赤、番号にSが付く停留所の少ない快速バスS-Busは一部青になっている。番号にNが付くのは深夜バスNatbus、991・992番は運河を航行する水上バスHavnebusだ。料金はゾーン制なので、乗車時に確認しよう。前方乗車口はふたつに分かれており、右側は現金でチケットを買う人用。左側はすでにチケットを持っていて乗り換える人用だ。車内アナウンスはないが、運転手に目的地を告げておけば着いたときに教えてくれる。また新型のバスでは運転席の後ろや車内の側面に次の停留所名が表示される。

黄色い車体が目印

市バスの乗り方

市バスの乗り方は以下のとおり。乗りこなせると便利だ。新しい車体だとWi-Fiが使えるものもある。

① 停留所を見つける

停留所の上にあるバスマークが目印。その停留所に停まるバス番号も明記されていてわかりやすい。

② 乗車する

車体のボタンを押してドアを開き乗車。有効な切符を持っていない場合は、前方のドアから乗り、運転手から購入する。

③ 降りる駅をチェック

車内側面と前方に電子掲示板があり、次に停まる駅が確認できる。ときどきずれるので、しっかり外を見て確認して。

④ 降車する

降りるときは、手すりなどに設置されたSTOPボタンを押して知らせる。ドアのボタンを押して扉を開き、下車。

● 地下鉄

Metro

ヴァンレース駅Vanløse〜ヴェスタマイェール駅Vestamager間を結ぶM1線、ヴァンレース駅からルフトハブン駅(空港)Lufthavnを結ぶM2線、コペンハーゲン中央駅とフレデリクスベア駅Frederiksbergを結ぶ環状線の地下鉄M3線、コペンハーゲン中央駅を通り南北に通じる地下鉄M4線（2024年内に南伸中の5つの駅が開業予定）の4路線が運行している。車両は無人の自動運転で、すべての駅に停車する。ドアは自動開閉。

地下鉄
TEL 70-151615
URL m.dk
URL intl.m.dk
運 決まった時刻表はなく、朝夕のラッシュアワーは2〜4分、それ以外の時間帯は3〜20分間隔で運行する。

チケットの購入方法
チケットは、駅のコンコースにある自動券売機で購入できる。購入方法はP.64を参照のこと。

地下鉄の乗り方

地下鉄の乗り方は以下のとおり。路線が少ないためシンプルでわかりやすい。方向間違えとゾーンの乗り過ごしに注意。

① 停留所を見つける

メトロの出入口には真っ赤なMのマークが立っている。チケット売り場は地下に降りる途中にある。

② 乗車する

ひとつのホームに、行き先が異なる地下鉄が向かい合って停まるので、乗車時は行き先をよく確認して。ドアは自動。

③ 降りる駅をチェック

車内に電光掲示板があるほか、停車するホームにも大きく駅名が表示されている。ゾーンを乗り過ごさないように注意。

④ 降車する

目的の駅に到着したら、ドアが開くのを待って下車する。

● タクシー

Taxi

市内のあちこちにタクシー乗り場があり、TaxiまたはTaxaと書いてある。路上の流しでも手を挙げれば停まってくれる。屋根のランプが点灯中か、Friの表示が出ていれば空車。

タクシー料金
基本料金39DKK。乗車1kmごとに11DKKずつ加算される。月〜金曜の夜間(18:00〜翌6:00)、土・日曜と祝日は基本料金が49DKKで14.7DKKずつ加算される。メーターの料金には付加価値税(25%)とサービス料(15%)を含む。

● シティバイク

Bycyklen

自転車王国のコペンハーゲンでは地下鉄やバスにも自転車で乗り込むことができる。観光には市内各所に設置されたステーションで借りられるシティバイクDonkey Republicが便利。

シティバイク
Donkey Republic
TEL 89-887227
URL www.donkey.bike
利用にはウェブサイトまたはアプリ上でのアカウント作成が必要。使い方の詳細はP.68を参照のこと。

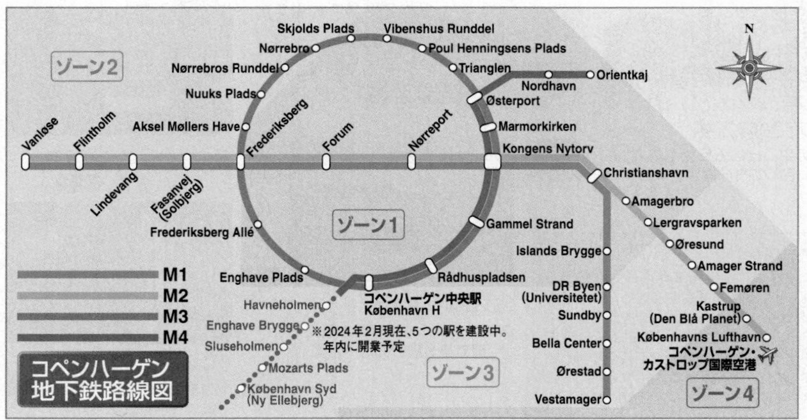

地下鉄のメンテナンスが頻繁に行われており、深夜時間帯は一時的に利用不可となる場合もあるので現地の案内表示を要確認。

エコな国でサイクリング!

シティバイクで出かけよう!

観光にも使えるよ!

坂がなくて真っ平らなコペンハーゲンは、知る人ぞ知る自転車天国!
シェアサイクルのシティバイクを借りて、町へこぎ出そう!

シティバイクとは?

自転車のシェアシステム。スマートフォンで「Donkey Republic」のアプリをインストールし、アプリ上で最寄りステーションの検索、貸出・返却予約、支払いの管理が完結する。オレンジ色の車体が目印で、利用は1回15分から1日、1週間単位などさまざま。ほかにBaisikeli社など数社のレンタルショップもある。

シティバイクの使い方

URL www.donkey.bike

料金は、15分当たり18.5DKK(クレジットカードで自動決済)。利用状況によっては割安になるメンバーシッププランもある。料金体系は都度変更されるので利用前に確認を。

❶スマートフォンでアプリをダウンロードし、市内各所にあるステーションを見つける。位置情報を利用しアプリ上で探すことも可能
❷利用したいプランを選択。名前やメールアドレス、クレジットカード情報などを登録しアカウントを作成する
❸自転車に記載されているコードを確認し、ロックを解除して運転
❹利用終了時はドッキングステーションに返却。クリック音が鳴り、レンタル終了手続きと決済が完了する

おすすめサイクリングルート

出発は市庁舎前広場から。
歩行者専用のストロイエは避けて
運河沿いを北上し、
市内のおもな見どころを回るコース。
おとぎの世界のような風景が連続するコースは、
メルヘン街道と勝手に命名!

曲がる時は人差し指で曲がる方向を指して、止まる時は顔の近くで手を挙げるのがマナー

市庁舎前広場

町の中心となる巨大な広場。広場に面して市庁舎が立つ

10分

ガンメル・ストランド

スロッツホルメンを囲む運河沿い。町で最も歴史の古い地区

5分

デンマーク国立銀行

ヤコブセン設計。大理石を多用した「近代建築の傑作」

5分

ニューハウン (→P.79)

5分

アメリエンボー宮殿

(→P.84)

8分

カステレット要塞

(→P.85)

5分

人魚の像 (→P.78)

コペンハーゲン サイクリングルート

N
……サイクリングルート
歩行者専用道路
0 500m
❶市庁舎前広場
❷ガンメル・ストランド
ストロイエ Strøget
❸デンマーク国立銀行
クリスチャンスボー城 Christiansborg Slot
❹ニューハウン
❺アメリエンボー宮殿
❻カステレット要塞
❼人魚の像

サイクリングの注意点

主要道には自転車専用道路が設けられ、自転車は必ず右側を走る。専用道路がない小さな通りでは右端を走るのがマナー。ストロイエをはじめとする歩行者専用道路では、自転車から降りて押して歩くのはOK。観光案内所でもらえる公式ガイドマップでルールを確認しておこう。

コペンハーゲンの歩き方

コペンハーゲンは、デンマークの首都であり最大の町ではあるが、規模はそれほど大きくない。特に旅行者にとっては、見どころはほぼ一直線上にすべて並んでいると思っていいほどわかりやすく便利な町といえる。

町の中心は市庁舎前広場。ここからコンゲンス・ニュートーゥKongens Nytorv（「王様の新しい広場」という意味）までつながる通りが歩行者天国"ストロイエ"だ。すべてはこのストロイエの延長線上に広がっていると思っていい。市庁舎前広場の南にはチボリ公園とコペンハーゲン中央駅があり、コンゲンス・ニュートーゥの北東にはアメリエンボー宮殿、カステレット要塞がある。その他のおもな観光ポイントも、ストロイエとその両側500m以内の範囲に集中しており、コンゲンス・ニュートーゥは中間地点に当たる。すぐ東にあるのが、船乗りの町ニューハウン。市内はエストーや市バス、地下鉄を使って各エリア間を移動し、エリア内なら徒歩で十分だ。

ショップやカフェ巡りが楽しいストロイエ

コペンハーゲンの観光案内所 ℹ
Map P.60-B1
住Vesterbrogade 4B
TEL70-222442
URLwww.visitcopenhagen.com
開5・6・9・10月
月～金 9:00～16:00
土・日10:00～16:00
7・8月
月～金 9:00～18:00
土・日 9:00～16:00
11～4月
月～金 9:00～16:00
土・日10:00～15:00
休なし

CHECK!

コペンハーゲン・カード Copenhagen Card

交通機関や市内ツアー、主要な観光施設のフリーパス。カード自体は廃止され、現在はアプリのQRコードを提示して利用する。約80施設+空港への移動を含む公共交通が乗り放題のDiscover、約40施設+Hop on-Hop offバス付きのHopの2種がある。有効期間中は何度でも使用できるが、1施設につき入場は1回まで。
URLcopenhagencard.com
料Discover 479DKK～
Hop 545DKK～

コペンハーゲン発のツアー

観光バスツアー

ストロッマ・ツーリズム社が2階建てバスで主要な見どころを巡るHop on-Hop offを催行。中心部を走る定番のClassic Copenhagenのほか、Urban GreenとColorfulの3コースがあり、いずれも乗り降り自由。日本語の音声ガイド付き。運河ツアーやチボリ公園とのコンビチケットも人気。

24、48、72時間から有効時間を選べる

運河ツアー

ストロッマ・ツーリズム社のClassic Canal Tourは、ニューハウン発とヴェド・ストランデVed Stranden発の2種類。ヴェド・ストランデ、ニューハウン、クリスチャンハウン、人魚の像まで行く。所要約1時間。町の歴史を探訪する所要1時間45分のGrand Canal Tourも催行している。

チケット購入はボート乗り場やウェブサイトで

ストロッマ・ツーリズム社 Strömma Turism
TEL32-963000
URLwww.stromma.com

Hop on-Hop off／Classic Copenhagen
催通年
月～木9:40～16:00(45分間隔)
金～日9:40～16:30(30～35分間隔)
料24時間有効229DKK
(コペンハーゲン・カードHopで乗車可)

3コース共通(10～4月は金～日曜のみ)
料48時間有効279DKK、72時間有効 319DKK

Classic Canal Tour
催通年
毎日10:00～18:30頃
(20～40分間隔)
(時期・出発地により細かく変動あり)
料ニューハウン発139DKK、ヴェド・ストランデ発109DKK
(ヴェド・ストランデ発のみコペンハーゲン・カードDiscover／Hopで乗船可)

Grand Canal Tour
催6月中旬～9月中旬
毎日15:00～16:45頃
料209DKK

コペンハーゲンにはレンタサイクル店も数多くあり、店頭で直接レンタルすることも可能。レンタサイクルサービスを提供している宿泊施設を探してみるのもいい。

コペンハーゲン エリアインフォメーション

A ホテルやレストランが集中 市庁舎前広場、コペンハーゲン中央駅周辺

コペンハーゲンの中心である市庁舎前広場は、市バスのターミナルになっているうえに観光バスの発着場やタクシー乗り場、ホットドッグのスタンド、キオスクなどもあり、1日中活気に満ちている。また、ストロイエの西の端にもなっている。チボリ公園を挟んだ西にあるのが、コペンハーゲン中央駅。駅の西側は、多くのホテルが並ぶ"ホテル通り"。しかし、街灯も少なく薄暗いので、夜間は用もないのに歩き回るのはやめよう。

見どころ★★★★★
グルメ★★★★
ショッピング★★★

おもな見どころ
コペンハーゲン市庁舎（→P.73）
チボリ公園（→P.80）
国立博物館（→P.82）

↑市民の憩いの場、チボリ公園
←交通のハブとなっている市庁舎前広場

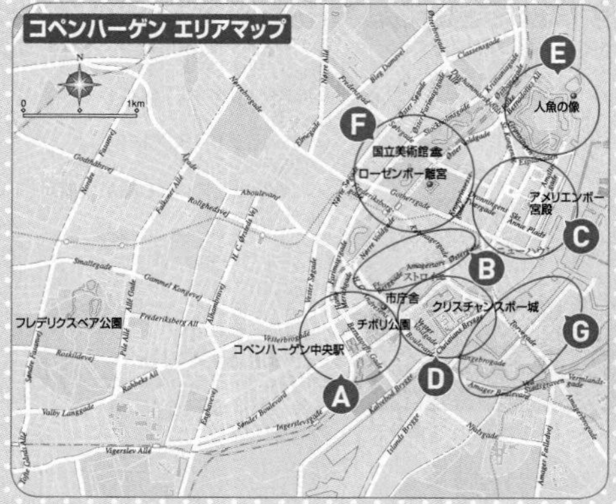

B 北欧随一のショッピング街 ストロイエ周辺

市庁舎前広場とコンゲンス・ニュートーゥというコペンハーゲンを代表するふたつの広場を結ぶ道は、ストロイエと呼ばれる歩行者専用道路。両側にショップが並ぶ、ショッピングストリートだ。コンゲンス・ニュートーゥは、中央にクリスチャン5世王の銅像が立ち、周囲には木々が植えられた美しい広場。広場に面して旧王立劇場やホテル・ダングレテール（→P.96）などが立つ。冬にはアイススケート場になる。

見どころ★★★
グルメ★★★★★
ショッピング★★★★★

おもな見どころ
ラウンド・タワー（円塔）（→P.73）
ストロイエ（→P.74）

世界初の歩行者天国、ストロイエ

C おとぎの国らしい景観 アメリエンボー宮殿周辺

現王宮のアメリエンボー宮殿を中心に、重厚な建物が並ぶエリア。王宮と海の間にあるアメリエハウン公園Amaliehavenは、デンマーク最大の海運会社A.P.Møller社が自社の土地を公園にし、市に寄贈したもの。南のコンゲンス・ニュートーゥのそばには、カラフルな木造の家屋が並ぶニューハウンがある。また、このエリア一帯は個性的なショップが点在しており、ショッピングも楽しめる。

見どころ★★★　グルメ★★★★★
ショッピング★★★★★

おもな見どころ
ニューハウン（→P.79）
アメリエンボー宮殿（→P.84）
フレデリクス教会（→P.84）

衛兵が立ち、交替式も行われるアメリエンボー宮殿

重厚なクリスチャンスボー城を中心としたエリア

緑豊かな公園と文化施設が広がる

D コペンハーゲン発祥の地 スロッツホルメン Slotsholmen

ガンメル・ストランドGammel Strandという運河に囲まれた小さな島が、コペンハーゲン発祥の地であるスロッツホルメン。クリスチャンスボー城を中心に、旧証券取引所、トーヴァルセン彫刻美術館、演劇史博物館、王立図書館(ブラック・ダイアモンド)などがあり、小さいながら見どころいっぱい。運河を行く水上バスの南の終着点にもなっている。水上バスを利用して運河沿いに北上すれば、ニューハウンや人魚の像まで行ける。

見どころ★★★　グルメ★★★★★
ショッピング★★★★★

おもな見どころ

クリスチャンスボー城（→P.76）
王立図書館（ブラック・ダイアモンド）（→P.77）
トーヴァルセン彫刻美術館（→P.77）

E 人魚がいるのはここ！ カステレット要塞周辺

星の形をした要塞、カステレットを中心とした一帯は、コペンハーゲンで最も美しいといわれるエリア。豊かな緑の間から静かな海が眺められる。北の岸辺には、コペンハーゲンのシンボル的存在の人魚の像がひっそりとたたずみ、終日観光客でごった返す。要塞の周辺には遊歩道が巡らされており、散策しながら、しばしおとぎの国の雰囲気に浸ってみたい。また、要塞の南にはいくつかの博物館が点在している。

見どころ★★★
グルメ★★★★★
ショッピング★★★★★

おもな見どころ

人魚の像（→P.78）
カステレット要塞（→P.85）
デザイン博物館デンマーク（→P.85）

連日観光客が押し寄せる人魚の像

F 博物館が点在する文化地区 ローゼンボー離宮周辺

ローゼンボー離宮がある一帯は、国立美術館、ローゼンボー離宮など、多くの博物館、美術館がある文教地区。また、ローゼンボー公園Rosenborg Have(王様公園Kongens Have)、植物園Botanisk Have、エスター・アンレッグ公園Østre Anlægなど広々とした公園にも恵まれており、時間をかけて訪れてみたいエリアだ。また、橋を渡った先にはアンティーク街としても知られるノアブロ地区Nørrebroがある。

見どころ★★★
グルメ★★★★★
ショッピング★★★★★

おもな見どころ

ローゼンボー離宮（→P.86）
国立美術館（→P.86）
ヒヤシュプルング・コレクション（→P.87）

G おとぎの国らしい景観 クリスチャンハウン Christianshavn

クリスチャン4世により開かれたクリスチャンハウン運河Christianshavnを中心とした地区。運河沿いには、18世紀建設のパステル調やれんが造りの建物が並ぶ。一画には、1971年にデンマーク軍の兵舎跡を占拠したヒッピーたちによる自治区、クリスチャニアがある。

見どころ★★★
グルメ★★★★★
ショッピング★★★★★

おもな見どころ

救世主教会（→P.72）
クリスチャニア（→P.87）

自治地区、クリスチャニア

動物園&水族館に注目 郊外

コペンハーゲンの郊外には住宅街と緑豊かな公園が広がる。なかでも、市の東に位置しているフレデリクスベア公園Frederiksberg Haveの周辺には、興味深い見どころが点在している。

おもな見どころ

ホーム・オブ・カールスベア（→P.88）
コペンハーゲン動物園（→P.88）
デンマーク国立水族館 ブルー・プラネット（→P.88）

コペンハーゲン ユースフルインフォ

在デンマーク日本国大使館
MAP P.57-C4外
住Havneholmen 25, 9F TEL33-113344
URLwww.dk.emb-japan.go.jp
開領事窓口
月～金9:00～12:00/13:30～16:00
休土・日、祝日
行き方 ❯❯❯
エストーA、B、Bx、C、E、Hでディベルスブロ駅Dybbølsbro下車、徒歩10分。

SAS TEL70-102000
フィンエアー TEL69-918000
警察、消防、救急車 TEL112
コペンハーゲン警察本部
MAP P.60-B2
住Banegårdspladsen 1(コペンハーゲン中央駅舎内) TEL33-148888
緊急医療サービス
TEL70-113131

おもな病院
Bispebjerg Hospital
MAP P.56-A1外
住Bispebjerg Bakke 23
TEL38-635000

高〜い塔に上って
おもちゃみたいな町並みを一望！

色とりどりの建物が建ち並び、町の中心には運河が流れる、美しい町コペンハーゲン。
オレンジ色の屋根が並ぶ美しい景色が見渡せる、おすすめスポットをご紹介。

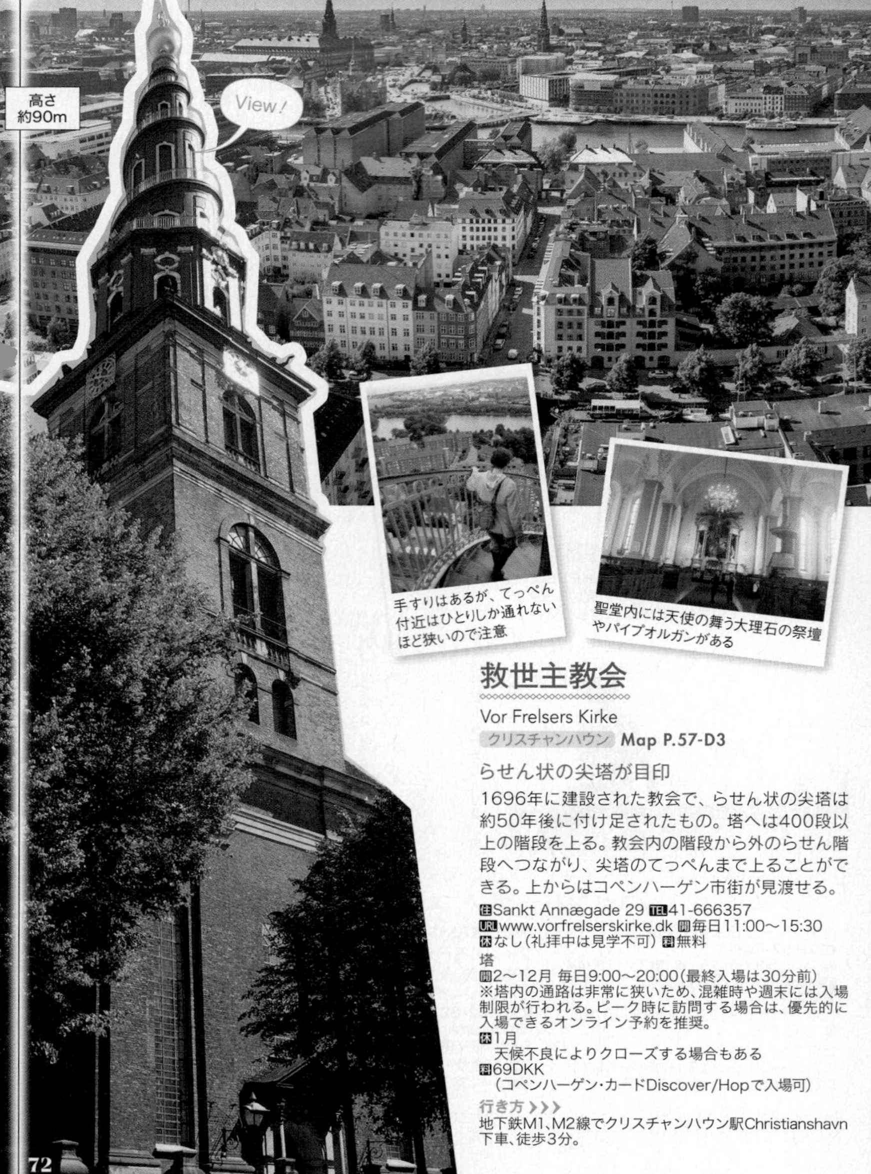

手すりはあるが、てっぺん付近はひとりしか通れないほど狭いので注意

聖堂内には天使の舞う大理石の祭壇やパイプオルガンがある

救世主教会

Vor Frelsers Kirke

クリスチャンハウン **Map P.57-D3**

らせん状の尖塔が目印

1696年に建設された教会で、らせん状の尖塔は約50年後に付け足されたもの。塔へは400段以上の階段を上る。教会内の階段から外のらせん階段へつながり、尖塔のてっぺんまで上ることができる。上からはコペンハーゲン市街が見渡せる。

住Sankt Annægade 29 TEL41-666357
URLwww.vorfrelserskirke.dk 開毎日11:00〜15:30
休なし（礼拝中は見学不可） 料無料

塔

開2〜12月 毎日9:00〜20:00（最終入場は30分前）
※塔内の通路は非常に狭いため、混雑時や週末には入場制限が行われる。ピーク時に訪問する場合は、優先的に入場できるオンライン予約を推奨。
休1月
天候不良によりクローズする場合もある
料69DKK
（コペンハーゲン・カードDiscover/Hopで入場可）

行き方 ❯❯❯
地下鉄M1、M2線でクリスチャンハウン駅Christianshavn下車、徒歩3分。

救世主教会から眺めるコペンハーゲン市街

コペンハーゲン市庁舎

Københavns Rådhuset

市庁舎前広場、コペンハーゲン中央駅周辺

Map P.58-A4、P.60-B1

1905年に完成した市庁舎

中世デンマーク様式とルネッサンス様式を取り入れた、6代目の建物。塔へはツアーでのみ上ることができる。てっぺんまでの階段は300段以上。ホールの脇にあるイェンス・オルセンの天文時計Jens Olsens Verdensurも必見だ。

住Rådhuspladsen 1 TEL33-663366 URLinternational.kk.dk
開月～金9:00～16:00　土9:30～13:00 休日
市庁舎ガイドツアー（英語）
催月～金13:00　土10:00 料60DKK
塔へのツアー
催月～金11:00、14:00　土12:00
料40DKK（コペンハーゲン・カードDiscover/Hopで入場可）

行き方 ＞＞＞
地下鉄M3、M4線でラドゥフスプラスン駅Rådhuspladsen下車、徒歩すぐ。

こーんな眺め！

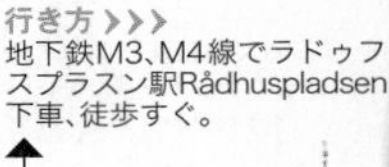

高さ約105.6m

ラウンド・タワー（円塔）

Rundetaarn

ストロイエ周辺　**Map P.58-B2**

ヨーロッパ最古のもと天体観測所

1716年にロシアのピョートル大帝が馬で、エカテリーナ妃が馬車で駆け上ったといわれる円塔。クリスチャン4世王により、1642年に天体観測所として建てられた。塔の屋上が展望台になっているほか、夏季は毎日、冬季は週に2日、天体観測所もオープンする。

住Købmagergade 52A TEL33-730373
URLwww.rundetaarn.dk
開4～9月　毎日10:00～20:00
　10～3月
　火・水10:00～21:00　木～月10:00～18:00
休なし 料40DKK

行き方 ＞＞＞
地下鉄M1、M2線またはエストーA、B、Bx、C、E、H線でノアポート駅下車、徒歩3分。

高さ約34.8m

Copenhagen Sightseeing 02

ストロイエとは？ Strøget **Map P.58-A4〜P.59-C2**
市庁舎前広場とコンゲンス・ニュートーゥを結ぶ通りで、世界初の歩行者天国。4つの通りと3つの広場で構成されている。

あっちもこっちも気になる！
ストロイエぶらぶらさんぽ

ヨーロッパ屈指のショッピングストリート、ストロイエ。デンマーク語で歩くことを意味するその名の通り、ここは歩行者天国！ ショップやカフェに立ち寄りつつ、そぞろ歩きを楽しもう。

F レゴでできたコペンハーゲンの町並みも

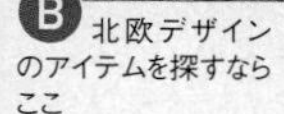

B 北欧デザインのアイテムを探すならここ

ストロイエのショップ&カフェ

テラス席でくつろげるカフェやレストラン、おしゃれグッズが並ぶショップがたくさんあるストロイエ。なかでも人気はこちら！

E 行列のできる有名カフェでひと休み

ガンメルトーゥ広場
Gammeltorv

市庁舎前広場からストロイエを約350m歩くと左手に現れる、小さな広場。目印の小さな噴水は、縁に腰かけて休憩する人々でにぎわう。夏にはテラス席が広がる。

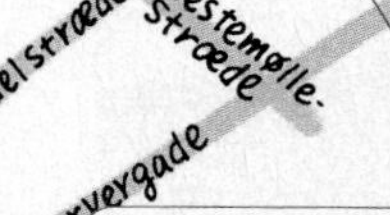

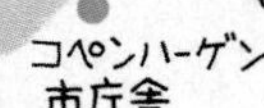

消火栓もレトロなデザインでかわいい

ニュートーゥ広場
Nytorv

ガンメルトーゥ広場の向かい、ストロイエを挟んだ南側にある。広場の隅にあるキオスクでは、ビールやコーヒー、ホットドッグなどを販売しており、小休憩にもぴったり。

かわいい看板もたくさん

Ⓖ自分へのおみやげ探しにもいいロイヤル・コペンハーゲン

Ⓐ新館と旧館がつながるイルム

Shop & Café

Ⓐイルム(→P.110)
Ⓑイルムス・ボーリフス(→P.109)
Ⓒジョージ・ジェンセン(→P.109)
Ⓓハイ・ハウス(→P.109)
Ⓔラ・グラス(→P.102)
Ⓕレゴ・ストア・コペンハーゲン(→P.111)
Ⓖロイヤル・コペンハーゲン(→P.108)
Ⓗヨーロパ 1989(→P.103)

※ほかに多数の店あり

Ⓗヨーロパ1989は朝からオープンしているので朝食利用にも

Ⓓ家具やキッチン雑貨、文房具がお手頃価格のハイ・ハウス

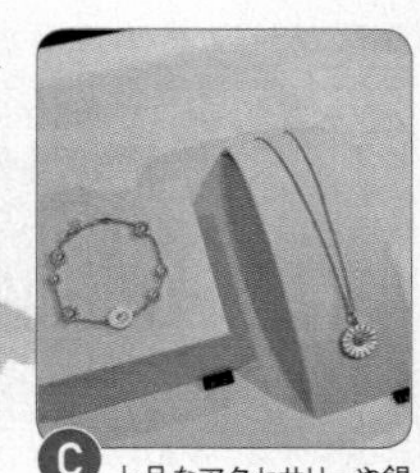

Ⓒ上品なアクセサリーや銀器が揃うジョージ・ジェンセン

アマートーゥ広場

Amagertorv

夏はテラス席がいっぱいになる

コペンハーゲンを代表する広場のひとつ。その周りにはロイヤル・コペンハーゲンやジョージ・ジェンセン、ハイ・ハウスなどが建っている。中央にコウノトリをかたどった噴水がある。

ストロイエSHOT

どこを見てもフォトジェニックな風景が広がるストロイエ。路地裏に入ると、中世の香り漂う重厚な教会や、カラフルな家屋が並んでいる。

アンデルセンもその鐘の音を聞いたというニコライ教会。現在はアートギャラリーになっている

連日観光客でにぎわうストロイエ

いろいろなところで見かけるホットドッグワゴン

冬は広場にクリスマスマーケットが登場する

ハイ・ハウスからはアマートーゥ広場が一望できる

かつての王宮が建てられた島

スロッツホルメン完全制覇！

周囲を運河に囲まれ、デンマーク語で「城の島」を意味するスロッツホルメン。
小さな島の中にはお城に図書館、美術館、博物館などの見どころが、ぎゅっと詰まっている。

ロイヤル・レセプション・ルーム

De Kongelige Repræsentationslokaler

各国の大統領、首相、国王からの親書を王室に献ずる部屋。現在も国家の正式な式典の場として使用されている。破壊された先々代の城から保存されている芸術品や家具が保存されている。

開5・6・9月　毎日10:00～17:00
7・8月　毎日10:00～18:00
10～4月　火～日10:00～17:00
（最終入場は各30分前）
休10～4月の月
料105DKK
（コペンハーゲン・カードDiscover/Hopで入場可）
ガイドツアー（英語）
催4～9月　毎日15:00（予約不要）
ロイヤル・レセプション・ルームとアブサロン大主教時代の城跡、ロイヤル・キッチン、王室の厩舎すべてを含むコンビネーションチケット175DKKあり。1年間有効。

市内一の高さ約106mの塔からの景色は必見！

クリスチャンスボー城

Christiansborg Slot

スロッツホルメン　Map P.58-B4

コペンハーゲン発祥の地

1167年にアブサロン大主教Absaronにより建設された、バロック様式の城。城は5度も破壊、再建され、1928年に現在の建物が完成した。中には国会議事堂Folketingetやロイヤル・レセプション・ルームなどがある。市内一の高さを誇る塔の展望台から望む景色は必見。

住Christiansborg Slotsforvaltning Prins Jørgensgård 5
TEL33-927085
URLkongeligeslotte.dk
塔
URLwww.ft.dk/taarnet
開火～土11:00～21:00
日11:00～17:30
休月 料無料
登り口は塔の真下のエントランスホール。
国会議事堂
TEL33-373221
URLwww.thedanishparliament.dk
所要約45分のガイドツアーでのみ見学可。チケットの予約と催行時間の確認はウェブサイトへ。

アブサロン大主教時代の城跡

Ruinerne Under Christiansborg

門をくぐって左手の地下にある、12世紀の建設当時の城の姿をとどめるアブサロン大主教時代の城跡。当時、コペンハーゲンは砂州に造られたほんの小さな砦でしかなかったという。

開5・6・9月 毎日10:00～17:00　7・8月 毎日10:00～18:00
10～4月　火～日10:00～17:00 休10～4月の月
料65DKK（コペンハーゲン・カードDiscover/Hopで入場可）

スロッツホルメンとは？

Slotsholmen

デンマークの王室の居城であるクリスチャンスボー城を中心とした一帯で、周囲を運河に囲まれた要塞島。王室ゆかりの見どころが点在する、コペンハーゲン随一の見どころ。島内は徒歩で回るのにちょういいい広さ。

行き方＞＞＞
地下鉄M3、M4線でガンメルストランド駅Gammel Strand下車、徒歩3分。または運河を進む水上バス991、992番でDet Kongelige Bibliotek (Københavns Havn)下車、徒歩すぐ。

演劇史博物館

Teatermuseet
スロッツホルメン　Map P.58-B4

演劇の歴史を知るならここ

デンマークの演劇史にまつわるさまざまな展示がある博物館。デンマークでいちばん古い劇場で、1767年に建てられたかつての宮廷劇場を利用している。実際に使われた舞台衣装などが展示されている。

住Christiansborg Ridebane 18 TEL33-115176
URLwww.teatermuseet.dk
※2024年2月現在、改修工事のため長期休館中。

1 外見は質素な雰囲気の建物 2 舞台裏まで見学できる

王立図書館（ブラック・ダイアモンド）

Det Kongelige Bibliotek
スロッツホルメン　Map P.57-C3

運河沿いに立つ近未来的な図書館

デンマークのデザイン集団シュミット、ハンマー&ラッセンSchmidt, Hammer & Lassenにより、南アフリカの花崗岩を使って造られた図書館。現代アートや写真展などのエキシビションも随時開催。

住Søren Kierkegaards Plads1 TEL33-474747
URLwww.kb.dk
開月～金8:00～20:00　土9:00～18:00
休日 料無料
エキシビション
開月～金10:00～20:00　土10:00～18:00
休日 料75DKK（コペンハーゲン・カードDiscover/Hopで入場可）
ガイドツアー（英語）
催15:00 料75DKK（エキシビション入場料込み）

1 通称ブラック・ダイアモンド。運河を挟んだ対岸のクリスチャンハウンからが絶好の撮影スポット 2 ミュージアムショップやカフェも併設。ベンチも置かれているのでのんびりできる

トーヴァルセン彫刻美術館

Thorvaldsens Museum
スロッツホルメン　Map P.58-B4

1848年創設の美術館

デンマークを代表する彫刻家ベルテル・トーヴァルセンBertel Thorvaldsen（1770～1844年）の作品を展示。生涯で250余りの彫刻と約300の作品を残したといわれ、そのほとんどがこの博物館にある。

住Bertel Thorvaldsens Plads 2
TEL33-321532
URLwww.thorvaldsensmuseum.dk
開火～日10:00～17:00
休月 料100DKK（水曜は無料）（コペンハーゲン・カードDiscover/Hopで入場可）

1 外壁には成功を収めたトーヴァルセンの帰朝を歓迎する市民の様子が描かれている 2 トーヴァルセン自身の作品のほかにも、彼が集めたコレクションも展示されている

クリスチャン9世の像

子供たちを次々と政略結婚させて、諸国と姻戚関係を結んだことで、欧州の義父と呼ばれた王だ。

クリスチャン４世により17世紀初めに王立兵器庫として建てられた

王立戦争博物館

Krigsmuseet
スロッツホルメン　Map P.58-B4

ヨーロッパ有数の戦争博物館

世界各国から集めたミサイルや銃砲などの兵器や軍服、中世の甲冑などを展示している。展示室は細長く、北ヨーロッパでは最長のホールといわれる。

住Tøjhusgade 3 TEL41-206372
URLnatmus.dk
開5～9月 毎日10:00～17:00
　10～4月 火～日10:00～17:00
休10～4月の月 料95DKK（コペンハーゲン・カードDiscover/Hopで入場可）

無数に展示された各種小銃は圧巻

おとぎの国らしいスポットがたくさん！

アンデルセンゆかりの地を巡る

デンマークを代表する童話作家アンデルセン。彼が半生を過ごしたコペンハーゲンには、彼が住んだ家や墓などゆかりの地が点在する。作品や彼自身をモチーフにしたスポットも有名。

身長はいくつ？
イメージより実物はかなりコンパクト。全長は約80cm。

モデルは誰？
カール・ヤコブセンがインスパイアされたのは、王立劇場で『人魚姫』のプリマドンナを務めたエレン・プライスEllen Price。しかし彼女はヌードモデルを拒んだため、彫刻家の妻がモデルとなった。

いったい何歳？
2023年に生誕110周年を迎え、2024年で111歳となる。

おすすめ撮影タイム
人魚像を美しく写真に撮るなら、午後以降。東の海岸にあるため、午前中は朝日が逆光となってしまうのだ。しかし朝なら人も少なくゆっくりと眺めることができる。もし朝に見るなら、観光ボートに乗って運河側からがいい。朝日を受けて輝く人魚像が見られる。

初めての海外旅行
誕生以来ずっとコペンハーゲンの海岸にいた人魚像。そんな彼女が初めて国外へ出たのが、2010年の上海万博への出展。なんと97年ぶりのお休みだったとか。

実は苦労人……
たびたび破壊の憂き目に遭っている人魚像。落書きやペンキなどの塗料をかけられる被害は、2017年までに7回も発生している。1964年と1990年、1998年には3度にわたって何者かによりその首が切り落とされ、1984年には腕がもぎ取られるという事件にあった。また2003年の9月11日には、像は爆破され、海に胴体が投げ出された。修復には約1ヵ月半もの期間を要したという。

01 人魚の像

Den Lille Havfrue

カステレット要塞周辺 **Map P.57-D1**

おとぎの国デンマークを象徴する像

アンデルセンの有名な物語を想起させる人魚像。王立劇場で上演されていたバレエ『人魚姫』を観たカールスベア社長カール・ヤコブセンが、この像を制作するアイデアを思いつき、彫刻家エドワード・エッセンにより1913年に作られた。

行き方 ›››
地下鉄M3、M4線またはエストーA、B、Bx、C、E、H線でエスターポート駅下車、徒歩15分。または市庁舎前広場から市バス23番か、コンゲンス・ニュートーゥから市バス27番を利用。23番はØsterport St.(Oslo Palads)下車、徒歩約15分。27番はIndiakaj下車、徒歩5分。または王立図書館前やニューハウンなどから水上バス991、992番でNordre Toldbod下船、徒歩7分。

観光ボートで運河から人魚像を眺める

ストロッマ・ツーリズム社が催行する"Classic Canal Tour"や"Grand Canal Tour"（→P.69）などに乗れば、運河から人魚像を眺めることができる。しかし顔は見ることができず、背中からのみになる。

ひと味違った角度から見てみよう

コペンハーゲンを象徴する景観として名高いニューハウン

02 ニューハウン

Nyhavn

アメリエンボー宮殿周辺 **Map P.59-C2～D3**

アンデルセンが愛した場所

運河に沿ってカラフルな木造家屋が並ぶエリアがニューハウン。かつては、長い航海を終えた船乗りたちが羽を伸ばす居酒屋街としてにぎわっていた。現在は、運河沿いにレストランが並び、夏季にはテラス席が出て非常ににぎやか。

行き方 ›››
地下鉄M1、M2、M3、M4線でコンゲンス・ニュートーゥ駅下車、徒歩4分。

Check! アンデルセンが暮らした家

ニューハウンを愛したアンデルセンは、この地に3回居を構えた。18、20、67番地に立つ家には、彼が住んだことを示すプレートがある(写真は20番地)。

こんなところにも!

アンデルセンゆかりのスポット

アンデルセン像

Map P.58-A4

コペンハーゲン市庁舎の横にある、まるでチボリ公園を眺めるように座っているアンデルセンの像。人気の撮影スポットで、多くの人が彼の膝に乗って撮影するため、膝はぴかぴかに光っている。

アシステンス教会墓地

Assistens Kirkegård

郊外 **Map P.56-B2**

アンデルセンやキルケゴールなどデンマークの偉人が眠る墓地。園内は緑豊かな公園で、アンデルセンが創作活動中に散策したという。

住Kapelvej 4 URL www.kk.dk

行き方 ›››
地下鉄M3線でノアブロ・ロンデル駅Nørrebros Runddel下車、徒歩1分。

アンデルセンのマンホール

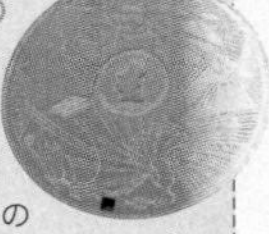

コペンハーゲンのマンホールには、帽子をかぶったアンデルセンのシルエットが入っている。魅力的な建物が多くてついつい上ばかり見てしまうけれど、時には足元を見てアンデルセンの姿を探してみて。

おとぎの国の遊園地

開業181年！ 歴史あるチボリ公園で遊ぼう

1843年のオープン以来、コペンハーゲンっ子の心のふるさととして親しまれてきたチボリ公園。アンデルセンも通ったといわれる遊園地は、1日中遊んでも飽きないほどボリューム満点！

子供から大人まで楽しめるクラシカルなメリーゴーラウンド

1 夜にはライトアップされ華やかな園内 2 軌道式のクラシックカーは子供でも運転できる 3 バレエなどの演目も行うパントマイム・シアター

チボリ公園

Tivoli 市庁舎前広場、コペンハーゲン中央駅周辺 Map P.60-B1·2

ウォルト・ディズニーも参考にした遊園地

市民の楽しみとなる施設を造るために考案されたといわれる、チボリ公園。家族連れからカップルまで、多くの人でにぎわう園内は乗り物のほか、チボリ・コンサート・ホールなどのエンターテインメント施設、レストランなどが並ぶ。

住Vesterbrogade 3 TEL33-151001
URLwww.tivoli.dk
開3/22〜9/4 日〜木11:00〜22:00
金・土11:00〜23:00(時期によって異なる)
休9/5〜3/21(ハロウィン、クリスマス時期は除く)
料155DKK(コンサートがある金曜18:00以降は225DKK、3〜7歳は70DKK、3歳以下は無料)(コペンハーゲン・カードDiscover/Hopで入場可。ただし、乗り物チケットは含まれない)
乗り物チケット(Unlimited Ride Ticket) 料259DKK
ハロウィン 催10/10〜11/3 クリスマス 催11/15〜1/5
行き方 >>> コペンハーゲン中央駅から徒歩すぐ。

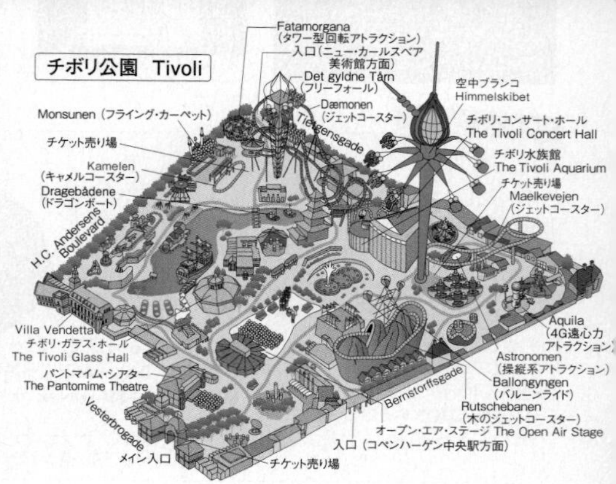

人気アトラクションBEST 5

1 ジェットコースター
Dæmonen

最高28mの高さから滑り下りる、スリル満点の人気アトラクション。絶叫必至のループが3つもあり、ドキドキが増幅！ 乗車中に記念撮影があるので笑顔を意識して。

絶叫度★★★

2 空中ブランコ
Himmelskibet

くるくると回転しながら上昇していくブランコの最高地点はなんと80m。眼下に広がるコペンハーゲンの町並みを眺めながら楽しもう。

絶叫度★★☆

3 フリーフォール
Det gyldne Tårn

63mの高さでコペンハーゲンの景色を一瞬眺めたあと、一気に地上へ垂直落下！ 無重力を体験できるアトラクションだ。

絶叫度★★★

4 フライング・カーペット
Monsunen

左右に振れながら、徐々に振れ幅を大きくし、最後にはぐるりと回転する。地上12mで逆さまになった状態で一瞬静止する。

絶叫度★★☆

5 操縦系アトラクション
Astronomen

宇宙への冒険がテーマで、園内では新しいアトラクションのひとつ。望遠鏡車両を上下に操縦してきらめく星を集めたり、光や音を奏でる。

絶叫度★☆☆

コペンハーゲンの冬の風物詩クリスマス in チボリ公園

チボリ公園では11/15～1/5の間、クリスマスマーケットが開催される。園内はクリスマスのイルミネーションで華やかに彩られ、民芸品などのクラフトの実演販売や子供向けのイベント、スケートリンク、乗り物の一部も楽しめる。

1 エントランスもクリスマス仕様に装飾される
2 あちらこちらにストールがオープンするクリスマスマーケット

チボリ公園内のレストラン

Grøften グロフテン
Map P.60-B1

チボリ公園内最古のレストラン。ニシン料理やスモーブローなど、デンマークの伝統料理を中心にメニューは種類豊富。ニシンの前菜やサラダ、肉料理の盛り合わせ279DKK。

DATA→P.104

ガラス張りの屋根から陽光が入る明るい店内

植物が生い茂る美しいパティオ

ニュー・カールスベア美術館
㊟Dantes Plads 7
TEL33-418141
URLglyptoteket.dk
開火・水・金〜日11:00〜17:00
木　11:00〜21:00
休月
料125DKK（毎月最終水曜は無料）
（コペンハーゲン・カードDiscover/Hopで入場可）
行き方▶▶▶
コペンハーゲン中央駅から徒歩6分。

デンマーク屈指のコレクション

国立博物館
㊟Ny Vestergade 10
TEL33-134411
URLnatmus.dk
開4〜10月
毎日　10:00〜17:00
11〜3月
火〜日　10:00〜17:00
休11〜3月の月
料130DKK
（コペンハーゲン・カードDiscover/Hopで入場可）
行き方▶▶▶
地下鉄M3、M4線でラドゥフスプラスン駅下車、徒歩6分。

ミート・ザ・デーン
Meet the Danes
ガイドツアー（英語）
催1〜3月
土・日11:00、12:30
所要時間約1時間。
料無料
オンライン予約推奨。博物館のインフォメーションで当日申し込みも可。

博物館展示物の目玉でもある太陽の車

おもな見どころ

市庁舎前広場、コペンハーゲン中央駅周辺

ニュー・カールスベア美術館 Ny Carlsberg Glyptotek

Map P.57-C3

1888年、デンマークを代表するビール会社カールスベア社（カールスバーグ）Carlsbergの創業者J.C.ヤコブセンJ.C. Jacobsenの息子カール・ヤコブセンCarl Jacobsenにより開設された。エジプト、メソポタミア、ローマ、ギリシアの多くの石棺や彫刻、美術品のコレクションで有名だ。また、19世紀から20世紀のデンマークの彫刻や絵画、創設者の息子であるヘルゲHelgeと息子のヘルガHelgaにより集められたゴーギャンやセザンヌ、ゴッホなどフランス近代絵画も充実。

建物自体も美しく、白亜の館内は自然光がふんだんに採り入れられるようガラスが多用されており、パティオには緑の植物が豊かに茂る。パティオに面したカフェも評判だ。彫刻やフランス美術など館内レイアウトもわかりやすい。受付で地図をもらって、時間をかけて回りたい。

国立博物館 Nationalmuseet

Map P.58-A·B4

デンマーク最大のコレクションを誇る博物館。建物は18世紀、後のフレデリック5世王となるフレデリック皇太子とルイーズ皇太子妃のために建てられたものだ。展示はデンマークに関するものが最も多く、ヴァイキング時代のものから、中世〜ルネッサンス時代、17世紀、現代デンマークの展示室がある。特にデンマークの先史時代部門にある「太陽の車Solvogn」と呼ばれる黄金の日輪を運ぶ車は、紀元前1200年頃の青銅器時代のもので、デンマークの歴史上最大の発掘品だといわれている。ほかに民族学に関する展示も充実しており、グリーンランドのイヌイットや、アラスカの先住民族に関する展示が見られる。エジプト、ギリシアの文化的遺産の展示室もある。王室や国外の古代から近代にかけてのコイン・メダルコレクションは2024年2月現在、改装のためクローズ中。館内にはカフェやショップもあるので、時間を多めにとってゆっくりと見学しよう。

博物館のすぐそばには、ビクトリア様式の古いマナーハウスを保存したビクトリアン・ホームKlunkehjemmetがあり、ガイドツアーでのみ見学することができる。

デンマークの美術品や歴史的な発掘品を展示している

ビリーブ・イット・オア・ノット　Ripley's Believe it or Not!

Map P.58-A4

「信じるか信じないかはあなた次第」という、名前そのままの博物館。市庁舎前広場正面、Scandic Palace Hotelの1階にある目を引く派手なエントランスが目印だ。館内には冒険家のリプリーさんが世界各地から集めた233もの珍しく奇抜な品々が、模型やレプリカ、ビデオなどで再現されており、実物の展示もある。すぐ横には、アンデルセン童話の世界を模型で再現したハンス・クリスチャン・アンデルセン・エクスペリエンスHans Christian Andersen Experienceがある。

思わず目を見張る展示がたくさん！

プラネタリウム　Planetarium

Map P.60-A1

スカンディック・コペンハーゲン（→P.98）の向かいにある、巨大な円筒を袈裟斬りにしたような変わった形の建物がこのプラネタリウム。プラネタリウムを上映するスペース・シアターはスクリーンが大きく、大迫力の映像が迫る。曜日によって上映スケジュールは異なるので、ウェブサイトで事前に確認を。ナレーションはデンマーク語と英語で作品により異なるが、それぞれ翻訳ヘッドフォンの貸し出しがあるので便利。館内にはエキシビションルームもあり、宇宙に関する資料などを展示している。

独特の形が目を引く

市立博物館　Københavns Museum

Map P.57-C3

北欧のなかでも長い歴史をもつコペンハーゲンが歩んだ約800年にわたる歴史を紹介する博物館。2020年2月に移転工事が完了し、都市の起源はもちろん、自治区クリスチャニア（→P.87）や移民によって新たに生まれた文化など、近年のコペンハーゲンにまつわる情報も充実している。バイキング時代に実際に使われていた武器や15世紀の戦士の骸骨など、展示品の内容もさまざま。カフェと庭園を併設しており、こちらはチケットを購入しなくても入場できる。ポール・グスタフ・フィッシャーなど、デンマーク出身の画家の企画展も随時開催。

1700年代初頭に城壁の西門の施解錠に使われた大きな鍵

ビリーブ・イット・オア・ノットとハンス・クリスチャン・アンデルセン・エクスペリエンス
住Rådhuspladsen 57
TEL33-323131
URL www.ripleys.com
開月～木　10:00～19:00
　金～日　10:00～20:00
（最終入館は1時間前）
休なし
料169DKK
（コペンハーゲン・カードDiscover/Hopで入場可）
　ギネス・ワールド・オブ・レコーズ博物館、ミスティック・イクスプロラトリエ（→P.84）との4館共通チケットあり。
料289DKK
行き方▶▶▶
　地下鉄M3、M4線でラドゥフスプラスン駅下車、徒歩1分。

プラネタリウム
住Gammel Kongevej 10
TEL33-121224
URL planetarium.dk
開日　9:30～19:00
　月　12:00～18:00
　火・水　9:30～20:00
　木・土　9:30～20:30
　金　9:30～21:30
休なし
料185DKK（映画1回分、エキシビションルーム含む）
（コペンハーゲン・カードDiscover/Hopで入場可）
　ヘッドフォンの貸し出しには50DKKのデポジットが必要。
行き方▶▶▶
　エストーA、B、Bx、C、E、H線でヴェステルポート駅Vesterport下車、徒歩4分。

市立博物館
住Stormgade 18
TEL21-764366
URL cphmuseum.kk.dk
開月～水・金　10:00～17:00
　火　10:00～20:00
　土・日　11:00～17:00
休なし
料100DKK（水曜は無料）
（コペンハーゲン・カードDiscover/Hopで入場可）
行き方▶▶▶
　地下鉄M3、M4線でラドゥフスプラスン駅下車、徒歩4分。

移転後の新しい建物

コペンハーゲンの町は、起伏が少ないため徒歩での移動もしやすい。

ストロイエ周辺

●ギネス・ワールド・オブ・レコーズ博物館 Guinness World of Records

Map P.59-C2

ギネスブックに載っているさまざまな記録がひとめでわかる博物館。建物の前にある、世界一の背高のっぽの人の像が目印。さまざまなジャンルの世界一が実物大の模型で展示されているほか、ホラーテイストのゲームが楽しめるミスティック・イクスプロラトリエThe Mystic Exploratorieもある。

アメリエンボー宮殿周辺

●アメリエンボー宮殿 Amalienborg Slot

Map P.59-D1

クマの毛皮の帽子をかぶった衛兵が立っていなければ、宮殿とは思えないほど質素なたたずまい。18世紀末に当時の宮殿クリスチャンスボー城が炎上したため4人の貴族のマンションを宮殿としたもので、もともと王家の住居ではなかった。

宮殿は大きく4つの建物に分かれている。そのうちのひとつであるクリスチャン8世王宮殿は宝物展示室Det Danske Kongers Kronologiske Samling（アメリエンボー博物館Amalienborgmuseet）として一般公開されている。クリスチャン9世からフレデリクス8世の間、1863～1972年にかけての、ロイヤルファミリーのダイニングルームや宝物が展示されている。またクリスチャン7世王宮殿は、ガイドツアーでのみ見学可能（予約推奨）。

宮殿の屋根にデンマーク国旗が翻っていたら、国王在宮のしるし。正午ちょうどに華麗な衛兵の交替式を見物できる。

交替式に合わせて訪れよう

●フレデリクス教会 Frederiks Kirke(Marmorkirken)

Map P.59-D1

アメリエンボー宮殿を含む周辺全体の設計を担った建築家で、都市設計者のニコライ・アイトブNicolai Eigtvedにより建造された教会。1754年にアイトブの死去した後は、フランス人のジャーディンに建築が任されたものの、高価なノルウェー産の大理石を使用したため費用がかかり、当時のデンマーク首相、ストルエンセが1770年に建築を中止させてしまった。その後約1世紀を経て、1894年にようやく完成した。大理石がふんだんに使われたロマネスク・バロック様式の美しい教会を地元の人々は皆、「大理石の教会Marmorkirken」と呼んで親しんでいる。

内部の聖堂のほか、ドームの頂上にもガイドツアーで上ることができる

ギネス・ワールド・オブ・レコーズ博物館とミスティック・イクスプロラトリエ
住Østergade 16
TEL33-323131
URLwww.ripleys.com
開月～木　10:00～19:00
　金～日　10:00～20:00
（最終入館は1時間前）
休なし
料169DKK
（コペンハーゲン・カードDiscover/Hopで入場可）
ビリーブ・イット・オア・ノット、ハンス・クリスチャン・アンデルセン・エクスペリエンス（→P.83）との4館共通チケットあり。
料289DKK
行き方▶▶▶
地下鉄M1、M2、M3、M4線でコンゲンス・ニュートーゥ駅下車、徒歩2分。

アメリエンボー宮殿
住Amalienborg Slots Plads
TEL33-153286
URLwww.kongernessamling.dk/amalienborg
宝物展示室
開5・9・10月
　毎日　10:00～16:00
6～8月
　毎日　10:00～17:00
11～4月
　火～日　10:00～15:00
（時期によって異なる）
休11～4月の月
料125DKK
（コペンハーゲン・カードDiscover/Hopで入場可）
クリスチャン7世王宮殿
ガイドツアー（英語）
催日 13:30
料155DKK
所要時間約1時間。
行き方▶▶▶
地下鉄M3、M4線でマルモキルキ駅Marmorkirken下車、徒歩4分。

フレデリクス教会
住Frederiksgade 4
TEL33-150144
URLwww.marmorkirken.dk
開月～土　10:00～17:00
　日　12:30～17:00
休なし（礼拝中は見学不可）
料無料
ガイドツアー
催夏季　毎日13:00
　冬季　土・日13:00
料50DKK
所要時間約45分。
行き方▶▶▶
地下鉄M3、M4線でマルモキルキ駅下車、徒歩2分。

カステレット要塞周辺

カステレット要塞　Kastellet

Map P.57-D1·2

ヨーロッパ各地に見られる星の形をした要塞のカステレットは、コペンハーゲン港の入口を防御する目的で、1662年に建設された。現在は大部分が破壊され、散歩に最適な緑が美しい公園になっている。公園内の聖アルバニ教会St. Albans Kirkeのそばには、シェラン島の由来を物語るゲフィオンの泉Gefionspringvandetがある。噴出する水しぶきの中、4頭の雄牛とそれを御する女神の像は迫力満点。また、この一帯はチャーチル公園Churchill-parkenと名づけられ、ウインストン・チャーチルの胸像が立っている。第2次世界大戦でナチス・ドイツに占領されたデンマークを救ってくれたイギリスへの感謝の気持ちの表れだ。

王立石膏模型コレクション（ロイヤル・キャスト・コレクション）　Den Kongelige Afstøbningssamling

Map P.57-D2

もともとは船の収容庫だった建物の中には、過去4000年にわたる西洋の有名な彫刻の石膏模型が2000体以上も収められている。ここにある模型の大半は1870～1915年の間にヨーロッパで作成されたもの。オリジナル作品から直接型を取るこの工法は、現在は特例を除き許可されていない。

画家や美術学校生徒のデッサンの場として造られた

デザイン博物館デンマーク　Designmuseum Danmark

Map P.57-D2

生活に密着したデンマークデザインの魅力と歴史に触れることができる博物館。エントランスを入って左手は企画展、奥がファッションや装飾に関する展示、右手はモダンデザインがテーマのフロアになっている。見どころは、前衛から機能主義、グローバリズムを経て、エコ＆リサイクルへといたる変遷をたどった20世紀デザイン史に関する展示。ヤコブセンやヘンニングセン、パントンなど、巨匠の作品を紹介するコーナーもある。デンマークデザインを象徴する椅子の名品100点以上を集めた展示室も興味深い。日曜には無料のガイドツアー（英語）も催行されている。また、この美術館の必見ポイントは、チケットを購入しなくても利用できるショップとカフェ。ショップにはデンマークデザインの雑貨が充実しており、北欧デザイン好きならチェックしておきたい物ばかり。緑がまぶしい庭園から直接アクセスできるカフェでは、地産地消のランチを味わってひと休みしたい。

名作の椅子が並ぶ

カステレット要塞
行き方▶▶▶
地下鉄M3、M4線またはエストーA、B、Bx、C、E、H線でエスターポート駅下車、徒歩約15分。

チャーチル
イギリスの元首相。第2次世界大戦中のイギリスをナチス・ドイツに対する勝利へと導いた。ちなみにこの胸像、トレードマークの葉巻をくわえていない。像がうつむき加減に見えるのは、うっかり葉巻を落としてしまい、探している最中だからだとか。

4人の息子を牛に変え土地を耕させたという伝説が残るゲフィオンの泉

王立石膏模型コレクション
住Toldbodgade 40
TEL33-748404
URLwww.smk.dk
開特別な行事の開催時のみ。要確認。
休上記以外
料無料
行き方▶▶▶
地下鉄M3、M4線でマルモキルキ駅下車、徒歩9分。

デザイン博物館デンマーク
住Bredgade 68
TEL33-185656
URLdesignmuseum.dk
開火・水・金～日　10:00～18:00
木　10:00～20:00
休月
料130DKK
（コペンハーゲン・カードDiscover/Hopで入場可）
ガイドツアー（英語）
催日　16:00
料無料
所要時間約1時間。
行き方▶▶▶
地下鉄M3、M4線でマルモキルキ駅下車、徒歩5分。

美しい中庭も必見

カステレット要塞はかなり広いですが、お店や自販機などもほぼありません。飲み物くらいは持参していくのがおすすめです。（沖縄県 ちゃん '17）（'24）

ローゼンボー離宮周辺

ローゼンボー離宮

Rosenborg Slot

Map P.58-A·B1

ローゼンボー離宮は、クリスチャン4世王により建てられたオランダ・ルネッサンス様式の建物。1605年から工事を開始し、1634年に完成した。1615年、38歳の男盛りであったクリスチャン4世王は、絶世の美女キアステン・ムンクと熱烈な恋に落ち、彼女は王のもとにやってくることになった。ふたりの愛の新居として定められたのが、ここローゼンボー離宮だ。また1648年、王が死の淵へと赴いたのも、この宮殿だった。

黄金の王冠のほか、さまざまな財宝が見られる

城内には、クリスチャン4世王時代の大理石張りの豪華な居間をはじめとして、歴代の王たちが所有した数々の品が展示されている。最上階の騎士の間には、王たちが戴冠式に用いた椅子が展示されている。城の入口より少し先には、地下室への入口がある。地下室は王室の宝物館として利用されており、数々の財宝や刀剣などが展示されている。なかでも圧巻は、クリスチャン4世王と5世王の戴冠式に用いられた王冠だ。クリスチャン4世王の王冠は、絶対君主制の前のもので頭部が開いており、クリスチャン5世王の王冠は、国内を統一したという意味で、頭部がひとつにまとまっている。見比べてみるとおもしろい。

銀のライオンが王と王妃の玉座前に控えている騎士の間

国立美術館

Statens Museum for Kunst

Map P.57-C2

17世紀、オランダから後期ルネッサンスの文化が入ってきたことにより、デンマークでは王室をはじめ、有力貴族たちが競ってオランダ絵画を買い集めた。19世紀になって、王室によるコレクションを一般に公開しようという機運が高まり、コレクションを展示する場所として、エスター・アンレッグ公園にあるこの場所が選ばれた。1889～96年にかけて建物が建てられ、華麗な外観の美術館が完成したのである。

デンマークとオランダの絵画と彫刻が多い

ローゼンボー離宮
住Øster Voldgade 4A
TEL33-153286
URLwww.kongernessamling.dk/rosenborg
開1/1 11:00～16:00
1/2～2/9、2/27～3/22、11/1～12/22
火～日 10:00～16:00
2/10～25、12/23・26～30
毎日 10:00～16:00
3/23～5/1、5/3～10/31
毎日 10:00～17:00
休1/2～2/9と2/27～3/22と11/1～12/22の月、2/26、5/2、12/24・25・31
料140DKK
(コペンハーゲン・カードDiscover/Hopで入場可)
国立美術館やヒヤシュプルング・コレクションなど6館共通チケットあり。
料295DKK
荷物はコインロッカーに預けなければならない。
料20DKK(デポジット)
入場券は城や宝物館の入口で係員に見せなければならないため、捨てたりしないこと。
行き方▶▶▶
地下鉄M1、M2線またはエストーA、B、Bx、C、E、H線でノアポート駅下車、徒歩4分。

国立美術館
住Sølvgade 48-50
TEL33-748494
URLwww.smk.dk
開火・木～日 10:00～18:00
水 10:00～20:00
休月
料130DKK
(コペンハーゲン・カードDiscover/Hopで入場可)
ローゼンボー離宮やヒヤシュプルング・コレクションなど6館共通チケットあり。
料295DKK
行き方▶▶▶
地下鉄M1、M2線またはエストーA、B、Bx、C、E、H線でノアポート駅下車、徒歩10分。

周辺は散歩やひなたぼっこにいそしむ人も多い

ルーベンスRubensやレンブラントRembrandt、ムンク(→P.186)などのコレクションが展示されている。特にマティスHenri Matisseの作品は世界中でも上位の収集量を誇る充実ぶり。デンマークは、残念ながら世界的な画家は輩出していないが、フランス印象派の出現の前後に国内で活躍したコンスタンチン・ハンセンConstantin Hansen、ヨイ・ルンドビューJ. Lundby、デオドール・フィリップセンTheodor Philipsen、ハラルド・ギエアシングHarald Giersing、エドヴァルド・ヴァイエEdvard Weieなどの作品がある。いずれも穏やかな色調からあたたかみが感じられる。

●ヒヤシュプルング・コレクション Den Hirschsprungske Samling

Map P.57-C2

国立美術館と同じ、エスター・アンレッグØstre Anlæg公園にある美術館。たばこ生産により富を得たヒヤシュプルング一家の収集した作品を展示しており、19世紀後半のデンマークの黄金期（ゴールデン・エイジ）やスケーエン派の作品が多い。国立美術館と合わせてぜひ見学したい。

●ダビデ・コレクション Davids Samling

Map P.58-B1

著名な法律家だったダビデ氏C. L. Davidが生前に集めたさまざまな美術工芸品を展示、無料開放している。イスラム美術から、18世紀ヨーロッパの美術工芸品や家具、19世紀後半から20世紀前半にかけてのデンマークのモダンアートまでと展示物は幅広い。特にイスラム美術が充実している。

ヒヤシュプルング・コレクション
住Stockholmsgade 20
TEL35-420336
URLwww.hirschsprung.dk
開水～日　10:00～17:00
（毎月最終木曜は～20:00）
休月・火
料110DDK
（コペンハーゲン・カードDiscoverで入場可）
ローゼンボー離宮や国立美術館など6館共通チケットあり。
料295DDK
行き方▶▶▶
地下鉄M3、M4線またはエストーA、B、Bx、C、E、H線でエスターポート駅下車、徒歩8分。

ダビデ・コレクション
住Kronprinsessegade 30-32
TEL33-734949
URLwww.davidmus.dk
開火・木～日　10:00～17:00
水　10:00～21:00
休月
料無料
ガイドツアー（英語）
催6～8月　土　13:00
料無料
行き方▶▶▶
地下鉄M1、M2、M3、M4線でコンゲンス・ニュートーゥ駅下車、徒歩9分。

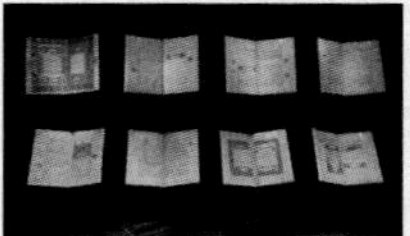
コーランの写本も展示されている

COLUMN DENMARK

クリスチャニア

クリスチャンハウンの一画に、クリスチャニアChristianiaという地区がある。ここは1971年に誕生したヒッピーたちの自治コミュニティ。面積約34ヘクタールの敷地内には約1000の建物が並び、住居のほかレストランやショップ、ライブハウスなどもある。1971年当時、政府は社会的実験としてクリスチャニアを認めていたが、時代とともに対応を変え、両者が激しく対立した時期もあった。現在もいくつかの制限や監視のもと存続しており、人気の観光スポットともなっている。

門をくぐって最初に左側に現れる大きな建物は、ギフトショップやギャラリー、ライブハウス、カフェが一体となった施設。さらに進むと、突如No Photoという看板が目に入る。通りの両側には小さな屋台が並び、日用品などに混じってマリファナが堂々と売られている。ここが、プッシャー通りPusher St.。カメラをバッグにしまい、足早に通り抜けよう。200mほどの通りを抜ければ、のどかな緑の風景が広がる。緑のなかには個性的でかわいい家々が点在し、派手なペイントが施されていたりとアーティスティックな雰囲気。個人で行くこともできるが、内部を見学するガイドツアーもある。

■クリスチャニア　Map P.57-D3
行き方▶▶▶
地下鉄M1、M2線でクリスチャンハウン駅下車、徒歩10分。
■ガイドツアー
Christiania Rundvisergruppen
TEL21-853878　URLwww.rundvisergruppen.dk
催7～9月 毎日15:00
10～6月 土・日15:00　料60DKK
予約は特に必要ない。クリスチャニア内のガイドツアー出発点に出発の10分前頃に行けばいい。

国立美術館は広すぎて回るのに半日かかりました。見たいところを絞って行ったほうがいいかもしれません。（京都府 ここ '17）（'24）

郊外

ホーム・オブ・カールスベア　Home of Carlsberg

Map P.56-A·B4

日本ではカールスバーグの名で知られるデンマークのビール醸造会社カールスベアが、1847年に創業したのがこの場所。2023年12月には、大規模工事に伴う約5年の休業期間を経てリニューアルオープン。現在、工場跡は博物館となっており、同社の歴史や昔のビール造りに関する展示などを見学できる。輸送に使われた馬の厩舎も残っており、夏季には馬車での遊覧イベントが催される。また、ガイドツアーや3種類のビールが楽しめる試飲120DKKもある（所要約30分）。

ホーム・オブ・カールスベア
住Gamle Carlsberg Vej 11
TEL33-271020
URLhomeofcarlsberg.com
開毎日10:00～18:00
休なし
料190DKK（日により割引あり）
ガイドツアー（英語）
催毎日10:00、14:00、16:00
所要時間約30分。
料100DKK
行き方▶▶▶
エストーB、Bx、C、H線でカールスベア駅Carlsberg下車、線路沿いの歩行者・自転車専用道を経由して徒歩6分。

コペンハーゲン動物園　Zoologisk Have

Map P.56-A3·4

広大なフレデリクスベア公園の一画にある。珍しい動物はあまりいないが、象舎の前には体重計、キリンの前には身長計といった具合に、生き物の特徴を知るための工夫が凝らされている。また、入口近くにある電光掲示板で動物に餌を与える時間が表示されているので、それに合わせて見学するのも興味深い。そのほか、ホッキョクグマが水中トンネルを泳ぐ姿なども見られる。敷地はバス停のあるロスキレ通りRoskildevejを挟んで南北に分かれており、地下道を通って自由に行き来できる。

コペンハーゲン動物園
住Roskildevej 32
TEL72-200200
URLwww.zoo.dk
開夏季
毎日　9:00～18:00
冬季
毎日　10:00～16:00
（時期によって異なる）
休なし
料249DKK
（コペンハーゲン・カードDiscover/Hopで入場可）
行き方▶▶▶
エストーB、Bx、C、H線でヴァルビー駅Valby下車、徒歩18分。または市バス7A番でZoologisk Have下車すぐ。

デンマーク国立水族館 ブルー・プラネット　National Aquarium Denmark, Den Blå Planet

Map P.60 上

カストロップ国際空港の近くにある北欧最大級の水族館。珊瑚礁の海やアマゾン川など、世界の海水・淡水に生息する600種以上の魚や生物が飼育展示されている。目玉は、16×8mのガラス越しに、シュモクザメやエイ、数百匹の魚たちが泳ぐ姿を観察できるオーシャン・タンク。水槽の一角には海中散歩気分が楽しめるトンネルもある。

トンネルの床は一部ガラス張りとなっている

デンマーク国立水族館 ブルー・プラネット
住Jacob Fortlingsvej 1
TEL44-222244
URLdenblaaplanet.dk
開月　10:00～21:00
火～日10:00～17:00
休なし
料240DKK
行き方▶▶▶
地下鉄M2線でカストロップ駅Kastrup下車、徒歩8分。

グルントヴィークス教会　Grundtvigs Kirke

Map P.56-A1 外

コペンハーゲン北西部にある牧師の丘Bispebjergの頂上に立つ、黄色いれんが造りの教会。デンマーク最大の啓蒙者であったグルントヴィN.S.F. Grundtvigを記念して建てられた。

教会は1921年に工事が始まり、完成したのは1940年。パイプオルガンの形を模したユニークなスタイルで別名オルガン教会。内部にある巨大なパイプオルガンは4052本のパイプをもち、北欧最大といわれる。教会を取り囲む家々も、調和を保つために同質のれんがで造られている。

グルントヴィークス教会
住På Bjerget 14B
TEL35-815442
URLwww.grundtvigskirke.dk
開火～日　10:00～16:00
（冬季は～13:00）
休月
料無料
行き方▶▶▶
エストーB、Bx線でエンドロップ駅Emdrup下車、徒歩10分。または市バス6A番でBispebjerg Torv下車、すぐ。

エクスカーション

●ルイジアナ現代美術館　Louisiana Museum of Modern Art

Map P.60 上

コペンハーゲンから北に延びる海岸線は、デンマークのリビエラ海岸と称されている。この地域にある町フムレベックHumlebækに、ヨーロッパでも高い評価を受けているルイジアナ現代美術館がある。1958年にクヌード・ヴィ・イェンセンKnud W. Jensenによって開設されたこの美術館は、1950年以降の現代美術のコレクションと展示にかけては、世界でもトップクラス。建物はいくつかのパートに分かれており、それぞれをガラス張りの通路で連結している回廊形式になっている。両ウイングの端を結んで地下通路があり、そこにも作品が並べられている。常設展以外の企画展も随時催行している。広い庭園にはヘンリー・ムーアHenry Mooreの彫刻や、アレクサンダー・カルダーAlexander Calderのアイアンスカルプチュアーなどが置かれ、前に広がるオーレスン海峡の眺めとよくマッチしている。館内の展示を見たあとは、潮風が心地よい芝生の庭をゆっくりと散歩してみたい。建物は、コレクションと同様に世界的に有名だ。また内部にはコンサートホールがあり、演奏会、演劇の上演などが行われる。庭園とその向こうに広がる海を一望できるカフェやミュージアムショップも必見だ。

森に囲まれたアートな空間

ルイジアナ現代美術館
住Gammel Strandvej 13, Humlebæk
TEL49-190719
URLlouisiana.dk
開火～金　11:00～22:00
　土・日　11:00～18:00
休月
料145DKK
（コペンハーゲン・カードDiscoverで入場可）
行き方▶▶▶
　コペンハーゲン中央駅からヘルシンオアHelsingør行きの普通列車Reで42分、フムレベック駅Humlebæk下車。1時間に約3便、64DKK～。駅を出て真っすぐ歩き、突き当たりの大通りを左折して10分ほど歩いた右側。駅前に案内板も出ている。また、大通りのバス停から388番のバス（ヘルシンオア行き）でふたつ目のLouisiana下車、徒歩すぐ。

居心地のいいカフェを併設

世界中の注目を集める現代美術館

●フリーデンスボー宮殿　Fredensborg Slot

Map P.60 上

1720年に建てられた、白亜の宮殿。フリーデンスボーとは、デンマーク語で「平和」を意味する。建設当時、スウェーデンとの北方大戦役で疲弊した国民が、後の平和を願ってこの名を付けたといわれている。現在は王室の別荘や国賓を迎える場として使われている。一年のほとんどが閉鎖されているが、内部の見学は夏季、ガイドツアーでのみ受け付けている。庭園内のハーブガーデンも見事で、こちらも夏季のみ一般に開放されている。国王の滞在時には正午に衛兵の交替式が行われる。

デンマーク国民の平和への祈りが込められた宮殿

フリーデンスボー宮殿
住Slottet 1B
TEL33-954200
URLkongeligeslotte.dk/da/slotte-og-haver/fredensborg-slot.html
ガイドツアー（英語）
催7・8月
　毎日13:45、14:45
料123DKK
ハーブガーデン
開7月
　毎日9:00～17:00
料無料
行き方▶▶▶
　エストーA線の終点ヒレロズ駅Hillerødでローカル列車に乗り換え、フリーデンスボー駅Fredensborg下車、所要約1時間。駅から徒歩15分、64DKK～。または、普通列車Reでコッケダル駅kokkedal下車。365R番のバス（フリーデンスボー駅行き）に乗り換え約22分、フリーデンスボー駅下車、51.2DKK～。

ルイジアナ現代美術館のカフェからは海がきれいに見えて、ゆっくりと休むことができました。
（秋田県 どんど '17）（'24）

ドラオア

Dragør

Map P.60 上

中世そのままの静かな町並み

町というにはあまりにも小さい。Drakøørnという名で歴史に登場したこの町は、昔から近海のニシン漁で生きる漁師の村、また野菜市場としても知られてきた。クリスチャン4世王の時代に、オランダから腕利きの農夫を呼び寄せ、この地に住まわせたからだ。受け継がれてきた風習と伝統は今なお生きている。

町はコペンハーゲン・カストロップ国際空港のあるアマー島Amagerの東端にあり、わずか300m四方の地域に民家が集まっている。黄色のれんが造りの、低い家々が建ち並ぶ迷路のような小路の幅は2～3m。市の条例で、この一画を後世への遺産として残そうと、改造や新築に際しては、スタイル、色調、資材ともに制限を受けている。町の中心には船の模型や計器などが展示されているアマー島博物館Amager Museumがある。ほかに見どころは少ないが、中世の面影が残る町並みをのんびりとそぞろ歩くのが楽しい。

ドラオア
行き方▶▶▶
チボリ公園側のコペンハーゲン中央駅前バス停から市バス250S番でDragør Skole下車。所要約40分。21.2DKK～。

アマー島博物館
住Nodre Kinkelgade 18 A
TEL30-108866
URLwww.museumamager.dk
開5/4～7/2、8/16～9/30、11/18～12/17
水～日12:00～16:00
7/3～8/13
火～日12:00～16:00
10/16～22
毎日 12:00～16:00
休5/4～7/2と8/16～9/30と11/18～12/17の月・火、7/3～8/13の月、8/14・15、10/1～15、10/23～11/17、12/18～5/3
料65DKK
(7・8月は80DKK)

オードロップゴー美術館

Ordrupgaard

Map P.60 上

保険会社の社長ハンセン氏W.Hansenの旧宅を利用した国立の美術館。氏がパリへ出張するたびに買い集めた印象派の絵画がコレクションの目玉。マネ、モネ、ルノワールなど巨匠たちの隠れた名作が揃っている。デンマーク黄金時代を代表するエッカースベアC.W.Eckersbergや次の世代のハンマースホイHammershøiなど、19世紀から20世紀にかけて活躍した国内の画家たちの作品も見逃せない。隣には建築家フィン・ユールFinn Juhlの邸宅があり、彼がデザインした家具が並ぶ室内を見学することができる。

オードロップゴー美術館
住Vilvordevej 110, Charlottenlund
TEL39-641183
URLordrupgaard.dk
開火・木～日 11:00～17:00
水 11:00～19:00
休月
料130DKK
行き方▶▶▶
コペンハーゲン中央駅からエストーC線で約20分、終点クランペンボー駅Klampenborg下車。バス388番(リュンビュー駅Lyngby st.行き)でVilvordevej, Ordrupgaard下車、徒歩5分。27.2DKK～。

デュアハウスバッケン

Dyrehavsbakken

Map P.60 上

コペンハーゲン市民からはバッケンと呼ばれて親しまれている、歴史のある遊園地。園内には絶叫マシンやその他の乗り物もあるが、特筆すべきはレストランやカフェの多さ。

せっかくバッケンを訪れるなら、ぜひともこの遊園地のある一帯デュアーハウンDyrehavenを散歩してみよう。木々の生い茂る一帯は、かつて王室が狩りを楽しんだ場所。森には数百頭のシカが放し飼いにされており、別名「鹿公園」とも呼ばれる。最寄りのクランペンボー駅からバッケンまでは馬車の便があり、これに揺られてシカを眺めながら森の中を行くのも楽しいママ。ちなみにこの緑深い森は、東山魁夷画伯の名画『もりのささやき』のモデルともなった。

デュアハウスバッケン
住Dyrehavevej 62
TEL39-633544
URLwww.bakken.dk
開3/22～4/1、4/29～9/1、10/12～20
毎日 12:00～22:00
4/5～28
土・日 12:00～22:00
9/1～8
金～日 12:00～22:00
(時期によって異なる)
休上記以外
料入園は無料
乗り物券329DKK
行き方▶▶▶
コペンハーゲン中央駅からエストーC線で約20分、終点クランペンボー駅下車。徒歩10分。普通列車Reでも行ける(約20分)。27.2DKK～。

ベルビュー・ビーチ

Bellevue Strand

Map P.60 上

有名なヤコブセンの監視塔。水は夏でも冷たいので泳ぐよりも腰を下ろしてのんびりしている人が多い

デンマークのモダンデザインの先駆者、アーネ・ヤコブセン。彼が若かりし頃にデザインを手がけたのが、このベルビュー・ビーチだ。全長約700mのビーチには、青い空や海、白い砂浜に調和するような監視塔、変わった形をしたシャワーなど、ヤコブセンのデザインが散らばっている。ビーチ周辺の集合住宅ベラヴィスタBellavistaやベルビュー・シアターBellevue Teatretという劇場もヤコブセンの設計だ。ヤコブセンファンはもちろん、海岸線を眺めながらゆっくり過ごしたい人にもおすすめの場所だ。

海のそばにある集合住宅ベラヴィスタ

ベルビュー・ビーチ
行き方▶▶▶
　コペンハーゲン中央駅からエストーC線で約20分、終点クランペンボー駅下車。徒歩10分。27.2DKK～。普通列車Reでも行ける。

COLUMN DENMARK

ヤコブセンデザインの名作を回る

デンマークのモダンデザインの第一人者、アーネ・ヤコブセン。"セブン"や"エッグ"などの家具デザインで知られるが、実は建築物の設計も多く手がけている。コペンハーゲンをはじめデンマークには各地に彼のデザインした建築物が残されている。コペンハーゲンの中心部では、運河沿いに立つデンマーク国立銀行Nationalbanken（MAP P.59-C4）と高級ホテルのラディソン・コレクション・ロイヤル（→P.94）があげられる。国立銀行は大理石を多用したモザイク模様の外観が特徴で、1978年の完成。ヤコブセンの遺作としても知られている。内部の見学はできないが、外観だけでも見る価値あり。ラディソン・コレクション・ロイヤルはヤコブセンが外観から内装、家具までトータルデザインを手がけたホテルで、らせん階段が特徴のロビーには"エッグ"や"スワン"などのソファが配されているほか、創業当時のヤコブセンデザインを残したヤコブセンスイートもある。

晩年のヤコブセンの傑作であるデンマーク国立銀行

アントチェアを思わせるルーフが特徴の旧テキサコ・サービス・ステーション

コパンハーゲン北の海岸線には、若きヤコブセンがリゾートの設計を担当した一帯がある。上記のベルビュー・ビーチやベラヴィスタが代表作として知られている。ベルビュー・ビーチの南にある、旧テキサコ・サービス・ステーションTexaco Service Stationもヤコブセンのデザイン。ビーチからは片道徒歩30分ほどなので、海岸線を散歩しがてら訪れてみるのもおすすめだ。

ほかオーフスの市庁舎（→P.130）も彼が設計を手がけている。

アーネ・ヤコブセンの建築物巡りでベルビュー・ビーチも行きました。周りにもいろいろな建築物があり、おもしろかったです。（宮崎県 SUNRIZE '17）〔'24〕

湖に浮かぶ荘厳な城
フレデリクスボー城

城そのものをはじめ、
数多の展示品や豪奢な部屋、
美しく手入れされた庭園など
見どころがたくさん。
その中でも必見の場所がこちら。

Outside

湖を挟んだ北側には、フランスの造園を見習って造られたバロック庭園The Baroque Gardenが広がっている。また、その脇の森にはフレデリクスボー城そっくりの小さな城がある。バズスチューンBadstuenと呼ばれるこの城は、狩りのための休憩所だったようだ。

フレデリクスボー城の歴史

16世紀の中頃、クリスチャン4世王の父フレデリック2世王が、地方貴族の女性からこの城を入手した。60年の歳月をかけ、彼らはルネッサンス様式を取り入れ、住居として城を造り直した。ところが1859年の大火で城の大部分は焼失。王室はすでに経済力を失っており、代わりに再建を援助したのがビール王と呼ばれたカールスベア社の創業者、J・C・ヤコブセンだった。

バロック庭園から望むフレデリクスボー城

フレデリクスボー城

Frederiksborg Slot **Map P.60上**

コペンから日帰りできる美しい城

コペンハーゲンの北西にある町、ヒレロズHillerødに立っている。地下から4階までが国立歴史博物館Det National-historiske Museumとなっており、貴重な装飾品や絵画、宝物などを展示している。

住Frederiksborg Slot 10, Hillerød
TEL48-260439 URLdnm.dk
開3/23～10/31　毎日10:00～17:00
11/1～3/22
月～金10:00～15:00
土・日10:00～17:00
休なし
料110DKK(11/1～3/22は90DKK)
(コペンハーゲン・カードDiscoverで入場可。日本語の音声ガイドアプリあり)
バロック庭園
開毎日10:00～21:00(冬季は日没まで)
休なし 料無料

かつての大火で焼失し再建されたバラの部屋

1F

見学をスタートして最初に入る広間が、バラの部屋Rosen。王宮の人々のダイニングルームとして使用されており、クリスチャン4世王の時代には通称騎士の間Ridderstuenと呼ばれていた。他の部屋では企画展がたびたび行われている。

フレデリクスボー城へのアクセス
エストーA線で終点ヒレロズ駅下車。所要約40分。駅からは、正面を出ると通りを挟んで向かいにある小さな標識の方向へ進み、商店街を通り、徒歩約15分。駅前から城までは市バス301、302番でも行ける。所要約5分。

遊覧船に乗ろう
夏にこの城を訪れるなら、ぜひ湖を巡る遊覧船に乗ってみよう。町の中心から湖の対岸までを15分ほどで結んでいる。乗船場所は、城から庭園へ向かう道の途中にある桟橋。

URL www.partrederiet.dk
運 5/15〜9/15
月〜土11:00〜17:00
日　　13:00〜17:00
（30分ごとに運航。最終は16:30）
料 往復40DKK
（コペンハーゲン・カードDiscoverで乗船可、クレジットカードは不可）

チャペルでは毎週木曜の13:30に無料のコンサートが行われている

ひとつだけ張り出した場所にある謁見の間

展示物は年代順に分けて展示されている。
- 1500〜1650年
- 1650〜1700年
- 1700〜1850年
- 1850〜1900年
- 企画展示室

Ⓢショップ　クローク
チケット売り場

1F
バラの部屋

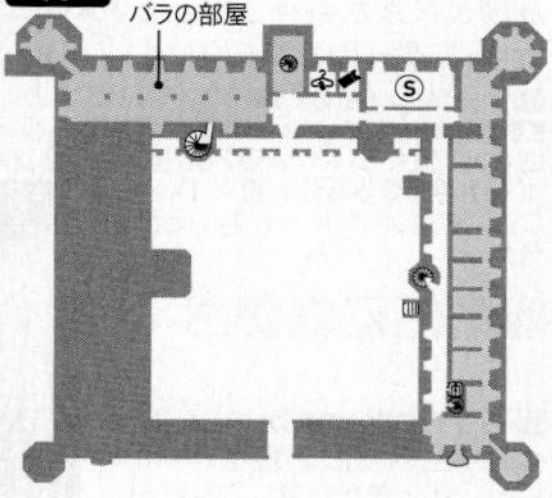

2F

らせん階段を上った左手は、華麗な装飾が施されたチャペルSlotskirken。かつて国王の謁見の間として利用されていた。同階に、張り出して建つ謁見の間Audiens Salenがあり、ここにデンマーク初のエレベーター（人力）がある。

2F
←謁見の間へ
チャペル

各部屋にきらびやかな家具や調度品が多数展示されている

宴会場や舞踏場として利用されていた大広間

3F

フレデリクスボー城を代表する見どころが、大広間Ridder Salen。天井から床までぎっしりと装飾され、壁にはデンマーク王室の肖像画などが飾られている。ほかの部屋では王室や貴族たちの家具や肖像画を展示している。

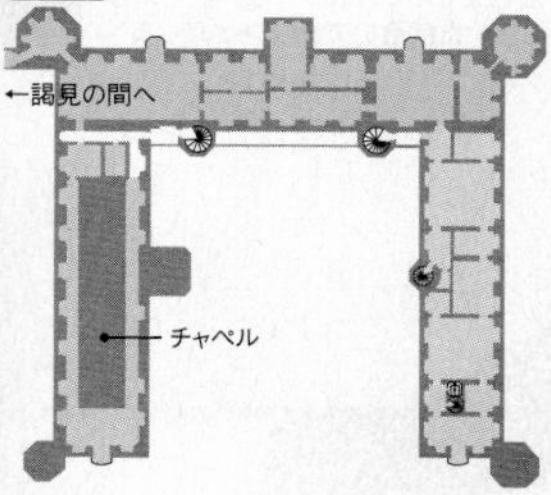

3F
大広間

4階では1900年以降の近代の写真や像が展示されている。地下にはワインや水の貯蔵所、造幣所がある。

一度は泊まってみたい！憧れのデザインホテル

多くの名デザイナーを生み出したデンマークらしく、コペンハーゲンには魅力的なデザインホテルがたくさん。デザインへのこだわりはホテル全体に及ぶので、ホテル散策も楽しんで。

Skt. Petri

サンクト・ペトリ

ストロイエ周辺

MAP P.58-A2

元デパートを利用した個性派

デンマーク人建築家、ヴィルヘルム・ラウリッツェンVilhelmLauritzenが手がけたデザインホテル。オリジナルの家具が配された客室は、洗練と快適が共存している。ストロイエにも近く、ロケーションもグッド。

住Krystalgade 22 TEL33-459100
URL www.sktpetri.com 料Ⓢ1099DKK～ Ⓓ1538DKK～ CCA D M V 室288室 M M1、M2線ノアポート駅（徒歩5分） S A、B、Bx、C、E、H線ノアポート駅（徒歩5分）

1 入ってすぐのエスカレーターにかつての名残を感じる 2 大きな窓からたっぷりと陽光が差し込み明るい客室 3 吹き抜けのエントランスが開放感たっぷりのロビー 4 客室は落ち着いた色合いでまとめられている

Radisson Collection Royal Hotel

ラディソン・コレクション・ロイヤル

市庁舎前広場、中央駅周辺

MAP P.60-B1

ヤコブセン・スイートは必見

デンマークが誇る世界的デザイナー、アーネ・ヤコブセンがデザインしたホテル。客室は天井が高く開放的で、調度品もデンマークの家具で統一されエレガントな雰囲気。

住Hammerichsgade 1 TEL33-426000
URL www.radissonhotels.com
料Ⓢ1372DKK～ Ⓓ1449DKK～ 朝食275DKK
CCA M V 室261室
S A、B、Bx、C、E、H線ヴェステルポート駅（徒歩2分）

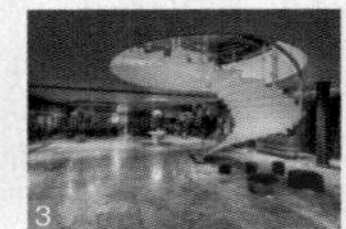

1 20階建てと高層なのでコペンハーゲンの町を見渡せる 2 創業当時からヤコブセンデザインを維持する606号室ヤコブセン・スイートJacobsen Suite 3 大理石をふんだんに使ったロビーにはスパイラル階段が鎮座する 4 建物はモザイク模様になっており、外観も目を引く

バスタブ　テレビ　ドライヤー　ミニバーおよび冷蔵庫　ハンディキャップルーム　インターネット（無料）
一部のみ　一部のみ　貸し出し　一部のみ　インターネット（有料）

Andersen Hotel

アンデルセン

市庁舎前広場、中央駅周辺

MAP P.60-A2

すべての部屋がデザインルーム

"ホテル通り"にあり、明るい色調からシックな装いまでさまざまな部屋が揃う。毎日17:00〜18:00はラウンジでワインを無料で提供し、ジムは24時間利用可能。自転車のレンタルは1日150DKK。

住Helgolandsgade 12 TEL33-314610
URLandersen-hotel.dk
料Ⓢ850(995)DKK〜 Ⓓ950(1095)DKK〜
CCA D J M V 室69室
Sコペンハーゲン中央駅(徒歩3分)

1 プリンセスやマーメイドなど客室ごとにテーマが異なる 2 地元ベーカリーのパンなどが並ぶ朝食付き 3 どこもかしこも趣があり別世界のよう

Scandic Front

スカンディック・フロント

アメリエンボー宮殿周辺

MAP P.59-D2

ラグジュアリーなデザインホテル

館内はモノトーンを基調としたシックな内装に、個性あふれる家具が置かれ洗練された雰囲気のデザインホテル。客室は北欧デザインを生かした造りで、高級感たっぷり。のんびりと滞在できる。

住Sankt Annæ Plads 21 TEL33-133400
URL www.scandichotels.com 料Ⓢ1340DKK 〜 Ⓓ1532DKK〜 CCA D M V 室132室 MM1、M2、M3、M4線コンゲンス・ニュートーゥ駅(徒歩10分)

1 客室にはシャギーパイルの絨毯やアームチェアが配されている 2 館内にはおしゃれなバーやコーヒーショップ、ジムなども併設している 3 ホテルは運河沿いに立っている

1 デンマーク出身のデザイナー、ヴァーナー・パントンVerner Pantonの世界を表現したヴァーナー・パントン・スイート 2 夜にはレコードが流れワインの提供もあるロビー 3 シンプルかつモダンにまとめられた客室が多い

Hotel Alexandra

アレキサンドラ

市庁舎前広場、中央駅周辺

MAP P.57-C3

1910年創業の老舗ホテル

外観はクラシックだが、内部はモダンなデザインのホテル。ウェグナーやヤコブセンの家具の置かれた部屋もある。1950〜70年代の北欧デザイン好きにおすすめ。

住H.C.Andersens Boulevard 8
TEL33-744444
URLwww.hotelalexandra.dk
料Ⓢ932DKK 〜 Ⓓ1032DKK〜 朝食142DKK CCA D M V 室61室 MM3、M4線ラドゥフスプラスン駅(徒歩4分)

環境と健康に関する厳しい基準を満たしたエコロジーなホテルだけに認定されるグリーンキー適用のホテル

重厚なたたずまいが魅力的！クラシカルホテルに泊まろう

歴史ある建物を利用したホテルで、いにしえのコペンハーゲンに思いをはせてみるのはいかが？
建物は古くても内部はきれいに改装されていることが多く快適に過ごせる。

Hotel D'Angleterre
ダングレテール

ストロイエ周辺

MAP P.59-C2

デンマーク最高級のホテル

260年以上の歴史をもつヨーロッパ最古のホテルのひとつ。豪華なシャンデリアに暖炉のある美しいロビーが印象的。部屋ごとに趣が異なり、半数以上がスイート仕様。滞在のたびに異なる雰囲気が楽しめる。

住Kongens Nytorv 34 TEL33-120095
URL www.dangleterre.com 料ⓈⒹ4560DKK～
CC A D J M V 室92室
日本の予約先FREE0120-086230
M M1、M2、M3、M4線コンゲンス・ニュートーゥ駅（徒歩1分）

1 客室はアンティークの家具が配され落ち着いた内装でまとめられている 2 ロビーは白を基調としたゴージャスな雰囲気 3 デンマーク初のシャンパンバーを併設している 4 宮殿のような外観が目を引く

71 Nyhavn Hotel
71ニューハウン

アメリエンボー宮殿周辺

MAP P.59-D3

ニューハウンに立つホテル

創業1971年、建物は1804年に倉庫として建てられたものを利用したホテル。倉庫の持ち味を生かし、ロビーや客室、レストランまで随所で木材がむき出しになり、それがまた味わい深い。

住Nyhavn 71 TEL33-436200
URL www.71nyhavnhotel.com
料ⓈⒹ1875DKK～ CC A D J M V 室130室
M M1、M2、M3、M4線コンゲンス・ニュートーゥ駅（徒歩10分）

1 港の目の前にあるため窓から港を見渡せる 2 内部は2016年に改装済みのためモダンでスタイリッシュ 3 ホテル名に所在地の住所をそのまま採用した個性派ホテル 4 喧騒から離れて静かに過ごしたい人におすすめ

バスタブ　テレビ　ドライヤー　ミニバーおよび冷蔵庫　ハンディキャップルーム　インターネット（無料）
一部のみ　一部のみ　貸し出し　一部のみ　インターネット（有料）

Phoenix Copenhagen
フェニックス・コペンハーゲン

アメリエンボー宮殿周辺

MAP P.59-C1

格式と伝統を併せもつ高級ホテル

17世紀の建物を利用し、白亜の外観が印象的。創業は150年以上前に遡るが、2024年2月に空調設備を一新。エレガントな雰囲気はそのままに、より快適な空間になった。レストランやジムも備えている。

住Bredgade 37 TEL33-959500 URLwww.phoenixcopenhagen.com 料Ⓢ1540DKK～ Ⓓ1640DKK～ 朝食270DKK CCA D J M V 室213室 ⓂM3、M4線マルモキルキ駅(徒歩5分)

1 ブラウン系の落ち着いた色合いでまとめられた客室 2 天窓から明るい光が差し込む印象的なロビー 3 アメリエンボー宮殿へは徒歩で約5分

Copenhagen Admiral Hotel
コペンハーゲン・アドミラル

アメリエンボー宮殿周辺

MAP P.59-D2

1787年建造の穀物倉庫を改装

太いポメラニアモミの丸太で囲まれた内部は、建設当時の中世の面影が残る。随所に配された北欧デザインの家具との調和もとれており、クラシカルとモダンが融合した美しいホテルだ。

住Toldbodgade 24-28 TEL33-741414 URLadmiralhotel.dk 料Ⓢ879DKK～ Ⓓ991DKK～ 朝食245DKK CCA D J M V 室366室 ⓂM3、M4線マルモキルキ駅(徒歩10分)

1 運河沿いに立つれんが造りの建物。ウオーターフロントの客室もある 2 港町らしく帆船の模型が飾られているロビー 3 最新の設備が揃い快適に過ごせる

1 チボリ公園の中が見られる客室もある 2 年季の入った木材がクラシカルな雰囲気を漂わせるロビー 3 中央駅やチボリ公園のすぐそばに立つ

Copenhagen Plaza
コペンハーゲン・プラザ

市庁舎前広場、中央駅周辺

MAP P.60-B1

アクセス抜群の高級ホテル

1913年に建てられた歴史的な建物を利用したホテル。間接照明を生かした豪華な造りのロビーが印象的だ。落ち着いた雰囲気でお酒が楽しめるライブラリー・バー(→P.114)を併設。

住Bernstorffsgade 4 TEL33-149262
URLligula.se/en/profilhotels/copenhagen-plaza
料Ⓢ1185DKK～ Ⓓ1270DKK～
CCA D J M V 室93室 Ⓢコペンハーゲン中央駅(徒歩1分)

環境と健康に関する厳しい基準を満たしたエコロジーなホテルだけに認定されるグリーンキー適用のホテル

HOTEL

コペンハーゲンのホテル

　ホテルは多く、観光案内所のウェブサイト(→P.69)で情報を得られる。5~10月は旅行客で混雑するため、必ず事前に予約をしておこう。もし、予約なしで到着した場合は旅行会社などで紹介を受けるといい。中級ホテルは、コペンハーゲン中央駅西口一帯に集中しており、通称"ホテル通り"と呼ばれる。リーズナブルに滞在できるB&B(朝食なしが基本)の予約はBedandbreakfast(URL www.bedandbreakfastdanmark.dk)などで。

最高級ホテル

Copenhagen Marriott Hotel　市庁舎前広場、中央駅周辺

コペンハーゲン・マリオット　MAP P.57-C4

住 Kalvebod Brygge 5
TEL 88-339900
URL www.marriott.com/ja
料 Ⓢ Ⓓ 1695DKK~　朝食285DKK
CC A D M V　室 406室
日本の予約先 FREE 0120-988267
S コペンハーゲン中央駅(徒歩13分)

　運河沿いに立つ11階建ての高級ホテル。吹き抜けのロビーは開放感満点。夏季は運河の横にテラス席が出て、カフェとして利用可能。客室は36m²~と広々。

Villa Copenhagen　市庁舎前広場、中央駅周辺

ヴィラ・コペンハーゲン　MAP P.60-B2

住 Tietgensgade 35-39
TEL 78-730000
URL villacopenhagen.com
料 Ⓢ 1634DKK~ Ⓓ 1814DKK~　朝食260DKK
CC A D M V　室 390室
S コペンハーゲン中央駅(徒歩1分)

　コペンハーゲン中央駅に面し、旧中央郵便局を改装した館内は明るく開放的。朝食営業のレストランやバーはビジターにも好評。屋外温水プール、サウナあり。

高級ホテル

The Square　市庁舎前広場、中央駅周辺

スクエア　MAP P.60-B1

住 Rådhus Pladsen 14
TEL 33-381200
URL www.thesquarecopenhagen.com
料 Ⓢ Ⓓ 1225DKK~　朝食200DKK
CC A D M V　室 268室
M M3、M4線ラドゥフスプラスン駅(徒歩3分)

　デンマークのデザイン集団Interiorが内装を手がけた、スタイリッシュなデザインホテル。ロビーや客室のいたるところに凝ったデザインが見られる。

Scandic Copenhagen　市庁舎前広場、中央駅周辺

スカンディック・コペンハーゲン　MAP P.60-A1

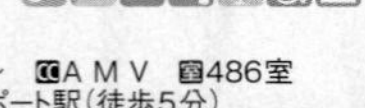

住 Vester Søgade 6
TEL 33-143535
URL www.scandichotels.com
料 Ⓢ 1292DKK~ Ⓓ 1484DKK~　CC A M V　室 486室
S A、B、Bx、C、E、H線ヴェステルポート駅(徒歩5分)

　18階建ての高層ホテル。館内はモダンな雰囲気で、特に高層階からの眺めはすばらしい。清潔感あふれる客室には、アイロンやセーフティボックスを完備。

中級ホテル

Tivoli Hotel　市庁舎前広場、中央駅周辺

チボリ　MAP P.57-C4

住 Arni Magnussons Gade 2
TEL 32-684000
URL www.tivolihotel.com
料 Ⓢ Ⓓ 1050DKK~　朝食100DKK~
CC A D J M V　室 679室
S A、B、Bx、C、E、H線ディベルスブロ駅(徒歩11分)

　チボリ公園の名を冠したホテル。北欧デザインの家具が置かれた部屋はカラフルなファブリックで統一。チボリ公園の入場券がセットになったプランもある。

Copenhagen Mercur Hotel　市庁舎前広場、中央駅周辺

コペンハーゲン・メルキュール　MAP P.60-A1

住 Vester Farimagsgade 17
TEL 33-125711
URL ligula.se/en/profilhotels/mercur-hotel
料 Ⓢ 995DKK~ Ⓓ 1095DKK~　朝食120DKK
CC M V　室 109室
S A、B、Bx、C、E、H線ヴェステルポート駅(徒歩1分)

　テニスコートがある中級ホテル。客室はこぢんまりとしているが、モダンな色調ですっきりとまとめられている。ビリヤードが楽しめるゲームルームもある。

Absalon Hotel　市庁舎前広場、中央駅周辺

アブサロン　MAP P.60-A2

住 Helgolandsgade 15
TEL 33-314344
URL absalon-hotel.dk
料 Ⓢ Ⓓ 1057DKK~
CC A M V　室 161室
S コペンハーゲン中央駅(徒歩3分)

　"ホテル通り"にあるアンデルセン(→P.95)の系列ホテル。客室は明るい色調を基調にしたモダンな内装で、設備も現代的。ほとんどの部屋にバスタブが付いている。

環境と健康に関する厳しい基準を満たしたエコロジーなホテルだけに認定されるグリーンキー適用のホテル

The Huxley Copenhagen
ストロイエ周辺

ハクスレー・コペンハーゲン　MAP P.59-D3

住Peder Skrams Gade 24
TEL33-130666
URLwww.bestwestern.dk
料ⓈⒹ1295DKK～　朝食150DKK～
CCA M V　室81室
MM1、M2、M3、M4線コンゲンス・ニュートーゥ駅（徒歩6分）

ベストウエスタン系列。ロビーには北欧デザインの家具が配され、エレガントな雰囲気。客室はシンプルだが広くて快適に過ごせる。レンタサイクルあり。

Babette Hotel Guldsmeden
カステレット要塞周辺

バベット・ホテル・グルズメデン　MAP P.57-D2

住Bredgade 78
TEL33-141500
URLguldsmedenhotels.com
料Ⓢ851DKK～ Ⓓ946DKK～　朝食225DKK
CCA D M V　室98室
MM3、M4線マルモキルキ駅（徒歩6分）
SA、B、Bx、C、E、H線エスターポート駅（徒歩13分）

チャーチル公園の近くにあるブティックホテル。客室ごとにデザインが異なり、ほとんどの部屋に天蓋付きベッドが配されている。屋上にスパ（1人245DKK）あり。

エコノミー

City Hotel Nebo
市庁舎前広場、中央駅周辺

シティ・ホテル・ネボ　MAP P.60-B2

住Istedgade 6
TEL33-211217
URLwww.nebo.dk
料バス共同Ⓢ400DKK～ Ⓓ500DKK～
バス付きⓈ550DKK～ Ⓓ600DKK～
朝食90DKK
CCA D M V　室86室
Sコペンハーゲン中央駅（徒歩2分）

手頃な料金ながらも中央駅の目の前という好立地にある。設備はシンプルだが清潔に管理されており、共用のシャワーやラウンジスペースも使い勝手がいい。

Go Hotel Ansgar
市庁舎前広場、中央駅周辺

ゴー・ホテル・アンスガー　MAP P.60-B2

住Colbjornsensgade 29
TEL33-212196
URLgo-hotel.com/en/hotels/go-hotel-ansgar
料Ⓢ530DKK～ Ⓓ645DKK～　朝食129DKK
CCM V　室83室
Sコペンハーゲン中央駅（徒歩3分）

中央駅から徒歩圏内で観光利用に便利なロケーション。客室内はスカンジナビアテイストでまとめられており、電気ポットやライティングデスクなども完備されている。ガーデンパティオあり。

Where to Sleep
市庁舎前広場、中央駅周辺

ホウェア・トゥ・スリープ　MAP P.60-B2

住Reventlowsgade 10A
TEL30-144014
URLwheretosleep.dk
料カプセル199DKK～　ⓈⒹ400DKK～
CCM V　室19室
Sコペンハーゲン中央駅（徒歩2分）

バス・トイレ共有の個室とカプセルベッドがあり、旅費を切り詰めたいバックパッカー向け。スタッフが常駐しない非接触式で、予約後に届く解錠コードでセルフチェックインをする。

Danhostel Copenhagen City
スロッツホルメン

ダンホステル・コペンハーゲン・シティ　MAP P.57-C4

住H.C. Andersens Boulevard 50
TEL33-118585
URLdanhostelcopenhagencity.dk
料ドミトリー132DKK～
Ⓢ436DKK～ Ⓓ445DKK～　朝食95DKK
CCA M V　室192室
SM3、M4線ラドゥフスプラスン駅（徒歩12分）

ヨーロッパ最大規模のユースホステル。18階建てで全室バス、トイレ付き。ベッドリネン、タオルは料金に含まれており、ロッカー用の南京錠は有料（20DKK、別途デポジット）。

Copenhagen Downtown Hostel
ストロイエ周辺

コペンハーゲン・ダウンタウン・ホステル　MAP P.58-A4

住Vandkunsten 5
TEL30-144014
URLwww.copenhagendowntown.com
料ドミトリー104DKK～ バス・トイレ共同ⓈⒹ418DKK～ バス・トイレ付きⓈⒹ466DKK～　朝食65DKK
CCA M V　室83室
MM3、M4線ラドゥフスプラスン駅（徒歩6分）

立地とレトロ調の客室が評判を呼び、若い旅行者でにぎわう。ドミトリーは4～12人収容で女性専用もある。1階のバーで連日ライブやイベントが行われるため、騒がしさは否めない。

Wakeup Copenhagen, Borgergade
ローゼンボー離宮周辺

ウェイクアップ・コペンハーゲン・ボーガーゲード　MAP P.59-C1

住Borgergade 9
TEL44-800000
URLwww.wakeupcopenhagen.dk
料Ⓢ555DKK～ Ⓓ655DKK～　朝食95DKK
CCA D M V　室770室
MM1、M2、M3、M4線コンゲンス・ニュートーゥ駅（徒歩6分）

コペンハーゲンに3つのホテルを展開し、いずれも観光に便利な好立地。客室はコンパクトでアメニティも最小限だが、設備は新しく快適だ。

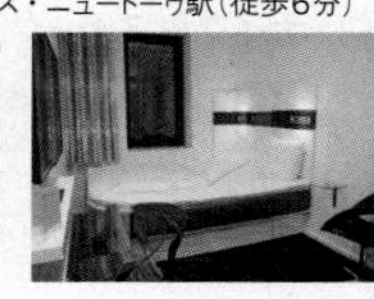

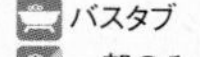 バスタブ　一部のみ
 テレビ
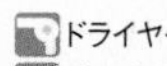 一部のみ
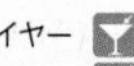 ドライヤー　貸し出し
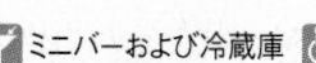 ミニバーおよび冷蔵庫　一部のみ
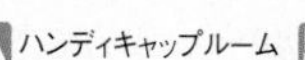 ハンディキャップルーム
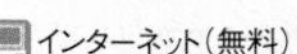 インターネット（無料）　インターネット（有料）

デンマークの伝統料理
スモーブローをめしあがれ

スモーブローSmørrebrødと呼ばれるオープンサンドイッチは、デンマークの名物！ 魚やエビ、肉などがパンの上に美しく盛りつけられている。ボリューミーなのにお手頃なのもうれしい。

Tivolihallen

チボリハレン

市庁舎前広場、中央駅周辺

MAP P.58-A4

アットホームな老舗レストラン

1791年にパン屋として創業したのが始まり。冷たい料理はパンの上に乗せて、温かい料理はパンが添えられて出てくる。ディナーはコースからアラカルトまで楽しめる。

住Vester Voldgade 91
TEL33-110160 URLtivolihallen.dk
営月～水11:30～16:30、木～土11:30～16:00/17:00～22:00 休日 予140DKK～ CCD M V
M M3、M4線ラドゥフスプラスン駅（徒歩4分）

1 気さくな店主とその家族が迎えてくれる
2 家庭的な雰囲気の店内。夏季は中庭にテラス席がオープン

小エビのマヨネーズ添え
138DKK

デンマークの特産品の小エビがたっぷりと盛られた一品。マヨネーズとあえても、レモンをかけてさっぱりと食べてもおいしい。

スモークサーモン
134DKK

肉厚でねっとりととろけるサーモンの切り身に、スクランブルエッグを添えたスモーブローの王道。新鮮なディルがアクセントに。

フリッカデーラ
98DKK

デンマーク版ハンバーグ、フリッカデーラ。小ぶりなサイズが数個入っているのが一般的だ。付け合わせにはさっぱりとしたピクルスを。

スモーブローあれこれ

❶食べるときはナイフ&フォーク

「サンドイッチ」という名前がついているが、食べるときはナイフとフォークで。パンの上には具がたっぷりと乗っているので、小さく切り分けて食べるといい。

❷ひとり何皿食べるもの？

ひとりで大体2～3皿を食べるのが普通。前菜として魚料理を1皿と、メインとして肉料理を1皿注文する場合が多い。

❸定番の具材はこちら

前菜では小エビやニシン、メインではフリッカデーラやローストビーフが定番のメニューだ。変わり種なら、ウナギや牛タンの燻製などがある。

❹テイクアウトもOK！

いくつかの店ではテイクアウトもできる。天気がよければ風が吹く港沿いや公園で、のんびりとスモーブローを味わうのもすてき。

※北欧では、近年急激にキャッシュレス化が進み、現金払い不可の観光施設や店舗が増加している。クレジットカードを必ず用意すること。

Slotskælderen Hos Gitte Kik

スロッツケラン・ホス・ギッテ・キック

ストロイエ周辺

MAP P.58-B3

メニューはすべて奥のテーブルの上！

　スモーブロー専門店。フリッカデーラや小エビのマヨネーズあえなどの定番から、ウナギの燻製や牛タンの燻製など珍しいメニューも多い。料金はひと皿69～165DKKくらい。

住Fortunstræde 4
TEL33-111537
URLwww.slotskaelderen.dk
営火～土
11:00～15:00
休日・月、7～8月の第1週
予130DKK～
CCA D J M V
MM3、M4線ガンメルストランド駅（徒歩1分）

1 テーブルに並んだ皿を指して注文しよう。食材などは気軽にスタッフに聞いてみて 2 使用する皿はすべてロイヤル・コペンハーゲン 3 半地下だが陽光が入り店内は明るい

1 人気メニューのニシンのカレーソース109DKK 2 フライドオニオンとホースラディッシュを添えた、ローストビーフのレムラードソースがけ129DKK 3 地元の常連たちに愛される人気店

Told & Snaps

トルド＆スナップス

アメリエンボー宮殿周辺

MAP P.59-D2・3

伝統的なスモーブローと自家製スナップス

　ニューハウンにあるスモーブロー専門のレストラン。伝統的なスモーブローが30種類以上揃い99～199DKK。定番のニシンは常時8種類ほどが揃う。事前の予約がおすすめ。

住Toldbodgade 2
TEL33-938385
URLwww.toldogsnaps.dk
営日～木11:30～16:00
金・土11:30～17:00
休なし
予140DKK～
CCA D J M V
MM1、M2、M3、M4線コンゲンス・ニュートーゥ駅（徒歩7分）

Aamanns 1921

オーマンズ1921

ストロイエ周辺

MAP P.58-B3

ミシュランガイド選出の専門店

　デンマーク人シェフの名を冠した実力派。国民食に現代的な解釈を加え、ランチはアラカルト105DKK～のほか、ニシンなど3種のスモーブローセット410DKKも。オーガニック・キュイジーヌ・ラベル認証店。

住Niels Hemmingsens Gade 19-21
TEL20-805204
URLaamanns.dk/restaurant/aamanns-1921
営日・月11:30～17:00
火～土11:30～17:00/18:30～23:00
休なし 予180DKK～
CCA M V
MM3、M4線ガンメルストランド駅（徒歩7分）

1 サクサク香ばしいカレイのフライ155DKK。刻みハーブたっぷりの濃厚レムラードソースでいただく 2 カウンターには自家製スナップスがずらり 3 予約がないと入店困難なときも。市内や空港に系列店あり

おしゃれなカフェで リラックスタイムを過ごそう

町のあちこちにおしゃれなカフェが多いコペンハーゲン。コーヒーをお供に、おいしいスイーツやパンをゆっくりと味わってみて。テイクアウトができる店も多い。

La Glace

ラ・グラス

ストロイエ周辺

MAP P.58-A3

デンマーク最古のお菓子屋さん

1870年創業。昔ながらの手法で職人が作る約20種類のケーキは各72DKK。19世紀末の家具を配したクラシックな雰囲気のティールームでホットチョコレート79DKKなどの飲み物と一緒に楽しんで。

住Skoubogade 3
TEL33-144646 URLlaglace.dk
営月～金8:30～18:00 土9:00～18:00 日10:00～18:00
休なし 予100DKK～ CCM V
MM3、M4線ラドゥフスプラスン駅（徒歩5分）

1 甘酸っぱいバタークリームのH.C. Andersen。注文後に切り分けてくれる 2 入店時にカードを受け取り、番号が表示されたらカウンターで注文する 3 2階ではクッキーやマカロンを販売

Hans Coffee

ハンス・コーヒー

ストロイエ周辺

MAP P.57-D3

半地下に広がるリノベカフェ

伝統的なサワードウ・ブレッドに、ふわふわのホイップバターをのせた朝食が話題を呼び、クリスチャンハウンに2号店もオープン。焼きたてのデニッシュペストリーとコーヒーの香りがコージーな店内に充満する。

住Boldhusgade 6 TEL30-864922
営月～金7:30～17:00
土・日9:00～17:00
休なし 予60DKK～
CCM V
MM3、M4線ガンメルストランド駅（徒歩2分）

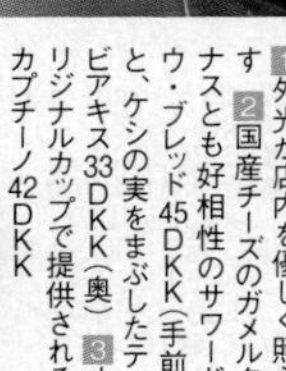

1 外光が店内を優しく照らす 2 国産チーズのガメルクナスとも好相性のサワードウ・ブレッド45DKK（手前）と、ケシの実をまぶしたティビアキス33DKK（奥） 3 オリジナルカップで提供されるカプチーノ42DKK

1 本場のデニッシュペストリーを味わおう 2 広々としたイートインスペースがある

Bertels Salon

ベートルス・サロン

ストロイエ周辺

MAP P.58-B3

コペンハーゲンで一番のチーズケーキ専門店

コペンハーゲンのベストケーキにも選ばれた、NYチーズケーキ専門店のカフェ。ショーケースに並ぶ約36種類のチーズケーキ69DKKはすべて手作り。季節限定メニューもある。

住Kompagnistræde 5 TEL33-130033 URLbertelskager.dk
営日～木11:00～21:00 金・土11:00～22:00
休なし 予90DKK～ CCA M V
MM3、M4線ガンメルストランド駅（徒歩3分）

1 デンマーク産のチーズや果物を使っている 2 広々とした2階席もある。夏季と天気のよい日はテラス席もオープン

Lagkagehuset

ラウケーフーセット

クリスチャンハウン

MAP P.57-D3

石窯で焼き上げるパンが大人気！

地元の人にも人気のペストリーチェーン。店内の石窯で焼くシナモンロール25DKKなどのパンのほか、ケーキやサンドイッチもある。アメリカーノ37DKK～と一緒にカフェタイムをゆっくりと楽しむのもいい。

住Torvegade 45 TEL32-573607
URLlagkagehuset.dk
営毎日6:00～19:00
休なし 予35DKK～ CCA M V
MM1、M2線クリスチャンハウン駅（徒歩1分）

1 クラシック・ブレックファスト・プレート98DKK 2 壁には20世紀のヨーロッパを彩った著名人の写真がずらり

Europa 1989

ヨーロパ 1989

ストロイエ周辺

MAP P.58-B3

ストロイエの真ん中にあるカフェ

バリスタ世界チャンピオンを輩出した有名店。アマートーゥ広場の一角にあり、ストロイエを行き交う人々を眺めながらコーヒーが楽しめる。モーニングやブランチメニューも充実。

住Amagertorv 1 TEL33-142889
URLeuropa1989.dk
営月～水8:45～23:00
木～土8:45～24:00 日8:45～22:00
休なし 予90DKK～ CCA M V
MM3、M4線ガンメルストランド駅（徒歩2分）

コペンハーゲンのレストラン

レストランは数多く、ストロイエを中心に老舗やおしゃれな店が並ぶ。デンマークの伝統料理なら、定番はオープンサンドイッチのスモーブロー（→P.100）。しかし、食事代には税金25%とサービス料15%が含まれ、チップが不要でもかなり高くつく。ランチ150〜350DKK、ディナー350〜700DKKが目安。安く上げるならセルフサービス式やフードコート、屋台がいい。

デンマーク料理

Grøften

グロフテン　MAP P.60-B1

チボリ公園内にあり、創業は1874年と園内最古。デンマークの伝統料理を中心にバラエティ豊かな季節のメニューが揃う。ニシンのマリネ、ローストポーク、ソーセージなどがセットになったグロフテン・デラックス・プレートは355DKK。

市庁舎前広場、中央駅周辺
住Tivoli, Vesterbrogade 3
TEL33-750675
URLgroeften.dk
営日〜木12:00〜22:00
　金・土12:00〜23:00
　（チボリ公園開園中のみ）
休チボリ公園の休園日
予250DKK〜
CCA D M V
Sコペンハーゲン中央駅（徒歩4分）

Restaurant Karla

カーラ　 P.57-C3

デンマークの伝統的な家庭料理が楽しめる。パンやドレッシングを含め、料理は手作りにこだわっている。豚のローストFlæskestegは198DKK、デンマーク風ハンバーグHakkebøfは178DKK〜。アイスクリームやパンケーキなどデザートも自家製。

市庁舎前広場、中央駅周辺
住Dantes Plads 1
TEL33-127025
URLkarla.nu
営毎日11:30〜22:00
休なし
予ランチ220DKK〜、
　ディナー270DKK〜
CCA M V
MM3、M4線ラドゥフスプラスン駅（徒歩5分）

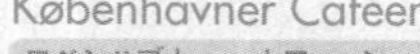

Københavner Caféen

コペンハブナー・カフェーン　 P.58-A3

1798年創業の老舗レストラン。デンマークの食材と伝統の調理法にこだわったデンマーク料理を堪能したいなら、コペンハブナー・カフェーン・プレート429DKK（2人前から）を頼んでみて。スモーブローは99〜269DKK。

ストロイエ周辺
住Badstuestræde 10
TEL33-328081
URLkøbenhavnercafeen.dk
営月〜土11:30〜22:00、日11:30〜16:00
休なし
予ランチ150DKK〜、
　ディナー300DKK〜
CCA D M V
MM3、M4線ガンメルストランド駅（徒歩4分）

Restaurant & Café Nytorv

ニュートーウ　MAP P.58-A4

季節を感じる伝統的なデンマーク料理が自慢。20種類前後あるスモーブローは89〜139DKK。ニシンのマリネにフライ、スモークサーモン、ローストビーフ、本日のチーズとひととおりのデンマーク料理が味わえるセットメニューのプレートは349DKK。

ストロイエ周辺
住Nytorv 15
TEL33-117706
URLnytorv.dk
営毎日9:00〜22:00
休なし
予ランチ160DKK〜、
　ディナー300DKK〜
CCA D M V
MM3、M4線ガンメルストランドまたはランドゥフスプラスン駅（徒歩6分）

Schønnemann

シューネマン　MAP P.58-B2

1877年に創業し、スモーブローといえば必ず名前が挙がる名店。古典を重んじ、約15種のニシン料理から日替わりの3種がお目見えする「本日のニシンプレート」は235DKK。スナップスも140種以上。クリスマスシーズンのみディナー営業あり。

ストロイエ周辺
住Hauser Plads 16
TEL33-120785
URLwww.restaurantschonnemann.dk
営毎日11:30〜17:00
休なし
予200DKK〜
CCM V
MM1、M2線ノアポート駅（徒歩4分）
SA、B、Bx、C、E、H線ノアポート駅（徒歩4分）

デンマーク料理

Skipperkroen

スキッパークロエン　MAP P.59-D2

港に停泊したヨットが窓越しに眺められるニューハウンの有名レストラン。シュリンプ・プレート135DKKや1/2サイズのロブスター149DKKなど、魚介を使った料理が中心。前菜には3種のニシンのマリネ125DKKがおすすめ。夏季はテラス席も並ぶ。

アメリエンボー宮殿周辺
住Nyhavn 27
TEL33-119906
URLstreckers.dk
営日～木9:00～23:00
　金・土8:30～24:00
休なし
予ランチ200DKK～、
　ディナー300DKK～
CCA M V
MM1、M2、M3、M4線コンゲンス・ニュートーゥ駅（徒歩8分）

Nyhavns Færgekro

ニューハウン・ファーゲクロ　MAP P.59-C2

1765年建造の建物を利用した老舗。ニシンビュッフェ（11:30～17:00）185DKKが名物で、カレー、ホワイト、クリーム、赤ワイン、トマトなど異なるソースの煮付けや焼き物など11種が並ぶ。前菜とメイン、デザートのディナーコースは475DKK。

アメリエンボー宮殿周辺
住Nyhavn 5
TEL33-151588
URLwww.nyhavnsfaergekro.dk
営木・日11:00～21:00
　金・土11:00～22:00
休月～水
予ランチ200DKK～、
　ディナー300DKK～
CCM V
MM1、M2、M3、M4線コンゲンス・ニュートーゥ駅（徒歩6分）

トルコ料理

Ankara

アンカラ　MAP P.58-A2

手頃な料金でトルコ料理のビュッフェを楽しめると地元の人に人気。肉や野菜の煮込み料理や常時15種類ほどのサラダ、スープなどが食べ放題で、ランチ89DKK、ディナー109DKK。アルコールを含む飲み放題プランは2時間319DKK。

ストロイエ周辺
住Krystalgade 8-10
TEL33-151915
URLwww.ankaracity.dk
営月～土12:00～22:00
休日
予ランチ89DKK～、ディナー109DKK～
CCA D M V
MM1、M2線ノアポート駅（徒歩5分）
SA、B、Bx、C、E、H線ノアポート駅（徒歩5分）

インターナショナル

Kødbyens Fiskebar

シェードビエン・フィスケバー　MAP P.56-B4

コペンハーゲンで若者に人気のあるエリア、食肉加工市場（シェードビエン）内にある。食肉加工店をおしゃれに改装した店内は、タイルの壁やカウンターなどにかつての面影が見られる。デンマーク周辺の魚介を使ったメニューは日替わりでの提供。

市庁舎前広場、中央駅周辺
住Flæsketorvet 100
TEL32-155656
URLfiskebaren.dk
営日～木11:30～24:00
　金・土11:30～翌1:00
休なし
予300DKK～
CCA M V
SA、B、Bx、C、E、H線ディベルスブロDybbølsbro駅（徒歩7分）

Dalle Valle

ダレ・ヴォーレ　MAP P.60-B1

ビュッフェが評判のカフェレストラン。リーズナブルながらもメニューの品揃えは豊富で、フレスケスタイやフリッカデーラといったデンマーク料理に、サラダやパスタまで揃う。ランチ119DKK（～16:00）、ディナー169DKK（16:00～）。

市庁舎前広場、中央駅周辺
住Axeltorv 4
TEL93-915111
URLdallevalle.dk
営毎日10:00～22:00
休なし
予ランチ119DKK～、ディナー169DKK～
CCA D M V
Sコペンハーゲン中央駅（徒歩6分）

Restaurant Riz Raz

リズ・ラズ　MAP P.58-A3

過去にベストチーペストレストランに選ばれたこともある、ベジタリアン料理のビュッフェレストラン。20種類以上の料理が並び、ランチ145DKK、ディナー185DKK（15:00～）。スタッフは皆フレンドリー。ステーキやデザートなどアラカルトも充実している。

ストロイエ周辺
住Store Kannikestræde 19
TEL33-150575
URLwww.rizraz.dk
営日～木11:30～23:00
　金・土11:30～24:00
休なし
予ランチ145DKK～、ディナー185DKK～
CCM V
MM1、M2線ノアポート駅（徒歩5分）
SA、B、Bx、C、E、H線ノアポート駅（徒歩5分）

インターナショナル

Tivoli Food Hall

チボリ・フード・ホール

MAP P.60-B1

チボリ公園の中央駅側に位置するフードコート。スタイリッシュな店内には15店の飲食ブースが並び、スモーブローの専門店からバーガーショップ、タイやインド料理、タパスの専門店などジャンルもさまざま。チボリ公園の休業期間中も営業している。

市庁舎前広場、中央駅周辺

住 Vesterbrogade 3
TEL 33-151001
URL www.tivoli.dk
営 日〜木11:00〜21:00
　金・土11:00〜22:00
休 なし
予 100DKK〜
CC 店舗により異なる
S コペンハーゲン中央駅(徒歩3分)

Nørrebro Bryghus

ノアブロ・ブリッゲフス

MAP P.57-C2

地産のオーガニックな素材を使い、水や製法にもこだわった自家醸造ビールが味わえる。ビールは20種類以上あり、55DKK〜。2階にはレストランがあり、ランチはオープンサンド85〜135DKKがメイン。2024年4月現在改装工事中。再開時期未定。

郊外

住 Ryesgade 3
TEL 35-300530
URL noerrebrobryghus.dk
営 月〜木12:00〜23:00
　金・土12:00〜24:00
休 日
予 ランチ150DKK〜、ディナー200DKK〜
CC M V
B 5C番Ravnsborggade(Nørrebrogade)(徒歩5分)

カフェ

Granola

グラノラ

MAP P.56-B3

ヴェスターブロ地区Vesterbroのおしゃれカフェ。1930年代のデンマークのカフェをイメージした店内は、レトロな調度品が並び居心地がよい。フレンチトースト125DKKといった朝食(〜12:00)やランチ(〜15:30)メニューもある。

市庁舎前広場、中央駅周辺

住 Værnedamsvej 5
TEL 33-330095
URL www.granola.dk
営 月〜水9:00〜23:00
　木〜土9:00〜24:00
　日　9:00〜16:00
休 なし
予 100DKK〜
CC M V
M M3線フレデリクスベア・アリ駅Frederiksberg Allé(徒歩11分)

COLUMN DENMARK

コペンハーゲンの屋内マーケット

ノアポート駅のすぐそばにあるイスラエル広場Israels Pladsにある、屋内型の食品マーケット、トーベヘルネKBH Torvehallerne KBH。マーケットはふたつの建物に分かれており、建物に挟まれて屋外のマーケットがある。屋内マーケットの中には、肉や野菜などの生鮮食品の店がずらり。なかにはデンマークブランドのチョコレートやコーヒー、紅茶、こだわりの調味料などを扱う店なども揃っているので、おみやげ探しにもぴったりな場所だ。

また、ベーカリーやスモーブロー、タパスなどが味わえるレストランやコーヒーショップなどがたくさん入っているので、ランチや軽食を安く済ませたいときにもおすすめ。

フレッシュな野菜や果物が並ぶ

人魚や自転車モチーフなどコペンハーゲンらしい雑貨も

■トーベヘルネKBH Map P.58-A1

住 Frederiksborg gade 21
URL torvehallernekbh.dk
開 月〜金10:00〜19:00
　土・日10:00〜18:00
休 なし

行き方▶▶▶
地下鉄M1、M2線またはエストーA、B、Bx、C、E、H線でノアポート駅下車、徒歩2分。

ガラス張りのモダンな外観

日本料理

Bento

ベントウ　MAP P.60-A2

日本で料理学校の先生だった女将さんと息子さんが営む。刺身は北欧産サーモンなど8種の盛り合わせが385DKK。とんかつやマグロのステーキなどの定食235～330DKK、ウナギ330DKKも、日本のビールとともに賞味できる。早めの予約推奨。

市庁舎前広場、中央駅周辺
住Helgolandsgade 16
TEL88-714646
URLuki.dk
営火～土17:00～21:30LO
休日・月
予250DKK～
CCA M V
Sコペンハーゲン中央駅(徒歩3分)

Restaurant Tokyo

東京　MAP P.56-B4

コペンハーゲン中央駅から西へ徒歩15～20分。セブンイレブンの2階にあり、1964年創業とヨーロッパでも一番古い日本料理店。すきやき定食355DKKやデンマーク産ポークを使ったとんかつ定食285DKK、天ぷら定食315DKKなど、メニューがバラエティ豊かなうえ、安くて本格的だと評判だ。店内はテーブルとゆったりとした座敷に分かれており、グループでの利用も可能だ。日本人オーナーの中澤さんも非常に親切で、観光情報やおすすめの店など、さまざまな情報を教えてくれる。現地在住日本人の交流の場としても人気で、特に週末はにぎわう。

目の前で作り上げる熱々のすきやきを堪能しよう

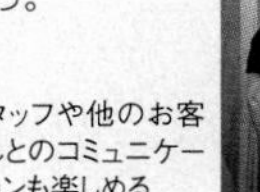

スタッフや他のお客さんとのコミュニケーションも楽しめる

市庁舎前広場、中央駅周辺
住Vesterbrogade 77
TEL33-310165
URLtokyorestaurant.dk
営火～土17:00～21:00LO
休日・月
予300DKK～
CCD J M V
MM3線フレデリクスベア・アリ駅(徒歩10分)

Selfish

セルフィッシュ　MAP P.56-B2

日本人が営む寿司店。産地にこだわったサーモンや最高級マグロなどネタは極上。おすすめは寿司セット90～530DKK。ランチセットは巻き物3つに寿司7カンが付いて110DKK～。日本のビールや50種類以上の日本酒、焼酎、梅酒も揃う。

郊外
住Elmegade 4
TEL35-359626
URLselfish-cph.com
営火～土12:00～21:00
休日・月
予ランチ120DKK～、ディナー220DKK～
CCM V
MM3線ノアブロ・ロンデル駅Nørrebros Runddel(徒歩10分)

中国料理

Fu Hao

富豪酒家（フー・ハオ）　MAP P.60-B2

現地在住の日本人に評判がよく、中国人シェフが手がける本格的な広東料理が味わえる。メインの肉料理は150DKK～。おすすめは写真付きのメニューで選び注文用紙に記入する飲茶70DKK～。コペンハーゲン中央駅の西側、ホテル街の中にある。

市庁舎前広場、中央駅周辺
住Colbjørnsensgade 15
TEL33-318985
URLfu-hao.dk
営木～火12:00～22:00
休水
予150DKK～
CCM V
Sコペンハーゲン中央駅(徒歩3分)

ピザ

Chums Vinbar & Deli

チャムズ・バインバー&デリ　MAP P.57-C2

ローゼンボー離宮から徒歩10分。焼きカマンベール180DKKやフォンデュ1400DKKなどチーズを使ったメニューが多く、タルト・フランベと呼ばれる薄生地のピザ90DKKはおつまみにもなる。世界のワインを取り揃え、ナチュラルワインとも好相性。

ローゼンボー離宮周辺
住Nørre Farimagsgade 82
TEL26-234784
URLchums.dk
営火～土12:00～23:00
休日・月
予100DKK～
CCM V
MM1、M2線ノアポート駅(徒歩5分)
SA、B、Bx、C、E、H線ノアポート駅(徒歩5分)

ひとつは手に入れたい！
デンマークデザインのアイテム

コペンハーゲンに来たのなら、デンマークデザインのアイテムをぜひ見てみて！ モダンでおしゃれ、スマートかつ機能的と、そのデザインの美しさにきっと惚れてしまうはず。

Royal Copenhagen

ロイヤル・コペンハーゲン

ストロイエ周辺

MAP P.58-B3

創業1775年の歴史あるブランド

1階にディナーセットのフローラダニカやテーブルウエア、2階に伝統柄ブルーフルーテッドやギフト商品が並ぶフラッグシップ・ストア。郊外にはアウトレット・ショップ（MAP P.56-A3）もある。

住Amagertorv 6 TEL33-137181
URLwww.royalcopenhagen.com
営月～金10:00～19:00
　土　10:00～18:00
　日　11:00～16:00
休なし CCA D J M V
MM3、M4線ガンメルストランド駅（徒歩2分）

1 伝統のデザインから最新作までが店内に並ぶ。きらびやかなテーブルコーディーネートも必見 2 1616年に建てられたルネッサンス様式の外観が目印 3 贈り物にも最適なイニシャル入りのマグカップ 4 伝統的な柄のブルーフルーテッド・ハーフレースのカップ&ソーサー

1 上階のショールームには番号が振り当てられ、まるでデザインホテルのよう 2 部屋ごとに異なる世界観にどっぷりと浸れる 3 2021年に郊外からストロイエに近い現住所へ移転 4 インテリア雑貨のShorebirdコレクションは3サイズを展開

Normann Copenhagen

ノーマン・コペンハーゲン

ストロイエ周辺

MAP P.58-B3

想像が広がるショールーム型店舗

1999年に開業し、北欧らしい普遍的なデザインであっという間に世界的に有名になったインテリアブランド。扱っている家具の多くがオリジナルアイテムだが、デザイナーとのコラボ商品や、復刻デザインのアイテムなどもある。

住Niels Hemmingsens Gade 12
TEL35-554459
URLwww.normann-copenhagen.com
営月～金10:00～18:00 土10:00～16:00
休日 CCA M V
MM3、M4線ガンメルストランド駅（徒歩5分）

※北欧では、近年急激にキャッシュレス化が進み、現金払い不可の観光施設や店舗が増加している。クレジットカードを必ず用意すること。

Hay House
ハイ・ハウス

ストロイエ周辺

MAP P.58-B3

注目の人気デザインショップ

小物やキッチン雑貨から、椅子やソファなどのインテリアまで、シンプル・ユニーク・モダンをテーマにしたオリジナル製品が揃う。高品質かつリーズナブルな価格なのもうれしいポイント。

住Østergade 61、2.-3.sal
TEL31-646133
URLhay.dk
営月～土10:00～18:00
　日　　10:00～16:00
休なし
CCＡＤＭＶ
ⓂM3、M4線ガンメルストランド駅（徒歩3分）

1 広い店内のあちこちにテイストの違うインテリアが並ぶ 2 オーガニックコットンのトートバッグはカラーバリエーションが豊富 3 デンマークブランドの紙製オーナメントが作れるキットはみやげに喜ばれそう 4 テーブルウェアも選ぶのが楽しい

1 店内は広く商品はゆったりディスプレイされている 2 北欧デザインのものを探していたならぜひ行きたい 3 ドイツの老舗ビレロイ&ボッホの食器も

Illums Bolighus
イルムス・ボーリフス

ストロイエ周辺

MAP P.58-B3

世界の有名な家具と雑貨が大集合!

デンマークなど欧州デザインの有名ブランドを中心に、幅広い商品を扱うデパート。1階はリビング&キッチン用品、2階は寝具や服飾、3階はインテリア系、4階はデザイン家具と照明売り場。

住Amagertorv 10　TEL33-141941
URLwww.illumsbolighus.com
営月～土10:00～20:00
　日　　10:00～19:00（時期によって異なる）
休なし　CCＡＪＭＶ
ⓂM3、M4線ガンメルストランド駅（徒歩3分）

Georg Jensen
ジョージ・ジェンセン

ストロイエ周辺

MAP P.58-B3

デンマーク&スウェーデン王室御用達

銀器の代名詞といわれる有名ブランド。アイテムは、シンプルながら品格がある。指輪やピアス、ブレスレットなどの1階はジュエリーや時計、2階はシルバーの食器類とアンティーク、生活雑貨のコーナー。

住Amagertorv 4
TEL33-114080
URLwww.georgjensen.com
営月～金10:00～18:00
　土　　10:00～17:00
　日　　11:00～15:30
休なし　CCＡＤＪＭＶ
ⓂM3、M4線ガンメルストランド駅（徒歩2分）

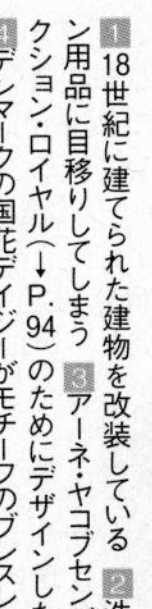

1 18世紀に建てられた建物を改装している 2 洗練されたキッチン用品に目移りしてしまう 3 アーネ・ヤコブセンがラディソン・コレクション・ロイヤル（→P.94）のためにデザインしたAJカトラリー 4 デンマークの国花デイジーがモチーフのブレスレット

コペンハーゲンのショッピング

ショッピングの中心はストロイエ周辺。通りの両脇には大型デパートや高級店が軒を連ね、世界の最先端をいくモダンデザインを扱っている。ストロイエの路地裏には、アンティークやかわいい雑貨を扱う店も多い。1月と8月はバーゲン時期。「ブラックフライデー」も広く浸透している。「セール」を意味する「UDSALG」の看板を見つけたらのぞいてみよう。

デパート

Illum

イルム

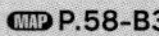 P.58-B3

北欧ならではの生活用品を豊富に扱うデパート。新館と旧館が内部でつながっている。4階の生活雑貨売り場には、家具や陶器、ガラス製品など厳選アイテムが並ぶ。おもちゃ屋や無印良品などもある。吹き抜けの空間が広がる最上階はレストラン街。

ストロイエ周辺

住 Østergade 52
TEL 33-144002
URL illum.dk
営 毎日10:00～20:00（レストラン街は日～水は～22:00、木～土は～23:00）
休 なし
CC A D J M V
M M3、M4線ガンメルストランド駅（徒歩3分）

Magasin du Nord

マガシン・デュ・ノルド

MAP P.59-C3

デンマークに7店舗を展開するデパートの大手。衣類や靴、食器や雑貨からインテリアまでなんでも揃い、幅広い世代に人気。2、4階は、若者向けの有名ブランドショップが入るファッションフロアで、3階は生活用品、地下は食品売り場となっている。

ストロイエ周辺

住 Kongens Nytorv 13
TEL 33-114433
URL www.magasin.dk
営 毎日10:00～20:00
休 なし
CC A D M V
M M1、M2、M3、M4線コンゲンス・ニュートーゥ駅（徒歩1分）

ファッション

Baum und Pferdgarten

バウム・ウント・フェアートガーテン

MAP P.58-B2

1999年にふたりのデンマーク人が設立したファッションブランド。女らしさと男っぽさ、クラシックとアバンギャルドなど、二元的な要素を融合した遊び心あふれるデザインが魅力的。ドレスのほか、ジーンズやシャツ、バッグ、アクセサリーなども扱う。

ストロイエ周辺

住 Vognmagergade 2
TEL 35-301090
URL www.baumundpferdgarten.com
営 月～金11:00～18:00
　土　11:00～17:00
休 日
CC A M V
M M1、M2線ノアポート駅（徒歩8分）
S A、B、Bx、C、E、H線ノアポート駅（徒歩8分）

Ganni

ガニ

MAP P.59-C3

2000年にコペンハーゲンで産声を上げて以来、エッジの効いた北欧デザインでグローバルブランドに成長。リサイクル素材を取り入れるなどサステナビリティを意識し、手の届きやすい価格設定も人気の理由。イルム、マガジン・デュ・ノルドに支店あり。

ストロイエ周辺

住 Bremerholm 4
TEL 20-885311
URL www.ganni.com
営 月～土10:00～18:00
　日　11:00～16:00
休 なし
CC M V
M M1、M2、M3、M4線コンゲンス・ニュートーゥ駅（徒歩3分）

Wood Wood

ウッド・ウッド

MAP P.58-B2

コペンハーゲン発、90年代の若者カルチャーに現代のセンスを重ねたハイファッションとライフスタイルを発信。ナイキやアディダスなど名だたるブランドとコラボレーションし、スニーカーは多彩なラインが揃う。女性用のバッグやパンプスもおしゃれ。

ストロイエ周辺

住 Grønnegade 1
TEL 35-356264
URL www.woodwood.com
営 月～金10:00～18:00
　土　10:00～17:00
　日　12:00～16:00
休 なし
CC M V
M M1、M2、M3、M4線コンゲンス・ニュートーゥ駅（徒歩5分）

レインウエア

Rains
レインズ

MAP P.58-B3

コペンハーゲンで2012年に誕生し、世界各国に約30店舗を展開。スタイリッシュでありながら機能的なレインウエアで楽しませてくれる。防水仕様のポーチやバックパック、ノートPCケースなど旅行にも使えるアイテムが多く、買って損はない。

ストロイエ周辺
住Amagertorv 14
TEL26-278541
URLwww.jp.rains.com
営月～金10:00～19:00
　土　　10:00～18:00
　日　　11:00～17:00
休なし
CCM V
MM3、M4線ガンメルストランド駅(徒歩3分)

靴

Ecco Østergade
エコ・エスターギャーゼ

MAP P.58-B3

人間工学に基づいた履きやすい靴で人気のブランド「エコ」の直営店のなかでも、デンマーク最大規模の店。売れ筋はスニーカーやブーツで、値段は750～2200DKKとリーズナブル。メンズ、レディスのほか子供靴も扱っている。

ストロイエ周辺
住Østergade 55
TEL33-123511
URLglobal.ecco.com
営月～土10:00～18:00
　日　　11:00～17:00
休なし
CCM V
MM3、M4線ガンメルストランド駅(徒歩3分)

Rezet Sneaker Store
リゼット・スニーカー・ストア

MAP P.58-A3

ストロイエに面したアーケード内にあり、入口側に女性向け、その奥に男性向けと2つの店舗で構成される。コペンハーゲンでスニーカー専門の卸売業者として設立され、一流ブランドの取り扱いも多数。日本未上陸のおしゃれなモデルに出合えることも。

ストロイエ周辺
住Jorcks Passage 42a
TEL33-330744
URLrezetstore.com
営月～木10:00～18:00
　金　　10:00～19:00
　土　　10:00～17:00
　日　　11:00～16:00
休なし
CCM V
MM3、M4線ガンメルストランド駅(徒歩6分)

アクセサリー

Carré Jewellery
カレ・ジュエリー

MAP P.58-B3

世界各国で人気のデンマークのジュエリーブランド、カレの直営店。天然石やアンティークのジュエリーからアイデアを得たというアイテムは、柔らかであたたかみのあるデザイン。リングは400～2万DKK、イヤリングは350～2万3000DKK程度。

ストロイエ周辺
住Læderstræde 18
TEL33-129218
URLcarre.dk
営月～金11:00～18:00
　土　　11:00～17:00
休日
CCA M V
MM3、M4線ガンメルストランド駅(徒歩3分)

Peter Hertz
ピーター・ハーツ

MAP P.58-B2

創業1834年の老舗。デンマーク王室御用達としても有名で、宮廷お抱えのデザイナーによるシルバー、ゴールド類が並ぶ。各ジュエリーにはオリンピア、カシオペア、バビロンなどのコレクション名が与えられ、デザインも洗練されたものばかり。

ストロイエ周辺
住Købmagergade 34
TEL33-122216
URLphertz.dk
営月～金10:00～18:00
　土　　10:00～16:00
休日
CCA M V
MM3、M4線ガンメルストランド駅(徒歩5分)

レゴ

Lego Store Copenhagen
レゴ・ストア・コペンハーゲン

MAP P.58-B3

実はデンマーク生まれのレゴ。ここがレゴ初のオンリーショップだ。入口ではレゴでできた人形や恐竜がお出迎え。記念撮影ができる。キットなどのほか、顔や体を自由に組み合わせて人形を作るコーナーや、ブロックの量り売り(90DKK～)もある。

ストロイエ周辺
住Vimmelskaftet 37
TEL52-159158
URLwww.lego.com
営月～土10:00～18:00
　日　　11:00～17:00
休なし
CCA D M V
MM3、M4線ガンメルストランド駅(徒歩4分)

生活雑貨

Dora

ドラ　MAP P.56-B3

ヴェスターブロ地区にある雑貨のセレクトショップ。デザインにこだわり選んだ国内外のブランド家具やファブリック、インテリア小物などが並ぶ。ヴィンテージ品も豊富で、アンティークチェアからビーカーなど、ユニークな品揃えは眺めるだけでも楽しい。

市庁舎前広場、中央駅周辺
住Værnedamsvej 6
TEL93-927220
URLwww.shopdora.dk
営月～金10:00～18:00
　土　10:00～17:00
　日　12:00～16:00
休なし
CCM V
MM3線フレデリクスベア・アリ駅（徒歩9分）

Flying Tiger Copenhagen

フライング・タイガー・コペンハーゲン　MAP P.58-A4

低価格でバラエティに富んだデザイン雑貨で人気を博し、今や世界的に知られる存在に。キッチン用品やおもちゃ、ギフト用品にパーティグッズまで膨大な数の商品が揃うが、整然とした陳列で手に取りやすい。おみやげのまとめ買いにも重宝する。

市庁舎前広場、中央駅周辺
住Frederiksberggade 11B
TEL32-451700
URLflyingtiger.com/da-dk
営月～土10:00～22:00
　日　11:00～18:00
休なし
CCM V
MM3、M4線ラドゥフスプラスン駅（徒歩2分）

Norr

ノール　MAP P.58-B2

ストロイエから延びるピレスト通りPilestrædeは、洗練されたカフェやブティックが連なる路地。その一角にあり、デンマークブランドを中心にファッション、インテリア、コスメなど生活全般に関わるセレクト商品を販売する。不定期でセールも開催。

ストロイエ周辺
住Pilestræde 36
TEL33-110405
URLwww.norrstores.com
営月～木・土11:00～18:00
　金　11:00～19:00
　日　11:00～16:00
休なし
CCM V
MM3、M4線ガンメルストランド駅（徒歩7分）

パイプ

The Danish Pipe Shop

ダニッシュ・パイプ・ショップ　MAP P.57-C3

デンマークは、手作りパイプの名産地としても有名。ストロイエにあるこの店は、コペンハーゲン唯一のパイプの専門店。多くのパイプを揃えており、Stanwellなどデンマーク産のパイプは250～1800DKK。タバコの葉や葉巻なども扱う。

市庁舎前広場、中央駅周辺
住Vester Voldgade 92
TEL33-123651
URLwww.danishpipeshop.com
営月～木10:00～17:30
　金　10:00～17:00
　土　10:00～15:00
休日
CCA D M V
MM3、M4線ラドゥフスプラスン駅（徒歩6分）

COLUMN DENMARK

のみの市でおみやげ探し

コペンハーゲンでは、夏季の週末に各所でのみの市（Flea Market/Loppe Marked）が開かれる。市の中心部から近くて行きやすいのは、ノアブロ通りのアシステンス教会墓地（→ P.79）の壁に沿って行われるノアブロ・フリーマーケット Nørrebro Flea Market、トーヴァルセン彫刻美術館（→ P.77）前のマーケット（土・日曜はガンメルストランド駅界隈で開催）。観光客向けなので、値段はやや高めだが、北欧デザイン好きは必見だ。郊外にある巨大なイベントスペース、ベラ・センター Bella Center などで行われることもある。

■ノアブロ・フリーマーケット　Map P.56-B2
催4～10月　土8:00～15:00頃
行き方▶▶▶
地下鉄M3線でノアブロ・ロンデル駅下車、徒歩3分。
■トーヴァルセン彫刻美術館前　Map P.58-B4
TEL22-484177　催5～10月　金8:00～17:00

オーディオ製品

Bang & Olufsen
バング&オルフセン　MAP P.59-C3

デンマークが誇るオーディオメーカーのショールーム。フォルムはもちろん、音の水準も高い。店内はおしゃれなオフィスのようで、未来デザインのハイファイ機器が並ぶ。日本未入荷の製品も多く、日本への発送もOKだが3ヵ月ほどかかるものも。

ストロイエ周辺
住Østergade 18
TEL20-855532
URLwww.bang-olufsen.com
営月～金10:00～18:00
　土　10:00～16:00
休日
CCA M V
MM1、M2、M3、M4線コンゲンス・ニュートーゥ駅(徒歩3分)

本

Arnold Busck
アーノルド・ブスク　MAP P.58-B2

ラウンド・タワー近くの大型書店。注目はデザイン関連の本を扱う2階。建築やアート、ファッションに関する本が並べられ、本を手に取って眺めるだけでもおもしろい。1階では小説や雑誌、地下では児童書や文房具を扱うほか、雑貨も販売。

ストロイエ周辺
住Købmagergade 49
TEL33-733500
URLjppol.dk/arnold
営月～金　9:00～19:00
　土　10:00～18:00
　日　10:00～17:00
休なし
CCD J M V
MM1、M2線ノアポート駅(徒歩4分)
SA、B、Bx、C、E、H線ノアポート駅(徒歩4分)

ドラッグストア

Normal
ノーマル　MAP P.58-A2

北欧を中心に店舗を展開している、デンマーク発のドラッグストア。国内外の化粧品や日用品、食品などもディスカウント価格で販売されており、リーズナブルなおみやげを探すのにも便利。キャラクター入りのオリジナルグッズも扱う。

ストロイエ周辺
住Købmagergade 60
TEL22-207972
URLwww.normal.dk
営月～土　9:30～20:00
　日　10:00～18:00
休なし
CCA D M V
MM1、M2線ノアポート駅(徒歩3分)
SA、B、Bx、C、E、H線ノアポート駅(徒歩3分)

食料品

Peter Beier Chokolade
ピーター・バイヤー・チョコレート　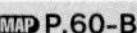MAP P.60-B1

デンマーク出身のショコラティエが手がけるチョコレート専門店。手作りのチョコは、自社農園のカカオを使用しており、材料の果物も自家栽培するこだわりよう。カフェを併設しており、チョコレートドリンクなどのテイクアウトも可能。

市庁舎前広場、中央駅周辺
住Vesterbrogade 2
TEL44-225955
URLgb.pbchokolade.dk
営毎日10:00～18:00
休なし
CCM V
MM3、M4線ラドゥフスプラスン駅(徒歩4分)
Sコペンハーゲン中央駅(徒歩4分)

Kihoskh
キホスク　MAP P.56-B4

ヴェスターブロ地区で住民の交流の場になっているグローサリー。オーガニック食品やお菓子、パン、お酒、輸入雑誌や観葉植物まで、バラエティ豊かな商品を扱う。なかでも地下のセラーに並ぶビールは国内随一と自負する圧巻の品揃え。

市庁舎前広場、中央駅周辺
住Sønder Boulevard 53
TEL33-311198
URLwww.kihoskh.dk
営日～木 7:00～翌1:00
　金・土 7:00～翌2:00
休なし
CCA M V
SA、B、Bx、C、E、H線ディベルスブロ駅(徒歩6分)

A.C. Perch's Thehandel
A.C. パークス・ティーハレン　MAP P.58-B2

1835年から続くお茶の専門店。趣ある木造の英国風な建物が目を引く。200種類以上あるオリジナルブレンドは100g52DKK～。2階はティールーム(営月～金11:30～17:30、土11:00～17:00、HPから予約推奨)で、ケーキと一緒に楽しめる。

ストロイエ周辺
住Kronprinsensgade 5
TEL33-153562
URLwww.perchs.dk(ショップ)
URLperchstearoom.dk(ティールーム)
営月～木9:00～17:30
　金　9:00～18:00
　土　9:30～17:00
休日
CCJ M V
MM1、M2、M3、M4線コンゲンス・ニュートーゥ駅(徒歩8分)

コペンハーゲンのナイトスポット

町の中心部には、観光客にも人気のライブハウスやバー、深夜営業のカフェがある。大型のクラブなどは郊外にあり、タクシーなどの足がないと行くのは難しい。ノアポート駅の周辺には、地元の若者が集まるセンスのいいバーやカフェが点在している。コペンハーゲンの流行をつかむなら、そちらに足を運ぶのがおすすめ。

The Library Bar
ライブラリー・バー

MAP P.60-B1

コペンハーゲン・プラザ(→P.97)の1階にあるシックなバー。古い蔵書が周囲の壁を囲み、その数約5500冊。インテリアをブラウン系でまとめ、ゆったりとしたサロン風。社交場として人気で、金・土曜の21:30頃からライブ演奏も行われる。カジュアルな服装は避けよう。

市庁舎前広場、中央駅周辺
住Bernstorffsgade 4
TEL28-305861
URLligula.se/the-library-bar
営火～木17:00～24:00
金・土17:00～翌1:00
休日・月
CCA D J M V
Sコペンハーゲン中央駅(徒歩1分)

Mikkeller Bar
ミッケラー・バー

MAP P.60-A2

デンマーク発のマイクロブリュワリー、ミッケラーの直営バー。常時20種類前後のドラフトビールのほか、約350種のクラフトビールも楽しめる。こぢんまりとした半地下にあり、ローカル感が満点。カウンターで注文し、その場で料金を払い商品を受け取るセルフサービス式。

市庁舎前広場、中央駅周辺
住Viktoriagade 8B-C
TEL33-310415
URLwww.mikkeller.com
営日 14:00～22:00
月～水14:00～23:00
木 14:00～24:00
金 14:00～翌1:00
土 12:00～翌1:00
休なし
CCA M V
Sコペンハーゲン中央駅(徒歩5分)

Mojo
モジョ

MAP P.58-A4

幅広い年齢層に人気のブルースバー。チャージはバンドにより異なり100DKK～だが、入場無料の日もある。バンドはデンマークのほか、スウェーデンやノルウェー、イギリス、アメリカからも来訪。ライブは日～水曜は21:30頃から、木～土曜は22:00頃から。

ストロイエ周辺
住Løngangstræde 21c
TEL33-116453
URLwww.mojo.dk
営毎日20:00～翌5:00
休なし
CCA M V
MM3、M4線ラドゥフスプラスン駅(徒歩5分)

Casino Copenhagen
カジノ・コペンハーゲン

MAP P.57-D4

Radisson Blu Scandinavia Hotel内にあるコペンハーゲン唯一のカジノ。内装はヨーロピアンタイプの正統派。18歳から入場でき、入場料は95DKK(14:00～16:00は25DKK)。入場には写真付きの身分証明書が必要。帽子やジャケットの着用、カジノ内での撮影は禁止。

クリスチャンハウン
住Amager Boulevard 70
TEL33-965965
URLcasinocopenhagen.dk
営毎日14:00～翌4:00
休なし
CCA D J M V
MM1線イスランズ・ブリュッゲ駅Islands Brygge(徒歩7分)

Rust
ルスト

MAP P.56-B2

コペンハーゲンを代表する、収容人数約650人の巨大ナイトクラブ。内部はライブハウスからクラブ、ラウンジ＆バーといくつかのパートに分かれており、シーンに応じて使い分けられる。ライブやイベントのスケジュールはウェブサイトでチェックできる。

郊外
住Guldbergsgade 8
TEL35-245200
URLrust.dk
営木 19:00～翌1:00頃
金・土19:00～翌4:00頃
休日～水(イベント開催時は営業)
CCM V(現金不可)
MM3線ノアブロ・ロンデル駅(徒歩12分)

コペンハーゲンのエンターテインメント Copenhagen ENTERTAINMENT

コペンハーゲンでは、バレエやオペラ、ミュージカルなどさまざまなエンターテインメントが催されている。特に有名で人気も高いのが、パリのオペラ座、キエフ・バレエ団に次ぐ、世界で3番目に長い歴史をもつデンマーク王立バレエ団The Royal Danish Ballet。その公演はふたつの王立劇場やオペラハウスで見ることができる。デンマーク王立劇場、旧王立劇場、オペラハウスの公式ウェブサイト（英語対応）と、チケットを販売するカスタマーサービスの電話番号は共通。公式ウェブサイトやアプリ「Det Kongelige Teater」で希望の日時と演目を指定すれば簡単にチケットを予約できるので、事前に手配しておくと安心だ。劇場のボックスオフィスに直接赴いて購入することも可能。このほか、Ticketmasterでもさまざまな公演を取り扱っている。

デンマーク王立劇場
Skuespilhuset

見晴しのよいウォーターフロントに2008年にオープンした王立劇場。デンマーク人建築家Boje LundgaardとLene Tranbergデザインの建物で、オペラやミュージカルを上演。3つのステージがあり、総座席数は1000席。地下鉄M1、M2、M3、M4線でコンゲンス・ニュートーゥ駅下車、徒歩12分。

旧王立劇場
Det Kongelige Teater(Gamle Scene)

コンゲンス・ニュートーゥに建つ1748年建造の重厚な建物。デンマーク王立バレエ団の公演をメインに、オペラ、クラシックのコンサートが行われている。地下鉄M1、M2、M3、M4線でコンゲンス・ニュートーゥ駅下車、徒歩1分。

オペラハウス
Operaen

斬新なデザインの建物は、光の巨匠とも呼ばれた建築家ヘニング・ラーセンHenning Larsenの設計。オペラをメインにバレエ、コンサートが行われている。内部は地上9階、地下5階の全14階建てになっており、中央ホールには1400人もの観客を収容できる。アメリエンボー宮殿の対岸に位置し、市バス2A番のGalionsvej, Operaen下車、徒歩約7分。水上バス991、992番でも行ける。

ニューハウンから橋を渡ってアクセスできる

新劇場
Det Ny Teater

中央駅西のホテル街のすぐそば。有名ミュージカルを上演している。コペンハーゲン中央駅から徒歩10分。

チボリ・コンサート・ホール
Tivoli Koncertsal

チボリ公園（→P.80）内にあるコンサートホール兼劇場。クラシックからバレエなどさまざまなジャンルの公演がある。公園は夏季とクリスマスのみのオープンだが、コンサートホールは1年を通して上演されている。公園のオープン時には、イベント会場にもなる。

DATA

●デンマーク王立劇場 Map P.59-D2
住Sankt Annæ Plads 36
TEL33-696969（カスタマーサービス）
開月～金9:30～16:00 休土・日
URLkglteater.dk
開3館共通のカスタマーサービスは上演日の開演2時間前から営業する。

●旧王立劇場 Map P.59-C3
住Kongens Nytorv nr.9
開ボックスオフィス 火～日14:00～18:00
休月

●オペラハウス Map P.57-D2·3
住Ekvipagemestervej 10

●チケットマスター
URLwww.ticketmaster.dk

●新劇場 Map P.60-A2
住Gammel Kongevej 29
TEL33-255075 URLdetnyteater.dk
開月・火12:00～18:00
水・木12:00～19:30
金・土12:00～20:00
日 12:00～15:00
休なし

●チボリ・コンサート・ホール Map P.60-B2
TEL33-151011 URLwww.tivoli.dk

Helsingør
ヘルシンオア

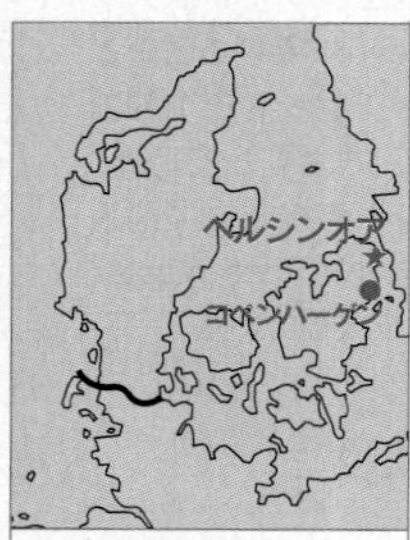

Map P.46-B3
人口:6万3888
市外局番:なし
ヘルシンオア情報のサイト
URL www.visitnorthzealand.com
@visitnordsjaelland
@visitnordsjaelland

ヘルシンオアの行き方

コペンハーゲンから普通列車Reで所要約50分。列車は10～15分おきにある。
スウェーデンのヘルシンボリからオーレスンドライン Øresundslinjenなどのフェリーが運航している。24時間運航、深夜を除いて15～30分ごとに出発。所要約20分。

オーレスンライン
TEL 88-711900
URL www.oresundslinjen.dk

聖オーライ教会
住 Sct.Anna Gade 12
URL helsingoerdomkirke.dk
開 5・6月
火～土10:00～16:00
7・8月
火～土10:00～16:00
日 10:00～10:30/15:00～16:00
9～4月
火～土10:00～14:00
休 月・9～6月の日
料 無料

駅の近くにある聖オーライ教会

コペンハーゲンの北約44kmの所にある港町。町の北東にあるクロンボー城は、シェイクスピア作の戯曲『ハムレット』の舞台として有名で、ユネスコの世界遺産に登録されている。町はオーレスン海峡の最狭部にあり、対岸にあるスウェーデンのヘルシンボリの町との間はわずか5km。

堅牢な城壁をもつクロンボー城

ヘルシンオアが造られたのは1100年頃。1429年エリック7世が海峡を通る船にここで通行税を課してから、経済的にも政治的にも重要な町となったが、通行税は1857年に廃止された。19世紀半ばにコペンハーゲンからの鉄道が北へ延びるにつれて、北海への港となるこの町は再び活気を取り戻す。

町の中心にそびえる尖塔は、聖オーライ教会Skt. Olai Kirkeである。この教会は13世紀の開基、現存するエリック7世時代の建築物としては唯一のものだ。

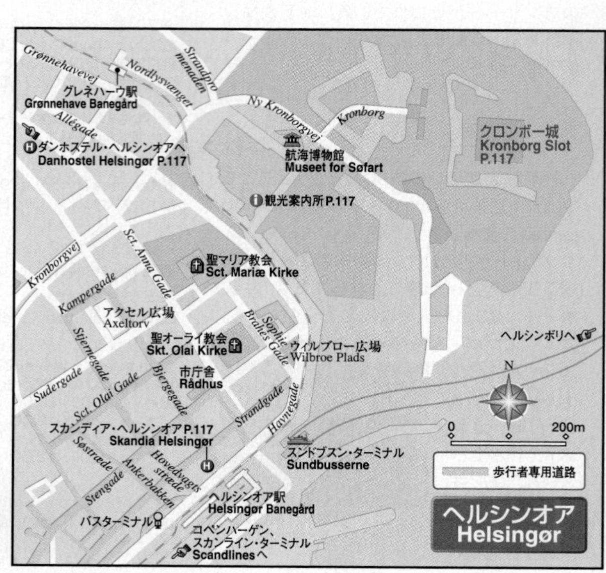

ヘルシンオアの歩き方

駅を出て真っすぐに進むと、湾を挟んで向かいにクロンボー城が見える。すぐ近くには古い船渠を利用した航海博物館Museet for Søfartがある。駅の西側には商店街があり、対岸のヘルシンボリから船でやってきたスウェーデン人の買い物客でにぎわっている。デンマークはスウェーデンよりもアルコール類が安いので、大量のビールやウイスキーを抱えたスウェーデン人が多い。スウェーデンへ行く人は、駅からつながっている歩道橋を渡りフェリーターミナルへ行こう。

クロンボー城から眺めるヘルシンオアの町

ヘルシンオアの観光案内所
Map P.116
住Allegade 2
URL helsbib.dk/biblioteker/helsingoer-visitor-service
開月・金 10:00～18:00
火・水 10:00～19:00
木 10:00～20:00
土 10:00～16:00
日 11:00～16:00
休なし

おもな見どころ

● クロンボー城 Kronborg Slot

Map P.116

シェイクスピアの『ハムレット』の舞台となった城。15世紀にエリック7世が通行税徴収のために城を造ったが一度さびれ、1574年フレデリク2世の命により再建に着手、1585年に完成した。1629年には火災により焼け落ちたが、ただちにクリスチャン4世により修復された。その後はスウェーデンに最も接近した場所として、幾度かの戦争を経て、1924年に現在の姿に改修された。

城の完成当時の北欧で最大の大きさを誇った舞踏場

ほぼ四角型の城で、北棟は王の住居、西棟は王妃の住居でデンマーク・ルネッサンス様式。東棟は王族の部屋や厨房、南棟は教会Kirkenで内部装飾はフレデリク2世時代のものだ。地下には兵舎や地下牢Kasematterneがあり、一隅には楯と剣を手にして眠るデンマークの伝説の英雄ホルガー・ダンスク Holger Danskeの像がある。デンマークの危機の際には、数百年の眠りから立ち上がり、祖国を救うといわれている。

北棟入口の向かいの壁に、シェイクスピアの胸像のレリーフがあり、その下に王子ハムレットについての記述がある。文中に「王子Amleth」とあるのに注目。シェイクスピアはAmlethの最後の「H」を頭にもってきてHAMLETとした。

クロンボー城
住Kronborg 2c
TEL 49-213078
URL www.kronborg.dk
開4・5月・9/2～10/31
毎日 10:00～17:00
6/1～9/1
毎日 10:00～18:00
11～3月
火～日 11:00～16:00
休11～3月の月
料125DKK（6～8月は145DKK）
航海博物館のチケット提示で20%割引（コペンハーゲン・カードDiscoverで入場可）
行き方▶▶▶
ヘルシンオア駅から徒歩約15分。

航海博物館
住Ny Kronborgvej 1
TEL 49-210685
URL mfs.dk
開7・8月
毎日 11:00～18:00
9～6月
火～日 11:00～17:00
休9～6月の月
料135DKK
クロンボー城のチケット提示で20%割引。
（コペンハーゲン・カードDiscoverで入場可）
行き方▶▶▶
ヘルシンオア駅から徒歩約10分。

ヘルシンオアのホテル

Hotel Skandia Helsingør
スカンディア・ヘルシンオア MAP P.116

住Bramstræde 1 TEL 49-210902
URL www.hotelskandia.dk
料Ⓢ795DKK～ Ⓓ985DKK～
CC A J M V

ヘルシンオア駅から徒歩2分ほどのエコノミーなホテル。観光へのアクセスも便利。

Danhostel Helsingør
ダンホステル・ヘルシンオア MAP P.116外

住Ndr. Strandvej 24 TEL 49-284949
URL danhostelhelsingor.dk
料ドミトリー300DKK～
バス・トイレ共同Ⓢ425DKK～ Ⓓ475DKK～
バス・トイレ付きⓈ525DKK～ Ⓓ575DKK～
シーツ75DKK 朝食75DKK CC J M V

プレイルームを完備した快適なホステル。

バスタブ　テレビ　ドライヤー　ミニバーおよび冷蔵庫　ハンディキャップルーム　インターネット（無料）
一部のみ　一部のみ　貸し出し　一部のみ　インターネット（有料）

Roskilde

ロスキレ

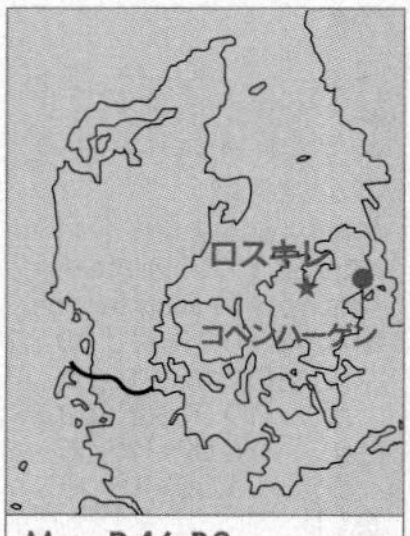

Map P.46-B3
人口:9万1119
市外局番:なし
ロスキレ情報のサイト
URL www.visitfjordlandet.dk
f @VisitFjordlandet
@visitfjordlandet

ロスキレ・フィヨルドの最奥にできたこの町は、9世紀には早くも都市としての形態をなしており、リーベと並んで国内で最も古い町とされている。アブサロン大主教によってコペンハーゲンが開かれるまでは、ロスキレが王族の拠点であった。また12世紀には、デンマーク初の大寺院であるロスキレ大聖堂が建立された。つまりデンマークの歴史は、ロスキレから始まったといっても過言ではない。長い北欧の歴史と豊かな文化を物語るに足る重要な土地だといえるだろう。

歴史を感じる町の一角にある旧市庁舎

ロスキレの行き方

コペンハーゲンからインターシティで所要約20分、普通列車Reで所要約25分。1時間に6～8便運行(土・日は減便)。

世界遺産に登録されているロスキレ大聖堂

実物が展示されているヴァイキング船博物館

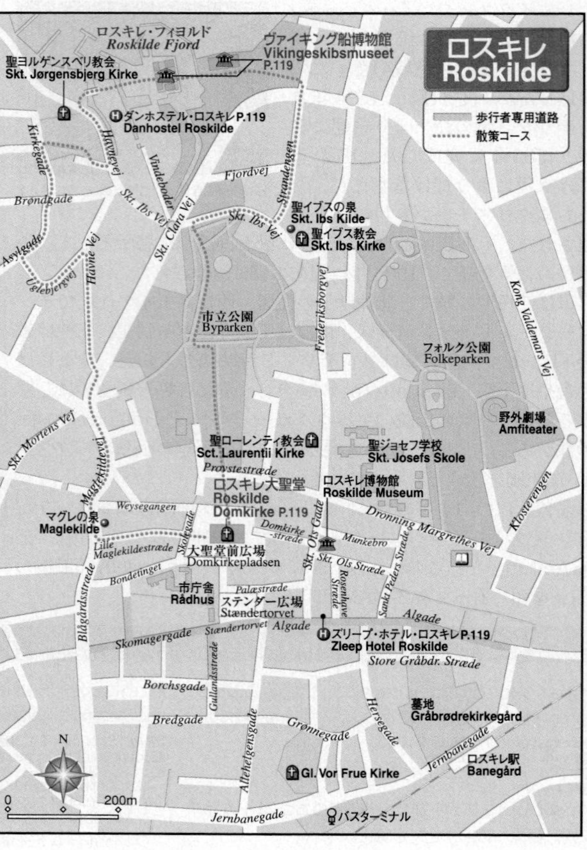

ロスキレの歩き方

ロスキレの観光案内所
観光案内所はないので、観光の相談は各ホテルまたはツアー会社へ。

ロスキレ駅前はやや殺風景だが、市庁舎Rådhus周辺は商店街もあり比較的にぎやか。ロスキレ大聖堂からロスキレ・フィヨルドRoskilde Fjordまでは公園の中を通る散歩コース。町には泉が多く、このコースにも水が湧いている所がある。

おもな見どころ

ロスキレ大聖堂 Roskilde Domkirke

Map P.118

1170年代にアブサロン大主教によって築かれた大聖堂。ロマネスクとゴシックを主調にしているが、歴代の王により10ヵ所以上も増改築され、さまざまな建築様式が混在することになった。また塔は1635年頃に付け加えられたものだ。マーグレーテ1世女王に始まり、先代国王フレデリク9世にいたる40体に及ぶデンマーク王ならびに王妃の石棺が安置されており、そのうち17体は、豪華な雪花石や貴重な大理石の棺に納められている。堂内では1500年代の機械仕掛けの飾り時計なども見られる。北欧を代表する建築物として、1995年にユネスコの世界遺産に登録された。

聖堂内部の柱にもれんがが使用されている

ロスキレ大聖堂
住Domkirkestræde10
TEL46-351624
URLroskildedomkirke.dk
開5・9月
月〜土10:00〜17:00
日 13:00〜16:00
6〜8月
月〜土10:00〜18:00
日 13:00〜16:00
10〜4月
月〜土10:00〜16:00
日 13:00〜16:00
休なし
料70DKK
（コペンハーゲン・カードDiscoverで入場可）

ロスキレ大聖堂には豪華な装飾の棺が並べられている

ヴァイキング船博物館 Vikingeskibsmuseet

Map P.118

西暦1000年頃からロスキレの北20kmのフィヨルド入口に、5隻の船が沈められていた。これは農耕民族であったヴァイキングが、船による外敵の侵略に対して村を守るために本物の船を沈めたもので、いわば水中防壁だ。

1962年にコペンハーゲンの国立博物館がこれらのヴァイキング船を発掘して、ここに展示している。博物館はフィヨルドに面した公園内に設けられ、館内にはこのほかヴァイキングの生活に関する展示などがある。船の復元作業は現在も進行中で、夏には屋外でその作業も公開されており興味深い。

ヴァイキング船博物館
住Vindeboder 12
TEL46-300200
URLwww.vikingeskibsmuseet.dk
開5/1〜10/20
毎日 10:00〜17:00
10/21〜4/30
毎日 10:00〜16:00
休なし
料125DKK（5/1〜10/20は160DKK）

ロスキレのホテル

Zleep Hotel Roskilde
ズリープ・ホテル・ロスキレ MAP P.118

住Algade 13 TEL70-235635
URL www.zleep.com
料Ⓢ927DKK〜 Ⓓ1064DKK〜
CC A D J M V

築300年以上の建物を利用したクラシックなホテル。館内は重厚感のあるロココ調デザインで統一され落ち着いた雰囲気。

Danhostel Roskilde
ダンホステル・ロスキレ MAP P.118

住Vindeboder 7 TEL46-352184
URL www.roskildedanhostel.dk
料Ⓢ760DKK〜 Ⓓ860DKK〜
タオル・シーツ85DKK 朝食95DKK CCM V

ヴァイキング船博物館のすぐ隣で、海にも近い美しい環境にあるホステル。

バスタブ　テレビ　ドライヤー　ミニバーおよび冷蔵庫　ハンディキャップルーム　インターネット（無料）
一部のみ　一部のみ　貸し出し　一部のみ　インターネット（有料）

Odense

オーデンセ

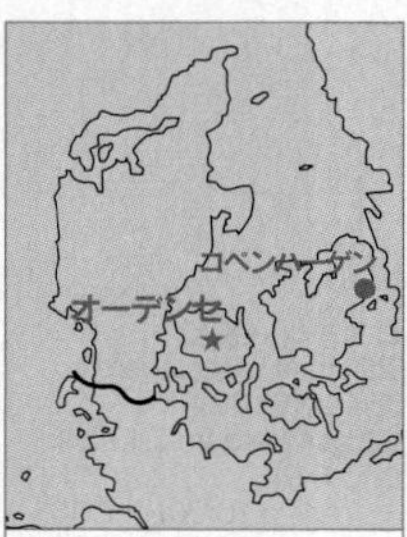

Map P.46-A3

人口:20万9383

市外局番:なし

オーデンセ情報のサイト
URL www.visitodense.com
@VisitOdense
@visitodense

フュン島情報のサイト
URL www.visitfyn.com
@VisitFyn
@visitfyn

オーデンセの行き方

コペンハーゲンからインターシティ・リュンで所要約1時間10分。インターシティで所要約1時間35分。終日1時間に1〜3便前後運行。オーフスからインターシティ・リュンで所要約1時間20分。インターシティで所要約1時間40分。5:15〜22:07の1時間に1〜2便運行。

オーデンセの観光案内所

Map P.122-B1

住 Østre Stationsvej 15
TEL 63-757520
URL www.visitodense.com
開 月〜金　8:00〜19:00
　土　10:00〜15:00
休 日

鉄道駅に隣接するBorgernes Husという建物内にあるが、スタッフは常駐しておらず、パンフレット類が置いてあるのみ。

町なかのアンデルセン像のなかにはややシュールなものもある

かわいらしいカラフルな家が立ち並ぶ

フュン島Fynのほぼ中央に位置しているデンマーク第3の都市、オーデンセ。町の名前は北欧神話に由来している。フレイアの夫オーディンがフュン島に住居を築いた際、周囲の美しい光景を見たフレイアが「見て！　オーディンOdin,Se」と叫び、それがもとになったといわれている。

11世紀になると、オーデンセは建造されたばかりの教会を中心に宗教的に重要な都市として繁栄してきた。現在でもフュン島の政治的、商業的中心地として発展を続けている。

また、オーデンセは『マッチ売りの少女』や『みにくいあひるのこ』で知られる、ハンス・クリスチャン・アンデルセン生誕の地。アンデルセンは1805年に貧しい靴屋の子として生まれ、この町で多感な少年時代を送った。町の東側に広がる旧市街には波乱に富んだ作家の生涯を知るためのアンデルセン博物館や生家などがあるほか、町全体に彼にまつわる見どころがあり、童話ファンならずともその世界観に魅了される。

近代的な中心部を一歩離れれば、石畳の小径にかわいらしいおもちゃのような家が並ぶ。白鳥の遊ぶ緑豊かな公園やアンデルセンの母が毎朝洗濯をしたという小川も流れ、メルヘンの世界を存分に感じさせてくれる。

オーデンセの歩き方

オーデンセの町は鉄道駅の南側に広範囲に広がっている。駅前の王様公園Kongens Haveを抜けたあたりから繁華街が始まり、中心はオーデンセ市庁舎Odense Rådhus。アンデルセン博物館のリニューアルにあわせて再開発が行われ、アンデルセンゆかりの見どころも市庁舎のそばに点在しているので、ここから観光を始めるのがいい。市庁舎のすぐ横にはオーデンセ大聖堂があり、その裏側がおとぎの公園。東には尖塔とれんが造りのファサードが美しい聖アルバニ教会Sct. Albani Kirkeがある。

市庁舎の脇を走るヴェスターゲイド通りVestergadeは歩行者専用道路で、デパートやショップが

オーデンセ大聖堂(右)とオーデンセ市庁舎

並ぶメインストリート。そこからオーバーゲイド通りOvergadeを東へ進むと、アンデルセン博物館がある旧市街に至る。

2022年にライトレールLetbaneと呼ばれる路面電車が開通したが、見どころのほとんどは徒歩でアクセスすることができ、1日あれば十分。道にはアンデルセンの足跡をデザインしたマークが記されており、それらをたどっていけば、アンデルセンにちなんだ観光名所を回ることができる。郊外のフュン野外博物館などに行く場合は、市バスやレンタサイクル、オーデンセ・オーファートOdense Aafartの運航する観光ボートを利用するといい。

夏恒例のH.C.アンデルセン・パレード

おもな見どころ

アンデルセン博物館 H.C. Andersens Hus

Map P.122-B2

おとぎ話の世界観とデジタル技術の融合が非日常感を増幅させる

『赤い靴』『マッチ売りの少女』『人魚姫』『裸の王様』など多くの名作を、全人類への価値ある贈り物として残したアンデルセン(→P.126)。その生誕の地に広がるこちらの博物館では、童話、詩、紀行文、小説、戯曲、随筆、伝記、書簡、さらには挿絵や切り絵細工にも目を見張る才能を示した偉人の70年の軌跡をたどることができる。

隈研吾氏の設計でも注目を集めているが、緑の庭園にガラス張りの円形パビリオンがたたずむ博物館の景観は童話『火うち箱』から発想を得たといい、展示空間の約3分の2は地下になる。曲がりくねったスロープで「ライフ」「フェアリーテイル」「レガシー」という3つの展示構成を連結している。表面的に作品や功績を紹介するのではなく、先進のデジタルアートを駆使して来場者に直接語りかける没入型の手法にも目を奪われるだろう。

見学のラストは敷地の北東端にある「アンデルセンの生家」へ。こちらは生誕100周年を記念して町が買い取ったもので、1908年より博物館として公開。3戸の建物からなる共同住宅で、両親や姉を含む5家族、20人近くが身を寄せ合って暮らしていたという。また、ドーム型の記念館ではアンデルセンの生涯を8枚のフレスコ画で再現している。

記念館にはオーデンセの名誉市民に選ばれ凱旋した様子も描かれる

ライトレール
TEL 63-112200
URL www.odenseletbane.dk
運 5:00～24:00(金・土曜は～翌1:00)に運行し、平日の日中は約7分間隔で鉄道駅前を出発。
料 15DKK

オーデンセ・オーファート
TEL 66-107080
URL aafart.com
運 3月下旬～10月中旬
毎日10:00～17:30(季節により運航時間が異なる)
料 115DKK～
ムンケ・モーセ公園Munke Moseからオーデンセ動物園Odense Zooを通ってフュン野外博物館近くのフルーンス・ブーグFruens Bøgeまで行く。所要約30分。

CHECK!
オーデンセ発の市内ツアー The Watchman
夜警に扮したおじさんと一緒に、夜のアンデルセン博物館の一帯を回る。所要約1時間。予約不要。
URL nattevaegtere-odense.dk
催 7・8月　月～土21:00
料 無料

アンデルセン博物館
住 H.C.Andersen Haven 1
TEL 65-514601
URL hcandersenshus.dk
開 3月中旬～6月、9・10月
毎日10:00～17:00
7・8月　毎日9:00～18:00
11月～3月中旬
火～日10:00～16:00
休 11月～3月中旬の月
料 165DKK(同日中にかぎり、博物館のチケットでアンデルセン子供時代の家にも入場可。30日以内ならミュンターゴーデン、フュン野外博物館などの入場料が半額になる)。定員制のためウェブサイトで事前購入が必須。

博物館とは対照的なアンデルセンの生家

H.C.アンデルセン・パレード
催 6/29～8/24
月～土11:00、13:00
料 見学無料
オーデンセ大聖堂裏のステージでショーを開催。月～金曜は12:45からオーデンセ市庁舎前で、土曜は12:30からヴェスターゲイド通りでパレードを行う。

カジノ・オーデンセを併設するホテル、コムウェルH.C.アンデルセン・オーデンセ(MAP P.122-B2)前の「ベンチに座るアンデルセン像」は、ツーショットの記念撮影にぴったり。周囲には童話作品をモチーフにした彫刻も散りばめられている。

●おとぎの公園

Eventyrhaven
Map P.122-B3

オーデンセ大聖堂に面した、芝生のきれいな公園。園内を流れる小川は、かつての貧民の洗濯場オーデンセ川。洗濯婦として働いていたアンデルセンの母親も、ここで洗濯をしていたといわれている。白鳥群の彫像やハーブ園もあり、今はのどかでメルヘンティックな雰囲気が漂う。大聖堂の真裏にはアンデルセンの像が立っている。

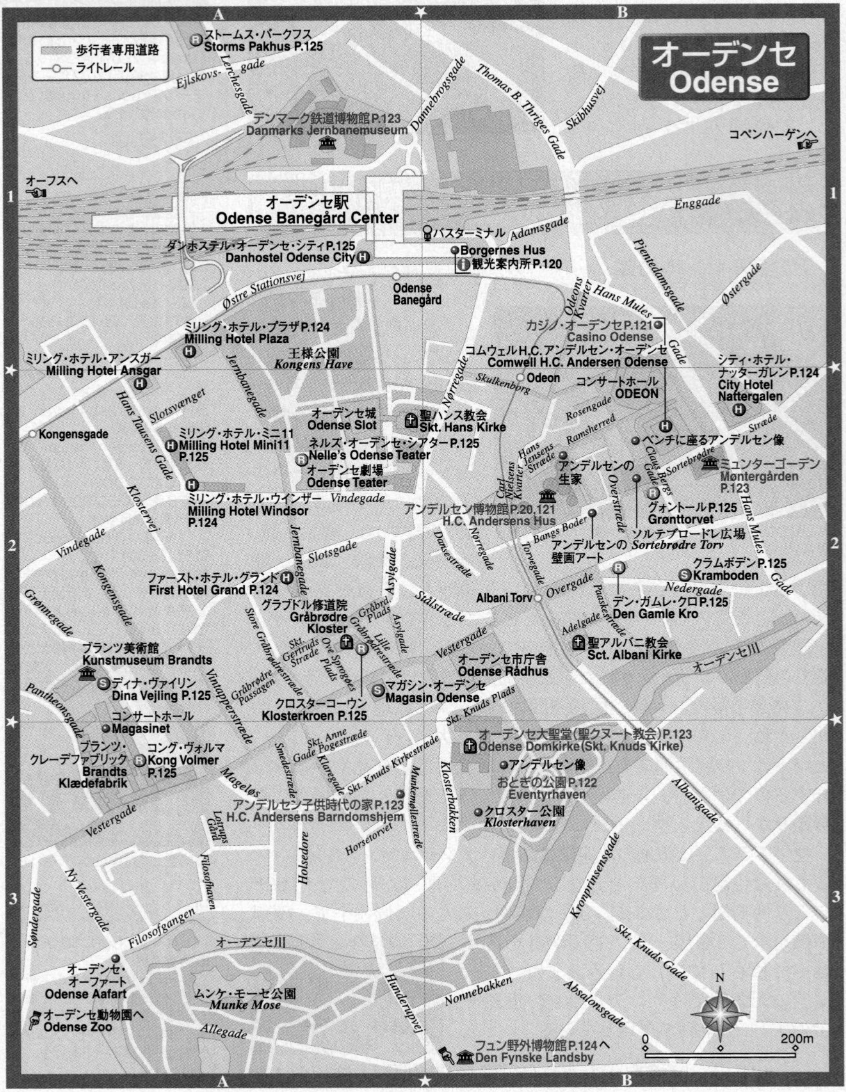

『しっかり者のスズの兵隊』に登場する折り紙のオブジェがある

オーデンセ
Odense

歩行者専用道路
ライトレール

ストームス・パークフス
Storms Pakhus P.125
Ejlskovsgade
Lerchesgade
デンマーク鉄道博物館P.123
Danmarks Jernbanemuseum
Dannebrogsgade
Thomas B. Thriges Gade
Skibhusvej
コペンハーゲンへ
オーフスへ
オーデンセ駅
Odense Banegård Center
Enggade
バスターミナル
Adamsgade
ダンホステル・オーデンセ・シティP.125
Danhostel Odense City
Borgernes Hus
観光案内所P.120
Østre Stationsvej
Odense Banegård
Pjentedamsgade
Østergade
Odeons Kvarter
Hans Mules Gade
ミリング・ホテル・プラザP.124
Milling Hotel Plaza
カジノ・オーデンセP.121
Casino Odense
ミリング・ホテル・アンスガー
Milling Hotel Ansgar
Jernbanegade
王様公園
Kongens Have
コムウェルH.C.アンデルセン・オーデンセ
Comwell H.C. Andersen Odense
シティ・ホテル・ナッターガレンP.124
City Hotel Nattergalen
Nørregade
Skulkenborg
Odeon
コンサートホール
ODEON
Slotsvænget
Hans Tausens Gade
オーデンセ城
Odense Slot
聖ハンス教会
Skt. Hans Kirke
Rosengade
Ramsherred
Kongensgade
ミリング・ホテル・ミニ11
Milling Hotel Mini11 P.125
ネルズ・オーデンセ・シアターP.125
Nelle's Odense Teater
ベンチに座るアンデルセン像
Hans Jensens Stræde
Sortebrødre Stræde
ミュンターゴーデン
Møntergården P.123
オーデンセ劇場
Odense Teater
アンデルセンの生家
Claus Bergs Gade
Klostervej
ミリング・ホテル・ウインザー
Milling Hotel Windsor P.124
Vindegade
Carl Nielsens Kvarter
Overstræde
アンデルセン博物館P.20,121
H.C. Andersens Hus
グォントールP.125
Grønttorvet
Bangs Boder
ソルテブロードレ広場
Sortebrødre Torv
Hans Mules Gade
Vindegade
Slotsgade
Jernbanegade
Asylgade
Dansestræde
Nørregade
Torvegade
アンデルセンの壁画アート
クラムボデンP.125
Kramboden
Kongensgade
ファースト・ホテル・グランド
First Hotel Grand P.124
Stålstræde
Albani Torv
Overgade
Nedergade
Grønnegade
グラブドル修道院
Gråbrødre Kloster
Gråbrd. Plads
Paaskestræde
デン・ガムレ・クロP.125
Den Gamle Kro
Store Gråbrødrestræde
Skt. Gertruds Stræde
Ove Sprogøes Plads
Lille Gråbrødrestræde
Vestergade
Adelgade
聖アルバニ教会
Sct. Albani Kirke
ブランツ美術館
Kunstmuseum Brandts
Vintapperstræde
オーデンセ市庁舎
Odense Rådhus
オーデンセ川
ディナ・ヴァイリン
Dina Vejling P.125
Gråbrødre Passagen
マガシン・オーデンセ
Magasin Odense
Pantheonsgade
クロスターコーウン
Klosterkroen P.125
コンサートホール
Magasinet
Skt. Knuds Plads
オーデンセ大聖堂（聖クヌート教会）P.123
Odense Domkirke(Skt. Knuds Kirke)
ブランツ・クレーデファブリック
Brandts Klædefabrik
コング・ヴォルマ
Kong Volmer P.125
Skt. Anne Gade
Pogestræde
Smedestræde
Klaregade
Skt. Knuds Kirkestræde
アンデルセン像
おとぎの公園P.122
Eventyrhaven
Mageløs
Munkemøllestræde
Klosterbakken
アンデルセン子供時代の家P.123
H.C. Andersens Barndomshjem
クロスター公園
Klosterhaven
Albanigade
Vestergade
Lottrups Gård
Horsetorvet
Holsedore
Filosofhaven
Ny Vestergade
Kronprinsensgade
Søndergade
Filosofgangen
オーデンセ川
Skt. Knuds Gade
オーデンセ・オーファート
Odense Aafart
ムンケ・モーセ公園
Munke Mose
Nonnebakken
Absalonsgade
Hunderupvej
オーデンセ動物園へ
Odense Zoo
Allegade
フュン野外博物館P.124へ
Den Fynske Landsby
N
0
200m

アンデルセン子供時代の家 H.C. Andersens Barndomshjem

Map P.122-A3

アンデルセンが2歳から14歳までの幼い時代を過ごした家で、父が靴修理を家業にしていた場所。アンデルセン一家が住んでいたのはそのうちのひと部屋で、しかもその部屋も極端に狭いので、ここに家族全員が住んでいたのかと驚かざるをえない。当時の貧民階層の生活がしのばれる。室内には、アンデルセンが存命していた1800年前半のオーデンセの様子や、1875年に書かれた詩『My Childhood Home』の直筆原稿が展示されている。入口には小さなショップがある。

父の仕事道具が残っている室内

アンデルセン子供時代の家
住Munkemøllestræde 3-5
TEL65-514601
URLhcandersenshus.dk
開7・8月
毎日10:00~17:00
9~6月
火~日11:00~16:00
休9~6月の月
料75DKK（同日中にかぎり、アンデルセン博物館のチケットで入場無料）

よく手入れされているが傾いているのが見てとれる

オーデンセ大聖堂（聖クヌート教会） Odense Domkirke(Skt. Knuds Kirke)

Map P.122-B3

オーデンセを代表するゴシック様式の教会。14世紀に建てられた建物で、れんが造りの外観と内陣の黄金色に輝く祭壇が美しい。1086年にオーデンセで暗殺された聖クヌート王を祀っており、教会の奥にはクヌート王とその弟であるベネディクトBenediktの遺骸が安置されている。アンデルセンが堅信礼を受けた教会でもあり、このときに贈られた靴をモチーフに童話『赤い靴』を執筆したとされている。

オーデンセ大聖堂（聖クヌート教会）
住Klosterbakken 2
TEL66-120392
URLwww.odensedomkirke.dk
開日・月 12:00~16:00
火~土 10:00~16:00
休なし
料無料

町の中心に立つ大聖堂の内部

ミュンターゴーデン Møntergården

Map P.122-B2

フュン島の歴史と文化に関する市立博物館。2013年に現在の建物で展示をはじめ、フュン島とオーデンセがどのように発展してきたかを紹介している。フュン島で発掘された、先史時代からヴァイキング時代の石器や土器、装身具などのコレクションも充実。インタラクティブな展示が多く、言葉がわからなくても十分に楽しめる構成になっている。一方、博物館とは対照的に自由に見学できる中庭には16~18世紀に建てられた屋敷を移築・保存。時代を遡ったかのような別世界が広がっている。

貴重な出土品から暮らしの変遷まで多岐にわたる

ミュンターゴーデン
住Møntestræde 1
TEL65-514601
URLmontergarden.dk
開7・8月
毎日 10:00~17:00
9~6月
火~日10:00~16:00
休9~6月の月
料100DKK（アンデルセン博物館のチケット購入後8日以内は半額で入場可）

屋敷の一部は中に入って見学することも可能

デンマーク鉄道博物館 Danmarks Jernbanemuseum

Map P.122-A1

オーデンセ駅の北側にある、扇形をした機関庫を利用した鉄道博物館。昔使われていた蒸気機関車やディーゼル機関車、古い客車、1869年に造られた除雪車など、鉄道ファンなら見逃せない展示が盛りだくさん。

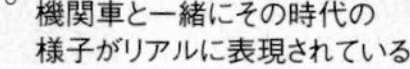
機関車と一緒にその時代の様子がリアルに表現されている

デンマーク鉄道博物館
住Dannebrogsgade 24
TEL66-136630
URLwww.jernbanemuseet.dk
開月~金10:00~16:00
土・日 9:00~16:00
休なし
料140DKK（学校の長期休業中やイベント開催時は割増、オンライン購入は割引あり）

無料の市バスが、中心部を約10分ごとに巡回。旅行者も乗車できるので、歩き疲れたら利用するといい。なお、歩行者専用道路には公衆トイレが設置されており、1回5DKK程度で利用できる（一部は無料）。

フュン野外博物館
住Sejerskovvej 20
TEL65-514601
URLdenfynskelandsby.dk
開3/28〜6/28、9/1〜10/13
火〜金 10:00〜16:00
土・日 10:00〜17:00
6/29〜7/18、10/14〜20
毎日 10:00〜17:00
7/19〜8/31
毎日 10:00〜18:00
(8/13〜31は火〜日)
11/30〜12/8
土・日 10:00〜15:00
休上記以外
料145DKK
行き方▶▶▶
市バス35、111番で約15分。

イーエスコウ城
TEL62-271016
URLegeskov.dk
開4/28〜6/28、8/12〜10/11
毎日10:00〜17:00
6/29〜8/11
毎日10:00〜19:00
休10/12〜4/27
料225〜265DKK
行き方▶▶▶
オーデンセから鉄道で約35分、クヴェンドロップKværndrup下車。そこから市バス920番で約15分、または徒歩30分。

カール・ニールセン子供時代の家
TEL65-514601
URLbarndomshjem.carlnielsen.org
開5〜9月
火〜日11:00〜15:00
休月、10〜4月
料30DKK
行き方▶▶▶
市バス141番で約37分、カール・ニールセン・フスCarl Nielsens Hus下車。

フュン野外博物館 Den Fynske Landsby

Map P.122-B3 外

オーデンセの南西郊外にある、アンデルセンが生きた時代の村を再現した野外博物館。農家、荘園領主館、水車小屋、鍛冶屋、旅籠、れんが工場など、島を代表する建物が広い公園内に移築されており興味深い。観光馬車などの体験プログラムも行う。

エクスカーション

イーエスコウ城 Egeskov Slot

Map P.46-A3

1554年建造のルネッサンス様式の水上城郭。湖上に1万本以上ものカシの木を組んで土台を造り、その上に赤れんがを積んで築いたもの。イーエスコウとは、デンマーク語で「カシの木」を意味し、現在でも城内は貴族の館として使用されている。庭園もつとに有名で、ルネッサンス、バロック、そして現代の造園技術の粋を集めた逸品といわれている。城と庭園は冬季は閉鎖されるが、クラシックカーを展示する博物館などは通年で訪問可能。

赤れんがの雄姿が印象的な中世の古城

カール・ニールセン子供時代の家 Carl Nielsens Barndomshjem

Map P.46-A3

美しいバイオリン協奏曲、歌曲や室内楽をいくつも作曲したデンマーク屈指の音楽家カール・ニールセン。特に6つの交響曲は有名だ。彼が少年期を送った家が、オーデンセの南約12kmのネア・リンネルセNørre-Lyndelseにある。

オーデンセのホテル

First Hotel Grand
ファースト・ホテル・グランド MAP P.122-A2

住Jernbanegade18 TEL66-117171
URL www.firsthotels.com
料Ⓢ931DKK〜 Ⓓ1241DKK〜 CC A D M V

1897年創業の老舗ホテル。英国風で優雅な雰囲気。ビストロ料理を提供するレストランやバー、フィットネスセンターを完備している。

City Hotel Nattergalen
シティ・ホテル・ナッターガレン MAP P.122-B2

住Hans Mules Gade 5 TEL66-121258
URL www.cityhotelnattergalen.dk
料Ⓢ720DKK〜 Ⓓ965DKK〜 CC A M V

鉄道駅から徒歩圏内、町の中心部に位置する。屋上テラスや暖炉のあるロビーでくつろげる。アクティビティスペースも併設。

Milling Hotel Plaza
ミリング・ホテル・プラザ MAP P.122-A1

住Østre Stationsvej 24 TEL66-117745 URL millinghotels.dk
料Ⓢ899DKK〜 Ⓓ999DKK〜
CC A D M V

鉄道駅のそばにあり、開放感抜群のロビーがある。王様公園に面したレストランやフィットネスを併設。

Milling Hotel Windsor
ミリング・ホテル・ウインザー MAP P.122-A2

住Vindegade 45 TEL66-120652 URL millinghotels.dk
料Ⓢ679DKK〜 Ⓓ806DKK〜
CC A D M V

イタリア風に飾られた高級ホテル。毎日午後にロビーで無料のコーヒーや紅茶、軽食が振るまわれる。

バスタブ / 一部のみ　テレビ / 一部のみ　ドライヤー / 貸し出し　ミニバーおよび冷蔵庫 / 一部のみ　ハンディキャップルーム　インターネット(無料)　インターネット(有料)

Milling Hotel Mini 11

ミリング・ホテル・ミニ11　MAP P.122-A2

住Hans Tausens Gade 11　TEL66-121131
URL millinghotels.dk
料Ⓢ531NOK～ Ⓓ636NOK～　CC A D M V

オーデンセに5つあるミリング系列だが、こちらは格安タイプ。スタッフは常駐せず、隣接のウインザー（→P.124）でチェックインし設備も共用。

Danhostel Odense City

ダンホステル・オーデンセ・シティ　MAP P.122-A1

住Østre Stationsvej 31　TEL63-110425
URL www.danhostel.dk
料Ⓢ459DKK～ Ⓓ559DKK～　シーツ・タオル60DKK
朝食75DKK　CC A M V

鉄道駅からすぐの立地にあるホステル。部屋は簡素な作りだが、共用のキッチンやランドリー設備が充実している。チェックインは15:30～18:00。

オーデンセのレストラン

Den Gamle Kro

デン・ガムレ・クロ　MAP P.122-B2

住Overgade 23　TEL66-121433　URL dengamlekro.dk
営月～土11:30～21:30　日11:30～21:00
休なし　予500DKK～　CC A M V

1683年建造の建物を利用した、名物レストラン。伝統的なデンマーク料理を中心に、ビーフシチューやウィンナーシュニッツェルなどメインは208DKK～。ランチは12:00～16:00。

Kong Volmer

コング・ヴォルマ　MAP P.122-A3

住Brandts Passage 13　TEL66-141128
URL kongvolmer.com
営月～木11:00～15:00　金・土11:00～16:00　日12:00～15:00
休なし　予160DKK～　CC A M V

地元っ子に好評のカジュアルなカフェ。ローストビーフやチーズなどのスモーブロー100DKK～に定評があり、ヴィーガンや月替わりの一皿も登場する。

Klosterkroen

クロスターコーウン　MAP P.122-A2

住Lille Gråbrødrestræde 2　TEL63-128128
URL www.klosterkroen.dk
営火～木17:00～22:00　金・土12:00～23:00
日11:00～15:00
休月　予400DKK～　CC M V

店名は「修道院の宿」を意味し、近隣の歴史ある修道院に由来。フュン島産の牛肉や豚肉を使った地産地消メニューを揃え、クラシカルな雰囲気も魅力。

Storms Pakhus

ストームス・パークフス　MAP P.122-A1

住Lerchesgade 4　TEL33-930760
URL stormspakhus.dk
営月～木11:00～21:00　金・土11:00～22:00　日11:00～21:00
休なし　予店舗によって異なる
CC 店舗によって異なる

築約100年の倉庫が町一番のおしゃれな屋台村として復活。約30の飲食店が入居し多国籍なストリートフードを味わえるほか、イベントも開催される。

Grønttorvet

グォントール　MAP P.122-B2

住Sortebrødre Torv 9　TEL63-123300
URL restaurantgrønttorvet.dk
営日～木11:00～22:00　金・土11:00～23:00
休なし　予350DKK～　CC M V

旧市街で150年以上続く老舗。ランチはスモーブロー89DK～を中心に、デニッシュオムレツなどの一品料理も。北欧産の蒸留酒アクアヴィットも充実する。

Nelle's Odense Teater

ネルズ・オーデンセ・シアター　MAP P.122-A2

住Jernbanegade 21　TEL69-164100
URL www.nellesbar.dk/nelles-odenseteater
営月～水8:00～23:00　木・金8:00～24:00　土9:00～23:00
日9:00～18:00　休なし　予100DKK～　CC M V

オーデンセ劇場に併設し、ガラス張りの垢抜けた雰囲気。オーガニックコーヒーやワインを提供するカフェと、公演時のみ営業するレストランからなる。

オーデンセのショップ

Kramboden

クラムボデン　MAP P.122-B2

住Nedergade 24　TEL66-114522
営月～金11:00～17:30　土10:00～16:00
休日　CC M V

16世紀後半の建物を利用したアンティークショップ。天井や壁にぎっしりと商品が並び、掘り出し物の宝庫。1年中クリスマスグッズを販売している。

Dina Vejling

ディナ・ヴァイリン　MAP P.122-A2

住Brandts Passage 30　TEL66-111405
URL dina-vejling-dansk-kunsthandvaerk.myshopify.com
営月～木11:00～17:30　金11:00～18:00　土10:30～14:00
休日　CC M V

デンマークの手工芸品を買うならここ！オーナーがセレクトした、デンマーク出身の作家による陶磁器やアクセサリー、テキスタイルが所狭しと並ぶ。

COLUMN DENMARK 童話王アンデルセン

ハンス・クリスチャン・アンデルセンは、デンマークのオーデンセに生まれた、世界的に有名な童話作家。彼が世に送り出した数々のメルヘンティックな作品は、不朽の名作として、今も世界中の人々の心をとらえ続けている。

アンデルセンは1805年、貧しい靴屋の子として生まれた。彼が2歳から14歳まで住んだ家の部屋を見れば、当時の窮乏した生活ぶりがわかるだろう。少年時代のアンデルセンは、夢想家で友達も少なく、家にこもって人形芝居で遊んでばかりいたという。成長するにしたがい、ますます空想と芝居の世界にのめり込むようになった彼は、演劇の道に進むことを決意する。こうして1819年、アンデルセンはオーデンセをあとにし、首都コペンハーゲンへと上京する。1820〜22年にかけて、コペンハーゲンの王立劇場付属の演劇学校で役者を目指して舞踏や歌を学び、同時に脚本も書くようになる。その後、俳優としての夢は挫折したものの、劇作家としての夢は捨てず、劇場幹部宛に多くの作品を送り続けた。そして、その作品を見た劇場幹部により、アンデルセンはきらめくような才能を見いだされることになる。しかし同時に、その稚拙な文章力を見抜かれることにもなった。1822年には、処女作となる『若ものの試み』を出版するが、彼自身が後年語っているように、内容は未熟なものであった。

その後、劇場幹部の紹介により語学学校へ奨学生として入学。貧しく、それまでろくな教育を受けてこなかったアンデルセンは、先生や周囲の生徒との交流や勉強になかなかついていけず、この時期のことを「最も苦しい時期」と振り返る。しかしこの経験により、豊かな空想力を伝える文才を身に付けたのである。

その後もアンデルセンは劇作家としての夢を捨てず、執筆活動を続けた。しかし皮肉にも、彼の名をデンマーク中に広めたのは、脚本ではなく、たまたま書いた童話だった。1835年、『即興詩人』、『親指姫』などの代表作を発表すると、アンデルセンの名はデンマークのみならずヨーロッパ、さらに世界中へと知れ渡るようになった。1867年にはオーデンセの名誉市民に推戴された。生涯を通して結婚することはなく、また定住もしなかったアンデルセン。彼の有名な言葉に「旅こそはわが人生」というものがあるが、その言葉どおり、アンデルセンは北欧やヨーロッパ諸国へ旅を繰り返すことで、より空想力を磨き続けていたのではないだろうか。1875年8月4日にその生涯を終えたアンデルセンは、コペンハーゲン市内のアシステンス教会の墓地へ葬られた。

アンデルセンが生まれ育ったオーデンセは、童話の中でも頻繁に登場しており、今や童話の聖地としてデンマーク定番の観光スポットとなっている。アンデルセンが生まれた家でもあり数々の作品を貯蔵するアンデルセン博物館、家族とともに幼少期を過ごしたアンデルセン子供時代の家など、アンデルセンにまつわるスポットが市内に10ヵ所以上も点在する。観光案内所でゆかりの地をまとめた日本語のパンフレットがもらえるので、それを片手にぜひアンデルセンの足跡を巡ってみよう。

デンマーク人で最も有名な作家のひとりとして知られる（所蔵：アンデルセン博物館）

COLUMN DENMARK

ビーチ＆ウエディングの島、エーロ島

約30棟のビーチハウスが並ぶ

オーデンセがあるフュン島の南に位置する、エーロ島Ærø。デンマークで12番目に大きいこの島は、牧歌的な風景が広がるのどかな場所だ。フェリーが発着するエーロスクービンには、1700年代後半に建てられた色とりどりの美しい家々が残っており、今も大切に利用されている。夏は透き通った海での海水浴を楽しむことができ、海沿いにはカラフルなビーチハウスが立つ。

また、エーロ島は毎年2800組ほどのカップルが挙式をするウエディングスポットとしても有名。デンマークは簡易な手続きで結婚できるため、海外カップルのなかでも、特に婚姻届けを出すのに煩雑な手順を踏むドイツ人に人気があるようだ。

エーロ島の歩き方

エーロ島の中心はエーロスクービンÆrøskøbing。観光案内所の周辺には、見どころスポットが集まっており、ホテルやレストランも点在する。

見どころのひとつは、エーロスクービン市立博物館Ærøskøbing Bymuseum。かつて船員が使っていた食器や1800年代のものを中心とした衣装などが展示され、島の歴史を紹介する。ハマリック・フスHammerichs Husは、デンマークの彫刻家グンナー・ハマリックGunnar Hammerichが夏を過ごす場所として使っていた場所。現在は彼の膨大なコレクションを展示する博物館となっている。町の中心部から北西へ歩いて行くと、カラフルなビーチハウスBadehusが見える。ヴェスターストランドVesterstrandと呼ばれるビーチ沿いにある小屋で、中で水着に着替えたりコーヒーを飲むために使う。私有物なので勝手に入るのは不可。

■エーロ島Map P.46-A4
行き方▶▶▶コペンハーゲンからエーロスクービンへの直通列車はない。スヴェンボーSvendborgで乗り換える必要がある。オーデンセから普通列車Reでスヴェンボーまで所要約55分、1時間に1～2便運行。スヴェンボーからエーロファーレン社Ærøfærgerneの高速フェリーに乗り換えてエーロスクービンまで行く。1～2時間に1便運行、所要約1時間15分。

■エーロ島の観光案内所
住Ærøskøbing Havn 4F
TEL62-521300
URLwww.visitaeroe.dk
開7月　月～土　10:00～14:00
　8～6月　月～金　10:00～14:00
休日、8～6月の土

■エーロスクービン市立博物館
住Søndergade 16　TEL62-522950
URLaeroemuseum.dk
開6/29～8/31　月～金　10:00～16:00
　土・日　11:00～15:00
　9/1～6/28　月～土　11:00～15:00
休9/1～6/28の日
料65DKK

■ハマリック・フス
住Gyden 22　TEL62-522950　URLaeroemuseum.dk
開6/1～6/28、9/1～10/19
　月～土　11:00～14:00
　6/29～8/31　毎日　11:00～14:00
休6/1～6/28と9/1～10/19の日、10/20～5/31
料50DKK

■ビーチハウス
行き方▶▶▶フェリー乗り場を背に、右手にあるスーパーマーケットの奥の道のStrandvejenを海に向かって徒歩10分ほど。

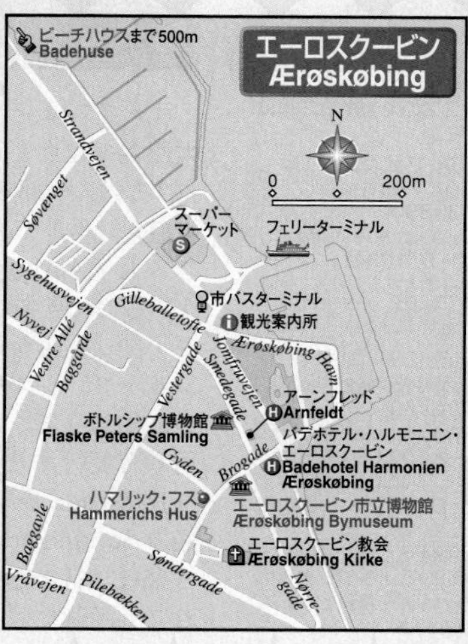

Aarhus
オーフス

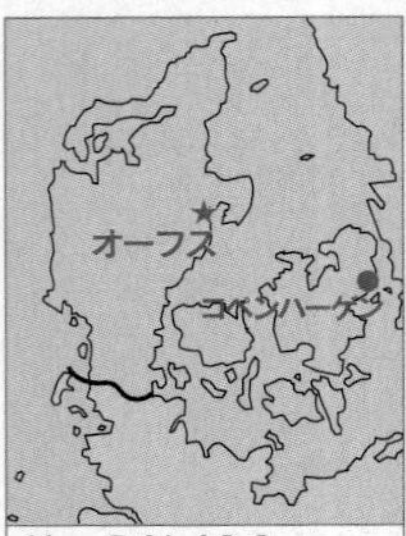

Map P.46-A2·3
人口:36万7666
市外局番:なし
オーフス情報のサイト
URL www.visitaarhus.com
@visitaarhus
@visitaarhusofficial

オーフスの行き方

✈コペンハーゲンから1日3~8便運航、所要約40分。オーフス空港Aarhus Lufthavn(AAR)からオーフス中心部へは、空港バス925x番が飛行機の到着時刻に合わせて運行。オーフス駅まで所要約50分、片道121DKK。
🚃コペンハーゲンからインターシティ・リュンで所要約2時間50分、インターシティで所要約3時間10分。終日1時間に1~2便前後運行。

オーフス空港
Map P.129-A1外
住Ny Lufthavnsvej 24
TEL87-757000
URL www.aar.dk
オーフスの北東約37kmに位置する。

オーフス・フェスティバル
Aarhus Festuge
TEL87-308300
URL www.aarhusfestuge.dk
催8/30~9/8('24)

オーフスの観光案内所ℹ
Map P.129-B2
住Hack Kampmanns Plads 2
TEL87-315010
URL www.visitaarhus.com
開月~木10:00~19:00
金 10:00~14:00
土・日10:00~16:00
休なし
Dokk1の2階にある有人の案内所。パンフレットやタッチパネルを操作できる。無料Wi-Fiあり。

オーフス湾の奥にできた小さな集落から町が発生したのは10世紀初頭。ただ、それ以前のものと思われるドルメン状の巨石群やヴァイキングの住居跡などが近隣で発見されており、8世紀後半にはヴァイキングの居住基地があったものと考えられている。町なかでは当時の遺跡も発見されている。

現在は人口約36万、町の歴史の古さとは反比例した、近代的な都市機能をもつデンマーク第2の都市となっている。オーフスのスローガンは、「世界で最も小さな大都会The World's Smallest Big City」。そのとおりに小さいながらも都市としての機能が整っており、魅力的な博物館や美術館などの見どころも非常に多い。

また、オーフスはアーティストが多く住む町としても知られ、町なかには小さなギャラリーが点在している。毎年8月下旬~9月上旬には、音楽、演劇、現代アートなど多岐にわたるオーフス・フェスティバルも開催され、町中がアートであふれる。

ユトランド半島の経済・文化の中心地

オーフスの歩き方

オーフスは、デンマークの町としては珍しく土地の高低があり、大聖堂を起点として少しずつ高度を増し、ちょうど扇形に広がるすり鉢の一部のようになっている。すり鉢の底に当たる場所が、町のシンボルであるオーフス大聖堂。大聖堂やこれより北のオーフス大学Aarhus Universitetの周辺には小さな博物館がいくつかある。大聖堂前の広場から鉄道駅に向かって真っすぐ延びるパーク・アッレ通りPark Alléが町のメインストリート。デパートやショップ、レストランが並び、また市バスの多くもこの通り沿いに停車する。パーク・アッレ通りと並行するリエスゲイド通りRyesgadeやソンダーゲイド通りSøndergadeを中心とした一帯は歩行者専用道路となっており、両側にショップやカフェがひしめき合っている。パーク・

ソンダーゲイド通りは夜もにぎやか

アッレ通り沿いには、町のもうひとつのシンボル、オーフス市庁舎がある。また、運河沿いのオーボウルバーデン通りÅboulevardenにもテラス席のあるカフェやバーが軒を連ね、夏には多くの地元客や観光客でにぎわう。市庁舎前は市バスのターミナルになっており、ほとんどのバスがここを起点に出発する。

オーフスはコペンハーゲンに次ぐデンマーク第2の都市だが、それほど大きくない。ほとんどの見どころは町の中心に点在しているので、1日あれば徒歩で十分回れる。郊外の見どころへ行くなら、市バスの利用が便利。

オーフス駅から図書館が入った複合施設Dokk1前を通り北へ延びるライトレールLetbanenという路面電車もある。

オーフス中心部の展望スポット

ソンダーゲイド通り沿いにあるデパート、セーリング・オーフスSalling Aarhusの屋上が、見晴らしのよいルーフガーデンとして一般開放されている。スカイウォークやガラス床の展望台が整備され、景色を満喫できるルーフトップバーも。入場無料。

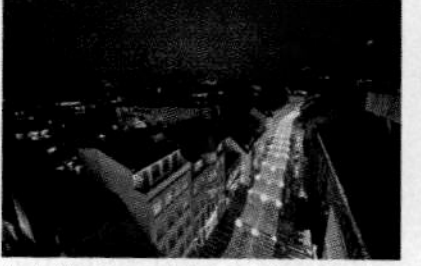

地上約27mの高さから町を一望できる

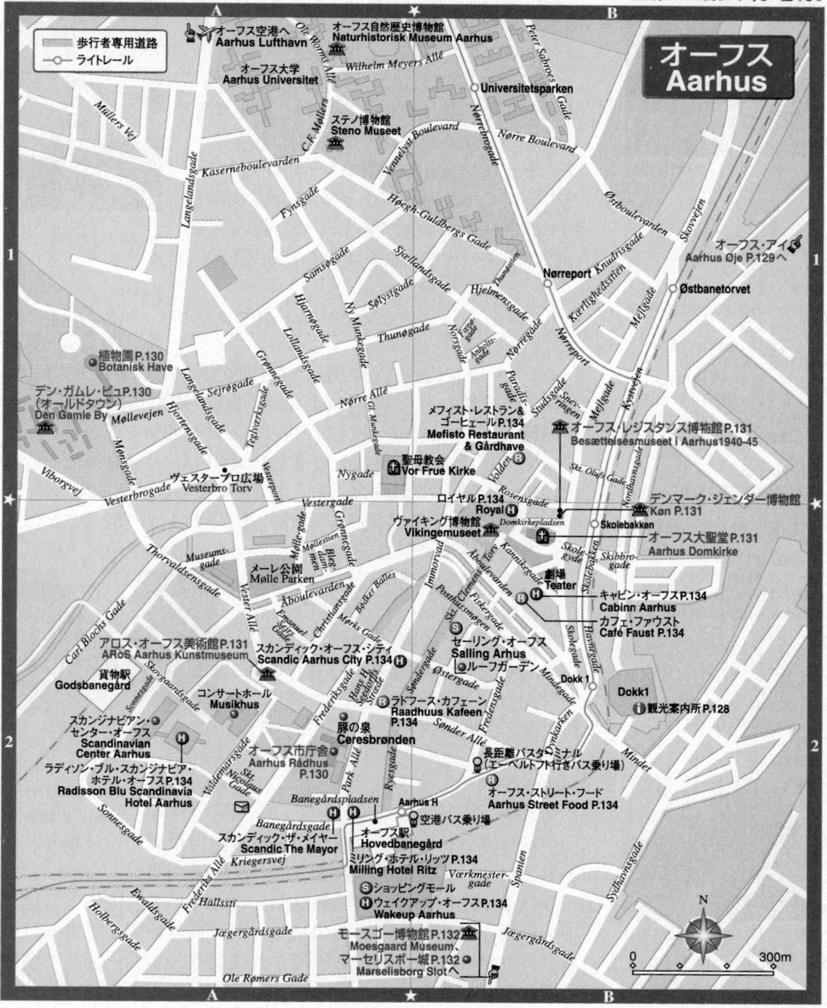

オーフス
Aarhus
歩行者専用道路
ライトレール
オーフス空港へ
Aarhus Lufthavn
オーフス自然歴史博物館
Naturhistorisk Museum Aarhus
オーフス大学
Aarhus Universitet
ステノ博物館
Steno Museet
Universitetsparken
Nørreport
Østbanetorvet
オーフス・アイ
Aarhus Øje P.129へ
植物園P.130
Botanisk Have
デン・ガムレ・ビュP.130
(オールドタウン)
Den Gamle By
メフィスト・レストラン&ゴーヒェールP.134
Mefisto Restaurant & Gårdhave
オーフス・レジスタンス博物館P.131
Besættelsesmuseet i Aarhus1940-45
聖母教会
Vor Frue Kirke
ヴェスターブロ広場
Vesterbro Torv
ロイヤルP.134
Royal
デンマーク・ジェンダー博物館
Køn P.131
ヴァイキング博物館
Vikingemuseet
Skolebakken
オーフス大聖堂P.131
Aarhus Domkirke
メーレ公園
Mølle Parken
劇場
Teater
キャビン・オーフスP.134
Cabinn Aarhus
カフェ・ファウスト
Café Faust P.134
アロス・オーフス美術館P.131
ARoS Aarhus Kunstmuseum
スカンディック・オーフス・シティ
Scandic Aarhus City P.134
セーリング・オーフス
Salling Arhus
ルーフガーデン
貨物駅
Godsbanegård
コンサートホール
Musikhus
Dokk 1
Dokk1
観光案内所P.128
ラドフース・カフェーン
Raadhuus Kafeen
P.134
スカンジナビアン・センター・オーフス
Scandinavian Center Aarhus
豚の泉
Ceresbrønden
オーフス市庁舎
Aarhus Rådhus
P.130
長距離バスターミナル
(エーベルトフト行きバス乗り場)
ラディソン・ブル・スカンジナビア・ホテル・オーフスP.134
Radisson Blu Scandinavia Hotel Aarhus
オーフス・ストリート・フード
Aarhus Street Food P.134
Aarhus H
空港バス乗り場
スカンディック・ザ・メイヤー
Scandic The Mayor
オーフス駅
Hovedbanegård
ミリング・ホテル・リッツP.134
Milling Hotel Ritz
ショッピングモール
ウェイクアップ・オーフスP.134
Wakeup Aarhus
モースゴー博物館P.132
Moesgaard Museum、
マーセリスボー城P.132
Marselisborg Slot へ
Wilhelm Meyers Allé
Ole Worms Allé
Peter Sabroes Gade
Müllers Vej
C.F. Møllers
Vennelyst Boulevard
Nørrebrogade
Nørre Boulevard
Kaserneboulevarden
Langelandsgade
Fynsgade
Høegh-Guldbergs Gade
Østboulevarden
Skovvejen
Knudrisgade
Kærlighedsstien
Samsøgade
Sjællandsgade
Hjelmensgade
Sølystgade
Hjarnøgade
Ny Munkegade
Thunøgade
Lollandsgade
Nørregade
Mejlgade
Grønnegade
Sejrøgade
Nørre Allé
Møllevejen
Hjortensgade
Teglværksgade
Mønsgade
Studsgade
Kystvejen
Nygade
Vestergade
Vesterbrogade
Viborgvej
Rosensgade
Domkirkepladsen
Skt. Olufs Gade
Nordhavnsgade
Thorvaldsensgade
Museumsgade
Møllestien
Åboulevarden
Vester Allé
Carl Blochs Gade
Christiansgade
Kannikegade
Fiskergade
Skolegade
Havnegade
Skovgaardsgade
Frederiksgade
Østergade
Søndergade
Mindegade
Fredensgade
Sønder Allé
Dynkarken
Mindet
Valdemarsgade
Park Allé
Ryesgade
Banegårdspladsen
Banegårdsgade
Sonnesgade
Kriegersvej
Frederiks Allé
Spanien
Værkmestergade
Sydhavnsgade
Ewaldsgade
Hallssti
Holbergsgade
Jægergårdsgade
Ole Rømers Gade
N
0
300m
A
B
1
2

デンマークで最も高い住宅ビル、オーフス・アイAarhus Øje (MAP P.129-B1外) は、オーフス港のランドマーク。地上142mの最上階に展望フロアが広がる。(開月～木11:00～18:00、金11:00～20:00、土・日10:00～18:00 料129DKK～)。

おもな見どころ

オーフス市庁舎
住Rådhuspladsen 2
TEL89-402000
開月～金 8:00～16:00
休土・日
ガイドツアー
URLaarhusguiderne.dk
TEL25-888817
催土 11:30
料125DKK
市庁舎などの内部を見学できる。所要約1時間、集合場所は市庁舎の正面玄関前。予約不要。

ロビーホールの入口は市庁舎の建物の北側にあたる

デン・ガムレ・ビュ（オールドタウン）
住Viborgvej 2
TEL86-123188
URLwww.dengamleby.dk
開1/1～2/9
毎日 10:00～16:00
2/10～3/22
月～金 10:00～16:00
土・日 10:00～17:00
3/23～12/31
毎日 10:00～17:00
休なし
料1/1～3/22 125DKK
3/23～10/20、11/16～12/31 190DKK
10/21～11/15 160DKK

植物園
住Peter Holms Vej
TEL87-155415
URLsciencemuseerne.dk
開6～8月
月～金 9:00～17:00
土・日10:00～17:00
9～5月
月～金 9:00～16:00
土・日10:00～17:00
休なし
料無料

北欧では珍しい貴重な亜熱帯植物も見られる

●オーフス市庁舎 Aarhus Rådhus

Map P.129-A2

現代のデンマークデザインと建築の名を世界的にしたアーネ・ヤコブセンとエリック・ミュラーの設計。75年以上の歴史をもつ、オーフスのランドマークだ。高い時計塔をもつ角ばった建物に、大理石でできた壁と緑青色の屋根、窓枠にしつらえられた木がやわらかみを加え、優雅で独創的な外観を造り出している。内部は白を基調とし、壁やロビーホールの床一面に組木を使ったあたたかみがある内装。内部はロビーホールのみ入場可。内部を見学できるツアーも催行している。

デンマークにおける現代建築の名士が設計した市庁舎

市庁舎の広場には、「豚の泉」と呼ばれる像がある。豚は繁栄と幸福のシンボルとしてかわいがられ、クリスマスにもマジパンやチョコレートで豚型の菓子が作られる。そのうえこの町は、ユトランド全域の農産物や酪農品の集散地であるため、豚の親子の像が産業の活性化をも象徴しているのだ。

●デン・ガムレ・ビュ（オールドタウン） Den Gamle By

Map P.129-A1

デンマークを代表する傑出した野外博物館。国内各地方の民家、商家、市長館などを70軒以上集め、200～400年ほど前の世界を再現した、ユトランドの江戸村といった雰囲気を漂わせる。歴史の冒険旅行をテーマにした敷地内は1600～1900年代、近代化の息吹を感じる1900～27年、社会福祉や女性運動が盛んな1950～74年、そして現代の2000～14年と4つの時代ごとに区分。内部を見学できる建物も多いので、できれば一軒一軒じっくり時間を取って見学したい。敷地内にある博物館は無料で入場することができ、オーフスの町の歴史にまつわる展示をはじめ、装飾品、時計、磁器、デンマーク国内外のポスターやおもちゃなど、展示内容も充実している。

どこか懐かしい雰囲気が漂う

●植物園 Botanisk Have

Map P.129-A1

デン・ガムレ・ビュに隣接する丘陵地に位置する植物園。もともとはオーフス大学の植物研究施設として創設されたもので、現在は市が運営する公共の植物園となっている。園内には世界中の植物が栽培されている温室のほか、屋外庭園、子供向けの遊具エリア、カフェなども併設されており、年間を通して植物の観賞が楽しめる。

アロス・オーフス美術館 ARoS Aarhus Kunstmuseum

Map P.129-A2

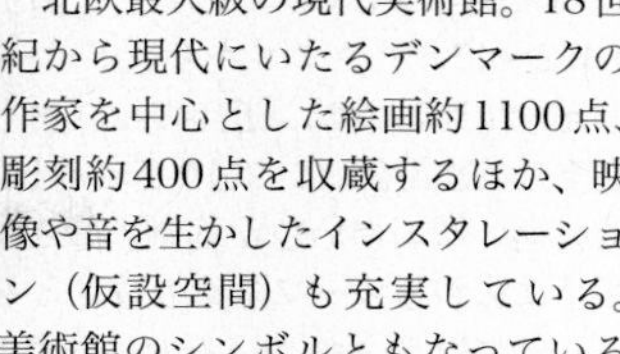

高さ約5m、総重量500kgの"少年"の像

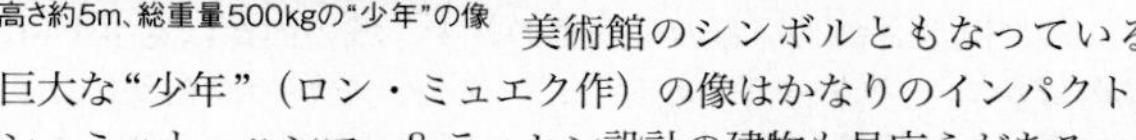

北欧最大級の現代美術館。18世紀から現代にいたるデンマークの作家を中心とした絵画約1100点、彫刻約400点を収蔵するほか、映像や音を生かしたインスタレーション（仮設空間）も充実している。美術館のシンボルともなっている巨大な"少年"（ロン・ミュエク作）の像はかなりのインパクト。シュミット、ハンマー＆ラッセン設計の建物も見応えがある。

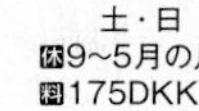
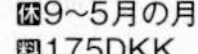

アロス・オーフス美術館
住Aros Allé 2
TEL87-306600
URLwww.aros.dk
開6~8月
月~金　10:00~21:00
土・日　10:00~17:00
9~5月
火~金　10:00~21:00
土・日　10:00~17:00
休9~5月の月
料175DKK

最上階にはユニークな展望台がある

国内外のデザインアイテムが集まるミュージアムショップも必見

オーフス大聖堂 Aarhus Domkirke

Map P.129-B2

奥行きが93mあるデンマークで最も長い聖堂で、後期ゴシック建築としても優れた建築物。建造されたのは1201年。当時の建物は今はなく、現存するのはベアント・ノトケにより15世紀に改築されたものだ。1479年に造られた祭壇は当代随一の芸術品といわれている。壁面には、220m²にわたって描かれたデンマーク最大のフレスコ画がある。また、聖堂内にひとつだけあるステンドグラスは、ノルウェーの彫刻家、ヴィーゲラン（→P.192）の手によるものだ。さらに1730年製のパイプオルガンもデンマーク最大のもので、当初は44音であったのを、現代最高のオルガン製作者フロベニウスによりさらに44音が追加された。1ヵ月に2~3回ほどコンサートも開かれる。

町の中心に立つ壮大な建築物

オーフス大聖堂
住Store Torv 1
TEL86-205400
URLaarhusdomkirke.dk
開5~9月
月・水~土　9:30~16:00
火　10:30~16:00
10~4月
月・水~土　10:00~15:00
火　10:30~15:00
休日
料無料
塔
料20DKK

デンマーク・ジェンダー博物館 Køn

Map P.129-B2

もとは女性の文化史に焦点を当てた世界でも数少ない国立博物館だったが、2021年に「デンマーク女性博物館」から名称を変更。女性の雇用創出を目的に創設した前身の使命はそのままに、より広い視野でジェンダー文化や男女平等社会について掘り下げ、「多様性」を発信する。

生活用品の数々が並べられている

デンマーク・ジェンダー博物館
住Domkirkepladsen 5
TEL25-454510
URLkonmuseum.dk
開火・木~土　10:00~17:00
水　10:00~20:00
日　10:00~16:00
休月
料125DKK

オーフス大聖堂の目の前にある

オーフス・レジスタンス博物館 Besættelsesmuseet i Aarhus 1940-45

Map P.129-B2

第2次世界大戦中、ドイツの占領下におかれた1940年から1945年の間にオーフスで行われた抵抗運動についての博物館。館内には、ナチスドイツの旗や武器、制服などが収蔵・展示されている。当時の様子が写真や文章で表現されており、占領下で生きた人々の恐怖を感じることができる。建物はもと警察署であり、占領当時下にはゲシュタポの基地として使われていた。

オーフス・レジスタンス博物館
住Mathilde Fibigers Have 2
TEL86-184277
URLwww.besaettelsesmuseet.dk
開水~金　13:00~17:00
土・日　11:00~17:00
休月・火
料75DKK

デン・ガムレ・ビュの入口はヴィボーベイ通りViborgvejを進んだ先。今もなお増築を続けており、当面一部エリアは工事中となる。

●マーセリスボー城

Marselisborg Slot

Map P.129-B2 外

1898年にのちのデンマーク国王、クリスチャン10世（在位1912〜47年）とアレキサンドリーネ妃の御成婚を祝って、国民が記念に贈った城。近年では、マーグレーテ2世が1年のうちの夏季の数週間をここで過ごされるという。城というよりも館といった外観。壁の白い色が庭園の緑とマッチして清楚な印象を与え、眼下に広がるオーフス湾の青さとも巧みに調和している。

一般に開放されているのは庭園のみで、城の内部は見学不可。城のほかローズガーデンも有名だ。また、王族の滞在時には正午に衛兵の交替式が行われる。また、周辺は緑豊かな公園となっており、潮風を浴びながら散策するのも楽しい。

マーセリスボー城
住Kongevejen 100
TEL33-401010
URLwww.kongehuset.dk
開4〜9月
　毎日　8:00〜21:00
　10〜3月
　毎日　9:00〜16:00
（王族の滞在時は見学不可）
休なし
料無料
行き方▶▶▶
オーフス駅前のバス停（Park Allé通り）から市バス17番で約10分、Mindeparken/Carl Nielsens Vej下車、徒歩5分。運転手に頼めば教えてくれる。

海を望む高台に立つ白亜の城

●モースゴー博物館

Moesgaard Museum

Map P.129-B2 外

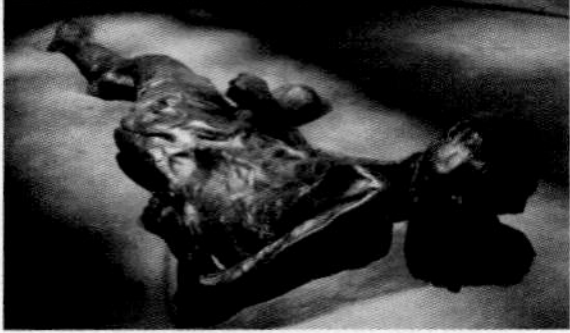
ガラスケースに安置されているグロウバレマン

考古学と民族学の博物館。2014年にヘニング・ラーセンの設計による斬新な建物が完成し、マルチメディアを駆使した博物館に生まれ変わった。

展示は青銅器時代、鉄器時代、ヴァイキング時代の3つのコーナーに分けられ、先史時代の人々の生活史を時系列に沿って学ぶことができるようになっている。最大の目玉は、1952年にオーフス近郊で発見されたグロウバレマンGrauballemandenと呼ばれる紀元前3世紀頃の男性の遺体。泥炭の中で腐食を免れたため、皮膚の質感などは今も生々しいほどの状態だ。のどを切られた跡があり、神事のいけにえとして命を奪われたとも考えられている。同じ鉄器時代のオーフス近郊イレルップIllerup渓谷での戦争の様子を再現した映像や出土した大量の武器の展示なども興味深い。

モースゴー博物館
住Moesgård Allé 15
TEL87-394000
URLwww.moesgaardmuseum.dk
開火・木・金・日
　10:00〜17:00
　水・土　10:00〜21:00
休月
料180DKK
行き方▶▶▶
オーフス駅前のバス停（Park Allé通り）から市バス18番で約30分、終点のMoesgåard Museum下車。

エクスカーション

●シルケボー

Silkeborg

Map P.46-A2

シルケボーは、河川と湖に囲まれた静かな町で、ジュネーブにならって造った湖上噴水が町に彩りを添えている。町なかにある見どころとしては、ヨーロッパ最大級の淡水水族館アクア＆ワイルドライフ・パーク Aqua Akvarium & Dyreparkやシルケボー博物館Silkeborg Museumがある。博物館の主要な施設であるホーヴェドガルデン

美しい湖上噴水が見られる

シルケボー
行き方▶▶▶
オーフスから列車で約45分。ヒンメルビヤーに登りたい人は、シルケボーのバスターミナルから30、31番のバスに乗り約15分、リューRyで乗り換え、そこから311番のバスに乗り約12分、ヒンメルビヤゴーデンHimmelbjerggården下車。

水族館アクア＆ワイルドライフ・パーク
住Vejlsøvej 55
TEL89-212189
URLvisitaqua.dk
開1月下旬〜3月、
　10月下旬〜12月中旬
　毎日　10:00〜16:00
　4月〜6月下旬、8月中旬〜10月下旬
　月〜金 10:00〜16:00
　土・日 10:00〜17:00
　6月下旬〜8月中旬
　毎日　10:00〜18:00
休12月中旬〜1月下旬
料190DKK

Hovedgårdenには石器時代から鉄器時代にかけての発掘品が展示されており、なかでも必見なのはトルンドマンTollundmandenと呼ばれる紀元前350年頃の人間の遺体。オーフスのモースゴー博物館のグロウバレマンと同じ泥炭の中で保存された人体だが、こちらのほうがより生々しい。

この町も夏になると急ににぎやかになる。その理由は、近くにあるデンマーク国内の最高峰といわれているヒンメルビヤーHimmelbjergに観光客が集まるため。この山は実に海抜147mしかないのにその名は「天の山」を意味する。デンマークの国土の平坦さ、デンマーク人のユーモアがうかがえる。

シルケボー博物館にあるトルンドマン

シルケボー博物館
住Hovedgårdsvej 7
TEL86-821499
URLwww.museumsilkeborg.dk
開火～日　12:00～16:00
（時期により変動あり）
休月
料85DKK

●ヴィボー　Viborg

Map P.46-A2

ユトランド半島でも比較的長い歴史をもつ町のひとつ。切り石積みの端正な造りを見せるヴィボー大聖堂が、積み重ねた時を物語っている。聖堂の正面を飾るふたつの塔はどこからでも眺められ、町のアクセントになっている。

近郊にはKro（クロと発音し英国のInnに近い）と呼ばれる旅籠のような家庭的サービスを提供する旅館兼食事処が多くある。例えばコンゲンスブロ・クロKongensbro Kroなどのように漆喰の壁に藁屋根といった絵画的なものは、ユトランド半島の風物詩ともいえる。

美しい町並みの残るヴィボー

ヴィボー
行き方▶▶▶
オーフスから列車で約1時間5分。

ヴィボーのホテル
コンゲンスブロ・クロ
Kongensbro Kro
住Gl. Kongevej 70
TEL86-870177
URLwww.kongensbro-kro.dk
料Ⓢ976DKK～
Ⓓ1075DKK～

●ラナス　Randers

Map P.46-A2

ラナスには、15世紀から18世紀に建てられた木造家屋の古い町並みが残っており、特に市の中心地は風情がある。また聖霊修道院Helligåndshusetの屋根にあるコウノトリの巣はこの町のシンボルでもある。市街の見どころは“スター・ルート”と呼ばれる散策モデルコースをたどると効率よく回ることができる。巨大なガラスドームの中にアフリカや南米のジャングルを再現したラナス熱帯動物園Randers Regnskovも人気だ。

小さな町の小さな市庁舎

ラナス
行き方▶▶▶
オーフスから列車で約35分。

ラナス熱帯動物園
住Tørvebryggen 11
TEL87-109999
URLwww.regnskoven.dk
開月～金　10:00～16:00
土・日　10:00～17:00
休無休
料215DKK

ラナスのホテル
ステファンセンス
Stephansens Hotel
住Møllestræde 4
TEL86-442777
URLstephansenshotel.dk/hotel
料Ⓢ875DKK～
Ⓓ1195DKK～

モースゴー博物館の建物の屋根に登ってみよう。自然に囲まれた周辺ののどかな風景が楽しめる。地上からつながっており、屋根まで登ることができる。

オーフスのホテル

Radisson Blu Scandinavia Hotel Aarhus
ラディソン・ブル・スカンジナビア・ホテル・オーフス MAP P.129-A2

住Margrethepladsen 1 TEL86-128665
URL www.radissonhotels.com
料ⓈⒹ830DKK～ CC A D M V

オーフスを代表する高級ホテル。コンベンション施設スカンジナビアセンターオーフス Scandinavia Center Aarhusに隣接し、レストラン、バーを併設。

Scandic Aarhus City
スカンディック・オーフス・シティ MAP P.129-A2

住Østergade 10 TEL89-318100
URL www.scandichotels.com
料Ⓢ956DKK～ Ⓓ1148DKK～ CC A D M V

町の中心部に位置し、観光やショッピングに便利。客室はシックな内装と木目調の床が落ち着きのある雰囲気。レストラン、バー、フィットネスセンターあり。

Hotel Royal
ロイヤル MAP P.129-B2

住Store Torv 4 TEL86-120011 URL hotelroyal.dk
料Ⓢ1134DKK～ Ⓓ1334DKK～ CC M V

オーフス大聖堂のそばの1838年建造の高級ホテル。赤絨毯が敷き詰められたロビーには黒木のインテリアが配され、豪華な雰囲気。併設のロイヤル・カジノへは、無料で入場可。

Cabinn Aarhus
キャビン・オーフス MAP P.129-B2

住Kannikegade 14 TEL86-757000 URL en.cabinn.com
料Ⓢ650DKK～ Ⓓ760DKK～ 朝食99DKK CC A D J M V

運河沿いにあるチェーン系ホテル。設備は簡素だが機能的で便利。客室には湯沸かし器が設置されている。フロントでは、サンドイッチなどの軽食や飲み物などを販売している。

Milling Hotel Ritz
ミリング・ホテル・リッツ MAP P.129-A2

住Banegårdspladsen 12 TEL86-134444
URL millinghotels.dk
料Ⓢ873DKK～ Ⓓ965DKK～ CC A M V

オーフス駅前に立ち、格式を感じさせる。1932年の建造と建物は古いがよく手入れされ、オーフス市庁舎を眺められる部屋もある。

Wakeup Aarhus
ウェイクアップ・オーフス MAP P.129-A2

住M.P. Bruuns Gade 27 TEL44-800000
URL www.wakeupcopenhagen.com
料Ⓢ550DKK～ Ⓓ650DKK～ 朝食95DKK CC A M V

オーフス駅から徒歩約5分の立地にある、全315室のバジェットタイプ。部屋はコンパクトだがひと通りの設備が揃っており快適。

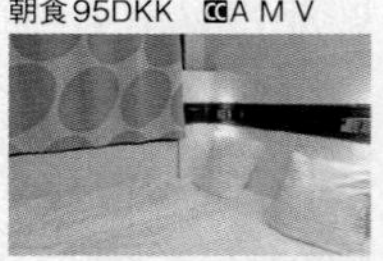

オーフスのレストラン

Raadhuus Kafeen
ラドフース・カフェーン MAP P.129-A2

住Sønder Allé 3 TEL86-123774
URL raadhuus-kafeen.dk
営月～土11:30～21:30 日12:00～20:00 休なし
予200DKK～ CC J M V

オーフス市庁舎の向かいにある1924年創業の老舗レストラン。伝統的なデンマーク料理を味わえる。約20種類あるスモーブロー73DKK～を堪能しよう。

Mefisto Restaurant & Gårdhave
メフィスト・レストラン&ゴーヒェール MAP P.129-B1

住Volden 28 TEL86-131813
URL www.mefisto.dk
営月～金11:00～24:00 土・日10:00～24:00 休なし
予ランチ260DKK～、ディナー550DKK～ CC M V

ロブスター298DKK～など、シーフードや肉料理が楽しめる。人気のブランチはドリンク付きで278DKK～。夏季は中庭にテラス席がオープンする。

Café Faust
カフェ・ファウスト MAP P.129-B2

住Åbulevarden 38 TEL86-190706
URL cafefaust.dk
営日～火9:30～23:00 水9:30～24:00
木9:30～翌1:00 金・土9:30～翌2:00
休なし 予ランチ140DKK～、ディナー250DKK～ CC M V

運河沿いにあるオールデイダイニング。夜は3コースメニュー250DKK～。木～土曜の22:00からはナイトバーとなる。

Aarhus Street Food
オーフス・ストリート・フード MAP P.129-B2

住Ny Banegaardsgade 46 TEL なし
URL aarhusstreetfood.com
営毎日11:30～21:00
休なし
予店舗により異なる CC 店舗により異なる

長距離バスターミナル隣接の屋内型フードコート。インド料理やタイ料理など20以上のブースがあり、テイクアウトも可能。

バスタブ／一部のみ　テレビ／一部のみ　ドライヤー／貸し出し　ミニバーおよび冷蔵庫／一部のみ　ハンディキャップルーム　インターネット（無料）　インターネット（有料）

COLUMN DENMARK

ブロックの大遊園地　レゴランド

実際の町をモデルにしたジオラマ

実際に動く仕掛けもある

乗り物アトラクションも人気

「レゴLego」は、ユトランド半島のほぼ中央に位置するビルンBillundに本社のある、日本でもなじみの深いおもちゃ会社。レゴ（ブロック）を組み合わせ、自分だけの「何か」を造る楽しさを世界中の子供たちに伝え続けてきた。1968年、ビルンの郊外にオープンしたレゴランドは、遊び心いっぱいのアミューズメントパークだ。開園時3万8000 m^2だった敷地も10万 m^2に拡大し、毎年約1400万人を迎えている。海外からの来訪者がその半数を数える、世界に愛されるおとぎの国だ。

レゴで遊んだ人は少なくないと思うが、ここレゴランドのジオラマも普通のブロックから作り上げられている。町に配置された人やペットなどを見ていると、まるで性格まで想像できそうなほどのリアルなできばえだ。レゴを組み立てたことのある人なら、部品の使われ方に驚きを覚えるはず。

細部までよく再現されている

園内には、アトラクションやショーを楽しめるエリアがあちこちにある。人気のアトラクションは、小型の戦闘機に乗って上空での旋回を楽しむApocalypseburg Sky Battleや、ジープに乗ってレゴの世界観を巡りながら宝探しに出かけるThe Templeなど。子供だけでなく、大人も十分楽しめる工夫がされている。ミニチュアの世界を堪能したら、実物大のレゴの世界も歩き回ってみよう。

レゴランド直営のホテルも隣接しているので、ここに滞在しての訪問もいい。
(URL www.legoland.dk/conference)

DATA

■レゴランド　Map P.46-A3

TEL 75-331333　URL www.legoland.dk

開 2024年シーズンは3月23日～11月3日。開館時間は日によって変動するためウェブサイトを参照しよう。

休 ウェブサイトを参照

料 大人499DKK、1歳以下無料

行き方▶▶▶

✈コペンハーゲンとビルンを結ぶ飛行機の直行便はない。オスロやヘルシンキからの直行便はあり、オスロ発の場合1日1～4便、所要約1時間10分。ヘルシンキ発の場合、週4便、所要約1時間45分。ビルン空港Billund Lufthavn(BLL)からレゴランドへはタクシーなら100～130DKK。または43、119、143、144、166番のバスで6分。

🚃🚌コペンハーゲンからインターシティまたはインターシティ・リュンで2時間～2時間30分、ヴァイレVejle下車。駅前から43、143番のバスに乗り、レゴランド下車。所要約40分。オーデンセなど各都市を結ぶバスはビルン空港前に発着する。

Ribe

リーベ

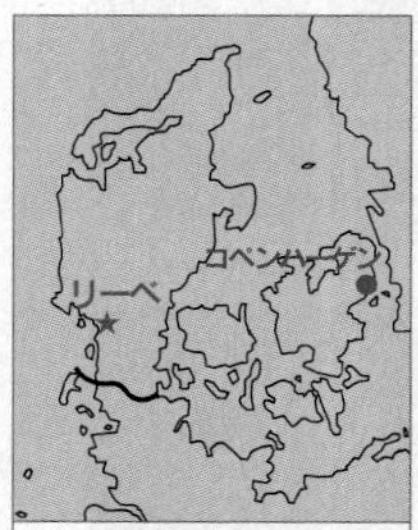

Map P.46-A3
人口:8365
市外局番:なし
リーベ情報のサイト
URL www.vadehavskysten.com
@Vadehavskysten
@vadehavskysten

リーベの行き方

コペンハーゲンやオーフスから列車でブラミンBrammingで乗り換える。コペンハーゲンから所要約3時間20分、1〜2時間に1便運行。オーフスからは所要約2時間30分、ブラミンから私鉄Arrivaに乗り換え約20分、1時間に1便運行。

デンマーク最古の交易都市リーベは、この国で最も美しく、古い建築を残す町だ。歴史に登場するのは7世紀の半ば。リーベ川に沿って生まれた町は、アンスガー大主教によって、西暦862年に建てられたリーベ大聖堂を中心として発達した。エスビヤー市Esbjergに編入された現在も、史跡と環境の保存には、全市を挙げて力を注いでいる。それは南ユトランドでも数少なくなった幸福を運ぶ鳥、コウノトリが訪れることからも、容易に察しがつくだろう。町を取り巻く環境はいかにも牧歌的で、旅を愛する者の心をひきつける。

少しばかり恥ずかしがり屋で、少しばかり陽気で、そして親切このうえないデンマーク人の人情に触れるとしたら、このような南ユトランドの小さな町を訪れるにかぎる。

かわいらしい古い民家が軒を連ねる

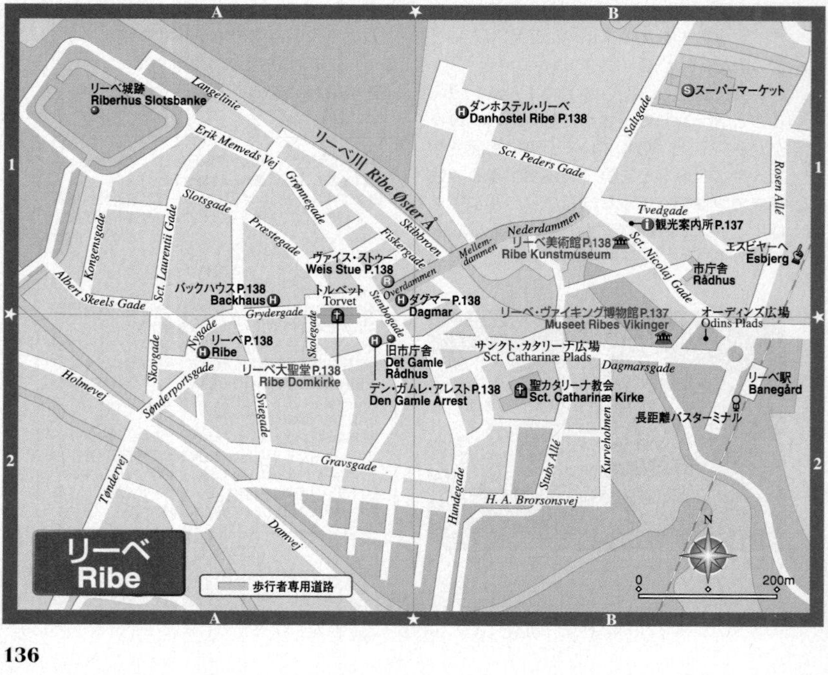

リーベ Ribe

リーベ城跡 Riberhus Slotsbanke
Langelinie
Erik Menveds Vej
リーベ川 Ribe Øster Å
ダンホステル・リーベ Danhostel Ribe P.138
スーパーマーケット
Saltgade
Sct. Peders Gade
Rosen Allé
Slotsgade
Grønnegade
Præstegade
Skibbroen
Fiskergade
Kongensgade
Sct. Laurentii Gade
Tvedgade
観光案内所P.137
Nederdammen
Mellemdammen
リーベ美術館P.138 Ribe Kunstmuseum
Sct. Nicolaj Gade
エスビヤーへ Esbjerg
市庁舎 Rådhus
ヴァイス・ストゥー Weis Stue P.138
Overdammen
Albert Skeels Gade
バックハウスP.138 Backhaus
トルベット Torvet
Stenbogade
ダグマーP.138 Dagmar
リーベ・ヴァイキング博物館P.137 Museet Ribes Vikinger
オーディンズ広場 Odins Plads
Grydergade
Skolegade
Nygade
リーベP.138 Ribe
旧市庁舎 Det Gamle Rådhus
サンクト・カタリーナ広場 Sct. Catharinæ Plads
Skovgade
Dagmarsgade
リーベ大聖堂P.138 Ribe Domkirke
Holmevej
Sønderportsgade
デン・ガムレ・アレストP.138 Den Gamle Arrest
聖カタリーナ教会 Sct. Catharinæ Kirke
リーベ駅 Banegård
長距離バスターミナル
Sviegade
Kurveholmen
Gravsgade
Tøndervej
Stubs Allé
Hundegade
H. A. Brorsonsvej
Damvej
歩行者専用道路
0 200m

リーベの歩き方

のどかな風景が広がる

町のほぼ中央を流れるリーベ川Ribe Øster Åを挟んだ東側は、リーベ駅や現在の市庁舎Rådhusがある新市街。古い町並みが残っているのは、川の西側のリーベ大聖堂を中心とした一帯。大聖堂から東に延びる2本の大通り、オベルダンメンOverdammen、メレンダンメンMellemdammen、ニーダルダンメンNederdammenと名を変える通りと、鉄道駅につながるダグマーゲイド通りDagmarsgadeの2本が町のメインストリート。オベルダンメン通りは、ほとんどのショップやレストランが並ぶ繁華街。川沿いのスキッブロエン通りSkibbroenには、多くの船が停泊しており、背後の古い町並みと相まって美しい。ダグマーゲイド通りには、聖カタリーナ教会Sct. Catharinæ Kirkeと、その奥に1228年にドミニコ会の僧が布教のために建立したソルテブロェダー修道院Sortebrødreklostreなど歴史的な建物がある。大聖堂の脇に建つれんが造りのゴシック建築が、旧市庁舎Det Gamle Rådhus。デンマーク初の新聞社を創立した詩人ボーディングが1619年に生まれた場所であり、煙突の上に巣を作っているつがいのコウノトリは町のシンボルでもある。町は3時間もあれば歩き回れてしまう大きさ。オレンジ色の家並みが美しいリーベの町を、時間をかけて散歩してみよう。

大聖堂の南や西は1300～1600年代の家々が、えも言われぬ美しい景観を呈している住宅街。かつてのラテン語学校跡や古い館、商家などが建ち並び、なかには現在博物館になっているものもある。住宅街を抜けた所にあるのが、堀に囲まれたリーベ城跡Riberhus Slotsbanke。城跡には土が盛られており、リーベ市街を眺められるビューポイントとなっている。

リーベの観光案内所 ℹ
Map P.136-B1
住Sct. Nicolaj Gade 1
TELなし
URLwww.vadehavskysten.com
開5・9月
　水・土9:00～18:00
6～8月
　毎日9:00～18:00
休5・9月の日～火と木・金、10～4月
スタッフの常駐は10:00～14:00の間のみ。パンフレットの閲覧などセルフサービスは通年で毎日利用できる。

CHECK!
リーベ名物「夜警の見回りツアー」The Night Watchman's Rounds
夏と春、秋の一定期間、昔ながらのスタイルに身を固めた、夜警のおじさんが町の見回りに出る。夜警の歌を歌い、町の歴史や古い町並みに伝わる魔女伝説などを語って歩く。ツアーはデンマーク語と英語で行われ、所要約45分。出発はレストランヴァイス・ストゥー（→P.138）。
催3/23～6/15、8/16～10/19
　毎日20:00
6/16～8/15
　毎日20:00、22:00
料無料

おもな見どころ

リーベ・ヴァイキング博物館 Museet Ribes Vikinger

Map P.136-B2

リーベ周辺で発掘された遺跡や土器、装飾品などの出土品を展示している。西暦700年頃から1500年頃までのヴァイキングの生活について、各時代を追っての解説がされている。実物大で西暦800年頃と1500年頃のリーベ市街の一画が再現されたコーナーもあり、往時の雰囲気を感じることができる。不定期で企画展も開催する。

1500年頃のリーベ市街を再現

リーベ・ヴァイキング博物館
住Odins Plads 1
TEL76-163960
URLwww.ribesvikinger.dk
開7・8月
　毎日　10:00～17:00
9・10月
　毎日　10:00～16:00
11～6月
　火～日　10:00～16:00
休11～6月の月
料110DKK

特に目的もなく立ち寄ってみた町でしたが、れんが造りの古い建物と石畳がどこまでも続く、風情ある町並みが気に入って1泊しました。のんびりとした時間を過ごしたい人におすすめの町です。（秋田県 米ちゃん '17）（'24）

リーベ大聖堂
住Torvet
TEL75-420619
URLribe-domkirke.dk
開4・10月
毎日11:00～16:00
5～9月
毎日10:00～17:00
11～3月
毎日11:00～15:00
休なし
料無料
塔
料25DKK

●リーベ大聖堂

Ribe Domkirke
Map P.136-A1・2

ロスキレ、ヴィボーの大聖堂と並んで、デンマークの3大聖堂に数えられている。現存するのは、1134年から約90年の歳月をかけて完成したといわれる、ロマネスク様式とゴシック様式を併用した聖堂だが、初期にはこれが木造であったといわれている。

天使の描かれたフレスコ画とステンドグラスが見られる

リーベ美術館
住Sct. Nicolaj Gade 10
TEL75-420362
URLribekunstmuseum.dk
開7・8月
毎日 10:00～17:00
9～6月
火～日11:00～16:00
休9～6月の月
料90DKK

●リーベ美術館

Ribe Kunstmuseum
Map P.136-B1

1800～50年頃まで続いた、デンマーク美術の黄金時代と呼ばれる絵画をおもに収蔵、展示する博物館。自然主義、リアリズムに染まっていたデンマーク美術が、フランス印象派の影響を受けて変容していく19世紀後半から20世紀前半の美術の流れがわかる。

デンマークの画家L. A. リングの作品も所蔵

リーベのホテル

Hotel Dagmar
ダグマー　MAP P.136-A1

住Torvet 1　TEL75-420033
URL www.hoteldagmar.dk
料Ⓢ1445DKK～ Ⓓ2190DKK～
CCA D M V

リーベ大聖堂に面して立つ、1581年創業の老舗ホテル。リーベの名物ホテルであり、気品と落ち着き、華麗さが感じられる。

Den Gamle Arrest
デン・ガムレ・アレスト　MAP P.136-A2

住Torvet 11　TEL75-423700　URL dengamlearrest.dk
料バス・トイレ共同Ⓢ999DKK～ Ⓓ1298DKK～
バス・トイレ付きⓈ1199DKK～ Ⓓ1498DKK～　CCM V

元監獄を改装したホテル。白を基調としたインテリアで落ち着いた雰囲気。1階にレストランがある。

Backhaus
バックハウス　MAP P.136-A1

住Grydergade 12　TEL75-421101　URLbackhaus-ribe.dk
料バス・トイレ共同Ⓢ700DKK～ Ⓓ800DKK～
バス・トイレ付きⓈⒹ1300DKK～　CCM V

1階にあるデンマーク料理のレストランが人気のB&B。全7室のうち1部屋のみバスとトイレ付き。

Hotel Ribe
リーベ　MAP P.136-A2

住Sønderportsgade 22　TEL75-420466
URL www.hotelribe.dk
料バス・トイレ共同ⓈⒹ550DKK～
バス・トイレ付きⓈⒹ795DKK～ 朝食95DKK　CCM V

1873年築の建物を改装。全室内装が異なり、5室はバスとトイレ付き。テラスのあるパブを併設。

Danhostel Ribe
ダンホステル・リーベ　MAP P.136-B1

住Sct. Peders Gade 16　TEL75-420620
URL www.danhostel.dk
料Ⓢ520DKK～Ⓓ 580DKK～ シーツ75DKK 朝食95DKK
CCA M V

町の中心からほど近い便利なユースホステル。全40室のバスとトイレ付きで、ファミリールームもある。

リーベのレストラン

Weis Stue
ヴァイス・ストゥー　MAP P.136-A1

住Torvet 2　TEL75-420700
URL weis-stue.dk
営毎日11:30～20:45LO
休なし　予ランチ200DKK～、ディナー350DKK～　CCJ M V
B&B　料Ⓢ450DKK～ Ⓓ550DKK～

1580年建造の旅籠を利用したレストラン。よく保存された木組みと漆喰の壁がはるかな時の流れを感じさせ、落ち着きのあるたたずまいを見せている。2階には客室もあり、実際に宿泊できる。

バスタブ　テレビ　ドライヤー　ミニバーおよび冷蔵庫　ハンディキャップルーム　インターネット(無料)
一部のみ　一部のみ　貸し出し　一部のみ　インターネット(有料)

Ebeltoft

エーベルトフト

Æble（りんご）とToft（耕地）を合わせた名前をもつ町で、14世紀の初めにはこの地方の商業の中心地として知られていた。かつてにぎわったであろう旧街道は、今なおその姿を変えることなく、今日に伝えられている。

エーベルトフトのもつもうひとつの魅力は、ガラス工芸。エーベルトフト・ガラス博物館を中心に、ガラス工房やショップが集まっている。

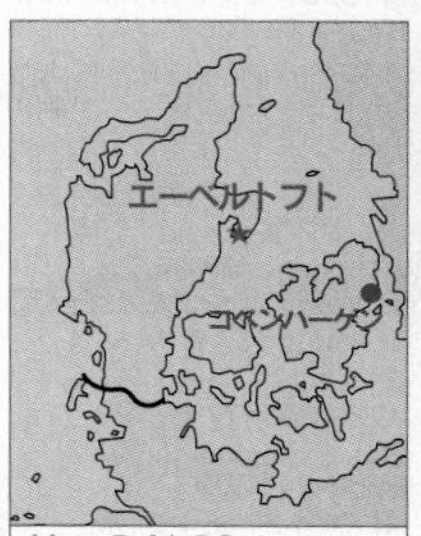

Map P.46-B2
人口:7289
市外局番:なし
エーベルトフト情報のサイト
URL www.ebeltoft.dk
@Ebeltoftby

エーベルトフトの歩き方

町の中心を通るノアポートNørreport、アデルゲイドAdelgade、ユールスバッケJuulsbakke、ネーザーゲイドNedergade、セナーゲイドSøndergadeの5つの名前が付けられた約1.5kmの通り沿いと、港の周辺におもな見どころやショップが集中している。

•エーベルトフトの行き方•

オーフスのエーベルトフト行きバス停（MAP P.129-B2）からバス123番で所要約1時間20分。バスは5:17～23:17（土・日は6:17～）の1時間に1便程度。終点の長距離バスターミナルではなく、手前のEbeltoft cで下車するとよい。

エーベルトフトの観光案内所
Map P.139
URL www.ebeltoft.dk
以前の観光案内所は廃止された。町なかにタッチパネルが設置されたデジタルゲストサービスが点在している。

CHECK!
夜警パフォーマンス
夏季とクリスマスシーズンには、旧市庁舎前で夜警の歌が披露される。
催 6/26～8/28
毎日 19:00、20:00
12月
土・日 12:00、13:00、14:00
料 無料

エーベルトフトでガラス製品を買いたいなら、町なかに点在するガラス工房兼ショップへ。場所は、ガラス博物館で聞けば教えてもらえる。

おもな見どころ

ユラン号博物館 Fregatten Jylland

Map P.139

全長71m、2450トンのデンマーク海軍最後の大型軍用帆船。木造の軍艦としては世界最大級のもので、進水は1860年。就役2年後には戦いに駆り出され、ヘルゴランド湾の海戦に参加した。遠くから見るとまるで海に浮かんでいるようだが、実は地面を掘り下げた空間に据えられている。普通なら水面下にある部分まで観察でき、巨大な舵やスクリューなども丸見えだ。

ユラン号博物館
住S.A.Jensens vej 4
TEL86-341099
URLwww.fregatten-jylland.dk
開毎日10:00~17:00
（時期により変動）
休時期により変動
料155DKK（5~9月は170DKK）

デッキに上ることもできる

エーベルトフト・ガラス博物館 Glasmuseet Ebeltoft

Map P.139

世界各地から集められたガラス製品を展示、販売している博物館。ワイングラスや花瓶などの生活用のものから、ガラスを使った現代アートまで幅広い。博物館裏では、毎日、地元アーティストによるガラス作りを見学できる。

ガラス工芸の町エーベルトフトを代表する美術館

エーベルトフト・ガラス博物館
住Strandvejen 8
TEL86-341799
URLwww.glaskunst.dk
開4~6月、9・10月
毎日 10:00~16:00
7・8月
毎日 10:00~17:00
11~3月
水~日10:00~16:00
休11~3月の月・火
料130DKK（チケットは1週間有効）

旧市庁舎 Det Gamle Rådhus

Map P.139

おとぎの国デンマークらしいミニ市庁舎。原型は1576年に建てられたが、1789年に手を加えられて現在見られるような形になった。左右対称、中心に小さな塔がすっくと立ち、鐘がぶら下がっているのが見える。内部はエーベルトフトとこの地方に関する博物館になっている。

旧市庁舎
住Juulsbakke 1
TEL87-122600
URLmuseumoj.randers.dk
開6~8月
火~日10:00~16:00
9~5月
木~日12:00~15:00
休月、9~5月の火・水
料無料

おもちゃのようにかわいらしい旧市庁舎

エーベルトフトのホテル

Langhoff & Juul
ラングホーフ&ユール MAP P.139

住Ndr. Strandvej 3 TEL86-343300
URLlanghoffogjuul.dk
料ⓈⒹ1298DKK~
CCD J M V

海辺にある全室オーシャンビューの高級ホテル。全面ガラス張りのレストランからも海が望める。

Danhostel Ebeltoft
ダンホステル・エーベルトフト MAP P.139外

住Egedalsvej 5 TEL86-342053
URLwww.danhostel.dk 営6/1~12/13
料バス・トイレ付きⓈ680DKK~ Ⓓ825DKK~
シーツ55DKK 朝食75DKK CCM V

中心部から歩いて15分ほどの丘の上に立つ。部屋は全45室で共同キッチンがある。

エーベルトフトのショッピング

Pust Glasværksted
プスト・グラスヴェークスト MAP P.139

住Adelgade 29E, Gården TEL22-530602
URLpustglas.dk
営月~金10:00~17:00 土10:00~14:00
休日 CCM V

夫婦で営むガラス工房兼ショップ。カップや器から花瓶までご主人が作る寒色系の色を多く使った製品も、奥さんのあたたかみのあるデザインもそれぞれ魅力的だ。

バスタブ / 一部のみ　テレビ / 一部のみ　ドライヤー / 貸し出し　ミニバーおよび冷蔵庫 / 一部のみ　ハンディキャップルーム　インターネット（無料）　インターネット（有料）

Aalborg

オールボー

ドイツと陸続きのユトランド半島が、ここでいったん切断されるような形になる。海峡のようになっているのがリムフィヨルドLimfjorden。真冬になるとこの海も凍る。

細長いフィヨルドに沿って発達した北ユトランド最大の町オールボーは、封建時代にはたび重なる戦いにより何度か滅亡の危機に瀕したが、そのつど奇跡的に復興した。17世紀に建てられた豪商の館であるイェンス・バング邸は、かつてオールボーがその広大な土地を背景にして、おおいに隆盛を誇ったことを物語っている。

現在では、リムフィヨルドのニシンやカキ、デンマークキャビアなどの名産地としてばかりでなく、北ユトランドの文化や芸術の中心になっている。1969年にはリムフィヨルドに海底トンネルが掘られ、ユトランド半島の最北端スケーエンまで車で手軽に行けるようになった。

このオールボーで忘れてならないのがスナップスSnaps。別名アクアヴィットAkvavit（命の水）という有名な蒸留酒だ。ジャガイモから造られるこの酒は、アルコール度数45度以上の強さ。蛇足ながら、風邪をひいたときには、この酒をしこたま飲んでぐっすり寝るというのが、デンマーク風の対処法。

オールボーを象徴するイェンス・バング邸

オールボーの歩き方

オールボー駅から北東に延びるブーレヴァルデン通りBoulevardenを真っすぐ進み、市庁舎Rådhus、れんが造りの豪壮なイェンス・バング邸のあるあたりが町の中心。見どころのほとんどがここから半径300m

オールボー駅からリムフィヨルドへと延びるブーレヴァルデン通り

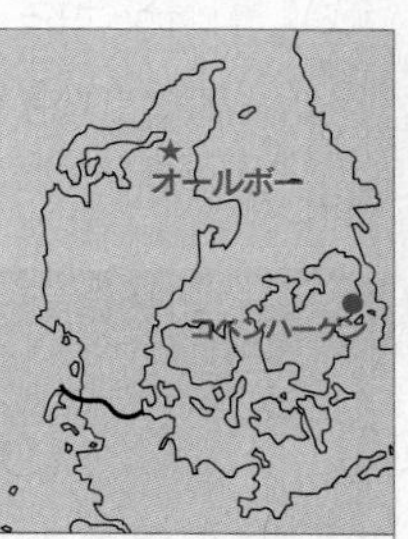

Map P.46-A2
人口:22万3182
市外局番:なし
オールボー情報のサイト
URL www.enjoynordjylland.com/aalborg
f @enjoynordjylland
◎ @enjoynordjylland

オールボーの行き方

✈コペンハーゲンから1〜2時間に1便程度運航、所要約45分。オールボー空港Aalborg Lufthavn（AAL）から中心部へは、デンマーク国鉄DSBの列車で約11分。または空港バス200番に乗車。運賃はどちらも24DKK〜。

🚃コペンハーゲンからインターシティ・リュンで所要約4時間10分、インターシティで所要約4時間50分。終日1時間に1〜2便運行。オーフスからインターシティ・リュンで所要約1時間20分、インターシティで所要約1時間30分。5:20〜23:07の1時間に1〜2便。

オールボー空港
Map P.142-1外
住 Ny Lufthavnsvej 100
TEL 98-171144
URL aal.dk
オールボーの中心部から北へ約6kmに位置する。

オールボーの観光案内所ⓘ
Map P.142-1外
住 Kjellerups Torv 5
TEL 99-317500
URL www.enjoynordjylland.com/aalborg
開 月〜金10:00〜15:00
休 土・日
複合施設ノルドクラフトNordkraftの1階の一角が観光案内所となっている

CHECK!

オールボーの旧跡巡り

デンマークでも古い歴史をもつオールボーの町にはさまざまな旧跡や歴史を感じさせる小径が点在している。そんな旧跡巡りをしたい人は、観光案内所でもらえるパンフレットを入手しよう。おすすめの周遊ルートと、それぞれの建物のガイドが記されており、町歩きの楽しみが広がる。

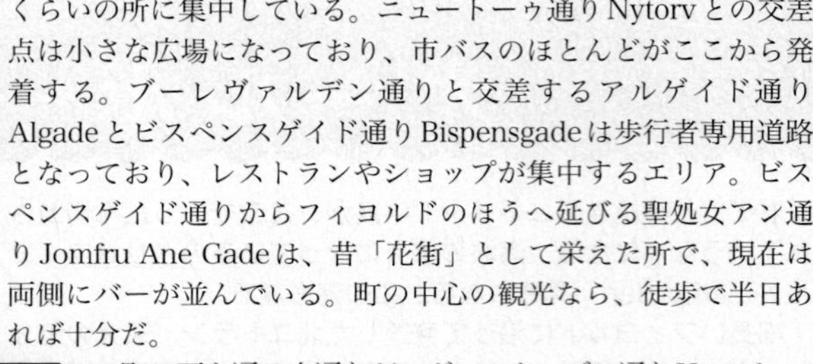

くらいの所に集中している。ニュートーゥ通りNytorvとの交差点は小さな広場になっており、市バスのほとんどがここから発着する。ブーレヴァルデン通りと交差するアルゲイド通りAlgadeとビスペンスゲイド通りBispensgadeは歩行者専用道路となっており、レストランやショップが集中するエリア。ビスペンスゲイド通りからフィヨルドのほうへ延びる聖処女アン通りJomfru Ane Gadeは、昔「花街」として栄えた所で、現在は両側にバーが並んでいる。町の中心の観光なら、徒歩で半日あれば十分だ。

夜になるとにぎわいを見せる聖処女アン通り

町の西を通る大通りが、ヴェスターブロ通りVesterbro。町の象徴である牡牛の像チンバーチューアンCimbrertyrenと、アヒル飼い少女の像ゴーセピーエGåsepigenなどがある。この通りを南に進み線路を越えたあたりからは、住宅街と広大な公園が広がり、やがてオールボー近代美術館（クンステン）にたどり着く。

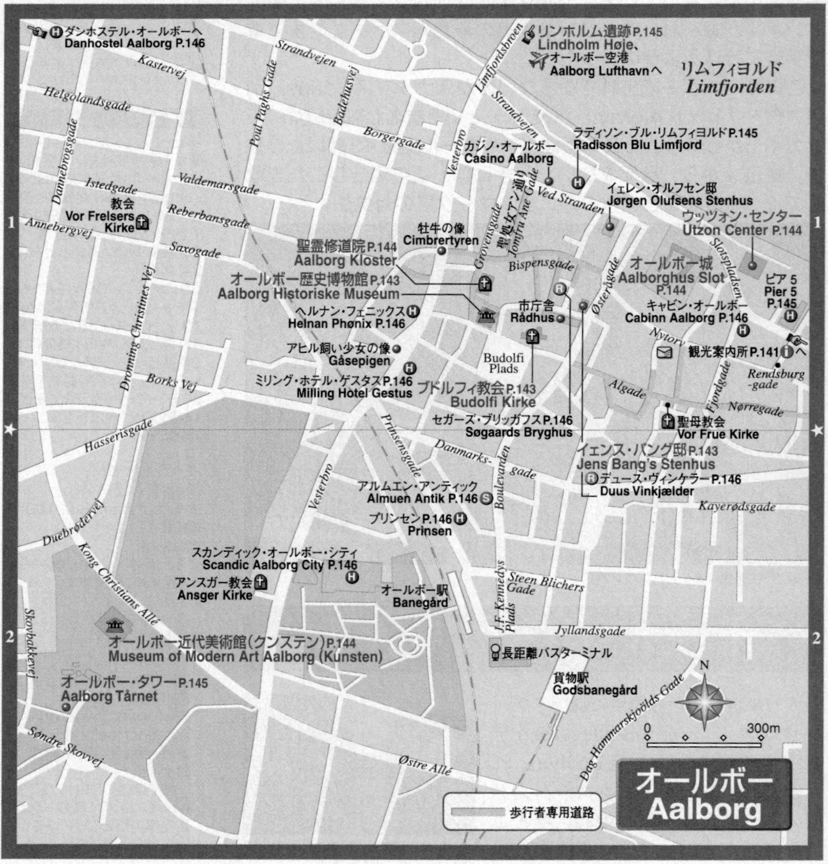

おもな見どころ

●イェンス・バング邸　Jens Bang's Stenhus

Map P.142-1

1624年に豪商イェンス・バングによって築造された。見事な北欧ルネッサンス様式の建築美を誇り、この種の一般の邸宅としては北欧随一といわれる。特に地下のワイン貯蔵庫はクリスチャン4世王の集会場としても利用され、内装も凝っている。1830年には薬剤商ストロイベア家の所有となり、2014年まで薬局として営業を続けていたが、現在は薬局時代のコレクションのみをガイド付きのツアーで公開する。また、地下はデュース・ヴィンケラー（→P.146）という酒場となっており、オールボーに来たからにはぜひここでスナップスを飲みたい。普通のジャガイモ蒸留酒と違って、スパイスで独特の香りが付けてある。これを瓶ごと冷凍庫で冷やし、小型のスナップスグラスでキューッと飲む。火の酒といわれるとおり体中がカッとなるので、ビールと交互に飲むのが通の飲み方とされる。

イェンス・バング邸
住Østerågade 9
URLjensbangsstenhus.dk
ガイドツアー（予約制）
TEL99-317402
催要問い合わせ

ビールをチェイサーにスナップスを楽しもう

●ブドルフィ教会　Budolfi Kirke

Map P.142-1

まぶしいほどの白壁が、保存の行き届いた周辺の町並みとうまく調和したブドルフィ教会。天高く突き出た高さ53mの尖塔には、48組からなるカリヨンがあり、8:00～22:00まで1時間ごとにその美しい音を響かせている。

英国の船乗りの守護聖人ボトルフにちなんで命名された教会で、もとは12世紀に造られたもの。尖塔の部分は1779年に完成。20世紀になってから内部が北欧ルネッサンス風に再建された。エントランス付近にあるフレスコ画や、精巧な彫刻を施された祭壇が浮き上がるような存在感を示している。教会では、コンサートなども催され、クリスマス時期に行われる『メサイヤ』はよく知られている。

真っ白な外観が美しい教会

ブドルフィ教会
住Algade 40
TEL98-124670
URLaalborgdomkirke.dk
開6～8月
　月～金10:00～16:00
　土　　10:00～14:00
9～5月
　月～金10:00～15:00
　土　　10:00～12:00
休日
料無料

●オールボー歴史博物館　Aalborg Historiske Museum

Map P.142-1

オールボーやその近郊で発見されたさまざまな展示物を通じて、オールボーの歴史や地理、気候を解説している。2階には、1602年に建てられた建物のひと部屋が移築展示されており、当時の中流階級の暮らしを垣間見ることができる。かつてこの地方で盛んだったたばこ製造の歴史に関する品々や、銀製品、ガラスや瓶のコレクションなどの展示もある。

オールボー歴史博物館
住Algade 48
TEL99-317400
URLnordjyskemuseer.dk/u/aalborg-historiske-museum
開1～3月
　火～土10:00～16:00
4･5月、9～11月
　火～土10:00～17:00
6～8月
　月～土10:00～17:00
12月
　月～土10:00～18:00
休日、1～5月と9～11月の月
料75DKK

オールボー市内の風景を描いた絵画のギャラリールームもある

長距離バスターミナルの建物内にスーパーやファストフード店があり、出発前の時間つぶしに便利でした。コインロッカーはバスターミナルにはなく、鉄道駅構内のみ。（shima　'20）〔'24〕

聖霊修道院
住Klosterjordet 1
TEL98-120205
URLwww.aalborgkloster.dk
ガイドツアー（英語）
催7·8月
火14:00
木17:00
料95DKK
所要約1時間30分。

●聖霊修道院 Aalborg Kloster

Map P.142-1

デンマーク最古の福祉事業施設、すなわち養老院として1431年に建てられた。現在でも老人ホームとして使用されている。

16世紀に描かれたフレスコ画の美しいチャプターホールや、西側の建築当初そのままに保存された部分などが見もの。院内の見学は、ガイド付きツアーで。

狭い路地に立っている

オールボー城
住Slotsplatsen 1
URLkongeligeslotte.dk
敷地内
開毎日 8:00～21:00
休なし
料無料
牢屋跡
開5～10月
月～金8:00～15:00
休土・日、11～4月
料無料
防空壕跡
開5～10月
毎日 8:00～21:00
休11～4月
料無料

●オールボー城 Aalborghus Slot

Map P.142-1

1539～55年にかけてクリスチャン3世の命により地方知事の駐在所として建造された。木と漆喰で造られ、城というよりは館といった趣だ。館内は見学不可だが、足かせの残る牢屋跡Dungeon, Fangehulや城の歴史についてのパネル展示がある防空壕跡Kasematなどが見られる。

木組みで背の低い建物

ウッツォン・センター
住Slotspladsen 4
TEL76-905000
URLutzoncenter.dk
開火・水・金
11:00～17:00
木 10:00～21:00
土・日10:00～17:00
休月
料100DKK

建物はリムフィヨルドに面している

●ウッツォン・センター Utzon Center

Map P.142-1

オーストラリアを代表する現代建築、シドニーのオペラハウスを設計したヨーン・ウッツォンJørn Utzon（1918～2008年）の名を冠した展示施設。オールボーで少年時代を過ごしたウッツォンは、コペンハーゲンで建築を学んだ後、シドニーのコンペティションに応募。見事に自身の案が採用され、20世紀の最高建築ともいわれるオペラハウスをデザインした。晩年のウッツォンが息子と設計した建物は、オペラハウスと同じく独創的な造りで、ただ眺めるだけでも価値がある。

オールボー近代美術館（クンステン）
住Kong Christians Allé 50
TEL99-824100
URLkunsten.dk
開火～木 10:00～21:00
金～日 10:00～17:00
休月
料130DKK
行き方▶▶▶
オールボー駅から徒歩10分。

マメ知識
コブラ派（COBRA）
1948年に結成された芸術家集団。コペンハーゲン、ブリュッセル、アムステルダムの頭文字を取って名づけられた。

●オールボー近代美術館（クンステン） Museum of Modern Art Aalborg(Kunsten)

Map P.142-2

フィンランドのアルヴァ・アアルト夫妻とデンマーク人バルエルによる設計で、デンマークのみならずヨーロッパの現代作品を集めた美術館。ピカソ、エルンスト、シャガール、ムーアなどのほか、コブラ派（COBRA）の作品を集めたコレクションが有名で、なかでもアスガー・ヨーンの絵をこれだけ所有しているところはほかにないだろう。博物館脇にある、現代アートの彫刻が置かれた庭園にも注目したい。館内にはモダンなブラッスリーもある。

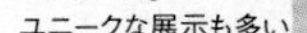
ユニークな展示も多い

●オールボー・タワー

Aalborg Tårnet
Map P.142-2

オールボー近代美術館裏の丘の上にある高さ105mの鉄塔。頂上は展望台兼カフェとなっている。支柱部分は鉄骨がむき出しになっており、風が吹くたび揺れるので少し不安だが、360度のパノラマが楽しめるとあって、人気の場所だ。

オールボー・タワー
住Søndre Skovvej 30
TEL98-770511
URLwww.aalborgtaarnet.dk
開4月中旬～6月、8月中旬～9月下旬
毎日11:00～17:00
7月～8月中旬、10月中旬～下旬
毎日10:00～17:00
休9月下旬～10月中旬、10月下旬～4月中旬
料40DKK
行き方▶▶▶
オールボー近代美術館から徒歩約10分。裏側の山道を上れば約5分。

市街を見下ろす場所に立つ

エクスカーション

●リンホルム遺跡

Lindholm Høje
Map P.142-1 外

博物館にはヴァイキングに関する資料が充実

なだらかなリンホルムの丘に広がる、北欧最大規模のヴァイキング遺跡。700近い石の墓が昔のまま残されており、そのうちの約200はヴァイキング船型に配列されている。墓のほかに住居跡や井戸なども発掘されており、古代への夢やロマンに思いをはせるには最適の場所だ。

遺跡の広がる丘の入口にはモダンな建物のリンホルム博物館Lindholm Høje Museetがあり、ヴァイキングが身に付けていた装飾品や食器など、生活に関する展示があり、電子パネルで展示品の解説がなされている。この博物館は内装にも凝っており、よく見るといたるところにヴァイキング風の装飾があしらわれている。博物館内には見晴らしのいいカフェもある。

丘の上からはオールボー市街を眺め渡すことができる。また、羊が放牧されており、のどかな雰囲気が漂っている。

岩に囲まれた部分がヴァイキングの墓だ

リンホルム遺跡
行き方▶▶▶
オールボーから列車で約5分。リンホルム駅Lindholm下車、徒歩約25分。またはオールボー駅前から13番のバスで約15分、Lindholm Høje下車。看板に従って歩いて約10分。

リンホルム博物館
住Vendilavej 11
TEL99-317440
URLnordjyskemuseer.dk/u/vikingemuseet-lindholm-hoje
開4・5月、9・10月
火～日10:00～17:00
6～8月
毎日10:00～18:00
11～3月
火～日10:00～16:00
休9～5月の月
料100DKK

オールボーのホテル

Radisson Blu Limfjord Hotel

ラディソン・ブル・リムフィヨルド　MAP P.142-1

住Ved Stranden 14-16　TEL98-164333
URLwww.radissonhotels.com
料Ⓢ1095DKK～ Ⓓ1295DKK～
CCA D M V

オールボーを代表する高級ホテルであり、敷地内にカジノがある。レストラン、バー、フィットネスセンター、サウナと設備も充実。

Pier 5 Hotel

ピア 5　MAP P.142-1

住Rendsburggade 5　TEL98-101400
URLpier5.dk
料Ⓢ1189DKK～ Ⓓ1288DKK～
CCA D M V

オールボー城からリムフィヨルド沿いに少し東に行った場所。フィヨルドを一望できる部屋もある。フィットネスセンターあり。

バスタブ　テレビ　ドライヤー　ミニバーおよび冷蔵庫　ハンディキャップルーム　インターネット（無料）
一部のみ　一部のみ　貸し出し　一部のみ　インターネット（有料）

Milling Hotel Gestus

ミリング・ホテル・ゲスタス　MAP P.142-1

住Vesterbro 36　TEL98-126933
URL millinghotels.dk
料Ⓢ679DKK～ Ⓓ764DKK～　CCA D J M V

観光に便利な町の中心地、大通りのヴェスターブロ通りに面したホテル。全89室ある広めの客室は明るい色調でまとめられている。朝食はビュッフェ形式。

Scandic Aalborg City

スカンディック・オールボー・シティ　MAP P.142-2

住Europa Plads 1　TEL070-125151
URL www.scandichotels.com
料Ⓢ1052DKK～ Ⓓ1244DKK～　CCA D M V

オールボー近代美術館や公園の近くに立つ。客室は北欧デザインが随所にちりばめられたモダンな内装で心地よい。バーやフィットネスセンターを併設。

Helnan Phønix Hotel

ヘルナン・フェニックス　MAP P.142-1

住Vesterbro 77　TEL98-120011
URL www.helnan.dk
料Ⓢ715DKK～ Ⓓ895DKK～　CCA D J M V

アヒル飼い少女の像そばにある、約150年前にオープンした、オールボーで最も古いホテル。ロビーも客室も濃色系で整えられておりシックな雰囲気。最新の設備が整っている。

Prinsen Hotel

プリンセン　MAP P.142-2

住Prinsensgade 14-16　TEL98-133733
URL www.prinsenhotel.dk
料Ⓢ685DKK～ Ⓓ775DKK～　CCA J M V

鉄道駅から150mほどの所にあるホテル。部屋はやや古びているが、清潔に整えられており、コーヒーメーカーが付いている。全36室の客室はトイレ・シャワー付き。ロビーのパソコンは無料で使用可能。

Cabinn Aalborg

キャビン・オールボー　MAP P.142-1

住Fjordgade 20　TEL96-203000
URL www.cabinn.com　料Ⓢ545DKK～ Ⓓ685DKK～
朝食99DKK　CCA D J M V

鉄道駅から徒歩15分のエコノミーホテル。客室は広くはないが、機能的で快適に過ごせる。フロントは24時間営業で軽食の販売あり。

Danhostel Aalborg

ダンホステル・オールボー　MAP P.142-1外

住Skydebanevej 50　TEL60-116044
URL www.aalborg-vandrerhjem.dk
料バス・トイレ付きⓈ360DKK～ Ⓓ490DKK～
シーツ30DKK～　朝食84DKK　CCA D J M V

鉄道駅の西約3.5kmにある。市バス2番で所要約20分。ヨットハーバーに面している。全35室。

オールボーのレストラン

Søgaards Bryghus

セガーズ・ブリッガフス　MAP P.142-1

住C.W. Obels Plads 1a
TEL98-161114
URL soegaardsbryghus.dk
営月～土10:00～21:30LO
休日　予250DKK～　CCA M V

ブリュワリーを併設したレストラン。醸造所を見学できる。牛肉や鴨肉のコンフィ、カレイのフライにビーガンメニューまで揃うスモーブローは85DKK。ディナーのコース料理は275DKK～から楽しめる。常時20種類以上のビールはテイスティングも可能。

Duus Vinkjælder

デュース・ヴィンケラー　MAP P.142-1

住Østerågade 9
TEL98-125056　URL duusvinkælder.dk
営水・木12:00～21:30　金　12:00～22:00
土　11:30～22:00
休日～火　予200DKK～　CCM V

イェンス・バング邸(→P.143)の地下にある。ランチのデュースプレート189DKKは、ニシンのマリネやタルトレットなど伝統的なデンマーク料理を提供。ジャガイモの蒸留酒、スナップス32～84DKKを試してみよう。

オールボーのショッピング

Almuen Antik

アルムエン・アンティック　MAP P.142-2

住Boulevarden 26　TEL98-113844
営月～木12:00～17:00　金12:00～16:30　土11:00～13:00
休日　CCM V

メインストリートに面した、こぢんまりとしたアンティークショップ。ロイヤル・コペンハーゲンやホルメゴーなどが安く手に入る。一点物の貴重な品もある。

Frederikshavn
フレデリクスハウン

ヒースに覆われたなだらかな丘陵の連なる北ユトランド。オールボーからさらに北上した所にあるのが北ユトランドの中心地、港町のフレデリクスハウン。ノルウェーやスウェーデンに近いという地の利を生かして、古くから海上交易で栄えた町だ。町の中心は小さいながら、ホテルやレストランが充実しており、歩行者天国になっている。夏は外国人観光客や北ユトランドの風物を楽しみに来たデンマーク人たちでにぎわう。

観光客でにぎわう町なか

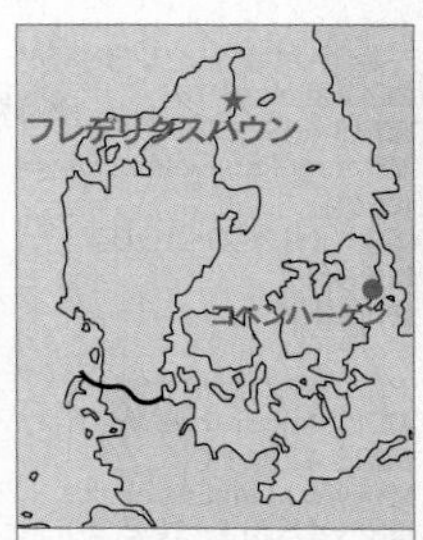

Map P.46-B1
人口:5万8330
市外局番:なし
フレデリクスハウン情報のサイト
URL toppenafdanmark.dk/frederikshavn
@toppenafdanmark
@toppenafdanmark

フレデリクスハウンの歩き方

フレデリクスハウンの町は、市庁舎Rådhusの南東に広がっている。すぐ近くにフレデリクスハウン美術館があり、また目の前が市バスのターミナルになっている。

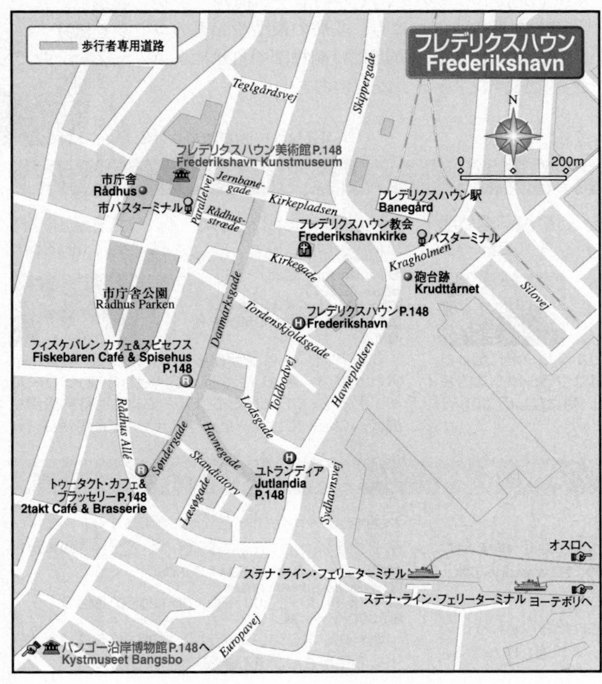

フレデリクスハウンの行き方

コペンハーゲンからオーデンセ、オーフス、オールボーを経由して所要5時間30分～6時間、1～2時間に1便程度運行。オールボーから普通列車Reに乗り換える。

オールボーの長距離バスターミナルからX-Bus 973X番、73番で行ける。1時間に1～2便程度運行、所要約1時間10分。

ノルウェーのオスロからDFDSシーウェイズが週3便運航、所要約10時間。スウェーデンのヨーテボリからステナ・ラインStena Lineが1日2～4便運航している。所要約3時間40分、156SEK～。

DFDSシーウェイズ
URL www.dfds.com

ステナ・ライン
URL www.stenalinetravel.com

さまざまな企画展を行うフレデリクスハウン美術館

フレデリクスハウンの観光案内所ⓘ

観光案内所はないので、観光の相談は各ホテルまたはツアー会社へ。

フレデリクスハウン美術館
住Parallelvej 14
TEL98-459080
URLfrederikshavnkunstmuseum.dk
開火～土10:00～16:00
休日・月
料50DKK

バンゴー沿岸博物館
住Dr. Margrethes Vej 6
TEL98-423111
URLwww.kystmuseet.dk
開2～4月、11・12月
火～金・土 11:00～15:00
5・6・10月
火～金 10:00～16:00
土 11:00～16:00
7月
月～金 10:00～16:00
土・日 11:00～16:00
8・9月
月～金 10:00～16:00
土 11:00～16:00
休2～6月と10～12月の月・日、8・9月の日、1月
料100DKK
行き方▶▶▶
市庁舎前のバス停から市バス3番で約15分、Bangsbovej下車、徒歩10分。市バス3番は、市庁舎前のバス停を起点に循環しているので、帰りも同じ番号のバスに乗る。

メインストリートは、市庁舎から1ブロック東のダンマルクスゲイド通りDanmarksgade。歩行者専用道路となっている道の両側には、デパートやショップ、レストランが並ぶ。

中心からフレデリクスハウン駅へは徒歩5分程度。駅の近くには白壁と高い尖塔をもつフレデリクスハウン教会Frederikshavnkirkeが建っている。ここから白亜の砲台跡Krudttårnetの前を通って海沿いのハウンプラッドセン通りHavnepladsenを進むと、その先にフェリーターミナルへの立体通路が設けられている。

おもな見どころ

●フレデリクスハウン美術館 Frederikshavn Kunstmuseum

Map P.147

市庁舎の横の小さな美術館で350点の絵画、20万冊の蔵書を有する。北ユトランド地方の風景画や、ドイツのアーティストによる絵画と彫刻が中心で、企画展は1～2ヵ月ごとに変わる。

●バンゴー沿岸博物館 Kystmuseet Bangsbo

Map P.147外

自然と文化をテーマにした複合施設、バンゴーBangsbo内にある博物館。館内には、1163年建造の木造船、エリンオ号Ellingåskibetが展示してあり、その構造や航海ルートが解説してある。ほかにも、船舶の模型や船首のコレクションもある。周囲には植物園や自然にあふれた公園、レストランなどがある。

貿易船として活躍したエリンオ号

フレデリクスハウンのホテル

Hotel Jutlandia
ユトランディア MAP P.147

住Harbor square 1
TEL98-424200
URLwww.hotel-jutlandia.dk
料Ⓢ649DKK～ Ⓓ799DKK～
CCA D J M V

フレデリクスハウン随一の高級ホテル。港に面した大通りにある。全108室の客室はクラシックな内装で整えられている。バーも併設。朝食なしのエコノミールームもある。

Hotel Frederikshavn
フレデリクスハウン MAP P.147

住Tordenskjoldsgade 15B
TEL98-420977
URLhotelfrederikshavn.dk
料Ⓢ895DKK～ Ⓓ1095DKK～
CCM V

フレデリクスハウン駅から徒歩5分程度。客室は手入れが整い、きれいで快適。広々としたファミリールームもある。コンファレンスルームはじめ館内設備も充実。ロビーではコーヒーやスナックの販売がある。

フレデリクスハウンのレストラン

2takt Café & Brasserie
トゥータクト・カフェ&ブラッセリー MAP P.147

住Søndergade 18A TEL98-408090 URL www.2takt.dk
営毎日10:00～23:00
休なし 予200DKK～ CCM V

スタイリッシュな家具で統一されたおしゃれなレストラン。旬の素材を使ったフランス料理が味わえる。

Fiskebaren Café & Spisehus
フィスケバレン カフェ&スピセフス MAP P.147

住Danmarksgade 86 TEL41-368080
URLwww.fiskebarencafe.dk
営月～土11:30～20:00 日11:30～20:00 休なし
予300DKK～ CCM V

魚料理が中心のレストラン。料理に使う魚は、オーナーの旦那さんが営む魚屋で仕入れたもの。

バスタブ／一部のみ　テレビ／一部のみ　ドライヤー／貸し出し　ミニバーおよび冷蔵庫／一部のみ　ハンディキャップルーム　インターネット（無料）　インターネット（有料）

Skagen

スケーエン

ユトランド半島最北端の地がここスケーエン。半島の東側と西側の海が交わり、古くから漁村として栄えた。海岸線に沿って連なる砂地やところどころにあるヒースの丘が、海の青さと相まって醸し出す風景は美しく、19世紀の末頃からこの地に魅せられて多くの芸術家が移り住んだ。特に夏至前後の夕焼けは、これを見るだけのためにスケーエンを訪れる価値があるとまでいわれている。

漁師の魚小屋を利用したレストランが並ぶベイエリア

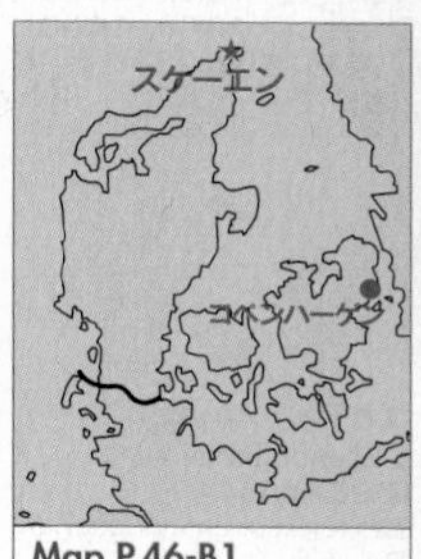

Map P.46-B1
人口:7547
市外局番:なし
スケーエン情報のサイト
URL toppenafdanmark.dk/skagen
@toppenafdanmark
@toppenafdanmark

スケーエンの行き方

フレデリクスハウンから普通列車Reで所要約40分、4:35～23:38の1時間に1～2便程度運行。

スケーエンの歩き方

スケーエン駅前のローレンティー通りSct. Laurentii Vejとその1本裏側にある通りには、陶器やガラスのアーティストのショップや工房などもあり、美しい作品がディスプレイされて人々の

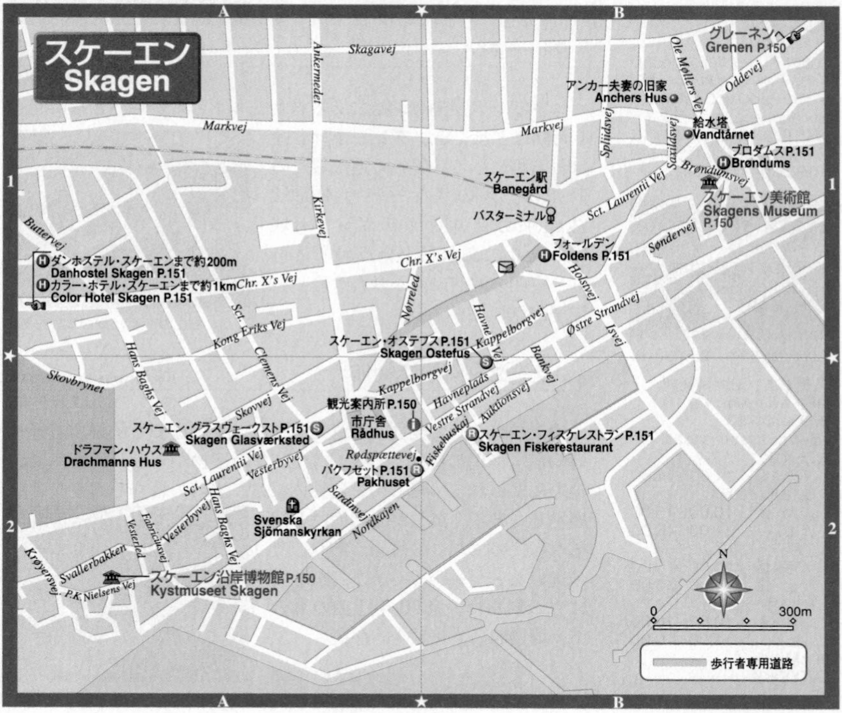

スケーエン Skagen

グレーネンへ Grenen P.150
アンカー夫妻の旧家 Anchers Hus
給水塔 Vandtårnet
ブロダムス P.151 Brøndums
スケーエン駅 Banegård
バスターミナル
スケーエン美術館 Skagens Museum P.150
フォールデン Foldens P.151
ダンホステル・スケーエンまで約200m Danhostel Skagen P.151
カラー・ホテル・スケーエンまで約1km Color Hotel Skagen P.151
スケーエン・オステフス P.151 Skagen Ostefus
観光案内所 P.150
市庁舎 Rådhus
スケーエン・グラスヴェークスト P.151 Skagen Glasværksted
ドラフマン・ハウス Drachmanns Hus
スケーエン・フィスケレストラン P.151 Skagen Fiskerestaurant
パクフセット P.151 Pakhuset
Svenska Sjömanskyrkan
スケーエン沿岸博物館 P.150 Kystmuseet Skagen

Skagavej, Ankermedet, Markvej, Oddevej, Ole Møllers Vej, Spliidsvej, Sadisvej, Brøndumsvej, Kirkevej, Sct. Laurentii Vej, Buttervej, Chr. X's Vej, Søndervej, Holstvej, Nørreled, Havne Vej, Kappelborgvej, Østre Strandvej, Isvej, Bankvej, Sct. Clemens Vej, Kong Eriks Vej, Hans Baghs Vej, Skovbrynet, Skovvej, Havneplads, Vestre Strandvej, Auktionsvej, Fiskehuskaj, Rødspættevej, Vesterbyvej, Sardinvej, Nordkajen, Fabriciusvej, Vesterled, Svallerbakken, Krøyersvej, P.K. Nielsens Vej

0 300m
歩行者専用道路

スケーエンの観光案内所ⓘ
Map P.149-A2
住Vestre Strandvej 10
TEL20-825616
URLwww.enjoynordjylland.dk/skagen
開月～金　10:00～16:00
　土　10:00～14:00
（時期により異なる）
休日

目を楽しませている。夏季には大道芸人なども出現する。芸術家のアトリエも多く、絵画や陶磁器などウインドーショッピングをしながら歩くだけでも楽しい。見どころもほとんどがこの2本の通り沿いにある。観光は徒歩で半日あれば十分だ。

オレンジ屋根に白の枠組み、黄色い壁の典型的なスケーエン様式を見せる鉄道駅

おもな見どころ

スケーエン美術館 Skagens Museum

Map P.149-B1

スケーエン美術館
住Brøndumsvej 4
TEL98-446444
URLskagenskunstmuseer.dk
開4・5月、9・10月
　火～日　10:00～17:00
6～8月
　毎日　10:00～17:00
11～3月
　火～日　10:00～16:00
休9～5月の月
料125DKK

1830～1930年にかけてスケーエンで活躍したアンカー夫妻（ミハエル、アンナ）、P・S・クロイヤー、ラウリッツ・タクセンなどの作品を所蔵。スケーエンを舞台とした絵画が中心。2015年に新館がオープンし、ますます充実した展示になった。

近くにはアンカー夫妻とその娘のヘルガが実際に暮らしていた家Anchers Husもアンナが死去した1935年当時のまま保存されており、合わせて見学するのも興味深い。

ふたつのフロアに分かれている

グレーネン Grenen

Map P.149-B1外

グレーネン
行き方▶▶▶
市内でレンタサイクルを借りて向かうか、もしくはグレーネン手前のParking GrenenからSandormenというトラクターの引っ張るバス（3月下旬～10月下旬のみ運行）に乗り込み約10分。駅からは約4km。

Sandormenを使わず徒歩でも行ける

ユトランド半島の北端にあるスケーエンの町から、さらに北へ1時間ほど歩くと、グレーネンと呼ばれる岬に出る。美しく連なるこの砂州は、西のスケーラック海峡Skagerrakと東のカテガット海峡Kattegatの海水が出合う場所にあり、東西の波がぶつかり合う珍しい様子が見られる。

野生のアザラシがいることもある

スケーエン沿岸博物館 Kystmuseet Skagen

Map P.149-A2

スケーエン沿岸博物館
住P.K.Nielsens Vej 10
TEL98-444760
URLwww.kystmuseet.dk
開2～4月、11・12月
　火～土　11:00～15:00
5・6月、10月
　火～金　10:00～16:00
　土　11:00～16:00
7月
　月～金　10:00～16:00
　土・日　11:00～16:00
8・9月
　月～金　10:00～16:00
　土　11:00～16:00
休上記以外
料100DKK

漁業の町として発展してきたスケーエンの歴史を解説する野外博物館。漁民の住居や作業場など10の建物からなり、すべてが実際に使われていたもの。建物内には、当時の暮らしぶりなどが展示してある。貧しかった漁民と裕福な漁民のふたつの住居があり、その違いなどがわかる。また、敷地内に立つ風車は、1870年建造のもので、博物館のシンボル的存在。

巨大風車もある

スケーエンのホテル

Color Hotel Skagen
カラー・ホテル・スケーエン MAP P.149-A1外

住Gl. Landevej 39 TEL98-442233
URL www.skagenhotel.com
料Ⓢ1210DKK～ Ⓓ1375DKK～ CC A D J M V

町外れの高級ホテル。プール、フィットネスセンター、サウナと設備充実。ホテル内にはふたつのレストランが備わっている。アパートタイプの客室もある。

Brøndums Hotel
ブロダムス MAP P.149-B1

住Anchersvej 3 TEL98-441555
URL www.brondumshotel.dk
料Ⓢ930DKK～ Ⓓ1130DKK～ CC A D J M V

1859年に建てられた建物を利用したオーセンティックなホテル。45ある客室は、温もりのあるインテリアでまとめられており、快適な滞在がかなう。

Foldens Hotel
フォールデン MAP P.149-B1

住Sct. Laurentii Vej 41
TEL98-441166
URL www.foldens-hotel.dk
料Ⓢ785DKK～ Ⓓ845DKK～
CC J M V

鉄道駅からほど近い場所にあるホテルでレストランとカフェを併設。5～9月の週末(夏季は毎日)にはライブミュージックが催される。

Danhostel Skagen
ダンホステル・スケーエン MAP P.149-A1外

住Rolighedsvej 2 TEL98-442200
URL danhostelskagen.dk 営2/28～12/3
料バス・トイレ共同Ⓢ420DKK～
Ⓓ575DKK～ バス・トイレ付きⓈ495DKK～ Ⓓ649DKK～
CC M V

デンマーク最北のユースホステルで静かな空間が魅力。鉄道駅からは徒歩20分。朝食ビュッフェ75DKKも提供している。

スケーエンのレストラン

Skagen Fiskerestaurant
スケーエン・フィスケレストラン MAP P.149-B2

住Fiskehuskaj 13 TEL98-443544
URL skagenfiskerestaurant.dk
営毎日11:00～21:00
休なし(ウェブサイトで要確認) 予300DKK～ CC M V

漁師の魚小屋を改築した、海の幸が味わえる海沿いのレストラン。ロブスターのグラタン195DKKやデンマークの郷土料理でふわふわ食感のフィッシュミートボール、フリッカデーラ165DKK～が人気。夏季は事前予約が望ましい。

Pakhuset
パクフセット MAP P.149-A2

住Rødspættevej 6 TEL98-442000
URL www.pakhuset-skagen.dk
営水～土12:00～20:00
休日～火 予200DKK～ CC M V

海沿いに立つ小さなカフェ＆レストラン。店内にはたくさんの船首像が飾られ雰囲気たっぷり。フィッシュスープやニシンのマリネ、カレイの丸揚げなどのシーフードが自慢。季節ごとにメニューが変わる。夏季はテラス席がおすすめ。

スケーエンのショッピング

Skagen Ostehus
スケーエン・オステフス MAP P.149-B2

住Havnevej 14
TEL88-442090
URL skagenostehus.dk
営月～木10:00～17:00 金10:00～18:00 土10:00～14:00
休日 CC M V

ヨーロッパ各地から厳選したチーズが並ぶ。幅広い品揃えで、観光客のみならずローカルからも愛されている。週に5日、車で市内を回る移動販売も行っている。

Skagen Glasværksted
スケーエン・グラスヴェークスト MAP P.149-A2

住Sct. Laurentii Vej 95 TEL27-241956
URL skagenglasvaerksted.dk
営月～土10:00～17:00
休日
CC A D J M V

ガラス職人のトーベンさんが経営する工房兼ショップ。一つひとつ手作りされた繊細な色合いのワイングラスやボウルなどガラス製品が並ぶ。

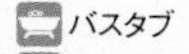 バスタブ 一部のみ
 テレビ 一部のみ
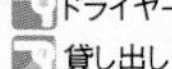 ドライヤー
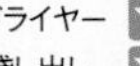 貸し出し
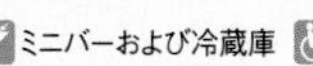 ミニバーおよび冷蔵庫 一部のみ
ハンディキャップルーム
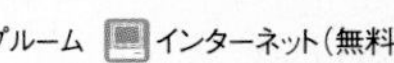 インターネット(無料) インターネット(有料)

Bornholm

ボーンホルム島

Map P.46-B1
人口:3万9229
市外局番:なし
ボーンホルム島情報のサイト
URL bornholm.info
@destinationbornholm
@destinationbornholm

ボーンホルム島の行き方

コペンハーゲンからスウェーデンのイスタまで所要約1時間20分。イスタからボーンホルムライン Bornholmslinjenが運航する高速フェリーに乗り換えてロンネまで行く。1日3～6便運航、所要約1時間20分。

ボーンホルムライン
TEL 70-900-100
URL www.bornholmslinjen.com

スカンジナビア半島の南、バルト海に浮かぶ美しい孤島がボーンホルム島。デンマーク人だけでなくドイツ人やスウェーデン人が、のんびりと休暇を過ごすためにやってくる。しかしほんのしばらく前までは東欧諸国に対する西欧の重要な軍事拠点であり、またかつてはスウェーデンとデンマークの間に戦争が起こるたびに帰属国が変わるという苦難の過去があった。そんな歴史を物語るかのように、島内には巨大な城の廃墟や、いざというとき要塞としても使えるよう本体部分が円筒型に造られた教会が何ヵ所もある。

島の特産品に、ニシンの燻製がある。何百年にもわたって、島の漁師たちがバルト海で取ったニシンを保存するために燻製にしてきたが、現在ではデンマーク本土でも人気があり、ボーンホルム産はよそのものよりも高い値段がつく。島内には燻製工場もたくさんあるので、工場見学もおもしろい。

ハマースフスの城跡

CHECK!

デンマーク語の読み方

ここではRønneを便宜的に「ロンネ」としたが、おそらくこの発音では通じない。デンマーク語を日本語で表記するのは難しいことが多いのだが、特にRønneはお手上げ。実際にどう発音するのかは、どうか現地で確かめてください。日本語で書くどころか、まず発音をまねするだけでも大変。

マメ知識

映画の舞台

1988年カンヌ映画祭グランプリ、1989年アカデミー賞最優秀外国語映画賞を受賞したデンマークとスウェーデン合作の映画『ペレ』は、この島を舞台にしている。

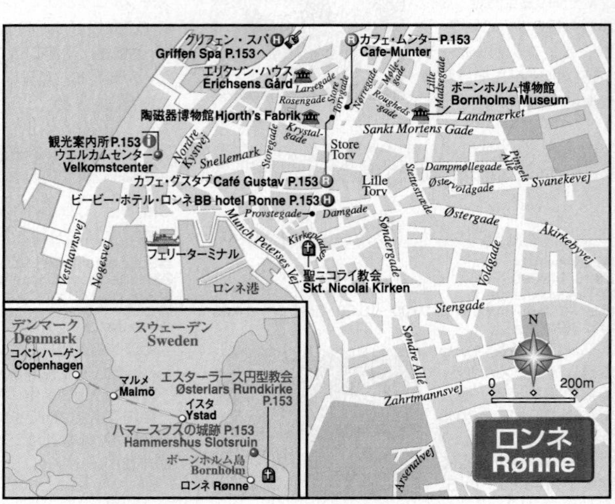

ボーンホルム島の歩き方

ボーンホルム島の中心は、ロンネ Rønne。スウェーデンのイスタ Ystad からのフェリーはロンネの港に到着する。港のすぐ近くに観光案内所がある。

ボーンホルム島内の公共交通機関はバスのみ。乗車の際運転手に行き先を告げれば料金を教えてくれる。

風情あるロンネの町並み

ボーンホルム島の観光案内所
Map P.152
住Nordre Kystvej 3
TEL56-959500
URLbornholm.info
開月〜木 9:00〜16:00
金 9:00〜15:00
休土・日

市バス
TEL56-952121
URLbat.dk
料1ゾーンにつき16DKK
1日券157DKK

おもな見どころ

ハマースフスの城跡 Hammershus Slotsruin

Map P.152

北欧最大の中世の城跡。海を望む断崖絶壁に荒れ果てた廃墟がたたずむ様子は不思議に美しい。バス停から歩くと、小さな谷の向こうに廃墟となった城跡が建っているのが見え、幾多の戦役の爪痕を見る思いがする。途中には観光案内所とカフェがある。

ハマースフスの城跡
行き方▶▶▶
ロンネから2番のバスでHammershus下車(夏季は7番のバスでも行ける)。所要約1時間。

エスターラース円型教会 Østerlars Rundkirke

Map P.152

海賊などから島民を守るために、また戦争の際は軍事的な拠点となるように、窓がそのまま砲台や銃眼として使えるように設計された円型の教会 Rundkirke が島内にいくつか残っている。特に有名なのが島の中心から少し北にあるエスターラース円型教会だ。特殊な形状とはいえ黒い屋根に真っ白い壁が明るい日差しにまぶしく、不思議な雰囲気をもっている。

ロケットのような独特の形をした教会

エスターラース円型教会
住Vietsvej 25
TEL40-384206
URLwww.oesterlarskirke.dk
開5/1〜10/20
月〜土 9:00〜17:00
日 12:00〜17:00
10/21〜4/30
火・水・金 9:00〜15:00
木 9:00〜14:15
休10/21〜4/30の月・土・日
料25DKK
行き方▶▶▶
ロンネから1、3、4番のバスでØsterlars下車。所要約40分。

ボーンホルム島のホテル

Griffen Spa Hotel
グリフェン・スパ MAP P.152外

住Ndr. Kystvej 34 TEL56-904444
URLbornholmhotels.dk
料Ⓢ Ⓓ 1450DKK〜 CCA M V

海に面した斜面に立つホテル。海側の部屋にはバルコニーが付き、美しい夕焼けが眺められる。

BB hotel Ronne
ビービー・ホテル・ロンネ MAP P.152

住Store Torv 17,1 TEL70-225530
URLwww.bbhotels.dk 料Ⓢ730DKK Ⓓ750DKK CCM V

中心部に立ち、朝食込みの良心的な値段設定がうれしい。ウェブサイトによるセルフチェックインのシステム。

ボーンホルム島のレストラン

Cafe-Munter
カフェ・ムンター MAP P.152

住Store Torv 2 TEL56-954400 URLwww.cafe-munter.dk
営毎日10:00〜21:00 休なし 予200DKK〜 CCA D J M V

サンドイッチやハンバーガーなどの軽食から、スモーブロー、ステーキなどが味わえるレストラン。

Café Gustav
カフェ・グスタブ MAP P.152

住Store Torv 8 TEL56-910047 URLwww.cafegustav.dk
営日〜木10:00〜20:00、金・土10:00〜20:30
休なし 予40DKK〜 CCM V

広場に面したカフェで、魚メニューも豊富に揃う。

バスタブ / 一部のみ　テレビ / 一部のみ　ドライヤー / 貸し出し　ミニバーおよび冷蔵庫 / 一部のみ　ハンディキャップルーム　インターネット(無料)　インターネット(有料)

Let's Talk in Danish

デンマーク語を話そう

会話集と役に立つ単語集

役に立つ単語その1

入口	indgang	インガング
出口	udgang	ウーガング
右	højre	ホイア
左	venstre	ヴェンスタ
前	foran	フォーアン
後ろ	bagved	ベーヴェウ
寒い	koldt	コルト
たくさん	mange / meget	マンゲ／マーイエ
少し	lidt	リット
よい	god	ゴー
(値段が) 高い	dyr / billig	デュア／ビリッ
大きい	stor	ストア
小さい	lille	リル
トイレ	toilet	トアレット
空き	fri	フリ
使用中	optaget	オップテーエ
男性	mand / Herrer	マン／ヘアー
女性	kvinde / Damer	クヴィネ／デーメ
大人	voksen	ヴォクスン
子供	barn	バーン
学生	studerende	ストゥデントーネ
危険	fare	ファー
注意	advarsel	アズヴァーセル
警察	politi	ポリティ
病院	hospital	ホスピテール
開館	Åbent	オーブント
閉館	Lukket	ルケット
押す	Tryk	トルック
引く	Træk	トレック
領収書	kvittering	クヴィテーリング
空港	lufthavn	ルフトハウン
バスターミナル	busstation	ブススタション
港	havn	ハウン
地下鉄	undergrundsbane	オナーグトンスベーネ
列車	tog	トイー
船	skib	スキーブ
切符	billet	ビレット
切符売り場	billetvindue	ビレットビヴィンドゥー
プラットホーム	perron	ペロン
どこから	fra	フラ
どこへ	til	ティル
出発	afgang	アウガング
到着	ankomst	アンコムスト
片道	enkelt	エンケルト
往復	retur	レトゥーア
1等	første klasse	ファースト クラセ
2等	anden klasse	アンネン クラセ
時刻表	køreplan	クアプラン
禁煙	Rygning Forbudt / ikke ryger	ルイニング フォーブット／イケ ロイア
国内線	indlands ruter	インランス ルーター
国際線	internationale ruter	インターナショネール ルーター
ホテル	hotel	ホテル
ユースホステル	vandrehjem	ヴァンドレイエム
プライベートルーム	privatværelse	プリヴァトヴァーサ
キャンプ場	lejrplads	ライヤプラッズ
ツーリストインフォメーション	Turistinformationskontor	トゥリストインフォマションコントア
美術館、博物館	Museum	ムセーアム
教会	Kirke	キアケ
修道院	Kloster	クロスタル

役に立つ単語その2

(月)		
1月	januar	ヤニュア
2月	februar	フェブアー
3月	marts	マーツ
4月	april	アプリル
5月	maj	マイ
6月	juni	ユーニ
7月	juli	ユーリ
8月	august	アウゴスト
9月	september	セプテンバー
10月	oktober	オクトーバー
11月	november	ノベンバー
12月	december	ディセンバー
(曜日)		
月	mandag	モンダ
火	tirsdag	ティアズダ
水	onsdag	オンズダ
木	torsdag	トーズダ
金	fredag	フレーダ
土	lørdag	ローダ
日	søndag	ソンダ

(時間)		
今日	idag	イデ
昨日	igår	イゴー
明日	imorgen	イモーン
朝	morgen	モーン
昼	middag	ミッダ
夜	aften	アフタン
午前	formiddag	フォーミデ
午後	eftermiddag	エフタミデ

(数)		
0	nul	ノル
1	en	イン
2	to	トゥ
3	tre	トゥレ
4	fire	フィーヤ
5	fem	フェム
6	seks	セクス
7	syv	シュ
8	otte	オーテ
9	ni	ニ
10	ti	ティ

役に立つ単語その3

パン	brød	ブロ
ハム	skinke	スキンケ
チーズ	ost	オスト
卵	æg	エグ
バター	smør	フスメア
ニシン	sild	シル
イワシ	sardin	サーディン
ロブスター	hummer	ハンマー
アンチョビー	ansjos	アンショス
ヒラメ	fladfisk	フラッドフィスク
トナカイ肉	rensdyrkød	ラインスデュアケ
シカ肉	vildt	ヴィルト
ブタ肉	svinekød	スヴィネクドゥ
ビーフステーキ	bøf	ブッフ
ラムステーキ	lammebøf	ラメブッフ
フルーツ	frugt	フルクト
オレンジ	appelsin	アプルシン
リンゴ	æbel	エーブル
飲み物	drik	ドリック
コーヒー	kaffe	カッフェ
紅茶	te	テ
牛乳	mælk	メルク
ビール	øl	ウル
生ビール	fadtøl	ファウル
白ワイン	hvidvin	ヴィトヴィン
赤ワイン	rødvin	ロドヴィン

役に立つ会話

(あいさつ)		
やあ/ハイ	Hej.	ハイ!
こんにちは	God dag.	グッディ
おはよう	God morgen.	グッ　モーン
こんばんは	God aften.	グッ　アフトン
おやすみなさい	God nat.	グッ　ナット
さようなら	Hej hej.	ハイハイ
	Farvel.	ファーヴェル

(返事)		
はい	Ja.	ヤ
いいえ	Nej.	ナイ
ありがとう	Tak.	タック
すみません	Undskyld.	オンスクル
ごめんなさい	Undskyld.	オンスクル
どういたしまして	Selv tak	セル タック
わかりました	Javel.	ヤヴェル

わかりません
Jeg forstår ikke.　ヤイ　ファーストア　イケ

(尋ねごとなど)

～はどこですか?
Hvor ligger ～?
ヴォ　リガー～?

いくらですか?
Hvad koster det?
ヴァ　ウスタ　デ?

いつですか?
Hvornår?　ヴォーノー?

何個ですか?
Hvor mange?
ヴァ　マンゲ?

どれぐらいかかりますか?
Hvor lang tid tager det?
ヴォア　ラング　ティド　タ　デ?

お名前は何ですか?
Hvad hedder du?
ヴァ　ヘダ　ドゥ?

私の名前は～です
Jeg hedder ～.
ヤイ　ヘダ　～

ここの言葉で何といいますか?
Hvad hedder det på dansk?
ヴァ　ヘダ　デ　ポ　ダンスク?

～が欲しい
Jeg vil gerne have ～.
ヤイ　ヴィル　ゲーネ　ヘ　～

～へ行きたい
Jeg vil gerne til ～.
ヤイ　ヴィル　ゲーネ　ティル　～

デンマークの歴史

ヴァイキングの時代

紀元前3000年頃に新石器時代が始まったとされるが、紀元後800年頃のヴァイキング時代をもって古代史が始まる。最初の王たちは、自らが支配する地域の最南部に土塁を構築して、ユトランド半島南部の交易地ヘゼビューの防衛と領土の防衛に力を注ぎ、811年、フランク王国との間に、アイザー川を国境とする条約を結んだ。やがて、イェリングの地に興ったゴーム老王(940年頃没)に始まる王家は、970年頃、ハラール青歯王(在位935年頃~985年頃)治世下でデンマークをキリスト教化し、その子スベン1世がイングランドを征服しイングランド王を兼ねた(1014年)。その次男クヌート(クヌート大王)が1016年にイングランド王に就き、1018年、兄ハラール2世の死後デンマーク王を兼ね、さらにノルウェー王に推戴され(1028年)、3王国の王となった(通称「北海帝国」)。

カルマル連合と宗教革命

その後王位をめぐる内乱の時代を経て、バルデマー4世(在位1340~75年)が国内の混乱を平定すると政情は安定期に入った。その娘マーグレーテはノルウェー王ホーコン6世と結婚し、子のオーラヴはバルデマー4世の跡を継いで王位に就き(1375年)、1380年父ホーコン6世の死後ノルウェー王を兼ねた。1387年にオーラヴが死に、マーグレーテはデンマークとノルウェーの両国の国務院から「最高権威者」に推挙されて事実上の女王となり(1387~97年)、1389年、スウェーデン貴族の要請でスウェーデン王アルブレヒトを追放し、3王国を合一した。1397年彼女の姉の娘の子ポメラニアのエリックをカルマルに集まった貴族たちに3王国の共通王と認めさせ、ここに「カルマル連合」が成立した。以後スウェーデンは1523年のグスタフ1世の即位まで、ノルウェーは1814年まで、デンマークの支配下に置かれることになる。

1448年オルデンブルクのクリスチャン1世(在位1448~81年)を国務院が王に推挙し、彼はオレンボー王朝の開祖となった。次王ハンス(在位1481~1513年)は、1479年にコペンハーゲン大学を設立した。フレデリク1世(在位1523~33年)は、修道士ハンス・タウセンのもたらしたルター主義を保護し、ここにデンマークの「宗教改革」が始まった。フレデリク1世の死後、その子のクリスチャン3世(在位1534~59年)は貴族会により王位継承を1年間拒絶されたが、ユトランドの貴族らが彼を支持し承認した。これに抗し、首都やマルメの市民がカトリックの前王クリスチャン2世を擁立して争ったが敗れ(伯爵戦争)、1536年首都が陥落して内乱は終わり、貴族会でルター教会が承認されることとなった(1537年)。

絶対王政の時代

次のクリスチャン4世(在位1588~1648年)の治世は、重商主義政策とルネッサンスの華やかな時代であった一方、カルマル戦争や三十年戦争参戦という国難の時代でもあった。続くフレデリク3世(在位1648~70年)の治下、1658年「ロスキレの和議」によりスコーネを失うが、翌年のスウェーデン軍の首都攻撃を王は市民とともに防衛し、これを機に国務院を廃し王権の世襲制を確立、絶対王政が開始された(1661年)。18世紀は聖書を中心として体験と実践を強調した「敬虔主義」がデンマークを風靡し、1736年「堅信礼」が導入された。18世紀後半、デンマークは重商主義を基調に、イギリス、フランス間の抗争に中立政策で臨み利益を上げた。フレデリク6世(在位1808~39年)は、1784年から病弱な父クリスチャン7世(在位1766~1808年)の摂政となり農民解放、自作農化、農地改革を遂行したが、ナポレオン戦争では首都がイギリス艦の砲撃を受け(1801、07年)、不本意ながらフランスの同盟国として敗戦を迎えた。戦勝国との間に1814年「キール条約」を結び、ノルウェーをスウェーデンに割譲し、ノルウェーとの同君連合に終止符を打ったのであった。

独立後の時代

1848年、コペンハーゲンに無血革命が起き絶対王政が崩壊すると、キールでもドイツ志向のシュレスウィヒ・ホルシュタイン主義者が臨時政府樹立を宣言し、ドイツ連邦の援助を仰いだため、デンマークとプロイセンが出兵し戦争へと突入した(スリースウィ戦争)。2度の戦争を経て、デンマークは敗北し(1864年)、スリースウィを失って史上最小の版図となった。

1863年に自由憲法を制定したフレデリク7世が没すとそれまでのオレンボー家は断絶し、クリスチャン9世(在位1863~1906年)が即位しグリュクスボー朝が始まった。スリースウィ戦争後、デンマークは共同組合活動などを通じ穀物生産農業から酪農への転換に成功し、さらに、産業革命による首都の都市化により近代国家への道を歩み出す。

第1次世界大戦でのドイツ敗北後、1920年に北部スリースウィが住民投票によりデンマークに復帰し、現在の国家の形が成立した。第2次世界大戦中、ドイツに占領されたが国境線は維持された。戦後の1949年NATO(北大西洋条約機構)に加盟し、1953年の憲法改正により、上院の廃止、女性王位継承権を認め、これにより1972年に女王マーグレーテ2世が誕生。2024年1月には退位し、新たにフレデリック10世が国王に即位した。

Norway

ノルウェー

2021年にリニューアルオープンしたムンク美術館（オスロ）

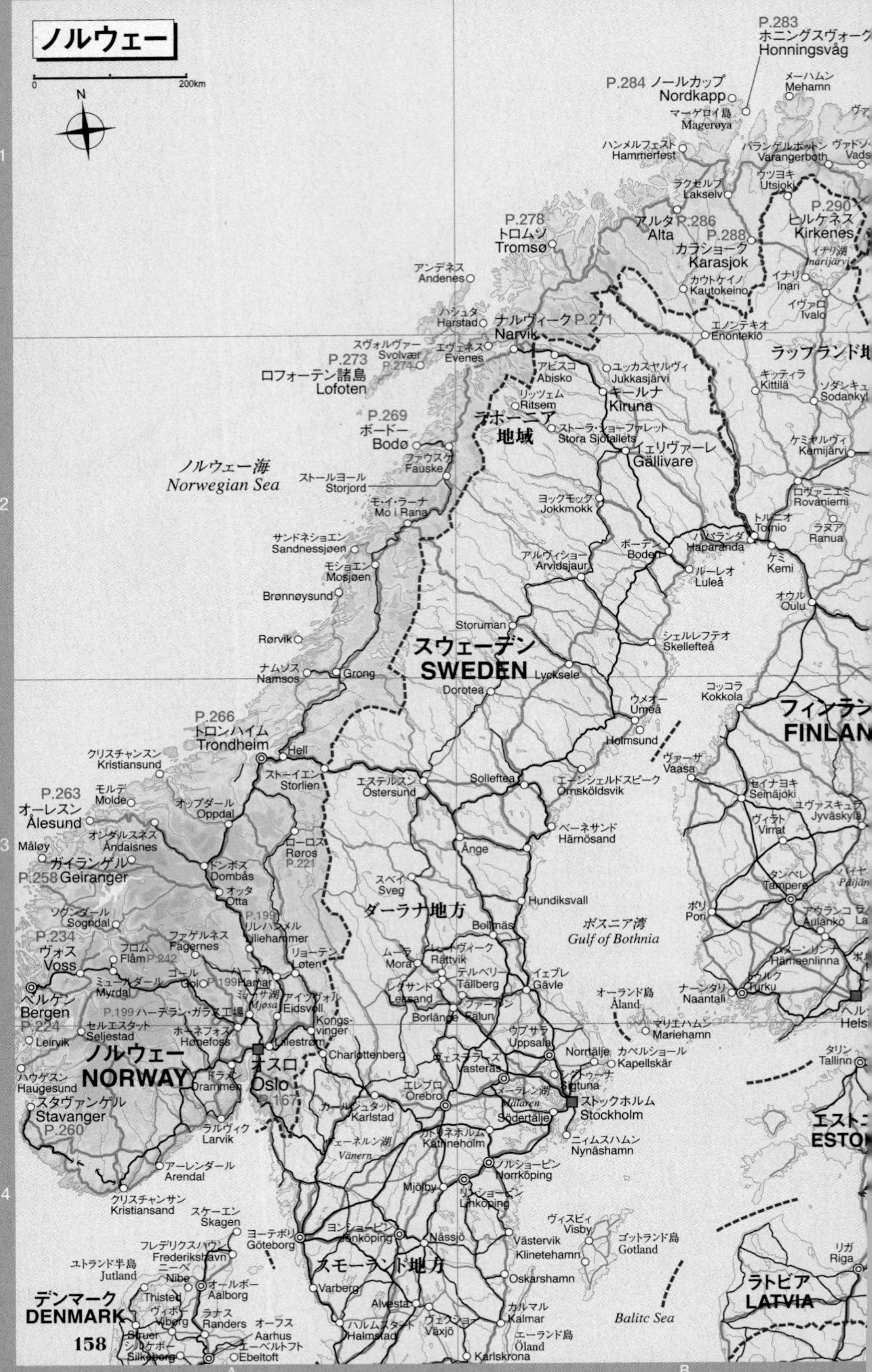
ノルウェー
200km
N
A
B
1
2
3
4
P.283 ホニングスヴォーグ Honningsvåg
P.284 ノールカップ Nordkapp
メーハムン Mehamn
マーゲロイ島 Magerøya
ハンメルフェスト Hammerfest
バランゲルボットン Varangerbotn
ヴァドソー Vadsø
ラクセルブ Lakselv
ウツヨキ Utsjoki
P.290 ヒルケネス Kirkenes
アルタ Alta P.286
P.288 カラショーク Karasjok
P.278 トロムソ Tromsø
イナリ湖 Inarijärvi
アンデネス Andenes
カウトケイノ Kautokeino
イナリ Inari
イヴァロ Ivalo
ハシュタ Harstad
ナルヴィーク Narvik P.271
エノンテキオ Enontekiö
スヴォルヴァー Svolvær P.274
エヴェネス Evenes
P.273 ロフォーテン諸島 Lofoten
ラップランド地
アビスコ Abisko
ユッカスヤルヴィ Jukkasjärvi
キッティラ Kittilä
ソダンキュ Sodankyl
リッツェム Ritsem
キールナ Kiruna
P.269 ボードー Bodø
ラポーニア地域
ストーラ・ショーファレット Stora Sjöfallets
イェリヴァーレ Gällivare
ケミヤルヴィ Kemijärvi
ファウスケ Fauske
ノルウェー海 Norwegian Sea
ストールヨール Storjord
モ・イ・ラーナ Mo i Rana
ヨックモック Jokkmokk
ロヴァニエミ Rovaniemi
トルニオ Tornio
ラヌア Ranua
サンドネショエン Sandnessjøen
ボーデン Boden
ハパランダ Haparanda
ケミ Kemi
モショエン Mosjøen
アルヴィショー Arvidsjaur
ルーレオ Luleå
Brønnøysund
オウル Oulu
Storuman
Rørvik
シェルレフテオ Skellefteå
スウェーデン SWEDEN
ナムソス Namsos
Grong
Lycksele
Dorotea
コッコラ Kokkola
フィンラン FINLAN
ウメオー Umeå
P.266 トロンハイム Trondheim
Holmsund
クリスチャンスン Kristiansund
Hell
ヴァーサ Vaasa
ストーイエン Storlien
エステルスン Östersund
Sollefteå
エーンシェルドスビーク Örnsköldsvik
P.263 オーレスン Ålesund
モルデ Molde
オップダール Oppdal
セイナヨキ Seinäjoki
ユヴァスキュ Jyväskylä
オンダルスネス Åndalsnes
ベーネサンド Härnösand
ヴィラト Virrat
Måløy
ガイランゲル Geiranger P.258
ローロス Røros P.221
Ånge
トンボス Dombås
タンペレ Tampere
スベイ Sveg
オッタ Otta
Hundiksvall
ボリ Pori
ダーラナ地方
ソグンダール Sogndal
P.199 リレハンメル Lillehammer
ボスニア湾 Gulf of Bothnia
アウランコ Aulanko
ファゲルネス Fagernes
Bollnäs
P.234 ヴォス Voss
フロム Flåm P.242
ムーラ Mora
レートヴィーク Rättvik
ハメーンリンナ Hämeenlinna
リョーテン Løten
ゴール Gol
ハーマル Hamar P.199
テルベリー Tällberg
イェブレ Gävle
ベルゲン Bergen
ミュールダール Myrdal
ミョーサ湖 Mjøsa
レクサンド Leksand
オーランド島 Åland
ナーンタリ Naantali
トゥルク Turku
ヘルシ Helsi
P.224
P.199 ハーデラン・ガラス工場
アイツヴォル Eidsvoll
Kongsvinger
ボーレンゲ Borlänge
ファールン Falun
ウプサラ Uppsala
マリエハムン Mariehamn
Leirvik
セルエスタット Seljestad
ホーネフォス Hønefoss
Lillestrøm
ノルウェー NORWAY
オスロ Oslo P.167
Charlottenberg
ヴェステロース Västerås
Norrtälje
カペルショール Kapellskär
タリン Tallinn
ハウゲスン Haugesund
ドラメン Drammen
シグトゥーナ Sigtuna
スタヴァンゲル Stavanger P.260
エレブロ Örebro
メーラレン湖 Mälaren
ストックホルム Stockholm
カールシュタット Karlstad
セーデルテリエ Södertälje
エストニ ESTO
ラルヴィク Larvik
ヴェーネルン湖 Vänern
カトリネホルム Katrineholm
ニィムスハムン Nynäshamn
アーレンダール Arendal
ノルショーピン Norrköping
Mjölby
リンショーピン Linköping
クリスチャンサン Kristiansand
スケーエン Skagen
ヴィスビィ Visby
フレデリクスハウン Frederikshavn
ヨーテボリ Göteborg
ヨンショーピン Jönköping
Nässjö
Västervik
ゴットランド島 Gotland
リガ Riga
ユトランド半島 Jutland
ニーベ Nibe
Klintehamn
スモーランド地方
オールボー Aalborg
Oskarshamn
Varberg
ラトビア LATVIA
デンマーク DENMARK
Thisted
ヴィボー Viborg
Alvesta
カルマル Kalmar
ラナス Randers
ハルムスタッド Halmstad
ヴェクショー Växjö
Balitc Sea
Struer
シルケボー Silkeborg
オーフス Aarhus
エーベルトフト Ebeltoft
エーランド島 Öland
Karlskrona

ノルウェー イントロダクション

Norway Introduction

ノルウェーという国名には、「北への道」という意味がある。その名のとおりノルウェーは世界地図のはるか北部に位置し、本土の北半分が北極圏にある。ノルウェー語ではノルゲNorge。正式名称はノルウェー王国Kongeriket Norge。

東はロシア、フィンランド、スウェーデンと国境を接し、西は大西洋に面している。フィヨルドを含めると海岸線は2万kmを超え、北端のノールカップ岬から南端のリンデスネスまでは、直線距離で1750kmに及ぶ。人口の大半は南部に集中しており、首都オスロを中心にした地域は人口密度が最も高い。そのほか、本土北方のスヴァルバール諸島およびビョルン島、西方のヤン・マイエン島を領有し、南半球では南極海のペーターI世島、ブーベ島がノルウェーの属領となっている。

帯状に延びる気候温暖な海岸地帯から1歩内陸に入ると、天候の激しい山脈地帯になる。海岸線は内陸へ最大で200kmも入り組んだフィヨルド（峡湾）をなす。フィヨルドの周囲は標高1000mにも及ぶ高い崖が水面から直立し、ノルウェーを代表する観光名所になっている。東部および中部の景観は比較的穏やかだが、北部の景観には美しさのなかにも荒々しさが感じられる。夏は24時間太陽が沈まない日もあり白夜が続くが、冬は夜が長く真昼に太陽が少し顔を出す程度だ。ノルウェーの人々は、こうした自然環境を積極的に利用して生活している。

歴史ある木造家屋が並ぶベルゲンのブリッゲン地区

ガイランゲルフィヨルドの最奥にある町、ガイランゲル

社会は平等主義であり、比較的均質だ。しかし、それぞれの地域には独自の文化的アイデンティティがある。言語も書き言葉としてふたつの公用語が定められてはいるが、話し言葉にはさまざまな方言が使われている。おもに北部に住む先住民サーメも独自の言語、文化をもっている。また、近年ヨーロッパ諸国以外からの移民も増加している。

首都であるオスロは、ムンクの故郷であり芸術が盛んな町で博物館や美術館巡りが楽しめる。フィヨルド地方を代表する人気観光地ベルゲンは、歴史ある色とりどりの木造家屋が立ち並びハンザ同盟時代の面影を残している。北部にあるノールカップは、ヨーロッパ最北端の地として知られており、ミッドナイトサン（真夜中の太陽）を目当てに、毎年多くの観光客が訪れる。また、国土の北半分は北極圏に位置しているため、冬にはオーロラ鑑賞が楽しめる。

ジェネラルインフォメーション

ノルウェーの基本情報

国　旗
赤地に白い縁取りの紺十字「スカンジナビアン・クロス」

正式国名
ノルウェー王国 Kongeriket Norge
（英語名Kingdom of Norway）

国　歌
「われらこの国を愛す
（Ja, Vi Elsker Dette Landet）」

面　積
38万5199km^2

人　口
約555万人（2023年12月時点）

首　都
オスロ Oslo

元　首
ハーラル5世国王
Harald V
（1991年1月即位）

政　体
立憲君主制

民族構成
ノルウェー人。北部のラップランド（フィンマルク Finnmark）地方には、サーメの人々が住んでいる。

宗　教
プロテスタント（福音ルーテル派）

言　語
ノルウェー語。また多くの国民が英語を話す。

通貨と為替レート

NOK

▶旅の予算とお金
→P.544

通貨は、クローネKrone（単数）。略号はNOK。紙幣は50、100、200、500、1000NOKの5種類、コインは1、5、10、20NOKの4種類。2019年秋に紙幣のデザインが一新された。
●2024年4月24日現在 1NOK=14.22円

50クローネ

100クローネ

200クローネ

500クローネ

1000クローネ

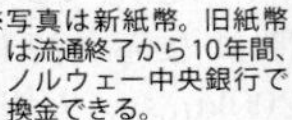

※写真は新紙幣。旧紙幣は流通終了から10年間、ノルウェー中央銀行で換金できる。

1クローネ

5クローネ

10クローネ

20クローネ

電話のかけ方

▶国際電話について
→P.562

日本からノルウェーへかける場合

国際電話識別番号 010※	+	ノルウェーの国番号 47	+	相手先の電話番号（最初の0は除く）

※携帯電話の場合は010のかわりに「0」を長押しして「+」を表示させると、国番号からかけられる
※NTTドコモ（携帯電話）は事前にWORLD CALLの登録が必要

入出国

ビザ

観光目的の旅（あらゆる180日間に90日以内滞在）なら不要。※

パスポート

シェンゲン協定加盟国出国予定日から3ヵ月以上の有効残存期間が必要。

▶出発までの手続き
シェンゲン・ビザ
→P.543

※ただし2025年に予定されているETIASの導入後は渡航認証が必要となる

日本からのフライト時間

2024年4月現在、日本からの直行便はない。コペンハーゲンやヘルシンキ、ロンドン、パリ、フランクフルト、アムステルダムなどのヨーロッパ諸国の各都市空港を経由することになる。所要時間はおよそ15〜20時間。

▶北欧への行き方
→P.547

気　候

ノルウェーは世界地図のはるか北部に位置し、本土の北半分が北極圏。沿岸は北端のノールカップ岬から南端のリンデスネスまで直線距離で1750km。その海岸線はフィヨルドを入れて計測すると2万kmを超える。海岸地帯から内陸に入ると山脈地帯が広がり、北極圏では針葉樹が生い茂る。沿岸を流れるメキシコ湾流の影響で、緯度のわりには穏やかな気候。四季も比較的はっきりと分かれている。北極圏はラップランドと呼ばれ、夏には太陽の沈まない白夜になり、冬は太陽がまったく昇らない時期も生ずる。

▶旅のシーズンと気候
→P.538
▶旅の持ち物
→P.550

オスロと東京の気温と降水量

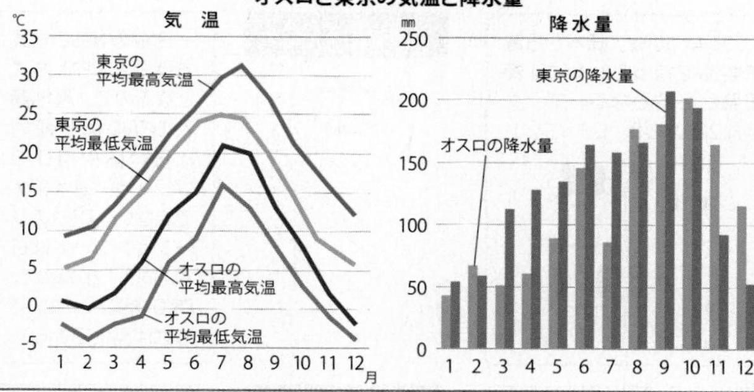

ビジネスアワー

以下は一般的な営業時間の目安。日曜はほとんどの商店や銀行が休みとなる。また、オスロでは営業時間が自由に決められるため、商店によって異なる。

銀　行

月～金曜9:00～15:00。土・日曜は休み。

郵便局

月～金曜7:30～17:00。大都市の場合は土曜も営業し、営業時間ももう少し長い場合がある。

デパート・ショップ

月～金曜10:00～20:00、土曜10:00～18:00、日曜は定休。

リカーストア

月～金曜10:00～18:00　土曜10:00～16:00、日曜は休み。

ノルウェーから日本へかける場合

国際電話識別番号 00	+	日本の国番号 81	+	市外局番、携帯番号の最初の0を除いた番号	+	相手先の電話番号

▶ノルウェーの国際電話

国際電話は一般の加入電話からかけられる。ホテルの客室の電話機からかけると手数料がかかることが多いので注意。

なお、公衆電話からもかけられるが、携帯電話の普及により数がどんどん減っている。ホテルの電話を使用するか海外で使用できる携帯電話を持参しておこう。

時差とサマータイム

中央ヨーロッパ時間（CET）を採用しており、時差は8時間。日本時間から数えると、マイナス8時間となる。サマータイムは、3月最終日曜から10月の最終日曜まで。1時間早い時間となり時差は7時間になるので、飛行機や列車など乗り遅れに注意しよう。

祝祭日（おもな祝祭日）

年によって異なる移動祝祭日（※印）に注意。

1/1		元旦
3/24（'24）	※	しゅろの主日
3/28（'24）	※	洗足木曜日
3/29（'24）	※	聖金曜日
3/31（'24）	※	イースター
4/1　（'24）	※	イースターマンデー
5/1		メーデー
5/9　（'24）	※	昇天祭
5/17		憲法記念日
5/19（'24）	※	聖霊降臨祭
5/20（'24）	※	ウィットマンデー
12/24		クリスマスイブ
12/25		クリスマス
12/26		ボクシングデー
12/31		大晦日

電圧とプラグ

230V、50Hz。日本から電気製品を持っていくには変圧器が必要となる。プラグは丸2ピンのB、Cタイプ。

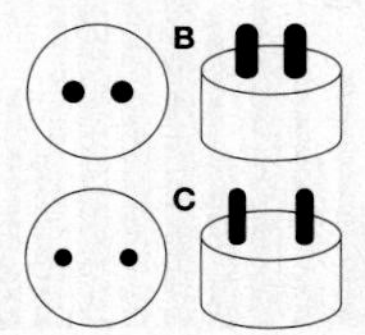

DVD方式

日本のNTSC方式ではなく、PAL方式となるので、現地購入のDVDは一般的な日本国内用DVDプレーヤーでは再生できない。DVDのリージョンコードは日本と同じ「2」なので、DVD内蔵パソコンであれば再生できる。

チップ

料金にサービス料が含まれている場合がほとんどのため、チップの習慣はない。ホテルなどで特別な用事を頼んだときに、お礼として渡す程度。レストランで料金にサービス料が含まれていないときのみ、7〜10%程度のチップを渡す。ただし、タクシーの場合は大きな荷物を持ってもらうときや、通常の乗車の場合も料金の端数分を渡すのが普通。

飲料水

ほとんどの場所で、水道水を飲むことができる。心配なら、キオスクやコンビニでミネラルウオーターを購入するといい。ミネラルウオーターはほとんどが炭酸入りのため、苦手な人は確認してから買うこと。

郵　便

郵便局は「POST」の表示が目印。投函の際にはAir Mailと明記すること。日本まで送る場合、はがき1枚および20gまでの封書は、37NOK〜。所要は5〜10日。国内も国外も赤色のポストに投函する。

町のいたるところにあるポスト

税金

TAX

ノルウェーでは、ほとんどの商品に15%または25%の付加価値税（VAT）が課せられているが、ノルウェー以外の国に居住している旅行者が、「TAX FREE」と表示のある店で1日1店舗につき315NOK（15%の場合は290NOK）以上の買い物をした場合、商品にかけられている付加価値税の最大19%が払い戻しになる。

買い物の際

「TAX FREE」の表示のある店で315NOK（食料品は290NOK）以上の買い物をしたら、旅行者である旨を申し出て、免税書類を作成してもらう。作成の際、原則として身分の確認とパスポート番号が必要となるので、パスポートを携帯しておくとよい。また、免税扱いで購入した商品は、ノルウェー出国まで開封してはいけない。

出国の際

ノルウェー出国時に払い戻しを受けるための手続きを行う。手続きは以下のとおり。

①オスロのガーデモエン国際空港で、払い戻しをしたい場合、チェックイン前に、出発ホールにあるグローバルブルー・カウンターへ行き、未使用の購入商品、パスポート、航空券を提示し、買い物の際に作った免税書類にスタンプを押してもらう。購入した商品の包みを見せるように言われることもあるので、手続きは荷物をチェックインする前に行うこと。手荷物の場合は出国手続き後に税関スタンプをもらう。免税書類には自分の住所、氏名などを記入し、商品購入時のレシートを添付しておくこと。スタンプの受領期限は商品購入日より1ヵ月以内。

②スタンプをもらったら出国手続きを行う。日本へ免税書類を持ち帰った場合は、グローバルブルー専用ポストに免税書類を投函すればクレジットカードまたは小切手で払い戻しを日本円で受け取ることができる。ただし、手続きが行えるのは、グローバルブルーの「TAX FREE」の加盟店のみ。

ガーデモエン国際空港で払い戻しを受ける場合、現金またはクレジットカードへの払い戻し手続きも可。免税書類（税関スタンプ受領済み）の申請期限は商品購入日より1年以内。

※購入日から1ヵ月以内に払い戻しを受ける場合は、払い戻しカウンターで購入商品を提示するだけで、税関のスタンプなしで払い戻しを受け取ることができる。

安全とトラブル

他のヨーロッパ諸国と比べても、治安は良好。しかし、2004年の旧東欧諸国のEU加盟後、置き引きや窃盗などの軽犯罪は増加の一途をたどっている。荷物から目を離さないように注意し、夜中のひとり歩きなどはやめよう。

警察 112
消防 110
救急車 113

▶旅の安全とトラブル対策
→P.565

年齢制限

飲酒、たばこは18歳未満の場合は不可。また、レンタカー会社によっては19歳や30歳以上などの制限を設けている場合もある。

度量衡

日本と同じく、メートル法を採用している。重さもキログラム単位。

その他

飲酒と喫煙

ノルウェーはアルコールの取り締まりが厳しく、アルコール度数の強いものは政府が直営するリカーショップ、ヴィン・モノポーレVinmonoporetのみ購入できる。価格は333mlのビール1本30〜55NOKと非常に高い。ノルウェーでは、屋内での喫煙は法律により禁止されているため、空港や駅、ホテル、レストラン、バーなどすべての場所が全面禁煙となっている。吸いたいときは、建物の外に出て吸うしかない。たばこの料金も非常に高く、20本入りのマルボロなら1箱2000円ほど。

インターネット

Wi-Fiの普及率が高く、ほとんどの宿泊施設で利用可能。また、空港やレストランなど、公共の場でも使用できる場所が多い。

▶インターネットについて
→P.563

ノルウェー国内交通ガイド

全土をくまなく走る長距離バスと、オスロから放射状に延びる鉄道をうまく組み合わせて移動するのがノルウェーの国内移動のコツ。特に鉄道は、車窓から望む自然が織りなす美しい景色が魅力なので、路線がある所はこれを積極的に利用したい。鉄道が通っていない地方都市間の移動は、うまくバスを組み合わせてルートを組み立てよう。ラップランドなど北部への移動は非常に時間がかかるので、ストックホルムから出ている国際寝台列車、ノールランストーグ鉄道を利用するか、飛行機を利用したほうがスムーズだ。

飛行機

SASやその系列会社のヴィデロー航空Widerøe（WF）などの航空会社が、国内のほぼ全土をカバーしている。ほとんどの都市間をSASが結んでおり、ヴィデロー航空は西のフィヨルド地帯やラップランドに多くの便がある。また、ノルウェー・エアシャトルNorwegian Air Shuttle（DY）は、格安の航空券を販売するローコストキャリア。なお、本誌に掲載している各都市への行き方の便数、所要時間はSASのもの。

SAS
TEL 21-896400 URL www.flysas.com
ヴィデロー航空
TEL 75-535010 URL www.wideroe.no
ノルウェー・エアシャトル
TEL 21-490015 URL www.norwegian.no

鉄道

2019年にノルウェー国鉄（NBS）が解体され、現在はVy社、SJ Nord社、GoAhead社の3社が国内鉄道を運行している。Vy社はオスロ周辺やベルゲン、フィヨルドなど南部～西部に路線がありオスロ～ベルゲン間を走るベルゲン急行もVy社の路線。SJ Nord社はオスロからオンダルスネスやトロンハイム、ボードーなど北部で、ラウマ鉄道もSJ Nord社の路線となる。GoAhead社はオスロからクリスチャンサン、スタヴァンゲルなど南部海岸線に路線をもつ。また、ミュルダール～フロム間結ぶフロム鉄道など一部の私鉄も走っている。

ちなみにノルウェー最北の鉄道駅はナルヴィークだが、オスロからの直行列車はない。ナルヴィーク行きの路線は、スウェーデンのキールナから延びる国際路線のみ。したがってオスロから国内鉄道の列車で行けるノルウェー最北の駅は、ボードーということになる。

Vy社
TEL 61-051910 URL www.vy.no
SJ Nord社
TEL 61-252200 URL www.sj.no
GoAhead社
TEL 61-258000 URL go-aheadnordic.no

鉄道時刻を調べる

上記の公式ウェブサイトで調べられるが、それぞれの会社ごとに調べなくてはならないのでノルウェー国内の時刻表検索サイト（URL entur.no）の利用が便利。各鉄道会社のほか乗り継ぎ、バスの情報まで一度に見られる。また駅の有人窓口でも目的地と出発日時を言えば調べてもらえる。

チケットの購入

◆日本で購入する

各鉄道会社のウェブサイトから予約、購入可能。eチケットか現地での発券を選択できる。現地での発券は、チケット売り場か券売機、車内で。eチケットならダウンロードして提示するだけで利用できる。

◆現地で購入する

オスロ中央駅の場合、チケットを購入するときは係員の誘導に従い、列に並ぶ。順番が来たら指定のカウンターに行って目的地や時刻、鉄道番号などを伝える。チケットの購入はコンコース中央の有人窓口で。また、乗車する列車が決まっているなら、近くに数多く設置されている券売機を利用したほうが並ばずに済むので便利。ウェブで購入したチケットの発券もここでできる。

予約について

時刻表にⓇのマークがある鉄道は予約が必要。夏季など混み合う時期に利用するなら乗車前に予約しよう。Vy社の場合、予約は利用日の90日前から受け付けている。座席指定をする場合、運賃のほかに別途予約料金がかかる。

Vyアプリ
Vy社の公式アプリをダウンロードすれば、チケットの予約・購入や時刻表検索ができて便利。無料でダウンロードでき、アカウント登録とクレジットカードの情報を入力すれば利用できる。

オスロ中央駅のチケット売り場

割引料金について

各鉄道会社とも、その日の混雑具合などにより料金が異なるシステムを導入しており、早めに予約することで割引になる可能性が高い。ほかに学生や子供、シニア割引がある。

オスロからの区間料金の目安（スタンダード）

～ベルゲン 1146NOK
～トロンハイム 629NOK～
～スタヴァンゲル 795NOK～

長距離バス

ノルウェーの南部から中部を走るノルウェー・ブスエクスプレスNORWAY Bussekspressや鉄道のVy社と同系列のブイワイ・バス社Vy Bus、西部フィヨルド地方に多く路線のあるスカイス社Skyss、またSJ Nord社も鉄道路線の周辺の町を結ぶバスがある。さらにローカルなバス会社まであり、数多くのバス会社が運行している。バスターミナルはすべて同じ。ラップランドの北、ノールカップの周辺を運行しているのは、ローカルなバス会社でトロムソ・フィルケストラフィック社Troms fylkestrafikkやスネランディア社Snelandia。中部のトロンハイムとボードー間の地域にはバスが走っていないので、ラップランドへ直通で行くバスはない。ラップランドのカラショークからはフィンランドへ抜けるルートがある。また、冬季のラップランドは減便する路線や、ホニングスヴォーグ～ノールカップ間のように予約が必要になる場合があるほか、悪天候による大幅な遅延や欠便も起こりやすいので注意すること。

電光掲示板でホーム番号を確認しよう

ノルウェー・ブスエクスプレスのバス

ノルウェー・ブスエクスプレス
TEL 22-313150 URL www.nor-way.no
ブイワイ・バス社
TEL 40-705070 URL www.vybuss.com
スカイス社
URL www.skyss.no
トロムソ・フィルケストラフィック社
URL fylkestrafikk.no
スネランディア社
URL snelandia.no

チケットの買い方

チケットはウェブサイト、バスターミナルにあるチケット売り場で直接購入できる。時刻表はウェブサイトで確認を。下記の時刻表サイトが便利。小さな町だと、チケット売り場がない場合があるので、ドライバーに行きたい場所を伝えて、直接購入する。そういったところでは、時刻表はターミナルに張り出してある。

ノルウェー国内の時刻表検索サイト
URL entur.no

ノルウェーに関するエトセトラ

食事

ノルウェーのおいしいものといえば、新鮮なシーフードは外せない。サーモンやニシンなど、ノルウェーの冷たい水で育った魚介は脂がのっていて格別の味わい。ベルゲンなどの港町でぜひ味わいたい。ノルウェーは捕鯨国でもあり、クジラのステーキやシチューなども有名。ほか、煮込み料理はノルウェーのおふくろの味。ラム肉とキャベツの煮込みフォーリコールFårikålは、ノルウェー料理の定番。最高級品として知られている、ロフォーテン諸島をはじめとする西海岸線で取れる干ダラのトマトソース煮込み、バカラオBacalaoもぜひ味わいたい逸品。また、トナカイ肉なども食される。ノルウェー独自の珍しい食べ物としては、ヤイトオストGeitostというヤギ乳100%の茶色いチーズがある。ワッフルのトッピングとしてよく使用される。かなりクセのある味だが、シンプルな素材との相性は抜群だ。牛乳とヤギの乳を混ぜて作ったグドブランスダールスオストGudbrandsdalsostというチーズは、まるでキャラメルのような甘さがあって日本人の口にも合う。ブルンオストBrunost（茶色のチーズ）とも呼ばれる。

干ダラのうまみがきいたバカラオ

おみやげ

愛くるしい顔をしたトロル人形

北欧デザインのアイテムやノルディックセーターが人気。ノルディックセーターはノルウェーセーターとも呼ばれ、天然の羊毛を編んだざっくりしたニットのこと。ほかにも、ノルウェーの西海岸線に住むといわれる妖精「トロル」の人形やヴァイキングやサーメの伝統の模様をモチーフにしたシルバージュエリーなども人気。食料品なら何といってもノルウェーサーモン。ほか、タラコなどのペーストが入ったチューブ詰めもおすすめだ。

ノルウェー生まれの有名人

『叫び』で有名な画家、エドヴァルド・ムンクEdvard Munchや作曲家エドヴァルド・グリーグEdvard Grieg、彫刻家グスタヴ・ヴィーゲランGustav Vigeland、劇作家ヘンリック・イプセンHenrik Ibsenなど芸術に関係する人々が多い。また、南極点に初めて到達した探検家、ロアルド・アムンゼンRoald Amundsenもこの国の出身。

ノルウェーのイベント

ノルウェーはほかの北欧諸国同様、イベントが豊富。各都市ではジャズやクラシック、ロックの音楽イベントや映画祭を開催する。注目は、グリーグ・フェスティバル。作曲家・グリーグの出身地であるベルゲンで開催される音楽祭だ。また北欧らしいイベントといえば、オーロラ・フェスティバルなど。特に、サーメ・イースター・フェスティバルではトナカイぞりのレースや、サーメの人々によるコンサートなどが行われる。

2024～2025年イベントカレンダー

6/21～29 オスロ
オスロ・プライド
URL www.oslopride.no

6/22 トロムソ
ミッドナイトサン・マラソン
URL msm.no

6/23 ノルウェー各地
夏至祭、前夜祭

6/26～29 スタヴァンゲル
グラッド・マット（フード・フェスティバル）
URL gladmat.no

8/11～17 オスロ
オスロ・ジャズ・フェスティバル
URL oslojazz.no

8/17～23 ハウゲスン
ノルウェー映画祭
URL www.filmfestivalen.no

8/19～31 ベルゲン
グリーグ・フェスティバル
URL grieginbergen.com

8/22～24 オーレスン
ノルウェー・フード・フェスティバル＆ノルウェー料理選手権
URL matfestivalen.no

10/16～24 ベルゲン
ベルゲン国際映画祭
URL www.biff.no

10/28～11/3 オスロ
オスロ国際音楽祭
URL www.osloworld.no

12/10 オスロ
ノーベル平和賞授与式
URL www.nobelprize.org

1/13～19 トロムソ
トロムソ国際映画祭
URL www.tiff.no

1/24～2/1 トロムソ
オーロラ・フェスティバル
URL www.nordlysfestivalen.no

3月上旬頃 オスロ
ホルメンコレンFISワールドカップ
URL holmenkollenskifestival.no

3月上旬～中旬頃 アルタ
フィンマルク・スロペット（犬ぞりレース）
URL www.finnmarkslopet.no

3月中旬頃 ヴァルドー
国際雪合戦大会
URL www.yukigassen.no

3月下旬～4月上旬頃 カウトケイノ
サーメ・イースター・フェスティバル
URL www.samieasterfestival.com

4/11～13 ヴォス
ヴォス・ジャズ・フェスティバル
URL vossajazz.no

5月上旬頃 スタヴァンゲル
スタヴァンゲル国際ジャズフェスティバル
URL maijazz.no

5/17 ベルゲン、ノルウェー各地
憲法記念日パレード
URL www.17-mai.no

5月下旬～6月上旬頃 ベルゲン
ベルゲン国際フェスティバル
URL www.fib.no

5月下旬～6月上旬頃 ベルゲン
ベルゲン・ナイトジャズ・フェスティバル
URL www.nattjazz.no

6月中旬頃 ノールカップ
ノールカップ・フェスティバル
URL www.radionordkapp.no

※日程は予定日。
参加の際は問い合わせること。

Oslo

オスロ

船は音もなくオスロフィヨルドの中に入っていく。フィヨルドは波もなく、水面は美しい森と、その中に点在する白い別荘をくっきりと映している。ノルウェーの首都オスロは、外海から100kmほど奥まったフィヨルドの奥にある。船で入ってくると、これが一国の首都かと思うほど、緑が多く静かな港町だ。

オスロは1050年、ノルウェー最後のヴァイキング王ハーラル・ホールローデ王Harald Hårdrådeによって開かれた。ハーラル王は、1066年にイギリスへ遠征を試み戦死。この年を境に、約200年間も続いたヴァイキングの活動が終わったとされている。ハーラル王が戦死したスタンフォード・ブリッジStanford Bridgeの戦いを描いた絵が、オスロ市庁舎2階の壁に飾られている。1299年にはノルウェーの首都になり、順調に発展するかに見えたが、1624年8月17日から3日3晩続いた大火事で町の大半は焼けてしまった。これをきっかけに、デンマークのクリスチャン4世は、当時デンマークの支配下にあったオスロを造り変えてしまった。

オスロの中心を、東オスロから約3km西のアーケシュフース城の近くに移してしまい、道幅は火事の延焼を防ぐため15mに広げた。さらに名前までクリスチャニアChristianiaと変えてしまった。この名は、1877年にスペルがKristianiaと変わったものの、1925年1月1日に再びオスロに戻るまで約300年も続いた。オスロ大聖堂の前にはクリスチャン4世の銅像がある。アーケシュフース城の上から地上を指さし、「町をここへ移せ」と命じている姿である。

ポーズをまねしたくなるユニークな像が並ぶヴィーゲラン公園

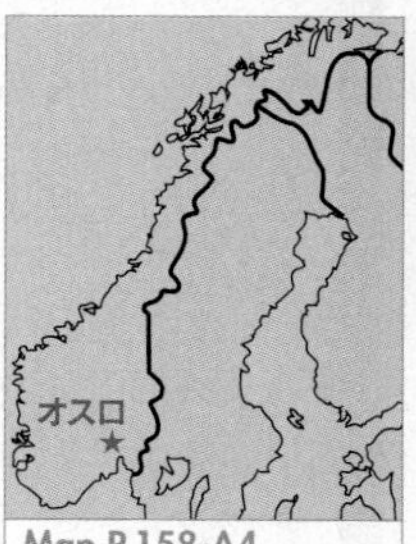

Map P.158-A4
人口:71万7710
市外局番:なし
ノルウェー情報のサイト
URL www.visitnorway.com
X @visitnorway
f @visitnorway
Instagram @visitnorway
オスロ情報のサイト
URL www.visitoslo.com
X @VisitOSLO
f @VisitOslo
Instagram @visitoslo

CHECK!
市外局番について
ノルウェーに市外局番はない。国内どこからどこへかけるにも、8桁の番号をダイヤルする。

※北欧では、近年急激にキャッシュレス化が進み、現金払い不可の観光施設や店舗が増加している。クレジットカードを必ず用意すること。

活気あるオスロのウォーターフロント

ノルウェーの歴史的な建物が集まるノルウェー民俗博物館

※エックス、フェイスブック、インスタグラムは、アカウント名のみを表記しています。ブラウザで見る場合は、加えて各SNSのURLが必要となります

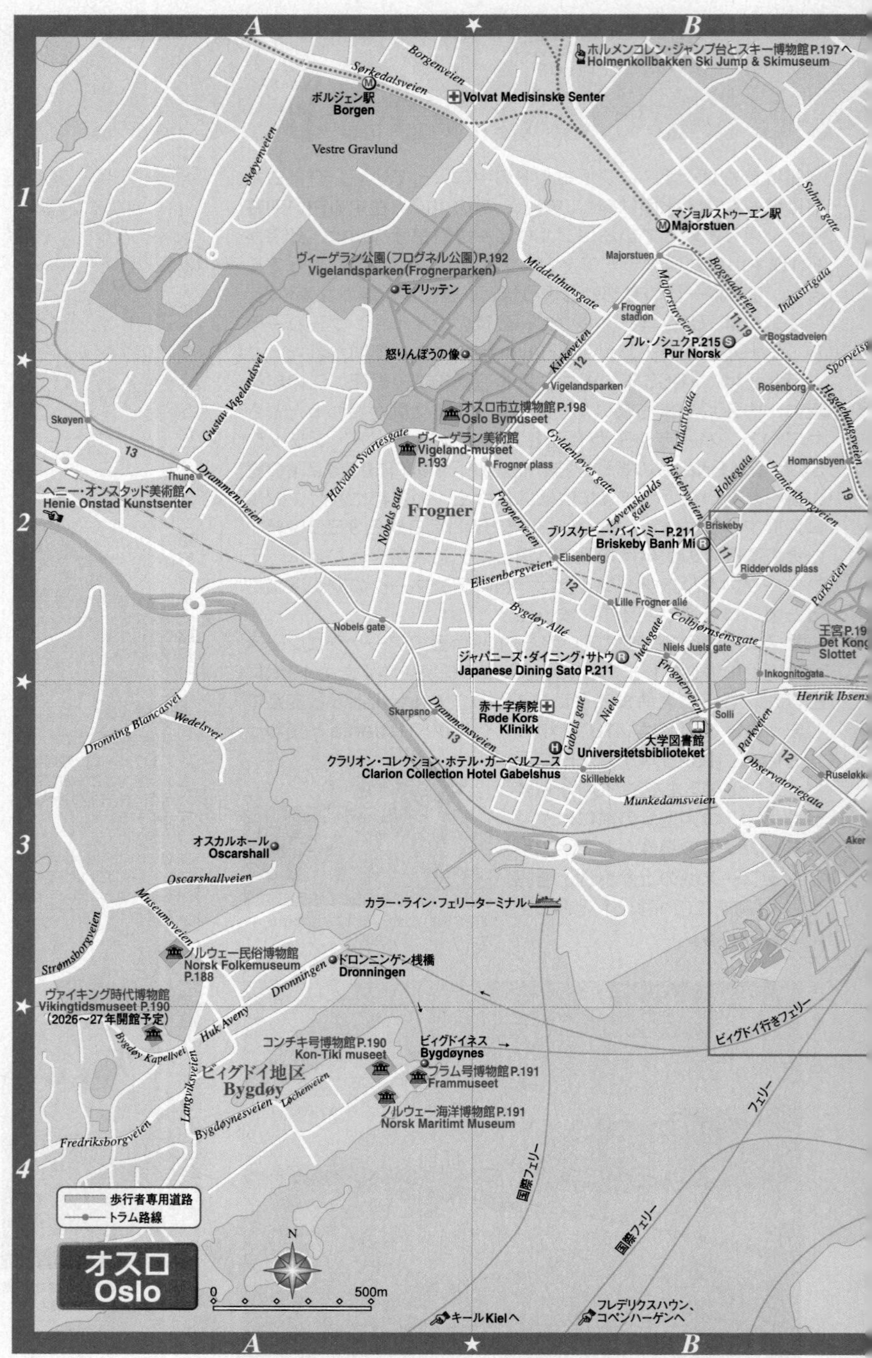

A
B
ホルメンコレン・ジャンプ台とスキー博物館P.197へ
Holmenkollbakken Ski Jump & Skimuseum
Borgenveien
Sørkedalsveien
ボルジェン駅
Borgen
Volvat Medisinske Senter
Vestre Gravlund
Skøyenveien
マジョルストゥーエン駅
Majorstuen
Suhms gate
Majorstuen
ヴィーゲラン公園(フログネル公園)P.192
Vigelandsparken(Frognerparken)
モノリッテン
Middelthunsgate
Majorstuveien
Bogstadveien
Industrigata
Frogner stadion
ブル・ノシュク P.215
Pur Norsk
Bogstadveien
怒りんぼうの像
Kirkeveien
Gustav Vigelandsvei
Vigelandsparken
Rosenborg
Sporveisgata
Hegdehaugsveien
オスロ市立博物館P.198
Oslo Bymuseet
Skøyen
ヴィーゲラン美術館
Vigeland-museet
P.193
Frogner plass
Gyldenløves gate
Industrigata
Holtegata
Uranienborgveien
Homansbyen
Thune
Drammensveien
Halvdan Svartesgate
Briskebyveien
ヘニー・オンスタッド美術館へ
Henie Onstad Kunstsenter
Nobels gate
Frogner
Frognerveien
Løvenskiolds gate
Briskeby
ブリスケビー・バインミー P.211
Briskeby Banh Mi
Elisenberg
Riddervolds plass
Parkveien
Elisenbergveien
Lille Frogner allé
Bygdøy Allé
Colbjørnsensgate
Nobels gate
王宮P.19
Det Kong
Slottet
ジャパニーズ・ダイニング・サトウ
Japanese Dining Sato P.211
Juelsgate
Niels Juels gate
Inkognitogata
Frognerveien
Henrik Ibsens
Skarpsno
Drammensveien
赤十字病院
Røde Kors
Klinikk
Gabels gate
Niels
Solli
Dronning Blancasvei
Wedelsvei
大学図書館
Universitetsbiblioteket
Parkveien
クラリオン・コレクション・ホテル・ガーベルフース
Clarion Collection Hotel Gabelshus
Skillebekk
Observatoriegata
Ruseløkk
Munkedamsveien
オスカルホール
Oscarshall
Aker
Oscarshallveien
カラー・ライン・フェリーターミナル
Museumsveien
Strømsborgveien
ノルウェー民俗博物館
Norsk Folkemuseum
P.188
ドロンニンゲン桟橋
Dronningen
Dronningen
ヴァイキング時代博物館
Vikingtidsmuseet P.190
(2026～27年開館予定)
Huk Aveny
Bygdøy Kapellvei
ビィグドイ行きフェリー
コンチキ号博物館P.190
Kon-Tiki museet
ビィグドイネス
Bygdøynes
ビィグドイ地区
Bygdøy
フラム号博物館P.191
Frammuseet
Langviksveien
Løchenveien
ノルウェー海洋博物館P.191
Norsk Maritimt Museum
Bygdøynesveien
フェリー
Fredriksborgveien
国際フェリー
国際フェリー
歩行者専用道路
トラム路線
オスロ
Oslo
N
0
500m
キールKielへ
フレデリクスハウン、
コペンハーゲンへ

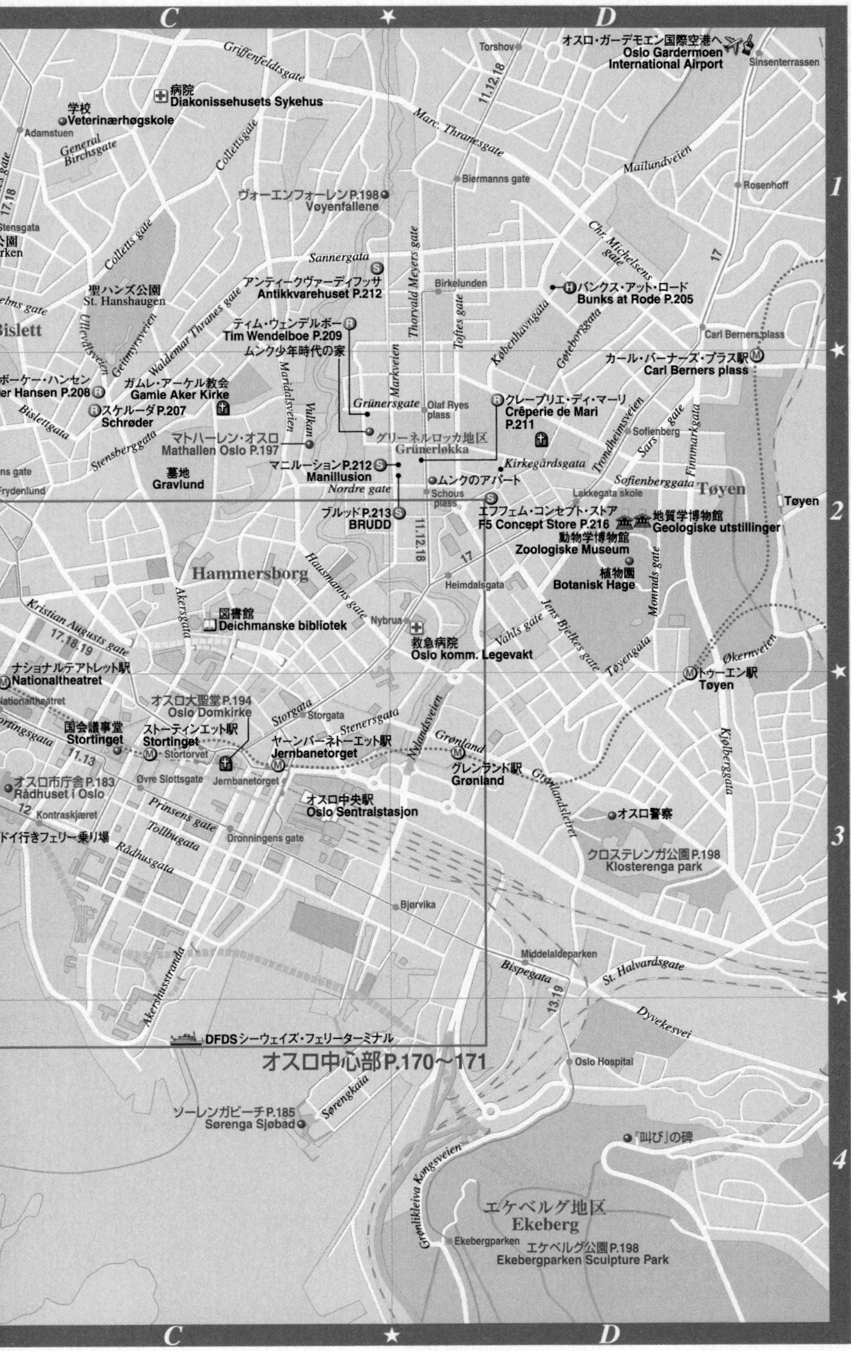

オスロ・ガーデモエン国際空港へ
Oslo Gardermoen International Airport
病院
Diakonissehusets Sykehus
学校
Veterinærhøgskole
ヴォーエンフォーレン P.198
Vøyenfallene
聖ハンズ公園
St. Hanshaugen
アンティークヴァーディフッサ
Antikkvarehuset P.212
ティム・ウェンデルボー
Tim Wendelboe P.209
ムンク少年時代の家
バンクス・アット・ロード
Bunks at Rode P.205
カール・バーナーズ・プラス駅
Carl Berners plass
ガムレ・アーケル教会
Gamle Aker Kirke
スケルーダ P.207
Schrøder
マトハーレン・オスロ
Mathallen Oslo P.197
グリーネルロッカ地区
Grünerløkka
クレープリエ・ディ・マーリ
Crêperie de Mari P.211
マニルーション P.212
Manillusion
ムンクのアパート
墓地
Gravlund
ブルッド P.213
BRUDD
エフフェム・コンセプト・ストア
F5 Concept Store P.216
地質学博物館
Geologiske utstillinger
動物学博物館
Zoologiske Museum
植物園
Botanisk Hage
Hammersborg
図書館
Deichmanske bibliotek
救急病院
Oslo komm. Legevakt
ナショナルテアトレット駅
Nationaltheatret
オスロ大聖堂 P.194
Oslo Domkirke
国会議事堂
Stortinget
ストーティンエット駅
Stortinget
ヤーンバーネトーエット駅
Jernbanetorget
グレンランド駅
Grønland
トゥーエン駅
Tøyen
オスロ市庁舎 P.183
Rådhuset i Oslo
ドイ行きフェリー乗り場
オスロ中央駅
Oslo Sentralstasjon
オスロ警察
クロステレンガ公園 P.198
Klosterenga park
DFDSシーウェイズ・フェリーターミナル
オスロ中心部 P.170～171
ソーレンガビーチ P.185
Sørenga Sjøbad
『叫び』の碑
エケベルグ地区
Ekeberg
エケベルグ公園 P.198
Ekebergparken Sculpture Park
Oslo Hospital
Tøyen
Bislett

ノルウェー
オスロ

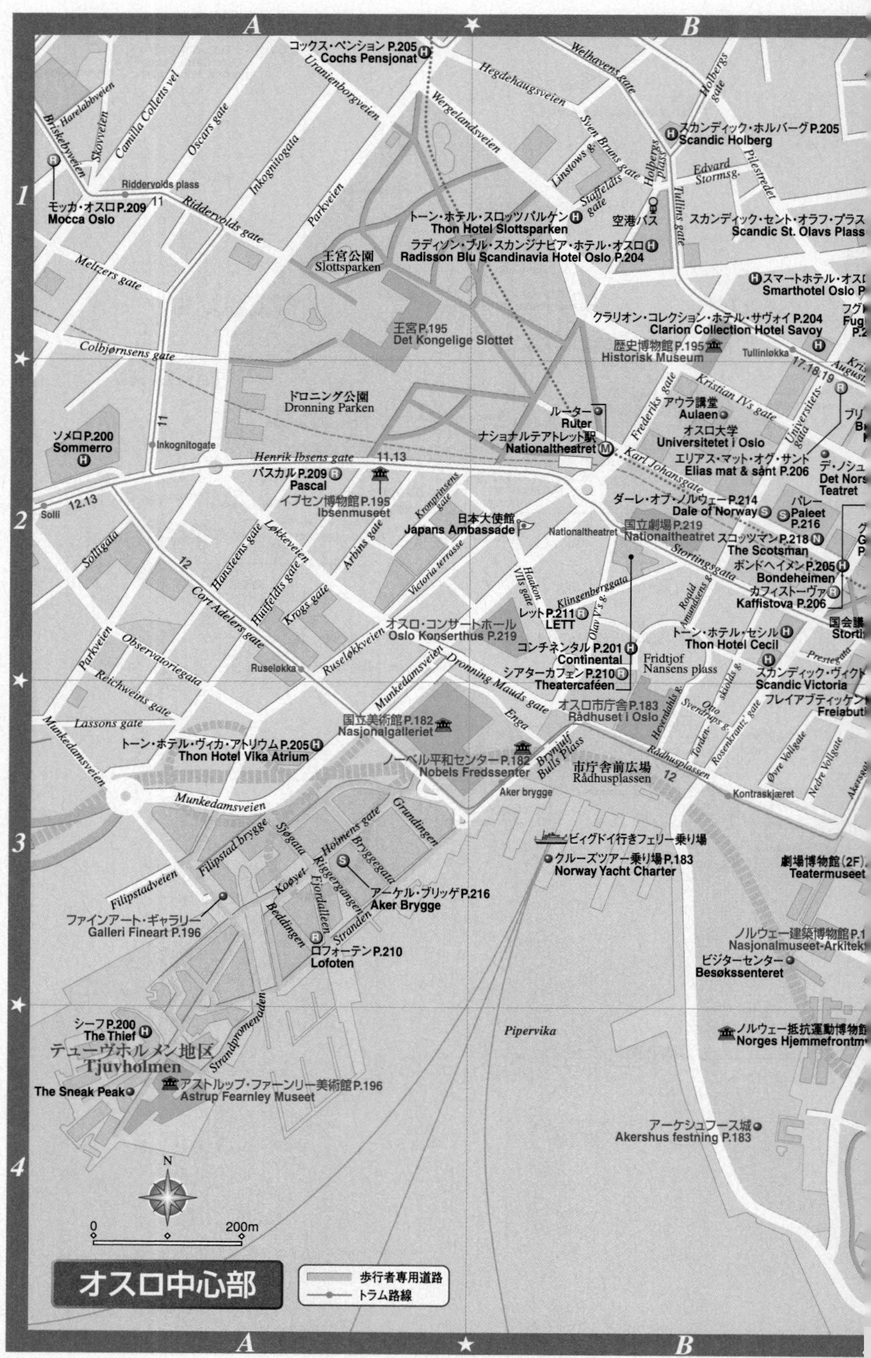
オスロ中心部
歩行者専用道路
トラム路線
王宮公園
Slottsparken
王宮 P.195
Det Kongelige Slottet
ドロニング公園
Dronning Parken
国立劇場 P.219
Nationaltheatret
ナショナルテアトレット駅
Nationaltheatret
オスロ市庁舎 P.183
Rådhuset i Oslo
市庁舎前広場
Rådhusplassen
国立美術館 P.182
Nasjonalgalleriet
ノーベル平和センター P.182
Nobels Fredssenter
アーケル・ブリッゲ P.216
Aker Brygge
テューヴホルメン地区
Tjuvholmen
アストルップ・ファーンリー美術館 P.196
Astrup Fearnley Museet
アーケシュフース城
Akershus festning P.183
歴史博物館 P.195
Historisk Museum
イプセン博物館 P.195
Ibsenmuseet
日本大使館
Japans Ambassade
Pipervika

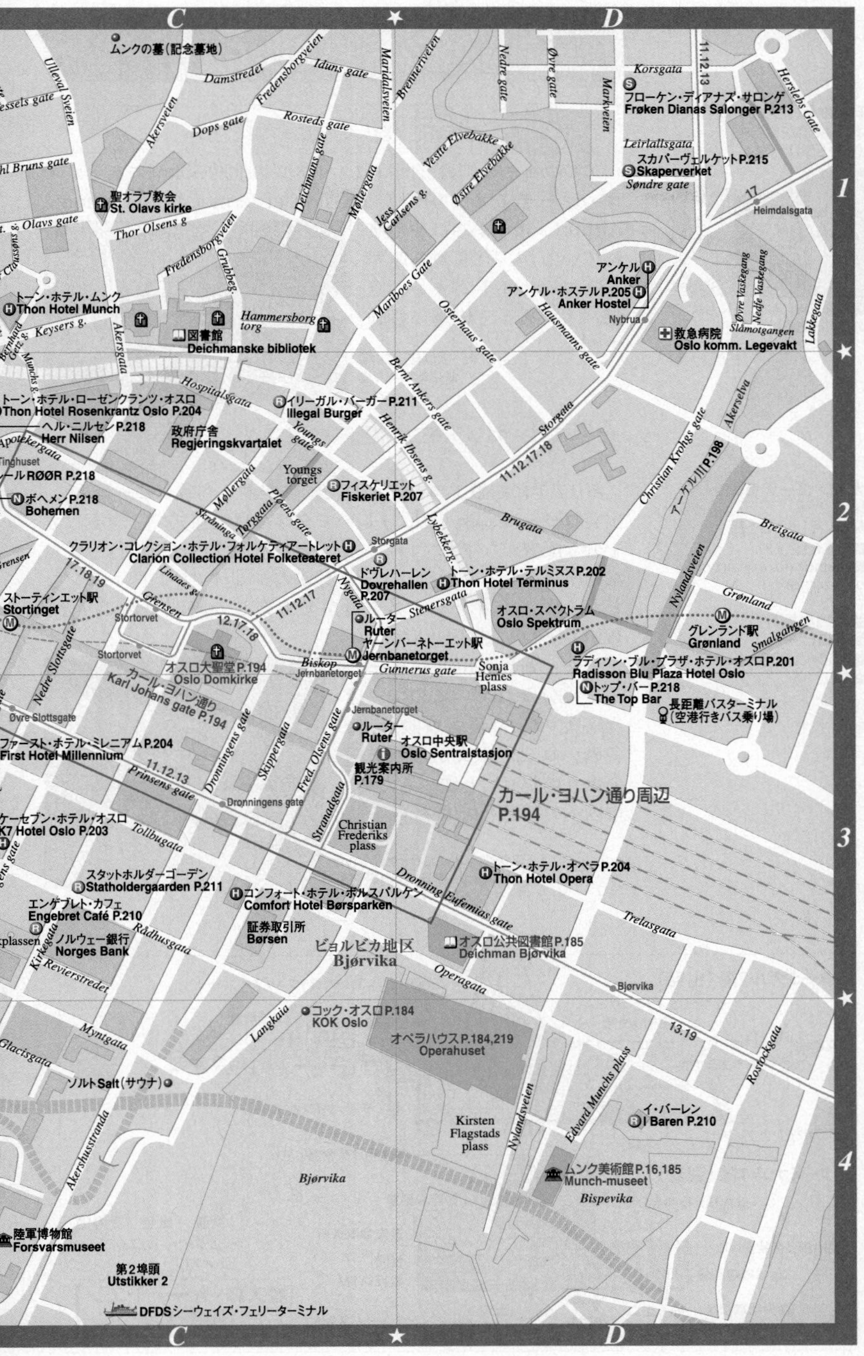
ムンクの墓（記念墓地）
聖オラブ教会
St. Olavs kirke
トーン・ホテル・ムンク
Thon Hotel Munch
図書館
Deichmanske bibliotek
トーン・ホテル・ローゼンクランツ・オスロ
Thon Hotel Rosenkrantz Oslo P.204
ヘル・ニルセン P.218
Herr Nilsen
政府庁舎
Regjeringskvartalet
レール RØØR P.218
ボヘメン P.218
Bohemen
クラリオン・コレクション・ホテル・フォルケティアートレット
Clarion Collection Hotel Folketeateret
ストーティンエット駅
Stortinget
オスロ大聖堂 P.194
Oslo Domkirke
カール・ヨハン通り
Karl Johans gate P.194
ファースト・ホテル・ミレニアム P.204
First Hotel Millennium
ケーセブン・ホテル・オスロ
K7 Hotel Oslo P.203
スタットホルダーゴーデン
Statholdergaarden P.211
エンゲブレト・カフェ
Engebret Café P.210
ノルウェー銀行
Norges Bank
コンフォート・ホテル・ボルスパルケン
Comfort Hotel Børsparken
証券取引所
Børsen
ビョルビカ地区
Bjørvika
コック・オスロ P.184
KOK Oslo
オペラハウス P.184,219
Operahuset
ソルト Salt（サウナ）
陸軍博物館
Forsvarsmuseet
第2埠頭
Utstikker 2
DFDSシーウェイズ・フェリーターミナル
イリーガル・バーガー P.211
Illegal Burger
フィスケリエット
Fiskeriet P.207
ドヴレハーレン
Dovrehallen
P.207
トーン・ホテル・テルミヌス P.202
Thon Hotel Terminus
ルーター
Ruter
ヤーンバーネトーエット駅
Jernbanetorget
オスロ・スペクトラム
Oslo Spektrum
オスロ中央駅
Oslo Sentralstasjon
観光案内所
P.179
カール・ヨハン通り周辺
P.194
トーン・ホテル・オペラ P.204
Thon Hotel Opera
オスロ公共図書館 P.185
Deichman Bjørvika
フローケン・ディアナズ・サロンゲ
Frøken Dianas Salonger P.213
スカバーヴェルケット P.215
Skaperverket
アンケル
Anker
アンケル・ホステル P.205
Anker Hostel
救急病院
Oslo komm. Legevakt
アーケル川 P.198
グレンランド駅
Grønland
ラディソン・ブル・プラザ・ホテル・オスロ P.201
Radisson Blu Plaza Hotel Oslo
トップ・バー P.218
The Top Bar
長距離バスターミナル
（空港行きバス乗り場）
イ・バーレン
I Baren P.210
ムンク美術館 P.16,185
Munch-museet
Bispevika
Kirsten Flagstads plass
Christian Frederiks plass
Sonja Henies plass
Youngs torget
Hammersborg torg
Karl Johans gate
Storgata
Hausmanns gate
Christian Krohgs gate
Nylandsveien
Grønland
Brugata
Operagata
Dronning Eufemias gate
Prinsens gate
Tollbugata
Rådhusgata
Akersgata
Ullevål Sveien
Maridalsveien
Møllergata
Korsgata
Markveien
Bjørvika
C
D
1
2
3
4

オスロ到着

飛行機で着いたら

日本からの便（→P.547）
北欧諸国からの便
（→P.554）

国際線の出発ロビーにもムンクの作品がある

ノルウェーの空の玄関口は、オスロの北約50kmにあるオスロ・ガーデモエン国際空港Oslo Gardermoen International Airport。市内からはやや離れているが、直通の高速列車やローカルトレイン、空港バスがあって快適に移動できる。

空港ロビーと直結している
鉄道駅の乗り場

オスロ・ガーデモエン国際空港

Oslo Gardermoen International Airport

オスロ・ガーデモエン国際空港
Map P.169-D1外
TEL 64-812000
URL avinor.no/en/airport/oslo-airport

空港内の銀行
到着ロビー
営 8:00～21:00
休 なし

2017年に拡張工事を完了した国際空港。到着ロビーは1階、出発ロビーは2階。北欧らしいモダンな建築様式で、環境にも十分な配慮がなされている。広々とした空港内には銀行や観光案内所はもちろん、バラエティ豊かなショップやレストランなどがあり、ショッピングや食事でも楽しい時間を過ごせる。Wi-Fiも無料で接続可能だ。

また、到着と出発ロビーは完全に分かれているので、迷う心配のない親切な設計だ。各階のロビー中央から鉄道駅の乗り場が直結しているため、市内への移動もスムーズ。

デザインにもこだわりが見られる
オスロ・ガーデモエン国際空港

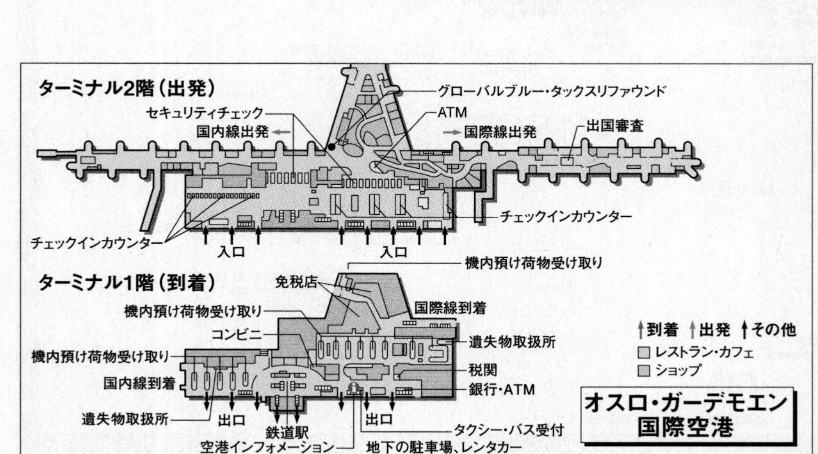

空港から市内への行き方

鉄道

Airport Express Train (Flytoget)

空港からオスロ中央駅までを、エアポート・エクスプレス・トレインAirport Express Train（Flytoget）という高速列車が運行。平日は1時間に最大約6便運行し、座席は全席自由。チケットは改札口の近くに設置された自動券売機で購入できる。

オスロ中央駅へは料金の格安な、Vy社の在来線（Vy Lokaltog/Regiontog）も利用可能。チケットはホームへ下りるエスカレーターの手前にある自動券売機またはルーターの公式アプリ（→P.175）で購入できる。

便利なエアポート・エクスプレス・トレイン

空港バス

Airport Bus (Flybussen)

空港とオスロ中央駅南口の長距離バスターミナルやラディソン・ブル・プラザ・ホテル・オスロ（→P.201）を結んで、エアポート・バスAirport Bus (Flybussen) が運行している。出発はターミナル1階、到着フロアの正面出口を出た所にある11番乗り場から。チケットは自動券売機またはドライバーから直接購入する。事前にウェブサイトから購入することもできる。

大きな荷物を荷台に預けられるので快適

タクシー

Taxi

タクシーは固定料金制で、会社や目的地により料金が大きく異なる。公共の乗り物に比べると割高だが、希望のホテルへ直接行けるので荷物が多い場合に便利。チップは原則不要。空港の到着フロアの外にあるタクシー予約機で大体の料金を確認してから利用するといい。

エアポート・エクスプレス・トレイン
URL flytoget.no
空港→中央駅
運 5:50～24:50、10～20分間隔
中央駅→空港
運 4:40～24:00、10～20分間隔
料 片道240NOK（自動券売機から購入）
所要約20分。ユーレイルパスなど鉄道パスは使えない。ウェブサイトや公式アプリからも購入可能。

Vy社
TEL 61-051910（予約）
さらに9をダイヤルすると、英語のオペレーターにつながる。
URL www.vy.no
運 5:13～23:43、1時間に2～3便
料 片道124NOK～
所要約23分。発券から2時間30分以内であれば、オスロ中央駅からトラムや市バスへ乗り換えることも可能。鉄道パスも使える。

エアポート・バス
TEL 48-280500
URL www.flybussen.no
空港→市内
運 4:45～翌2:15、20分～1時間間隔
市内→空港
運 4:00～翌3:30、20～45分間隔
料 片道239NOK
（バス車内で運転手から直接購入する場合は272NOK、支払いはクレジットカードのみ）
所要約50分。

タクシー
料 945NOK～
（通勤ラッシュや夜間および週末は1260NOK～）

オスロ・ガーデモエン国際空港から市内へのアクセス

種類	乗り場	行き先	運行時間	所要時間	料金
エアポート・エクスプレス・トレイン	到着ロビーの右手中央	オスロ中央駅	5:50~24:50（10~20分間隔）	約20分	片道240NOK
在来線	到着ロビーの右手中央	オスロ中央駅	5:13~23:43（1時間に2~3便）	約23分	片道124NOK~
エアポート・バス	到着ロビーの正面出口付近にある11番乗り場	長距離バスターミナル、ラディソン・ブル・プラザ・ホテル・オスロ	4:45~翌2:15（20分~1時間間隔）	約50分	片道239NOK
タクシー	到着ロビーの出口付近	希望の場所	24時間	約50分	945NOK~（通勤ラッシュや夜間および週末は1260NOK~）

エアポート・エクスプレス・トレインと在来線の所要時間はほぼ同じ。迷わず時間をかけずに行きたいならエアポート・エクスプレス・トレイン、とにかく節約したい人は在来線を選ぶといい。

列車で着いたら

国際、国内とも列車はすべてオスロ中央駅Oslo Sentralstasjonに到着する。駅を出たらすぐにメインストリートのカール・ヨハン通りに出られる。

オスロ中央駅

Oslo Sentralstasjon

駅舎は2階建てで、1階は国内線鉄道の列車のホームと、エアポート・エクスプレス・トレインのチケット売り場および発着所があり、橋上になった2階部分にノルウェー鉄道のチケット売り場がある。地下は地下鉄のヤーンバーネトーエット駅Jernbanetorgetと直結している。構内には観光案内所や両替所、コンビニ、レストラン、カフェなどの施設が入る。市バス、トラムが発着する駅前は市内の交通の拠点ともなっている。出口手前にはルーターRuterがある。

バスで着いたら

ラディソン・ブル・プラザ・ホテル・オスロ（→P.201）の裏側に長距離バスターミナルがある。国内線の長距離バスや国際バスもここに発着する。国内最大手のバス会社ノルウェー・ブスエクスプレスNORWAY Bussekspressやブイワイ・バス社Vy Busが国内の大部分、フリックスバス社Flixbusが国際バスを運行。

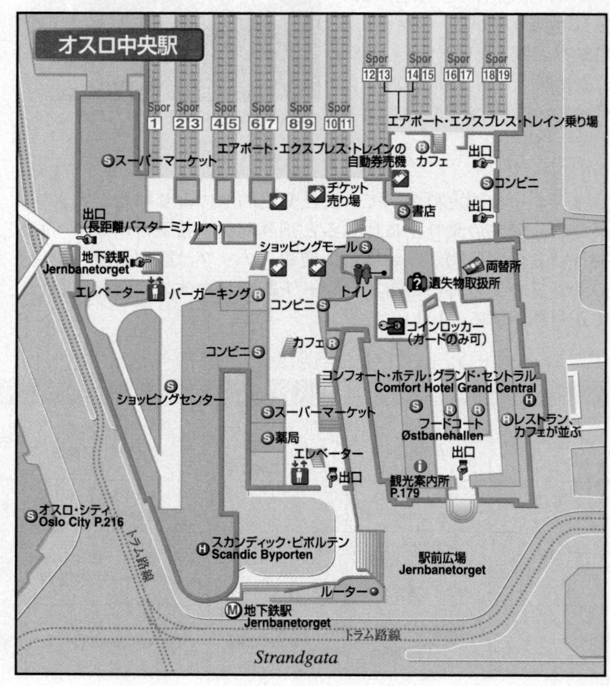

北欧諸国からの鉄道
（→P.555）

オスロ中央駅
Map P.171-C・D3, P.194
チケット売り場
営月～金　6:30～23:15
　土・日　10:00～18:00
休なし

中央駅の両替所
駅舎内に両替所がいくつかあるほか、コインロッカーそばのATMは24時間稼働している。

オスロ中央駅前にあるタイガー像

ヨーロッパ諸国からのバス路線
（→P.549）

北欧諸国からのおもなバス路線
コペンハーゲンから8時間～8時間20分、ストックホルムから7時間30分。

長距離バスターミナル
Map P.171-D3

ノルウェー・ブスエクスプレス
TEL 22-313150
URL www.nor-way.no

ブイワイ・バス社
TEL 40-705070
URL www.vybus.com

フリックスバス社
URL global.flixbus.com

CHECK!

列車の予約
国内、国際列車などのチケットの予約、購入はオスロ中央駅の正面から入って突き当たりのチケット売り場で。特に夏季のフィヨルド行き列車はとにかく混雑するので、まずここで予約すること。ユーレイルパスなどを持っていても、時刻表にRのマークがある列車は座席の予約がおすすめ。予約料がかかるので気をつけよう。また、土・日曜は、列車の運賃が上がるので、鉄道パスを持っていない人は要注意！　たいていのチケットはコンコース内に多数設置されている券売機でも購入できる。なお、ナットシェルNorway in a Nutshell（→P.241）などフィヨルド地方の周遊チケットの購入は構内の観光案内所で。

船で着いたら

国際航路が到着する船着場は、オスロ中央駅の南とショッピングセンター、アーケル・ブリッゲ（→P.216）の南西にある。中央駅の南の第2埠頭Utstikker 2にあるのが船会社DFDSシーウェイズDFDS Seawaysのターミナル。アーケル・ブリッゲの南西にあるのがカラー・ラインColor Lineのターミナル。

コペンハーゲンやフレデリクスハウンからのフェリーは第2埠頭に、ドイツのキールKielからの船はカラー・ラインのターミナルに接岸。カラー・ラインのターミナルからはシャトルバスが、第2埠頭からは路線バスが船の発着に合わせて走っている。

町の中心に大型船が停船する

北欧諸国からのおもな航路
コペンハーゲンから
1日1便、所要約19時間。
フレデリクスハウンから
週3便、所要約10時間。
DFDSシーウェイズ
Map P.169-C4
URL www.dfds.com
カラー・ライン
Map P.168-B3
URL www.colorline.com
ヨーロッパ諸国からのおもな航路
（→P.549）

オスロの市内交通

オスロ市内の公共の交通機関には、トラムと地下鉄、市バス、フェリーがある。移動するのにいちばん便利なのが、市内を網羅しているトラム。中心部には停留所が点在しており、短距離・中距離間を移動するのにちょうどいい。市バスもトラムと同じように、路線が多く発達しているので利用しやすい。地下鉄は、町なかには駅が少なくあまり利用できないが、郊外へ足を延ばす際に最適。ほか、夏季のみ運航するフェリーもある。

料金とチケット

オスロの市内交通は、トラムや市バス、地下鉄、フェリーすべてゾーン制の均一料金。トラムや地下鉄の全路線がひとつのゾーン（ゾーン1）に収まる。チケットには、シングル、24時間、7日間などの種類があり、公式アプリやルーター、キオスク（セブン-イレブン、デリ・デ・ルカDeli De Luca、ナルヴェセンNarvesenなど）で購入する。公式アプリはシングルチケットの有効時間やルート検索、リアルタイムの運行状況なども調

市内交通のことならルーターへ
オスロ中央駅の正面玄関横にあるのが市内交通に関するインフォメーションのルーターRuter。オスロ市内の交通案内のほか、各種チケットやパスなども販売。ルートマップなどが無料でもらえる。入口で番号札を取って順番を待つ。地下鉄ヤーンバーネトーエット駅やナショナルテアトレット駅にもオフィスがある。
ルーター
URL ruter.no
オスロ中央駅
Map P.171-C3, P.194
開 月～金 9:00～20:00
土 9:00～18:00
日 10:00～16:00
休 なし
ヤーンバーネトーエット駅
Map P.171-C2, P.194
開 月～金 7:00～19:00
土 10:00～18:00
休 日
ナショナルテアトレット駅
Map P.170-B2
開 月～金 7:00～19:00
土 10:00～18:00
休 日

オスロ中央駅にあるルーター

公式アプリの使い方

① 公式アプリをダウンロード

ダウンロードしたらアプリを起動し、payment methodsにクレジットカードを登録する。

② チケットを購入

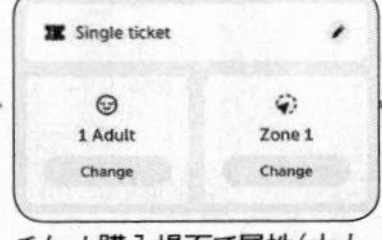

チケット購入場面で属性（大人、子供、シニア）と枚数、チケットのタイプ（シングル、24時間券など）、ゾーンを選んで購入。

③ 交通機関を利用

購入したチケットをリーダーに読み取らせる必要はない。検札の際は「inspection」をタップしてQRコードを表示させる。有効時間はアプリに表示される。

④ 便利な機能を活用

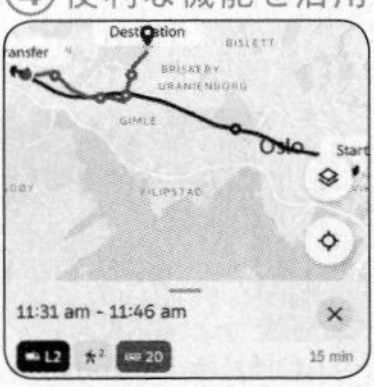

目的地を入力するとルート検索が可能。地図と行程の両方で表示されるのでわかりやすい。

オスロ中央駅のコインロッカーは現金が使用できず、クレジットカードのみ利用可。ほか現金が使えない場面も多々あるため、クレジットカードは必ず用意しておきたい。

チケット料金
シングルチケット（1ゾーン）
圏42NOK
24時間券　圏127NOK
7日間券　圏352NOK
※トラベルカード利用の際はカード代として別途50NOK。繰り返し使用できる。

トラベルカード
トラムや地下鉄、市バスなど市内交通全般で利用できるプリペイド式のICカード。新たに購入するには50NOK。1週間以上の中長期で滞在する人向け。

検札について
各交通機関では抜き打ちの検札が頻繁に行われており、無賃乗車あるいはトラベルカードを持っていても有効化していなかった場合、罰金1200NOK（手持ちの現金がなく、あとから払う場合は1470NOK）の対象となる。チケットは必ず利用前に購入しておこう。

トラム
運路線によって異なるが、だいたい月～金5:30～24:30頃、土・日6:30～24:30頃、15～20分間隔。
※トラムは頻繁に工事を行っている。最新情報はルーターで確認すること。

地下鉄
運路線によって異なるが、だいたい5:30～翌1:00頃、10～30分間隔。

車体にルーターのマークが描かれている

べられて便利。シングルチケットの購入回数に応じて最大40%の割引運賃も適用される。市バスとフェリーではドライバーからシングルチケットを購入することもできるが、この場合の支払いは現金のみで20NOKプラスされる。また、200NOK以下の紙幣を用意すること。繰り返し使えるICカード式のチケットはトラベルカードTravelcard（Reisekort）と呼ばれ、ルーターやキオスクで入手できる。シングルチケットや24時間券、7日間券などに使用でき、チャージは販売店で可能。ICカード式のチケットは利用のつど、車内または駅に設置されたカードリーダーに読み取らせる。24時間、7日間券は初回のみでOK。シングルチケットは1時間以内なら、各交通機関相互に何度でも乗り継ぎが可能。頻繁に移動するなら、24時間券24-timersbillettや7日間券7-dagersbilett、オスロ・パス（→P.179）の利用が便利。

●トラム

Trikken

トラム（路面電車）は、市内を縦横に走っている。本数も多く時間も正確なので、市内の見どころへ行く場合はトラムを利用するのが便利。路線は11、12、13、17、18、19番の計6路線。各停車駅で車内アナウンスがある場合もあるが、聞き取りにくいので、車内の電子掲示板に表示される停留所の名前を見て降りるといい。必要に応じて車内にある読み取り機でバリデーション（有効化）を。降車時は、車内のポールに付いているストップボタンを押して運転手に知らせよう。停車したら、後部ドア付近にある黄色いボタンを押せばドアが開く。

トラムは、市民にも旅行者にも便利な足となっている

●地下鉄

T-Banen

T-baneと呼ばれる地下鉄は1～5番の全5路線。町の中心には駅が少ないのであまり利用できないが、少し離れた所へ移動するのに便利。駅にはⓉのマークの付いた看板が設置されている。

トラムの乗り方

トラムの乗り方をマスターして、乗りこなそう。
市バスの乗り方は、トラムとほぼ同じ。

①停留所を見つける

トラムの停留所は道路沿いか、道路の中央にある。右側通行なので進行方向を間違えないように注意しよう。

②乗車する

トラムが来たら、乗り込む。どのドアから乗車してもOK。

③チケットのバリデーション

必要に応じてトラベルカードを車内にある読み取り機にかざし、バリデーションを行う。

④降車する

降りるときはストップボタンを押す。停留所に着いたら、ドア付近にあるボタンを押してドアを開ける。

すべての駅に停車し、ドアを開けるときはボタンを押す。地下鉄には改札がなく、そのままホームまで入ることができるが、必要に応じてホームに設置されている読み取り機でのバリデーションを行うこと。

起点となる駅は、国立劇場前のナショナルテアトレット駅Nationaltheatret、国会議事堂Stortinget前のストーティンエット駅Stortinget、もしくは中央駅地下のヤーンバーネトーエット駅。なお、ナショナルテアトレット駅とヤーンバーネトーエット駅の間は鉄道も走っている。

●市バス

Busslinjene

市バスは非常に発達しており、市内にくまなく路線がある。行きたい所があれば、ルーターや公式アプリでバスの番号と乗車場所を調べてから行くといい。車内には次の停車地が随時表示されるので、目的地の最寄りのバス停をあらかじめ調べておけば間違いは少ない。バスの乗降方法はトラムと同じ。

●フェリー

Batene

フェリーは市庁舎前広場Rådhusplassenの埠頭から運航している。3番埠頭から夏季のみ運航されるビィグドイ地区Bygdøy行きの便はノルウェー民俗博物館やコンチキ号博物館への足として便利。ビィグドイへはバスでも行けるが、オスロフィヨルドを眺めながら進むフェリーを利用するのがおすすめだ。チケットは埠頭のブースで販売。市内交通の各種チケットは使用不可。

●タクシー

Taxi

オスロには流しのタクシーはないので、タクシー乗り場から乗車するか、電話で呼び出す。料金はメーター制だが、事前に目的地までの料金を確認すること。深夜は割増料金になる。

●レンタル自転車

市内約240カ所のステーションに駐輪されている自転車を、アプリを使ってレンタルし、好きなステーションで返却できるシェアサイクルサービス。夏がおすすめだが冬でも利用可能。

市バス
運路線によって異なるが、5:30～24:30頃。ほとんどが15～30分間隔だが、60～120分間隔のものもある。
深夜バス
31、37番は毎日24時間、ほかの路線は金・土曜の夜のみ運行。

バス乗り場を覚えて乗りこなそう

フェリー
運3月下旬～10月上旬の9:10～17:50まで、20～30分間隔。詳細はP.187。

おもなタクシー会社
Oslo Taxi
TEL 02323

おもなレンタル自転車サービス
Oslo Bysykkel
料15NOK（15分）～
URL oslobysykkel.no

ちょっとした移動に便利

地下鉄の乗り方

中心部から少し離れた場所へ行くときに便利なのが地下鉄。乗り方は一度覚えてしまえば簡単。

①駅を見つける

地下鉄の駅は、白地に青で書かれたⓉの丸い看板が目印。階段を降りて、標識に従いホームへ向かう。

②チケットのバリデーション

ホームに着いたら必要に応じてトラベルカードを読み取り機にかざし、バリデーションを行う。

③乗車する

電車が来たらドアの近くにあるボタンを押してドアを開け、乗車する。車内の電子掲示板で駅を確認して、目的の駅で降りよう。

④降車する

降りるときも、ドア付近のボタンを押してドアを開ける。降車時はバリデーションの必要はないので、そのまま出口へ。

オスロでは電動スクーター（キックボード）のレンタルも人気。料金の目安はロック解除が10NOK、1分3NOK～。

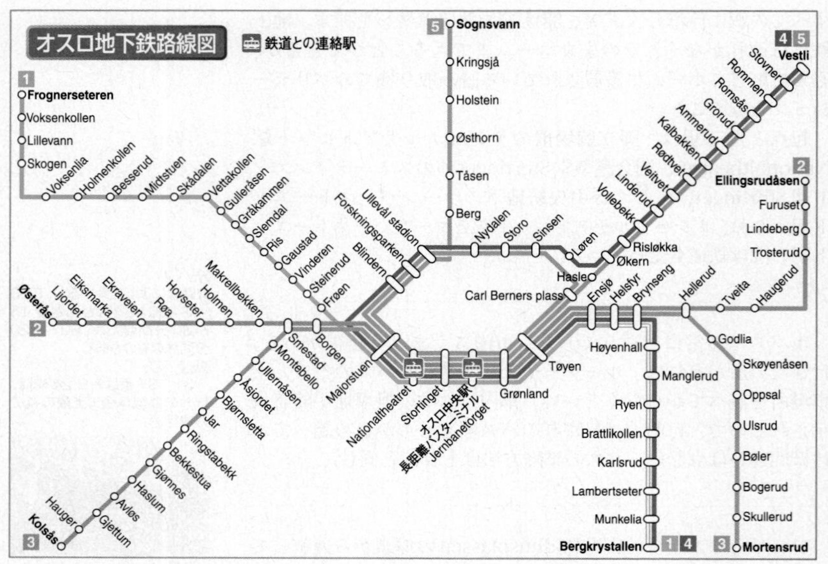

オスロ・トラム路線図

Ⓣ 地下鉄駅

鉄道駅

18 17 Rikshospitalet

Gaustadalleen

Forskningsparken

Universitetet Blindern

John Colletts plass

Ullevål sykehus

Adamstuen

Stensgata

Bislett

Dalsbergstien

19 11 12 Majorstuen

Bogstadveien

Frogner stadion

Vigelandsparken

Homansbyen

Welhavens gate

Rosenborg

Briskeby

Riddervolds plass

Inkognitogata

Frogner plass

Elisenberg

Lille Frogner allé

Niels Juels gate

13 Lilleaker

Sollerud

Furulund

Ullern

Abbediengen

Hoff

Skøyen

Thune

Nobels gate

Skarpsno

Skillebekk

Solli

Ruseløkka

Aker brygge
フェリーターミナル

Kontraskjæret

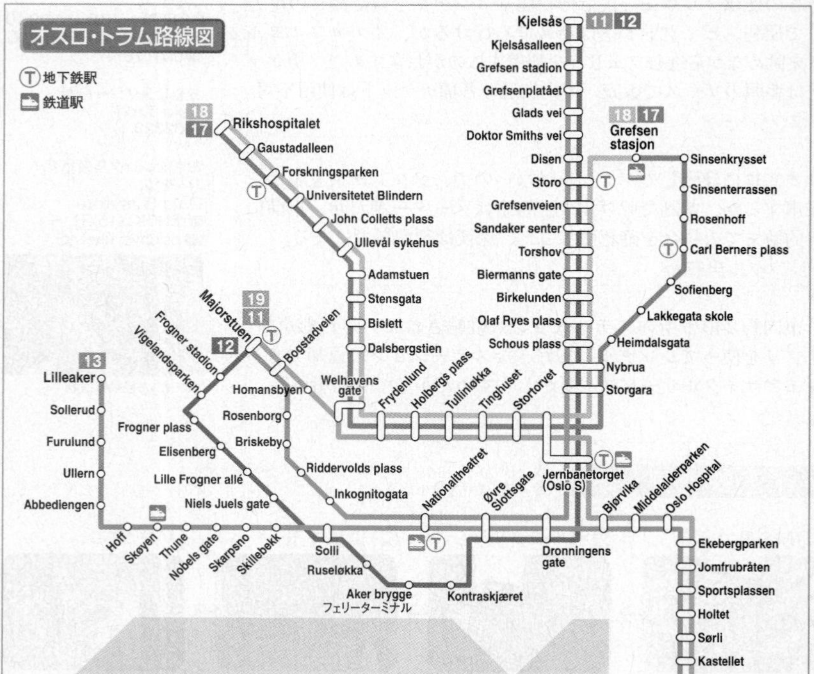

Nationaltheatret

Øvre Slottsgate

Dronningens gate

Frydenlund

Holbergs plass

Tullinløkka

Tinghuset

Stortorvet

Jernbanetorget (Oslo S)

Kjelsås 11 12

Kjelsåsalleen

Grefsen stadion

Grefsenplatået

Glads vei

Doktor Smiths vei

Disen

Storo

Grefsenveien

Sandaker senter

Torshov

Biermanns gate

Birkelunden

Olaf Ryes plass

Schous plass

Nybrua

Storgara

18 17 Grefsen stasjon

Sinsenkrysset

Sinsenterrassen

Rosenhoff

Carl Berners plass

Sofienberg

Lakkegata skole

Heimdalsgata

Bjørvika

Middelalderparken

Oslo Hospital

Ekebergparken

Jomfrubråten

Sportsplassen

Holtet

Sørli

Kastellet

Bråten

Sæter

13 19 Ljabru

オスロの歩き方

オスロは南側がオスロフィヨルドに面し、三方を山々に囲まれた自然豊かな町。一国の首都としてはそれほど大きくなく、旅行者にとってはとても観光しやすい町。見どころがあるエリアも限られているうえ、トラムや地下鉄などの交通網が整備されているため移動もしやすい。

オスロ観光の起点となるのは、国内外からの列車が発着し、トラム、地下鉄、バスなどの交通機関が停車するオスロ中央駅。ここから西に向かって王宮の入口まで延びるカール・ヨハン通りの周辺が、町で最もにぎやかなエリアだ。2kmほどのこの通りの東に位置する中央駅周辺にはデパートやショッピングモールなどの商業施設が、王宮に近い西側には劇場や大学などの文化施設が軒を連ねている。まずはこの通りをゆっくり歩き、街の雰囲気と地理を把握するといいだろう。

オスロ中央駅から王宮に向かう途中、左側に少し入った所にひときわ大きなオスロ市庁舎がある。オスロフィヨルドに面したこの建物の南に市庁舎前広場があり、その先にある複合商業施設アーケル・ブリッゲへと続くエリアは地元の人々の憩いの場。夏には対岸にあるビィグドイ地区へのフェリーもこの広場から発着する。アーケル・ブリッゲの先のテューヴホルメン地区Tjuvholmenは近年再開発されたウォーターフロント。美術館があるほか、夏季は海水浴を楽しむ人でいっぱいになる。

ビィグドイ地区は、オスロの西側に突き出している小さな半島。狭いエリアに博物館が集まっていて、ノルウェーの歴史や文化に触れることができる。

また、オスロ中央駅の北にあるグリーネルロッカ地区は、ハイセンスなカフェやショップが軒を連ねるおしゃれなエリアとして人気を集めている。

郊外にあるそのほかの見どころも、地下鉄や市バスで簡単にアクセスできる。

毎日王宮で行われている衛兵の交替式

オスロの観光案内所ℹ
Map P.171-C·D3, P.194
住Jernbanetorget 1
TEL23-106200
URLwww.visitoslo.com
開月～金　9:00～16:00
　土・日10:00～15:00
※時期によって異なる
休冬季の日

USE-IT Oslo
Map P.194
住Møllergata 3
URLwww.use-it.travel
開月～金　11:00～17:00
　土　　12:00～17:00
休日
青少年センターが運営する観光案内所。青少年向けの情報が多く、無料の地図などがもらえる。

CHECK!
オスロ・パス OSLO Pass
オスロ・パスは、市内の公共交通機関の運賃やおもな博物館、美術館の入場料が無料になったり、市内観光ツアーやレンタカー、レンタルスキー、指定のショップ、レストランでの割引などの特典があるお得なカード。
公式アプリのほか、観光案内所、市内のおもな宿泊施設、キャンプ場、オスロ中央駅にあるルーターで購入できる。
料24時間有効520NOK
　48時間有効760NOK
　72時間有効895NOK

オスロ発のツアー

観光バスツアー

ツアーよりも自由度が高いのが、ストロッマ・ツーリズム社の催行する観光バスHop On - Hop Off Bus。市内9ヵ所の停留所を巡る循環バスで、24時間有効のチケットで自由に乗り降りできる。オスロ市庁舎や王宮などの市内の見どころに、ヴィーゲラン公園やビィグドイ地区なども回るので非常に便利。出発は国立劇場前から。車内では無料Wi-Fiが利用できる。

ストロッマ・ツーリズム社 Stromma Tourism
URLwww.stromma.com/en-no/oslo
Hop On-Hop Off Bus
催3～9月　毎日10:30～16:30
料475NOK～
30分ごとに出発。チケットは車内かウェブサイトで購入できる。

オスロ・パスの公式アプリをダウンロードし、スマートフォン上でパスを購入しました。好きなタイミングで利用開始することができ、効率的に観光できました。（shima '20）['24]

オスロ エリアインフォメーション

A 新名所も多い町歩きの拠点 オスロ中央駅周辺

ノルウェー国内のおもな都市や北欧諸国からの列車が到着するのがオスロ中央駅。周辺にはデパートや商店、ホテル、レストランなどが集中する。駅前にはトラムや市バスの乗り場、地下鉄の駅もあるので、町歩きの拠点となる。中央駅を起点に西に真っすぐ延びるのが、カール・ヨハン通り。また、南側の海沿いにあるビョルビカ地区Bjørvikaには、オペラハウス、ムンク美術館といった新しい見どころが集まっている。

見どころ★★★★
グルメ★★★★★
ショッピング★★★★★

おもな見どころ
オスロ大聖堂（→P.194）
カール・ヨハン通り（→P.194）
ムンク美術館（→P.16、185）
オスロ公共図書館（→P.185）

↑レストランがずらりと並ぶカール・ヨハン通り ←2021年にオープンした新ムンク美術館

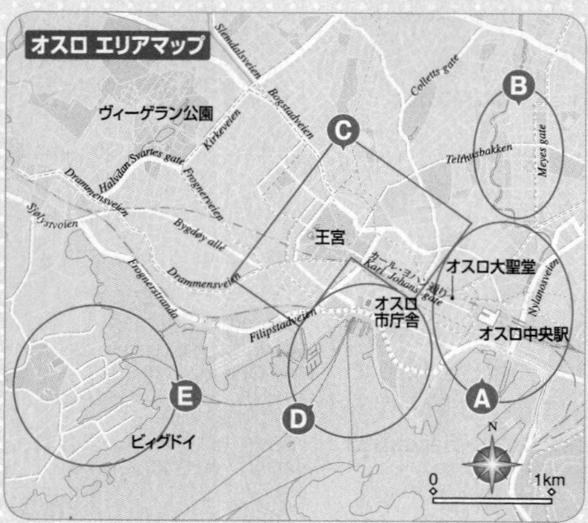

B 注目のおしゃれ地区 グリーネルロッカ地区 Grünerløkka

北部にあるグリーネルロッカ地区は、オスロ中心部から2kmほど離れた場所にある。市内屈指の人気ショッピングエリアで、ハンドメイドアクセサリーやアンティーク雑貨などの小さな専門店が軒を連ねる。特に、若手アーティストによるアート作品や古着を扱う個人店が充実。ショップだけでなく、地元客が足繁く通うおしゃれなレストランやカフェ、バーなども多い。また、ムンクゆかりの地も点在する。

見どころ★
グルメ★★★★
ショッピング★★★★★

おもな見どころ
グリーネルロッカ地区の小さな店たち（→P.212）

気になる店を見つけたら入ってみよう

C ノルウェー国王が住む地区 王宮周辺

カール・ヨハン通りの西の突き当たりにある王宮。そこを囲むように広がる緑豊かな公園が、王宮公園Slottsparkenだ。夏にはピクニックをする人が多く見られ、市民の憩いの場となっている。公園の手前にある地下鉄ナショナルテアトレット駅の周辺には、ノルウェー最大規模を誇る国立劇場、オスロ大学とその付属機関である歴史博物館など文化施設が集まる。

見どころ★★★★
グルメ★★★
ショッピング★★★

おもな見どころ
王宮（→P.195）
歴史博物館（→P.195）
イプセン博物館（→P.195）

1899年に建てられた国立劇場

D 市民憩いの湾岸エリア 市庁舎前広場周辺

オスロフィヨルドに面して立つオスロ市庁舎。南側に広がるのが市庁舎前広場で、目の前の海を眺めながら休憩できる。夏季には、ここからビィグドイ地区行きの船が発着。広場から海に向かって左にはアーケシュフース城が、右側には複合商業施設アーケル・ブリッゲ（→P.216）がある。その南にあるテューヴホルメン地区Tjuvholmenは再開発地区として人気で、ホテルや美術館、飲食店が集まる。

港町の雰囲気が楽しめるオスロフィヨルド

見どころ★★★★　グルメ★★★★
ショッピング★★★

おもな見どころ
国立美術館（→P.182）
ノーベル平和センター（→P.182）
オスロ市庁舎（→P.183）
アーケシュフース城（→P.183）

テューヴホルメン地区
市庁舎広場前から南西に延びる港沿いのエリア。近年、再開発され、オスロ市内の最旬スポットとして注目を浴びている。この地区の特徴といえば、アストルップ・ファーンリー美術館（→P.196）やホテル・シーフ（→P.200）などのユニークな建物だ。港沿いには遊歩道や公園が整備され、散歩やピクニック、海水浴を楽しむ人の姿が多く見られる。レストランやカフェも充実しており、テラス席でオスロフィヨルドの景色を眺めながら食事が楽しめる。

潮風を感じながらリラックスしよう

E 定番博物館が集合！ ビィグドイ地区 Bygdøy

オスロの西側に突き出た半島ビィグドイ地区には、博物館が点在。一番奥にあるコンチキ号博物館やフラム号博物館の正面まで、オスロ中央駅から30番のバスで約20分。夏季には市庁舎前広場の桟橋から船も出ている。こちらは所要約15分で、ドロンニンゲン桟橋Dronningenを経由してビィグドイに到着する。小さなフェリーだが、オスロフィヨルドでのちょっとしたクルーズ気分が楽しめる。

見どころ★★★★★
グルメ★
ショッピング★

おもな見どころ
ノルウェー民俗博物館（→P.188）
コンチキ号博物館（→P.190）
フラム号博物館（→P.191）

巨大な船に圧倒されるフラム号博物館

わざわざ行く価値あり！ 郊外

郊外にも見逃せない見どころがいっぱい。定番のフォトスポットであるヴィーゲラン公園では、謎のポーズをした彫刻が園内に点在し、オスロのシンボル的存在である「怒りんぼう」を見ることができる。ほか、スキー博物館などもあり、どの見どころもオスロに来たら見ておきたいものばかり。郊外への移動は地下鉄やトラムの利用が便利。

おもな見どころ
ヴィーゲラン公園（→P.192）
ホルメンコレン・ジャンプ台とスキー博物館（→P.197）

ヴィーゲラン公園の不思議な彫刻

オスロ ユースフルインフォ

在ノルウェー日本国大使館
MAP P.170-B2
住Haakon VIIs gate 9
TEL22-012900
URLwww.no.emb-japan.go.jp
開月～金9:00～12:30/13:30～16:00
休土・日、祝日
行き方＞＞＞
地下鉄ナショナルテアトレット駅から徒歩1分。

SAS
TEL21-896400
フィンエアー
TEL23-963051
警察 TEL112
消防 TEL110
救急車 TEL113

オスロ警察（遺失物）
MAP P.169-D3
住Grønlandsleiret 44 TEL22-669050
救急医療電話サービス（24時間）
TEL116117
おもな病院
Volvat Medisinske Senter
MAP P.168-A1
住Borgenveien 2A TEL22-957500 URLwww.volvat.no

海沿いの定番観光スポット

オスロフィヨルド周辺を散策

湾であるオスロフィヨルドにある見どころも外せない！ 周辺はショップや飲食店も充実しているので、観光ついでにショッピングや食事も楽しめる。

国立美術館

Nasjonalmuseet
MAP P.170-A3

名画から現代美術まで網羅

2022年6月に移転オープンしたヨーロッパ最大級の美術館。常設展のハイライトはムンクの間で、『叫び』や『マドンナ』などの代表作を鑑賞できる。ほかにもハリエット・バッカー、ヨハン・クリスチャン・ダールといったノルウェー作家の作品が充実。現代アートのコレクションも秀逸。

住Brynjulf Bulls plass 3
TEL21-982000
URLwww.nasjonalmuseet.no
開火・水10:00～20:00
　木～日10:00～17:00
休月
料200NOK（オスロ・パスで入場可）

行き方>>>
地下鉄1～5番でナショナルテアトレット駅下車、徒歩5分。または、トラム12番Aker brygge下車、徒歩すぐ。

ノーベル平和センターの裏手にある

1『叫び』『生命のダンス』など名画が並ぶムンクの間 2ドイツの建築事務所が手がけた重厚な建物

Aker brygge

アーケル・ブリッゲ
Aker Brygge

Stranden

ノーベル平和センター

Nobels Fredssenter
Map P.170-B3

平和の願いを伝える博物館

ノルウェー独立100年を記念して開館。約1年間の改装工事を経て、2023年12月に再オープン。ノーベル平和賞の歴史や受賞者の功績に関する資料が見られる常設展のほか、平和をテーマにしたさまざまな企画展を主催。1階では、ノルウェーの国際平和運動家C.L.ランゲが1921年に受賞したときの純金メダルを見ることができる。毎週土・日曜の12:00からはガイドツアーが催行されており、無料で参加できる。

住Brynjulf Bulls Plass 1 TEL48-301000
URLwww.nobelpeacecenter.org
開1/2～6/16　火・木～日11:00～17:00
　　　　　　水11:00～21:00
　6/17～9/1　毎日10:00～17:00
　9/2～12/30 火～日11:00～17:00
休9/2～6/16の月
料160NOK（オスロ・パスで入場可）

行き方>>>
地下鉄1～5番でナショナルテアトレット駅下車、徒歩5分。または、トラム12番でAker brygge下車、徒歩すぐ。

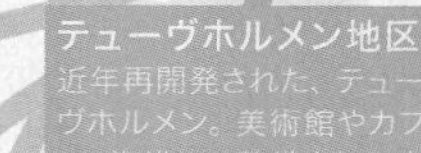

テューヴホルメン地区
近年再開発された、テューヴホルメン。美術館やカフェ、海沿いに整備された広場がある。

1歴代の受賞者を紹介するタッチパネル 2本物そっくりのメダルチョコレート10枚入り168NOK

旧オスロ西駅を利用した建物

壁画にはノルウェー人の営みや文化が描かれている

オスロ市庁舎

Rådhuset i Oslo
Map P.170-B3

ノーベル平和賞の授賞式会場

オスロ市創立900年を記念して建てられた市庁舎。数々の絵が飾られており、巨大な油絵（24×12.6m）や2階のムンクの間には『人生』という絵がある。毎年12月10日にノーベル平和賞の受賞式が行われている。

住Rådhusplassen 1 TEL21-802180
URLwww.oslo.kommune.no
開毎日9:00〜16:00
休なし 料無料

行き方＞＞＞
地下鉄1〜5番でナショナルテアトレット駅下車、徒歩5分。または、トラム12番でKontraskjæret下車、徒歩3分。

1 1時間ごとに美しい鐘の音色が鳴り響く
2 2階にあるムンクの間も出入口から見学できる

Rådhusplassen 12 Rosenkrantz' gate Kontraskjæret Rådhusgata Akershusstranda オスロフィヨルド 100m

市庁舎前広場
ベンチが多くあり、休憩するのにぴったり。お昼にはフードトラックや屋台が出る。

ビィグドイ地区行きのフェリー
春から秋の間、ビィグドイ地区（→P.188）までを結ぶフェリーがここから出発している。

アーケシュフース城

Akershus festning
Map P.170-B4

オスロフィヨルドを見守る城

1299年にホーコン5世マグヌソン王によって建てられたが、火災により大部分が焼失。その後デンマーク王のクリスチャン4世が再建した。城の外からはオスロフィヨルドが望める。歴史を紹介するビジターセンターもある。

住Akershus festning TEL23-093553
URLkultur.forsvaret.no/museer/akershus-slott

ビジターセンター
TEL23-093917
開毎日10:00〜17:00
休なし 料無料

城の見学
開5〜8月 月〜土10:00〜16:00
日12:00〜16:00
9〜4月 土・日12:00〜17:00
休9〜4月の月〜金
料100NOK（オスロ・パスで入場可）

行き方＞＞＞
トラム12番でKontraskjæret下車、徒歩7分。カール・ヨハン通りから徒歩10分。

フィヨルドを巡るクルーズツアー

Norway Yacht Charter
Map P.170-B3

Norway Yacht Charter社が船で巡る観光ツアーを催行。船上ライブが楽しめるジャズクルーズJazz Cruiseや、オスロフィヨルドを巡るフィヨルド・サイトシーイングFjord Sightseeingなどがある。

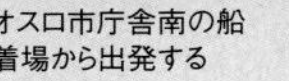

オスロ市庁舎南の船着場から出発する

TEL23-356890 URLnyc.no
ジャズクルーズ
催7/2〜8/27 火19:00発、所要約3時間
料665NOK
フィヨルド・サイトシーイング
催3/22〜6/27、9/2〜10/6
毎日10:30、13:00、15:30
6/28〜9/1 毎日10:30、11:30、13:00、14:00、15:30
10/7〜3/21 毎日10:30、13:00
所要約2時間
料439NOK

1 城の内部も見学できる
2 堅固な城壁で囲まれた城

コンテナターミナルが華麗に変身
最新のビョルビカ地区に注目！

オスロ中央駅の南東に広がる臨海エリアのビョルビカ地区が、再開発でクールに変貌中！
新しい観光名所も続々お目見えした注目度No.1の最旬スポットを歩いてみよう。

オスロ中央駅
ノルウェー最大の駅。エレガントな旧駅舎とモダンな新駅舎がつながっている。

100m

Dronning Eufemias gate

Operagata

Langkaia

オペラハウス

Operahuset
MAP P.171-D4

オスロの新たなランドマーク

海辺に立つ白亜の北欧モダン建築は氷山をイメージしたデザインで、フィヨルドに浮かんでいるかのような景観が特徴的。ノルウェー最大規模の文化施設で、スロープ状になった屋根部分は一般公開されており、歩いて上がることができる。

ガイドツアー（英語）
催月～土13:00、日14:00（所要約50分）
料150NOK
●詳細DATAは（→P.219）

1 大理石がふんだんに使われている 2 屋根の上から美景を望める。バックヤードが見学できるガイドツアーも人気

船のエンジンは電動式でクルーズ中もサウナ内は静か。アーケル・ブリッゲ（→P.216）前にもサウナがある

コック・オスロ

KOK Oslo
MAP P.171-C4

フィヨルドを見ながら"ととのう"

オペラハウスの対岸に浮かぶフローティングサウナ。薪ストーブで熱せられたサウナでたっぷり汗を流したら、水風呂代わりにフィヨルドへ飛び込める。サウナ自体がボートになっており、貸し切りにすれば沖合までクルーズすることも可能。

住Langkaia 1 TEL93-400522
URLkoknorge.no
営月～金7:00～23:00
　土・日8:45～23:00（時期により変動）
休なし 料1時間30分270NOK～

行き方 ›››
オスロ中央駅から徒歩5分。

1 サウナ内の窓からもフィヨルドを眺められる 2 氷が張った冬の海にダイブするのは貴重な体験！

Sørengkaia

1 独創的な建築デザイン 2 館内にはアート作品も飾られている 3 大きな窓からオスロ市内が眺められるくつろぎスペースも

オスロ公共図書館

Deichman Bjørvika
MAP P.171-D3

最新のモダン図書館

2020年6月にオープン。地下1階、地上5階建ての館内にはシアタールームや、3Dプリンターとミシンが置かれたワークスペースなど図書館を超えた設備が充実。レストランやカフェバーもあり、食事や町歩きの休憩スポットにもぴったり。

住Anne-Cath. Vestlys plass 1
TEL23-432900
URLdeichman.no/bibliotekene/bjørvika
開月～金8:00～22:00 土・日10:00～18:00 休なし 料無料

行き方 >>>
オスロ中央駅から徒歩2分。

1 スペインの著名な建築家が手がけた独創的な美術館 2 上階からオスロフィヨルドを見渡せる 3 半日程度は時間をかけてじっくり鑑賞したい

ムンク美術館

Munch-museet
MAP P.171-D4

リニューアルしたムンクの美術館

2021年10月にオスロの東郊外からビョルビカ地区へ移転オープン。13階建ての広い館内で『叫び』をはじめとするムンクの代表作を鑑賞できる。さまざまな企画展やイベントも随時開催。ムンクグッズが購入できるショップやカフェ、展望レストランもある。

住Edvard Munchs Plass 1
TEL23-493500
URLwww.munchmuseet.no
開日～火10:00～18:00、水～土10:00～21:00 休なし 料180NOK

行き方 >>>
トラム13、19番Bjørvika下車、徒歩5分。

海プールでリフレッシュ!

堤防に囲まれた人工ビーチと海プールは波が穏やかで夏は水遊びが楽しい。フィヨルドに飛び込めるジャンプ台もある。

町なかでリゾート気分が味わえる。周囲にはおしゃれなカフェも

ソーレンガビーチ
Sørenga Sjøbad
MAP P.169-C4

住Sørengkaia TEL23-482030
開4/1～10/14 毎日7:00～22:00、10/15～3/31 毎日7:00～16:00 休なし 料無料

行き方 >>>
バス85番Sørenga下車、徒歩8分。

ムンクの人生と作品について学ぼう!

ムンクが最初に描いた油絵の『叫び』は、国立美術館で一般公開されている　Photo: Nasjonalmuseet / Høstland, Børre

世界的画家、ムンクの人生

ノルウェーが生んだ表現主義の巨匠、エドヴァルド・ムンクEdvard Munch(1863～1944年)。作品全般から、「死」「孤独」「不安」「恐怖」というイメージを受けるが、これは彼の生い立ちと深い関係があるとされている。ムンクは、1863年12月12日にオスロの北にある町リョーテンLøtenで誕生した。翌年にクリスチャニア(現オスロ)へ移住。5歳のときに母を結核で亡くしたことが、ムンクが「死」というものを最初に感じたできごとだとされている。その後、1877年に姉も同じ結核で死去。ムンクも病弱で、冬はほぼ家の中で過ごしていた。そのため、常に「死」や「不安」を意識して幼少期を過ごしていたのだ。

画家としての人生を歩み始めたムンクだが、初期の作品は痛烈な批判に遭う。1902年に発表した「生命のフリーズThe Frieze of Life」という作品で芸術界での地位を確立するも、私生活での安定は得られなかった。その後、愛人とのもみ合いでピストルが暴発し左手中指を失ったことが原因で、アルコールにおぼれてしまう。1908年に精神を病み、コペンハーゲンで入院生活を送る。

その後、ノルウェーへ戻ったムンクは、精力的に活動を続け、1944年に81歳でその生涯を閉じた。

代表作の『叫び』

『叫びThe Scream』(1893年)は、ムンクの体験が基になっており、それを記した日記にはこう書かれている。

「夕暮れに友人ふたりと道を歩いている時、突然空が血のように赤く染まった。疲れを覚えた私は立ち止まり、柵にもたれた。青黒いフィヨルドと町の上には、血の色に燃え立つ雲が垂れ込めていた。友人たちは歩き続けたが、私は不安に震え立ちすくんだ。そして、果てしない叫びが自然をつんざくのを感じたのだった」(ムンクの日記　ムンク美術館ホームページより)

オスロで人生の大半を過ごしたムンク

全部で5つ?

ムンクは『叫び』を5つ描いている。1893年にベルリンで開催した個展で最初の油絵を発表。後に、ふたつのパステル、リトグラフ、テンペラで同じ構図で作品を描いている。ムンク美術館では、テンペラ画、パステル画、リトグラフ、国立美術館では、油絵を所蔵している。

ムンク美術館が所蔵する、テンペラ画の『叫び』
Edvard Munch, The Scream, 1910?
©Munchmuseet

『叫び』の舞台となったふたつの場所

舞台となった場所は2ヵ所あり、正確な場所については見解が分かれている。ひとつは、オスロ南東のエケベルグ地区Ekeberg。丘の中腹から町並みが一望でき、そっくりの構図となる。もう一方は、エケベルグの西2kmほどの所にあるが、埋め立ての影響で当時の風景とかけ離れている。

行き方 >>>
オスロ中央駅前から市バス34、74番で10分、Brannfjellveien下車。バスの進行方向へ坂を上って徒歩2分。

1

2

1 道端に『叫び』の碑も設置されている 2 ムンク美術館が主張するのは、こちらのMosseveien通り

初期の作品

ムンクは、自分の感情をストレートにキャンバスに表現する、表現主義だった。しかし、ムンクが活躍した19世紀末は、リアリズムや自然主義が主流の時代。『病める子 The Sick Child』（1886年）などの初期の作品はすべて痛烈な批判に遭い、「芸術への侮辱」とまで言われた。

初期に描いた『病める子』
Edvard Munch, The Sick Child, 1927
©Munchmuseet

もうひとつの代表作、『マドンナ』
Edvard Munch, Madonna, 1894 ©Munchmuseet

ムンク美術館にある、『不安』
Edvard Munch, Anxiety, 1894
©Munchmuseet

愛がテーマの『接吻』
Edvard Munch, Kiss, 1897
©Munchmuseet

生命のフリーズ

ムンクの名画と言えば、『叫び』や『マドンナ Madonna』（1893～94年）。これらは、1902年にベルリンで個展を開いた際に発表された「生命のフリーズ」という22の絵画シリーズ作の一部。ほかに、『接吻Kiss』（1897年）、『吸血鬼Vampire』（1893～94年）、『不安Anxiety』（1894年）などの代表作が発表された。「愛」、「生」、「不安」、「死」をテーマとした作品で、ムンクがフランス留学中に父親を亡くし、鬱に陥るようになったときに、孤独のなかでこの連作の構想を練った。

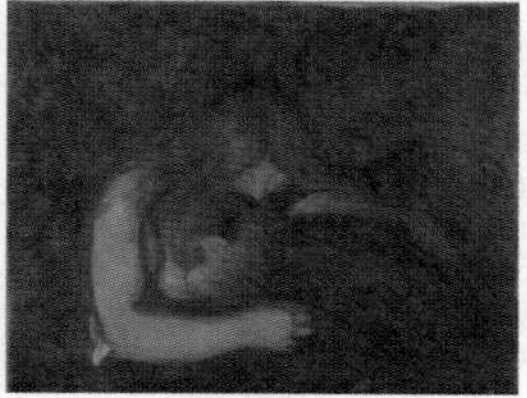

キスしているようにも見える『吸血鬼』
Edvard Munch, Vampire, 1893
©Munchmuseet

色彩が豊かな『太陽』
Edvard Munch,The Sun,1912-13 ©Munchmuseet

晩期の作品

コペンハーゲンでの入院生活を過ごし帰国したムンクは、オスロ郊外の町で作品を描き続けた。この頃になると、闇が大部分を占めていた作風から、光りのある明るい色彩へと変化していく。生涯を閉じるまで、4万点もの作品を残した。ムンクの死後、すべての作品がオスロ市へ寄贈された。

要チェック！

ムンクの作品が見られるスポット

◆ムンク美術館（→P.16、185）◆国立美術館（→P.182）◆オスロ市庁舎（→P.183）◆コーデー（ベルゲン美術館）（→P.229）

オスロ屈指の見どころ満載の
ビィグドイ地区を制覇！

オスロの西側にある半島ビィグドイ地区。ここには、オスロを代表する博物館が集結。ハシゴして博物館巡りを楽しもう！

～民俗博物館編～
ビィグドイ地区のおさえておきたいスポットを、くまなくご案内！

1 ノルウェー北部にあるSetesdalの農場で使われていた木造家屋 2 週末は馬車に乗って園内を巡ることができる 3 クリスマスの時期にはサンタクロースも登場！

ノルウェー民俗博物館

Norsk Folkemuseum
Map P.168-A3

ノルウェーの歴史的建物が集結

ノルウェーから集めた約160もの建物を展示する。古い建物やスターヴ(木造)教会Stavkirkje(→P.245)などが点在。一部の建物内では、その時代の格好をした人が当時の生活をリアルに再現(夏季のみ)。展示館やフォークダンスショーなどもある。

住Museumsveien 10 TEL22-123700
URLnorskfolkemuseum.no
開5～9月　毎日　10:00～17:00
　10～4月　火～日11:00～16:00
休10～4月の月 料140～180NOK(オスロ・パスで入場可)

行き方 ›››
市バス30番でFolkemuseet下車、徒歩すぐ。

フォークダンスショーを見よう！

春から秋にフォークダンスショーを催行。伝統楽器の軽やかな音楽に合わせて、ダンスが繰り広げられる。公演の途中で英語による解説もしてくれる。
催6/23-8/30 毎日1時間ごとの開催

伝統衣装をまとった2人組によるフォークダンス

ノルウェー民俗博物館
Norsk Folkemuseum

コスチュームにも注目してね♪

Hardanger
Sunn-og Nordfjord
・フォークダンス会場
Østlandet
Trondelag
農場
Hallingdal
Numedal
Østerdal
14世紀の雑貨店
オスロのアパート
2人組のフォークダンス会場
Telemark
カントリーサイド
The Countryside
Setesdal
スターブヒルケ(木造教会)
Starvkirke
オールド・タウン
The Old Town
おもちゃの展示
雑貨屋
展示館(サーメについての展示)
労働者たちの家
たばこ屋
屋外シアター
チケット売り場
入口

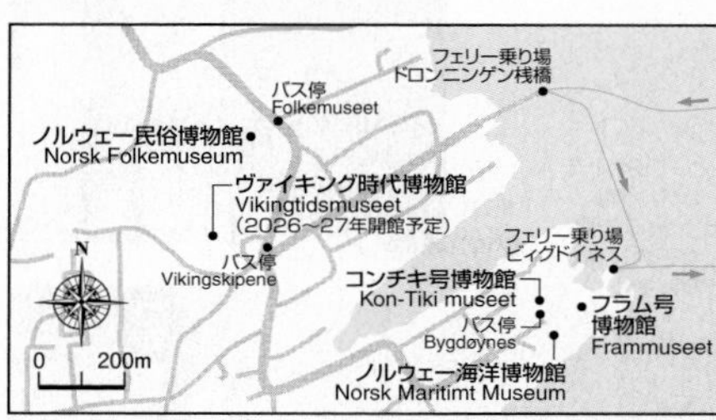

ビィグドイ地区へのアクセス

バス　オスロ中央駅からは市バス30番を利用する。各博物館最寄りの停留所で英語のアナウンスが流れるので、それを頼りに下車しよう。

フェリー　春から秋には、市庁舎前広場からフェリーが運航。ヴァイキング時代博物館とノルウェー民俗博物館へは最初に停まるドロンニンゲン桟橋Dronningenで。コンチキ号、フラム号、ノルウェー海洋各博物館へは次のビィグドイネスBygdøynesで下船。

ビィグドイ行きフェリー
TEL 23-356890 URL nyc.no
運 3月下旬～10月上旬
毎日9:10～17:50、20～30分ごとに出発
休 10月上旬～3月下旬
料 片道67NOK、往復104NOK（船内で購入の場合は割増）（オスロ・パスで利用可。市内交通の共通券は使用不可）
チケットはフェリー乗り場またはウェブサイトで購入。

注目すべきポイント3

広大な敷地なので、ポイントをおさえて効率よく回るのがコツ！

1 The Countryside カントリーサイド

木々が生い茂る敷地にノルウェー各地の田舎から集めた農家を中心とした木造家屋が点在。ヤギが放牧されており、ゆったりとした田舎らしい風景が楽しめる。

Fashion
繊細な装飾が施された民族衣装や、質素な布の服などさまざま。

当時の道具を使い、ガスや家電がない時代をリアルに再現。

Lifestyle

1 わいわい楽しく家事をする家族に遭遇 2 火も人もぜ～んぶ本物！

2 The Old Town オールド・タウン

クリスチャニア（現オスロ）時代の町並みを再現。石畳の道にれんが造りの建物が並ぶ景色は、趣がある。レトロなショップもオープンしており、実際に買い物もできる。

1 1600～1777年のクリスチャニアの町並み 2 レトロな看板がかわいいたばこ屋さん

Fashion
ワンピースやジャケットなど昔懐かしいスタイルが見られる。

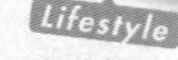

Lifestyle
生活感あふれる家は、便利な社会へと移行した時代の流れを感じさせる。

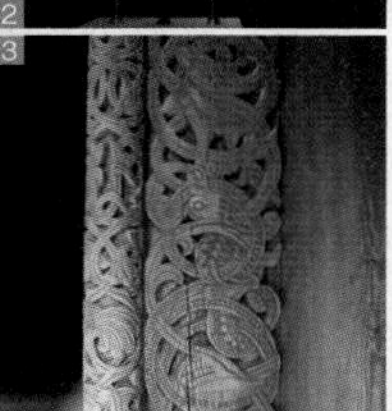

1 丘を上った場所に堂々とたたずむ教会 2 教会の内部も見学できる 3 細部にいたるまで美しく装飾されている

3 Stavkirke スターヴヒルケ（木造教会）

1200年築のスターヴヒルケ（木造教会）はオスロ北部のゴールGolという村から移転された。屋根の先にはヴァイキング時代の名残と思われる魔よけの龍頭が空をにらんでいる。

～海の博物館編～

海にまつわる博物館が多く集まるビィグドイ地区。各博物館の最大の見どころをチェック！

ヴァイキング時代博物館

Vikingtidsmuseet

Map P.168-A4

ヴァイキング時代の遺産を展示

3隻のヴァイキング船を展示していた博物館。2024年現在、改装のためクローズ中。2026～27年にヴァイキング時代博物館として開館予定。クローズ中、ヴァイキング関連の展示は歴史博物館（→P.195）で鑑賞できる。新しい博物館の面積は現在の3倍となり、レストランやミュージアムショップ、研究センターなども併設する。

住Huk Aveny 35
TEL22-855050
URLwww.vikingtidsmuseet.no

注目ポイント！
女王の船として使われていたオーセバルク船。800年代から50年間使用され、女王の遺体とともに埋葬された。

1 当時使われていた道具なども展示されている 2 芸術性の高さがうかがえる、オーセバルク船 3 1000年以上前に造られた、喫水線が極端に低いゴークスタット船 4 3時間ごとにヴァイキング時代を解説する映像が流れる

注目ポイント！
ペルーからイースター島までを漂流したコンチキ号。8000kmもの距離を101日間かけて渡った。

1 ポリネシア語で「太陽の息子」を意味するコンチキ号 2 コンチキ号では、船上での当時の暮らしも再現 3 ラー2世号の帆に描かれている太陽 4 建物の目の前にはモアイの像が立つ

コンチキ号博物館

Kon-Tiki museet

Map P.168-A4

ヘイエルダールの功績をたたえる博物館

文化人類学者のトール・ヘイエルダールThor Heyerdahl（1914～2002年）の功績を紹介する。ペルーからイースター島までを漂流した、バルサ材で造られたいかだ船コンチキ号やパピルスの船ラー2世号、イースター島のモアイの模型などが展示されている。

住Bygdøynesveien 36
TEL23-086767
URLwww.kon-tiki.no
開5月　毎日10:00～18:00
　6～8月　毎日 9:30～18:00
　9～4月　毎日10:00～17:00
休なし
料140NOK（オスロ・パスで入場可）

行き方＞＞＞
市バス30番でBygdøynes下車、徒歩すぐ。フラム号博物館、ノルウェー海洋博物館も同じ。

フラム号博物館

Frammuseet
Map P.168-A4

北極到達に成功した巨大な船

建物いっぱいに全長39m、満載時で800トンもの巨大な船、フラム号Framが収まる。ノーベル平和賞を受賞したナンセンNansenの指揮のもと、北極海流の研究のために造られた。実際に甲板に上がり船内を見学することができる。

住Bygdøynesveien 39
TEL23-282950
URLframmuseum.no
開5～8月
　毎日9:30～18:00
　9～4月
　毎日10:00～17:00
休なし
料140NOK
（オスロ・パスで入場可）

1 船内にはキッチンやトイレ、寝室なども再現されている 2 嵐の映像の放映とともに船が大きく揺れ、航海を体感することができる 3 圧倒されるほど大きなフラム号がお出迎え 4 三角形のユニークな建物

ノルウェー海洋博物館

Norsk Maritimt Museum
Map P.168-A4

ノルウェーの海の歴史を今に伝える

国内の海に関する資料を展示する本館と、過去から現代までのボートを実物展示する別館の2棟から成る。200年前のノルウェー最古の木製ボートや、船首に取り付けられていた飾りを展示。館内から望むオスロフィヨルドの景色にも注目したい。

住Bygdøynesveien 37
TEL24-114150
URLmarmuseum.no
開4～9月　毎日　10:00～17:00
　10～3月 火～日11:00～16:00
休10～3月の月
料140NOK（オスロ・パスで入場可）

1 地下1階に展示されている最古の木製ボート 2 ノルウェー周辺の海を描いた絵画のギャラリー 3 現代までの航海の歴史を年代順に紹介 4 ガラス張りの建物から海が見渡せる

コンチキ号博物館、フラム号博物館、ノルウェー海洋博物館の共通チケットあり。3館中2館に入館できるチケットは250NOK、3館共通は380NOK。

不思議なポーズの彫刻がたくさん！

ヴィーゲラン公園でおもしろ像をパシャリ！

オスロの人気フォトスポットといえば、人間の彫刻が並ぶヴィーゲラン公園。まか不思議な光景に、旅の思い出もさらに色濃くなりそう。

1 公園のシンボルのモノリッテンには121体もの老若男女が刻まれている 2 何体もの人間が彫られた噴水 3 記念撮影をする観光客でにぎわう 4 バラ園も美しい

ヴィーゲラン公園

Vigelandsparken

郊外 Map P.168-A・B-1・2

謎の彫刻が置かれた憩いの場

オスロ郊外の定番観光地。別名フログネル公園Frognerparken。園内にグスタヴ・ヴィーゲランが造った212点もの彫刻が点在し、刻まれた人間の数は650体以上にも及ぶ。人気の像は、怒った男児の怒りんぼう。

開24時間 料無料

行き方>>>

地下鉄1～5番でマジョルストゥーエン駅Majorstuen下車。ヒルケベイエン通りKirkeveienを南へ進み、10分ほどの所が正門。またはトラム12番あるいはバス20番Vigelandsparken下車、徒歩1分。

グスタヴ・ヴィーゲラン（1869～1943年）

ノルウェーの彫刻の発展に大きく貢献した、ノルウェー出身の彫刻家。ヴィーゲラン公園の彫刻はすべて彼によって彫られたものだが、作品の解説を一切拒否したため謎に包まれている。

©Vigeland-museet/BONO 2016

おもしろ彫刻コレクション

想像をかきたてられるユニークな彫刻を厳選！ ポーズをまねして写真を撮ってみよう☆

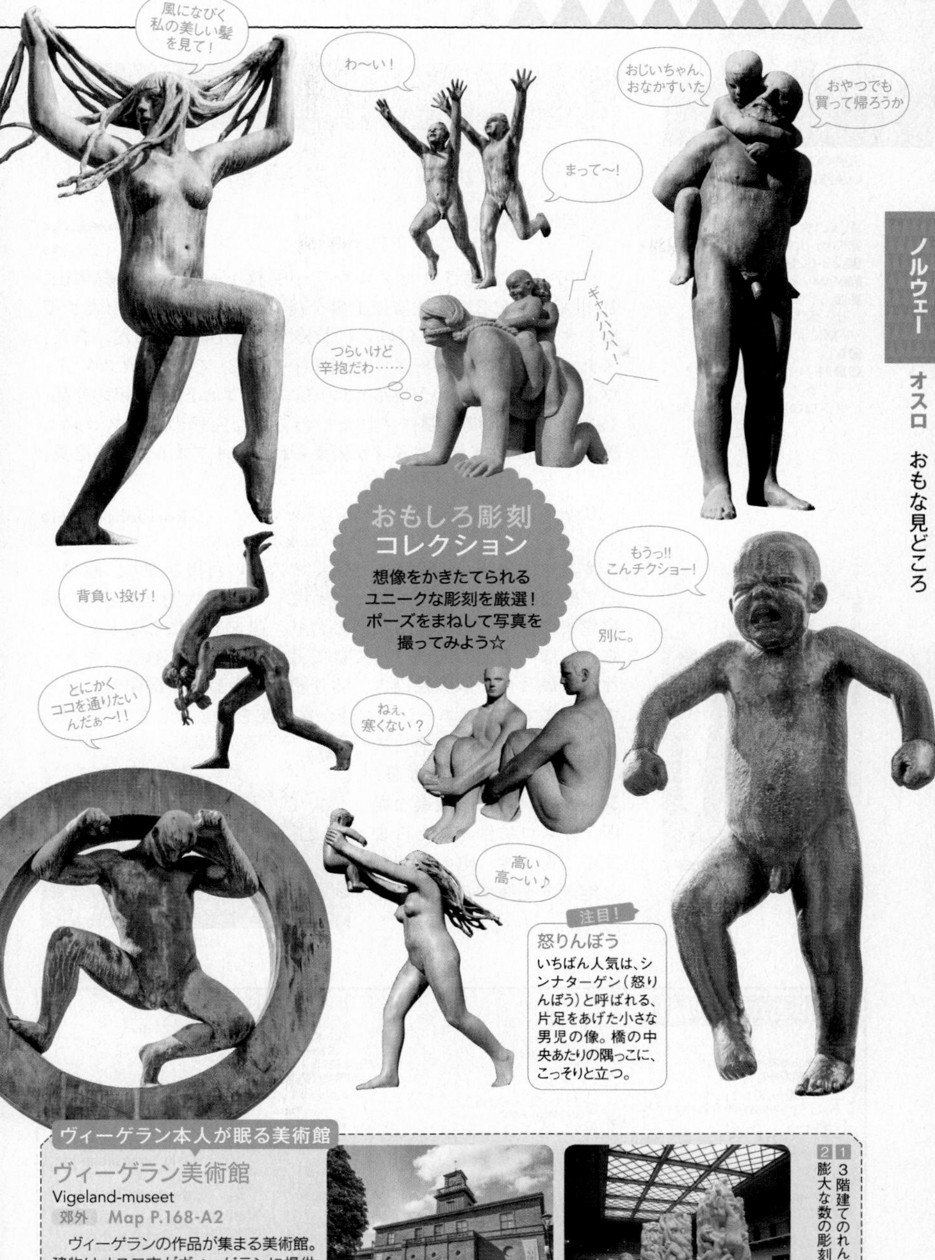

注目！
怒りんぼう
いちばん人気は、シンナターゲン（怒りんぼう）と呼ばれる、片足をあげた小さな男児の像。橋の中央あたりの隅っこに、こっそりと立つ。

ヴィーゲラン本人が眠る美術館

ヴィーゲラン美術館

Vigeland-museet

郊外　Map P.168-A2

　ヴィーゲランの作品が集まる美術館。建物はオスロ市がヴィーゲランに提供したもので、アトリエ兼住居として使っていた。現在は一般に公開されており、彫刻や木版画を展示する。ヴィーゲランの遺体も安置されている。

行き方 ❯❯❯
ヴィーゲラン公園から徒歩5分。

1 3階建てのれんが造りの建物
2 膨大な数の彫刻に驚かされる

住Nobels gate 32 TEL23-493700 URLwww.vigeland.museum.no
開5〜8月 毎日10:00〜17:00、9〜4月 火〜日12:00〜16:00
休9〜4月の月 料100NOK（オスロ・パスで入場可）

天井のフレスコ画は圧巻。細かい装飾にも注目

オスロ大聖堂
住Karl Johans gate 11
TEL23-629010
URLwww.kirken.no
開金　16:00～翌6:00
　土～木 10:00～16:00
（時期によって異なる）
休なし
料無料
行き方▶▶▶
　オスロ中央駅から徒歩4分。

おもな見どころ

オスロ中央駅周辺

オスロ大聖堂　Oslo Domkirke

Map P.171-C2,P.194

1697年に創建されたノルウェー国教ルーテル派の総本山。19世紀半ばに2度の大修復工事を経て、現在の姿となった。祭壇やオルガンの周囲に付けられた装飾は建立時のものだ。また、ステンドグラスはヴィーゲラン公園（→P.192）で有名なグスタヴ・ヴィーゲラン Gustav Vigelandの弟エマヌエルEmanuelの作品。1936～50年の間に制作されたやわらかな色彩のフレスコ画も美しい。6000本ものパイプが備えられたパイプオルガンも必見。

カール・ヨハン通り　Karl Johans gate

Map P.170-B2 ～ P.171-C2·3,P.194

カール・ヨハン通りでは、さまざまなアーティストが路上でパフォーマンスを行う

オスロ中央駅から王宮へと続くオスロの目抜き通り。距離にして約2km、歩くと30分ほどかかる。オスロ大聖堂から国会議事堂までは歩行者天国になっており、週末や夏になるとどこからともなく大道芸人がやってきて芸を披露してくれる。ギター片手に歌う人、似顔絵描き、切り絵師、手品師、銅像のまねをする人まで、バリエーション豊かな才能を楽しむことができる。

この通りには商店やレストランがびっしりと並び、ショッピングにも最適な場所。オスロに到着したらまずここを歩き、町の雰囲気と地理を把握するといいだろう。

にぎやかなカール・ヨハン通り

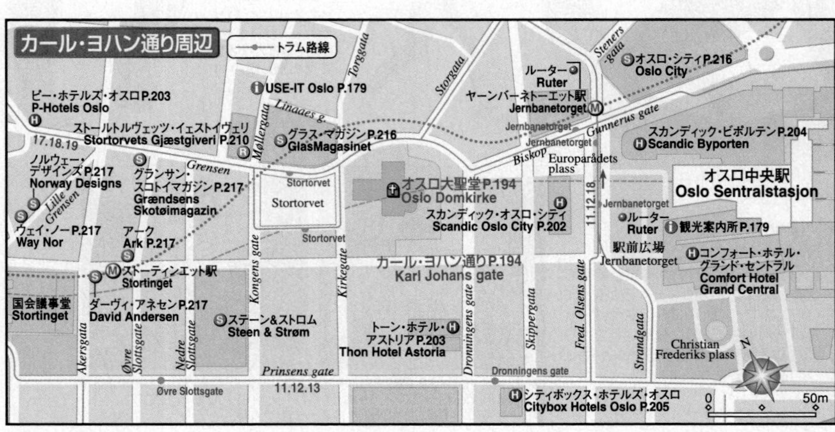

王宮周辺

王宮

Det Kongelige Slottet

Map P.170-A1

カール・ヨハン通りを見下ろすかのように立っている王宮は、1822年に着工されたが、途中資金不足のために一時工事は中断。その後工事を再開し、1848年にようやく完成した。王宮の前には当時のスウェーデン王、カール・ヨハンKarl Johanが馬に乗った大きな銅像が立っている（1814～1905年までノルウェーはスウェーデンの支配下にあった）。王宮の中は夏季のみガイドツアーで見学することができる。裏にある緑豊かな広々とした王宮公園は出入り自由。毎日13:30には、紺色の服を着た衛兵の交替式がある。

王宮には、現在も国王が暮らしている

王宮
住Slottsplassen
TEL22-048700
URLwww.kongehuset.no
ガイドツアー（英語）
催6/22～8/18
毎日12:00、12:20、14:00、14:20、16:00
料220NOK
所要約1時間。チケットはチケットマスター（URLwww.ticke-tmaster.noまたはTEL22-048964）で。空きがあれば王宮入口で当日券の販売もある。なお、ノルウェー語のツアーは毎日10:00～17:00の20分おきに催行。
行き方▶▶▶
トラム11、13番でNationaltheatret、または地下鉄1～5番でナショナルテアトレット駅下車、徒歩8分。

歴史博物館

Historisk Museum

Map P.170-B1·2

オスロ大学に所属する博物館で、ヴァイキング時代に使用された日常生活用品や刃斧、馬具、戦いに使用されたシャツ、兜、銀製品、指輪などの貴重な品が展示されている。ヴァイキングに興味のある人には、ぜひとも見てほしい博物館だ。ヴァイキング以外のものとしては、珍しい木造教会の一部の展示、また、氷河時代、石器時代、青銅器時代、鉄器時代と順を追って、ノルウェーの歴史を説明している。

ヴァイキングにまつわる展示が中心

歴史博物館
住Frederiks gate 2
TEL22-859910
URLwww.historiskmuseum.no
開5～9月
火·水·金～日 10:00～17:00
木 10:00～18:00
10～4月
火·水·金～日 11:00～16:00
木 11:00～20:00
休月
料140NOK（オスロ・パスで入場可）
行き方▶▶▶
トラム17、18、19番でTullinløkka下車、徒歩1分。

イプセン博物館

Ibsenmuseet

Map P.170-A2

『人形の家』などの戯曲で知られるノルウェーの代表的劇作家ヘンリック・イプセン（1828～1906年）。緻密な人間描写でヨーロッパ演劇に心理的深みと社会問題意識をもたらしたとされ、近代劇の父とも呼ばれる。博物館は彼の作品と生涯を解説する展示と、1895年から1906年に没するまで過ごしたアパートからなっている。ガイドツアーでのみ見学できるアパート内はイプセンが暮らしていた当時のままに再現されており、その作家活動の様子をしのぶことができる。

イプセンがその晩年を過ごした家

イプセン博物館
住Henrik Ibsens gate 26
TEL40-023580
URLibsenmt.no
開5～9月
毎日 11:00～18:00
10～4月
月·木·土·日 11:00～16:00
休10～4月の火·水·金
料180NOK（オスロ·パスで入場可）
行き方▶▶▶
トラム11、13番でNationaltheatret下車、または地下鉄1～5番でナショナルテアトレット駅下車、徒歩4分。

王宮の周りは、青々とした芝生や木々が生い茂り自然豊か。王宮公園には、小さな池もあり、夏にはピクニックを楽しむ市民の姿が多く見られる。

市庁舎前広場周辺

ファインアート・ギャラリー
住Filipstad brygge 2
TEL22-012420
URLwww.fineart.no
開月～水・金10:00～17:00
木 10:00～20:00
土 11:00～18:00
日 12:00～17:00
（時期によって異なる）
休なし
料無料
行き方▶▶▶
トラム12番でAker brygge下車、徒歩5分。または市バス21、42番でTjuvholmen下車、徒歩すぐ。

ファインアート・ギャラリー Galleri Fineart

Map P.170-A3

総面積2000㎡の展示スペースのアートギャラリー。ふたつのフロアと4つの展示室に分かれており、国内外およそ1100人のアーティストを扱い、作品数は1万1000点以上。ジャンルも絵画、イラスト、版画、写真、彫刻、ジュエリーと多岐に渡り、展示内容は毎月入れ替わる。気に入った作品は購入可能。北欧のアートシーンの最前線に触れることができる。

バラエティに富んだ展示が見られる

ノルウェー建築博物館
住Bankplassen 3
TEL21-982000
URLwww.nasjonalmuseet.no
※2024年3月現在、改装のためクローズ中。
行き方▶▶▶
トラム11、12、13番でØvre Slottsgate駅下車、徒歩4分。

ノルウェー建築博物館 Nasjonalmuseet-Arkitektur

Map P.170-B3

国立博物館の分館として、過去から現代にかけての建築に関する展示を行う博物館。ノルウェーの建築家クリスチャン・ハインリッヒ・グロッシュ（1801～1865年）が、当時トロンハイムに本店があったノルウェー中央銀行の支店として1830年に完成させた建物をスヴェレ・フェーン（1924～2009年）が博物館として拡張。ノルウェーの2大巨匠による、時代を超えたタッグに注目が集まった。館内には建築にまつわる資料を豊富に揃えたショップを併設。

現代美術館のすぐ近くにある

CHECK!
美術館のロッカー
各美術館ではバックパックなどの大きな荷物は必ず預けなければならない。たいていの場合、ロッカー利用料は無料。

アストルップ・ファーンリー美術館
住Strandpromenaden 2
TEL22-936060
URLwww.afmuseet.no
開月～水・金12:00～17:00
木 12:00～19:00
土・日 11:00～17:00
休9月～6月中旬の月
料150NOK
（オスロ・パスで入場可）
行き方▶▶▶
トラム12番でAker brygge駅下車、徒歩8分。

イタリアの建築家レンゾ・ピアノが手がけた建物

アストルップ・ファーンリー美術館 Astrup Fearnley Museet

Map P.170-A4

1993年創設の美術館。川を挟んで建物が2棟に分かれており、ビルディング1にはノルウェーや海外の若手アーティストによる企画展示、ビルディング2には創設者であるノルウェー人の実業家アストラップ・ファーンリーがセレクトした現代アートのコレクションが展示されている。ジェフ・クーンズによる陶製の座像「マイケル・ジャクソン・アンド・バブルス」は目玉のひとつ。センスのよいミュージアムショップもある。

常設展の展示内容は頻繁に入れ替わる

郊外

ホルメンコレン・ジャンプ台とスキー博物館 Holmenkollbakken Ski Jump & Skimuseum

Map P.168-B1 外

海抜417mに立つ、鉄骨を生かした斬新なデザインのジャンプ台。1991年1月に87歳で亡くなった前国王のオラフ5世がまだ王子だった19歳と20歳のとき、ここホルメンコレンでジャンプ大会に参加、晩年も3月のジャンプの試合には毎年ここを訪れていた。ジャンプ台の近くにはオラフ5世の銅像が立てられている。

ジャンプ台のすぐ横にあるのが、スキー博物館。2500年前に使用されたスキーの破片から現在にいたるまでのスキーが展示されている。ナンセン、アムンゼンが北極で使用した装備もあり興味深い。館内からはエレベーターでジャンプ台に上ることができ、オスロ市内や海の景色が見渡せスリリングだ。

ノルウェーはクロスカントリースキー発祥の地だが、現代スキーの父といわれるノールハイム（1821年生まれ）も忘れてはいけない。モルゲダールMorgedal（オスロの西約200kmの町）出身の彼が初めて木の細枝でひもを作りスキーを足に固定する締具を完成させたおかげで、スキーの動作機能が格段に進歩した。スラロームスキーも、ノルウェーが発祥地だ。当時彼が使用したスキーも博物館に展示してある。

ジャンプ台のそばにはスキー・シミュレーターSki-Simulatorenがあり、スキージャンプやダウンヒルを疑似体験することができる。4～11月はジップラインZiplinenも楽しめる。

間近で見るとその高さに驚く

ホルメンコレン・ジャンプ台
住Kongeveien 5
TEL22-923200
URLwww.skiforeningen.no/holmenkollen/skimuseet

ここで行われた最初のジャンプ大会は1892年。そのときのジャンプ台は雪で作られ、記録は21.5m。

ジャンプ台とスキー博物館
開5～9月
金～水 10:00～17:00
木 10:00～20:00
10～4月
金～水 10:00～16:00
木 10:00～20:00
休なし 料190NOK
（オスロ・パスで入場可）

スキー・シミュレーター
URLwww.skisimulator.no
開5～9月
毎日 10:00～17:00
10～4月
毎日 10:00～16:00
休なし
料130NOK

ジップライン
URLwww.kollensvevet.no
営4・10・11月
土・日 10:15～16:00
5月～6月下旬、9月中旬～下旬
土・日 10:15～17:00
6月下旬～9月中旬
毎日 10:15～17:00
休4月～6月下旬と9月中旬～11月の月～金、12～3月
料750NOK（ジャンプ台とスキー博物館の入場料が別途必要）

行き方▶▶▶
地下鉄1番でホルメンコレン駅Holmenkollen下車、すぐ右に進み、正面の坂道を上って約15分。

COLUMN NORWAY

オスロの「食」が集まるマーケット

赤れんがの建物を利用した屋内食品市場、マトハーレン・オスロMathallen Oslo。約30の店が集まった、オスロの一大グルメスポットだ。マーケット内にはノルウェー産を中心とした新鮮な野菜、肉やシーフードを販売するショップが軒を連ね、観光客だけでなく、地元の人やプロのシェフも仕入れのために足を運ぶ。

ほかにも、スパニッシュやイタリアンなどさまざまなジャンルのレストランに、休憩にぴったりなカフェが充実。また、食に関するフェスティバルやイベントも不定期で行われており、活気にあふれている。

生産者とじかに触れ合いながらノルウェーの食文化を体験できる、マーケットならではのショッピングを満喫したい。

2012年のオープン以来、オスロのグルメスポットとして人気

■マトハーレン・オスロ MAP P.169-C2
住Vulkan 5
TEL40-001209 URLmathallenoslo.no
開火～土10:00～20:00 日11:00～18:00
休月 CC店舗によって異なる
行き方▶▶▶
トラム11、12、18番でSchous plass下車、徒歩6分。または市バス34、54番でMøllerveien下車、徒歩3分。

アストルップ・ファーンリー美術館の近くにThe Sneak Peakというガラスのエレベーターがある。54mまで登ることができ、町を見下ろせる。夏季のみ運行、40NOK。

オスロ市立博物館
住Frognerveien 67
TEL23-284170
URLwww.oslomuseum.no
開火・水・金〜日 11:00〜16:00
　木　　　　 11:00〜18:00
休月
料120NOK（木曜は無料、オスロ・パスで入場可）
行き方▶▶▶
トラム12番でFrogner plass駅下車、徒歩3分。

オスロ市立博物館

Oslo Bymuseet
Map P.168-A2

　1790年代に建てられた館を利用した博物館。1200年代から現代までのオスロの歴史や文化を細かに紹介している。その内容は通信、住宅、文化事業など多岐にわたっており、それぞれテーマ別に絵画や模型を用いた詳しい展示を見ることができる。

オスロの発展の歴史がわかる

アーケル川
開散策自由

ヴォーエンフォーレン
開24時間
行き方▶▶▶
トラム11、12、18番Biermanns gateから徒歩4分

アーケル川

Akerselva
Map P.171-D2

　マリダルネスヴァンネ湖Maridalsvannetからオスロ・フィヨルドへ流れる全長約8kmのアーケル川Akerselva沿いには遊歩道が設けられており、気軽なハイキングにもってこい。おすすめはマトハーレン・オスロの北に位置する滝ヴォーエンフォーレンVøyenfallene（MAP P.169-C1）。落差約7mで、雨の後などは水量が増して迫力満点。滝のすぐ隣には織物工場として建てられたノルウェー最古の近代的建造物もある。

絵になる滝を見に行こう
© Tord Baklund/VisitOSLO

COLUMN NORWAY

ヴィーゲラン公園だけじゃない!? ふたつのアートパーク

　中心部の南東に位置する、エケベルグ公園Ekebergparken Sculpture Park。このあたりはエドヴァルド・ムンク（→P.186）の代表作、『叫び』の舞台といわれている有名な丘があるが、地元では芸術品が点在するアートパークとして知られている。

　2013年にオープンした公園は、野生動物が生息するほどの大自然に囲まれており、その自然に一体化した40点以上のアート作品が園内のいたるところに点在。世界中の有名アーティストが手がけている。

　また、オスロ警察署の近くにあるクロステレンガ公園Klosterenga parkは、彫刻家ボード・ブレイビク主導のもとに形成され、水と彫刻がテーマ。園内を流れる小川に沿って作品が並び、アジアにインスパイアされたアートが多い。

世界的作家の作品が点在するエケベルグ公園
© Visit Norway/ Field Productions

水とアートをコンセプトにしたクロステレンガ公園
© VisitOSLO/Didrick Stenersen

■エケベルグ公園　MAP P.169-D4
住Kongsveien 23
TEL21-421919　URLekebergparken.com
開24時間　料無料
行き方▶▶▶
トラム13、19番でEkebergparken下車、徒歩2分。

■クロステレンガ公園　MAP P.169-D3
住St. Halvards gate 30
TEL23-482030　URLwww.klosterenga-park.no
開24時間　料無料
行き方▶▶▶
地下鉄1〜5番でTøyen駅下車、徒歩12分。

エケベルグ公園にあるジェームズ・タレルの光のアートは毎週日曜11:00〜16:00のみ公開。無料のガイドツアーに参加すると鑑賞できる。詳細はウェブサイトで。

エクスカーション

ハーデラン・ガラス工場 Hadeland Glassverk

Map P.158-A3

オスロのおよそ60km北、ランズフィヨルデン湖のほとりにあるガラス製造工場の複合施設。周辺の森からもたらされる豊富な木材を燃料に、飲料や薬などの瓶を作り始めたのが1765年（創業は1762年）。存続する製造業としてはノルウェーで最古といわれている。現在は約140人の従業員が働き、ワイングラスや花瓶からアートグラスにいたるまで、幅広い製品を手がけている。工場内には見学コースが設けられ、職人がブローパイプ（吹管）を使って一つひとつ製品を作り上げる様子を観察することができる。イースターなどの連休やイベントの際には、ブローイング（吹きガラス）やワークショップの体験も可能だ。

敷地内には、古今の貴重なガラス工芸品を展示する北欧最大のガラス博物館やアウトレット、レストランやスイーツの店などもある。

ガラス職人の作業風景を間近で見学できる

ハーマル Hamar

Map P.158-A3

オスロの北119kmほどの所にある、こぢんまりとしたのどかな町。静かなミョーサ湖Mjøsaと豊かな自然に囲まれ、興味深い博物館が点在している。

ハーマル駅から中心街まではミョーサ湖沿いの遊歩道を散歩がてら歩いて行こう。見どころとしては、ノルウェー鉄道博物館Norsk Jernbanemuseum、950年に建築されたハーマル大聖堂の遺跡を中心とした展示があるドムキルオルデンDomkirkeoddenなどがある。ヴァイキング時代から中世までの歴史について学ぶことができ、ノルウェー屈指の大きさを誇る。

リレハンメル Lillehammer

Map P.158-A3

南北に細長いミョーサ湖のほぼ最北端に位置する町。1994年に開催されたリレハンメル冬季オリンピックの開催地であり、町にはオリンピックの名残を感じるモニュメントなどが残されている。また、スキージャンプ台やスケートリンクとして使われたホーコンス・ホールHåkons Hallといった5つの競技施設が集まるオリンピック公園Olympiaparkenで、多彩なアクティビティが楽しめる。町はずれには、リレハンメル地方から集めた130軒近い農家や木造の教会などを移築、復元した民族博物館のマイハウゲンMaihaugenや、ノルウェー・オリンピック博物館Norges Olympiske Museumがある。

ハーデラン・ガラス工場
住 Glassverksveien 9, Jevnaker
TEL 61-316400
URL www.hadeland.com
開 月～金10:00～16:00
土・日11:00～17:00
（時期によって異なる）
休 なし
ガラス博物館
開 土・日12:00～17:00
休 月～金
料 無料
体験はブローイング249NOK～（入場料含む）。
行き方▶▶▶
オスロの長距離バスターミナルからローカルバス（200番）で終点のホーネフォスHønefoss sentrumまで行き、ローカルバス（113、221番）に乗り換えHadeland Glassverk下車、徒歩すぐ。所要約2時間。
夏季はオスロから高速直通バス（Vy66）が運行される。所要1時間30分で片道240NOK。要事前予約。運行日は5月の土・日、6～9月の木～日、10月中旬までの金～日。往路はオスロを10:15発、復路はハーデラン・ガラス工場を16:50発。

ハーマル
行き方▶▶▶
オスロから普通列車で約1時間10分。1時間に1～2便。

ハーマルの観光案内所
住 Strandgata 45
TEL 40-036036
URL www.visitmjosa.com
開 月～金10:00～16:00
（時期によって異なる）
休 土・日

リレハンメル
行き方▶▶▶
オスロから普通列車で約2時間15分。1時間に1～2便。

リレハンメルの観光情報
TEL 61-289800
URL www.lillehammer.com

エケベルグ公園にアート作品を見に行きました。森の中に溶け込んだアートはどれも斬新なものばかりで、とてもおもしろかったです！（新潟県 あずき'17）['24]

ハイセンス&ハイクラスホテルで贅沢お泊まり

一度は泊まってみたい高級ホテルが充実するオスロ。
最高級クラスかつセンスの光るホテルに滞在して、贅沢な時間を過ごそう。

The Thief

シーフ

ティーヴホルメン地区

MAP P.170-A4

港に浮かぶおしゃれホテル

再開発地区として注目を集める、テューヴホルメンにある。館内のいたるところに世界中のアート作品が置かれ、客室はデザイナー家具でまとめられている。

住Landgangen 1　TEL24-004000
URLthethief.com　料Ⓢ3590NOK～
Ⓓ3890NOK～　CCA D M V
室114室　T12番Aker brygge(徒歩8分)
B21、42番Tjuvholmen(徒歩4分)

1 館内にスタンダードルームはなく、全客室ハイクラス 2 ホテルの周辺にもアート作品が点在。オーシャンビューが望めるバルコニー付きの部屋もある 3 レセプションとロビーもまるで美術館のよう

Sommerro

ソメロ

王宮周辺

MAP P.170-A2

アール・デコ様式の5つ星ホテル

1920年代に建てられた電気会社のビルを利用したエレガントなホテル。アール・デコ様式の繊細な装飾が美しく、プール、サウナ、ジムなど設備も充実。館内レストランは日本料理店を含め、7軒ある。現金払い不可。

住Sommerrogaa 1　TEL21-404900
URLwww.sommerrohouse.com
料ⓈⒹ1490NOK～　CCM V　室231室
T11番Inkognitogata(徒歩2分)

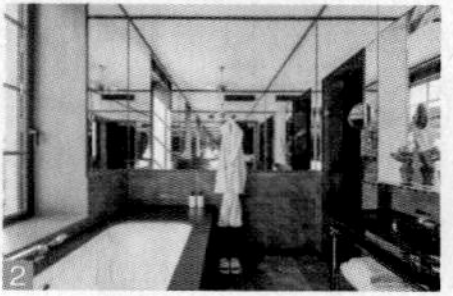

1 快適な眠りをもたらすスウェーデンの高級寝具ブランド、ヒルディングアンダースのベッドを採用 2 バスタブ付きの客室も 3 クールなルーフトップバー&レストラン 4 眺望が楽しめるサウナを完備

バスタブ　テレビ　ドライヤー　ミニバーおよび冷蔵庫　ハンディキャップルーム　インターネット(無料)
一部のみ　一部のみ　貸し出し　一部のみ　インターネット(有料)

Grand Hotel

グランド

カール・ヨハン通り周辺

MAP P.170-B2

オスロを代表する老舗

　1874年にオープンした長い歴史を誇るホテル。カール・ヨハン通りの目の前に立ち、時計塔のある外観が伝統と格式を物語る。客室はゆったりとくつろげるインターナショナルサイズ。豪奢な調度品が配され、高級な雰囲気に包まれている。

住Karl Johans gate 31　TEL23-212000
URLgrand.no　料Ⓢ3150NOK～ Ⓓ3450NOK～
CCA D M V　室283室　M1～5番ストーティンエット駅(徒歩2分)　T17、18、19番Tinghuset(徒歩3分)

1 ゲストの多くは各国の政治家やビジネスエグゼクティブ。国賓を迎えるのにふさわしい豪華な造り 2 ロビーの洗練されたインテリア、空間演出、色使いなど、すべてにオスロ独特の美意識がうかがえる 3 にぎやかな通りに位置する。現金払いは不可

Hotel Continental

コンチネンタル

王宮周辺

MAP P.170-B2

ホテル愛好家のお墨付き！

　1900年創業のホテルで、世界のホテル愛好家にも高評価。客室は、最高級の家具を使った重厚な造り。1階はレストランのシアターカフェン(→P.210)。

住Stortingsgata 24/26　TEL22-824000
URLwww.hotelcontinental.no　料ⓈⒹ3035NOK～
CCA M V　室151室　日本の予約先FREE0120-829718
M1～5番ナショナルテアトレット駅(徒歩4分)
T11、13番Nationalthea-tret(徒歩1分)

1 2018年に全面改装を終えている。一部バルコニー付きの部屋も 2 正統派のノルウェーの伝統料理を提供するレストラン、シアターカフェン 3 国立劇場の目の前にあり、観光に便利なロケーション

1 北欧スタイルやミラノ風のモダンなインテリアでまとめられスタイリッシュ。フィヨルドビューの部屋もある 2 全面ガラス張りの建物が目を引く 3 絶景を眺めながらお酒が楽しめるトップ・バー

Radisson Blu Plaza Hotel Oslo

ラディソン・ブル・プラザ・ホテル・オスロ

オスロ中央駅周辺

MAP P.171-D2

町のランドマークに泊まる

　町を映し出す全面ガラス張りの高層タワーは、市のランドマーク。37階建てで、最上階には市街を一望できるトップ・バー(→P.218)がある。34、35階はプールとサウナ、フィットネスセンター。

住Sonja Henies plass 3　TEL22-058000
URLwww.radissonhotels.com　料ⓈⒹ1415.25NOK～
CCA M V　室678室　Sオスロ中央駅(徒歩5分)

※北欧では、近年急激にキャッシュレス化が進み、現金払い不可の観光施設や店舗が増加している。クレジットカードを必ず用意すること。

コスパと好立地が決め手！お得に泊まるならこのホテル

物価の高いノルウェーは、宿泊費をいかに節約するかがカギ！
比較的手頃価格のホテルの中からオスロらしいスタイリッシュなホテルをご紹介。

Thon Hotel Terminus

トーン・ホテル・テルミヌス

オスロ中央駅周辺

MAP P.171-D2

朝食付きがうれしい

　オスロ中央駅から徒歩約3分。客室は、上質な生地のファブリックや家具を使った華やかな造りで明るい雰囲気。ジムもあり、朝食は無料で提供。現金払い不可。

住Stenersgata 10　TEL22-056000
URLwww.thonhotels.no
料Ⓢ996NOK～ Ⓓ1445NOK～
CCA D M V　室154室
Sオスロ中央駅（徒歩4分）

1 ビビッドカラーでまとめられたカラフルな客室。清潔で快適に過ごせる 2 朝食ビュッフェや軽食は1階フロアで提供している 3 シンプルで使い勝手のよいバスルーム 4 ショッピングセンターもすぐ近く

Scandic Oslo City

スカンディック・オスロ・シティ

オスロ中央駅周辺

MAP P.194

移動もショッピングも楽々！

　オスロ中央駅の目の前に立ち、観光やショッピングなど、何をするにも便利。ホテルのデザインは、ノルウェー人のコーディネートによるもの。ジムなどの設備も充実。

住Europarådets plass 1　TEL23-104200
URLwww.scandichotels.com
料ⓈⒹ1487NOK～
CCA D M V 室179室
Sオスロ中央駅（徒歩すぐ）

1 シンプルでぬくもりのある客室。5階建てで大通りが見える部屋もある 2 無料の朝食ビュッフェが付いており、オーガニックメニューを提供する 3 おしゃれな家具でまとめられたラウンジ 4 地下鉄やトラムの停留所もホテルの目の前

バスタブ　テレビ　ドライヤー　ミニバーおよび冷蔵庫　ハンディキャップルーム　インターネット（無料）
一部のみ　一部のみ　貸し出し　一部のみ　インターネット（有料）

K7 Hotel Oslo

ケーセブン・ホテル・オスロ

市庁舎前広場周辺

MAP P.171-C3

センスが光るおしゃれホテル

シックなインテリアでまとめられたおしゃれなホテル。2024年4月に改装され、名称を変えて再オープン。ホステルも兼ねている。周辺にはデパートや見どころがあり、買い物や観光に便利なロケーションだ。

住Kongens gate 7 TEL23-100800
URLk7hotel.com
料ドミトリー 385NOK～ ⓈⒹ1045NOK～ CCM V
室58室 Sオスロ中央駅（徒歩9分）
T11、12、13番Øvre Slottsgate（徒歩3分）

1 落ち着いた色合いでまとめられた客室は、リラックスした雰囲気 2 ドミトリータイプの客室もある。レセプションは24時間オープンしているので安心 3 くつろげる裏庭がある

Thon Hotel Astoria

トーン・ホテル・アストリア

オスロ中央駅周辺

MAP P.194

サービスも設備も充実

カール・ヨハン通りから50mほど入った場所に立ち、大聖堂やオスロ中央駅にも近くて便利。リーズナブルな料金設定でありながら設備やサービスもよく、さまざまなタイプの旅行者に対応。現金払いは不可。

住Dronningens gate 21 TEL24-145550
URLwww.thonhotels.no 料Ⓢ850NOK～ Ⓓ1189NOK～
CCA D M V 室178室 Sオスロ中央駅（徒歩4分）

1 178室中のうち100室は中庭に面しているので、静かに過ごすことができる 2 ロビーでは無料のコーヒーサービスの提供も。朝食も込み 3 周辺は飲食店やデパートが充実している

P-Hotels Oslo

ピー・ホテルズ・オスロ

カール・ヨハン通り周辺

MAP P.194

朝食はデリバリー

町の中心に位置しており、観光やショッピングに最適なロケーション。アレルギー体質の人のための客室もある。サンドイッチなどの簡単な朝食は部屋のドアまでデリバリーしてくれる。支払いは現金不可。

住Grensen 19 TEL23-318000 URLp-hotels.no
料Ⓢ719NOK～ Ⓓ899NOK～ CCM V 室128室
M1～5番ストーティンエット駅（徒歩1分）

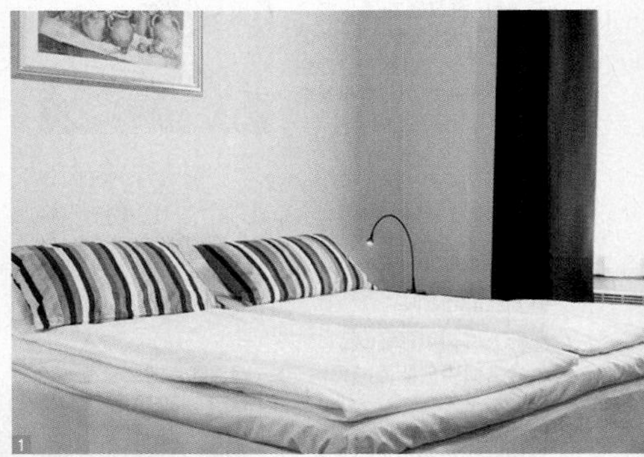

1 建物は古いが、部屋はきれいに保たれている。トリプルルームやドミトリーなどタイプもさまざま 2 近くにコンビニやショップが立ち並ぶ 3 内装はいたってシンプル

オスロのホテル

オスロのホテルは、バリエーション豊富。全体的に宿泊料金が高く、節約派の旅行者にとっては厳しい。ホテルは予約しないで到着しても大丈夫だが、6~8月のハイシーズンにリーズナブルなホテルに宿泊したい人は事前に予約しておいたほうが無難。予約はホテル予約サイトのほかに、観光案内所(→P.179)のウェブサイト(URL www.visitoslo.com)もあり、B&Bやペンション、アパートなど幅広いタイプの宿を紹介している。

高級ホテル

Radisson Blu Scandinavia Hotel Oslo　王宮周辺

ラディソン・ブル・スカンジナビア・ホテル・オスロ　MAP P.170-B1

住Holbergs gate 30
TEL23-293000
URLwww.radissonhotels.com
料SD1266.5NOK~
CCA D M V　室499室
T17、18、19番Holbergs plass(徒歩1分)

インテリアに趣向を凝らした贅沢な高級ホテル。プール、フィットネスセンター、サウナと設備も充実。21階のバーからはオスロ市街の眺望が楽しめる。ホテルの前に空港行きのバス停がある。現金払い不可。

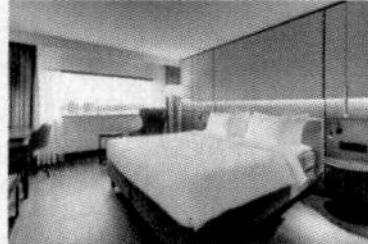

Hotel Bristol　王宮周辺

ブリストル　MAP P.170-B2

住Kristian IVs gate 7
TEL22-826000
URLwww.thonhotels.no
料SD1706NOK~
CCA D M V　室251室
T17、18、19番Tinghuset(徒歩1分)

1920年に開業した歴史ある高級ホテル。建物は古いが客室内は改装が行われており、重厚感を残しつつもモダンな雰囲気。併設のレストランではピアノの生演奏を聞きながら食事を楽しめる。現金払い不可。

Scandic Byporten　オスロ中央駅周辺

スカンディック・ビボルテン　MAP P.194

住Jernbanetorget 6
TEL23-155500
URLwww.scandichotels.com
料SD1440NOK~
CCA D J M V　室239室
Sオスロ中央駅(徒歩すぐ)

オスロ中央駅直結のホテル。同じ建物内にショッピングセンターとスーパーマーケットもある。にぎやかな場所に位置しているが、ホテル内は静かで落ち着いて過ごせる。

Clarion Collection Hotel Savoy　王宮周辺

クラリオン・コレクション・ホテル・サヴォイ　MAP P.170-B1

住Universitetsgata 11
TEL23-354200
URLwww.strawberryhotels.com
料SD1586NOK~
CCA D M V　室89室
T17、18、19番Tullinløkka(徒歩1分)

1918年創業、れんが造りの格式ある豪華なホテル。客室の内装は高級感にあふれている。コーヒーや紅茶、夜の軽食は無料。モダンな雰囲気のレストランやバーも備えている。

Thon Hotel Rosenkrantz Oslo　王宮周辺

トーン・ホテル・ローゼンクランツ・オスロ　MAP P.171-C2

住Rosenkrantz' gate 1
TEL23-315500
URLwww.thonhotels.no
料SD1436NOK~
CCA D M V　室151室
T17、18、19番Tinghuset(徒歩1分)

ハイセンスなデザインホテル。客室には、大画面の液晶テレビや音楽再生機器など最新の設備が揃う。朝食ビュッフェは料金に含まれている。館内にイタリアンレストランも。

中級ホテル

Thon Hotel Opera　オスロ中央駅周辺

トーン・ホテル・オペラ　MAP P.171-D3

住Dronning Eufemias gate 4
TEL24-103000
URLwww.thonhotels.no
料S1069NOK~ D1544NOK~
CCA D M V　室480室
Sオスロ中央駅(徒歩1分)

最新式の設備を整えたホテル。眺めのいい室内は暖色系のインテリアで統一され、あたたかみにあふれている。館内にはオペラハウスが一望できるレストラン、テラス席のあるバーなどの設備が充実してる。

First Hotel Millennium　オスロ中央駅周辺

ファースト・ホテル・ミレニアム　MAP P.171-C3

住Tollbugata 25
TEL21-022800
URLwww.firsthotels.com
料SD1400NOK~
CCA D M V　室114室
T12、13、19番Øvre Slottsgate(徒歩1分)

地下鉄の駅から徒歩約5分の所にある好ロケーション。8階建ての近代的なホテルは、落ち着いた色合いの内装で統一されており、ゆったりとくつろいで過ごすことができる。

バスタブ　テレビ　ドライヤー　ミニバーおよび冷蔵庫　ハンディキャップルーム　インターネット(無料)
一部のみ　一部のみ　貸し出し　一部のみ　インターネット(有料)

Scandic Holberg

王宮周辺

スカンディック・ホルバーグ MAP P.170-B1

住Holbergs plass 1
TEL23-157200
URLwww.scandichotels.com
料ⓈⒹ1271NOK～
CCA D J M V 室133室
T17、18、19番Frydenlund(徒歩2分)

1916年創業、伝統ある邸宅を改装した老舗ホテル。客室は天井が高く、歴史的な建物がもつ独特の雰囲気が漂う。部屋はコンパクトだが必要最低限の設備が整っている。王宮公園の北にあり、周囲は静かな環境。

Hotell Bondeheimen

王宮周辺

ボンドヘイメン MAP P.170-B2

住Kristian IVs gate 2
TEL23-214100
URLwww.bondeheimen.com
料Ⓢ1356NOK～ Ⓓ1526NOK～
CCA D M V 室145室
M1～5番ストーティンエット駅(徒歩4分)
T17、18、19番Tinghuset(徒歩1分)

中心街に近くショッピングや食事に便利。木の質感を生かした北欧らしいインテリアの客室はおしゃれで快適。1階には人気のレストラン、カフィストーヴァ(→P.206)を併設しており、食事にも便利。

Smarthotel Oslo

王宮周辺

スマートホテル・オスロ MAP P.170-B1

住St. Olavs gate 26
TEL41-536500
URLsmarthotel.no
料Ⓢ765NOK～ Ⓓ812NOK～
朝食195NOK
CCA D J M V 室257室
T17、18、19番Tullinløkka(徒歩2分)

王宮近くのバジェットホテル。客室はコンパクトだがベッドは上質。バーやショップがあり、キッチネット付きの部屋も。現金払い不可のためクレジットカード必須。

Thon Hotel Vika Atrium

市庁舎前広場周辺

トーン・ホテル・ヴィカ・アトリウム MAP P.170-A3

住Munkedamsveien 45
TEL22-833300
URLwww.thonhotels.no
料ⓈⒹ1325NOK～
CCA D M V 室130室 T12番Aker brygge(徒歩4分)
B81番Vika Atrium(徒歩1分)

ショッピングエリアのアーケル・ブリッゲ(→P.216)から徒歩すぐ。部屋のタイプはダブルルームが多く、ゆったりとして過ごしやすい。館内にはフィットネスセンターがあり、1階にはコンビニが入っている。ロビーでコーヒーと紅茶が無料。

エコノミー

Anker Hostel

オスロ中央駅周辺

アンケル・ホステル MAP P.171-D1

住Storgata 53H
TEL22-997200
URLankerhostel.no
料ドミトリー387NOK～ Ⓢ619NOK～ Ⓓ705NOK～
CCA D M V 室120室
T11、12、17、18番Nybrua(徒歩1分)

Anker Hotelに隣接する同経営のユースホステル。ロビーは、モダンなインテリアで装飾されおしゃれな雰囲気。客室は簡素な造りだが十分な広さがあり快適。ドミトリー全室がバスルームとキチネット付き。

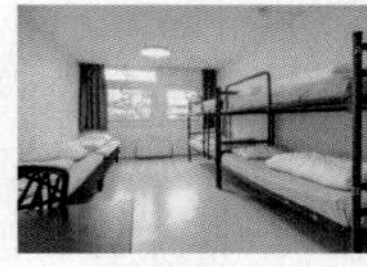

Citybox Hotels Oslo

オスロ中央駅周辺

シティボックス・ホテルズ・オスロ MAP P.194

住Prinsens gate 6
TEL21-420480
URLcityboxhotels.com
料Ⓢ674NOK～ Ⓓ719NOK～
CCM V 室318室
T11、12、13番Dronningens gate(徒歩1分)

徹底した省力化で低価格を実現しているホテル。チェックインは入口の端末に予約番号などを入力するセルフ方式。簡素な客室だが、設備は新しい。ロビーに電子レンジや冷蔵庫、紙の食器などが用意されている。

Cochs Pensjonat

王宮周辺

コックス・ペンション MAP P.170-A1

住Parkveien 25
TEL23-332400
URLwww.cochspensjonat.no
料バス・トイレ共同 Ⓢ750NOK～ Ⓓ1100NOK～
　バス・トイレ付き Ⓢ950NOK～ Ⓓ1250NOK～ 朝食なし
CCM V 室90室
T11、17、18番Welhavens gate(徒歩2分)

90年以上も前に造られた古い建物の中にあるホテル。客室は清潔で手入れが行き届いており、スタッフも親切で居心地がよい。朝食は付かないが、近くのカフェが割引価格で利用できる。3～4人部屋もある。

Bunks at Rode

グリーネルロッカ地区周辺

バンクス・アット・ロード MAP P.169-D1

住Københavngata 10
TEL22-993000
URLwww.bunks.no
料Dorm 500NOK～ Ⓢ619NOK～ Ⓓ705NOK～
CCA D M V 室87室
T11、12、18番Birkelunden(徒歩6分)

2024年6月にオープンしたきれいなホステル。女性専用ドミトリーもあり、各ベッドはカーテン付き。個人ロッカーも備わっているので安心だ。屋上のテラスからの眺めもよい。キッチン付きのストゥーディオもある。

必ず食べておきたい！ご当地グルメならこの店に決まり☆

ノルウェーでしか食べられない地元グルメは、ぜひとも味わっておきたい。
昔ながらの食堂から今ドキのレストランまでジャンルもいろいろ！

Elias mat & sånt

エリアス・マット・オグ・サント

王宮周辺

MAP P.170-B2

おしゃれ&リーズナブル！

　ノルウェー料理をリーズナブルに、かつ現代風にアレンジ。できる限りノルウェー産の食材を使用している。すべてのディナーメニューに、ふわふわ食感の手作りパンが付く。

住 Kristian Augusts gate 14
TEL 22-202221　URL www.cafeelias.no
営 日・月16:00～23:00(22:00LO)
　火～土11:00～23:00(22:00LO)
休 なし
予 ランチ200NOK～、ディナー400NOK～
CC M V
T 17、18、19番Tullinløkka(徒歩1分)

1 ベリーの酸味がアクセントのトナカイのシチュー375NOK 2 黒い扉を入った左側にレストランの入口がある 3 シンプルでナチュラルな内装でゆったりと食事が楽しめる

Kaffistova

カフィストーヴァ

王宮周辺

MAP P.170-B2

お手頃価格の料理がうれしい！

　グリル料理やオープンサンドイッチを提供する、カフェレストラン。カウンターで料理を注文するセルフ方式で、ボリューミーな伝統料理が味わえると観光客に人気。

住 Kristian IVs gate 2
TEL 23-214100
URL www.kaffistova.no
営 月～土11:00～22:00(21:00LO)
　日　11:00～19:00(18:30LO)
休 なし
予 230NOK～
CC M V
M 1～5番ストーティンエット駅(徒歩4分)

1 ミートボール3個230NOK。付け合わせやソースの有無を選べる 2 地元客や観光客が多く訪れる 3 ケーキやサンドイッチなどの軽食も

Dovrehallen

ドヴレハーレン

オスロ中央駅周辺

MAP P.171-C2

長く愛され続ける老舗

建物の2階にある、1901年創業の大衆食堂。長い年月が感じられる家具が置かれた独特な雰囲気が漂う。オープンサンドイッチやミートボールなどのメニューが揃う。

住Storgata 22
TEL22-172101
URLwww.dovrehallen.no
営月～土11:00～22:00
　日　12:00～22:00
休なし
予130NOK～
CCM V
Sオスロ中央駅(徒歩4分)

1 スクランブルエッグとサーモンのオープンサンドイッチ155NOK～ 2 70年以上前の家具が置かれている

Fiskeriet

フィスケリエット

オスロ中央駅周辺

MAP P.171-C2

魚料理ならおまかせ！

老舗の魚屋直営の食堂。刺身やフィッシュ＆チップスなど新鮮な魚を使った料理が好評で、いつも多くの客が訪れる。テイクアウトフードもあり割安な価格になっている。

住Youngstorget 2b
TEL22-424540
URLwww.fiskeriet.com
営月～金11:00～21:00LO
　土　12:00～21:00LO
　日15:00～21:00(6～8月のみ)
休6～8月以外の日　予200NOK～
CCM V
Sオスロ中央駅(徒歩6分)

1 日替わりの魚を使用した、クリーミーフィッシュスープ249NOK 2 新鮮な魚介がケースに並ぶ 3 夏はテラス席でも食事を取れる

Restaurant Schrøder

スケルーダ

郊外

MAP P.169-C2

小説に登場したローカル店

1925年オープンのレトロな食堂。オスロ出身の作家Jo Nesbøが書いた小説の主人公がお気に入りの店として話題に。夜遅くまで営業しており、いつでもノルウェー料理が味わえる。

住Waldemar Thranes gate 8
TEL22-605183
URLwww.restaurant-schroder.no
営毎日15:00～22:00LO
休なし
予180NOK～
CCM V
B37番St.Hanshaugen(徒歩すぐ)

1 燻製したラム肉のソーセージ、ポルセ199NOK 2 時の流れを感じさせるレトロな店内 3 店舗はバス停のすぐ目の前

ジャンル別で選ぶ おしゃれカフェに行きたい！

コーヒー好きが集まるオスロは、カフェのレベルもトップクラス！
そのときの気分で選びたいジャンルごとにカフェをご紹介。

ベーカリー

Baker Hansen

ボーケー・ハンセン

郊外

MAP P.169-C2

ヘルシーにブレイクタイム

1861年創業、国内に30店舗以上あるベーカリーカフェ。毎日店で手作りするパンは、常時10種類以上。ケーキやおみやげにぴったりのチョコレートなども揃う。

住Ullevålsveien 45
TEL94-023230
URLwww.bakerhansen.no
営月～金7:00～18:00
　土・日9:00～18:00
休なし　予80NOK～　CCA M V
B37番St. Hanshaugen（徒歩1分）

1 一番人気のシナモンパン39NOK～とスムージー65NOK～ 2 カウンター席やソファ席などがあり店内は広々 3 ケーキやサンドイッチの種類も豊富

ヴィンテージ

Fuglen

フグレン

王宮周辺

MAP P.170-B1

ノルディックローストの先駆者

日本でも店舗を展開する、創業61年の人気カフェ。1950～60年代のノルウェー・ヴィンテージがテーマの落ち着いた店内で、果実味あふれる自慢のコーヒーをいただこう。夜はカクテルバーとして利用できる。

住Universitetsgata 2
TELなし
URLfuglen.no
営月・火 7:30～20:00
　水・木 7:30～24:00
　金　　7:30～翌1:00
　土　　9:00～翌1:00
　日　　9:00～20:00
休なし
CCM V
T17、18、19番Tinghuset（徒歩4分）

1 コーヒー36NOKとノルウェーのクリームパン、スコーレブロー50NOK 2 アットホームな雰囲気 3 ヴィンテージ雑貨が飾られている 4 コーヒー豆は150NOK～

1 苦みと甘さが絶妙に調和したアイスモカチーノ70NOK 2 タイルの壁がおしゃれな店 3 店の外にもテーブルが

北欧デザイン

Mocca Oslo

モッカ・オスロ

王宮周辺

MAP P.170-A1

アイスコーヒーでリフレッシュ

高級住宅地にひっそりとたたずむ隠れ家的カフェ。バリスタ大会の初代世界チャンプが開いたJavaの姉妹店で、シグネチャーは豊富に揃ったアイスコーヒー。店内は北欧らしいミニマルデザインでスタイリッシュ。

住Niels Juels gate 70B
TEL22-555518
営月～金　7:30～17:00
　土・日 10:00～17:00
休なし
CCM V
T 11番Riddervolds plass（徒歩1分）

1 色鮮やかなマカロン各27NOK 2 スイーツのほかランチメニューも提供 3 チーズケーキはホール499NOK～、1切れ109NOK

パティスリー

Pascal

パスカル

王宮周辺

MAP P.170-A2

オスロの人気パティスリー

フランス出身のパティシエがプロデュースするパティスリー。中心部にも数店舗あり、メニューのラインナップは多少異なる。ケーキは常時20種類前後で1個84NOK～。ひと口サイズのスイーツも販売されている。

住Henrik Ibsens gate 36
TEL22-550020
URLwww.pascal.no
営月～金9:00～17:30 土10:00～17:30 日11:00～17:30
休なし 予100NOK～ CCM V
M1～5番ナショナルテアトレット駅（徒歩5分）
T11、13番Nationaltheatret（徒歩6分）

本格派コーヒー

Tim Wendelboe

ティム・ウェンデルボー

郊外

MAP P.169-C2

コーヒー好きはマスト！

2004年にバリスタ世界一に輝いた、ウェンデルボー氏が営むエスプレッソバー。世界を飛び回って厳選した極上のコーヒーが味わえると、地元で評判。常時4～8種類のフレーバーを揃える。

住Grüners gate 1 TELなし
URLtimwendelboe.no
営月～金8:30～18:00 土・日11:00～17:00
休なし 予50NOK～ CCA D M V
T11、12、18番Olaf Ryes plass（徒歩3分）

1 旬の豆をセレクトしたコーヒーは50～63NOK 2 コーヒーはオーダーされてから豆を挽いてくれる 3 席数を最小限に抑えたシンプルな空間

※北欧では、近年急激にキャッシュレス化が進み、現金払い不可の観光施設や店舗が増加している。クレジットカードを必ず用意すること。

オスロのレストラン

カール・ヨハン通りを中心にすてきなレストランがたくさんある。ノルウェー料理をはじめ、フレンチやエスニックなどジャンルも多彩だが、ほかの北欧諸国同様全体的に割高。食費を少しでも抑えるなら、オスロ・シティ（→P.216）などのショッピングモールの地下にあるフードコートがおすすめ。なお、7・8月は不定期にクローズするレストランもあるので注意。

ノルウェー料理

Stortorvets Gjæstgiveri

ストールトルヴェッツ・イェストイヴェリ 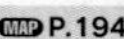 P.194

1881年創業の老舗レストラン。建物は1700年頃に建築されたもので、ノルウェーの郷土料理を中心に多彩な料理を楽しむことができる。前菜は239NOK～、メイン料理は299NOK～。土曜の13:30～16:00にジャズのライブが行われる。

カール・ヨハン通り周辺
住 Grensen 1
TEL 23-356360
URL stortorvet.no
営 火～土12:00～21:00LO
休 日・月
予 ランチ300NOK～、ディナー450NOK～
CC A D M V
M 1～5番ストーティンエット駅（徒歩1分）

Theatercaféen

シアターカフェン MAP P.170-B2

ホテル・コンチネンタル（→P.201）内の高級レストラン。正統派の伝統料理を中心に、世界の食文化を取り入れたメニューを提供。ランチはサンドイッチやバーガー、サラダなど249NOK～。ディナーのメインは315NOK～。牡蠣3個185NOK～やキャビア245NOKも人気。

王宮周辺
住 Stortingsgata 24-26
TEL 22-824050
URL www.theatercafeen.no
営 月～土 11:00～23:00
　 日　　 16:00～23:00
休 なし
予 ランチ220NOK～、ディナー400NOK～
CC A D M V
M 1～5番ナショナルテアトレット駅（徒歩4分）
T 11、13番Nationaltheatret（徒歩1分）

Engebret Café

エンゲブレト・カフェ MAP P.171-C3

1857年創業のノルウェーの有名な芸術家たちが集まった伝統的なレストラン。ムンクの直筆の手紙など、貴重な品々も飾られている。ノルウェーの郷土料理を落ち着いた雰囲気のなかで楽しめる。タラやトナカイの肉などを使ったメインは415NOK～。

市庁舎前広場周辺
住 Bankplassen 1
TEL 22-822525
URL www.engebret-cafe.no
営 月～金 11:30～15:30/16:00～23:00
　 土　　 17:00～23:00
休 日
予 ランチ220NOK～、ディナー500NOK～
CC A D M V
S オスロ中央駅（徒歩8分）

シーフード

Lofoten

ロフォーテン MAP P.170-A3

ガラス張りの窓の向こうに広がるオスロフィヨルドを眺めながら食事が楽しめるレストラン。旬の魚介類が四季を通じて堪能できる。ディナーのシェフおすすめのコース料理は3皿で790NOK～。早めに予約を入れ、窓際の席をリクエストしたい。

市庁舎前広場周辺
住 Stranden 75, Aker Brygge
TEL 22-830808
URL www.lofoten-fiskerestaurant.no
営 月～金 11:00～22:00
　 土　　 12:00～22:00
　 日　　 13:00～21:00
　（時期によって異なる）
休 なし
予 350NOK～
CC A D M V
T 12番Aker brygge（徒歩4分）

I Baren

イ・バーレン MAP P.171-D4

© VISITOSLO/Fara Mohri

オスロ・フィヨルドが目の前に広がる好立地で、その日に水揚げされた新鮮な魚介類が味わえるガストロパブ。夏は166人まで収容できる広々としたテラス席もオープン。ワインやカクテルも豊富。ランチ、ディナーともにメインは165NOK～。

オスロ中央駅周辺
住 Operagata 69B
TEL 99-093370
URL www.ibaren.no
営 月・火 11:00～20:00
　 水・木 11:00～22:00
　 金・土 11:00～23:00
　 日　　 12:00～18:00
休 なし
予 250NOK～
CC M V
T 13、19番Bjørvika（徒歩4分）

フランス料理

Statholdergaarden
スタットホルダーゴーデン　MAP P.171-C3

16世紀築の建物を利用した高級レストラン。フランスでの国際大会の優勝経験をもつシェフが作る創作フレンチは味、見た目ともにオスロで指折り。コース料理は5皿で1640NOK～。500種以上のワインを揃えるワインセラーも併設。

市庁舎前広場周辺
住Rådhusgata 11
TEL22-418800
URLstatholdergaarden.no
営月～土 18:00～21:30LO
休日(3週間の夏季休業あり)
予700NOK～
CCA D M V
Sオスロ中央駅(徒歩7分)

インターナショナル

LETT
レット　MAP P.170-B2

オーガニックにこだわったサラダのファストフード店。好きな素材を組み合わせるオーダー形式で、ベースはボウルサラダかラップサンド、順に具材、ドレッシングを選ぶ。テイクアウトは129NOK～、イートインは139NOK～。スムージー79NOK～も販売する。

市庁舎前広場周辺
住Klingenberggata 7
TEL94-142924
URLlett.family/no
営月～金9:00～20:00
　土　　11:00～17:00
休日
予110NOK～
CCM V
M1～5番ナショナルテアトレット駅(徒歩2分)

カフェ

Crêperie de Mari
クレープリエ・ディ・マーリ　MAP P.169-D2

グリーネルロッカ地区にあるクレープの専門店。注文が入ってから生地を焼き上げるため、焼きたてのおいしいクレープが食べられると評判。トッピングはフルーツやクリーム、ヌッテラなど種類豊富。ハムやチーズをトッピングした食事系のクレープもある。

郊外
住Thorvald Meyers gate 63-67
TEL46-441626
URLwww.creperiedemari.no
営毎日11:00～21:00
休なし
予105NOK～
CCM V
T11、12、18番Olaf Ryes plass(徒歩2分)

ハンバーガー

Illegal Burger
イリーガル・バーガー　MAP P.171-C2

オスロに数あるバーガーショップのなかでも地元民から人気を集める有名店。定番のチーズバーガー131NOK～から、トリュフを使用したグルメバーガー131NOK～など全13種類あり、パテは牛肉、ベジの2種類からそれぞれ選択可能。

オスロ中央駅周辺
住Møllergata 23
TEL22-203302
URLillegalburgeroslo.no
営月～木 14:00～22:00
　金　　14:00～24:00
　土　　14:00～翌1:00
　日　　14:00～21:00
休なし
予180NOK～
CCM V
T17、18、19番Stortorvet(徒歩5分)

日本料理

Japanese Dining Sato
ジャパニーズ・ダイニング・サトウ　MAP P.168-B2

オスロでは数少ない日本人経営の和食レストラン。日本の料亭で修業を積んだご主人が腕を振るう。いちばん人気はラーメンで、味噌ラーメン、とんこつラーメン各185NOK～と手頃。天ぷらうどん245NOKや鍋焼きうどん265NOKもおすすめ。

郊外
住Bygdøy allé 19
TEL47-650333
営毎日14:00～23:00
休なし
予200NOK～
CCD J M V
T12番Niels Juels gate(徒歩3分)

ベトナム料理

Briskeby Banh Mi
ブリスケビー・バインミー　MAP P.168-B2

ベトナムのストリートフードが楽しめるカジュアルな食堂。人気のベトナム風サンドイッチ、バインミーはビーフ、ダック、チャーシュー、マグロなど具材が選べて99NOK～。フォー199NOKやライスボウル159NOK～もおすすめ。

郊外
住Briskebyveien 22C
TEL97-499990
URLbriskebybanhmi.no
営毎日11:00～19:00
休なし
予100NOK～
CCA D J M V
T11番Briskeby(徒歩1分)

グリーネルロッカ地区
人気のショッピングエリア。北に延びるMarkveien通りに沿って、いくつものショップや飲食店が軒を連ねる。

グリーネルロッカ地区の小さな店たち

↑ポップな装飾でにぎやかな店内

←太陽をイメージしたノースリーブワンピース1599NOK

↓ストライプとリボンがアクセントのハンドバッグ729NOK

Manillusion
マニルーション

郊外

MAP P.169-D2

着るだけでハッピーになれる☆

カラフルでポップな洋服が揃うセレクトショップ。世界中から集めたレトロなスタイルの洋服が並ぶ。スイカ柄など遊び心いっぱいの柄物は、見ているだけで気分が上がる。

住Markveien 38
TEL97-898797
URLwww.manillusion.no
営火〜金11:00〜18:00
　土　　11:00〜17:00
　日・月12:00〜17:00
休なし　CCＡＭＶ
T11、12、18番
　Olaf Ryes plass（徒歩3分）

外観も楽しくてつい入りたくなる店

↑広々とした倉庫にぎっしりと商品が並ぶ

←掘り出し物を見つけてみよう

→キャサリン・ホルムの鍋450NOK〜

Antikkvarehuset
アンティークヴァーディフッサ

郊外

MAP P.169-C1

アンティークの世界へようこそ

大きな倉庫が丸ごとアンティークショップになっている。北欧を中心に世界中から集めた家具や食器、雑貨など幅広い品揃えを誇る。キャサリン・ホルムなどの掘り出し物もある。

住Sannergata 3
TEL97-606010
URLantikkvarehuset.no
営月〜土11:00〜17:00
休日
CCＭＶ
T11、12、18番
　Birkelunden（徒歩4分）

店の地下の売り場にも家具や古着のコーナーがある

※北欧では、近年急激にキャッシュレス化が進み、現金払い不可の観光施設や店舗が増加している。クレジットカードを必ず用意すること。

いくつもの個人店が並ぶグリーネルロッカ地区で買い物を楽しもう！洋服にアクセサリー、アンティーク……どれも魅力的な店ばかり☆

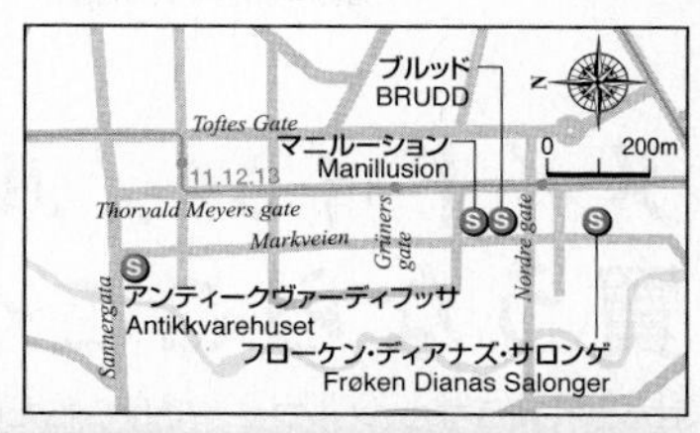

アーティストごとに分けてディスプレイされている

↑モダンなフォルムのティーカップ
500NOK～

BRUDD

ブルッド

郊外

MAP P.169-D2

こだわりが詰まったオンリーワンアイテム

70人の地元アーティストの雑貨を集めたショップ。ユニークなデザインの食器とアクセサリーが中心。アーティストが順番でスタッフとして働いているので、商品について詳しく話を聞ける。

住Markveien 42
TEL90-716674
URLwww.brudd.info
営火～金12:00～18:00
　土　　11:00～16:00
休日・月
CCM V
T11、12、18番
　Olaf Ryes plass（徒歩2分）

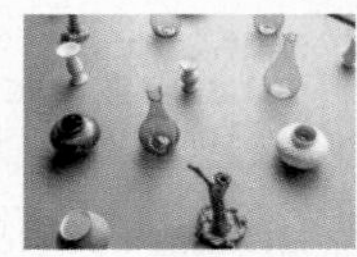
ガラスウェアを中心にユニークな作品が並ぶ

洋服のほか、アクセサリーも揃う

→80年代のレトロ柄ワンピース
1599NOK

←ヴィンテージの華やかな花柄ブラウス
450NOK

Frøken Dianas Salonger

フローケン・ディアナズ・サロンゲ

郊外

MAP P.171-D1

古着の魅力にはまる

60～80年代のヨーロッパの古着を扱う。レトロな雰囲気の店内にはワンピースやブラウス、アクセサリーなどのアイテムがずらり。古着からインスパイアされた新品の洋服も揃う。

住Markveien 56
TEL46-760711
URLwww.frokendianas salonger.no
営月～土11:00～18:00
　日　　12:00～17:00
休なし　CCM V
T11、12、18番
　Olaf Ryes plass（徒歩5分）

緑色の外壁が目印

メイドインノルウェーを買うならここへ行け！

せっかく買うなら、ノルウェーで作られた商品のほうが愛着も湧くはず。
オスロでゲットできる、メイドインノルウェーはこちら！

メリノウール100％のやわらかな手触りのセーター3999NOK

キッズ用のアイテムも充実している。セーター1199NOK

ノルウェーセーターのなかで最も有名なパターン3499NOK

帽子やネックウォーマーなどの小物類も扱う。洗濯機で洗えるメリノウールの帽子699NOK

ノルディックセーター
日本でも冬の定番アイテムとして知られているノルディックセーターは、ノルウェーが発祥。雪の結晶や幾何学的など、さまざまなパターンがある。

オリンピックの歴史を柄のモチーフにしたウールセーター2499NOK

Dale of Norway
ダーレ・オブ・ノルウェー

カール・ヨハン通り周辺

MAP P.170-B2

ノルウェーセーター専門店

1879年にノルウェー西部の町ダーレDaleで誕生したセーターブランド。伝統的な製法を忠実に守り続けており、品質の高さに定評がある。100％ウール素材ですべて国内で作られている。

住 Karl Johans gate 45
TEL 97-481207
URL no.daleofnorway.com
営 月〜金10:00〜19:00
土　　10:00〜18:00
休 日
CC A D M V
M 1〜5番ストーティンエット駅（徒歩3分）

男性用、女性用ともに充実の品揃え

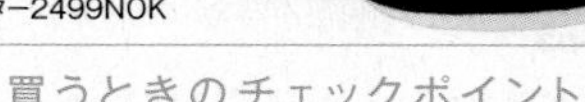

買うときのチェックポイント！

① **試着はマスト！**
ゆったりとした大きめサイズで作られているので、試着してサイズを確認してから買おう。

② **値段も要チェック！**
値段は商品によってばらつきがある。機械で作られたものは安いが、手編みは値段が高い。

③ **柄に注目！**
雪の結晶やドットなど多彩なパターンがある。お気に入りの柄を見つけよう。

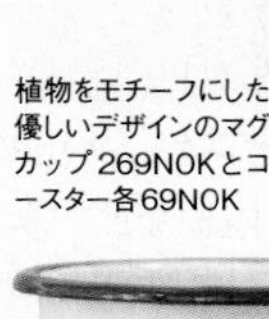

植物をモチーフにした優しいデザインのマグカップ269NOKとコースター各69NOK

陶器のホルダーに入ったキャンドル325NOK

大振りなブレスレット420NOKと2連リング295NOK

チャームがキュートな茶葉入れ175NOK

アーティストが店番しています

Skaperverket

スカパーヴェルケット

郊外

MAP P.171-D1

いるだけで楽しい気分になる

手作りアイテムが集結

地元アーティストが共同で経営する。小物や文房具など、ぬくもりあふれるハンドメイド商品が並ぶ。店内の壁に貼られたアーティストを紹介するポップにも注目したい。

住 Markveien 60
TEL 48-192973
URL www.skaperverket.no
営 月～金12:00～18:00
　土　11:00～17:00
　日　12:00～17:00
休 なし
CC M V
T 17番Heimdalsgate（徒歩3分）

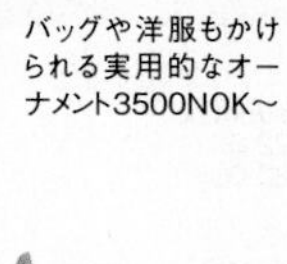

バッグや洋服もかけられる実用的なオーナメント3500NOK～

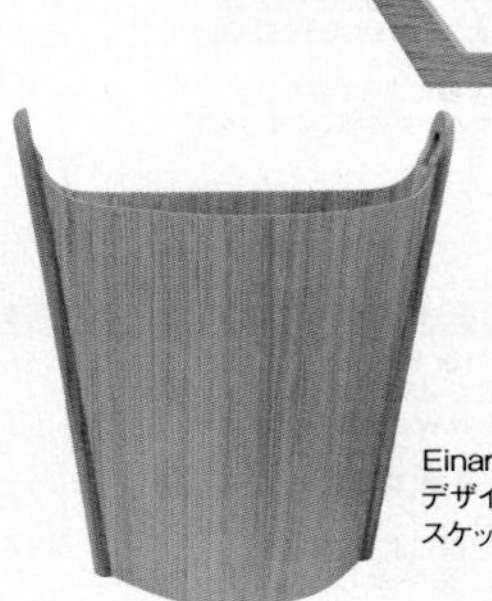

Einar Barnesによってデザインされた木製のバスケット4300NOK

マーブル模様のキッチンタオル各325NOK

Pur Norsk

プル・ノシュク

郊外

MAP P.168-B1

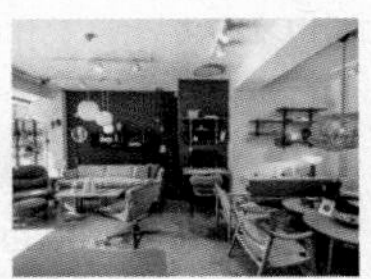

センス抜群のレイアウト

ノルウェー尽くしの名店

国内で生産されたものやノルウェー人デザイナーによる商品を扱う。大型家具や雑貨のほか、ロロス・ツイードとコラボするなど自社デザインの商品にも力を入れている。

住 Industrigata 36
TEL 22-464045
URL purnorsk.no
営 火～金11:00～17:00
　土　10:00～16:00
休 日・月
CC A M V
T 11、19番Bogstadveien（徒歩1分）

曲線が美しいキャンドルホルダー750NOK

オスロのショッピング

オスロのショッピングスポットは、カール・ヨハン通りと市庁舎周辺に集中している。ノルウェーのおみやげとして人気があるのは、セーターやシルバーのアクセサリー、陶器など。みやげ物店では妖精「トロル」の人形や、ヴァイキングをモチーフにした置物なども販売されている。アクセサリーや雑貨などおしゃれな店が集まるグリーネルロッカ地区も見逃せない。

デパート

GlasMagasinet
グラス・マガジン
MAP P.194

風格を漂わせる外観に目を見張らされるオスロを代表する高級デパート。創業150年以上の歴史をもつ老舗だ。1896年創業のガラスウエアブランド、マグノールのほか、ノルウェーの伝統衣装や衣料、ハンドクラフト製品、コスメが充実している。

カール・ヨハン通り周辺
住 Stortorvet 10
TEL 23-080810
URL glasmagasinet.no
営 月～金 10:00～19:00
土 10:00～18:00
休 日
CC 店舗によって異なる
T 17、18、19番Stortorvet（徒歩すぐ）

Paleet
パレー
MAP P.170-B2

ファッションブティックを中心にコスメ、書店、ジュエリー、コンビニなど約20の店舗が集まる地下2階～地上2階のショッピングセンター。ワイン、スピリッツなどを扱うリカーショップも入っている。レストランやカフェ、フードコートもある。

カール・ヨハン通り周辺
住 Karl Johans gate 37-43
TEL 23-080811
URL paleet.no
営 月～金 10:00～20:00
土 10:00～18:00
休 日
CC 店舗によって異なる
M 1～5番ストーティンエット駅（徒歩3分）

Oslo City

オスロ・シティ
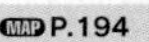
MAP P.194

オスロ中央駅に隣接して立つ人気のショッピングセンター。中央が吹き抜けになり、地下1階から3階までアクセサリー、雑貨、ファッションなど約90店が集まる。地下にスーパーマーケットがあり、ノルウェーの食材などを眺めるだけでも楽しめる。

オスロ中央駅周辺
住 Stenersgata 1
TEL 40-007370
URL oslo-city.steenstrom.no
営 月～金 10:00～22:00
土 10:00～20:00
休 日
CC 店舗によって異なる
S オスロ中央駅（徒歩3分）

Aker Brygge

アーケル・ブリッゲ
MAP P.170-A3

かつて倉庫街だった場所を再開発した、8つの区画からなる巨大ショッピングセンター。60軒近いショップやレストラン、カフェのほか、劇場が入っている。一帯はウオーターフロントとして、近年オスロのトレンドスポットになっている。

市庁舎駅広場周辺
住 Aker Brygge
TEL 23-238710
URL www.akerbrygge.no
営 月～土 10:00～19:00
（時期、店舗によって異なる）
休 日
CC 店舗によって異なる
T 12番Aker brygge（徒歩2分）

ファッション

F5 Concept Store
エフフェム・コンセプト・ストア
MAP P.169-D2

デザイナーでもあるノルウェー人の兄弟が開いたセレクトショップ。ホルツワイラー、カトリーネハメル、ハイクといった最先端のノルウェーブランドをメンズ・ウィメンズともにラインナップ。バッグや靴、アクセサリーなども扱う。カフェを併設。

郊外
住 Rathkes gate 9
TEL 94-119317
URL f5conceptstore.com
営 月～金 12:00～18:00
土 11:00～18:00
日 12:00～16:00
休 なし
CC A D M V
T 11、12、18番Schous plass（徒歩4分）

靴

Grændsens Skotøimagazin

グランサン・スコトイマガジン　MAP P.194

北欧でも最大規模の靴の専門店。地下1階はメンズ、1階と2階はレディスでカジュアルとフォーマルとに分かれている。3階は子供靴専門。売れ筋の商品は1299NOK前後。豊富な品揃えが自慢で、エルクなど珍しい皮のシューズもある。

カール・ヨハン通り周辺
住 Grensen 12
TEL 22-823400
URL www.grensensko.no
営 月～金 10:00～19:00
土 10:00～18:00
休 日
CC A M V
M 1～5番ストーティンエット駅（徒歩1分）

アクセサリー

David Andersen

ダーヴィ・アネセン　MAP P.194

1876年創業のオスロを代表する宝飾の高級店。オリジナルブランドのシルバーのカトラリーに定評があるが、ヴァイキング時代のデザインをモチーフにしたアクセサリーなどもおすすめ。ジョージ・ジェンセンなど北欧の名ブランドも扱う。

カール・ヨハン通り周辺
住 Karl Johans gate 20
TEL 24-148810
URL david-andersen.no
営 月～金 10:00～18:00
土 10:00～17:00
休 日
CC A D J M V
M 1～5番ストーティンエット駅（徒歩3分）
T 11、12、13番Øvre Slottsgate（徒歩2分）

生活雑貨

Norway Designs

ノルウェー・デザインズ　MAP P.194

1957年創業。ステルトン、ジョージ・ジェンセン、イッタラといった北欧ブランドを中心に芸術性の高い製品を扱う。1階は子供服や雑貨、ペーパーギャラリーを併設した地下1階にはジュエリーからガラス器製品、テキスタイルなどが種類別に並ぶ。

カール・ヨハン通り周辺
住 Lille Grensen 7
TEL 23-114510
URL www.norwaydesigns.no
営 月～金 10:00～19:00
土 10:00～18:00
休 日
CC A M V
M 1～5番ストーティンエット駅（徒歩1分）

みやげ物

Way Nor

ウェイ・ノー　MAP P.194

1985年に創業したギフトショップチェーンの旗艦店。2フロアのゆったりした店内に小物からウール用品、Tシャツ、アート雑貨まであらゆるノルウェーみやげが勢ぞろい。米ドルでも支払い可能で、免税にも対応。トロルの撮影スポットもある。

カール・ヨハン通り周辺
住 Lille Grensen 7
TEL なし
URL waynor.no
営 月～土 10:00～19:00
日 11:00～18:00
休 なし
CC A M V
M 1～5番ストーティンエット駅（徒歩2分）

本

Ark

アーク　MAP P.194

あらゆるジャンルの本が揃うオスロ最大級の書店。かわいらしいブックカバーが目を引くノルウェー語の本や英語の本、文房具などが並ぶ。特に料理本やガイドブック、アート関連の本などが充実。グリーティングカードの品揃えも豊富だ。

カール・ヨハン通り周辺
住 Øvre Slottsgate 23A
TEL 41-241818
URL www.ark.no
営 月～金 9:00～21:00
土 10:00～18:00
休 日
CC A D M V
M 1～5番ストーティンエット駅（徒歩2分）
T 11、12、13番Øvre Slottsgate（徒歩2分）

チョコレート

Freiabutikken

フレイアブティッケン　MAP P.170-B2

1889年創業のノルウェーのチョコレートメーカーFreiaのコンセプトストア。スーパーやコンビニでも販売されている国民的チョコレートで、ギフトアイテムや計り売りのチョコレートなども取り扱う。まとめ買いするとさらにお得にゲットできる。

カール・ヨハン通り周辺
住 Karl Johans gate 31
TEL 45-830959
URL www.freia.no
営 月～金 10:00～18:00
土 10:00～16:00
休 日
CC A M V
M 1～5番ストーティンエット駅（徒歩3分）

オスロのナイトスポット

バーやクラブが多いのは、やはりカール・ヨハン通り周辺。メインストリートから少し路地に入った場所に点在している。昼間から営業している所もあるが、ナイトスポットが盛り上がるのは、週末の夜遅く。だいたい22:00頃から人が集まり、翌3:00頃まで続くことが多い。普段はレストランとして営業している店が週末だけクラブに変わることもある。

The Scotsman
スコッツマン　MAP P.170-B2

カール・ヨハン通りで50年間愛され続けるガストロパブ。2024年3月に移転し、よりモダンな雰囲気の店に生まれ変わった。スポーツバー、音楽ライブ会場、ダーツなどを楽しめるエンターテインメントの3エリアに分かれている。スコッチウイスキーの種類が豊富なことも魅力。

カール・ヨハン通り周辺
住 Karl Johans gate 35
TEL 22-474477
URL scotsman.no
営 月　11:00～翌1:00
火・水 11:00～翌2:00
木～土 11:00～翌3:00
日　12:00～翌1:00
休 なし
CC A D M V
M 1～5番ストーティンエット駅(徒歩3分)

The Top Bar
トップ・バー　MAP P.171-D2

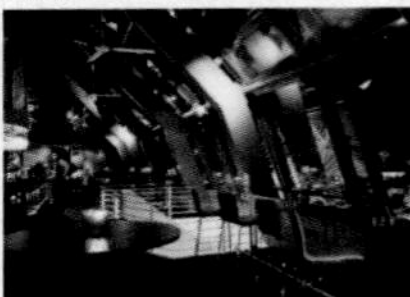

ラディソン・ブル・プラザ・ホテル・オスロ(→P.201)の最上階にある、展望ラウンジ。オスロ市街が一望でき、デートスポットとしても人気。夜はロマンティックな夜景を眺めながら、カクテルグラスを傾けたい。ビール129NOK～、そのほかのアルコールドリンクは125NOK～。

オスロ中央駅周辺
住 Sonja Henies plass 3
TEL 22-058759
URL www.thetoposlo.no
営 火～木 18:00～翌1:00
金・土 18:00～翌2:00
休 日・月
CC A D J M V
S オスロ中央駅(徒歩5分)

RØØR
ルール　MAP P.171-C2

ノルウェー国内外のクラフトビールを扱うビール専門店。常時70種類以上取り揃えるタップのビールが自慢。どれにしようか迷ったらスタッフにおすすめを聞いてみよう。銘柄によって価格は異なりスモールサイズ1杯64NOK～。食べ物はスナック類のみ。

カール・ヨハン通り周辺
住 Rosenkrantz' gate 4
TEL なし
URL www.roor.no
営 日～木 15:00～翌1:00
金・土 13:00～翌3:00
休 なし
CC A D M V
T 17、18、19番Tinghuset(徒歩1分)

Herr Nilsen
ヘル・ニルセン　MAP P.171-C2

ノルウェー人ジャズプレイヤーの名演が楽しめるパブ。ライブ演奏は日～木曜は20:00以降、金・土曜は夕方頃から。チャージ料は日によって異なり、無料で入場できる日もある。店頭またはウェブサイトにて事前にチケット購入が必要な場合もあるので注意。ビール88NOK～。

カール・ヨハン通り周辺
住 CJ Hambros plass 5
TEL 22-335405
URL www.herrnilsen.no
営 日～金 14:00～翌3:30
土　12:00～翌3:30
休 なし
CC M V
T 17、18、19番Tinghuset(徒歩1分)

Bohemen
ボヘメン　MAP P.171-C2

オスロに本拠をおくサッカーのクラブチーム、ヴァレレンガのサポーターが集うスポーツバー。店内のモニターではヨーロッパサッカーやモータースポーツなどの試合が常に放映されており、ヴァレレンガの試合がある週末は特に盛り上がる。ビール49NOK～。

カール・ヨハン通り周辺
住 Arbeidergata 2
TEL 22-416266
URL www.bohemen.no
営 月～木 14:00～24:00
金　14:00～翌1:00
土　13:00～翌1:00
日　14:00～23:00
休 なし
CC A D M V
T 17、18、19番Tinghuset(徒歩1分)

オスロのエンターテインメント

Oslo ENTERTAINMENT

オスロでは年間を通じてさまざまなイベントが開催されている。演劇、オペラ、クラシックからロックまで幅広いジャンルのコンサートをだいたい1日に20以上の公演がどこかで行われている。

自分のスケジュールに合わせて公演を探すなら、観光案内所（→P.179）が提供しているウェブサイトのイベント情報ページが便利。ウェブサイト内の"What's On"のコーナーにある"Event Calendar"は、日程と興味のあるジャンルを入力するだけで滞在中に開催されるイベントを表示してくれるシステムになっている。

イベントページにはチケットマスターやイベント会場のチケット販売サイトのリンクが貼られている。クリックして予約ページに飛び、クレジットカード払いで購入できて便利。また、無料で楽しめるイベントも多い。

国立劇場

Nationaltheatrett

1899年に完成したノルウェー最大の劇場。イプセンの作品をおもに上演しており、2年に1度、世界各国の劇団がイプセンの作品を競演するイプセン・フェスティバルが開催されている。ほかに、アメリカやイギリスの現代劇も上演している。ちなみに、毎年7・8月はクローズ。劇場の前には、うつむきかげんのイプセンと、上を向いているビョルンソンの銅像が立っている。

オペラハウス

Operahuset

2008年にオープンしたオペラハウス。白大理石で造られた斬新なデザインはエジプトのアレクサンドリア図書館の設計を手がけたスノーヘッタSnøhettaによるもので、屋根の上を歩ける世界初の劇場として注目を集めている。敷地内は一般開放されており、屋上からオスロ市内やフィヨルドの風景が楽しめる。オペラやバレエが中心の劇場だが、月に1～2回ほどコンサートも行われている。

屋上からは港を一望できる

オスロ・コンサートホール

Oslo Konserthus

オスロ・フィルハーモニー・オーケストラがおもに演奏を行うコンサートホール。クラシックのほかロックやジャズ、ダンスなどのイベントが開催されている。

DATA

●チケットマスター

URL www.ticketmaster.no

●国立劇場

Map P.170-B2

住 Johanne Dybwads plass 1

TEL 22-001400　URL www.nationaltheatret.no

開 チケット売り場 月～土12:00～17:00
（夜の公演がある日は開演時間まで営業）

休 日

チケットは電話、劇場内のチケット売り場、ウェブサイトで購入できる。

行き方▶▶▶

トラム11、13番でNationaltheatret下車、徒歩1分。

●オペラハウス

Map P.171-D4

住 Kirsten Flagstads plass 1

TEL 21-422121　URL www.operaen.no

開 チケット売り場&ショップ
月～土11:00～16:00　日12:00～16:00
（夜の公演がある日は開演時間まで営業）

休 なし

チケットは電話、劇場内のチケット売り場、ウェブサイトで購入できる。

行き方▶▶▶

オスロ中央駅から徒歩4分。またはトラム13、19番Bjørvika下車、徒歩3分。

●オスロ・コンサートホール

Map P.170-B2

住 Munkedamsveien 14

TEL 23-113100　URL oslokonserthus.no

開 チケット売り場 月～土11:00～14:00
（公演がある日は開演2時間前から営業）

休 日

チケットは電話、劇場内のチケット売り場、ウェブサイトで購入できる。

行き方▶▶▶

地下鉄1～5番でナショナルテアトレット駅下車、徒歩2分。

COLUMN NORWAY

欧州・北米を席巻した航海士ヴァイキング

北欧というと、まず思い浮かぶのがヴァイキングではないだろうか？

ヴァイキングとは、8世紀から11世紀にかけて、ヨーロッパから北米までの広範囲にわたって遠征を行い、略奪や侵略を繰り返した集団のこと。当時まだ国境があいまいだったデンマーク、ノルウェー、スウェーデンを拠点とした北ゲルマン人系で、古ノルド語を共通言語としていた。彼らは高い造船技術と戦闘力をもった戦士であり、向かうところ敵なしで侵攻を進めていった。侵攻に使われたヴァイキング船は全長30m以上の大型のもので、30〜40人程度が一度に乗り込み、それが50〜60艘の集団で進んでいく。船のスピードも当時としては画期的なものであった。ヴァイキングが用いた文字はルーン文字と呼ばれ、今でもヴァイキングの遺跡や博物館では金属や石碑に残されたルーン文字を見ることができる。ヴァイキングという呼称には諸説あるが、湾を意味する「ヴィークVIK」を語源とするものというのが有力な説である。「ヴァイキング」は9世紀頃から普通に使われるようになり、「海の遠征」を意味する古ノルド語になったとされている。

ヴァイキングたちの侵攻ルートは、東西南北実に広範囲に及んでいる。イギリスとアイスランドを皮切りに、西のグリーンランドや北米、南はフランス、スペイン、アフリカ、東はロシア、また中東にまで侵攻していった。ヴァイキングによる初めの遠征が行われたのは793年のこと。イングランドの東岸の沖合にあるリンディスファーンの修道院が、ノルウェーのヴァイキングにより襲撃された。その後、ヴァイキングたちは出身地により3つの国に分かれるようになり、ノルウェーとデンマークのヴァイキングは西へ、スウェーデンは東へと侵攻ルートも異なっていった。ヴァイキングはアイスランドからアイルランド、フランス、ポルトガル、スペインさらにはアフリカにいたるまで侵攻を繰り返した。しかし、10世紀末になると、ヴァイキングの王たちがキリスト教への改宗を行い、デンマークとノルウェーがキリスト教化する。さらに遠征先から帰ってくるヴァイキングも少なくなり、他国に定住した人々はその地に完全に溶け込むこととなった。このようにして、ヴァイキングの時代は終焉を迎えることになったのである。

侵略者としてヨーロッパ各地の人々に恐れられたヴァイキングだが、彼らは侵略者であると同時に、優れた航海士であり、またグリーンランドとアメリカ大陸という新大陸を発見した冒険家でもあったのだ。彼らがアメリカ大陸を発見したのは10世紀。コロンブスよりも実に5世紀も前のことだ。

ヴァイキングの活動が終わった頃、イングランドに統一王権が誕生し、中世ヨーロッパの国家の形成が進められた。彼らの開いた通商路は後のハンザ同盟へと引き継がれ、商業ルートも一変した。これらヨーロッパ全土の変化に、ヴァイキングの活動が多大な影響を与えたことは間違いがない。

ヴァイキング船博物館には、ヴァイキング船の実物が展示されている

ヴァイキング博物館では当時の様子を伝える映像も流れる

（参考文献:武田龍夫著『物語 北欧の歴史』（中公新書）、イヴァ・コア著・谷口幸男監修『ヴァイキング 海の王とその神話』（創元社））

Røros

ローロス

町のシンボル、ローロス教会

古くからサーメの人々が住んでいたが、町自体は1644年に鉱山都市として開かれたローロス。1679年、スウェーデン軍により一度破壊されたが再建し、1977年に閉山するまで333年の間現役の鉱山都市であり続けた。町内にはぼた山が残り、当時の雰囲気を彷彿させる。

町は緩やかな斜面に沿って広がっており、17世紀に建てられた黒い木造の家が印象的。特に雪化粧をした冬の町並みは特筆もので、1980年、2010年にローロスとその周辺がユネスコの世界遺産に登録されている。

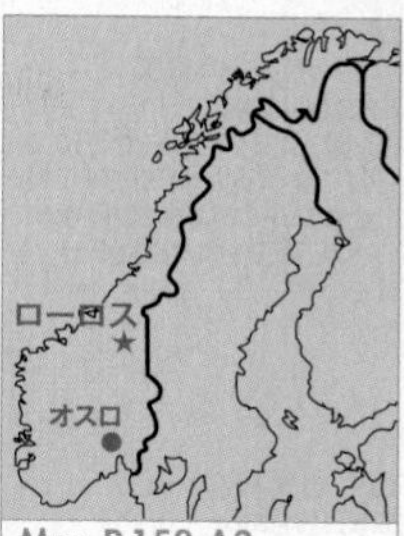

Map P.158-A3
人口:5685
市外局番:なし
ローロス情報のサイト
URL www.roros.no
@rorosogosterdalen
@rorosogosterdalen

ローロスの行き方

✈オスロからヴィデロー航空が土曜を除く1日1～2便運航、所要約50分。空港から市内へはタクシーで約3分、約100NOK～。
🚃平日のみオスロからの直通がある。1日1便運行、所要約5時間。土・日はオスロからの直通はなくハーマルで乗り換える。1日2便運行、所要約5時間。

ローロスの観光案内所ⓘ
Map P.221
住 Peder Hiortsgate 2
TEL 72-410000
URL www.roros.no
開 6/20～8/14
月～金 10:00～17:00
土･日 10:00～16:00
8/15～6/19
月～金 10:00～16:00
土 10:00～14:30
休 8/15～6/19の日

駅に到着したら、まずは観光案内所へ。パンフレットを多数揃えているほか、見どころを回るガイドツアーの申し込みも受け付けている。歴史的背景のある町なので参加をおすすめしたい。

現役の木造家屋が多い

CHECK!

ガイドツアー

催6/1～19、8/16～9/10
毎日 11:00
6/20～8/15
毎日 11:00、13:00、15:00
9/11～5/31
木・土11:00

料160NOK

ローロスの歴史や町について学べるガイドツアー。料金はローロス教会の入場料込み。所要約1時間20分。

ローロスの歩き方

町の中心はキェクガータ通りKjerkgataで、道の両脇には店が連なり、駅を背に緩やかな坂を登ればローロス教会が見える。右手の川沿いには採掘の歴史を紹介する博物館、スメルティッタがあり、ぼた山から見るローロスの町並みは必見だ。小さな町なので、1日あれば十分に楽しめる。また、ノルウェーの有名ブランケットメーカー、ロロス・ツイードの本社は駅の南側にあり、オスロなどのショップよりも安く購入できる。

おもな見どころ

ローロス教会 Røros Kirke

Map P.221

別名「鉱山都市の美Bergstadens Ziir」とも呼ばれる石造りの教会。教会の発案は、ローロス出身でコペンハーゲンで神学を学んだペダー・ヨルトPeder Hjort（1715～1789年）。彼は大学を卒業し、帰郷してローロスの鉱業会社に入社。後にディレクターとなり、アイデアの発案やその実現のために莫大な資金を投資した。やり手のビジネスマンでありながら、住民のことを考えた彼は今でもローロスの人々の誇りとなっている。1784年に完成した教会は、ノルウェー国内でも最大規模。パステルブルーの内装がかわいらしい印象だが、実は壁は大理石風に見立てた木造。建設当時資金が足りず、大理石に見えるよう当時の高度な技術で木にペイントをしたそうだ。

ロココ調のかわいらしい内装

ローロス教会
住Kjerkgata
TEL72-406170
URLrorosmuseet.no
開6/12～8/20
毎日11:00～16:00
8/21～6/11
土　11:00～13:00
休8/21～6/11の日～金
料60NOK

教会の横にはペダー・ヨルトの墓がある

スメルティッタ Smelthytta

Map P.221

ローロスの鉱山事業と採掘の歴史が学べる博物館で、建物は1975年に焼失した製錬所の上に建てられている。地下2階では採掘の際に使用した道具や採掘・精製の方法の模型などを展示しており、なかでも実際に使われた製錬所の遺構は必見。公式ウェブサイトからオーディオガイドが聞ける。地下1階には19世紀のドレスの変遷がわかる展示のほか、企画展を行っている。

ダイナミックな展示が見られる

スメルティッタ
住Lorentz Lossius gata 45
TEL72-406170
URLrorosmuseet.no
開6/1～19、8/16～9/10
毎日10:00～16:00
6/20～8/15
毎日10:00～17:00
9/11～5/31
毎日10:00～15:00
休なし
料140NOK

スレッグヴァイン Sleggveien

Map P.221

町の北にあるスレッグヴァイン通りSleggveienに並ぶ、労働者や職人、小作人が住んでいた家。なかには1950年まで使われていた建物もあり、夏季のみ内部の見学ができる。

スレッグヴァイン
住Sleggveien
TEL72-406170
URLrorosmuseet.no
開7月上旬～8月上旬
毎日11:00～16:00
休8月上旬～7月上旬
（外からの見学は可能）
料無料

『長くつ下のピッピ』にも登場した場所だ

ローロスのホテル

Bergstadens Hotel
バリグスターデン　MAP P.221

住Osloveien 2　TEL72-406080
URL bergstadenshotel.no
料Ⓢ1540NOK～ Ⓓ1690NOK～　CC A D M V

かつて引き馬の小屋として使われていた1644年築の建物を利用した、駅近の高級老舗ホテル。フィットネスセンターやノルウェー料理が味わえるレストランを併設。2023年12月にはスパ施設もオープンした。

Røros Hotell
ローロス　MAP P.221外

住An-Magrittveien 48　TEL72-408000
URL roroshotell.no
料ⓈⒹ2100NOK～　CC M V

ローロスを代表するホテル。屋内プールやサウナ、ジムなどのフィットネス施設が充実している。メインレストランでの、新鮮な地元産野菜を使った朝食が人気。ディナーも提供しており、価格は455NOK～で伝統的なノルウェー料理がいただける。

ErzscheiderGården
アッシャイテルゴーデン　MAP P.221

住Spell-Olaveien 6　TEL72-411194
URL erzscheidergaarden.no
料Ⓢ1550NOK～ Ⓓ1860NOK～　CC A D J M V

ローロス教会のそば、坂の上にあるホテル。17世紀築の建物を利用しており、全24室の客室はすべて内装が異なる。地産の食材を使った朝食が有名。ロビーのコーヒーとクッキーは無料。フレンドリーなスタッフの対応もうれしい。

Vertshuset Røros
ヴェットフーセット・ローロス　MAP P.221

住Kjerkgata 34　TEL72-419350
URL vertshusetroros.no
料Ⓢ1400NOK～ Ⓓ1750NOK～　CC A D M V

町の中心部にあるホテル。1844年築の建物を利用した古い木造タイプと工場だった建物を利用した現代的なタイプと2つの宿泊施設が選べる。1階にはレストランもあり、いつも人でいっぱい。キッチン付きの客室もある。

ローロスのレストラン

Berkel og Bar
バーケル・オグ・バー　MAP P.221

住Kjerkgata 34　TEL72-419350　URL vertshusetroros.no
営火～土12:00～15:30/17:00～20:30
休日・月　予200NOK～　CC M V

ヴェットフーセット・ローロスの1階にあり、ローロスのビールをはじめ旬の素材を使ったアラカルトメニューがカジュアルに楽しめるレストラン＆バー。人気メニューはライ麦パンとレバーのパテ添え195NOKや、地元産チーズが4種類のったプレート265NOK。

Kaffestuggu
カフェストウッグ　MAP P.221

住Bergmannsgata 18　TEL72-411033　URL kaffestuggu.no
営月～木11:00～19:30　金・土11:00～21:45　日11:00～19:30　休なし　予100NOK～　CC M V

18世紀の建物内にある、かわいらしい家具が配されたカフェ。カフェメニューのほか、ランチタイムに食べられるトナカイバーガー274NOK～などの食事メニューもある。夏季は花に囲まれたテラス席が人気。夜は伝統的なノルウェー料理が楽しめる。

ローロスのショッピング

Røros Tweed
ロロス・ツイード　MAP P.221

住Tollef Bredals vei 8　TEL72-406720　URL rorostweed.no
営月～金10:00～16:00　土10:00～14:00
休日　CC D J M V

ノルウェーの有名ブランケットメーカー、ロロス・ツイードの本社併設のファクトリーアウトレット。ブランケット、ピローケース、テーブルクロスなどウール製品がほとんど割引価格で販売されており、お得に購入できる。

Potteriet Røros
ポッテリエ・ローロス　MAP P.221

住Fargarveien 4　TEL72-411710　URL potteriet-roros.no
営月～金10:00～16:30　土11:00～15:00(時期により異なる)　休日　CC M V

トロンハイム生まれの製造・絵付け方法で作る食器で、現在ではこの店でしか製造していない。植物モチーフのあたたかみのあるデザインが特徴で、小皿から大皿まで幅広い食器を販売している。

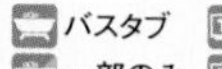
バスタブ　テレビ　ドライヤー　ミニバーおよび冷蔵庫　ハンディキャップルーム　インターネット(無料)
一部のみ　一部のみ　貸し出し　一部のみ　インターネット(有料)

Bergen

ベルゲン

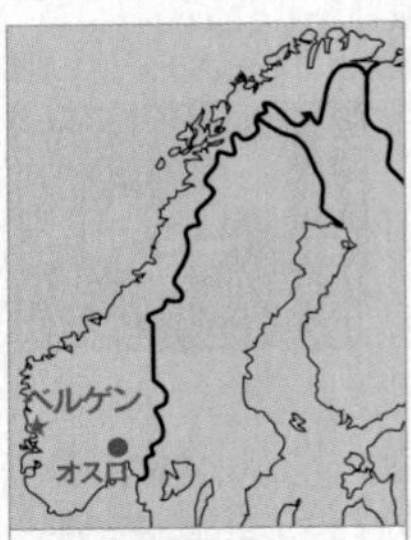

Map P.158-A3
人口:29万1940
市外局番はない
ベルゲン情報のサイト
URL www.visitbergen.com
X @visitBergen
f @visitbergenofficial
@visitbergen

ベルゲンの行き方

✈オスロからは1時間に1～4便運航、所要約50分。コペンハーゲンからは1日3～5便、所要約1時間20分。空港から市内へは空港バスFlybussenが利用できる。169NOK。バスは途中、鉄道駅そばのバスターミナルを経由する。空港から市内を結ぶ、ベルゲン・ライト・レールBergen Light Railという都市鉄道も運行している。詳細は(→P.230)。
鉄道 オスロから1日3～4便運行(土曜を除きうち1便は夜行)、所要6時間30分～7時間30分。
バス オスロから直行便はなく、途中ファーゲルネスFagernesまたはセルエスタッドSeljestadで乗り換え、所要9時間25分～10時間。スタヴァンゲルからは1時間に1～2便、所要4時間20分～5時間25分。
船 フッティルーテン(→P.558)の発着点でもあり、ここを起点にヒルケネスまで6泊7日～の船旅が楽しめる。

ベルゲンの観光案内所
Map P.228-B3
TEL 55-552000
URL www.visitbergen.com
開 毎日9:00～16:00
(時期によって異なる)
休 なし

世界遺産のブリッゲン

ベルゲンは人口約29万人の、ノルウェー第2の規模をもつ都市。周辺の地形は西ノルウェーのフィヨルド地方特有のもので、入り組んだ海岸線のすぐそばまで山が迫り、わずかな平地に木造の家が密集している。そのためベルゲンの町は、山肌にも白い家が張り付くように建っている。また道幅が狭いため、一度火災が発生すると家並みはすべて焼き払われてしまうといわれている。

町の歴史は古く、1070年にオーラヴ・ヒッレ王Olav Kyrreによって拓かれ、12世紀から13世紀まではノルウェーの首都でもあった。その後14世紀から15世紀になると、北海周辺諸国の商業発展と各国共通の利益を目指したハンザ同盟に加盟し、その事務所がおかれた。そのハンザ商人たちの統治のもと、ベルゲンは名産である干ダラの輸出により急速に発展し、17世紀のハンザ同盟の終結にいたるまでの400年にわたって隆盛を誇った。港の脇にあるブリッゲンは、当時の姿をとどめる貴重な建物として世界遺産に登録されている。

ハンザ同盟の解体後、ベルゲンは国際市場に独自に進出した。漁業以外にも、造船業や手工芸品にも力を入れ、現在ではノルウェー最大の港湾都市となった。

ベルゲンの人は、どこから来たか尋ねられると、「ノルウェーから」ではなく「ベルゲンから」と答えるという。それほどこの町の出身であることを誇りにしているのだ。

ベルゲンの歩き方

ベルゲン出身の文学者ホルベアの像

ベルゲンの町は、港周辺と駅周辺の大きくふたつのエリアに分けられる。町の中心となっているのは港の周辺。港を取り囲むようにしてホテルやシーフードレストランが林立しており、ユネスコの世界遺産にも登録されているブリッゲンなどおもな見どころの多くも港沿いに集中している。魚市場から西へ延びるトーグアルメニング通りTorgallmenningenは、大型デパートやショップが並ぶメインストリート。通りの東端には、ヴァイキングから現代の船員にいたるまでの海の男の記念碑がある。

ベルゲンの駅は南にあり、港までは徒歩で20分ほど。ベルゲン観光よりもフィヨルドツアーに重点をおいているなら、駅のそばに宿を取るのもいいだろう。また、駅の北西にある人造湖Lille Lungegårdsvannnetを中心としたあたりは広い公園になっており、公園に沿って多くの美術館が集まっている。さらに西に足を延ばせば、ベルゲン大学博物館がある。

観光は徒歩で十分。石畳のベルゲンの町をそぞろ歩いてみたい。

マメ知識
ベルゲンの気候
メキシコ湾流の影響を受けた湿った空気が山にぶつかって、雨を降らせるため、1年を通して降水量が多い。折りたたみ傘やレインコートの持参を忘れずに。

CHECK!
ベルゲン・カード Bergen Card
フロイエン山へのケーブルカーや博物館、各種ツアーなどが無料や割引料金で利用できる。ライト・レール1番・2番も無料。公式サイトまたは観光案内所で販売。
料24時間有効380NOK
48時間有効460NOK

おもな見どころ

フロイエン山 Fløyen

Map P.228-B3外

ベルゲンに来たなら絶対に上りたいのがフロイエン山だ。魚市場から150mほどの所にあるケーブルカー乗り場から、ケーブルカーFløibanen Funicularが標高320mの山頂まで運行している。最大傾斜26度、全長844mを約6分（毎秒4m）で上る。ケーブルカーの駅のすぐ左脇から出ている登山道を歩いて登ることも可能で、よく整備された道が枝分かれしている。頂上にはカフェレストランやみやげ物店もあり、ゆっくり過ごすこともできる。

時間があったら、ベルゲンの郊外約2kmにあるウルリケン山Ulriken（643m）にも行ってみよう。山頂へはロープウエイで約10分。

頂上から町全体が見える

フロイエン山のケーブルカー
住Vetrlidsallmenningen 23A
TEL55-336810
URLfloyen.no
運月〜金　7:30〜23:00
土・日　9:00〜23:00
（時期によって異なる）
料4〜9月片道90NOK、往復180NOK、10〜3月片道70NOK、往復130NOK（ベルゲン・カードで往復運賃が50%割引）
15〜30分ごとに運行。

ウルリケン山のロープウエイ
TEL53-643643
URLulriken643.no
運5〜9月　毎日 9:00〜23:00
10〜4月
火・水 9:00〜19:00
木〜土 9:00〜23:00
日　9:00〜19:00
休1/1〜15、10〜4月の月
料片道230NOK、往復395NOK
強風の場合は運休。

COLUMN NORWAY

フェリーでソグネフィヨルド観光

フェリーは片道のみの利用も可

ベルゲンは、ソグネフィヨルド（→ P.240）観光の拠点として知られている。日帰りで行くには、ベルゲンから列車やバス、フェリーを乗り継いで巡るのが一般的なルートだが、もっと気軽に訪れたい人におすすめなのが直通フェリーでの移動だ。

フェリー会社のノルレド社Norledでは、夏季のみ、ベルゲン〜フロム間の直通フェリーを運航。ベルゲンを8:00に出発し、ソグネフィヨルドとアウルランフィヨルドをクルーズ後、13:40にフロムに到着。フロムでの滞在を楽しんだ後、帰りは15:30発のフェリーで同ルートを戻れば、同日中にベルゲンまで戻ることができる。これを利用すれば、面倒な乗り換えは一切なく、手軽にフィヨルド観光を満喫できる。

■ノルレド社
TEL51-868700　URLwww.norled.no
運4〜10月
ベルゲン発8:00　フロム発15:30
料往復1592NOK

Airbnbを利用して民家に滞在しました。住宅街は急勾配の坂道が多いうえに石畳でぼこぼこしていたため、重たいスーツケースを運ぶのにとても苦労しました。（福井県 カメちゃん'18）（'24）

中世の時代にタイムスリップ in ブリッゲン ―Bryggen―

港に面してカラフルな木造の建物が並ぶ姿がなんともかわいらしい、観光名所のブリッゲン。
建物の間の細い路地を歩けば、まるで中世の時代に迷い込んだような不思議な気持ちにさせてくれる。

ブリッゲン

Bryggen Map P.228-B2

歴史ある木造家屋が規則正しく連なるブリッゲン地区は、ベルゲンを象徴する場所。中世時代にドイツのハンザ商人たちが使用していた建物は、ユネスコの世界遺産にも登録されている。

開敷地内は散策自由、営業時間は店舗により異なる 料無料

中心部のすぐそばまで、山が迫る

ブリッゲンの周辺にも、多くの家が密集して立つ

海岸線に沿って一列に建物が連なるブリッゲン地区

目の前は、フェリーやヨットが停泊するベルゲン港

色とりどりの建物が真っ青な空によく映える

知りたい！

ブリッゲンのQ&A 知れば知るほどおもしろい、ブリッゲンの疑問にお答え！

Q1.ブリッゲンって何？

A.木造家屋が建ち並ぶ一帯をブリッゲン地区と呼ぶ。中世時代にベルゲンがハンザ同盟に加盟した際、ドイツのハンザ商人がここへ移り住み、住宅や事務所として利用した。オリジナルは13～16世紀に建てられたといわれている。

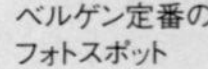

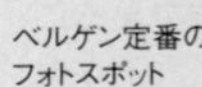

ベルゲン定番のフォトスポット

Q2.どんな建物？

A.建物は、屋根や外壁、柱まですべて木で造られている。木造かつ密集して立っているために、幾度もの火災で家屋は焼け落ちてしまったが、そのたびに復元と修復を繰り返し、当時と同じような姿を維持している。

歩くたびにギィー、と木のきしむ音が鳴る

Q3.外観の文字はなに？

A.外壁に書かれた文字に注目してみよう。各階ごとにアルファベットで書かれた文字は、レストランやショップの看板になっている。文字のほかに、動物や人間などの像も飾られており、それぞれの建物に個性がある。

文字の大きさや種類もさまざま

Q4.今は何に使われているの？

A.現在は、地元アーティストによる工房、レストランやギフトショップなどの店舗として使われている。建物の隙間を進むと、木の板でつぎはぎされた路地が迷路のように奥まで続いており、そこに店が点在する。

隠れショップ巡りが楽しい

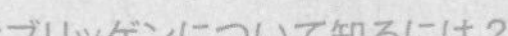

Q5.もっとブリッゲンについて知るには？

A.より詳しく知りたいなら、ブリッゲン博物館がおすすめ。模型や実際の発掘物が展示されており、ブリッゲンを中心としたベルゲンの歴史を学ぶことができる。夏には、ブリッゲンを回るガイドツアーも催行。

ブリッゲン博物館 Bryggens Museum
Map P.228-B2
住Dreggsalmening 3 TEL55-308030
URLbymuseet.no
開5/22～9/30 毎日11:00～17:00
10/1～5/21 毎日11:00～15:00
休なし
料160NOK
（ベルゲン・カードで入場可）

工房生まれの個性派グッズ

アーティストが手がけた、個性あふれるグッズはおみやげにぴったり！ 注目のショップをご紹介。

アクセサリー

Per Vigeland
ペル・ヴィーゲラン

シルバージュエリーの工房＆ショップ。ヴィーゲランさん手作りのジュエリーは、シンプルながらもひねりのあるデザインが特徴。ネックレスやリング、ブレスレットなどが並ぶ。

住Bryggestredet TELなし
URL www.pervigeland.no
営夏季　毎日　9:00～21:00
　冬季　月～土10:00～17:00
休冬季の日 CC M V

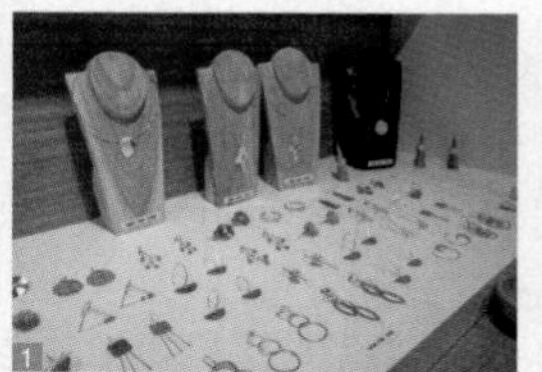

1 ユニークな形が特徴的なピアス各590NOK～ 2 制作も自ら行う、デザイナーのヴィーゲランさん。ブリッゲン内に2店舗ある

アート

Kvams Flisespikkeri
クバンズ・フリーサスピケリーヌ

クヴァンさんが手がけた版画が揃う、アートギャラリー。ノルウェーの自然や伝統的なものからインスピレーションを受けた作品は、美しい色彩と曲線で見事に表現されている。

住Bredsgården TEL97-972112
URL kvams-flisespikkeri.com
営月～金9:00～19:00
　土・日9:00～18:00
休なし CC M V

1 持ち帰るのにちょうどいいサイズの版画もあり、110NOK～ 2 店舗内にあるアトリエで作業しているクヴァンさん

陶芸

Keramikk og Skulptur Galleri Shop
セラミック・オグ・スクルプチュール・ガレリ・ショップ

ふたりの個性的な女性陶芸家が営む工房兼ショップ。ブルドヴィクさんが手がけるのはイラストを立体化した戦士などのオブジェ。ブラアセンさんは馬やウサギといった動物の置物のほか、カップなどもある。

住Bellgården Steinkjeller 9G
TEL45-222696
営月～土9:00～15:00
休日 CC A M V

1 置き物やマグカップなどを販売 2 店内にある工房で作業している

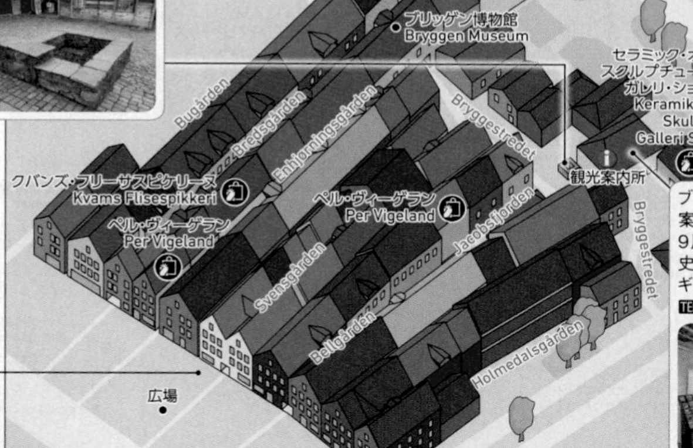

1666年築の漆喰の建物は、ブリッゲン最古のもの。現在は、アートスクールとして使われている。

広場にある井戸。ここに投げ入れたコインはブリッゲン保存の寄付となる。石の紋章はオーラヴ5世王のもの。

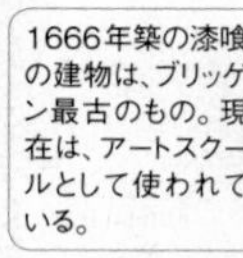

ブリッゲン内には各路地に通り名の標識が掲げられているので、通り名を確認しながら目当ての店を探すといい。

建物の正面に、動物や人間などの木で造られた像が飾られている。いくつ見つけられるか探してみよう！

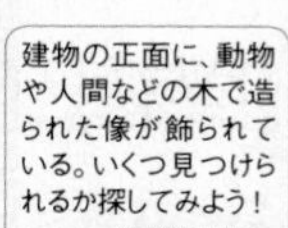

ブリッゲン内の観光案内所は5月中旬～9月初旬の営業。歴史についての展示やギフトショップも。
TEL55-552080

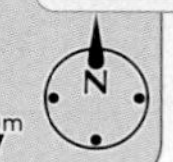

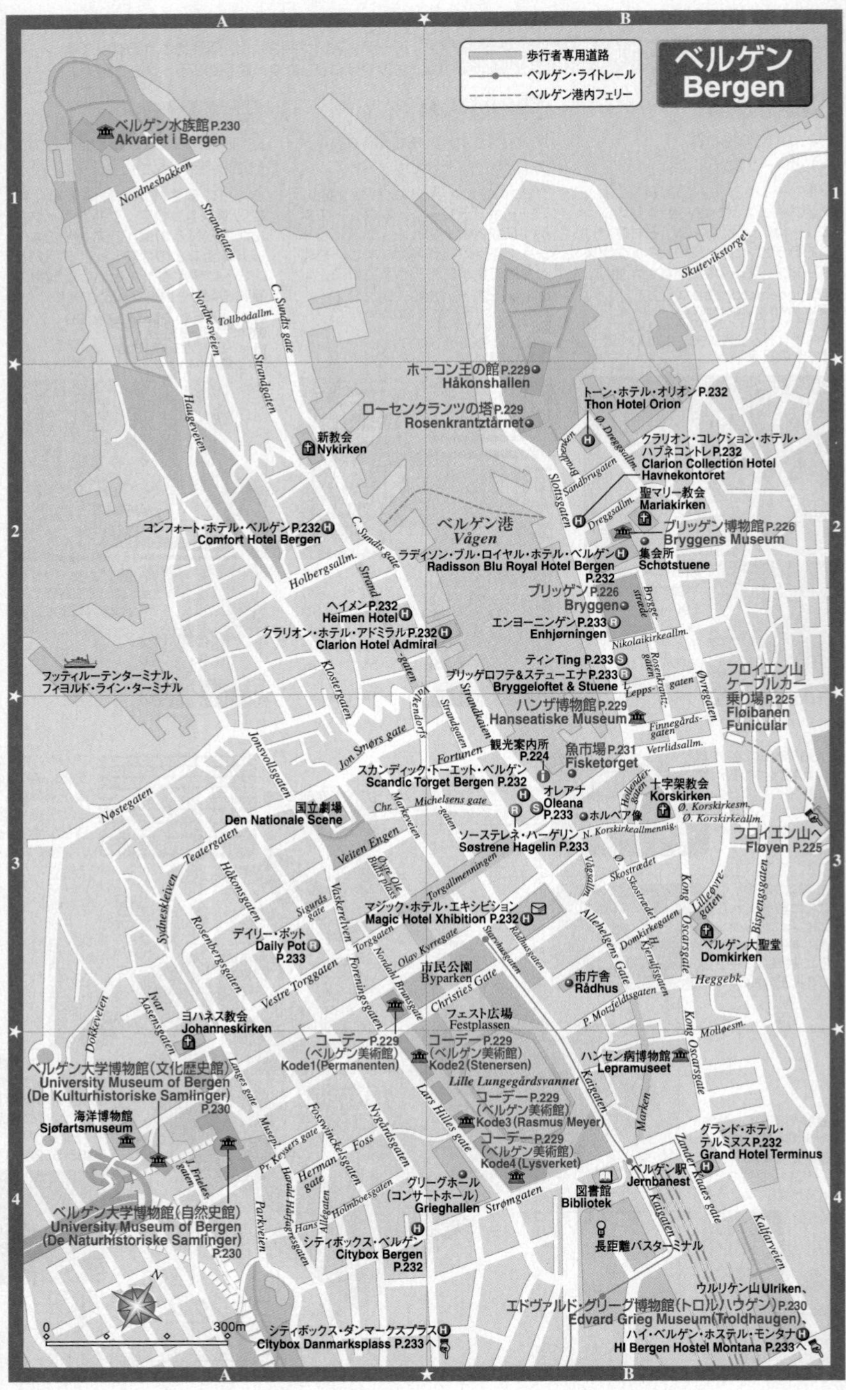

ベルゲン
Bergen
歩行者専用道路
ベルゲン・ライトレール
ベルゲン港内フェリー
ベルゲン水族館 P.230
Akvariet i Bergen
ホーコン王の館 P.229
Håkonshallen
ローセンクランツの塔 P.229
Rosenkrantztårnet
新教会
Nykirken
トーン・ホテル・オリオン P.232
Thon Hotel Orion
クラリオン・コレクション・ホテル・ハブネコントレ P.232
Clarion Collection Hotel Havnekontoret
聖マリー教会
Mariakirken
ブリッゲン博物館 P.226
Bryggens Museum
集会所
Schøtstuene
コンフォート・ホテル・ベルゲン P.232
Comfort Hotel Bergen
ベルゲン港
Vågen
ラディソン・ブル・ロイヤル・ホテル・ベルゲン
Radisson Blu Royal Hotel Bergen P.232
ブリッゲン P.226
Bryggen
ヘイメン P.232
Heimen Hotel
クラリオン・ホテル・アドミラル P.232
Clarion Hotel Admiral
エンヨーニンゲン P.233
Enhjørningen
ティン Ting P.233
ブリッゲロフテ&ステューエナ P.233
Bryggeloftet & Stuene
フッティルーテンターミナル、フィヨルド・ライン・ターミナル
ハンザ博物館 P.229
Hanseatiske Museum
フロイエン山ケーブルカー乗り場 P.225
Fløibanen Funicular
観光案内所 P.224
魚市場 P.231
Fisketorget
スカンディック・トーエット・ベルゲン
Scandic Torget Bergen P.232
オレアナ
Oleana P.233
ホルベア像
十字架教会
Korskirken
国立劇場
Den Nationale Scene
ソーステレネ・ハーゲリン
Søstrene Hagelin P.233
フロイエン山へ
Fløyen P.225
マジック・ホテル・エキシビション
Magic Hotel Xhibition P.232
デイリー・ポット
Daily Pot P.233
ベルゲン大聖堂
Domkirken
市民公園
Byparken
市庁舎
Rådhus
ヨハネス教会
Johanneskirken
フェスト広場
Festplassen
コーデー P.229
(ベルゲン美術館)
Kode1(Permanenten)
コーデー P.229
(ベルゲン美術館)
Kode2(Stenersen)
ハンセン病博物館
Lepramuseet
ベルゲン大学博物館(文化歴史館)
University Museum of Bergen
(De Kulturhistoriske Samlinger)
P.230
海洋博物館
Sjøfartsmuseum
Lille Lungegårdsvannet
コーデー P.229
(ベルゲン美術館)
Kode3(Rasmus Meyer)
コーデー P.229
(ベルゲン美術館)
Kode4(Lysverket)
グランド・ホテル・テルミヌス P.232
Grand Hotel Terminus
グリーグホール
(コンサートホール)
Grieghallen
図書館
Bibliotek
ベルゲン駅
Jernbanest
ベルゲン大学博物館(自然史館)
University Museum of Bergen
(De Naturhistoriske Samlinger)
P.230
シティボックス・ベルゲン
Citybox Bergen P.232
長距離バスターミナル
ウルリケン山 Ulriken、
エドヴァルド・グリーグ博物館(トロルハウゲン) P.230
Edvard Grieg Museum(Troldhaugen)、
ハイ・ベルゲン・ホステル・モンタナ
HI Bergen Hostel Montana P.233へ
シティボックス・ダンマークスプラス
Citybox Danmarksplass P.233へ
0
300m
Nordnesbakken
Strandgaten
Nordnesveien
C. Sundts gate
Tollbodallm.
Haugeveien
Holbergsallm.
Klostergaten
Skuteviksorget
Dreggsallm.
Slottsgaten
Sandbrugaten
Bryggestræde
Nikolaikirkeallm.
Øvregaten
Lepps-gaten
Finnegårdsgaten
Vetrlidsallm.
Strandkaien
Jon Smørs gate
Jonsvollsgaten
Nøstegaten
Teatergaten
Håkonsgaten
Sydneskleiven
Rosenbergsgaten
Veiten
Engen
Markeveien
Torgallmenningen
Vaskerelven
Sigurds gate
Olav Kyrres gate
Nordahl Bruns gate
Vestre Torggaten
Foreningsgaten
Christies Gate
Rådhusgaten
Allehelgens Gate
Kong Oscarsgate
Bispengsgaten
Domkirkegaten
Heggebk.
P. Motzfeldtsgaten
Kaigaten
Marken
Lars Hilles gate
Nygårdsgaten
Fosswinckelsgaten
Herman Foss gate
Harald Hårfagres gate
Parkveien
Strømgaten
Zander Kaaes gate
Kalfarveien
Dokkeveien
Ivar Aasensgaten
Lunges gate
Muséplass
J. Frieles gate
Pr. Keysers gate
Allégaten
Holmboesgaten
Vågsallm.
Ø. Skostrædet
Ø. Korskirkeallm.
N. Korskirkeallmennig
Chr. Michelsens gate
Fortunen
Vetrlidsallm.
Lilleøvregaten
Kjerulfsgaten
Ø. Dreggsallm.
Bradbenken
Rosenkrantzgaten
Hollendergaten
Starvhusgaten
Torggaten
Øvre Ole Bulls plass
Vaskerelven

●ローセンクランツの塔とホーコン王の館　Rosenkrantztårnet & Håkonshallen

Map P.228-B2

歴史について学べるローセンクランツの塔

ブリッゲンの先にある、町の始まりとともに造られた堅牢なふたつの石の建物。門を入ってすぐの建物はホーコン王の館。ベルゲンの町を拓いたホーコン王によって造られ、13世紀には政治の中枢機関がここにおかれていた。ホールは37×16.4mの広さがあり、壁はノルウェーの石を使って造られている。隣のローセンクランツの塔は、1560年代にベルゲンの知事によって造られたもの。スコットランドから運んだ石を使い、造り上げた建物は要塞としての役割も果たしていた。塔内には細い階段がらせん状に付けられていて、各階を見学できるほか、塔の頂上からはベルゲンの町が見渡せる。夜はライトアップされて美しい。

●ハンザ博物館　Hanseatiske Museum

Map P.228-B3

当時の商人たちの暮らしが見てとれる

1704年に建造された趣ある木造の商館。内部はハンザ商人の暮らしを再現する博物館になっており、当時の様子が見られる。ベルゲン繁栄の元となった干ダラなどが当時のまま展示されている。また、少し離れたブリッゲン博物館の近くにはハンザ商人たちの集会所Schøtstueneがある。ところで、ハンザビールというベルゲン産のビールがある。瓶のラベルには右に干ダラ（ノルウェー）、左側にタカ（ドイツ）のマークがある。これもまた、ハンザ同盟時代をしのばせるものだ。

●コーデー（ベルゲン美術館）　Kode

Map P.228-A3～B4

ムンクの作品を展示しているKode3（ラスムス・マイヤー館）

北欧最大級の美術館。5つの美術館を統合して設立された。ルネッサンスの時代から現代にいたるまでの絵画などを幅広く収蔵、展示している。美術館は4つの建物に分かれており、共通チケットで入館可能。人気は、ムンクの作品を多数所蔵するKode3（ラスムス・マイヤー館）。

ローセンクランツの塔
TEL 55-308038
URL bymuseet.no
開 3・11月
　土・日　10:00～14:00
4月～5月中旬、9月中旬～10月、12月
　毎日　10:00～14:00
5月中旬～9月中旬
　毎日　10:00～16:00
※ホーコン王の館の休館日は原則オープン
休 3・11月の月～金、1・2月、そのほか不定休あり
料 150NOK

ホーコン王の館
TEL 55-308036
URL bymuseet.no
開 3月～5月中旬、9月中旬～11月
　毎日　10:00～14:00
5月中旬～下旬
　水～日　10:00～16:00
6月中旬～9月中旬
　毎日　10:00～16:00
休 5月中旬～下旬の月・火、5月下旬～6月中旬、12～2月、そのほか不定休あり
※ローセンクランツの塔の休館日は原則オープン
料 120NOK
（ベルゲン・カードで入場可）

ハンザ博物館
住 Finnegården 1A
TEL 53-006110
URL hanseatiskemuseum.museumvest.no
※2024年4月現在、修復工事のため閉館中。展示の一部は集会所で見学できる。
集会所
MAP P.228-B2
住 Øvregaten 50
開 5～9月　毎日 9:00～17:00
　10～4月 毎日11:00～15:00
ガイドツアー（英語）
催 土・日12:00（所要40分）
休 無休
料 150NOK（ガイドツアー込み）

コーデー（ベルゲン美術館）
住 Rasmus Meyers Allé 3、7、9、Nordahl Brunsgate 9
TEL 53-009704
URL www.kodebergen.no
開 水～金　11:00～18:00
　土・日　11:00～16:00
（4館で多少異なる）
休 月・火
料 175NOK
（ベルゲン・カードで25%割引、10～4月は無料で入場可）

ネオ・ルネッサンス様式のKode1
© Dag Fosse /KODE

Kodeはほかにも郊外に3つの博物館がある。ノルウェーの作曲家が暮らした家を博物館としたもので、その中の1館がエドヴァルド・グリーグ博物館（→P.230）。

ベルゲン大学博物館
URL www.uib.no
開 火〜土10:00〜16:00
　日　　11:00〜17:00
休 月
料 150NOK
（ベルゲン・カードで入場可）
文化歴史館
住 Hakkon Sheteligs plass 10
TEL 55-580000
※2024年3月現在、文化歴史館は改装工事のため休館中
自然史館
住 Muséplassen 3
TEL 55-588800

ベルゲン水族館
住 Nordnesbakken 4
TEL 55-557171
URL www.akvariet.no
開 5〜8月
　毎日　9:00〜18:00
9〜4月
　毎日　10:00〜18:00
休 なし
料 365NOK
（ベルゲン・カードで25%割引、11〜2月は無料で入場可）
行き方▶▶▶
市バス86番で約10分、Sjøfarendes aldershjem下車、徒歩すぐ。夏季は魚市場前から直通のフェリーでも行ける。

エドヴァルド・グリーグ博物館（トロルハウゲン）
住 Troldhaugvegen 65
TEL 55-922992
URL kodebergen.no
開 水〜金　11:00〜18:00
　土・日　11:00〜16:00
休 月・火
料 175NOK
（ベルゲン・カードで25%割引、10〜4月は無料で入場可）
行き方▶▶▶
ベルゲンの南約8kmにある。市内中心部の市民公園やベルゲン駅前Nonneseterなどからライトレールに乗りHop下車、"Troldhaugen"の看板に従って徒歩約25分。

CHECK!
ベルゲン・ライト・レール
Bergen Light Rail
(Bybanen)
市内中心部の市民公園Byparkenからベルゲン駅、長距離バスターミナルを経由して、ベルゲン空港までを結ぶ都市鉄道。所要45分。シングルチケットは44NOK（車内での現金払いは手数料16NOKが別途必要）。購入は各駅に設置された券売機や公式スマホアプリなどで。
URL www.skyss.no

●ベルゲン大学博物館　University Museum of Bergen

Map P.228-A4

ベルゲン大学University of Bergenにある博物館。建物は自然史館De Naturhistoriske Samlingerと文化歴史館De Kulturhistoriske Samlingerのふたつに分かれている。開館時間とチケットは共通。自然史館1階のテーマは地球誕生。世界の石の標本の数は相当なもので、日本の四国の石もある。また、植物の化石や標本も充実している。2階には魚から哺乳類まで、さまざまな大量の剝製がズラリと陳列されている。24mものクジラの骨は圧巻だ。文化歴史館にはノルウェーのキリスト教芸術のほかヴァイキング時代やイプセンに関する展示がある。

町の西の端にある

●ベルゲン水族館　Akvariet i Bergen

Map P.228-A1

半島のちょうど先端に位置している水族館。入口を入るとすぐにアザラシとペンギンの飼育室がある。屋内は2フロアに分かれており、必見は2階にある円形水槽。 水槽では各地域ごとの魚が飼育されており、ベルゲンのある「北海」コーナーでは、巨大なタラやオオカミウオなどが見られる。アシカのショーや飼育員によるペンギンへの餌やりなどのイベントも随時催行している。

餌やりなどのプログラムもいろいろある

●エドヴァルド・グリーグ博物館（トロルハウゲン）　Edvard Grieg Museum(Troldhaugen)

Map P.228-B4外

エドヴァルド・グリーグが22年間住んだ白いビクトリア風の家が、フィヨルドを見下ろしている。館内は博物館になっており、グリーグに関する充実した展示が見られる。入江のほうに下りていくと、作曲をするときに使われた小さな小屋、反対側に行くと夫妻が埋葬されているちょっと変わった墓がある。5月下旬〜6月上旬まで開催しているベルゲン国際フェスティバルには、世界各国から有名ピアニスト、バイオリニストが集まり、毎朝コンサートがある。また、特に夏季にはさまざまなコンサートが催されている。詳しい時間やチケットは観光案内所で。

グリーグのファンの人は必見

1 シーフード料理

どれにするか迷ってしまうほど、豊富な魚料理がずらり！
イートイン、テイクアウトそれぞれで味わえる料理をご紹介。

イートイン

夏のみ営業の屋外マーケットでも、それぞれの店舗にイートインが設けられている。テント付きなので雨でも安心。

アツアツ系

鉄板で焼いたグリル料理は香ばしくて美味。250NOK～。

串刺しは、小腹を満たすのにちょうどいい。150～250NOKぐらい。

サクッと系

ロブスターや牡蠣、ムール貝がどっさり乗った豪華なプラッター899NOK～

ゴージャス系

シーフードを贅沢に盛りつけた、サンドイッチ。200NOK～。

ガブッと

テイクアウト

テイクアウトは、手軽かつリーズナブルに魚介を堪能できるのがうれしい。近くの港にあるベンチに腰かけて食べても◎

ソースで味付けされたニシンの缶詰各99NOK～

ノルウェー産の魚卵259NOK（上）とイクラ（下）各139NOK

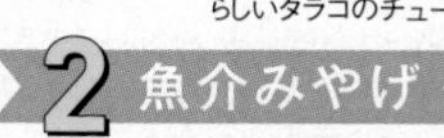

ブリッゲンのパッケージがかわいらしいタラコのチューブ59NOK

2 魚介みやげ

おみやげも要チェック！ まとめ買いするとお買い得になることも。味見もできるので積極的に店員さんに声をかけてみよう。

シーフード天国

魚市場へ潜入！

ベルゲンで外せないのが、新鮮なシーフード料理！
いくつもの露店が密集する市場へ繰り出して、
魚介をおなかいっぱい食べ尽くしちゃおう☆

3 ふたつの魚市場

魚市場は、港の前にある広場と、観光案内所の建物内の2ヵ所。いくつもの露店が軒を連ねる屋外マーケットは、夏だけの限定。屋内は通年営業している。

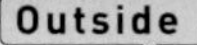

1 活気ある魚市場。テント付きなので雨でも安心 2 ノルウェー産を中心とした魚介がずらり

Outside 屋外

イートインを併設したフード店が並び、鉄板で焼いた魚介の香ばしい匂いが漂う。クレジットカードも使えるので、会計も楽々！

Inside 屋内

屋外に比べて店舗数は少ないが、シーフードレストランが入っており、港を眺めながらゆっくりと食事を楽しむことができる。

1 屋内もさまざまな鮮魚が並ぶ 2 寿司は1パック115NOK～

魚市場

Fisketorget Map P.228-B3

鮮魚や水産加工品などの店が集まる魚市場。特に、夏にオープンする屋外マーケットは、多くの露店が並び観光客でごったがえす。通年営業の屋内市場は、魚介のほかハムやジャムなどもある。

営 月～土 9:00～22:00
日 11:00～22:00
（時期によって異なる）
休 なし（屋外は10～4月）

獲れたてで新鮮だよ！

おすすめの魚介 ここで必ず食べてほしいおすすめのシーフードをご紹介！

サーモン Laks
ノルウェーを代表する魚。スモークやグリルなどで幅広い料理に登場する。

タラ Torsk
タラコチューブや干ダラなどの加工品が豊富。ノルウェーの主要な輸出品。

ホタテ Kamskjell
串差しなどのグリル料理に使われる。肉厚で大きく食べ応えがある。

エビ Reker
グリルやサンドイッチの具材によく使われる。プリプリとした歯応えがたまらない。

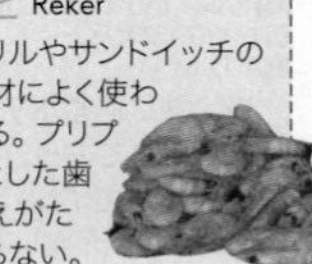

ベルゲンのホテル

Radisson Blu Royal Hotel Bergen
ラディソン・ブル・ロイヤル・ホテル・ベルゲン　MAP P.228-B2

住Dreggsallmenningen 1　TEL55-543000
URL www.radissonhotels.com　料ⓈⒹ1047.32NOK～
CCA D M V　日本の予約先TEL(03)4510-4479

ブリッゲンの一角にある。レストランやバー、フィットネスセンター、サウナなど設備面も充実している。また空港バスが玄関のすぐ前から出ており便利。

Citybox Bergen
シティボックス・ベルゲン　MAP P.228-A4

住Nygårdsgaten 31　TEL55-312500
URL cityboxhotels.com
料Ⓢ674NOK～ Ⓓ719NOK～　CCM V

チェックインはセルフ式で入口の端末で行う。予約済みの場合は予約番号を入力すればOK。宿の近くにスーパーもあり便利。全室シャワー付き。

Clarion Collection Hotel Havnekontoret
クラリオン・コレクション・ホテル・ハブネコントレ　MAP P.228-B2

住Slottsgaten 1　TEL55-601100
URL www.strawberryhotels.com
料ⓈⒹ1395NOK～
CCA D M V

もと港湾局の建物を利用。外観は重厚だが、内部はモダンなデザイン。屋上からベルゲンの町並みが望める。朝食と夜の軽食が無料。

Scandic Torget Bergen
スカンディック・トーエット・ベルゲン　MAP P.228-B3

住Strandkaien 2-6　TEL55-593300
URL www.scandichotels.com
料Ⓢ1009NOK～ Ⓓ1389NOK～
CCA D J M V

魚市場からすぐの好立地。屋上にテラスがあり、港とブリッゲンが一望できる。バーや24時間営業の売店、アレルギー対応ルームあり。

Clarion Hotel Admiral
クラリオン・ホテル・アドミラル　MAP P.228-B2

住C.Sundts gate 9　TEL55-236400
URL www.strawberryhotels.com
料ⓈⒹ1292NOK～　CCA D M V

港の西側に立つ重厚な外観の高級ホテル。港側の部屋からは対岸に連なるブリッゲンが望める。シーフード料理が自慢のレストランを併設。朝食付き。

Heimen Hotel
ヘイメン　MAP P.228-A2

住C.Sundts gate 18　TEL55-304000
URL heimenhotel.no
料Ⓢ1024NOK～ Ⓓ1058NOK～
CCA M V

港の近くに立つ、1918年オープン3つ星のホテル。2020年4月に改装し、名称変更。ゲスト用のランドリーも完備している。

Grand Hotel Terminus
グランド・ホテル・テルミヌス　MAP P.228-B4

住Zander Kaaes gate 6　TEL55-212500
URL www.debergenske.no
料ⓈⒹ1770NOK～　CCA D M V

鉄道駅のすぐそばにある。朝早く鉄道を利用するときなどに便利。1928年のオープンで、高級感あふれるロビーも老舗ホテルの風格を感じさせてくれる。フィットネスセンターあり。

Magic Hotel Xhibition
マジック・ホテル・エキシビション　MAP P.228-B3

住Småstrandgaten 3　TEL55-900120
URL magichotels.no
料Ⓢ1026NOK～ Ⓓ1206NOK～　CCD M V

ショッピングモール内にあるデザインホテル。客室はモダンで快適。キッチンやプライベートサウナが付いたアパートメントタイプの客室もある。現金払い不可。

Thon Hotel Orion
トーン・ホテル・オリオン　MAP P.228-B2

住Bradbenken 3　TEL55-308700
URL www.thonhotels.no
料ⓈⒹ995NOK～
CCA D M V

港の端にあるホテル。客室は広々しており、清潔で快適。朝食が付いており、ビュッフェが充実している。

Comfort Hotel Bergen
コンフォート・ホテル・ベルゲン　MAP P.228-A2

住Strandgaten 190　TEL55-304200
URL www.strawberry.no
料Ⓢ1062NOK～ Ⓓ1147NOK～　CCA D J M V

改装したばかりのきれいなホテル。1階のクロスフィットジムは24時間営業。屋上のテラスからはベルゲンの街並みが望める。館内のデリも24時間営業。朝食付き。

バスタブ　一部のみ　テレビ　一部のみ　ドライヤー　貸し出し　ミニバーおよび冷蔵庫　一部のみ　ハンディキャップルーム　インターネット(無料)　インターネット(有料)

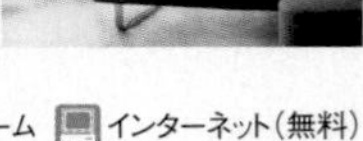

Citybox Danmarksplass
シティボックス・ダンマークスプラス MAP P.228-B4外

住Solheimsgaten 23D TEL53-019990
URL cityboxhotels.com
料Ⓢ608NOK～ Ⓓ653NOK～ CC M V

中心部から少し離れているが、ライト・レールの駅やスーパーが徒歩数分と近くて便利。チェックインは端末で行うセルフ式。レストラン、ゲスト用ランドリーあり。

HI Bergen Hostel Montana
ハイ・ベルゲン・ホステル・モンタナ MAP P.228-B4外

住Johan Blytts vei 30 TEL55-208070
URL montana.no
料ドミトリー376NOK～ Ⓢ Ⓓ840NOK～ シーツ70NOK CC M V

ウルリケン山の麓にあるユースホステル。高台にあるため眺望がよく、自然に囲まれてのんびりできる。共同キッチンやラウンジ、ジムあり。朝食ビュッフェ込み。

ベルゲンのレストラン

Enhjørningen
エンヨーニンゲン MAP P.228-B2

住Enhjørningsgården 29 TEL55-306950
URL www.enhjorningen.no
営5月中旬～8月 毎日 16:00～23:00
9月～5月中旬 月～土16:00～23:00
休9月～5月中旬の日 予500NOK～ CC A D J M V

ブリッゲンにある、14世紀建造の建物を利用したシーフードレストラン。入口は2階。魚市場から直接仕入れる魚介類は鮮度抜群。窓際の席からベルゲンの港を望むことができる。おすすめは魚スープ195NOK。

Bryggeloftet & Stuene
ブリッゲロフテ&ステューエナ MAP P.228-B2

住Bryggen 11 TEL55-302070
URL www.bryggeloftet.no
営毎日
12:00～23:00
休なし 予300NOK～ CC A M V

ベルゲン港に面して立つ1910年オープンの老舗レストラン。近海で取れた新鮮な魚介を使ったクラシックなメニューが地元で評判。ベルゲンの名物である干ダラのトマト煮込み、バカラオBacalao 399NOK～がおすすめ。

Søstrene Hagelin
ソーステレネ・ハーゲリン MAP P.228-B3

住Strandgaten 3
TEL55-902013 URL www.sostrenehagelin.no
営月～木10:00～19:00 金10:00～18:00
土 10:00～17:00
休日 予100NOK～ CC M V

ホームメイドの魚料理が評判のシーフード店。フィッシュケーキをパンに挟んだフィッシュバーガーは99NOK～。魚肉団子と野菜のフィッシュスープ129NOK～も人気。サラダやサンドイッチなどのメニューもある。食費を抑えたいときにおすすめ。

Daily Pot
デイリー・ポット MAP P.228-A3

住Vaskerelven 21
TEL48-911387 URL www.dailypot.no
営月～金11:00～20:00
土・日12:00～20:00
休なし 予120NOK～ CC M V

ヘルシーな食事を摂りたい時におすすめのスープ専門店。スープのサイズは2種類あり、約8種類からベースのスープを選んだ後、トッピングをチョイスするシステム。ひとり前109NOK～。サンドイッチやケーキもある。

ベルゲンのショッピング

Oleana
オレアナ MAP P.228-B3

住Strandkaien 2a TEL55-310520 URL oleana.no
営月～水・金10:00～17:00 木10:00～19:00
土10:00～16:00(時期によって異なる)
休日 CC A D J M V

ベルゲン生まれのセーターブランド。ウールとシルクの混紡で、ハンドメイドで作られたセーターは肌触りがいい。カーディガン4500NOK～。

Ting
ティン MAP P.228-B2

住Bryggen 13 TEL55-215480 URL ting.no
営月～土10:00～18:00
(夏季は毎日9:00～22:00)
休冬季の日 CC A D M V

北欧生まれの雑貨や文房具、キッチン用品などを中心に扱う。センスのいい小物はおみやげにも最適。Tingは英語のThingの意。

COLUMN NORWAY

フィヨルド観光の中継地ヴォス

ハングレン山に上るロープウエイ

夏はフィヨルド観光の乗り換え地となり、冬はスキー客でにぎわうヴォスVoss。町そのものは1023年に拓かれた歴史をもつ。しかし1940年、第2次世界大戦が始まってすぐドイツ軍によって破壊されたので、建物は皆新しい。唯一破壊を免れたヴォス教会のみが昔日の面影を残している。

ヴォスの歩き方

スタート地点となるヴォス駅はハングレン山Hangurenのロープウェイ乗り場と直結している。晴れた日には山頂からすばらしい眺めが楽しめる。地元の素材を使ったメニューを提供する山頂レストランも見逃せない。駅を出ると正面に美しいヴァングス湖Vangsvathetが見える。町の中心は駅の東側、湖に向かって左側に広がっている。駅と湖の間に走るエヴァンゲルヴェゲン通りEvangervegenに沿って東に進むとやがて正面に美しい石造りのヴォス教会Vangskyrkjaが見える。教会の入口があるヴァングスガータ通りVangsgata沿いを進めば、レストランやショップが集まる繁華街。

教会の正面には、山側へと抜ける道がある。高架下を抜け、道なりに進むとロープウエイをかたどったかわいらしい案内板がある。山の中腹には16～19世紀に建てられた農家などが保存されているヴォス民俗博物館Voss Folkemuseumがある。

■ヴォス Map P.158-A3
行き方▶▶▶鉄道オスロから1日3～4便（うち1便は寝台）、所要5時間20分～6時間。ベルゲンから1時間に1便程度、所要約1時間20分。
バスベルゲンから1日3～4便、所要約1時間30分～3時間20分。

■ヴォスの観光案内所ⓘ
住Evangervegen 3　TEL40-617700
URLwww.visitvoss.no
開水～土9:00～15:00
休日～火

■ヴォス教会
TEL56-523880　URLwww.voss.kyrkja.no
開6～8月　火～土　10:00～16:00
休6～8月の日・月、9～5月
料20NOK

■ヴォス民俗博物館
住Mølstervegen 143　TEL47-479794
URLvossfolkemuseum.no
開6～8月　毎日　10:00～17:00
9～5月　月～金10:00～15:00
日　12:00～15:00
休9～5月の土
料120NOK
行き方▶▶▶ヴォス駅から徒歩約40分。途中に標識がある。

■ハングレン山のロープウエイ
TEL47-004700　URLwww.vossresort.no
運月・水・日9:30～16:30
火・木・土9:30～20:30
金　9:30～21:30
（時期によって変動あり。ウェブサイトで要確認）

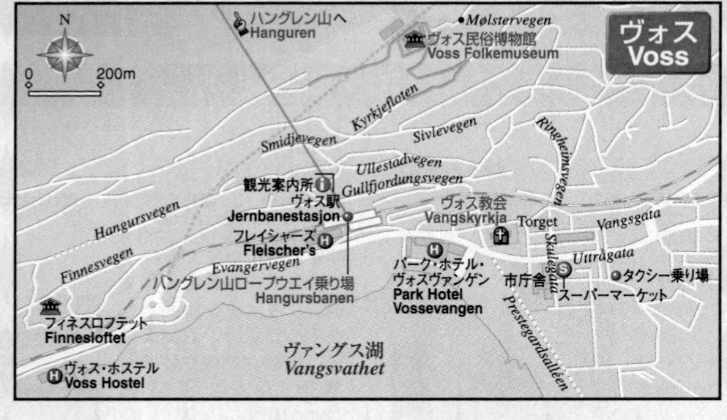

ガイランゲルフィヨルドの拠点となる町、ガイランゲル

Fjord

フィヨルド地方の歩き方

ノルウェーの西部海岸線にあるフィヨルド地方。はるか何百万年も前に、氷河により浸食され形成された海岸線は2万kmを超える。この荒々しくも美しい景観は、ノルウェー観光のハイライトだ。ここでは、人気の高い"5大フィヨルド"を旅するためのマニュアルを紹介。

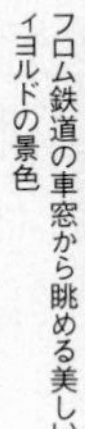

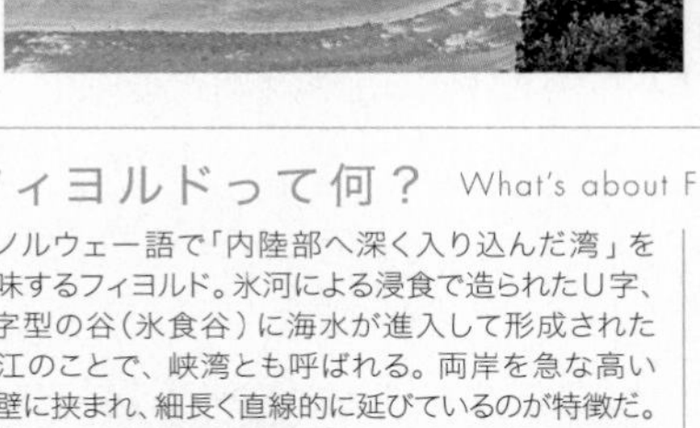

フロム鉄道の車窓から眺める美しいフィヨルドの景色

リーセフィヨルド最大の見どころ、プレーケストーレン

フィヨルドって何？ What's about Fjord

ノルウェー語で「内陸部へ深く入り込んだ湾」を意味するフィヨルド。氷河による浸食で造られたU字、V字型の谷（氷食谷）に海水が進入して形成された入江のことで、峡湾とも呼ばれる。両岸を急な高い谷壁に挟まれ、細長く直線的に延びているのが特徴だ。

約100万年前、北欧は厚さ1000mを超える氷河に覆われていた。氷河はその名のとおり氷の川で、少しずつ流れている。今でも氷河が海に落ち込む所を見られる場所は多い。氷河は動きながら、その重みで河床を削り、ナイフで切り取ったような深い谷を造り上げてきた。海へ近づくにつれ、その浸食力はだんだん弱まっていく。内陸部に比べ海側の地形が浅いのはこのためだ。やがて氷河期が終わると、掘り下げられた部分に海水が入り込み、現在見られるような入江が形成された。外海近くでは水深1000mを超えるものもある。ノルウェー北部ではフィヨルドに加え、氷河湖も多く、複雑な湖水地帯を形成している。

5大フィヨルドとは？

ノルウェー西部の海岸線には無数のフィヨルドがあるが、なかでも代表的なのがガイランゲル、ノール、ソグネ、ハダンゲル、リーセという5つのフィヨルド。これらは通称「5大フィヨルド」と呼ばれ、どのフィヨルドも世界各地からの旅行者でにぎわう一大観光スポット。ダイナミックな風景とアクセスのよさを兼ね備えており、それぞれフェリーや鉄道、バスなどを使って周遊できる。

5大フィヨルド案内

ソグネフィヨルド (→P.240)

Sognefjord

★シーズン……通年
★所要時間……11～12時間（ベルゲン発のルート）

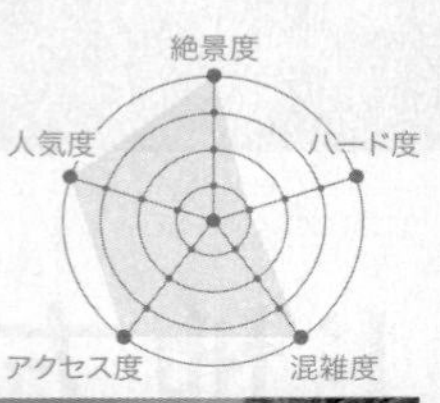

欧州一の長さと深さを誇るソグネフィヨルドは、ノルウェーにおけるフィヨルド観光の代名詞的存在。5つのなかで唯一、1年中観光が楽しめる。どこに行くか迷ったら、まずはここへ。

ハダンゲルフィヨルド (→P.247)

Hardangerfjord

★シーズン……5～9月
★所要時間……約12時間(ベルゲン発のルート)

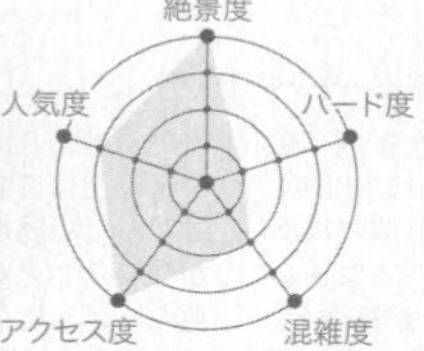

ソグネフィヨルドのすぐ南にある。ほかのフィヨルドと比べ険しくなく、女性的な風景。緩やかな斜面には果樹園が広がり、春～初夏には花とフィヨルドが織りなす風景が見られる。

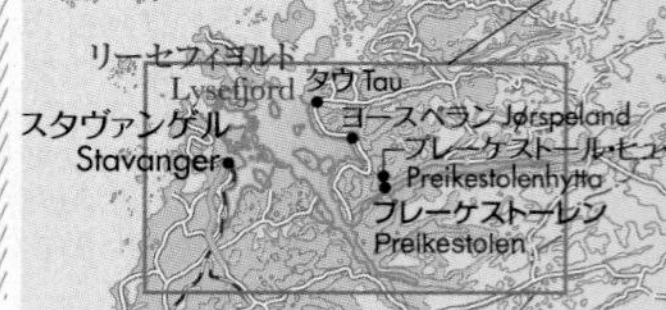

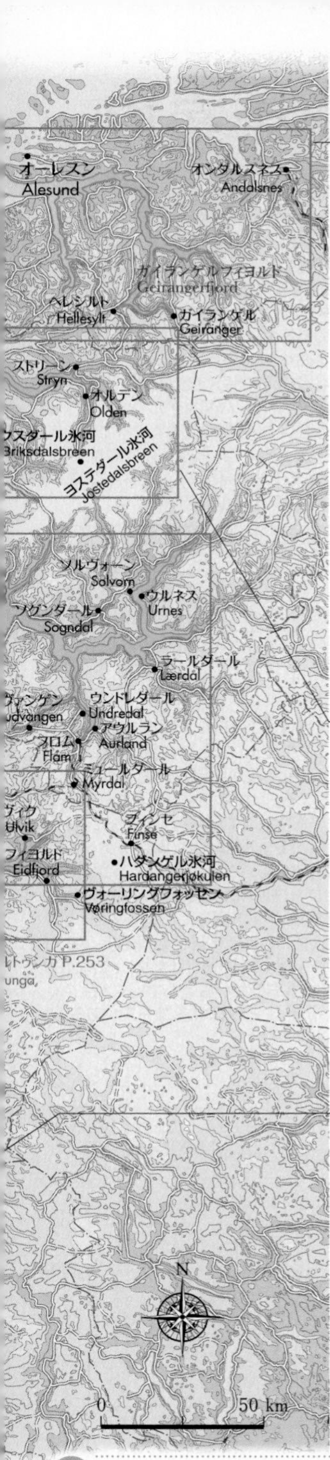

ガイランゲルフィヨルド (→P.248)

Geirangerfjord

★シーズン……3月中旬～12月
★所要時間……約12時間30分(オーレスン発のルート)

ソグネフィヨルドと並ぶ定番スポット。ハイライトは、世界屈指の景観が見られる「ゴールデンルート」。鉄道とバス、フェリーを使って、フィヨルドの谷を視点を変えながら見られる。

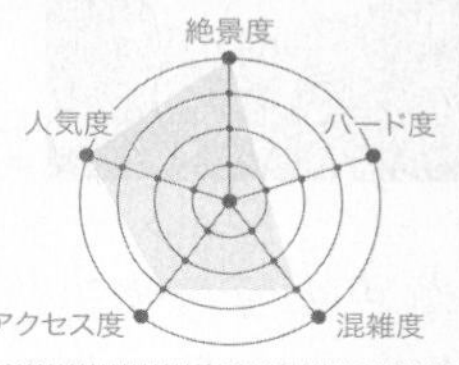

ノールフィヨルド

Nordfjord (→P.250)

★シーズン……5月下旬～9月中旬
★所要時間……1泊2日～(オーレスン発のルート)

絶景度
ハード度
混雑度
アクセス度
人気度

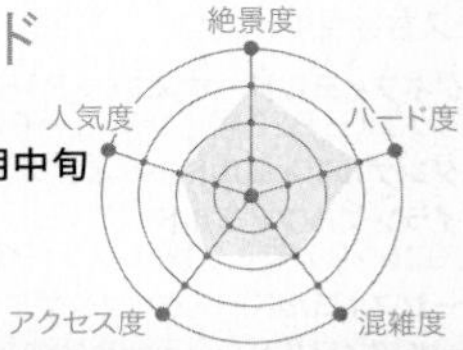

ガイランゲルとソグネの中間にあり、バスを使って陸路移動する際に立ち寄るのがおすすめ。周遊ルートではなく、ブリクスダールという氷河観光がメイン。

リーセフィヨルド

Lysefjord (→P.251)

★シーズン
3月中旬～10月下旬
★所要時間……約9時間
(スタヴァンゲル発のルート)

5つのなかで唯一、自分の足で山を歩き、ハイライトまで行く。メインは「教会の説教壇」ことプレーケストーレン。断崖絶壁で、想像を絶する景色が楽しめる。

フィヨルド観光　総合案内

Fjord General Information

[観光ルート]

5大フィヨルドにはそれぞれ定番の観光ルートがあり、拠点となる町から鉄道やバス、フェリーを乗り継いでフィヨルドを回る周遊ルートとなっている（ノールフィヨルドを除く）。各フィヨルドを観光するのに必要な期間は1～2日。5大フィヨルドをすべて回るには最低でも1週間以上は必要となる。

シャッターチャンスを逃さないように注意！

[拠点となる町]

各フィヨルドによって、拠点となる町が異なる。各フィヨルドと拠点となる町は以下を参照に。各都市間は、飛行機やバス、フェリーが結んでおり、ハイシーズンの夏は頻繁に運行しているため、アクセスもしやすい。

★**ソグネフィヨルド**…オスロ（→P.167）、ベルゲン（→P.224）、ヴォス（→P.234）

★**ハダンゲルフィヨルド**…ベルゲン（→P.224）

★**ガイランゲルフィヨルド**…オスロ（→P.167）、オーレスン（→P.263）

★**リーセフィヨルド**…スタヴァンゲル（→P.260）

★**ノールフィヨルド**…オーレスン（→P.263）

ソグネフィヨルドの拠点、ベルゲン

[ベストシーズン]

各フィヨルドにより若干異なるが、観光シーズンは5月中旬から9月中旬頃。ハイシーズンは6～8月で、世界中の旅行者たちでにぎわう。最も混雑する時期でもあるので、鉄道やホテルの予約は早めに済ませておくこと。9月にもなると落ち着きを見せ始め、各交通機関も便数が減少する。冬になると、ガイランゲル、ハダンゲル、リーセフィヨルドは冬季の公共交通機関がなくなってしまう（休止になる時期がそれぞれ異なるので事前に確認を）。冬にフィヨルドを見たいなら、1年を通して観光できるソグネフィヨルドがおすすめ。

1月	2月	3月	4月	5月	6月	7月	8月	9月	10月	11月	12月
ソグネフィヨルド											
ハダンゲル、ノールフィヨルド→											
ガイランゲルフィヨルド											
		リーセフィヨルド									

[交通手段]

フィヨルド観光は、フィヨルド地方を走るバスや鉄道、フェリーを使う。ひとつの目的地があるわけではなく、交通手段から望む景色すべてがフィヨルド観光となる。ソグネフィヨルドは、フィヨルド・ツアーズ（→P.252）が発行している、ルート内の交通手段がセットになった周遊チケットを利用するのがおすすめ。ハダンゲル、ガイランゲル、ノール、リーセフィヨルドは直接フェリーやバスなど各交通機関のチケットを購入して巡るのが一般的。移動中は息をのむような景色が連続し、フェリーなら途中で音声ガイドが聞けたり、バスならビューポイントで停車しながら進んでいく。各フィヨルドとも、ハイライトと呼ばれるコースがある。

[ベルゲンの月別平均気温と降水量]

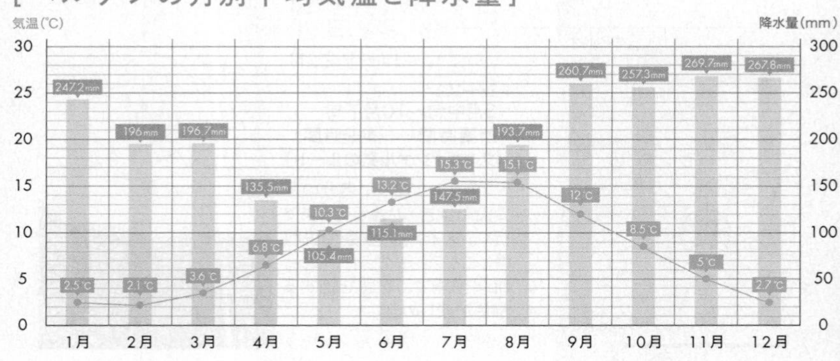

[周遊チケットについて]

フィヨルド・ツアーズFjord Toursが、ソグネとフィヨルドへの交通手段をセットにした周遊券を発行している。

ソグネフィヨルドを巡るNorway in a Nutshellは、オスロやベルゲン、ヴォスなど周辺の各都市発着、さまざまな区間設定がある。

周遊券には鉄道やフロム鉄道、フェリーなどの料金が含まれており、予約も同時に行うことができる。フェリーやバスの料金と鉄道の予約のみでも受け付けてくれるので、ユーレイルパスなど、鉄道パス所有者でも無駄なく利用できる。オスロ、ベルゲンの観光案内所、鉄道駅で購入可能。

ほか、ハダンゲルフィヨルドやガイランゲルフィヨルドへのツアーも扱っているので、ウェブサイトをチェックしてみて。

フィヨルド・ツアーズ URL www.fjordtours.com

[服装と持ち物]

ノルウェーは、四季が比較的はっきりと分かれている。そのため、訪れる時期により適した服装が異なる。おすすめの服装は下記を参照に。

Check! その他 持っていったほうがいいもの

フィヨルド地方は1年を通して雨が多いので、傘やレインコートなどの雨具は必須。夏は日差しが強いので、日焼け止めやサングラスがあるとベター。

[モデルルート]

せっかくこの地を訪れるなら、ぜひともいくつかのフィヨルドを組み合わせて周遊したいもの。非常に広範囲に広がっているフィヨルドだが、時間を効率よく使えば1週間で5大フィヨルドをすべて回ることも可能だ。限られた日数で回るなら飛行機での移動は時間の短縮になる。時間に余裕のある人は、のんびりとクルージングを楽しみながら移動していくのもいい。

ルート1 気軽にフィヨルドを楽しむなら
～ベルゲン滞在型3日間コース～

- 1日目 オスロ→ベルゲン　ベルゲン宿泊
- 2日目 ソグネフィヨルド観光　ベルゲン宿泊
- 3日目 ベルゲン→オスロ

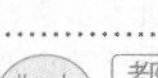

ルート2 都市観光も充実させるなら
～ベルゲン・ヴォス 滞在型5日間コース～

- 1日目 オスロ→ヴォス　ヴォス宿泊
- 2日目 ソグネフィヨルド観光　ベルゲン宿泊
- 3日目 ベルゲン観光　ベルゲン宿泊
- 4日目 ハダンゲルフィヨルド観光　ベルゲン宿泊
- 5日目 ベルゲン→オスロ

ルート3 世界遺産の2大フィヨルドを巡る
～周遊型5日間コース～

- 1日目 オスロ→ベルゲン　ベルゲン宿泊
- 2日目 ソグネフィヨルド観光　ベルゲン宿泊
- 3日目 ベルゲン→オーレスン　オーレスン宿泊
- 4日目 ガイランゲルフィヨルド観光　ガイランゲル宿泊
- 5日目 ガイランゲル→オスロ

(お役立ちInfo)

荷物別送サービス

オスロから途中フィヨルドを観光してベルゲンへ向かうときに利用したい、便利な荷物別送サービス。下記の連絡先に申し込めば、オスロ市内のホテルまで荷物を取りに来てくれ、目的地のホテルへ直接届けてもらえる。

Porterservice
TEL 90-610009 URL www.porterservice.no
料 荷物1個につき400NOK

夏に9日間フィヨルド地方を回りました。雨が多いとは聞いていましたが、天気がすぐれない日がほとんどで、晴れたのはたったの2日間ぐらいでした。（東京都 雨女 '18）〔'24〕

フィヨルドのなかでも特に人気が高い

Sognefjord

ソグネフィヨルド

ヨーロッパ本土で最も長く、深いフィヨルドがソグネフィヨルド。長さ204km、水深は最深部で1308m。ベルゲンの北から内陸に延び、先に行くほど、何本もの細いフィヨルドに枝分かれしている。注目ポイントは、ソグネフィヨルドの最奥部にある、枝分かれした細い先端部分のネーロイフィヨルドNærøyfjordとアウルランフィヨルドAurlandfjord。URL www.sognefjord.no

アクセス

ベルゲンからの日帰りコースか、オスロからフィヨルドを観光してベルゲンに向かうコースが一般的。オスロからの日帰りはできないので、ベルゲンで1泊するか、帰路に寝台車を利用することになる。時間があるなら、ヴォスやフロム、アウルラン、ラールダールなどに立ち寄るのもおすすめ。

拠点となる町
★オスロ(→P.167)
★ベルゲン(→P.224)

ノルウェー国内の時刻表
URL entur.no

Vy社 URL www.vy.no
オスロ～ベルゲン(→P.257)
ベルゲン～ヴォス～ミュールダール
運 ベルゲンからヴォスまで1時間に1～2便運行、所要約1時間20分。ベルゲンからミュールダールまでは1日5～6便、所要1時間50分～2時間30分。

ハイライト

HIGHLIGHT 01

ミュールダール～フロム(フロム鉄道)

Myrdal ～ Flåm

ベルゲン急行の停車駅でもあるミュールダールMyrdalから、アウルランフィヨルド最奥の町、フロムを結んでいるのが、登山鉄道のフロム鉄道Flåmsbana。要事前予約(座席指定ではない)。

鉄道は途中、落差93mのショース滝で停車する

TEL 57-631400 URL www.norwaysbest.com/the-flam-railway

運		
4・10月	●ミュールダール発	9:25、10:41、12:06、13:24、16:07、17:22、19:28*
	●フロム発	8:25、9:30、10:45、12:10、14:55、16:15、17:30*
5～9月	●ミュールダール発	9:25、10:41、12:06、13:24、14:48、16:07、17:22、18:37、19:53
	●フロム発	8:25、9:30、10:45、12:10、13:30、14:55、16:15、17:30、18:45
11～3月	●ミュールダール発	10:15、13:15、15:39、18:05**、19:28***
	●フロム発	9:00、11:45、14:30、16:50**、16:50***

料 5～9月 片道510NOK、往復730NOK、10～4月 片道370～440NOK、往復530～630NOK ※*は金・土、**は月～木・土、***は金・日のみ運行

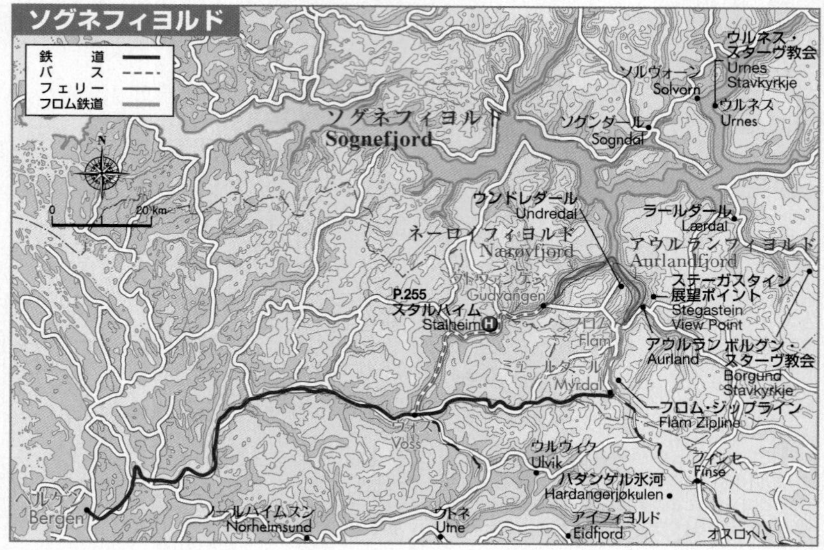

HIGHLIGHT 02

フロム～グドヴァンゲン

Flåm ～ Gudvangen

フィヨルド観光最大の見どころでもある、フロムとグドヴァンゲンGudvangenを結ぶクルーズ。船は電動式のため静かで、環境負荷が少ない。デッキも船室もゆったりしており、船内にカフェもある。

出発時間帯によって使用する船体は異なる

TEL 57-631400

URL www.norwaysbest.com/no/ting-a-gjore/fjorder/fjord-cruise-naeroyfjord

運		
4月	•フロム発 •グドヴァンゲン発	9:30、15:00 12:00、17:30
5～9月	•フロム発 •グドヴァンゲン発	9:30、11:30、15:00、16:30 9:00、12:00、14:00、17:30
10～3月	•フロム発 •グドヴァンゲン発	9:30、14:45 12:00、17:15

料 5～9月 片道625NOK、往復940NOK、10～4月 片道555～595NOK、往復835～890NOK

HIGHLIGHT 03

グドヴァンゲン～ヴォス

Gudvangen ～ Voss

グドヴァンゲンからヴォスへは、バスで50分～1時間15分の道のり。途中スタルハイムStalheim付近の渓谷の急なつづら折りの山道を上り、頂上に立つスタルハイム・ホテル(→P.255)の近くに停車する(5～9月のみ)。

スカイス社Skyss URL www.skyss.no

運 5～9月 1日4～7便
10～4月 1日2～6便

スタルハイム・ホテルからの景観

周遊ルート

ベルゲン発着の日帰りルート

ベルゲンからミュールダールへ鉄道でアクセスしたら、フロム鉄道を利用してフロムへ。グドヴァンゲン行きのフェリーに乗り込み、アウルラン、ネーロイフィヨルドを観光。グドヴァンゲンからヴォスまではバスを利用する。ヴォスからはまた鉄道を利用し、ベルゲンへと戻る。なお、逆ルートでも行くことができる。

Start 8:30発 ベルゲン
↓ 鉄道
10:29着 10:41発 ミュールダール
↓ HIGHLIGHT 01 フロム鉄道
11:39着 15:00発 フロム
↓ HIGHLIGHT 02 フェリー
17:00着 17:25発 グドヴァンゲン
↓ HIGHLIGHT 03 バス
18:55着 19:13発 ヴォス
↓ 鉄道
Goal 20:40着 ベルゲン

※スケジュールは時期や曜日によって変動あり

オスロ発、ベルゲン着の片道ルート

オスロからフィヨルド観光をしてベルゲンへ行く片道ルート。オスロからベルゲン行きの鉄道に乗り、ミュールダールで途中下車。ミュールダールからは、ベルゲン発の日帰りと同じルートを行く。逆ルートもある。

Start 6:25発 オスロ
↓ 鉄道
11:15着 12:06発 ミュールダール
↓ HIGHLIGHT 01 フロム鉄道
13:04着 15:00発 フロム
↓ HIGHLIGHT 02 フェリー
17:00着 17:25発 グドヴァンゲン
↓ HIGHLIGHT 03 バス
18:55着 19:13発 ヴォス
↓ 鉄道
Goal 20:40着 ベルゲン

※スケジュールは時期や曜日によって変動あり

周遊チケット

フィヨルド・ツアーズが、オスロやベルゲン、ヴォスなどソグネフィヨルド周辺の各都市からの周遊券、Norway in a Nutshellを発行。

フィヨルド・ツアーズ NORWAY IN A NUTSHELL

URL www.fjordtours.com

料	
オスロ～ベルゲン～オスロ	往復4340NOK
オスロ→ベルゲン	片道2805NOK
ヴォス～ヴォス	周遊1620NOK
ベルゲン～ベルゲン	周遊2160NOK～

寄り道&その他の拠点スポット

フロム Flåm (→P.242)

山間にある小さな村。フロム鉄道とフェリーの発着地でもあり、レストランやホテルなどが充実している。

ヴォス Voss (→P.234)

グドヴァンゲン発のバスから鉄道に乗り換えるときの拠点となる町。博物館などの見どころや、飲食店が集まった繁華街がある。

ベルゲンからの日帰りクルーズもある(→P.225)

1年中楽しめるフィヨルド

ソグネフィヨルドは、5大フィヨルドで唯一、通年同じルートでの観光が楽しめる。夏がハイシーズンだが、紅葉のきれいな秋、雪混じりの冬のフィヨルドの景観も美しい。また、秋から冬の時期は夏よりも観光客が少ないので、より身近にフィヨルドの大自然を感じることができる。

フロム鉄道の途中で停車するショース滝では、滝のそばで伝統的な踊りのパフォーマンスが行われる(夏のみ)。

~Sognefjord~

ソグネフィヨルド最大のハイライト

フロム Flåm

ソグネフィヨルド観光で必ず通るのが、ミュールダールからのフロム鉄道と、グドヴァンゲンからのフェリーが発着するフロムの村。住民わずか500人ほどの小さな村は、アウルランフィヨルドとフロム渓谷の山々という豊かな自然に囲まれ、フィヨルドをより楽しめるアクティビティや見どころが満載。夏になると大型クルーズ船も寄港し、世界中から観光客が押し寄せる。

1 多くの観光客でにぎわう村の中心部 2 ギフトショップを併設したフロム鉄道博物館 3 フロムとは「山間の小さな平地」という意味

フロムの歩き方

村の中心は、鉄道駅とフェリー乗り場の周辺。レストランやカフェ、みやげ物店のほかフレトハイム・ホテル（→P.254）などのホテルが集まっている。グドヴァンゲンへのフェリー乗り場もすぐ目の前だ。見どころは、フロム鉄道の歴史を紹介しているフロム鉄道博物館Flåmsbana Museet。旧駅舎を利用した建物内には、実際に使われていた電車などが展示されている。中心部から17kmほど離れたフロム鉄道ヴァトナハルセン駅Vatnahalsen近くのフロム・ジップラインFlåm Ziplineも人気。地上820mの高さに架けられた1381mというスカンジナビア最長のジップラインで、スリル満点だ。

フロムの観光案内所
TEL 57-631400
URL www.norwaysbest.com
開 毎日8:30～17:00
（時期によって異なる）
休 なし

フロム鉄道博物館
URL www.norwaysbest.com/no/inspirasjon/the-flam-railway-museum
開 毎日9:00～17:00
（時期によって異なる）
休 なし
料 無料

フロム・ジップライン
URL www.flaamzipline.no
催 4～10月
毎日9:30～16:30
（7・8月は毎日9:30～19:00）
料 800NOK～

フロムのユースホステル

フロム・キャンピング&ヴァンドラールイェム
Flåm Camping og Vandrarheim
TEL 94-032681
URL www.flaam-camping.no
営 4月初旬～10月初旬
料 バス・トイレ共同
Ⓢ Ⓓ 550NOK～
バス・トイレ付き
Ⓢ Ⓓ 750NOK～

フロムのアクティビティ

フロムでの待ち時間は、アクティビティにチャレンジしよう！事前予約は不要で、オフィスや観光案内所で申し込める。

ハイキング Hiking

フロムの周辺には、全部で10のハイキングコースがある。鉄道駅の周辺を歩くだけの所要30〜45分のコースから、4〜5時間かけてミュールダールまで行くコースまで難易度もさまざま。観光案内所で配っているハイキングマップをゲットして、気軽にチャレンジしてみよう。

フロム鉄道で途中下車して行くハイキングコースもある

カヤック Kayak

アウルランフィヨルドを進むカヤックは、村の東の端にあるビーチからスタート。ツアー会社のNjord Kayak Centreでは多彩なツアーを催行。出発前に約30分間、パドルの漕ぎ方などを教えてくれるので、初心者でも安心。カヤックのレンタル4時間830NOK〜も行っている。

Njord Kayak Centre
TEL 91-326628 URL www.seakayaknorway.com

Fjord Paddle 催5〜9月毎日8:30〜15:00の間で2〜6便出発 料860NOK〜 所要約2〜3時間

波がないので操舵も楽々

フィヨルドサファリ Fjordsafari

小さなボートに乗って、フィヨルドを疾走する人気アクティビティ。海面すれすれから望むフィヨルドは、よりダイナミックでいつもとは違う風景が楽しめる。クルーズのみのFjordsafariと、ハイキングと組み合わせたツアーなどいくつかのコースがある。

フィヨルドサファリ・ノルウェー
TEL 57-633323
URL www.fjordsafari.com

Fjordsafari
催4〜10月毎日9:50、14:45発（6〜8月は増便） 料850NOK 所要約1時間30分

FjordSafari Extended
催4〜10月毎日9:15、12:00発（5〜9月は増便） 料1010NOK 所要約2時間15分

小さなボートなら、スピードも出せてスリリング

観光バス Rallar Toget

汽車の形をした観光バスに乗って、フロム渓谷沿いをゆっくりと上っていく。折り返し地点のフロムのオールドタウンでいったん停車し、フロム教会などを見学する。周辺の地形や滝に関するガイドも聞かせてくれる。出発はフェリー乗り場のすぐ横から。

観光バス
TEL 57-631400
催4〜9月 毎日12:00、15:00発
料190NOK 所要約45分

派手な赤い機関車型のバス

おすすめのカフェ&レストラン

村の中心部には、飲食店が集中している。なかでもおすすめのカフェとレストランを紹介。

フルクロア・カフェ Furukroa Kafé

フィヨルドに面したカジュアルなカフェレストラン。夏はテラス席が人気。メニューはサンドイッチ、バーガー、ピザなど1品120NOK〜。

TEL 57-632050
営6月〜9月上旬
毎日8:00〜20:00
9月上旬〜5月
毎日8:00〜18:00
休なし
CC A M V

エビがたっぷり乗ったサンドイッチ

エーグル・ブリッゲリパブ Ægir BryggeriPub

ヴァイキングの館のような建物内で、フロム渓谷に流れる水を使った自家醸造ビールが味わえる。ビールは6種類前後。内装もヴァイキンク様式で雰囲気たっぷり。

TEL 57-632050
URL www.flamsbrygga.com/aegir-brewpub
営5〜9月
毎日12:00〜22:00
10〜4月
毎日17:00〜21:30
（時期によって異なる）
休なし
CC A M V

レストランの隣にはホテルも立つ

小腹が空いたときはフェリー乗り場近くにあるフロム・ベーカリーFlåm Bakeryがおすすめ。店内で焼いたパンやペーストリーが評判で、行列ができるほど。

ソグネフィヨルドのさらに奥地へ

時間に余裕のある人は、さらにひと足延ばして近郊の町を訪れてみよう。町からさらに離れた展望スポットや古くからこの地方にあるスターヴ(木造)教会を訪れるのも楽しい。

町＆展望ポイント

フィヨルド沿いにはいくつかの町や村が点在しているが、特に有名なのが、アウルラン、ラールダール、ウンドレダールの3つ。アウルランの背後にそびえるステーガスタイン展望ポイントは、フィヨルドに突き出す独特の建築デザインが話題を呼んだ海抜650mの絶景スポットだ。

ステーガスタイン展望ポイント
Stegastein View Point

アウルラン村の中心から約6km、アウルランとラールダールを結ぶ道の途中にある展望ポイント。フロムの観光案内所前から観光バスが出ている。

アクセス
🚌フロムからアウルランを経由して観光バスが運行。往復で410NOK～、所要約1時間30分。 運4月10:00、12:00、14:15 5月10:00、12:00、14:30、16:00 6～8月9:00、10:00、11:00、12:00、13:00、14:30、15:00、16:30、18:00、20:00、21:00 9月頭～中旬10:00、11:00、12:00、14:30、16:00 9月中旬～末10:00、12:00、14:30、16:00 10月10:00、12:00、14:30 11～3月12:45、14:40

1 ソグネフィヨルドの支流、アウルランフィヨルドが一望できる 2 フィヨルドにせり出すような形をしている 3 先端はガラス張りで、スリル満点

アウルラン Aurland

アウルラン渓谷の谷間にある村。フロムやグドヴァンゲン、ラールダール一帯の中心地でもあり、ここを拠点にフィヨルド観光をするのもおすすめ。渓谷では、豊富な水源を活用した家庭用水力発電所を見ることができる。標高1400mを超える山々の間には、木造と白壁の小さな家々が点在する。ペニーローファーで知られる革皮ブランド、オーランドスコーンの博物館とファクトリーストアに立ち寄るのも楽しい。また、ラールダールへと続く道の途中には、全長約24.5kmの、路上トンネルとしては世界最長のトンネルがある。

アクセス
🚌フロムから1～3時間に1便程度運行(土・日は減便)、所要約15分。ベルゲンからの長距離バスもあり、所要約3時間。
⛴グドヴァンゲン～フロムを結ぶフェリー(→P.241)が途中停泊する(要事前予約)。

町には小さな教会もある

ウンドレダール Undredal

アウルランフィヨルドに面した人口約80人余りの小さな村。ヤギ農家が多く、そこで作られるヤオイストGeitostと呼ばれるヤギ乳のチーズは村の名産となっている。色とりどりの木造家屋が並ぶ町には、1147年建造の北欧最小の木造教会、ウンドレダール・スターヴ教会が立つ。

アクセス
🚌フロムから851番のバスで約30分
⛴グドヴァンゲン～フロムを結ぶフェリー(→P.241)が途中停泊する(要事前予約)。

カラフルな木造家屋が並ぶ

ラールダール Lærdal

ソグネフィヨルドの最奥にある小さな村。村を流れるラールダール川は、サーモンの釣り場として有名。木造家屋が残る村の見どころは、サーモンについての映像を上映するシアターや展示のあるノルウェー・ワイルドサーモン・センターNorsk Villakssenter(夏季のみオープン)など。宿もあるのでここを拠点にフィヨルド観光もできる。

アクセス
🚌グドヴァンゲンからフロム、アウルラン経由で1日1～4便運行、フロムから所要約50分、アウルランから約40分。
ラールダールの観光案内所
TEL 90-483660(夏季のみ)
URL www.norwaysbest.com/places-to-go/lardal

サーモンについて学べる施設

スターヴ（木造）教会

スターヴ教会とは、北ヨーロッパ独特のスターヴヒルケと呼ばれる木造様式の教会で、11〜12世紀にかけてその多くが建てられた。最盛期には、1000棟以上があったとされるが、現在では28棟ほどしか残っていない。なかでもぜひ訪れたいふたつのスターヴ教会をご紹介。

URL www.stavechurch.com

ボルグン・スターヴ教会
Borgund Stavkyrkje

フィヨルドの谷間に立つ1180年建造の教会。その立派な様相とアクセスのよさから多くの観光客が訪れる。建物にはヴァイキング時代を彷彿させる文様と十字架が彫られている。

TEL 57-668109 URL www.stavechurch.com/borgund2-stavkyrkje
開 4/15〜10/13 毎日9:30〜17:00
休 10/14〜4/14 料 130NOK

アクセス
ラールダールから841番のバスが1日1便運行、所要約35分。ベルゲン〜オスロを結ぶ長距離バスも利用できる。

1 紙幣の絵柄になったこともある 2 屋根にはドラゴンのような形をした飾りが付けられている 3 内部の見学も可能

ウルネス・スターヴ教会
Urnes Stavkyrkje

ルストラフィヨルドの奥地、ウルネスに立つ。建造時期は12世紀前半頃で、現存するスターヴ教会のなかで最古といわれており、世界遺産にも登録されている。壁には、木で作られた北欧の神話をモチーフとした繊細な彫刻が残る。崖の上から望むフィヨルドの景色も見ものだ。

TEL 41-394821 URL www.stavechurch.com/urnes-stavkirke
開 5/2〜9/30 毎日10:30〜17:45 休 10/1〜5/1 料 130NOK

アクセス ウルネスへの交通機関は対岸のソルヴォーンSolvornから運航しているフェリーのみ。1日8〜9便、所要約30分（冬季は減便）。ソルヴォーンまでは、グドヴァンゲンからフロム、ラールダール経由のバスでソグンダールSogndalまで行き、ソルヴォーン行きに乗り換える。フロムから片道4時間30分ほどかかり、日帰りは難しい。

VICTOR TORRES/Shutterstock

Oleg Bakhirev/Shutterstock

1 教会の隣には墓地がある 2 フィヨルドの海に面した木造教会

ボルグン・スターヴ教会は「アナと雪の女王」に登場する氷の城のモデルとして話題になった。

フィヨルド周遊シミュレーション

フィヨルド観光の日帰りプランを詳しくご紹介。なかでも人気の高いソグネフィヨルドを観光する、ベルゲン起点のNorway in a Nutshellを利用したルートがこちら。

ベルゲン発の日帰りルート

8:30発

ベルゲン出発

ベルゲン駅からノルウェー国鉄のローカル線でGo！ 自由席なので混雑期は早めに行って席を確保しよう。

ソグネフィヨルド観光の拠点となるベルゲン駅

10:29着 10:41発

ミュールダール着 フロム鉄道でフロムへ

ミュールダール駅に着いたら“Til Flåm”の案内に従っていちばん西寄りの11番線 Spor 11へ。そこに待機しているフロム鉄道に乗り換える。

フロム鉄道に乗り換え！

標高約867mの山あいにあるミュールダール駅

HIGHLIGHT
800m以上の標高差をゆっくり下って行くフロム鉄道。眼下に雄大な渓谷が広がる進行方向左側の席がおすすめだ。

息をのむ絶景が続くフロム鉄道でフロムへ

11:39着 15:00発

フィヨルドの村フロム着 フェリーでグドヴァンゲンへ

アウルランフィヨルドの入江に面したフロム駅。鉄道を降りてホームを出たら、フェリー乗り場はすぐ目の前。

次はフェリーで巡るよ！

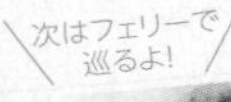

フェリー乗り場周辺にはレストランや観光案内所もある

フロム駅の背後には急峻な山々がそびえ立つ

HIGHLIGHT
グドヴァンゲンまでは2時間余りのクルーズ。フィヨルドや雄大な滝の絶景をデッキから堪能しよう。

クルーズ中、音声ガイドも流れる

17:00着 17:25発

グドヴァンゲン着 バスでヴォスへ

グドヴァンゲンでバスに乗り換え。乗り場は桟橋の目の前にある。“Norway in a nutshell”の看板が目印だ。

深い渓谷に囲まれたグドヴァンゲン

フェリーからバスへの乗り継ぎもスムーズだ

nutshellの看板を探そう

HIGHLIGHT
バスの車窓も見逃せない。スタルハイム周辺のつづら折りの山道を経由する。5～9月は特に美しい景色が楽しめる。

13ものヘアピンカーブが連続する山道を行く

18:55着 19:13発

ヴォス着、鉄道でベルゲンへ戻る

ヴォスからはノルウェー国鉄の鉄道でベルゲンへ。バスが到着する駅前広場に接した手前のホームが乗り場だ。

20:40着

ベルゲン着

ベルゲンに到着しても、夏ならまだ明るい時間帯。乗り継ぎがスムーズなので、日帰りでも充実したフィヨルド観光が楽しめる。

出発から12時間余りで、ベルゲン駅に到着

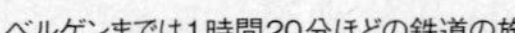
ベルゲンまでは1時間20分ほどの鉄道の旅

駅に着いたら時刻表をチェックしよう

駅前にトロルもいるよ！

のどかな風景を楽しめる

Hardanger fjord ハダンゲルフィヨルド

ベルゲンの南東に位置するハダンゲルフィヨルドは、果樹の花が咲き乱れる牧歌的な風景で知られる。全長は179kmで、ノルウェーではソグネフィヨルドに次ぐ2番目、世界で3番目に長いフィヨルドでもある。途中美しい村々に寄りながら、のんびりとフィヨルドクルージングを楽しみたい。

URL hardangerfjord.com

アクセス

ベルゲンやヴォスを拠点に日帰りまたは1泊で巡るのが一般的。周辺にはウトネUtneやロフトフースLofthusなどの美しいリゾート地もあり、これらの地に宿泊してゆっくり観光するのもいい。

拠点となる町 ★ベルゲン(→P.224) ★ヴォス(→P.234)

Vy社 URL www.vy.no

ハイライト

HIGHLIGHT 01

ウルヴィク～ノールハイムスン
Ulvik ～ Norheimsund

ハダンゲルフィヨルドを横断するフェリー。山々や丘陵地帯に点在する鮮やかな色彩の家屋など、牧歌的な風景が展開する。途中、ロフトフースやウトネにも停泊する。なお、フェリーは夏季(5～9月)のみ運航。

バス　スカイス社Skyss URL www.skyss.no

フェリー　ノルレド社Norled URL www.norled.no

寄り道&その他の拠点スポット

アイフィヨルド Eidfjord

ハダンゲルフィヨルドの最奥に位置する町。周囲の自然を舞台にしたアクティビティが充実している。

URL www.hardangerfjord.com/eidfjord

ヴォーリングフォッセン Vøringfossen

ハダンゲルヴィッダ高原Hardangerviddaの西の端にある、落差182mの滝。迫力満点の景色が見られる。

ノールハイムスン Norheimsund

ノルウェーのなかで最も美しいと形容される小さな町。かわいらしい家が点在し、ゆったりとした空気が流れる。

URL hardangerfjord.com/kvam

周遊ルート

ベルゲン発の日帰りルート

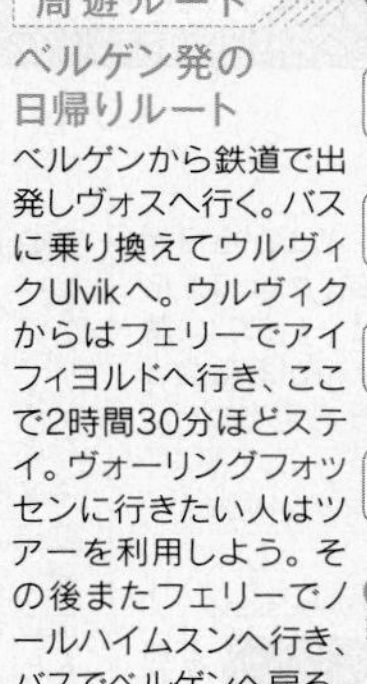

ベルゲンから鉄道で出発しヴォスへ行く。バスに乗り換えてウルヴィクUlvikへ。ウルヴィクからはフェリーでアイフィヨルドへ行き、ここで2時間30分ほどステイ。ヴォーリングフォッセンに行きたい人はツアーを利用しよう。その後またフェリーでノールハイムスンへ行き、バスでベルゲンへ戻る。

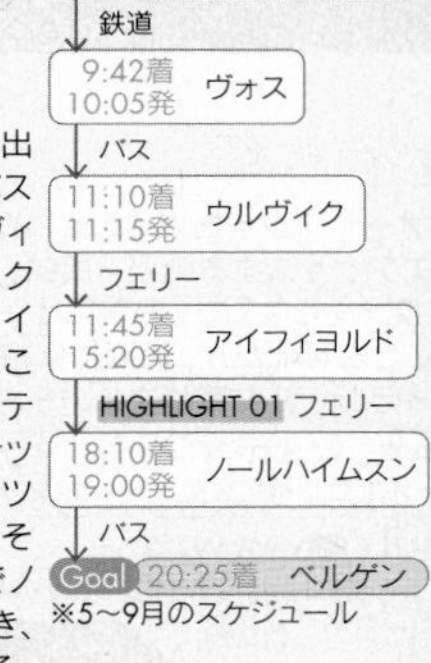

※5～9月のスケジュール

ヴォーリングフォッセンへのツアー

アイフィヨルドからヴォーリングフォッセンへはゴー・フィヨルドGo Fjordのツアーが利用できる。

ゴー・フィヨルド URL gofjords.com 料450NOK

ツアー&周遊チケット

フィヨルド・ツアーズがHardangerfjord in a Nutshellを催行。ツアーは1泊2日。またフェリー会社のノルレド社ではベルゲンからの周遊券を販売。

フィヨルド・ツアーズ(→P.252) HARDANGER IN A NUTSHELL

催5～9月 料ベルゲン～ベルゲン 3120NOK～

ノルレド社

催5～9月 料950NOK

Norway in a Nutshellを利用。乗り換えが不安でしたが、周りの観光客もほとんどみんな同じルートだったので、人の流れに着いていけば大丈夫でした。（東京都　shima　'20）['24]

Geirangerfjord

ガイランゲルフィヨルド

いくつもの巨大な山々の間を抜けていく

切り立つ山々に囲まれた秘境、ガイランゲルフィヨルド。海岸から深部に向かってくねくねと入り込むフィヨルドの最深部に位置している。複雑に入り組む入江やトロルスティーゲンTrollstigenからの絶景が見どころだ。ゴールデンルートと呼ばれる観光ルートは、世界屈指の景観を誇る。

URL www.visitnorway.com/places-to-go/fjord-norway/the-geirangerfjord

アクセス

オーレスンを拠点にして、そこから日帰りでアクセスするのが一般的。オスロから直接アクセスして、同日にオーレスンに着くことも可能だが、時間に余裕があるならガイランゲルに宿泊するのもおすすめだ。

拠点となる町
★オスロ(→P.167) ★オーレスン(→P.263)

Vy社 URL www.vy.no
バス URL frammr.no URL www.vybuss.no

船は深い谷間をゆっくりと進む

ハイライト

HIGHLIGHT 01

ドンボス～オンダルスネス(ラウマ鉄道)

Dombås ～ Åndalsnes

SJ Nord社が運行する路線のひとつ、ドンボスとオンダルスネスを結ぶ全長114kmの山岳鉄道。険しい山々とラウマ川が織りなす美しい渓谷の間を走り抜ける鉄道は、風光明媚なルートとして人気が高い。6～8月の間は英語、ドイツ語によるガイドツアーサービスがある。

SJ Nord社
TEL 61-252200 URL www.sj.no
運 毎日4便
料 322NOK～

鉄道はサーモンの川として有名なラウマ川沿いを走る

崖の上に一望できる展望台もある

HIGHLIGHT 02

オンダルスネス～ガイランゲル

Åndalsnes ～ Geiranger

オンダルスネスからガイランゲルへ行くバスは、「トロルスティーゲン(トロルのハシゴ段という意味。トロルとはノルウェーの民話に出てくる醜い妖精のこと)」を通る絶景ルート。直通バスは6月下旬～8月中旬のみ1日1便運行、所要約3時間。ブイワイ・バス社VyBusのバスも1日1便ある(8:58発)

フラム社Fram URL frammr.no
運 6月下旬～8月中旬　オンダルスネス発8:20

HIGHLIGHT 03

ガイランゲル～ヘレシルト

Geiranger ～ Hellesylt

ガイランゲル～ヘレシルト間は、屹立する山々を望めるフェリーの旅。夏の間は、英語を含む6ヵ国語のガイドアナウンスが流れる。3/15～12/31のみの運航。

URL www.norwaysbest.com
運 3/15～5/15、9/16～12/31　1日3往復
5/16～9/15　1日7往復
休 1/1～3/14 料 片道365NOK

細い滝が7重に連なって流れ落ちる七人姉妹の滝

周遊ルート

オーレスン発の日帰りルート

オーレスンからの日帰りの場合、ラウマ鉄道やトロルスティーゲンは通らない。オーレスンからヘレシルト行きのバスに乗り、ヘレシルトからガイランゲルフィヨルドを進むフェリーに乗り換え、ガイランゲルへ向かう。ガイランゲルからオーレスンまではバスとフェリーを乗り継ぐ。

Start 9:20発 オーレスン
バス
11:40着 13:20発 ヘレシルト
HIGHLIGHT 03 フェリー
14:25着 18:40発 ガイランゲル
バス＆フェリー
ガイランゲルからはエインスダールEidsdalへ行き、リンゲLingeまでフェリーに乗船。その後もバスを乗り換えてオーレスンへ。
Goal 21:55着 オーレスン

※5/16〜9/15のスケジュール。

オスロ発、オーレスン着の片道ルート

オスロからバスでドンボスまで行き、そこからラウマ鉄道Raumabanenでオンダルスネスへ。オンダルスネスからはバスでガイランゲルへ行き1泊。ガイランゲルからはフェリーでフィヨルド観光。ヘレシルトからはまたバスへ乗り込んでオーレスンへ行こう。

Start 10:02発 オスロ
バス
13:58着 14:46発 ドンボス
HIGHLIGHT 01 ラウマ鉄道
16:07着 オンダルスネス
翌8:20発（オンダルスネス泊）
HIGHLIGHT 02 バス
11:25着 15:00発 ガイランゲル
HIGHLIGHT 03 フェリー
16:05着 16:20発 ヘレシルト
バス
Goal 18:35着 オーレスン

※6月下旬〜8月中旬のスケジュール。その他の時期はオスロからオーレスンへ行き1泊、オーレスン発の日帰りルートをたどることになる。

寄り道&その他の拠点スポット

ガイランゲル Geiranger（→P.258）

山の斜面に開かれた、ガイランゲルフィヨルド観光の拠点として知られる小さな村。町の中には、宿泊施設のほかにレストランやみやげ物店もある。

ヘレシルト Hellesylt

ガイランゲルとフェリーで結ばれた村。フィヨルドへ流れるヘレシルトフォッセンHellesyltfossenが名所。町の中心はフェリー乗り場から少し離れた所にある。

村の真ん中を流れるヘレシルトフォッセン

フッティルーテンでフィヨルド観光

ベルゲンから北部のヒルケネスまで結ぶフッティルーテン（→P.558）の北回り航路では、6〜8月はガイランゲルフィヨルド内を航行する。フッティルーテンはガイランゲルへのエクスカーション（オプショナルツアー）も用意しており、イーグルロードから眼下に広がるガイランゲルフィヨルドのすばらしい眺望を、楽しむことができる。

船は揺れも少なく快適

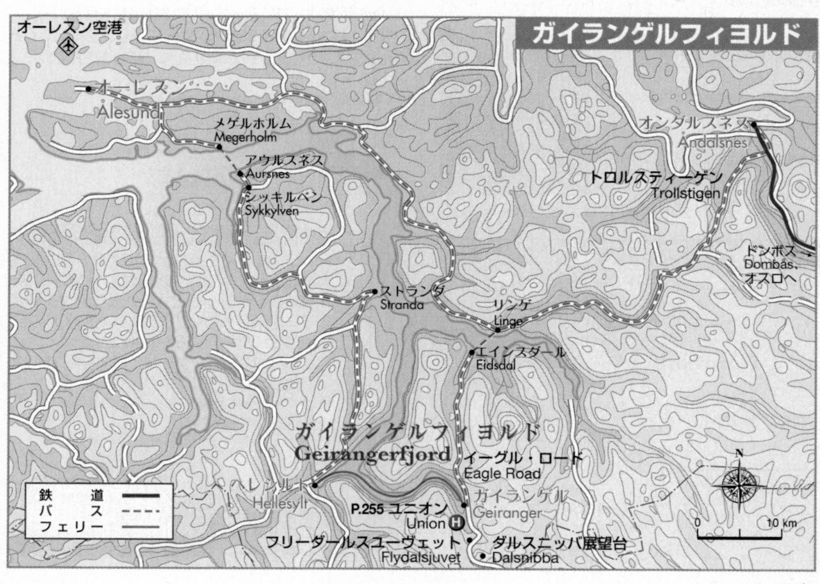

オンダルスネスからガイランゲルへバスを利用しました。狭いくの字のカーブを見事なハンドルさばきで通り抜ける運転手の技術の高さに驚きました！（埼玉県 まみ '18）〔'20〕

迫りくる氷河を近くで見ることができる

Nordfjord

ノールフィヨルド

ソグネフィヨルドとガイランゲルフィヨルドの間に位置する。欧州一の規模を誇る、面積487km²ものヨステダール氷河Jostedalsbreenの支流のひとつである、ブリクスダール氷河がいちばんの見どころ。

URL www.nordfjord.no

アクセス

ノールフィヨルドは、ガイランゲルとソグネフィヨルドの観光の途中に寄るのが一般的。オーレスンかベルゲンからスタートして、ストリーンで1泊する。ストリーンからは日帰りでブリクスダール氷河へ行ける。氷河観光後はストリーンまたはオルデンOldenまで戻り、翌日のバスでベルゲンまで行ける。ブリクスダーレンまでのバスの運行は、5月下旬〜9月中旬のみ。

拠点となる町
★オーレスン（→P.263）★ベルゲン（→P.224）

バス URL www.skyss.no URL www.vybuss.no

ハイライト

ブリクスダール氷河 Briksdalsbreen

ヨステダール氷河の支流のひとつ。バスで行けるのは、ブリクスダーレンBriksdalenまで。そこから氷河まで片道約45分のハイキングコースになっている。1ヵ所急な上り坂はあるものの、緩やかな道が続くので初心者でも安心。トロルカーというオープンカーで平らな道が続くハイキングコースまで行くこともできる。

ブリクスダール氷河
TEL 57-876800
URL www.briksdal.com

トロルカー
URL www.briksdal.com/glacier-shuttle
運 5〜10月頃 9:00〜17:00 30〜45分ごと
料 往復280NOK、所要1時間30分、混雑期は予約がおすすめ。

年々、氷河が解けて姿が小さくなっている

周遊ルート

オーレスン発、ベルゲン着の片道ルート

オーレスンを出発してストリーンへ。その日のうちにブリクスダール氷河まで行けないので、ストリーンで1泊する。翌日にバスでブリクスダーレンまで行き、日帰りで氷河を観光。その後、ストリーンへ戻る。ベルゲンへは翌日にバスで向かうことになる。

Start 11:00発 オーレスン
↓ バス
14:45着 ストリーン
翌9:45発 （ストリーン泊）
↓ バス
10:45着 ブリクスダーレン
13:30発
↓ バス
Goal 14:30着 ストリーン

※5月上旬〜9月中旬のスケジュール

寄り道&その他の拠点スポット

ストリーン Stryn

こぢんまりとした町だが、中心部にはレストランやショップが集中している。2017年に急勾配を登るローン・スカイリフトLoen Skyliftがオープンし、ノールフィヨルドを見渡せるビュースポットとして話題を呼んでいる。

スカイリフト
TEL 57-875900 URL www.loenskylift.com

ストリーンのホテル

ストリーン Stryn Hotel
TEL 57-870700 URL www.strynhotel.no

ノールフィヨルドでアクティビティに挑戦

ノールフィヨルドやブリクスダール氷河では、ハイキングや氷河湖でのカヌー、氷河トレッキングなどさまざまなアクティビティが楽しめる。ブリクスダール氷河の公式ウェブサイト（URL www.briksdal.com）のほか以下のアクティビティ会社でも情報が入手できる。

オルデン・アクティブ Olden Active
URL oldenactive.com

海から望むと自然の迫力が伝わってくる

Lysefjord

リーセフィヨルド

リーセフィヨルドの代名詞的な存在である、プレーケストーレン。フィヨルドを見下ろす場所にある断壁からは、死ぬまでに一度は訪れたいといわるほど、心を震わせる絶景が広がる。

URL lysefjorden365.com

果てしなく広がるリーセフィヨルドの景色は感動もの

アクセス

オスロから日帰りで行けないので、スタヴァンゲルで1泊する。以前はスタヴァンゲルからはフェリーで対岸のタウTauへ渡り、そこからバスでプレーケストーレンへ行っていたが、2019年12月に海中トンネルのリファストRyfastがオープンし、直通バスで行けるようになった。スタヴァンゲルの観光案内所では無料でバスの予約をしてくれる。バスはボレアル社BorealのPulpit Rock Toursのほか、数社が運行。

拠点となる町
★スタヴァンゲル(→P.260)

急な坂や岩を乗り越えて進む

ハイライト

プレーケストーレン Preikestolen

ノルウェー語で「教会の説教壇」という意味のとおり、垂直に四角く切り取られた岩壁だ。柵も設けられていない600mの高さから望むフィヨルドの美しい景色は、スリリングでありながら感動ものだ。ここまでは、プレーケストール・ヒュッテPreikestolenhyttaから約2時間のハイキングをすることになる。

バス　Pulpit Rock Tours(Boreal社) URL www.pulpitrock.no
営3/16～4/30 1日2便、5/1～6/16 1日5便、6/17～9/1 1日9便、9/2～10/27 1日3便
料片道295NOK、往復470NOK

高所恐怖症の人は要注意

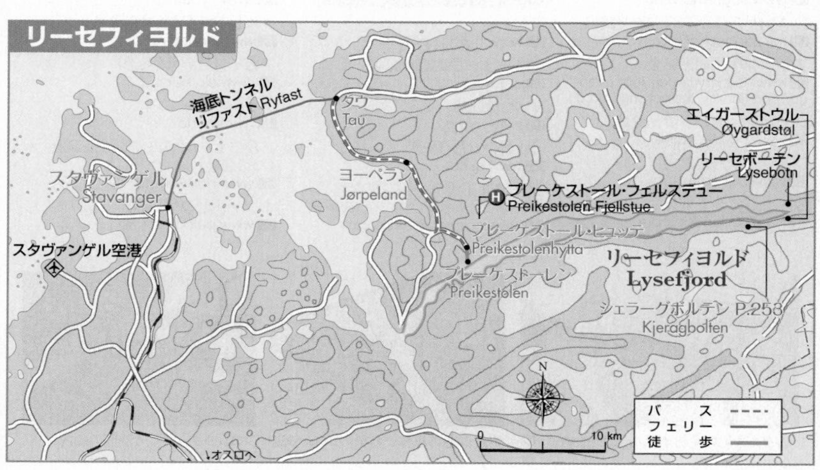

プレーケストーレンへのハイキングの途中は、たくさんの岩が転がる足元の悪い道もある。雨が降ったあとはかなり滑りやすくなっているので、十分に注意して歩こう。

周遊ルート

スタヴァンゲル発の日帰りルート

スタヴァンゲルからバスで海中トンネルを通って対岸へ。タウからヨーペランJøpelandを通ってプレーケストール・ヒュッテへ。以前はプレーケストール・ヒュッテへは夏季しか行けなかったが、海底トンネル開通により3月中旬～10月下旬まで行けるように。

Start 9:00発 スタヴァンゲル
↓ バス
9:50着 プレーケストール・
17:15発 ヒュッテ
↓ バス
Goal 18:00着 スタヴァンゲル

※6/1～9/1のスケジュール。時期によって変動する。スタヴァンゲルの発着場所は長距離バスターミナルのほか、いくつかの高級ホテルも回る。

寄り道&その他の拠点スポット

プレーケストール・ヒュッテ

Preikestolenhytta

プレーケストーレンへ向かうハイキングコースの出発地点で、タウと結ぶバスの停留所もある。このあたりには観光案内所や売店のほか、レストランやショップを併設した大型の宿泊施設プレーケストール・フェルステューPreikestolen Fjellstueが立つ。トイレはここにしかないので、登山前に済ませておこう。

ハイキングの前に立ち寄ってみよう

プレーケストーレンへのハイキング

頂上へは交通手段がないので、登山をすることになる。総距離約6kmの道のりは、往復で4時間ぐらいかかる。舗装された道もあるが、急勾配の岩場を上ることもあるので、ハイキング用の運動靴や水など準備をしっかりと整えて登山に挑むようにしたい。少しハードな道のりだが、頂上から見下ろす美しいフィヨルドの景色を見れば、その疲れも一瞬で吹っ飛ぶはずだ。

観光ツアー

エーネ社Rødneが、スタヴァンゲルから出発するリーセフィヨルドのクルーズツアーを催行。クルーズ船に乗って、真下からのプレーケストーレンの姿を望む。プレーケストーレンは夏しか行けないが、こちらは通年楽しめる。チケットは観光案内所か船着場で購入可能。所要約3時間。

エーネ社 TEL51-895270 URLrodne.no
催3・10月 水～日11:00
4月 毎日11:00
5・9月 毎日10:00、15:00
6～8月 毎日10:00、12:00、15:00
11～12月 土・日11:00
料790NOK

リーセフィヨルドのロッジ

プレーケストール・フェルステュー

Preikestolen Fjellstue

TEL51-742074
URLpreikestolenbasecamp.no
料ユースホステル ⓈⒹ1100NOK～
ホテル ⓈⒹ1700NOK～

通年営業のマウンテン・ロッジとユースホステルPreikestolhytta、またキャンプサイトなど3つの宿泊施設がある。

フィヨルド観光 ユースフルリンク集

～フィヨルド情報～

ノルウェー・フィヨルド観光協会
URL www.fjordnorway.com

ソグネフィヨルド観光協会
URL www.sognefjord.no

ハダンゲルフィヨルド観光協会
URL hardangerfjord.com

ガイランゲル観光協会
URL www.visitnorway.com/places-to-go/fjord-norway/the-geirangerfjord

ノールフィヨルド観光協会
URL www.nordfjord.no

ブリクスダール氷河
URL www.briksdal.com

リーセフィルド観光協会
URL lysefjorden365.com

～周遊チケット情報～

フィヨルド・ツアーズ
URL www.fjordtours.com

～交通インフォメーション～

SAS
URL www.flysas.com

ノルウェー国内の時刻表
URL entur.no

Vy社(鉄道)
URL www.vy.no

SJ Nord社(鉄道)
URL www.sj.no

フィヨルドクルーズ(ソグネフィヨルド、ガイランゲルフィヨルド)
URL www.norwaysbest.com

フロム鉄道
URL www.norwaysbest.com/the-flam-railway/round-trip-with-the-flam-railway

ブイワイ・バス社(バス会社)
URL www.vybus.no

ノルレド社(フェリー会社)
URL www.norled.no

スカイス社(バス会社)
URL www.skyss.no

フラム社
URL frammr.no

ノルウェー・ブスエクスプレス社(バス会社)
URL www.nor-way.no

ボレアル社(バス会社)
URL www.pulpitrock.no

オンダルスネスからガイランゲルまでを結ぶバス

グリーン色の車体が特徴のフロム鉄道

フロム～グドヴァンゲン間の船内

さらに先の絶景ポイントへ足を延ばす

ここでは紹介しきれないほど、数多くの絶景ポイントが秘められている、フィヨルド地方。なかでも、息をのむほどの恐怖を感じながらも絶景が楽しめる、とっておきのビュースポットをご紹介。

ハダンゲルフィヨルド

トロルトゥンガ Trolltunga

MAP 折り込み裏

高さ700mもの断崖に飛び出た岩盤のトロルトゥンガ。その見た目どおりノルウェー語で「トロルの舌」という意味をもつ。周囲に柵などはなく、思わず足がすくむほどスリル満点だが、眺めは一見の価値あり。ここまでは、ハイキングで約4時間。1日かけて行き着くハードなコースだ。

URL trolltunga.com

アクセス
ベルゲンから拠点の町オッダOddaまでバスが1日1～3便運行、所要約3時間。オッダからトレッキングのスタート地点となるシェゲドールSkjeggedallまでシャトルバスが運行。5月下旬～9月下旬の季節運行で、1日4便。所要約20分。オッダからハイキングツアー(URL www.trolltunga-active.com)もある。

のみ込まれそうなほど雄大なフィヨルドの景色を独り占め
Alex Emanuel Koch/Shutterstock

リーセフィヨルド

シェラーグボルテン Kjeragbolten

MAP 折り込み裏

巨大な断崖の隙間に、ぴったりと岩がはまった絶景スポット。「奇跡の岩」とも呼ばれるこの岩に立って、記念撮影をする人が後を絶たない。両脇の岩との高低差があり、危険なので足元には十分に気をつけよう。最寄りのリーセボーテンLysebotnからは約6kmのハイキング。

アクセス
スタヴァンゲルから拠点となるエイガーストウルØygardstølまでバスで行き、そこから登山を開始。スタヴァンゲルからのセットチケットが便利だ。6～9月の期間、毎日7:45発(URL gofjords.com)。

ハラハラ&ドキドキのスリル体験と絶景を楽しもう
Beas777/Shutterstock

大自然に囲まれた フィヨルドの絶景ホテル

さらにフィヨルド観光を楽しむなら、フィヨルドビューを堪能できるホテルに泊まるのがいちばん！ 質の高い宿が多く満足いく滞在になること間違いなし。

Fretheim Hotel

フレトハイム

ソグネフィヨルド

MAP P.242

人気観光地の有名ホテル

　フロムの鉄道駅の目の前に立つ。ロビーが吹き抜けになっており開放的。ロビーの上部にあるレストランからは、フィヨルドを眺めながらの食事が楽しめる。

住5743 Flåm
TEL57-636300　URLwww.norwaysbest.com
料Ⓢ1580NOK～ Ⓓ1990NOK～
CCA M V
室122室

1 館内にはガラス窓が多く配されており明るい印象 2 ガラス越しに絶景が見渡せるレストランでの食事もおすすめ 3 スタンダードルームから、ホテルの背後にある山の景色を望む 4 三角屋根の建物が目を引く

Hotel Ullensvang

ウレンスヴァン

ハダンゲルフィヨルド

MAP P.247

のどかな風景に癒やされる

　1840年創業の老舗ホテル。裏に果樹園があり、斜面の上まで行くと、果樹園とフィヨルドというこの地方特有の風景が広がる。グリーグの愛したホテルでもあり、庭には彼の作曲小屋が残る。

住Ullensvangvegen 865
TEL53-670000
URLwww.hotelullensvang.no
料Ⓢ1790NOK～ Ⓓ2090NOK～
CCA D J M V　室170室

1 ハダンゲルフィヨルド沿いのロフトフースにある 2 海と続いているかのような感覚になる絶景プールがある 3 広々とした造りの客室のほとんどにバルコニーが付いている 4 全面ガラス張りの開放的な屋内プールもある

バスタブ　テレビ　ドライヤー　ミニバーおよび冷蔵庫　ハンディキャップルーム　インターネット（無料）
一部のみ　一部のみ　貸し出し　一部のみ　インターネット（有料）

Hotel Union

ユニオン

ガイランゲルフィヨルド

MAP P.249、P.258

優雅なひとときを堪能

プールやガーデンなど、充実した設備を誇るリゾートホテル。静かな環境のなかリラックスした滞在を満喫できる。ディナーは、ガイランゲルフィヨルドを見下ろすビュッフェレストランで。

住Geirangervegen 101　TEL70-268300
URLwww.hotelunion.no
料ⓈⒹ1945NOK～
CCＡＤＪＭＶ　室197室

1 港から坂道を上った高台に位置している 2 大自然の風景を満喫できるインドアプール 3 客室はフィヨルドビューとフォレストビューの2タイプ

Solstrand Hotel & Bad

ソールストラン

ベルゲン郊外

MAP P.247

静か&ゆったり重視

ベルゲンの南30km、オースOsという町にあり、ビューネフィヨルドBjønefjordを目の前に望む。グループ客を一切取らないスタイルのため、静かでゆったりと過ごしたい人向けのホテルだ。

住Solstrandveien 200　TEL56-571100
URLsolstrand.com
料Ⓢ2120NOK～ Ⓓ3320NOK～
CCＤＪＭＶ　室134室

1 客室の窓からゆっくりと移ろいゆくフィヨルドの景色を満喫できる 2 窓が大きく開放的な造り 3 屋外と屋内プールのほか、ジャクージやサウナも完備

1 ホテルのガーデンから見えるスタルハイム渓谷 2 山頂にあるため室内設備は必要最低限 3 ロビーからは、山々がそびえ立つ迫力ある風景が望める

Stalheim Hotel

スタルハイム

ソグネフィヨルド

MAP P.240

絶景をとことん満喫！

スタルハイム渓谷を眼下に望む崖の頂上に立つ。周囲には何もなく、静かな時間が過ごせる。ほとんどの客室がフィヨルド側を向いており、部屋にいながら絶景を堪能できる。

住Stalheimsvegen 131
TEL56-520122
URLwww.stalheim.com
営5/16～9/19
料Ⓢ1800NOK～ Ⓓ2750NOK～
CCＡＤＭＶ　室124室

フィヨルドを望む美しい鉄道の旅

雄大な深い谷に、青い湖、生い茂る木々……
フィヨルド地方を巡る鉄道は、
フィヨルド観光のハイライトだ。車窓からは
次から次へとドラマチックな景色が流れ、
いつまで見ていても飽きさせない。
鉄道の揺れに身をゆだねて、
美しいフィヨルドの景色を楽しもう。

1 オスロとベルゲンを結ぶベルゲン急行 2 ラウマ鉄道から深い渓谷を望む 3 ダイナミックな景色が続くフロム鉄道

3つの鉄道ガイド

フィヨルド観光ができる鉄道は、全部で3つ。それぞれ特徴は異なるが、どれもノルウェーの大自然を満喫させてくれる。

ソグネフィヨルド

1 フロム鉄道

ソグネフィヨルド最大の目玉であるフロム鉄道。ベルゲン急行の途中駅であるミュールダールを出発し、小さな村フロムを目指して進む。車内では電子掲示板の案内ガイドや音声アナウンスが流れる。途中、落差93mのショース滝で停車。ここは鉄道から下車できる唯一の撮影スポットだ。夏には音楽にあわせて伝統的な踊りも披露される。

フロム鉄道（→P.240）

車窓からの景色
深く切りこまれた荒々しい谷に、ダイナミックな滝やフィヨルドが姿を見せる。座席は予約できないので、写真を撮るなら窓を開けられる席を早めに確保しよう。

距離：約20km　所要：約1時間
区間：ミュールダール～フロム

ソグネフィヨルド　ハダンゲルフィヨルド

2 ベルゲン急行

オスロとベルゲンを結ぶベルゲン急行。オスロ中央駅を出発した鉄道は、ホーネフォス駅に停車。ここから先の景色がフィヨルド観光の始まりだ。深く削られた谷に、迫りくる岩が見え隠れする。ハイライトはフィンセ～ヴォス間のルート。大きなU字をした谷が広がり、青く輝く湖や清流が目に飛び込む。

車窓からの景色
大都市の風景から鉄道が進むにつれてのどかな風景へと移り変わる。山頂にある白銀のハダンゲル氷河Hardangerjøkulenなども望むことができ、夏でも残雪が見られる。

運オスロから1日3～4便運行（土曜を除き、うち1台は寝台）
※人気の路線のため、予約必須。予約・購入は、Vy社のウェブサイトや日本の旅行会社で。

距離：471.2km　所要：約7時間
区間：オスロ～ミュールダール～ヴォス～ベルゲン

ガイランゲルフィヨルド

3 ラウマ鉄道

ドンボスからオンダルスネス間を行く山岳鉄道。SJ Nord社により運行されている、2～3両編成の小さな鉄道だ。青々と輝くラウマ川に沿って進んでいき、車窓からは、美しい渓谷やラウマ川に架かる石造りの橋の眺めを楽しむことができる。最大の見どころは、深い渓谷に架かる全長74mのKylling Bridge。6～8月には案内ガイドのアナウンスがある。

ラウマ鉄道（→P.248）

車窓からの景色
緑が生い茂る牧草地から荒々しい深い谷まで、高低差のある景色が魅力。特に、ラウマ川に架かる石橋の全貌が見られるポイントは、フィヨルドのダイナミックさをより感じられる。

距離：114km　所要：約1時間20分
区間：ドンボス～オンダルスネス

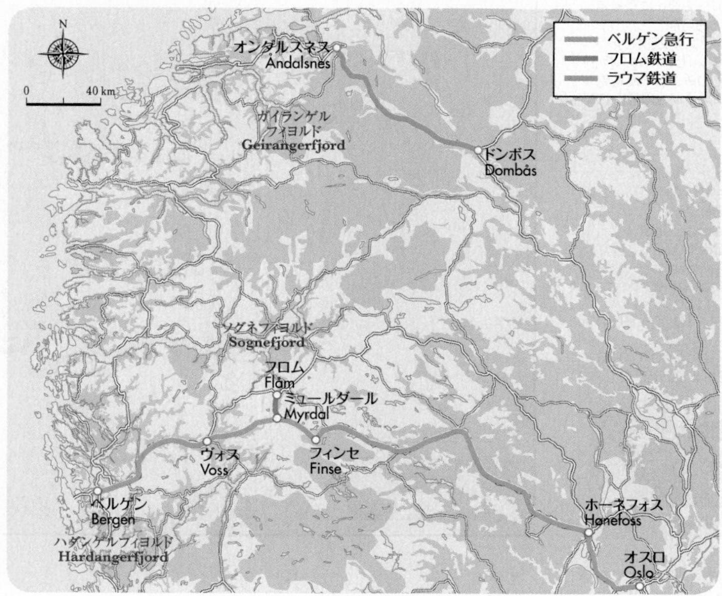

Geiranger

ガイランゲル

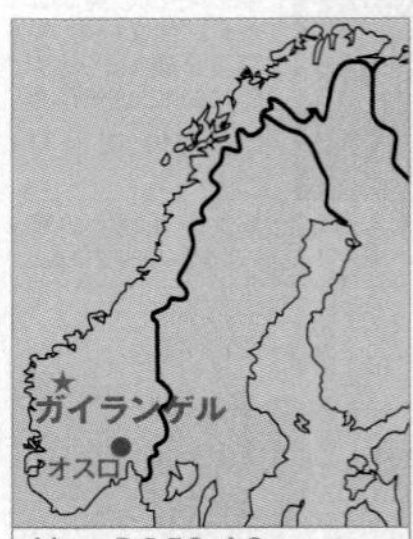

Map P.158-A3
人口:約200
市外局番:なし
ガイランゲル情報のサイト
URL www.fjordnorway.com/no

ガイランゲルの行き方

🚌オンダルスネスÅndalsnesから1日1便運行(6/24～8/16のみ)、所要約3時間。オンダルスネスまではオスロから鉄道(ドンボスDombåsまたはリレハンメルLillehammerで乗り換え、1日2～4便)で所要約5時間30分。オーレスンからのバスは1日1～2便程度運行、所要約4時間。5～10月のみオーレスンからヘレシルトHellesyltまでバスで行き(1日1～2便)、ヘレシルトからフェリー(1日3～8便)に乗り継いで渡ることも可能。
⛴ベルゲン発20:30のフッティルーテン(ヒルケネス行き)が6～8月のみ1日1便寄港する。ガイランゲルへは翌14:25着。

ガイランゲルの観光案内所ℹ
Map P.258
住Geirangervegen 2
TEL70-263007
URL www.fjordnorway.com/en/tourist-information/geiranger-tourist-information
開5/1～11/1
　毎日　10:00～16:00
　11/2～4/30
　月～金10:00～16:00
休11/2～4/30の土・日

有料で荷物預かりも行っている

標高1500mにも及ぶ切り立った山々と紺青の静かな海。ガイランゲルフィヨルドの最奥に位置するのがガイランゲルだ。ストランダ市Strandaに属する小さな村だが、5～9月には世界中から約70万人の旅行者が訪れる。見どころは乏しいが、周辺にはフィヨルドを望むビューポイントが点在し、それらを巡るハイキングも楽しい。フィヨルド観光の途中に立ち寄ったり、1泊してビューポイントを巡ってみよう。

ガイランゲルフィヨルドの最奥にある村

ガイランゲルの歩き方

ガイランゲル教会

フェリーが発着する桟橋周辺が中心街。バスターミナルもこの一角にあり、観光案内所やレストラン、みやげ物店などが集まっている。中心街の宿はハビラ・ホテル・ガイランゲル1軒のみで、ほかは

中心街から離れている。坂道を上った山腹にあるのがホテル・ユニオン（→P.255）。向かいにノルウェー・フィヨルドセンターが立つ。坂の途中にある木造の聖堂は、1842年に建てられたガイランゲル教会Geiranger Kirkeだ。中心街からここまでは約15分。

ハイキングを楽しみたい人は、観光案内所で案内図を入手するといい。滝や古い農家などを訪ねる18のハイキングコースがあり、それぞれ片道30分〜5時間で歩くことができる。

ガイランゲルフィヨルドの観光拠点

CHECK!

ガイランゲルフィヨルドの観光船

ガイランゲル発着の観光船、エクスクルーシブ・フィヨルドサイトシーング・ガイランゲルExclusive Fjordsightseeing Geirangerがある。料金は580NOK〜、所要約1時間30分（夏季は1時間ツアーもある）。ほか、オーレスン〜ガイランゲルのフィヨルドツアーなどもある。詳細やチケットの購入は観光案内所で。

ガイランゲル・フィヨルドサービス
TEL 70-263007
URL geirangerfjord.no
運 5/3、6、8、11、14〜17
毎日　14:00
5/18〜31、9/2〜10
毎日　10:00、12:00※、14:00
6/1〜9/1
毎日　9:30※、11:00※、12:00、12:30※、15:30※、17:00
9/11〜10/15
毎日　10:00、14:00
（※は1時間ツアー）

おもな見どころ

ノルウェー・フィヨルドセンター　Norsk Fjordsenter

Map P.258

フィヨルド方向を指す、槍のような外観が目を引く博物館。自然、農業、観光、災害などのテーマからガイランゲルフィヨルドを解説。ガイランゲル付近から移築した農家、昔の蒸気船や船着場の様子などを再現した展示もあり、暮らしの移り変わりがよくわかる。ガイランゲルの四季を映像で紹介するシアターも設けられている。館内にはギフトショップやカフェも併設してあり、軽食も取れる。

ガイランゲルの風土と生活がわかる博物館

ノルウェー・フィヨルドセンター
住 Gjørvahaugen 35
TEL 70-263810
URL www.fjordsenter.com
開 毎日　10:00〜16:00
休 なし
料 145NOK

ダルスニッバ展望台　Dalsnibba

Map P.258外

ガイランゲルからオスロ方面へ抜ける、国道63号線沿いにある絶景ポイント。標高1476mの山上にあり、雄大なV字谷の底にガイランゲルの村やフィヨルドの海が見渡せる。夏でも雪があるほど気温が低いので、防寒着を忘れずに。ダルスニッバへいたる国道途中のフリーダールスユーヴェットFlydalsjuvetという渓谷も人気のビューポイントだ。そばにはスカイウオークもある。

ダルスニッバ展望台
行き方▶▶▶
バス211番でダルスニッバ展望台へ行ける。夏季のみ運行しており、観光案内所前から出発。所要約1時間。また6〜9月の間、フリーダールスユーヴェットを経由してダルスニッバ展望台に立ち寄るバスツアーもある。15分ほど停車してガイランゲルへ戻る。550NOK、所要約2時間。

ガイランゲルのホテル

Havila Hotel Geiranger

ハビラ・ホテル・ガイランゲル　MAP P.258

住 N-6216 Geiranger　TEL 70-263005
URL havilahotelgeiranger.no　営 5〜9月
料 Ⓢ1525NOK〜 Ⓓ1725NOK〜　CC A D M V

桟橋から徒歩5分ほどのフィヨルドを望む高台に立つ。設備はやや旧式だが、室内は清潔。フィヨルドビューの部屋はテラス付き。

ガイランゲルのレストラン

Brasserie Posten

ブラッソリア・ポステン　MAP P.258

住 6216 Geiranger　TEL 70-261306
URL www.brasserieposten.no
営 5〜10月　毎日12:00〜21:30
11〜12月、2〜4月　水〜土12:00〜16:00
休 11〜12月と2〜4月の日〜火、1月
予 200NOK〜　CC M V

フィヨルドに面したノルウェー料理のレストラン。ピザ228NOK〜や肉料理320NOK〜などが揃う。

バスタブ／一部のみ　テレビ／一部のみ　ドライヤー／貸し出し　ミニバーおよび冷蔵庫／一部のみ　ハンディキャップルーム　インターネット（無料）　インターネット（有料）

Stavanger

スタヴァンゲル

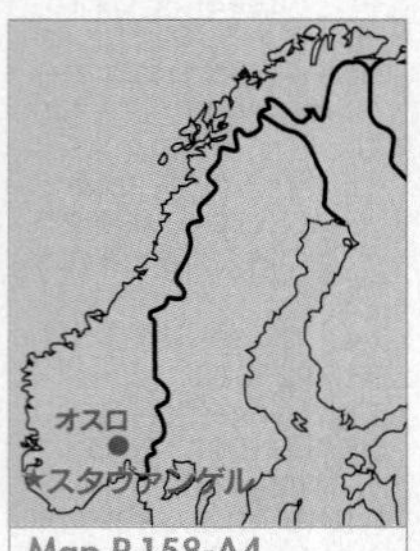

Map P.158-A4

人口:14万9048

市外局番:なし

スタヴァンゲル情報のサイト
URL www.fjordnorway.com/no
X @RegionStavanger
f @regionstavanger
◎ @regionstavanger

・スタヴァンゲルの行き方・

✈オスロから1日8〜22便、所要約55分。ベルゲンから1日1〜11便、所要約35分。空港から市内へは空港バスFlybussenで約25分、158NOK〜。

🚌オスロから1日3〜4便、所要約8時間40分。ベルゲンから1日8〜10便、所要約4時間50分。

1970年代に北海油田の基地として急速に成長した町で、ノルウェー第4の都市。町の中心部には17世紀の古い家々が隙間なく並び、独特の景観を作り出している。港町なので魚市場や野菜市場が立ち並び、大都市とは思えない和やかなムードが漂う。

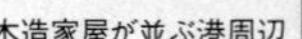
木造家屋が並ぶ港周辺

・スタヴァンゲルの歩き方・

カラフルな町並みのØvre Holmegate通り

市街地は、スタヴァンゲル大聖堂Stavanger Domkirkeから港を中心とした一帯。港には、ガラス張りの魚市場があり、東には海に沿って海運会社の利用していた三角屋根の古い建物が並ぶ。ノルウェーの都市にしては珍しく、17世紀以降大火事に遭っていないので、木造の建物が多く残されている。

スタヴァンゲル大聖堂から北へと延びるキルケガータ通りKirkegateを中心とした左右1〜2ブロックのあたりは、入り組んだ道の両側にショップやレストランが並ぶ繁華街だ。大聖堂の目の前では青空市場も開かれる。一方、港の西側は旧市街になっており、木造のかわいらしい建物が並んでいる。

鉄道駅や長距離バスターミナルは、中心街からブレイア湖を挟んだ南側にある。中心街までは歩いて10分くらいかかる。

スタヴァンゲルの観光案内所ⓘ
Map P.261-A1
住 Strandkaien 61
TEL 51-859200
URL www.fjordnorway.com/no
開 6/19〜8/31
月〜金 8:00〜18:00
土・日 9:00〜14:00
9/1〜6/18
月〜金 9:00〜16:00
休 9/1〜6/18の土・日

・おもな見どころ・

● ノルウェー石油博物館

Norsk Oljemuseum

Map P.261-B1

スタヴァンゲルの基幹産業である石油とガスに関する歴史や油田設備などに関する博物館。精密な模型を使ってわかりやすく展示しており、なかでも基地内での生活風景を再現したブースは興味深い。油田の歴史や石油についての映像を上映しているシアターもある。

建物は原油基地を模した造りになっている

ノルウェー石油博物館
TEL 51-939300
URL www.norskolje.museum.no
開 6〜8月
毎日 10:00〜19:00
9〜5月
月〜土 10:00〜16:00
日 10:00〜18:00
休 なし
料 180NOK

●旧市街　Gamle Stavanger

Map P.261-A1

歴史を感じさせる石畳に、白い壁とオレンジ色の屋根の木造建築の家が並ぶスタヴァンゲルの旧市街。建物は17世紀から18世紀に建造されたもので、現在でも市民の住居として利用されており、窓際に置かれたオブジェや花の咲き乱れるテラスがかわいらしい。あてもなく散歩するのが楽しい。

花々に彩られた白い木造家屋が並ぶ

●レドールとブライダブリック　Ledaal & Breidablikk

Map P.261-A2

レドールは、19世紀初頭に地元の有力者キーランド家Kiellandによって建てられた新古典様式の建物。王族の夏の保養地としても使われていた。建物内は当時の様子が再現されている。

レドールのそばにあるブライダブリックは、1881年築の歴史ある建物。富豪の商人Berentsenの邸宅として建てられたもので、保存状態がよく建築当時のままの姿を残している。

レドールとブライダブリック
住Eiganesveien 45、40A
TEL51-842700
URL www.museumstavanger.no
開6/15～8/15
　毎日11:00～16:00
休8/16～6/14
料140NOK
レドールからブライダブリックまで徒歩約3分。

豪華な装飾のレドール

地域の産業に関する展示も

スタヴァンゲル博物館
住Muségt 16
TEL51-842700
URL www.museumstavanger.no
営6/15〜8/31
毎日　10:00〜16:00
9/1〜6/14
火・水・金　11:00〜15:00
木　11:00〜19:00
土・日　11:00〜16:00
休9/1〜6/14の月
料140NOK

スタヴァンゲル博物館 Stavanger Museum

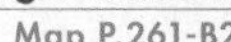
Map P.261-B2

館内は文化史Cultural History Exhibition、自然史Natural History Exhibitionというふたつのセクションに分かれている。文化史館では、1125年のスタヴァンゲル大聖堂の建造から現在の石油都市としての繁栄まで、スタヴァンゲルの歴史をジオラマや模型を使って展示している。自然史館では、ノルウェーを中心とした鳥類や哺乳類の剥製や骨格標本などが置かれている。

スタヴァンゲルの歴史を学べる博物館

スタヴァンゲルのホテル

Radisson Blu Atlantic Hotel Stavanger
ラディソン・ブル・アトランティック・ホテル・スタヴァンゲル　MAP P.261-A2

住Olav V's gt 3　TEL51-761000
URL www.radissonhotels.com
料Ⓢ2310NOK〜 Ⓓ2450NOK〜
CC A D J M V

プレイア湖に面した高級ホテル。客室数365室で、スタヴァンゲル最大。鉄道駅からは徒歩5分ほどの所。近年、全館リニューアルした。

Home Again Bed & Break
ホームアゲイン・ベッド&ブレイク　MAP P.261-B1

住Nygata 1　TEL51-898989
URL www.homeagain.no
料Ⓢ1199NOK〜 Ⓓ1899NOK〜　CC M V

1878年の建物を改装したアパートタイプのホテル。全室にキッチンが付き長期滞在も可能。

Best Western Havly Hotell
ベストウエスタン・ハブリー　MAP P.261-B1

住Valberggta 1
TEL51-939000
URL www.bestwestern.it
料Ⓢ899NOK〜 Ⓓ999NOK〜　CC M V

港沿いから1本入った場所にある。客室は広々しており、清潔。スタッフもフレンドリー。

Skansen Hotel Stavanger
スカンセン・ホテル・スタヴァンゲル　MAP P.261-A1

住Skansegata 7　TEL41-435777
URL www.skansenhotel.no
料Ⓢ795NOK〜 Ⓓ995NOK〜
CC A D M V

部屋は簡素だが清潔で広々。チェックインと朝食はすぐ近くのベストウエスタン・プラス・ヴィクトリアで。

Clarion Collection Hotel Skagen Brygge
クラリオン・コレクション・ホテル・スケーエン・ブリッゲ　MAP P.261-A1

住Skagenkaien 28-30　TEL51-850000
URL www.strawberryhotels.com
料Ⓢ2440NOK〜 Ⓓ2828NOK〜　CC A D M V

客室の半数が港に面している老舗ホテル。館内にはジムを有する。受付には、飲み物やスナック菓子を揃えた売店がある。

Scandic Royal Stavanger
スカンディック・ロイヤル・スタヴァンゲル　MAP P.261-A2

住Løkkeveien 26　TEL51-766000
URL www.scandichotels.no
料ⓈⒹ1516NOK〜　CC M V

スタヴァンゲル駅から徒歩約7分の場所にあるホテル。客室数は215あり、シンプルなインテリア。朝食はホテル内のレストランにて。オーガニック食材を中心とした料理をビュッフェ形式で提供。

スタヴァンゲルのレストラン

Fisketorget Stavanger
フィスケトルゲット・スタヴァンゲル　MAP P.261-A・B1

住Strandkaien 37　TEL51-527350　URL fisketorget-stavanger.no
営毎日11:00〜22:00　休なし
予400NOK〜　CC M V

新鮮な魚介類を使った料理がいただける。定番料理は創業当時からメニューにあるフィッシュスープ175NOK〜。

Déjà-Vu Delikatesser
デジャ・ヴ・デリカテッセ　MAP P.261-B1

住Verksgata 2　TEL51-896363
URL dejavu.no
営月〜金11:00〜21:00　土10:00〜18:00
休日　予300NOK〜　CC M V

世界のさまざまな国からインスピレーションを受けた創作料理を提供している。厳選された食材を使用して作られた料理はどれも美味で、ビジュアルも華やか。

バスタブ / 一部のみ　テレビ / 一部のみ　ドライヤー / 貸し出し　ミニバーおよび冷蔵庫 / 一部のみ　ハンディキャップルーム　インターネット（無料）　インターネット（有料）

Ålesund オーレスン

大西洋に面する港町オーレスンは、世界でも有数のタラの漁獲量で知られている。町は3つの島からなり、それぞれ橋とトンネルで結ばれている。切り立った崖の合間に重なり合うようにいくつもの家が並ぶ姿は圧巻だ。

1904年には歴史的な大火災に見舞われ、850軒もの家が失われた。しかしその復興の際、建築家たちは当時流行していたアールヌーヴォー様式の建物を建て、町は生まれ変わった。現在も当時の姿を残しており、オーレスンは港の周辺に並ぶ建物群が造り出す優美な町並みとして有名。

ガイランゲルフィヨルドの拠点としても知られており、フィヨルド観光の際にはぜひ立ち寄ってみたい町だ。

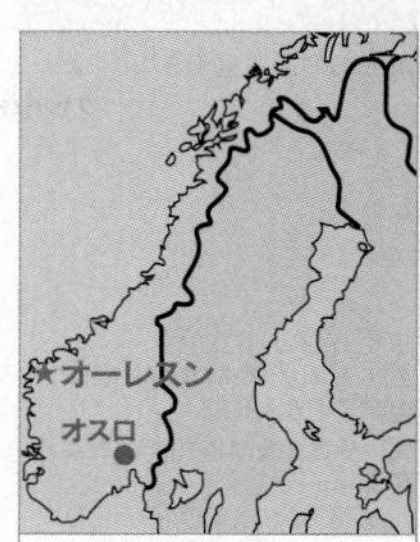

Map P.158-A3
人口:5万8509
市外局番:なし
オーレスン情報のサイト
URL www.fjordnorway.com/no
@VisitAlesund
@visitalesund

オーレスンの行き方

✈オスロから1日2～7便運航、所要約55分。空港から市内へは空港バスで約25分、119NOK～。

鉄道は通じていないが、オスロからドンボスDombåsで乗り換え、オンダルスネスÅndalsnesまで行くと、連絡バスが出ている。オンダルスネスまで所要約5時間30分、1日1便。オンダルスネスからオーレスンまではバスで1日2～3便、所要約2時間。

トロンハイムからもドンボス乗り換えでオンダルスネスまで行き、連絡バスに乗る。

バス ベルゲンから1日1便、所要約8時間50分。

町中にアールヌーヴォー様式の建物が並ぶ

オーレスンの歩き方

オーレスンは、フィヨルドに突き出した半島に発展した町。町の北にも南にも海が迫っている。オーレスン港を挟んで、東と西に分かれており、繁華街は東側。西側や港の周辺には、アールヌーヴォー様式の美しい建物が並び、歩くだけでも楽しい。長距離バスターミナルや観光案内所のある東側から観光して、西側へ歩いていくのがいい。

町の東にそびえる山は、アクスラ山。頂上には展望台やカフェがあり、オーレスンの町と周辺の島々を一望できる。山頂へはスカンディック・パルケン（→P.265）の脇から公園に入り、突き当たりの階段を上って15分ほどで到着する。

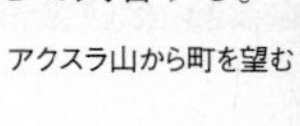
アクスラ山から町を望む

オーレスンの観光案内所ℹ
Map P.264-B
住 Skateflua
TEL 70-309800
URL www.fjordnorway.com/no
開 6～8月
　毎日　8:30～18:00
　9～5月
　月～金　8:30～16:00
休 9～5月の土・日

アールヌーヴォー様式の建物見学をしたいなら、観光案内所で「A Long the Streets of Ålesund」というパンフレットを手に入れよう（30NOK）。

おもな見どころ

頂上への道は整備されている

アクスラ山　Aksla

Map P.264-B

アールヌーヴォーの町並みを見下ろしたいなら、標高189mのアクスラ山に登ろう。スカンディック・パルケンの裏にある公園から480段の階段を上れば、頂上の展望台まで行ける。頂上にはカフェもあるので、ひと休みしてから下山しよう。

オーレスン博物館
住R. Rønnebergsgt 16
TEL47-883303
URLwww.aalesunds.museum.no
開6/1～9/15
　月～金11:00～15:00
　土・日12:00～15:00
休9/16～5/31
料75NOK

オーレスン博物館　Aalesunds Museum

Map P.264-B

オーレスンの生活史を紹介している博物館。アールヌーヴォー様式の家具や生活品を展示しているほか、19世紀に交通の主役だった船の模型コレクションや、ドイツに占領されていた第2次世界大戦中の史料なども見応えがある。小高い丘の上にあり、眺めもいい。周辺は公園として整備されている。

1920年に建てられた初期アールヌーヴォー様式の建物

アールヌーヴォー・センター　Jugendstilsenteret og KUBE

Map P.264-A

かつて薬局として使われた典型的なアールヌーヴォー様式の建物内には、見事な装飾の施された家具や陶磁器が展示され、薬局だった当時の店内風景も保存されている。1904年の火災を音と映像で伝えるコーナーも興味深い。おしゃれなカフェは休憩におすすめ。

20世紀前半のオリジナルのまま残されている

アールヌーヴォー・センター
住Apotekergata 16
TEL70-104970
URLwww.vitimusea.no
開火～金11:00～17:00
　土・日11:00～16:00
休月
料120NOK

CHECK!
オーレスン発の市内ツアー
観光案内所が、アールヌーヴォーの建物を徒歩で回るガイドウオーク（英語、ノルウェー語）を催行している。出発は観光案内所の前から。所要約1時間30分。
催6/8～8/21
　毎日12:00
料250NOK

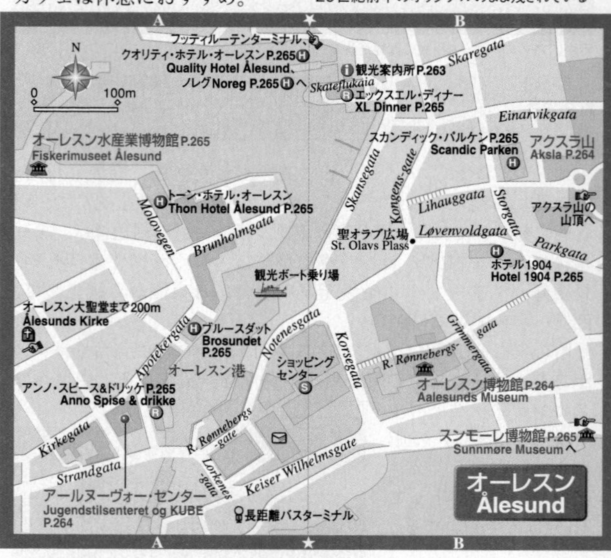

●オーレスン水産業博物館 Fiskerimuseet Ålesund

Map P.264-A

水産業の歴史がわかる博物館。建物は、もとはタラの加工工場として営業していた。肝臓から肝油を採るなどタラの加工方法を、実際に使用していた道具を用いて説明している。

●スンモーレ博物館 Sunnmøre Museum

Map P.264-B外

オーレスンから東へ約4km。西ノルウェーのフィヨルド地方にあるスンモーレ地方にあった建造物などを移築した野外博物館。120ヘクタールの広大な敷地には、約50棟の古い建物が並んでいる。また、歴史的な船を多数展示しているコーナーもあり、なかには7世紀から8世紀のヴァイキング時代の船を復元したものもある。夏季には、建物内部の見学やヴァイキング船でのクルーズなど各種イベントも開催している。

興味深い建物がいっぱい

オーレスン水産業博物館
住Molovegen 10
TEL70-239000
URLwww.vitimusea.no
開6/22〜8/18
月〜金11:00〜17:00
土・日11:00〜16:00
8/19〜6/21
土・日11:00〜16:00
休8/19〜6/21の月〜金
料80NOK

スンモーレ博物館
住Museumsvegen 12
TEL70-239000
URLwww.vitimusea.no
開5〜9月
毎日 10:00〜17:00
10〜4月
火〜金11:00〜17:00
土・日12:00〜16:00
休10〜4月の月
料120NOK
行き方▶▶▶
バス1、12番で約10分、Sunnmøre Museum下車。

オーレスンのホテル

Scandic Parken Hotel
スカンディック・パルケン MAP P.264-B

住Storgata 16 TEL70-132300
URL www.scandichotels.com
料Ⓢ1706NOK〜 Ⓓ1976NOK〜 CCA D M V

繁華街から少し離れた所にある。坂の上にあり、部屋からの展望はいい。長距離バスターミナルからは徒歩15分くらい。ジムやサウナも併設。

Hotel Noreg
ノレグ MAP P.264-B外

住Kongens gate 27 TEL70-157700
URL www.hotelnoreg.no
料Ⓢ1295NOK〜 Ⓓ1455NOK〜 CCA D J M V

1954年オープンの老舗ホテルで、料金も手頃なので人気がある。客室の設備も充実している。トレーニングルームやサウナも利用できる。

Hotel 1904
ホテル1904 MAP P.264-B

住Løvenvoldgata 8 TEL70-157800
URL 1904.no
料Ⓢ1495NOK〜 Ⓓ1795NOK〜 CCA M V

1904年築のアールヌーヴォーの建物を利用したホテル。リノベーション済みの室内は清潔で快適。アートがちりばめられた内装にもこだわりを感じる。

Hotel Brosundet
ブルースダット MAP P.264-A

住Apotekergata 1-5 TEL70-103300
URL www.brosundet.no
料Ⓢ1753NOK〜 Ⓓ1920NOK〜 CCA D M V

オスロのオペラハウスを設計した建築家が手がけたデザインホテル。部屋はモダンでスタイリッシュ。灯台を使った客室もある。

Thon Hotel Ålesund
トーン・ホテル・オーレスン MAP P.264-A

住Molovegen 6 TEL70-102080
URL www.thonhotels.no
料ⓈⒹ1175NOK〜 CCA D J M V

港の西側にある。半数の部屋が海に面しており、眺めがいい。広々とした客室にはモダンなインテリアが配され快適に過ごせる。

Quality Hotel Ålesund
クオリティ・ホテル・オーレスン MAP P.264-B外

住Sorenskiver Bullsgt. 7 TEL70-160000
URL www.strawberryhotels.com
料Ⓢ1195NOK〜 Ⓓ1395NOK〜 CCA D M V

町の中心部から徒歩4分、海に面して立つホテル。ゆったりとした造りの客室で、オーシャンビューが望める部屋もある。レストランを併設している。

オーレスンのレストラン

Anno Spise & drikke
アンノ・スピース&ドリッケ MAP P.264-A

住Apotekergata 9B TEL71-707077 URL www.anno.no
営月〜金 11:00〜21:00
土 14:00〜21:00
休日 予300NOK〜 CCM V

地元で評判の魚料理が味わえる。

XL Dinner
エックスエル・ディナー MAP P.264-B

住Skaregata 1B TEL70-124253
URL www.xldiner.no
営火〜木18:00〜24:00 金・土17:00〜24:00
休日・月 予300NOK〜 CCM V

ノルウェー産の材料を使った各国料理が味わえる。

バスタブ テレビ ドライヤー ミニバーおよび冷蔵庫 ハンディキャップルーム インターネット(無料)
一部のみ 一部のみ 貸し出し 一部のみ インターネット(有料)

Trondheim

トロンハイム

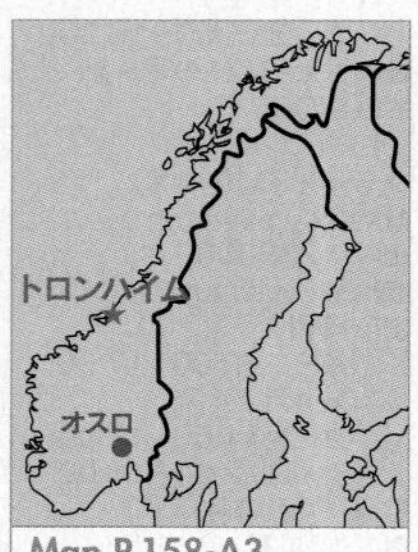

Map P.158-A3
人口:21万4565
市外局番:なし
トロンハイム情報のサイト
URL visittrondheim.no
@visittrondheim.no
@visittrondheim

トロンハイムの行き方

✈オスロから1日8〜27便、所要約55分。ベルゲンから1日4〜9便、所要約1時間。空港から市内へは鉄道で約40分。
🚃オスロから1日1便、所要約8時間。
🚌オーレスンから週5便、所要約6時間50分。
🚢フッティルーテン(→P.558)の寄港地となっている。

トロンハイム駅チケットオフィス
開月〜金 7:00〜19:10
土 7:45〜17:10
日 12:30〜17:10
休なし

トロンハイムの観光案内所
Map P.267-B2
住Kongens gate 11
TEL73-807660
URL visittrondheim.no
開月〜土10:00〜18:00
休日

王宮
住Munkegata 23
TEL94-785290
URL nkim.no/stiftsgarden
ガイドツアー
催6/1〜8/11
月〜土 10:00、11:00、12:00、13:00、14:00、15:00
日 12:00、13:00、14:00、15:00
料110NOK

中世にはノルウェーの首都として栄えたトロンハイムは、ノルウェー第3の都市。町の起源はオスロやベルゲンよりも古く、997年に聖オラヴ・トリィグヴァソン1世Olav Tryggvasonによって町の基礎が作られた。その後も中部ノルウェーの中心として発展し、1100年代には政治、宗教、文化の面でも重要な町となる。現在、町には若々しい学生の活気がある。ノルウェーにある4つの大学のうちのひとつがトロンハイムにあるためだ。

倉庫群が並ぶ風景はトロンハイムの象徴だ

トロンハイムの歩き方

中央駅の東は新しい住宅街やショップが集まりにぎやか

トロンハイムの町は、聖オラヴ・トリィグヴァソン1世の銅像のある広場を中心に広がっている。広場に面して、観光案内所やショッピングセンターがあり、夏季には市も立つにぎやかな所だ。広場の南には町のシンボルでもあるニーダロス大聖堂が、北には北欧で最も大きい木造建築である王宮Stiftsgårdenがあり、観光の出発地点としても最適だ。そのふたつを結ぶムンケガータ通りMunkegateや、王宮に面した女王様通りDronningens gateは、小さなショップやレストランが並ぶ繁華街。鉄道駅は町の北にあり、中心までは徒歩約20分。

広場の東、ニデルヴァ川Nidelva沿いを走るショップマンスガーテ通りKjøpmannsgateには、中世の倉庫やはね橋が並んでいて昔の面影を残している。はね橋を渡ると小高い丘になっており、丘の頂上付近にクリスチャン要塞がある。

市バスもあるが1日もあれば徒歩で十分回れる。

中世の建物としてはノルウェー最大のニーダロス大聖堂

おもな見どころ

ニーダロス大聖堂 Nidarosdomen

Map P.267-A2

奥行101m、幅50m、高さ30mのバロック様式の大聖堂。ノルウェー最大、北欧でも中世の建物としては2番目に大きく、中世北欧文学『サガ』にも記されている聖オラヴ2世が祀られている。大聖堂の正面にはイエス・キリストと聖母マリアの像を中心に54の聖者の彫刻が並び、荘厳な景観を作り出している。1070年の建造以来、何度も破壊と修復を繰り返してきた。ステンドグラスや彫刻などの内装には、ノルウェーの芸術家が多く貢献しており、オスロのヴィーゲラン公園の彫刻を造ったヴィーゲランの作品もある。6〜8月には、聖堂の屋根からそびえる尖

ニーダロス大聖堂
住Bispegata 5
TEL73-890800
URLwww.nidarosdomen.no
開6〜8月
月〜金 9:00〜18:00
土 9:00〜15:00
日 13:00〜17:00
9〜5月
月〜金 9:00〜14:00
土 9:00〜15:00
日 13:00〜16:00
休なし
料120NOK

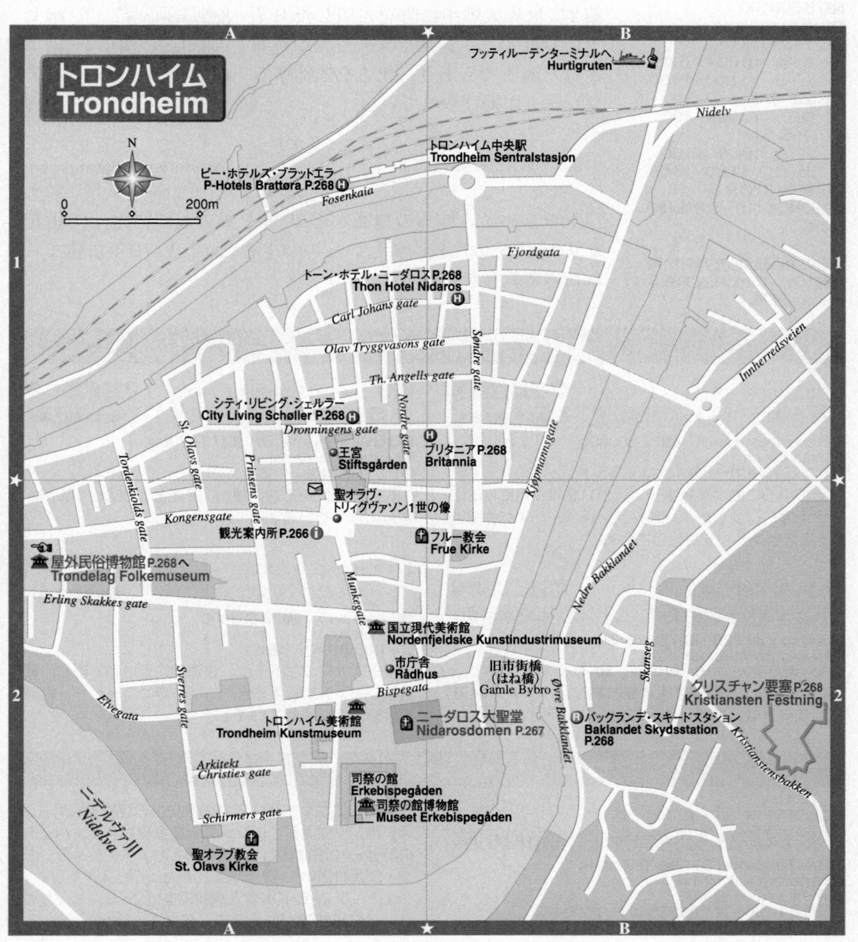

司祭の館博物館
開月～金　10:00～17:00
　土　11:00～15:00
　日　12:00～16:00
（時期によって異なる）
休9～4月の月
料120NOK

クリスチャン要塞
TEL46-870400
URLwww.forsvarsbygg.no/no/festningene/finn-din-festning/kristiansten-festning
開毎日　8:00～21:00
（時期によって異なる）
休なし
料無料
白い建物は博物館になっており、5～9月のみ開館している。

屋外民俗博物館
住Sverresborg Allé 13
TEL73-890100
URLsverresborg.no
開6/1～21
月～金　10:00～15:00
土・日　11:00～15:00
6/22～9/8
毎日　10:00～17:00
9/9～5/31
火～金　10:00～15:00
土・日　11:00～15:00
休9/9～5/31の月
料190NOK（10～5月は150NOK）
行き方▶▶▶
町の中心部から市バス11番で約10分、Trøndelag Folkemuseum下車。

塔に上り、町を見下ろすこともできる。また、合唱やオルガンのリサイタルなども随時開催されている。

聖堂の裏側には、司祭の館Erkebispegådenがある。一角には司祭の館博物館Museet Erkebispegådenがあり、修復前に使われていたオリジナルの彫刻などが展示されている。

クリスチャン要塞 Kristiansten Festning

Map P.267-B2

町の東にそびえる丘の頂上にあり、町を一望できるビューポイント。1676～82年にかけて建造された要塞で、敷地内には白い建物と城壁、無数の大砲が並んでいる。1718年、スウェーデンとの間に行われた戦争時には、この砦で戦い、見事勝利を収めたこともある。また、第2次世界大戦中に町を占領したドイツに対抗するレジスタンスたちが処刑された場所でもあり、彼らを追悼するプレートが掲げられている。

白い建物の周りに大砲が置かれている

屋外民俗博物館 Trøndelag Folkemuseum

Map P.267-A2 外

トロンハイム地方の農家など60軒を集めた博物館。18世紀から19世紀の比較的新しいものが中心だが、1170年に建てられた木造教会などもある。

トロンハイムのホテル

Britannia Hotel
ブリタニア　MAP P.267-B1

住Dronningens gate 5　TEL73-800800
URLbritannia.no
料Ⓢ Ⓓ2515NOK～　CCA D M V

町の中心に立つ高級ホテル。2019年4月にリニューアルオープンした。レストランやバー、スパやフィットネスセンターを併設している。

Thon Hotel Nidaros
トーン・ホテル・ニーダロス　MAP P.267-B1

住Søndre gate 22B　TEL73-870130
URLwww.thonhotels.com
料Ⓢ1445NOK～ Ⓓ1545NOK～　CCA D M V

古い石造りの重厚な建物を改装したホテル。鉄道駅のすぐそばにある。周辺にはレストランも多い。

City Living Schøller Hotel
シティ・リビング・シェルラー　MAP P.267-A1

住Dronningens gate 26　TEL73-870800
URLwww.cityliving.no
料Ⓢ Ⓓ1000NOK～　CCM V

王宮の前にある古い建物。2階と4階の2フロアが客室になっている。

P-Hotels Brattøra
ピー・ホテルズ・ブラットエラ　MAP P.267-A1

住Fosenkaia 7　TEL73-604005
URLp-hotels.no
料Ⓢ Ⓓ889NOK～　CCM V

リーズナブルなホテル。鉄道駅に近いので便利。朝食はフロントで購入でき、ロビーではコーヒー、紅茶をサービス提供している。

トロンハイムのレストラン

Baklandet Skydsstation
バックランデ・スキードスタション　MAP P.267-B2

住Øvre Bakklandet 33　TEL73-921044
URLwww.skydsstation.no
営月～金11:00～翌1:00
土・日12:00～翌1:00（時期によって変動あり）
休なし　予300NOK～　CCM V

旧市街に立つ1791年築の歴史ある建物を利用。ノスタルジック漂うオレンジの木造家屋はトロンハイムの町並みに溶け込むべく趣たっぷり。トナカイのシチュー326NOKや、タラやエビがたっぷり入ったフィッシュスープ296NOKなど魚料理をはじめとするノルウェーの伝統料理が味わえる。ランチも人気。

バスタブ　テレビ　ドライヤー　ミニバーおよび冷蔵庫　ハンディキャップルーム　インターネット（無料）
一部のみ　一部のみ　貸し出し　一部のみ　インターネット（有料）

Bodø
ボードー

港には木造家屋と船が並ぶ

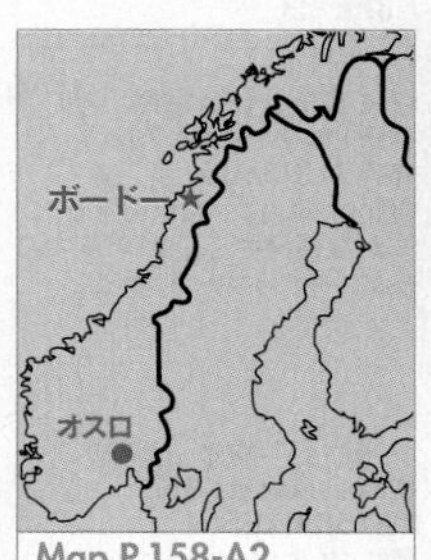

Map P.158-A2
人口:5万3712
市外局番:なし
ボードー情報のサイト
URL visitbodo.com
X @Visitbodo
f @VisitBodo
@visitbodo

ボードーの行き方

✈オスロから1日3～10便、所要約1時間30分。トロムソから1日0～5便、所要約50分。空港は市内から徒歩約15分。
🚃オスロからはトロンハイム乗り換えとなり、トロンハイム発は14:27発の寝台のみ1便、ボードー着は翌9:05。
🚌ナルヴィークからストールヨールStorjord乗り換えで1日2便、所要約6時間。
🚢フッティルーテン（→P.558）の寄港地となっている。

オスロから最も近い、真夜中の太陽を見られる町がボードー。人口約5万人、海に面した港町だ。この町も北ノルウェーのほかの町と同様に、第2次世界大戦中ドイツ軍により徹底的に破壊された。現在は碁盤の目のように整然とした町並みとなり、近代的な建物が並ぶ。

ボードーの歩き方

ボードーの見どころは、北部の生活様式やサーメの人々に関する展示物があるノールランド博物館Nordlandsmuseetやノルウェーにおけるあらゆる飛行機の歴史がひとめでわかるノルウェー航空博物館だ。駅から町と反対方向に歩いて3kmの所にあるロ

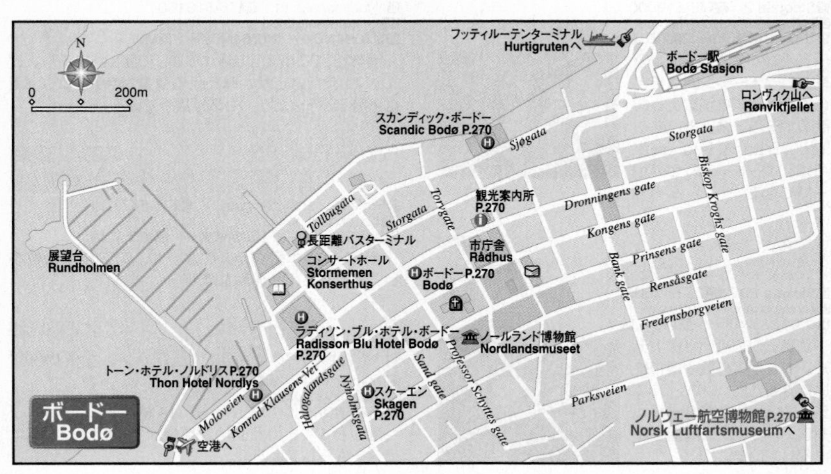

ボードーの観光案内所
Map P.269
住Dronningens gate 15
TEL75-548000
URLvisitbodo.com
開月～金8:00～15:30
休土・日

ンヴィク山Rønvikfjellet（115m）に上れば、美しい島々と周囲を囲むフィヨルド、はるかロフォーテン諸島まで見渡せる。

黄色の派手な外観が目印のノールランド博物館

ノールランド博物館
住Prinsens gate 116
TEL75-503500
URLnordlandsmuseet.no
※現在再建中。2024年度中にリニューアルオープン予定。

おもな見どころ

● ノルウェー航空博物館 Norsk Luftfartsmuseum

Map P.269外

町の中心から南東へ約2.5kmの所にある博物館。巨大なプロペラの形をした建物の中で、ノルウェーの民間と軍用の飛行機の歴史をわかりやすく展示、説明している。展示内容は充実しており、パーツ別、年代別にきっちりと並べられている。特に軍用機は機体のすぐ近くまで寄って見学でき、メカ好きにはたまらない博物館だ。入口のすぐ上には実際に使われていた管制塔があり、入室も可能だ。

航空機ファン必見の博物館

ノルウェー航空博物館
住Børtindgata 35b
TEL75-507850
URLluftfartsmuseum.no
開6～8月
毎日　10:00～18:00
9～5月
月～金10:00～16:00
土・日11:00～17:00
休なし
料175NOK
行き方▶▶▶
町の中心部から市バス1、2、4番で約5分、City Nord下車、徒歩約7分。

ボードーのホテル

Radisson Blu Hotel Bodø
ラディソン・ブル・ホテル・ボードー　MAP P.269

住Storgata 2　TEL75-519000
URLwww.radissonhotels.com
料Ⓢ Ⓓ1140NOK～　CC A D J M V

長距離バスターミナルの前、ロフォーテン諸島行きの船が停泊する港に面した高級ホテル。最上階にあるTop 13 Bar & Loungeからは、ボードーの町並みが一望できる。

Scandic Bodø
スカンディック・ボードー　MAP P.269

住Sjøgata 23　TEL75-547000
URLwww.scandichotels.com
料Ⓢ Ⓓ1239NOK～　CC A D J M V

鉄道駅から近い中級ホテル。れんがの外観が落ち着いた雰囲気だ。レストラン、ジムをはじめ、館内施設は充実。いくつかの部屋は海に面している。

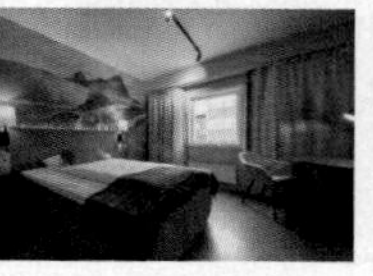

Skagen Hotel
スケーエン　MAP P.269

住Nyholmsgata 11　TEL75-519100
URLskagen-hotel.no
料Ⓢ1094NOK～ Ⓓ1284NOK～　CC M V

港まで200mほどの静かな通りに面したホテル。ビュッフェまたはピザが味わえる夕食付き。フロントでは各種アクティビティも取り扱っている。

Bodø Hotell
ボードー　MAP P.269

住Professor Schyttes gate 5　TEL75-547700
URLbodohotell.no
料Ⓢ1295NOK～ Ⓓ1395NOK～　CC A D M V

全31室の中級クラスのホテル。町の中心に位置し、何をするにも便利な場所。

Thon Hotel Nordlys
トーン・ホテル・ノルドリス　MAP P.269

住Moloveien 14　TEL75-531900
URLwww.thonhotels.no
料Ⓢ995NOK～ Ⓓ1095NOK～　CC A M

港からすぐという立地が自慢。全145室。レストランを併設している。

バスタブ　テレビ　ドライヤー　ミニバーおよび冷蔵庫　ハンディキャップルーム　インターネット（無料）
一部のみ　一部のみ　貸し出し　一部のみ　インターネット（有料）

Narvik
ナルヴィーク

ファゲルネス山の上から町を一望できる

ノールカップへの旅の起点となるナルヴィークは、北極圏内に位置する。しかし、メキシコ湾流のおかげで港は冬も凍結せず、スウェーデンのキールナで産出する鉄鉱石の積み出し港となっている。キールナ～ナルヴィーク間の列車は北欧最北の地を走る旅客列車として知られ、車窓から見下ろすフィヨルドの眺めがすばらしい。

戦争に興味のある人には、ナルヴィークという町の名は、特別な響きをもつだろう。1940年4月9日、ノルウェーはドイツ軍に侵略された。6月7日に制圧されるまで、ドイツ軍とイギリス、フランス、ポーランド、ノルウェー連合軍の間で繰り広げられた激しい攻防戦はあまりにも有名だ。当時の模様が戦争博物館に再現されている。この戦争によって倒れた各国の兵士たちの遺体は、町から数km離れたホークヴィクHøkvikという所に埋葬されている。

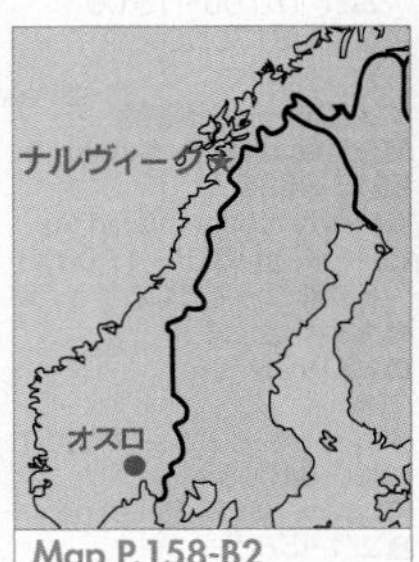

Map P.158-B2
人口:2万1580
市外局番:なし
ナルヴィーク情報のサイト
URL www.visitnarvik.com
@VisitNarvik
@visitnarvik

ナルヴィークの行き方

✈オスロからハシュタ／ナルヴィーク空港Harstad-Narvik Airportまで1日2～7便運航、所要約1時間40分。空港から市内へは、空港バスが運行。所要約1時間15分。

🚃ストックホルムから1日2便(寝台)。うち1便は直通でストックホルム発18:08、ナルヴィーク着は翌12:40。キールナからは1日2便、所要約3時間。オスロからボードーまで列車で行き、そこからバスで行く方法もある。

🚌ボードーからのバスは毎日7:19と16:44発の2便(冬季は減便)、ナルヴィーク着は13:35、23:15、途中ストールヨールStorjordで乗り換え。

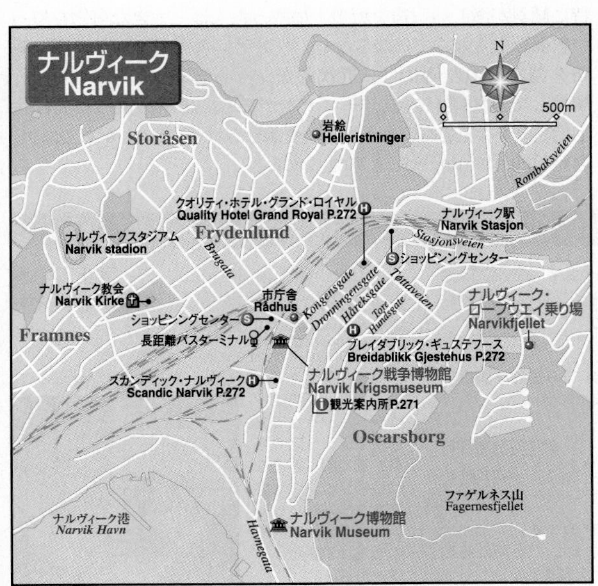

ナルヴィークの観光案内所
Map P.271
住 Kongensgate 41
TEL 76-965600
URL www.visitnarvik.com
開 6～8月
毎日10:00～18:00
9～5月
毎日10:00～16:00
休 なし

ナルヴィーク戦争博物館
住Kongensgate 39
TEL76-944426
URLkrigsmuseet.no
開6月上旬～8月
毎日 10:00～18:00
9月～6月上旬
毎日 10:00～16:00
休なし 料130NOK

ナルヴィーク博物館
住Administrasjonsveien 3
TEL76-969650
URLwww.museumnord.no
開月・水・金10:00～17:00
(時期によって異なる)
休火・木・土・日
料100NOK

ナルヴィーク・ロープウエイ
TEL90-540088
URLwww.narvikfjellet.no
運2/1～5/12
月～金13:00～20:00
土・日10:00～17:00
6月、8/1～9/2
毎日 11:00～20:00
7月
毎日 11:00～24:00
9/3～10/31
土・日12:00～20:00
(11月以降はウェブサイトで要確認)
休9/3～10/31の月～金、5/13～31
料往復345NOK

ナルヴィークの歩き方

町の北部にある港から雄大な山を望む

住宅街を進むと岩絵がある

町のメインストリートは、コンゲンスガータ通りKongensgate。道に沿ってショッピングセンターやレストラン、ホテルなどが並ぶ。観光案内所もこの通りにあるので、まずはここを目指すといい。鉄道駅は、コンゲンスガータ通りを北へ進み、線路の手前でスタジョンサイエン通りStasjonsveienを右折して200mほど進んだ所。見どころとしては、ナルヴィークで行われた戦争について学べるナルヴィーク戦争博物館Narvik Krigsmuseumやキールナから続く鉄道の歴史に関する展示やビデオ上映を行うナルヴィーク博物館Narvik Museumがある。コンゲンスガータ通りの東側は小高い丘になっている。坂道を500mほど上った所には、ファゲルネス山Fagernesfjelletへ上るナルヴィーク・ロープウエイNarvikfjelletの乗り場がある。2019年にリニューアルした。標高656mの山頂からは、町の全景とフィヨルド地形が一望できる。町は緩やかな斜面に造られている。コンゲンスガータ通りの東は特に傾斜が激しい。宿を坂の上に取った人は、大きな荷物を持って斜面を上らなくてはならない。コンゲンスガータ通りの西、線路を渡る道の左側には、近代的なショッピングモールがあり、隣接して長距離バスのターミナルがある。線路を渡った先は住宅街。堅牢な石造りのナルヴィーク教会Narvik Kirkeがあるほか、岩絵Helleristningerなども見られる。

ナルヴィークのホテル

Quality Hotel Grand Royal
クオリティ・ホテル・グランド・ロイヤル MAP P.271

住Kongensgate 64 TEL76-977000
URLwww.strawberry.no
料Ⓢ Ⓓ 1690NOK～ CCA D M V

ふたつのレストランを備えた全139室の高級ホテル。客室はモダンでスタイリッシュな雰囲気。

Scandic Narvik
スカンディック・ナルヴィーク MAP P.271

住Kongensgate 33 TEL76-961400
URLwww.scandichotels.com
料Ⓢ1401NOK～ Ⓓ1483NOK～ CCA D J M V

町のやや外れた所にある高級ホテル。15階にあるバーからは、町全体やフィヨルドを望める。

Breidablikk Gjestehus
ブレイダブリック・ギュステフース MAP P.271

住Tore Hundsgate 41 TEL76-941418
URLwww.breidablikk.no
料Ⓢ1250NOK～ Ⓓ1280NOK～ CCM V

1950年にオープンした、高台に立つかわいいプチホテル。近年リノベーションをしており、インテリアや家具も魅力的。客室をはじめリビングや食堂からの眺めもいい。全21室の客室のうち17室がシャワー付き。

バスタブ / 一部のみ　テレビ / 一部のみ　ドライヤー / 貸し出し　ミニバーおよび冷蔵庫 / 一部のみ　ハンディキャップルーム　インターネット(無料)　インターネット(有料)

Lofoten

ロフォーテン諸島

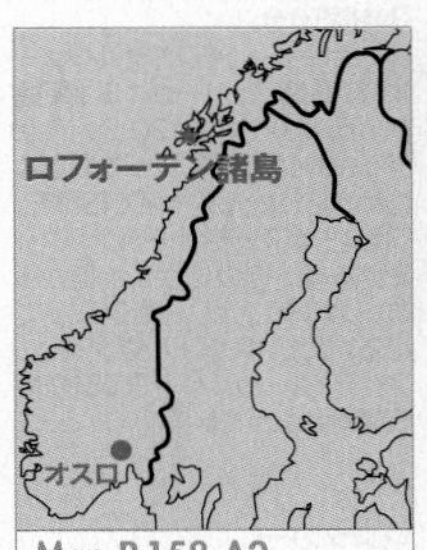

Map P.158-A2
人口:9793(ヴォーガン島)
市外局番:なし
ロフォーテン情報のサイト
URL visitlofoten.com
@lofoten.info
@lofoteninfo

ノルウェー北部、北極圏に位置するロフォーテン諸島は、「世界で最も美しい場所のひとつ」といわれる風光明媚な島々。氷河の浸食により削られた大地が水没してできた地形は、海から岩肌をむき出しにした崖が屹立しており、「アルプスの頂を海に浮かべたよう」と形容される。

その昔ベルゲンがハンザ商人の庇護のもと繁栄していた時代、その貿易を支えていたものはロフォーテン諸島で取れたタラだった。最高級品として人気が高かったロフォーテンの干ダラは、ハンザ商人の手により、ベルゲンを積み出し港としてヨーロッパ各地へと輸出されていった。現在でも、タラ漁はロフォーテン諸島の主要産業であり、島内のあちこちにタラを干す木組みが点在している。漁が行われるのは2月から4月半ばまで。この時期になると、港や漁村はいっせいに活気づく。島内のあらゆるところの木組みに、たくさんのタラが干されている様子が見られる。

絶景が望めるレイネ

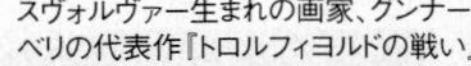
スヴォルヴァー生まれの画家、グンナー・ベリの代表作『トロルフィヨルドの戦い』

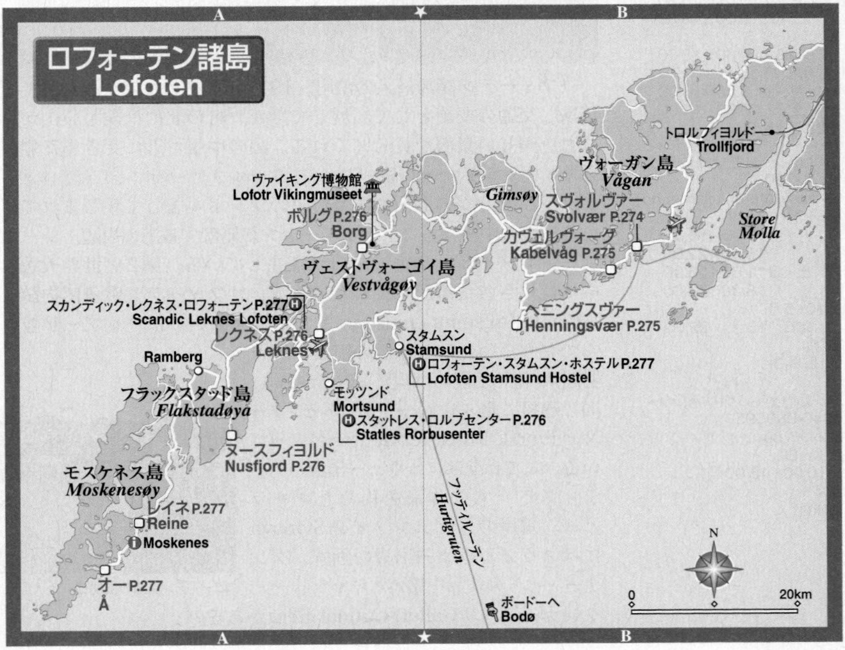

ロフォーテン諸島
Lofoten

トロルフィヨルド Trollfjord
ヴォーガン島 Vågan
Gimsøy
スヴォルヴァー Svolvær P.274
Store Mølla
カヴェルヴォーグ Kabelvåg P.275
ヘニングスヴァー Henningsvær P.275
ヴァイキング博物館 Lofotr Vikingmuseet
ボルグ P.276 Borg
ヴェストヴォーゴイ島 Vestvågøy
スカンディック・レクネス・ロフォーテン P.277 Scandic Leknes Lofoten
レクネス P.276 Leknes
スタムスン Stamsund
ロフォーテン・スタムスン・ホステル P.277 Lofoten Stamsund Hostel
Ramberg
フラックスタッド島 Flakstadøya
モッツンド Mortsund
スタットレス・ロルブセンター P.276 Statles Rorbusenter
ヌースフィヨルド Nusfjord P.276
モスケネス島 Moskenesøy
レイネ P.277 Reine
Moskenes
オー P.277 Å
フッティルーテン Hurtigruten
ボードーへ Bodø
0 20km

ロフォーテン諸島の歩き方

海と山に沿って道が続く

ロフォーテン諸島は、大きくヴォーガン島Vågan、ヴェストヴォーゴイ島Vestvågøy、フラックスタッド島Flakstadøya、モスケネス島Moskenesøyの4つからなり、それぞれの島の間は橋で結ばれている。ロフォーテン諸島巡りの拠点となるのは、ヴォーガン島にある町スヴォルヴァー。ここには空港があるほか、フッティルーテンやナルヴィークからのフェリーが発着する。スヴォルヴァーから西の端にあるオーまで島を横断してE10という道路が走っており、主要な町はこの道路沿いにある。小さな集落へも、道が整備されているので、問題なくアクセスできる。島内にはバスも走っているが、島内をくまなく観光するならレンタカーは必須だ。スヴォルヴァーからオーまでは134kmだが、道は山並みを抜けて走っているため、相当の時間がかかる。途中の町に寄りながらオーまで行くなら、レクネスやスタムスンStamsundなどの町で1泊したほうがいい。バスは、スヴォルヴァーからオーまで直通で行く便もあるが、途中レクネスで乗り換えるほうが便数が多い。バスから見る景色も、感動的な美しさだ。

Svolvær

スヴォルヴァー

ロフォーテン諸島最大の港町。1918年に初めて港が開かれて以来、交通の要衝として発展してきた。町の北には険しい山が立ち、美しい景観を見せてくれる。山の中腹付近に突き出た岩礁のスヴォルヴァー・ヤイター（スヴォルヴァーのヤギ）は、ロッククライミングの名所であり、町のシンボルとして親しまれている。町の中心は、フッティルーテンが発着する港の周辺。シーフードレストランや宿泊施設が点在している。第2次世界大戦中に使用された軍服を集めた博物館、ロフォーテン戦争博物館Lofoten Krigsminnemuseumもある。海沿いにはロルブーが並んでおり、いかにも漁師の町といった雰囲気。港の広場には観光案内所があり、同じ建物に北ノルウェー・アートセンターNordnorsk Kunstner Senterが入っている。ここは北部ノルウェー出身のアーティストたちの作品を集めたギャラリー。対岸のスヴェンノイ島Svinøyaにはスヴォルヴァー出身の画家、グンナー・ベリの作品を集めたギャラリー・グンナー・ベリGalleri Gunnar Bergがある。

ロフォーテン諸島の玄関口

ロフォーテン諸島の行き方

✈オスロからの直行便はなく、ボードーで乗り換える。スヴォルヴァー、レクネスまでの経由便は1日1～6便、所要約25分。
🚌ナルヴィークからスヴォルヴァーまで1日2～3便。所要約3時間50分。
⛴ボードーからスヴォルヴァーまで、高速フェリーが1日1便運航、所要約3時間30分。スケジュールは時期によって異なるため事前に観光案内所で確認を。フェリーはフッティルーテンのターミナル着。そのほか、各地からローカルのフェリーも運航している。また、スヴォルヴァーは、フッティルーテン（→P.558）の寄港地になっている。

レンタカー
Avis　スヴォルヴァー
TEL 76-071140
Hertz　スヴォルヴァー
TEL 97-479000

スヴォルヴァーの行き方

ロフォーテン諸島の行き方参照。

スヴォルヴァーの観光案内所ℹ
Map P.275
TEL 76-070575
URL visitlofoten.com
開 5/29～7/2
月～金 9:00～16:30
土・日 10:00～16:30
7/3～8/6
毎日 9:00～18:00
8/7～5/28
月～金 9:00～16:00
土 10:00～14:00
休 8/7～5/28の日

ロフォーテン戦争博物館
TEL 91-730328
URL www.lofotenkrigmus.no
開 6～9月
月～金 10:00～16:00/18:30～22:00
土・日 11:00～15:00/18:30～22:00
10～5月
毎日 18:30～22:00
休 なし
料 120NOK

北ノルウェー・アートセンター
TEL 40-089595
URL nnks.no
開 火～日
10:00～16:00
休 月
料 無料

Kabelvåg
カヴェルヴォーグ

ロフォーテンで最も古い町のひとつカヴェルヴォーグ。18世紀まではロフォーテンで最も重要な漁村であり、ロフォーテン初の教会や「ロルブー」が造られたところとしても知られている。

ロルブーはホテルやレストランとして使われている

町の外れには、19世紀の漁村を再現したロフォーテン博物館Lofotmuseetや北ノルウェーの海洋生物を集めたロフォーテン水族館Lofotakvarietがある。周辺に点在するアーティストのギャラリーを訪れてみるのもいい。

カヴェルヴォーグの行き方

スヴォルヴァー～カヴェルヴォーグ間は約5km。バスは冬季の日曜を除く1日4～11便運行。

ロフォーテン博物館
TEL 76-069790
URL www.museumnord.no
開 毎日　10:00～18:00
（時期によって変動）
休 3～4月と10月の月・土、11/1～12/15の土～月、12/16～2/28
料 115NOK

ロフォーテン水族館
TEL 76-078665
URL www.museumnord.no
開 毎日11:00～15:00
（時期によって異なる）
休 10～4月の土
料 150NOK

Henningsvær
ヘニングスヴァー

ヴォーゲン島の最西端にある小さな町。町の中央に深く切れ込んだ入江が運河のように見えることから、ロフォーテンのベニスと呼ばれる。この景観にひかれて移り住んだアーティストも多く、入江に沿ってギャラリーが点在。なかでも、19世紀末の北ノルウェー出身のアーティストたちの作品を集めたギャラリー・ロフォーテンGalleri Lofotenは有名だ。

ヘニングスヴァーの行き方

スヴォルヴァー～ヘニングスヴァー間は約26km。バスは冬季の日曜を除く1日5～10便運行。

ギャラリー・ロフォーテン
TEL 47-643753
URL www.galleri-lofoten.no
開 3/16～5/17
水～日11:00～16:00
5/18～8/16
毎日10:00～21:00
休 3/16～5/17の月・火、8/17～3/15
料 100NOK

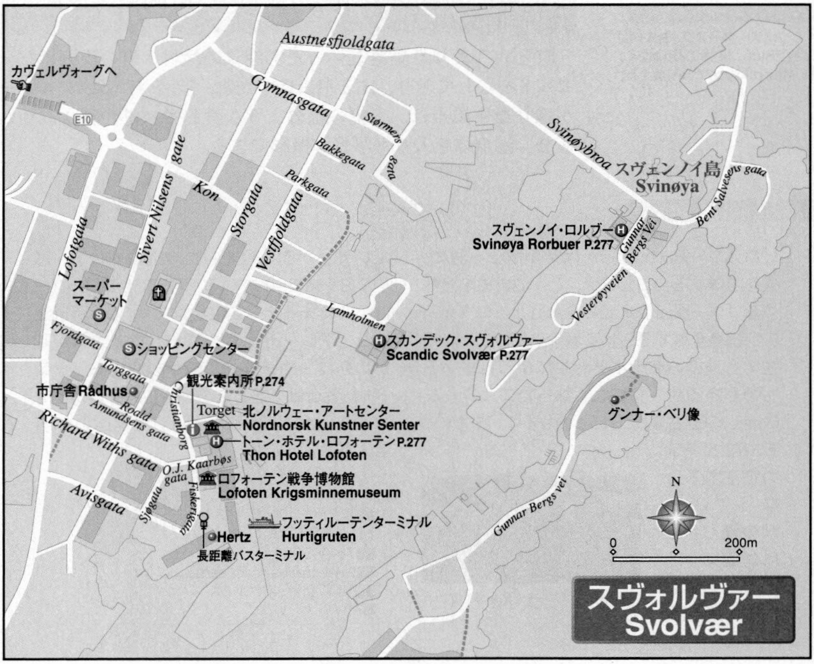

スヴォルヴァー Svolvær

Austnesfjoldgata
カヴェルヴォーグへ
E10
Gymnasgata
Størmers gata
Bakkegata
Parkgata
Kon
Sivert Nilsens gate
Storgata
Vestfjoldgata
Lofotgata
Svinøybroa
スヴェンノイ島 Svinøya
Bent Salvesens gata
Gunnar Bergs vei
スヴェンノイ・ロルブー Svinøya Rorbuer P.277
Vesterøyveien
スーパーマーケット
Lamholmen
Fjordgata
ショッピングセンター
スカンデック・スヴォルヴァー Scandic Svolvær P.277
Torggata
市庁舎 Rådhus
観光案内所 P.274
Christianborg
Roald Amundsens gata
Torget
北ノルウェー・アートセンター Nordnorsk Kunstner Senter
グンナー・ベリ像
トーン・ホテル・ロフォーテン P.277 Thon Hotel Lofoten
Richard Withs gata
O.J. Kaarbøs gata
ロフォーテン戦争博物館 Lofoten Krigsminnemuseum
Sjøgata
Fiskergata
Avisgata
フッティルーテンターミナル Hurtigruten
Hertz
長距離バスターミナル
Gunnar Bergs vei
N
0　200m

ボルグへの行き方

スヴォルヴァー～ボルグ間は約56km。バスは1日3～8便運行。

ヴァイキング博物館
TEL 76-154000
URL www.lofotr.no
開 火～土　11:00～17:00
（時期によって異なる）
休 日・月
料 250NOK（9～5月は200NOK）

Borg

ボルグ

ヴァイキングにゆかりの深いヴェストヴォーゴイ島のほぼ中心に位置する町。ここには、ロフォーテン諸島最大の野外博物館であるヴァイキング博物館Lofotr Vikingmuseetがある。E10からも見える巨大な建物は、幅83mのヴァイキングの住居を復元したもの。内部ではヴァイキングの生活用品や装飾品などの展示があり、当時の衣装に身を包んだスタッフによる解説も行われている。敷地内奥の湖では、ゴークスタッド船を模したヴァイキング船に乗船しての湖クルーズも楽しめる。

復元されたヴァイキングの住居

レクネスの行き方

スヴォルヴァー～レクネス間は約70km。バスは1日3～8便運行。

レクネスの観光案内所
TEL 90-020329
開 月～金　10:00～19:00
土　10:00～16:00
（時期によって異なる）
休 日

Leknes

レクネス

ロフォーテン諸島のほぼ中間に位置し、島内を走るバスの中継地点になっている。レクネスは内陸部にあり、周辺はロフォーテン随一の牧草地帯。なだらかな傾斜を描く丘で、のんびりと草をはむ羊や馬の姿を見かける。

ヌースフィヨルドの行き方

レクネス～ヌースフィヨルド間は約25km。直通の便はなく、Nusfjord kryssで乗り換える。

Nusfjord

ヌースフィヨルド

町というよりも集落といった雰囲気の漁村。町の周囲はフィヨルドをなしており、山と澄み切った水、港沿いに並ぶロルブーが織りなす風景は、一幅の絵のような美しさ。港の端に高台があり、港全体を入れた写真が撮影できる。

COLUMN NORWAY

ロルブーに泊まろう！

「ロルブーRorbuer」とはノルウェー語で、人を意味する「ロルRor」と、泊まるを意味する「ブーbuer」を組み合わせた、ロフォーテン諸島全域で見られる漁師小屋のこと。現在でも現役の漁師小屋として使われているものもあるが、使わなくなったロルブーを改装して宿泊施設としたものも多く、ロフォーテン諸島特有の宿泊施設となっている。潮の満ち引きに対応できるよう高床式になった建物は、たいていが赤い色をした木造のもので、窓枠が白く縁取られている。宿泊できるロルブーは、ロフォーテン諸島全体で約30ヵ所以上あり、グレードもさまざま。特に人気が高いロルブーホテルが、静かな漁村モッツンドMortsundにあるスタットレス・ロルブセンターStatles Rorbusenter。常連客には有名人も数多いとか。

日本からのツアーなどにも多く使われている

■スタットレス・ロルブセンター
Map P.273-A
TEL 76-055060
URL www.statles-rorbusenter.no
料 Ⓢ Ⓓ 1700～4000NOK
CC M V

Reine

レイネ

群島をつなぐ橋が折り重なるように架かり、崖のすぐ横を道路が走る。この世の果てを連想させる風景が連なるロフォーテン諸島の最西モスケネス島にあるレイネは、ロフォーテン諸島でも特に美しい町として知られている。町には見どころはないが、幹線道路E10から左折して町に入る道の途中から眺める景色は、まさに絶景そのもの。蒼い水を静かにたたえたフィヨルドが、海岸線に並ぶロルブーと山々を映し出している。

ハイウエイ沿いから眺めたレイネの町

レイネの行き方

レクネス～レイネ間は約56km。バスは1日2～8便。

Å

オー

ロフォーテン諸島の最西端に位置する町。レイネからE10を車で15分ほど進むと町並みが見える。そのまま町へは入らず、しばらく進みトンネルを抜けると、左側にバスターミナルと駐車場がある。道路は、そのすぐ先でぷつりととぎれ、最果ての情緒が漂う。道路の先はトレイルになっており、島の先端まで行ける。町へは、バスターミナルの脇から階段を下りて約5分。町なかには1840年代の漁村での生活が体験できるノルウェー漁村博物館Norsk Fiskeværsmuseumがある。

オーの行き方

レクネス～オー間は約64km。バスは1日2～8便運行。

ノルウェー漁村博物館

TEL 76-091488
URL www.museumnord.no
開 6～9月
毎日 10:00～18:00
10～5月
月～金 11:00～15:00
休 10～5月の土・日
料 120NOK
（10～5月は110NOK）

ロフォーテン諸島のホテル

スヴォルヴァー

Svinøya Rorbuer
スヴェンノイ・ロルブー MAP P.275

住 Gunnar Bergs vei 2 TEL 76-069930
URL www.svinoya.no
料 Ⓢ Ⓓ 1180NOK～
朝食250NOK CC A D M V

スヴォルヴァーにあるロルブー。室内はきれいに改装されている。ツアーデスクあり。

Thon Hotel Lofoten
トーン・ホテル・ロフォーテン MAP P.275

住 Torget TEL 76-049000 URL www.thonhotels.com
料 Ⓢ Ⓓ 1220NOK～ CC A D M V

海沿いに立つ全190室のホテル。客室はモダンで洗練された内装。地元の食材を使ったレストランが自慢。

Scandic Svolvær
スカンディック・スヴォルヴァー MAP P.275

住 Lamholmen TEL 76-068200
URL www.scandichotels.com
料 Ⓢ Ⓓ 1000NOK～ CC A D J M V

町の中心、港に浮かぶ島の上に立つ。ボート型の建物が印象的なレストランは周辺の海や山々を望む。

レクネス

Scandic Leknes Lofoten
スカンディック・レクネス・ロフォーテン MAP P.273-A

住 Lillevollveien 15 TEL 76-054430
URL www.scandichotels.com
料 Ⓢ 1490NOK～ Ⓓ 1690NOK～
CC A D M V

美しい山々に囲まれた、全60室のレクネス唯一のホテル。2017年に浴室を全面改装済み。ロフォーテンの食材を使った伝統的なノルウェー料理が味わえるレストランがある。

スタムスン

Lofoten Stamsund Hostel
ロフォーテン・スタムスン・ホステル MAP P.273-A

住 Hartvågen 11 TEL 99-409860
URL www.stamsundhostel.com 営 5～9月
料 ドミトリー160NOK
Ⓢ 330NOK～ Ⓓ 460NOK～ シーツ100NOK CC 不可

町からは400mほど離れた所にあるユースホステル。昔の漁師小屋を利用しており、雰囲気も抜群。都会の喧騒から離れた、ゆったりとした時間を楽しもう。ボートレンタルなどアクティビティも充実。

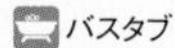
バスタブ　テレビ　ドライヤー　ミニバーおよび冷蔵庫　ハンディキャップルーム　インターネット（無料）
一部のみ　一部のみ　貸し出し　一部のみ　インターネット（有料）

Tromsø

トロムソ

Map P.158-B1
人口:7万8745
市外局番:なし
トロムソ情報のサイト
URL www.visittromso.no
@VisitTromso
@visittromso

ほぼ北緯70度に位置する北極圏最大の町トロムソ。トロムソの中心はトロムソ島Tromsøyaにあり、島の反対側にはトロムソ空港がある。トロムソ島とノルウェー本土とは長さ1036mのトロムソ橋や、全長3.5kmの海底トンネルで結ばれている。さらに西にあるクヴァロヤ島Kvaløyaとトロムソ島とは、空港前を通って1220mのサンネスン橋で結ばれている。海に面したトロムソ市街からは、トロムソ橋と対岸にある三角形の屋根をした北極教会が望める。トロムソには1968年に創立された世界最北の大学があり、1万人ほどの学生が在籍している。そのためか町には若者向けのお店やレストランも目につく。

北極圏にありながら、暖流の影響で比較的温暖なトロムソは、19世紀半ば以降、北極探検や極地研究の基地として重要な役割を担ってきた。今では冬になると、オーロラウオッチングの拠点としても人気で、にぎわいを見せている。

ステンドグラスが美しい北極教会

トロムソの行き方

✈オスロから1日6～16便運航、所要約1時間50分。空港から市内へは空港バスFlybussenで約15分(125NOK)のほか、市バス40、42番も利用できる。
🚌ナルヴィークから1日2～3便運行、所要約4時間。アルタから1日1便、所要約6時間30分。ホニングスヴォーグからの直通バスはなくアルタなどで乗り換える。フィンランドのロヴァニエミからは夏季のみ1日1便運行、所要約7時間50分。
🚢ベルゲンやボードーからフッティルーテン(→P.558)が利用できる。

真夜中の太陽が見える期間
5月下旬～7月下旬くらい。

トロムソの観光案内所ℹ
Map P.279-B
住Storgata 83
TEL 77-610000
URL www.visittromso.no
開月～土9:00～16:00
(時期により変動)
休日(時期により変動)

トロムソの歩き方

町の中心はアムンゼン像の立つ広場を中心とした500m四方ほど。ホテルやレストラン、観光案内所、長距離バスターミナルなどといった施設が揃っており、移動も徒歩で十分。なお、観光案内所では北極圏到達証明書Polarsertifikatを購入できる(95NOK)。メインストリートのストルガータ通りStorgataにはノスタルジックな木造家屋が並び、1915～16年にかけて建てられた、ノルウェーで最も古い映画館も残っている。見どころはやや離れた場所が多く、徒歩で行くことも可能だが効率よく回るなら市バスを使うのがおすすめ。

町の西寄りには世界最北のビール会社として知られるマックビールMackølの工場があったが、2012年に近郊へ移転。直営のパブ(→P.282)が今も中心部で営業を続け、海の男たちでにぎわった町の歴史を伝えている。

冬には運がよければオーロラも見られる

おもな見どころ

北極圏博物館

Polarmuseet

Map P.279-B

海に面した建物は、1830年代に建てられた古い倉庫。外に置かれた2基の捕鯨砲が、かつてトロムソが捕鯨の基地として栄えていたことを物語っている。2フロアに8つの展示室があり、ほとんどが北極圏の動物や狩猟の歴史に関する展示。アザラシ狩りの様子、シロクマ捕獲の様子、狩猟生活者の生活ぶりを再現した家など、北極圏の暮らしを学べる重要な資料が多い。興味深いのはトロムソから飛行して消息を絶った探検家アムンゼンの展示室。彼の北極・南極探検の写真や道具などが数多く集められている。

狩猟生活を再現した家

北極圏博物館
住Søndre Tollbodgate 11
TEL77-623360
URLuit.no/tmu
開毎日　11:00～17:00
休なし
料110NOK
行き方▶▶▶
町の中心から徒歩約10分。

観光列車
Ishavstoget
TEL90-881675
URLwww.ishavstoget.no
運6~8月
毎日　11:00~16:00(日はクルーズが寄港した際のみ運行)
料180NOK
夏季には、トロムソを気軽に観光できる観光列車が走っている。Storgataから毎時ちょうどに出発。

観光列車は子供たちに大人気

CHECK!

トロムソの市バス

市内の路線バスを運行するのはトロムス県交通局Troms fylkestrafikk（TFT）。シングルチケットは44NOK～で90分有効。1日券126NOKや7日券294NOKもある。チケットはバス停の券売機のほか専用のアプリTroms Billettでも販売している。

CHECK!

充実のオーロラ観賞ツアー

市内でもオーロラ観賞は可能だが、郊外でオーロラを見るためのツアーもある。当日の天気やオーロラ発生状況を見極め、観賞に最適と思われる場所に案内してくれる。複数の会社が催行しており予約は観光案内所でも可能。アークティック・ガイド・サービスは経験豊かな会社のひとつ。
Arctic Guide Service AS
URLwww.arcticguideservice.com

トロムソの市バスは、便数も多く朝早くから遅くまで運行していて便利。バス停名が車内の電光掲示板に表示される。チケットは観光案内所でも販売している。

北ノルウェー美術館 Nordnorsk Kunstmuseum

Map P.279-A

北ノルウェーの自然や人々の生活をテーマにした絵画がメインの美術館で、約1650作品を収蔵。一部の展示を除き、ほとんどの作品は2〜3ヵ月ごとに展示替えを行う。サーメのアーティストによる絵画やジュエリーなどのハンドクラフトの展示もある。

北ノルウェーの絵画の展示

北ノルウェー美術館
住 Sjøgata 1
TEL 77-647020
URL www.nnkm.no
開 木　10:00〜20:00
金〜水10:00〜17:00
休 なし
料 80NOK

ポーラリア（北極圏水族館） Polaria

Map P.279-A 外

アザラシの餌づけショーも見学できる

アザラシなどの北極圏に生息する海洋生物を観察できる。また、極地調査に関する展示や北極海の様子を迫力あるパノラマ映像で描く映画の上映などもある。

ポーラリア（北極圏水族館）
住 Hjalmar Johansensgate 12
TEL 77-750100
URL polaria.no
開 6〜8月
毎日10:00〜17:00
9〜5月
毎日10:00〜16:00
休 なし
料 295NOK
行き方▶▶▶
町の中心から徒歩10分。

ノルウェー北極大学博物館 Norges Arktiske Universitetsmusium

Map P.279-A 外

トロムソ大学の一部を利用した博物館で、地学、動物学、植物学、考古学など6つのテーマの展示室がある。恐竜の足跡の化石、今にも動き出しそうな動物の剥製、海や陸の生物の標本など展示物は充実している。2階にはサーメの人々の生活が実物大の家屋を再現して紹介されていてわかりやすい。また、15世紀に建てられた教会の再現と、1856年製造のパイプオルガンがあり、ボタンを押すと自動演奏が始まる。オーロラについてのビデオを上映するシアターもある。ショップも併設している。

サーメの生活が再現されたコーナーもある

ノルウェー北極大学博物館
住 Lars Thøringsveg 10
TEL 77-645001
URL uit.no/tmu
開 6/15〜8/15
月〜金 10:00〜18:00
土・日　11:00〜17:00
8/16〜6/14
月〜金 10:00〜16:30
土・日　11:00〜16:00
休 なし
料 111NOK
行き方▶▶▶
町の中心から市バス40番でTromsø Museum下車、徒歩1分。または市バス33番でFolkeparken下車、徒歩5分。

北極教会 Ishavskatedralen(Tromsødalen Kirke)

Map P.279-B

1965年、建築家ヤン・インゲ・ホーヴィにより設計された美しい教会。トロムソの冬とオーロラをイメージしてデザインされた。ガラスとコンクリートを使ったモダンな姿は極北の地にふさわしく、雪の教会の別名をもつ。教会内でひときわ目を引く三角形のステンドグラスは、高さ23m、面積140m^{2}に及び、ヨーロッパでも最大級の作品といわれている。しばしばオルガンコンサートや、オルガンリサイタルが行われる。

モダンなデザインの教会

北極教会
住 Hans Nilsens vei 41
TEL 41-008470
URL www.ishavskatedralen.no
開 1〜3月
月・火・木〜土
11:00〜17:00
水　14:00〜17:00
日　13:00〜17:00
4〜5月
木〜火 13:00〜17:00
水　14:00〜17:00
6/1〜8/15
月〜土　9:00〜18:00
日　13:00〜18:00
8/16〜12/31
木〜火 13:00〜17:00
水　14:00〜17:00
休 なし
料 80NOK
行き方▶▶▶
市バス20、24番でBruhodet øst下車、徒歩3分。または市バス26、28番でTromsdalen Bruvegen下車、徒歩2分。

ストールシュタイネン

Storsteinen

Map P.279-B 外

トロムソの市街があるトロムソ島と対峙する、ノルウェー本土にそびえる標高421mの山ストールシュタイネン。トロムソ島からはトロムソ橋Trømsøbruaを渡り、麓のフィエルハイセンFjillheisen（直訳すると山のエレベーター）からロープウエイに乗って4分で着く。山頂からはふたつの美しい橋で結ばれたトロムソ島が一望でき、フィヨルドの海と水平線に浮かぶ島々が美しい。ロープウエイは夏ならば深夜まで運行されているから、真夜中の太陽を見に行くのもいい。山頂にはレストランや展望テラスあり。

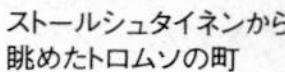

ストールシュタイネンから眺めたトロムソの町

ストールシュタイネンのロープウエイ
住Solliveien 12
TEL92-617837
URLwww.fjellheisen.no
運毎日10:00～24:00
休なし
料往復415NOK
行き方▶▶▶
町の中心から市バス28番でNovasenteret下車、徒歩12分。

ロープウエイ乗り場

北ノルウェー・サイエンスセンター

Nordnorsk Vitensenter

Map P.279-B 外

トロムソ大学のキャンパス内に2011年にオープンした科学館。北極圏の気候、環境問題やエネルギー問題、人体の仕組みなどについて、インタラクティブな展示を通じ、見て、触れて、体験しながら、大人から子供まで楽しく学ぶことができる。必見は併設のプラネタリウムで上映される“Extreme Aurora”というフィルム。ドーム型の大スクリーンに映し出されるオーロラの映像は、まるで本物を見ているかのような臨場感を味わわせてくれる。英語での上映もある。

サイエンスセンター手前の散策路を5分ほど歩いた所には世界最北の植物園、北極圏-高山植物園Arktisk-Alpine Botanisk Hage（入園無料）があり、ヒマラヤなど世界の高地に生育する珍しい草花を見ることができる。

遊びながら学べる展示が満載

北ノルウェー・サイエンスセンター
住Hansine Hansensveg 17
TEL77-620945
URLnordnorsk.vitensenter.no
開毎日11:00～16:00
休なし
料130NOK
Extreme Aurora
催月～金14:00（英語）
土・日12:00、14:00（英語）
時期によって上映回数が変わるので、スケジュールはウェブサイトで確認を。
行き方▶▶▶
町の中心（Fredrik Langes通りのバス乗り場F4など）から市バス20、34番でUiT/Planetariet下車、徒歩すぐ。

訪れるのは夏がベスト

トロムソのホテル

Scandic Ishavshotel

スカンディック・イスハウスホテル　MAP P.279-B

住Fr. Langesgate 2　TEL77-666400
URLwww.scandichotels.com
料Ⓢ Ⓓ1500NOK～　CCA D J M V

港に面したホテルで、半数の客室がオーシャンビュー。フッティルーテンの乗り場やバスターミナルもすぐそば。建物は船をモチーフにしたユニークなデザインで、離れて見ると港に停泊する船のよう。

Clarion Collection Hotel With

クラリオン・コレクション・ホテル・ウィズ　MAP P.279-B

住Sjøgata 35-37　TEL77-664200
URLwww.strawberry.no
料Ⓢ1637NOK～ Ⓓ1784NOK～
CCA D M V

港のそばにあるホテル。人気は対岸が見渡せるオーシャンビューの客室だ。古いボートハウスを意識した客室は落ち着いた雰囲気でゆったりと過ごせる。

バスタブ　テレビ　ドライヤー　ミニバーおよび冷蔵庫　ハンディキャップルーム　インターネット（無料）
一部のみ　一部のみ　貸し出し　一部のみ　インターネット（有料）

Thon Hotel Polar

トーン・ホテル・ポラール　MAP P.279-A

住Grønnegata 45　TEL77-751700
URL www.thonhotels.com
料Ⓢ1390NOK～ Ⓓ1490NOK～　CCA D M V

観光案内所のある通りの1本山側、同じ通りに向かい合ってふたつの建物がある。客室はモダンでスタイリッシュ。バラエティ豊かな朝食がうれしい。

Viking Hotell Tromsø

ヴァイキング・ホテル・トロムソ　MAP P.279-A

住Grønnegata 18　TEL77-647730
URL entertromso.no
料Ⓢ990NOK～ Ⓓ1090NOK～　CCD M V

中心部にありビジネス客にも人気のホテル。25室の客室とキッチンが備わったアパートメントタイプの部屋がある。ロビーバーでは、24時間無料でコーヒーと紅茶のサービスを行っている。

Smarthotel Tromsø

スマートホテル・トロムソ　MAP P.279-A

住Vestregata 6　TEL41-536500　URL smarthotel.no
料Ⓢ740NOK～ Ⓓ805NOK～　CCA D M V

町の中心にあるエコノミーホテル。客室は必要最低限の設備が整い、快適に滞在できる。

Radisson Blu Hotel Tromsø

ラディソン・ブル・ホテル・トロムソ　MAP P.279-A

住Sjøgata 7　TEL77-600000
URL www.radissonhotels.com
料Ⓢ Ⓓ1250NOK～
CCM V

ブリティッシュ・コロニアル風の落ち着いた雰囲気が特徴の高級ホテル。明るい色合いでまとめられた客室で、ゆったりと快適に過ごせる。海岸近くで、部屋からの展望もいい。

Enter City Hotel

エンター・シティ　MAP P.279-A

住Grønnegata 48　TEL77-781050
URL entertromso.no
料Ⓢ980NOK～ Ⓓ1200NOK～　CCM V

全室キッチン付きのアパートメントタイプで長期滞在者の利用も多い。モダンな内装でまとめられた客室はすっきりとして清潔感たっぷり。

Enter Amalie Hotel

エンター・アマリエ　MAP P.279-A

住Sjøgata 5b　TEL77-664800
URL entertromso.no
料Ⓢ950NOK～ Ⓓ1025NOK～　CCD M V

中心部に立つアットホームな雰囲気のホテル。ワッフルやコーヒー、紅茶の無料サービスなどもあり、コスパの高さに定評がある。

トロムソのレストラン

Ølhallen

ウルハーレン　MAP P.279-A

住Storgata 4　TEL90-408847　URL www.mack.no
営月～木11:00～翌0:30　金・土12:00～翌1:30
日　14:00～19:30　休なし
予200NOK～　CCA M V

マックビール直営のビアホールとして1928年に創業。2012年に工場が移転後も営業を続けている。併設のマイクロブリュワリーはツアー(230NOK)で見学することができる。

Emma's Drømmekjøkken & Vinbar

エマズ・ドローマルキヨッケン＆ヴィンバー　MAP P.279-A

住Kirkegata 8　TEL77-637730
URL emmasdrommekjokken.no
営レストラン　火～土　17:00～22:00
バー　火～土　15:00～翌0:30　休日・月
予1500NOK～　CCD J M V

料理自慢のエマさんが開いた店。新鮮な魚介やトナカイなどの料理が楽しめる。6品のコースが995NOK～。1階にはバーが入り、カクテルやワインが楽しめる。

Fiskekompaniet

フィスケコンパニエット　MAP P.279-B

住Killengreens gate　TEL77-687600
URL fiskekompani.no　営月～土11:30～14:30/17:00～22:00
休日　予300NOK～　CCA M V

ノルウェー近海の魚介を使った創作料理が自慢。伝統的な海鮮料理も味わえる。季節のコースは820NOK。ランチのメインは275NOK～。窓側やテラス席から港が望める。

Tang's Restaurant

タングス　MAP P.279-A・B

住Bankgata 7　TEL77-680424
営火～木15:00～22:00　金・土15:00～22:30
日　15:00～21:00　休月
予360NOK～　CCA M V

トロムソ最古の中国料理店。広東料理とインターナショナルの料理が味わえる。定番人気は甘酢たれの揚げ豚Kuluyuk278NOKや台湾のチリソースがきいた牛肉野菜炒めBiff Malak 265NOKなど。テイクアウトメニューもある。

COLUMN NORWAY

フッティルーテンの寄港地 ホニングスヴォーグ

ホニングスヴォーグは北ノルウェーの重要な漁港。年間数千の漁船が出入りしており、ヨーロッパの最北端であるノールカップへの玄関口として、多くの観光客でにぎわう。第2次世界大戦でドイツ軍から唯一破壊を免れたホニングスヴォーグ教会がある。

最果てへの玄関口となる港町

ホニングスヴォーグの歩き方

ホニングスヴォーグは、観光目的というよりも、ノールカップを目指す旅行者が立ち寄るだけの小さな町。港の目の前にある観光案内所の近くには、ホニングスヴォーグ周辺で行われていた漁の様子などを展示したノールカップ博物館Nordkappmuseetがある。2017年にリニューアルオープンし、展示がさらに充実した。観光案内所から南へ徒歩10分の場所にはホニングスヴォーグ教会Honningsvåg Kirkeがあるが、ほかには特に見どころはない。のどかな雰囲気と、色とりどりの民家があるかわいらしい景観を楽しみたい。フッティルーテンのターミナル周辺には、ラップランドの伝統料理を出すレストランやギフトショップ、スーパーなどが点在する。

ノールカップ博物館の展示

■ホニングスヴォーグ
Map P.158-B1
行き方▶▶▶
✈オスロからトロムソで乗り継ぐ。トロムソからハンメルフェストHammerfest経由が1日1～2便、所要約1時間40分。
🚌ハンメルフェストから途中で乗りかえて1日1～3便、所要約3時間40分。
アルタからは直行便があり、1日1～3便、所要3時間50分。
🚢フッティルーテン（→P.558）で北回り10:55、南回り5:45に到着。

■ホニングスヴォーグの観光案内所ℹ
住Fiskeriveien 4
TEL78-477030
URLwww.nordkapp.no
開月～金9:00～16:00
休土・日

■ノールカップ博物館
住Holmen1　TEL48-060465
URLkystmuseene.no
開6～8月
　毎日11:00～16:00
　9～5月
　月～金11:00～14:30
休9～5月の土・日
料90NOK

■ホニングスヴォーグ教会
TEL99-204625
※外観のみ見学可。

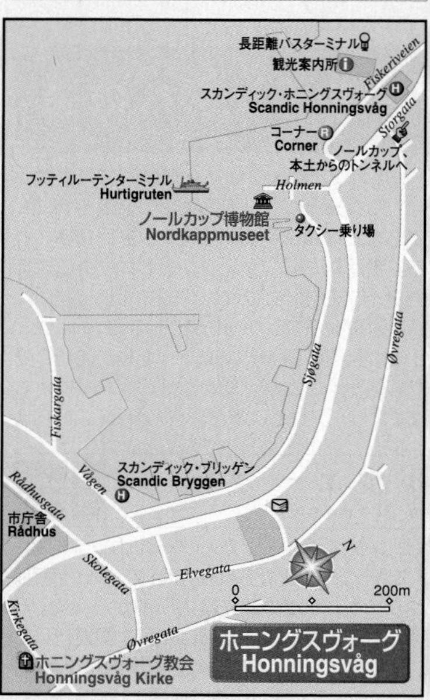

Nordkapp

ヨーロッパ最北端の岬

ノールカップ

ヨーロッパの大地が北海へと消える北の端が、マーゲロイ島。
ノールカップは、このマーゲロイ島の最北端に位置する岬だ。
北緯は71度10分21秒。夏の夜の白夜の時期には、
見渡す限り続く水平線の上を太陽がなぞるように進んでいく。
一方、極夜の冬には太陽が昇らない暗闇と雪と氷に覆われた大地が続く。
雄大な自然と最果てのロマンを感じに行こう。

ノールカップへの道

ノールカップの入口はマーゲロイ島のホニングスヴォーグ（→P.283）。空路や陸路、海路でもまずはホニングスヴォーグを目指すことになる。夏季のみ、フィンランドのロヴァニエミから直通バスも通っている。マーゲロイ島へは、かつては対岸からフェリーを使うしかなかったが、1999年に全長6.8kmの海底トンネルが開通し陸続きでも向かうことが可能となった。乗り換えも必要なくなり、アクセスがたいへん便利になった。

ノルウェーから from Norway

ホニングスヴォーグからノールカップへは、スネランディア社Snelandiaのバスが便利。ホニングスヴォーグの観光案内所前から出発。6～9月は1日2便、10～5月は1日1便運行している。所要約45分。乗車券は観光案内所で販売。ノールカップへの入場料込みで往復1190NOK～。また、ホニングスヴォーグの観光やフィヨルドの撮影スポット巡りがセットになったツアーも催行している。詳細は観光案内所またはウェブサイトで確認を。上記バス以外は、車やタクシーを利用することになるが、割高。

ホニングスヴォーグに10:55に到着するフッティルーテン（→P.558）に乗船する人はエクスカーションツアーのNorth Capeに参加するのがおすすめだ。日本の旅行会社でフッティルーテンを申し込む際に一緒に予約しておくのがベター。料金はノールカップホールへの入場料込みで1560NOK～。

バスでノールカップへ向かう

フィンランドから from Finland

フィンランドからは、バス会社エスケリセン・ラピンリンジャット社Eskelisen Lapin Linjatがバスを運行していたが、運行廃止となった。現在は、飛行機でトロムソまで向かい、そこからホニングスヴォーグまで行く方法が主流。

❶世界中の子供たちがデザインしたモニュメント ❷ノールカップホールは最果ての地に立つ ❸ホール内には小さな教会も ❹真夜中の太陽が見られるのは5月中旬～7月 ❺海を望めるカフェも併設 ❻光や音を駆使してノールカップの歴史を伝えるCave of Light ❼地球をモチーフにしたモニュメントで記念撮影をしよう

ノールカップホール
Nordkapphallen

高さ300mもの急峻な崖のノールカップ岬の先端にはノールカップホールと呼ばれる立派な施設が立ち、最果てのさびしげな雰囲気を払拭している。正面玄関を抜けたホールにはカフェやショップがあり、右側には広いレストラン。円形の建物なので、窓から望む果てしなく広がる海の景色を味わえる。地下には郵便局やマーゲロイ島の自然を紹介するシアター、その先のトンネルにはノールカップ発見やサーメの歴史の展示のほか欧州大陸最北端のチャペルがあり、とても最果ての場所にいるとは思えない。

岬の淵には金網の柵が張り巡らされているので、307m下の海に転げ落ちる心配はないが、絶壁が海から直立している様子は迫力がある。

ノールカップホール
TEL 78-476860　URL www.visitnordkapp.net
開 1/1～5/17　毎日11:00～16:00
5/18～8/31　毎日11:00～翌1:00
9/1～15　毎日11:00～20:00
9/16～30　毎日11:00～17:00
10～12月　毎日11:00～15:00
休 なし　料 330NOK

マーゲロイ島 Magerøy

最果てのひなびた雰囲気をもっと楽しみたいという人なら、マーゲロイ島のほかの村々を巡ってみよう。

マーゲロイ島の村々

イェスバル Gjesvær：人口約140人、こんなところにも人が住んでいるのかと思う寒村。ここから15km北の島に北の海にすむ鳥が生息している。ボートによるバードウオッチングツアーは、Bird Safari（TEL 41-613983 URL birdsafari.no）へ。

スカルスヴォーグ Skarsvåg：人口約150人の漁村。

カーモイヴァル Kamøyvær：人口約70人の漁村。

ノールヴォーゲン Nordvågen：人口約500人、魚工場がある。

本当の最北端

マーゲロイ島の北端には、海に突き出たふたつの岬があり、そのひとつがノールカップ。もうひとつの岬はクニブシェロデン岬Knivskjelodden。実は、ノールカップよりこちらの岬のほうが少し北に位置している。ただ、車道が通じていないので、たどり着くには最寄りの駐車場から2時間ほどのハイキングをする必要がある。

イェスバルのホテル

Bird Safari バード・サファリ
住 Nygårdsveien 38　TEL 41-613983
URL birdsafari.no　営 5～9月
料 Ⓢ Ⓓ540NOK～　CC A D J M V

スカルスヴォーグのホテル

Cape Marina Penthouse
住 Skutnesveien 1B
TEL 97-961150
URL capemarina.no
料 Ⓢ Ⓓ2500NOK～　CC M V

Alta

アルタ

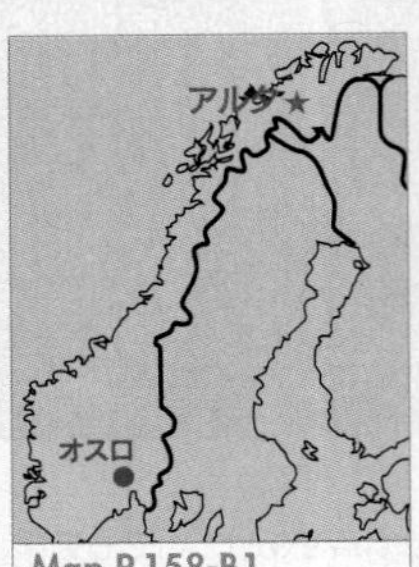

Map P.158-B1
人口:2万1708
市外局番:なし
アルタ情報のサイト
URL visitalta.no
@VisitAlta
@visitalta

アルタフィヨルドの最奥にある町。北極圏に位置する小さな町で、オーロラが見られることでも有名。トロムソなどからノールカップへ向かう交通の中継点なので、多くの旅行者が訪れる。町にはユネスコの世界遺産に登録されているアルタのロック・アートを見ることができるアルタ博物館がある。

アルタは粘板岩の産地としても有名

アルタの行き方

✈オスロから土曜を除く1日0～2便運航、所要約2時間。
🚌トロムソから1日1便運行、所要約6時間20分。長距離バスターミナルから毎日16:00発、22:20着。

アルタの歩き方

町はアルタフィヨルドAltafjordに沿って、細長く約6kmにわたって延びており、3つの区画に分けられている。空港のあるElvabakken、長距離バスターミナルのあるAlta Sentrum、そして宿が集まるBossekop。Alta Sentrumに観光案内所がある。観光案内所からBossekopへは15～20分程度で歩くことも可能だが、各区画を結んでボレアル社Borealの循環バスBybussが走っているので、それを利用するといい。ただし日曜は運行されていないので注意。最大の見どころであるアルタ博物館は町外れにあるので、循環バスでアクセスしよう。

アルタの観光案内所ⓘ

住 Labyrinten 3
TEL 99-100022
URL visitalta.no
開 月～金　10:00～14:00（時期によって異なる）
休 土・日

おもな見どころ

●アルタ博物館　Alta Museum

氷河に削られた岩に、無数に散らばるロック・アート（岩絵）。ユネスコの世界文化遺産に登録されたアルタのロック・アートは、紀元前4200年から200年の間に描かれたとされ、約3000点もの絵が刻まれている。ロック・アートがあるのは博物館内を抜けて外に出た海岸沿い。遊歩道沿いに歩いていくとそこらじゅうの岩に絵が描かれている。不思議な

赤い塗料で絵を見やすくしてある

見応えのある展示がずらり

ことにトナカイやクマなどラップランドの動物、船、人などがそれぞれ集中して描かれ、大きくふたつのエリアに分かれている。古代の人々はどのような意味を込めてこの絵を描いたのだろう。どの絵もユニークで、強烈なメッセージをもって訴えかけてくるようだ。なお、ラインが赤い色で塗られているのは保存を兼ねて着色したもの。遊歩道は1周約3kmの距離がある。博物館にはサーメの人々の生活史や世界の岩絵などが展示されている。また、併設のショップには、Tシャツ、アクセサリーといったオリジナル商品が充実しており、アルタフィヨルドを見渡せるカフェもある。

ちなみにこの博物館、1993年にはノルウェーの博物館としては初めて「European Museum of the Year Award」という、ヨーロッパで最高の博物館賞をもらっている。

CHECK!

循環バス

長距離バスターミナルからBossekop、アルタ博物館前のHjemmeluftまでを結ぶ。夏季は1時間、冬季は30分おきに運行。運転手はつり銭を持ち合わせていないので小銭の用意を。

アルタ博物館

住Altaveien 19
TEL41-756330
URL www.altamuseum.no
開5/21～31、8/19～9/15
毎日 9:00～17:00
6/1～8/18
毎日 9:00～19:00
9/16～5/20
月～金 9:00～15:00
土・日 11:00～16:00
休なし
料150NOK
(10～4月は100NOK)
10～4月頃は岩絵が雪に埋もれてしまうため、博物館のみ見学可能。

行き方▶▶▶

中心部から循環バスで約10分、Alta Museum下車、徒歩すぐ。

ノルウェー

アルタ

アルタのホテル

Scandic Alta

スカンディック・アルタ

住Løkkeveien 61 TEL78-482700
URL www.scandichotels.com
料Ⓢ Ⓓ1273NOK～ CC A D J M V

長距離バスターミナルの近くにある高級ホテル。モダンなインテリアが配された客室もシャワールームも広くて快適。レストランもある。

Altafjord Gjestegaard

アルタフィヨルド・ゲスティゴード

住Bossekopveien 19 TEL95-937675
料Ⓢ1095SEK～ Ⓓ1295SEK～
CC M V

Bossekopにあるスタイリッシュなスモールホテル。アルタフィヨルドを見渡す客室が好評。地産の食材を使ったレストランをはじめスパも併設。

Thon Hotel Alta

トーン・ホテル・アルタ

住Labyrinten 6 TEL78-494000 URL www.thonhotels.no
料Ⓢ Ⓓ 1295NOK～
CC A D J M V

Sentrumにあり、バスターミナルからもすぐ。全149室の客室の半数がキッチンを備えているので長期滞在に便利。ほとんどの客室からアルタフィヨルドの美しい景色が楽しめる。隣はショッピングセンターなので便利。

Sorrisniva Igloo Hotel

ソーリスニーヴァ・イグルー

住Sorrisniva 20 TEL78-433378 URL www.sorrisniva.no
営12月下旬～4月上旬 料Ⓢ3500NOK～ Ⓓ5000NOK～
CC A D M V

中心部から約20kmの自然豊かなロケーションに立つ。ベッドをはじめすべてが雪と氷で作られたイグルースタイルの客室でユニークな宿泊ができる。隣接する建物は常時暖房が効いており、レストランやシャワー、サウナもある。

バスタブ　テレビ　ドライヤー　ミニバーおよび冷蔵庫　ハンディキャップルーム　インターネット(無料)
一部のみ　一部のみ　貸し出し　一部のみ　インターネット(有料)

Karasjok

カラショーク

Map P.158-B1
人口:2565
市外局番:なし
カラショーク情報のサイト
URL www.karasjok.kommune.no

スカンジナビア半島の北部、ラップランド地方に生活するサーメの人々。その「サーメの人々の首都」と呼ばれているのがここカラショークだ。フィンランドのロヴァニエミ方面から陸路でノールカップを目指す場合、たいていこの町を経由することになる。

サーメ公園ではトナカイの餌づけが見られる

カラショークの歩き方

サーメの人々の首都と呼ばれてはいても、町の規模はとても小さく、徒歩で十分に歩いて回れる。町の中心はサーメ公園。長距離バスターミナルは少し離れているように見えるが、バスはそこから800mほど離れたスカンディック・カラショークにも停車するので、そこから乗車すればいい。

町の中心部にあるショッピングセンター

カラショークの行き方

アルタから週2便運行、所要約3時間10分。フィンランドのロヴァニエミからはエスケリセン・ラピンリンジャット社のバスがサーリセルカ、イヴァロ経由で1日1便運行。ロヴァニエミ発11:45、カラショーク着は17:40。

カラショークの観光案内所

観光案内所はないので、観光の相談は各ホテルやサーメ公園で。

サーメの議事堂
The Sami Parliament

開 火～木の13:00～、ガイド付きツアーを実施。事前予約不要で所要30分。
休 土・日

サーメの長老たちが集まる議事堂

おもな見どころ

サーメ公園

The Sápmi Park

Map P.288

サーメの文化や生活に触れられる施設。公園内にはサーメ人の住居、コタが並ぶ。公園の端にある建物では、手作りの革のおみやげが買えるほか、サーメの生活の移り変わりに関する映像を流すマジック・シアターThe Magic Theatre（日本語あり）もある。この建物内にあるレセプションでは、サーメ公園やカラショークの観光情報を教えてくれる。夏季は伝統歌謡“ヨイク”やトナカイの餌づけが見られるイベントが開催されるほか、サーメの伝統料理が食べられるレストランを併設している。

サーメの伝統的なテント

サーメ公園
TEL78-468900
開6月中旬～8月中旬
毎日　9:00～18:00
8月中旬～6月中旬
月～金 9:00～16:00
土　11:00～15:00
休8月中旬～6月中旬の日
料195NOK

投げ縄体験ができる

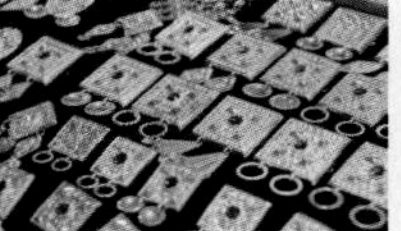
ショップには手作りの銀製品が並ぶ

サーメ博物館

De Samiske Samlinger

Map P.288

カラフルな民族衣装が展示されている

サーメの文化に関する展示品が充実した博物館。館内にはカラフルな民族衣装やテントなどが展示されており、ヨイクのCD販売もしている。屋外展示もあり、野生のトナカイを捕獲するためのかつての仕掛け罠などを見学することができる。

サーメ博物館
住Mariboinegeaidnu 17
TEL78-469950
URL rdm.no
開1～5月
火～木9:00～15:00
6～8月
毎日　9:00～18:00
（9月以降はウェブサイトで要確認）
休10～5月の金～月
料150NOK

カラショークのホテル

Scandic Karasjok

スカンディック・カラショーク　MAP P.288

住Leavnnjageaidnu 49　TEL78-468900
URL www.scandichotels.com
料Ⓢ Ⓓ 1255NOK～　CC A D J M V

サーメ公園の一角にある高級ホテル。館内のいたるところに北極圏の文化がちりばめられている。目の前に長距離バスが停車するので非常に便利。客室は広々としていて過ごしやすい。

Karasjok Camping

カラショーク・キャンピング　MAP P.288外

住Avjuvargeaidnu　TEL97-072225　URL www.karacamp.no
料Ⓢ Ⓓ 500NOK～
キャンプサイト250NOK～　CC M V

町の中心から徒歩約15分（送迎あり、要連絡）。部屋は1棟ずつ独立したログキャビンと、プライベートタイプのものの2種類がある。キッチン付きのアパートメントルームもある。

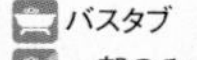 バスタブ　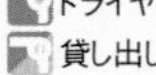 テレビ　ドライヤー　ミニバーおよび冷蔵庫　ハンディキャップルーム　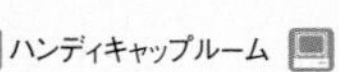 インターネット（無料）
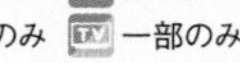 一部のみ　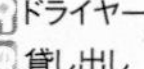 一部のみ　貸し出し　一部のみ　インターネット（有料）

Kirkenes

ヒルケネス

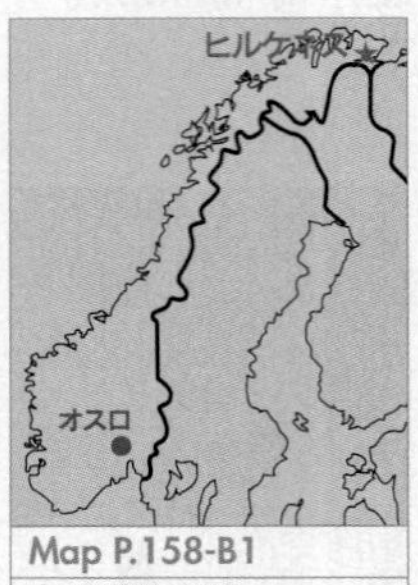

Map P.158-B1
人口:約3500
市外局番:なし
ヒルケネス情報のサイト
URL www.visitkirkenes.info
@visitkirkenes
@visitkirkenes

フッティルーテンの終着点、ロシア国境から7kmの町ヒルケネス。鉄鉱石の露天掘りで繁栄した町で、辺境のイメージとは裏腹に町の中心は清潔で現代的だ。最近では最果ての地の真夜中の太陽を見に訪れる観光客も多い。

森に囲まれたのどかな町

ヒルケネスの行き方

オスロから1日0～2便、所要約2時間15分。空港からはバスを利用できる(オスロからのフライト便に合わせて運行)。所要約25分150NOK。バスはスカンディック・ヒルケネスに停車する。

アルタからバランゲルボットンVarangerbotnで乗り換えるバスが週4便運行。アルタ発8:00、ヒルケネス着16:44。所要約9時間。

フッティルーテン(→P.558)の北の終着点。

ヒルケネスの歩き方

町の中心は、歩行者専用道路の一帯。広場を囲むようにホテルやスーパー、銀行などが並んでいる。中心部の東は住宅街。その片隅には第2次世界大戦中に使われた防空壕跡(アナースグロッタ)がある。中心部から坂道になったソルヘイムスベイエン通りSolheimsveienを上った先は小高い丘になっており、中腹にはグレンセランド博物館がある。町の中心部からここまでは徒歩20分ほどかかる。町の外れにフッティルーテンターミナルがある。

グレンセランド博物館内のイリューシン2型

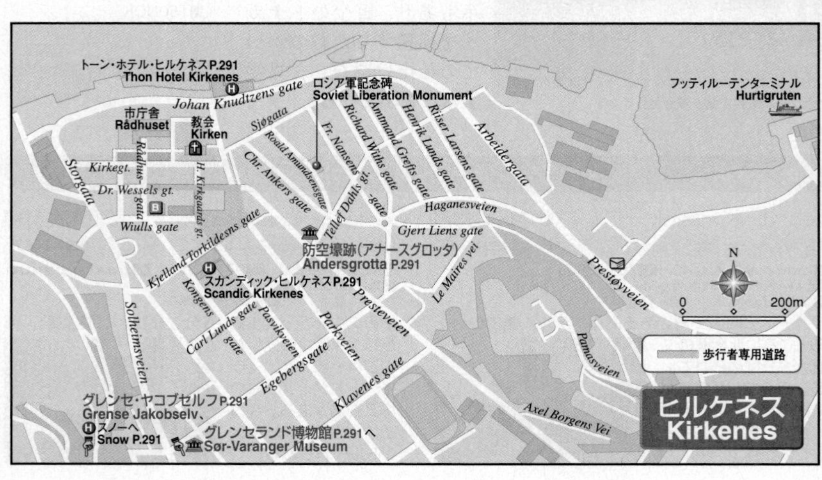

おもな見どころ

ヒルケネスの観光案内所ℹ

ヒルケネスには観光案内所はない。情報収集はホテルやツアー会社で行おう。

防空壕跡（アナースグロッタ）　Andersgrotta

Map P.290

第２次世界大戦中ヒルケネスは独ソ両軍によって戦場にされ、300回以上も空襲を受けた。町は焼き払われたが人的被害はそれほど多くなかった。それは地下壕が用意されていたおかげ。現在そのひとつが一般に公開され、ツアーで見学できる。壕内ではヒルケネスの歴史に関する上映もあり、町の生い立ちや、戦災で破壊され復活していった様子がわかる。

防空壕跡（アナースグロッタ）
TEL 78-970540
ガイドツアー
催 毎日12:30
休 なし
料 200NOK

グレンセランド博物館　Sør-Varanger Museum

Map P.290外

ノルウェーとフィンランド、ロシアの国境が入り組んだこのエリアの複雑な文化と歴史、自然に関する博物館。第２次世界大戦中に撃墜され湖の底に沈んでいたソ連軍の爆撃機イリューシン２型が復元され、展示されている。館内にはヒルケネス生まれの画家ヨーン・A・サヴィオ John Andreas Savio（1902〜38年）の作品を集めたサヴィオ美術館Saviomuséetもある。サーメの人々の生活を題材にした美しい絵画の数々が展示されているので博物館と合わせて見学しよう。

グレンセランド博物館
住 Førstevannslia
TEL 78-994880
URL www.varangermuseum.no
開 6/20〜8/20
毎日9:00〜17:00
8/21〜6/19
毎日9:00〜15:00
休 なし
料 100NOK

エクスカーション

グレンセ・ヤコブセルフ　Grense Jakobselv

Map P.290外

ヒルケネスからロシア国境に向けて走るとやがて道は北に向かい、海に突き当たって終わる。この集落がグレンセ・ヤコブセルフ。この村には、1869年に建てられた小さな教会、キングオスカー2世教会King Oscar IIs kapellがある。国境の向こうには、ロシア側の監視塔が見える。

キングオスカー2世教会

グレンセ・ヤコブセルフ
行き方▶▶▶
ヒルケネスから一本道で約55km。夏季にはキャンプ場も開き、ヨーロッパ最北端のビーチもある。

ヒルケネスのホテル

Scandic Kirkenes
スカンディック・ヒルケネス　MAP P.290

住 Kongensgate 1-3　TEL 78-995900
URL www.scandichotels.com
料 Ⓢ Ⓓ 1277NOK〜　CC A D J M V

ヒルケネスの町の中心にある高級ホテル。客室も広々としていて快適。

Thon Hotel Kirkenes
トーン・ホテル・ヒルケネス　MAP P.290

住 Johan Knudtzens gate 11　TEL 78-971050
URL www.thonhotels.com
料 Ⓢ Ⓓ 1380NOK〜　CC A M V

市街からほど近い、全143室のホテル。フィヨルドに面した客室からは雄大な景色が一望できる。

Snow Hotel
スノー　MAP P.290外

住 Sandnesdalen 14　TEL 78-970540
URL www.snowhotelkirkenes.com
料 Ⓢ 3500NOK〜 Ⓓ 7000NOK〜　CC A D M V

中心部から約10km。雪でできたかまくら風の宿。最果ての地の雪景色に囲まれて北欧ならではの宿泊が楽しめる。

バスタブ　テレビ　ドライヤー　ミニバーおよび冷蔵庫　ハンディキャップルーム　インターネット（無料）
一部のみ　一部のみ　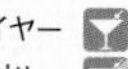貸し出し　一部のみ　インターネット（有料）

Let's Talk in Norwegian

ノルウェー語を話そう

会話集と役に立つ単語集

役に立つ単語その1

入口	inngang	インガング
出口	utgang	ウートガング
右	høyre	ホイレ
左	venstre	ヴェンストレ
前	foran	フォーラン
後ろ	bak	バーク
暑い	varmt	ヴァルムト
寒い	kaldt	カルト
たくさん	mye	ミーエ
少し	litt	リット
よい	godt	ゴット
(値段が) 高い	dyrt	デュアト
大きい	stort	ストルト
小さい	liten	リーテン
トイレ	toalett	トアレット
空き	ledig	レーディ
使用中	opptatt	オップタット
男性	mann/herre	マン/ヘッレ
女性	kvinne/dame	クヴェンネ/ダーメ
大人	voksen	ヴォクセン
子供	barn	バルン
学生	student	ストゥデント
危険	farling	ファーリ
警察	politi	ポリティ
病院	sykehus	シーケフース
開館	åpent	オーペント
閉館	stengt	ステングト
押す	skyv	シーヴ
引く	trekke	トレック
領収書	kvittering	クヴィテーリング
空港	flyplass/lufthavn	フリープラッス/ルフトハヴン
港	havn	ハヴン
トラム	trikk	トリック
地下鉄	T-bane	テーバーネ
列車	tog	トーグ
船	skip	シーブ
切符	billett	ビレット
切符売り場	billett kontor	ビレットコントール
プラットホーム	spor	スポール
どこから	fra	フラ
どこへ	til	ティル
出発	avreise	アヴレイセ
到着	ankomme	アンコンメ
片道	enveisbillett	エンヴァイスビレット
往復	tur returbillett	トゥールレトゥールビレット
1等	første klasse	フォシュテクラッセ
2等	annen klasse	アーネンクラッセ
時刻表	tigtabell	ティードターベル
禁煙	Røyking forbudt	ロイキング フォルブット
国内線	innenlandsk flyrute	インネンランスク フリールーテ
国際線	utenlandsk flyrute	ウーテンランスク フリールーテ
ユースホステル	vandrerhjem	ヴァンドラールイエム
キャンプ場	kamping	カムピング
ツーリストインフォメーション	turist informasjon	ツリスト インフォマショーン
美術館、博物館	museum	ムセーウム
教会	kirke	ヒルケ
修道院	kloster	クロステル

役に立つ単語その2

(月)		
1月	januar	ヤヌアール
2月	februar	フェブルアール
3月	mars	マーシュ
4月	april	アプリール
5月	mai	マイ
6月	juni	ユーニ
7月	juli	ユーリ
8月	august	アウグスト
9月	september	セプテンベル
10月	oktober	オクトーベル
11月	november	ノヴェンベル
12月	desember	デセンベル
(曜日)		
月	mandag	マンダーグ
火	tirsdag	ティーシュダーグ
水	onsdag	オンスダーグ
木	torsdag	トーシュダーグ
金	fredag	フレーダーグ
土	lørdag	ローダーグ
日	søndag	ソンダーグ

（時間）		
今日	idag	イダーグ
昨日	igår	イゴール
明日	imorgen	イモルン
朝	morgen	モルン
昼	middag	ミッダーグ
夜	kveld	クヴェル
午前	formiddag	フォールミッダーグ
午後	ettermiddag	エッテルミッダーグ

（数）		
0	null	ヌル
1	en	エーン
2	to	トー
3	tre	トレー
4	fire	フィーレ
5	fem	フェム
6	seks	セックス
7	sju	シュー
8	åtte	オッテ
9	ni	ニー
10	ti	ティ

役に立つ単語その3

パン	brød	ブロー
ハム	skinke	シンケ
チーズ	ost	オスト
卵	egg	エッグ
バター	smør	スモル
ニシン	sild	シル
イワシ	sardin	サーディン
ロブスター	hummer	フンメル
アンチョビー	ansjos	アンショス
ヒラメ	flyndre	フリンドレ
トナカイ肉	renkjøtt	レーンヒョット
シカ肉	elkjøtt	エルグヒョット
ブタ肉	svinekjøtt	スヴィーネヒョット
ビーフステーキ	biffstek	ビフステク
ラムステーキ	lammestek	ラメステーク
フルーツ	frugt	フルクト
オレンジ	appelsin	アッペルシーン
リンゴ	eple	エップレ
飲み物	drikke	ドリッケ
コーヒー	kaffe	カッフェ
紅茶	te	テー
牛乳	melk	メルク
ビール	pils	ピルス
生ビール	fatøl	ファットウール
白ワイン	hvitvin	ヴィートヴィーン
赤ワイン	rødvin	ローヴィーン

役に立つ会話

（あいさつ）		
やあ／ハイ	Hei	ハイ
こんにちは	God dag	ゴダーグ
おはよう	God morgen	ゴモルン
こんばんは	God kveld	ゴクヴェル
おやすみなさい	God natt	ゴナット
さようなら	Ha det	ハーデ

（返事）		
はい	ja	ヤー
いいえ	nei	ナイ
ありがとう	Takk	タック
すみません	Unnskyld	ウンシュル
ごめんなさい	Unnskyld	ウンシュル

どういたしまして
Bare hyggelig.
バーレヒュッゲリ

わかりました
Jeg forstår det.
ヤイ　フォストール　デ

わかりません
Jeg forstår ikke.
ヤイ　フォストール　イッケ

（尋ねごとなど）

～はどこですか？
Hvor er ～？　ヴォール アル

いくらですか？
Hva er prisen?　ヴァ　アル　プリーセン？

お勘定をお願いします
Regningen, takk.　ライニンゲン　タック

何時ですか？
Hva er klokken?
ヴァ アル クロッケン？

どれぐらいかかりますか？
Hvor lang tid tardet?
ヴォール ラング ティード タール デ？

お名前は何ですか？
Hva heter du?
ヴァ　ヘーテル　ドゥ？

私の名前は～です
Jeg heter ～.
ヤイ　ヘーテル　～

～が欲しい
Jeg vil ha en ～.
ヤイ　ヴィル　ハー　エーン　～

～へ行きたい
Jeg skal til ～. ヤイ　スカル　ティル　～

ノルウェー

ノルウェー語を話そう

ノルウェーの歴史

カルマル連合以前

ノルウェー最初の住人は、紀元前1万年頃の南方からの移住者であった。紀元前15～前3世紀にスウェーデンとデンマークの影響を受け、前1世紀頃よりローマの文化が流入した。8世紀頃までには共同体が形成され諸部族に分かれていたが、890年頃にハラール1世(在位890年頃～940年頃)が統一した。ノルウェー王位はクヌート大王らのデンマーク支配に一時服したが(北海帝国時代)、マグヌス1世(在位1035～47年)はこれを回復した。同王の死後再び分裂・内乱状態が続いたが、スベッレ王(在位1184～1202年)が長子相続制を確立し、孫のホーコン・ホーコンソン王(在位1217～63年)時代に中世ノルウェーは最盛期を迎えた。アグヌス改法王(在位1263～80年)は全国的な法典を作成したが、この頃より穀物供給を掌握するドイツ商人の進出が著しく、これに対抗すべくスウェーデン、デンマーク両王との関係が重視された。スウェーデンとの同君連合を経て、ホーコン6世の子オーラヴはデンマーク王となり(1376年)、1380年父の死後ノルウェー王を継ぎ、以後1814年までデンマークと連合関係に入った。その間、デンマークのコペンハーゲンがノルウェーの首都でもあった。

デンマークへの政治的従属

オーラヴの死後、1387年オーラヴの母マーグレーテ女王は、統治者として君臨し、デンマーク、スウェーデン、ノルウェー3国の同君連合「カルマル連合」を組織した。以後、徐々にノルウェーはデンマークの影響下に組み込まれ、クリスチャン3世(在位1534～59年)治下には、法的には完全にデンマークの一地方として扱われるようになった。1536年の宗教改革は教会の土地や財産の没収を定めたもので、これによりデンマークへの属領化が進行した。一方、商業は13世紀頃に始まったハンザ貿易で進出してきたドイツ人商人に支配されていた。17世紀になりハンザ貿易が衰退すると、イギリス、オランダなどの国々を相手とする林業、製鉄業が繁栄した。1661年フレデリク6世治下で成立したデンマーク絶対王政は、1687年クリスチャン5世(在位1670～99年)の「ノルウェー法」によりノルウェーに中央集権化をもたらした。18世紀後半には農民の自作農化が進み、またヨーロッパを舞台とする幾多の戦争では、海運国ノルウェーは「中立」によって繁栄し、デンマークからの独立気運が高まった。デンマークのナポレオン戦争の敗北を機に、キール条約によってデンマークに代わってスウェーデンがノルウェーと同君連合を結ぶ権利を得た(1814年1月)。その間に成立した自由主義的なアイッツボル憲法と「連合法」を根拠に、外交・防衛以外の自治権が認められた。

独立と中立政策

19世紀はあらゆる営業規制、特権の廃止と、鉄道、蒸気船による交通発達を基礎とした産業発展の時代であった。文化的にはデンマーク文化の継承者対ノルウェー文化再興者の対立があり、政治的には右派対左派(左翼党)の対立となって現れた。1884年、左翼党政権が成立し議会主義が確立された。1898年普通選挙実施、1913年にはヨーロッパではフィンランドに次いで女性参政権が認められた。国の産業が外国市場と強く結び付き、また海運業が発達し1880年には世界第3位の商船保有国となり、ノルウェー国会は自らの領事館を海外にもつことを連合王国に繰り返し要求した。王による数回の拒否の後、1905年6月7日、ノルウェー国会は独立を宣言した。11月にデンマーク王室からカール王子を迎え、王子はホーコン7世(在位1905～57年)となった。この独立劇の平和的成功には、軍事行動を主張するスウェーデン世論を抑えた同国の社会民主党政府の態度と、北欧に強い利害関係をもつロシアが日露戦争と第1次革命のため動けなかったことが関係していた。

20世紀のノルウェーは、外交的には列強の利害に苦悩する小国の一例である。第1次世界大戦では、ほかの北欧諸国とともに中立を維持したものの、食糧輸入の減少に苦しみ、大戦後半には、対英通商に対するドイツの潜水艦、機雷攻撃によって船舶のほぼ半数を失った。第2次世界大戦中、中立政策がナチス・ドイツの軍事占領によって踏みにじられたため(1940年4月)、政府と国王はロンドンに亡命した。大戦後は中立志向を維持しつつ、1945年国際連合加盟、1949年にNATO(北大西洋条約機構)に参加したが、国内には外国軍の基地を置かない政策をとっている。経済的には、1960年にEFTA(ヨーロッパ自由貿易連合)に加わった。

内政的には、20世紀は水力発電を動力とする産業発展と社会福祉の充実を見た。ノルウェー労働党がロシア革命の影響と急速な工業化にともなう労働運動を背景に勢力を伸ばし、1935年に農民党と連合政府をつくり第2次世界大戦を迎え、戦後もほとんどの時期に政権を握った。その下で、労働者保護と農作物価格保証から出発し、あらゆる弱者を保護し、社会平等全般を目指す福祉政策が推進されてきている。

1994年の国民投票でEU(ヨーロッパ連合)に加盟しないという選択をしたが、さまざまな協力協定を通し、ほかの北欧諸国やEUとの緊密な関係を保っている。

Sweden

スウェーデン

ミッドサマーと呼ばれる夏至祭

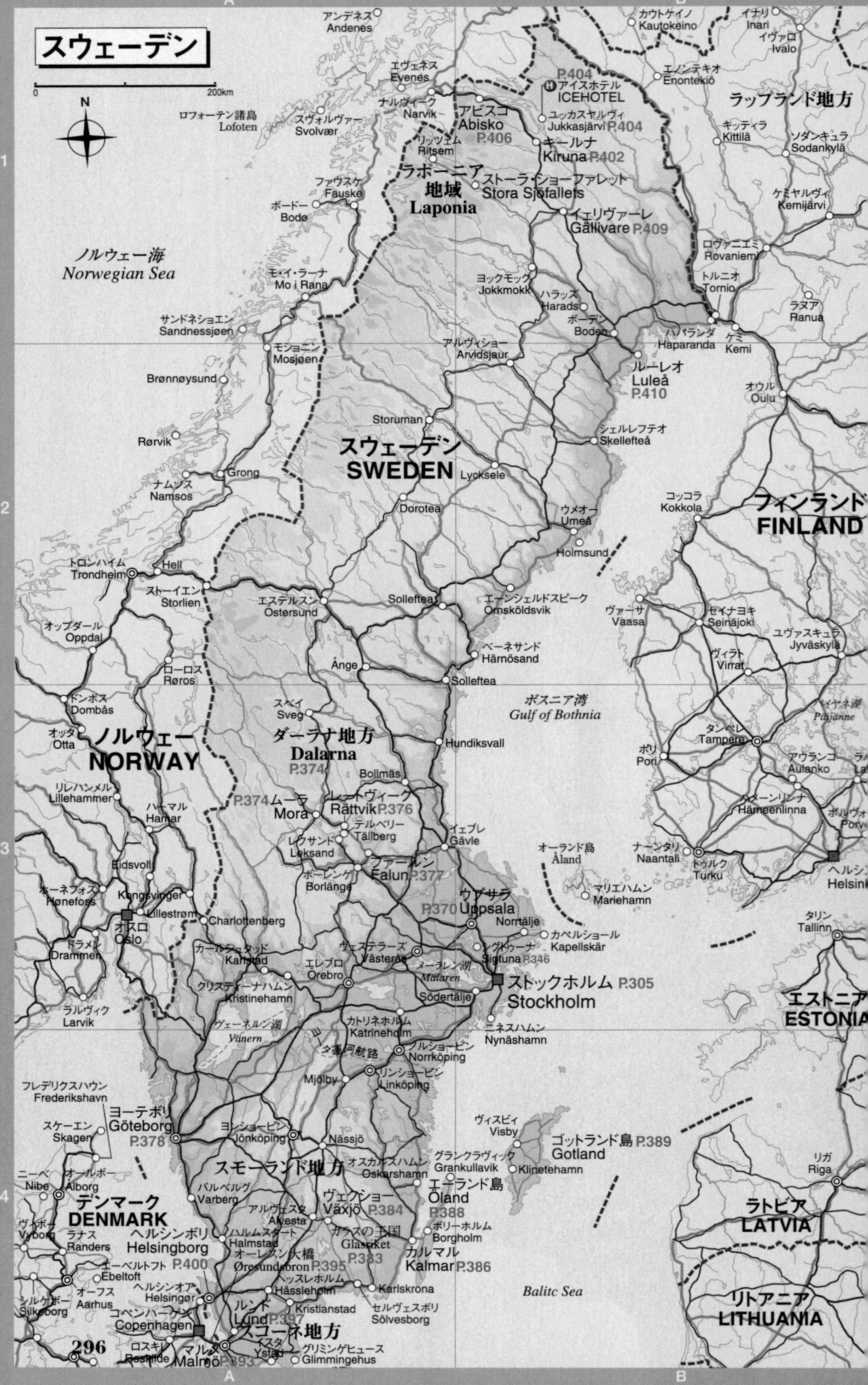
スウェーデン
0
200km
N
A
B
1
2
3
4
アンデネス
Andenes
カウトケイノ
Kautokeino
イナリ
Inari
イヴァロ
Ivalo
エヴェネス
Evenes
エノンテキオ
Enontekiö
P.404
アイスホテル
ICEHOTEL
ナルヴィーク
Narvik
ロフォーテン諸島
Lofoten
スヴォルヴァー
Svolvær
アビスコ
Abisko
P.406
ユッカスヤルヴィ
Jukkasjärvi P.404
ラップランド地方
キッティラ
Kittilä
ソダンキュラ
Sodankylä
リッツェム
Ritsem
キールナ
Kiruna P.402
ラポーニア
地域
Laponia
ストーラ・ショーファレット
Stora Sjöfallets
ファウスケ
Fauske
ボードー
Bodø
イェリヴァーレ
Gällivare P.409
ケミヤルヴィ
Kemijärvi
ロヴァニエミ
Rovaniemi
ノルウェー海
Norwegian Sea
モ・イ・ラーナ
Mo i Rana
ヨックモック
Jokkmokk
トルニオ
Tornio
ハラッズ
Harads
ラヌア
Ranua
サンドネショエン
Sandnessjøen
ボーデン
Boden
ハパランダ
Haparanda
ケミ
Kemi
モショエン
Mosjøen
アルヴィショー
Arvidsjaur
ルーレオ
Luleå
P.410
Brønnøysund
オウル
Oulu
Storuman
スウェーデン
SWEDEN
シェルレフテオ
Skellefteå
Rørvik
Grong
Lycksele
ナムソス
Namsos
Dorotea
コッコラ
Kokkola
フィンランド
FINLAND
ウメオー
Umeå
Holmsund
トロンハイム
Trondheim
Hell
ストーイエン
Storlien
エステルスン
Östersund
Solleftea
エーンシェルドスビーク
Örnsköldsvik
ヴァーサ
Vaasa
セイナヨキ
Seinäjoki
オップダール
Oppdal
ユヴァスキュラ
Jyväskylä
ベーネサンド
Härnösand
Ånge
ヴィラト
Virrat
ローロス
Røros
Solleftea
ボスニア湾
Gulf of Bothnia
ドンボス
Dombås
スベイ
Sveg
イヤネ湖
Päijänne
オッタ
Otta
ノルウェー
NORWAY
ダーラナ地方
Dalarna
P.374
タンペレ
Tampere
Hundiksvall
ポリ
Pori
アウランコ
Aulanko
Bollmäs
リレハンメル
Lillehammer
ハーマル
Hamar
P.374ムーラ
Mora
レートヴィーク
Rättvik P.376
ハメーンリンナ
Hämeenlinna
テルベリー
Tällberg
ボルヴォ
Porvo
イェブレ
Gävle
レクサンド
Leksand
オーランド島
Åland
ナーンタリ
Naantali
トゥルク
Turku
ヘルシン
Helsink
Eidsvoll
ファールン
Falun P.377
ボーレンゲ
Borlänge
マリエハムン
Mariehamn
ホーネフォス
Hønefoss
Kongsvinger
ウプサラ
P.370 Uppsala
Lillestrøm
Charlottenberg
Norrtälje
タリン
Tallinn
オスロ
Oslo
カペルショール
Kapellskär
シグトゥーナ
Sigtuna P.346
ドラメン
Drammen
カールシュタッド
Karlstad
ヴェステラーズ
Västerås
メーラレン湖
Mälaren
エレブロ
Örebro
ストックホルム P.305
Stockholm
クリスティーナハムン
Kristinehamn
Södertälje
エストニア
ESTONIA
ラルヴィク
Larvik
カトリネホルム
Katrineholm
ニネスハムン
Nynäshamn
ヴェーネルン湖
Vänern
ノルショーピン
Norrköping
夕運河航路
リンショーピン
Linköping
Mjölby
フレデリクスハウン
Frederikshavn
ヨーテボリ
Göteborg
P.378
ヨンショーピン
Jönköping
Nässjö
ヴィスビィ
Visby
ゴットランド島 P.389
Gotland
スケーエン
Skagen
スモーランド地方
オスカルスハムン
Oskarshamn
グランクラヴィック
Grankullavik
Klinetehamn
リガ
Riga
ニーベ
Nibe
オールボー
Alborg
バルベルグ
Varberg
エーランド島
Öland
P.388
ヴェクショー
Växjö P.384
デンマーク
DENMARK
アルヴェスタ
Alvesta
ラトビア
LATVIA
ヴィボー
Vyborg
ラナス
Randers
ヘルシンボリ
Helsingborg
ハルムスタード
Halmstad
ガラスの王国
Glasriket
P.383
ボリーホルム
Borgholm
オーレスン大橋
Øresundsbron P.395
カルマル
Kalmar P.386
エーベルトフト
Ebeltoft
P.400
ヘッスレホルム
Hässleholm
Karlskrona
オーフス
Aarhus
ヘルシンオア
Helsingør
Balitc Sea
シルケボー
Silkeborg
コペンハーゲン
Copenhagen
ルンド
Lund P.397
Kristianstad
セルヴェスボリ
Sölvesborg
リトアニア
LITHUANIA
スコーネ地方
ロスキレ
Roskilde
マルメ
Malmö P.393
イスタ
Ystad
グリミンゲヒュース
Glimmingehus

スウェーデン イントロダクション

Sweden Introduction

スカンジナビア半島の東側を占める北欧最大の国。西はノルウェーに接し、南はオーレスン海峡を挟んでデンマークと向かい合っている。フィンランドとはボスニア湾の最奥で国境を接している。正式名称はスウェーデン王国Konungariket Sverige。スウェーデン語ではスヴェリエSverigeと呼ばれるが、これは「スヴェア族」という意味である。スヴェア族は9世紀前後からヴァイキングの名で知られ、交易を求めて遠征した海洋民族であったが、10世紀頃、キリスト教の普及にともなってスカンジナビアに定着したものである。

国土は、2700kmもの海岸線が続き、およそ半分が森林に覆われ9万以上の湖が点在している。南部のヴェーネルン湖Vänernは5655km²の面積があり、北欧最大、ヨーロッパでも3番目に大きい湖である。北部から中部は険しい山が続き、南部のスコーネ地方のみが豊かな穀倉地帯となっている。北緯66度33分以北はラップランドLapland（ラポーニア地域）と呼ばれる北極圏になり、先住民族のサーメが今もトナカイと一緒に暮らす。夏のラップランドは、一定期間、太陽が1日中沈まない白夜となり、冬は逆に1日中上らない極夜となる。

海に面した「水の都」ストックホルム

ラップランドに位置するアビスコ国立公園

1810年にフランスからベルナドットを皇太子に迎えて以来、第1次、第2次の両世界大戦でも中立を維持し、平和を保持している。鉄鋼、森林、水資源の活用と国民の堅実な努力により、かつて世界第2位のひとりあたりの国民取得を維持した時期もあった。1973年の石油危機以降は経済の停滞を招いたものの、高度の生活水準を保つ福祉国家となっている。中立と人道主義を掲げて国際外交上も特異な立場をとるとともに、国民は冷静で創意に満ち、アルフレッド・ノーベルをはじめ多くの科学者を世に送る文化国家でもある。

スウェーデンでは、船は身近な交通機関。バルトの国々やフィンランドのヘルシンキなど近隣諸国を結ぶ国際航路をはじめ、ストックホルムの周辺に散らばるアーキペラゴArchipelagoと呼ばれる群島と本土を結ぶ定期船が住民や旅行者を運んでいる。

ストックホルムなどの都市部では、歴史的な旧市街を歩いたり、グルメやショッピングの楽しみも満載。一方極寒の北極圏では、手つかずの豊かな自然と極北の動物たち、ラップランドの文化に触れることができる。夏はアビスコをはじめとする国立公園でハイキングをしたり、冬はオーロラウオッチングも楽しめる。

ジェネラルインフォメーション

スウェーデンの基本情報

国　旗
青地に黄十字。青は海や湖、黄色は王冠の黄金を象徴している。

正式国名
スウェーデン王国 Konungariket Sverige（英語名 Kingdom of Sweden）

国　歌
「古き自由な北の国（Dut Gamla, dut Fria）」

面　積
45万km^2

人　口
約1054万人（2024年2月時点）

首　都
ストックホルム Stockholm

元　首
カール16世グスタフ国王
Carl XVI Gustav
（1973年9月即位）

政　体
立憲君主国

民族構成
スウェーデン人。ほかにサーメ人やフィンランド人など。

宗　教
プロテスタント（福音ルーテル派）

言　語
スウェーデン語。ほかにサーメ語やフィンランド語など。また多くの国民が英語を話す。

通貨と為替レート

SEK

▶旅の予算とお金
→P.544

通貨は、クローナ Krona（単数）。略号はSEK。紙幣は20、50、100、200、500、1000SEKの6種類、コインは1、2（ほぼ出回っていない）、5、10SEKの4種類。ただし、国内ではキャッシュレス化が進み、公共交通の券売機は大半が現金不可。カードやSwishというスマホアプリによる決済が主流で、現金不可の店舗や観光施設も増えている。渡航の際は必ずクレジットカードを用意すること。

●2024年4月24日現在　1SEK=14.33円

500SEK

100SEK

50SEK

20SEK

1SEK　2SEK　5SEK　10SEK

よく見かける紙幣は上の4種類。コインにはすべて王冠マークが入っている

電話のかけ方

▶国際電話について
→P.562

日本からスウェーデンへかける場合

国際電話識別番号 **010**※ ＋ スウェーデンの国番号 **46** ＋ 相手先の電話番号（最初の0は除く）

※携帯電話の場合は010のかわりに「0」を長押しして「+」を表示させると、国番号からかけられる
※NTTドコモ（携帯電話）は事前にWORLD CALLの登録が必要

入出国

ビザ

観光目的の旅（あらゆる180日間に90日以内の滞在）なら不要。※

パスポート

シェンゲン協定加盟国出国予定日から3カ月以上の有効残存期間が必要。

▶出発までの手続き
シェンゲン・ビザ
→P.543

※ただし2025年に予定されているETIASの導入後は渡航認証が必要となる

日本からのフライト時間

ANAが2024年度中に、羽田空港からストックホルムへの直行便を就航する予定。

▶北欧への行き方
→P.547

気候

北欧諸国最大の面積をもつ国。国土の北部はラップランドと呼ばれる北極圏の地。国土の53%が森林で約9万以上の湖が点在し、バルト海に面して約2700kmもの海岸線が続く。南部のスコーネ地方だけが豊かな穀倉地帯になっている。

沿岸を流れるメキシコ湾流のおかげで、緯度のわりには穏やかな気候。四季も比較的はっきりと分かれている。北極圏以北のラップランド地方では、夏には太陽の沈まない白夜になり、冬には太陽がまったく昇らない極夜となる。

▶旅のシーズンと気候
→P.538
▶旅の持ち物
→P.550

ストックホルムと東京の気温と降水量

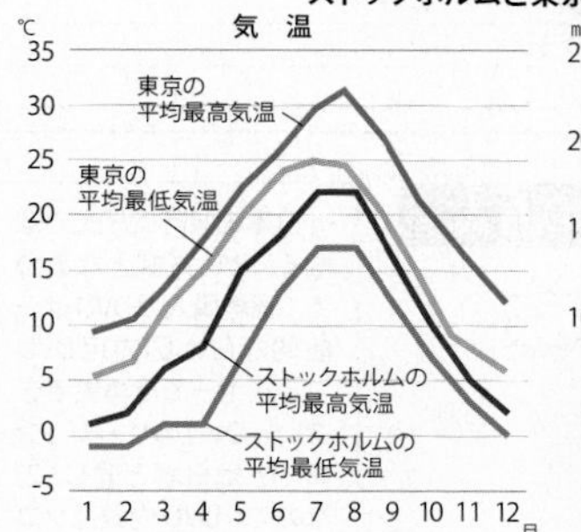

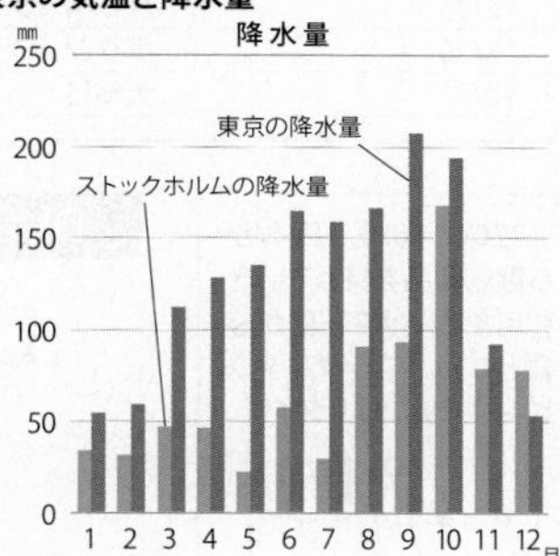

ビジネスアワー

以下は一般的な営業時間の目安。ストックホルムなど大都市のショップは日曜営業している店が多い。また7月には個人経営のレストランが長期休みになる場合も。

銀　行

月～水・金曜10:00～15:00と木曜10:00～16:00または17:30。土・日曜は休業。ストックホルムでは～18:00まで営業するところもある。

郵便局

月～金曜の8:30～19:00。土・日曜は休み。ストックホルムでは土曜も営業している場合が多い。

デパート（ストックホルム）

月～金曜10:00～19:00、土曜10:00～18:00、日曜11:00～17:00。

ショップ

月～金曜11:00～18:00、土曜11:00～14:00または16:00。日曜は休み。

スーパーマーケット

月～金曜8:00～22:00、土・日曜9:00～22:00。

スウェーデンから日本へかける場合

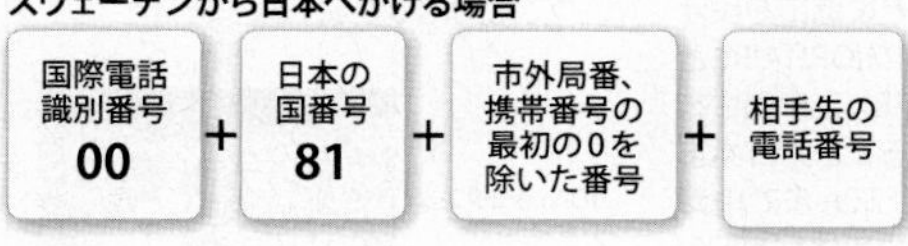

▶スウェーデンの国際電話

国際電話は一般加入電話と公衆電話のどちらからでもかけられる。ホテルの電話からかけると、公衆電話より高くなる。公衆電話で使用できるのは、1、5、10SEKの硬貨に加え、クレジットカードやプリペイドカード。プリペイドカードはキオスクなどで購入でき、プリペイドカードしか使えない機種もある。

時差とサマータイム

中央ヨーロッパ時間（CET）を採用しており、時差は8時間。日本時間からマイナス8時間となる。サマータイムは3月最終日曜から10月の最終日曜まで。この時期は1時間早くなり、時差は7時間になる。飛行機や列車など乗り遅れに注意しよう。

祝祭日（おもな祝祭日）

年によって異なる移動祝祭日（※印）に注意。

1/1		元旦
1/6		公現日
3/29（'24）	※	聖金曜日
3/31（'24）	※	イースター
4/1（'24）	※	イースターマンデー
5/1		メーデー
5/9（'24）	※	昇天祭
5/19（'24）	※	聖霊降臨祭
6/6		ナショナルホリデー
6/21（'24）	※	夏至祭イブ
6/22（'24）	※	夏至祭
11/2（'24）	※	諸聖人の日
12/24		クリスマスイブ
12/25		クリスマス
12/26		ボクシングデー
12/31		大晦日

電圧とプラグ

220V、50Hz。日本から電気製品を持っていき利用するには変圧器が必要となる。プラグは丸2ピンのBまたはCタイプ。

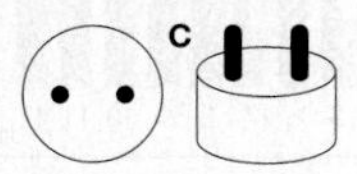

DVD方式

日本のNTSC方式ではなく、PAL方式となるので、現地購入のDVDは一般的な日本国内用DVDプレーヤーでは再生できない。DVDのリージョンコードは日本と同じ「2」なので、DVD内蔵パソコンであれば再生できる。

チップ

料金にサービス料が含まれている場合がほとんどのため、チップの習慣はない。ホテルなどで大きな荷物を持ってもらうなど、特別な用事を頼んだときに、お礼として渡す程度。

飲料水

ほとんどの場所で、水道水を飲むことができる。心配なら、キオスクやコンビニなどでミネラルウオーターを購入するといい。なお、ミネラルウオーターはほとんどが炭酸入り。

郵　便

郵便局は民営化されポストノードPostnordという会社が運営。ほとんどがスーパーマーケットなどに窓口を設けている。投函の際にはPRIORITAIREと明記するか「PRIORITAIRE」と印刷されたブルーのシールを貼ること。日本までは、はがき1枚および50gまでの封書は36SEK、2kgまでの小包は516SEK。所要は5～6営業日。

切手の販売はPressByrånやセブンイレブンなどのコンビニやガソリンスタンドでも行われており、営業時間内ならいつでも対応してくれる。

ポストもモダンなデザイン
©Fotograf Peter Phillips /PostNord

税金 TAX

スウェーデンではほとんどの商品に12または25%の付加価値税（VAT）が課せられているが、EU加盟国以外の国に居住している旅行者が「TAX FREE」と表示のある店で1日1店舗につき200SEK以上の買い物をした場合、手続きをすれば付加価値税の最大約19%が払い戻しになる。

買い物の際

「TAX FREE」とある店で200SEK以上の買い物をしたら、旅行者である旨を申し出、免税書類を作成してもらう。作成の際、身分確認とパスポート番号が必要なので、パスポート携帯を。免税扱いで購入した商品は、スウェーデンまたはEU最終出国まで開封不可。

出国の際

スウェーデンから直接日本へ帰国する場合やEU加盟国以外の国へ出国する場合は、スウェーデン出国時に払い戻しを受けるための手続きを行う。

①ストックホルムのアーランダ国際空港の場合は、ターミナル5の出発フロアにグローバルブルー・カウンターがあるので、そこで買い物の際に作成してもらった免税書類を提出し、代行スタンプを押してもらう。その際、免税書類に商品購入時のレシートを添付しておくこと。また、航空券とパスポート、未使用の購入商品の包みを見せるように求められるので、あらかじめ用意しておこう。スタンプの受領期限は、商品購入月の末日より3ヵ月以内。また、北欧4ヵ国以外で購入した商品については、正規の税関スタンプを受領しグローバルブルー・カウンターで手続きを行う。手荷物の場合は出国手続き後に税関スタンプをもらう。なお、代行スタンプを受領した場合、免税書類を提出する際パスポートのコピーを添付する。

②スタンプをもらったら出国手続きを行う。日本へ免税書類を持ち帰った場合は、グローバルブルー専用ポストに免税書類を投函すればクレジットカードまたは小切手で払い戻しを日本円で受け取ることができる。ただし、手続きが行えるのは、グローバルブルーの加盟店のみ。アーランダ国際空港で払い戻しを受ける場合は、スタンプをもらったあと、搭乗手続きを済ませ、トランジットエリアにある税金払い戻しカウンターに免税書類を提出する。クレジットカードへの手続きや銀行小切手で自宅に郵送もできる。免税書類（税関スタンプ受領済み）の申請期限は商品購入日より1年以内。

※スウェーデン出国後、ほかのEU加盟国を旅行して帰国する場合、最終的にEU加盟国を出国する際に手続きをして税金の還付を受けることになるので、スウェーデンでの手続きは不要。数ヵ国分の免税書類もまとめて手続きできる。

安全とトラブル

他のヨーロッパ諸国と比べても、治安は良好。しかし、2004年の旧東欧諸国のEU加盟後、置き引きや窃盗などの犯罪は増加の一途をたどっている。荷物から目を離さないように注意し、夜中のひとり歩きなどはやめよう。

警察　消防　救急車　112

▶旅の安全とトラブル対策 →P.565

年齢制限

飲酒・喫煙は18歳未満の場合は禁じられている。また、レンタカー会社によっては19歳や25歳以上などの制限を設けている場合もある。

度量衡

日本と同じく、メートル法を採用している。重さもキログラム単位。

その他

飲酒と喫煙

アルコールが購入できるのは、政府直営のリカーショップ、システム・ボラシェットSystembolagetのみ。価格は333mℓのビール1本23～40SEK。アルコール度数3.5%以下の低アルコールビールならもう少し安く、スーパーやコンビニで購入が可能。たばこには重い税金がかけられており、非常に高い。なお公共の場での喫煙は法律で禁止されており、駅や空港は全面禁煙。ホテルやレストラン、バーもほとんどは禁煙。

インターネット

Wi-Fiの普及率が高く、ほとんどの宿泊施設で利用可能。空港やレストランなど、公共の場でも使用できる場所が多い。

▶インターネットについて →P.563

スウェーデン国内交通ガイド

南部は鉄道路線が網の目のように走っているので、鉄道を利用して移動するのが便利。特にストックホルム～ヨーテボリ間やストックホルム～マルメ間を結ぶ高速鉄道スナップトーグSnabbtågは、スウェーデンの代表的な高速列車。インターシティよりも料金は高くなるものの、ぜひ利用してみよう。北部に行くと鉄道は少なくなるが、キールナやアビスコを通りノルウェーのナルヴィークへ行く国際列車ノールランストーグ（→P.405）は、北欧最北を走る列車として有名だ。ただし本数は限られているため、時間が合わないようなら長距離バスの利用も視野に入れよう。

飛行機

スウェーデンの国内を結んでいるのは、SASなど10社余りの航空会社。ほとんどがストックホルムを起点として各都市に便を飛ばしており、地方都市同士を結ぶフライトは少ない。地方都市間を移動したい場合も、一度ストックホルムを経由してから行くことになる。なお、本誌に掲載している各都市への行き方の便数、所要時間はSASのもの。

SAS
TEL 0770-727727 URL www.flysas.com

鉄道

スウェーデン鉄道Statens Järnväger（SJ）が国土の南部を中心に網目状に数多くの路線を運行している。だいたい東京～大阪間と同じ距離のストックホルム～ヨーテボリ間はほぼ1時間に1～2本の割合で列車がある。ほかいくつかの私鉄が列車を走らせている。北部を走るノールランストーグは、スウェーデン鉄道による運行。ヨーテボリ～ストックホルム～ルーレオ、ルーレオ～ナルヴィークなどいくつかの路線があり、なかでもストックホルム～ナルヴィーク間を結ぶ国際寝台列車は、世界有数の景勝路線として知られ、夏になると多くの観光客が利用する。長距離列車には一般の寝台車のほかレストランカーなども連結されている。

スウェーデン鉄道
TEL 0771-757575 URL www.sj.se

鉄道時刻を調べる

ウェブサイトを利用して調べるのがもっとも簡単。出発駅と到着駅、日付を指定すれば、スケジュールや運賃が出てくる。また、現地の駅に印刷された時刻表はないものの、有人の窓口に行き目的地と希望の日時を告げればすぐに調べてもらえる。ストックホルム中央駅の場合、チケット売り場のすぐ横に鉄道インフォメーションがある。

チケットの購入

◆日本で購入する

スウェーデン鉄道のウェブサイトから予約、購入可（Eメールアドレスと電話番号が必要。電話番号は日本のものでOKだが、最初に+81と入れ、その後最初の0をとった番号を入力）。eチケットまたはSMSチケット、現地での発券を選ぶことができる。現地で発券する場合は駅の券売機もしくはPressbyrånやセブンイレブンなどのコンビニで。コンビニ発券の場合は手数料が必要。

◆現地で購入する

駅にある有人の窓口もしくは自動券売機から購入可能。窓口の場合は必ず、そばにある専用の機械から順番待ちの番号札を取ること。電光掲示板に自分の番号が表示されるか番号が呼ばれたら窓口に行こう。券売機はクレジットカードのみ、窓口は現金支払い可。

ストックホルム中央駅

予約について

スナップトーグSnabbtåg(X2000/SJ3000)や寝台列車、インターシティの一部の列車は予約が必要。混雑する時間帯や路線に乗車する場合は、前日もしくは当日早めに駅に行き、混雑状況などを駅の窓口で尋ねてみよう。座席の予約には追加料金がかかる。

普通列車(レギオナル)は予約なしで利用可能

割引料金について

チケットの価格は需要と供給のバランスによって細かく変動する。同じ区間を走る同じ等級の列車でも乗車日によって価格は異なり、さらに同じ日でも時間帯によって違ってくる。場合によっては倍くらい値段が違うことも。基本的には乗車日に近づくほど値段は上がるので、予定が決まっているならなるべく早めに買っておくのが得だ。スウェーデン鉄道のウェブサイトにあるSearch Journeyでは、乗車区間を入力して、選択した日のチケット料金を一覧表示できるようになっている。また、予約の変更や払い戻しの可否によって値段が変わることも覚えておこう。

ストックホルムからの区間料金の目安(予約変更可の2等)

〜ヨーテボリ　295SEK〜
〜マルメ　435SEK〜
〜ルンド　364SEK〜
〜キールナ　613SEK〜

SJアプリ
SJには、無料でダウンロードできるアプリがある。チケットの予約・購入、時刻表検索もできて非常に便利。チケット購入後は、アプリを起動すればデジタルチケットとしても利用できる。

おもな列車の種類

スナップトーグ Snabbtåg(X2000/SJ3000)
スウェーデン鉄道の誇る高速列車。ストックホルム〜ヨーテボリ間やストックホルム〜マルメ間などの国内のほか、ストックホルム〜コペンハーゲン間の国際路線にも導入されている。1等と2等があり、1等では軽食や飲み物などのサービスがある。

高速鉄道、X2000

インターシティ Inter City(IC)
主要都市間を結ぶ急行列車。

レギオナル Regional(Reg)
近・中距離を走る普通列車。

長距離バス

鉄道の2等よりも安いため、近年バスの利用が増えてきている。バス会社はたくさんあるが、スウェーデンのバス会社といえば、全国に路線をもつフリックスバス社FlixBus、ノルウェーから乗り入れているヴイワイ・バス社Vy Bus系列のバスフォーユー社Bus4Ypu、北部に路線をもつユーブス社Ybussだ。

フリックスバス社
URL global.flixbus.com
バスフォーユー社
URL www.bus4you.se
ユーブス社
TEL 0771-334444 URL www.ybuss.se

チケットの買い方

チケットは各町にあるバスターミナルの窓口や各社のウェブサイトで購入できる。時刻はウェブサイトで調べるのが便利。

ストックホルムのシティ・ターミナル

スウェーデンに関するエトセトラ

食事

伝統的な家庭料理はミートボール（ショットブラールKöttbullar）で、炒めて木の実の甘いジャムを添えて出される。軽食スタンドでも食べられるポピュラーなメニューはピュッティパンナPyttipanna。賽の目に切ったジャガイモやハム、肉などを炒め、目玉焼きをのせたもの。「ヤンソン氏の誘惑Janssons Frestelse」と呼ばれる料理は、ジャガイモとアンチョビを交互に重ね、クリームをたっぷりかけてオーブンで焼き上げる家庭料理。パーティの夜食にもよく出されるとか。

夏の終わりにはザリガニが解禁される。最近では輸入物が増えているが、それでも北欧人にとっての夏の風物詩。ハーブのディルと一緒にゆであがった真っ赤なザリガニを、つゆもすすりながら食べる。町のレストランでも食べられるので、トライしてみよう。また、スウェーデンといえば、スモーゴスボードSmörgåsbordと呼ばれるビュッフェ形式の食事が有名。日本でいう「ヴァイキング料理」の発祥の地で、サーモンやニシンなどの魚料理をはじめ、前菜風の料理から肉料理、チーズ、パン、そしてデザートまで、各種ズラリと並ぶ様子は壮観だ。

スウェーデン料理の定番、ミートボール

おみやげ

最も人気があるのは、おしゃれな北欧デザインのグッズ。陶磁器のグスタフスベリやオレフォス、コスタ・ボダなどのガラス製品がおすすめ。そのほか、ダーラナ地方の木彫りの馬人形ダーラヘストやサーメの民芸品であるニット製品、ジュエリーなどのスウェーデンの伝統工芸品も定番。

人気のリサ・ラーソンもグスタフスベリから出ている

スウェーデン生まれの有名人

ノーベル賞を制定したアルフレッド・ノーベルAlfred Nobelはスウェーデンの出身。スウェーデンは映画や音楽の方面で多くの有名人を輩出している。映画界では監督のイングマール・ベルイマンIngmar Bergmanや女優のイングリッド・バーグマンIngrid Bergman、グレタ・ガルボGreta Garbo、アニタ・エクバーグAnita Ekberg。音楽界でまず挙げられるのは、1970年代後半から1980年前半まで活躍したABBA、日本でもセカンドアルバム「LIFE」が大ヒットしたスウェーデンポップスバンドのカーディガンズThe Cardigansや北欧のディーヴァ、メイヤMejaなど。そのほか、「分類学の父」と称される植物学者カール・フォン・リンネCarl von Linnéなど。

スウェーデンのイベント

音楽、芸術、スポーツと幅広いイベントが行われている。スウェーデンの夏の風物詩でもあるザリガニ・パーティは毎年8月1日のザリガニ解禁日に行われる。ヴァルボリ（ワルプルギス）の夜祭や夏至祭、ルシア祭など、スウェーデン伝統の行事も多い。

2024～2025年イベントカレンダー

6/21～22 スウェーデン各地
夏至祭、前夜祭

6/28～30 ストックホルム
国際馬術大会
URL www.gcglobalchampions.com

6/30～7/3 サンドハムン
ゴットランド・セーリング大会
URL www.ksss.se/gotlandrunt

7/29～8/3 ストックホルム
ストックホルム・プライド
URL www.stockholmpride.org

8月 スウェーデン各地
ザリガニ・パーティ

8/4～11 ヴィスビィ
ゴットランド中世週間
URL www.medeltidsveckan.se

8/9～16 マルメ
マルメ・フェスティバル
URL www.malmofestivalen.se

8/14～18 ストックホルム
ストックホルム・カルチャー・フェスティバル
URL kulturfestivalen.stockholm.se

9/25～29 エーランド島
エーランド収穫祭
URL skordefest.nu

10/11～20 ストックホルム
ストックホルム・ジャズフェスティバル
URL stockholmjazz.se

10/21～27 ウプサラ
ウプサラ国際短編映画祭
URL shortfilmfestival.com

11/6～17 ストックホルム
ストックホルム国際映画祭
URL www.stockholmfilmfestival.se

11/28～12/1 ストックホルム郊外
国際ホースショー
URL www.horseshow.se

12/10 ストックホルム
ノーベル賞授与式（平和賞以外）
URL www.nobelprize.org

12/13 スウェーデン各地
ルシア祭

1月下旬～2月上旬頃 ヨーテボリ
ヨーテボリ映画祭
URL goteborgfilmfestival.se

2/6～8 ヨックモック
ヨックモック・ウインターマーケット
URL jokkmokksmarknad.se

2/4～8 ストックホルム
ストックホルム国際家具見本市
URL www.stockholmfurniturelightfair.se

2/21～3/2 セーレン～ムーラ
ヴァーサロペット・スキー長距離レース
URL www.vasaloppet.se

3/27～30 ストックホルム
北欧ガーデニング・フェア
URL www.nordiskatradgardar.se

4月下旬頃 全国大学都市
（ウプサラ、ルンド、ストックホルムなど）
ヴァルボリ（ワルプルギス）の夜祭

6月上旬頃 ストックホルム
ストックホルム・マラソン
URL www.stockholmmarathon.se

6月上旬頃 セルヴェスボリ
スウェーデン・ロック
URL www.swedenrock.com

※日程は予定日。
参加の際は問い合わせること。

Stockholm
ストックホルム

スウェーデンの首都にして、北欧最大の都市ストックホルム。メーラレン湖に浮かぶ大小14の島からなる町は「水の都」と呼ばれ、旧市街のガムラ・スタンや緑豊かなユールゴーデン島など島により特徴があるのがおもしろい。町の歴史は13世紀半ばに始まり、16世紀前半にスウェーデン王国が独立すると、そのまま首都となった。

しばらくストックホルムに暮らすと、そこには日本ともヨーロッパ大陸とも違う独特な自然の要素があるのに気がつく。それは、四季を通じて北の空から降り注ぐ透明な斜光だ。建築物もその光線を浴びると不思議にくっきりと浮き上がって見え、人々の肌もいっそう青く透き通るかのようだ。

ストックホルムとの出合いは実にドラマチックだ。空からのアプローチでも、鉄道ではるばるやってきても、何百kmと続く文明の気配すらない湖と森の広がりから、忽然とガラスとコンクリートの近代都市が現れる。これほど豊かな自然に囲まれたストックホルムの空気には、針葉樹の香りが残り、陽光のたたずまいが異なるのも納得できる。

13世紀からの古い町並みをもとに、人間環境を大切にする近代的な計画理論にのっとって造られた都市。その美しさには誰しも文句なしに感心するだろう。商業的な動機に左右されず、高い理想を掲げ、都市計画の専門家たちが何世紀もかけて営々と造り上げてきた。ストックホルムは世界にも類を見ない近代都市のひとつなのだ。

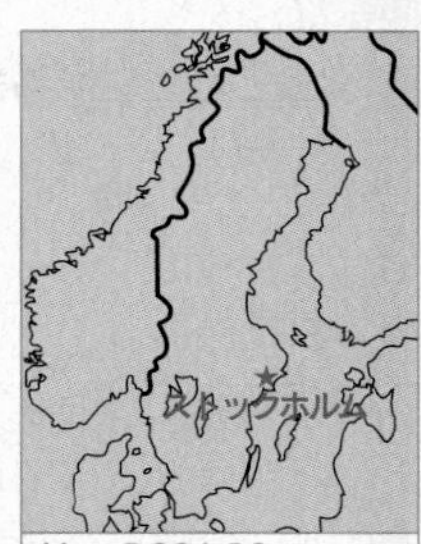

Map P.296-B3
人口:98万8943
市外局番:08
スウェーデン情報のサイト
URL visitsweden.com
X @visitsweden
f @VisitSweden
@visitsweden
ストックホルム情報のサイト
URL www.visitstockholm.com
X @visitstockholm
f @visitstockholm
@visitstockholm

環境問題を描いたソルナ・セントラム駅Solna Centrumなど地下鉄アートにも注目

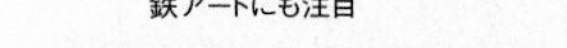

水の都ストックホルムを実感する景色がところどころに見られる

国内最大のコレクションを誇る、国立美術館©Anna Danielsson/Nationalmuseum

※北欧では、近年急激にキャッシュレス化が進み、現金払い不可の観光施設や店舗が増加している。クレジットカードを必ず用意すること。

※エックス、フェイスブック、インスタグラムは、アカウント名のみを表記しています。ブラウザで見る場合は、加えて各SNSのURLが必要となります

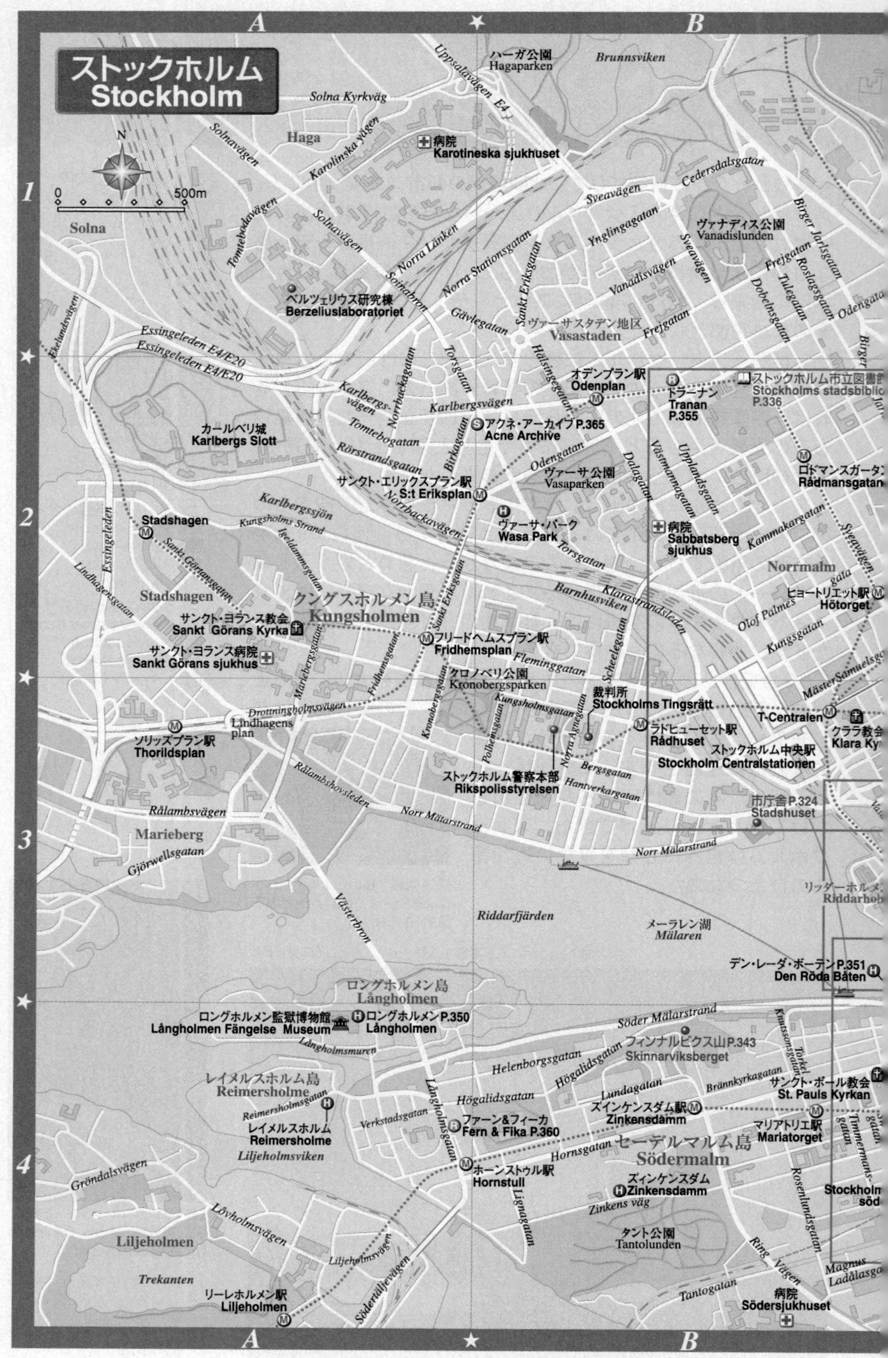
ストックホルム
Stockholm
ハーガ公園
Hagaparken
Brunnsviken
Haga
病院
Karotineska sjukhuset
Solna
ベルツェリウス研究棟
Berzeliuslaboratoriet
ヴァナディス公園
Vanadislunden
ヴァーサスタデン地区
Vasastaden
オデンプラン駅
Odenplan
トラーナン
Tranan
P.355
ストックホルム市立図書館
Stockholms stadsbiblio
P.336
カールベリ城
Karlbergs Slott
アクネ・アーカイブ P.365
Acne Archive
ヴァーサ公園
Vasaparken
サンクト・エリックスプラン駅
S:t Eriksplan
ロドマンスガータン
Rådmansgatan
ヴァーサ・パーク
Wasa Park
Stadshagen
病院
Sabbatsberg sjukhus
Norrmalm
クングスホルメン島
Kungsholmen
サンクト・ヨランス教会
Sankt Görans Kyrka
サンクト・ヨランス病院
Sankt Görans sjukhus
フリードヘムスプラン駅
Fridhemsplan
ヒョートリエット駅
Hötorget
クロノベリ公園
Kronobergsparken
裁判所
Stockholms Tingsrätt
T-Centralen
クララ教会
Lindhagens plan
ソリッズプラン駅
Thorildsplan
ラドヒューセット駅
Rådhuset
ストックホルム中央駅
Stockholm Centralstationen
ストックホルム警察本部
Rikspolisstyrelsen
市庁舎 P.324
Stadshuset
Marieberg
Riddarfjärden
メーラレン湖
Mälaren
デン・レーダ・ボーテン P.351
Den Röda Båten
ロングホルメン島
Långholmen
ロングホルメン監獄博物館
Långholmen Fängelse Museum
ロングホルメン P.350
Långholmen
フィンナルビクス山 P.343
Skinnarviksberget
レイメルスホルム島
Reimersholme
レイメルスホルム
Reimersholme
ズィンケンスダム駅
Zinkensdamm
サンクト・ポール教会
St. Pauls Kyrkan
ファーン&フィーカ
Fern & Fika P.360
マリアトリエ駅
Mariatorget
Liljeholmsviken
セーデルマルム島
Södermalm
ホーンストゥル駅
Hornstull
ズィンケンスダム
Zinkensdamm
タント公園
Tantolunden
Liljeholmen
Trekanten
リーレホルメン駅
Liljeholmen
病院
Södersjukhuset
0 500m
N

C
D
1
2
3
4
ロプステン駅
Ropsten
Hjorthagen
Norra Djurgården
Lilla Värtan
ヴァータハムネン港
Värtahamnen
ヘルシンキへ
シリヤ・ターミナル
Siljaterminalen
タリンへ
技術大学
Takniska Högskolan
イェーデット駅
Gärdet
テクニスカ・ヒョーグスコイアン駅
Tekniska Högskoian
ストックホルム中心部 P.308～309
スタディオン駅
Stadion
エステルマルム地区
Östermalm
カーラプラン駅
Karlaplan
フリハムネン港
Frihamnen
Lindarängsvägen
グスタフアドルフ教会
Gustav Adolf Kyrkan
Karlaplan
テレビ局
TV-houset
Ladugårdsgärdet
エステルマルムストリエ駅
Östermalmstorg
歴史博物館 P.339
Historiska museet
オスカル教会
Oscars Kyrka
ラジオ局
Radiohuset
日本大使館
Japanska Ambassaden
警察博物館
Polismuseet
民族学博物館
Etnografiska Museet
ノーベル公園
Nobelparken
国立海洋博物館
Sjöhistorika Museum
科学技術博物館
Tekniska Museet
Hamngatan
Strandvägen
Ladugårdsviken
観光案内所
P.320
Djurgårdsbrunnsviken
クングストレードゴーデン駅
Kungsträdgården
ユニバッケン
Junibacken
ガムラ・スタン
P.310～311
ヴァーサ号博物館 P.341
Vasamuseet
北方民俗博物館 P.341
Nordiska museet
ローゼンダール・トレーゴード・カフェ
Rosendals Trädgård Kafé P.357
ローゼンダール宮殿
Rosendals sloff
ローゼンダール庭園
Rosendals Trädgård
東洋博物館
Östasiatiska Museet P.340
ユールゴーデン島
Djurgården
ハッセルバッケン P.352
Hasselbacken
現代美術館 P.340
Moderna Museet
建築博物館
ArkDes
アバ博物館 P.341
ABBA The Museum
スカンセン・バティケン P.367
Skansen Butiken
スカンセン P.333
Skansen
ティールスカ・ギャレリーへ
Thielska Galleriet P.342
ガムラ・スタン
Gamla Stan
シェップス
ホルメン島
Skeppsholmen
シェップスホルメン
Skeppsholmen
P.351
チボリ公園
Gröna Lunds Tivoli
ガムラ・スタン駅
Gamla Stan
カステル
ホルメン島
Kastellholmen
Beckholmssundet
Ryssviken
フリセンス公園
Frisens Park
ベックホルメン島
Beckholmen
プリンス・エウシェン美術館 P.342
Prins Eugens Waldemarsudde
Slussen
スルッセン駅
Slussen
セーデルマルム
P.312
Waldemarsviken
Saltsjön
市立博物館
Stadsmuseet
フォトグラフィスカ
Fotografiska
ヘルシンキへ
マリア・マグダレナ教会
Maria Magdalena Kyrka
スタッツガードハムネン港
Stadsgårdshamnen
カタリーナ教会
Katarina Kyrka
バイキング・ターミナル
Vikingterminalen
(バイキングライン)
サルツホークヴァン港
Saltsjöqvarn
Finnbodavägen
メドボリアプラットセン駅
Medborgarplatsen
ブルー・ライト・ヨコハマ
Blue Light Yokohama P.361
Henriksdal
Nacka
トラム

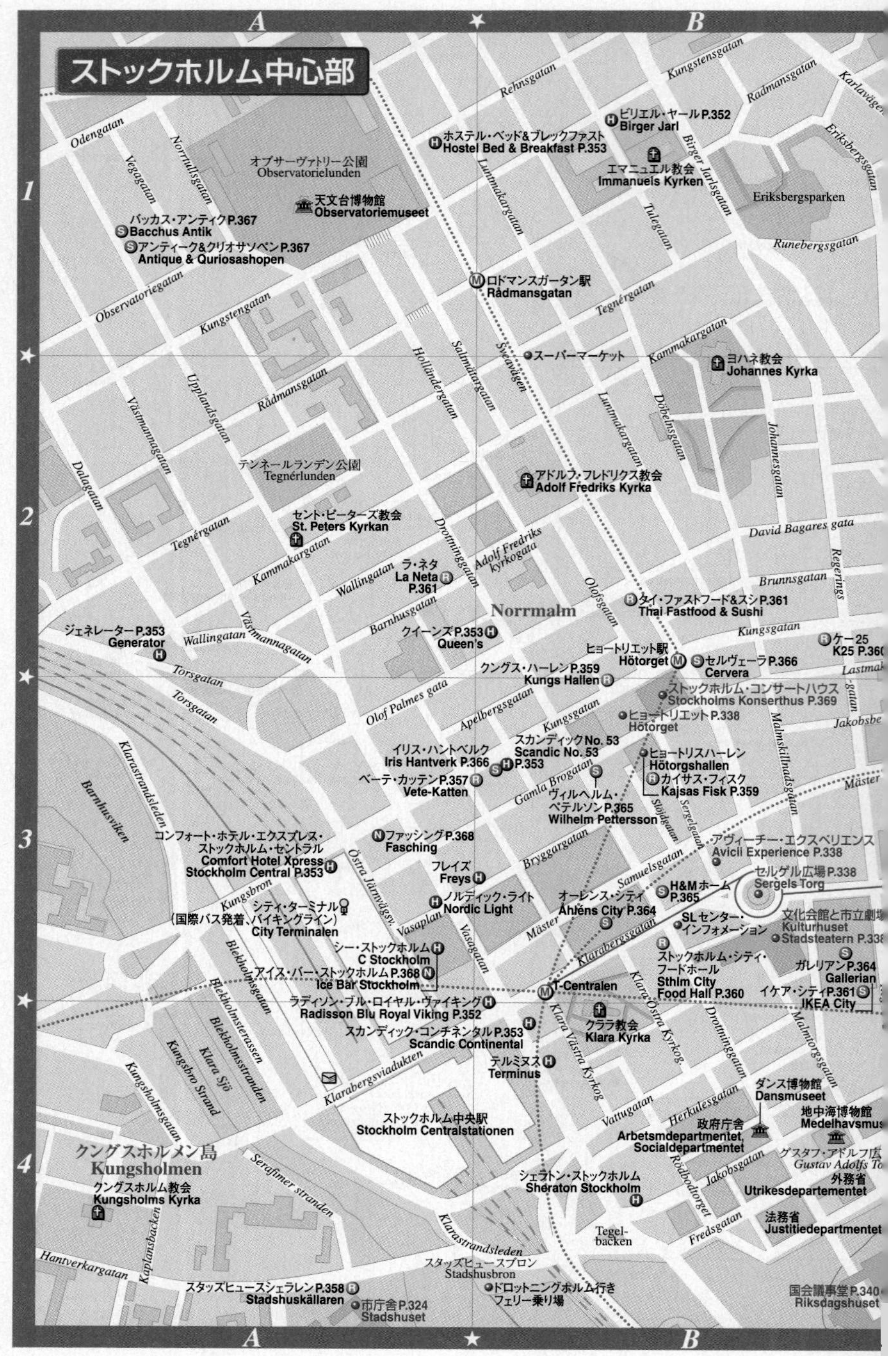
ストックホルム中心部
A
B
1
2
3
4
オブサーヴァトリー公園
Observatorielunden
天文台博物館
Observatoriemuseet
バッカス・アンティクP.367
Bacchus Antik
アンティーク&クリオサソペンP.367
Antique & Quriosashopen
ホステル・ベッド&ブレックファスト
Hostel Bed & Breakfast P.353
ビリエル・ヤールP.352
Birger Jarl
エマニュエル教会
Immanuels Kyrken
Eriksbergsparken
ロドマンスガータン駅
Rådmansgatan
スーパーマーケット
ヨハネ教会
Johannes Kyrka
テンネールランデン公園
Tegnérlunden
アドルフ・フレドリクス教会
Adolf Fredriks Kyrka
セント・ピーターズ教会
St. Peters Kyrkan
ラ・ネタ
La Neta
P.361
Norrmalm
タイ・ファストフード&スシP.361
Thai Fastfood & Sushi
ジェネレーターP.353
Generator
クイーンズP.353
Queen's
ヒョートリエット駅
Hötorget
セルヴェーラP.366
Cervera
ケー25
K25 P.360
クングス・ハーレンP.359
Kungs Hallen
ストックホルム・コンサートハウス
Stockholms Konserthus P.369
ヒョートリエットP.338
Hötorget
イリス・ハントベルク
Iris Hantverk P.366
スカンディックNo. 53
Scandic No. 53
P.353
ヒョートリスハーレン
Hötorgshallen
ベーテ・カッテンP.357
Vete-Katten
カイサス・フィスク
Kajsas Fisk P.359
ヴィルヘルム・ペテルソンP.365
Wilhelm Pettersson
コンフォート・ホテル・エクスプレス・ストックホルム・セントラル
Comfort Hotel Xpress Stockholm Central P.353
ファッシングP.368
Fasching
アヴィーチー・エクスペリエンス
Avicii Experience P.338
フレイズ
Freys
セルゲル広場P.338
Sergels Torg
シティ・ターミナル
(国際バス発着、バイキングライン)
City Terminalen
ノルディック・ライト
Nordic Light
オーレンス・シティ
Åhléns City P.364
H&Mホーム
P.365
SLセンター・インフォメーション
文化会館と市立劇場
Kulturhuset
Stadsteatern P.338
シー・ストックホルム
C Stockholm
アイス・バー・ストックホルムP.368
Ice Bar Stockholm
ストックホルム・シティ・フードホール
Sthlm City Food Hall P.360
ガレリアンP.364
Gallerian
T-Centralen
イケア・シティP.361
IKEA City
ラディソン・ブル・ロイヤル・ヴァイキング
Radisson Blu Royal Viking P.352
スカンディック・コンチネンタルP.353
Scandic Continental
クララ教会
Klara Kyrka
テルミヌス
Terminus
ダンス博物館
Dansmuseet
ストックホルム中央駅
Stockholm Centralstationen
政府庁舎
Arbetsmdepartmentet, Socialdepartmentet
地中海博物館
Medelhavsmus
グスタフ・アドルフ広
Gustav Adolfs To
外務省
Utrikesdepartementet
クングスホルメン島
Kungsholmen
クングスホルム教会
Kungsholms Kyrka
シェラトン・ストックホルム
Sheraton Stockholm
法務省
Justitiedepartmentet
Tegel-backen
スタッズヒュースブロン
Stadshusbron
スタッズヒュースシェラレンP.358
Stadshuskällaren
市庁舎P.324
Stadshuset
ドロットニングホルム行きフェリー乗り場
国会議事堂P.340
Riksdagshuset
Odengatan
Vegagatan
Norrtullsgatan
Rehnsgatan
Kungstensgatan
Radmansgatan
Karlavägen
Eriksbergsgatan
Birger Jarlsgatan
Lummakargatan
Tulegatan
Runebergsgatan
Observatoriegatan
Kungstengatan
Tegnérgatan
Kammakargatan
Sveavägen
Saltmätargatan
Holländargatan
Upplandsgatan
Rådmansgatan
Västmannagatan
Dalagatan
Döbelnsgatan
Johannesgatan
David Bagares gata
Drottninggatan
Adolf Fredriks kyrkogata
Wallingatan
Barnhusgatan
Olofsgatan
Brunnsgatan
Regerings
Kungsgatan
Torsgatan
Olof Palmes gata
Apelbergsgatan
Lastmak
Jakobsbe
Malmskillnadsgatan
Klarastrandsleden
Barnhusviken
Gamla Brogatan
Sergelgatan
Slöjdgatan
Mäster
Bryggargatan
Samuelsgatan
Östra Järnvägsg.
Kungsbron
Vasaplan
Vasagatan
Klarabergsgatan
Blekholmsgatan
Blekholmsterrassen
Blekholmsstranden
Kungsbro Strand
Klara Sjö
Klara Västra Kyrkog
Klara Östra Kyrkog.
Malmtorgsgatan
Klarabergsviadukten
Kungsholmsgatan
Vattugatan
Herkulesgatan
Serafimer stranden
Rödbodtorget
Jakobsgatan
Fredsgatan
Hantverkargatan
Kaplansbacken

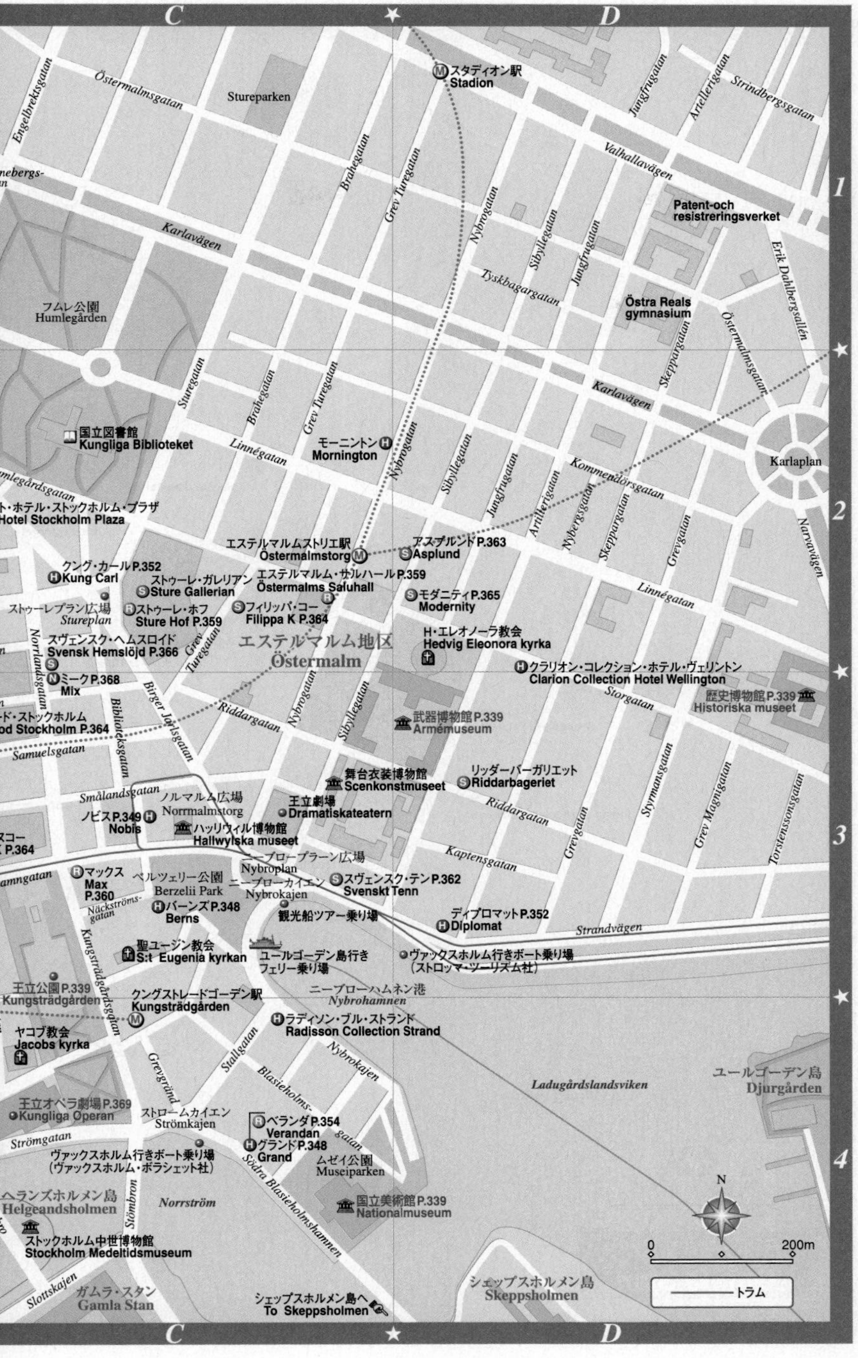

C
D
1
2
3
4
Östermalmsgatan
Stureparken
スタディオン駅
Stadion
Jungfrugatan
Artellerigatan
Strindbergsgatan
Engelbrektsgatan
Brahegatan
Grev Turegatan
Nybrogatan
Valhallavägen
Patent-och
resistreringsverket
Karlavägen
Sibyllegatan
Jungfrugatan
Tyskbagargatan
Erik Dahlbergsallén
フムレ公園
Humlegården
Östra Reals
gymnasium
Östermalmsgatan
Sturegatan
Brahegatan
Grev Turegatan
Karlavägen
Skeppargatan
国立図書館
Kungliga Biblioteket
モーニントン
Mornington
Linnégatan
Sibyllegatan
Karlaplan
Kommendörsgatan
Jungfrugatan
Artillerigatan
Nybergsgatan
Skeppargatan
Grevgatan
Narvavägen
Humlegårdsgatan
ト・ホテル・ストックホルム・プラザ
Hotel Stockholm Plaza
エステルマルムストリエ駅
Östermalmstorg
アスプルンド P.363
Asplund
クング・カール P.352
Kung Carl
ストゥーレ・ガレリアン
Sture Gallerian
エステルマルム・サルハール P.359
Östermalms Saluhall
モダニティ P.365
Modernity
Linnégatan
ストゥーレプラン広場
Stureplan
ストゥーレ・ホフ
Sture Hof P.359
フィリッパ・コー
Filippa K P.364
H・エレオノーラ教会
Hedvig Eleonora kyrka
Norrlandsgatan
スヴェンスク・ヘムスロイド
Svensk Hemslöjd P.366
Grev Turegatan
エステルマルム地区
Östermalm
クラリオン・コレクション・ホテル・ヴェリントン
Clarion Collection Hotel Wellington
ミーク P.368
Mix
Storgatan
歴史博物館 P.339
Historiska museet
Bibliotekstgatan
Birger Jarlsgatan
ード・ストックホルム
od Stockholm P.364
Riddargatan
Nybrogatan
Sibyllegatan
武器博物館 P.339
Armémuseum
Samuelsgatan
舞台衣装博物館
Scenkonstmuseet
リッダーバーガリエット
Riddarbageriet
Smålandsgatan
ノルマルム広場
Norrmalmstorg
王立劇場
Dramatiskateatern
Riddargatan
Styrmansgatan
Grev Magnigatan
Torstenssonsgatan
ノビス P.349
Nobis
ハッリウィル博物館
Hallwylska museet
ヌコー
K P.364
Grevgatan
ニーブロープラーン広場
Nybroplan
Kaptensgatan
Hamngatan
マックス
Max
P.360
ベルツェリー公園
Berzelii Park
ニーブローカイエン
Nybrokajen
スヴェンスク・テン P.362
Svenskt Tenn
Näckströmsgatan
バーンズ P.348
Berns
観光船ツアー乗り場
ディプロマット P.352
Diplomat
Strandvägen
Kungsträdgårdsgatan
聖ユージン教会
S:t Eugenia kyrkan
ユールゴーデン島行き
フェリー乗り場
ヴァックスホルム行きボート乗り場
(ストロッマ・ツーリズム社)
王立公園 P.339
Kungsträdgården
クングストレードゴーデン駅
Kungsträdgården
ニーブローハムネン港
Nybrohamnen
ラディソン・ブル・ストランド
Radisson Collection Strand
ヤコブ教会
Jacobs kyrka
Stallgatan
Nybrokajen
Greygränd
Blasieholmsgatan
Ladugårdslandsviken
ユールゴーデン島
Djurgården
王立オペラ劇場 P.369
Kungliga Operan
ストロームカイエン
Strömkajen
ベランダ P.354
Verandan
グランド P.348
Grand
Strömgatan
ヴァックスホルム行きボート乗り場
(ヴァックスホルム・ボラシェット社)
ムゼイ公園
Museiparken
ヘランズホルメン島
Helgeandsholmen
Norrström
Strömbron
国立美術館 P.339
Nationalmuseum
Södra Blasieholmshamnen
N
ストックホルム中世博物館
Stockholm Medeltidsmuseum
0
200m
Slottskajen
ガムラ・スタン
Gamla Stan
シェップスホルメン島へ
To Skeppsholmen
シェップスホルメン島
Skeppsholmen
トラム

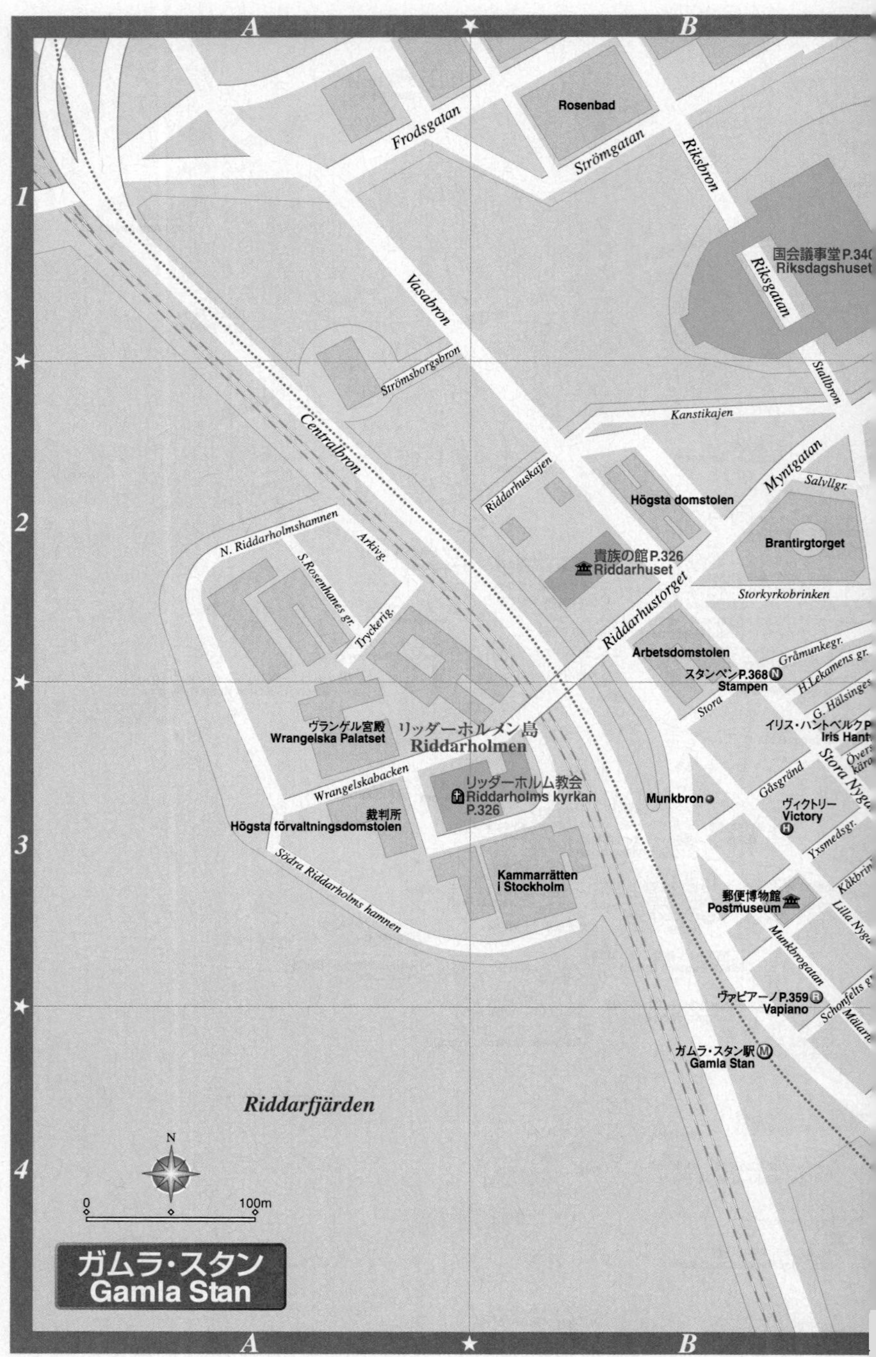
A
B
1
2
3
4
Rosenbad
Frodsgatan
Strömgatan
Riksbron
国会議事堂P.340
Riksdagshuset
Riksgatan
Vasabron
Strömsborgsbron
Stallbron
Kanstikajen
Centralbron
Riddarhuskajen
Myntgatan
Salvllgr.
Högsta domstolen
Brantirgtorget
N. Riddarholmshamnen
Arkivg.
S.Rosenhanes gr.
貴族の館P.326
Riddarhuset
Riddarhustorget
Storkyrkobrinken
Tryckerig.
Arbetsdomstolen
Gråmunkegr.
スタンペンP.368
Stampen
H.Lekamens gr.
Stora
G. Hälsinges
ヴランゲル宮殿
Wrangelska Palatset
リッダーホルメン島
Riddarholmen
イリス・ハントベルク
Iris Hant
Stora Nyga
Wrangelskabacken
リッダーホルム教会
Riddarholms kyrkan
P.326
Munkbron
Gåsgränd
ヴィクトリー
Victory
裁判所
Högsta förvaltningsdomstolen
Yxsmedsgr.
Södra Riddarholms hamnen
Kammarrätten
i Stockholm
郵便博物館
Postmuseum
Munkbrogatan
Lilla Nyga
ヴァピアーノP.359
Vapiano
Schonfelts
ガムラ・スタン駅
Gamla Stan
Riddarfjärden
N
0
100m
ガムラ・スタン
Gamla Stan

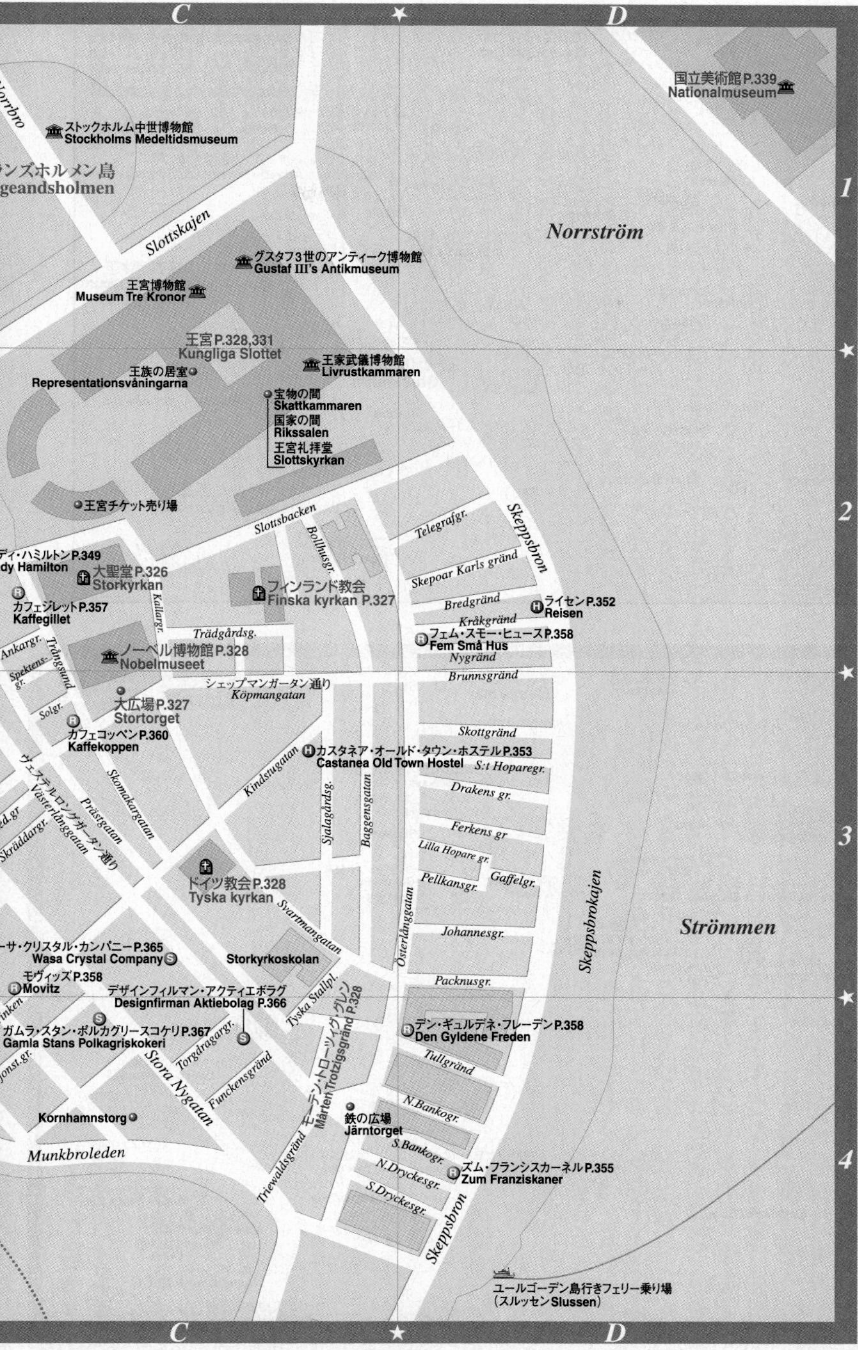

C
D
国立美術館P.339
Nationalmuseum
ストックホルム中世博物館
Stockholms Medeltidsmuseum
Norrström
Slottskajen
グスタフ3世のアンティーク博物館
Gustaf III's Antikmuseum
王宮博物館
Museum Tre Kronor
王宮P.328,331
Kungliga Slottet
王族の居室
Representationsvåningarna
王家武儀博物館
Livrustkammaren
宝物の間
Skattkammaren
国家の間
Rikssalen
王宮礼拝堂
Slottskyrkan
王宮チケット売り場
Slottsbacken
Telegrafgr.
Skeppsbron
Bollhusgr.
Skepoar Karls gränd
大聖堂P.326
Storkyrkan
フィンランド教会
Finska kyrkan P.327
Bredgränd
ライセンP.352
Reisen
カフェジレットP.357
Kaffegillet
Kråkgränd
フェム・スモー・ヒュースP.358
Fem Små Hus
Trädgårdsg.
Nygränd
ノーベル博物館P.328
Nobelmuseet
Brunnsgränd
シェップマンガータン通り
Köpmangatan
大広場P.327
Stortorget
カフェコッペンP.360
Kaffekoppen
Skottgränd
カスタネア・オールド・タウン・ホステルP.353
Castanea Old Town Hostel
S:t Hoparegr.
Drakens gr.
Ferkens gr
Lilla Hopare gr.
Gaffelgr.
Pellkansgr.
ドイツ教会P.328
Tyska kyrkan
Skeppsbrokajen
Johannesgr.
Strömmen
Storkyrkoskolan
Wasa Crystal Company
モヴィッズP.358
Movitz
デザインフィルマン・アクティエボラグ
Designfirman Aktiebolag P.366
Packnusgr.
デン・ギュルデネ・フレーデンP.358
Den Gyldene Freden
ガムラ・スタン・ポルカグリースコケリP.367
Gamla Stans Polkagriskokeri
Tullgränd
Stora Nygatan
Funckensgränd
N.Bankogr.
Kornhamnstorg
鉄の広場
Järntorget
Munkbroleden
S.Bankogr.
ズム・フランシスカーネルP.355
Zum Franziskaner
N.Dryckesgr.
S.Dryckesgr.
Skeppsbron
ユールゴーデン島行きフェリー乗り場
(スルッセンSlussen)
1
2
3
4

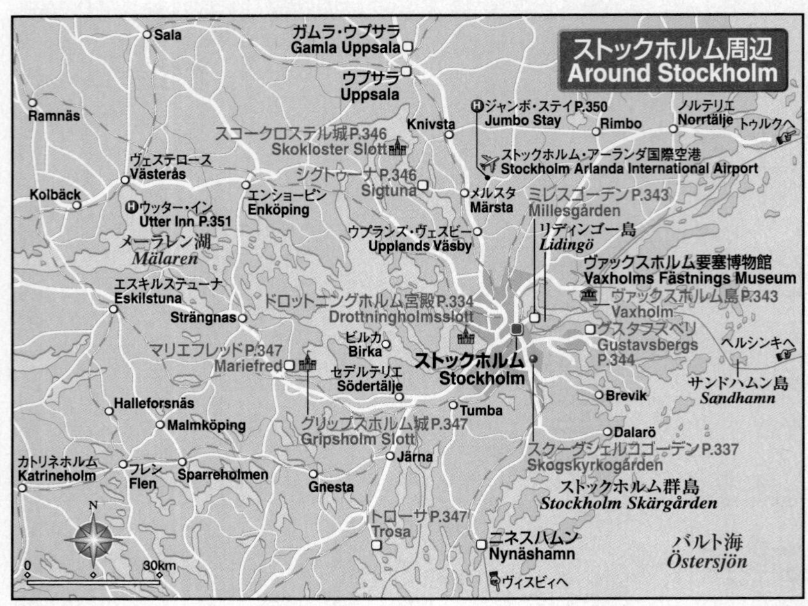

ストックホルム周辺
Around Stockholm
Sala
ガムラ・ウプサラ
Gamla Uppsala
ウプサラ
Uppsala
Ramnäs
スコークロステル城 P.346
Skokloster Slott
Knivsta
ジャンボ・ステイ P.350
Jumbo Stay
Rimbo
ノルテリエ
Norrtälje
トゥルクへ
ヴェステロース
Västerås
ストックホルム・アーランダ国際空港
Stockholm Arlanda International Airport
Kolbäck
シグトゥーナ P.346
Sigtuna
エンショーピン
Enköping
メルスタ
Märsta
ミレスゴーデン P.343
Millesgården
ウッター・イン
Utter Inn P.351
ウプランズ・ヴェスビー
Upplands Väsby
リディンゴー島
Lidingö
メーラレン湖
Mälaren
ヴァックスホルム要塞博物館
Vaxholms Fästnings Museum
エスキルステューナ
Eskilstuna
ドロットニングホルム宮殿 P.334
Drottningholmsslott
ヴァックスホルム島 P.343
Vaxholm
Strängnas
グスタフスベリ
Gustavsbergs
P.344
ビルカ
Birka
マリエフレッド P.347
Mariefred
ヘルシンキへ
ストックホルム
Stockholm
セデルテリエ
Södertälje
サンドハムン島
Sandhamn
Brevik
Halleforsnäs
Tumba
Malmköping
グリップスホルム城 P.347
Gripsholm Slott
Dalarö
スクーグシェルコゴーデン P.337
Skogskyrkogården
カトリネホルム
Katrineholm
フレン
Flen
Sparreholmen
Järna
Gnesta
ストックホルム群島
Stockholm Skärgården
N
トローサ P.347
Trosa
ニネスハムン
Nynäshamn
バルト海
Östersjön
0
30km
ヴィスビィへ

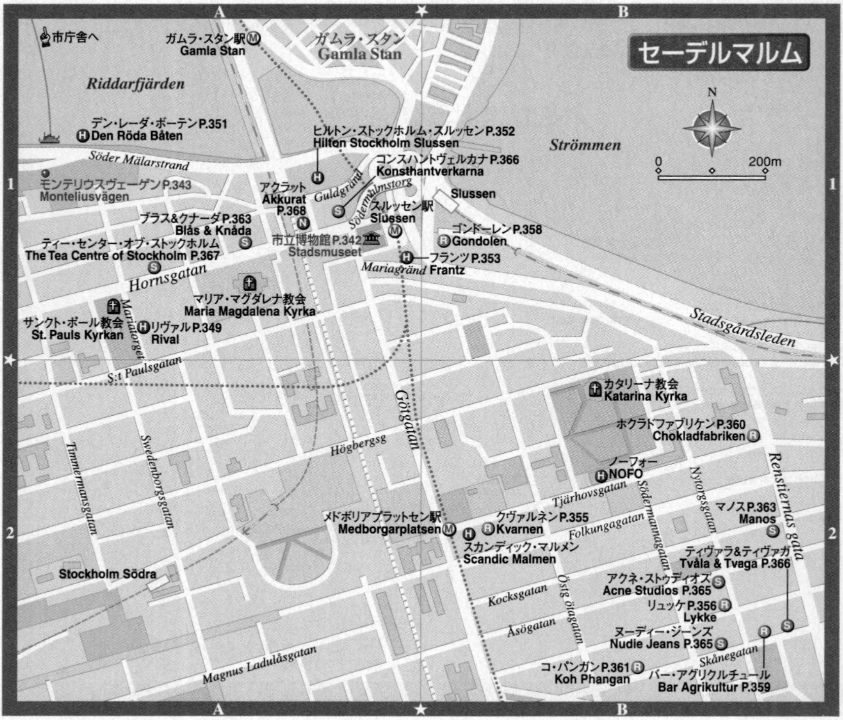
セーデルマルム
A
B
市庁舎へ
ガムラ・スタン駅
Gamla Stan
ガムラ・スタン
Gamla Stan
Riddarfjärden
N
デン・レーダ・ボーテン P.351
Den Röda Båten
ヒルトン・ストックホルム・スルッセン P.352
Hilton Stockholm Slussen
Strömmen
Söder Mälarstrand
コンスハントヴェルカナ P.366
Konsthantverkarna
0
200m
1
モンテリウスヴェーゲン P.343
Monteliusvägen
アクラット
Akkurat
P.368
Guldgränd
Södermalmstorg
Slussen
スルッセン駅
Slussen
ブラス&クナーダ P.363
Blås & Knåda
ゴンドーレン P.358
Gondolen
ティー・センター・オブ・ストックホルム
The Tea Centre of Stockholm P.367
市立博物館 P.342
Stadsmuseet
フランツ P.353
Mariagränd Frantz
Hornsgatan
マリア・マグダレナ教会
Maria Magdalena Kyrka
サンクト・ポール教会
St. Pauls Kyrkan
Mariatorget
リヴァル P.349
Rival
Stadsgårdsleden
S:t Paulsgatan
カタリーナ教会
Katarina Kyrka
Götgatan
ホクラドファブリケン P.360
Chokladfabriken
Timmermansgatan
Swedenborgsgatan
Högbergsg
ノーフォー
NOFO
Renstiernas gata
Tjärhovsgatan
Södermannagatan
Nytorgsgatan
メドボリアプラットセン駅
Medborgarplatsen
クヴァルネン P.355
Kvarnen
マノス P.363
Manos
2
Folkungagatan
スカンディック・マルメン
Scandic Malmen
ティヴァラ&ティヴァガ
Tvåla & Tvaga P.366
Stockholm Södra
アクネ・ストゥディオズ
Acne Studios P.365
Kocksgatan
Östgötagatan
リュッケ P.356
Lykke
Åsögatan
ヌーディー・ジーンズ
Nudie Jeans P.365
Skånegatan
Magnus Ladulåsgatan
コ・パンガン P.361
Koh Phangan
バー・アグリクルチュール
Bar Agrikultur P.359

ストックホルム到着

飛行機で着いたら

国際線が到着するのは、ストックホルム・アーランダ国際空港Stockholm Arlanda International Airport。市の中心部から北に約45kmの位置にあり、国際線およびほとんどの国内線が発着するストックホルムの空の玄関口となっている。

ストックホルム・アーランダ国際空港

Stockholm Arlanda International Airport

空港には4つのターミナルがあり、それぞれが連絡してひとつながりの巨大な建造物となっている。日本からの直行便を運行するANAの国際線（2024年後半から運航開始予定）とSASはターミナル5を、フィンエアーはターミナル2と5を利用している。各ターミナルから別のターミナルへは歩いても移動できるが、ターミナル間のみアーランダ・エクスプレスを無料で利用できる。無料のトランスファーバスも運行。ターミナル4と5の間にあるスカイシティSkyCityには、ショップやレストラン、ホテルが入っている。2024年3月現在、ターミナル5を中心に大規模な拡張工事を行っている。2023年夏、ターミナル5にレストランやショップが並ぶマーケットプレイスが一部オープン。同ターミナルには最新設備を誇る新セキュリティチェックも開設された。

ストックホルム・アーランダ国際空港
ターミナル3（国内線）
ゲートC エリア
ゲートD エリア
Radisson Blu Airport Terminal Hotel
拡大図はこの下
ゲートE エリア
ターミナル4（国内線）
スカイシティ
ターミナル5（国際線）
ターミナル2（国際線）
駐車場
駐車場
ゲートF エリア

※2025年頃まで拡張工事のため、一部変更の可能性あり

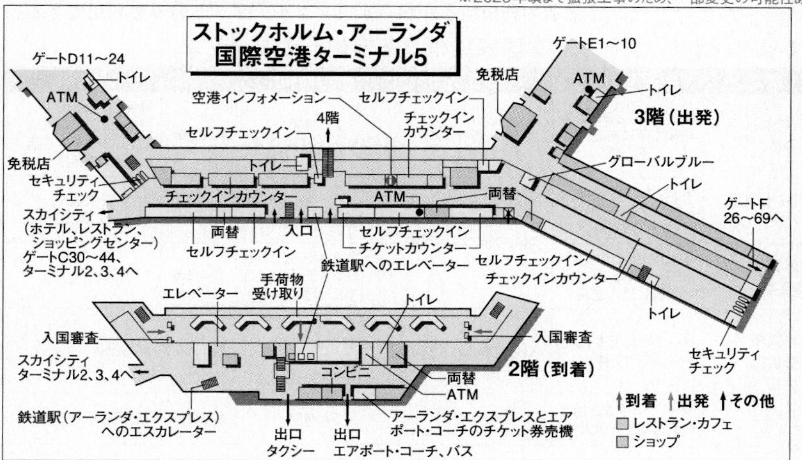

日本からの便（→P.547）
北欧諸国からの便（→P.554）

ストックホルム・アーランダ国際空港
Map P.312上
TEL 010-109-1000
URL www.swedavia.se/arlanda

空港内の両替所
Forex Bank
ターミナル2、スカイシティの3階セキュリティチェック前、ターミナル5の3階マーケットプレイス
営 ターミナル2
毎日5:00～20:00
スカイシティ
月～金5:00～21:00
土・日5:00～19:00
ターミナル5
月～金4:30～21:00
土・日4:30～19:00
休 なし

ターミナル5の到着ロビー。工事完了は2025年の予定

ターミナル5のマーケットプレイスはいろいろな店があって出発前後にグルメも楽しめます。フランス・パリの高級レストラン「ラ・ジラフ」もありました。（東京都 モモ '24）

空港から市内への行き方

空港バス

Flygbussarna

便利なエアポート・コーチ

空港と市内を結んでエアポート・コーチFlygbussarnaが運行。バスはストックホルム中央駅に隣接するシティ・ターミナルCity Terminalenに到着する。チケットはウェブサイト、空港内の案内所、ターミナル4にあるコンビニ（セブン-イレブン）、自動券売機で買えるほか、ドライバーから直接購入もできる。クレジットカード払いのみ。

鉄道

Arlanda Express

アーランダ空港（ノース／サウス）駅とストックホルム中央駅Stockholm Centralstationen間を、アーランダ・エクスプレスArlanda Expressという高速鉄道が結んでいる。市内から空港へ来るときは、ターミナル2、3、4に連絡するサウス駅に先に停車する。また、スカイシティの地下にあるアーランダ・セントラル駅Arlanda Cを経由するSL社の郊外電車40番も利用できる。こちらはセントラル駅を使うため駅利用料がかかる。どちらの列車もチケットは空港内の案内所、またはホームか到着ロビーにある自動券売機で買える。

本数も多く便利な空港への直通列車

市バス＆郊外電車

SL Buss & Pendeltåg

市バス583番でメーシタ駅Märstaへ行き、郊外電車41または42X番に乗り換える方法もある。時間はかかるものの、空港駅の利用料もかからずシングルチケットのみで利用できる。

エアポート・コーチ
URL www.flygbussarna.se
空港（ターミナル2・4）→シティ・ターミナル
運 毎日24時間、20分～1時間間隔
シティ・ターミナル→空港
運 3:00～22:00、20～30分間隔
料 片道149SEK、往復239SEK（ウェブサイトでの購入は片道129SEK、往復209SEK）
所要約45分。

アーランダ・エクスプレス
TEL 0771-720-200
URL www.arlandaexpress.com
空港→中央駅
運 毎日4:20～24:05
中央駅→空港
運 毎日4:20～24:35
料 片道320SEK、往復600SEK
2人用片道420SEK
15～30分間隔。所要約20分。

郊外電車（40番）
空港→中央駅
運 月～金4:43～翌1:13
土・日5:13～翌1:13
中央駅→空港
運 月～金4:54～翌1:54
土・日5:24～翌1:54
料 177SEK（駅利用料含む。すでに有効なSL社のチケットを持っている場合は、駅利用料130SEKを支払うだけでよい）
30分間隔。所要約40分。

市バス（583番）
運 空港（ターミナル2）発
月～金4:54～23:11
土・日6:24～翌1:09
料 42SEK
15～30分間隔。メーシタ駅からも郊外列車が頻繁に運行。空港から中央駅までは所要約1時間。

ストックホルム・アーランダ国際空港から市内へのアクセス

種類	乗り場	行き先	運行時間	所要時間	料金
エアポート・コーチ	ターミナル2または4を出た所にあるバス乗り場	シティ・ターミナル	24時間（20分～1時間間隔）	約45分	片道149SEK 往復239SEK（ウェブサイトで購入の場合は割引）
アーランダ・エクスプレス	ターミナル5の到着ロビーにあるエスカレーターまたはエレベーターを降りた所	ストックホルム中央駅	4:20～24:05（15～30分間隔）	約20分	片道320SEK 往復600SEK
郊外電車（40番）	ターミナル5の到着ロビーをスカイシティ方面に進んだ所		月～金4:43～翌1:13 土・日5:13～翌1:13（30分間隔）	約40分	177SEK
市バス＆郊外電車	ターミナル5を出た所にあるバス停	ストックホルム中央駅	●市バス（583番）月～金4:54～23:11 土・日6:24～翌1:09（15～30分間隔）	約1時間	42SEK
タクシー	ターミナル2または5の到着ロビー付近	希望の場所	24時間	約30分	750SEK～

ストックホルム・アーランダ国際空港とストックホルム中央駅を結ぶアーランダ・エクスプレスは、ユーレイルパスなど鉄道パスがあれば、無料で乗車できる。

●タクシー

Taxi

ストックホルムのタクシーは会社ごとに料金が自由に設定できるので、タクシー会社によって料金が異なる。空港と市内は固定料金を設定している会社が多く、後部座席の窓などに「Arlanda⇔Stockholm 750SEK」などと表示したステッカーが貼ってある。表示のないタクシーだと倍近い料金になることもあるので注意。

タクシー
料750SEK～

料金は窓などに貼ってある。料金を見てどのタクシーに乗るか決めればよい。

列車で着いたら

コペンハーゲンやオスロからの列車や国内の長距離列車は、すべてストックホルム中央駅に到着する。

ストックホルム中央駅

Stockholm Centralstationen

中央駅は市の繁華街の西側にある。地上2階、地下1階の3フロアのうち、2階で長距離バスターミナルのシティ・ターミナルと、地下で地下鉄T-Centralen駅と直結している。プラットホームはアーランダ・エクスプレス専用ホーム1、2番と長距離列車の発着する3～12番（9番はない）、郊外電車（→P.318）が発着する13～19番の計18がある。1階にはアーランダ・エクスプレスのホームと3～10番ホームへの入口、スウェーデン鉄道（SJ）のチケット売り場、鉄道インフォメーションKundservice、観光案内所、両替所、地下1階にはスーパーマーケット、コインロッカーなどがある。11～19番ホームの改札は地下1階と2階。構内ではWi-Fiが無料で利用できる。

ヨーロッパ諸国からの鉄道
（→P.548）
北欧諸国からの鉄道
（→P.555）

ストックホルム中央駅
Map P.308-A・B4
観光案内所
営毎日9:00～19:00
休なし

中央駅の両替所
Forex
営月～金8:00～20:00
　土・日10:00～18:00
休なし

スウェーデン屈指の巨大駅

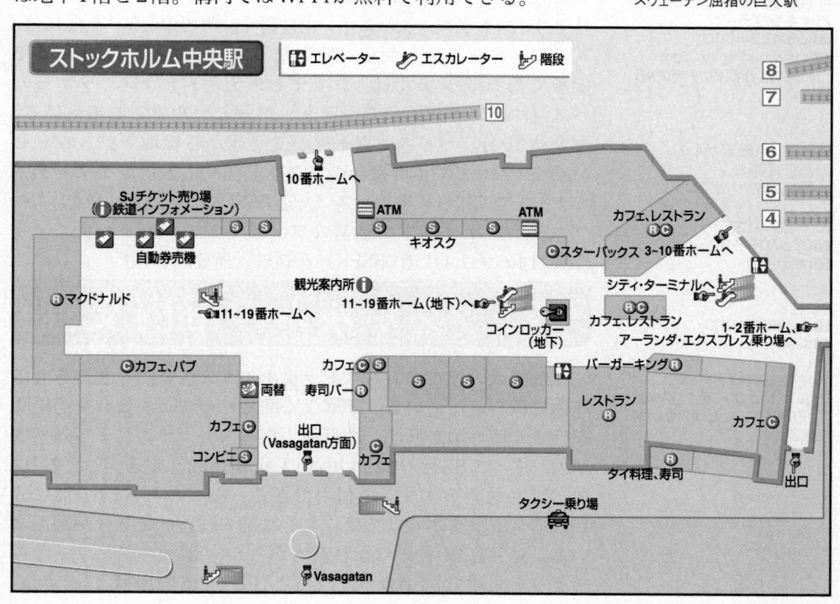

中央駅のエントランスホールには観光案内所がある。旅の情報収集やツアーの予約・SLのチケット購入などが可能。無料の地図ももらえる。

シティ・ターミナル
Map P.308-A3・4
住Klarabergsviadukten 72
URLwww.jernhusen.se/hitta-din-station/cityterminalen-stockholm
開毎日3:00～24:15
休なし

ヨーロッパ諸国からのバス路線
(→P.549)

北欧諸国からのバス路線
コペンハーゲンから9時間30分～10時間25分。オスロからは約7時間30分。

バスで着いたら

すべての国際バス、国内バスはストックホルム中央駅に隣接するシティ・ターミナルCity Terminalenに到着する。ガラス張りのモダンな建物で、1階にエアポート・コーチとフリックスバス社FlixBusの自動券売機のほか、空港バスの発着所、ATM、コインロッカー、カフェ、コンビニなどがある。フェリーのバイキングライン、タリンク・シリアライン、デスティネーション・ゴットランド、エケロラインの各ターミナル行きバスもここから発着。国際バスはノルウェーからフリックスバス社が運行している。また、国内はフリックスバス社やユーブス社Ybussなど数社が各地に便をもっている。各バスの発着ゲート番号は電光掲示板に表示されるのでチェックしよう。

ガラス張りのモダンな建物

ヴァータハムネン港
Map P.307-D1
スタッツガードハムネン港
Map P.307-D4

北欧諸国からのおもな航路
ヘルシンキから
タリンク・シリヤライン
TEL+49(国番号)-(0)40-547-541-222
URLen.tallink.com/ja/japanese
1日1便、所要約18時間。
バイキングライン
TEL(08)452-4000
URLwww.vikingline.com
1日1便、所要約17時間45分。

船で着いたら

フィンランドから船で入国する場合、タリンク・シリヤラインTallink Silja Lineは市の北東にあるヴァータハムネン港Värtahamnenのシリヤ・ターミナルSiljaterminalenに、バイキングラインはセーデルマルム地区の東にあるスタッツガードハムネン港Stadsgårdshamnenのバイキング・ターミナルVikingterminalenに到着する。エストニアからのタリンク・シリヤラインもヴァータハムネン港に着く。町の中心部へ行くには、シリヤ・ターミナルからは地下鉄イェーデット駅Gärdetまで徒歩で約10分、または、シリヤ・シティ・トランスファーのバス（片道90SEK）ならシティ・ターミナルまで直接行ける。所要約20分。バイキング・ターミナルからは地下鉄スルッセン駅Slussenまで400番台のバスを利用するか、シティ・ターミナルまで直接行く専用バス（片道65SEK）を利用。また、ニーブローハムネン港まで私営のフェリー、レッセル・リエデリRessel Rederi（片道65SEK）が運航。所要約20分。

ヨーロッパ諸国からのおもな航路
(→P.549)

レッセル・リエデリ
TEL073-078-1923
URLressel.se

SL社
TEL(08)600-1000
URLsl.se

各交通機関の運行時間
運だいたい5:00～翌1:00頃まで。市バスは、本数は少ないが終夜運行。

ストックホルムの市内交通

北欧最大の都市であるストックホルムは広く、見どころも広範囲に散らばっている。効率よく回るためには、公共交通機関をうまく使うのが肝心。地下鉄、市バス、トラムおよび郊外電車は、すべてSL社（Stockholm Lakaltrafik）が運営しており、すべて共通のチケットで利用できる。また、大小14の島に分かれるストックホルムでは、おもな島の間をフェリーが結んでいる。運営はSL社のほか私営もあるが、SL社のフェリーならチケット共通で、SLカード（→P.317）でも利用可。

見どころのハイライトともいえるガムラ・スタンとユールゴーデン島の間は、フェリーでの移動がおすすめ！時間の短縮にもなるし、なにより景色もきれいです！（福島県 トラオ '17）('24)

料金とチケット

シングルチケットは利用開始から75分有効で、時間内なら乗り換え自由。どこまで乗っても同じ一律料金だ。75分を超過する場合でも、75分が経過する前に最後の乗り換えを行えば、そのまま目的地まで乗車することができる。1日に5回以上シングルチケットを購入するなら、24時間有効なチケット175SEKがお得。ほかに72時間や7日間、30日間有効なチケットなどもある。

ペーパーレス化の動きから、チケットはデジタルまたはチャージして繰り返し使えるSLカードのみ。チケットの自動販売機は廃止されたが、有人改札口がある駅ではそこでの購入も可能。

チケット料金

料		
シングルチケット	42SEK
24時間チケット	175SEK
72時間チケット	350SEK
7日間チケット	455SEK
30日間チケット	1020SEK
90日間チケット	2960SEK
年間チケット	1万710SEK

SLカード

改札の窓口やコンビニで販売しているプリペイド式ICカード。カード代として別途20SEK。チャージと管理はSLアプリでも可能。カード裏面のQRコードをスキャンすると専用ページから残高を確認できる。

チケットの買い方

チケットの購入方法は以下のふた通り。
現金払いは不可なので、必ずクレジットカードの用意を。

①クレジットカードで購入

タッチ決済ができるクレジットカード(A M Vのみ)を持っているなら、改札やバス車内の読み取り機にタッチするだけでシングルチケットの購入が可能。72分以内に乗り換える場合も同じクレジットカードをタッチすればOKで、1枚のチケットとしてカウントされる。スマホのApple PayやGoogle Payも利用可能。

②スマホアプリで購入

SLのアプリをダウンロードし、クレジットカードを登録して使用。アプリを起動したら画面下のApp ticket → Buy app ticketの順にタップし、購入したいチケットの種類と数を選んで購入。シングル、24時間、7日間など好きな有効期間が選択できる。購入したチケットは365日間有効で、乗車時に画面をタップしてアクティベートして使用する。有効時間の確認やルート検索などもできて便利。

地下鉄

Tunnelbana

マークは①。7つの路線が地下鉄T-Centralen駅を中心に広がっている。各線は番号で示され、方向は終着駅名で区別される。ストックホルム市内の場合、シングルチケットは改札に入ってから75分間有効。

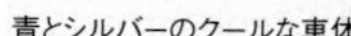
青とシルバーのクールな車体

地下鉄路線図

ストックホルム中央駅(地下)やセルゲル広場などにあるSLセンター・インフォメーションでは各種チケットの購入やSLカードのチャージができるほか、路線図、時刻表も入手できる。現金払い不可。

セルゲル広場の
SLセンター・インフォメーション
Map P.308-B3
開月～金 10:00～18:00
休土・日

地下鉄の乗り方

チケットの購入方法はカードまたはアプリのみ。
事前にしっかり確認しておくこと。

①駅を探す

Tの字が表示された丸い看板が地下鉄駅の目印。チケットはタッチ決済やアプリのほか、改札横の窓口で駅員から直接購入することも可能。

②改札を通る

クレジットカードやSLカード、チケットのQRコードを表示させたスマホを改札の読み取り機にタッチし、緑色のランプが点灯したらゲートが開く。

③降りる駅をチェック

次の停車駅が近づくと、アナウンスと同時に車両連結部の上にある電光掲示板に駅名が表示される。全駅に停車するので、止まったら降りて上階へ。

④改札を出る

外に出るときは再び改札を通る。緑色の矢印が点灯しているゲートが出口専用だ。出るときはカードやチケットは不要。近づくとゲートが自動で開く。

市バス
営5:00～24:00頃
24時間運行している路線もある。
降車口は車両の真ん中あたりにある。降りるときのサインはボタン式。ドライバーに頼んでおけば、降りたい場所で教えてもらえる。

● 市バス

SL Buss

ストックホルムの市バスは、すべて前乗り後ろ降りのワンマンバス。すべてのバスに環境にやさしい再生可能燃料が使用され、電動バスの台数も増えている。SLアプリでは地図上でバスの運行状況をリアルタイムで検索でき、最寄りの停留所への到着予定時間も調べられる。

市バスの車体は赤や青

トラム
シティ・トラム（7番）
営月～金5:36～24:46頃
土　5:56～24:46頃
日　6:16～24:46頃
ユールゴーデン線（7N番）
URL www.djurgardslinjen.se
営4月上旬～12月　土・日
夏季　火～日
※運行時間は公式サイトで要確認

シティ・トラムはユールゴーデン島に行くのに便利

● トラム

Spårvagn

市内に2路線、郊外に4路線の計6路線が運行。市内の路線は、ストックホルム中央駅T-Centralenとユールゴーデン島Djurgårdenを結ぶSL社の路線、シティ・トラム（7番）と、ベルツェリー公園Berzelii Park付近のノルマルム広場Norrmalmstorgからユールゴーデン島を年代物のレトロな車両で結ぶスウェーデン・トラム協会のユールゴーデン線（7N番）のふたつ。地下鉄スルッセン駅とストックホルムス・エストラ駅Stockholms Östraから出発する郊外の路線Lokalbana（ライト・レール）も利用できる。

郊外電車
営5:00～翌1:30頃

● 郊外電車

Pendeltåg

地下鉄やバスと共通のチケットが使えて便利

南北に延びる約80kmの区間を走る。40～44と48の6系統があり、すべてストックホルム中央駅を経由する。SL社のチケットで利用できる。

フェリー
営8:00～22:00頃
冬季は便数が減る。

● フェリー

Båt

SL社が運航しているフェリーは、80番、82番、89番の3つ。観光でよく使うのが、ニーブローハムネン港Nybrohamnenと、ユールゴーデン島のチボリ公園そばのアルメンナグレンド通りAllmänna Gränd間を結ぶ80番と、ガムラ・スタンGamla Stanのシェップスブロン通りSkeppsbronに面するスルッセンSlussenとアルメンナグレンド通り間を結ぶ82番。どの路線も1年中運航だが、89番のみは夏季のみ。ヴァックスホルム島などストックホルム群島（→P.343）やドロットニングホルム宮殿（→P.334）行きのフェリーは私営のため、SL社のチケットおよびSLカードは使えない。

おもなタクシー会社
Taxi Stockholm
TEL(08)150-000
Taxi Kurir
TEL(08)300-000
チップは通常不要。料金の端数を切り上げて払う。

タクシー料金
料初乗り60SEK前後～（タクシー会社により初乗り運賃は異なる）
市内の移動なら150～200SEKで可能。人数が増えると料金が高くなる。夜間は割り増し。

● タクシー

Taxi

流しのタクシーはなく、タクシースタンドから乗る。車の窓に黄色いステッカーが貼ってあり、10kmごともしくは15分の値段（350～400SEKが目安）が書いてあるので確認を。人数が増えると料金が高くなる。夜間は割り増しとなる。配車アプリのUberも利用可。

市内の移動にはレンタル電動スクーターも利用できる。おもな会社はVoi（URL www.voi.com）、Lime（URL www.li.me）など。

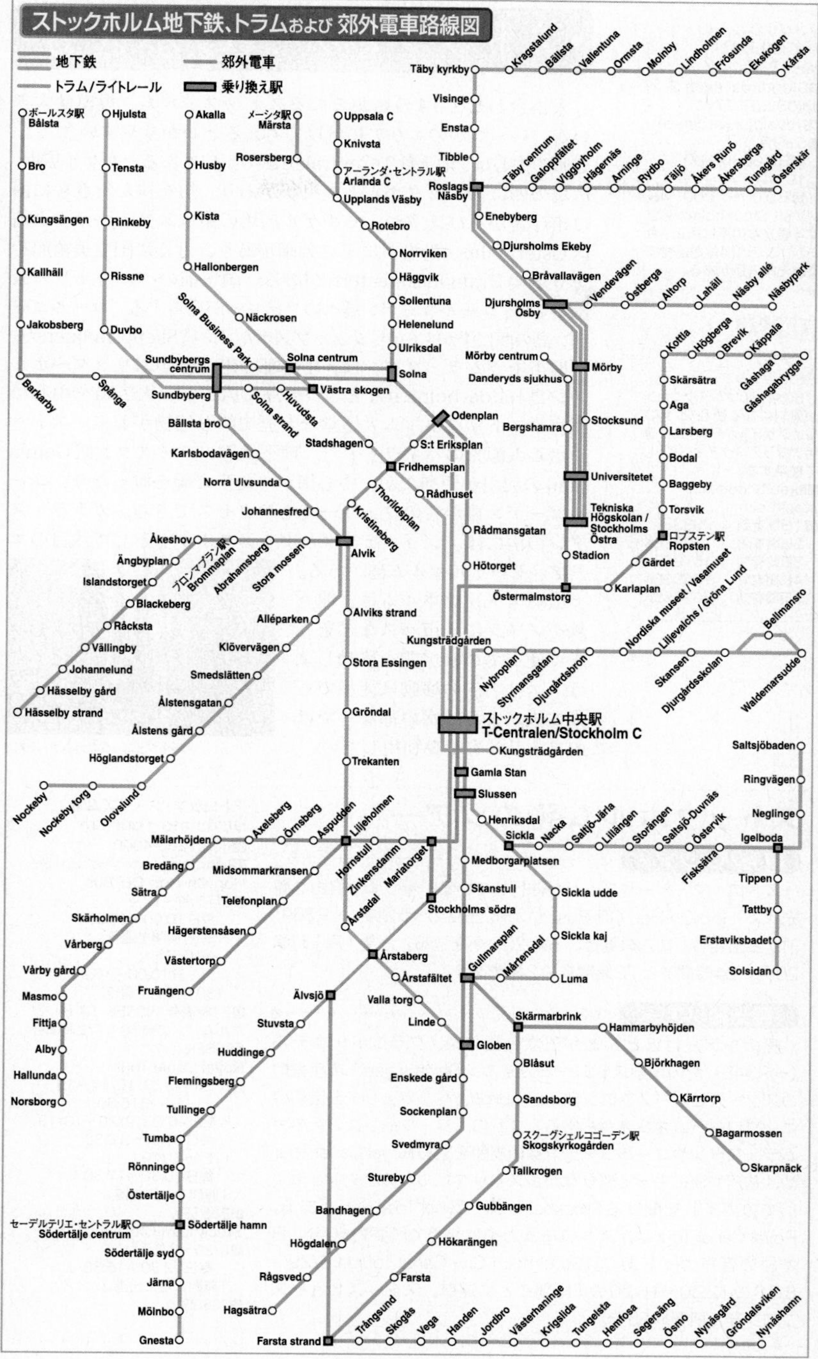
ストックホルム地下鉄、トラムおよび郊外電車路線図
地下鉄
郊外電車
トラム/ライトレール
乗り換え駅
Täby kyrkby
Kragstalund
Bällsta
Vallentuna
Ormsta
Molnby
Lindholmen
Frösunda
Ekskogen
Kårsta
Visinge
Ensta
Tibble
Roslags Näsby
Täby centrum
Galoppfältet
Viggbyholm
Hägernäs
Arninge
Rydbo
Täljö
Åkers Runö
Åkersberga
Tunagård
Österskär
Enebyberg
Djursholms Ekeby
Bråvallavägen
Djursholms Osby
Vendevägen
Östberga
Altorp
Lahäll
Näsby allé
Näsbypark
ボールスタ駅
Bålsta
Bro
Kungsängen
Kallhäll
Jakobsberg
Barkarby
Spånga
Hjulsta
Tensta
Rinkeby
Rissne
Duvbo
Akalla
Husby
Kista
Hallonbergen
Näckrosen
Solna Business Park
メーシタ駅
Märsta
Rosersberg
Uppsala C
Knivsta
アーランダ・セントラル駅
Arlanda C
Upplands Väsby
Rotebro
Norrviken
Häggvik
Sollentuna
Helenelund
Ulriksdal
Solna
Solna centrum
Sundbybergs centrum
Sundbyberg
Västra skogen
Huvudsta
Solna strand
Bällsta bro
Karlsbodavägen
Norra Ulvsunda
Johannesfred
Stadshagen
Odenplan
S:t Eriksplan
Fridhemsplan
Thorildsplan
Kristineberg
Rådhuset
Rådmansgatan
Hötorget
Mörby centrum
Danderyds sjukhus
Mörby
Bergshamra
Stocksund
Universitetet
Tekniska Högskolan / Stockholms Östra
Stadion
Östermalmstorg
Karlaplan
Gärdet
ロプステン駅
Ropsten
Torsvik
Baggeby
Bodal
Larsberg
Aga
Skärsätra
Kottla
Högberga
Brevik
Käppala
Gåshaga
Gåshagabrygga
Åkeshov
Ängbyplan
ブロンマプラン駅
Brommaplan
Abrahamsberg
Stora mossen
Alvik
Islandstorget
Blackeberg
Råcksta
Vällingby
Johannelund
Hässelby gård
Hässelby strand
Alléparken
Klövervägen
Smedslätten
Ålstensgatan
Ålstens gård
Höglandstorget
Olovslund
Nockeby torg
Nockeby
Alviks strand
Stora Essingen
Gröndal
Trekanten
Kungsträdgården
Nybroplan
Styrmansgatan
Djurgårdsbron
Nordiska museet / Vasamuset
Liljevalchs / Gröna Lund
Skansen
Djurgårdsskolan
Bellmansro
Waldemarsudde
ストックホルム中央駅
T-Centralen/Stockholm C
Kungsträdgården
Gamla Stan
Slussen
Henriksdal
Sickla
Nacka
Saltsjö-Järla
Lillängen
Storängen
Saltsjö-Duvnäs
Östervik
Fisksätra
Igelboda
Saltsjöbaden
Ringvägen
Neglinge
Tippen
Tattby
Erstaviksbadet
Solsidan
Mälarhöjden
Axelsberg
Örnsberg
Aspudden
Liljeholmen
Hornstull
Zinkensdamm
Mariatorget
Bredäng
Midsommarkransen
Sätra
Telefonplan
Skärholmen
Hägerstensåsen
Vårberg
Västertorp
Vårby gård
Fruängen
Masmo
Fittja
Alby
Hallunda
Norsborg
Årstadal
Medborgarplatsen
Skanstull
Stockholms södra
Sickla udde
Sickla kaj
Luma
Årstaberg
Årstafältet
Gullmarsplan
Mårtensdal
Älvsjö
Valla torg
Linde
Stuvsta
Skärmarbrink
Hammarbyhöjden
Huddinge
Globen
Björkhagen
Flemingsberg
Enskede gård
Blåsut
Kärrtorp
Tullinge
Sockenplan
Sandsborg
Bagarmossen
Tumba
Svedmyra
スクーグシェルコゴーデン駅
Skogskyrkogården
Skarpnäck
Rönninge
Stureby
Tallkrogen
Östertälje
Bandhagen
Gubbängen
セーデルテリエ・セントラル駅
Södertälje centrum
Södertälje hamn
Högdalen
Hökarängen
Södertälje syd
Järna
Rågsved
Farsta
Mölnbo
Hagsätra
Gnesta
Farsta strand
Trångsund
Skogås
Vega
Handen
Jordbro
Västerhaninge
Krigslida
Tungelsta
Hemfosa
Segersäng
Ösmo
Nynäsgård
Gröndalsviken
Nynäshamn

ストックホルムの観光案内所ℹ
Map P.307-C3
住Djurgårdsvägen 2
TEL(08)667-7701
URLroyaldjurgarden.se
開5〜9月
毎日9:00〜19:00
10〜4月
毎日9:00〜17:00
Visit Stockholmが運営する観光案内所は廃止されたが、ほかの団体が運営する観光案内所がある。

CHECK!
ストックホルム・パス Stockholm Pass
60余りのアトラクションが無料になる便利なパス。ウェブサイトから購入し、専用アプリでアクティベイトして使用する。
URLgocity.com/en/stockholm
料1日間有効　969SEK
2日間有効　1309SEK
3日間有効　1579SEK
4日間有効　1869SEK
5日間有効　2029SEK

•ストックホルムの歩き方•

大小合わせて14の島からなるストックホルム。規模は大きいが、いくつかのエリアに分けて考えるとわかりやすい。

町の中心は、地下鉄T-Centralen駅の出口にあるセルゲル広場。広場の西にストックホルム中央駅があり、川を挟んださらに西に市庁舎がそびえ立つ。セルゲル広場の東はエステルマルム地区Östermalm。港沿いに王立公園があり、近くに国立美術館や王立劇場Dramatiskateaternがある。劇場前のベルツェリー公園からは、ユールゴーデン島へのフェリーが発着する。ユールゴーデン島の西に浮かぶのが、シェップスホルメン島Skeppsholmenだ。

旧市街ガムラ・スタンは、中心部の南に浮かぶリッダーホルメン島Riddarholmenなど3つの島に広がる。大広場を中心に王宮やストックホルム大聖堂など歴史的な建物が並ぶ、ストックホルム観光のハイライトだ。地下鉄ガムラ・スタン駅Gamla Stanの利用が便利だが、中心街から徒歩で橋を渡ったり、ユールゴーデン島からのフェリーでもアクセスできる。ガムラ・スタンの南には、ショッピング＆グルメスポットとして注目のエリア、セーデルマルム島がある。

広いストックホルムは、地下鉄をメインに、市バスなどをうまく使ってエリア間を移動しよう。エリア内の移動は徒歩でも大丈夫。また、水の都ならではのフェリーもぜひ利用したい。

フォトジェニックなガムラ・スタン

ストックホルム発のツアー

観光バスツアー

ストロッマ・ツーリズム社が催行している、乗り降り自由な観光バス「Hop On-Hop Off Bus」が人気。王立オペラ劇場（→P.369）前から出発し、市内の見どころ約20ヵ所を巡る。所要1周1時間20分。24時間券と72時間券の2種類あり。

観光船ツアー

船のツアーはほとんどが王立公園の東、グランド・ホテル（→P.348）前の埠頭ストロームカイエンStrömkajen、市庁舎前のスタッズヒュースブロンStadshubron、ベルツェリー公園前のニーブローハムネン港から出る。ストロッマ・ツーリズム社のガムラ・スタンやユールゴーデン島の周囲を回るRoyal Canal Tourや、運河や海に沿って巡りながらストックホルムの歴史などについてのガイドを聞けるStockholm City Canal Tourなどがある。Royal Canal Tourは、ストロームカイエン発で所要約50分。日本語の音声ガイドあり。Stockholm City Canal Tourは6/29〜8/18の12:30〜16:30の1時間ごとに運航。スタッズヒュースブロン発、所要約55分。

ストロッマ・ツーリズム社 Strömma Tourism
TEL(08)1200-4000
URLwww.stromma.com/sv-se/stockholm
Hop On-Hop Off Bus
催3月下旬〜12月
毎日10:00〜16:00
（30分間隔で運行）
1〜3月下旬
土・日10:00〜16:00
（30分間隔で運行）
料24時間券390SEK（ストックホルムパスで無料）、72時間券555SEK
Royal Canal Tour
催3/28〜4/28、10/14〜15
土・日・祝16:30
4/29〜6/23、9/20〜10/13
毎日11:30〜16:30
6/24〜9/19
毎日10:30〜17:30
1時間ごとに出港。
料285SEK
Stockholm City Canal Tour
催6/29〜8/18
毎日12:30〜16:30
1時間ごとに出港。
料285SEK

ストックホルム・パスは短期間に集中的に観光したい人におすすめ。

COLUMN SWEDEN

ストックホルムで楽しめるふたつのユニークツアー

ストックホルムで参加できるツアーには、かなりユニークなツアーが少なくない。そんなレアな体験ができる、ふたつのツアーをピックアップして紹介。

水陸両用車の地上＆水上ツアー

オーシャンバスと呼ばれる水陸両用車に乗り、ストックホルムを陸上と水上の両方から観光するユニークなツアー。王立オペラ劇場の前から出発し、エステルマルム地区を中心にまずは市内の見どころをドライブでぐるりと回る。そのあとは国立海洋博物館Sjöhistorika Museum付近から入水し、ユールゴーデン島に架かる橋の下をくぐり、シェップスホルメン島やガムラ・スタンの近くを遊覧。再び陸に戻って王立オペラ劇場まで戻ってくるという内容だ。

所要時間は約1時間で主要スポットを巡ることができ、ガイドから詳しい解説を聞けるのが魅力。1時間のうち陸上を30分、水上を30分で回る流れで、クルーズ気分も存分に楽しめる。

ツアーは4～9月のほぼ毎日催行され、1日3～8便の運行。人気のツアーなので特に7・8月は早めの予約がおすすめ。公式サイトから予約できる。なお、ヨーテボリ(→P.378)でも同様のツアーが開催されているので気になる人はチェックしてみよう。

サメのようなデザインが楽しいオーシャンバス

■オーシャンバス
Ocean Bus
URL oceanbus.se
料 1人325SEK～

上空から町を一望できる

熱気球ツアー

ストックホルムは、熱気球による市街地上空の飛行が認められた、ヨーロッパで数少ない都市のひとつ。夕方に町の上空を飛行する熱気球は、ストックホルムの夏の風物詩のひとつになっている。ストックホルムにはいくつかの熱気球フライトを催行しているツアー会社があるが、そのひとつがアップランズ・バルーンフリッグ社。

熱気球ツアーが行われるのは5～9月頃。気流が安定する夕方または早朝に出発（月により出発時間が異なる）し、1時間ほど上空を遊覧する。ツアーは出発地が決まっているものの、着陸地はその日の風まかせ。ツアー全体の所要時間は約4時間で、料金には送迎とフライト後のシャンパンなどが付く。雨や強風など悪天候時はフライト自体が中止となるので注意して。

フライトに際しては、なるべく身軽な服装と履き慣れた靴、そしてバーナーの火から身を守る帽子の用意を忘れずに。予約は電話のほかウェブサイトでも可能。空いていれば当日でもOKだが、できれば1週間前には予約しておきたい。

■アップランズ・バルーンフリッグ社
Upplands Ballongflyg
URL uppballongflyg.se
料 1人2695SEK（保険代含む）

たくさんの熱気球が空に浮かぶ
©Jeppe Wikström

ストックホルム エリアインフォメーション

A ここがストックホルムの中心 ストックホルム中央駅周辺

ストックホルムの繁華街は中央駅の東。ヒョートリエットとセルゲル広場、ふたつの広場を結ぶドロットニングガータン通りDrottninggatanはにぎやかなショッピングエリアで、通りは歩行者専用でガムラ・スタンまで通じている。トラムや地下鉄、バスが集まる中心地なので、ここから観光を始めるのがいい。中央駅の西、メーラレン湖Mälarenに面した堂々たる建物が市庁舎。中央駅からは徒歩5分ほど。

見どころ★★★★
グルメ★★★
ショッピング★★★

おもな見どころ
市庁舎（→P.324）
セルゲル広場（→P.338）
ヒョートリエット（→P.338）

↑町の中心、セルゲル広場
←ノーベル賞授賞式の晩餐会が行われる市庁舎

B 2つの島への拠点 エステルマルム地区周辺

Östermalm

王立公園やベルツェリー公園の東に広がるのがエステルマルム地区。地下鉄駅エステルマルムストリエ駅Östermalmstorgからストゥーレプラン広場Stureplanにかけては、デパートやショップ、レストランが集中。王立公園の南にはガムラ・スタンへ行く橋があり、その南東にあるのが国立美術館で、橋を渡ればそこはシェップスホルメン島。橋には王冠のオブジェがあり隠れたフォトスポットとして人気。

見どころ★★★★
グルメ★★★★★
ショッピング★★★★

おもな見どころ
王立公園（→P.339）
国立美術館（→P.339）

公園がたくさんあるエリアでもある

C 中心部南に浮かぶ海軍の島 シェップスホルメン島

Skeppsholmen

ストックホルムの中心部から王冠のオブジェのある橋を渡った先にあるのが、シェップスホルメン島だ。16世紀頃には王室の保養地として使われていたが、17世紀の半ばに海軍の基地となり、総司令部ほか各種施設がおかれ、別名「海軍の島」とも呼ばれた。当時の軍司令官の家、兵舎、体育館、王の馬小屋などは改修され、東洋博物館、建築博物館、現代美術館など個性的な博物館として再利用されている。

見どころ★★★
グルメ★
ショッピング★

おもな見どころ
現代美術館（→P.340）
東洋博物館（→P.340）

王冠のある橋を渡って島へ渡ろう

大広場の周辺に見どころが集中

D 歴史的な旧市街 ガムラ・スタン Gamla Stan

旧市街ガムラ・スタンは、ドロットニングガータン通りや王立公園南など、中心部と4本の橋で結ばれている。アクセスはこれらの橋を渡るほか地下鉄、フェリーでも可能。王宮や大聖堂などストックホルムの歴史的な史跡のほとんどが集中している。メイン通りはヴェステルロングガータン通りVästerlånggatanで、レストランやショップが並ぶ。ストックホルム観光のメインとなるエリアなので、1日時間をとって回りたい。

見どころ★★★★★
グルメ★★★
ショッピング★★

おもな見どころ
大聖堂（→P.326）
王宮（→P.328、P.330）
ノーベル博物館（→P.328）

島を南北に貫くゲートガータン通り

F ストックホルムの最旬スポット セーデルマルム島 Södermalm

ガムラ・スタンの南にある大きな島がセーデルマルム島。全体が高台のようになっており、海岸線からはガムラ・スタンやその北に広がるストックホルム市街を見渡せる。かつては労働者が住む庶民的な町だったが、現在は若者に人気のブランドや雑貨店が集中する最旬スポットとなっている。ショップやレストランが集まっているのは、ゲートガータン通りGötgatanやスコーネガータン通りSkånegatan周辺。

見どころ★　グルメ★★★★　ショッピング★★★★★

E 緑あふれる自然公園 ユールゴーデン島 Djurgården

地元っ子に愛されている自然公園。1000ヘクタールの広さがある、緑豊かな都会のオアシスだ。現在では数少ない王室の領地の一部だが、自然保護のために新たな建築は一切許されず、豊かな緑はいつまでも残される。島内には、世界最古の野外博物館スカンセンのほか、多くの美術館、博物館がある。ガムラ・スタンと並び、ストックホルム観光の中心となるエリア。なお、ふたつの島の間はフェリーで結ばれている。

見どころ★★★★★
グルメ★★
ショッピング★

おもな見どころ
スカンセン（→P.332）
アバ博物館（→P.341）
ヴァーサ号博物館（→P.341）

スカンセンで昔のスウェーデンに触れよう

世界遺産がふたつ！ 郊外

ストックホルム郊外の見どころで見逃せないのは、スウェーデン王室の現居城、ドロットニングホルム宮殿と、アスプルンドが心血を注いだ傑作、スクーグシェルコゴーデンなどの見どころがある。どちらもユネスコの世界遺産に登録されている。地下鉄や市バスを利用すれば、中心部から30分ほどでアクセスできる。

おもな見どころ
ドロットニングホルム宮殿（→P.334）
スクーグシェルコゴーデン（→P.337）

郊外にある世界遺産、ドロットニングホルム宮殿

ストックホルム ユースフルインフォ

在スウェーデン日本国大使館
MAP P.307-D2
住 Gärdesgatan 10
TEL (08)5793-5300
URL www.se.emb-japan.go.jp
開 月・火・木・金9:30～12:00/14:00～16:00
水9:30～12:00/14:00～17:00
休 土・日、祝日
行き方›››
地下鉄カーラプラン駅Karlaplan下車、徒歩13分。

SAS
TEL 0770-727727

フィンエアー
TEL 0775-888937

タリンク・シリヤライン
TEL +49(国番号)-(0)40-547-541-222

バイキングライン
MAP P.307-D4
TEL (08)452-4000
住 Stadsgården, Tegelvikshamn

警察、消防、救急車
TEL 112

ストックホルム警察本部
MAP P.306-B3
住 Polhemsgatan 30
TEL 114-14

救急医療電話サービス（24時間）
TEL 1177

おもな病院
Södersjukhuset
MAP P.306-B4
住 Sjukhusbacken 10
TEL (08)123-61000
URL www.sodersjukhuset.se

タワービュー&ガイドツアー

市庁舎で絶対やるべき2のこと

ストックホルムを代表する見どころといえば、赤れんが造りの市庁舎。
タワーから360度の大パノラマを楽しんだら、ガイドツアーで豪華な内部を回ろう。

01 タワーから ガムラ・スタン一望

高さ106mのタワーに上り、市街を一望。タワーに上るには、内庭を挟んで東側入口から入るが、エレベーターは途中までで、あとは徒歩。

タワーから望んだ旧市街ガムラ・スタン

タワーの先には、スウェーデンを象徴する「Tre Kronor(3つの王冠)」が付いている

スウェーデン建築家ラグナル・オストベリRagnar Östbergの設計で、1911～23年にかけて造られた

市庁舎

Stadshuset

ストックホルム中央駅周辺 Map P.308-A4

ストックホルムのシンボル

メーラレン湖に面した市庁舎は、「水の都」にふさわしい優雅で厳粛な気品漂う名建築。ノーベル賞授賞式の晩餐会は、ここで行われる(平和賞はオスロ市庁舎)。内部はガイドツアーで見学できるほか、タワーにも上れる。

行き方 ›››
地下鉄ラドヒューセット駅Rådhuset下車、またはストックホルム中央駅から徒歩8分。

住 Hantverkargatan 1
TEL (08)5082-9058
URL stadshuset.stockholm

タワー
開 9:15～16:00
(40分ごとに出発、6～8月は増便あり)
塔へは40分間のみ入場可能。また、最大収容人数は30人までと制限がある。
休 10～4月
料 90SEK

ガイドツアー(英語)
催 毎日10:00～15:00、
1時間ごとに出発(日によって多少異なる)、所要約45分
料 150SEK、子ども(7～18歳)60SEK

02 ガイドツアーで内部見学

市庁舎の内部はガイドツアーでのみ見学可能。1階と2階の一部をぐるりと回る。見学のハイライトは、黄金の間とブルーホール。

ブルーホール

毎年12月10日に開かれるノーベル賞授賞祝賀晩餐会の会場。美しい回廊と「敲仕上げ」の赤れんがに囲まれている。建設当初、壁は青く塗られる予定だったが、赤れんがが美しかったことからそのまま残された

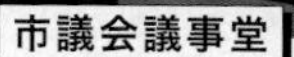

市議会議事堂

天井の梁などにヴァイキング独特の建築様式が取り入れられた。両側に傍聴席が設けられている

王子のギャラリー

窓からメーラレン湖を望むことができる。反対側にその風景を描いたエウシェン王子の絵が飾られている

3つの王冠の間

天井から下がる3つのシャンデリアが、スウェーデンの国章に描かれた3つの王冠を表している

黄金の間

1800万枚の金箔モザイクで飾られた壁面は豪華絢爛。いちばん奥の壁に描かれているのは、ストックホルムの擬人像であるメーラレン湖の女王だ。ノーベル賞授賞パーティの舞踏会広間として使われる

壁には金箔とガラスでスウェーデンの歴史をテーマとする絵が描かれている

魔法のような、石造りの町を歩く

ガムラ・スタンおさんぽ

中世からの町並みが広がる旧市街、ガムラ・スタンを歩こう。
ストックホルムを代表する見どころが連続する、ゴールデン・ルートへ。

Start!

地下鉄 ガムラ・スタン駅

エリア内南東にある地下鉄ガムラ・スタン駅から散策スタート！ 1日たっぷり時間をとって出かけよう。

徒歩5分

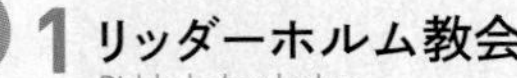

1 リッダーホルム教会

Riddarholms kyrkan

Map P.310-B3

高い尖塔をもつ教会。13世紀半ばに、フランシスコ会修道院として建てられたのが始まり。透かし彫りのような塔はネオゴシック様式で、過去2度の火災で焼失し、1846年に再建されたもの。

住 Riddarholmen
TEL (08)402-6100
URL www.kungligaslotten.se
開 5～9月　毎日10:00～17:00
10月～11月頭　土・日10:00～16:00
休 10月～11月頭の月～金、11月頭～4月
料 60SEK（ストックホルム・パスで入場可）

1 ひときわ目立つリッダーホルム教会。周囲には私有の宮殿が建ち並んでいる
2 17世紀初め、グスタフ・アドルフ2世により歴代国王、女王永眠の場所となった

徒歩2分

2 貴族の館

Riddarhuset

Map P.310-B2

1668年に建造された、オランダ・バロック様式の建物。内部には2322もの貴族の紋章の楯が飾られ、当時をしのばせている。内部のホールでは、室内音楽のコンサートがときどき開かれる。

住 Riddarhustorget 10
TEL (08)723-3990　URL www.riddarhuset.se
開 6/2～8/28　月～金11:00～15:00
8/29～6/1　月～金11:00～12:00
休 土・日
料 60SEK（ストックホルム・パスで入場可）
※2025年2月まで改装のため休館中

今も貴族の集まりで使われる

徒歩5分

3 大聖堂

Storkyrkan

Map P.311-C2

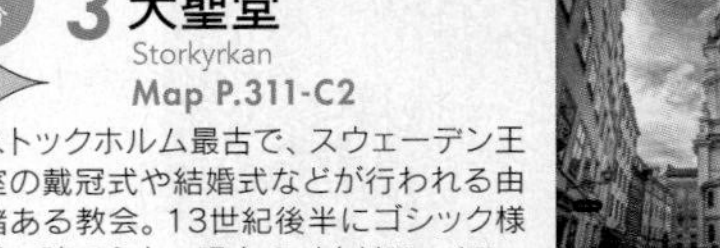

ストックホルム最古で、スウェーデン王室の戴冠式や結婚式などが行われる由緒ある教会。13世紀後半にゴシック様式で建てられ、現在のイタリア・バロック様式になったのは1480年代。内部に入ると、正面に黒檀と銀による祭壇、バロック様式の玉座、説教台、1489年に制作された『セント・ジョージと龍』の木彫などがある。

2010年6月にはヴィクトリア王女の結婚式も行われた

住 Trångsund 1
TEL (08)723-3000
URL svenskakyrkan.se/stockholmsdomkyrkoforsamling
開 毎日9:30～17:00（オーディオガイド付き）
休 なし
料 100SEK（ストックホルム・パスで入場可）

15世紀に北ヨーロッパで活躍したドイツの彫刻家バーント・ノトケの代表作『セント・ジョージと龍』

豆知識 セント・ジョージと龍
キリスト教の聖人、セント・ジョージ（聖ゲオルギオス）による、ドラゴン退治の物語。像は、槍をドラゴンにつけた場面。

ガムラ・スタン散策のヒント

❶アクセスは地下鉄、徒歩、フェリー
上記のルートは地下鉄ガムラ・スタン駅が起点だが、ほか中心部から橋を渡ったり、ユールゴーデン島からのフェリーを利用することもできる。

❷広場やオブジェに注目してみて
名前の付いた広場には、特徴的なオブジェが置かれている。注目は、『セント・ジョージと龍』のレプリカが置かれたシェップマン広場や計量器のある鉄の広場。

❸王宮とノーベル博物館はあと回し
メインの見どころである王宮は、昼頃の衛兵交替に合わせて、ノーベル博物館はティータイムに行くのがおすすめ。ぐるりと回った最後に寄るようにしよう。

❹最後はメイン通りでお買い物
ヴェステルロングガータン通りは、13世紀に遡る繁華街。石畳の道沿いには、おみやげ店やレストランが軒を連ねる。散策後に歩いて、気になる店を探そう。

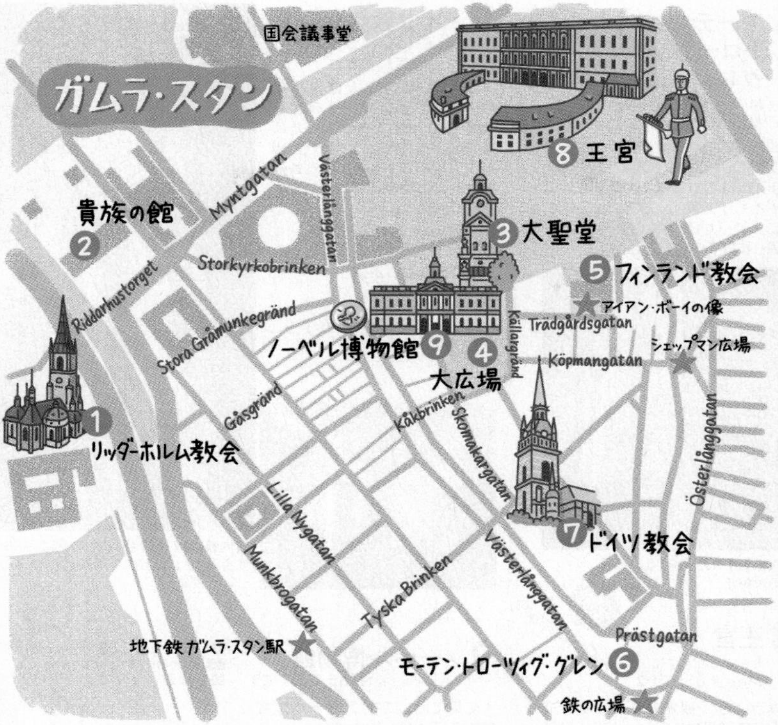
ガムラ・スタン
国会議事堂
8 王宮
貴族の館 2
Myntgatan
Västerlånggatan
3 大聖堂
5 フィンランド教会
アイアン・ボーイの像
Storkyrkobrinken
Riddarhustorget
Stora Gråmunkegränd
ノーベル博物館 9
4 大広場
Källargränd
Trädgårdsgatan
シェップマン広場
Köpmangatan
Gåsgränd
Kåkbrinken
Skomakargatan
1 リッダーホルム教会
Österlånggatan
Lilla Nygatan
7 ドイツ教会
Munkbrogatan
Tyska Brinken
Västerlånggatan
Prästgatan
地下鉄ガムラ・スタン駅
モーテン・トローツィグ・グレン 6
鉄の広場

徒歩1分

4 大広場

Stortorget

Map P.311-C3

ガムラ・スタンの中心地。現在は平和な広場だが、ここで"ストックホルムの血浴"が起こった。広場に面して、1776年建造の証券取引所Börsenがある。現在はノーベル博物館(→P.328)となっており、最上階にはグスタフ3世が創設したスウェーデン・アカデミーがあり、毎年ノーベル文学賞の選考を行う。

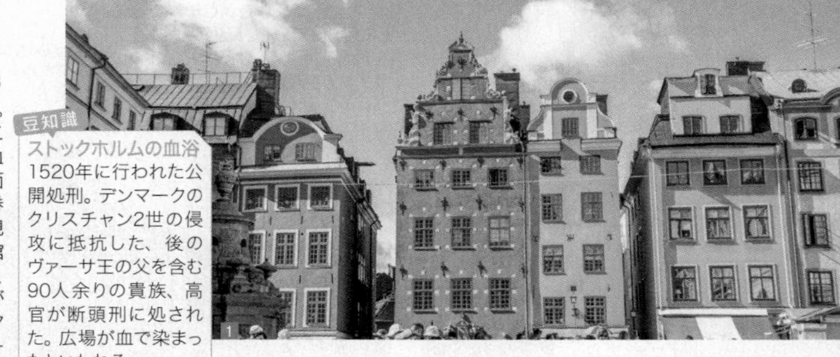

豆知識

ストックホルムの血浴
1520年に行われた公開処刑。デンマークのクリスチャン2世の侵攻に抵抗した、後のヴァーサ王の父を含む90人余りの貴族、高官が断頭刑に処された。広場が血で染まったといわれる。

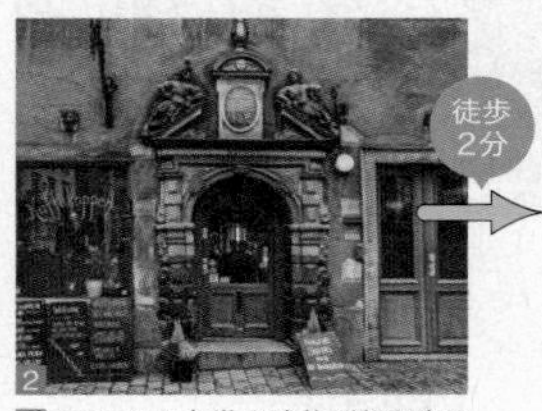

1 カラフルな中世の建物が軒を連ねる 2 周囲にはカフェも多く、ひと休みするのも◎

徒歩2分

5 フィンランド教会

Finska kyrkan

Map P.311-C2

有名なのは教会ではなく、裏庭にたたずむ"アイアン・ボーイ"の像。高さわずか14cmの像は、その愛らしさから市民や観光客に大人気！ 正式な作品名は、『月を見ている少年』。

かわいいマフラー、ありがとっ
冬はニット帽が定番さ

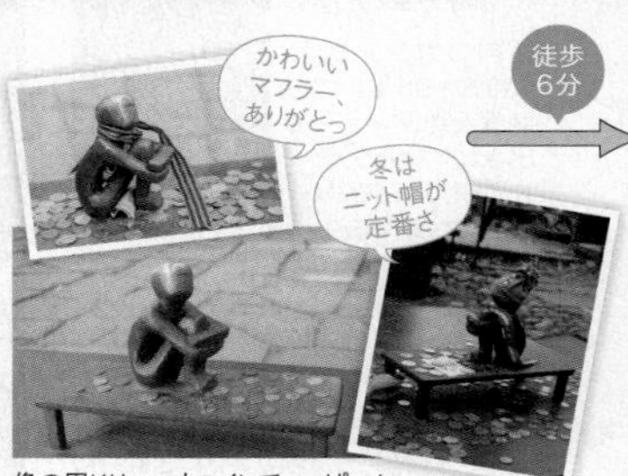

像の周りはいつもコインでいっぱい！

徒歩6分

6 モーテン・トローツィグ・グレン

Mårten Trotzigsgränd
Map P.311-C4

ガムラ・スタンで最も狭い通り、モーテン・トローツィグ・グレン。その幅は90cmほどしかなく、両手を伸ばさずとも十分届く。観光ポイントだけに人通りが激しく、すれ違いながら通り抜けるのはひと苦労。

記念撮影する人が絶えない人気スポット

徒歩3分

7 ドイツ教会

Tyska kyrkan
Map P.311-C3

ハンザ同盟の商人によって1648年に建てられた。何度も改築され、現在の形になったのは1887年。内部には38の金メッキの天使の顔が飾られ、八角形の説教台は黒檀とアラバスター（雪花石膏）製。

住Svartmangatan 16A
TEL(08)411-1188
開6〜8月
　毎日10:30〜16:30
　9〜5月
　金・土11:00〜15:00
　日　12:30〜16:00
休9〜5月の月〜木
料30SEK

1 内装は17世紀半ばのもの 2 高さ96mの教会。中世には教会の周辺にドイツ人のコミュニティがあった

徒歩4分

8 王宮

Kungliga Slottet
Map P.311-C1･2

ガムラ・スタン観光のメイン。衛兵交替から内部見学まで、たっぷり3時間ほどとって行こう。詳しくは(→P.330)。

王室の公式行事にも使われる国王の公邸

徒歩3分

9 ノーベル博物館

Nobelmuseet **Map P.311-C2**

大広場に面して立つ、ノーベル賞に関する博物館。館内では、ノーベル賞の歴史や歴代受賞者に関してビデオや写真などを使って年代ごとに詳しく紹介している。英語のガイドツアーを毎日催行している（詳細はウェブサイトで要確認）。

住Stortorget 2 TEL(08)5348-1800
URLnobelprizemuseum.se
開4〜5月　火〜木　11:00〜17:00
　　　　　金　　　11:00〜21:00
　　　　　土・日　10:00〜18:00
　6〜8月　土〜木　10:00〜19:00
　　　　　金　　　10:00〜21:00
　9〜3月　火〜木・土・日
　　　　　　　　　11:00〜17:00
　　　　　金　　　11:00〜21:00
休9〜5月の月　料140SEK（ストックホルム・パスで入場可）

1 大広場に面して立つノーベル博物館
2 日本語のオーディオガイドもある

Check! カフェ＆ショップも必見！

館内のカフェでは、1976〜98年までの晩餐会のディナーで出されていたデザートと同じアイスクリームが食べられる。ショップではノーベルの肖像入りのチョコレートなど限定グッズを販売している。

1 カフェの椅子の裏にはノーベル賞歴代受賞者の直筆サインが。日本人受賞者を探してみよう 2 人気のアイスクリームをぜひ！

徒歩4分

Goal!

地下鉄ガムラ・スタン駅

昼も、夜もすてきなガムラ・スタン

ガムラ・スタンは、ふとした風景までが実にフォトジェニック！
夜のガムラ・スタンは、昼とはまた違う顔。お気に入りの場所を見つけて。

1.石畳の道は、夜になっても情緒がある 2.クラシックなカフェやバーで夜を過ごしてみては？ 3.視点を変えて上を見上げると、こんなすてきな風景が 4.クリスマスシーズンにはイルミネーションで彩られる 5.迷路のような路地裏を散策するのも楽しい 6.夏は夜23:00過ぎまで明るい 7.石畳とレトロな自転車が絶妙にマッチ 8.漆喰のトンネルがそこかしこにある

王宮徹底攻略NAVI

ガムラ・スタンの北東を占める王宮は、ストックホルム最大の見どころ！ 王族の利用した豪華な部屋や宝物に、思わずうっとり。

NAVI 01

開始30分前に集合 衛兵交替に大興奮！

王宮で行われる衛兵交替式は、ストックホルム観光のハイライト！ 舞台となるのは王宮の西にある中庭で、1日1回。交替式の前後には騎馬や楽隊によるパレードも行われ、とっても華やか。開催中は混雑するので、なるべく早めに行って場所をキープしよう。

白い制服は王室付きの楽隊。交替式はだいたい40分ほど

青い制服が衛兵です

©ArtMediaFactory / Shutterstock

caution!
衛兵交替は大人気！特に夏季は人であふれるので、スリに注意して。

NAVI 02

王族の居室で豪華なインテリアに圧倒される

王族の居室Representationsvåningarnaは全部で約600室あり、一部一般公開されている。見学できるのは、王宮内の2階と3階。ロココ様式のインテリアやクリスタルガラスのシャンデリア、銀器、ペルシャ絨毯など、豪華なコレクションはため息もの！

1 ヴェルサイユ宮殿の鏡の間を模したカール11世ギャラリー。天井にはカール11世の武勲をたたえる絵が描かれている 2 19世紀ヴィクトリア様式のインテリアでまとめられたヴィクトリア・サロン。豪華なシャンデリアはウィーン製 3 19世紀後半から20世紀初頭に在位した国王オスカル2世の書斎。当時は珍しかった電灯がいち早く導入されている 4 国王を警護する任務にあたった騎士団の功績をしのぶ部屋には、武器や制服、勲章などが展示されている

王宮攻略のコツ

❶衛兵交替は早めに場所をキープ
夏季の衛兵交替式は非常に混雑する。直前だと列の後ろになってしまい、写真を撮るのもままならないなんてことも。15分前には到着して、場所をキープしよう。

❷前日までにチケットを予約
王宮のチケット売り場は、時間帯によっては混雑し、思わぬ時間のロスになることも。共通チケットは7日間有効なので、前日までに買っておくと安心。

❸王族の居室はたっぷり2時間
王宮のメインとなる王族の居室は、じっくり回ると最低でも1時間30分はかかる。一角にある宝物の間と国歌の間も回るなら、2時間ほどを見ておきたい。

❹宝物の間は撮影不可
王宮内は、王族の居室や国家の間を含むほとんどの場所で撮影可能だが、宝物の間のみは内部撮影不可となっているので注意。

王宮

Kungliga Slottet **Map P.311-C1·2**

歴代スウェーデン王室の居城

3階建ての堂々たる建物。13世紀中頃に建てられたが、1697年の火災によりほぼ全焼。1754年に再建された。バロックとロココ様式の名建築で、代々王室の居城として使われてきた。現王室は、1981年にドロットニングホルム宮殿(→P.334)に移された

TEL(08)402-6100
URL www.kungligaslotten.se
開 5～9月　毎日10:00～17:00
　10～4月　毎日10:00～16:00
休 なし
料 170SEK(王族の居室、宝物の間、王宮博物館、グスタフ3世のアンティーク博物館(夏季のみ)がセット。ストックホルム・パスで入場可)チケットは大聖堂向かいにあるチケット売り場で。

衛兵交替式
催 4/23～8/31　月～土 12:15、日13:15
　9/1～4/22　水・土　12:15、日13:15

行き方 ›››
地下鉄ガムラ・スタン駅下車、徒歩8分。

王宮
グスタフ3世のアンティーク博物館 Gustaf III's Antikmuseum
王宮博物館 Museum Tre Kronor
Skeppsbron
王家武儀博物館 Livrustkammaren
王族の居室 Representationsvåningarna
衛兵交替式会場
宝物の間 Skattkammaren
国家の間 Rikssalen
王宮礼拝堂 Slottskyrkan
王宮チケット売り場&ギフトショップ
Slottsbacken

NAVI 03

宝物の間で国宝の輝きにうっとり

宝物の間Skattkammarenがあるのは、王宮の東側。12人の歴代国王・女王の王冠、剣、宝物類が展示されている。メインは、700のダイヤモンドと真珠、ルビー、エメラルドで飾られたエリック14世の王冠。そのきらびやかさに目がくらむ。

1 王族の居室の一角にある国家の間Rikssalen。1975年まで国王臨席のもと、国会の開会式が行われた 2 宝物の間では、王冠も展示されている 3 国家の間にあるシルバーの王座
©Alexis Daflos, Kungl. Hovstaterna/The Royal Court

まだまだある!

王宮の見どころ

©Alexis Daflos, Kungl. Hovstaterna/The Royal Court

王宮礼拝堂 Slottskyrkan
典型的なフランス・ロココ様式。夏季を中心に室内楽、リサイタルなどコンサートが開かれる。
開 5～9月　毎日10:00～17:00
休 10～4月
料 無料
　通年日曜11:00からミサが行われる。

王家武儀博物館 Livrustkammaren
17世紀の王グスタフ2世がLützenで戦死したとき乗っていた軍馬の剥製や、18世紀末に仮装舞踏会で暗殺されたグスタフ3世の血のついた服、その暗殺者の貴族が使用したピストル、仮装マスクなどを展示。
TEL(08)402-3012 URL livrustkammaren.se
開 5・6月　毎日　11:00～17:00
　7・8月　毎日　10:00～18:00
　9～4月　火・水・金～日11:00～17:00
　　　　　木　　　　　11:00～20:00
休 9～4月の月 料 150SEK

王宮博物館 Museum Tre Kronor
西側の入口または王族の居室脇の入口から入る。17世紀末焼失した旧王宮の品々を展示。

DATA 王宮と同じ

グスタフ3世のアンティーク博物館 Gustaf III's Antikmuseum
グスタフ3世王の収集した美術品や宝飾品が収められている。

開 5～9月　毎日10:00～17:00
休 10～4月

©Alexis Daflos, Kungl. Hovstaterna/The Royal Court

世界初の野外博物館！ スカンセンで 昔のスウェーデンにタイムトリップ！

スカンセンには、貧しい農業国だった昔のスウェーデンの原風景が残っている。野外博物館で学ぶ、シンプルで素朴な暮らし。

©Kraft_Stoff / Shutterstock

楽しみ1

伝統の建物を見学する

敷地内には、スウェーデン各地から移築した木造建築が点在。昔ながらの農村風景が想像でき、同じ農業国として親近感を感じる建物もたくさん。

楽しみ2

昔の人々と触れ合う

タウンクオーターは、工房の町を再現したエリア。ガラスや陶器などの工房をのぞいてみよう。パン屋では、伝統のシナモンロールを焼く様子も見られる。

©Alexandra Lande / Shutterstock

楽しみ3

季節のイベントを体感する

夏至祭やクリスマスなど、季節ごとの伝統的なイベントを開催。写真は、毎年12月13日に行われるルシア祭。クリスマスには町最大のマーケットも出る。

ハーブガーデン

1892年に誕生したガーデン。古くから、スウェーデン料理に欠かせないハーブや薬草が植えられている。

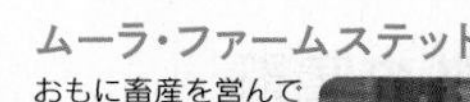

インフォメーション

ムーラ・ファームステッド

おもに畜産を営んでいたダーラナ地方の農家。1700年代に建てられた厩舎や食糧倉庫などがある。

動物園

グリズリーやトナカイ、ムースなどスカンジナビアに暮らす動物たちを飼育する動物園が園内の一角にある。

ブレイダブリック

れんが造りのタワーで、高さは30m。タワーの周辺には劇場として使われるブラージ・ホールもある。

タウンクオーター

小さな工房がいくつも並ぶ歴史村。当時の衣装を着たスタッフが作業を再現して見せてくれる。

セグローラ教会

18世紀、ヴェステルイェールランド地方に造られた木造の教会。現在も市民の結婚式やコンサートなどが行われる。

入口

トラムやバス停Skansenの目の前。周囲にはレストランやカフェ、ギフトショップがある。チケット売り場もここ。

ストックホルム・マナー

中部スウェーデンのネルケ地方にあったマナーハウス（荘園の邸宅）。18世紀のロココ建築。

©trabantos / Shutterstock.com

ヴェーラスクール

ヴェステルイェールランド地方にあった学校を移築。教室と教師の宿泊施設の両方を備えている。

スカンセン

Skansen

ユールゴーデン島

Map P.307-D3

伝統を今に伝える博物館

1891年オープンの、世界初の野外博物館。敷地内には創設者のハッセリウスHasseliusが集めた、約160棟の伝統的な建物が並ぶ。農家や邸宅、教会などの建物が年代や地域ごとに分けられており、わかりやすい。

住 Djurgårdsslätten 49-51
TEL (08)442-8000
URL skansen.se
開 4月　毎日10:00～16:00（4/30は～21:00）
5～9月　毎日10:00～18:00
10～3月　月～金10:00～15:00
土・日　10:00～16:00
（時期により変動あり）
休 なし
料 200～265SEK（水族館の入館料は別途160SEK）

行き方 ›››
市バス67番かトラム7番でSkansen下車。またはAllmänna gränd通りの船着場から徒歩5分。

スカンセン 2時間モデルコース

園内は広く、くまなく回るには丸1日かかってしまう。上記のスポットを回る2時間のモデルルートはこちら！

現王室が暮らす郊外の宮殿

ドロットニングホルム宮殿で王族気分になる

現スウェーデン王室は、ストックホルムの郊外にあるドロットニングホルム宮殿に住んでいる。宮殿の敷地内を自由に歩くことができ、内部も見学できるのは、さすが北欧。

ガーデン側から見たドロットニングホルム宮殿。前に立つのは、ヘラクレスの像

湖側から見た宮殿。青い湖と深い森に囲まれたクリーム色の建物は、おとぎ話に出てくる宮殿そのもの

ドロットニングホルム宮殿

Drottningholmsslott

郊外 Map P.312上

通称"北欧のヴェルサイユ"

1662年から建築が始められ、現在の姿になったのは1756年。イタリアやフランスの影響を受けたバロック様式風の建築で、宮殿と中国の城、宮廷劇場はあわせてユネスコの世界遺産に登録されている。

TEL (08)402-6100
URL www.kungligaslotten.se
開 1/7～4/30、10月～12月中旬 土・日10:00～16:00
5～9月　毎日10:00～17:00
12/31～1/6 毎日10:00～16:00
休 1/7～4/30と10月～12月中旬の月～金、12月中旬～12/30
料 150SEK (ストックホルム・パスで入場可)
夏季のみ中国の城との共通入場券230SEKを販売。

行き方 ›››
地下鉄ブロンマプラン駅Brommaplan下車。駅前から市バス176、177、301～303、309、312、316番などでDrottningholm下車、徒歩すぐ。

フェリーで宮殿へ

市庁舎東側の船着場スタッズヒュースブロンよりストロッマ・ツーリズム社のフェリーが運航。所要約1時間。

ストロッマ・ツーリズム社
TEL (08)1200-4000
URL www.stromma.com/sv-se/stockholm
運 5/13～6/2 土・日10:00、12:00、14:00
6/3～30 毎日10:00、12:00、14:00、16:00 (土・日は11:00、13:00、15:00の便もあり)
7/1～8/25 毎日10:00～16:00 (1時間に1便)
8/26～9/22 毎日10:00、12:00、14:00、16:00
料 往復325SEK～ (ストックホルム・パスで乗船可)

宮殿内の見どころハイライト紹介

宮殿内の2階、3階の一角は一般見学者に開放されている。たくさんの部屋があるが、必見ポイントはこの3つ！

©Alexis Daflos, Kungl.Hovstaterna

HIGHLIGHT 01

謁見用寝室

17世紀後半に当時の贅を尽くしたヘドヴィグ・エレオノラ王妃の寝室。特に重要な来賓の接客に使われた

Check! ヘドヴィグ・エレオノラ

カール10世グスタフ王の妃。26歳で未亡人となり、息子のカール11世、孫の12世、孫娘のウルリカ・エレオノーラの3代にわたり摂政を務めた。

HIGHLIGHT 02

国家の間

さまざまな儀式や集会などに利用された大ホール。壁には各国重臣たちの肖像画が飾られている

HIGHLIGHT 03

ライブラリー

科学や芸術に造詣の深かったルヴィサ・ウルリカ王妃の蔵書やアートコレクションなどを保管している

ルヴィサ・ウルリカ王妃の肖像

敷地内には見どころたくさん！

ドロットニングホルム

バス停
フェリー乗り場
N
0
250m

世界遺産に登録されている3ヵ所を回るモデルルートはこちら。なお、敷地内の移動手段は徒歩のみ。

2時間モデルルート

❶ドロットニングホルム宮殿

まずはメインとなる宮殿へ。見学時間の目安は約1時間。

↓

❷庭園

バロック様式の美しいガーデン

庭園は、宮殿に近い部分がバロック様式。続いて、自然を残しなだらかな起伏が伸びやかな英国式庭園がある。

↓

❸中国の城 Kina Slott

2階、3階の一角が一般見学者に開放されている

アドルフ・フレドリック王がウルリカ王妃に誕生祝いとして贈った中国の城。内装はロココと中国風の折衷様式。1753年建造のもので、ファサード、インテリアとも幻想的な中国風デザインだ。

TEL (08)402-6100
URL www.kungligaslotten.se
開 5・9月　土・日11:00～17:00　6～8月　毎日11:00～17:00　休 5・9月の月～金、10～4月 料 130SEK(ストックホルム・パスで入場可)

→ **❹ドロットニングホルム宮廷劇場** Drottningholms Slottsteater

ルヴィサ・ウルリカ女王によって1766年に建てられ、その子グスタフ3世の時代に全盛期を迎えた。今でも当時の装置が使われているユニークな劇場。オペラやバレエの公演が行われる。

TEL (08)5569-3100
URL dtm.se
ガイドツアー(英語)
催 4・10月　土・日12:00～15:00(毎時ちょうど出発)
5～9月　毎日12:00～15:00(毎時ちょうど出発)
料 150SEK(ストックホルム・パスで入場可)

宮殿の北側に位置している

Stockholm Sightseeing **05**

スウェーデンを代表する建築家
アスプルンドの世界に浸る

北欧モダニズムに多大な影響を与えた巨匠・アスプルンド。
国外に彼の建築物はなく、世界でもスウェーデンでしか見られない貴重なものだ。

3階まで吹き抜けになった円形ホール

アスプルンドとは？

エーリック・グンナール・アスプルンド Erik Gunnar Asplund（1885～1940年）は、スウェーデン生まれの建築家。国内にしかその作品はないものの、ヤコブセンをはじめとする後のモダニズム建築家たちへ多大な影響を与え、北欧モダン建築の土台を築いたと評される。

SPOT 01

ストックホルム市立図書館

Stockholms stadsbibliotek

郊外 **Map P.306-B2**

北欧デザインの粋を結集

ストックホルム中心部の外れにある市立図書館。建物の中心部が円柱になっており、その内側の壁に沿ってびっしりと本が並ぶ。360度本に囲まれた独特の空間だ。

住Odengatan 53 TEL(08)5083-1020
URLbiblioteket.stockholm.se

開月・水・木10:00～17:00
火13:00～19:00　金～日12:00～16:00
※2024年6月21日より改装のため休館予定　休なし　料無料
行き方 ››› 地下鉄オデンプラン駅Odenplan下車、徒歩3分。

スクエアと円筒からなる、特徴的な外観

正面入口を通ると見えてくる巨大な花崗岩の十字架は、生命循環をイメージしたもので、墓地のシンボル的存在

1 森の中に墓地が広がっている 2 森に囲まれた、森の礼拝堂。そばの小さな丘の上にはスウェーデンの名女優グレタ・ガルボGreta Garboの墓がある 3 アスプルンドのサインが入った石碑を発見 4 時計にいたるまで美しいデザイン

SPOT 02

スクーグシェルコゴーデン

Skogskyrkogården 郊外 Map P.312上

静かでクリーンな"森の墓地"

スウェーデン語で「森の墓地」を意味する市民墓地。デザインには「死者は森へ還る」というスウェーデンの死生観が取り入れられている。森林の中に10万もの墓が並び、森の火葬場や信仰の礼拝堂などアスプルンド設計のモダニズム建築が点在。ガイドツアーあり。

TEL (08)5083-1866(ビジターセンター)
URL skogskyrkogarden.stockholm
ビジターセンター
開 5～9月　毎日11:00～16:00
　10月　土・日11:00～16:00
休 10月の月～金、11～4月 料 無料
ガイドツアー(英語)
E-MAIL book.citymuseum@stockholm
催 5～10月　土または日13:00～15:00 料 150SEK
行き方 ＞＞＞
地下鉄スクーグシェルコゴーデン駅Skogskyrko-gården下車、徒歩15分。

おもな見どころ

ストックホルム中央駅周辺

●セルゲル広場、文化会館と市立劇場 Sergels Torg & Kulturhuset Stadsteatern

Map P.308-B3

ストックホルムの中心に位置しているのがセルゲル広場。地下鉄T-Centralen駅の出口と同じ地下1階にあり、フロアは白と黒のタイルがモザイク状に敷き詰められたモダンなデザイン。広場に面して立つガラス張りの建物は、文化会館。横幅160mもの大きさを誇り、内部には市立劇場のほか、映画館、カフェ、各種ショップ、若手アーティストのギャラリーなどがある。

駅から広場を横切り、階段を上がった場所はロータリーになっており、中心には8万個ものガラス片を組み合わせて造られたタワーが建つ。夜にはライトアップされて美しい。タワーの北には2022年2月にストックホルム出身アーティスト、故アヴィーチーの期間限定ミュージアム「アヴィーチー・エクスペリエンスAvicii Experience」がオープン。未発表音源など貴重な展示が楽しめる。

ガラス片で造られたタワー

セルゲル広場
行き方▶▶▶
地下鉄T-Centralen下車、徒歩すぐ。

文化会館と市立劇場
TEL(08)5062-0200
URL kulturhusetstadsteatern.se

アヴィーチー・エクスペリエンス
住 Sergels Torg 2
開 毎日10:00～18:00
休 なし
料 199～249SEK
10～3月のみアバ博物館(→P.341)との共通チケット379SEKを販売
URL aviciiexperience.com

LAにあったアヴィーチーのスタジオを再現

●ヒョートリエット Hötorget

Map P.308-B3

セルゲル広場から北に延びるセルゲルガータン通りSergelgatanは歩行者天国になっており、両側にデパートが建ち並ぶショッピングエリア。その突き当たりにある広場がヒョートリエットだ。Höとは「干し草」の意味。昔はここで、干し草、衣類、材木、肉、魚など何でも売られていた。今の市場になったのは100年ほど前のことで、色とりどりの花、新鮮な野菜や果物、キノコなどが山と積まれ、威勢のいい客引きの声が飛び交う。日曜にはフリーマーケットが開かれ、骨董品や古着などが並ぶ。

広場の南に面したビル、ヒョートリスハーレンHötorgshallenの地下にぜひ下りてみよう。週末は人いきれでムンムンするほどの混雑ぶり。肉や魚、野菜の市場、名物のトナカイやムース、ウサギやライチョウの肉など何でも揃っている。ザリガニやウナギ、大きなオヒョウが店先を占領し、ピンクの小エビが山と盛られてあふれんばかり。なかにはカフェや軽食堂、トルコ風サンドイッチを売るケバブスタンド、魚を料理して食べさせる店もあり、軽食を取るのにもおすすめの場所だ。

広場の東側に立つブルーの建物はストックホルム・コンサートハウス(→P.369)で、おもにクラシックのコンサートが開かれるが、ノーベル賞授賞式が行われる所でもある。建物前に立つブロンズの彫刻群像は、スウェーデンの代表的彫刻家カール・ミレスの作品で『オルフェウスの泉』。

ヒョートリエット
開 毎日6:30～19:00
(時期によって異なる)
休 なし

ヒョートリスハーレン
営 月～木 10:00～19:00(地下～18:00)
金 10:00～20:00(地下～19:00)
土 10:00～16:00
休 日
行き方▶▶▶
地下鉄ヒョートリエット駅Hötorget下車、徒歩すぐ。

フルーツや花などの屋台が並ぶ。初秋にはカンタレッリも

30軒の店が並ぶヒュートリスハーレンの地下

市場好きなら、ヒョートリエットは外せません！ カラフルな食材は見ているだけでも楽しいし、ジャムなどおみやげになりそうなアイテムも売っています。（広島県 がんばれカープ '17）('24)

エステルマルム地区周辺

●王立公園

Kungsträdgården

Map P.309-C3・4

18世紀末までは宮廷庭園として、王族や貴族の散策の場であった。1953年に市の700年祭を祝う記念行事として整備され、今ではにぎやかな公園として親しまれている。

園内にはふたつの銅像が立っており、北がカール13世、南がカール12世だ。夏にはさまざまなイベントがあり、野外ステージではコンサートが開かれ、野外劇が上演される。屋台が出たり、チェスに興じている人がいたりと、市民の憩いの場になっている。ベンチに座って人々を眺めているだけでも飽きない。また両側の菩提樹の並木道は絶好の散策コースになっている。冬になると人工スケート場がオープンする。

●武器博物館

Armémuseum

Map P.309-C・D3

装甲車と自走砲が迎える巨大な博物館。3階建ての館内では、ヴァイキングの時代から20世紀にいたる、スウェーデンの軍隊や武器の歴史を紹介している。大砲や銃剣など実際に使用していた武器や戦利品として獲得された各国の旗なども展示。また、各時代における戦いの様子が、精巧な実物大模型や効果音を用いてリアルに再現されており圧巻だ。

武器や模型などが展示されている

●歴史博物館

Historiska museet

Map P.309-D3

古代人の白骨や、土中から発掘された土器の破片など、約1万1000年前からの遺物が時間を追って展示されている。また併設のゴールドルームGuldrummetにある円形の特別展示室の中には、金や銀を使って作られた装飾品や、食器、武器などが展示されていてまばゆい光を放っている。

●国立美術館

Nationalmuseum

Map P.309-C4

16世紀から20世紀の絵画、彫刻、工芸品などを収蔵するスウェーデン最大の美術館。1万6000点のコレクションを誇る絵画は、レンブラント、ルーベンス、ゴヤ、ルノワール、ドガ、ゴーギャンなど巨匠たちの傑作がめじろ押しで、特に17世紀のオランダ絵画や18世紀フランスの作品が充実している。カール・ラーソン、アンデース・ソーンなどスウェーデンの画家の作品も必見だ。2018年に改装が行われ、自然光を生かし最先端の空調システムを取り入れた快適な美術館に生まれ変わった。カフェやショップも併設している。

王立公園

行き方▶▶▶

地下鉄クングストレードゴーデン駅Kungsträdgården下車、徒歩すぐ。

公園の南側に位置するカール12世の像

武器博物館

住Riddargatan 13

TEL(08)5195-6301

URLarmemuseum.se

開6月下旬～8月中旬
毎日 10:00～17:00
8月中旬～6月下旬
火 11:00～19:00
水～日11:00～17:00

休8月中旬～6月下旬の月

料140SEK

行き方▶▶▶

地下鉄エステルマルムストリエ駅下車、徒歩5分。

歴史博物館

住Narvavägen 13-17

TEL(08)5195-5600

URLhistoriska.se

開6～8月
火～日11:00～18:00
9～5月
火・木～日
11:00～17:00
水 11:00～20:00

休月

料150SEK（水曜の17:00以降は75SEK）

行き方▶▶▶

地下鉄カーラプラン駅下車、徒歩9分。

国立美術館

住Södra Blasieholmshamnen 2

TEL(08)5195-4300

URLwww.nationalmuseum.se

開火・水・金～日 11:00～17:00
木 11:00～20:00

休月

料160SEK

行き方▶▶▶

地下鉄クングストレードゴーデン駅下車、徒歩5分。

現代美術の展示も見応えがある
©Anna Danielsson/National museum

シェップスホルメン島

現代美術館

Moderna Museet

Map P.307-C3

国立美術館の脇の橋を渡った先のシェップスホルメン島にある現代アートの美術館。19世紀半ばにまで遡る10万枚以上の写真のコレクションを中心に、ダリやピカソなどの絵画、さらには彫刻から映像アートまで、幅広い作品を所有、展示している。建物はスペインを代表する建築家ラファエル・モネオRafael Moneoの設計。眺めのよいレストランも評判だ。

エーリック・グンナール・アスプルンド（→P.336）をはじめとするスウェーデンの有名建築家についての豊富な資料を展示する建築博物館も併設。

展示物は年に数回変わる

現代美術館
住Skeppsholmen
TEL(08)5202-3500
URL www.modernamuseet.se
開火·金　10:00～20:00
水·木·土·日
10:00～18:00
休月
料150SEK
行き方▶▶▶
地下鉄クングストレードゴーデン駅下車、徒歩13分。または市バス65番でModerna Museet下車、徒歩2分。

東洋博物館

Östasiatiska Museet

Map P.307-C3

アジアの国々の文化を紹介する博物館。中国のものを中心に日本や韓国、インドなどの陶磁器や仏像、掛け軸、書画などが展示されている。日本に関する展示品は江戸時代のものがほとんど。日本の宗教観や茶道など文化に関する紹介もあり興味深い。また入口横のショップでは、和食器や浮世絵の絵柄が入った手拭い、硯などいかにも東洋的なものが販売されている。

東洋博物館
住Tyghusplan 4
TEL010-456-1297
URL www.ostasiatiskamuseet.se
開火　12:00～20:00
水～日12:00～17:00
休月
料150SEK（水曜の14:00～17:00は無料）
行き方▶▶▶
地下鉄クングストレードゴーデン駅下車、徒歩12分。または市バス65番でÖstasiatiska Museet下車、徒歩すぐ。

ガムラ・スタン

国会議事堂

Riksdagshuset

Map P.310-B1

ストックホルム中心部とガムラ・スタンの間に浮かぶ小さな島にあるのが、スウェーデンの国会議事堂。20世紀の初めに建てられた石造りの重厚な建物だ。内部はガイドツアーでのみ見学できる。ツアーはスウェーデン語と英語で行われる。

国会議事堂
住Riksgatan 3
TEL(08)786-4862
URL www.riksdagen.se
ガイドツアー（英語）
催6月下旬～8月中旬
月～金12:00、13:30
（日によって変動あり）
9月中旬～6月下旬
土・日12:00、13:30
料無料
上記は英語のツアー時間。8月中旬～9月中旬や議会開催期間中はガイドツアーはない。
行き方▶▶▶
地下鉄ガムラ・スタン駅またはクングストレードゴーデン駅下車、徒歩8分。

ガイドツアーの申し込みはこちらで

島ひとつがほぼ丸々議事堂になっている

ユールゴーデン島

アバ博物館
ABBA The Museum
Map P.307-D3

スウェーデンを代表するポップグループ、アバに関する博物館。スウェーデン音楽の軌跡を紹介した大規模な音楽施設の一部となっており、チケットは全館共通。アバの衣装やゆかりの品を展示しているほか、再現したスタジオも見られる。アバのメンバーと一緒に代表曲を歌う疑似体験などインタラクティブな仕掛け満載。スマホで日本語の音声ガイドを聞くこともできる。レストランやホテルも併設。

マニアならずとも楽しめる内容だ
©Pål Allan/ABBA The Museum

北方民俗博物館
Nordiska museet
Map P.307-C3

島入口に立つ宮殿風の建物は、北方後期ルネッサンス様式で、スカンセン創設者ハッセリウスのアイデアで造られたもの。内部には織物、衣服、家具調度品、農工具、陶器、そして住居史が時代順に展示されている。16世紀より現在までの生活がしのばれ、つい100年ほど前までは貧しい農業国だったことがわかる。

1階ホール正面の大きなカシの木の彫像は、スウェーデンを独立させたグスタフ・ヴァーサ王で、カール・ミレスの作品。

ヴァーサ号博物館
Vasamuseet
Map P.307-C3

現存する最古の完全船として有名な戦艦ヴァーサ号を展示する博物館。ヴァーサ号は、スウェーデンが強大な力を誇っていたグスタフ・アドルフ2世の治世に建造された。ドイツ三十年戦争に参戦するため、1628年8月10日に王宮近くの埠頭から処女航海に出た。ところが突風に襲われ、まだストックホルム港内にいる間にあっけなく水深32mの海底に沈没してしまった。設計上のミスか、バラストの不足か、大砲の積み過ぎか、原因はいまだに不明のままだ。ヴァーサ号は全長61m、最大幅11.7m、高さ52.5m（マスト最上部まで）、排水量1210トン、帆の面積1275㎡、乗組員445人。17世紀の軍艦としてはかなりの大きさだったことがわかる。180に及ぶ彫刻が船全体に施され、特に船尾の部分は壮麗な木彫がすべて金色に塗られ、美しいものであった。1961年に行われた船体の引き揚げから復元の過程を追ったドキュメント映画も上映している。オーディオガイドを手持ちのスマホかタブレットにダウンロードできる。

ヴァーサ号の喫水線の位置にフロアが設けられている

アバ博物館
住 Djurgårdsvägen 68
TEL (08)1213-2860
URL abbathemuseum.com
開 1～3月　月～水・日10:00～18:00
木～土10:00～19:00
4月・9/2～29　毎日10:00～19:00
5/1～9/1　毎日10:00～20:00
9/30～12/23・26～30
月～水・金～日10:00～18:00
木10:00～20:00
12/24・25　10:00～15:00
12/31　10:00～16:00
休 なし
料 239～299SEK
※現金払い不可
行き方▶▶▶
市バス67番かトラム7番でLiljevalchs/Gröna Lund下車、徒歩すぐ。

北方民俗博物館
住 Djurgårdsvägen 6-16
TEL (08)5195-4600
URL www.nordiskamuseet.se
開 6～8月
毎日　9:00～17:00
9～5月
水　10:00～20:00
木～火 10:00～17:00
休 なし
料 170SEK（ストックホルム・パスで入場可）
※現金払い不可
行き方▶▶▶
市バス67番かトラム7番でNordiska museet/Vasamuset下車、徒歩すぐ。

宮殿風の趣ある外観

ヴァーサ号博物館
住 Galärvarvsvägen14
TEL (08)5195-4880
URL www.vasamuseet.se
開 6～8月
毎日　8:30～18:00
9～5月
水　10:00～20:00
木～火 10:00～17:00
休 なし
料 170～220SEK
（ストックホルム・パスで入場可）
行き方▶▶▶
市バス67番かトラム7番でNordiska museet/Vasamuset下車、徒歩5分。

壁に展示されている船の装飾品

ストックホルムに行ったら、ヴァーサ号博物館は必見です！ 巨大な船が丸々博物館内に収まっている様子は圧巻です。（東京都 モーリー '17）（'24）

プリンス・エウシェン美術館
住Prins Eugens väg 6
TEL(08)5458-3700
URL waldemarsudde.se
開火・水・金〜日
11:00〜17:00
木　11:00〜20:00
休月
料170SEK
（ストックホルム・パスで入場可）
行き方▶▶▶
トラム7番の終点から右側の林の小道を進み、約5分。

●プリンス・エウシェン美術館 Prins Eugens Waldemarsudde

Map P.307-D3・4

ユールゴーデン島南側の岬にある。1904年に建てられたエウシェン王子の邸宅は緑の多い環境にあり、王子が住んでいた当時の内装を残したまま美術館にしたユニークなものだ。

王子自身の作品をはじめ、北欧画家の作品も多く展示されていてどの作品も見応えがある。また季節の花や植物が飾られた部屋もあり、美しいインテリアと見事に調和している。絵画の鑑賞と合わせて楽しめる。レストランやカフェも併設。

ティールスカ・ギャレリー
住Sjötullsbacken 8
TEL(08)662-5884
URL www.thielskagalleriet.se
開火〜日12:00〜17:00
（5〜9月の木曜は〜20:00）
休月
料150SEK
行き方▶▶▶
市バス67番でThielska Galleriet下車、徒歩1分。

●ティールスカ・ギャレリー Thielska Galleriet

Map P.307-D3 外

ユールゴーデン島の東の突端にある美術館。1900年初頭に、銀行家ティールの邸宅として建てられたアールヌーヴォー風の美しい建築で、白い壁に緑の屋根が目印。展示されているのは、北欧の代表的画家の作品がほとんど。19世紀末から20世紀初期の絵画が主で、カール・ラーソン、アンデース・ソーン、エーンスト・ヨセフソン、ノルウェーが誇るムンクの大作も数多く展示されており、ムンクに関しての収集はスウェーデン随一といわれる。2階のアンデース・ソーンのエッチングも見逃せない。

セーデルマルム

市立博物館
住Ryssgården
TEL(08)5083-1620
URL stadsmuseet.stockholm
開火・木〜日　11:00〜17:00
水　11:00〜20:00
休月
料無料
行き方▶▶▶
地下鉄スルッセン駅下車、徒歩すぐ。

●市立博物館 Stadsmuseet

Map P.312-A1

リアルな展示が見られる

1680年築の建物を利用した博物館。ストックホルムが辿ってきた約500年もの歴史を時代ごとに3つのフロアに分けて、分かりやすく解説している。また、ストックホルムにまつわる企画展も随時催されている。

COLUMN SWEDEN

地下鉄駅の環境美術

ストックホルム市内に延びる地下鉄の鉄線は、数ヵ所で深く入り組む湾や海峡の下をくぐらねばならない。駅は数十mもエスカレーターで下った所にある。堅い岩盤をくり抜いて造られたプラットホームの壁面はコンクリートが吹きつけられ、コンペで選ばれた芸術家たちの壁画や彫刻で飾られており、プラットホーム全体が美術館のようだ。全線約100駅中94駅にわたり、250人のアーティストの作品が見られる。10番線には日本人彫刻家、楢葉雍の手によるソルナ・ストランド駅Solna strandがある。

地下鉄を単なる交通手段に使うのでなく、気になる駅を巡ってアート鑑賞するのもおすすめ。アプリ（URL stockholmartwalk.se）を使えばアートについてより深く理解できる。

独創的な装飾が施されたT-Centralen駅

●フィンナルビクス山 Skinnarviksberget

Map P.306-B4

メーラレン湖に面してそびえる小高い岩山。対岸の市庁舎やガムラ・スタンが一望でき、夕日の名所として人気。周辺は公園になっており、ピクニックテーブルもある。ほかに、地下鉄マリアトリエ駅近くのモンテリウスヴェーゲン Monteliusvägen（MAP P.312-A1）も隠れた眺望スポット。

ストックホルム市内で最も標高が高い場所

料無料
行き方▶▶▶
地下鉄ズインケンスダム駅Zinkensdammから徒歩6分。

モンテリウスヴェーゲンもおすすめの眺望スポット

郊外

●ミレスゴーデン Millesgården

Map P.312上

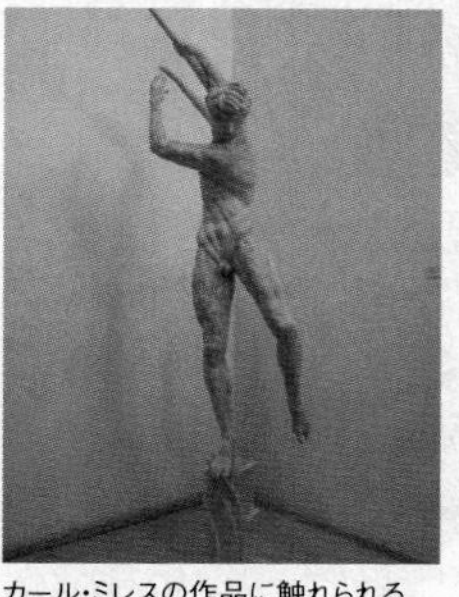
カール・ミレスの作品に触れられる

スウェーデンの代表的な彫刻家カール・ミレスCarl Milles（1875〜1955年）の彫刻庭園。ストックホルムの北東リディンゴー島Lidingöにあり、ミレスの邸宅と庭園に彼の作品、彼がコレクションした絵画や彫刻が展示されている。作品は、ギリシア、北欧神話をテーマにしたものが多く、明るく伸びやかで、また北欧人のたくましさ、力強さの表現も見られる。

ミレスゴーデン
住Herserudsvägen 32
TEL(08)446-7590
URLwww.millesgarden.se
開火〜日11:00〜17:00
休月
料170SEK
（ストックホルム・パスで入場可）
行き方▶▶▶
地下鉄ロプステン駅Ropstenから市バス201、204、206、211、212、221番などに乗りTorsviks torg下車、徒歩約10分。

COLUMN SWEDEN ストックホルム群島の旅

ストックホルムからバルト海の外海まで50kmほどの範囲には、約2万4000もの島々が散在している。このストックホルム群島Stockholm Skärgårdenと呼ばれる島々のなかで最も訪れやすいのがヴァックスホルム島Vaxholmだ。

ストックホルムからヴァックスホルム島へは、フェリーでおよそ1時間。古い木造の家が並ぶショッピング通り、さらに裏通りを歩くと、パステル調の家々が見られ、水着を持参すれば海水浴場Strandで水遊びもできる。1500年代に築かれた要塞があり、現在ヴァックスホルム要塞博物館Vaxholms Fästnings Museumとなっている。

ほかサンドハムン島Sandhamnやフィンハムン島Finnhamn、グリンダ島Grinda、ミョーヤ島Mötjaなどが人気。

市民に人気のリゾート、ヴァックスホルム島

各島へのフェリーを運航しているのは、ヴァックスホルム・ボラシェット社。出発はグランド・ホテル（→P.348）前のストロームカイエンから。また、ストロッマ・ツーリズム社も夏季にクルーズ船を運航している。

■ヴァックスホルム島 Map P.312上
行き方▶▶▶
ヴァックスホルム・ボラシェット社のフェリーが運航。1時間に1〜2便。冬は減便。

■ヴァックスホルム・ボラシェット社 Waxholms Bolaget
TEL(08)600-1000 URLwaxholmsbolaget.se

■ストロッマ・ツーリズム社
TEL(08)1200-4000 URLwww.stromma.com/sv-se/stockholm
催5/3〜6/16・8/26〜9/15
金13:00 土・日10:00
6/17〜8/25 毎日10:00、15:00
9/16〜10/13 土・日10:00
料片道175SEK〜
ニーブローハムネン港そばのストランドヴェーン通りStrandvägenから出港、ヴァックスホルム島、グリンダ島、サンドハムン島に停泊する。

カール・ミレスは、かのロダンにも師事した、世界的彫刻家。ガーデンと彫刻が調和した空間は、彼の真骨頂。

スウェーデンを代表する陶磁器の町

グスタフスベリ

ストックホルムの東約25kmにある港町、グスタフスベリ。陶磁器工場そばには、デザイン好き必見のスポットがいっぱい！

グスタフスベリ
Gustavsbergs
Map P.312上
行き方▶▶▶
地下鉄スルッセン駅前のバスターミナルから市バス474番で約25分、Vattenhjulet下車、徒歩1分。

Must Visit 5

ブランド直営のショップから絵付け工房、ギャラリーまで、グスタフスベリの魅力たっぷりのスポットはこちら！

れんが造りの大きな工場の一角にショップを構えている

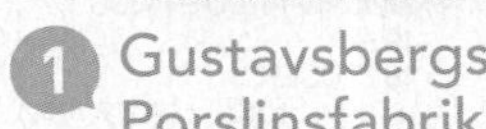

1 Gustavsbergs Porslinsfabrik

グスタフスベリ・ポースリンファブリック

直営のファクトリーショップ

グスタフスベリの工場に併設されたアウトレット。2023年12月に同じ建物内で移転オープン。ベルサ、アダム、リブといった人気シリーズのB級品が市価の半額近い値段で手に入る。

住Chamottevägen 6 TEL(08)5703-6900
URL gustavsbergsporslinsfabrik.se
営毎日11:00～17:00
（時期によって変動あり）
休なし CC M V

1 1937年に造られたキルン（窯）ホールを改装してオープン。工場での制作過程も見られる。2025年には創業200周年イベントが予定されている 2 代表作ベルサやリサ・ラーソンの最新作シックステンもお得に手に入る 3 シンプルなプレートはデイリーに活躍

1 ゆったりした店内にお買い得品がずらりと並ぶ。北欧食器好きにはたまらない空間 2 ヴィンテージ食器のコーナーも 3 グスタフスベリ社の工場が入っている建物の一角にある

2 Iittala Rörstrand Fiskars Outlet

イッタラ・ロールストランド・フィスカルス・アウトレット

北欧食器のまとめ買いはここで

イッタラ、アラビア、ロールストランドなどが豊富に揃うアウトレット。B級品は30～50%オフとリーズナブルで、まとめ買いするとさらに割安に。調理器具や日用雑貨の扱いもある。

住Tyra Lundgrens väg 23 TEL(08)5703-5655
URL www.iittala.com 営毎日10:00～18:00
休なし CC A J M V

ロールストランドやアラビアのマグカップが4個分の値段で8個買える！

③ Keramikstudion

セラミックストゥーディオン

リサ・ラーソンの陶器工房

リサ・ラーソンの陶器オブジェを製作するグスタフスベリ社の工房。1992年にリサとふたりのアシスタントによって設立された。併設されたショップでは作品も販売している。

住Odelbergs väg 5D
URLkstudion.se
営月〜木　11:00〜16:00
　金　　11:00〜13:00
休土・日 CC不可

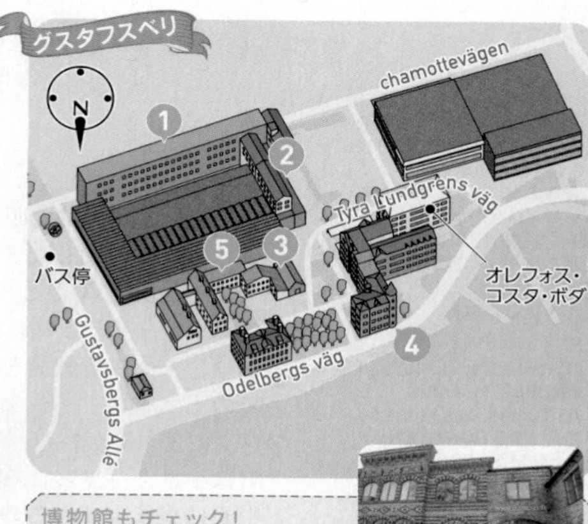

工場に併設している

博物館もチェック！

ブランドの歴史や名作を紹介するグスタフスベリ陶磁器博物館がある。小さなショップも併設。

⑤グスタフスベリ陶磁器博物館 Gustavsbergs Porslinsmuseum
住Odelbergs väg 5 TEL(08)5195-4300 URLgustavsbergsporslinsmuseum.se 開6〜9月　火〜日11:00〜17:00、10〜5月　金〜日11:00〜16:00
休 6〜9月の月、10〜5月の月〜木
料 100SEK（15:30以降は50SEK）

1 作成途中の作品たちが見られる 2 職人が一つひとつ手作業で彩色する様子を間近で見学できる 3 工房の一角で、リサのアウトレット品を販売 4 建物の奥にも工房があるが一般の見学は不可となっている

1 シナモンブレッド32SEKが人気 2 コーヒーやパンも付くランチの日替りサラダは115SEK〜

④ Café Tornhuset

カフェ・トルンフーセット

海を見ながらランチタイム

港の前にあるカフェ。建物は、かつて船の乗客の待合所や税関だった。NKデパートのベーカリー出身のシェフが手がけるパンやケーキが評判で、平日はサラダなどのランチも味わえる。

住Odelbergs väg 11
TEL(08)5703-0050
URLdelselius.se
営月〜金9:00〜18:00
　土　　9:00〜17:00
　日　　10:00〜17:00
休なし 予100SEK〜
CCM V

尖塔が目を引く個性的な建物

エクスカーション

シグトゥーナ　Sigtuna

Map P.312 上

ストックホルムの北西約40km、メーラレン湖に面したスウェーデンで最も古い町のひとつ。"聖なるシグトゥーナ"といわれ、11世紀初め、キリスト教徒としては初めての王オーロフ・シェートコーヌングにより築かれた。

ルーン石も展示されている

町は小さく、見どころはほとんど中心に集まっているので、徒歩で十分観光できる。バスターミナルと駐車場のある広場から始めると、聖マリア教会や3つの教会の廃墟などがある。

聖マリア教会St. Maria Kirkeは、1248年築とされるシグトゥーナ最古の建物。そばには、スカンジナビアで最も小さいといわれる市庁舎Sigtuna Rådhusがある。スウェーデン最古のタウンストリートといわれるストラガータン通りStora gatanには観光案内所がある。観光案内所の近くから路地に入ると、タントブルンTantbrun（ブラウンおばさん）というカフェテリアがある。入口に等身大のおばさんの人形があり、夏なら中庭でコーヒーが飲める。この通りにはシグトゥーナ博物館Sigtuna Museerがあり、シグトゥーナで発掘されたものが展示されている。また、町内には、聖マリア教会近くをはじめ数ヵ所に、史実をルーン文字で記した石碑が見られる。

スコークロステル城　Skokloster Slott

Map P.312 上

シグトゥーナからさらに船で30分行った所にあるバロック様式の城。もともと17世紀の貴族ウランゲルWrangelの邸宅だった。内部にバロックの家具、書籍、織物、陶器、武器のコレクションなどを展示している。スロトッマ・ツーリズム社が6月下旬～8月中旬にスロームカイエン発のボートツアーを催行している。

白亜の宮殿の前は芝生の広場が広がっている

シグトゥーナ
行き方▶▶▶
ストックホルム中央駅から郊外電車で終点のメーシタ駅まで約20分。駅前から570、575X、579番のバスで15～20分、Sigtuna下車。
夏季の木～日のみスロトッマ・ツーリズム社がボートツアーを催行。往復475SEK（ストックホルム・パスで無料）。

シグトゥーナの観光案内所
住Stora gatan 33,Sigtuna
TEL(08)5912-6960
URL destinationsigtuna.se
開月～金8:00～16:00
　土・日11:00～15:00
休なし

聖マリア教会
開月・火8:30～15:30
　水　8:30～18:30
　木～日8:30～17:00
休なし
料無料

市庁舎
開7/1～8/13
　毎日12:00～16:00
休8/14～6/30
料無料

シグトゥーナ博物館
住Stora gatan 55,Sigtuna
TEL(08)5912-6670
URL www.sigtuna.se/kultur-och-fritid/kultur/sigtuna-museum--art.html
開火～日12:00～16:00
休月
料60SEK

スコークロステル城
住Skoklostervägen 98-100
TEL(08)402-3060
URL skoklostersslott.se
開6/1～9/1
　毎日11:00～17:00
　9/2～30
　土・日11:00～16:00
休10～5月
料120SEK

ガイドツアー（英語）
催開館日の12:45
（月によって異なる）
料170SEK（入場料込み）
所要約45分。申し込みは入口横のショップで。現金払い不可。
行き方▶▶▶
ストックホルム中央駅から郊外電車で終点のボールスタ駅Bålstaまで行き、311番のバスに乗り換え約30分、終点Skokloster下車。

ストロッマ・ツーリズム社（→P.320）のツアー
催6/26～8/18
　木～日10:00
料475SEK

マリエフレッドとグリップスホルム城 Mariefred & Gripsholm Slott

Map P.312 上

ストックホルムから約65km、メーラレン湖に面してマリエフレッドの町がある。童話に出てくるような赤や黄色の木の家が並び、石畳の道や、バロックの教会が趣を添えている。

町のシンボルはグリップスホルム城だ。14世紀の権力者グリップによって建てられたが、一度焼失し、現在の城はグスタフ・ヴァーサ王によって建てられたもの。王の亡きあとは息子たちの間で争いが絶えず、兄エリック14世王は弟のヨワン3世王を牢に入れ、またヨワンは兄エリック王を幽閉し、毒殺するという、シェイクスピアもどきの事件の舞台となった。グスタフ3世の宮廷劇場も見逃せない。館内を回る所要45分のガイドツアーあり。観光案内所は市庁舎Rådhuset内にある。町の名物SLは、スウェーデンでも数少ないもの。1895年開通した路線で、現在はマリエフレッドとレッゲスタLäggestaの間4kmを時速11kmで走っている。

湖に面してカラフルな木造家屋が並ぶ

トローサ Trosa

Map P.312 上

ストックホルムから鉄道とバスを乗り継いで2時間弱。海に面した田舎町トローサは、北欧独特の赤い木造の建物が並んでいる、かわいらしい町並み。この地方は古くから交易が盛んで、15世紀には商業の中心地として栄えた。現在はストックホルム近郊の別荘地として有名で、ABBAのピアノ担当だったベニー・アンダーソンBenny Anderssonの別荘があることはよく知られている。

町の規模はとても小さく、歩いて回っても半日もかからない。ストックホルムからのバスが到着するバスターミナルがある町の北部が中心部で、古い民家を改装したショップやカフェ、小さなギャラリーなどが並んでいる。どこからでもよく目立つ時計塔はトローサで最も古い建物のひとつで、現在は観光案内所となっている。地図を配布しているので、まずはここで情報を集めるといい。町の中には運河が流れ、その両側に緑の木々と赤い木造のかわいらしい家々が並んでいる。時計塔の前の通りを運河に沿って南に20分ほど歩くと、小さなトローサ港にたどり着く。港の周辺にはシーフードのレストランがあり、新鮮な魚料理が食べられる。ストックホルムへのバスはトローサ港が始発となるので、ここでバスを待つといい。

運河沿いにトローサ港まで散歩していくのが人気コース

マリエフレッド

行き方▶▶▶

蒸気船やバスなどさまざまな行き方がある。最もおすすめなのは、行きは蒸気機関車SLで、帰りはメーラレン湖を進むフェリーを利用する方法。ストックホルム中央駅からレギオナルで約40分、レッゲスタ駅Läggesta下車。ここから蒸気機関車SLに乗り換えてマリエフレッドまで行く。帰りはマリエフレッドの港から蒸気船に乗り、市庁舎前のスタッズヒュースブロンまで戻る。なお、蒸気機関車は5/1～9/7、蒸気船は5月末～9月中旬のみの運航。（運航しない日もあるので要確認

URL www.oslj.nu/en-GB

URL www.mariefred.info）

グリップスホルム城

TEL (0159)10-194

URL www.kungligaslotten.se

開 5～9月
毎日　10:00～16:00
10・11月
土・日12:00～15:00

休 10・11月の月～金、12～4月

料 150SEK
（ストックホルム・パスで入場可）

ガイドツアー（英語）

催 5～9月　毎日　15:00

料 40SEK

重厚なグリップスホルム城

トローサ

URL trosa.com

行き方▶▶▶

ストックホルム中央駅から地下鉄でリリホルメン駅Liljeholmenまで約10分。トローサ行きのバスTrosabussenに乗り換えて約1時間。

トローサ行きのバスのチケットはウェブサイト（URL trosabussen.se）またはリリホルメン駅近くのCoopで購入できる。セーデルテリエ・セントラル駅Södertälje centrumからバス802番でもアクセス可能。

旅をワンランクアップさせる特別なホテルにステイ

せっかくストックホルムにきたなら、思いきって奮発して高級ホテルに泊まるのもアリ。町を代表する、王道のホテルはコチラ！

Grand Hôtel

グランド

エステルマルム地区周辺

MAP P.309-C4

格式高い老舗ホテル

湖面の向こうにガムラ・スタンと王宮が望める場所に立つ、町を代表する高級ホテル。ノーベル賞受賞者の定宿としても知られる。スモーゴスボードが楽しめるベランダ(→P.354)など5軒のレストランがある。

住Södra Blasieholmshamnen 8
TEL(08)679-3500 URLwww.grandhotel.se
料Ⓢ3600SEK～ Ⓓ4500SEK～
CCA M V 室279室
日本の予約先 TEL(03)5436-8110(東京03地域) FREE0120-086230(東京03地域外)
Mクングストレードゴーデン駅(徒歩2分)

1 さまざまなタイプの客室が用意されている。なかには王宮が見渡せる部屋もある 2 ラグジュアリーなスパを併設 3 スウェーデン出身の大女優イングリッド・バーグマンの名が付いたスイートルーム 4 1874年創業の歴史あるホテル

Berns Hotel

バーンズ

エステルマルム地区周辺

MAP P.309-C3

受賞歴ありの人気ホテル

宮殿のような外観が印象的。館内にはいたるところにアートが飾られ、まるで美術館のような趣。ナイトクラブを併設している。

住Näckströmsgatan 8
TEL(08)5663-2200 URLberns.se
料Ⓢ1700SEK～ Ⓓ2200SEK～
CCA D M V 室82室
Mクングストレードゴーデン駅(徒歩4分)

1 ストックホルムのベストブティックホテルに選ばれたこともあり、部屋はスタイリッシュ 2 レストランは朝食からディナーまで営業 3 周辺はショッピングやレストランが充実 4 ストックホルム屈指のナイトクラブ

バスタブ／一部のみ　テレビ／一部のみ　ドライヤー／貸し出し　ミニバーおよび冷蔵庫／一部のみ　ハンディキャップルーム　インターネット(無料)　インターネット(有料)

Hotel Rival

リヴァル

セーデルマルム島周辺

MAP P.312-A1

ABBAの元メンバーが経営

オーナーはABBAのメンバーだったベニー・アンダーソン。デラックスルームにはエアコンを完備。ショーやコンサートが楽しめる735人収容のシアターやレストラン、バーを併設。館内のカフェも人気がある。

住Mariatorget 3 TEL(08)5457-8900 URLwww.rival.se 料Ⓢ1500SEK～ Ⓓ1900SEK～ CCA M V 室99室 Mマリアトリエ駅Mariatorget(徒歩2分)

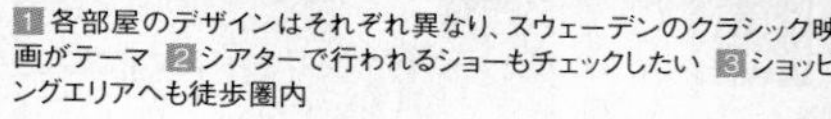

1 各部屋のデザインはそれぞれ異なり、スウェーデンのクラシック映画がテーマ 2 シアターで行われるショーもチェックしたい 3 ショッピングエリアへも徒歩圏内

Nobis Hotel

ノビス

エステルマルム地区周辺

MAP P.309-C3

快適さにこだわる

客室はウールや木材、石、レザーなどの自然な素材を使用した家具が置かれ、リラックスした雰囲気。コットンリネンのベッドシーツに、大理石を使ったバスルームなど細部にまでこだわりが光る。

住Norrmalmstorg 2-4 TEL(08)614-1000 URLnobishotel.se 料Ⓢ2590SEK～ Ⓓ3190SEK～ CCA M V 室201室 Mクングストレードゴーデン駅(徒歩5分)

1 ラウンジでも併設するバーのメニューを楽しめる 2 シンプルな客室でゆったりと滞在を満喫できる 3 外観は重厚な造りだが、館内はスタイリッシュに改装され、2軒のレストランやサウナもある

1 アンティークが飾られたかわいらしい雰囲気 2 リノベーションホテルの先駆け的存在 3 ホテルは4階建てでシングルは10室、ダブルは24室。アレルギー対応の客室もある

Lady Hamilton Hotel

レディ・ハミルトン

ガムラ・スタン周辺

MAP P.311-C2

4つ星獲得のリノベホテル

17世紀の建物を利用した、1980年オープンのホテル。館内には船舶に関する装飾品やアンティークの調度品があふれている。バスルームは床暖房完備で快適。サウナも併設している(200SEK、事前予約)。

住Storkyrkobrinken 5 TEL(08)5064-0100 URLwww.thecollectorshotels.se 料Ⓢ1418SEK～ Ⓓ1576SEK～ CCA D M V 室34室 Mガムラ・スタン駅(徒歩6分)

※北欧では、近年急激にキャッシュレス化が進み、現金払い不可の観光施設や店舗が増加している。クレジットカードを必ず用意すること。

こんな部屋見たことない！ おもしろホテルに泊まる

元監獄や飛行機、湖の上まで、ストックホルムにはユニークなホテルがたくさん！
斬新なアイディアのホテルに泊まれば、旅の思い出もさらに濃くなりそう。

Långholmen

ロングホルメン

郊外

MAP P.306-A4

元監獄利用のホテル

250年間ほど監獄だった建物を改装したユニークなホテル。5階建ての建物の中央は吹き抜けの廊下で、両側に独房が並ぶ。宿泊客は併設の監獄博物館（入館料50SEK）を無料で見学できる。館内レストランも評判。

住Långholmsmuren 20 TEL(08)720-8500
URL langholmen.com 料Ⓢ599SEK～ Ⓓ1295SEK～ 朝食126SEK CC A D M V
室102室
Ⓜホーンストゥル駅Hornstull(徒歩14分)

1 監獄の雰囲気を残した独特なデザイン 2 刑務所の歴史や囚人の日常生活などを解説する博物館 3 客室は明るい雰囲気 4 鉄格子が付いた高窓がユニーク

Jumbo Stay

ジャンボ・ステイ

郊外

MAP P.312上

本物の飛行機が客室に！

実際に使われていたジャンボジェット機を改装。コックピットはスイートルーム（Ⓢ1450SEK～Ⓓ1850SEK～）になっている。アーランダ国際空港内にあり、各ターミナルから無料シャトルバス（Alfa）でアクセスする。現金払い不可。

住Jumbovägen 4 TEL(08)5936-0400
URL www.jumbostay.se 料ドミトリー450SEK～ Ⓢ700SEK～ Ⓓ1200SEK～
CC A D J M V 室76ベッド、33室
Ⓢアーランダ・セントラル空港駅（徒歩すぐ）

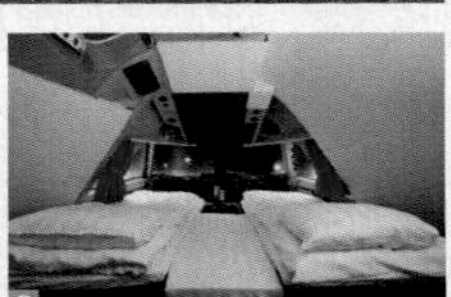

1 1976年から活躍したジャンボジェット機747-212Bモデル 2 コックピットのスイートルームは専用バスルーム付き 3 宿泊客以外でもカフェを利用できる 4 当時使われていた座席なども残されている

バスタブ / 一部のみ　テレビ / 一部のみ　ドライヤー / 貸し出し　ミニバーおよび冷蔵庫 / 一部のみ　ハンディキャップルーム　インターネット（無料）　インターネット（有料）

Den Röda Båten

デン・レーダ・ボーテン

セーデルマルム島周辺

MAP P.312-A1

ユニークさピカイチ☆

メーラレン湖に浮かぶ船を利用したユースホステル。設備は古いが手頃な料金、ユニークさで人気が高い。バス、トイレ付きのキャビンが利用できるホテルパートもある(ⓈⒹ900SEK～)。

住Söder Mälarstrand, Kajplats 10 TEL(08)644-4385
URLden-rapda-bay-ten.worhot.com 料バス・トイレ共同Ⓢ535SEK～ Ⓓ585SEK～ 朝食105SEK
CCM V 室38室 Mガムラ・スタン駅(徒歩9分)

1 1914年に造られた赤い船が目印 2 対岸にリッダーホルム教会や市庁舎が望める 3 レストランやバーも併設。レセプションはレストランにて行う

Hotell Utter Inn

ウッター・イン

郊外

MAP P.312上

湖に浮かぶコテージ

地元のアーティストが湖上に建てたコテージで、その斬新さが話題を呼んでいる。電気は通っていないが、お皿などのキッチン用具やトイレなど必要最低限の設備を完備。夏のみオープン。

住Västeråsfjärden TEL70-755-5393
URLvisitvasteras.se/hotell-utter-inn 営5～8月
料ⓈⒹ3500SEK～ CCA M V 室1室 MBSストックホルム中央駅から郊外列車でVästerängc下車。送迎ボートあり

1 備え付けのボートで近くの無人島へアクセスできる 2 ヴェステロースVästeråsという町の港に浮かぶ 3 地下にある寝室では、水中を泳ぐ魚たちを眺められる

1 静かな環境なのでのんびりと過ごしたい人におすすめ 2 客室の窓からは港やガーデンが見渡せる 3 モダンなインテリアでまとめられた客室。支払いは現金払い不可

Hotel Skeppsholmen

シェップスホルメン

シェップスホルメン島

MAP P.307-C3

伝統とモダンの融合ホテル

1699年に建てられた建物を利用したデザインホテル。外観とがらりとイメージの違う、スタイリッシュでモダンな印象の客室になっている。レストランやガーデンもある。

住Gröna gången 1
TEL(08)407-2300
URLwww.hotelskeppsholmen.se
料ⓈⒹ1943SEK～ CCA D M V
室78 室 B 65 番 ArkDes/Moderna museet(徒歩3分)

ストックホルムのホテル

HOTEL

ホテルの料金はかなり高め。中級のホテルでも、シングル1泊1000SEKは覚悟しておくこと。ホテルの数は多いが、夏季はどこも満室状態。事前の予約を忘れずに。

中央駅周辺はビジネス客向けの中～高級ホテルが集中。手頃なホテルは町の中心からやや離れたエリアにある。節約派は、Airbnbの利用もおすすめ。全体的にホテルより割安で、長期滞在に便利なキッチンが付いていることも多い。

最高級ホテル

Radisson Blu Royal Viking Hotel（ストックホルム中央駅周辺）

ラディソン・ブル・ロイヤル・ヴァイキング　MAP P.308-B3・4

住Vasagatan 1
TEL(08)5065-4000
URL www.radissonhotels.com
料SD982.81SEK～
CC A D M V　室459室　Sストックホルム中央駅(徒歩1分)

中央駅に隣接。モダンな造りの外観は夜になるとライトアップされ豪華さが際立つ。レストランやプール、サウナ、フィットネスセンターのほか、最上階にはスカイバーもある。現金払いは不可。

Hotel Diplomat（エステルマルム地区周辺）

ディプロマット　MAP P.309-D3

住Strandvägen 7C
TEL(08)459-6800
URL www.diplomathotel.com
料SD2880SEK～
CC A D M V　室130室　Mクングストレードゴーデン駅(徒歩8分)

全館アールヌーヴォー調の装飾で統一された優美なホテル。1911年建造の建物を改装し、1968年にホテルとして開業。家具は、上品な淡い色でまとめられている。湾を見下ろす部屋がおすすめ。

高級ホテル

Hotel Birger Jarl（ストックホルム中央駅周辺）

ビリエル・ヤール　MAP P.308-B1

住Tulegatan 8
TEL(08)674-1800
URL birgerjarl.se
料S799SEK～ D988SEK～　CC A D M V
室273室　Mロドマンスガータン駅Rådmansgatan(徒歩5分)

ストックホルム市を設立したビリエル・ヤールの名を冠したホテル。内部はスタイリッシュな空間。ヨナス・ボーリーンなど著名なスウェーデン人デザイナーが手がけたデザイナールームもある。

Hotel Kung Carl（エステルマルム地区周辺）

クング・カール　MAP P.309-C2

住Birger Jarlsgatan 21
TEL(08)463-5000
URL www.kungcarl.se
料S1150SEK～ D1330SEK～
CC A D M V　室143室
Mエステルマルムストリエ駅(徒歩3分)

開放的な吹き抜けのロビーが印象的。各客室はそれぞれデザインが異なる。また、スウェーデン料理をはじめ各国料理が楽しめるレストランや週3日にジャズライブが催されるバーも併設。

Hôtel Reisen（ガムラ・スタン周辺）

ライセン　MAP P.311-D2

住Skeppsbron 12
TEL(08)223-260
URL www.hyatt.com/en-US/hotel/sweden/hotel-reisen/arnub
料SD2800～4000SEK　CC A M V　室144室
Mガムラ・スタン駅(徒歩9分)

18世紀の創業当時からの伝統と格式を誇る。客室はクラシックな趣を生かしつつモダンにデザインされている。一部の部屋から海が眺められる。レストラン、バーのほか、地下にサウナとアイスバスがある。

Hotel Hasselbacken（ユールゴーデン島）

ハッセルバッケン　MAP P.307-D3

住Hazeliusbacken 20
TEL(08)1213-3300
URL hasselbacken.com
料SD1292SEK～　CC A D M V　室113室
T7番Liljevalchs/Gröna Lund(徒歩2分)

スカンセンの正門横。薄いピンク色の外観が景色に溶け込み、伝統と格式を感じさせる。客室には上品な家具やファブリックが配されている。スウェーデン料理のレストランも評判。サウナあり。

Hilton Stockholm Slussen（セーデルマルム島周辺）

ヒルトン・ストックホルム・スルッセン　MAP P.312-A1

住Guldgränd 8
TEL(08)5173-5300
URL www.hilton.com/en/hotels/stoslhi-hilton-stockholm-slussen
料SD1320SEK～　CC A D J M V　室289室
日本の予約先TEL(03)6864-1633(東京03地域)
FREE 0120-489852(東京03地域外)
Mスルッセン駅(徒歩4分)

セーデルマルム島に立つモダンなホテル。客室はいずれも広々とした間取りで、バスルームに大理石を使うなど内装も上品。レストランやバー、フィットネスセンターなど施設も充実。

バスタブ　テレビ　ドライヤー　ミニバーおよび冷蔵庫　ハンディキャップルーム　インターネット(無料)
一部のみ　一部のみ　貸し出し　一部のみ　インターネット(有料)

中級ホテル

Comfort Hotel Xpress Stockholm Central（ストックホルム中央駅周辺）

コンフォート・ホテル・エクスプレス・ストックホルム・セントラル MAP P.308-A3

住Kungsbron 1
TEL(08)5662-2200
URLwww.strawberry.se
料ⓈⒹ604SEK～
CCA D M V 室257室
Sストックホルム中央駅（徒歩5分）

シティ・ターミナル内という抜群の立地。朝食のサービスを無くし、部屋の清掃も4日以上滞在した場合に行うなどコストを省き、お手頃価格で泊まれるように方針を一新。ロビーには売店がある。

Scandic Continental（ストックホルム中央駅周辺）

スカンディック・コンチネンタル MAP P.308-B4

住Vasagatan 22
TEL(08)5173-4200
URLwww.scandichotels.com
料ⓈⒹ2101SEK～
CCA D J M V 室392室
Sストックホルム中央駅（徒歩1分）

中央駅前にある好立地。地下鉄T-Centralen駅がすぐ下にあり、アクセスは至便。シックなトーンでまとめられた客室はアメニティが充実。眺めのいいルーフトップバーやレストランがある。

Scandic No.53（ストックホルム中央駅周辺）

スカンディック No.53 MAP P.308-B3

住Kungsgatan 53
TEL(08)5173-6500
URLwww.scandichotels.com
料ⓈⒹ1551SEK～
CCA D J M V 室274室
Mヒョートリエット駅（徒歩3分）

コンパクトな客室だが、設備はモダンで内装もおしゃれ。ベッド脇のテーブルがイスを兼ね、ベッド下に荷物用の収納スペースがあるなど合理性を追求した造り。夏季は中庭にテラス席がオープンする。現金払い不可。

Hotell Frantz（セーデルマルム島周辺）

フランツ MAP P.312-A1

住Peter Myndes backe 5
TEL(08)442-1680
URLwww.hotelfrantz.se
料Ⓢ1500SEK～ Ⓓ1990SEK～
CCA D M V 室48室
Mスルッセン駅（徒歩2分）

1647年に建てられた歴史ある建物を利用した、こぢんまりとしたブティックホテル。客室には、デザイン性の高い家具が配され、おしゃれな雰囲気。現金払い不可。

エコノミー

Queen's Hotel（ストックホルム中央駅周辺）

クイーンズ MAP P.308-B2

住Drottninggatan 71A
TEL(08)249-460
URLwww.queenshotel.se
料Ⓢ1275SEK～ Ⓓ1445SEK～ CCA D M V 室62室
Mヒョートリエット駅（徒歩3分）

1800年代を意識した造りが印象的。内部は、クリスタルのシャンデリアやアンティーク調の家具が配され豪華な雰囲気。客室はゆったりとして、明るい色使い。周辺は商店が多くにぎやか。

Hostel Bed & Breakfast（ストックホルム中央駅周辺）

ホステル・ベッド&ブレックファスト MAP P.308-A1

住Rehnsgatan 21
TEL(08)152-838
URLhostelbedandbreakfast.com
料ドミトリー320SEK～
Ⓢ580SEK～ Ⓓ780SEK～ 朝食込み
シーツ50SEK タオル10SEK
CCM V 室14室、37ベッド Mロドマンスガータン駅（徒歩3分）

建物の地下1階にある。客室は清潔で、手入れも行き届いている。スタッフも親切で居心地がよく、長期滞在者が多い。キッチンも完備。女性専用のドミトリーもある。受付は9:00～20:00。

Generator（ストックホルム中央駅周辺）

ジェネレーター MAP P.308-A2

住Torsgatan 10
TEL(08)5053-2370
URLstaygenerator.com/hostels/stockholm
料ドミトリー195SEK～
ⓈⒹ769SEK～ トリプル670SEK～ タオル50SEK
CCM V 室233室、838ベッド Sストックホルム中央駅（徒歩10分）

ヨーロッパとアメリカで展開するエコノミーホテルチェーン。インテリアは原色を多用し、ビビッドでスタイリッシュ。受付は24時間オープンし、レストランや女性用ドミトリーもある。

Castanea Old Town Hostel（ガムラ・スタン周辺）

カスタネア・オールド・タウン・ホステル MAP P.311-C3

住Kindstugatan 1
TEL(08)223-551
URLcastaneahostel.com
料ドミトリー300SEK～
ⓈⒹ800SEK～ シーツ・タオル75SEK
CCM V 室16室、57ベッド
Mガムラ・スタン駅（徒歩6分）

ドイツ教会から徒歩2分の所にあるホステル。全室窓が設置されており、天井も高く快適。ドミトリーは1室につき4、6、16ベッド。受付やキッチンは建物の3階。ロッカーは無料。

味、雰囲気ともに抜群！スウェーデン料理の有名店

ストックホルムに来たらやっぱり食べたい、伝統的なスウェーデン料理。
味はもちろん、雰囲気にもこだわった名店をピックアップ！

Verandan

ベランダ

エステルマルム地区周辺

MAP P.309-C4

これが元祖ヴァイキング料理

グランド・ホテル（→P.348）1階のレストランで、名物はスモーゴスボード（ヴァイキング料理）。多種多様なスウェーデン料理が取り放題で、675SEK～。

住Södra Blasieholmshamnen 8
TEL(08)679-3586 URLwww.grandhotel.se
営毎日7:00～23:00
スモーゴスボード
月～金18:00～22:00
土・日12:30～16:00/18:00～22:00
休なし 予595SEK～ CC A D J M V
Mクングストレードゴーデン駅（徒歩2分）

1 大きな窓の向こうには港の風景が広がる
2 バラエティ豊富なニシンのピクルスが名物

スモーゴスボードの作法

❶冷菜は冷たい皿、温菜は温かい皿で

皿は数種類が用意されているが、いちばん大きなプレートは温められている。これは肉など温かい料理を取るときの専用皿。冷菜は冷たいお皿で取ろう。

❷伝統的な食べ方

まずはニシンの酢漬けやスモークサーモンをジャガイモやパンと一緒に食べる。次にサラダや冷菜を取り、最後にミートボールなど肉料理。5～6皿くらい取るのが普通。

❸何度取りに行ってもOK！

スモーゴスボードは、いわば自分でチョイスできるフルコース料理。取り放題なので、気に入ったら何度取りに行ってもOK。お皿はつど替えるのがマナー。

❹ドリンクは別料金

アルコールなどドリンクは別料金。ニシンの酢漬けやスモークサーモンにはアクアヴィット、食後にはプンシュPunschというリキュールが定番。

Tranan
トラーナン

郊外

MAP P.306-B2

庶民派スウェーデン料理店

カジュアルなビストロで、スウェーデン料理をメインにヨーロッパ各地の料理を味わえる。人気はビーフフィレ365SEKや塩漬けのサーモン265SEK。人気店なので要予約。

住Karlbergsvägen 14 TEL(08)5272-8100
URL www.tranan.se
営月～金 11:30～23:00　土 12:00～23:00
　日　　 12:00～22:00
休なし 予200SEK～
CC A M V
Mオデンプラン駅（徒歩1分）

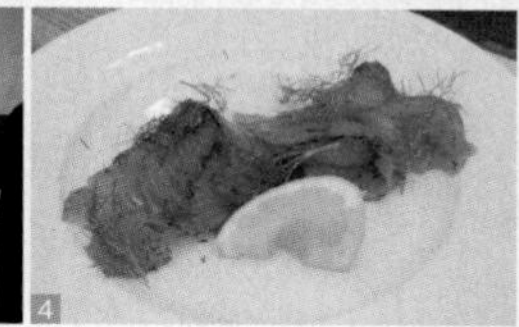

1 昔ながらの酒場の雰囲気 2 夏は屋外のテラス席が気持ちいい 3 スタッフの応対もにこやか 4 人気の塩漬けのサーモンはレモンを搾って

1 ミートボールのクリームソースがけ235SEK。付け合わせのベリーをつけて味変するのもおすすめ 2 おひとり様でも気兼ねなく利用できる。日替わりランチは160SEK～ 3 店の奥にはカウンターバーもあり、アルコールだけの利用もできる

Kvarnen
クヴァルネン

セーデルマルム島周辺

MAP P.312-B2

老舗のカジュアルレストラン

1908年創業の老舗レストラン。雰囲気はカジュアルで、料理はメインが270～390SEK程度。週末のスモーゴスボードは395SEK。スナップスの種類も豊富。

住Tjärhovsgatan 4 TEL(08)643-0380
URL www.kvarnen.com
営月・火11:00～24:00　水～金11:00～翌3:00
　土　 11:30～翌3:00　日　　 11:30～23:00
　スモーゴスボード土・日11:30～15:30
休なし 予200SEK～ CC A D M V
Mメドボリアプラットセン駅Medborgarplatsen（徒歩1分）

Zum Franziskaner
ズム・フランシスカーネル

ガムラ・スタン周辺

MAP P.311-D4

伝統レシピのメニューがずらり

ガムラ・スタンに古くからある、海に面したレストラン。ヤンソン氏の誘惑109SEKやソーセージの盛り合わせ289SEK、ニジマスのロースト345SEKなど庶民的なスウェーデン料理が評判。

住Skeppsbron 44
TEL(08)411-8330
URL www.zumen.se
営月　　16:00～23:00
　火～木16:00～24:00
　金　　15:00～24:30
　土　　15:00～24:30
　日　　15:00～22:00
休なし 予200SEK～
CC A M V Mガムラ・スタン駅またはスルッセン駅（徒歩6分）

1 レトロなインテリア 2 港に面した今の場所に17世紀から店を構える 3 ニシンの盛り合わせ159SEKとスウェーデンの地ビール66SEK～

※北欧では、近年急激にキャッシュレス化が進み、現金払い不可の観光施設や店舗が増加している。クレジットカードを必ず用意すること。

周辺には庭園や花畑、果樹園などが広がる

庭園、老舗、旧市街まで 個性派カフェでひと休み

スウェーデン人は、午後のカフェタイムをとても楽しみにしている。
「フィーカFika」と呼ばれる、お茶の時間を楽しめるすてきカフェへご招待。

Lykke

リュッケ

セーデルマルム島周辺

MAP P.312-B2

音楽とコーヒーを堪能

サステナブルにこだわるコーヒーブランド、リュッケの直営カフェ。虹をモチーフにしたカラフルなインテリアがレトロでおしゃれ。地下にはDJブースもあり、ライブイベントも開催。ポップなグラフィックが楽しいコーヒー豆109SEK～はおみやげにおすすめ。

住Nytorgsgatan 38　TELなし
URL www.lykkenytorget.se
営月～水8:00～18:00
　木　　8:00～22:00
　金・土8:00～24:00
　日　　9:00～18:00
休なし　予100SEK～
CC M V
M メドボリアプラットセン駅（徒歩9分）

1 グリルドクロワッサン75SEKとアメリカーノ36SEK。コーヒーはエスプレッソ、マキアート、フラットホワイトなど種類豊富。季節限定メニューも登場する 2 かわいくて居心地のよいカフェ 3 ブラジル産ブレンドの「OJ！」などコーヒー豆はパッケージもキュート

Rosendals Trädgård Kafé
ローゼンダール・トレーゴード・カフェ

ユールゴーデン島

MAP P.307-D3

緑のなかで過ごす至福のひととき

ユールゴーデン島のローゼンダール庭園Rosendals Trädgård内にある。周辺のガーデンや温室を利用した広々とした空間で、オーガニックの野菜やハーブを使った料理やお茶が楽しめる。現金払い不可。

住Rosendalsterrassen 12
TELなし
URL www.rosendalstradgard.se
営毎日11:00〜16:00（時期により変動）
休なし
予50SEK〜
CC A M V
T 7番Bellmansro（徒歩7分）

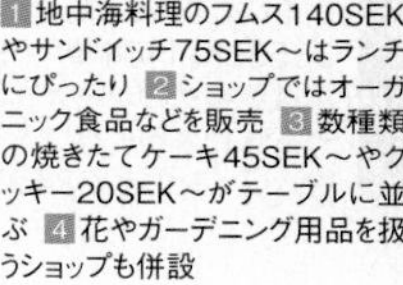

1 地中海料理のフムス140SEKやサンドイッチ75SEK〜はランチにぴったり 2 ショップではオーガニック食品などを販売 3 数種類の焼きたてケーキ45SEK〜やクッキー20SEK〜がテーブルに並ぶ 4 花やガーデニング用品を扱うショップも併設

1 アップルケーキ109SEKとカプチーノ50SEK 2 フレンドリーなスタッフが迎えてくれる。日本語メニューの用意も 3 中世の趣漂う店内。地下にも部屋がある

Kaffegillet
カフェジレット

ガムラ・スタン周辺

MAP P.311-C2

歴史的な建物を改装

14世紀のワイン貯蔵庫を利用したカフェレストラン。れんが造りの丸天井で、テーブルにはろうそくがともり中世のロマンが漂う。伝統的なスウェーデン料理も人気でレストランとしての利用もおすすめ。

住Trångsund 4 TEL(08)213-995
営毎日11:00〜21:00（時期により変動） 休なし
料150SEK〜 CC M V Mガムラ・スタン駅（徒歩6分）

Vete-Katten
ベーテ・カッテン

ストックホルム中央駅周辺

MAP P.308-A・B3

伝統スイーツを味わえる

1928年創業の老舗カフェ。広い店内には当時のたたずまいを残すコーヒールームが残され、クラシックな雰囲気。人気はシナモンロール38SEKやプリンセスケーキ58SEK。サンドイッチやサラダもおいしい。コーヒーのほか、オリジナルブランドの紅茶やアールグレイ、ルイボスティー、チャイなどお茶も充実。

住Kungsgatan 55 TEL(08)208-405
URL vetekatten.se
営月〜金7:30〜20:00
　土・日 9:00〜19:00
休なし CC AMV
Mヒュートリエット駅（徒歩3分）

1 趣あるコーヒールーム。店名は「小麦粉の猫」という意味 2 伝統的なプリンセスケーキのほか、チョコレートやフルーツのケーキなど種類豊富 3 ストックホルム市内に9店舗ある人気店でフィーカしよう

ストックホルムのレストラン

中央駅の周辺やガムラ・スタンを中心に、味はもちろん雰囲気、サービスともに充実した店がいたるところにあり、伝統的な名物料理からエスニック料理まで幅広く食べられる。気軽に食べられるのは11:00〜14:00にかけてのダーゲンス・レットDagens Rättだ。いわゆる「昼の定食」で、その日のメニューが黒板に書いてあったりする。

スウェーデン料理

Stadshuskällaren
スタッズヒュースシェラレン

MAP P.308-A4

市庁舎(→P.324)地下の高級レストラン。モダンなスウェーデン料理が楽しめる夜のアラカルトは275〜385SEK。1月中旬〜下旬にノーベル賞授賞式のディナーと同じメニューを味わえるイベントを開催(要予約)。ワイン付きで2495SEK程度。

ストックホルム中央駅周辺
住Hantverkargatan 1
TEL(08)5862-1830
URL stadshuskallarensthlm.se
営月　11:30〜14:30
火　11:30〜14:30/17:00〜24:00
水〜金 11:30〜14:30/17:00〜23:00
土　17:00〜23:00
休日、7月〜8月中旬、12月下旬〜1月中旬(要確認)
予290SEK〜　CC A D M V
Mラドヒューセット駅(徒歩7分)
Sストックホルム中央駅(徒歩7分)

Fem Små Hus
フェム・スモー・ヒュース

MAP P.311-D2

伝統的なスウェーデン料理が味わえる店。「5つの小さな家」の名のとおり、外観は5軒の家のようで、中でひとつにつながっている。暗い室内にろうそくの明かりが揺れて雰囲気満点。前菜175SEK〜、メイン295SEK〜、コース625SEK〜。

ガムラ・スタン周辺
住Nygränd 10
TEL(08)108-775
営毎日　17:00〜22:00
(6〜9月は11:30〜15:30にランチ営業あり)
休なし
予400SEK〜
CC A M V
Mガムラ・スタン駅(徒歩8分)

Movitz
モヴィッツ

MAP P.311-C3

17世紀に使用されていた民家の地下倉庫を改装したレストラン。メニューは伝統的なスウェーデン料理がメイン。おすすめはシーフードの盛り合わせSymphony Movitz 369SEK。スウェーデンの地ビールが50種類以上揃うのも魅力。

ガムラ・スタン周辺
住Tyska Brinken 34
TEL(08)209-979
URL www.movitz.com
営水〜土 17:00〜22:00
併設のパブ
日〜木 16:00〜翌1:00
金　16:00〜翌3:00
土　13:00〜翌3:00
休日〜火(パブはなし)　予250SEK〜
CC A J M V
Mガムラ・スタン駅(徒歩3分)

Den Gyldene Freden
デン・ギュルデネ・フレーデン

MAP P.311-D4

創業1722年の老舗レストラン。ノーベル文学賞を選考するスウェーデン・アカデミーの会員が集う店として知られている。壁には吟遊詩人エヴェルト・タウベ直筆の自画像がある。スウェーデンの伝統料理が中心でメニューは日によって変動する。

ガムラ・スタン周辺
住Österlånggatan 51
TEL(08)24-9760
URL gyldenefreden.se
営月〜木 12:00〜23:00
金　12:00〜翌1:00
土　17:00〜翌1:00
休日
予250SEK〜
CC A D M V
(現金払い不可)
Mガムラ・スタン駅(徒歩6分)

Gondolen
ゴンドーレン

MAP P.312-B1

2023年10月にリニューアルオープンした、セーデルマルム島にある展望レストラン。メニューはえりすぐりの食材を使った創作スウェーデン料理。メインは295〜495SEK、17時までオーダーできる週替わりランチは235SEK〜。

セーデルマルム島周辺
住Stadsgården 6
TEL(08)641-7090
URL gondolen.se
営月〜金 11:30〜翌1:00
土・日 12:00〜翌1:00
休なし
予300SEK〜
CC A M V
Mスルッセン駅(徒歩1分)

Bar Agrikultur

スウェーデン料理

バー・アグリクルチュール MAP P.312-B2

地元農家から直送される新鮮な有機野菜を素材とした料理が自慢のレストラン&ジンバー。季節によって変わるメニューはスウェーデン料理をベースに創作を加えたもの。肉料理の肉も畜産農家から直接仕入れている。

セーデルマルム島周辺
住Skånegatan 79
TEL70-880-1200
URLbaragrikultur.com
営日～木 17:00～22:00LO
金・土 17:00～23:00LO
休なし
予150SEK～
CCA M V
Mメドボリアプラットセン駅（徒歩10分）

Kajsas Fisk

シーフード

カイサス・フィスク MAP P.308-B3

ヒョートリスハーレンの地下にある庶民的なシーフード店。エビやムール貝、白身魚などが入ったトマトベースのフィッシュスープ140SEKが名物で、常に行列ができている。フィッシュ＆チップス、ニシンやサーモンのフライなどのメニューも。

ストックホルム中央駅周辺
住Hötorgshallen 3
TEL(08)207-262
URLkajsasfisk.se
営月～木 11:00～18:00
金 11:00～19:00
土 11:00～16:00
休日
予150SEK～
CCA M V
Mヒョートリエット駅（徒歩2分）

Vapiano

イタリア料理

ヴァピアーノ MAP P.310-B3

地下鉄ガムラ・スタン駅の出口脇にあるセルフサービス式レストラン。10種ほど揃う自家製生パスタ99SEK～やピザ89SEK～を手頃な料金で楽しめる。テーブルのQRコードをスマホで読み取ってメニューを確認し、注文する。現金払い不可。

ガムラ・スタン周辺
住Munkbrogatan 8
TEL(072)856-0305
URLvapiano.se
営日～木 11:00～22:00
金・土 11:00～23:00
休なし
予130SEK～
CCM V
Mガムラ・スタン駅（徒歩1分）

Sture Hof

インターナショナル

ストゥーレ・ホフ MAP P.309-C2

創作スウェーデン料理をはじめ、インターナショナルな料理が楽しめる。新鮮な魚介を使うので、仕入れによってメニューは毎日変わる。メインは魚料理235SEK～。さまざまな産地の生ガキ1個45SEK～や自家製デザート50SEK～も人気。

エステルマルム地区周辺
住Stureplan 2
TEL(08)440-5730
URLsturehof.com
営月～土 11:30～翌2:00
日 12:00～翌2:00
休なし
予250SEK～
CCA D M V
Mエステルマルムストリエ駅（徒歩2分）

Östermalms Saluhall

エステルマルム・サルハール MAP P.309-C2

1888年から続く歴史ある屋内市場。レンガ造りの趣ある店内には生鮮食料品店からカフェやダイニングまでずらり。スウェーデン料理やシーフードのほか、スモーブロー、NYスタイルのピザ、レバノン料理など世界の味が楽しめる。

エステルマルム地区
住Östermalmstorg 31
TEL店舗によって異なる
URLwww.ostermalmshallen.se
営月～金 9:30～19:00
土 9:30～17:00（レストランは夜も営業）
休日
予150SEK～（店舗によって異なる）
CC店舗によって異なる
Mエステルマルムストリエ駅（徒歩5分）

Kungs Hallen

フードコート

クングス・ハーレン MAP P.308-B2・3

ヒョートリエットに面して立つフードコンプレックス。1階にはスウェーデン、寿司バー、ギリシア料理などのレストランが入っている。地下1階は800席のフードコートで、インドや中華、イタリア、メキシコ料理などのセルフサービスの店が並ぶ。

ストックホルム中央駅周辺
住Kungsgatan 44 TEL店舗によって異なる
URLkungshallen.eu
営月～金 7:30～23:00
土 9:00～23:00
日 9:00～22:00
フードコート
月～金 10:00～21:00
土・日 11:00～21:00
休なし 予150SEK～（店舗によって異なる）
CC店舗によって異なる
Mヒョートリエット駅（徒歩1分）

フードコート

K25
ケー25　MAP P.308-B2

　高架下にあるフードコート。中華や寿司などのアジアンフードのほか、ハンバーガーやベジタリアンフードの店が全11店舗入る。リーズナブルに食事ができるためいつも地元の若者や旅行者でにぎわっており、ひとりでも気兼ねなく利用できる。

ストックホルム中央駅周辺
住Kungsgatan 25
TEL店舗によって異なる
URLk25.nu
営月〜土　11:00〜21:00
　日　　　12:00〜17:00
休なし
予店舗によって異なる
CC店舗によって異なる
Mヒョートリエット駅(徒歩4分)

Sthlm City Food Hall
ストックホルム・シティ・フードホール　MAP P.308-B3

　ストックホルム中央駅近くに位置するフードコート。スタイリッシュで清潔な店内に中華、寿司、ピザ、サンドイッチ、メキシコ料理など8店舗が並ぶ。タピオカミルクティーが楽しめるジュースの店もあり、食事はもちろん休憩にもぴったり。

ストックホルム中央駅周辺
住Klarabergsgatan 29-31
TEL店舗によって異なる
URLwww.cityfoodhall.se
営月〜土　11:00〜22:00
　日　　　11:00〜21:00
休なし
予店舗によって異なる
CC店舗によって異なる
MT-Cenralen駅(徒歩4分)
Sストックホルム中央駅(徒歩4分)

ファストフード

Max
マックス　MAP P.309-C3

　スウェーデンのファストフードといえばココ。1968年に創業し、現在は国内146店舗、ストックホルムだけでも30店舗ある。ハンバーガーにポテトとドリンクが付いたセットは95(ミニは55) SEK。カードがあれば、端末で写真を見ながら注文できる。

エステルマルム地区周辺
住Kungsträdgårdsgatan 20
TEL(08)611-3810
URLwww.max.se
営日〜火　10:00〜翌1:00
　水・木　10:00〜翌5:00
　金・土　10:00〜翌6:00
休なし
予55SEK〜
CCA D M V
Mクングストレードゴーデン駅(徒歩3分)

カフェ

Kaffekoppen
カフェコッペン　MAP P.311-C3

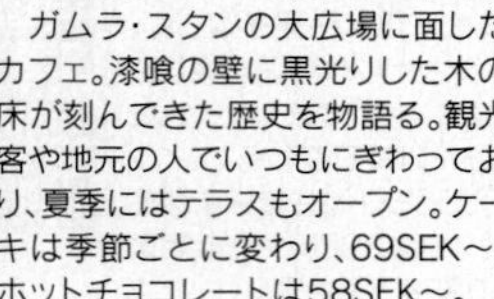

　ガムラ・スタンの大広場に面したカフェ。漆喰の壁に黒光りした木の床が刻んできた歴史を物語る。観光客や地元の人でいつもにぎわっており、夏季にはテラスもオープン。ケーキは季節ごとに変わり、69SEK〜。ホットチョコレートは58SEK〜。

ガムラ・スタン周辺
住Stortorget 20　TEL(08)203-170
URLcafekaffekoppen.se
営6〜9月
　日〜木 9:00〜23:00　金・土 9:00〜23:00
　10〜5月
　日〜木　9:00〜21:00　金・土 9:00〜22:00
休なし
予50SEK〜
CCM V
Mガムラ・スタン駅(徒歩5分)

Chokladfabriken
ホクラドファブリケン　MAP P.312-B2

　チョコレート専門店が経営するカフェ。メインパティシエはヨーロッパ各地のコンクールで多くの賞を獲得。カカオを贅沢に使ったホットチョコレート54SEK〜が人気。月〜金曜の11〜14時はお得感のあるスープとケーキのビュッフェ125SEKが人気。

セーデルマルム島周辺
住Renstiernas gata 12
TEL(08)640-0568
URLchokladfabriken.se
営月〜土　10:00〜18:00
　日　　　11:00〜18:00
休なし
予30SEK〜
CCA M V
Mメドボリアプラットセン駅(徒歩8分)

Fern & Fika
ファーン&フィーカ　MAP P.306-A4

　100%植物由来の原料を使ったヴィーガンカフェ。コーヒーや紅茶はオーガニックで、健康志向の人におすすめ。ブランチはグルテンフリーのアメリカンスタイルパンケーキ135SEKが人気。野菜たっぷりのランチボウルは125〜149SEK。

セーデルマルム島周辺
住Långholmsgatan 11
TEL(08)1205-7305
URLwww.fernandfika.com
営月〜金　9:00〜15:00
　土・日　11:00〜17:00
休なし
予90SEK〜
CCM V
Mホーンストゥル駅Hornstull(徒歩2分)

日本料理

Blue Light Yokohama
ブルー・ライト・ヨコハマ

MAP P.307-C4

しっかり手をかけた和食が評判。チキン竜田揚げ150SEK～や銀だら西京焼150SEKなど、居酒屋メニューが充実。日曜限定のラーメンも豚骨ベースと野菜ベースの本格派。店主は日本人で、日本語OK。夜は予約しておくといい。現金払い不可。

セーデルマルム島周辺
住Åsögatan 170
TEL(08)644-6800
URL bluelightyokohama.com
営水～土 17:00～22:00
　日 12:00～21:00
休月・火
予300SEK～
CC A M V
M メドボリアプラットセン駅（徒歩10分）

メキシコ料理

La Neta
ラ・ネタ

MAP P.308-A2

若者に人気のカジュアルメキシカン。ポーク、ビーフ、プライムリブなど具材が選べるタコスは1個32SEK、5個150SEKと手頃。テーブルのサルサソースやトッピングで自分好みにアレンジできる。ケサディーヤ36SEK～もおいしい。現金払い不可。

ストックホルム中央駅周辺
住Barnhusgatan 2
TEL(08)411-5880
URL laneta.se
営月～金 11:00～21:00
　土 12:00～21:00
　日 12:00～20:00
休なし
予100SEK～
CC A M V
M ヒュートリエット駅（徒歩6分）

アジア料理

Thai Fastfood & Sushi
タイ・ファストフード&スシ

MAP P.308-B2

タイ料理を中心に、アジア各国のメニューを味わえる店。食費を安くおさえたいときにおすすめ。人気は焼き鳥とライスのセットやグリーンカレー、レッドカレーなど各119SEK～。各種炒め物などの中華料理も豊富。周辺にはアジアの食材店もある。

ストックホルム中央駅周辺
住Olof Palmes gata 7
TEL(08)219-048
営日～金 10:00～21:00
　土 11:00～21:00
休なし
予120SEK～
CC M V
M ヒョートリエット駅（徒歩2分）

タイ料理

Koh Phangan
コ・パンガン

MAP P.312-B2

地元の人に人気のレストラン。内装は「タイのパンガン島の夜」をイメージしたにぎやかな雰囲気で、タイ国際航空の機内誌にも紹介された。メニューもトム・ヤム・クン135SEK～やチキングリーンカレー198SEKなど品数豊富。

セーデルマルム島周辺
住Skånegatan 57
TEL(08)642-5040
URL kohphangan.se
営月～木 16:00～23:00
　金 16:00～翌1:00
　土 12:00～翌1:00
　日 12:00～23:00
休なし
予200SEK～
CC A D M V
M メドボリアプラットセン駅（徒歩7分）

COLUMN SWEDEN

本場のイケアで手頃にランチ

日本でも人気のイケアはスウェーデン生まれ。本店はストックホルムの郊外にあり、旅行者が行くにはやや不便だが、ガレリアン（→P.364）内にも2022年に店舗がオープンしたので立ち寄ってみよう。レストランではミートボール49SEK～、シナモンロール5SEKなどおなじみのメニューが日本より割安に食べられる。日本にはないメニューも揃い、手頃なランチにぴったり。

定番のミートボールは必食

■イケア・シティ　IKEA City

Map P.308-B3

住Gallerian, Hamngatan 37
TEL(077)570-0500　URL www.ikea.com
営月～金 10:00～20:00
　土 10:00～19:00
　日 11:00～19:00
　レストラン
　月～金 8:30～19:30
　土 10:00～18:30
　日 11:00～18:30
休なし　CC A M V

モール内にあるので便利

グッドデザインがあふれる！ストックホルムの厳選ショップ

北欧ならではのデザイン雑貨を扱うショップへ行ってみよう！
日々の暮らしをアップデートしてくれる、すてきな生活雑貨が揃っている。

1 人気のクッションKuddeは1700SEK 2「友好」を表現したヨセフ・フランクのキャンドルホルダー2900SEK 3 ゾウの柄のミニバッグElephants540SEK～
4 測り売りのファブリックも品揃えが豊富 5 生活シーンをイメージしたディスプレイ

Svenskt Tenn

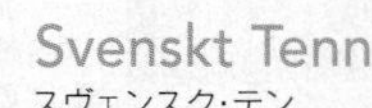

スヴェンスク・テン

エステルマルム地区周辺

MAP P.309-C3

世界に名だたるテキスタイル

1924年に誕生した老舗のスウェーデンブランドのショップ。店内にはオリジナルのテキスタイルを使用したインテリアや生活雑貨などが並ぶ。テキスタイルはメートル単位で購入でき、同じ柄を使った小物もある。カフェも併設。現金払い不可。

住Strandvägen 5 TEL(08)670-1600
URL www.svenskttenn.com
営月～金10:00～18:00
　土　10:00～17:00(夏季は延長)
　日　11:00～16:00
休なし CC A D M V
M エステルマルムストリエ駅(徒歩5分)

店の奥にあるカフェ。ブランドの家具やテーブルウエアが使用され、使い心地を試せる

買い物後はカフェへ

店内のカフェ。ランチやスイーツをコーヒーや種類豊富なお茶と楽しめる。スウェーデンでは珍しいカヌレやクイニーアマンもあり、各75SEK。

Café Svenskt Tenn

カフェ・スヴェンスク・テン

営月～金11:00～18:00
　土　10:00～17:00
　日　11:00～16:00
休なし

1 カラフルなランプシェードがかわいいカフェ 2 ガトーバスク、チェリーとブラックカルダモン添え120SEK

Asplund
アスプルンド

エステルマルム地区周辺

MAP P.309-D2

町を代表するインテリアショップ

北欧のベスト・インテリアショップに選ばれたこともある有名店。スウェーデンの人気デザイナーの家具を中心に、フィンランド、フランスなどからセンスのいいものを集めている。食器や雑貨のセレクトも秀逸。

住Sibyllegatan 31 TEL(08)665-7360
URLwww.asplundstore.se
営月～金11:00～18:00　土11:00～16:00
休日 CCA D M V
Mエステルマルムストリエ駅(徒歩7分)

1 実用性にも優れ、長く使えるアイテムが揃う 2 有名デザイナーとコラボしたオリジナル家具も販売 3 センスが光るディスプレイにも注目したい

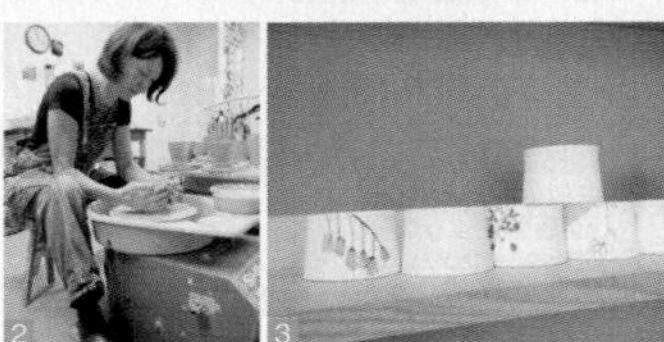

1 日本人にもなじむナチュラルな雑貨が多い 2 工房で創作に励むカーリン・エリクソンさん 3 光が透過する陶器のキャンドルホルダーZen各275SEK

Manos
マノス

セーデルマルム島周辺

MAP P.312-B2

あたたかみあるハンドメイド陶器

陶芸家のカーリン・エリクソンさんが営む雑貨の店。店内の工房でカーリンさんが手がける陶器は、自然になじむ繊細なデザインが特徴。彼女が選んだ衣類やファブリック、小物なども置いている。

住Renstiernas gata 22 TELなし
URLmanos.se
営水～金11:00～18:00　土11:00～16:00
休日～火
Mメドボリアプラットセン駅(徒歩9分)

Blås & Knåda
ブラス＆クナーダ

セーデルマルム島周辺

MAP P.312-A1

モダンな陶器とガラス製品が並ぶ

30人以上の地元アーティストが手がけた陶器とガラス製の作品が集結。日常的に活躍するテーブルウエアのほか、オブジェや小物も充実。ギャラリースペースで企画展も随時開催。

住Hornsgatan 26 TEL(08)642-7767
URLwww.blasknada.com
営火～金11:00～18:00　土11:00～16:00　日12:00～16:00 休月 CCM V Mスルッセン駅(徒歩5分)

デザイン性はもちろん、機能的にも優れた作品が多い。各アーティストのプロフィールも見られる

ギャラリースペースの企画展も見ごたえあり

※北欧では、近年急激にキャッシュレス化が進み、現金払い不可の観光施設や店舗が増加している。クレジットカードを必ず用意すること。

ストックホルムのショッピング

ショッピングエリアはエステルマルム地区のドロットニングガータン通り、ハムンガータン通りHamngatan、ストゥーレプラン広場、ビリエル・ヤールスガータン通りBirger Jarlsgatan、そしてガムラ・スタンが中心となる。なかでもガムラ・スタンには小さくておしゃれな店が多く、散策と一緒に買い物を楽しめる。最新ファッションの店はセーデルマルムに多い。

デパート

NK

エヌコー

MAP P.308-B3～P.309-C3

1902年オープンの北欧最大規模のデパート。一流ブランドや高級店が集まり、ファッションとインテリア関係が豊富に揃う。カフェテリアもありランチが評判。地下には、スウェーデンの陶磁器やガラスが売られている。トイレは4階。無料Wi-Fiあり。

ストックホルム中央駅周辺
住Hamngatan 18-20
TEL(08)762-8000
URLwww.nk.se
営月～金 10:00～19:00
土 10:00～18:00
日 11:00～17:00
休なし
CC店舗によって異なる
Mクングストレードゴーデン駅（徒歩5分）

Gallerian

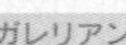

ガレリアン

MAP P.308-B3

1976年創業のショッピングモール。衣料品、靴、スポーツ用品など80店舗ほどが入っている。セルゲル広場の近くにあり、地下鉄駅や文化会館と直接通路でつながっているので、雨や雪の日の移動にも困らない。両替所もある。

ストックホルム中央駅周辺
住Hamngatan 37
TEL072-200-4549
URLwww.gallerian.se
営月～金 10:00～20:00
土 10:00～19:00
日 11:00～19:00
休なし
CC店舗によって異なる
Mクングストレードゴーデン駅（徒歩5分）

Åhléns City

オーレンス・シティ

MAP P.308-B3

地下鉄T-Centralen駅の上、スウェーデン最大のチェーンを誇るデパート。3階のガラス、陶磁器、ホームデコレーションなどの売り場や2階はレディスファッション売り場が充実。地下2階は大型スーパーのヘムシェップ。5階にはレストランもある。

ストックホルム中央駅周辺
住Klarabergsgatan 50
TEL(08)676-6000
URLwww.ahlens.se
営月～金 10:00～20:00
土 10:00～19:00
日 11:00～19:00
休なし
CC店舗によって異なる
MT-Centralen駅（徒歩3分）

Mood Stockholm

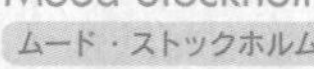

ムード・ストックホルム

MAP P.308-B3～P.309-C3

個性派のショッピングセンター。ファッションブランドや雑貨店など60店舗以上が集まり、地下1階にはレストランやバー、カフェも豊富に入っている。フロアの内装にはアート作品が配されていたりと工夫があり、立ち寄るだけでも楽しい。

エステルマルム地区周辺
住Regeringsgatan 48
TEL店舗によって異なる
URLwww.moodstockholm.se
営月～金 10:00～19:00
土 10:00～18:00
日 11:00～17:00
休なし
CC店舗によって異なる
Mエステルマルムストリエ駅（徒歩5分）

ファッション

Filippa K

フィリッパ・コー

MAP P.309-C2

若者に人気があるスウェーデン人デザイナーのアパレルショップ。レディスだけでなく、メンズアイテムを置いている店舗もある。シンプルで飽きのこないデザインが人気。コレクションは年に2回変わる。パンツやブラウス、Tシャツなどが揃う。

エステルマルム地区周辺
住Grev Turegatan 18
TEL(08)5458-8888
URLwww.filippa-k.com
営月～金 11:00～18:00
土 11:00～16:00
日 12:00～16:00
休7月の日
CCA M V
Mエステルマルムストリエ駅（徒歩3分）

ファッション

Nudie Jeans
ヌーディー・ジーンズ

MAP P.312-B2

2001年に設立された、スウェーデン生まれのファッションブランド。ジーンズの生地はイタリア製や日本製を使用している。ユニセックス、キッズ向けの製品が置かれている。ジーンズは1300SEK～、Tシャツは500SEK～。

セーデルマルム島周辺
住Skånegatan 75
TEL010-151-5715
URLwww.nudiejeans.com
営月～金 11:00～18:30
土 11:00～17:00
日 12:00～16:00
休なし
CCA D M V
Mメドボリアプラットセン駅（徒歩9分）

Acne Studios
アクネ・ストゥディオズ

MAP P.312-B2

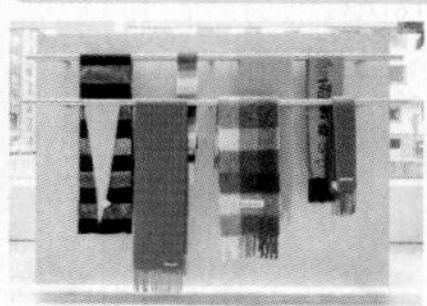

スウェーデン生まれのファッションブランド。メンズやレディス、キッズ向けの製品が置かれているが、特に女性物の種類が豊富。人気のモヘアスカーフは2800SEK～。アウトレット商品を扱うAcne Archive（MAP P.306-A・B2）もある。

セーデルマルム島周辺
住Nytorgsgatan 36
TEL(08)640-0470
URLwww.acnestudios.com
営月～金 11:00～19:00
土 11:00～17:30
日 12:00～17:00
休なし
CCA D M V
Mメドボリアプラットセン駅（徒歩8分）

アクセサリー

Wilhelm Pettersson
ヴィルヘルム・ペテルソン

MAP P.308-B3

1939年創業の人気ショップ。北欧の自然をモチーフにしたオリジナルジュエリーをはじめ、スウェーデンブランドのほか、ジョージ・ジェンセンなどの世界のブランドアイテムも扱っている。価格はだいたいシルバーが500SEK～。

ストックホルム中央駅周辺
住Drottninggatan 70
TEL(08)200-490
URLwilhelmpettersson.se
営月～金 10:00～18:00
土 11:00～18:00
(6～8月は短縮)
休日（クリスマス前はオープン）
CCA D M V
Mヒョートリエット駅（徒歩3分）

家具・インテリア

Modernity
モダニティ

MAP P.309-D2

ウェグナー、アアルト、ヤコブセンら20世紀北欧を代表するデザイナーの作品を中心とした、中古のインテリアを扱うセレクトショップ。家具、陶器、照明、絵画などがセンスよくディスプレイされている。ジョージ・ジェンセンのアクセサリーもある。

エステルマルム地区周辺
住Sibyllegatan 6
TEL(08)208-025
URLwww.modernity.se
営月～金 12:00～17:30
土 11:00～15:00
休日
CCA M V
Mエステルマルムストリエ駅（徒歩7分）

ガラス製品

Wasa Crystal Company
ヴァーサ・クリスタル・カンパニー

MAP P.311-C3

オレフォスやコスタ・ボダなどのスウェーデンを代表するガラス製品ブランドの商品を扱う。モダンでシンプルなデザインはスウェーデンみやげに最適。こぢんまりとした店ながら、ダーラヘストなど定番のギフトも揃っている。

ガムラ・スタン周辺
住Västerlånggatan 56
TEL073-402-0005
営4～9月
毎日 10:00～21:00
10～3月
毎日 10:00～19:00
休なし
CCA M V
Mガムラ・スタン駅（徒歩4分）

生活雑貨

H&M Home
H&Mホーム

MAP P.308-B3

世界的に知られたアパレルブランドH&Mのホーム雑貨専門店。2フロアの店内にキッチン、リビング、バスルーム関連用品が並び、手頃でセンスのよいアイテムの宝庫。ディスプレイはインテリアコーディネートの参考になる。店内に生花店も併設。

ストックホルム中央駅周辺
住Drottninggatan 50
TEL033-140-000
URLwww2.hm.com/sv_se/home.html
営月～金 10:00～20:00
土 10:00～19:00
日 11:00～18:00
休なし
CCA M V
MT-Cenralen駅（徒歩5分）

Cervera

セルヴェーラ　MAP P.308-B2

スカンジナビアのキッチン用品を中心とした、生活雑貨を全般に扱うショップ。淡い色合いの優しいデザインのものが多い。ロールストランドやフィンランドのイッタラ、マリメッコなどのアイテムを扱っている。オリジナルの商品もある。

ストックホルム中央駅周辺
住Sveavägen 24-26
TEL(08)104-530
URL www.cervera.se
営月～金 10:00～19:00
　土　　10:00～17:00
　日　　12:00～17:00
休なし
CC A D M V
M ヒョートリエット駅(徒歩2分)

Iris Hantverk

イリス・ハントベルク　MAP P.308-B3

スウェーデンのハンドメイド製品を扱うショップ。白木で作ったブラシ65SEK～は掃除用や洗顔用など種類豊富。キッチンタオル260SEK～やオーガニック石鹸90SEK～などは、おみやげにも最適。ガムラ・スタンに支店(MAP P.310-B2・3)あり。

ストックホルム中央駅周辺
住Kungsgatan 55
TEL(08)214-726
URL www.irishantverk.se
営月～金 10:00～18:00
　土　　10:00～15:00
休日
CC A D M V
M ヒョートリエット駅(徒歩3分)

Designfirman Aktiebolag

デザインフィルマン・アクティエボラグ　MAP P.311-C4

スウェーデンのローカルブランドを中心に扱うセレクトショップ。アクセサリーやファッション、ボディケア商品、ホームプロダクトなど女性向けのトレンドアイテムをゲットできる。おすすめはレインコートブランドのStutterheim。

ガムラ・スタン周辺
住Västerlånggatan 68
TELなし
営月～金11:00～18:00
　土　　11:00～16:00
休日
CC A D M V
M ガムラ・スタン駅(徒歩5分)

Konsthantverkarna

コンスハントヴェルカナ　MAP P.312-A1

約70年の歴史を誇るギャラリー＆ショップ。今まで数々の有名なアーティストの作品が置かれてきた。ここの会員になるのは審査基準が厳しく、それを通過したアーティストの作品はどれもユニークで高品質。取り扱う商品も幅広い。

セーデルマルム島周辺
住Södermalmstorg 4
TEL(08)611-0370
URL konsthantverkarna.se
営月～金 11:00～18:00
　土　　11:00～16:00
休日
CC A M V
M スルッセン駅(徒歩2分)

Tvåla & Tvaga

ティヴァラ&ティヴァガ　MAP P.312-B2

ヨーテボリ生まれの自然派ソープ専門店。ヨーテボリの工房で手作りされる固形石鹸で、ボディ用はもちろん、シャンプーバー、洗顔石鹸、食器や洗濯洗剤まで幅広いラインナップ。オーガニックやヴィーガン石鹸も多い。1個120gで150SEK～。

セーデルマルム島周辺
住Skånegatan 83
TELなし
URL tvalaochtvaga.se
営火～金11:00～18:00
　土　　11:00～16:00
休日・月
CC M V
M メドボリアプラットセン駅(徒歩10分)

生活雑貨

Svensk Hemslöjd

スヴェンスク・ヘムスロイド　MAP P.309-C2

スウェーデン産の毛糸や生活雑貨などを扱う手工芸屋。毛糸はカラーも素材も豊富なバリエーションがあり、手芸好きにはたまらない場所だ。鍋つかみ140SEKなどのキッチン用品やダーラヘストなど地方都市の工芸品もあり、どれもかわいらしい。

エステルマルム地区周辺
住Norrlandsgatan 20
TEL(08)232-115
URL svenskhemslojd.com
営月～金 10:00～18:00
　土　　11:00～16:00
休日(クリスマス前はオープン)
CC A M V
M エステルマルムストリエ駅(徒歩3分)

民芸品

民芸品

Skansen Butiken
スカンセン・バティケン　MAP P.307-D3

スカンセン（→P.333）の正面口の横に隣接するギフトショップ。テキスタイルや陶器など、スカンセンの家屋や農場で実際に展示しているものと同じ型を購入できる。ダーラヘストも色のバリエーションが豊富でスウェーデンみやげのまとめ買いにおすすめ。

ユールゴーデン島
住Djurgårdsslätten 49-51
TEL(08)442-8268
URLskansen.se
営6～8月　毎日11:00～19:00
9月　毎日11:00～18:00
10～3月　毎日11:00～16:00
4・5月　毎日11:00～17:00
（時期により変動あり）
休なし　CCA D M V
T7番Skansen（徒歩1分）
B67番Skansen（徒歩1分）

食料品

Gamla Stans Polkagriskokeri
ガムラ・スタン・ポルカグリースコケリ　MAP P.311-C4

ガムラ・スタンにある伝統的なキャンディショップ。看板商品は手作りのポルカグリース（キャンディケイン）30SEK～。店内で職人が見事な手さばきで作る様子が見学できる。ファッジやタフィーなどの扱いも。レトロなインテリアもかわいい。

エステルマルム地区周辺
住Stora Nygatan 44
TEL(08)107-182
URLgamlastanspolkagriskokeri.se
営毎日10:00～18:00
休なし
CCA M V
Mガムラ・スタン駅（徒歩5分）

The Tea Centre of Stockholm
ティー・センター・オブ・ストックホルム　MAP P.312-A1

1979年開業の紅茶専門店。天然素材にこだわった紅茶は、スウェーデン王室から「King of the Tea」と称されている。人気は王室ご愛飲の香り高いセーデルブレンドやティーセンター・ブレンドなど。100g 69SEK～から販売。現金払い不可。

セーデルマルム島周辺
住Hornsgatan 46
TEL(08)640-4210
URLwww.theteacentrestockholm.com
営月～金 10:00～18:00
土　10:00～16:00
（5～8月は～14:00）
休日
CCA M V
Mマリアトリエ駅Mariatorget（徒歩4分）

COLUMN SWEDEN

ストックホルムの骨董通り

ストックホルムは北欧デザインの先進地。古い家具や陶器、ガラス製品などにそのルーツを尋ねるのも楽しい。アンティークショップはガムラ・スタンに集まっているが、さらにいろいろ見てみたい人は、市街北西のヴァーサスタデン地区Vasastadenへ足を運んでみよう。地下鉄オデンプラン駅からサンクト・エリックスプラン駅S:t Eriksplanにかけてのオデンガータン通りOdengatanと、そこから南下するウプランズガータン通りUpplandsgatan沿いには、アンティークショップが並ぶ。じっくり探せば、有名デザイナーのレアな作品と出合えるかもしれない。多くの店が昼頃からの営業で、日曜は休みとなる。

アンティーク好きは必見

バッカス・アンティク
Bacchus Antik
Map P.308-A1
住Upplandsgatan 46　TEL(08)305-480
URLbacchusantik.com
営月～金12:00～18:00
土　11:00～16:00
休日　CCM V
グスタフスベリやアラビアの陶器、オレフォスなどのガラスなど北欧デザインの雑貨が充実。

アンティーク&クリオサソペン
Antique & Quriosashopen
Map P.308-A1
住Upplandsgatan 44　TEL(08)302-906
URLwww.antique-quriosashopen.se
営月～金11:00～18:00　土11:00～15:00
休日　CCM V
北欧デザインの陶磁器を多く扱う。また、1910～20年代のガラス製品も充実している。

ストックホルムのナイトスポット

北欧の大都会ストックホルムは、充実したナイトライフが楽しめる場所。クラブやバーの数も多く、いろいろ遊べる。エステルマルム地区周辺には最新のクラブが集まっている。セーデルマルム島にある地下鉄スルッセン駅周辺には気軽な雰囲気のパブが多く、週末はかなりのにぎわいになる。

Ice Bar Stockholm

アイス・バー・ストックホルム

MAP P.308-A3

ホテル・シー・ストックホルムにあるバー。ユッカスヤルヴィにあるアイスホテルのバーをコピーしたもので、店内は－5～7℃に保たれ、内装もグラスもすべて氷。事前予約がおすすめ。ウェブで予約すると割引がきく。1ドリンク(アルコールを含む)込みで240SEK。

ストックホルム中央駅周辺

住 Vasaplan 4　TEL (08)5056-3140
URL hotelcstockholm.com/icebar-stockholm-by-icehotel
営 5～9月　月～木 11:00～23:00
金・土 11:00～24:00
日 11:00～21:00
10～4月　月～木 15:00～23:00
金・土 13:00～24:00
日 14:00～21:00
休 なし　CC A D J M V
M T-Centralen駅(徒歩2分)

Fasching

ファッシング

MAP P.308-A3

ストックホルムで最も有名なジャズクラブ。地元だけでなく海外の有名ミュージシャンも出演する。チャージは120～500SEK程度と気軽に入れる値段。ウェブサイトでスケジュールをチェックしてから出かけよう。ライブは通常20:00開始。食事メニューもある。

ストックホルム中央駅周辺

住 Kungsgatan 63
TEL (08)200-066
URL www.fasching.se
営 日～木 18:00～24:00
金・土 18:00～翌4:00
休 ライブ非開催時(要確認)
CC M V
M T-Centralen駅(徒歩3分)

Stampen

スタンペン

MAP P.310-B2

ガムラ・スタンにある老舗ジャズクラブ。スイング、ブルース、ブギなども織り交ぜたジャズが楽しめる。ライブは火～木曜が20:00頃、金曜が17:00頃、土曜が13:00頃の開演。チャージは50～100SEK。詳細なスケジュールはウェブサイトであらかじめ確認しておこう。

ガムラ・スタン周辺

住 Stora Gråmunkegränd 7
TEL なし
URL www.stampen.se
営 火～木・日 17:00～翌24:00
金 16:00～翌1:00
土 13:00～翌1:00
休 月
CC A M V
M ガムラ・スタン駅(徒歩5分)

Mix

ミーク

MAP P.309-C3

日本人経営のパブ。キリン一番搾りやアサヒスーパードライなど日本のビールをタップで楽しめるほか、日本のウイスキーの種類も秀逸。無国籍でクールな雰囲気の店内は地元の常連客でにぎわっている。料理はおつまみ程度。日本語メニューはない。

エステルマルム地区周辺

住 Norrlandsgatan 18
TEL なし
営 月～木16:00～24:00
金・土16:00～翌1:00
休 日
予 80SEK～
CC A M V
M エステルマルムストリエ駅(徒歩3分)

Akkurat

アクラット

MAP P.312-A1

800種類以上のビールに400種類以上のウイスキー、ドラフトビールは25種以上と、アルコールの種類が豊富。自家醸造ビールはラガータイプのTjockhult Tjinookなど数種類あり、1パイント120SEK～。ムール貝の蒸し焼き205SEK～やカラマリ揚げ145SEKなどフードメニューも充実。

セーデルマルム島周辺

住 Hornsgatan 18
TEL (08)644-0015
URL akkurat.se
営 月・火 16:00～23:00
水 17:00～24:00
木 16:00～24:00
金 15:00～翌1:00
土 13:00～翌1:00
日 15:00～22:00
休 なし　CC A M V
M スルッセン駅(徒歩4分)

ストックホルムのエンターテインメント Stockholm ENTERTAINMENT

北欧屈指の大都市であるストックホルムでは、多彩なジャンルのコンサートやオペラなどさまざまなイベントが楽しめる。人気は、王立オペラ劇場で行われるオペラと、ストックホルム・コンサートハウスで行われるクラシックコンサート。そのほか、文化会館（→P.338）内にある市立劇場でも、バレエのほかロックやポップスのコンサート、演劇などが毎夜開催されている。夏季なら、ドロットニングホルム宮廷劇場（→P.335）でのオペラや王立公園（→P.339）での野外コンサートも催され、いっそう盛り上がる。各イベントのスケジュールは、観光案内所のサイト『Visit Stockholm』でチェックできる。

チケットは各会場のチケット売り場で購入可能。事前に予約したいなら、各ウェブサイト、もしくはチケット販売会社のチケットマスターを利用するといい。電話でも申し込みできるので活用しよう。

ストックホルム・コンサートハウス
Stockholms Konserthus

ヒョートリエットに面してそびえているブルーの建物がストックホルム・コンサートハウス。1926年に建設され、古代ギリシア神殿風の柱列が印象的だ。建物の前にはカール・ミレスの手による彫刻も展示されている。ロイヤル・ストックホルム・フィルハーモニー管弦楽団が本拠地としており、クラシックのコンサートが行われるほか、ジャズの公演もある。

毎年12月10日に行われるノーベル賞の授賞式の会場としても有名

王立オペラ劇場
Kungliga Operan

ガムラ・スタンを望む海縁の広場と公園に挟まれた一角にある、1890年に建設されたバロック様式の壮大なオペラ劇場。王立バレエ団の本拠地でもあり、オペラのほかバレエなどの公演が行われる。館内にはレストランもある。また、内部を見学するガイドツアーも行っており、舞台裏やスウェーデン国王のための貴賓席などを回る。

グスタフ・アドルフ広場側が正面入口

DATA

●チケットマスター
TEL 0771-707-070 URL www.ticketmaster.se

●市立劇場（文化会館内）（→P.338）
TEL (08)5062-0200
URL kulturhusetstadsteatern.se

●ストックホルム・コンサートハウス
Map P.308-B3
住 Hötorget 8
TEL (08)786-0200（案内）
TEL (08)5066-7788（チケット販売）
URL www.konserthuset.se
E-MAIL info@konserthuset.se
開 ボックスオフィス
月～金12:00～18:00
土　11:00～15:00
（開場はコンサート開演の2時間前から）
休 日

●王立オペラ劇場
Map P.309-C4
住 Gustav Adolfs Torg 2
TEL (08)791-4300（案内）
TEL (08)791-4400（チケット販売）
URL www.operan.se
E-MAIL reception@operan.se
開 月～土8:00～17:00
（ボックスオフィスは開演の2時間前からオープン）
休 日
ガイドツアー
催 土12:30（英語） 料 120SEK

Uppsala

ウプサラ

Map P.296-B3
人口:24万5329
市外局番:018
ウプサラ情報のサイト
URL destinationuppsala.se
@DestinationUppsala
@destination_uppsala

1477年に創立されたウプサラ大学を中心として栄えてきた町がウプサラ。市内には研究室や教室が散在し、まるで大学と町が一体化しているようだ。ウプサラを支えてきたのは、16世紀にウプサラ城を築いた国王グスタフ・ヴァーサをはじめとする時代の権力者たち。宗教者たちは、ウプサラをキリスト教世界の一大拠点とし、北欧最大の大聖堂を建てた。政治や宗教と密接に結びつきつつ、大学も町も発展していった。

ウプサラの北方には、王家の墓ガムラ・ウプサラがある。6世紀に造られたこれらの遺跡を見ればわかるように、ウプサラはスウェーデンの歴史博物館そのものなのだ。

ウプサラ大学のエントランスホール

ウプサラの行き方

ストックホルムからレギオナルで所要約40分。1時間に3～6便ほどあるが週末は減便。

ストックホルム・アーランダ国際空港から

空港からウプランド交通局ULのバス（801番）を利用して直接アクセスできる。所要約50分、117SEK～。また、空港から鉄道でもアクセスできる。所要約20分。

到着場所

すべての列車は、ウプサラ中央駅Uppsala Centralstation、長距離バスは駅前の長距離バスターミナルに到着する。

ウプサラの観光案内所
Map P.371-A・B
TEL (018)727-0000
URL destinationuppsala.se

観光案内所はない。ウプサラ中央駅をはじめ町中に点在するInfo Pointやホテルなどで情報を収集しよう。

ウプサラ中央駅構内のULセンターとInfo Point

ウプサラの歩き方

ウプサラ中央駅とフィリス川Fyrisånに挟まれた一帯がホテルやショップ、レストランなどが集まった繁華街になっている。繁華街の中心はストラトリィ広場Storatorget。この広場からフィリス川と平行して延びる通りは歩行者専用道路。デパートやスーパーマーケットもある、ウプサラ随一のショッピング街だ。さらにこの通りと平行するクングスガータン通りKungsgatanには、市バスの乗り場が並んでいる。

フィリス川沿いには歩道やベンチが備えられており、人々の憩いの場となっている。フィリストリィ広場Fyristorgからウプランド博物館Upplandsmuseetの脇を抜けると、聖エーリック広場S:t Eriks torgがある。この広場は、かつては青物市場で露店が軒を連ねたそうだが、現在ではその面影はない。聖エーリック広場に面して市場館Saluhallenの建物があり、新鮮な食料品が売られている。ここからアカデミガータン通りAkademigatanを上がると、左側に雄大なウプサラ大聖堂のファサードが現れる。大聖堂の西にはウプサラ大学があり、その前にある広場にはスウェーデン各地で出土した石碑がある。ウプサラ大学から南のほうを望むと、丘の上にウプサラ城が見える。城の裏側に広がるのは350年以上の歴史をもつ植物園。

フィリス川に架かる美しい鉄橋

おもな見どころ

ウプサラ大聖堂　Uppsala Domkyrka

Map P.371-A

ウプサラのシンボルである大聖堂は、1270年頃から建築が始められ、完成するまでに約165年も費やされた、北欧で最大の教会だ。もともとの尖塔は1702年の大火で失われてしまい、現在見られるのは1880年代に再建されたもの。

聖堂内には、名君の誉れ高いグスタフ・ヴァーサ王とそのふたりの后、リンネなどスウェーデンの偉人が葬られている。また、案内所を兼ねたショップがあり、大聖堂の歴史を紹介する小冊子10SEKのほか、書籍や雑貨などを販売。カフェも併設している。

高さ118.7mもの壮大な建築物

ウプサラ大聖堂
TEL (018)430-3630
URL www.svenskakyrkan.se/uppsaladomkyrka
開 毎日8:00〜18:00
休 なし
（ミサの最中など行事中は、入場を遠慮すること）
料 無料
ガイドツアー（英語）
催 9〜6月 第1日曜12:30
夏は無料のコンサートも開催される。
大聖堂ショップ
営 月〜土 10:00〜16:00
　日　　 12:30〜16:00
（5〜9月は〜17:00）
休 なし
大聖堂カフェ
営 毎日10:00〜17:00
休 なし

神聖な雰囲気が漂う

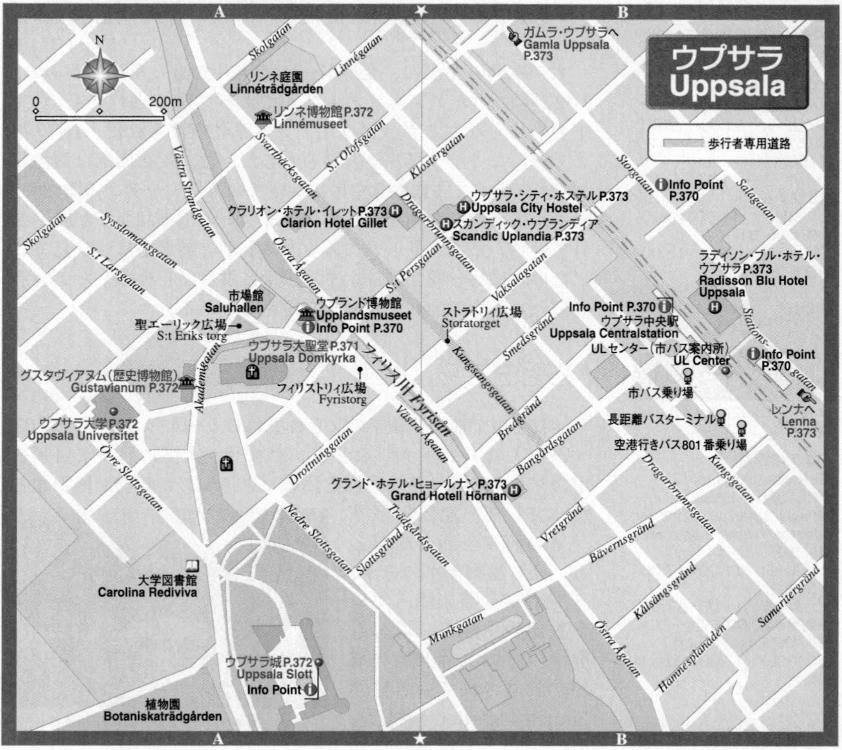

ウプサラ Uppsala

A　★　B
N
0　200m
歩行者専用道路
ガムラ・ウプサラへ Gamla Uppsala P.373
リンネ庭園 Linnéträdgården
リンネ博物館P.372 Linnémuseet
クラリオン・ホテル・イレットP.373 Clarion Hotel Gillet
ウプサラ・シティ・ホステルP.373 Uppsala City Hostel
スカンディック・ウプランディア Scandic Uplandia P.373
Info Point P.370
ラディソン・ブル・ホテル・ウプサラP.373 Radisson Blu Hotel Uppsala
市場館 Saluhallen
ウプランド博物館 Upplandsmuseet
Info Point P.370
聖エーリック広場 S:t Eriks torg
ストラトリィ広場 Stora torget
Info Point P.370
ウプサラ中央駅 Uppsala Centralstation
ULセンター（市バス案内所） UL Center
Info Point P.370
ウプサラ大聖堂P.371 Uppsala Domkyrka
グスタヴィアヌム（歴史博物館） Gustavianum P.372
フィリストリィ広場 Fyristorg
フィリス川 Fyrisån
ウプサラ大学P.372 Uppsala Universitet
市バス乗り場
長距離バスターミナル
空港行きバス801番乗り場
レンナへ Lenna P.373
グランド・ホテル・ヒョールナンP.373 Grand Hotell Hörnan
大学図書館 Carolina Rediviva
ウプサラ城P.372 Uppsala Slott
Info Point
植物園 Botaniskaträdgården
Skolgatan　Linnégatan　Svartbäcksgatan　S:t Olofsgatan　Klostergatan　Västra Strandgatan　Sysslomansgatan　S:t Larsgatan　Östra Ågatan　Dragarbrunnsgatan　S:t Persgatan　Vaksalagatan　Storgatan　Salagatan　Stationsgatan　Smedsgränd　Kungsängsgatan　Akademigatan　Övre Slottsgatan　Drottninggatan　Västra Ågatan　Bredgränd　Bangårdsgatan　Kungsgatan　Nedre Slottsgatan　Trädgårdsgatan　Slottsgränd　Vretgränd　Bävernsgränd　Kålsängsgränd　Samaritergränd　Munkgatan　Östra Ågatan　Hamnesplanaden

A　★　B

ウプサラ大学 Uppsala Universitet

Map P.371-A

スウェーデンで最も古い大学。中世には神、哲、法、医学の4学部だったウプサラ大学も、現在では神、法、医、薬、科、言、教、社、芸の9学部および多数の研究室を抱える総合大学となっている。大聖堂のすぐ西にある大学本部Universitetshusetは、エントランスホールのみ一般の人も出入りできるので、空いていたらぜひ見学していこう。

ウプサラ大学
TEL(018)471-0000
URL www.uu.se

約5万人が通うウプサラ大学

ウプサラ城 Uppsala Slott

Map P.371-A

大聖堂の隣の丘にある大きな建物がウプサラ城。名君グスタフ・ヴァーサ王によって1500年代に建造開始、1757年に現在見られるような姿が完成した。王の居城として建てられた壮大な館は、現在1万4000点以上の近現代美術を所蔵するウプサラ美術館 Uppsala konstmuseum と、史跡を保存したヴァーサ城博物館Vasaborgenになっている。

市街を見下ろす丘の上にある

ウプサラ城
TEL(018)727-2482
URL www.visituppsalaslott.se

ウプサラ美術館
URL konstmuseum.uppsala.se
開 火・水・金〜日 11:00〜16:00
木 11:00〜20:00
休 月
料 無料

ヴァーサ城博物館
URL vasaborgen.se
開 6月中旬〜8月下旬
毎日 11:00〜17:00
休 8月下旬〜6月中旬
料 120SEK

グスタヴィアヌム（歴史博物館） Gustavianum

Map P.371-A

大学本部の左側に、変形ドームの天井をもった建物がある。1622年にグスタフ・アドルフ王によって建てられたもので、王の名にちなんでグスタヴィアヌムと名づけられた。1887年までは、ここがウプサラ大学の中心だった。現在内部は博物館となっており、古代から中世にかけてのスウェーデンの歴史や、ナイル川流域で発掘された古代エジプトの出土品などが展示されている。また、ドームにある人体解剖の講義室はぜひ見ておきたい。植物分類学のリンネ、摂氏温度目盛を提唱した天文学者のセルシウスなどを輩出した舞台でもある。

グスタヴィアヌム（歴史博物館）
住 Akademigatan 3
TEL(018)471-7571
URL www.uu.se/gustavianum
開 6/24〜9/1
毎日 11:00〜17:00
9/2〜5/31
火〜金 12:00〜17:00
土・日 11:00〜17:00
休 9/2〜5/31の月、6/1〜6/23
料 150SEK

ガイドツアー（英語）
催 6/24〜9/1
毎日 11:00、13:00
9/2〜5/31
土・日 13:00
料 無料（所要45分）

改装を経て2024年6月24日に再オープン

リンネ博物館 Linnémuseet

Map P.371-A

植物学者で植物分類学の父と称されるカール・リンネ（1707〜78年）はルンド大学に学び、ウプサラ大学に移って研究を重ねた。そのリンネの住居と講義室を再現した建物が博物館となっている。館内にはリンネの研究生活の成果ともいえる植物標本のほか、リンネが実際に使っていた衣類や生活用具なども展示。約1300種類もの植物が栽培されている庭園Linnéträdgårdenも必見だ。

夏季はガーデンの入口にカフェもオープン

リンネ博物館
住 Svartbäcksgatan 27
TEL(018)471-2838
URL www.botan.uu.se/vara-tradgardar/linnetradgarden
開 5・9月
火〜日 11:00〜17:00
6〜8月
毎日 11:00〜17:00
※庭園は20:00までオープン
休 5・9月の月、10〜4月
料 120SEK（17:00以降は無料）

エクスカーション

ガムラ・ウプサラ

Gamla Uppsala

Map P.371-B 外

ウプサラ市街から北へバスで15分ほどの所に、巨大な墳墓遺跡がある。この地域は4世紀から6世紀にかけてスウェーデンの政治と宗教の中心であったと考えられており、古い教会のそばに連なる三連の丘はある種神秘的な光景でもある。中央の墓は父王Aun、東側はその子Egel、西側はAunの孫Adilsの墓だとされている。スウェーデン人にとっては、原風景とも言うべき光景だ。遺跡群への入口にはガムラ・ウプサラ博物館Gamla Uppsala museumがあり、出土品などが展示されているので見学していこう。

畑の中に墳丘が盛り上がっている

ガムラ・ウプサラ
行き方▶▶▶
ウプサラ中央駅前から市バスで行ける。2番なら最終地点、110、115番ならガムラ・ウプサラ下車。所要約15分。運転手から購入する場合、クレジットカード払いのみ。

ガムラ・ウプサラ博物館
住Disavägen
TEL(018)239-301
URL www.upplandsmuseet.se/gamla-uppsala-museum
開4・5・9月
毎日　10:00～16:00
6～8月
毎日　11:00～17:00
10～3月
月・水・土・日
12:00～16:00
休10～3月の火・木・金
料150SEK

レンナ

Lenna

Map P.371-B 外

ウプサラ中央駅のすぐ裏に、ホームだけのウプサラ東駅Uppsala Östrastationがある。ここからレンナまではレンナカッテンLennakatten Uppsala-Lenna Jernvägという蒸気機関車が運行している。5月上旬～9月中旬にかけて、蒸気機関車が牽引する列車がウプサラ東駅を出発する。

レンナカッテン
TEL(018)13-0500
URL lennakatten.se
タイムテーブルや料金は毎年変わるので事前に確認すること。

レトロな蒸気機関車

ウプサラのホテル

Clarion Hotel Gillet

クラリオン・ホテル・イレット　MAP P.371-A

住Dragarbrunnsgatan 23　TEL(018)681-800
URL www.strawberry.se
料Ⓢ1018SEK～ Ⓓ1195SEK～
CC A M V

ウプサラ市街最高級の近代的なホテル。ジャグージやサウナ、レストランもある。現金払い不可。

Scandic Uplandia

スカンディック・ウプランディア　MAP P.371-B

住Dragarbrunnsgatan 32　TEL(018)495-2600
URL www.scandichotels.com
料Ⓢ Ⓓ838SEK～
CC A D M V

繁華街の中心に立地。室内は明るくこざっぱりとした雰囲気。サウナやジムも併設。

Radisson Blu Hotel Uppsala

ラディソン・ブル・ホテル・ウプサラ　MAP P.371-B

住Stationsgatan 4　TEL(018)474-7900
URL www.radissonhotels.com
料Ⓢ Ⓓ1089SEK～
CC A D M V

ウプサラ中央駅の向かいに立つ近代的なホテル。客室はすっきりと洗練されたデザインで快適に過ごせる。

Grand Hotell Hörnan

グランド・ホテル・ヒョールナン　MAP P.371-B

住Bangårdsgatan 1
TEL(018)139-380
URL www.grandhotellhornan.com
料Ⓢ1395SEK～ Ⓓ1495SEK～
CC D M V

1907年に建設された歴史のあるホテル。重厚な外観やインテリアはそのままに、近代的設備が整っている。現金払い不可。

Uppsala City Hostel

ウプサラ・シティ・ホステル　MAP P.371-B

住S:t Persgatan 16
TEL(018)100-008
URL uppsalacityhostel.se
料ドミトリー 350SEK～ Ⓢ595SEK～ Ⓓ695SEK～
タオル20SEK
CC M V

ウプサラ駅から徒歩6分の好立地に建つリーズナブルな宿。男女別のドミトリーをはじめ客室はシンプルモダンなデザインで、清潔感もあり快適に過ごせる。フロントは10:00～22:00オープン。

バスタブ　テレビ　ドライヤー　ミニバーおよび冷蔵庫　ハンディキャップルーム　インターネット（無料）
一部のみ　一部のみ　貸し出し　一部のみ　インターネット（有料）

Dalarna

ダーラナ地方

Map P.296-A3
市外局番:
ムーラ:0250
レートヴィーク:0248
ファールン:023
ダーラナ地方情報のサイト
URL www.visitdalarna.se
@visitdalarna
@visitdalarnasweden

ダーラナ地方は、夏至祭で有名な観光地であると同時に、スウェーデン人にとってかけがえのない心のふるさと。シリアン湖周辺の村々には民族的な伝統が強く残っており、質素な木造の農家と素朴な工芸品など貧しい農業国だった時代をしのばせる。夏季ともなれば、色鮮やかな民族衣装に身を包んだ人々がシラカバの葉と野の花で飾られたメイポールの周りでバイオリンのメロディに合わせて踊っている姿を見ることもできる。

スウェーデンをデンマークから独立させたグスタフ・ヴァーサ王やヴァイキングと関連が深い土地としても知られ、また『ニルスの不思議な旅』の作者セルマ・ラーゲリョフや画家カール・ラーソンゆかりの地でもある。

Mora

ムーラ

シリアン湖の北岸にある人口約2万の町ムーラは、ダーラナ地方の中心である。これはただ位置的に中央にあるというだけでなく、伝統や文化の継承者としても、この地方の中心という意味をもっている。フォークダンス、民族音楽、夏至祭、木彫、織物、刺繍、髪の毛で作るアクセサリーなどのさまざまな手工芸品、これらが親から子へと代々受け継がれ、また国民学校の講習会で指導されている。

歴史的に見てもムーラは重要な町だ。1520年、グスタフ・ヴァーサ王がデンマークと戦うことを人々に呼びかけ、最初に応じたのがムーラの男たちであった。このできごとを記念して、ムーラでは毎冬、ヴァーサロペットVasaloppetというクロスカントリースキーの世界大会が開かれる。毎年1万5000人ものスキーヤーが集まり、90kmの過酷なレースに挑む。その様子はテレビで生中継されるほど大人気のスポーツイベントだ。

そしてもうひとつ忘れてならないのは、19世紀のスウェーデンの代表的画家、アンデース・ソーンAnders Zorn。ムーラには、

ムーラの行き方

鉄道 ストックホルムからファールン行きインターシティに乗り、ボーレンゲBorlängeでムーラ行きに乗り換え。所要約3時間50分。直通列車はストックホルムから1日2～3便運行。毎日運行されるストックホルム発9:44の便はムーラ到着13:40。ストックホルム発17:44の便はムーラ到着21:24。
バス ストックホルムから1日1～3便運行。所要約4時間10分。

ムーラの観光案内所

観光案内所は廃止となったが、町なかの定められた場所にInfo Pointがあり、ここで観光に関するパンフレットや地図を手に入れることができる。Info Pointの場所についてはURL www.visitdalarna.se/besoksserviceを確認。

町なかにはダーラナ名物ダーラヘストが点在

彼の住んだ家と、作品やコレクションを展示したソーン美術館がある。また、昔の農家を集めた野外博物館もある。

のどかな時間が流れるソーンゴーデン

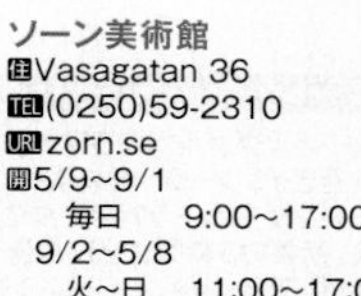

ソーン美術館
住 Vasagatan 36
TEL (0250)59-2310
URL zorn.se
開 5/9~9/1
　毎日　9:00~17:00
　9/2~5/8
　火~日　11:00~17:00
休 9/2~5/8の月
料 100SEK
　ソーンゴーデンはガイド付きツアーでのみ訪れることができる。開催時間はウェブサイトで確認を。予約必須。
料 150SEK

ムーラの歩き方

ムーラ駅を降りたら、駅前の広いヴァーサガータン通りVasagatanを、駅を背にして左のほうへずーっと歩いていこう。大きくカーブして湖が近づいてくるあたりで、道がふたつに分かれる。左側がストランドガータン通りStrandgatanだ。右側のヴァーサガータン通りをしばらく行くと、木造のムーラ教会Morakyrkaが現れる。いちばん古い部分が13世紀のものだというこの教会は、大きさにかけてはスウェーデンでも有数のものだ。

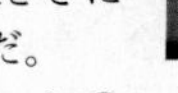
町の中心にある
ムーラ教会

教会のすぐ先には、アンデース・ソーンの絵を展示したソーン美術館Zornmuseetと彼の住居であったソーンゴーデンZorngårdenがある。ここは、ムーラ第一の見どころともいえるところで、家具や食器など、興味深いコレクションが数多く展示されている。ソーンゴーデンはガイドツアー（英語、スウェーデン語）のみにて見学可能。

郊外にある野外博物館Zorns Gammelgårdも訪れてみたい。昔の農家の建物が並んでおり、すぐ横にはムーラの伝統衣装などを展示するテキスタイル博物館Textilkammarenもある。

野外博物館とテキスタイル博物館
開 6/23~8/11
　毎日　11:00~16:00
休 8/12~6/22
料 100SEK
行き方▶▶▶
　湖沿いの歩道を駅と反対方向に線路に沿って進むと、左側に現れる。徒歩15分。

トムテランド
住 Gesundabergsvägen 80
TEL (0250)28-770
URL www.tomteland.se
開 開場時間は上記ウェブサイトなどで要確認
料 1日券395SEK
行き方▶▶▶
　トムテランド行きのバスは本数が少ないため、タクシーかレンタカーの利用がおすすめ。

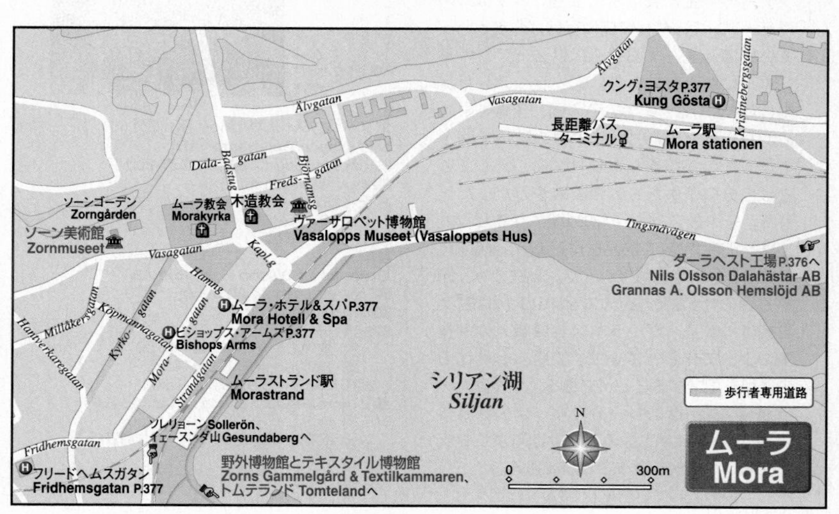

また、ムーラから車で約15分の所には、ソレリョーンSollerönとイェースンダ山Gesundabergがある。シリアン湖Siljanに島のように浮かんでいるソレリョーンには、ヴァイキングの墓と、手工芸センターがある。また、湖の西岸をさらに車で15分ほど行くと、リフトのあるイェースンダ山の入口に着く。この山頂（標高501 m）からのシリアン湖の眺めはすばらしい。山の入口に、サンタクロース（北欧ではトムテTomteという）のテーマパーク、トムテランドTomtelandもある。

•レートヴィークの行き方•

🚃ストックホルムからファールン行きインターシティに乗り、ボーレンゲでムーラ行きに乗り換え。所要約3時間30分。直通列車は1日2～3便。
🚌ムーラから350番のバスを利用。1日に3～13便程度運行、所要約40分。

レートヴィークの観光案内所ℹ

既存の観光案内所は廃止となったが、町なかの定められた場所にInfo Pointがあり、ここで観光に関するパンフレットや地図を手に入れることができる。Info Pointの場所については URL www.visitdalarna.se/besoksserviceを確認。

Rättvik

レートヴィーク

シリアン湖東岸にあるリゾート地だが、湖畔のサマーランドやビーチ、キャンプ場があるくらいの静かな町だ。

駅の裏手のシリアン湖Siljanには、全長625 mの木造の桟橋Langbrygganがあり、ここから見る町の夜景が美しい。 町の北西の岬にあるレートヴィーク教会Rättviks Kyrkaは、13世紀に建てられた教会。歩いて行くこともできるが、土地の人々は船で訪れる。周囲には、ミサ中に馬をつないでいた古い木造の馬小屋や、「グスタフ・ヴァーサがダーラナ人に戦いを呼びかけた地」と記された記念碑がある。

レートヴィーク教会から徒歩10分ほどの所には、昔の建物を

野外博物館
TEL 073-619-0306
URL kafenyfiket.se
開 6月中旬～8月中旬
　毎日11:00～17:00
休 8月中旬～6月中旬
料 無料

文化会館
住 Storgatan 2
TEL (0248)70-197
URL rattvikskulturhus.se
開 各施設により異なる。ウェブサイトで要確認。
料 無料

COLUMN SWEDEN

スウェーデンのシンボル ダーラヘスト

ダーラヘストとは、林業の盛んだったダーラナ地方で生まれた木工芸品。今では、スウェーデンのみやげ物店に行けば必ずといっていいほど並んでおり、スウェーデンのシンボルにもなっている。ダーラヘストが誕生したのは18世紀頃。冬の間、仕事を早めに切り上げた男たちが、木材の破片を使って作ったのが始まりとされており、もともとは自分の子供たちへのおみやげだったそうだ。その後20世紀の初め頃になると、オルソン兄弟がこの工芸品を作る工房を創設し、民芸品として定着していった。現在でも、兄弟それぞれが創設したふたつの工房は営業を続けている。ダーラヘストは職人の手作業によって作られていて、工房へ行けばその過程を見学することができる。場所はムーラから10kmほどレートヴィークのほうへ戻ったNusnäs。工房の売店では町よりも安くダーラヘストを買うことができる。

さまざまなサイズがある

■ダーラヘスト工場 Map P.375外

Nils Olsson Dalahästar AB
住 Edåkersvägen 17 TEL (0250)37-200
URL www.nilsolsson.se
開 月～金9:00～18:00
　土10:00～15:00
　日11:00～15:00
休 なし

Grannas A. Olsson Hemslöjd AB
住 Edåkersvägen 24 TEL (0250)37-250
URL www.grannas.com/en
開 6/15～8/15
　月～金9:00～18:00(工場～16:00)
　土・日9:00～16:00(工場10:00～)
　8/16～6/14 月～金9:00～16:00
休 8/16～6/14の土・日(ショップは土曜も営業)
行き方▶▶▶
　ムーラ駅前のバス停からバス324番で約20分。

移築した野外博物館Gammelgårdもある。町なかの見どころとしては、自然博物館と伝統衣装や民芸品を展示するアートセンターが入った文化会館Kulturhusがある。

シリアン湖に架かる木造の橋を渡ろう

ファールンの行き方

ストックホルムからインターシティで所要約2時間50分。1日に5～10便運行。
ムーラから350番のバスを利用。1日に3～13便運行。所要約1時間30分。

ファールンの観光案内所

既存の観光案内所は廃止となったが、町なかの定められた場所にInfo Pointがあり、ここで観光に関するパンフレットや地図を手に入れることができる。Info Pointの場所については URL www.visitdalarna.se/besoksserviceを確認。

Falun
ファールン

ダーラナ地方の中心地で、スウェーデンの近代化を支えた銅山の町。9世紀頃から始まった採掘は、17世紀には世界の産出量の3分の2を占め、1992年末までは鉄鉱や鉛鉱も産出していた。現在は世界遺産に登録されている。

ファールン最大の見どころといえば、町の西にあるファールン銅山Falu Gruva。銅山の内部はガイドツアーで見学が可能（要予約）。ヘルメットとカッパ、長靴を着用するツアーは、雰囲気満点だ。銅山には銅山博物館Gruvmuseetも併設されており、採掘に実際に使用された道具などを展示している。また、町の中心にあるダーラナ博物館Dalarnas Museumでは、民族衣装や民芸品などが見られる。

郊外のスンドボーンSundbornには、画家のカール・ラーソンCarl Larsson（1853～1919年）の家Carl Larsson-gårdenがある。彼の絵本の世界を彷彿させるすてきな内装は、彼自身の手によるもの。本数は少ないがバスが出ている。

ファールン銅山
住 Gruvplatsen 1
TEL (023)78-2030
URL www.falugruva.se
ガイドツアー
催 ウェブサイトで要確認
料 時期により異なる。ウェブサイトで要確認。
銅山博物館
開 時期によって異なる
料 時期により異なる。ウェブサイトで要確認。

ダーラナ博物館
住 Stigaregatan 2-4
URL dalarnasmuseum.se
開 火～日　11:00～17:00
休 月
料 無料

カール・ラーソンの家
TEL (023)60-053
URL www.carllarsson.se
催 ウェブサイトで要確認
料 250SEK
見学はガイドツアーのみ。

ダーラナ地方のホテル

ムーラ

Hotell Kung Gösta
クング・ヨスタ　MAP P.375

住 Kristinebergsgatan 1
TEL (0250)15-070
URL www.firsthotels.com
料 Ⓢ995SEK～ Ⓓ1295SEK～
CC A D M V

ムーラ駅の目の前にあるホテルで利便性が高い。

Mora Hotell & Spa
ムーラ・ホテル&スパ　MAP P.375

住 Strandgatan 12
TEL (0250)59-2650
URL morahotell.se
料 Ⓢ1375SEK～ Ⓓ1495SEK～
CC A D M V

宿泊客向けの体験プランが豊富な、アウトドアホテル。

Fridhemsgatan Hotell
フリードヘムスガタン　MAP P.375

住 Fridhemsgatan 15
TEL (0250)15-900
URL www.hotellimora.se
料 Ⓢ Ⓓ1210SEK～
CC A M V

客室はダーラナホースのモチーフが散りばめられている。

Hotel Bishops Arms
ビショップス・アームズ　MAP P.375

住 Moragatan 6
TEL (0250)13-000
URL www.bishopsarms.com
料 Ⓢ846SEK～ Ⓓ993SEK～
CC A D M V

全41室の客室はすべてシャワー、トイレ付き。一部の客室には、シリアン湖の景色を望むバルコニーも付いている。

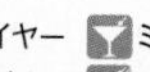
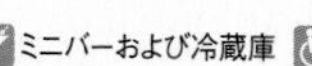
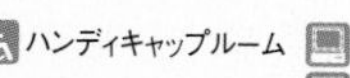

バスタブ　テレビ　ドライヤー　ミニバーおよび冷蔵庫　ハンディキャップルーム　インターネット（無料）
一部のみ　一部のみ　貸し出し　一部のみ　インターネット（有料）

Göteborg

ヨーテボリ

Map P.296-A4

人口:60万4616

市外局番:031

ヨーテボリ情報のサイト
URL www.goteborg.com
X @goteborgcom
f @goteborgcom
@goteborgcom

ヨーテボリの行き方

✈ストックホルムから1日3〜13便、所要約1時間。コペンハーゲンから1日5〜8便、所要約50分。ヘルシンキからフィンエアーで1日2〜4便、所要約1時間30分。

🚃ストックホルムからSnabbtågで約3時間10分。レギオナルで約4時間50分。6:03〜20:30間にほぼ1時間に1〜2便。オスロからは約6便あり所要約3時間35分。コペンハーゲンからは5:30〜18:30間の1時間に1便。所要約4時間。

観光ボートでのクルーズが人気

グスタフ・アドルフ広場の中央に、地を指差し、顔を上げた王の銅像がある。ヨーテボリの創設者、"北方の獅子"と呼ばれたグスタフ2世アドルフ王像で、「町をここに築け」と言っている場面だ。

17世紀初頭、北にはノルウェーが迫り、南はデンマーク領だった当時のスウェーデンにとって、唯一の港がヨーテボリだった。オランダ人の建築家を招いて建設された町は、運河と堀が旧市街を守っている。運河沿いにある石造りの建物は、東インド会社がこの町に繁栄をもたらした18世紀の大商人の住宅。現在の市立博物館は、東インド会社の建物だ。

現在ではスウェーデン第2の都市として栄え、自動車メーカー、ボルボの本社もヨーテボリにある。2024年4月にはボルボに関する展示やさまざまなイベントが開催されるワールド・オブ・ボルボ（→P.382）がオープン。また、おしゃれなカフェやショップが並ぶハーガ地区もぜひ散策したい。

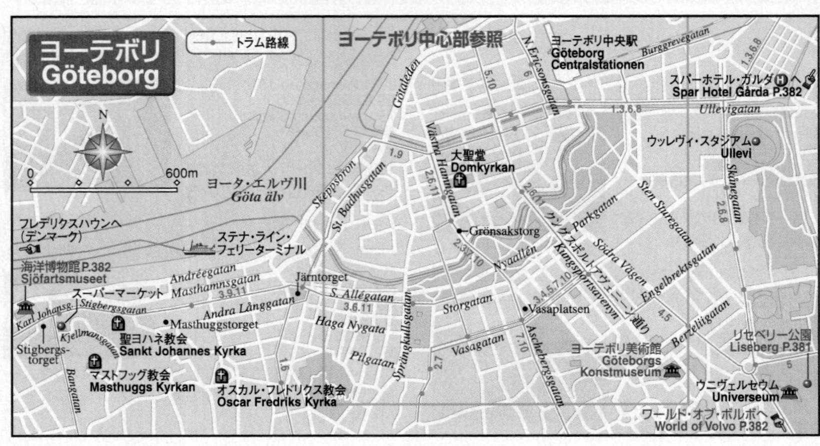

ヨーテボリの歩き方

現役の鉄道駅としてはスウェーデン最古といわれるヨーテボリ中央駅Göteborg Centralstationen。駅と隣接してモダンな長距離バスターミナルがある。中央駅の南側は広場になっていて、トラムがせわしなく行き交っている。

大きな通りを挟んで駅の西側には、ノルドスタンNordstarnと呼ばれる大型のショッピングセンターや、ホテル、レストランなどが並ぶ。駅前から地下通路を通ってノルドスタンに入り、そのまま通り抜けると向かいにあるのがグスタフ2世アドルフ

コペンハーゲンから1日4～8便。所要約4時間20分。
デンマークのフレデリクスハウンからステナ・ラインで約3時間40分。

空港から市内へ

ヨーテボリ空港から中央駅横の長距離バスターミナルまで空港バスが結んでいる。料金は片道129SEK。

ヨーテボリ中央駅

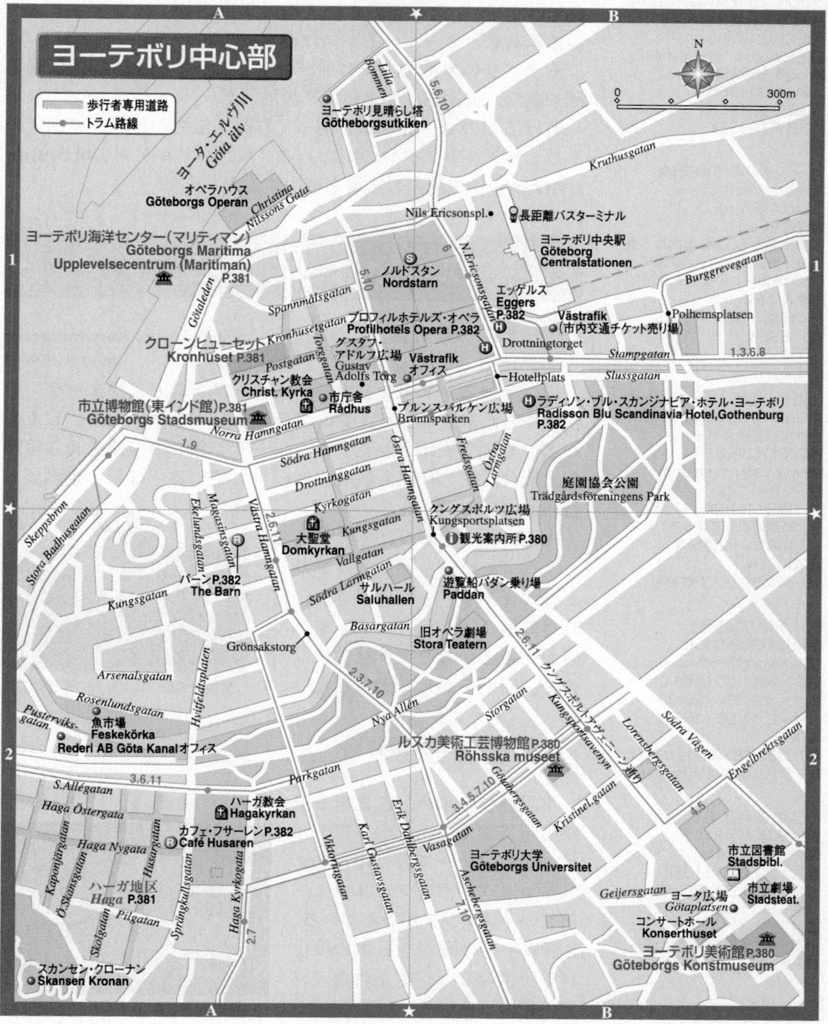

王の像があるグスタフ・アドルフ広場Gustav Adolfs Torg。広場から運河を渡りクングスポルツ広場Kungsportsplatsenまでの道は、買い物客でにぎわうショッピングエリア。NKデパートをはじめ各種ショップが立ち並ぶ。クングスポルツ広場のすぐ先にある橋のたもとには、パダンPaddanと呼ばれる観光ボートの船着場がある。

船着場から堀に沿って西へ約1km進んだところには、大規模な改装を経て2024年5月16日に再オープンした魚市場Feskekörkaがある。対岸に広がるのは、おしゃれエリアのハーガ地区だ。

ハーガ地区の東側は新市街。メインストリートのクングスポルトアヴェニーン通りKungsportsavenynを進むとヨータ広場Götaplatsenに突き当たる。広場の中央には、スウェーデンが誇る彫刻家、カール・ミレス作のポセイドンの像の噴水があり、ヨーテボリの象徴的なモニュメントとなっている。周辺は図書館や劇場、美術館に囲まれた文教地区だ。

町は広いので、トラムを使って移動するのが便利。すべてのトラムはノルドスタンの南にあるブルンスパルケン広場Brunnsparkenか中央駅南の広場を経由する。

おもな見どころ

●ヨーテボリ美術館 Göteborgs Konstmuseum

Map P.379-B2

アンデース・ソーンやカール・ラーソンなどスウェーデンを代表する画家をはじめ、レンブラント、ゴッホ、モネ、ピカソなどの絵画も展示された、スウェーデン第2の規模を誇る美術館。現代美術の作品も数多く展示されている。ほか、企画展も行われている。

また、ヨーテボリに本社のあるカメラメーカー、ハッセルブラッド社のギャラリーも併設され、常時写真展が開かれている。すべて合わせるとかなりの作品数になるので、時間をかけて鑑賞したい。

美術館の前にはポセイドンの像が立つ

●ルスカ美術工芸博物館 Röhsska museet

Map P.379-B2

常設展をはじめ、さまざまな企画展が行われる。19世紀後半から現代までのインテリアデザインのコーナーでは、オレフォスやコスタのガラス、スウェーデンのインテリアが並んでいる。3階は中国の陶器や日本の根付けや浮世絵などが置かれたアジア美術のコーナー。

1916年の開館以来、さまざまな展示を実施

ヨーテボリの観光案内所 ℹ
クングスポルツ広場
Map P.379-B2
住Kungsportsplatsen 2
TEL(031)368-4200
URL www.goteborg.com
開月～金　10:00～18:00
　土・日　10:00～15:00
　(時期により変動あり)
休1～4・10・11月の日

ヨーテボリ・パス
Gothenburg Pass
ヨーテボリの25余りのアトラクションが無料になるお得なパス。購入は観光案内所または下記のサイトから。
URL gocity.com/en/gothenburg
料1日券469SEK
　2日券604SEK
　3日券684SEK
　5日券799SEK

ヨーテボリの市内交通
URL www.vasttrafik.se
シングルチケット
料36SEK～
乗車時から90分以内なら乗り換え自由。トラムは車内でクレジットカードのタッチ決済でも購入できる。
24時間パス
料115SEK

パダン
堀から運河、ヨータ・エルヴ川Göta älvをぐるっと約50分かけて回る観光ボート。
TEL(031)609-670
URL www.stromma.com
催3/28～11/3
　毎日　11:00～17:00
　(時期によって異なる)
　1時間に1～2便出発。
料250SEK
(ヨーテボリ・パスで乗船可)

ヨーテボリ美術館
TEL(031)368-3500
URL goteborgskonstmuseum.se
開火・木11:00～18:00
　水　　11:00～20:00
　金～日11:00～17:00
休月
料70SEK(20歳未満は無料、ヨーテボリ・パスで入場可)

ルスカ美術工芸博物館
TEL(031)368-3150
URL rohsska.se
開火・水11:00～18:00
　木　　11:00～20:00
　金～日11:00～17:00
休月
料70SEK(20歳未満は無料、ヨーテボリ・パスで入場可)

市立博物館（東インド館） Göteborgs Stadsmuseum

Map P.379-A1

町の中心にある市立博物館。もとは東インド会社の建物で、ヨーテボリ付近の生活史が見られるほか、東洋から運ばれてきた磁器やその他のコレクションがある。ミュージアムショップもある。

東インド会社の建物を改装した博物館

ハーガ地区 Haga

Map P.379-A2

17世紀の趣ある街並みが残るエリア。石畳の道は歩行者専用となっているので歩きやすく、カフェやかわいいショップに立ち寄りながら散策するのが楽しい。名物はカフェ・フサーレン（→P.382）の巨大シナモンロール「ハーガブッレン」。南側の小高い丘の上には要塞スカンセン・クローナンが立ち、ここからの眺望も素晴らしい。

ヨーテボリ海洋センター（マリティマン） Göteborgs Maritima Upplevelsecentrum(Maritiman)

Map P.379-A1

ヨータ・エルヴ川に浮かぶ本物の船の内部を見学できる。駆逐艦スモーランド号HMS-Småland、潜水艦ノール・カパレン号Nordkapren、その他消防艇、貨物船、灯台船、タグボートなどが通路でつながり、矢印で示された順路に沿って見学すると無駄がない。潜水艦の中を見学できるのも珍しいが、内部の狭さも驚きだ。乗組員の寝室は、なんと魚雷と同居。カフェとショップを併設。

クローンヒューセット Kronhuset

Map P.379-A1

ヨーテボリ最古の建物で、1643年に兵器庫として建てられた。現在では周囲に金、銀、ガラス、陶器などの工房兼ショップが並ぶ。ティヴァラ＆ティヴァガ（→P.366）の工房があるのもここ。週末はイベントが開催されることも。

リセベリー公園 Liseberg

Map P.378

地元の人からはコペンハーゲンのチボリ公園よりもきれいで、アトラクションもおもしろいと言われ、カール・ミレスなどの彫刻があちこちで見られる美しい公園。園内にはさまざまなアトラクションがあるが、入場券だけを買って、のんびりと散歩するのも楽しい。入口の前には公園を訪れた有名人の名前を刻んだプレートが地面に埋め込まれており、ローリング・ストーンズのメンバーの名前などもある。ちなみにここのジェットコースターは北欧最大規模だとか。高さ60mの観覧車もあり、美しいヨーテボリ市街の景観を楽しむことができる。

市立博物館（東インド館）
TEL(031)368-3600
URL goteborgsstadsmuseum.se
開 火・木　10:00～18:00
　水　10:00～20:00
　金～日　10:00～17:00
休 月
料 70SEK（20歳未満は無料、ヨーテボリ・パスで入場可）

ハーガ地区
URL www.goteborg.com/en/guides/haga

ヨーテボリ中央駅からトラム3、6、11番でアクセスできる

ヨーテボリ海洋センター（マリティマン）
TEL(031)10-5950
URL www.maritiman.se
開 4・5・9・10月
　土・日　11:00～16:00
6・8月
　毎日　10:00～17:00
7月
　毎日　10:00～18:00
11月
　土・日　10:00～15:00
休 4・5・9～11月の月～金、10/26～11/3、12～3月
料 140～175SEK（ヨーテボリ・パスで入場可）

クローンヒューセット
住 Postgatan 6-8
URL kronhuset.se
開休 店舗によって異なる

歴史を感じさせる重厚な造り

リセベリー公園
TEL(031)40-0100
URL www.liseberg.se
開 4/20～6/20、8/19～9/22の一部の平日と土・日およびハロウィン、クリスマス
　6/21～8/18は毎日
　開場時間は日によって異なる。だいたい11:00～15:00の間に開場し、20:00～23:00頃まで開いている。
料 入場95～175SEK
　乗り物1日券310～455SEK

オープン日を確認してから行こう

海洋博物館 Sjöfartsmuseet

Map P.378

17世紀から今日までのこの地における入植や造船の歴史を豊富な資料や映像とともに展示している。船の操舵シミュレーターや水族館もある。

造船の歴史をわかりやすく展示

海洋博物館
住Karl Johansgatan 1-3
URL www.sjofartsmuseetakvariet.se
開火・水10:00～18:00
木　10:00～20:00
金～日10:00～17:00
休月
料70SEK（20歳未満は無料、ヨーテボリ・パスで入場可）

ワールド・オブ・ボルボ World of Volvo

Map P.378 外

スウェーデンを代表する世界的自動車メーカー、ボルボが運営する多目的イベントホール。ガラス張りのモダンな館内にはボルボの歴史を紹介する博物館があり、歴代の自動車が見られるほか、最新テクノロジーを駆使したインタラクティブな展示が特徴。コンサートなどの催しも随時開催。館内レストランも評判だ。

ヨーテボリ中央駅から約3km南に位置する

ワールド・オブ・ボルボ
住Lyckholms Torg 1
TEL 10-2652710
URL www.worldofvolvo.com
開毎日10:00～17:00
（時期によって異なる）
休なし
料225SEK
行き方▶▶▶
トラム2、4番でLiseberg Södra下車、徒歩約6分

ヨーテボリのホテル

Radisson Blu Scandinavia Hotel, Gothenburg

ラディソン・ブル・スカンジナビア・ホテル・ヨーテボリ　MAP P.379-B1

住Södra Hamngatan 59　TEL(031)758-5000
URL www.radissonhotels.com
料Ⓢ Ⓓ 971SEK～　CC A M V

ショッピングエリアにも近いヨーテボリ随一の高級ホテル。ロビーは吹き抜けになっており、モダンなデザイン。ショップやバーもある。

Profilhotels Opera

プロフィルホテルズ・オペラ　MAP P.379-B1

住Nils Ericsonsgatan 23　TEL(031)805-080
URL ligula.se
料Ⓢ964.29SEK～ Ⓓ1063EK～　CC A D M V

ノルドスタンの角に面した中級ホテル。サウナやプールがありながらリーズナブルな価格。現金払い不可。

Spar Hotel Gårda

スパーホテル・ガルダ　MAP P.378外

住Norra Kustbanegatan 15-17　TEL(031)752-0300
URL www.sparhotel.se
料Ⓢ709SEK～ Ⓓ756SEK～ CC A M V

2023年に改装された、きれいな2つ星ホテル。ジムやサウナ、屋上テラスがあり、朝食ビュッフェ付き。バス停からも近くて便利。現金払い不可。

Hôtel Eggers

エッゲルス　MAP P.379-B1

住Drottningtorget 2-4　TEL(031)333-4440
URL www.hoteleggers.se
料Ⓢ1090SEK～ Ⓓ1190SEK～
CC A D M V

ヨーテボリ中央駅の向かいに堂々と立つ歴史あるホテル。客室は、木のぬくもりを生かしたエレガントな空間になっている。

ヨーテボリのレストラン

The Barn

バーン　MAP P.379-A2

住Kyrkogatan 11　TEL(031)352-4949　URL thebarn.se
営火・水17:00～23:00　木11:30～14:00/17:00～23:00
金11:30～14:00/16:00～24:00　土12:00～24:00
日13:00～21:00　休月　予200SEK～　CC A M V

スウェーデンの食材を使ったボリューミーなハンバーガーが人気。メープルシロップで味つけしたほんのり甘いベーコンをサンドしたSvinet159SEKは人気の一品。ローカルな人々が集う評判の店だ。

Café Husaren

カフェ・フサーレン　MAP P.379-A2

住Haga Nygata 28　TEL(031)136-378
URL cafehusaren.se
営毎日8:00～19:30　休なし
予120SEK～　CC M V

人の顔よりも大きいシナモンロール、ハーガブッレンで知られる人気カフェ。サンドイッチもおいしい。

バスタブ　一部のみ　テレビ　一部のみ　ドライヤー　貸し出し　ミニバーおよび冷蔵庫　一部のみ　ハンディキャップルーム　インターネット（無料）　インターネット（有料）

スウェーデングラスの歴史をたどる

ガラスの王国

スモーランド地方Smålandのヴェクショーとカルマルの間には、ガラス工房が多くある。ガラス製品で有名になったのは、16世紀の中頃に端を発する。産業の振興を図るため、燃料となる木材だけは豊富にあるこの地にボヘミアンガラスなどの職人を招き、技術を教わったのが始まり。現在ガラス製品の担い手はさまざまな地にいるが、ガラスといえばスモーランドというイメージは変わらず、「ガラスの王国」と呼ばれている。

ガラスの王国の情報サイト
URL glasriket.se

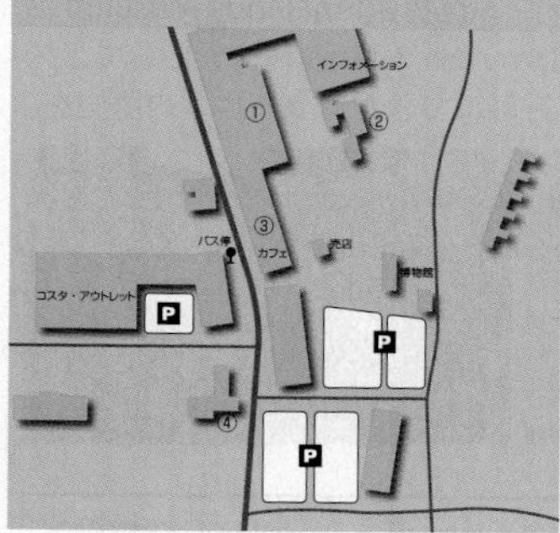

スウェーデンブランドの老舗 コスタのガラス工房へ

1742年創業の国内最古のガラスメーカー。生活雑貨からアートガラスまで幅広く扱う。コスタでは工房で作業を見学できるだけでなくギャラリーやショップ、自社製品以外をも扱うコスタ・アウトレットがあり、スウェーデンのガラス文化を満喫できる。

コスタの情報 URL www.kostaboda.com

行き方▶ヴェクショーからバス218番と220番を乗り継ぎ約1時間。カルマルからは鉄道でレッセボーLesseboまで行き、バス220番に乗り約15分。

①ガラス工房見学 Glasbruk

コスタのガラス工房は、ガラス職人が実際に製品を作っている様子が見学できる。熟練のガラス職人は通常マイスターと呼ばれ、手作業による吹きガラスの製法で作られている。ガイドツアーもあるので、希望者は問い合わせを。

DATA

営 毎日 10:00～17:00（時期により異なる）
休 なし 料 70SEK

大きな煙突を目指そう

②コスタ・ボダ・アート・ギャラリー Kosta Boda Art Gallery

アート作品を鑑賞してみよう

ガラスを用いたアート作品を中心に展示したギャラリー。日用品ではなくアートガラスにも力を入れてきたコスタの世界に触れられる。コスタの歴史を紹介したパネルや、歴代の作品が並ぶコーナーもあり見応えがある。

DATA

TEL (0478)34-529
開 毎日 10:00～17:00（時期により異なる）
休 なし 料 無料

③コスタ・グラス・ショップ Kosta Glas-shop

アウトレットコーナーは必見

工房直売のショップ。店内はかなり広く、現行品すべてを扱っている。見逃せないのは、アウトレット価格で購入できるB級品のコーナー。タックスフリーの手続きもしてくれるので、まとめて買えるチャンスだ。カフェを併設。

DATA

営 月～金 10:00～19:00 土・日 10:00～18:00 休 なし CC M V

④コスタ・ボダ・アート・ホテル Kosta Boda Art Hotel

ガラス作品が並ぶガラスバー

コスタのガラスをそこかしこで見られる、贅沢なホテル。アーティスト別に分かれた客室内にはガラスオブジェを配し、ロビーやプール、レストランにも作品が置かれている。ガラスバーは宿泊客以外も利用できる。

DATA

TEL (0478)34-830
URL kostabodaarthotel.se

Växjö

ヴェクショー

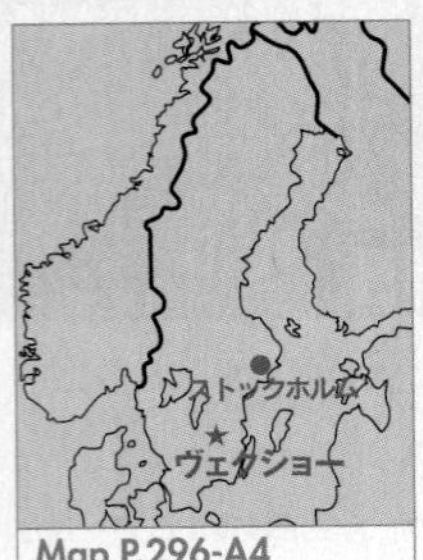

Map P.296-A4

人口:9万7574

市外局番:0470

ヴェクショー情報のサイト
URL vaxjoco.se
@vaxjoco
@vaxjoco

森と湖に囲まれた美しい環境にある小都市ヴェクショー。脱化石燃料宣言をし、全市を挙げてCO_2排出量の削減を目指す環境先進都市としても注目されている町だ。また、ガラスの王国への拠点として、多くの観光客が訪れる。

大聖堂のガラス細工

ヴェクショーの歩き方

駅のすぐ裏にあるスモーランド博物館Smålands Museumはスウェーデン・ガラス博物館Sveriges Glasmuseumとして、スウェーデンで約500年前から行われてきたガラス作りの歴史を、各時代のガラス製品とともに紹介している。ガラスの王国を訪れる前にここを見学して歴史を含めた予備知識を頭に入れておくと、より興味深く

駅の南側にあるスモーランド博物館

ヴェクショーの行き方

ストックホルムからSnabbtågでアルヴェスタAlvestaまで行き、レギオナルに乗り換える。1時間に1便程度、所要約3時間30分。

ヴェクショーの観光案内所
Map P.384
住 Norra Järnvägsgatan 7
TEL (0470)41-000
URL upplev.vaxjo.se
開 月～金7:30～16:30
休 土・日

スモーランド博物館
住 Södra Järnvägsgatan 2
TEL (0470)70-4200
URL www.kulturparkensmaland.se
開 6～8月
火～日 10:00～17:00
9～5月
火～金 10:00～17:00
土・日 11:00～16:00
休 月
料 150SEK(移民博物館と共通)

ガラスの王国の歴史がわかる

夏季には町なかでマーケットが開かれる

ガラスを見ることができるだろう。スモーランド博物館の並びには、移民博物館Utvandrarnas Husがある。1850年から1930年にかけて、120万人のスウェーデン人がアメリカに移住した。ここでは移民に関する研究のほか、展示室を設けて移民についての展示を行っている。アメリカから移民の子孫が祖先の歴史をたずねて来ることも多い。

駅を背に右へ進むと公園になっており、その中に立っているのが大聖堂Domkyrkan。起源は12世紀にまで遡るという、歴史のある教会だ。建物の東側には、12世紀のルーン文字が刻まれたルーン石がちょこんと置かれている。北側にあるKarolinerhusetは1715年に建てられた市内最古の建物で、リンネが通ったかつての学校。町の中心は歩行者専用道路になったショッピングエリア。デパートやスーパーマーケットが集まり、カフェやレストランは歩道にまでテーブルを並べて、週末は大勢の人でにぎわう。

町の外れにそびえる大聖堂

移民博物館
TEL(0470)70-4200
URL kulturparkensmaland.se
開6～8月
火～日 10:00～17:00
9～5月
火～金 10:00～17:00
土・日 11:00～16:00
休月
料150SEK（スモーランド博物館と共通）

時系列で移民の歴史を紹介

大聖堂
TEL(0470)70-4824
URL www.svenskakyrkan.se
開毎日9:00～18:00
休なし
料無料

大聖堂の祭壇もガラスでできている

スウェーデン　ヴェクショー

ヴェクショーのホテル

Elite Stadshotellet
エリート・スタッズホテレット　MAP P.384

住Kungsgatan 6　TEL(0470)13-400
URL www.elite.se
料Ⓢ847SEK～ Ⓓ1144SEK～　CC A D M V

大きな広場に面して19世紀半ばに建てられた、重厚な雰囲気のホテル。ヴェクショー駅に近くアクセス便利。行き届いたサービスも好評。

Quality Hotel Royal Corner
クオリティ・ホテル・ロイヤル・コーナー　MAP P.384

住Liedbergsgatan 11　TEL(0470)70-1000
URL www.strawberry.se
料Ⓢ980SEK～ Ⓓ1120SEK～　CC A D M V

ショッピングエリアにある。北欧家具が配された客室は落ち着いた雰囲気。サウナやプールもある。

Clarion Collection Hotel Cardinal
クラリオン・コレクション・ホテル・カルディナル　MAP P.384

住Bäckgatan 10　TEL(0470)72-2800
URL www.choicehotels.com　料Ⓢ1250SEK～ Ⓓ1190SEK～　CC A D M V

駅から徒歩すぐの歩行者専用道路に面して立つ。ロビーや客室にはエレガントな要素がちりばめられている。

Elite Park Hotel
エリート・パーク　MAP P.384

住Västra Esplanaden 10　TEL(0470)70-2200
URL www.elite.se
料Ⓢ1171SEK～ Ⓓ1256SEK～
CC A D M V

コンサートハウスに併設された、近代的な造りのホテル。周囲は静かな環境で落ち着いて滞在できる。客室はモダンな雰囲気。

Hotell Värend
ヴェレンド　MAP P.384

住Kungsgatan 27　TEL(0470)77-6700
URL hotellvarend.se
料Ⓢ895SEK～ Ⓓ995SEK～　CC M V

ヴェクショーの中心部では最も手頃。駅から徒歩約10分。客室はシンプルで明るく快適に過ごせる。

Hotel Esplanad
エスプラナード　MAP P.384

住Norra Esplanaden 21A　TEL(0470)22-580
URL hotelesplanad.com
料Ⓢ1195SEK～ Ⓓ1395SEK～　CC M V

エリート・パーク近くに立つ便利で手頃なホテル。客室はシンプルにまとめられ清潔感たっぷり。長期滞在に便利なアパートメントタイプの客室もある。

バスタブ　テレビ　ドライヤー　ミニバーおよび冷蔵庫　ハンディキャップルーム　インターネット（無料）
一部のみ　一部のみ　貸し出し　一部のみ　インターネット（有料）

Kalmar

カルマル

Map P.296-A4
人口:7万2304
市外局番:0480
カルマル情報のサイト
URL kalmar.com
f @destinationkalmar
@destinationkalmar

スモーランド地方の中心カルマルは、中世から続く商業都市。かつては「カルマルを支配するものは海峡の交通を支配する」と言われ、スウェーデンとデンマークの間で領有争いが繰り広げられた。旧市街の中心に大聖堂と広場があり、整然と区画された町の周囲を城壁が囲む様子は、北欧には珍しい中世ヨーロッパのたたずまい。17世紀から18世紀の建物も多く残る。町の中心にそびえるバロック様式が美しい大聖堂は、1660~1702年にかけて建てられたものだ。

海に浮かぶカルマル城

カルマルの行き方

🚃ストックホルムからSnabbtåg でアルヴェスタAlvestaまで行き、レギオナルに乗り換える。1時間に1便程度、所要約4時間40分。

ヴェクショー~カルマル間はレギオナルで約1時間10分。1時間に1便程度。

ゴットランドからカルマルへ
(→P.390)

旧給水塔近くのトンネルをくぐると木造の橋へ出る

カルマルの観光案内所 ℹ
Map P.386
住 Ölandskajen 9
TEL (0480)41-7700
URL kalmar.com
開 4・10月
月~土11:00~14:00
5・9月
月~金 9:00~17:00
土 10:00~15:00
6~8月
月~金 9:00~18:00
土・日10:00~15:00
11~3月
月~金11:00~14:00
休 11~3月の土、9~5月の日

カルマルの歩き方

堀と城壁に囲まれたエリアが、カルマルの中心部。城壁内はホテルやスーパーなどが並ぶ繁華街となっている。城壁を出て南に進むと、海に浮かんでいるカルマル城が目に入る。城の周りは公園になっており、公園内にカルマル美術館がある。観光案内所はカルマル駅の南、エーランドフェーン通り Ölandskajen に面した近代的な建物に入っている。

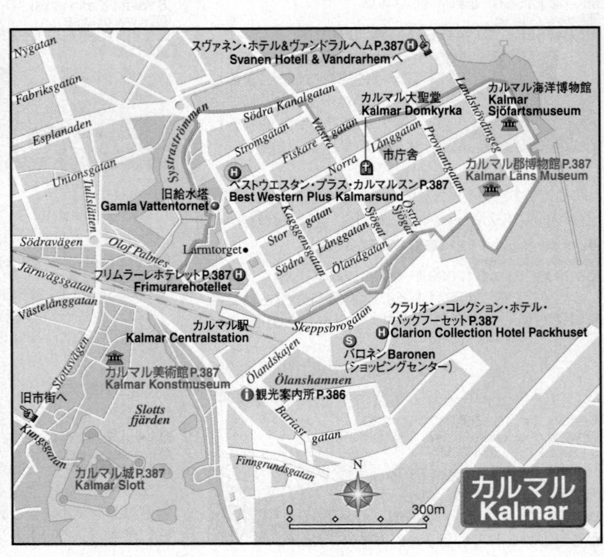

おもな見どころ

カルマル城

Kalmar Slott

Map P.386

町のシンボルでもあるカルマル城は、およそ800年前に創建されたもの。1397年にはハンザ同盟に対抗すべくスウェーデン、デンマーク、ノルウェーの3ヵ国間で結ばれたカルマル同盟の舞台となった。城壁の四隅に設けられた大きな円形の砦が、たび重なる領土争いの歴史を物語っている。現在見られるルネッサンス様式の建物は、16世紀にグスタフ・ヴァーサ王が修復したもの。カルマル駅の南側にある公園からは、入江の向こうに浮かぶカルマル城の全景が見渡せる。カルマル城の手前にある一画は、17世紀から18世紀の町並みが残された旧市街（ガムラ・スタン）。部分的に石畳の路地も残っており、美しい家々を眺めながら散歩するのも楽しい。

石畳の道が続く旧市街

カルマル城
住Kungsgatan 1
TEL(0480)45-1490
URL kalmarslott.se
開時期により変動。
　ウェブサイトを要確認。
料130～185SEK

カルマル郡博物館

Kalmar Läns Museum

Map P.386

1676年にエーランド島沖の海戦で沈没した戦艦クロナン号Kronanから引き上げられた大砲や金貨銀貨などの財宝をはじめ、カルマル郊外で発掘された約1万2000年前の遺跡に関する資料などを展示。無料のオーディオガイドがある。

カルマル郡博物館
住Skeppsbrogatan 51
TEL(0480)45-1300
URL kalmarlansmuseum.se
開月・火・木・金 10:00～16:00
　水 10:00～20:00
　土・日 11:00～16:00
休なし
料130SEK

カルマル美術館

Kalmar Konstmuseum

Map P.386

19世紀から20世紀にかけてのカルマル周辺出身の画家による作品をおもに展示している。絵画だけでなく、スウェーデンデザインに関する展示もある。

カルマル美術館
住Stadsparken
TEL(0480)42-6282
URL kalmarkonstmuseum.se
開火～金 12:00～17:00
　土・日 11:00～16:00
休月
料50SEK（金曜は無料）

カルマルのホテル

Clarion Collection Hotel Packhuset

クラリオン・コレクション・ホテル・パックフーセット MAP P.386

住Skeppsbrogatan 26　TEL(0480)57-000
URL www.strawberryhotels.com
料Ⓢ1290SEK～ Ⓓ1390SEK～　CC A D M V

ショッピングセンターなどがある複合施設に併設しているモダンなホテル。客室は木の梁や柱がむき出しで趣がある。約半数の客室が海に面している。

Frimurarehotellet

フリムラーレホテレット MAP P.386

住Larmtorget 2　TEL(0480)15-230
URL frimurarehotellet.se　料Ⓢ1016SEK～ Ⓓ1098SEK～
CC A D M V

駅から歩いてすぐ、劇場がある広場に面したホテル。1878年建造、歴史を感じさせる重厚な雰囲気。

Best Western Plus Kalmarsund Hotell

ベストウエスタン・プラス・カルマルスン MAP P.386

住Fiskaregatan 5　TEL(0480)48-0380
URL www.bestwestern.com
料ⓈⒹ1226SEK～
CC A D M V

駅から300mほどの所にある手頃なホテル。スタッフもフレンドリーでくつろげる。

Svanen Hotell & Vandrarhem

スヴァネン・ホテル＆ヴァンドラルヘム MAP P.386外

住Rappegatan 1　TEL(0480)25-560
URL hotellsvanen.se
料ホテル　Ⓢ665SEK～ Ⓓ790SEK～
　ユースホステル　ドミトリー215SEK～
　Ⓢ455SEK～ Ⓓ640SEK～　朝食90SEK　シーツ75SEK
CC A D M V

ホテルは全39室。ユースホステルは全21室。

バスタブ　テレビ　ドライヤー　ミニバーおよび冷蔵庫　ハンディキャップルーム　インターネット（無料）
一部のみ　一部のみ　貸し出し　一部のみ　インターネット（有料）

COLUMN SWEDEN

ニルスの不思議な旅にも登場したのどかな島、エーランド島

ボリーホルム最大の見どころ、ボリーホルムの城跡

ヴァイキングの墓や大小400余りの古い風車が点在し、夏には花が咲き乱れる美しい景観のエーランド島Öland。セルマ・ラーゲリョフの小説『ニルスの不思議な旅』の中で、美しくて巨大な蝶が座礁し、それがエーランド島になったと紹介されている。

また、島の南部には、石灰石を敷き詰めた道がある。石灰岩に覆われた独特の地形はStora Alvaretと呼ばれ、周囲には5000年ほどの前の先史時代のものと思われる住居群が点在している。見るからにユニークなこの景観は、ユネスコの世界遺産に登録されている。

島は南北に140kmもある。島内を巡るのに、最も手軽なのはバス。ボリーホルムを中心として、南北に路線がある。どの路線も1時間に1便前後と便数が少ないため、時間がある人向け。1日でぐるっと回りたいなら、レンタカーは必須。なお、起伏が少ないので自転車で回るのも楽しい。

■エーランド島　Map P.296-A4

行き方▶▶▶カルマルからバス101番がボリーホルムまで1時間に1〜2便運行（週末は減便）。所要約50分。カルマル〜エーランド島間には、全長6070mの長い橋が架かっており、ここから眺める島の姿とカルマル城はため息がもれるほどの美しさ。

■ボリーホルムの観光案内所ⓘ

住Storgatan 1　TEL(0485)88-800

URL www.oland.se

■ボリーホルムの城跡

TEL(0485)88-500　URL www.borgholmsslott.se

■世界遺産へ

エーランド島の南部にバスで行くなら、カルマルからバス105番を利用し、南部にあるレスモResmoなどの村々へ行くといい。ボリーホルムから南部へ行くには、カルマルから架かる橋のたもとにあるバス停Tallhagenで一度バスを乗り換える必要がある。

エーランド島の歩き方

島巡りの拠点となるのは、西岸にあるボリーホルムBorgholm。到着したらまずは町の観光案内所で情報を集めよう。町の南部、自然遊歩道を歩いて約20分にあるのが、ボリーホルムの城跡Borgholms Slottsruiner。小高い丘の上にあるので、町なかからもよく見える。城の原型は1281年にできたもので、12世紀にはすでに城壁や塔を含む部分も完成していた。城跡へ行く途中には、1864年、66年、68年の3回、この地にハンティングに来たカール15世（1826〜72年）をしのんで作られたハンティング・ストーンJakstenen (The Hunting Stone）というモニュメントもある。

Gotland

ゴットランド島

ストックホルムの南、バルト海に浮かぶ面積3140km²のゴットランド島はスウェーデン最大の島。北欧有数のリゾート地として知られ、夏には多くの観光客が訪れる。

島の中心都市ヴィスビィが勃興したのはヴァイキングの時代。12世紀から15世紀には、ハンザ同盟の貿易港として繁栄し、ヨーロッパ各地を結ぶ重要な中継地としての役割を果たした。14世紀半ばに島がデンマークに征服されたあと、17世紀半ばに再びスウェーデン領になるという歴史を経て、ハンザ同盟の衰退とともに繁栄は終わりを告げる。島の各地に残る92もの教会をはじめ、おびただしい遺跡や廃墟は、往時の豊かな文化をしのばせるものだ。特に全周約3.5kmの城壁に囲まれたヴィスビィ市街は、中世ハンザ都市の特徴をよく伝える町並みとしてユネスコの世界文化遺産に登録されている。

中世の雰囲気を漂わせるヴィスビィの町並み

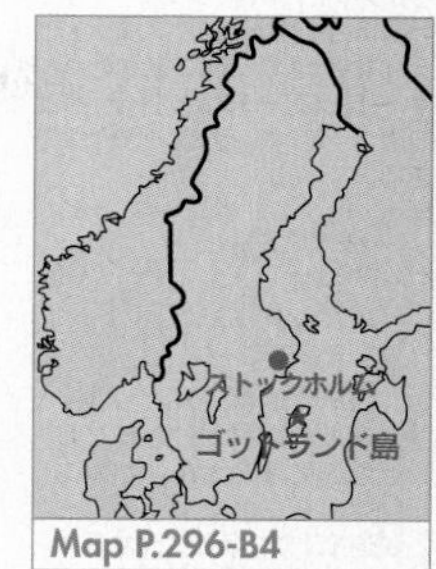

Map P.296-B4
人口:6万1029
市外局番:0498
ゴットランド島情報のサイト
URL gotland.com
@livetpaon

•ゴットランド島の行き方•

✈ストックホルムからヴィスビィへ1日3～9便。所要約45分。空港からヴィスビィ市街へはタクシーで約10分。
🚢デスティネーション・ゴットランド社がストックホルム近郊の町ニネスハムンからヴィスビィまで運航。夏季は1日2～5便。夏季以外は1日1～3便。所要約3時間15分。ストックホルムからニネスハムンまでは、鉄道またはバスで所要約1時間。

ゴットランド島の歩き方

観光のメインとなるのはヴィスビィVisby。フェリーは市街の南の外れにあるターミナルに到着する。ここから町の中心である大広場Stora Torgetまでは歩いて15分足らず。途中に観光案内所があるので情報を仕入れておこう。

大広場周辺にはレストランが集まり、民芸品などの市も立つ。広場南の巨大な廃墟は、サンタ・カタリーナ教会の遺構。大広場から城壁の南門へと延びるアデルスガータン通りAdelsgatanにはショップが軒を連ねている。広場から西へ坂を下った海辺に広がるのはアルメダール公園Almedalen。夏はここで野外劇やコンサートが行われる。火薬塔が建つ公園北の城門をくぐった所にあるフィスカーグレ

サンタ・マリア大聖堂の脇を上へ進んだところから町を一望できる

ン（漁師小路）Fiskargrändは定番の撮影ポイント。狭い通りに並ぶ小さな家々の軒先にバラの花が咲き乱れ、“バラの都”と呼ばれるヴィスビィらしい風景が見られる。この通りを抜けて東へ進むと、町のシンボルでもあるサンタ・マリア大聖堂に突き当たる。大聖堂の脇に階段があり、上りきった高台から、赤い瓦の家並みのなかに教会の廃墟が点々とするヴィスビィの市街を一望することができる。

城壁内は端から端までの距離が最長でも1.3kmほどなので、観光は徒歩で十分だ。郊外へのバスは城壁の東側にあるバスターミナルから出ている。

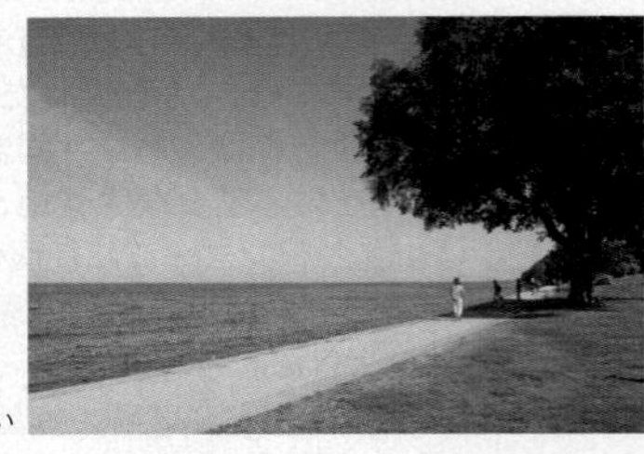

海を望む遊歩道を歩くのも気持ちがいい

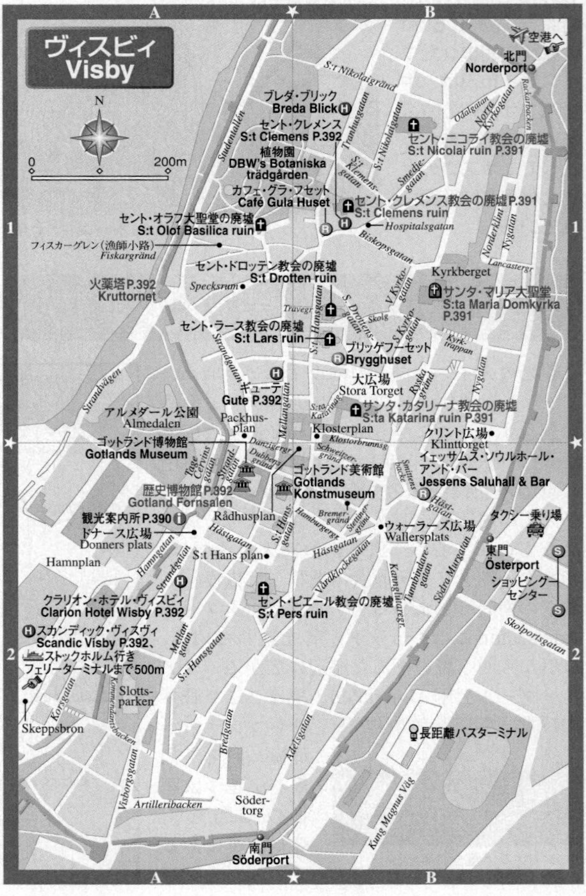
ヴィスビィ
Visby
N
0
200m
A
B
1
2
空港へ
北門
Norderport
S:t Nikolaigränd
ブレダ・ブリック
Breda Blick
セント・クレメンス
S:t Clemens P.392
植物園
DBW's Botaniska trädgården
カフェ・グラ・フセット
Café Gula Huset
セント・ニコライ教会の廃墟
S:t Nicolai ruin P.391
セント・クレメンス教会の廃墟 P.391
S:t Clemens ruin
Hospitalsgatan
セント・オラフ大聖堂の廃墟
S:t Olof Basilica ruin
フィスカーグレン（漁師小路）
Fiskargränd
Studentallén
Tranhusgatan
S:t Nikolaigatan
Smedjegatan
Biskopsgatan
Odalgatan
Norra Kyrkogatan
Rackarbacken
Norderklint
Nygatan
Lancastergr.
セント・ドロッテン教会の廃墟
S:t Drotten ruin
火薬塔 P.392
Kruttornet
Specksrum
Kyrkberget
サンタ・マリア大聖堂
S:ta Maria Domkyrka
P.391
Travegr.
Skolg.
セント・ラース教会の廃墟
S:t Lars ruin
ブリッゲフーセット
Brygghuset
Kyrktrappan
Strandgatan
Strandvägen
ギューテ
Gute P.392
大広場
Stora Torget
サンタ・カタリーナ教会の廃墟
S:ta Katarina ruin P.391
アルメダール公園
Almedalen
Packhusplan
Mellangatan
Klosterplan
Klosterbrunnsg.
クリント広場
Klinttorget
ゴットランド博物館
Gotlands Museum
Danziger gränd
Dubbens gränd
Schweitzer gränd
ゴットランド美術館
Gotlands Konstmuseum
イェッサムス・ソウルホール・アンド・バー
Jessens Saluhall & Bar
歴史博物館 P.392
Gotland Fornsalen
観光案内所 P.390
ドナース広場
Donners plats
Rådhusplan
Hamburgergr.
Bremergränd
Stettinergränd
ウォーラーズ広場
Wallersplats
タクシー乗り場
Hästgatan
Hästgatan
S:t Hans plan
S:t Hansgatan
Hamnplan
Hamngatan
Strandgatan
東門
Österport
ショッピングセンター
Vårdklockegatan
Kamnergatan
Tunnbindaregatan
Södra Murgatan
クラリオン・ホテル・ヴィスビィ
Clarion Hotel Wisby P.392
セント・ピエール教会の廃墟
S:t Pers ruin
Skolportsgatan
スカンディック・ヴィスヴィ
Scandic Visby P.392、
ストックホルム行き
フェリーターミナルまで500m
Mellangatan
S:t Hansgatan
Slottsparken
Korsgatan
Kommendantsbacken
Skeppsbron
Bredgatan
Adelsgatan
長距離バスターミナル
Kung Magnus Väg
Visborgsgatan
Artilleribacken
Södertorg
南門
Söderport

デスティネーション・ゴットランド社
Destination Gotland
TEL (0771)22-3300
URL www.destinationgotland.se

島へのフェリーを運航する、ゴットランド島専門の旅行会社。ウェブサイトでは、フェリーチケットのほか、ホテルやアクティビティなどがセットになったパッケージツアーも取り扱う。ウェブサイトでオンライン予約ができる。

CHECK!
ゴットランド島からカルマル、エーランド島へ

ヴィスビィからは、ストックホルム以外に、カルマル近郊の町オスカルスハムンOskarshamnへもフェリーが運航。ヴィスビィ～オスカルスハムン間は1日1～2便運航、所要約3時間。オスカルスハムンからカルマルへは、バス160、202番で約1時間20分。

ヴィスビィの観光案内所
Map P.390-A2
住 Donnersgatan 1
TEL (0498)20-1700
URL gotland.com
開 月～金 9:00～17:00
土 10:00～16:00
（時期によって異なる）
休 日

CHECK!
ゴットランド島の交通

島内にはバスもあるが、本数が少ないため島をくまなく回るのは難しい。レンタカーを利用するのが便利。近場なら、レンタサイクル（→P.392）を利用する手もある。島内のバスは、ヴィスビィの城壁の外の長距離バスターミナルから出ている。

おもな見どころ

サンタ・マリア大聖堂
S:ta Maria Domkyrka

Map P.390-B1

1225年創建のこの聖堂は、ハンザ同盟の繁栄していた頃に建てられた。城壁内に17あった教会のうち、唯一今でも活動を続けている。白い塔の上部は黒く特徴のあるもので、ヴィスビィの象徴的な建物だ。

16世紀に入るとハンザ同盟の勢力が衰え、ゴットランド島もリューベックの攻撃を受けた。その際町の大半が破壊されたが、このサンタ・マリア大聖堂はもともとドイツ商人のために建てられたためか破壊を免れた。ほかの教会がすべて破壊されたため、現在では貴重な遺産となった。

凛とたたずむ大聖堂

セント・クレメンス教会の廃墟
S:t Clemens ruin

Map P.390-B1

1100年代の教会の廃墟で、ヴィスビィでは最古のひとつ。セント・クレメンスガータン通りS:t Klemensgatanにある。

セント・ニコライ教会の廃墟
S:t Nicolai ruin

Map P.390-B1

ドミニコ会の修道院で、1230年建造。ヴィスビィで最も魅力的なもの。1525年に修道院は破壊されたが、19世紀から20世紀にかけて本格的な調査、修理がなされた。ゴシックの聖歌隊の壇や、円花窓Rosettfönsterは一見に値する。直径3mの窓は、ひとつの石を花型にくり抜いた美しいものでローズ・ウインドーとも呼ばれる。

有名なSt. Nicolaiの修行僧であったPetrus de Daciaの墓は、聖歌隊の壇にあるとされており、夏季にはコンサートなどの音楽イベントが開催され、多くの人でにぎわう。この廃墟で演奏される音楽は、神秘的で荘厳な雰囲気を醸し出し、不思議な感動を誘う。

サンタ・カタリーナ教会の廃墟
S:ta Katarina ruin

Map P.390-B1

大広場に面して立つ廃墟。美しい柱とアーチを残すロマネスク様式で、1233年の建造だが、現存するのは14世紀から15世紀のもの。廃墟のなかでは最も美しいといわれる。フランシスコ会の修道院であったもの。

教会前はレストランのほか市も立ち、にぎやか

サンタ・マリア大聖堂
住Västra Kyrkogatan 4
TEL(0498)20-6800
開6/24～8/18
毎日 9:00～21:00
8/19～6/23
毎日 9:00～17:00
休なし
料無料

セント・クレメンス教会の廃虚
TEL(0498)21-9000
URL www.mittvisby.se
開5・9月
毎日12:00～16:00
6～8月
毎日10:00～20:00
休10～4月
料無料
公開期間以外はホテル・セント・クレメンス（→P.392）から入ることができる。

石を積んで造られた教会

セント・ニコライ教会の廃虚
開コンサートなどのイベント時

結婚式で使われることも多い

サンタ・カタリーナ教会の廃虚
開6～9月
月～金10:00～16:00
10月
月～金10:00～15:00
休土・日、11～5月
料 無料

火薬塔
住Fiskarplan
開外観のみ見学自由

歴史博物館
住Strandgatan 14
TEL(0498)29-2700
URL www.gotlandsmuseum.se
開5～9月
毎日10:00～18:00
10～4月
毎日11:00～16:00
休なし
料180SEK
(10～4月は120SEK)

CHECK!
レンタサイクルを使おう
ヴィスビィから郊外へ足を延ばすなら、自転車を利用するのも一案。貸自転車店は観光案内所の周辺などに数軒ある。料金は1日150SEK～。城壁の中は坂が多く使いづらいが、ヴィスビィ付近の海辺では快適なサイクリングが楽しめる。

ラウク
行き方▶▶▶
フォーロへはヴィスビィのバスターミナルから20番のバスに乗りFårösund, Färjelägeで下車、そこから無料のフェリーで海を渡り、下船した所から約10km。夏季はバスで直接行ける。リッケシュハムンへはヴィスビィから61番のバスに乗りLickershamsvägenで下車、そこから約3km。またはレンタサイクルを利用。

●火薬塔 Kruttornet

Map P.390-A1

1100年代に建てられた、ヴィスビィ最古の建造物。城壁の西、海辺にある漁師の門Fiskarportenに続いて立つ。白い塔にオレンジの屋根が印象的だ。火薬庫として使われたこともある。

ゴットランド島最古の建物

●歴史博物館 Gotland Fornsalen

Map P.390-A2

さまざまな展示物に興味がわく

中世の教会の彫刻収集が有名だ。またハンザ同盟歴史展も興味深い。5世紀から6世紀の彫画石碑、ヴァイキングの遺品、ローマやアラブのコインなど数多く展示されている。

●ラウク Rauk

Map P.389

ゴットランド島の海沿いに点在する奇岩群。岩礁の石灰層が数千年にわたる海水の浸食によって奇怪な形になったもの。人の顔に見えたり動物に見えたり、形はいろいろだ。大きいものは高さが15m近くある。最も典型的なラウクは島北部のフォーロFåröにあり、小規模なものはヴィスビィの北25kmのリッケシュハムンLickershamnなどでも見られる。

フォーローの奇岩群。自然の脅威を感じる

ゴットランド島のホテル

Clarion Hotel Wisby
クラリオン・ホテル・ヴィスビィ MAP P.390-A2

住Strandgatan 6 TEL(0498)25-7500
URLwww.strawberryhotels.com
料Ⓢ760SEK～ Ⓓ990SEK～
CCA M V

ゴットランド島最大級のホテル。14世紀に建てられた建物を使用し、客室はシックなインテリア。レストラン、スパ、プールなど施設が充実している。

Hotell Gute
ギューテ MAP P.390-A1

住Mellangatan 29 TEL(0498)20-2260
URLhotellgute.se
料Ⓢ1105SEK～ Ⓓ1155SEK～
CCA M V

大広場の近くにある家族経営のホテル。ギューテから徒歩約7分の所には同経営のホテル、ブレダ・ブリックBreda Blick 住Tranhusgatan 33もある。

Hotell S:t Clemens
セント・クレメンス MAP P.390-B1

住Smedjegatan 3
TEL(0498)21-9000
URLclemenshotell.com
料Ⓢ995SEK～ Ⓓ1195SEK～ CCM V

セント・クレメンス教会の廃墟に隣接。客室は全30室。それぞれ内装が異なる。中庭があり、朝食を取ったりくつろいだりすることができる。

Scandic Visby
スカンディック・ヴィスビィ MAP P.390-A2外

住Färjeleden 3
TEL(0498)20-1250
URLwww.scandichotels.com
料Ⓢ905SEK～ Ⓓ1066SEK～
CCA D M V

フェリーターミナルのすぐ向かいにある大型ホテル。レストランやレンタサイクルあり。

バスタブ 一部のみ　テレビ 一部のみ　ドライヤー 貸し出し　ミニバーおよび冷蔵庫 一部のみ　ハンディキャップルーム　インターネット(無料)　インターネット(有料)

Malmö

マルメ

その昔デンマークとスウェーデンが争っていた頃、マルメは一時期デンマークに属し、コペンハーゲンと肩を並べるほどの大都市だった。その後1658年に再びスウェーデン領となり、その後今日まで商業都市として栄えてきた。中心には大きな広場や公園があり、中世からの赤れんがの建物や石畳の広場、美術館として使われている城などが残る、美しい静かな町だ。海峡を挟んですぐ向かいのコペンハーゲンとの間を結ぶオーレスン大橋が開通して道路と鉄道で直結し、国境を越えた交流が深まっている。

古い建物が並ぶストートリィ広場

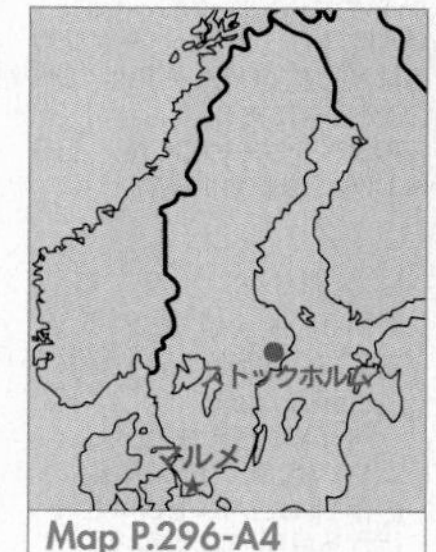

Map P.296-A4
人口:36万2133
市外局番:040
マルメ情報のサイト
URL malmo.se
@Malmotown
@malmotown

金のライオンが目印の獅子薬局

マルメの歩き方

マルメ中央駅を出て運河を渡ると、左側にホテルのエリート・ホテル・サヴォイが見える。ここからハムンガータン通りHamngatanを少し歩くと、マルメで最も大きな広場、ストートリィ広場

Stortorget。中央にある銅像は、デンマークからマルメを取り戻した王、カール10世。広場の周囲には時計台のある市庁舎Rådhuset、ホテルなどが並ぶ。市庁舎の裏側には、1300年代にゴシック様式で建てられた聖ペトロ教会S:t Petri Kyrkaがある。

ストートリィ広場から南へ延びるスーデルガータン通りSödergatanは歩行者専用道路。この通りへ入る手前には、創業1571年、マルメ最古の獅子薬局Apoteket Lejonetがある。通りにはカフェやレストラン、ショップが並び、グスタフ・アドルフ広場Gustav Adolfstorgへと続く。広場は市バスのターミナルにもなっている。中央駅そばの運河沿いは、近年再開発されコンサートホールのマルメ・ライブMalmö Liveや食材を扱うショップやレストランなどが入る屋内マーケットのマルメ・サルハールMalmö Saluhallなどが建つ。

町の西には中世の城塞マルメヒュースと公園があり、夏の間は、運河や港を船で見て回るルンダンRundanというボートツアーがある。また、中心部から1.5kmほど北西のヴァストラ・ハムネン（西港）地区Västra Hamnenは注目のエリア。オーレスン海峡を望む海辺にはプロムナードが整備され、おしゃれなカフェやレストランが並ぶ。ターニング・トルソTurning Torsoと呼ばれる高層マンションは、190mと国内一の高さを誇る。すぐそばの海沿いからは、オーレスン大橋も眺められる。

独創的なデザインのターニング・トルソ

おもな見どころ

マルメヒュース（マルメ城） Malmöhus

Map P.393-A

1434年に創建されたルネッサンス様式の城塞。16世紀から17世紀にはデンマーク王室の別荘、19世紀には牢獄として使われていた。1937年に修復され、現在はマルメ博物館Malmö Museerとして公開されている。1階が自然科学博物館、2階がマルメの歴史に関する展示室、2階と3階が14世紀から現代までの北欧アートや企画展を展示する美術館。地下は水族館になっている。グッズを販売するショップも併設。マルメヒュースの道路を挟んだ向かいにあるコメンダントヒュースKommendanthusetはカフェが入る。城の周りには公園が広がっており、夏季のみ公園内をトラムMuseispårvägenが運行する。

堀に囲まれて美しい姿を見せる

マルメの行き方

✈ストックホルムから1日3〜10便運航、所要約1時間10分。
🚃ストックホルムからSnabbtågで所要約4時間25分、1時間に1便。ヨーテボリからSnabbtågで約2時間20分、レギオナルで所要約3時間、1時間に1便。コペンハーゲンからは所要約40分。列車は10〜20分おきにある。
🚌コペンハーゲンから1日8〜11便、所要約1時間。

マルメの観光案内所 ℹ

TEL (040)307015
URL malmo.se

観光案内所は廃止され、既存の店舗や観光施設に設けられたInfo Pointと呼ばれる場所で観光案内を代行している。中心部では下記の場所にある。

Travelshop
Map P.393-B
住 Malmö Centralstation

Pressbyrån
Map P.393-B
住 Södergatan 11

現代美術館
Map P.393-B
住 Ola Billgrens Plats 2-4

市バス

マルメ市内の移動はシングルチケット31SEK。購入は駅の券売機、公式スマホアプリなどで。車内でクレジットカードのタッチ決済も可能。
URL www.skanetrafiken.se

ルンダン（観光ボートツアー）

TEL (040)611-7488
URL www.stromma.com/en-se/malmo/sightseeing-by-boat/rundan-sightseeing
運 3/28〜10/6
10:30〜16:30
（時期によって異なる）
休 10/7〜3/27
料 209SEK〜

マルメ中央駅向かいの船着場から1時間ごとに出発。所要約50分。ガイドは英語とスウェーデン語。

マルメヒュース（マルメ城）

住 Malmöhusvägen 6
TEL (040)34-4400
URL malmo.se/museer
開 火・水・金〜日11:00〜17:00
木11:00〜19:00
休 月
料 60SEK（技術博物館との共通チケットは100SEK）

トラム
運 6〜9月の土・日
URL www.mss.se
料 30SEK

技術博物館

Tekniska museet

Map P.393-A

海洋技術と工業技術に関する博物館。いろいろな時代の港のジオラマや客船内の様子を再現した部屋、船舶模型が展示されている。ほかに、航空機や自動車、バイクの実物が展示されており、サーブ社が開発してスウェーデン空軍が使用した斬新なダブルデルタ翼のジェット戦闘機、ドラケンが展示されている。屋外にはスウェーデン海軍で使われていた全長49.6mの潜水艦U3の実物もあり、内部が見学できる。2020年にリニューアルし、ロボットやデジタルなど新しい分野の展示も増設された。

技術博物館の展示

技術博物館
住Malmöhusvägen 7
TEL(040) 344-400
URLmalmo.se/museer
開マルメヒュースと同じ
休月
料60SEK（マルメヒュースとの共通チケットは100SEK）

フィスケホッドルナ
Fiskehoddorna
営火～金　7:00～13:00
　土　8:00～13:00
休日・月
技術博物館の東隣で早朝から開かれる小さな魚市場。鮮魚や燻製の魚などを売る漁師小屋が並ぶ。

地元の人の食料調達場になっている

フォルム／デザイン・センター

Form/Design Center

Map P.393-B

19世紀半ばの穀物倉庫を利用した現代スカンジナビアデザインの展示場。スウェーデンだけでなく北欧各地のデザイナーによる最新の作品の展示やショップがある。リラトリィ広場に面した建物をくぐると中庭があり、その奥に入口がある。

フォルム／デザイン・センター
住Lilla torg 9
TEL(040)664-5150
URLformdesigncenter.com
開火～土　11:00～17:00
　日　12:00～16:00
休月
料無料

現代美術館

Moderna Museet

Map P.393-B

ストックホルムにある現代美術館（→P.340）の分館。常設展はなく、通年で常時2～3の企画展を行っている。19世紀の名画から現在活躍するアーティストの作品まで、扱うテーマも幅広い。特徴的な外観も見ものだ。

現代美術館
住Ola Billgrens Plats 2-4
TEL(040)685-7937
URLwww.modernamuseet.se/malmo
開火・水・金～日11:00～17:00
　木　11:00～19:00
休月
料50SEK

COLUMN SWEDEN

国境を越える橋

マルメと、デンマークのコペンハーゲンを結ぶオーレスン大橋Øresundsbron（全長15.4km）は、2000年に開通した。それまで両都市の行き来は船を利用するしかなく、高速のジェットフォイルを利用しても45分かかった。ところが現在ではマルメ中央駅からコペンハーゲン中央駅まで列車で最短35分、しかも24時間、10～20分おきに運行される便利さ。もちろん車でも行き来できるので、両都市はより身近になった。

スコーネ地方と呼ばれるスウェーデン南部は1658年までデンマーク領だったこともあり、もともと心情的に両者のつながりは深かった。それが橋の開通によって実際につながったことにより、2カ国の距離は縮まった。

マルメから見たオーレスン大橋

■オーレスン大橋　Map P.296-A4
行き方▶▶▶
マルメ中央駅前のバス乗り場から4番のバスで約30分、Malmö Hyllie kyrkoväg で49番のバスに乗り換え6分、Malmö Sibbarp下車。バス停から公園を抜けると海峡に架かる橋が眺められる。

マルメのホテル

MJ's
エムジェイズ　MAP P.393-B

住Mäster Johansgatan 13
TEL(040)664-6400
URL mjs.life
料Ⓢ895SEK～ Ⓓ995SEK～
CC A M V

町の中心に近いが静かな地域にある。客室はモダンな高級感あふれるインテリアでまとめられている。中庭は吹きぬけになっていてゆったりとした滞在が楽しめる。

Scandic Kramer
スカンディック・クラメル　MAP P.393-B

住Stortorget 7
TEL(040)693-5400
URL www.scandichotels.com
料Ⓢ1270SEK～
Ⓓ1396SEK～
CC A D M V

1875年に建てられた伝統あるホテル。とがった塔が天を突く印象的な外観が目を引く。

Elite Hotel Savoy, Malmö
エリート・ホテル・サヴォイ・マルメ　MAP P.393-B

住Norra Vallgatan 62
TEL(040)664-4800
URL www.elite.se
料Ⓢ1057SEK～
Ⓓ1132SEK～
CC A M V

堀を挟んでマルメ中央駅の向かいにあるエレガントなホテル。現在の建物は1862年に完成したもの。

Best Western Plus Hotel Noble House
ベストウエスタン・プラス・ホテル・ノーブル・ハウス　MAP P.393-B

住Per Weijersgatan 6
TEL(040)664-3000
URL www.hotelnoblehouse.se
料Ⓢ871SEK～
Ⓓ932SEK～
CC A M V

グスタフ・アドルフ広場に面したホテル。世界的チェーンホテルなので、安心して利用できる。ポップな内装のレストランやバーを併設。

Scandic Stortorget
スカンディック・ストートリエット　MAP P.393-B

住Stortorget 15
TEL(040)693-4900
URL www.scandichotels.com
料Ⓢ1164SEK～
Ⓓ1233SEK～
CC A D M V

ストートリィ広場に面した便利なロケーション。クラシックな内装でくつろげる。ロビーバーやサウナあり。現金払い不可。

Clarion Hotel Malmö Live
クラリオン・ホテル・マルメ・ライブ　MAP P.393-A

住Dag Hammarskjölds torg 2　TEL(040)207-500
URL www.strawberryhotels.com
料Ⓢ1264SEK～ Ⓓ1313SEK～　CC A M V

マルメ・ライブに隣接するおしゃれなホテル。85mの高さにあるザ・テラス・バーが評判。ふたつのレストランを併設している。

Mayfair Hotel Tunneln
メイフェア・ホテル・トンネル　MAP P.393-B

住Adelgatan 4　TEL(040)101-620　URL www.mayfairtunneln.com
料Ⓢ795SEK～ Ⓓ922SEK～　CC A D M V

16世紀に建てられた貴族の館を改装したホテル。クラシックな雰囲気で人気。レストランを併設。

Best Western Hotel Royal
ベストウエスタン・ホテル・ロイヤル　MAP P.393-A

住Norra Vallgatan 94　TEL(040)664-2500
URL www.bwhotelroyal.se
料Ⓢ764SEK～ Ⓓ842SEK～
CC A M V

カントリー調のインテリアがチャーミングなホテル。

Hotel N Hostel
ホテルン・ホステル　MAP P.393-A外

住Rönngatan 1　TEL(040)655-1300
URL www.hotelnhostel.se
料Ⓢ635SEK～ Ⓓ775SEK～
CC A M V

トリアンゲル駅から徒歩7分、マルメ中央駅からなら徒歩約20分。シーツとタオルは料金込み。

マルメのレストラン

IZAKAYA KOI
イザカヤ・コイ　MAP P.393-B

住Lilla torg 5　TEL(040)75-700　URL koi.se
営火～木17:00～22:00
金・土17:00～翌3:00
休日・月　予150SEK～　CC A D M V

リラトリィ広場の一角にある日本食レストラン兼ナイトクラブ。寿司は154SEK～、刺身の盛り合わせは135SEK～。照り焼きサーモン265SEKも人気。

Johan P.
ヨハン・ペー　MAP P.393-B

住Hjulhamnsgatan 5　TEL(040)97-1818　URL www.johanp.nu
営月～金 11:30～23:00　土12:00～24:00
日　13:00～16:00
休なし　予ランチ100SEK～、ディナー300SEK～　CC A D M V

店内に魚屋もあるシーフードの人気店。ロブスター、エビ、カキなどの盛り合わせShellfish Platterは995SEK。日替わりのフィッシュスープは295SEK～。

バスタブ／一部のみ　テレビ／一部のみ　ドライヤー／貸し出し　ミニバーおよび冷蔵庫／一部のみ　ハンディキャップルーム　インターネット（無料）　インターネット（有料）

Lund
ルンド

バントリエ広場にあるルンドのサイン

「西の都」ロンドンに対して「東の都」と謳われた古都ルンド。スウェーデン語で「林」を意味する名前のこの町は、990年にデンマークのヴァイキングの王がこの地に教会を建てたことから始まった。北海を中心にデンマーク、スウェーデン、イギリスにまたがる大帝国の中心都市となったルンドが、さらにその重要性を増すのは1103年のこと。デンマーク最大の造幣所が建設され、大聖堂が北欧で初めてローマ教会直属の司教座がおかれて、北欧全体の教会を統括することになったからだ。12世紀から13世紀には北欧における文化、経済などの中心として最盛期を迎えることとなった。

現在のルンドは、北欧最大のルンド大学を中心とした学園都市。町なかには大学の建物が点在し、町全体がひとつのキャンパスのような雰囲気になっている。人口わずか12万人にもかかわらず、住民の出身国は130にも及ぶ。「北欧」と「西欧」の境に位置し、それゆえに栄えたルンドの文化は、こんなところにも受け継がれている。

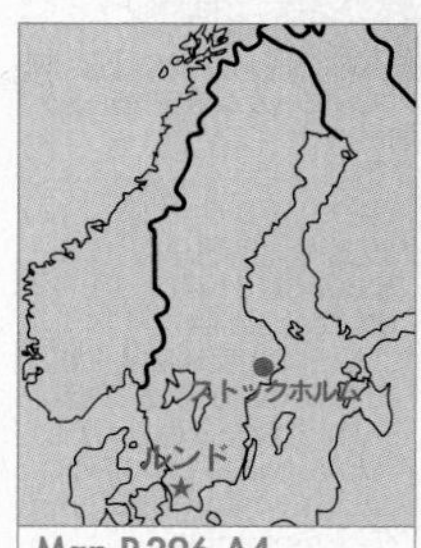

Map P.296-A4
人口：13万288
市外局番：046
ルンド情報のサイト
URL visitlund.se
@VisitLund
@visitlund

ルンドの行き方

ストックホルムからマルメ、コペンハーゲン行きのSnabbtågで所要約4時間20分、1時間に1〜2便運行。ヨーテボリからSnabbtågで約2時間10分、レギオナルで約2時間30分、1時間に1〜2便前後。コペンハーゲンからは所要約50分、列車は10〜20分おきにある。

長い歴史を物語るルンド大聖堂

ノスタルジックな雰囲気が漂う旧市街

ルンドの観光案内所
TEL(046)131-415
URL visitlund.se
観光案内所は廃止され、市内に16カ所あるInfo Pointで観光案内を代行している。中心部ではコンビニなど下記の場所にある。
Pressbyrån
Map P.397
住Bangatan 15
ルンド大聖堂（→P.398）
クルトゥーレン（→P.399）
ルンディア（→P.399）

アルヘルゴナ教会

ルンド大聖堂
住Kyrkogatan 4
TEL(046)71-8700
URL www.svenskakyrkan.se/lundsdomkyrka
開 月～金 8:00～18:00
土 9:30～17:00
日 9:30～18:00
※毎月第1日曜12:30より無料の英語ガイドツアーあり
休 なし
料 無料
天文時計
催 月～土 12:00、15:00
日 13:00、15:00
休 なし

フィンの妻ゲルダ Gerda とその子供の石像もある

ルンドの歩き方

町歩きの起点はルンド駅。マルメ側にある地下通路を使うと駅の建物に、ヘルシンボリ側にある跨線橋を渡ると市バスターミナルに出られる。駅前の通りを南へ進むと、バントリエ広場Bantorgetに出る。ここから東に延びるのがクロステルガータン通りKlostergatan。両側にブティックやカフェ、手工芸品の店などが並ぶ商店街だ。この通りを真っすぐ進むと突き当たる広い通りがシュルコガータン通りKyrkogatan。「教会通り」という名前にふさわしく、正面に雄大にそびえる大聖堂が目に入る。大聖堂の一帯はルンド公園Lundagårdと呼ばれ、ルンド大学の庭園の一部となっており、美しい緑の中にベンチが点在する市民の憩いの場だ。

シュルコガータン通りを50mほど北上した右側にあるのが、大きな噴水と美しい庭園に囲まれたルンド大学本部。その東側には大学図書館Univelsitet Bibliotekや学生向けの書店があり、ルンド大学の学生が闊歩している。また、民族野外博物館のクルトゥーレンの南側に広がる旧市街は、10世紀頃の古い建物が建ち並び、そぞろ歩きが楽しいエリアだ。シュルコガータン通りを北へ進むと、通りの名前がブレードガータン通りBredgatanと変わり、その先に赤れんがで造られたゴシック様式のアルヘルゴナ教会Allhelgona Kyrkanがある。

おもな見どころ

ルンド大聖堂 Lunds Domkyrka

Map P.397

ルンドの顔ともいうべき総石造りロマネスク様式の教会。1145年に建てられたもので、全体が黒ずみ、歴史の長さを感じさせる貫禄がある。キリスト教が北欧に入ってきたとき、伝説上の巨人“フィンFinn”はキリスト教を恐れ、教会を揺り倒そうとしたが失敗してしまった。力尽き、柱にしがみついたまま石になってしまったフィンの姿は、現在でも地下礼拝所に下りて左手にある柱に見ることができる。観光客の愛撫にあって、フィンの顔は黒光りしている。

教会のホールに入って左側には、14世紀から動き続けているという天文時計がある。決まった時間になると仕掛けが動き出し、キリストと聖母マリア、そして3人の聖者たちの人形が、時を告げにお出ましする。

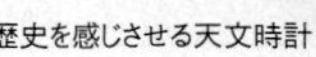

歴史を感じさせる天文時計

16～20世紀の家具の歴史も紹介

●クルトゥーレン

Kulturen

Map P.397

11世紀からの風俗、文化を肌で感じることのできる民族野外博物館で、1882年に開設された。門を入ると小さな庭があり、ルーン文字が刻まれた岩が展示されている。正面にあるのは1854年に建てられた建物を利用した博物館。発掘された土器や民族衣装をはじめ、ルンドの歴史に関する展示がある。

博物館から裏庭に出て小さなトンネルをくぐるとそちらが野外博物館になっており、17世紀から19世紀の民家や教会が30軒ほど集められている。農家や工房などを見ていると、質素だが工夫の凝らされた家の造りに、農業国だったスウェーデンの素朴さと、合理性の精神を垣間見ることができる。

クルトゥーレン
TEL(046)35-0400
URL www.kulturen.com
開5/1~9/15
　金~水
　　10:00～17:00
　木10:00～20:00
9/16~4/30
　火・水・金~日
　　10:00～16:00
　木10:00～20:00
休9/16~4/30の月
料150SEK

●ルンド大学本部

Unifersitetshuset

Map P.397

1438年、大聖堂内に神学校が設立され、ルンド大学の前身となった。デンマーク領だった時代も含めるとスウェーデンで最も古い大学だ。現在の学生数は約4万人と北欧最大。大聖堂の近くにあるルンド大学本部は、白亜の外観がまぶしい重厚な建物。正面にある噴水と花々の咲き誇る庭園は人々をなごませてくれる。大学付属の歴史博物館Historiska museetも訪れたい。

ルンド大学本部
内部見学は不可。

歴史博物館
住Krafts torg 1
TEL(046)222-7944
開6~8月 火~日12:00~17:00
　9~5月 水~日12:00~16:00
休6~8月の月、9~5月の月・火
料50SEK

風格あるルンド大学本部

●植物園

Botaniska trädgården

Map P.397外

ルンド大学の研究施設である面積約8エーカーの植物園。園内はテーマ別に分かれ、約7000種の植物を栽培。4～9月にはカフェもオープンする。クルトゥーレンから徒歩7分。

緑豊かな園内を散策しよう

植物園
住Östra Vallgatan 20
URL www.botan.lu.se
開5/15～9/15 毎日6:30～21:30
　9/16～5/14 毎日6:30～20:00
休 なし
料 無料

ルンドのホテル

Grand Hotel Lund

グランド・ホテル・ルンド　MAP P.397

住Bantorget 1　TEL(046)280-6100
URL www.grandilund.se
料Ⓢ1571SEK～ Ⓓ1931SEK～
CC A D M V

ルンド駅のすぐ南、バントリエ広場に面したお城のような外観の高級ホテル。館内にも高級感が漂う。

Hotel Lundia

ルンディア　MAP P.397

住Knut den Stores torg 2
TEL(046)280-6500　URL www.lundia.se
料Ⓢ973.25SEK～ Ⓓ1143SEK～　CC A D M V

客室は北欧の機能美とアジアの様式美がテーマ。木を多用した落ち着ける造り。サウナ付きのスイートルームもある。朝食付き。

ルンドのレストラン

Klostergatans vin & delikatess

クロステルガータンス・ヴィン&デリカテス　MAP P.397

住Klostergatan 3
TEL(046)14-1483
URL klostergatan.se
営 月~木 11:00～23:00
　金　11:00～24:00
　土　12:00～24:00
休 日　予 200SEK～　CC A M V

フランス料理とスウェーデン料理を融合させた料理が評判。料理は季節の魚や野菜を多用している。

Saluhallen

サルハーレン　MAP P.397

住Mårtenstorget 1　TEL 店舗により異なる
URL lundssaluhall.se
営 月~水 10:00～18:00　木・金 10:00～19:00　土 10:00～15:00　休 日　予 100SEK～　CC 店舗により異なる

ハンバーガーやパスタ、シーフード、タイやベトナム料理など各種レストランが揃うマーケットホール。デリやベーカリーで好きなものを買ってランチにするのもいい。

バスタブ　テレビ　ドライヤー　ミニバーおよび冷蔵庫　ハンディキャップルーム　インターネット(無料)
一部のみ　一部のみ　貸し出し　一部のみ　インターネット(有料)

Helsingborg

ヘルシンボリ

Map P.296-A4
人口:15万1306
市外局番:042
ヘルシンボリ情報のサイト
URL visithelsingborg.com
@visithelsingborg
@visithelsingborg

ヘルシンボリの行き方

ストックホルムからマルメ、コペンハーゲン行きの列車を利用しヘッスレホルムHässleholmやルンドで乗り換え。やや時間はかかるがヨーテボリで乗り換える便もある。所要5時間15分〜6時間10分。マルメからは所要40分〜1時間、1時間に3〜6便前後運行。ヨーテボリからはSnabbtågで約1時間40分、レギオナルで所要約2時間30分、1時間に1〜2便運行。
デンマークのヘルシンオアとの間に深夜を除いて20〜30分間隔で往復している。所要約20分。

ヘルシンボリの観光案内所

既存の観光案内所は廃止され、現在は各ホテルや見どころなどに設けられたInfo Pointと呼ばれるところで観光案内を行う。またメールや電話での質問も可能。対応時間は以下のとおり。
TEL(042)10-5000
URL visithelsingborg.com
開月〜水 8:00〜17:00
木 8:00〜18:00
金 8:00〜17:00
休土・日

ヘンリー・ドゥンカー文化センター
住Kungsgatan 11
TEL(042)10-7400
URL dunkerskulturhus.se
開火・水・金〜日11:00〜17:00
木 11:00〜20:00
休月 料120SEK(3/26〜6/18、9/3〜12/17の火曜は無料)

スウェーデンとデンマークの間で、地理的に最も接近している場所にある町、それがヘルシンボリだ。海峡を挟んだ対岸の町はデンマークのヘルシンオア。

町の歴史は1085年まで遡る。デンマーク支配下で軍事、経済の拠点として栄えたが、1675年から79年にかけてスウェーデンとデンマークとの間に発生したスコーネ戦争で町は焼き払われ、聖マリア教会と1軒の家だけを残して廃墟と化した。その後19世紀に入り産業革命が起こると町は再び息を吹き返し、現在見られるような町並みが整った。

1897年に建てられた市庁舎

ヘルシンボリの歩き方

町の中心はストートリィ広場Stortorget。緩やかな坂になった細長い広場で、ショッピングエリアとなっている。突き当たりの高台に立つのがシェールナン。ノラ・ストーガータン通りNorra Storgatanを行くと、小さな広場があり、そばには、スコーネ戦争時に焼け残ったヤコブ・ハンセンの家Jacob Hansens

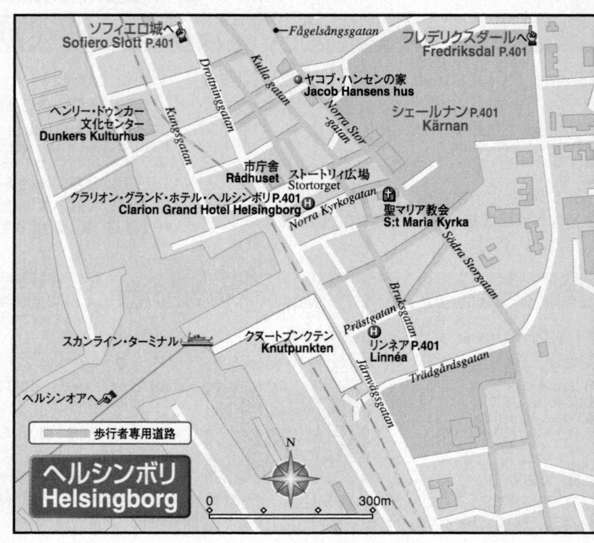

husが立つ。西へ進むと、市の歴史を紹介する展示施設やコンサートホールが入るヘンリー・ドゥンカー文化センターDunkers Kulturhusがある。

鉄道駅とフェリー、長距離バスのターミナルは市庁舎の斜め向かい海側にあるクヌートプンクテンKnutpunktenと呼ばれる近代的なビルに集約されている。

シェールナンからは町全体を見下ろせる

おもな見どころ

シェールナン　Kärnan

Map P.400

スコーネ地方Skåneと呼ばれるスウェーデン南部は、北欧随一の穀倉地帯。デンマークとの国境にも近いこの地には、中世に多くの地方領主が住んでいた。今でも王家、貴族、領主たちの城が200余りもあり、そのひとつがシェールナンだ。スコーネ最古の建物のひとつで、14世紀後半から15世紀にかけて、軍事目的で造られた。城の部分は1680年にカール11世に破壊され、現在は塔のみが残っている。

シェールナン
TEL(042)10-5000
URL karnan.se
開3/26～5/26、9/2～29
毎日　11:00～15:00
5/27～9/1、12/1
毎日　10:00～18:00
12/3～15
火~日　11:00～15:00
休12/3～15の月、9/30～11/30、12/2、12/16～3/25
料100SEK

フレデリクスダール　Fredriksdal

Map P.400 外

ヘルシンボリ市街の中心から北へ約2kmの所にある。1787年に建てられた荘園領主の館と周囲に広がる庭園、農地をそのまま保存し、一般に公開している広大な野外博物館で、古きよきスコーネ地方の生活を垣間見られる。

荘園領主の館

フレデリクスダール
住Gisela Trapps väg 1
TEL(042)10-4500
URL fredriksdal.se
開5~8月
毎日　10:00～18:00
9~4月
毎日　10:00～16:00
休なし
料120~175SEK
（4/2~6/18と9/3~28の火曜は無料）
行き方▶▶▶
ヘルシンボリ中心部から6番のバスでFredriksdalsplatsen下車。

ソフィエロ城　Sofiero Slott

Map P.400 外

1864年オスカー皇太子によりサマーハウスとして建てられた城。現在の姿となったのは1876年。1905年には、グスタフ・アドルフ王へ結婚の祝いとして贈られた。周辺には緑豊かなガーデンが広がり、5・6月には1万本ものツツジが咲き乱れる。

ソフィエロ城
住Sofierovägen 131
TEL(042)10-2500
URL sofiero.se
開4/18～9/28
毎日　10:00～18:00
（行事によって異なる）
9/29～4/17
毎日10:00～16:00
（城内には入れない）
休なし
料135~155SEK
（9/29~4/14は無料）
行き方▶▶▶
ヘルシンボリ中心部から８番のバスでLaröd Sofiero Huvudentrén下車、徒歩すぐ。

ヘルシンボリのホテル

Clarion Grand Hotel Helsingborg

クラリオン・グランド・ホテル・ヘルシンボリ　MAP P.400

住Stortorget 8
TEL(042)38-0400
URL www.strawberry.se
料Ⓢ950SEK～
Ⓓ1000SEK～
CC A D M V

ストートリィ広場に面したヘルシンボリ最高級のホテル。客室は古い建物ならではのシックな内装。ジムやサウナ、レストラン、バーを併設。

Hotell Linnéa

リンネア　MAP P.400

住Prästgatan 4
TEL(042)37-2400
URL www.hotell-linnea.se
料Ⓢ745SEK～
Ⓓ900SEK～
CC A M V

1887年に建てられたホテル。客室はレトロからシックな装いまでバラエティに富む。館内は現金不可。

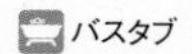

バスタブ　テレビ　ドライヤー　ミニバーおよび冷蔵庫　ハンディキャップルーム　インターネット（無料）
一部のみ　一部のみ　貸し出し　一部のみ　インターネット（有料）

Kiruna

キールナ

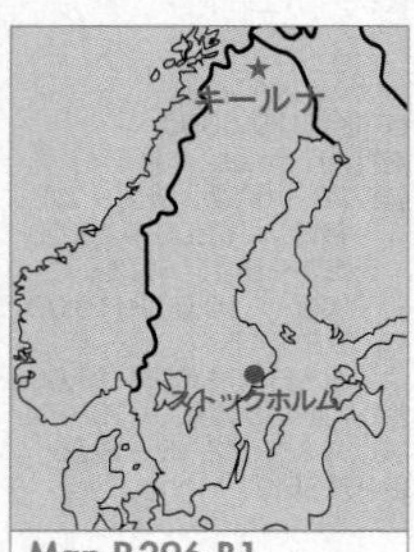

Map P.296-B1
人口:2万2433
市外局番:0980
キールナ情報のサイト
URL kirunalapland.se
@kirunalapland
@kirunalapland

キールナの行き方

✈ストックホルムから1日1～4便、所要約1時間35分。
🚃ストックホルムから1日2便（寝台）。うち1便は直通でストックホルム発18:08、キールナ着翌9:14（時期により異なる）。イェリヴァーレからは1日3～4便運行、所要約1時間20分。ナルヴィークからは1日2便前後、所要約3時間。

新しい町への行き方▶▶▶
旧市街から市バスのレッドラインまたはグリーンラインで約15分。

スウェーデンのラップランド地方に属するキールナ。夏は真夜中の太陽、冬はオーロラが見られる北極圏だ。昔からサーメの人々がトナカイの放牧をしながら生活していたエリアで、今でも郊外にはサーメの人々が暮らしている。キールナの町そのものは、1900年に鉄鉱石の採掘が始まってから鉱山の町として大きく発展。高品質の鉄鉱石は、スウェーデンの重要な資源となり、今日の鉄鋼産業の発展をもたらしたのである。近年、採掘が町の中心部にまで迫り、地盤沈下など深刻な影響を及ぼしていた。そのため、3km南へ町を移転することが決定し、現在商業施設や住宅の移動が少しずつ行われている。

町の南に広がる巨大な鉱山

キールナの歩き方

採鉱作業の像

町の移転により、見どころは南北に分布している。駅は町の北にある。飲食店やスーパーがあるかつての町の中心はキールナ教会の北側。そこから南に約3kmの場所に、移転した市庁舎や観光案内所がある。徒歩での移動は時間がかかるため市バスを活用しよう。チケットは、オンライン、観光案内所、または車内でも買うことができる。

おもな見どころ

キールナ市庁舎（クリスタル） Kiruna Stadshuset(Krystallen)

Map P.402 外

町の移転に伴い、2018年に再建された。新しい町で建てられた最初の建物で、新たな町のシンボルとして生まれ変わった。旧市庁舎の前に設置されていた時計塔も共に再建された。円形型の建物内は、大きなガラスを多用し自然光を取り込むことができるような開放的なデザインになっている。

キールナ教会 Kiruna Kyrka

Map P.402

1912年までキールナには教会がなかった。鉱山会社LKAB社が教区に寄付をして造られたのがこの教会である。ラップコータLappkåtaというサーメの小屋をかたどった赤い木造建築は、緑の自然とよく調和している。夏季には無料のガイドもいる。2025年以降、キールナ教会も建物ごと新しい町へ移転予定。

天井の高い木造の教会

キールナの観光案内所

Map P.402外

住Malmvägen 9B
TEL(0980)18-880
URLkirunalapland.se
開月〜金　9:00〜16:00
　土　　9:00〜15:00
休日

キールナ市庁舎

住Stadshastorget 1
TEL(0980)70-000
URLkiruna.se

キールナ教会

住Finngatan 1
TEL(0980)67-800
開毎日10:00〜15:30
休なし　料無料

CHECK!

ミッドナイトサン・パス

町の北にあるルオッサバーラ山Luossavaara頂上からは、キールナの町をはじめ夏の間は真夜中の太陽が見られる。頂上へは車道があるほか、ミッドナイトサン・パスと呼ばれるトレッキング道を歩いて登ることも可能。片道約1時間30分〜2時間。入口はホテルCamp Ripan横にある。

COLUMN SWEDEN

鉄鉱山の町、キールナ

キールナ山Kiirunavaaraとルオッサ山Luossavaaraは、世界最大の鉄鉱山として知られている。キールナで最初に鉄鉱石が発見されたのは1660年のこと。鉄鉱石が本格的に掘られ始めたのは1890年で、現在も鉱山を運営しているLKABが設立されてからである。創業当時、鉄鉱石の採掘は露天掘りで行われていたが、現在は1000m以上も地下を掘り進んでおり、作業はコンピューター制御の機械により行われている。鉱脈は地下2000mまで続いていることが確認されており、今後も作業は進められる予定だ。現在、採掘はすでに町中心部の下まで迫ってきている。

そのため市は、鉄道の線路を町南西部にある鉱山の裏側を回るように移動、2050年を目途に町全体を移動させることを決定。鉄道駅や市庁舎、家などすべてを移動させるというから驚きだ。

観光案内所では、鉱山を見学するガイドツアーLKAB's Visitor Centreを催行。ツアーでは540m地下までバスで行き、展示物を見ながら鉱山運営やLKABの歴史などを学べる。

鉄鉱山ツアー（英語）

催時期や曜日によって異なるため詳細は観光案内所で要確認。要時前予約。
　所要約3時間
料495SEK
※ツアーの集合と解散場所は観光案内所。
6歳から参加できる

町の歴史や将来について学ぶことができる

現代美術館
住Stadshustorget 1
TEL(0980)75-506
URL kinmuseum.se/sv
開火・水・金11:00～17:00
木 11:00～20:00
土・日 12:00～16:00
休月
料無料

●現代美術館 Kin museum för samtidskonst

Map P.402外

キールナ市庁舎（→P.403）内にある現代美術館で、2018年にオープンした。多様な芸術表現を行う現代美術をコレクションし、展示している。毎週末にはワークショップも開催されており、事前予約不要、無料で参加できる。

エクスカーション

ユッカスヤルヴィ
行き方▶▶▶
キールナ市内から501番のバスで所要約30分。キールナ空港からはタクシーを利用。

アイスホテル
Map P.296-B1
住Marknadsvägen 63
TEL(0980)66-800
URL www.icehotel.com
料ホテルルーム
ⓈⒹ1946SEK～
アイスルーム
ⓈⒹ3595SEK～
CC A D M V
Wi-Fi全室無料。ビジターでも見学できる。入場295～375SEK。

●ユッカスヤルヴィ Jukkasjärvi

Map P.296-B1

キールナの東約17kmにある人口約500人の小さな村。しかし、冬には3万人もの観光客が訪れる。観光客たちの目当ては、世界初の氷のホテル、アイスホテルICEHOTEL。村を流れるトルネ川Torne älvから切り出した氷で造るこのホテルは、氷と雪でできた部屋がある。部屋は世界各国のアーティストによりデザインされたスイートICEHOTEL Art Suiteや、アイスルームIce Room、スノールームSnow Roomなどがあり、氷のベッドでトナカイの皮の上に敷いた寝袋に入って眠る。敷地内には氷の部屋以外にもコテージやホテルルームもある。

氷のチャペルやバーもある
© ICEHOTEL

キールナのホテル

Scandic Kiruna
スカンディック・キールナ MAP P.402外

住Stadshustorget 11 TEL(0980)39-8600
URL www.scandichotels.com
料Ⓢ1433SEK～ Ⓓ1623SEK～
CC A D M V
全231室のキールナの最高級ホテル。

Best Western Hotel Arctic Eden
ベストウエスタン・ホテル・アークティック・エデン MAP P.402

住Föraregatan 18 TEL(0980)61-186
URL www.hotelarcticeden.se
料 Ⓢ1480SEK～ Ⓓ1705SEK～ CC A M V
元学校を利用したホテルで、客室は清潔。

Hotel Bishops Arms
ビショップス・アームズ MAP P.402

住Föreningsgatan 6 TEL(0980)15-500
URL www.bishopsarms.com
料ⓈⒹ1839SEK～ CC M V
オーセンティックな雰囲気のホテルで、客室は全37室。ボリュームたっぷりの朝食が人気。

Yellow House
イエロー・ハウス MAP P.402

住Hantverkaregatan 25 TEL(0980)13-750
URL yellowhouse.nu 料ドミトリー170SEK～
ⓈⒹ350SEK～ CC M V
冬季は特に混み合うので早めの予約がおすすめ。

Camp Ripan
キャンプ・リパン MAP P.402外

住Campingvägen 5 TEL(0980)63-000
URL ripan.se
料Ⓢ1512SEK～ Ⓓ1813SEK～ CC A M V
オーロラ観測に最適のロケーションにあり、最大4名まで宿泊可能なファミリーキャビンなどを備える。アクティビティメニューも豊富で、アイスホテル観光や犬ぞりなどが楽しめる。クオリティの高いオーロラスパ施設を併設している。
問い合わせ
北欧旅行フィンツアー
TEL 03-6432-3455
URL www.nordic.co.jp
E-MAIL rsv@nordic.co.jp

バスタブ テレビ ドライヤー ミニバーおよび冷蔵庫 ハンディキャップルーム インターネット（無料）
一部のみ 一部のみ 貸し出し 一部のみ インターネット（有料）

COLUMN SWEDEN

北欧最北を走る国際列車 ノールランストーグ

1 北極圏の大自然のなかを走り抜ける 2 座席の車両。ハイキング目当ての人も多い 3 ベッドが2つある1等の寝台 4 ナルヴィーク直前に出てくるフィヨルドの景観が楽しめるのは車両の右側 5 アビスコのラップポルテンが見られるのは車両の左側

Narvik
Kiruna
Boden
Luleå
Umeå
Sundsvall
Gävle
Stockholm
Göteborg

スウェーデンのヨーテボリからノルウェーのナルヴィークに抜ける国際鉄道ノールランストーグNorrlandståget。スウェーデン鉄道が運行する列車は、北極圏を走る珍しい路線だ。ヨーロッパの鉄道のなかでも風景が美しいことで知られ、特に夏の白夜の季節には多くの旅行者が集まってくる。もとはイェリヴァーレやキールナで採掘された鉄鉱石を港町ナルヴィークまで運ぶ目的で1902年に開通。近年まで、周辺の地名「オフォーテン」から取った「オーフォート鉄道」の名で親しまれていた。

とりわけ人々を魅了するのは、北極圏に入ったキールナあたりからのラップランドの大自然だ。アビスコ国立公園の険しくも美しい山々、透明で深い青色をした湖、そしてノルウェーとの国境を越えてから現れるロンバックスフィヨルドRombaksfjordenと、めまぐるしく移り変わる景観に目が釘付けになる。車窓から壮大な自然を楽しみたい。

ストックホルムからナルヴィークへの直通列車は、ストックホルム発18:08、ナルヴィーク到着は翌日の12:40。また、ストックホルムを21:55に出て、翌日16:42にアビスコ着、16:47分発のナルヴィーク行きに乗り換える便もある。こちらだと、ナルヴィーク到着は18:38。人気の路線なので、夏季に乗る場合は必ず事前に予約しておくこと。クシェットやコンパートメントなど寝台のほか、座席だけでの予約もできる。

気軽に利用するなら、キールナやアビスコ～ナルヴィーク間の区間列車がおすすめ。こちらなら、所要時間は1時間40分～3時間程度だ。

■ノールランストーグ
TEL 0771-757575
URL www.sj.se
料 ストックホルム～ナルヴィーク950SEK～（クシェット利用、時期により異なる）

アビスコ国立公園のシンボル、
丸く削られたラッポルテン山

世界有数のハイキングスポット

アビスコ国立公園

スウェーデンの北部に広がる、アビスコ国立公園。
夏にはハイキング、冬はオーロラ観測と、一年中自然が楽しめる人気スポットをご紹介!

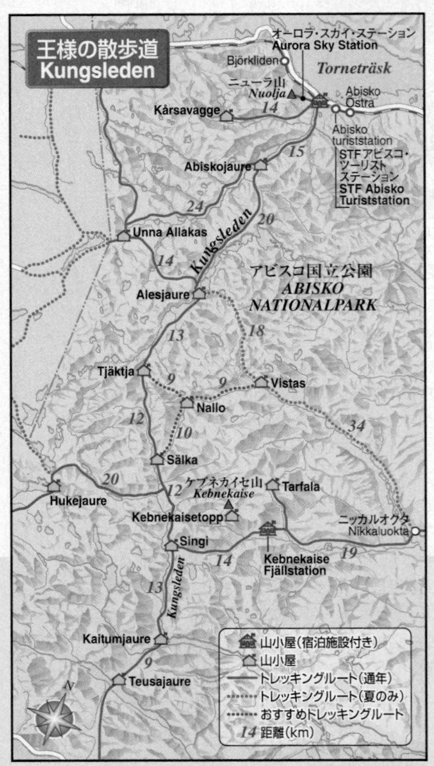

王様の散歩道

アビスコから南のラポーニア地域までを結ぶハイキングコース。15～20kmおきに設置された山小屋に泊まりながら周遊する。山小屋は簡素な施設が多いので、食料を含む荷物はしっかり準備しておくこと。

アビスコ国立公園
Abisko National Park

手つかずの大自然に囲まれた国立公園は、世界的に有名なトレッキングコース「王様の散歩道(クングスレーデンKungsleden)」の北のスタート地点がある場所。全長400kmもの巨大ルートを山小屋に泊まりながらゴールを目指す。本格派ルートのほかに、所要1時間程度で回ることができるルートもあるので、初心者でも安心。

冬になると、オーロラが見られるスポットとして世界から多くの観光客が訪れにぎわう。国立公園の拠点となるSTFアビスコ・ツーリストステーションでは、スノーシューやクロスカントリースキーの貸し出しも行っているほか、犬ぞりなどのウインターアクティビティが楽しめる。

シーズン ハイキングが楽しめる時期は6月中旬～9月頃。オーロラウオッチングなら、12～3月ぐらいがシーズン。

行き方

飛行機：ストックホルムからキールナまで1日1～4便、所要約1時間35分(→P.402)。キールナ空港から路線バスでアクセスできる。

鉄道：ストックホルムからナルヴィーク行きの寝台付きの列車でアクセスできる。ストックホルム発18:08、アビスコ着は翌11:07。ナルヴィークからは1日2便、所要約1時間30分。アビスコの名前がつく駅はふたつある。国立公園内の駅は、アビスコ・ツーリストステーション駅Abisko turiststationで下車すること。

おさえておきたい3つのコト

❶ 交通について

夏のハイシーズンになると、ストックホルムからの鉄道はすぐに満席になるので、早めに予約しておこう。また、悪天候により数日間鉄道が動かず足止めをくらうこともあるが、臨時バスが運行する。

❷ 必要な日数

日帰りのハイキングコースを楽しむなら、1泊2日ぐらいあるといい。2泊3日あれば、複数のコースを回れる。ホテルは、STFアビスコ・ツーリストステーションのほか、アビスコ東駅Abisko Östraにも点在。

❸ アビスコ国立公園での食事

スタート地点となる、STFアビスコ・ツーリストステーションにはホテルがあり、レストランや小さな売店を併設。自炊するなら、徒歩約20分の東駅にスーパーがあり、ひと通りの食料が手に入る。

大自然に囲まれたアビスコ国立公園でLet's ハイキング！

日帰りで楽しめるハイキングコースは6つ。所要時間は30分～8時間までさまざま。STFアビスコ・ツーリストステーションそばの観光案内所でももらえるマップを見ながら、コース番号の目印に沿って回ろう。ツアーもある。

ツアーinfo
Hike to Trollsjön
氷河期に形成された谷Kärkevaggeと美しい湖Trollsjönを行くハイキングツアー。所要約7時間30分、最大8人まで。ランチは持参。申し込みは、ウェブサイトかSTFアビスコ・ツーリストステーションで。
URL swedishtouristassociation.com
催 6/13～9/29　料 825SEK～

ハイキングマップはココでGet！

観光案内所

STFアビスコ・ツーリストステーションのすぐそば。地図やツアー情報を提供しており、アビスコ国立公園の自然に関する展示もある。トイレもあるので出発前に済ませておこう。
URL www.svenskaturistforeningen.se
開 毎日9:00～18:00（時期によって変動あり）休 冬季の日

ハイキングの前に確認！

❶ 飲み物・食料を忘れずに

ハイキングコースの途中に売店はないので、出発前に飲み物や食料を手にいれておこう。果物やスナック菓子は手軽に栄養補給できる。

❷ 軽装は禁物

山の天気は変わりやすいので、いくら初心者コースといえども油断禁物。マウンテンパーカーやトレッキングシューズはマスト。

Start！

スタート地点に設置された、木で作られたゲートをくぐり、横断歩道を渡ったら右手に進む。

今回行くコースは3番。スタート地点を起点に湖まで行き折り返すコース。平坦な道がほとんどで初心者でも安心。所要は往復2時間程度。

標識に各コースの番号が記されている

最初に進むのは、勢いよく流れる川沿いの道。平坦な岩の道は足元が濡れて滑りやすくなっているので注意。雄大な山と川の眺めを楽しもう！

コース番号のサインが目印！

不思議な形をした木を発見！

しばらく行くと森の中へと進んでいく。途中、岩がでこぼことした道があるものの、起伏がなく歩きやすい。

足元にベリーを発見

さらに行くと、開けたエリアに行き着く。木道が続いており、天気がよければ山の景色が見渡せる。

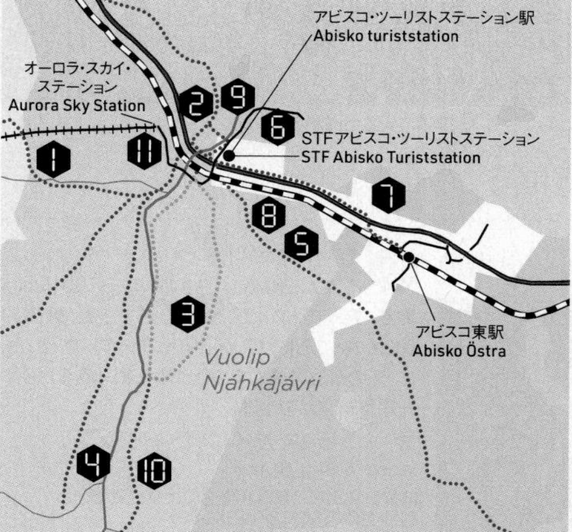

出発から約1時間で折り返し地点の湖に到着！ 設置されたベンチに腰かけて、自然に囲まれてひと休みしよう。

Goal！

折り返し地点の湖からは、来た道を戻らずにコース番号の目印に従って進む。復路は木道が多い。王様の散歩道と書かれた門をくぐったらゴール！

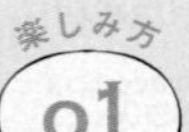

アビスコの楽しみ方

アビスコの魅力はハイキングだけじゃない! 便利な宿泊施設や美しいオーロラ、チェアリフトなどハイキング以外の楽しみ方をご案内。

楽しみ方 01 アビスコ国立公園にステイ!

アビスコ国立公園内に泊まるならホテル、STFアビスコ・ツーリストステーションがおすすめ。ホテルのほか、キャビンやユースホステルもある。また、館内には観光案内所や売店、レストランなどの設備が充実し、宿泊客以外の利用も可能。少し離れた東駅にもホテルが点在している。

STFアビスコ・ツーリストステーション
STF Abisko Turiststation

TEL (1019)02-400
URL www.swedishtouristassociation.com
料 ドミトリー680SEK〜 キャビン2930SEK〜
ホテル Ⓢ1330SEK〜 Ⓓ1730SEK〜 CC A M V

1. 湖や山を望める部屋もある 2. あたたかみのある居心地のいい客室 3. ロビーには広々とした休憩スペースが設けられている。同じフロアにある売店ではアウトドアグッズも販売

楽しみ方 02 美しいオーロラを鑑賞!

シーズン:12〜3月頃

アビスコ国立公園は冬の晴天率が高く、オーロラの可視率が高いことから、オーロラの観測地としても人気。また、冬の間でも近くの山にチェアリフトで上ることができ、山の上からオーロラウオッチングが楽しめる。近年はオーロラ目的で訪れる観光客が増えているので、ツアーやホテルは早めに手配しておこう。

→山の上から見るオーロラは圧巻!

↑周辺に人工の光が少ないため、オーロラがきれいに見られる

楽しみ方 03 山の上から自然を満喫!

STFアビスコ・ツーリストステーションの近くにある標高1169mのニューラ山Nuoljaまで、チェアリフトで上ることができる。標高約900mのところにカフェも併設。チェアリフトとともに、冬の夜も営業しており食事を楽しみながらオーロラ観測ができる。

オーロラ・スカイ・ステーション
Aurora Sky Station

週 毎日9:30〜16:00(時期により変動あり)
料 片道215SEK、往復245SEK

←季節ごとにさまざまな景色が楽しめる

COLUMN SWEDEN

オーロラが降り注ぐ町、イェリヴァーレ

カラフルな民族衣装が展示されている
イェリヴァーレ博物館

イェリヴァーレGällivareは北極圏に位置し、6月から7月中旬の間、真夜中の太陽を見ることができる。その一方で9月上旬から4月上旬は夜が長く、オーロラ観測ができる場所だ。町は鉄や銅の地下資源で栄え、今でも大規模な地下採掘が行われている。数年後には町全体が移動し、あらたなスポットとして生まれ変わる計画だ。また、郊外には1996年にユネスコ世界遺産に登録されたラポーニア地域が広がる。壮大な大自然が残るこの地域では今もサーメの人々が暮らしている。

イェリヴァーレの町は南北に横切る路線を境にして、大きくその様子を変える。観光案内所は駅のすぐそば。ここでマップを手に入れて、約2kmの散策路Kurturstigを歩き、自然豊かな景色を楽しむのもいい。町の中心は、サーメ像の先にある道を曲がって1ブロック行ったあたり。ここには、イェリヴァーレの歴史や自然を紹介するイェリヴァーレ博物館Gällivare Museumがある。サーメ文化に関する展示もあり、カラフルな民族衣装などを見ることができる。また、館内には蚊に関する品々を集めたモスキートミュージアムというユニークな展示もある。町の南にあるのが、オーロラ観測地としても有名なドゥンドレット山Dundret。標高823mの山で、サーメ人の言葉で「低い山」を表す。頂上からは、町並みはもちろん、晴れていればラポーニア地域が見渡せる。頂上まではタクシーかまたは1番のバス（Dundretで下車、約20分）で上ることができる。また、観光案内所から続く道を行けば、徒歩で山頂を目指すことも可能だ。

■イェリヴァーレ　Map P.296-B1
行き方▶▶▶
🚃ストックホルムから1日1便（寝台）、所要約14時間。ナルヴィークからは1日2便、所要約4時間20分。

■イェリヴァーレの観光案内所ⓘ
住Centralplan 4
TEL(0970)10-220
URL gallivare.se
開月～金8:00～15:00(時期により変動)
休土・日

■イェリヴァーレ博物館
住Storgatan 16
TEL(0970)818-692
URL gallivare.se
開月～金11:00～15:30
　土　11:00～14:00
　(時期により変動)
休日　料無料

■ドゥンドレット山
URL www.dundretlapland.com
行き方▶▶▶中心部から車で約20分。積雪期間は専用車以外通行止め。

■イェリヴァーレのホテル
Grand Hotel Lapland グランド・ホテル・ラップランド
住Lasarettsgatan 1
TEL(0970)77-2290
URL www.grandhotellapland.se
料Ⓢ1045SEK～ Ⓓ1465SEK～
CC A M V

町の歴史と開発の様子を紹介するインフォメーションセンター「Re-Form」。展示の説明は英語でも行われる。（URL gallivare.se/samhallsomvandlingen/samhallsomvandlingen/bakgrund/informationscenter-re-form）

Luleå

ルーレオ

Map P.296-B2
人口:7万9352人
市外局番:0920
ルーレオ情報のサイト
URL www.lulea.se
@Luleakommun
@luleakommun

ユネスコの世界遺産に登録されているガンメルスタードの教会街

ボスニア湾に面して広がるルーレオは、古くから交通の要衝として栄えた港町。15世紀初頭に聖堂が建てられてからは、遠くから礼拝に訪れる人のため宿泊用コテージが建設された。こうして、今なお昔のまま保存されている教会街（ガンメルスタード）が誕生した。1649年、町は現在の場所へ移動。後年、キールナの鉱山からの鉄鉱石を運び出す輸送拠点として、ますますの発展を遂げた。最近ではラップランドへの玄関口としても知られている。

ルーレオの行き方

✈ストックホルムから1日4～14便運航、所要約1時間15分。空港から市内へは空港バスが運行している。
🚃ストックホルムから1日2～3便（寝台）。所要約13時間。キールナからは1日5便前後、所要3時間30分～5時間。ナルヴィークからは1日2便、所要約7時間10分。

ルーレオの歩き方

町歩きの起点はルーレオ駅。駅から長距離バスターミナルを右に見て西へ延びる通りが、ショップやレストランが建ち並ぶ町のメインストリート、ストルガータン通りStorgatanだ。通りの中ほど、南側に見えるのは町のシンボル、ルーレオ大聖堂。通りを真っすぐ進むと、町の歴史や人々の生活を展示するノルボッテン博物館Norrbottens Museumに突き当たる。観光案内所は、ノラハムン港Norra Hamnに面して立つカルチャーセンターKulturens Hus内にある。港沿いに整備された遊歩道を歩いてのんびり散策を楽しむのもいい。

おもな見どころ

●ルーレオ大聖堂 Luleå Domkyrka

Map P.410

街歩きの目印になるルーレオ大聖堂

れんが造りの堂々たる外観が美しいネオゴシック様式の教会は、町のシンボル的存在。1893年に建てられたもので、1904年まで、スウェーデン王オスカル2世の名にちなんでオスカー・フレデリクス教会Oscar Fredriks kyrkaの名で親しまれていた。必見は教会内正面にあるパイプオルガン。4585本ものパイプをもち、美しい音色を奏でる。

●ガンメルスタードの教会街 Gammelstads Kyrkstad

Map P.410 外

1492年築のネーデルーレオ教会Nederluleå Kyrkaを中心とした教会街。中世の雰囲気漂う石造りの教会周辺には、礼拝者たちのためのチャーチ・コテージが400以上も軒を連ねている。伝統の赤色が映える木造のコテージには、トイレや水場はなく、人が住むことはできない。これらは週末の礼拝や祭事の際に遠隔地より訪れる人のための宿泊施設だからだ。今もなお、週末になると礼拝者たちが訪れ、かつてと変わらない様子が見られる。

教会街についてのガイドツアーも行っている

ルーレオの観光案内所 i
Map P.410
住Skeppsbrogatan17
TEL(0920)45-7000
URL visitlulea.se
開月～金 10:00～17:00
　土 12:00～16:00
休日

ルーレオ大聖堂
住Kyrkogatan 7c
TEL(0920)26-4800
URL www.svenskakyrkan.se
開月～金10:00～15:00
（時期によって異なる）
休土・日 料無料

ガンメルスタードの教会街
行き方▶▶▶
中心部から市バス9番で約25分、Kyrktorget下車。チケットはアプリでのクレジットカード払いのみ。
URL www.llt.lulea.se

ガンメルスタードの観光案内所 i
住Kyrktorget 1
TEL(0920)45-7010
URL visitgammelstad.se

ネーデルーレオ教会
住kyrktorget 2
TEL(0920)27-7000
開6月下旬～8月中旬
　毎日 9:00～17:00
8月中旬～6月下旬
　月～水11:00～15:00
休8月中旬～6月下旬の木～日
料無料

ルーレオのホテル

Elite Stadshotellet
エリート・スタッズホテレット　MAP P.410

住Storgatan 15 TEL(0920)27-4000
URL www.elite.se
料Ⓢ1185SEK～ Ⓓ1356SEK～ CC A D M V

町の中心、ストルガータン通りにある高級ホテル。シックな色合いと高級感漂うインテリアでまとめられている。朝食をとるホールから広大な海が見渡せる。

Park Hotell
パーク　MAP P.410

住Kungsgatan 10 TEL(0920)21-1149
URL www.parkhotell.se
料Ⓢ Ⓓ690SEK～ CC A M V

閑静な場所に立つリーズナブルな宿。全14室の客室は、コンパクトだが清潔で機能的。3人で宿泊できるファミリールーム（1泊1350SEK～）もある。

Best Western Plus Hotell Savoy
ベストウエスタン・プラス・ホテル・サヴォイ　MAP P.410

住Storgatan 59 TEL(0920)19-500
URL www.hotellsavoy.se
料Ⓢ1195SEK～ Ⓓ1295SEK～ CC A D M V

長距離バスターミナルから徒歩2分の場所に位置する、モダンなホテル。最新の設備を整えており、スパ、レストラン、バーを完備。

Comfort Hotel Arctic
コンフォート・ホテル・アークティック　MAP P.410

住Sandviksgatan 82 TEL(0920)10-980
URL www.strawberry.se
料Ⓢ1095SEK～ Ⓓ1166SEK～ CC A M V

駅から徒歩1分の好立地にある。全94室の客室はモダンな内装でまとめられ落ち着いた雰囲気。全室トイレ、シャワー付き。

バスタブ　テレビ　ドライヤー　ミニバーおよび冷蔵庫　ハンディキャップルーム　インターネット（無料）
一部のみ　一部のみ　貸し出し　一部のみ　インターネット（有料）

Let's Talk in Swedish

スウェーデン語を話そう

会話集と役に立つ単語集

役に立つ単語その1

入口	ingång	インゴング
出口	utgång	ウートゴング
右	höger	ヒョーゲル
左	vänster	ヴェンステル
前	framför	フラムフォー
後ろ	bakom	バーコム
暑い	varmt	ヴァルムト
寒い	kallt	カルト
たくさん	mycket	ミュッケット
少し	lite	リーテ
よい	bra	ブロー
(値段が)高い	dyr	ディール
大きい	stor	ストール
小さい	liten	リーテン
トイレ	toalett	トアレット
空き	ledig	レーディグ
使用中	upptagen	ウップターゲン
男性	man	マン
女性	kvinna	クヴィンナ
大人	vuxna	ヴクスナ
子供	barn	バーン
学生	student	ステュデント
危険	farlig	ファーリグ
注意	Akta	アクタ
警察	polis	ポリース
病院	sjukhus	シュークヒュース
開館	öppet	オッペット
閉館	stängt	ステングド
押す	tryck	クェート
引く	drag	ドラーグ
領収書	kvitto	クヴィットー
空港	flygplats	フリーグプラッツ
バスターミナル	busshållplats	ブスホールプラッツ
港	hamn	ハムン
トラム	spårvagn	スポールヴァン
地下鉄	tunnelbana	トゥンネルバーナ
列車	tåg	トーグ
船	båt	ボート
切符	biljett	ビリエット
切符売り場	biljettlucka	ビリエットルッカ
プラットホーム	perrong	ペロン
どこから	från	フロン
どこへ	till	ティル
出発	avresa	アブレーサ
到着	ankomst	アンコムスト
片道	enkel resa	エンケル レーサ
往復	tur och retur	トゥール オ レテュール
1等	första klass	フォシュタ クラス
2等	andra klass	アンドラ クラス
時刻表	tidtabell	ティードターベル
禁煙	rökning förbjuden	リュークニング フォルビューデン
喫煙	rökning	リュークニング
国内線	inrikes flyg	インリケス フリーグ
国際線	internationell flyg	インテルナショネール フリーグ
ユースホステル	vandrarhem	ヴァンドラルヘム
ツーリストインフォメーション	turistinformation	トゥリストインフォマフーン
美術館、博物館	(konst)museum	(コンスト)ミュゼウム
教会	kyrka	シルキャ

役に立つ単語その2

(月)		
1月	januari	ヤヌアーリ
2月	februari	フェブルアーリ
3月	mars	マシュ
4月	april	アプリール
5月	maj	マイ
6月	juni	ユニ
7月	juli	ユリ
8月	augusti	アウグスティ
9月	september	セプテンベル
10月	oktober	オクトーベル
11月	november	ノヴェンベル
12月	december	デセンベル

(曜日)		
月	måndag	モンダグ
火	tisdag	ティースダグ
水	onsdag	ウンスダグ
木	torsdag	トゥーシュダグ
金	fredag	フリエダグ
土	lördag	ローダグ
日	söndag	センダグ

(時間)		
今日	idag	イドーグ
昨日	igår	イゴール
明日	imorgon	イモロン
朝	morgon	モーロン
昼	middag	ミッダーグ
夜	natt	ナット
午前	förmiddag	フォーレミッダグ
午後	eftermiddag	エフテミッダグ

(数)		
0	noll	ノル
1	en(ett)	エン（エット）
2	två	トゥヴォー
3	tre	トレー
4	fyra	フィーラ
5	fem	フェム
6	sex	セックス
7	sju	シュー
8	åtta	オッタ
9	nio	ニーオ
10	tio	ティーオ

役に立つ単語その３

パン	bröd	ブレード
ハム	skinka	フィンカ
チーズ	ost	オスト
卵	ägg	エッグ
バター	smör	スメル
ニシン	sill	シル
イワシ	sardin	サルディン
ロブスター	hummer	フメレ
ヒラメ	plattfisk	プラットフィスク
トナカイ肉	renkött	レンシェット
シカ肉	älgkött	エリーシェット
ブタ肉	flask	フラスク
ビーフステーキ	biffstek	ビフステク
ラムステーキ	lammstek	ラムステク
ソーセージ	korv	コルヴ
フルーツ	frukt	フルクト
オレンジ	apelsin	アペルシン
リンゴ	äpple	エプレ
飲み物	drycker	ドゥリュッケル
コーヒー	kaffe	カッフェ
紅茶	te	テ
牛乳	mjölk	ミョルク
ビール	öl	エル
生ビール	fåtöl	ファトミル
白ワイン	vittvin	ヴィトヴィン
赤ワイン	rödlvin	ロードヴィン

役に立つ会話

(あいさつ)		
やあ／ハイ	Hej.	ヘイ
こんにちは	God dag.	グッ　ダーグ
おはよう	God morgon.	グ　モロン
こんばんは	God kväll.	グッ　クヴェル
おやすみなさい	God natt.	グッ　ナッ
さようなら	Hej då.	ヘイ　ド

(返事)		
はい	Ja.	ヤ
いいえ	Nej.	ネイ
ありがとう	Tack.	タック
すみません	Ursäkta mig.	ウーシェクタ　メイ
ごめんなさい	Förlåt mig.	フェロート　メイ
どういたしまして	Var så god.	ヴォーシュグー
わかりました	Jag förstår .	ヤ　フォシュトール

わかりません
Jag förstår inte.　ヤ　フォシュトール　インテ

(尋ねごとなど)

～はどこですか？
Var ligger ～？　ヴァー　リッゲル～？

いくらですか？
Vad kostar det?　ヴァー　コスタ　デ？

お勘定をお願いします
Notan, Tack.　ノータン　タック

いつですか？
När?　ナール？

何時ですか？
Hur mycket är klockan nu?
ヒュール　ミッケ　エー　クロッカン　ヌ？

何個ですか？
Hur många?　ヒュール　モンガ？

どれぐらいかかりますか？
Hur länge tar det?
ヒュール　レンゲ　タ　デェ？

お名前は何ですか？
Vad heter du?
ヴァ　ヘーテル　ドゥ？

私の名前は～です
Jag heter ～.
ヤーグ　ヘーテル　～

ここの言葉で何といいますか？
Vad heter det på svenska?
ヴァ　ヘーテル　デ　ポ　スヴェンスカ？

～が欲しい
Kan jag få ～.　カン　ヤ　フォー　～

～へ行きたい
Jag vill åka till ～.
ヤ　ヴィル　オッカ　ティル　～

スウェーデンの歴史

定住からヴァイキングの時代まで

スウェーデンに人類が定住し始めたのは氷河が後退して間もなく、紀元前1万～前8000年頃と推定される。新石器時代（前3000年頃～前1500年頃）に農耕文化が伝わり、西南ヨーロッパからは巨石文化が伝播した。青銅器時代（前1500年頃～前500年頃）に入ると、イングランドやヨーロッパ大陸との交渉が密接になった。

ローマ時代には、大陸との交易が盛んに行われ、おもに琥珀、毛皮などが輸出された。5～6世紀になると部族国家が形成され始め、ウプランド地方のスベェア族は特に繁栄し、東西ヨーロッパと交易をもち、現在のラトビア付近で植民活動を続け、拡大する交易路の基礎を築いた。

9世紀から北欧人の海外進出、すなわち「ヴァイキング」の活動が始まる。封建制度の促進、商業路の拡大などヨーロッパ史上多大な影響を及ぼしたヴァイキング活動は、おもにイングランド、フランスに向かう西ルートと、ロシア、ビザンティン帝国、アラブ世界に遠征する東ルートに大別されるが、スウェーデン人はこの両ルートに従事し略奪、建国、商業活動などに加わった。彼らの輸出品は木材、毛皮、スラブ人奴隷などで、その見返りはおもにアラブ、ビザンツの銀貨であった。海外に進出したヴァイキングのうち、ある者は通商経路に土着し、やがてスラブ人と同化した。またある者は、デーン人とともにさらに西方へと進出した。11世紀以後、スラブ人の勃興およびヨーロッパの貿易情勢の変化により、活動は衰退した。

統一王国形成から自由の時代

11世紀初期、キリスト教が徐々に定着し始めるなかで部族統合が進み、有力な王たちが出現して身分制度も固まった。14世紀中頃から貴族と国王の抗争が相次ぎ、国王に反対する貴族がデンマーク・ノルウェーの摂政マーグレーテに支援を求めたことから、摂政は内乱に介入してスウェーデン王アルブレヒトを破り（1389年）、廃位させるとともに貴族の力を巧妙に抑え、姉の孫にあたるエリックを北欧3国の共通の王に即位させることに成功し、スウェーデンは事実上デンマークの支配下におかれた。

16世紀初頭、貴族グスタフ・ヴァーサの指揮する反デンマーク闘争が農民の支援を得て力をつけ、1523年祖国を解放した。グスタフは王位に就き（グスタフ1世、在位1523～60年）、新教（ルター派）の採用、軍隊の整備、経済復興、国王の世襲制の確立など精力的に国力の回復に努め国の基礎を築いた。グスタフ・アドルフの死後、後継者たちは国内を整備するかたわら、バルト海東岸へ進出、ロシアやデンマークと戦った。

1630年、グスタフ2世（在位1611～32年）は自ら軍を率いて三十年戦争に介入し新教徒の英雄として活躍し、自身は戦死したがスウェーデンのバルト海沿岸支配（これはバルト帝国と呼ばれる）を確固たるものとした。

17世紀末、スウェーデンのバルト海支配に対する周囲の諸国からの圧力も強まり、1700年にはロシア、デンマーク、ポーランドなどとの間に戦争が勃発した（北方戦争）。最初はスウェーデン側が優勢だったが、ロシア遠征の失敗で劣勢になり、バルト海支配は終わりを告げた。戦争末期、憲法改正により王権は著しく弱められ、議会の権限が強化された。それ以後の約半世紀を「自由の時代」と呼ぶ。

新生スウェーデン誕生から現代まで

1805年、スウェーデンはナポレオン戦争に参戦するが、敗北を重ねて領土を失い、フィンランドをロシアに占領されて国民の不満は増大した。グスタフ4世（在位1792～1809年）は革命によって1809年追放され、翌年、国会法、出版の自由法、王位継承法が刷新され新生スウェーデンが誕生した。1814年ノルウェーを同君連合の形で併合した後、対外的には協調政策がとられて国力は回復したが、国内ではかなり保守的で独裁的な政治が行われた。しかし、自由主義的改革要求は粘り強く続けられ、内閣制度が改革され、二院制議会が成立した（1866年）。

1905年にノルウェーが分離独立すると、政府は国内問題のみに専念することになった。1908年、長年議論されてきた男子普通選挙法が国会を通過し、1918年には婦人参政権も確立。第1次世界大戦が勃発すると、いち早く中立を宣言し、国土が戦火に荒らされることはなかった。1920年に失業問題解決のためグスタフ5世（在位1907～1950年）は初めて社会民主党に政権を担当させると、同党は都市労働者の支持を得て次第に勢力を伸ばした。1932年の下院選挙で社会民主党は政権の座を獲得し、以降1976年までときには単独、ときには連立でスウェーデンを指導してきた。第2次世界大戦では、隣国への公式援助を一切拒否する一方、フィンランド、ノルウェーに移動するドイツ兵の国内通過を許したり対独レジスタンスを多数国内に受け入れるなど、柔軟な中立政策をとった。戦後、社民党政権下で経済復興や福祉政策が推進され、1950年代には、世界に冠たる福祉国家に成長した。だが高率の税負担に対する国民の不満の強まりと経済不況から、1976年には保守連合政権が誕生。以降、経済回復を見ないまま、1982年に再度社会民主党が与党に返り咲いた。1995年には、EU（ヨーロッパ連合）に加盟、また2024年3月にはNATO（北大西洋条約機構）に加盟した。

Finland

 フィンランド

サンタクロース村(ロヴァニエミ)

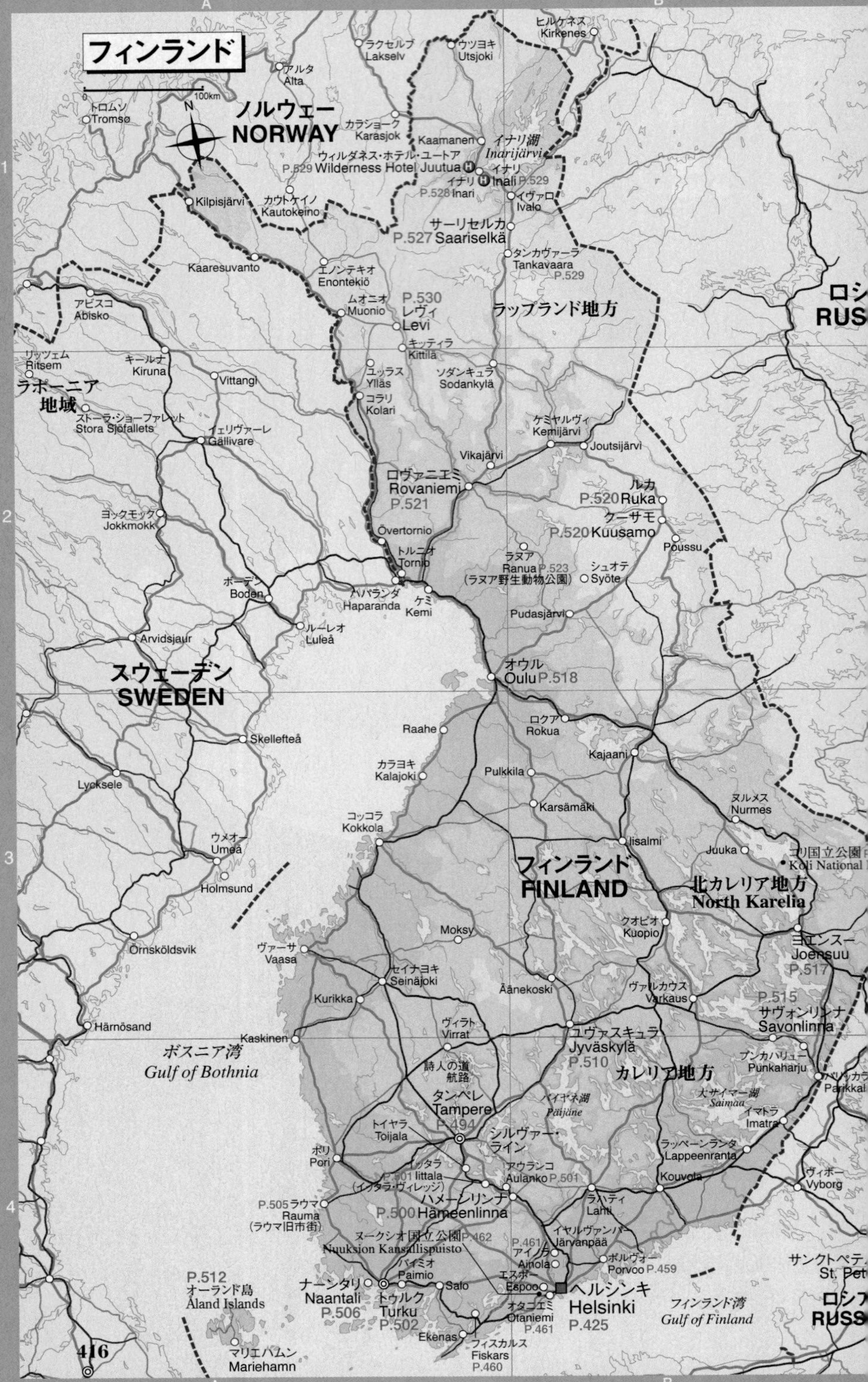

フィンランド
0
100km
N
ノルウェー
NORWAY
トロムソ
Tromsø
アルタ
Alta
ラクセルブ
Lakselv
ウツヨキ
Utsjoki
ヒルケネス
Kirkenes
カラショーク
Karasjok
Kaamanen
イナリ湖
Inarijärvi
ウィルダネス・ホテル・ユートア
P.529 Wilderness Hotel Juutua
イナリ
Inari P.529
P.528 Inari
イヴァロ
Ivalo
カウトケイノ
Kautokeino
Kilpisjärvi
サーリセルカ
P.527 Saariselkä
タンカヴァーラ
Tankavaara
P.529
Kaaresuvanto
エノンテキオ
Enontekiö
P.530
レヴィ
Levi
ムオニオ
Muonio
ラップランド地方
アビスコ
Abisko
ロシ
RUS
リッツェム
Ritsem
キールナ
Kiruna
キッティラ
Kittilä
Vittangi
ユッラス
Ylläs
ソダンキュラ
Sodankylä
ラポーニア
地域
コラリ
Kolari
ストーラ・ショーファレット
Stora Sjöfallets
イェリヴァーレ
Gällivare
ケミヤルヴィ
Kemijärvi
Joutsijärvi
Vikajärvi
ロヴァニエミ
Rovaniemi
P.521
ルカ
P.520 Ruka
クーサモ
P.520 Kuusamo
ヨックモック
Jokkmokk
Övertornio
Poussu
トルニオ
Tornio
ラヌア
Ranua P.523
(ラヌア野生動物公園)
シュオテ
Syöte
ボーデン
Boden
ハパランダ
Haparanda
ケミ
Kemi
Pudasjärvi
ルーレオ
Luleå
Arvidsjaur
オウル
Oulu P.518
スウェーデン
SWEDEN
ロクア
Rokua
Raahe
Skellefteå
Kajaani
カラヨキ
Kalajoki
Pulkkila
Lycksele
Karsämäki
ヌルメス
Nurmes
コッコラ
Kokkola
Iisalmi
Juuka
コリ国立公園
Koli National
ウメオ
Umeå
フィンランド
FINLAND
北カレリア地方
North Karelia
Holmsund
クオピオ
Kuopio
Moksy
ヨエンスー
Joensuu
P.517
Örnsköldsvik
ヴァーサ
Vaasa
セイナヨキ
Seinäjoki
Äänekoski
ヴァルカウス
Varkaus
P.515
サヴォンリンナ
Savonlinna
Kurikka
ヴィラト
Virrat
ユヴァスキュラ
Jyväskylä
P.510
Härnösand
Kaskinen
ボスニア湾
Gulf of Bothnia
詩人の道
航路
カレリア地方
プンカハリュー
Punkaharju
パリッカラ
Parikkala
タンペレ
Tampere
P.494
パイヤネ湖
Päijäne
大サイマー湖
Saimaa
イマトラ
Imatra
トイヤラ
Toijala
シルヴァー・
ライン
ポリ
Pori
イッタラ
P.501 Iittala
(イッタラ・ヴィレッジ)
アウランコ
Aulanko P.501
ラッペーンランタ
Lappeenranta
Kouvola
ヴィボー
Vyborg
P.505 ラウマ
Rauma
(ラウマ旧市街)
ハメーンリンナ
P.500 Hämeenlinna
ラハティ
Lahti
ヌークシオ国立公園
Nuuksion Kansallispuisto
P.462
P.461
イヤルヴァンパー
Järvenpää
アイノラ
Ainola
ポルヴォー
Porvoo P.459
サンクトペテ
St. Pet
パイミオ
Paimio
P.512
オーランド島
Åland Islands
ナーンタリ
Naantali
P.506
トゥルク
Turku
P.502
Salo
エスポー
Espoo
ヘルシンキ
Helsinki
P.425
オタニエミ
Otaniemi
P.461
フィンランド湾
Gulf of Finland
ロシア
RUSS
Ekenäs
フィスカルス
Fiskars
P.460
マリエハムン
Mariehamn
A
B
1
2
3
4

フィンランド イントロダクション
Finland Introduction

スカンジナビア半島の内側、バルト海の一番奥に位置する。フィンランド語の正式名称はスオミ共和国Suomen Tasavallta。スウェーデン語でRepubliken Finland。東をロシア、西にスウェーデン、北はノルウェーと国境を接し、フィンランド湾を挟んだ南にはエストニアがある。ロシアとスウェーデン、旧共産圏と西ヨーロッパを結ぶ交通の中継点にあり、その中立的性格から多くの国際会議が開かれている。

北緯60〜70度にわたり南北に細長く、国土の3分の1は北極圏内に位置し、アイスランドに次いで世界最北の国となる。夏は、深夜になっても太陽が輝き、1日のなかで暗くなる時間はほんのわずかである。フィンランド人は自分の国や民族のことをスオミSuomiと呼ぶが、その語源は湖、池を意味するSuoからきたといわれている。その名のとおり、国土の65%が森、10%が湖沼と河川、8%が耕作地という自然の宝庫となっている。また、山が少なく平坦で、最高峰でも標高が1300mしかない。広大な原野、点在する湖、無数の島々、ラップランドの高原地帯……。とりわけ氷河時代にできた湖は、18万を数えるともいわれている。

フィンランド人の多くは、郊外にサマーハウス（別荘）を所有している。そして、そのログハウスの多くにはサウナが付いている。フィンランド人にとって、このサマーハウスこそが週末や夏休みのアウトドアライフの拠点となる。主として夏の間、サウナを楽しんだ後に湖に飛び込んだりしている。これは皮膚を鍛えることにも結びつき、欠かせない健康法にもなっている。また、冬は別荘の周辺でクロスカントリースキーやスノーモービルなどを楽しむ。遠い昔から、アウトドアはフィンランドの生活に溶け込んだものなのである。

ロヴァニエミでは、1年中いつでもサンタクロースに会える

トーベ・ヤンソン原作のムーミン、そしてサンタクロースの故郷として知られている。首都のヘルシンキには、今や日本から数多くの観光客が訪れる。陶磁器のアラビアやガラス製品のイッタラ、そしてテキスタイルのマリメッコのショッピングは、ヘルシンキの醍醐味。夏にはナーンタリのムーミンワールドもオープンしにぎわう。冬のメインは、北部ラップランドのオーロラ。ロヴァニエミやサーリセルカが人気だが、最近ではルカ＆クーサモやオウルといった都市も選択肢として上るようになってきた。

国民の文化的、経済的水準は高く、国民性は勤勉でまじめ。旧ソ連と約1300kmの国境で接し、歴史的にその支配、影響を受けてきたが、ソ連の崩壊により外交路線を変換、1995年にEU加盟を果たした。そして豊かな森林資源を背景に先進工業国に成長し、2017年に独立100周年を迎えた。

ヘルシンキのシンボル、ヘルシンキ大聖堂と元老院広場

ジェネラルインフォメーション

フィンランドの基本情報

国　旗
白地に青十字。青は空と湖、白は雪を、そしてキリスト教の十字を象徴している。

正式国名
フィンランド共和国（スオミ共和国）
Suomen Tasavalta
（英語名Republic of Finland）
（スウェーデン語名Republiken Finland）

国　歌
「わが祖国（Maamme）」

面　積
33万8435km²

人　口
約561万（2024年3月時点）

首　都
ヘルシンキ Helsinki

元　首
アレクサンデル・ストゥブ大統領
Alexander Stubb
（2024年3月就任　任期6年）

政　体
共和制

民族構成
フィンランド人、スウェーデン人、サーメ人

宗　教
プロテスタント（福音ルーテル派）

言　語
フィンランド語、スウェーデン語、サーメ語。また多くの国民が英語を話す。

通貨と為替レート

▶旅の予算とお金
→P.544

通貨はユーロ。略号は€（EURO、EURとも略す）。補助通貨としてセントCENTがある。€1=100CENT。紙幣は€5、10、20、50、100、200、500の7種類、コインは1、2、5、10、20、50CENTと€1、2の8種類。
●2024年4月24日現在 €1=165.74円

1ユーロ

2ユーロ

5ユーロ

10ユーロ

20ユーロ

50ユーロ

100ユーロ

200ユーロ

500ユーロ

1セント

2セント

5セント

10セント

20セント

50セント

電話のかけ方

▶国際電話について
→P.562

日本からフィンランドへかける場合

国際電話識別番号 **010**※ ＋ フィンランドの国番号 **358** ＋ 相手先の電話番号（最初の0は除く）

※携帯電話の場合は010のかわりに「0」を長押しして「＋」を表示させると、国番号からかけられる
※NTTドコモ（携帯電話）は事前にWORLD CALLの登録が必要

入出国

ビザ

観光目的の旅（あらゆる180日間に90日以内の滞在）なら不要。※

パスポート

シェンゲン協定加盟国出国予定日から3ヵ月以上の有効残存期間が必要。

▶出発までの手続き
シェンゲン・ビザ
→P.543

※ただし2025年に予定されているETIASの導入後は渡航認証が必要となる

日本からのフライト時間

フィンエアーが成田と羽田、関空、中部（セントレア）からヘルシンキまでの直行便を運航。所要時間は最短約12時間50分。またJALが羽田からヘルシンキまで運航。

▶北欧への行き方
→P.547

気候

スカンジナビア半島の内側、バルト海の一番奥に位置する。南北に細長く、国土の3分の1は北極圏内。国土の68%が森林、10%が湖沼と河川、8%が耕作地という自然の宝庫。山が少なく平坦で、最高峰でも標高1300mくらいしかない。ノルウェー沿岸を流れるメキシコ湾流のおかげで、緯度のわりに穏やかな気候。四季も比較的はっきりと分かれている。北極圏以北のラップランド地方では、夏には太陽の沈まない白夜になり、冬には太陽が昇らない極夜になる。

▶旅のシーズンと気候
→P.538
▶旅の持ち物
→P.550

ヘルシンキと東京の気温と降水量

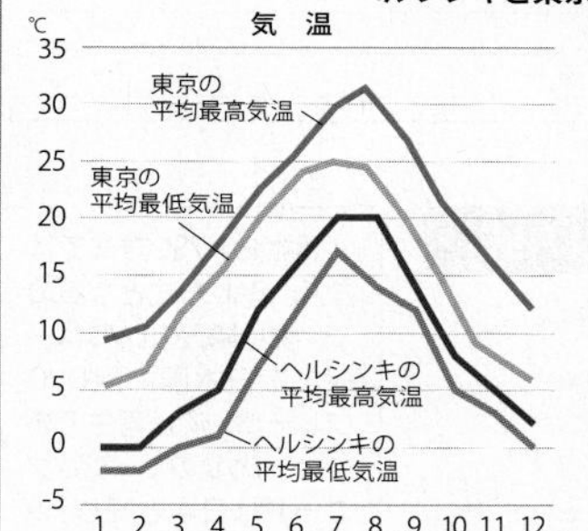

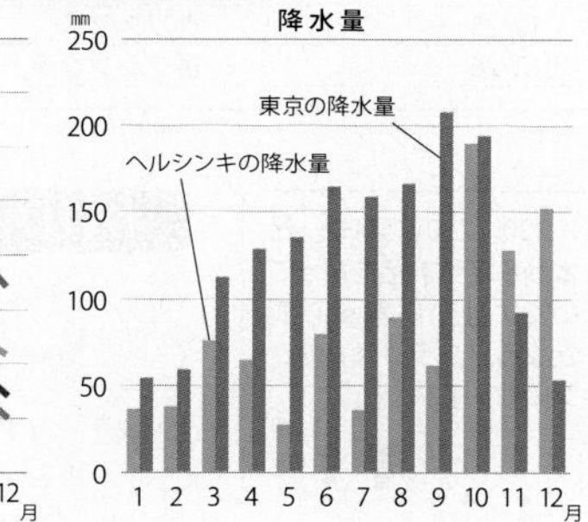

ビジネスアワー

以下は一般的な営業時間の目安。ヘルシンキのエスプラナーディ公園周辺の店は日曜もオープン。また個人経営のレストランの場合、7月に長期休みとなる。

銀　行

月～金曜9:00～18:00（地方によって異なる）。土・日曜は休業（ヘルシンキ市内の両替所は、土・日曜も営業）。

郵便局

月～金曜8:00～17:00。土・日曜は休み（ヘルシンキ中央郵便局などの大きな郵便局は土・日曜もオープン）。

デパート

月～金曜10:00～20:00、土曜10:00～19:00、日曜12:00～18:00（地方だと日曜休みの場合も）。

リカーストア（アルコ）

月～金曜の9:00～18:00または21:00、土曜9:00～16:00または18:00。日曜は休業。

フィンランドから日本へかける場合

国際電話識別番号（4つのうちどれかひとつ）**00　990　994　999** ＋ 日本の国番号 **81** ＋ 市外局番、携帯番号の最初の0を除いた番号 ＋ 相手先の電話番号

▶フィンランドの国際電話

国際電話は一般の加入電話からかけられる。ホテルの客室の電話機からかけると手数料がかかることが多いので注意しよう。携帯電話の普及率が非常に高いので、町なかの公衆電話の数はどんどん減っている。ホテルの電話を使用するか海外で使用できる携帯電話を持参しよう。

時差とサマータイム

時差は7時間。グリニッジ標準時より2時間、中央ヨーロッパ時間（CET）よりも1時間早い。サマータイムは、3月最終日曜から10月最終の日曜まで。1時間早い時間となり時差は6時間になる。ほかの北欧3ヵ国との間にも1時間の時差があるので、フィンランドから移動する際は注意。

祝祭日（おもな祝祭日）

年によって異なる移動祝祭日（※印）に注意。

日付		祝祭日
1/1		元旦
1/6		公現祭
3/29（'24）	※	聖金曜日
3/31（'24）	※	イースター
4/1（'24）	※	イースターマンデー
5/1		メーデー
5/9（'24）	※	昇天祭
5/19（'24）	※	聖霊降臨祭
6/21（'24）	※	夏至祭イブ
6/22（'24）	※	夏至祭
11/2（'24）	※	諸聖人の日
12/6		独立記念日
12/24		クリスマスイブ
12/25		クリスマス
12/26		ボクシングデー

電圧とプラグ

220／230V、50Hz。日本から電気製品を持っていくには変圧器が必要となる。プラグは丸2ピンのCタイプ。

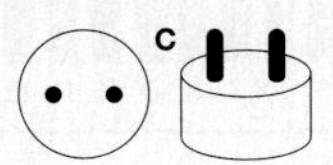

DVD方式

日本のNTSC方式ではなく、PAL方式となるので、現地購入のDVDは一般的な日本国内用DVDプレーヤーでは再生できない。DVDのリージョンコードは日本と同じ「2」なので、DVD内蔵パソコンであれば再生できる。

チップ

料金にサービス料が含まれている場合がほとんどのため、チップの習慣はない。クロークなどを利用する際は€2ぐらいをチップとして渡すといい。

飲料水

フィンランドの水はとてもおいしく、水道水がそのまま飲める。ミネラルウオーターはほとんどが炭酸入りのため、苦手な人は確認してから買うこと。

郵　便

郵便局はポスティPostiと呼ばれている。ポストは黄色でよく目立つ。国際郵便の料金は、はがきや20gまでの封書€2.5〜。日本までは所要8〜10営業日。小包は2kgまで€45.9〜（EMSは€49.9〜）。郵便局はセルフサービスなので、梱包もラベル書きも自分でやる。

ポストは派手な色でよく目立つ

税金

TAX

フィンランドでは、ほとんどの商品に24%（食料品14%、薬と本10%）の付加価値税（VAT）が課せられているが、EU加盟国以外の国に居住している旅行者が、「TAX FREE」と表示のある店で1日1店舗につき各税率€40以上の買い物をした場合、手続きをすれば付加価値税の最大18%が払い戻しになる。

買い物の際

「TAX FREE」の表示のある店で各税率€40以上の買い物をしたら、旅行者である旨を申し出て、免税書類を作成してもらう。作成の際、原則身分の確認とパスポート番号が必要となるので、パスポートを携帯すること。また、免税扱いで購入した商品は、フィンランドまたはEU最終出国まで開封してはいけない。

出国の際

フィンランドから直接日本へ帰国する場合やEU加盟国以外の国へ出国する場合は、フィンランド出国時に払い戻しを受けるための手続きを行う。

①ヘルシンキのヴァンター国際空港の場合は、チェックイン前にターミナル2、または到着ロビーのカウンターで免税書類に代行スタンプをもらう。北欧4ヵ国以外の書類は正規の税関スタンプを受領し、グローバルブルー・カウンターで手続きを行う。その際、免税書類には商品購入時のレシートを添付しておくこと。また、パスポートや航空券、未使用の購入した商品の提示が原則として必要となる。手荷物の場合は出国手続き後に税関スタンプをもらう。スタンプの受領期限は、商品の購入月の末日より3ヵ月以内。

②スタンプをもらったら出国手続きを行う。日本へ免税書類を持ち帰った場合は、グローバルブルー専用ポストに免税書類を投函すればクレジットカードまたは小切手で払い戻しを日本円で受け取ることができる。ただし、手続きが行えるのは、グローバルブルーの加盟店のみ。

ヴァンター国際空港内で払い戻しを受ける場合はターミナル2にあるグローバルブルー・カウンターで免税書類を提示する。日本円、もしくはユーロによる現金での払い戻しのほか、クレジットカードへの手続きもできる。免税書類（税関スタンプ受領済み）の申請期限は免税書類発行日より2年以内。

※フィンランド出国後、ほかのEU加盟国を旅行して帰国する場合、最終的にEU加盟国を出国する際に手続きをして税金の還付を受けることになるので、フィンランドでの手続きは不要。数ヵ国分の免税書類もまとめて手続きできる。

安全とトラブル

▶旅の安全とトラブル対策
→P.565

他のヨーロッパ諸国と比べても、治安は良好。しかし、2004年の旧東欧諸国のEU加盟後、置き引きや窃盗などの犯罪は増加の一途をたどっている。荷物から目を離さないように注意し、夜中のひとり歩きなどはやめよう。

警察　消防　救急車　112

年齢制限

飲酒・喫煙は18歳未満の場合は禁じられている。また、レンタカー会社によっては19歳や25歳以上などの制限を設けている場合もある。

度量衡

日本と同じく、メートル法を採用している。重さもキログラム単位。

その他

▶インターネット
について
→P.563

飲酒と喫煙

アルコール度数5.5%以上のアルコールは、国営のリカーショップ、アルコAlkoでのみ購入できる。5.5%未満のビールやロンケロなどはスーパーやコンビニでも購入可能。ビールは333mℓが1本€2〜3程度。たばこには重い税金がかけられており、日本と比べても非常に高い。フィンランドでは、駅や空港など公共の施設は屋内すべて禁煙。レストランやバー、ホテルも全面禁煙だ。

インターネット

Wi-Fiの普及率が高く、ほとんどの宿泊施設で利用可能。また、空港やレストランなど、公共の場でも使用できる場所が多い。

フィンランド国内交通ガイド

南部には、鉄道、長距離バスともに多くの路線がある。時間やルートによってどちらを利用するか考えよう。しかし、北に行くほど鉄道路線は少なくなり、長距離バスの利用が増える。またオウル以北へ行く場合、鉄道でもバスでもかなりの時間がかかるので、飛行機を利用することも頭に入れておくといい。

飛行機

フィンランドの国内線を運航しているのは、おもにフィンエアーFinnair（AY）。ほとんどの便がヘルシンキを中心に発着している。地方都市同士を結ぶ便はほとんどなく、ヘルシンキ経由になる。ほか、LCC（ローコストキャリア）ではノルウェー・エア・シャトルNorwegian Air Shuttle（DY）がヘルシンキ～ロヴァニエミやイヴァロなど国内数ヵ所に便を飛ばしている。なお、本誌に掲載している各都市への行き方の便数、所要時間はフィンエアーのもの。

フィンエアー
TEL(09)818-0800 URLwww.finnair.com
ノルウェー･エア･シャトル
TEL(09)231-01600 URLwww.norwegian.com

鉄道

フィンランド鉄道Valtionrautatiet（VR）によって運営されている。国内の中部～南部にかけて広く路線をもっている。オウル以北は極端に路線が減り、ラップランドのロヴァニエミへ行く路線の終着はケミヤルヴィKemijärvi。なお、国内最北の駅はカロリ駅Kalori。ヘルシンキからタンペレへ行く便は、1時間に1～3便あり、非常に使いやすい。ヘルシンキ～ロヴァニエミ間には、タンペレなどを経由する夜行列車も運行している。

車両は清潔で、設備も最先端！

フィンランド鉄道
TEL0600-41900 URLwww.vr.fi

鉄道時刻を調べる

ウェブサイトを利用して調べるのがもっとも簡単。出発駅と到着駅、日付を指定すれば、スケジュールや運賃が出てくる。また、駅には無料の時刻表（フィンランド語、スウェーデン語のみ）が置いてあることも。小さな駅などには置いていない場合もあるが、フィンランドは問題なく英語が通じるので、チケットの予約や購入時に直接尋ねてもいい。

駅の電光掲示板で運行状況を確認しよう

チケットの購入

◆日本で購入する

長距離列車に関しては、フィンランド鉄道のウェブサイトから予約・購入ができる。購入したら登録したeメールアドレスにチケットが送られてくる。現地で発券する場合は自動券売機や駅のチケット売り場で。

◆現地で購入する

駅にある有人のチケット売り場や自動券売機で購入できる。チケット売り場の場合は、窓口のそばにある専用の機械から、順番待ちの番号札を取ること。電光掲示板に自分の番号が表示されるか番号が呼ばれたら窓口へ行き、行きたい場所や時刻、列車番号などを伝える。

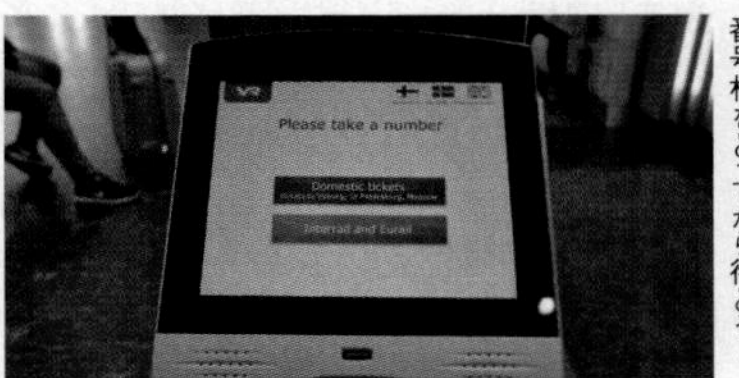

番号札をとってから待とう

予約について

ペンドリーノやインターシティは全席指定席なので、予約が必要。事前に購入する場合、座席指定も含まれる。

事前に駅に行って予約・購入を済ませておこう

割引料金について

チケットの価格はその日の混雑具合などにより料金が異なるシステムを導入しており、早めに予約することで割引になる可能性が高い。ネット予約なら自動的に割引料金が適用された金額になる。インターシティやペンドリーノなどの特急が普通列車よりも安いこともある。ほか、65歳以上が対象となるシニア割引、4〜16歳が対象の子供割引（3歳以下は無料）、10人のグループが対象の割引もある。なお、学生割引はフィンランド国内在住の学生にのみ適用されるので、国際学生証では割引されない。

ヘルシンキからの区間料金の目安（2等）

〜タンペレ €21.9〜
〜ユヴァスキュラ €36.3〜
〜ロヴァニエミ €90〜
※鉄道のチケットは、手数料€5を払えば予約の変更が可能で、購入時に€5〜19を追加すれば払い戻しもできる

おもな列車の種類

ペンドリーノ Pendolino
振子式の高速列車。ヘルシンキ〜タンペレ、ユヴァスキュラ、ヨエンスーなどいくつかの路線に導入されている。予約が必要。

フィンランドの誇る最新鉄道

インターシティ Inter City
ヘルシンキ〜トゥルクなど主要都市間を結ぶ特急列車。予約が必要。

コミューター・トレイン Lähijuna
ヘルシンキの周辺を走る近郊列車。アルファベットで区別された15の路線があり、IとPはヘルシンキ・ヴァンター国際空港へ行くリング・レール・ライン。Lはタンペレまで直通で運行している。

VRアプリ

フィンランド鉄道には、無料でダウンロードできるアプリがある。チケットの予約・購入、時刻表検索もできて非常に便利。自分の列車が今どこを走っているかがわかるサービスも。

長距離バス

フィンランドは非常にバス路線の発達した国だ。南部や中部はもちろん、ラップランドまでも数多くのバス路線が整備されている。最大手のマトカフオルト社Matkahuoltoをはじめ、バス会社はいくつかあるが、バスターミナルはすべて同じ。最近人気なのが、オンニブス社Onnibusという格安バス会社。ほか、ヘルシンキから北のロヴァニエミやサーリセルカまで行く夜行の直通バスもある。ラップランドに多くの便があるのは、エスケリセン・ラピンリンジャット社Eskelisen Lapin Linjat。ロヴァニエミを中心にバスを走らせており、ノルウェーのトロムソやカラショークへも便がある。冬季のラップランドは減便する路線や、天候によって大幅に遅れが出たり、欠便する場合があるので注意が必要。

人気の格安バス、オンニブス社

チケットの買い方

現地でのチケットの購入はバスターミナルのチケット売り場で。時刻もここで教えてもらえる。売り場がない場合は、ドライバーから直接購入する。長距離バスの大半はカードも使える。下記マトカフオルト社のサイトでは、時刻の検索と同時にチケット（eBus Ticket）の購入も可能。チケットはペーパーレスで、乗車時にパスポートの提示が必要。変更や払い戻しは不可。

また、オンニブス社はチケットオフィスがなく、ウェブサイトでのオンライン購入のみ。

マトカフオルト社
TEL 0200-4000 URL www.matkahuolto.fi
オンニブス社
TEL 0600-02010 URL www.onnibus.com
エスケリセン・ラピンリンジャット社
TEL (016)342-2160 URL www.eskelisen.fi

フィンランドに関するエトセトラ

食事

フィンランドの伝統料理は、かつて支配国であったスウェーデンとロシアの影響を受けているものが多い。バルト海であがるニシンは、酢漬けやフライなどさまざまな調理法で食べられる。魚料理では、ほかにもサーモンやムイックMuikkuという小魚がよく使われる。前菜やランチの定番はスープで、サーモンのクリームスープLohikeittoやキノコなど種類豊富。珍しいのは、ヘルネケイットHernekeittoというえんどう豆のスープで、毎週木曜に食べる習慣がある。肉料理の定番は、ミートボール。甘酸っぱいベリーソースで食べるのがお決まりだ。ほかトナカイ肉も食べられ、マッシュポテトと一緒に盛ったトナカイ肉のソテーPoronkäristysは、ラップランドの名物。北国だけあって、保存食をルーツとするものも多い。カレリアパイKarjalanpiirakkaは、薄く伸ばしたライ麦粉の周囲をつまんでひだを付け、ライスを盛って天火で焼く。ゆで卵やバターを載せて食べる。カラクッコKalakukkoは、見た目は大きなおまんじゅう。こねたライ麦粉の生地を重ね合わせ、それで肉や魚、豚の脂身を包んで焼く。食べるときはてっぺんを切り取り、そこからスプーンですくう。フィンランドの風物詩ともいわれるのが、毎年7月21日に解禁されるザリガニ。解禁日には、家庭でザリガニ・パーティも催される。マーケットやレストランのメニューにも登場するので、ぜひチャレンジしてみて。

ミートボールやサーモンのクリームソースが定番メニュー

おみやげ

北欧デザインの代名詞ともいえるイッタラのガラス製品やアラビアの陶磁器、大胆なテキスタイルのマリメッコのアイテムなどは、自分用や友人へのおみやげにぴったり。日本で購入するより安く、日本未入荷のアイテムや色も数多い。木彫りやフェルト、ニット製品など、あたたかみのあるクラフトもおみやげにぴったりの品。白樺のこぶから作ったククサなどサーメの民芸品も定番だ。国民的キャラクター、ムーミンのグッズも忘れずに。

フィンランド生まれの有名人

『フィンランディア』を作曲したヤン・シベリウスJean Sibeliusにムーミンの原作者トーベ・ヤンソンTove Jansson、建築家のアルヴァ・アアルトAlvar Aaltoなどが有名。モータースポーツも盛んな国で、F1のミカ・ハッキネンMika Häkkinenやキミ・ライコネンKimi Räikkönenもフィンランドの出身。

フィンランドのイベント

フィンランドは音楽活動が盛んで、クラシックやロック、ジャズ、タンゴなど、ジャンルを問わず有名なミュージシャンも多い。イベントも音楽関連のものが多い。フィンランドといえば、ユニークなイベントが多いことでも有名。エア・ギター世界選手権や奥さん運び世界大会などは、その最たるもの。日程が合うなら、ぜひじかに見学してほしい。

また、ユヴァスキュラでのSECTOラリーやノルディックスキーの世界選手権、ワールドカップ開幕戦など毎年開催されるスポーツイベントも盛りだくさんだ。

2024～2025年イベントカレンダー

6/21～22 フィンランド各地
夏至祭、前夜祭

7/5～8/4 サヴォンリンナ
サヴォンリンナ・オペラ・フェスティバル
URL operafestival.fi

7/5～6 ソンカヤルヴィ
奥さん運び世界大会
URL eukonkanto.fi

7/5～7 トゥルク
ルイス・ロック
URL ruisrock.fi

7/19～27 オーランド島
ロックオフ・フェスティバル
URL www.rockoff.nu

8/1～4 ユヴァスキュラ
SECTOラリーフィンランド
URL sectorallyfinland.fi

8/5～11 タンペレ
タンペレ劇場フェスティバル
URL www.teatterikesa.fi

8/8～29 トゥルク
トゥルク音楽祭
URL turunmusiikkijuhlat.fi

8/15～9/1 ヘルシンキ
ヘルシンキ・フェスティバル
URL helsinkifestival.fi

8/21～23 オウル
エア・ギター世界選手権
URL airguitarworldchampionships.com

9/13～14 ユヴァスキュラ
フィンランド・マラソン
URL finlandiamarathon.fi

10/6～12 ヘルシンキ
ヘルシンキ・バルティック・ニシン市
URL silakkamarkkinat.fi

11月下旬頃 ルカ
FISワールドカップ・ルカ・ノルディックスキー開幕戦
URL rukanordic.com

1/23～26 ユッラス
ユッラス・ジャズ・ブルース
URL yllassoikoon.fi

1/20～4/6 ケミ
スノーキャッスル（ルミリンナ）
URL experience365.fi

2月上旬頃 ロヴァニエミ
北極圏ラップランド・ラリー
URL www.arcticrally.fi/?lang=en

2/22～23 ラハティ
ラハティ・フィンランディア・スキー・マラソン
URL www.finlandiahiihto.fi

3/5～9 タンペレ
タンペレ映画祭
URL tamperefilmfestival.fi

4月下旬頃 エスポー
エイプリル・ジャズ
URL apriljazz.fi

5月上旬頃 ヘルシンキ
ヘルシンキ・シティ・マラソン
URL helsinkicityrunningday.fi

6月上旬～中旬頃 ナーンタリ
ナーンタリ音楽祭
URL naantalinmusiikkijuhlat.fi

6月中旬頃 ソダンキュラ
ミッドナイトサン・フィルム・フェスティバル
URL msfilmfestival.fi

※日程は予定日。
参加の際は問い合わせること。

Helsinki

ヘルシンキ

自然との距離が近く、日光浴やサウナに憩う姿も日常的

帝政ロシア時代、ロシア皇帝アレクサンドル1世がスウェーデン寄りのトゥルクに都があるのを嫌い、1812年にピエタリ（サンクトペテルブルク、以前のレニングラード）に近いこの地に遷都。それ以来、首都として、貿易港として栄えてきた。

飛行機がヘルシンキの空港に近づくと、"森と湖の国"にふさわしく、濃緑の島々の美しい眺めが眼下に広がる。こんもりと茂った木々の間に、童話の主人公たちがひっそりと隠れ住んでいるのではないだろうかという錯覚に陥ってしまうほど、夢を誘う穏やかな風景だ。

また、アーキペラゴ（群島）をぬって船でヘルシンキ港に入港すれば、市庁舎と市場を両腕に抱くような形で、白亜の大聖堂の偉容が正面に現れる。広場西側のエスプラナーディ公園には、バルト海の乙女像"ハヴィス・アマンダ"が可憐にたたずみ、東側には代表的建築家のアルヴァ・アアルト設計による大理石の白いビルが建つ。

しかし、この町に一度降り立ってみると、いわゆる"ヨーロッパの風景"とは異なる印象を受けるだろう。南欧に見られる白壁やれんがの家並み、ドイツ風の尖塔などはほとんど見あたらない。代わりに、帝政ロシア時代のネオクラシカルな建築物と、スウェーデン領時代の名残、水準の高い近代建築が微妙な調和を保っている。

スウェーデンに約650年、ロシアに約100年間支配され、数々の戦争で幾度国境線を変えられたことだろう。それでも民族愛を失うことなく、当時の支配国であったロシアの汎スラブ主義が勢いを増したのをきっかけに、自国存続熱が高まった。そしてついに1917年、ロシア革命と時を同じくして独立を勝ち取った。以来、100年余、時代に翻弄されながらも力強く生きてきたフィンランド人の歴史を、これらの建築物や町並みからも感じ取ってほしい。

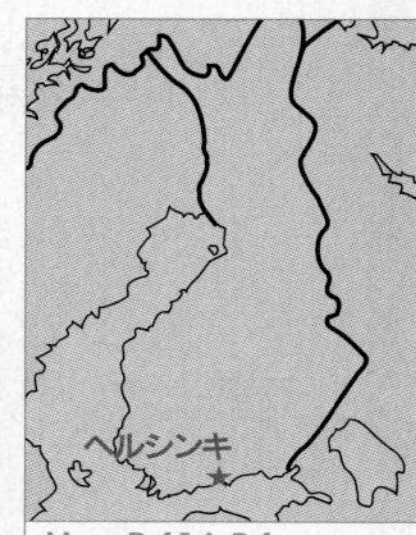

Map P.416-B4

人口:67万4500

市外局番:09

フィンランド情報のサイト
URL www.visitfinland.com
URL www.visitfinland.com/ja（日本語）
X @OurFinland
f @visitfinland
@ourfinland

ヘルシンキ情報のサイト
URL www.myhelsinki.fi
X @VisitHelsinki
f @myhelsinki
@myhelsinki

CHECK!

ヘルシンキの呼び方

スウェーデン領であったヘルシンキは、スウェーデン語ではHelsingforsと表記される。スウェーデンからヘルシンキに移動する場合に出てくることがあるので注意して。

※北欧では、近年急激にキャッシュレス化が進み、現金払い不可の観光施設や店舗が増加している。クレジットカードを必ず用意すること。

1891年開業のトラムが縦横無尽に走る

※エックス、フェイスブック、インスタグラムは、アカウント名のみを表記しています。ブラウザで見る場合は、加えて各SNSのURLが必要となります

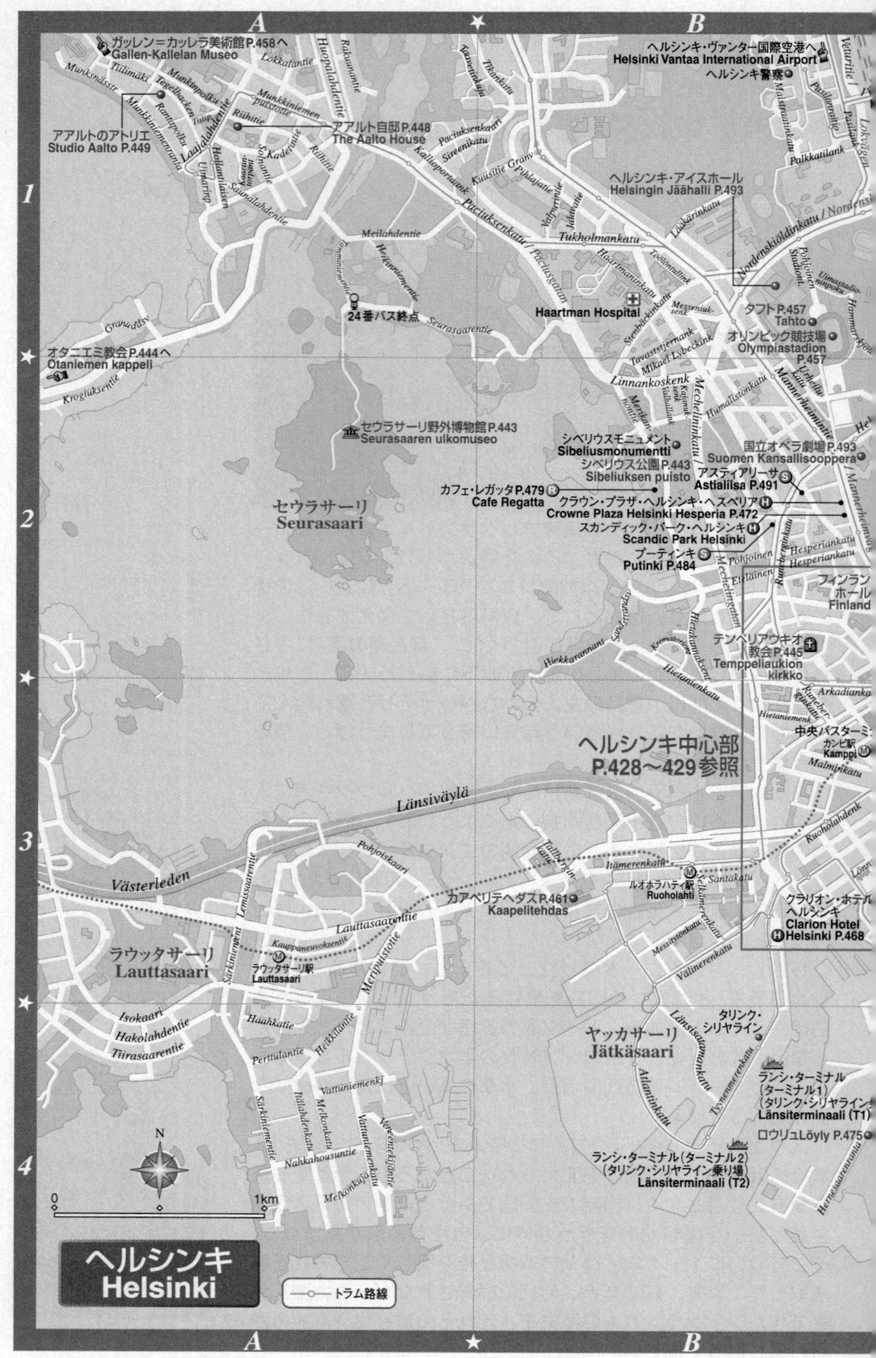
ヘルシンキ
Helsinki
ガッレン＝カッレラ美術館P.458へ
Gallen-Kallelan Museo
アアルトのアトリエ
Studio Aalto P.449
アアルト自邸P.448
The Aalto House
ヘルシンキ・ヴァンター国際空港へ
Helsinki Vantaa International Airport
ヘルシンキ警察
ヘルシンキ・アイスホール
Helsingin Jäähalli P.493
Haartman Hospital
24番バス終点
タフトP.457
Tahto
オリンピック競技場
Olympiastadion
P.457
オタニエミ教会P.444へ
Otaniemen kappeli
セウラサーリ野外博物館P.443
Seurasaaren ulkomuseo
シベリウスモニュメント
Sibeliusmonumentti
シベリウス公園P.443
Sibeliuksen puisto
国立オペラ劇場P.493
Suomen Kansallisooppera
アスティアリーサ
Astialiisa P.491
カフェ・レガッタP.479
Cafe Regatta
クラウン・プラザ・ヘルシンキ・ヘスペリア
Crowne Plaza Helsinki Hesperia P.472
スカンディック・パーク・ヘルシンキ
Scandic Park Helsinki
プーティンキ
Putinki P.484
セウラサーリ
Seurasaari
テンペリアウキオ教会P.445
Temppeliaukion kirkko
ヘルシンキ中心部
P.428～429参照
中央バスターミ
カンピ駅
Kamppi
Länsiväylä
Västerleden
カアペリテヘダスP.461
Kaapelitehdas
ルオホラハティ駅
Ruoholahti
クラリオン・ホテル
ヘルシンキ
Clarion Hotel
Helsinki P.468
ラウッタサーリ
Lauttasaari
ラウッタサーリ駅
Lauttasaari
ヤッカサーリ
Jätkäsaari
タリンク・
シリヤライン
ランシ・ターミナル
(ターミナル1)
(タリンク・シリヤライン
Länsiterminaali (T1)
ロウリュLöyly P.475
ランシ・ターミナル(ターミナル2)
(タリンク・シリヤライン乗り場)
Länsiterminaali (T2)
0
1km
トラム路線
A
B
1
2
3
4

イッタラ&アラビア・デザイン・センターへ
Iittala & ARABIA Design Centre P.458
マリメッコ本社P.486へ
Marimekko
ブリニットP.481
Blinit
ソルナイネン駅
Sörnäinen
カーラサターマ駅
Kalasatama
クロサーリ駅
Kulosaari
クロサーリ島
Kulosaari
フリーダ・マリーナP.484
Frida Marina
カッリオ地区
Kallio
市立劇場
Kaupunginteatteri
ハカニエミ駅
Hakaniemi
ハカニエミ・マーケットホールP.447
Hakaniemen Kauppahalli
エラインタルハ湾
Eläintarhanlahti
ハカニエミ港
Hakaniemi
Hilton Helsinki Strand
コルケアサーリ島
Korkeasaari
北湾
Pohjoissatama
コルケアサーリ・ヘルシンキ動物園P.458
Korkeasaaren eläintarha
ヘルシンギン・イリオピスト駅
Helsingin yliopisto
Helsingin
ラウタティエントリ駅
Rautatientori
カタヤノッカP.471
Katajanokka
ウスペンスキー寺院
Uspenskin katedraali
P.455
砕氷船係留地
カタヤノッカ
Katajanokka
エスプラナーディ公園
Esplanadin puisto
ユーロホステルP.473
Eurohostel
エテラ港
Eteläsatama
カタヤノッカ・ターミナル(バイキングライン乗り場)
Katajanokkanterminaali
オリンピア・ターミナル(タリンク・シリヤライン乗り場)
Olympiaterminaali
シュネーウス美術館
Cygnaeuksen Galleria
マンネルヘイム博物館
Mannerheim Museo
カイヴォプイスト公園
Kaivopuisto P.443
ラヴィントラ・シーホースP.476
Ravintola Sea Horse
カフェ・ウルスラP.482
Café Ursula
ロンナ島
Lonna
スオメンリンナ島P.450
Suomenlinna
スオメンリンナ教会
Suomenlinnan Kirkko
ホステル・スオメンリンナ
Hostel Suomenlinna
ビジターセンター
Visitor Centre
スオメンリンナ博物館
Suomenlinnamuseo
スオメンリンナおもちゃ博物館
Suomenlinnan Lelumuseo
エーレンスヴァールド博物館
Ehrensvärdmuseo
潜水艦ヴェシッコ号
Sukellusvene Vesikko
C
D
1
2
3
4

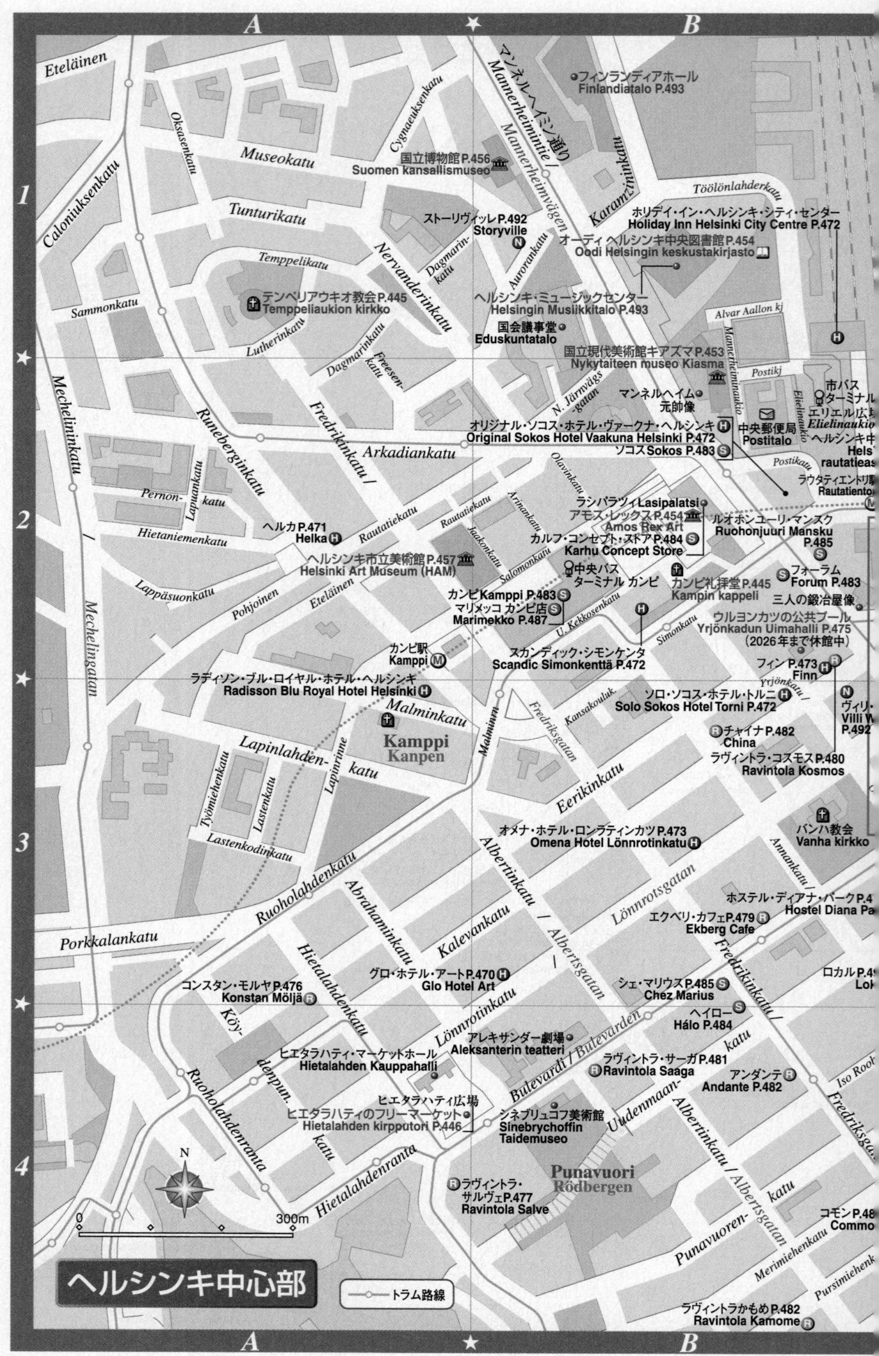

ヘルシンキ中心部
トラム路線
A
B
1
2
3
4
Eteläinen
Museokatu
Tunturikatu
Caloniuksenkatu
Oksasenkatu
Cygnaeuksenkatu
Temppelikatu
Sammonkatu
Lutherinkatu
Nervanderinkatu
Dagmarinkatu
Freesenkatu
Mechelininkatu
Runeberginkatu
Fredrikinkatu
Arkadiankatu
Pernonkatu
Lapuankatu
Hietaniemenkatu
Rautatiekatu
Lappäsuonkatu
Pohjoinen
Eteläinen
Mechelingatan
Malminkatu
Lapinlahdenkatu
Lapinrinne
Työmiehenkatu
Lastenkatu
Lastenkodinkatu
Ruoholahdenkatu
Porkkalankatu
Abrahaminkatu
Hietalahdenkatu
Köydenpunojankatu
Ruoholahdenranta
Hietalahdenranta
Kalevankatu
Lönnrotinkatu
Albertinkatu / Albertsgatan
Eerikinkatu
Kansakoulukatu
Fredriksgatan
Lönnrotsgatan
Bulevardi / Bulevarden
Uudenmaankatu
Punavuorenkatu
Merimiehenkatu
Pursimiehenkatu
Iso Roobertinkatu
Annankatu
Yrjönkatu
Simonkatu
U. Kekkosenkatu
Salomonkatu
Jaakonkatu
Arkadiankatu
Olavinkatu
Postikatu
Postikj
Elielinaukio
Mannerheimintie / Mannerheimvägen
マンネルヘイミン通り
Karamzininkatu
Töölönlahdenkatu
Alvar Aallon kj
Aurorankatu
Dagmarinkatu
N. Järnvägsgatan
Kamppi
Kanpen
Punavuori
Rödbergen
フィンランディアホール
Finlandiatalo P.493
国立博物館P.456
Suomen kansallismuseo
ストーリヴィッレ P.492
Storyville
ホリデイ・イン・ヘルシンキ・シティ・センター
Holiday Inn Helsinki City Centre P.472
オーディ ヘルシンキ中央図書館 P.454
Oodi Helsingin keskustakirjasto
テンペリアウキオ教会P.445
Temppeliaukion kirkko
ヘルシンキ・ミュージックセンター
Helsingin Musiikkitalo P.493
国会議事堂
Eduskuntatalo
国立現代美術館キアズマ P.453
Nykytaiteen museo Kiasma
マンネルヘイム元帥像
中央郵便局
Postitalo
市バスターミナル
エリエル広場
Elielinaukio
ヘルシンキ中央駅
rautatieasema
オリジナル・ソコス・ホテル・ヴァークナ・ヘルシンキ
Original Sokos Hotel Vaakuna Helsinki P.472
ソコス Sokos P.483
ラウタティエントリ駅
Rautatientori
ラシパラツィ Lasipalatsi
アモス・レックス P.454
Amos Rex Art
ルオホンユーリ・マンスク
Ruohonjuuri Mansku
P.485
カルフ・コンセプト・ストア P.484
Karhu Concept Store
ヘルカ P.471
Helka
ヘルシンキ市立美術館 P.457
Helsinki Art Museum (HAM)
中央バスターミナル カンピ
カンピ礼拝堂 P.445
Kampin kappeli
フォーラム
Forum P.483
三人の鍛冶屋像
カンピ Kamppi P.483
マリメッコ カンピ店
Marimekko P.487
ウルヨンカツの公共プール
Yrjönkadun Uimahalli P.475
（2026年まで休館中）
カンピ駅
Kamppi
スカンディック・シモンケンタ
Scandic Simonkenttä P.472
フィン P.473
Finn
ラディソン・ブル・ロイヤル・ホテル・ヘルシンキ
Radisson Blu Royal Hotel Helsinki
ソロ・ソコス・ホテル・トルニ
Solo Sokos Hotel Torni P.472
ヴィリ・ヴィッレ
P.492
チャイナ P.482
China
ラヴィントラ・コスモス P.480
Ravintola Kosmos
バンハ教会
Vanha kirkko
オメナ・ホテル・ロンラティンカツ P.473
Omena Hotel Lönnrotinkatu
ホステル・ディアナ・パーク
Hostel Diana Park
エクベリ・カフェ P.479
Ekberg Cafe
グロ・ホテル・アート P.470
Glo Hotel Art
ロカル
コンスタン・モルヤ P.476
Konstan Möljä
シェ・マリウス P.485
Chez Marius
ヘイロー
Hálo P.484
アレキサンダー劇場
Aleksanterin teatteri
ヒエタラハティ・マーケットホール
Hietalahden Kauppahalli
ラヴィントラ・サーガ P.481
Ravintola Saaga
アンダンテ
Andante P.482
ヒエタラハティ広場
ヒエタラハティのフリーマーケット
Hietalahden kirpputori P.446
シネブリュコフ美術館
Sinebrychoffin Taidemuseo
ラヴィントラ・サルヴェ P.477
Ravintola Salve
コモン
ラヴィントラかもめ P.482
Ravintola Kamome
N
0
300m

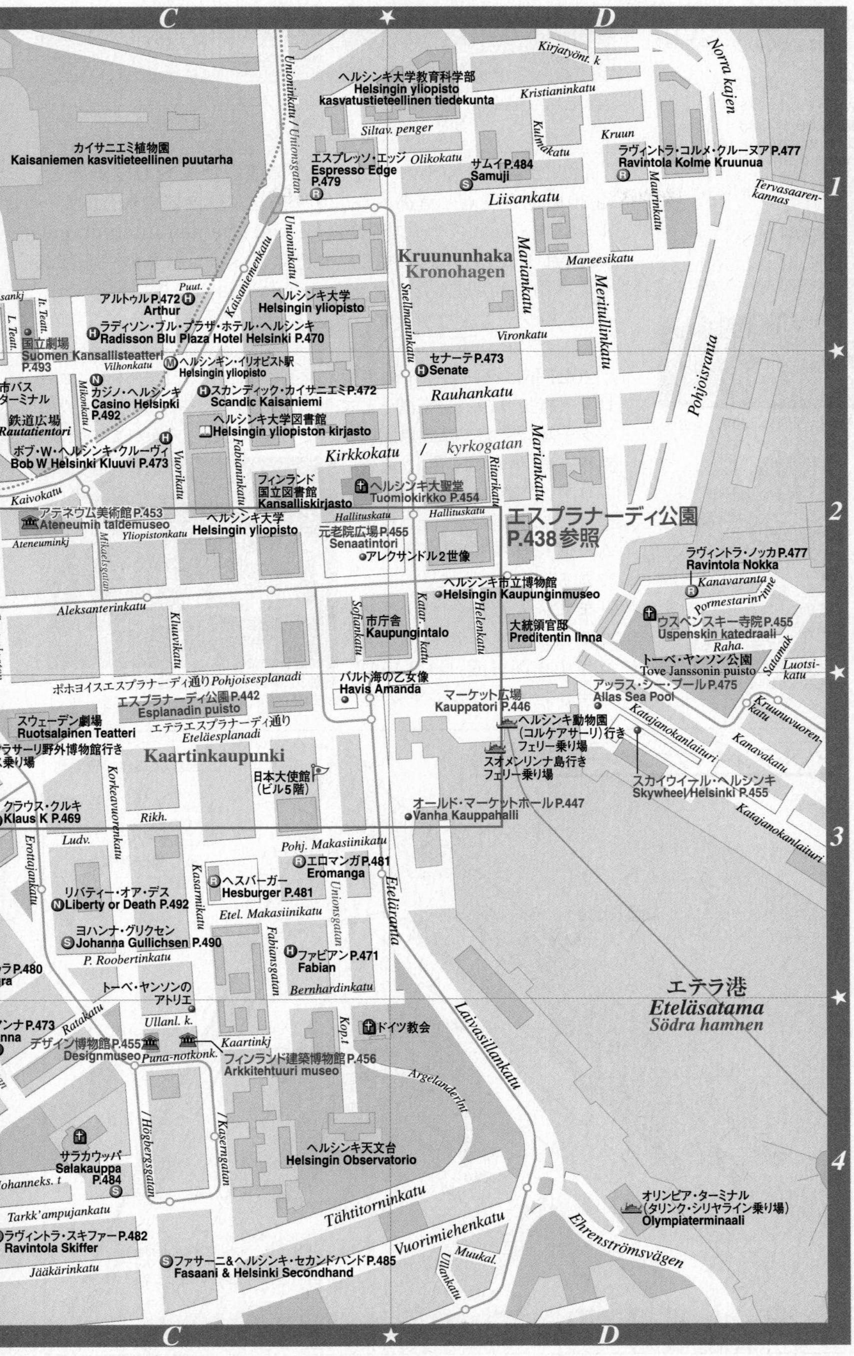
ヘルシンキ大学教育科学部
Helsingin yliopisto kasvatustieteellinen tiedekunta
カイサニエミ植物園
Kaisaniemen kasvitieteellinen puutarha
エスプレッソ・エッジ
Espresso Edge P.479
サムイ P.484
Samuji
ラヴィントラ・コルメ・クルーヌア P.477
Ravintola Kolme Kruunua
Kruununhaka
Kronohagen
アルトゥル P.472
Arthur
ヘルシンキ大学
Helsingin yliopisto
ラディソン・ブル・プラザ・ホテル・ヘルシンキ
Radisson Blu Plaza Hotel Helsinki P.470
国立劇場
Suomen Kansallisteatteri P.493
ヘルシンギン・イリオピスト駅
Helsingin yliopisto
セナーテ P.473
Senate
市バスターミナル
カジノ・ヘルシンキ
Casino Helsinki P.492
スカンディック・カイサニエミ P.472
Scandic Kaisaniemi
鉄道広場
Rautatientori
ヘルシンキ大学図書館
Helsingin yliopiston kirjasto
ボブ・W・ヘルシンキ・クルーヴィ
Bob W Helsinki Kluuvi P.473
フィンランド国立図書館
Kansalliskirjasto
ヘルシンキ大聖堂
Tuomiokirkko P.454
アテネウム美術館 P.453
Ateneumin taidemuseo
ヘルシンキ大学
Helsingin yliopisto
元老院広場 P.455
Senaatintori
アレクサンドル2世像
エスプラナーディ公園
P.438参照
ラヴィントラ・ノッカ P.477
Ravintola Nokka
ヘルシンキ市立博物館
Helsingin Kaupunginmuseo
ウスペンスキー寺院 P.455
Uspenskin katedraali
市庁舎
Kaupungintalo
大統領官邸
Preditentin linna
トーベ・ヤンソン公園
Tove Janssonin puisto
ポホヨイスエスプラナーディ通り Pohjoisesplanadi
バルト海の乙女像
Havis Amanda
マーケット広場
Kauppatori P.446
アッラス・シー・プール P.475
Allas Sea Pool
エスプラナーディ公園 P.442
Esplanadin puisto
ヘルシンキ動物園（コルケアサーリ）行きフェリー乗り場
スウェーデン劇場
Ruotsalainen Teatteri
エテラエスプラナーディ通り
Eteläesplanadi
Kaartinkaupunki
スオメンリンナ島行きフェリー乗り場
スカイウイール・ヘルシンキ
Skywheel Helsinki P.455
日本大使館（ビル5階）
クラウス・クルキ
Klaus K P.469
オールド・マーケットホール P.447
Vanha Kauppahalli
エロマンガ P.481
Eromanga
ヘスバーガー
Hesburger P.481
リバティー・オア・デス
Liberty or Death P.492
ヨハンナ・グリクセン
Johanna Gullichsen P.490
ファビアン P.471
Fabian
エテラ港
Eteläsatama
Södra hamnen
トーベ・ヤンソンのアトリエ
アンナ P.473
Anna
デザイン博物館 P.455
Designmuseo
ドイツ教会
フィンランド建築博物館 P.456
Arkkitehtuuri museo
サラカウッパ
Salakauppa P.484
ヘルシンキ天文台
Helsingin Observatorio
オリンピア・ターミナル（タリンク・シリヤライン乗り場）
Olympiaterminaali
ラヴィントラ・スキファー P.482
Ravintola Skiffer
ファサーニ&ヘルシンキ・セカンドハンド P.485
Fasaani & Helsinki Secondhand
Unioninkatu / Unionsgatan
Kirjatyönt. k
Norra kajen
Kristianinkatu
Siltav. penger
Kulmakatu
Kruun
Olikokatu
Liisankatu
Maurinkatu
Tervasaarenkannas
Kaisaniemenkatu
Mariankatu
Maneesikatu
Snellmaninkatu
Meritullinkatu
Vironkatu
Pohjoisranta
Rauhankatu
Fabianinkatu
Vuorikatu
Kirkkokatu / kyrkogatan
Ritarikatu
Hallituskatu
Kaivokatu
Yliopistonkatu
Mikaelsgatan
Aleksanterinkatu
Kluuvikatu
Sofiankatu
Katar. katu
Helenkatu
Kanavaranta
Pormestarinrinne
Raha.
Satamak.
Luotsikatu
Centralgatan
Katajanokanlaituri
Kruunuvuorenkatu
Kanavakatu
Korkeavuorenkatu
Rikh.
Ludv.
Erottajankatu
Pohj. Makasiinikatu
Kasarmikatu
Unionsgatan
Eteläranta
Etel. Makasiinikatu
Fabiansgatan
P. Roobertinkatu
Bernhardinkatu
Ratakatu
Ullanl. k.
Kaartinkj
Kop.t
Laivasillankatu
Puna-notkonk.
Argelanderint
Högbergsgatan
Kaserngatan
Johanneks. t
Tähtitorninkatu
Tarkk'ampujankatu
Vuorimiehenkatu
Muukal.
Ullankatu
Ehrenströmsvägen
Jääkärinkatu
C
D
1
2
3
4

日本からの便（→P.547）
北欧諸国からの便（→P.554）
ヘルシンキ・
ヴァンター国際空港
Map P.426-B1外
TEL 0200-14636
URL www.finavia.fi/en/airports/helsinki-airport

空港インフォメーション
1階到着フロア
開 24時間
休 なし

デザイン王国の風格がある空港

CHECK!
通りと駅の名称について
ヘルシンキの道と地下鉄やトラムの駅はフィンランド語とスウェーデン語の併記となっている。現地の地図や標識、看板も両方の言語で書かれている。本書では、地図に関しては併記をしており、本文で紹介する際にはフィンランド語での表記を採用している。

ヘルシンキ到着

飛行機で着いたら

北欧諸国からのSASや日本からの直行便を含む国際線と、約20の地方空港と首都ヘルシンキを結ぶ国内線の飛行機がヘルシンキ・ヴァンター国際空港Helsinki Vantaa International Airport（HEL）に到着する。空港は、ヘルシンキの中心部から北へ約20km進んだヴァンター市Vantaaにある。

ヘルシンキ・ヴァンター国際空港
Helsinki Vantaa International Airport

2021年にターミナルの主要な拡張プロジェクトを終え、ヨーロッパ指折りのハブ空港として生まれ変わったヘルシンキ・ヴァンター国際空港。拡張以前はターミナル1と2に分かれていたが、新ターミナルは1階に到着フロア、2階に出発フロアと機能的に集約され、よりスムーズに移動や乗り継ぎができるようになった。

到着フロアの吹き抜けには緑がまぶしい自然のジオラマ「ルオト」も

また、先進的なデザインで知られるオーディ ヘルシンキ中央図書館（→P.454）を手がけたヘルシンキの建

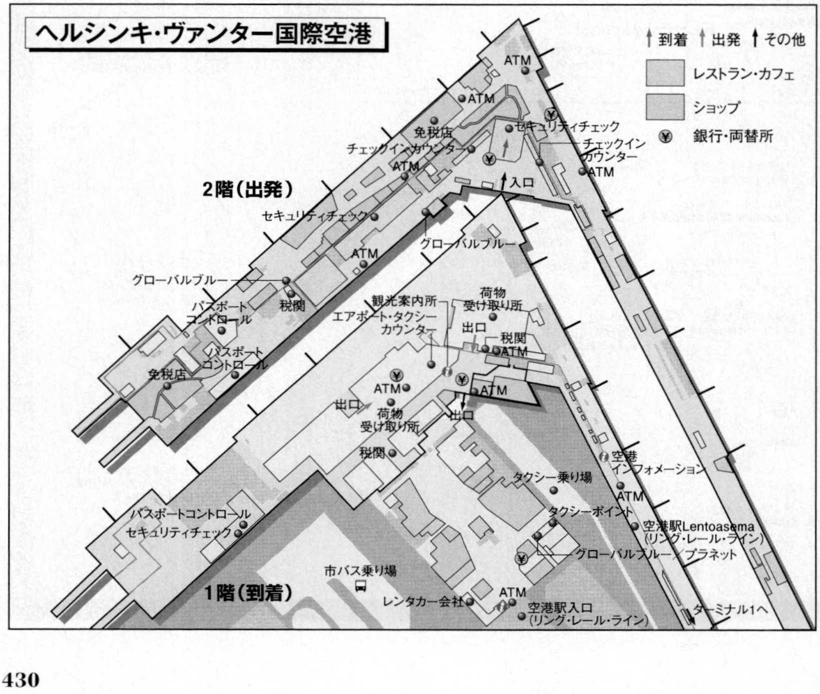

ヘルシンキ・ヴァンター国際空港

到着　出発　その他
レストラン・カフェ
ショップ
銀行・両替所

2階（出発）
ATM
免税店
セキュリティチェック
チェックインカウンター
入口
グローバルブルー
税関
パスポートコントロール
観光案内所
エアポート・タクシーカウンター
荷物受け取り所
出口
1階（到着）
空港インフォメーション
タクシー乗り場
タクシーポイント
空港駅Lentoasema（リング・レール・ライン）
グローバルブルー／プラネット
市バス乗り場
レンタカー会社
空港駅入口（リング・レール・ライン）
ターミナル1へ

築事務所が設計を担当。図書館と同様に国産の木材を多用し、ダイナミックに波打つような出発フロアの天井など、フィンランドの自然をオマージュした造形も目を引く。レストランやフードコート、24時間営業のスーパーマーケットが揃い、マリメッコ、イッタラ、ムーミン・ショップといった人気ブランドも多数入居。Wi-Fiは無料で接続できる。

空港から市内への行き方

鉄道

Ring Rail Line

ターミナルの地下にある空港駅Lentoasemaとヘルシンキ中央駅Helsingin rautatieasemaの間を、リング・レール・ラインRing Rail Lineと呼ばれる近郊電車が結んでいる。運行は時計回りのP線、反時計回りのI線の2系統。中央駅へはどちらでも行けるが、P線のほうが5分ほど早く着く。チケットはホームにある券売機で購入する（現金、クレジットカード使用可）。HSLアプリ(→P.433)経由でも購入できる。

ホームはひとつだけ。始発駅なのでどちらに乗っても大差はない

市バス

Linjaauto

公共交通機関を利用して移動するには、リング・レール・ラインと市バスのふたつの手段がある。到着フロアの外にある10番の乗り場から、市バス600番が運行。市内数ヵ所を経由して、終点のヘルシンキ中央駅前にある鉄道広場Rautatientoriの市バスターミナルまで行く。所要約40分。

タクシー

Taksi

3社が乗り入れており、いずれもメーター制だがヘルシンキ中心部までの運賃は€35または€39（会社によって異なる）。到着フロアの出口付近にタクシー乗り場があり、会社別のレーンに待機しているので料金表を見て決めるといい。また、Uberなどのライドシェア・サービスも利用可能。

リング・レール・ライン
URL www.hsl.fi
空港→ヘルシンキ中央駅
運 通常、月～土曜は10分間隔、日曜は15分間隔で24時間運行（閑散時は最大30分間隔）。所要時間はI線が約32分、P線が約27分。
料 シングルチケット€4.1
ゾーン制（→P.433）を採用している。空港はゾーンCに位置するため、ABC区分のチケットを購入する。モバイル版を除くヘルシンキ・カード（→P.439）と、フィンランド鉄道の鉄道パスでも乗車可。

到着フロアからエレベーターで連絡

市バス（→P.434）
空港→ヘルシンキ中央駅（600番）
運 24時間
料 シングルチケット€4.1
10～20分程度の間隔で深夜・早朝も運行。チケットは市バス乗り場の自動券売機（現金はコインのみ）、またはHSLのアプリ（→P.433）経由で購入できる。

市バスターミナル
Map P.429-C2

空港タクシー
Fixu Taxi
料 €35
Taksi Helsinki
料 €35
Menevä
料 €39
Uber
URL www.uber.com/global/en/r/airports/hel

ヘルシンキ・ヴァンター国際空港から市内へのアクセス

種類	乗り場	行き先	運行時間	所要時間	料金
リング・レール・ライン	ターミナル内地下1階	ヘルシンキ中央駅	●I線 24時間	約32分	シングルチケット€4.1
			●P線 24時間	約27分	
市バス600番	到着フロア外の10番乗り場	ヘルシンキ中央駅東横の鉄道広場	24時間	約40分	シングルチケット€4.1
メーター制タクシー	到着フロアの出口付近	希望の場所	24時間	目的地により異なる	ヘルシンキ中心部までは€35または€39

リング・レール・ラインや市バスで空港から中心部へ行く場合、チケットの発券から90分以内であればヘルシンキ中央駅などでトラムに乗り換えることもできる。

列車で着いたら

国際、国内ともすべての長距離列車は、町の中心部にあるヘルシンキ中央駅Helsingin rautatieasemaに到着する。

ヘルシンキ中央駅

Helsingin rautatieasema

フィンランド人デザイナー、エリエル・サーリネンEliel Saarinen設計の重厚な建物。フィンランド鉄道Valtionrautatiet（VR）の鉄道駅やサービスカウンターがあるのは1階。地下1階にはコインロッカーや商店街がある。地下2階は地下鉄ラウタティエントリ駅Rautatientoriとショッピングセンターに直結。

船で着いたら

国際航路の定期船は、マーケット広場に面したエテラ港Eteläsatamaに、バイキングラインViking Lineはカタヤノッカ・ターミナルKatajanokkanterminaaliに接岸。タリンク・シリヤラインTallink Silja Lineのストックホルムからの船は対岸のオリンピア・ターミナルOlympiaterminaaliに、タリン（エストニア）からの船はそれぞれの会社のターミナルに接岸する。

バスで着いたら

マトカフオルト社Matkahuoltoやオンニブス社Onnibusなどが国内各地から運行。地下鉄カンピ駅Kamppiに直結した中央バスターミナルのカンピKamppiにすべて発着する。ここからヘルシンキ中央駅までは徒歩約8分。

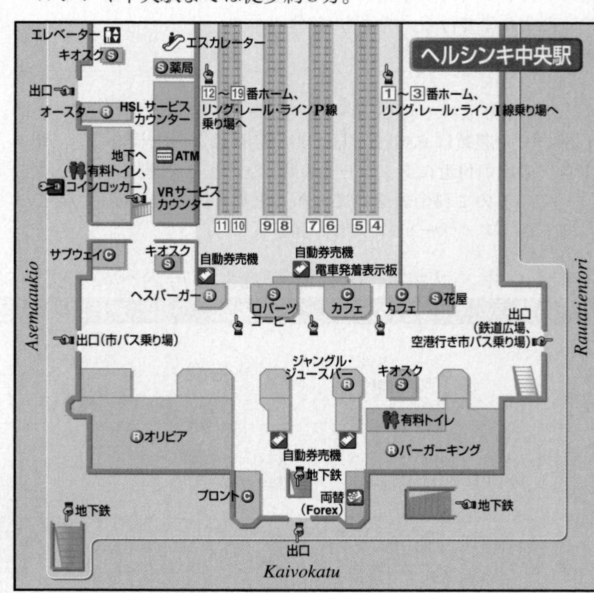

※2024年2月現在、ヘルシンキ中央駅は改修工事中のため一部変更の可能性あり。

ヨーロッパ諸国からの鉄道
（→P.548）
北欧諸国からの鉄道
（→P.555）

ヘルシンキ中央駅
Map P.428-B2
URL paarautatieasema.fi
営 毎日5:00～翌2:00
休 なし
VRサービスカウンター
URL www.vr.fi
営 毎日10:00～18:00
休 なし
中央駅の両替所
Forex
営 月～土　10:30～18:00
休 日
カタヤノッカ・ターミナル
Map P.427-C3
オリンピア・ターミナル
Map P.429-D4
ランシ・ターミナル
Map P.426-B4

タリンク・シリヤラインが発着するオリンピア・ターミナル

港から中心部へ

上記のターミナルは近くにトラムの駅がある。バイキングラインの到着するカタヤノッカ・ターミナルからは5番で。タリンク・シリヤラインのオリンピア・ターミナルからは2、3番。ランシ・ターミナルLänsiterminaaliは1T、7、8T、9番が最寄り（1Tと8T番は週末のみの運行）。

おもな航路
ストックホルムから
バイキングライン
TEL (09)123-574
URL www.sales.vikingline.com
タリンク・シリヤライン
TEL +49(国番号)-(0)40-547-541-222
URL en.tallink.com/ja/japanese
詳しくは（→P.558）。
タリン（エストニア）から
詳しくは（→P.464）。
中央バスターミナル カンピ
Map P.428-B2
チケット売り場
開 バス会社により異なる
（一部路線のチケットはターミナル内のキオスクでも購入可）

ショッピングセンターのカンピ（→P.483）とも直結する

ヘルシンキの市内交通

ヘルシンキの町はそれほど大きくなく、おもな見どころはほとんど歩いて回れる。しかし、ヘルシンキの魅力をもっと味わいたい人は、市内交通をうまく利用して、足を延ばしてみよう。ヘルシンキ交通局Helsingin Seudun Liikenne（HSL）がトラム、市バス、地下鉄、フェリーを運行しており、同じチケットが使える。最も活用する機会があるのが、路線も多く、便利なトラム。ヘルシンキおよび周辺地域で有効なチケットなら、フィンランド鉄道（VR）の運行する、近郊列車Commuter Trainも利用可能。空港行きのリング・レール・ラインもこの一種。エスポーEspooやヌークシオ国立公園などへ行く際に便利。

料金とチケット

旅行者向けのチケットは、シングルチケットKertaliputと期間内全線有効のデイチケットVuorokausiliputの2種類。エリア区分に応じて運賃が定められた、A〜Dのゾーン制を採用している。ヘルシンキ中心部はゾーンAに該当するが、ゾーンA内だけの移動でもその周辺のゾーンB＝AB、またはゾーンCとセットのチケット＝ABCが必要となる。シングルチケットとデイチケット（1日券）は、地下鉄の入口やおもなトラムの停留所にある自動券売機、バスの運転手などから買える。ほかのデイチケットは自動券売機やHSLのサービスカウンター、観光案内所、キオスクなどで購入できる。自動券売機には英語の表示もあるが、コイン対応やクレジットカード専用機などタイプがまちまち。券売機のない停留所も珍しくないので、HSLが発行するチャージ式のHSLカードHSL Cardや、スマートフォンで使えるモバイルアプリ「HSL」を経由して購入するのも一手だ。

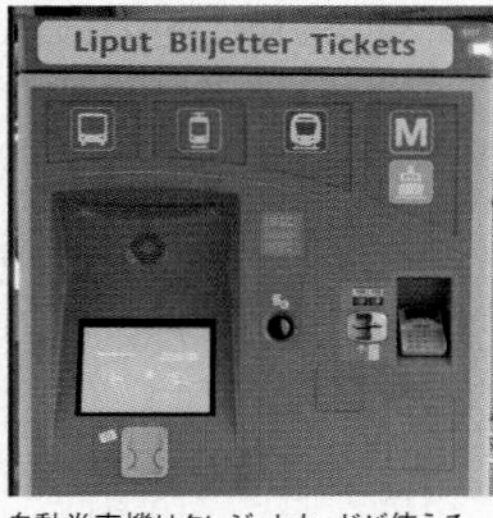

自動券売機はクレジットカードが使える

マトカフオルト社
TEL 020-0-4000
URL www.matkahuolto.fi
オンニブス社
TEL 0600-02010
URL www.onnibus.com

ヘルシンキ交通局（HSL）
TEL (09)4766-4000
URL www.hsl.fi
HSLサービスカウンター
開 月〜金7:30〜19:00
土・日9:30〜17:00
休 なし
ヘルシンキ中央駅構内にあり、HSLカードの発行も行う。

チケット料金
シングルチケット
料 AB（ヘルシンキ全域とエスポー、ヴァンターの一部）€2.95
ABC（ヘルシンキ、エスポー、空港を含むヴァンターの全域）€4.1
ABCD（広域）€4.5
デイチケット
料 AB（1〜13日間で選択可）
1日券€9（24時間有効）
3日券€18（72時間有効）
7日券€36（168時間有効）
HSLカード
日本のSuicaのようなチャージ式のICカード。乗車口そばのカードリーダーにかざして運賃を支払うシステム。HSLサービスカウンターなどで扱っており、発行代は€5。
モバイルアプリ「HSL」
アプリをスマートフォンにインストール。個人情報やクレジットカード情報を登録すると、HSLが運行する公共交通機関のチケットを購入できる。目的地までのルート検索機能があるので、ゾーンがわからなくても使いやすい。

乗車時はチケット代わりにQRコードを読み込ませる

チケットの買い方

自動券売機ではトラム、市バス、地下鉄、フェリーのチケットが購入できる。券売機を設置していないトラムの停留所があるので注意。

①言語を選ぶ

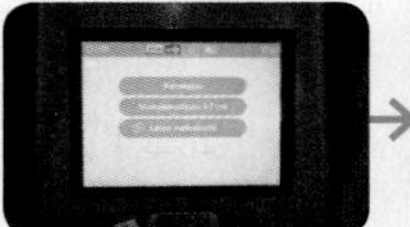

画面にタッチしたら、まずは表示される言語を選ぶ。公用語であるフィンランド語とスウェーデン語のほか、英語もある。

②チケットを選ぶ

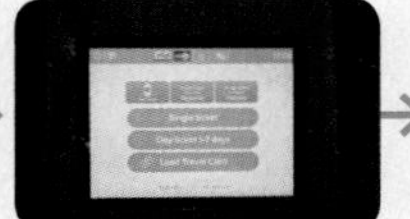

画面にシングルチケットやデイチケットなど種類が表示されるので、購入したいチケットを選択。次に有効なエリアや大人/子供を選択する。

③お金を投入

画面に表示されたチケットの金額を投入しよう。コイン、紙幣のほかクレジットカードでも利用できる。

④チケットを取る

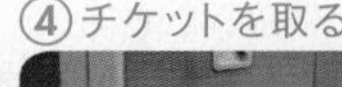

取り出し口からチケットが出てくるので、受け取る。おつりが少し遅れて出てくるので、取り忘れないように注意して。カードの利用明細ももらえる。

無賃乗車はやめよう

トラムにもバスにもときどき検札係が乗ってくる。検札係は数人のグループで前後のドアから挟みうちで来る。そのとき有効な切符を持っていないと、逃げ場もなく罰金を支払わされる。旅行者だとしても許されないのでそのつもりで。

紙タイプ以外は乗ったらタッチを忘れないように

トラム

トラムでは次の停留所の名前が車内の車両連結部の上部に表示されるので、チェックしておくこと。降車の際は事前に降車ドアの脇にある柱の赤ボタンを押しておく。ドアが開かないときもやはりこの赤ボタンを押すと開く。

約45分で市内を巡るパブトラム

市バス

市内の周辺部や郊外に行く場合、方面によって乗り場が違うので、事前に観光案内所やヘルシンキ交通局のウェブサイト、交通局発行の路線図で乗り場の情報を仕入れておこう。

シングルチケットの有効時間は、ABチケットが80分、ABCチケットが90分で、時間内であれば乗り換え自由。チケットに記載されている失効時間までに乗車すれば、失効時間を過ぎても降車するまではチケットは有効となる。

デイチケットはそれぞれ購入した時刻から時間内有効となる。HSLカードはバスやトラムの車内、地下鉄駅などにあるカードリーダーにかざした時点から、アプリはQRコードをリーダーにかざしチケットを有効化してから使用可能。自動売券機で購入した紙タイプは、求められたときにのみ運転手に提示する。

● トラム

Raitiovaunu

市内観光にはトラムが手軽で便利。車体はグリーンと黄色のツートンカラーで、前面上部に路線番号が記されている。2両連結で、どのドアからも乗車できる。トラム専用チケットは車内で買えないので乗車前に用意しておくこと。

同じ番号の電車が上り下り同じ線を折り返し運転しているので、反対方向に乗らないよう注意しよう。2、3番は合わせて8の字の環状線になっているので、観光の前にひと回りしておおまかな地理を覚えるのもいい。夏季には内部がパブになった赤いパブトラムSpårakoffも登場する。

トラムはヘルシンキの便利な足だ

● 市バス

Linjaauto

青一色か白と青の2色に塗られているのが市バス。市バスでは通常、停留所の名前も車内アナウンスがない。車内に設置されたスクリーンに停留所が表示されるので、乗り過ごさないように注意深く確認しておくこと。運転手に降りたい場所を伝えておくのも有効だ。停留所にバスが来たら手を挙げて止まるように指示を出す。その後の乗降の要領はトラムと同じ（ただし、入口は前方ドアだけ）。

トラムの乗り方

トラムの乗り方は以下の通り。なお、デイチケットを利用する場合、使い始めのみ青いカードリーダーにかざさなくてはならない（市バスは乗車のたびにかざす）。

デイチケットは最初にタッチ!

① 停留所を見つける

トラムの絵が描かれた黄色い看板が目印で、自動券売機がある（場所によってはない場合も）。進行方向により場所が少しずれているので注意。

② 乗車する

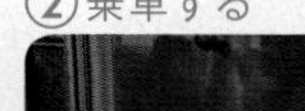

トラムが停車したら、ドア付近にあるボタンを押して開け、乗車する。前後どちらからも乗車可能。一旦閉まってもボタンが点灯中は開扉可能。

③ 降りる駅をチェック

車内前方や車両連結部の上部に次の停留所名がフィンランド語とスウェーデン語で表示される。乗り過ごさないようにチェックしよう。

④ 降車する

次が降りたい停留所となったら、車内の柱にある赤い「STOP」ボタンを押す。トラムが停車したら、降車ドアの前にあるボタンを押せばドアが開く。

地下鉄

Metro

ヘルシンキの地下鉄は、おもに近郊のベッドタウンに住む人々に利用されている。改札口手前の自動券売機でチケットを買えば、改札は素通り。長いエスカレーターでホームへ下りていく。中心部には中央駅に直結しているラウタティエントリ、カンピ、ヘルシンギン・イリオピストHelsingin yliopisto、ハカニエミHakaniemiの4駅があり、その先は郊外へ向かう。M1とM2の2路線があるが、中心部では同区間を走るためどちらに乗ってもいい。車両のデザインはフィンランドの有名デザイナー、アンティ・ヌルメスニエミAntti Nurmesniemiだ。

2022年にヘルシンキとエスポーを結ぶ延伸工事が完了。新しい駅のデザインも話題に

フェリー

Moottorivene

HSLの公共フェリーがマーケット広場〜スオメンリンナ島間を通年運航（→P.450）。また私営のフェリーも夏季のみ運航しており、FRS社の運航するマーケット広場〜スオメンリンナ島間や、JT-Line社のマーケット広場〜コルケアサーリ島Korkeasaari、ハカニエミ港Hakaniemi〜コルケアサーリ島間などもある（→P.458）。

スオメンリンナ島行きのフェリー

タクシー

Taksi

ヘルシンキには流しのタクシーはなく、市内各所にあるタクシー乗り場や電話で呼び出して利用する。タクシー乗り場には「Taxi」と表示された看板が立っている。客待ちのタクシーがいない場合は電話やアプリで呼び出そう。なお電話で呼び出した場合、予約料は別途かかる。また、Uberなどのライドシェア・サービスも普及している。

真っ赤な地下鉄の車内

おもなタクシー会社

Taksi Helsinki

TEL 0100-0700

タクシー料金

料金はタクシー会社によって異なる。上記会社の場合、月〜土曜6:00〜18:00の初乗りは€5.5で、1kmごとに€1.1加算。平日18:00以降と日曜・祝日は初乗りが€7.7で、1kmごとに€1.25加算される（予約料は別途）。

シティバイクを利用しよう

ヘルシンキ交通局（HSL）による自転車シェアシステムがシティバイクKaupunkipyörät。市内に無数あるスタンドから自転車を借り、利用後同じスタンド（場所は違ってOK）に返却する。事前にHSLのウェブサイトで登録が必要で、登録料は1日（24時間）€5、7日€10で、連続30分以内の利用は無料。使用期限は登録直後からスタート。11〜3月は利用不可。

URL www.hsl.fi/kaupunkipyorat

ヘルシンキとお隣のエスポーに約4600台が導入されている

フィンランド ヘルシンキ 市内交通

地下鉄の乗り方

観光で利用する範囲の地下鉄は共通路線なので、進行方向さえ間違わなければM1とM2のどちらに乗っても大丈夫。終点の駅名が表示されているので確認を。

①駅を探す

駅の入口にはオレンジに白文字の「M」マークが出ている。駅には自動券売機があるので、有効な切符を持っていない人はそこで購入しよう。

②チケットをタッチ

日本の地下鉄と違い、改札はない。エスカレーターの手前にある読み取り機にチケットをかざしてからホームへ降りよう。

③乗車・降車

電光掲示板や地下鉄の側面に表示された最終停車駅を確認し、乗車。車内ではフィンランド語、スウェーデン語で次の駅のアナウンスがある。

④出口へ

地下鉄のドアはすべて自動開閉。ちなみに、郊外の駅は地下でなく地上にある。降りるときも改札はない。

シティバイクを利用しました。おもな見どころのそばには必ずといっていいほどスタンドがあるので、ストレスなく利用できました。トーロ湾沿いは人気のサイクリングロードみたいです。（千葉県 真 '17）（'24）

ヘルシンキ トラム＆地下鉄路線図

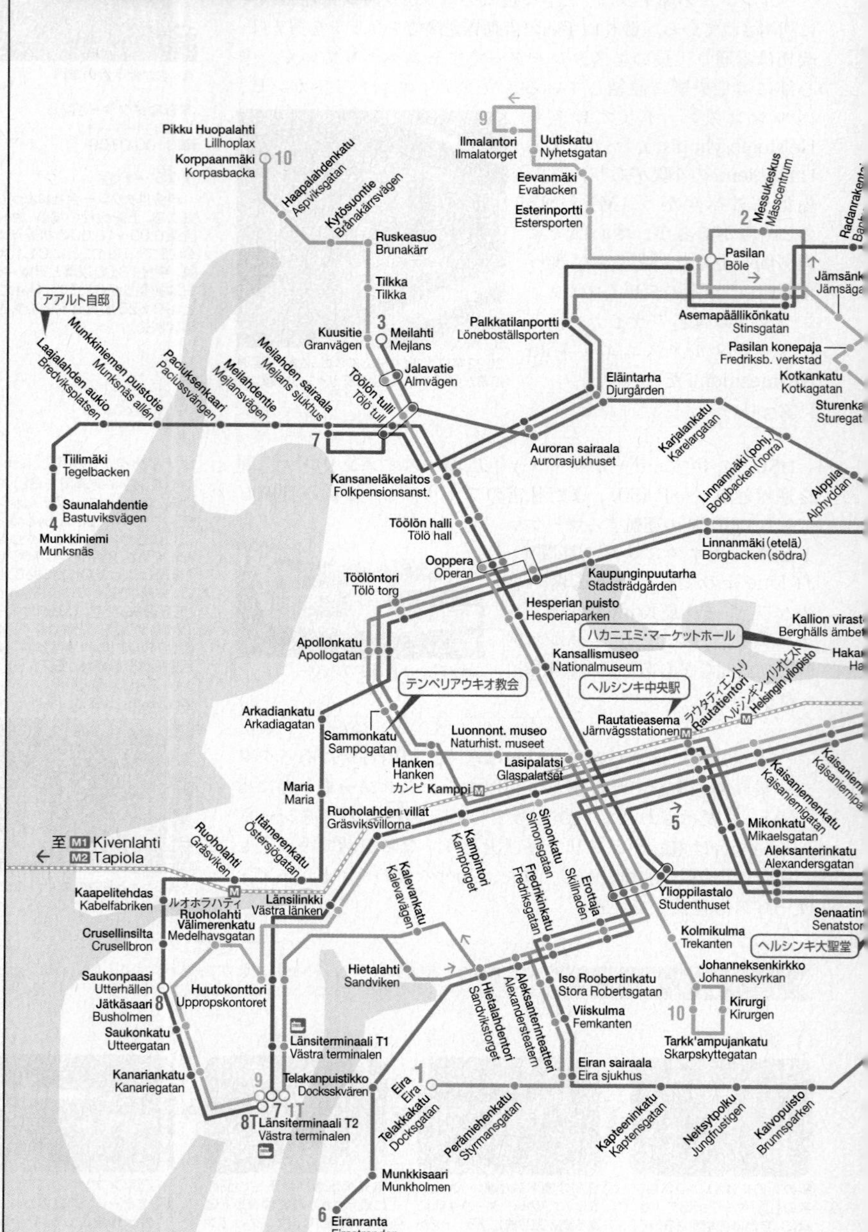

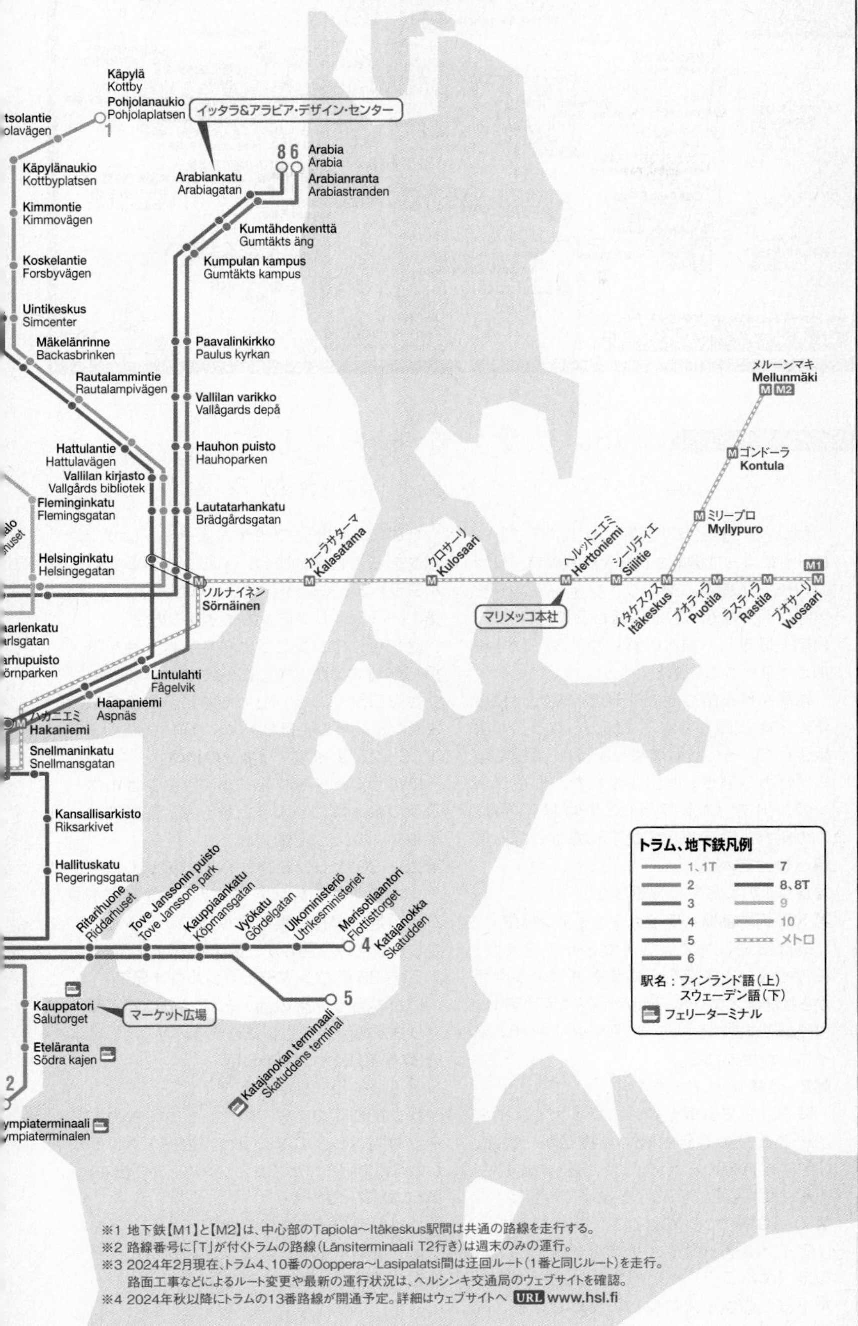

※1 地下鉄【M1】と【M2】は、中心部のTapiola〜Itäkeskus駅間は共通の路線を走行する。
※2 路線番号に「T」が付くトラムの路線（Länsiterminaali T2行き）は週末のみの運行。
※3 2024年2月現在、トラム4、10番のOoppera〜Lasipalatsi間は迂回ルート（1番と同じルート）を走行。
路面工事などによるルート変更や最新の運行状況は、ヘルシンキ交通局のウェブサイトを確認。
※4 2024年秋以降にトラムの13番路線が開通予定。詳細はウェブサイトへ URL www.hsl.fi

COLUMN FINLAND

『カレワラ』を知らずしてフィンランド文化は語れない

『カレワラ』とは、医師エリアス・リョンロートによって編纂された民族叙事詩。リョンロートは編纂にあたり、フィンランドを実際に回りながら各地に伝わる神話や詩歌、民話を収集し、独自の解釈やストーリーを加えてひとつの物語とした。

物語を作り始めたのは1828年で、1833年に2巻32章からなる『原カレワラ』が出版された。その後も増補が行われ、1849年に『新カレワラ』が出版された。現在フィンランドで『カレワラ』と呼ばれるのは、この新カレワラで、実に全50章からなる長編となっている。

カレワラのあらすじを知ろう!

第1章 天地創造とワイナミョイネン誕生

処女懐妊した大気の乙女イルマタルが、みごもったまま海を700年もさまよう場面から物語はスタート。小鳥が産んだ卵が割れ、世界が形成される。そして9年後、ワイナミョイネンが生まれる。

第2〜6章 アイノへの求婚

賢者として尊敬を集めたワイナミョイネンにひとりの青年が戦いを挑むが、敗北。命乞いに自分の妹(アイノ)を差し出すが、アイノが拒否し、海に身を投げてしまう。

第7〜10章 サンポの鋳造

アイノを失ったワイナミョイネンは、北の地(ポホヨラ)へと旅立つ。途中負傷しポホヨラの女主人ロウヒに助けられる。ロウヒの娘に惚れたワイナミョイネンはサンポを造ることを約束し、イルマリネンをポホヨラへと送る。そしてサンポが完成。

第11〜15章 レンミンカイネンの再生

女たらしのレンミンカイネンは女性を誘拐し結婚するが、すぐに捨ててポホヨラの女性を口説く。怒った男たちに八つ裂きにされたが、その後母の手により再生した。

第16〜25章 イルマリネンの結婚

ワイナミョイネンとイルマリネンはポホヨラの娘を嫁にしようと争うが、最後にはイルマリネンと結婚した。

第26〜30章 レンミンカイネンの戦い

レンミンカイネンがイルマリネンとポホヨラの娘の婚礼の宴に乗り込む。怒ったロウヒが彼を取り囲むが、鷹になって逃亡。

第31〜36章 ウンタモとカレルヴォ兄弟

いがみ合う兄弟の話。とばっちりでイルマリネンの妻が死亡してしまう。

第37〜49章 サンポの奪回

悲しむイルマリネンとワイナミョイネンがサンポの奪還を思いつく。レンミンカイネンも同行し、ポホヨラへ。住民をカンテレの音色で眠らせたスキにサンポを持ち出す。

第50章 フィナーレ

カレワラの王を指名したワイナミョイネンは、祝福する皆をよそに海のかなたへと旅立つ。新しいサンポを造るために。

ヘルシンキの歩き方

ヘルシンキは入り組んだ海岸線をもつ小さな半島の先に位置し、一国の首都とはいってもさほど大きい町ではない。町の中心はヘルシンキ中央駅周辺から港にかけてのエリアで、ここにおもな観光スポットやホテル、デパート、レストランなどが集中している。そのほとんどが歩いて回れる範囲にあり、道路もそれほど複雑ではないので歩きやすい。

ヘルシンキ中央駅は、国内、国外からの列車が発着し、トラムや地下鉄、バスなど市内の公共交通機関も停車するので町歩きの起点にぴったりの場所。ここを中心に、東西に平行に走るアレクサンテリン通りAleksanterinkatuとエスプラナーディ通りEsplanadi、そしてこのふたつの通りの西端をかすめて南北に延びるマンネルヘイミン通りMannerheimintieの3つを頭に入れておけば、ヘルシンキの地理を把握しやすいだろう。

まず、ヘルシンキ中央駅からショッピングに最適なエスプラナーディ通りの入口までは徒歩5分ほど。そこからエスプラナーディ通りをゆっくりと東に向かうと、10分ほどで港に面したマーケット広場に到着する。広場から北に1ブロックの所には元老院広場があり、そのすぐ上にはヘルシンキ大聖堂がそびえるように建っている。帰りはトラムの走るアレクサンテリン通りを西に戻れば、中心部をざっと一周できたことになる。おもな美術館もこの長方形のエリアにほど近く、早足なら1日、ゆっくり回っても2日あればほとんど見て回れてしまうはずだ。

ヘルシンキ大聖堂は町のシンボル

ヘルシンキの観光案内所ℹ
Map P.438-B
住Aleksanterinkatu 24
TEL(09)3101-3300
URL www.myhelsinki.fi
開5/15～9/14
毎日　9:00～17:30
9/15～5/14
月～金　9:30～17:00
土・日10:00～16:00
休なし

動くインフォメーション
夏季にはヘルシンキ・ヘルパーズと呼ばれる案内スタッフが中心部を巡回。ℹマークの付いた緑色のベストが目印。

CHECK!
ヘルシンキ・カード
Helsinki Card
公共交通機関が乗り放題、博物館や美術館の入館料が無料または割引になるフリーパス。スマートフォン版Digital（公共交通機関は含まない）、窓口でカードを提示し入場券と引き換える紙タイプのCityとその広域版Regionの3種類があり有効期間はそれぞれ24、48、72時間。カードの購入は主要ホテルやキオスクで。
URL www.helsinkicard.com
料Digital　€46～
City　€56～
Region　€61～

対象施設はウェブサイトを確認

ヘルシンキ発のツアー

観光バスツアー

ストロッマ・フィンランド社が催行するバスツアーが人気。Helsinki Panorama SightseeingとHelsinki Hop on Hop off busというふたつがあり、コースはほぼ同じで、降車できる場所が違う。Panorama Sightseeingは決まった場所でのみ降車するのに対し、Hop on Hop offは19ヵ所ある停留所で自由に乗り降りできる。どちらも日本語オーディオガイド付き。出発は前者がエスプラナーディ公園（ポホヨイスエスプラナーディ通りとファビアニンカツ通りFabianinkatuの角）、後者は元老院広場。

Hop on Hop offのバスのカラーはグリーン

ストロッマ・フィンランド社
Strömma Finland
URL www.stromma.com/en-fi/helsinki
Helsinki Panorama Sightseeing
催11:00、13:30
料€34
（ヘルシンキ・カードで乗車可）
Helsinki Hop on Hop off bus
催5/2～9/30
毎日10:00～16:00の30～40分ごと
料€34（24時間有効）
€46（48時間有効）
（ヘルシンキ・カードで乗車可）
チケット購入はウェブサイトまたは各出発地で。

デパートのストックマン前の三人の鍛冶屋像と、エスプラナーディ公園東のバルト海の乙女像は、ヘルシンキのシンボル的な銅像。待ち合わせなどにもよく使われるとか。

ヘルシンキ エリアインフォメーション

A ヘルシンキ交通の中心地 ヘルシンキ中央駅周辺

国内だけでなく、国外からの列車も発着しているヘルシンキ中央駅は、ヘルシンキのある半島のほぼ中心に位置している。空港からの鉄道やバスが到着し、駅を取り囲むようにしてホテルやレストラン、博物館、美術館が点在している。地下鉄の駅と直結し、駅前にトラムの停留所もあるので、移動も楽々。駅の北側、トーロ湾Töölönlahtiはまでの一帯は再開発が行われている地区で、今もそこかしこで工事が行われている。

見どころ★★★
グルメ★★★★
ショッピング★★

おもな見どころ
アテネウム美術館（→P.453）
国立現代美術館キアズマ（→P.453）

ヘルシンキ中央駅から旅がスタートする

B 買い物に観光に楽しみいっぱい！ エスプラナーディ公園周辺

エスプラナーディ公園の周辺は、町一番の繁華街。公園を挟んで平行に延びるポホヨイスエスプラナーディ通りとエテラエスプラナーディ通りは、高級店が軒を連ねるヘルシンキ随一のショッピングエリア。公園西端の白い蹄鉄形の建物はスウェーデン劇場Ruotsalainen Teatteri。東には港に面したマーケット広場が広がり、スオメンリンナ島行きのフェリーもここから発着する。北にはヘルシンキ大聖堂がそびえる。

見どころ★★★★　グルメ★★★★★
ショッピング★★★★★

おもな見どころ
エスプラナーディ公園（→P.442）
マーケット広場&オールド・マーケットホール（→P.446、447）
ヘルシンキ大聖堂（→P.454）

市民の憩いの場、エスプラナーディ公園

デザインディストリクトとは？
以前はインテリアや雑貨、ファッション、アクセサリーなどのデザインショップが集まる特定のエリアを指していたが、現在は中心街全体に加盟店が点在している。店にはステッカーが貼られている。

DESIGN DISTRICT HELSINKI

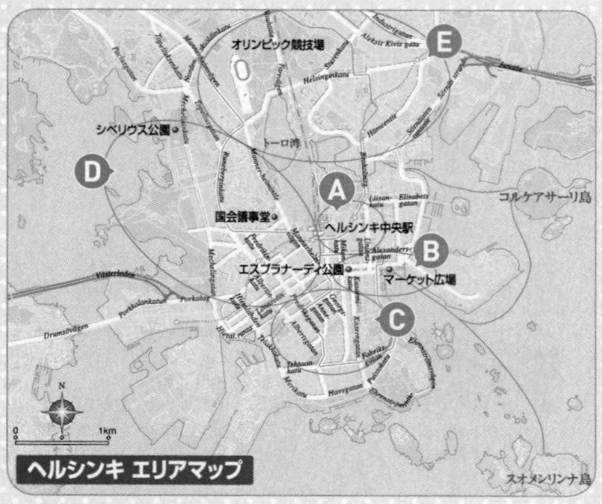

ヘルシンキ エリアマップ

C デザイン好きは必見！ 中心街南部

市民の憩いの場となっているエスプラナーディ公園の南西一帯は、北欧デザインに興味がある人にとっては楽しいエリア。フィンランドデザインを一堂に集めたデザイン博物館を中心に、デザイン家具の店やアンティークショップ、おしゃれなカフェがひしめき合っている。エスプラナーディ公園周辺と並び、デザインディストリクトの中心を成す。エリアはかなり広く、徒歩だけで移動するのは困難。トラムをうまく利用しよう。

見どころ★★　グルメ★★★
ショッピング★★★★★

おもな見どころ
デザイン博物館（→P.455）
フィンランド建築博物館（→P.456）

デザイン博物館でデザインを学ぼう

バスターミナル兼ショッピングセンターのカンピ

D 住宅街に見どころ満載
中心街西部

ヘルシンキ中央駅からマンネルヘイミン通りを渡った西側一帯。中心となる中央バスターミナル カンピの周辺にいくつかの高級ホテルや見どころがある。北には高さ17mもある14本の円柱が見事な国会議事堂Eduskuntatalo、さらにその北にフィンランディアホールと国立博物館がある。入り組んだ道の先にはテンペリアウキオ教会がたたずむ。センスのいいレストランやカフェも点在している。

見どころ★★★★　グルメ★★★
ショッピング★★★

おもな見どころ
テンペリアウキオ教会（→P.445）
カンピ礼拝堂（→P.445）
ヘルシンキ市立美術館（→P.457）

絶対行きたい4スポット
郊外

ヘルシンキは、郊外にも見逃せないスポットが数多くある。特に有名なのが、ユネスコの世界遺産に登録されているスオメンリンナ島をはじめ、アアルト自邸、イッタラ＆アラビア・デザイン・センター、マリメッコ本社の4つ。いずれも中心部からは20分以上かかるので、トラムや地下鉄、フェリーをうまく使おう。

おもな見どころ
アアルト自邸（→P.448）
スオメンリンナ島（→P.450）
マリメッコ本社（→P.486）

アアルトデザインに触れられるアアルト自邸

E 湖周りの注目エリア
中心街北部

ヘルシンキ中心街の北部は、トーロ湾を中心とした緑の多い公園エリア。トーロ公園Töölön puistoの西側には、オリンピック競技場やモダンな建物の国立オペラ劇場がある。湾の北側はリンナンマキ遊園地。東側にはカッリオ地区Kallioとハカニエミ・マーケットホールがある。広大なエリアは、徒歩で回るのは不可能。湾の北側に沿って進むトラム1、8番を利用するのが便利だ。

ファミリーからカップルまで大人気のリンナンマキ遊園地

見どころ★★★　グルメ★★★
ショッピング★★

おもな見どころ
シベリウス公園（→P.443）
ハカニエミ・マーケットホール（→P.447）
リンナンマキ遊園地（→P.457）

カッリオ地区
ハカニエミ・マーケットホールの北部に広がるカッリオ地区は、かつて労働者階級の人々が住んでいたエリア。現在はアパートの賃貸料の低さから、アーティストや学生が移り住み、トレンドが生まれるエリアとして注目されている。ビンテージショップやカフェが点在し、おしゃれヘルシンキっ子が集まる。

カッリオ地区の名店、フリーダ・マリーナ（→P.484）

ヘルシンキ ユースフルインフォ

在フィンランド日本国大使館
MAP P.438-B
住 Unioninkatu 20-22（5F）
TEL (09)686-0200　URL www.fi.emb-japan.go.jp
開 6～8月
月～金9:00～12:00/13:30～16:00
9～5月
月～金9:30～12:00/13:30～16:30
※2024年4月現在、領事窓口は予約制。
休 土・日、祝日
行き方 ＞＞＞
トラム2番でKauppatoriまたはEteläranta下車、徒歩2分。建物の総合受付はファビアニンカツ通り側にある。

フィンエアー
TEL (09)818-0800
SAS
TEL (09)8171-0062
タリンク・シリヤライン
MAP P.426-B4
住 Tyynenmerenkatu 9
TEL +49(国番号)-(0)40-547-541-222
バイキングライン
TEL 0600-41577
警察、消防、救急車
TEL 112

ヘルシンキ警察
MAP P.426-B1
住 Pasilanraitio 11
TEL 0295-470011
救急医療サービス（24時間）
TEL 116117
おもな病院
Haartman Hospital
MAP P.426-B1
住 Haartmaninkatu 4
TEL (09)4717-1120

Helsinki Sightseeing 01

ヘルシンキっ子の素顔が見られる！
公園に行ってみよう

夏の公園は、日光浴を楽しむヘルシンキっ子たちでいっぱい！
博物館＆ショップ巡りもいいけれど、公園に寄ってひと息入れてみては？

買い物客やピクニックなど、たくさんの人でにぎわう、夏のエスプラナーディ公園

エスプラナーディ公園

Esplanadin puisto

エスプラナーディ公園周辺

Map P.438-A・B

ヘルシンキを代表する市民公園

ヘルシンキの中心部にある東西約300mの公園。園内にはフィンランドの偉人たちの像が置かれ、東にはヘルシンキの象徴であるバルト海の乙女像が可憐にたたずむ。テラス席があるカフェや野外コンサート場もあり、夏は1日中大にぎわい。

行き方＞＞＞

トラム1、3、4、5、6、10番でYlioppilastalo、またはトラム２番でKauppatori下車、徒歩すぐ。または市バス1、3、6番などでErottaja下車、徒歩3分。

公園のシンボルたち

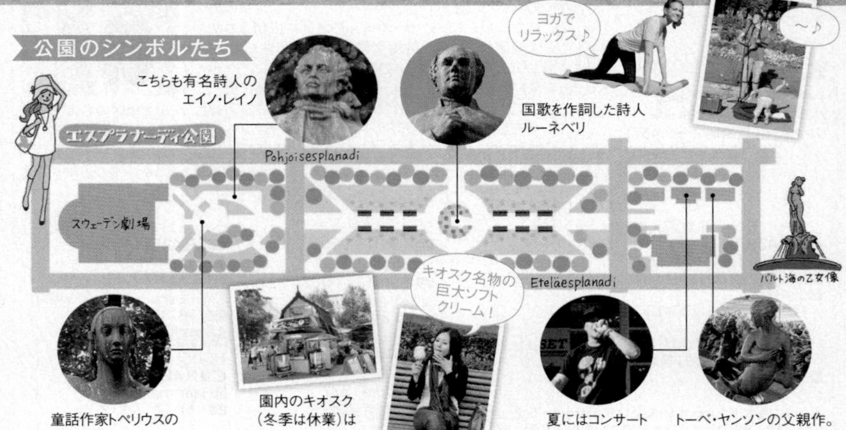

こちらも有名詩人のエイノ・レイノ

国歌を作詞した詩人ルーネベリ

童話作家トペリウスの「事実と寓話」

園内のキオスク（冬季は休業）はどれもかわいい形！

夏にはコンサートが開かれる

トーベ・ヤンソンの父親作。モデルはトーベ

シベリウス公園

Sibeliuksen puisto

中心街北部 Map P.426-B2

海沿いを散歩するのがお気に入り☆

アートなオブジェがフォトジェニック！

フィンランドの代表的作曲家・シベリウスを記念した公園。園内ほぼ中央にはステンレスパイプのモニュメントと、御影石の上に置かれたシベリウスの肖像のオブジェがある。記念撮影のあとは、海岸通りを歩くのが気持ちいい。海を望むカフェがある。

行き方 ›››
トラム2、4、10番Töölön halli下車、徒歩10分。またはショッピングセンターのカンピ前などから市バス24、25番で約18分、Sibeliuksenpuisto下車、徒歩3分。
※2024年2月現在、改修工事のためモニュメントなど園内の一部を閉鎖中。遊び場やスポーツ施設を新設し、2024年秋以降に完成予定。

1 公園名になったシベリウスのマスク 2 夕日のベストスポットでもある 3 モニュメントの下から仰ぐと、こんな写真が撮れる！

セウラサーリ野外博物館

Seurasaaren ulkomuseo

郊外 Map P.426-A2

海で釣りをするのが好きだね

レトロな建物が並ぶ野外博物館

中心街の西、ヘルシンキ半島の付け根あたりにある島を利用した野外博物館。園内には、フィンランド各地から移築された18世紀から19世紀の古い家屋や教会が88棟も展示されている。森の中でリスなど小動物の姿を見かけることも。

TEL 0295-336-912
URL www.kansallismuseo.fi/fi/seurasaarenulkomuseo
開 5/15～31
火～金 9:00～15:00
土・日 11:00～17:00
6/1～9/15
毎日 11:00～17:00
休 5/15～31の月、9/16～5/14(敷地内には入れる)
料 建物内は€12(敷地内に入るだけなら無料)(ヘルシンキ・カード、ミュージアム・カードで入場可)

行き方 ›››
ショッピングセンターのカンピ前などから市バス24番で約18分、終点Seurasaari下車、徒歩10分。

1 木造の橋を渡って島の中へ 2 1685年に建てられたカルーナ教会(No.8) 3 アアルトが「模範的建造物」と称した、木造の農家(No.7)

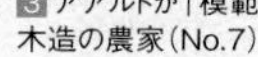

1 映画『かもめ食堂』にも登場したカフェ・ウルスラ(→P.482)がある 2 緩やかな斜面に腰掛けてみよう

カイヴォプイスト公園

Kaivopuisto

中心街南部 Map P.427-C3･4

夕方に犬と一緒におさんぽしてます

海を望む岩場は、地元っ子のお気に入り

高級住宅の並ぶ閑静な地区にある公園。1830年代に鉱泉会社が設立されたのが始まり。温泉の建物はエンゲルの設計で、現在レストランとして利用されている。海に向かって緩やかな斜面になっており、海沿いには遊歩道もある。

行き方 ›››
トラム3番でKaivopuisto下車、徒歩1分。

自然をテーマにした

おもしろデザイン教会巡り

ルーテル派が大多数のフィンランドの教会は、カトリックの豪華な教会とはかなり趣が異なる。おもしろいのは、有名建築家を採用したデザイン教会。その独特の空間に浸ってみよう。

Designer

カイヤ＆ヘイッキ・シレーン
Kaija & Heikki Siren

共にデザイナーであるフィンランド人の夫婦。アアルトの影響を強く受けている。

outside

教会の周りはレンガの壁で仕切られている

inside

建物の上部もガラス張りになっており、光の入り方が変化していく

冬には雪の中に立つ十字架が見られる

オタニエミ教会

Otaniemen kappeli

郊外　**Map P.426-A2外**

水の教会のモデルになったチャペル

オタニエミ（→P.461）にあるアアルト大学の敷地内に佇む。屋根を木材、壁と床は赤レンガからなる教会の内部には、四角く切り取られた窓ガラスの向こうに大きな十字架が立つ。ほかに余計な装飾はなく、シンプルな造りが十字架の存在を際立せる。安藤忠雄が手がけた水の教会のモデルとなったとされている。

住Jämeräntaival 8 TEL(09)8050-4460
URL www.espoonseurakunnat.fi/kirkot-ja-tilat/kappelit/otaniemen-kappeli
開礼拝時間のみ

行き方＞＞＞
地下鉄アアルト・イリオピスト駅Aalto-yliopisto下車、徒歩20分。ゾーンBとなる。

自然の岩盤をそのまま生かし、壁はならすことなく荒々しいままにされている

Designer
ティモ&トゥオモ・スオマライネン
Timo & Tuomo Suomalainen
兄弟で活躍したデザインユニット。1961年に行われたデザインコンペで優勝し、設計を担当した。

戦前に決まっていた旧デザイン

テンペリアウキオ教会

Temppeliaukion kirkko
中心街西部 Map P.428-A1

大地の下に造られた"岩の教会"

別名「ロックチャーチ」と呼ばれるように、岩の中にスッポリ隠れている。戦前に異なるデザインで造ることが決まっていたが、後のデザインコンペによりこの斬新なデザインが採用された。ガラス窓からの光線が岩肌をやわらかく照らし出し、自然の懐に抱かれたような落ち着きを感じる。

住Lutherinkatu 3 TEL(09)2340-6320
URL www.temppeliaukionkirkko.fi
開月～金 10:00～17:00
土 10:00～13:15/14:15～17:00
日 12:00～17:00
(土・日曜は教会行事が多く見学できる時間が変更されることもある)
休教会行事中 料€8(ヘルシンキ・カード、ミュージアム・カードで入場可)

行き方>>>
トラム1、2、4、10番でSammonkatu下車、徒歩3分。

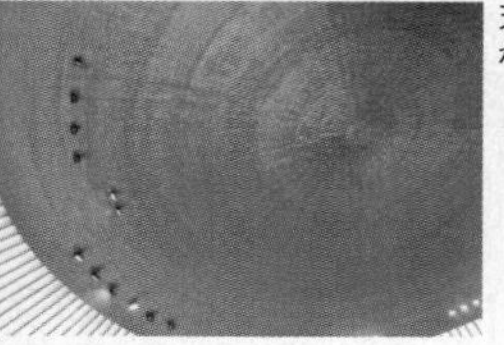
天井には巨大な銅板が。どこか近未来的

尖塔や装飾、建物すらない外観は、とても教会とは思えない斬新なデザイン

カンピ礼拝堂

Kampin kappeli
中心街西部 Map P.428-B2

静寂に包まれた"木の教会"

宇宙船のような不思議な外観。モミの木を曲げて作られた外壁をはじめ、高さ11.5mのホール内側を支えるセイヨウヤマハンノキ、隙間から降り注ぐやわらかな光がぬくもりを感じさせる。静寂の礼拝堂と呼ばれる通り、人々が静かに祈りをささげるだけの場所。

住Simonkatu 7
TEL050-578-1136
URL www.kampinkappeli.fi
開6～8月
毎日 10:00～18:00
9～5月
月～金10:00～17:00
休9～5月の土・日 料無料

行き方>>>
地下鉄カンピ駅、またはトラム7、9番でSimonkatu下車、徒歩1分。

宇宙船を思わせる内装。照明はなく、天井脇から入る自然光が内部を照らす

外から見ると、曲げわっぱのような個性的な形。繭やカマキリの卵にも見える

Designer
ミッコ・スマネン Mikko Summanen
現代フィンランドを代表するデザイナーのひとり。この礼拝堂のデザインにより、シカゴの建築賞を受賞。

入口のデザインも実にスタイリッシュ

グルメとショッピングのテーマパーク！

屋外・屋内マーケット100％満喫

屋外マーケット
大きな広場に
テント型の露店が並ぶ
屋外マーケット。
夏の週末が最も
にぎわい、冬は規模が
小さくなる。

会話を楽しみながら買い物するのが楽しい！

マーケット広場

Kauppatori
エスプラナーディ公園周辺
Map P.438-B

港に面した青空マーケット
港に面した一帯に広がる青空市場。色とりどりのフルーツや野菜はもちろん、民芸品などのおみやげまでさまざまな露店が並び、歩いているだけで楽しくなる。夏の週末が最も規模が大きくなり、冬は出ている露店が少なく、少しさみしい。

開月～金 6:30～18:00
土 6:30～16:00
日 10:00～17:00
（時期や天候により異なる）
休なし
行き方 ❯❯❯
トラム2番でKauppatori下車、徒歩1分。

マーケット広場の楽しみ3

1 朝食&ランチ

市場内には、食べ物屋台やカフェもたくさん！ どの店も外にテーブルを出しているので、その場で食べられる。値段もリーズナブル！

1 席はすべて屋外。ランチ時にはいつも満席に！ 2 朝食にぴったりのカレー風味パニーニ€4.9 3 寒い日はホットワインのグロッギGlögi€3.5に行列ができる

蚤の市でビンテージ探し
ヒエタラハティ広場で行われる蚤の市は、別名「北欧アンティーク市」。アラビアやイッタラ、マリメッコのビンテージを探している人はぜひ。

ヒエタラハティのフリーマーケット
Hietalahden kirpputori
Map P.428-A·B4
住Lönnrotinkatu 34
開月～金6:30～18:00　土6:30～16:00
日10:00～17:00
行き方 ❯❯❯トラム1T、6番のHietalahdentori下車、徒歩2分。

2 買い食い

エンドウ豆は、サヤから出して食べるぜ

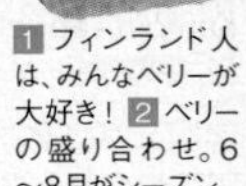

小分けのパックになったベリー類は、食べ歩きにぴったり！ 地元の人のなかには、ニンジンやエンドウ豆まで生のまま食べている人も。

1 フィンランド人は、みんなベリーが大好き！ 2 ベリーの盛り合わせ。6～8月がシーズン

3 おみやげ探し

市場内の奥には、おみやげ屋台が集中。手作りの民芸品を販売するところも多く、見て回るのが楽しい。作り手が直接販売している場合も。

シラカバのこぶから作る伝統のカップ、ククサ

1 ゆるかわいい木ベラ€2 2 鹿の口からワインが出るエアレーター€34（左）とグラス€29 3 羊毛のもこもこ石鹸各€8

Check! エコバッグを忘れずに！
買い物したら簡単なビニールをくれるが、エコバッグを用意したほうが◎。各マーケットでも購入できる。

映画『かもめ食堂』でも描かれた、
ヘルシンキのマーケット風景。
屋外と屋内、町を代表する
3つのマーケットを回ってみて。

オールド・マーケットホール

Vanha Kauppahalli

エスプラナーディ公園周辺　Map P.429-D3

ヘルシンキ最古の歴史をもつ

マーケット広場に隣接した一角にある、れんが造りのかわいい建物。内部には生鮮食品からチョコレート、スムージーなど食料品の店がおよそ25軒も並んでいる。マーケット広場は冬になると規模が小さくなるが、こちらは通年変わらず営業している。

住Eteläranta TEL040-135-9051 URLvanhakauppahalli.fi
開月～土8:00～18:00 休日

行き方 ›››
トラム2番でKauppatori下車、徒歩1分。

屋内マーケット
古い建物の中に店舗型の店が並ぶ。寒いフィンランドでは古くから親しまれてきた。屋外マーケットのそばにある。

内部にはたくさんの店が所狭しと並ぶ

赤れんがと白い縁取りがなんともかわいい

おすすめ Shop&Restaurant

Soup+More

スープ・プラス・モア

名物スープ専門店

1日200食以上も出るというスープ専門店。常時3種類あり、月～水曜のクリーミーサーモンスープ、木～土曜のブイヤベース以外は日替わり。

TEL050-413-0805
URLsoupandmore.fi
営月～土11:00～16:00
休日 予€15～ CCM V

1 サーモンやムール貝など魚介たっぷりのブイヤベース€13.95 2 食事時は行列必至の人気店

Kalaliike Marja Nätti

カラリーケ・マルヤ・ナッティ

昔ながらの魚屋さん

店頭には、サーモンやムイックなどの魚介類がずらり。手軽に味わうなら、サーモンや小エビのオープンサンドをぜひ。

TEL(09)177-337
営月～土8:00～18:00
休日
CCA D M V

1 ムイック（ワカサギ）の缶詰€8.5。味もいろいろ 2 トナカイ肉€19～とクマ€48～の肉の缶詰 3 小エビやサーモンのオープンサンドも人気。こちらは小エビ€6～

ハカニエミ・マーケットホール

Hakaniemen kauppahalli

中心街北部　Map P.427-C2

ヘルシンキの台所

約5年におよぶ改修工事を経て、2023年にリニューアルオープン。おもに1階に食料品、2階に日用雑貨や衣料品を扱うローカル店が並び、上記2店舗の支店もある。地下鉄ハカニエミ駅直結。

映画『かもめ食堂』のロケ地としても有名

住Hämeentie 1 TEL040-135-9052 URL hakaniemenkauppahalli.fi 開月～土8:00～18:00 休日

行き方 ›››
地下鉄ハカニエミHakaniemi駅下車（直結）。

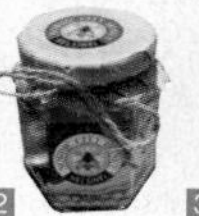

1 魚卵のオープンサンド各€8.5を頬張ろう 2 地元養蜂場の有機ハチミツ250g€7.5 3 ヘルシンキならではのコーヒー€12.9も

ガイドツアーでインテリアをお勉強☆
アアルト自邸でデザインを学ぶ

日本語ガイド
ツアー参加者が全員日本人で、ガイドがハンナさんの場合、日本語で催行（予約推奨）。

日本語ぺらぺらのハンナさん

アトリエ

アアルトの仕事場。天井まで吹き抜けで開放的。窓際がアアルトの席

リビング

大きな窓から太陽光が差し込む。アアルトデザインのほか、ポール・ヘニングセンなど仲のよかったデザイナーの作品も置かれている

ダイニング

ダイニングとキッチンの設計は、妻のアイノが担当。使いやすさを考えた優秀デザインが随所に

アアルト自邸

The Aalto House

郊外 Map P.426-A1

アアルトが暮らした家

1936年、ヘルシンキに拠点を移したアアルトが設計を手がけた自宅兼事務所。現在は博物館となっており、ガイドツアーでのみ見学できる。

住Riihitie 20 TEL(09)481-350 URLwww.alvaraalto.fi

ガイドツアー ※毎時ちょうど発、各回15名まで。

催5・9月 火〜日12:00〜16:00(土・日の14:00は除く)
6〜8月 火〜日12:00〜17:00(土・日の14:00は除く)
10〜4月 日・火〜金12:00〜14:00 土12:00、13:00

休月 料€30

行き方＞＞＞
トラム4番でLaajalahden aukio下車、徒歩4分。

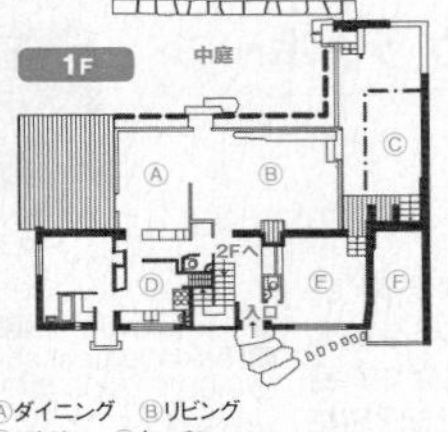

Ⓐダイニング Ⓑリビング
Ⓒアトリエ Ⓓキッチン
Ⓔガイドツアー受付&ショップ Ⓕライブラリー

Ⓖ寝室兼子供部屋 Ⓗ主寝室
Ⓘリラックスホール Ⓙルーフテラス
Ⓚゲストルーム
Ⓛバルコニー

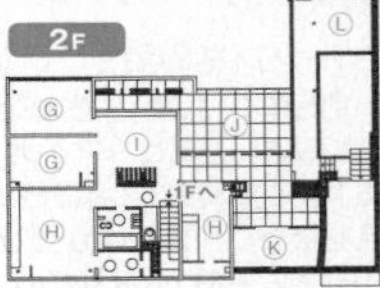

フィンランドの誇る世界的建築家・アルヴァ・アアルト。ヘルシンキ郊外にある自宅は、彼のデザイン美学を体感できる、唯一無二のスポット。

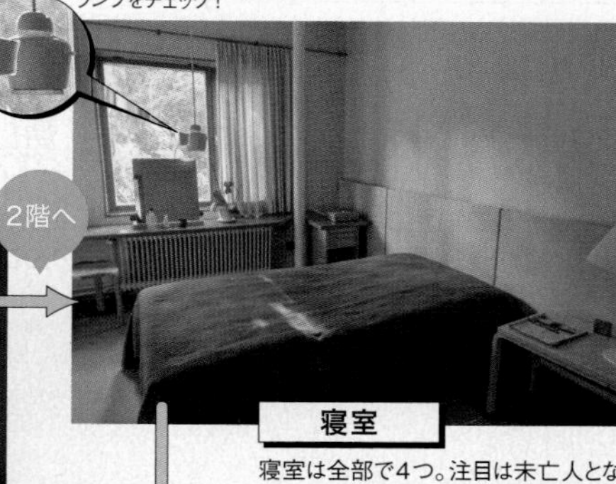

2階へ

アアルト家具の代名詞でもある曲げ木の工夫が、壁に掛けられています

寝室

寝室は全部で4つ。注目は未亡人となった2番目の妻が使用した奥の寝室。ランプのユニーク形がおもしろい

外へ

中庭

ツアーの最後は、緑豊かな中庭へ。無機質な入口側とはまったく違う姿が印象的

ゲストや家族と過ごしたお気に入りの場所です。手前は暖炉になっています

リラックスホール

階段の踊り場部分にもリラックスできる場所がある。シンプルだけどおしゃれな、アアルトデザインの真骨頂

建物内には、アアルトグッズを販売するショップもあります！

ガイドツアー終了！

合わせて行きたい！

アアルトのアトリエ

Studio Aalto

郊外　**Map P.426-A1**

アアルト財団のデザインオフィス

1955年、自宅兼事務所のすぐそばに新設されたアトリエは、モダニズム建築の傑作。現在はアアルト財団のオフィスとなり、ガイドツアーで見学可能。

住Tiilimäki 20 TEL(09)481-350
URLwww.alvaraalto.fi

ガイドツアー ※各回15名まで。
催5〜9月　火〜金14:30、15:30、16:30　土・日13:30、14:30(6〜8月は16:30も催行)　10〜4月 火〜土14:30 日14:30、15:30
休月　料€20

行き方 ❯❯❯
トラム4番でLaajalahden aukio下車、徒歩7分。

1 アアルト自邸と同じく、内部はガイドツアーでのみ見学可能 2 インテリアの参考にもなる

まだまだある！

ヘルシンキのアアルトスポット

◆アカデミア書店とカフェ・アアルト(→P.478、P.485)
設計から内装までアアルトが担当。本をイメージした天井窓に注目。

◆アルテック(→P.489)
◆フィンランディアホール(→P.493)
◆ラヴィントラ・サヴォイ(→P.480)

世界遺産のヒストリック・アイランド スオメンリンナ島おさんぽ

マーケット広場からフェリーでアクセスできる世界遺産の島、スオメンリンナ。大国の歴史に翻弄された歴史を感じながら、のんびりおさんぽを楽しんで。

スオメンリンナ島

Suomenlinna 郊外 Map P.427-D4

戦いの歴史が詰まった世界遺産の島

フィンランドの南海岸を守る目的で建造された要塞島。4つの島からなり、それぞれの島は橋でつながっている。スウェーデン・ロシア戦争、クリミア戦争、フィンランド国内戦争で重要な舞台となった。現在は公園として開放されている。

URL www.suomenlinna.fi/ja

1 スオメンリンナ教会

Suomenlinnan kirkko

島の唯一の教会

島唯一の教会。城塞の建造とほぼ同時期に建造され、支配国が変わるたび、カトリック、ロシア正教、ルーテル派と改宗されてきた。

住Suomenlinna C43
TEL(09)2340-6126
URL www.helsinginseurakunnat.fi
開6〜8月　月〜木10:00〜16:00
　　　　　金10:00〜14:00
　9〜5月　木〜土12:00〜16:00
休日、6〜8月の土、9〜5月の月〜水 料€5(9〜5月は無料)

1 かつての砲台が柱として使われている 2 ルーテル派のシンプルな教会

2 エーレンスヴァールド博物館

Ehrensvärdmuseo

島の支配者層の歴史を学ぶ

スオメンリンナの初代総督、エーレンスヴァールドの邸宅を利用した博物館。当時の支配者階級の優雅な暮らしぶりが垣間見える。

住Suomenlinna B40 TEL(09)6899-9850
URL suomenlinnatours.com
開4・9月　土・日10:30〜16:00
　5月　毎日10:30〜16:00
　6〜8月　毎日10:30〜13:00/13:30〜17:30
休4・9月の月〜金、10〜3月
料€6(ヘルシンキ・カード、ミュージアム・カードで入場可)

1 博物館前のモニュメント！ 2 昔のスウェーデン貴族の暮らしがわかる

島へのアクセス マーケット広場のスオメンリンナ島行きフェリー乗り場(MAP P.429-D3)から、ヘルシンキ交通局のHSLフェリーと、FRS社による私営の水上バスが運航。前者はスオメンリンナ北端にあるメインポートに到着する。20分〜1時間間隔で24時間、通年運航し、所要約15分。後者は5〜9月のみ、月〜土8:00〜24:00、日8:00〜22:00の30分〜1時間ごとに運航。途中、ロンナ島Lonnaを経由し、島内2ヵ所(Artillery Bay、King' s Gate)に寄港する。

公共のHSLフェリー
料片道€2.95(HSLカード、ヘルシンキ・カードで乗船可)

FRS社
料往復€8.5(ヘルシンキ・カードで€5に割引)

公共フェリーでスオメンリンナへ

立ち寄りスポット案内

バスチョン・ビストロ

Bastion Bistro

ランチのメインは€16.9〜

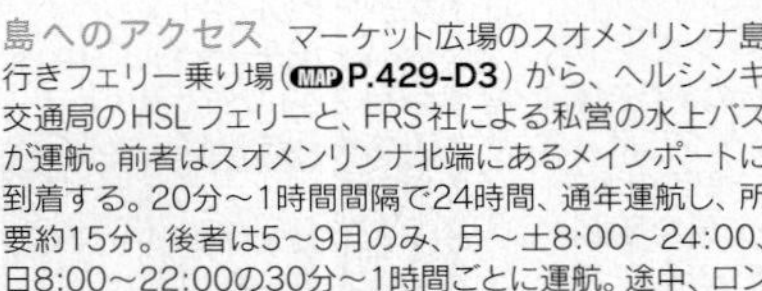

スオメンリンナの最新レストラン

カジュアルなビストロメニューを提供している。建物は1892年に造られた兵舎を利用しており、夏には海を望むテラス席が気持ちいい。

住Suomenlinna C8
TEL040-179-9890
URL www.bastionbistro.fi
営月〜木11:00〜18:00
　金・土11:00〜19:00
　日　12:00〜18:00
休なし 予€20〜 CC M V

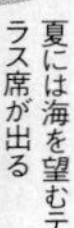

夏には海を望むテラス席が出る

1 ギフトショップも併設している 2 映像で島の歴史を紹介。ガイドには日本語もある

3 スオメンリンナ博物館（ビジターセンター）
Suomenlinnamuseo(Visitor Centre)

島のことならなんでもおまかせ！

島の中央にあるれんが造りの建物。内部はビジターセンター兼博物館となっている。博物館では25分のフィルムで島の歴史を紹介している。

住Suomenlinna C74 TEL(09)6899-9850
URL suomenlinnatours.com
開毎日10:30～17:00
休なし 料€9（ヘルシンキ・カード、ミュージアム・カードで入場可）

スオメンリンナ島の歴史

1748年	スウェーデンの支配時代。砦の建設が開始された。
1808年	フィンランド戦争が勃発し、スウェーデンが敗れる。ロシアの占領下となり、その後110年間海軍基地となる。
1917年	フィンランドが独立。
1918年	スオメンリンナ島がフィンランド領となる。フィンランド（スオミ）の城（リンナ）という意味で、スオメンリンナと名づけられた。
1973年	公園として一般に開放される。
1991年	「スオメンリンナの要塞群」としてユネスコ世界遺産に登録。

ガイドツアーで島を巡ろう！

ビジターセンターでは、島の歴史を学べるガイドツアーを開催。所要約1時間。料金は€14。6～8月は毎日10:30、14:00発、9～5月は土・日曜の13:30発。（ツアーは英語で開催）

©Moomin Characters™

4 スオメンリンナおもちゃ博物館
Suomenlinnan Lelumuseo

貴重なムーミンのフィギュア

昔のおもちゃが勢揃い！

1830～1960年頃の貴重なおもちゃを展示。年代やジャンルごとに分かれて並べられており、わかりやすい。自家製ケーキが人気のカフェを併設。

住Suomenlinna C66 TEL040-500-6607 URL lelumuseo.fi
開4/2～5/10、9/2～29 土・日11:00～17:00
5/11～6/21、8/5～9/1 毎日11:00～17:00
6/22～8/4 毎日11:00～18:00
休4/2～5/10と9/2～29の月～金、9/30～4/1
料€7（ヘルシンキ・カードで€5に割引）

5 潜水艦ヴェシッコ号
Sukellusvene Vesikko

海辺にひっそりとたたずんでいる

本物の潜水艦に乗れちゃう

第2次世界大戦中、実際に使われていた潜水艦を展示。内部も見学でき、20名の乗組員が暮らした当時の様子や国防の歴史を学べる。

住Suomenlinna B 79 TEL0299-530-260 URL sotamuseo.fi
開5/13～9/30 毎日11:00～18:00 休10/1～5/12
料€7（ヘルシンキ・カード、ミュージアム・カードで入場可）

カフェ・パイパー
Café Piper

絶景が楽しめる島の有名カフェ

高台にある、1928年オープンの老舗カフェ。木造の外観はかわいらしく、フォトジェニック！ スイーツのほかスープなどのランチもある。

↑高台にあるテラスは、海が一望できる特等席！
↓ストロベリーチーズケーキと、日替わりスープ（この日はサーモンスープ）

住Suomenlinna B56
TEL(09)6899-9850
営5月中旬～9月中旬 毎日11:00～17:00
休9月中旬～5月上旬
予€5～
CC M V

ビー・34 B 34

島の作家の作品が買える

夏季のみ開く

島に住むアーティストの作品を扱うショップ。陶器やガラス類などの生活雑貨からバッグ、ファッション、ジュエリーまで揃う。

1 リネンのキッチンタオルが定番 2 小さな陶器の花瓶もおしゃれ

住Suomenlinna B34
URL b34.fi
TEL050-408-2902
営5/15～9/30 毎日11:00～17:30
休10/1～5/14
CC M V

COLUMN FINLAND

フィンランドを代表する建築家アルヴァ・アアルト

20世紀のフィンランド建築やデザインといえば、アルヴァ・アアルトAlvar Aalto（1898～1976年）を抜きにしては語れない。今なお人々に愛される、フィンランドという国だからこそ生まれたアアルトの魅力に迫ってみよう。

ロシアからの独立、第2次世界大戦を経て近代国家として歩んだフィンランドの変動の20世紀に活躍した建築家アルヴァ・アアルト。フィンランドの建築やデザインの礎を築き、世界に広めた第一人者だ。実際、フィンランドにはそれ以前に有名な建築物があまり残されていない。

彼が初めて事務所を構えたのは、緑豊かなユヴァスキュラ（→P.510）だった。当時は、華美な装飾を施したクラシカルな新古典主義の作品を多く残している。次第に世界的ブームだった機能主義・合理主義のモダニズム建築へと作品を変化させ、トゥルク新聞社（1929年）やトゥルク郊外の町パイミオPaimioのサナトリウムSanatorium（1933年）で世界的な建築家としての地位を確立。アアルトデザインの椅子の傑作、アームチェアは、パイミオのサナトリウムのためにデザインされたものだ。彼はその後も名声に左右されることなく、愛するフィンランドの自然や伝統を作品に取り入れたことで、現代建築の世界に新しい風を吹き込んだのだった。建築ではないが、家具の創作に活躍の幅を広げてデザインしたサヴォイベースがいい例で、湖の形を描いたといわれる不思議な曲線をもつ花瓶は、1937年のパリ万博で世界中から注目を集めた。フィンランドの建築やデザインに実用性を重視しながらも自然を連想させるものが多いのは、ここが起点になっているからかもしれない。

ヘルシンキには、アアルトの手がけた作品が多く残っている。高級住宅街に、自宅兼事務所とアトリエがある（→P.448～449）。ほか、文化施設を集める都市計画を立案したアアルト自らが造ったフィンランディアホール（→P.493／1967～71年）も必見。直線と曲線が融合された白亜の外壁はまさに彼のデザインの集大成だ。時間があれば、赤れんがを多用した代表作、アアルト大学があるオタニエミ（→P.461）へ足を延ばしたい。また、白木を曲げて作った椅子やテーブルなど、彼がデザインした家具が購入できるアルテック（→P.489）や、彼が内装を手がけたラヴィントラ・サヴォイ（→P.480）も有名だ。またユヴァスキュラのサイナッツァロや、都市計画から携わったロヴァニエミ（→P.521）なども、ファンなら訪れたい場所だ。

アアルト年表

1898 クオルタネKuortanaに生誕
1903 ユヴァスキュラへ引っ越し
1916 ヘルシンキ工科大学（現アアルト大学）入学、建築家の資格を取る
1923 ユヴァスキュラで事務所を開く
1924 建築家アイノ・マルシオと結婚
1927 トゥルクへ移転
1929 パイミオのサナトリウム設計
1933 ヘルシンキへ移転
1935 家具メーカーのアルテックを設立
1936 ヘルシンキに自宅兼事務所を建設
1943 フィンランド建築家協会の会長に就任
1949 妻死去。ヘルシンキ工科大学やサイナッツァロなど赤れんがを多用した作品を建設
1952 建築家エルサ・マキニエミと再婚
1955 ヘルシンキにアトリエを建設
1963 フィンランドアカデミーの会長に就任
1976 ヘルシンキにて生涯を閉じる

※写真提供Copyright:アルヴァ・アアルト博物館 Alvar Aalto Museo

おもな見どころ

ヘルシンキ中央駅周辺

アテネウム美術館

Ateneumin taidemuseo

Map P.429-C2

充実したコレクションは国内最大規模

1750年代から1960年代までのフィンランド美術と、19世紀から20世紀の海外の美術品を展示する国内最大規模の美術館。19世紀中頃に起こった民族意識昂揚運動が生んだひとつの結晶として、1887年に誕生した。建物はT. ホイヤーの設計。それまでにもフィンランド芸術協会の手によって、多くの美術品が収集されていたが、この建物ができるまでは、市内のあちこちに分散していた。その後、アレクサンドル1世や市民から多くの作品が寄贈され、フィンランド最大、美術史の中枢的存在となった。美術館の名はギリシア神話の女神アテネ“Athena”に由来している。

絵画では叙事詩『カレワラ』を題材にしたフィンランドを代表するアクセリ・ガッレン・カッレラや、フィンランド・ロココ主義を代表するイサック・ワックリンなど、フィンランド人画家のほか、ゴッホ、ゴーギャンなど海外の有名画家の作品を展示。彫刻ではヴァイノ・アールトネンやウォルター・ルーネベリの作品を収蔵している。

アテネウム美術館
住Kaivokatu 2
TEL0294-500-401
URLateneum.fi
開火～金 10:00～20:00
　土・日 10:00～17:00
休月
料€22（オンライン購入で€20）（ヘルシンキ・カード、ミュージアム・カードで入場可）
行き方▶▶▶
　ヘルシンキ中央駅から徒歩2分。

ガッレン・カッレラの描いた『カレワラ』は常設展にある

CHECK!
ミュージアム・カード Museokortti
　フィンランド全土にある370以上の博物館・美術館で使用できる共通パス。2024年2月現在、ヘルシンキには44の対象施設があり、有効期間は1年。各チケット売り場のほか、下記ウェブサイトやアプリから購入できる。
URLmuseot.fi
料€79

国立現代美術館キアズマ

Nykytaiteen museo Kiasma

Map P.428-B2

マンネルヘイム元帥像の隣にあるモダンな外観の建物は、1998年にオープンした国立現代美術館キアズマ。アメリカの建築家スティーブン・ホール設計の館内に入ると、緩いカーブと直線で構成される5階まで吹き抜けの空間に目を奪われる。常に企画展が行われているので、何度行っても楽しめる美術館だ。デジタルアートをはじめとする現代美術に関心のある人は、足を運んでみよう。ミュージアムショップも充実しており、美しいフィンランドデザインの文房具や、コンピューター関連の小物などがいろいろ手に入る。カフェもおすすめ。

建築デザインとしても名高い

国立現代美術館キアズマ
住Mannerheiminaukio 2
TEL0294-500-501
URLkiasma.fi
開火～金 10:00～20:00
　土・日 10:00～17:00
休月
料€22（第1金曜は無料、オンライン購入で€20）（ヘルシンキ・カード、ミュージアム・カードで入場可）
行き方▶▶▶
　ヘルシンキ中央駅から徒歩2分。

内部に入ってすぐに美しいスロープが現れる

国立現代美術館キアズマのカフェは、おしゃれでおすすめ。ユニークなデザイングッズ満載のショップにもぜひ寄ってみて。

アモス・レックス
Amos Rex Art

Map P.428-B2

20世紀前半に新聞社の経営などで富を築いた実業家アモス・アンダーソン氏のアートコレクションを核として、2018年に開館。20世紀のフィンランドの作家を中心に、新印象主義やポスト印象派の作品などを収蔵するほか、幅広いジャンルの企画展を定期的に催している。ラシパラツィLasipalatsi（ガラス宮殿）と呼ばれる建物は1936年にオフィスやレストラン、映画館などからなる複合施設として建てられたもので、フィンランドにおける機能主義建築の代表作でもある。展示室は建物の西側に接する広場の地下に設けられ、約6カ月ごとに展示替えを行なう。

マグヌス・エンケルらフィンランド人画家の作品を中心に約7000点を収蔵

アモス・レックス
住 Mannerheimintie 22-24
TEL (09)684-4460
URL amosrex.fi
開 月・水～金 11:00～20:00
　土・日　11:00～17:00
休 火
料 €20(ヘルシンキ・カード、ミュージアム・カードで入場可)
行き方▶▶▶
　トラム1、4、10番でLasipalatsi下車、徒歩1分。

オーディ ヘルシンキ中央図書館
Oodi Helsingin keskustakirjasto

Map P.428-B1

2018年にフィンランド建国100周年を記念して国民のために建てられた図書館。波を打つ独特な外観が特徴で、最上階の3階はすべてガラス張り。1階は観光案内所やカフェ、2階は3Dプリンターやキッチンなど無料で使える設備（一部、フィンランド国民のみ対象）や勉強スペースが整い、3階は図書フロアとなっている。会話や飲食可能な休憩スペースも多く設けられており、国民だけでなく観光客も気軽に利用できる。

オーディ ヘルシンキ中央図書館
住 Töölönlahdenkatu 4
TEL (09)3108-5000
URL oodihelsinki.fi
開 月～金　8:00～21:00
　土・日　10:00～20:00
休 なし
行き方▶▶▶
　ヘルシンキ中央駅から徒歩5分。

開放感のある図書フロア

エスプラナーディ公園周辺

ヘルシンキ大聖堂
Tuomiokirkko

Map P.429-C2

石畳の元老院広場を見下ろすように堂々とそびえ立つヘルシンキ大聖堂は、カール・エンゲル設計によるもの。ドームを軸とした、シンメトリカルなデザインが印象的だ。ルーテル派の本山となる教会で、1852年に30年の歳月を費やして完成した。当初ドームは中央にひとつあるだけだったが、エンゲルの死後、他の建築家の手によって小さなドームが四隅に付け加えられた。元老院広場に面した大階段も後に造られたものだ。正面入口は、フィンランドの他の教会と同様西側（ユニオニン通りUnioninkatu側）にある。ショッピングに疲れた人は、ヘルシンキっ子たちのまねをして大階段に腰を下ろし、高台からの眺めを楽しんでみよう。

ヘルシンキの代名詞的な建物

ヘルシンキ大聖堂
住 Unioninkatu 29
TEL (09)2340-6120
URL helsingintuomiokirkko.fi
開 6～8月
　毎日　9:00～24:00
　9～5月
　毎日　9:00～18:00
（時期により変動あり）
休 なし
料 €8（6～8月の18:00～21:00は無料、9～5月は任意で€5）
行き方▶▶▶
　トラム2、4、5、7番でSenatintori下車、徒歩1分。

夜は白亜の聖堂が浮かび上がる

大聖堂前の階段でひと休み

元老院広場

Senaatintori

Map P.438-B

ヘルシンキのランドマーク的存在でもあるヘルシンキ大聖堂のすぐ下にある約3000m²の広さを誇る石畳の広場が、元老院広場。中央にはW.ルーネベリによって作られた、ロシア皇帝アレクサンドル2世の立像がある。周辺には市庁舎Kaupungintalo、ヘルシンキ大学Helsingin yliopistoの本館や国立図書館などがあり、重厚でクラシカルな雰囲気が漂う。ここは、ヘルシンキでも最も古い歴史をもつ地区でもある。

ウスペンスキー寺院

Uspenskin katedraali

Map P.429-D2

マーケット広場から見える赤れんが造りの教会がウスペンスキー寺院。北欧最大のロシア正教の教会で、1868年にロシア人建築家によって建てられた。壁にはテンペラ画でキリストと12使徒が描かれているほか、優れた宗教芸術品を見ることができる。

小高い岩の上にある

スカイウイール・ヘルシンキ

Skywheel Helsinki

Map P.429-D3

一見ごく普通の観覧車のようだが、実はサウナストーブ搭載のゴンドラ「スカイサウナ」を運行。地上約40mに達する車内からパノラマ風景を眺め、特別なサウナ体験ができる（予約制）。シャンパンサービス付きのVIP基もあり、こちらは予約不要。

中心街南部

デザイン博物館

Designmuseo

Map P.429-C4

世界に誇るフィンランドデザインを集めた博物館。家電製品や食器などの日用品、携帯電話、家具などのインダストリアルデザインの世界でフィンランドのデザイナーがどれだけ活躍してきたのか、ここに来るとよくわかる。1階の常設展では、フィンランドデザインの歴史を展示し、2階と地下1階は企画展を行っている。古い陶器の食器セットコレクションや1950年代の家電製品なども並んでいて興味深い。併設のミュージアムショップでは、フィンランド人デザイナーの作品を販売。カフェも併設。

名だたるデザイナーの家具が見られる

ウスペンスキー寺院
住Pormestarinrinne 1
TEL(09)634-267
URLwww.hos.fi
開6～8月
火～金 9:30～18:00
土 10:00～15:00
日 12:00～15:00
9～5月
火～金 9:30～16:00
土 10:00～15:00
日 12:00～15:00
休月
料無料
行き方▶▶▶
トラム4、5番でTove Jansson puisto下車、徒歩3分。

スカイウイール・ヘルシンキ
住Katajanokanlaituri 2
TEL040-480-4604
URLskywheel.fi/en/home
開月～金12:00～18:00
土 11:00～19:00
日 11:00～17:00
（時期により変動あり、スカイサウナの営業はウェブサイトを確認）
休なし
料€14（ヘルシンキ・カードで€12に割引）
行き方▶▶▶
トラム4、5番Tove Jansson puisto駅下車、徒歩2分。

スカイサウナは最大4人乗りの貸し切りで、1時間€240～

デザイン博物館
住Korkeavuorenkatu 23
TEL(09)622-0540
URLwww.designmuseum.fi
開6～8月
月～金11:00～20:00
土・日11:00～18:00
9～5月
火 11:00～20:00
水～日11:00～18:00
休9～5月の月
料€20（フィンランド建築博物館と共通、毎月最終火曜は無料）（ヘルシンキ・カード、ミュージアム・カードで入場可）
行き方▶▶▶
トラム10番でJohanneksenkirkko下車、徒歩1分。

ヘルシンキ中央駅前のラシパラツィは、1930年代に建てられたレトロな複合施設。2階にはレストラン、ラヴィントラ・ラシパラツィRavintola Lasipalatsiもあり、フィンランドの食材を使った各国料理が食べられる。

フィンランド建築博物館
住Kasarmikatu 24
TEL(045)7731-0474
URLwww.mfa.fi
開火　11:00〜20:00
水〜日 11:00〜18:00
休月
料€20(デザイン博物館と共通、毎月最終火曜は無料)
(ヘルシンキ・カード、ミュージアム・カードで入場可)
行き方▶▶▶
トラム10番でJohanneksenkirkko下車、徒歩1分。

国立博物館
住Mannerheimintie 34
TEL0295-336-000
URLwww.kansallismuseo.fi
※2024年2月現在、改修工事のため休館中。再開は2027年の予定。
行き方▶▶▶
トラム1、2、4、10番でSammonkatu下車、徒歩9分。

●フィンランド建築博物館 Arkkitehtuuri museo

Map P.429-C4

趣のある古い建物内に、20世紀フィンランドの建築家に関する資料が展示されている。設計図やデッサン、建物の写真など、建築に興味がある人は必見。企画展も行われる。ミュージアムショップでは、建築に関する写真集などの書籍が充実している。

中心街西部

●国立博物館 Suomen kansallismuseo

Map P.428-B1

石造りの尖塔をもつ建物

マンネルヘイミン通りに面した国立博物館は、1902年にサーリネン、リンドグレン、ゲセッリウスの3名の共同設計により建てられたもの。教会のような外観が印象的だ。

石器時代から今日にいたるまでフィンランドのあらゆる史料が収められている。建物に入ると『カレワラ』のフレスコ画に目を奪われる。館内は時代やテーマに沿った7つの展示エリアに分かれており、それぞれ生活用品、狩猟道具、グラスコレクション、民族衣装などが展示されている。

COLUMN FINLAND

ムーミンの生みの親

ムーミンをカバだと思っている人もいるようだが、実はそうではない。「妖怪」でもなく「妖精」でもなく、「小人」でもない不思議な生き物で、ムーミン谷にひっそりと暮らしている。

ムーミン・トロールとその仲間たちを創造した女性作家トーベ・ヤンソンTove Jansson（1914〜2001年）は1914年、スウェーデン語系フィンランド人で彫刻家の父と、スウェーデン人でイラストレーターの母の間にヘルシンキで生まれた。フィンランドには少数民族としてのスウェーデン語社会があり、トーベ・ヤンソンもフィンランドの中の少数派、スウェーデン語社会で育つ。当然作品もスウェーデン語で執筆されているが、この生い立ちが、作品に感じられる独特の陰影を生み出しているともいわれている。

日本では「ムーミンシリーズの原作者」という程度の認知度で、童話作家のように思われてもいるトーベ・ヤンソンだが、大人向けの作品も多く、北欧諸国ではかなり人気の高い作家だ。世界がファシズムに塗りつぶされようとしていた第2次世界大戦前の時代、政治風刺雑誌『ガルム』の表紙を描き続けた気骨の人でもある。ムーミンシリーズの深みのある登場人物描写などを見ても、「子供向けの話」で片づけてしまうにはもったいない。フィンランドを訪れることになったら、何か作品を1冊読んでおきたい作家だ。

ヘルシンキにあるトーベ・ヤンソンのアトリエ
©Moomin Characters™

●ヘルシンキ市立美術館 **Helsinki Art Museum (HAM)**

Map P.428-A・B2

1940年の夏季オリンピック（戦争のため中止）のテニス競技場として建てられ、通称「テンニスパラッチ Tennispalatsi」と呼ばれる。メイン展示は、トーベ・ヤンソンの手による『都会のパーティ』と『田舎のパーティ』という2枚のフレスコ画。どちらも幅5mにも及ぶ大作で、ひっそりとムーミンが描かれているので探してみて。ほか、トーベが小児科病院の階段に書いた『遊び』という作品も見られる。

トーベ・ヤンソンの『田舎のパーティ』
©Moomin Characters™

ヘルシンキ市立美術館
住 Eteläinen Rautatiekatu 8
TEL (09)310-87001
URL www.hamhelsinki.fi
開 火 10:00～17:30
水～日 11:30～19:00
休 月
料 €18（毎月最終金曜は無料）（ヘルシンキ・カード、ミュージアム・カードで入場可）
行き方▶▶▶
地下鉄カンピ駅、またはトラム7、9番でKampintori下車、徒歩3分。

ムーミンの主要キャラが勢揃いの『遊び』（複製）
©Moomin Characters™

中心街北部

●オリンピック競技場 **Olympiastadion**

Map P.426-B1

1952年に開催されたヘルシンキ・オリンピックの舞台であり、入口に9個の金メダルを獲得したマラソンランナー、パーヴォ・ヌルミのブロンズ像（W.アールトネン作）が立つ。スタジアムの横にそびえる高さ72mの展望塔スタディウム・タワーStadion Torniのほか、フィンランドのスポーツ史をテーマにした博物館、タフトTahtoを隣接する。

聖火トーチやユニフォームからeスポーツまで、タフトの展示は多岐にわたる

オリンピック競技場
住 Paavo Nurmen tie 1
TEL 050-343-1619
URL www.stadion.fi
スタディウム・タワー
開 月～金 8:00～21:00
土 10:00～17:00
日 12:00～17:00
休 なし
料 €6.5
行き方▶▶▶
トラム1、2、4、8、10番でOoppera下車、徒歩6分。

タフト
MAP P.426-B1
TEL (09)434-2250
URL tahto.com
開 月・火・金 10:00～18:00
水・木 10:00～19:00
土・日 11:00～17:00
休 なし
料 €16（ヘルシンキ・カード、ミュージアム・パスで入場可）

●リンナンマキ遊園地 **Linnanmäki**

Map P.427-C1

1950年オープンの歴史ある遊園地。週末は家族連れやカップルなど多くの人々でにぎわうヘルシンキの人気スポットだ。園内には40を超えるアトラクションがあり、70年以上を経ていまだ現役の木造ジェットコースターVuoristorataや地上75mから落下するフリーフォールKingiなど絶叫系をはじめ、観覧車Rinkeliなど、大人から子供まで楽しめるアトラクションが勢揃い。また、敷地内にはフィンランドに実在する建物やキャラクターをパロディ化したモニュメントも配されている。入園だけなら無料なので、雰囲気を味わいに行くだけでも十分楽しめるはずだ。

ヘルシンキ中央駅に立つ像もある

リンナンマキ遊園地
TEL 010-572-2200
URL www.linnanmaki.fi
開 4・5月
月～金 11:00～21:00
土・日 13:00～21:00
6月
毎日 11:00～22:00
7・8月
月～金 11:00～22:00
土・日 13:00～21:00
9月
金～日 16:00～22:00
10月頭～中旬
毎日 13:00～22:00
（時期によって変動あり）
休 上記以外
料 入園無料（シングルチケット€11～、フリーパス€51～）
行き方▶▶▶
トラム1、8番でLinnanmäki下車、徒歩1分。

リンナンマキ遊園地に行きました！ 平日なのにたくさんのヘルシンキっ子が遊んでいて、市民に愛されているのがよくわかります。入場するだけなら無料なので、おさんぽにもおすすめです。（熊本県 おひつ '17）('24)

郊外

コルケアサーリ・ヘルシンキ動物園 Korkeasaaren eläintarha

Map P.427-D2

ヘルシンキ市街の東側に浮かぶコルケアサーリ島は、全体が動物園になっている。起伏のある敷地内に配置されたそれぞれの動物舎は、どれも広々としており、動物たちも居心地がよさそうだ。それぞれの檻の前には英語でも案内や解説が出ているので、どんな動物がいるのかがわかる。トナカイやユキヒョウなど寒い地域に生息する動物のほか、アフリカや南米の動物も見られる。開園直後に行くと、餌をもらったばかりで活発に動く動物たちを見ることができる。

ライオンも何頭かいる

コルケアサーリ・ヘルシンキ動物園
TEL 050-352-5989
URL www.korkeasaari.fi
開 5・9月
　毎日　10:00～18:00
6～8月
　毎日　10:00～20:00
10～4月
　毎日　10:00～16:00
休 なし
料 €20
（ヘルシンキ・カードで€2割引）
行き方▶▶▶
マーケット広場から夏季のみ、JTライン社JT-Lineのフェリーが運航。所要約20分。往復€9（ヘルシンキ・カードで€6.5に割引）。
バスの場合は、ヘルシンキ中央駅東側の市バスターミナルから16番で約30分。

ガッレン=カッレラ美術館 Gallen-Kallelan Museo

Map P.426-A1 外

ヘルシンキに隣接する町エスポーEspooにある、フィンランド出身のグラフィックおよび工芸の先駆者アクセリ・ガッレン・カッレラ（1865～1931年）のアトリエを利用した美術館。建物は1913年に彼自身がデザインしたもので、1961年から美術館として一般公開されている。ヘルシンキの美術学校で4年間を過ごしたあと、パリに渡り美術を学んだ彼は多くの風景画や肖像画を残しているが、やはり一躍有名にしたのは、『カレワラ』をテーマにした一連の作品。ここではグラフィックや絵、彫刻などの作品とともに愛用の製作道具、家具や備品も展示している。J.シベリウスやR.カヤヌスが描かれている作品『シンポジウム』も必見だ。眺めのよい場所にあるので、中心部から行くハイキングコースとしてもおすすめ。庭にはカフェもある。

ガッレン=カッレラ美術館
住 Gallen-Kallelan tie 27
TEL 010-406-8840
URL gallen-kallela.fi
開 5/13～8/31
　毎日　11:00～18:00
9/1～5/12
　火～金 11:00～16:00
　土・日 11:00～17:00
休 9/1～5/12の月
料 €12（ミュージアム・カードで入場可）
行き方▶▶▶
トラム4番でMunkkiniemen puistotie下車。最寄りのバス停Munkkiniemen aukioから502番に乗りTarvaspääntie下車、徒歩15分。

イッタラ&アラビア・デザイン・センター Iittala & ARABIA Design Centre

Map P.427-C1 外

ムーミンマグをはじめ、機能性とデザイン性を兼ね備えた陶器を140年以上にわたって生産し続けてきた、1873年創業の陶器ブランド「アラビア」。工場は2016年をもって操業を終了し、跡地は博物館やショップなどが入った観光スポットとなっている。

2階のショップには、アラビアやイッタラ、ハックマンなどの製品が並ぶ。アラビアとイッタラの品揃えは世界一を誇り、限定アイテムや正規品とは少し色が違うユニークカラーのアイテムを割引価格で販売している。8階のデザインラボ&ミュージアムでは、フィンランドの陶器とガラスデザインの歴史を紹介。アラビアで活躍する作家のアトリエがあり、ガイドツアー（要予約）で内部を見学できる。

デザイナーの一点物が並ぶ

イッタラ&アラビア・デザイン・センター
住 Hämeentie 135 A
TEL 020-439-5326
URL www.iittala.com
デザインラボ&ミュージアム
開 火～金 11:00～17:00
　土　10:00～16:00
　日　12:00～16:00
休 月
料 無料
ガイドツアーは€10。月～金曜の催行で、ウェブサイトから1週間前までに要予約（日本語で催行可、最大20名まで）。所要約1時間。
ショップ
営 月～金 10:00～19:00
　土　10:00～16:00
　日　12:00～16:00
休 なし
行き方▶▶▶
トラム6、8番でArabiankatu下車、徒歩3分。

イッタラ&アラビア・デザイン・センターのガイドツアーでは、アトリエのほかショールームなど普段見られない場所を訪れました。最後にはショップで使える割引券ももらえて、大満足！（沖縄県 ちか '17）（'24）

エクスカーション

ポルヴォー Porvoo

Map P.416-B4

スウェーデン王エリクソンによって1346年に設立された、フィンランドで2番目に古い町。その名はスウェーデン語のBorgäを語源とし、「川の要塞」の意味をもっている。事実、11世紀頃に木造の要塞が造られていたのだが、16世紀初頭に壊された。家屋もすべて木造だったので、戦争や火災によって何度もダメージを受けた。それでもなお、町全体に昔の面影を残している。

パステルカラーの家並み

詩人J. L. ルーネベリとその息子の彫刻家ヴァルテルのホームタウンであり、画家A.エーデルフェルト、彫刻家V.ヴァルグレンの住んでいた町でもある。大聖堂Porvoon tuomiokirkkoやJ.L.ルーネベリの家Runebergin Koti、ポルヴォー博物館Porvoon museo、ホルム・ハウスHolmin Kauppiastaloなどの見どころがある。

川に沿って並ぶ木造家屋

15世紀初頭に建てられたポルヴォー大聖堂

ポルヴォー

行き方▶▶▶

ヘルシンキの中央バスターミナルK-Level（地下1階）からバスが頻繁に運行。所要約1時間。バスはポルヴォーの中心部にあるマーケット広場Kauppatoriに着く。

夏季（5/14～9/6）なら、ヘルシンキのマーケット広場からフェリーでもアクセスできる。ルーネベリ号M/S J.L.Runebergのフェリーが運航している。マーケット広場を10:00に出発、ポルヴォーに13:30着、復路はポルヴォー発16:00、マーケット広場到着は19:30。

ルーネベリ号
TEL 040-548-9005
URL msjlruneberg.fi
料 片道€35、往復€47

ポルヴォーの観光案内所 ℹ
住 Rihkamatori B
TEL 020-692-250
URL www.visitporvoo.fi
開 月～金　9:00～15:00
休 土・日

J.L. ルーネベリの家

住 Aleksanterinkatu 3
TEL 040-489-9900
開 6～8月
　毎日　10:00～16:00
　9～5月
　水～日10:00～16:00
休 9～5月の月・火
料 €8（ミュージアム・カードで入場可）

1852年から晩年まで過ごした家

ポルヴォー博物館

住 Jokikatu45
TEL 040-197-5557
URL www.porvoonmuseo.fi
開 6～8月
　毎日　11:00～18:00
　9～5月
　水～日12:00～16:00
休 9～5月の月・火
料 €12

ホルム・ハウス

住 Välikatu 11
TEL 0400-407-475
開休料 ポルヴォー博物館と同じ

ポルヴォーを象徴する赤い木造家屋の家は、川沿いに並んでいます。マンネルカツ通りMannerkatuの橋が、撮影するベストスポットです。（埼玉県 Ken '17）〔'24〕

フィスカルス

Fiskars

Map P.416-A4

ヘルシンキの南西約85kmにある小さな村。17世紀に製鉄業で発展を遂げたが、1822年にはさみで有名なフィスカルス社に買収された。その後1970年代には事業の拡大により工場が手狭になったため、フィスカルス社はほかの地方へと移転してしまった。

フィスカルス村のシンボル、時計塔

フィスカルス社の移転後、村は一時ゴーストタウンと化していたが、1980年になるとフィスカルス社の社長のすすめにより多くのアーティストたちが村へと移住してきた。アーティストたちは古い住居や倉庫を工房に改装し、ギャラリーやショップとして利用した。現在は緑に囲まれたアーティストビレッジとして一躍有名になり、国内のみならず世界中から注目を浴びる村へと変貌を遂げた。

フィスカルスの魅力は何といっても、少し歩くだけでフィンランドデザインの歴史と最先端を同時に体感できる点にある。村外れにあるフィスカルス博物館Fiskarsin Museoでは製鉄業で栄えた17世紀から今日にいたるまでの変遷を紹介するほか、往時の職人たちの暮らしを体感できるワークショップを開催。また、村のランドマークであり、かつては学校だった時計塔の隣にはアーティストたちの作品を置いたセレクトショップ、オノマ・ショップOnoma Shopがある。散歩がてらに工房を訪ねてみるのも楽しい。

アーティストの工房では作業風景を見ることもできる

フィスカルス
URL fiskarsvillage.fi
行き方▶▶▶
ヘルシンキからはバス、鉄道ともに直通はない。フィスカルス行きのバスが出ているのはカルヤーKarjaaまで。鉄道だとヘルシンキから所要約1時間、1～2時間に1便運行。バスはヘルシンキの中央バスターミナルからカルヤーまで1～2時間に1～2便運行（土・日曜は減便）、所要1時間15分～2時間。カルヤー駅からフィスカルスまではバスかタクシーを利用。カルヤー駅とフィスカルスを結ぶ公共交通機関のバスは毎日1～2時間ごとに1便運行。所要約25分。

オノマ・ショップ
TEL 040-085-0250
URL onoma.fi
営 5月中旬～9月
毎日　11:00～18:00
10月～5月中旬
水～日12:00～17:00
休 10月～5月中旬の月・火
フィスカルスには観光案内所はないが、ここで村の案内マップを配布している。

緑豊かな村はのんびりとした雰囲気が漂う

フィスカルス博物館
Fiskarsin Museo
住 Peltorvi 13
TEL 045-180-8111
URL fiskarsmuseum.fi
開 6～8月
毎日　11:00～17:00
9～5月
水～日11:00～16:00
休 9～5月の月・火
料 €6（ミュージアム・カードで入場可）

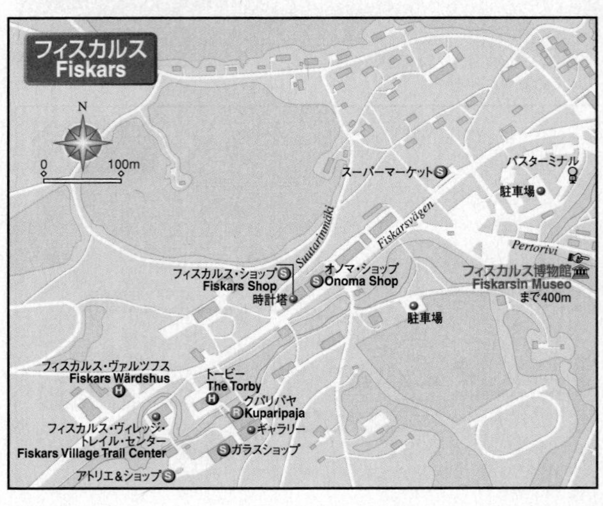

日曜日にフィスカルスに行きましたが、カルヤー駅からのバスがなくて困りました。タクシーの利用を頭に入れておいたほうがいいです。（大阪府 淳子 '17）〔'24〕

オタニエミ

Otaniemi

Map P.416-B4

ヘルシンキの郊外のエスポーにあるオタニエミは、建築に関心をもつ人にとっては必見の場所。赤れんがで統一されたアアルト大学Aalto yliopistoの工学部のキャンパスがあり、敷地内にはアルヴァ・アアルト設計の建築が並んでいる。なかでも天を見上げるように扇形に広がったオーディトリウムと図書館は見事。学生寮の裏側にある、オタニエミ教会（→P.444）もぜひ訪れたい場所だ。また、学生会館Dipoli（1966年、R.ピエティラ＆R.パーテライネン設計）もユニークなデザインだ。

学校内にはアアルト設計の建物が並ぶ

オタニエミ
開 入場自由
（5月下旬～9月上旬の大学の夏休み中は建物内に入れないことがある）
行き方▶▶▶
地下鉄アアルト・イリオピスト駅下車、徒歩1分。ゾーンBとなる。

アアルト大学
URL www.aalto.fi

アイノラ

Ainola

Map P.416-B4

ヘルシンキから40kmほど離れた所にある小さな村、アイノラには、偉大な作曲家シベリウスの家とお墓がある。シベリウスがその半生を過ごしたこの村は森と野原と湖に囲まれていて、風景はシベリウスの時代とまったく変わっていないといわれるほどのどかで素朴。名曲を生んだすばらしい自然のなかで時間を過ごしてみるのもよいだろう。ツアーもあるので、詳しくはアイノラの観光案内所にて。

シベリウスが半生を過ごした家

アイノラ
行き方▶▶▶
ヘルシンキ中央駅から近郊列車R、Tで約30分、アイノラ駅Ainola下車、徒歩約20分。

シベリウスと妻アイノの家
TEL(09)287-322
URL www.ainola.fi
開5～9月
火～日10:00～17:00
休月、10～4月
料€15（ミュージアム・カードで入場可）

COLUMN FINLAND

ノキア工場跡カアペリテヘダス

フィンランド最大の通信機器メーカー、ノキアNokiaの古い工場の建物を利用した巨大なアートスポットがカアペリテヘダスKaapelitehdas。市が第3セクターで運営している施設で、建物内にはフィンランド写真博物館Finlands Fotografiska Museumなど3つのミュージアムのほか、ギャラリーやダンスシアターが入っており、展示会やイベントが随時行われている。空いたスペースは、アーティストがスタジオとして利用できるように格安でレンタルされており、フィンランドが国を挙げて文化事業に取り組んでいることがうかがえる。

見学後はレストランの「ヒマ＆サリHima & Sali」でひと息つこう。アーティストが打ち合わせをする姿が見られることも。

メインの建物。インフォメーションは建物と建物の間を進んだ奥にある

■カアペリテヘダス Map P.426-B3
住Tallberginkatu 1C15
TEL(09)4763-8300
開毎日9:00～21:00（時期により変動） 休なし
行き方▶▶▶
トラム8番でKaapelitehdas下車、徒歩4分。または地下鉄ルオホラハティ駅Ruoholahti下車、徒歩8分。

森の中で過ごす休日

ヌークシオ国立公園

地元の人に交じって、森の中で過ごしてみよう。
湖のそばで日がな過ごせば、フィンランドの本当の姿が見えてくるはず。

園内には湖が点在。まさに「森と湖の国」のイメージそのまま！

ヌークシオ国立公園でしたいコト4

地図や情報をインフォメーションで手に入れよう

公園まで出かけて、自然を眺めるだけじゃもったいない！
体験したいコトはこの4つ。

1 『かもめ食堂』風に記念撮影

『かもめ食堂』の映画ポスターは、ここヌークシオ国立公園で撮影された。3人になりきって、写真を撮ってみて！ 場所のヒントは、インフォメーションから少し歩いた橋のそば。

きれいな湖が点在している

2 やっぱりハイキング

3種類の主要なハイキングコースのうち、最も手軽なのはプナリンタ。コース上に勾配はほとんどなく、初心者でも歩きやすい。湖そばにはビューポイントもある。

こんな服装で！

ハイキングコースは整備されているため、身軽に動ける軽装で十分。飲み物と軽食、虫よけ対策（虫よけスプレーや長袖の服など）は持参したい。

コースは色分けされており、途中途中に印があるので迷うこともない

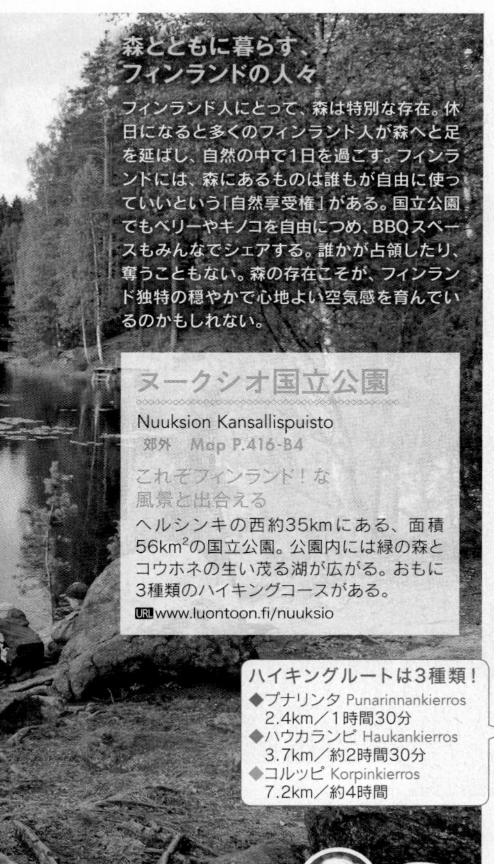

森とともに暮らす、フィンランドの人々

フィンランド人にとって、森は特別な存在。休日になると多くのフィンランド人が森へと足を延ばし、自然の中で1日を過ごす。フィンランドには、森にあるものは誰もが自由に使っていいという「自然享受権」がある。国立公園でもベリーやキノコを自由につめ、BBQスペースもみんなでシェアする。誰かが占領したり、奪うこともない。森の存在こそが、フィンランド独特の穏やかで心地よい空気感を育んでいるのかもしれない。

ヌークシオ国立公園

Nuuksion Kansallispuisto

郊外　Map P.416-B4

これぞフィンランド！な風景と出合える

ヘルシンキの西約35kmにある、面積56km²の国立公園。公園内には緑の森とコウホネの生い茂る湖が広がる。おもに3種類のハイキングコースがある。

URL www.luontoon.fi/nuuksio

ハイキングルートは3種類！

- ◆プナリンタ Punarinnankierros 2.4km／1時間30分
- ◆ハウカランピ Haukankierros 3.7km／約2時間30分
- ◆コルッピ Korpinkierros 7.2km／約4時間

ヌークシオ国立公園へのアクセス

ヘルシンキ中央駅

列車 ヘルシンキ中央駅から近郊列車E、L、U、Yのいずれかで約30分、エスポー駅Espoo下車。ゾーンCとなる

エスポー駅

バス 駅前のバス停Espoon Keskusからバス245、245K番で約30分、Haukkalammentie下車。本数が少ないため、事前にヘルシンキの観光案内所で時間を確認しておこう

バス停Haukkalammentie

徒歩 バス停の道を挟んで反対側の枝道を約25分歩くと公園の入口（駐車場）に到着

ここで左折！ Haukkalampi

公園入口

駐車場に着いたら、ハイキングコースはあと少し。看板に従って行けばいい

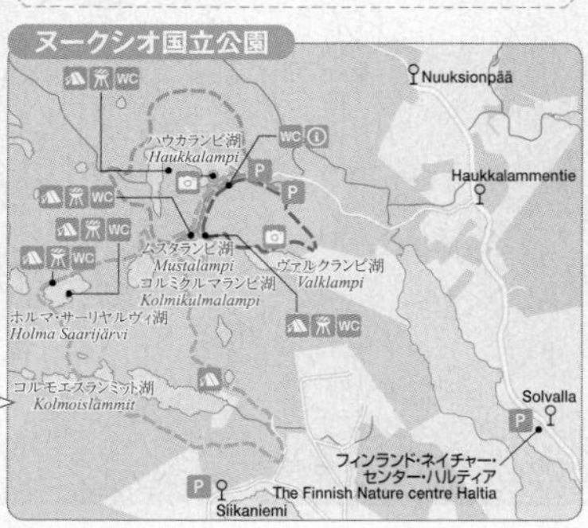

3 ベリー&キノコ狩り☆

その場で食べてOK

フィンランドでは、誰でもベリーやキノコがつみ放題！ つんだベリーは、その場で食べたり、持って帰ってもOK。キノコは毒もあるので、必ず経験者と一緒に行くこと。

1 足下にあるので、よく見ないと見落としてしまうかも！
2『かもめ食堂』にも登場した"黄金キノコ"ことカンタレッリ（アンズダケ）

1月	2月	3月	4月	5月	6月	7月	8月	9月	10月	11月	12月

- ブルーベリーMustikka 7〜9月→
- ラズベリーVadelma 7月下旬〜9月→
- リンゴンベリーPuolukka 8月下旬〜10月上旬→

1月	2月	3月	4月	5月	6月	7月	8月	9月	10月	11月	12月

- カンタレッリKantarelli→ ←6月下旬〜9月上旬
- アカチチタケKangasrousku 7〜10月→
- ポルチーニHerkkutatti 8〜9月→

4 お手軽BBQに挑戦♪

ハイキングコース途中のBBQスペースへ。あらかじめスーパーでマッカラなどを調達しておけば、小枝に刺して焼くだけでOK。スーパーはエスポーの駅前にもある。

1 すぐそばにある小屋で、薪を調達 2 BBQ場は、席が空いていれば誰でも自由に使ってOK

中世の面影が漂う港町
タリン旧市街

バルトの国々のなかでも最も北にあるエストニア。フィンランド湾を挟んでヘルシンキの真向かいに位置する首都タリンの旧市街は、世界遺産に登録されている美しい古都。日本人ならばビザが不要なので、気軽に訪れることができる。

聖オレフ教会の塔から眺めた景色

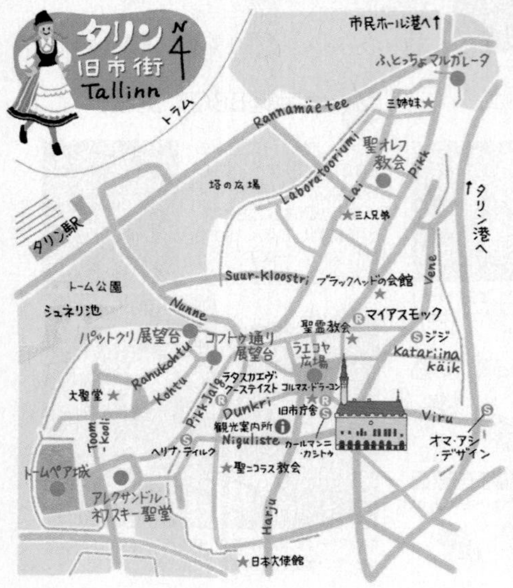

タリンへの船のアクセス

ヘルシンキからタリンへは、高速艇とフェリーの2種類が結んでいる。所要時間は高速艇で約2時間、フェリーなら約2時間30分。また、ヘルシンキ～タリン間を約3時間30分かけて運航する観光フェリーもある。高速艇はランシ・ターミナルLänsiterminaaliやカタヤノッカ・ターミナルKatajanokkanterminaaliを発着する。料金は会社によって異なり、往復切符やタリンでの宿泊付き割引パックなどもあるので観光案内所やフェリー会社のウェブサイトで確認しよう。

タリンにはターミナルがふたつあり、ほとんどの船はタリン港Tallinna Sadamのターミナル Aに、バイキングラインのフェリーはターミナルDに到着する。エストニアはシェンゲン条約加盟国なので、入国・出国の手続きはないが、パスポートは忘れないように注意しよう。

おもな船会社

タリンク・シリヤラインTallink Silja Line
（高速艇、観光フェリー、通年運航）
ヘルシンキ（ランシ・ターミナル発）
URL www.tallink.com
料 高速艇 片道€30～、観光フェリー片道€31～

バイキングラインViking Line（フェリー、通年運航）
ヘルシンキ（カタヤノッカ・ターミナル発）
TEL (09)123-574 URL www.vikingline.com
料 往復€20～

タリン旧市街 1日モデルルート

500m四方ほどと、こぢんまりしたタリン旧市街は、1日で回るのにちょうどいい広さ。必ず訪れたい6ヵ所を回るモデルルートはこちら！

1 ふとっちょマルガレータ →徒歩3分→ 2 聖オレフ教会 →徒歩8分→ 3 旧市庁舎&ラエコヤ広場 →徒歩10分→ 4 コフトゥ通り&パットクリ展望台 →徒歩4分→ 5 アレクサンドル・ネフスキー聖堂 →徒歩1分→ 6 トームペア城

1 ふとっちょマルガレータ
Paks Margareeta

1529年に建てられた砲塔。太ったおかみさんが監獄の食事を切り盛りしていたことからこの名前が付けられた。現在は海洋博物館になっている。

海洋博物館
Meremuuseum
住Pikk 70
TEL(372)673-3092
URLmeremuuseum.ee
開5～9月
毎日10:00～19:00
10～4月
火～日10:00～18:00
休10～4月の月
料€15

夏季は屋上にテラスカフェがオープン

2 聖オレフ教会
Oleviste Kirik

高さ124mの塔をもつ教会は、旧市街で最も高い塔。オレフとはこの教会を造ったとされる伝説の巨人の名前で、教会の裏ではオレフの石造が横たわる。

住Lai 50 TEL(372)641-2241
URLoleviste.ee
開4/8～10/31
毎日10:00～18:00
休11/1～4/7
料€5

塔の階段は258段もある

3 旧市庁舎&ラエコヤ広場
Raekoda & Raekoja Plats

旧市庁舎は塔に上がったり、ハンザ同盟で栄えたタリンの面影を伝える「議会の間」を見学したりできる。旧市街の中心地にある広場は市民の憩いの場所だ。

旧市庁舎
住Raekoja plats1
TEL(372)645-7900
URLraekoda.tallinn.ee
開6/26～8/31
月～木11:00～18:00
金～日11:00～16:00
休9/1～6/25 料€7

塔
開6～8月
毎日11:00～18:00
9月
土・日11:00～16:00
休9月の月～金、10～5月
料€6

ゴシック様式の旧市庁舎

4 コフトゥ通り展望台&パットクリ展望台
Kohtuotsa Vaateplats & Patkuli Vaateplats

旧市街南部にあるふたつの展望台。コフトゥ通り展望台からは、聖ニコラス教会など旧市街や遠くに新市街が見える。パットクリ展望台からは海をバックに聖オレフ教会が望める。

1 新旧の景色が楽しめるコフトゥ通り展望台 2 中世らしい風景が望めるパットクリ展望台

5 アレクサンドル・ネフスキー聖堂
Aleksander Nevski katedraal

帝政ロシアによって建てられたロシア正教教会。教会内には日露戦争で沈没したロシア艦隊のプレートもある。

住Lossi plats 10
TEL(372)644-3484
URLnevskysobor.ee
開毎日8:00～18:00
休なし
料寄付程度

内部は撮影禁止

6 トームペア城
Toompea Loss

タリンの征服者が変わるたびに改築されてきた城。南側にある「のっぽのヘルマンPikk Hermann」の塔はタリンのシンボル。ガイドツアーでのみ内部見学が可能。

住Lossi plats 1a
TEL(372)631-6345
（ガイドツアー予約）
URLwww.riigikogu.ee
英語のガイドツアーは金曜の11:00出発

ピンク色の外観

タリンの観光案内所 i
住Niguliste 2 TEL(372)645-7777
URLwww.visittallinn.ee
営毎日9:00～18:00
休なし

※電話番号の(372)はエストニアの国番号。エストニアの国内からかける場合は不要。

タリン旧市街でお買い物

エストニアの伝統柄やハンドメイド製品、アーティストのアイテムまで、幅広いジャンルの雑貨が揃うタリンでショッピングを楽しもう。

タリンの買い物事情

通貨はユーロ
エストニアは通貨単位はフィンランドと同じくユーロ(€)。あらかじめ両替してあるなら、そのまま使える。両替所はフェリーターミナル、空港、町なかなどにある。

タリンの物価
タリン旧市街は観光地なので、観光客目当てのみやげ物などは高いが、物価はフィンランドに比べて安い。

クレジットカードの通用率高し!
ほぼすべてのショップやレストランでクレジットカードが利用できる。通用率が高いのはVISAとマスターカード。町のいたるところにあるATMでのキャッシングも可能。

タリンのショップ
タリンでは英語が問題なく通用するので、買い物は特に困らない。また、多くの店が年中無休なのもうれしい。

タリンで買いたいもの
伝統工芸とモダンなデザインが共生しているのがタリンのいいところ。ほかの北欧諸国に比べ価格が低いのも高ポイント。

1 手縫いで作られたウサギのぬいぐるみ各€8 2 花の刺繍がほどこされた手袋€39〜 3 木枠がかわいらしいボタン各€18 4 伝統的な模様が360度装飾されたマグカップ€32〜 5 繊細な刺繍が施されたしおり各€7。プレゼントにも

A Kaarmanni Käsitöö

カールマンニ・カシトゥ

伝統工芸をモダンにアレンジ!

エストニアの民芸組合の店で、ハイクオリティな手工芸品の数々が手に入る。ハンドメイドの雑貨を中心に、フェルト製品やブランケット、蜜蝋などさまざまなアイテムが並ぶ。

住Vanaturu kael 8
TEL(372)631-4076
URLcrafts.ee
営月〜土 11:00〜19:00
日 11:00〜18:00
休なし CCM V

B Zizi

ジジ

質、デザイン◎のリネン製品

エストニアで作られたリネン製品を扱う。パターンもすべてオリジナルで、種類&カラーも豊富に揃う。100%リネンの製品はとっても丈夫。バッグやエプロンなども人気がある。

住Vene 12
TEL(372)644-1222
URLwww.zizi.ee
営月〜土 10:00〜18:00
日 10:00〜16:00
休なし CCM V

C Helina Tilk

ヘリナ・ティルク

タリンの町を食器に描く

オーナー兼デザイナーのヘリナさんがデザインする愛くるしいイラストが描かれた食器や置物などの小物を扱うショップ。カラフルなイラストは見ているだけで元気がもらえそう。

住Lühike jalg 6
TEL(372)631-3328
URLwww.helinatilk.ee
営月〜金 10:30〜18:00
土 11:00〜17:00
休日 CCM V

D Oma Asi d-sign

オマ・アシ・デザイン

センス抜群のセレクトショップ

約60人のエストニアのアーティストが作ったアイテムを扱うショップ。エストニアの伝統模様をあしらったスリッパや陶器の置物のほか、アクセサリー、絵画など幅広いアイテムが揃う。

住Viru 21
TELなし
URLalldesign.ee
営毎日 10:00〜19:00
休なし
CCM V

1 キッチンをおしゃれに演出してくれるモノトーンのティータオル各€10 2 クッションカバー€12～。シンプルな無地もある

1 タリンの街並みを描いたオーナメント 2 スズランが描かれたワイングラス 3 バターケースもタリン柄。

D 雑貨

helk°

·LUIK·

LISA KROEBER

1 手を固定できるバンドが付いたクラッチバッグ 2 暗闇でも安心なリフレクターのバッジ 3 革製の小銭入れ。ハンドペイントで、一つひとつ柄が違う 4 個性派ピアスもたくさん！

※各商品は販売終了の場合あり

タリンのレストラン

Rataskaevu 16
ラタスカエヴ・クーステイスト

タリン屈指の人気レストラン

シンプルかつ家庭的な料理をモットーに、国産の素材を使ったインターナショナルな料理が楽しめる人気店。ヨーロッパ産を中心とした良質なビールやウイスキーも扱っている。

住Rataskaevu 16 TEL(372)642-4025
URLwww.rataskaevu16.ee
営日～木12:00～23:00　金・土12:00～24:00
休なし 料€20～ CCA D J M V

1 人気メニューはエルク肉の煮込み€28.6
2 14世紀に建てられた建物を利用したレストラン

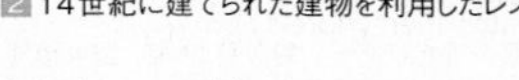

Maiasmokk マイアスモック

クラシカルなスイーツカフェ

1806年創業のタリン最古のカフェ。クラシカルな装飾の店内で、コーヒーやケーキを楽しもう。隣接するマジパン博物館では、かわいらしいマジパンも購入できる。

住Pikk 16 TEL(372)646-4079
URLkohvikmaiasmokk.ee 営毎日9:00～21:00
休なし 料€4～ CCA M V

約9種類のケーキ€4～が揃う

Ⅲ draakon
コルマス・ドラーコン

中世のレストランへようこそ！

中世のコスプレをした女性が切り盛りするレストラン。パイやソーセージ、スープなどを提供する。スープの場合、スプーンは提供されないので豪快に飲んでみよう！

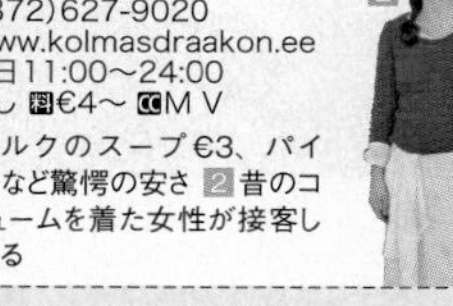

住Raekoja plats 1
TEL(372)627-9020
URLwww.kolmasdraakon.ee
営毎日11:00～24:00
休なし 料€4～ CCM V

1 エルクのスープ€3、パイ€2.5など驚愕の安さ 2 昔のコスチュームを着た女性が接客してくれる

エストニアの食事情

ビールを使った料理をはじめ、肉、魚もよく食べられる。主食は黒パンと呼ばれる、酸味のあるライ麦パン。

町を代表する高級ホテルでラグジュアリーステイ

泊まるだけで、旅を特別なものにしてくれる最高級ホテルを厳選セレクト。
クラシカルからモダンまで、デザインや雰囲気も個性的。

Kämp
カンプ

エスプラナーディ公園周辺

MAP P.438-A

ヘルシンキ最高級の5つ星ホテル

数々の国賓を迎え入れてきた5つ星ホテル。1887年の創業時に建てられた建物は、1960年代には銀行として利用されていた。内装は当時の重厚な雰囲気を再現。

住Pohjoisesplanadi 29
TEL(09)576-111/(09)5619-2701(予約)
URLwww.hotelkamp.com
料Ⓢ€300～ Ⓓ€320～ CCA D J M V
室179室
T2、4、5、7番Aleksanterinkatu(徒歩3分)

1 客室、ロビーともクラシカルなインテリア。2024年から段階的に改装工事を行っている 2 創業時と同じ由緒ある外観 3 館内にはスパもあり、マッサージやサウナが楽しめる 4 メインダイニングの「ブラッセリー・カンプ」。料理は、モダンヨーロピアンな創作メニューがメイン

Clarion Hotel Helsinki
クラリオン・ホテル・ヘルシンキ

中心街南部

MAP P.426-B3

港沿いに立つ高層ホテル

ランシ・ターミナルに近い海沿いにあり、高層階から町が見渡せる。最上階には屋外温水プールやサウナも。インテリアはアアルトやイームズなどモダンなデザインで統一されている。

住Tyynenmerenkatu 2
TEL010-850-3820
URLwww.strawberryhotels.com
料Ⓢ€148～ Ⓓ€166～ CCA D M V 室425室
T7、9番Huutokonttori(徒歩1分)

1 ロビーの椅子には、アアルトのアームチェアやイームズのラウンジチェアが使われている 2 最上階にあるバー「スカイ・ルーム」からは市内の眺めがいい 3 冬なら夜景を楽しみながらカクテルが飲める 4 最新の設備が整っている

バスタブ 一部のみ　テレビ 一部のみ　ドライヤー 貸し出し　ミニバーおよび冷蔵庫 一部のみ　ハンディキャップルーム　インターネット(無料)　インターネット(有料)

Hotel Haven

ハヴン

エスプラナーディ公園周辺

MAP P.438-B

観光ポイントのすぐそば！

日本大使館の斜め前、マーケット広場まで徒歩3分という好立地にある。バスルームに液晶テレビがあるなど、客室の設備は最先端。海が見える部屋もある。バーやフィットネスセンターなどを併設している。

住Unioninkatu 17 TEL(09)681-930
URLwww.hotelhaven.fi 料Ⓢ€180～ Ⓓ€200～
CCA M V 室137室 T2番Kauppatori（徒歩2分）

1 客室はやわらかな色調のインテリアで統一されている 2 大通りから少し入った場所にあるので、静かな環境 3 種類豊富な朝食ビュッフェも評判。朝食付きプランはⓈ€200～、Ⓓ€220～

Hotel F6

エフクーシ

エスプラナーディ公園周辺

MAP P.438-B

モダンなデザインにひとめぼれ！

エスプラナーディ公園のそばにあるブティックホテル。館内はスタイリッシュな色調で統一されているが、木を多用しているため居心地のよさを感じられる。スタッフも皆親切で、安心して滞在できる。

住Fabianinkatu 6 TEL(09)6899-9666
URLhotelf6.fi 料Ⓢ€170～ Ⓓ€190～ CCA D J M V
室76室 T2番Kauppatori（徒歩4分）

1 アメニティはオランダの自然派コスメブランドRITUALSを使用 2 都会的なカラーリングでまとめられ、広々とした客室 3 ロビーや共有スペースなど、おしゃれな演出がそこかしこにある

Klaus K

クラウス・クルキ

エスプラナーディ公園周辺

MAP P.429-C3

『カレワラ』テーマの内装がすてき！

「フィンランドの伝統とモダンの融合」をテーマとしたデザインホテル。民族叙事詩『カレワラ』（→P.438）をテーマにした内装は、エキゾチック。オーガニック食材を取り入れたヘルシーな朝食も好評。

住Bulevardi 2-4 TEL020-770-4700 URLwww.klaushotel.com 料Ⓢ€110～ Ⓓ€130～
CCA D M V 室171室 T1、3、6番Erottaja（徒歩すぐ）

1 2023年に一部客室を改装しより快適な空間に 2 最上階にはガラス張りのラウンジも 3 ロビーや廊下など随所にアートが配されている

※北欧では、近年急激にキャッシュレス化が進み、現金払い不可の観光施設や店舗が増加している。クレジットカードを必ず用意すること。

こだわり派も大満足 デザイン自慢のおしゃれホテル

ヘルシンキならではのおしゃれホテルに、リーズナブルに泊まりたい！
そんな願いをかなえるホテルはこちら。ふたりで泊まれば、ひとり€100以下◎。

Radisson Blu Plaza Hotel Helsinki

ラディソン・ブル・プラザ・ホテル・ヘルシンキ

ヘルシンキ中央駅周辺

MAP P.429-C1

アアルトルームが人気

　ヘルシンキ中央駅そばの高級ホテル。客室はスカンジナビア、クラシック、イタリアンという3タイプがある。サウナやフィットネスセンターなど、設備も充実している。

住Mikonkatu 23 TEL020-123-4703
URLwww.radissonhotels.com
料ⓈⒹ€150～ 朝食€28
CCA J M V 室302室
Sヘルシンキ中央駅（徒歩3分）

1 レストランやラウンジもある 2 ガラス張りのモダンな外観 3 アンティーク調のクラシカル。ベッドは低反発マットレスを使用 4 アアルトの家具でまとめられたアアルトスイートはⓈⒹ€442～769。部屋番号は253号室

Glo Hotel Art

グロ・ホテル・アート

中心街南部

MAP P.428-B3

アールヌーヴォー調の古城を改装

　ヘルシンキが舞台の映画『雪の華』に登場したホテル。中世のお城を思わせる石造りの外観が目印。ロビーもリブヴォールト様式の天井などクラシカルな雰囲気だが、客室はモダン。

住Lönnrotinkatu 29 TEL010-344-4100
URLwww.glohotels.fi
料Ⓢ€100～ Ⓓ€120～
CCA D J M V 室171室
T1T、6番 Aleksanterinteatteri（徒歩3分）

1 新館と旧館があるが、客室はどちらもモダンな雰囲気 2 町なかに突如現れる古城がホテルになっている 3 ロビーは中世ヨーロッパの雰囲気 4 暖炉のあるロビーでリラックスできる

バスタブ　テレビ　ドライヤー　ミニバーおよび冷蔵庫　ハンディキャップルーム　インターネット（無料）
一部のみ　一部のみ　貸し出し　一部のみ　インターネット（有料）

Hotelli Helka

ヘルカ

中心街西部

MAP P.428-A2

アアルトの家具を随所に使用

アルヴァ・アアルトの家具を扱うアルテックとのコラボレーションにより誕生。すべてのインテリアが白木と曲線が織りなすモダンなアアルトデザインのもので統一され、心地よい空間を演出。

住Pohjoinen Rautatiekatu 23 TEL(09)613-580
URL www.hotelhelka.com
料Ⓢ€110〜 Ⓓ€130〜 CC A D J M V 室156室
Ⓜカンピ駅(徒歩5分) Ⓣ1、2、4、10番 Hanken(徒歩4分)

1 客室の天井にはフィンランドの自然をモチーフとした写真が飾られている 2 外観はどこかクラシカル 3 フィンランドをイメージしたオリジナルカクテルが味わえるバーを併設

Hotel Katajanokka

カタヤノッカ

中心街東部

MAP P.427-C3

刑務所をリノベしデザインホテルに！

刑務所を再利用したユニークなホテル。監房を改装した客室はモダンな雰囲気。窓の小さい部屋が多いが、天井が高いので閉塞感はない。ジムやサウナがあり、監獄の食堂だった地下はレストランになっている。

住Merikasarminkatu 1a TEL(09)686-450
URL www.hotelkatajanokka.fi
料Ⓢ€145〜 Ⓓ€150〜 CC A D J M V 室106室
Ⓣ4番Vyökatu(徒歩すぐ)

1 客室は明るく、モダンなデザイン 2 随所に刑務所時代の名残を感じられる 3 スタッフがコスプレで迎えてくれるイベントも

1 客室は3種類のランクがあり、デザインも異なる 2 専用の部屋で提供される朝食も好評 3 フェリーターミナルも徒歩圏内

Hotel Fabian

ファビアン

中心街南部

MAP P.429-C3

クール&モダンなデザイン

こぢんまりしたブティックホテル。中心部にありながら周辺は静か。クールモダンなインテリアでまとめられた客室には、VODサービスをはじめ最新の設備が整う。フロントの応対もスマートで、洗練された雰囲気。

住Fabianinkatu 7 TEL(09)6128-2000
URL www.hotelfabian.com
料Ⓢ€128〜 Ⓓ€148〜
CC A D M V 室58室
Ⓣ2番Eteläranta(徒歩4分)

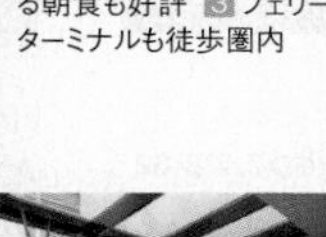

ヘルシンキのホテル

ホテルは年間を通じて常に混んでおり、特に6～8月の観光シーズンは連日満室状態が続く。予約なしでの到着はできる限り避けるように。高級ホテルは中央駅やエスプラナーディ公園の周辺など便利な場所に多い。中心部から離れていても、トラムや地下鉄駅のそばにあるホテルがほとんどなので、不便さはあまり感じない。安く泊まりたい人は、ユースホステルのほかAirbnbなどを駆使しアパートを探してみるのもおすすめ。

高級ホテル

Holiday Inn Helsinki City Centre　ヘルシンキ中央駅周辺

ホリデイ・イン・ヘルシンキ・シティ・センター　MAP P.428-B1

住Elielinaukio 5
TEL0300-308-482
URLwww.ihg.com
料Ⓢ€150～ Ⓓ€170～　CCA D J M V　室174室
日本の予約先FREE0120-677651
Sヘルシンキ中央駅(徒歩2分)

ヘルシンキ中央駅のすぐ横にある。客室は木のインテリアが優しい印象でゆったりとくつろげる。24時間営業のビジネスセンターには無料で利用できるパソコンあり。フィットネスセンター、サウナ、各種ゲームも無料。

Solo Sokos Hotel Torni　ヘルシンキ中央駅周辺

ソロ・ソコス・ホテル・トルニ　MAP P.428-B3

住Yrjönkatu 26
TEL020-123-4604
URLwww.sokoshotels.fi
料Ⓢ€175(275)～ Ⓓ€195(295)～　CCA D J M V　室154室
T1、3、4、5、6、10番Ylioppilastalo(徒歩3分)

1931年開業の老舗ホテル。繁華街に近いが、大通りからは離れているため静かな環境。アールヌーヴォーやアールデコを基調とした客室には湯沸かし器やコーヒー、紅茶セットも用意されている。

Scandic Simonkenttä　中心街西部

スカンディック・シモンケンタ　MAP P.428-B2

住Simonkatu 9
TEL0300-308-402
URLwww.scandichotels.com
料Ⓢ€135～ Ⓓ€150～　CCA J M V　室360室
T7、9番Simonkatu(徒歩すぐ)

ヘルシンキ中央駅近く、繁華街にある。壁面部がガラス張りのモダンなデザインが印象的。館内には北欧デザインのインテリアが随所に配され、おしゃれな白木の家具があたたかみを演出している。

Crowne Plaza Helsinki Hesperia　中心街北部

クラウン・プラザ・ヘルシンキ・ヘスペリア　MAP P.426-B2

住Mannerheimintie 50
TEL0300-308-480　URLwww.ihg.com
料Ⓢ€142～ Ⓓ€172～
CCA J M V　室349室
日本の予約先FREE0120-677651
T1、2、4、8、10番Ooppera(徒歩4分)

国立オペラ劇場の向かいにある。フィンランドデザインにオリエンタルな要素を取り入れた客室は、快適に過ごすためのアメニティが充実。最新のベッドに、上質の羽毛布団や枕を用意。

中級ホテル

Original Sokos Hotel Vaakuna Helsinki　ヘルシンキ中央駅周辺

オリジナル・ソコス・ホテル・ヴァークナ・ヘルシンキ　MAP P.428-B2

住Asema-Aukio 2
TEL020-123-4610
URLwww.sokoshotels.fi
料Ⓢ€182～ Ⓓ€197～　CCA J M V　室270室
Sヘルシンキ中央駅(徒歩1分)

デパート、ソコス(→P.483)の上層階にあり、日本からのツアーでもよく利用される。ロビーにはフィンランドデザインの家具が置かれ、モダンな雰囲気。朝食は10階のレストランで。

Scandic Kaisaniemi　ヘルシンキ中央駅周辺

スカンディック・カイサニエミ　MAP P.429-C2

住Kaisaniemenkatu 7
TEL0300-308-403
URLwww.scandichotels.com
料Ⓢ€117～ Ⓓ€135～　CCA D M V　室123室
Mヘルシンキ・イリオピスト駅Helsingin yliopisto(徒歩1分)

ヘルシンキ中央駅の東、観光やショッピングに便利なホテル。客室は天井に空が描かれていたり、ポップなインテリアが置かれていたりと個性的。無料で利用できるサウナがある。

Hotel Arthur　ヘルシンキ中央駅周辺

アルトゥル　MAP P.429-C1

住Vuorikatu 19
TEL(09)173-441
URLwww.hotelarthur.fi
料Ⓢ€85～ Ⓓ€95～　CCA M V　室202室
T3、6、9番Kaisaniemenpuisto(徒歩2分)

静かで落ち着いた場所にあるホテル。客室は12タイプから選べて、いずれもきれいで料金が手頃なのでリピーターが多い。プライベートサウナは要予約(€8～)。

バスタブ　テレビ　ドライヤー　ミニバーおよび冷蔵庫　ハンディキャップルーム　インターネット(無料)
一部のみ　一部のみ　貸し出し　一部のみ　インターネット(有料)

Hotel Anna
中心街南部

アンナ MAP P.429-C4

住Annankatu 1
TEL(09)616-621
URL www.hotelanna.fi
料Ⓢ€90(130)～ Ⓓ€120(170)～
CC A D J M V 室64室
T 1、3番Iso Roobertinkatu、10番Johanneksenkirkko(徒歩3分)

日本人に人気のホテル。客室は十分な広さで、明るい雰囲気。全室に傘やセーフティボックスを備え、湯沸かし器付きの部屋もある。2～3人用のプライベートサウナあり(1人€10、要予約)。

Scandic Kallio
中心街北部

スカンディック・カッリオ MAP P.427-C1

住Läntinen Brahenkatu 2
TEL 0300-308-408
URL www.scandichotels.com
料Ⓢ€91～ Ⓓ€111～
CC A D M V 室121室
T 1、3、8番Urheilutalo(徒歩1分)

活気あるカッリオ地区のホテル。ウッドフロアの清潔感あふれる客室にはデスクやセーフティボックスを完備。中心部から少しはずれるが、トラムが目の前に停まるのでアクセスは良好。

エコノミー

Hotel Finn
ヘルシンキ中央駅周辺

フィン MAP P.428-B2

住Kalevankatu 3B
TEL(09)684-4360
URL hotellifinn.fi
料Ⓢ€86～ Ⓓ€99～ CC A D M V 室37室
T 1、3、4、5、6、10番Ylioppilastalo(徒歩2分)

ヘルシンキ中央駅から南へ徒歩約5分の場所にある。フロントは1階にあり、客室は5階と6階。もともと賃貸アパートだったため部屋ごとに造りが異なっている。館内は清潔で、インテリアもモダンな雰囲気。

Bob W Helsinki Kluuvi
ヘルシンキ中央駅周辺

ボブ・W・ヘルシンキ・クルーヴィ MAP P.429-C2

住Vuorikatu 12
TEL(09)4245-0197 URL bobw.co
料ⓈⒹ€115～ 朝食€12～
CC A M V 室20室
M ヘルシンキ・イリオピスト駅Helsingin yliopisto(徒歩1分)

欧州の主要都市に展開し、長期やグループでの滞在にも便利なアパートスタイル。専用のバス・トイレを備え、キッチンやサウナ付きの部屋もある。共用エリアでは簡単な自炊が可能。

Senate Hotel
ヘルシンキ中央駅周辺

セナーテ MAP P.429-D2

住Snellmaninkatu 15A
TEL 040-770-4400
URL www.senatehotel.com
料バス・トイレ共同Ⓢ€65～ Ⓓ€90～
CC A M V 室10室
T 7番Kansallisarkisto(徒歩すぐ)

受付は5階にあり、14:00～22:00のみオープン。全室バス、トイレ共同だが各室に洗面台が設置されている。共同のキッチンは無料で、全室冷蔵庫付き。洗濯機は有料で利用できる。

Hostel Diana Park
中心街南部

ホステル・ディアナ・パーク MAP P.428-B3

住Uudenmaankatu 9
TEL 050-338-5434
URL www.dianapark.fi
料ドミトリー€27(40)～
バス・トイレ共同Ⓢ€52(80)～ Ⓓ€62(92)～
CC D M V 室15室、55ベッド
T 1、3、6番Erottaja、10番Kolmikulma(徒歩2分)

町の中心にある便利なホステル。エレベーターはないが建物の3階がフロントで、入口でベルを鳴らして入れてもらう。全室に洗面台と鏡が付いている。洗濯機と共同キッチンあり。

Omena Hotel Lönnrotinkatu
中心街西部

オメナ・ホテル・ロンラティンカツ MAP P.428-B3

住Lönnrotinkatu 13
TEL 0600-555-222
URL www.omenahotels.com
料ⓈⒹ€68～ 朝食€6.9
CC A D M V 室147室
T 1、3、6番Fredrikinkatu(徒歩3分)

予約はインターネットのみ。ホテルにはフロントがなく、予約後に送られてくる番号(ドアコード)を控え、ホテルと部屋の入口でコードを入力する。支払いもクレジットカードで行う。

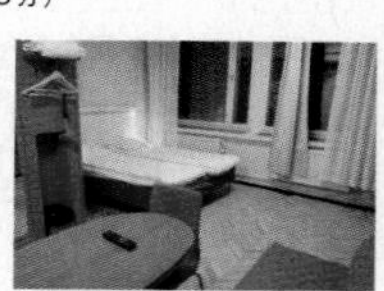

Eurohostel
中心街東部

ユーロホステル MAP P.427-C3

住Linnankatu 9
TEL(09)622-0470
URL eurohostel.eu
料ドミトリー€27.2～ バス・トイレ共同Ⓢ€47.5～ Ⓓ€54.9～
(YH会員は10%割引) 朝食€10.9
CC A D J M V 室135室
T 4番Vyökatu(徒歩1分)

バイキングラインのターミナルに近く静かな環境。シングル、ツインユースが基本で、客室は清潔。バス、トイレは共同だが男女別。共用サウナは€7.5で利用可(朝7:00～10:00は無料)。

フィンランド発祥 サウナに入ろう!

湖畔にたたずむ、赤いサウナ。フィンランドらしい風景

フィンランドはサウナの国

フィンランドといえば、サウナの国だ。そもそもSaunaとはフィンランド語で、当然のことながらフィンランドこそがサウナ発祥の国なのである。3人に1人の割合でサウナがあるというほど、フィンランド人にとってサウナは欠かせないものなのだ。

フィンランド人にとってサウナは、リラックスだけではなく家族や友人との団らんの場。普段シャイなフィンランド人も、サウナの中ではまるで別人! 友人同士はもちろん、たとえそうでなくとも会話を楽しんでいる。かつて「サウナ外交」なんて言われたように、大事な会議までサウナで行うなんてこともあったとか。サウナ後に「今日のロウリュは最高だね」なんて話せるようになったら、あなたも立派なフィンランド通!

サウナの入り方

楽しくサウナ体験をするための基本の入浴方法をご案内。マナーを守って心地よいサウナタイムを過ごそう。

1 サウナの基本

シャワーで体を洗ってから、桶と柄杓を持ちサウナへ。お尻の下にタオルかサウナシートを敷いて座るのがマナー。

2 サウナに入ったら

サウナストーンに水をかけるとロウリュが広がりサウナ内の温度が上がる。水をかける際は周りにひと声かけて。

3 サウナの中で

フィンランド人にとってサウナは会話を楽しむ憩いの場。心地よいロウリュに包まれて団らんのひとときを楽しもう。

4 休憩タイム

暑くなったら外に出て、ベンチで水分補給。ドリンクは微炭酸のアルコールドリンク、ロンケロやビールが定番。

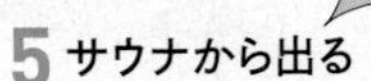

5 サウナから出る

②~④を繰り返しもう十分だと思ったら、シャワーで汗を流そう。プールや湖がある場合は泳いでクールダウン!

※プールはたいてい男女共同なので、水着を身につけること

フィンランドサウナ Q&A

素朴な疑問からとっておき情報まで、サウナに関する疑問をさくっと解決☆

Q1.水着は着用していいの?

A.サウナの中では水着を着ても、着なくてもどちらでもOK。地元の人は着用せずタオルだけを巻いている人が多い。施設によっては水着着用不可の場合もあるので、確認を。

Q2.サウナの種類について教えて

A.昔ながらの伝統的なサウナは薪を燃やして室内を暖める薪式。木の香りもよく、リラックスできる。ほか、電気式やたくさんの湯気が出るスモーク式などがある。

Q3.湖に飛び込むって本当?

A.本当。夏の休暇を過ごすサマーハウスのサウナはたいてい湖の横にあり、サウナ後にクールダウンのため湖に飛び込む。冬でも凍った湖に穴を開け飛び込んだりする。

Q4.とっておきの楽しみ方を教えて!

A.シラカバの枝葉を束ねたヴィヒタに挑戦してみては? 体をたたいて新陳代謝を促す。また、サウナハニーを体に塗ってから入れば、肌がしっとりすべすべに。

ヘルシンキ市内の公共サウナ

アッラス・シー・プール

Allas Sea Pool

エスプラナーディ公園周辺 MAP P.429-D3

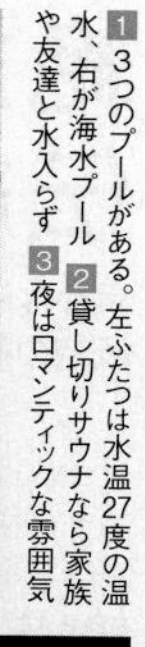

1 3つのプールがある。左ふたつは水温27度の温水、右が海水プール 2 貸し切りサウナなら家族や友達と水入らず 3 夜はロマンティックな雰囲気

港の横でサウナ&プール♪

マーケット広場のある港のすぐ横。サウナは男女別と貸し切りの計5つ、プールは温水ふたつと、海水があり、海水プールのみ飛び込み可。眺めのいいレストランを併設し、カフェテラスは無料で利用できる。

住Katajanokanlaituri 2A TEL040-565-6582
URLallasseapool.fi
営月～金6:30～21:00
土8:00～21:00 日9:00～21:00
休なし 料€18(金曜14:00以降と土・日曜は€22、2時間制)、タオル、水着は持参を推奨
T2番Kauppatori、4番Ritarihuone(徒歩6分)

サウナDATA
電気式サウナ(男女別)
水着着用:可
プール:有

利用方法

STEP 01 入場
窓口でチケットを購入。チケットを腕に巻きエントランスにかざして入場。ロッカーの鍵としても使用できる。

STEP 02 サウナへ
更衣室のロッカーに荷物を預け、着替えたらサウナシートを取ってサウナ室へ。サウナタイムを楽しもう。

STEP 03 プールで泳ぐ
体が温まったらプールへ。水温調節してあるふたつのプールは冷た過ぎることもなく火照った体を冷やすのに◎。

STEP 04 ひと休み
疲れたら敷地内のいたるところにあるデッキチェアでひと休み。カフェで飲み物を注文して座ることも。

STEP 05 シャワーを浴びる
シャワーを浴びて着替えたら、キレイさっぱりデトックス完了! バスタオルのレンタルは1枚€8.9。

ロウリュ

Löyly 郊外 MAP P.426-B4

おしゃれなアーバンサウナ

スタイリッシュなデザインのアーバンサウナ。中心街南部の海に面してあり、サウナ後には裏手の海に飛び込むことも可能。サウナは薪と電気式があり、マニアも納得の造り。レストランを併設している。

住Hernesaarenranta 4 TEL(09)6128-6550
URLwww.loylyhelsinki.fi
営月16:00～22:00 火～木13:00～22:00
金13:00～23:00 土9:00～11:00/13:00～23:00
日11:00～21:00
休なし(年次メンテナンスのため冬季に長期休業あり)
料€24(金～日曜は€25、2時間制、タオルとサウナシート含む)、貸切プライベートサウナ€500(金～日曜は€600、2時間制、要予約)
T6番Eiranranta(徒歩2分)

サウナDATA
薪サウナ(男女別)
電気式スモークサウナ(男女別)
水着着用:可 プール:無

1 薪、スモークのほか最大10名収容の貸し切りサウナもある 2 海に面しており、夏にはテラス席でリラックスできる

ウルヨンカツの公共プール

Yrjönkadun Uimahalli

ヘルシンキ中央駅周辺 MAP P.428-B2

伝統の公共プール&サウナ

映画『かもめ食堂』のラストシーンにも登場。1928年に開業した老舗の市民プールで、かつては男女共同の「裸プール」として有名だった。現在は男女別の利用日だが、裸で泳いでもOKなのは昔のまま。

住Yrjönkatu 21b TEL(09)3108-7401
URLwww.hel.fi

※2024年2月現在、老朽化に伴う改修工事のため長期休館中。営業再開は、2026年1月以降を予定している。

サウナDATA
1階 電気式スモークサウナ
スチームサウナ
2階 薪サウナ
スチームサウナ
水着着用:不可
プール:有

1 もちろん、水着を着けて泳いでも大丈夫 2 サウナは1階と2階にそれぞれあり、水着着用不可

絶対に外れなし！伝統料理はここで食べる

素朴な味わいのフィンランド料理は、日本人の口にぴったり！
伝統の味からアレンジ系、スープまで、外れなしの名店をセレクト。

Ravintola Sea Horse
ラヴィントラ・シー ホース

中心街南部

MAP P.427-C3

タツノオトシゴのレストラン

1934年創業の老舗。手頃な値段でフィンランド料理が食べられるとあって、食事時はいつも地元の人で混み合っている。平日の12:00～15:00にはお得なランチメニューもある。

住Kapteeninkatu 11
TEL(09)628-169
URLwww.seahorse.fi
営月・火12:00～22:00
　水～金12:00～23:00
　土　　15:00～23:00
　日　　15:00～22:00
休なし
予ランチ€17～、ディナー€25～
CCA D M V
T3番Kapteeninkatu（徒歩1分）

1 壁に大きく描かれたタツノオトシゴの絵が印象的 2 サーモンのグリル€29。肉厚で食べ応えもばっちり

3「本日のランチ」は日替わりの4種とパンケーキ€5から選べる 4 凍ったクランベリーに温かいキャラメルソースをかけて食べるフローズン・クランベリー€12

Konstan Mölja
コンスタン・モルヤ

中心街南部

MAP P.428-A3

伝統料理のビュッフェがおいしい

伝統的なフィンランド料理がビュッフェ形式で楽しめる。前菜はスモークサーモンやニシンの酢漬けなど10種類以上、肉料理と魚料理は各2種類が並ぶ。人気店のため、予約がベター。

住Hietalahdenkatu 14
TEL(09)694-7504
URLwww.konstanmolja.fi
営火～木11:00～14:30/17:00～22:00
　金　　11:00～14:30/16:00～23:00
　土　　　　　　　　16:00～23:00
休日・月（7月と12月下旬から3週間は休業）
予ランチ€16.5～、ディナー€38 CCA D J M V
T7、9番Ruoholahden villat（徒歩3分）

1 ミートボールやトナカイ肉の煮込みが人気 2 カレリア地方をイメージした内装 3 テーブルから自由に盛り付けよう 4 トラムのほか、地下鉄のカンピ駅からも徒歩5分ほど

1 メニューノッカの一例。料理はどれも洗練された味わい 2 れんが造りの趣ある建物 3 テーマが異なる3つの空間がある。旬の食材を重視するため、メニューは年6〜7回ほど変わる

Ravintola Nokka

ラヴィントラ・ノッカ

エスプラナーディ公園周辺

MAP P.429-D2

旬の素材を多彩にアレンジ

フィンランドの食材を使った料理が楽しめる。伝統料理をアレンジしたメニューは、見た目の美しさにも注目して。コースが中心で、人気のメニューノッカは5皿€89〜。なるべく予約を。バーのみの利用可。

住Kanavaranta 7F TEL(09)6128-5600
URLnokkahelsinki.fi
営月〜木17:00〜23:00
　金　11:30〜24:00
　土　17:00〜24:00
休日、クリスマスから1月の第1週目まで
予ランチ€30〜、ディナー€40〜　CCA M V
T4、5番Tove Janssonin puisto(徒歩5分)

Ravintola Kolme Kruunua

ラヴィントラ・コルメ・クルーヌア

ヘルシンキ中央駅周辺

MAP P.429-D1

レトロな内装がすてき！

1952年に創業した、地元で評判のフィンランド料理店。ステンドグラスがあるレトロな店内は、映画やCMのロケにも使われることもあるそう。

住Liisankatu 5
TEL(09)135-4172
URLwww.kolmekruunua.fi
営月〜木16:00〜翌1:00
　金　16:00〜翌1:30
　土　12:00〜翌1:00
　日　12:00〜翌1:00
休なし 予€25〜　CCA M V
T7番Snellmaninkatu
(徒歩5分)

1 バーのみでの利用もOK 2 大定番のミートボール€22。ベリーソースと一緒にどうぞ 3 サーモンスープ€14〜19。ミルクベースの優しい味わい

1 名物のニシンのフライ€22.5。外はカリッと、中はフワフワでクセになるおいしさ。好みでレモンを絞って 2 バニラアイスとラズベリージャムが添えられたクレープ€9.7 3 ローカルなファンも多い

Ravintola Salve

ラヴィントラ・サルヴェ

中心街南部

MAP P.428-A4

125年以上の歴史を誇る名店

港に面するレストラン。海の男たちに長年愛されてきた老舗で、気取らない雰囲気。シーフードメニューが充実しており、どれもボリュームたっぷりなのがうれしい。良心的な価格も人気の秘密。

住Hietalahdenranta 5C TEL010-766-4280
URLwww.raflaamo.fi
営月〜金11:00〜22:00 土・日12:00〜22:00
休なし 予€20〜 CCM V T6番Sandvikstorget(徒歩1分)

※北欧では、近年急激にキャッシュレス化が進み、現金払い不可の観光施設や店舗が増加している。クレジットカードを必ず用意すること。

グッドデザインが揃う ヘルシンキの個性派カフェ

ヘルシンキは、たくさんの個性的なカフェがある"カフェの町"
お茶からランチ、朝食までおまかせの、おしゃれカフェへようこそ！

Café Aalto

カフェ・アアルト

エスプラナーディ公園周辺

MAP P.438-A

アアルトの名を冠したカフェ

アカデミア書店（→P.485）の2階にある、アアルトの名を冠した国内唯一のカフェ。店内の大理石のテーブルとペンダントライト、黒い革張りの椅子はアアルトデザインのオリジナル。

住 Pohjoisesplanadi 39
TEL 050-492-4942
URL www.cafeaalto.fi
営 月～金 9:00～20:00
土 9:00～18:00
日 11:00～18:00
休 なし 予 €4～ CC A D J M V
T 1、3、4、5、6、10番 Ylioppilastalo（徒歩2分）

1 映画『かもめ食堂』でサチエとミドリが出会った場所としても登場した 2 ブルーベリーパイ€8.9（手前）、ラズベリーのペイストリー€4.9（奥右）、コーヒー€4.3 3 日本語のメニューにはないパイやケーキも。おすすめを聞いてみよう 4 アアルトのランプが独特の空間を演出

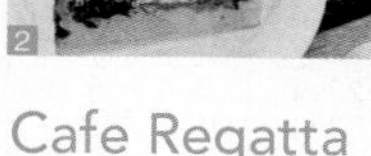

1 フィンランドの田舎を思わせる、赤い漁師小屋 2 ブルーベリーパイ€4（手前）とシナモンロール€3.5 3 マッカラなどを焼くのはセルフ

Cafe Regatta

カフェ・レガッタ

中心街北部

MAP P.426-B2

海に面した赤い漁師小屋

　シベリウス公園内にある名物カフェ。かわいらしい赤い小屋は、もと漁師小屋だったもの。テラス席からは目の前に海が望め、マシュマロ€2やマッカラ（ソーセージ）€2.9を焼くBBQスペースもある。

住Merikannontie 8 TEL040-414-9167 URLwww.cafereg atta.fi 営5～8月　毎日9:00～22:00頃　9～4月　毎日9:00～21:00頃 休なし 予€5～ CCM V T1、2、4、10番Apollonkatu（徒歩12分） B24、25番Sibeliuksenpuisto（徒歩4分）

1 クラシカルな店内は常連客でいつもいっぱい！ 2 伝統的なスイーツが並ぶショーケース 3 月～金7:30～10:30の朝食ビュッフェ€17.9、11:00～14:00のランチビュッフェ$13.9も人気

Ekberg Cafe

エクベリ・カフェ

中心街南部

MAP P.428-B3

ヘルシンキ最古の老舗カフェ

　1852年オープンの、ヘルシンキ最古のカフェ。フィンランドの伝統菓子を中心に、さまざまな種類のホームメイドスイーツが揃う。隣にはイートインもできるパン屋を併設し、朝早くから常連客が訪れる。

住Bulevardi 9 TEL(09)681-1860 URLwww.ekberg.fi 営月～金7:30～19:00　土・日9:00～18:00 休なし 予€8～ CCA D M V T1、3、6番Fredrikinkatu（徒歩すぐ）

1 カラフルな壁のアート作品は月に1回程度入れ替わる 2 ボリューム満点のスーパーソニック・サンドイッチは€7.8～ 3 チアシードドリンクやスムージーも人気

Espresso Edge

エスプレッソ・エッジ

ヘルシンキ中央駅周辺

MAP P.429-C1

寒い日にも心弾むカリフォルニアスタイル

　周辺の学校関係者の利用が多く、落ち着いた客層とチェーン店にはないアットホームな雰囲気が魅力。地元産やオーガニック食材を多用し、フェアトレードコーヒー€3～へのこだわりも。

住Liisankatu 29 TEL(09)278-4144 URLwww.espresso edge.fi 営月～木8:30～18:00　金8:30～16:00　土11:00～18:00 休日 予€5～ CCM V T7番Snellmaninkatu駅（徒歩1分）

1 看板がインパクトある入口 2 月～金7:30～10:30の朝食ビュッフェ€17.9ではケーキも食べ放題 3 濃厚なザッハートルテ

Fazer Café Kluuvikatu 3

ファッツェル・カフェ・クルーヴィカツ 3

エスプラナーディ公園周辺

MAP P.438-A

チョコメーカー直営の伝統カフェ

　老舗チョコレートメーカー、ファッツェル社のカフェ。自社のチョコレートを使ったケーキが人気で、看板のザッハートルテは$7.6。ビュッフェ形式の朝食やランチもある。チョコレートショップを併設。

住Kluuvikatu 3 TEL040-590-2434 URLwww.fazer.fi 営月～金7:30～22:00　土9:00～22:00　日10:00～20:00 休なし 予€7～ CCA M V T2、4、5、7番Aleksanterinkatu（徒歩1分）

ヘルシンキのレストラン

町のあちこちにしゃれたレストランや個性的なカフェが点在し、あらゆるランクと種類の店が揃っている。注目のグルメスポットは、エスプラナーディ公園の南を通るエテラエスプラナーディ通りの南の2～3ブロックほどのエリアと、ブレバルディ通りBulevardiを中心とした中心街南部。6～8月は夏休みでクローズするレストランもあるので注意。

フィンランド料理

Ravintola Zetor

ラヴィントラ・ツェトル

MAP P.438-A

映画『レニングラード・カウボーイズ』で有名なサッケ・ヤルヴェンパーが内装を担当。店内には古いトラクターや農耕機械が無造作に置かれユニーク。人気はトナカイ肉のソテー€31やカレリア風シチュー€24.8など。バーだけの利用も可能。

ヘルシンキ中央駅周辺
住Mannerheimintie 3, Kaivopiha
TEL010-766-4450
URLwww.raflaamo.fi/fi/helsinki
営月～木 15:00～23:30
金・土 13:00～翌4:30
日 13:00～23:30
休なし
予€28～
CCA D M V
Sヘルシンキ中央駅(徒歩3分)

Ravintola Kosmos

ラヴィントラ・コスモス

MAP P.428-B2

1924年創業の老舗。クラシカルな店内で、フィンランドをはじめヨーロッパ各国の料理が楽しめる。顧客には国内有名デザイナーも名を連ね、ウエイティングルームはステファン・リンドフォルスのデザイン。おすすめはニシンのフライ€22など。

ヘルシンキ中央駅周辺
住Kalevankatu 3
TEL(09)647-255
URLkosmos.fi
営月～金11:30～24:00
土 16:00～24:00
休日
予€35～
CCA D M V
T1、3、4、5、6、10番Ylioppilastalo(徒歩1分)

Ravintola Savoy

ラヴィントラ・サヴォイ

MAP P.438-A

1937年創業。顧客にはかのアルヴァ・アアルトも名を連ね、店のためにデザインした花瓶、サヴォイベースは有名だ。椅子やランプもアアルトのデザインしたオリジナル。メニューは季節のモダンフィンランド料理。窓際の席からの眺めも自慢。

エスプラナーディ公園周辺
住Eteläesplanadi 14(8F)
TEL(09)6128-5300
URLsavoyhelsinki.fi
営水～金11:30～14:00/18:00～24:00
土 18:00～24:00
休日・月
予ランチ€70～、ディナー€136～
CCA M V
T1、3、4、5、6、10番のYlioppilastalo(徒歩5分)

Kappeli

カッペリ

MAP P.438-B

エスプラナーディ公園内の、ガラス張りの雰囲気ある店。レストラン、バー、カフェスペースに分かれレストランではフィンランド料理やスカンジナビア料理が楽しめる。前菜€15.7～、「本日のスープ」€15.9、メイン€27.2～。キッズメニューあり。

エスプラナーディ公園周辺
住Eteläesplanadi 1
TEL010-766-3880
URLwww.raflaamo.fi/fi/helsinki
営夏季 毎日 9:00～24:00
冬季 月～土10:00～24:00
日 10:00～22:00
休なし
予€30～
CCA D M V
T2番Kauppatori(徒歩1分)

Natura

ナトゥラ

MAP P.429-C3

通称「イソロバ」と呼ばれるおしゃれな通りに面し、サステナビリティへの感度が高い地元っ子の間で話題に。地産地消をテーマに、自社農園で採れた野菜やヘルシンキ近郊の小規模生産者が育てた食材を吟味。冬季にはジビエ料理も提供する。

中心街南部
住Iso Roobertinkatu 11
TEL040-689-1111
URLwww.restaurantnatura.com
営水～日17:00～24:00
休月・火
予€30～
CCM V
T1、3番Iso Roobertinkatu駅(徒歩3分)

フィンランド料理

Ravintola Saaga
ラヴィントラ・サーガ

MAP P.428-B4

ヘルシンキでラップランド料理を楽しむならここ。おすすめはトナカイ肉のソテー€29.5や北極イワナ€32.9。パイクパーチなど新鮮な魚介が食べ放題のフィッシュビュッフェはデザート付きで€34。サーメの文化をテーマにした店内はムード満点。

中心街南部
住Bulevardi 36
TEL(09)7425-5544
URL ravintolasaaga.fi
営火～土17:00～23:00
休日・月
予€35～
CC A D M V
T 1T、6番 Aleksanterinteatteri(徒歩2分)

インターナショナル

Tapahtumatalo Bank
タパフトマタロ・バンク

MAP P.438-B

かつて銀行として使用されていた建物を改装した大型レストラン。営業はランチタイムだけだが、セットが€13.5～で食べられる。メインは日替わりで4種類から選べる。サラダやスープ、ドリンク、デザート付き。テイクアウトもOK。

エスプラナーディ公園周辺
住Unioninkatu 20
TEL(09)6128-5650
URL www.ravintolabank.fi
営月～金11:00～14:00
休土・日
予€13.5～
CC A M V
T 2番Eteläranta徒歩2分)

ファストフード

Hesburger
ヘスバーガー

MAP P.429-C3

ヘルシンキのご当地ハンバーガーチェーン。地元ではマクドナルドよりもこちらが人気。サイドメニューにはサラダもあるのでヘルシー志向の人にもおすすめ。人気のハンバーガーはチーズバーガー€3.1～、チキンナゲット€4～など。

中心街南部
住Kasarmikatu 19
TEL 044-480-9241
URL www.hesburger.com
営月～木10:00～21:00
　金・土10:00～翌5:00
休日
予€10～
CC M V
T 10番Trekanten(徒歩6分)

ロシア料理

Blinit
ブリニット

MAP P.427-C1

ロシア料理がお手軽に楽しめる。看板メニューのブリヌィはそば粉を使ったクレープ。イクラやハムなどを入れた食事用€14.9～とアイスやジャムを添えたデザート用€5.9～がある。ボルシチ€14.9～やロシアの水餃子ペリメニ€6.9～も人気。

中心街北部
住Sturenkatu 9
TEL 040-090-9603
URL www.blinit.fi
営月～金13:00～22:00
　土・日12:00～22:00
休なし
予€12～
CC M V
T 1、3、8番Urheilutalo(徒歩4分)

カフェ

Eromanga
エロマンガ

MAP P.429-C3

地元の人御用達のベーカリー。クラシックな店内で食べても、テイクアウトしてもOK。ボリューム満点のピロシキ€4.5やシナモンロール€3.2が人気。店名の由来は地球儀を回して偶然止まった場所がエロマンガ島だったことから。

エスプラナーディ公園周辺
住Pohjoinen Makasiinikatu 6
TEL(09)639-978
URL eromanga.fi
営月～金7:30～15:00
　土　10:00～15:00
休日
予€5～
CC M V
T 2番Eteläranta(徒歩3分)

Café Engel
カフェ・エンゲル

MAP P.438-B

ヘルシンキ大聖堂を望む好立地にあるカフェ。カフェの名前は、ヘルシンキ大聖堂の設計者で、店の外観を手がけたエンゲルに由来する。サーモンスープ€16.2など食事メニューもある。人気のケーキはメレンゲのタルト€8.4など。

エスプラナーディ公園周辺
住Aleksanterinkatu 26
TEL(09)652-776
URL www.cafeengel.fi
営月～金　8:00～21:00
　土　9:00～21:00
　日　10:00～19:00
休なし
予€7～
CC A M V
T 2、4、5、7番Senaatintori(徒歩すぐ)

カフェ

Café Ursula
カフェ・ウルスラ　MAP P.427-C4

海沿いにある開放的なカフェ。平日の昼にはランチメニューを、日曜にはブランチを用意、またバーとしても利用できる。ブルーベリーパイ€8.2などのスイーツのほか、サーモンのオープンサンドや日替わりのランチ€16～もある。カプチーノは€4.9。

中心街南部
住Ehrenströmintie 3
TEL(09)652-817
URLwww.ursula.fi
営夏季　月～金9:00～18:00
　　　　土・日9:00～17:00
　冬季　月～金9:00～22:00
　　　　土・日9:00～23:00
休なし
予€6～
CCA D M V
T3番Kaivopuisto(徒歩8分)

Moko Market & Cafe
モコ・マーケット&カフェ　MAP P.427-C3

雑貨店に併設されたアーティストやおしゃれな若者に人気のカフェ。天井が高く広々とした心地よい空間で、手作りとオーガニック食材にこだわったメニューが味わえる。平日の11:00～14:00は日替わりのスープ€12などのランチも登場。

中心街南部
住Perämiehenkatu 10
TEL010-315-6156
URLmoko.fi
営月～金 8:00～17:00
　土　　10:00～16:00
休日
予€5～
CCA M V
T1番Telakkakatu(徒歩1分)

Andante
アンダンテ　MAP P.428-B4

こだわりコーヒーが魅力のカフェ。ハンドドリップコーヒー€7～のほか、バナナトースト€5.5などの軽食メニューも揃う。コーヒーの味をダイレクトに楽しんでもらいたいと、一口目はブラックで飲むのをおすすめしている。

中心街南部
住Fredrikinkatu 20
TEL040-370-5645
営毎日11:00～18:00
休なし
予€7～
CCA D M V
T1、3番 Iso Roobertinkatu(徒歩1分)

日本料理

Ravintola Kamome
ラヴィントラかもめ　MAP P.428-B4

映画『かもめ食堂』の舞台となったロケ地。白と水色を基調とした内装は映画そのまま。北欧産の食材を使った本格的な和食を提供し、ランチのおすすめはサーモン刺身丼€16。夜は焼き鳥€7.5やウナギ€16などの居酒屋メニューとともにお酒を楽しめる。

中心街南部
住Pursimiehenkatu 12
TEL041-792-1340
URLwww.kamome.fi
営月～金11:00～22:00
　土　　13:00～22:00
休日
予€20～
CCD J M V(現金不可)
T1、3番Viiskulma(徒歩4分)

中国料理

China
チャイナ　MAP P.428-B3

1973年オープンのヘルシンキで最初の中国料理店。広東料理をメインに提供している。本格的な中国料理が手頃な値段で食べられるとあって、いつも地元の人でいっぱい。麻婆豆腐€15.9、各種点心€6.5～18.9などが特に人気。日本語メニューあり。

ヘルシンキ中央駅周辺
住Annankatu 25
TEL044-972-9328
URLwww.ravintolachina.com
営月～木11:00～22:00
　金　　11:00～23:00
　土　　12:00～23:00
　日　　12:00～22:00
休なし
予€12～
CCA D J M V
T7、9番Simonkatu(徒歩3分)

ピザ

Ravintola Skiffer
ラヴィントラ・スキファー　MAP P.429-C4

フィンランド産の食材をトッピングしたピザ専門店。お皿からはみ出すほどの大きな長方形のピザは、薄くて軽い。人気メニューは、ザリガニやチョリソーなどがトッピングされたザリガニピザ€19.9。ビールやワインなどのアルコールも揃っている。

中心街南部
住Laivurinkatu 10
TEL045-641-9955
URLskiffer.fi
営月～金11:00～22:00
　土　　12:00～22:00
　日　　12:00～21:00
休なし
予€20～
CCA M V
T1、3番Viiskulma駅(徒歩1分)

ヘルシンキのショッピング

デパートやショップは、アレクサンテリン通りとエスプラナーディ通り、そしてマンネルヘイミン通りの周辺に集まっている。ホテル・フィン（→P.473）の西側とエテラエスプラナーディ通りの南側一帯もショッピングエリアとなっている。おしゃれな雑貨店やインテリア、宝石、衣類、アンティークなどの店が集中している。

デパート

Sokos
ソコス

MAP P.428-B2

オリンピックイヤーの1952年に開業した老舗デパート。生活に関わるほとんどのものが揃う。地下1階に入っているスーパーマーケットS-Marketは土・日曜も休まず24時間オープンしているので便利。ヘルシンキ中央駅とは地下道で直結。

ヘルシンキ中央駅周辺
住Mannerheimintie 9
TEL010-7665100
URL www.sokos.fi
営月〜金 9:00〜21:00
　土・日10:00〜18:00
休なし
CC店舗によって異なる
Sヘルシンキ中央駅（徒歩1分）

Forum
フォーラム

MAP P.428-B2

衣類、雑貨、レストラン、本屋など、約120の店舗が集まった旅行者も気軽に利用しやすいショッピングセンター。ファッション関係からアクセサリー、生活に関わるほとんどの品物が揃う。地下にはフードコートもあるので、ご飯に困ったときに便利。

ヘルシンキ中央駅周辺
住Mannerheimintie 14-20
TEL(09)5657-4523
URLwww.forum.fi
営月〜金 10:00〜20:00
　土　10:00〜19:00
　日　12:00〜18:00
休なし
CC店舗によって異なる
Sヘルシンキ中央駅（徒歩2分）

Stockmann
ストックマン

MAP P.438-A

フィンランド最大のデパート。伝統を誇る高級デパートで、フィンランドの有名ブランドや高級日用品はほとんど揃い、一度にいろいろ見たい人にはありがたい。おみやげ探しにぴったりなキッチン用品や食器コーナーをはじめ、食品売り場も充実。

エスプラナーディ公園周辺
住Aleksanterinkatu 52
TEL(09)12-11
URLwww.stockmann.com
営月〜金 10:00〜20:00
　土　10:00〜19:00
　日　12:00〜18:00
　（夏季は延長あり）
休なし
CCA D J M V
T1、3、4、5、6、10番Ylioppilastalo（徒歩1分）

Kämp Galleria
カンプ・ギャレリア

MAP P.438-A

ホテル・カンプに併設し、マリメッコをはじめとする人気ブランドのショップやレストラン約30店舗が入っている。ショールームを兼ねた2階のGardenには新進気鋭の国内ファッションブランドが集まる。2024年2月現在、2階の一部改装中。

エスプラナーディ公園周辺
住Pohjoisesplanadi 33
TEL店舗によって異なる
URLwww.kampgalleria.com
営月〜金　8:00〜20:00
　土　9:00〜18:00
　日　11:00〜18:00
休なし
CC店舗によって異なる
T2、4、5、7番Aleksanterinkatu（徒歩2分）

Kamppi
カンピ

MAP P.428-B2

地下鉄カンピ駅と中央バスターミナルに直結。地下1階から地上6階の館内に150を超すテナントが入居し、4階には欧州最大のMUJIが広がる。フィンランド生まれのナンソ、スウェーデン発のインディスカなど、日本未上陸の北欧ブランドも見逃せない。

中心街西部
住Urho Kekkosen katu 1
TEL040-567-0939
URLwww.kamppihelsinki.fi
営月〜金 10:00〜20:00
　土　10:00〜19:00
　日　10:00〜18:00
休なし
CC店舗によって異なる
Mカンピ駅（直結）

※北欧では、近年急激にキャッシュレス化が進み、現金払い不可の観光施設や店舗が増加している。クレジットカードを必ず用意すること。

ファッション

Karhu Concept Store

カルフ・コンセプト・ストア　MAP P.428-B2

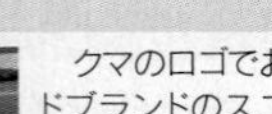

クマのロゴでおなじみ、フィンランドブランドのスニーカーのオンリーショップ。アルバトロス€100やメスタリ€110などの定番から、最新モデルまでがずらり揃う。メンズ向けを中心にTシャツや帽子などのファッション小物も扱っている。

ヘルシンキ中央駅周辺
住Mannerheimintie 22-24
TEL045-668-5737
URLkarhu.com
営月〜金10:00〜19:00
　土　10:00〜18:00
休日
CCA D M V
T1、4、10番Lasipalatsi（徒歩すぐ）

Samuji

サムイ　MAP P.429-D1

元マリメッコのクリエイティブディレクター、サム・ユッシ・コスキが2009年に立ち上げたファッションブランド。時を経ても色あせないファッションをテーマとしたアイテムが多数揃う。洋服のほかシューズ、バッグ、インテリア小物まで充実の品揃え。

ヘルシンキ中央駅周辺
住Liisankatu 17
TEL040-014-9360
URLsamuji.com
営月〜金 12:00〜18:00
　土　12:00〜16:00
休日
CCM V
T7番Snellmaninkatu駅（徒歩2分）

Frida Marina

フリーダ・マリーナ　MAP P.427-C1

カッリオ地区にある、おもに1930〜80年代のフィンランド産のアイテムを扱うビンテージショップ。保存状態のよいアイテムが整然とディスプレイされ、ワンピース、シューズ、バッグ、アクセサリーなどが豊富に揃っている。

中心街北部
住Kaarlenkatu 10
TEL050-381-0418
営火〜金12:00〜18:00
　土　12:00〜16:00
休日・月
CCM V
T3、9番Kaarlenkatu（徒歩1分）

Hálo

ヘイロー　MAP P.428-B3・4

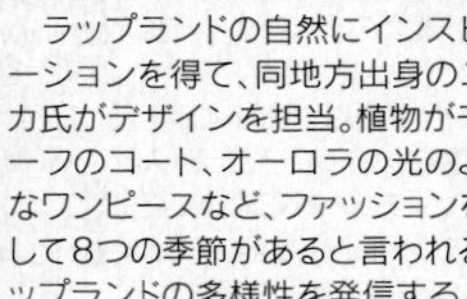

ラップランドの自然にインスピレーションを得て、同地方出身のユッカ氏がデザインを担当。植物がモチーフのコート、オーロラの光のようなワンピースなど、ファッションを通して8つの季節があると言われるラップランドの多様性を発信する。

中心街南部
住Fredrikinkatu 24
TEL040-027-6785
URLwww.halofromnorth.com
営木・金 11:00〜18:00
　土　11:00〜16:00
（2024年2月現在、予約制）
休日〜水
CCA M V
M1、3番Fredrikinkatu駅（徒歩2分）

工芸品

Salakauppa

サラカウッパ　MAP P.429-C4

国立現代美術館キアズマ（→P.453）で個展を開いたこともある、フィンランド人と韓国人の夫婦ユニットCompanyのショップ。世界中を旅して、ロシアのマトリョーシカ、日本のこけしなど各国の手仕事とコラボしたシリーズ「Secrets」が人気。

中心街南部
住Tarkk'ampujankatu 5
TELなし
URLsalakauppa.fi
営水〜土13:00〜18:00
休日〜火
CCM V
T10番Tarkk'ampujankatu駅（徒歩1分）

生活雑貨

Putinki

プーティンキ　MAP P.426-B2

老舗のポストカード専門店。動物や自然が描かれたポストカードやメッセージカードの多くが、地元のイラストレーターによって手掛けられたもの。ムーミンのポストカードも好評で、バラエティに富んだ品揃えとなっている。

中心街北部
住Runeberginkatu 44
TEL050-369-6599
URLputinki.fi
営月〜金 11:00〜18:00
　土　10:00〜16:00
休日
CCM V
T1、2、4、8、10番Töölöntori駅（徒歩2分）

アンティーク

Fasaani & Helsinki Secondhand
ファサーニ&ヘルシンキ・セカンドハンド MAP P.429-C4

20世紀の北欧デザインのアイテムを扱うアンティークショップ。広さ1000m²もの店内にはアラビアやイッタラなどフィンランドブランドを中心にデンマーク、スウェーデンの陶磁器やガラス、家具、古着、レコードなどがずらりと並んでいる。

中心街南部
住Korkeavuorenkatu 5
TEL(09)260-9970
URL www.fasaani.fi
URL helsinkisecondhand.fi
営月～金 11:00～18:00
土 11:00～17:00
日 12:00～17:00
休なし
CC A M V
T 10番Tarkk'ampujankatu(徒歩2分)

民芸品

Taito Shop Helsky
タイト・ショップ・ヘルスキー MAP P.438-B

フィンランドのハンドメイド製品や伝統的なクラフト雑貨を扱うショップ。幾何学模様の伝統装飾ヒンメリ€29などぬくもりのあるものばかりで、気の利いたおみやげを探すにはもってこい。スポンジふきんやマグカップなど店オリジナルの商品も販売している。

エスプラナーディ公園周辺
住Eteläesplanadi 4
TEL 050-350-8470
URL www.taito.fi/etelasuomi
営月～金 10:00～18:00
土 10:00～17:00
5～9月、12月の日 12:00～17:00
休5～9月と12月以外の日
CC A D M V
T 2番Kauppatori(徒歩1分)

キッチン用品

Chez Marius
シェ・マリウス MAP P.428-B3

夫婦でオープンした、キッチン雑貨の専門店。国内をはじめ、イタリアやドイツ、日本など、世界中から質のいい商品を集めている。ムーミンのクッキー型や、フィンランドの人気木製カトラリーブランドPuusorvaamo Pertti Forsの商品も扱う。

中心街南部
住Fredrikinkatu 26
TEL(09)612-3638
URL chezmarius.fi
営月～金 10:00～18:00
土 11:00～15:00
休日
CC D J M V
T 1、3、6番Fredrikinkatu(徒歩1分)

みやげ物

Common
コモン MAP P.428-B4

北欧デザインに惹かれ移住した中村さん夫妻が2007年に開店。白山陶器など日本製品のほか、日本人目線でセレクトしたシンプルな北欧雑貨を扱う。アモス・レックス(→P.454)とコラボレーションしたモミの木のディフューザー€54などオリジナル商品も。

中心街南部
住Pursimiehenkatu 1
TEL(09)670-385
URL common-helsinki.com
営月～金 11:00～18:00
土 11:00～16:00
休日
CC M V
T 1、3番Viiskulma駅(徒歩1分)

本

Akateeminen Kirjakauppa
アカテーミネン・キルヤカウッパ(アカデミア書店) MAP P.438-A

フィンランドの写真集、童話、絵本、実用書を買うならこの店。ムーミンの絵本の品揃えが充実しており、おみやげの品として人気。地下は文房具売り場になっていて、ノートやカラフルなラッピング材料などが並ぶ。2階はカフェ・アアルト(→P.478)。

エスプラナーディ公園周辺
住Pohjoisesplanadi 39
TEL 046-876-1240
URL www.akateeminen.com
営月～金 9:00～20:00
土 9:00～19:00
日 11:00～18:00
休なし
CC A D M V
T 1、3、4、5、6、10番Ylioppilastalo(徒歩2分)

食料品

Ruohonjuuri Mansku
ルオホンユーリ・マンスク MAP P.428-B2

1982年に創業し、オーガニックやフェアトレードなど体にも環境にも優しい食品、コスメ、生活雑貨を扱うショップ。有機ヘンプシード€7.5やオーガニックチョコレート€3.5～など、常時新商品であふれている。空港にも支店あり。

中心街西部
住Mannerheimintie 7
TEL 030-621-9010
URL ruohonjuuri.com
営月～金 10:00～21:00
土 9:00～19:00
日 12:00～18:00
休なし
CC A M V
S ヘルシンキ中央駅(徒歩4分)

マリメッコ尽くしの夢の空間！

マリメッコの本社へ

ヘルシンキの東郊外にあるマリメッコの本社に大潜入！
アウトレットや社員食堂など、ここでしかできない貴重な体験が満載☆

1

1 シーズンごとのおすすめ商品が中心に並ぶヘルットニエミ プライム店 2 社員に混じってランチが楽しめる食堂、マリトリ 3 ランチタイムは社員や観光客が入り混じり、にぎやか

Marimekko

マリメッコ本社

郊外

MAP P.427-D1外

あの有名ブランドの本社！

マリメッコファンの聖地。旅行者でも訪問できるエリアは、ふたつのショップと社員食堂。なかでも注目は、型落ちのアイテムを割引価格で購入できるアウトレット。

住 Puusepänkatu 4
URL www.marimekko.com
M ヘルットニエミ駅Herttoniemi（徒歩10分）

Road to Marimekko

最寄り駅は地下鉄ヘルットニエミ駅。キオスクのある出口を出て、写真❶のショッピングセンターHertsi手前の高速道路上の橋を通る。郵便局の前を通り、写真❷のマクドナルドの看板のあるガソリンスタンドを左折。自動車会社ボルボ前を道なりに右へ。

マリメッコ本社の100%の楽しみ方

観光客でいつもいっぱいのマリメッコ本社。
社員食堂とアウトレットが楽しめるのはここだけ！
最新アイテムが勢揃いする併設のショップも
忘れずにチェックしましょう。

LUNCH

社員食堂でかわいくヘルシーにランチ

入口に入って右側にある社員食堂。ビュッフェスタイルのランチは、魚または肉料理から選べるフルランチ€14.9と、スープランチ€13.5の2種類。色とりどりの野菜が並んだサラダは取り放題！

Maritori マリトリ
TEL 050-475-9569
URL www.maritori.com
営 月〜金
10:30〜14:00
休 土・日
予 €13.5〜 CC A D M V

1 パスタやカレーなどメイン料理はキッチンでピックアップ 2 受付で会計を済ませて店内へ。社員食堂というよりおしゃれなカフェのよう 3 メニューは日替わりで、食器やナプキンもマリメッコ

SHOPPING

4 室内履き用のレザースリッパ€139 5 ウニッコ柄の鍋つかみ各€22 6 A5サイズの紙製ポーチ各€18

\ Latest Item /

最新アイテムをチェックするならヘルットニエミ店で！

本社に併設するショップでは、定価のアイテムを販売。シーズンイチオシの商品や定番を中心に展開。洋服やホームプロダクトなどジャンルもバランスよく取り揃えている。社員食堂で使っている食器も扱う。

Marimekko Herttoniemi Prime
マリメッコ ヘルットニエミ プライム店
TEL 050-466-9118
営 月〜金　10:00〜18:00
土　10:00〜17:00
日　12:00〜17:00
休 なし CC A D M V

1 リビングや寝室インテリアの参考になる 2 リサイクルゴムで作られたマリメッコ・キオスキのチャーム€35 3 コーディネートの主役になるニット€185

\ Outlet /

アウトレットで掘り出し物をゲット！

マリメッコ本社のハイライトといえばこちら！ B級品や型落ちのアイテムがお手頃価格で手に入る。品揃えがいい朝一番に行くのがおすすめ。

Marimekko Outlet
マリメッコ アウトレット
TEL (09)758-7244
営 月〜金
10:00〜18:00
土　10:00〜17:00
日　12:00〜17:00
休 なし CC A D M V

マリメッコのショップリスト

店舗ごとに特化しているジャンルが違うので、ショップの特徴もさまざま。ヘルシンキ市内の個性的なショップはこちら！

マリメッコ・エスプラナーディ
(→P.488)
エスプラナーディ公園の近く。ファッション、ホーム、雑貨のバランスのとれた品揃え。

フォーラム店
(→P.483)
ショッピングセンターのフォーラム内。本店で売り切れの商品が置いてあることも。

アレクシンクルマ店
MAP P.438-A
左記のすぐそばにある店舗。ファッションに特化している。

カンピ店
MAP P.428-B2
地下鉄カンピ駅に直結しているショッピングセンター内。

ヘルシンキ・ヴァンター国際空港店
(→P.430)
空港内にある。買い忘れてしまっても帰国前にまとめ買いできる。

ストックマン店
(→P.483)
デパートのストックマンの5階。インテリア雑貨が種類豊富。

ライフスタイルをデザインする王道フィンランドブランド

フィンランドを代表する有名ブランドのショップが勢揃い！
どこも品揃え抜群で、日本で買うよりもリーズナブル。買い過ぎ注意！

Marimekko Esplanadi

マリメッコ・エスプラナーディ

エスプラナーディ公園周辺

MAP P.438-A

ここがマリメッコの総本店

　マリメッコのフラッグシップ店で、品揃えは国内随一。入口そばには最新モデルのファッションアイテムが並び、奥には定番の洋服や生活雑貨、小物が揃う。オリジナルパターンの生地を測り売りするコーナーもある。

住Pohjoisesplanadi 33
TEL050-572-5632
URLwww.marimekko.com
営月～金10:00～19:00
　土11:00～18:00　日12:00～17:00
休なし CCA D J M V
T2、4、5、7番Aleksanterinkatu（徒歩2分）

1 最新から定番まであらゆるアイテムが揃う 2 ウニッコ柄のスニーカー 3 おみやげに人気のマグカップ 4 ファブリックはメートル売りで、1m当たり€43～67 5 スカンジナビアン・レザーを使用したショルダーバッグも

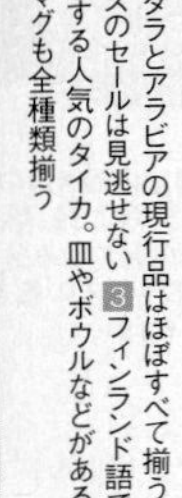

1 イッタラとアラビアの現行品はほぼすべて揃う 2 定番シリーズのセールは見逃せない 3 フィンランド語で「魔法」を意味する人気のタイカ。皿やボウルなどがある 4 ムーミンのマグも全種類揃う

Iittala ARABIA Store Esplanadi

イッタラ・アラビア・ストア・エスプラナーディ

エスプラナーディ公園周辺

MAP P.438-B

デザイン食器ならおまかせ！

　イッタラとアラビアのオンリーショップ。入口は別々だが店内でつながっており、レジが共同なので一度に買い物ができる。市内に数店舗あるが品揃えはここが断トツ。

住Pohjoisesplanadi 23
TEL020-439-3501 URLwww.iittala.com
営月～金10:00～19:00　土10:00～17:00
　日　12:00～16:00
休なし
CCA M V
T2、4、5、7番Aleksanterinkatu（徒歩3分）

Lapuan Kankurit

ラプアン・カンクリ

冬に活躍のショールを羽織ってみて！

エスプラナーディ公園周辺

MAP P.438-B

100年以上受け継がれるテキスタイルづくり

北西部の小さな町、ラプアで生まれ、日本にも出店するテキスタイルブランド。現在もすべての商品を同地の工場で製造し、リネンやウールなど天然素材を用いたアイテムを販売。人気のポケットショールは€75.9。

住Katariinankatu 2
TEL050-538-8244
URL www.lapuankankurit.fi
営月～金11:00～18:00
土 11:00～16:00
休日 CCA M V
T 2番Kauppatori駅（徒歩2分）

1 暮らしを彩る幅広い商品が揃う 2 100%ウールの湯たんぽ€42.9はバリエーション豊富 3 普段使いにぴったりなキッチンタオル各€21.9 4 蒸され中の人々を描いたユニークなサウナピロー€29.9 5 リネン製のサウナハット€29.9は男女兼用 6 フィンランドのスパブランド、オスミアの泥炭石鹸€10.9も

1 新商品の入荷が早く、年に数回展示が変わる 2 ゼブラ柄のテキスタイルを使ったバッグやクッションカバーも 3 座面と脚の色を自由に組み合わせられるスツール（座面€127～、脚€56～）

Artek

アルテック

エスプラナーディ公園周辺

MAP P.438-A

アアルトの家具を扱う国内唯一の店

ストックマン（→P.483）の向かいにあり、アルヴァ・アアルトがデザインした家具を扱う。広々とした2つのフロアに商品がディスプレイされ、他ブランドとコラボレーションやオリジナルのファブリックを使ったアイテム、日本未入荷の品も多い。

住Keskuskatu 1B TEL010-617-3480 URLwww.artek.fi
営月～金10:00～19:00 土10:00～18:00
（時期により変動あり） 休日 CCA D M V
T 2、4、5、7番Aleksanterinkatu（徒歩4分）

Moomin Shop Esplanadi

ムーミン・ショップ・エスプラナーディ

エスプラナーディ公園周辺

MAP P.438-A

ムーミングッズが勢揃い！

2023年11月に、数あるムーミン・ショップの旗艦店としてオープン。人形やキッチン用品、マグカップ、文房具、ポストカードなど幅広いジャンルのアイテムがずらり。

住Pohjoisesplanadi 2
TEL040-531-0417
URLwww.moomin.com
営月～金9:00～20:00
土 10:00～19:00
日 10:00～18:00
休なし CCA D M V
T 1、3、4、5、6、10番Ylioppilastalo中央駅（徒歩2分）

ムーミングッズならここへ

1 ぬいぐるみはムーミン€19.9とリトルミイ€15.9のほかにも種類豊富 2 フィンランド生まれの有名ブランド、フィスカルスのハサミ大€29.9、小€15.9 3 さまざまな絵柄が揃う紙ナプキン€4.9～ 4 料理が楽しくなるシリコン製スパチュラ€8.9～

もっとフィンランドデザイン！おすすめデザインショップ

超有名ブランド以外にも、おしゃれなブランド&ショップはもりだくさん！
毎日でも通いたくなっちゃう、厳選ショップをご紹介！

幅広い品揃えを誇るオンリーショップ

Johanna Gullichsen

ヨハンナ・グリクセン

中心街南部

MAP P.429-C3

伝統のグラフィカルパターン

フィンランドが誇る有名テキスタイルデザイナー、ヨハンナ・グリクセン。織りを生かしたユニークな柄の生地を使ったバッグや小物、生活雑貨が人気。こちらの旗艦店では生地の測り売りも行っている。

住Erottajankatu 1 TEL(09)637-917
URL www.johannagullichsen.com
営月～金10:00～18:00　土11:00～16:00 休日
CC A M V T 10番Kolmikulma(徒歩1分)

1 生地の測り売りは旗艦店のみのサービス。コットン、ウール、シルクの3種類があり、1m€175～ 2 幾何学模様のマチ付きペンケース各€28 3 テトラシリーズのバッグは大€175、小€105

ヘルシンキ大聖堂の目の前にあり立ち寄りやすい

Okra

オークラ

エスプラナーディ公園周辺

MAP P.438-B

個性が光る最新現代アートが集結

ヘルシンキ近郊に工房を構える、10名のフィンランド人女性作家が共同オーナー。ガラス、ジュエリー、テキスタイル、絵画など各自の作品がギャラリーのように並び、自然がモチーフのものも多い。

住Aleksanterinkatu 26 TEL050-400-6326
URL www.okra.fi 営月～金10:00～18:00　土10:00～17:00　日12:00～16:00 休なし
CC M V T 2、4、5、7番Senaatintori駅(徒歩1分)

1 ガラス作家のアンナ・シュロデルスさん。運がよければ来店中のアーティストに会えることも 2 コミカルな表情の鳥のオブジェ€49 3 プリントポーチ€18は手作業による1点物

Aarikka

アーリッカ

エスプラナーディ公園周辺

MAP P.438-B

ほっこり系インテリアの宝庫

2024年に創設70周年を迎えたフィンランドデザインの代表格。白樺や楓など環境に配慮した素材を用い、アクセサリーやオブジェはころんと丸いフォルムが特徴。かわいいクリスマスグッズ探しにぴったり。

住Pohjoisesplanadi 27
TEL044-422-0204
URLwww.aarikka.com
営月～金10:00～18:00
　土　　10:00～17:00
　夏季と12月の日12:00～16:00
休夏季と12月以外の日
CCA D M V
T2、4、5、7番
Aleksanterinkatu駅(徒歩2分)

1 一年中いつ訪れてもクリスマス気分を味わえる店内 2 ブランドのシンボルでもある羊の木製オブジェ€400 3 シンプルなのに温かみがあるクリスマスツリーのオーナメント€30

Astialiisa

アスティアリーサ

中心街北部

MAP P.426-B2

北欧ヴィンテージがずらり

アラビアやイッタラのビンテージを探している人はここへ。棚いっぱいに所狭しと並べられたアイテムは個人客からの引き取りで集まったもので、希少価値の高いものも多い。

住Runeberginkatu 59
TEL040-774-3968
URLwww.astialiisa.jp
営火～木12:00～18:00
　金12:00～17:00
　土12:00～16:00
休日・月
CCA D M V
T1、2、8番Töölöntori(徒歩2分)

1 オーナーのティーナさん。とても親切なので、いろいろ相談してみて。不定期で日本人のスタッフもいる 2 人気のポモナPomonaも狙い目！ 3 世界中のコレクターが愛してやまないアラビアのボタニカシリーズも豊富

Lokal

ロカル

中心街南部

MAP P.428-B3

ハイセンスなアイテムをセレクト！

写真家のカトゥヤさんが地元アーティストの作品紹介の場として開いたショップ。陶器や家具、キッチン用品など、デザインにこだわった工芸品が並ぶ。

住Annankatu 9
TEL041-314-1794
URLlokalhelsinki.com
営火～金12:00～18:00
　土　　12:00～16:00
休日・月
CCM V
T1、3番
1、3、6番Fredrikinkatu、10番Kolmikulma(徒歩3分)

1 ここにしかないアイテムも多いので、気に入ったアイテムは即買いが鉄則！ 2 アクセサリーやオブジェなどもたくさん 3 すっきりしたレイアウト。手前はギャラリーとなっている

ヘルシンキのナイトスポット

ヘルシンキの夜遊びスポットは市内のあちこちにある。ジャンルは高級バーから若者向けクラブ、ジャズバーやカジノなどいろいろある。店によっては年齢チェックが厳しく、証明書の提示を求められることもある。法律上は18歳以上ならOK。念のためパスポートのコピーを持ち歩いておこう。

Casino Helsinki

カジノ・ヘルシンキ

MAP P.429-C2

ヘルシンキ中央駅のすぐそばにあるフィンランド唯一のカジノ。入場は18歳以上からで、パスポートなどIDが必要。コートやハットなどは入口横のカウンターで預けなければならない。場内にはショーが楽しめる複数のレストランやバーもあるので、食事がてら遊びに来る人も。

ヘルシンキ中央駅周辺

住 Mikonkatu 19
TEL 020-055-000
URL casinohelsinki.fi
営 日～木 15:00～翌2:00
　金・土 15:00～翌4:00
休 無休
CC A D M V
S ヘルシンキ中央駅(徒歩3分)

Liberty or Death

リバティー・オア・デス

MAP P.429-C3

ブルックリンスタイルのこぢんまりとしたカクテルバー。地元の旬の材料を使うことにこだわっており、メニューは仕入れによって変動する。その材料に合うスピリッツを使ったカクテルを味わうことができる。素材の味を生かすためなるべくシンプルに仕上げている。

中心街南部

住 Erottajankatu 5
TEL 040-127-1731
URL sonofapunch.com/fi/ravintolat/liberty-or-death-suomi
営 日・火～木 16:00～翌1:00
　金・土 16:00～翌2:00
休 月
CC A M V
T 10番Kolmikulma(徒歩1分)

Villi Wäinö

ヴィリ・ワイノ

MAP P.428-B3

アルコール類が豊富なレストランバー。地ビールの品揃えは約70種類以上を数え、フィンランド各地の珍しいビールが味わえる。店の奥にはサウナがあり、サウナとお酒が同時に楽しめる。料金は€150分のドリンク込みで3時間€300～(定員10名)。第二日曜の夜にはライブも開催。

ヘルシンキ中央駅周辺

住 Kalevankatu 4
TEL 050-357-6704
URL www.villiwaino.fi
営 日～木 14:00～翌2:00
　金 14:00～翌5:00
　土 12:00～翌5:00
休 なし
CC A D M V
T 1、3、4、5、6、10番Ylioppilastalo(徒歩1分)

Helsinki Bryggeri

ヘルシンキ・ブリュッゲリ

MAP P.438-B

市庁舎の近くにあるブリュワリーレストラン。国産の大麦麦芽を使ったフレーバーも多彩なビールを自家醸造している。定番のPilsはバランスのとれた無ろ過のラガー。Weizenはクローブの香りのフルーティなビール。ハンバーガーなどフードメニューも豊富に揃う。

エスプラナーディ公園周辺

住 Sofiankatu 2
TEL 050-439-3628
URL helsinkibryggeribrewhouse.fi
営 火～木 15:00～23:00
　金・土 12:00～24:00
休 日・月
CC A D M V
T 2、4、5、7番Senaatintori(徒歩2分)

Storyville

ストーリヴィッレ

MAP P.428-B1

ジャズとブルースの生演奏を満喫できる老舗の音楽バー。ライブは毎週月～土曜の開催で、金・土曜は地下のライブスペースがオープン(チャージ€11～)する。夏季は毎日テラス席が出て、無料のライブを開催している。ハンバーガーなど、フードメニューも充実している。

中心街西部

住 Museokatu 8
TEL 050-363-2664
URL storyville.fi
営 火・水 18:00～24:00
　木 18:00～翌2:00
　金・土 18:00～翌4:00
　(時期により変動あり)
休 日・月
CC A D M V
T 1、4、10番Lasipalatsi(徒歩8分)

ヘルシンキのエンターテインメント Helsinki ENTERTAINMENT

ヘルシンキでは、毎晩のようにどこかでオペラやバレエ、演劇などが上演されている。チケット販売会社チケットマスターやリップピステLippupisteがチケットの販売を一手に引き受けており、オペラからアイスホッケーまで、あらゆるジャンルの興行チケットを予約・購入できる。予約・購入は電話のほか、ウェブサイトでのオンラインも可能。メインのオフィスはデパートのストックマン（→P.483）の2階にあり、ここでも購入できる。英語の話せるスタッフが常駐。事前に上演スケジュールを知りたい人は、前述のチケット販売会社や観光案内所のウェブサイトをチェックするといい。ヘルシンキのおもな劇場・競技場は次のとおり。

国立オペラ劇場
Suomen Kansallisooppera

伝統的かつモダンなデザインの劇場で、オペラやバレエ、オーケストラなど多彩なプログラムが上演される。トラム1、2、4、8、10番でOoppera下車すぐ。

フィンランディアホール
Finlandiatalo

アルヴァ・アアルトの設計によるコンサートホール兼会議場。歴史あるヘルシンキ・シンフォニック・オーケストラをはじめ、国内外のオーケストラによる公演が中心。ヘルシンキ中央駅から徒歩圏内。2024年2月現在、改装工事のため長期休館中だが、2022年に開業した隣接のイベントホール、ピック・フィンランディアPikku Finlandiaが代わりに営業している。

アシンメトリーの外観が目を引く

ヘルシンキ・ミュージックセンター
Helsingin Musiikkitalo

日本人設計家、豊田泰久氏が音響設計を手がけたコンサートホール。ヘルシンキ・フィルハーモニー管弦楽団、フィンランド放送交響楽団、シベリウス・アカデミーの拠点としてさまざまなプログラムを開催。

国立劇場
Suomen Kansallisteatteri

フィンランド国内の劇団による演劇を中心に上演。英語の解説はないが、見ているだけでも楽しめる。ヘルシンキ中央駅の駅前広場の向かいにある。

ヘルシンキ・アイスホール
Helsingin Jäähalli

ヘルシンキに拠点をおくプロホッケーチーム「HIFK」のホームスタジオ。フィンランドのホッケーシーズンは9〜3月。期間中、週に1〜2回は試合が開催される。トラム2、4、10番でKansaneläkelaitosで下車、徒歩3分。もうひとつのプロチーム、ヨケリJokeritの本拠地はパシラのハートウォール・アリーナHartwall Arena。トラム2番のMessukeskusから徒歩12分ほど。

DATA

●チケットマスター
住Stockmannデパート2階
TEL0600-10800 URLwww.ticketmaster.fi

●リップピステ
住Stockmannデパート2階
TEL0600-900900 URLwww.lippu.fi

●国立オペラ劇場 Map P.426-B2
住Helsinginkatu 58
TEL(09)4030-2211 URLoopperabaletti.fi

●フィンランディアホール
Map P.428-B1
住Mannerheimintie 15A
TEL(09)40-241

●ピック・フィンランディア
Map P.427-C2
URLwww.finlandiatalo.fi
住Karamzininranta 4

●ヘルシンキ・ミュージックセンター
Map P.428-B1
住Mannerheimintie 13A
TEL020-707-0400 URLmusiikkitalo.fi

●国立劇場 Map P.429-C1・2
住Läntinen Teatterikuja 1
TEL010-73311 URLwww.kansallisteatteri.fi

●ヘルシンキ・アイスホール
Map P.426-B1
住Nordenskiöldinkatu 11-13
TEL(09)477-7110 URLhelsinginjaahalli.fi

Tampere

タンペレ

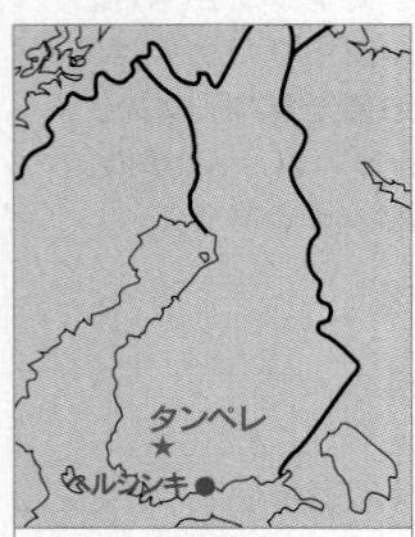

Map P.416-A4
人口:25万5050
市外局番:03
タンペレ情報のサイト
URL visittampere.fi
@visittamperеglobal
@visittampereofficial

タンペレの行き方

ヘルシンキからインターシティで所要約1時間35分、ペンドリーノで所要約1時間50分。5:03〜23:13の1時間に1〜3便運行。トゥルクからインターシティで所要約1時間45分、1日7便前後運行。ロヴァニエミからはインターシティまたはペンドリーノで所要6時間30分〜8時間40分、1日6便前後運行。

北のナシヤルヴィ湖と南のピュハヤルヴィ湖というふたつの湖に囲まれた町タンペレ。いかにも森と湖の国フィンランドにふさわしい、落ち着いた町だ。ふたつの湖には18mもの水位差があり、この落差を利用した水力発電によって、国内屈指の工業都市となっている。ただ、町を歩いても都市の忙しさは感じられず、フィンランド第2の都市とはとても思えないほど穏やかだ。ハメーンリンナへ向かう湖沼巡りの観光船「シルヴァー・ライン」、ヴィラトとを結ぶ「詩人の道航路」の発着点であり、近年はサウナ文化の中心地として脚光を浴びている。

れんが造りの建物が並ぶタンペレ市街

タンペレの歩き方

タンペレ駅は町の東にあり、見どころやホテル、ショップなどは西側の市街に集中している。メインストリートは駅から西に延びるハメーンカツ通りHämeenkatu。途中、タンメルコスキ川Tammerkoskiに架かる橋を渡るが、川岸にあるれんが造りの工場跡が旧フィンレイソン工場やミュージアム・センター・ヴァプリイッキだ。現在はレストランやショップ、博物館などが入

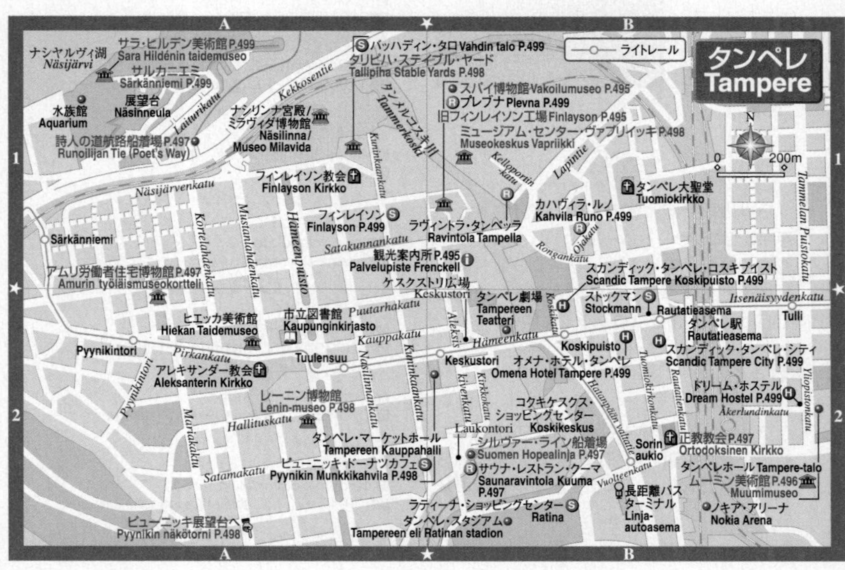

る複合施設に生まれ変わり人気を博している。一方、地元の名物が揃うタンペレ・マーケットホールTampereen Kauppahalliの前を通り、ハメーンカツ通りを直進するとアレキサンダー教会Aleksanterin Kirkkoがある広場に突き当たる。駅からここまではゆっくり歩いて30分ほど。ライトレールTampereen Ratikkaと呼ばれる路面電車に乗ってもいいだろう。

町の北に広がっているナシヤルヴィ湖Näsijärviに突き出た半島には、家族連れでにぎわうサルカニエミがある。

町の台所、タンペレ・マーケットホール

おもな見どころ

旧フィンレイソン工場

Finlayson

Map P.494-B1

タンペレ生まれのフィンレイソンの始まりの場所

タンメルコスキ川上流の西岸に立つ巨大なれんが建築は、1820年にスコットランド人のジェームズ・フィンレイソンが創業した旧綿織物工場。19世紀中頃から末の最盛期には、住宅、学校、病院、教会などが併設され、敷地がひとつの小さな町をなすほどに栄えた。1990年代初めに役目を終えた工場は、町の再開発によって生まれ変わり、スパイ博物館や労働者博物館ベルスタスTyöväenmuseo Werstasといった博物館のほか、レストランや映画館、醸造パブ、新聞社などが入居する複合施設となっている。また、現在本社はヘルシンキに移ってしまったが、すぐそばにオンリーショップが残っている（→P.499）。

スパイ博物館

Vakoilumuseo

Map P.494-B1

旧フィンレイソン工場の地下1階にある、世界で最初にできたスパイに関する博物館。武器やカメラなどスパイが実際に使っていたアイテムが展示され、日本の忍者に関する紹介もある。解説はフィンランド語と英語だが、受付で申し出ると日本語のガイドブックを貸してくれる。

館内は狭いが、内容は充実

ヘルシンキから1時間に1～2便運行、所要2時間15分～2時間55分。

タンペレの観光案内所

TEL(03)5656-6800
URL visittampere.fi
開月～金10:00～15:00
休土・日
有人の案内所は廃止され、上記は電話とメール応対のみ。サービスポイントのPalvelupiste Frenckellでは地図やパンフレットが用意されている。公共交通のカスタマーセンターも同じ場所にあり、各種チケットを購入できる。
Map P.494-B1
TEL041-730-8168
開月～金9:00～16:00
休土・日

ライトレールと市バス

URL www.nysse.fi
URL www.tampereenratikka.fi
シングルチケット
料ABゾーン€3.5（紙のチケットの場合）
タンペレの公共交通はニュッセNysseが運行している。運賃はA～Cのゾーン制で、チケット1枚で90分間有効。東西を結ぶライトレールには1番と3番があるが、中心部は同じ路線を走る。市バスは、バス停にいても素通りされることがあるため手を挙げて前のドアから乗車する。いずれも車内で現金でのチケット購入は不可。「Nysse」のアプリがあると割引運賃のチケットを購入でき、乗り換え検索にも便利。

ミュージアム・カード

全国のおもな博物館・美術館で使用できる共通パスがお得（→P.453欄外）。2024年2月現在、タンペレには14の対象施設がある。

旧フィンレイソン工場

住Satakunnankatu 18
URL finlaysoninalue.fi
労働者博物館ベルスタス
住Väinö Linnan aukio 8
TEL010-420-9220
URL www.tyovaenmuseo.fi
開火～日11:00～18:00
休月 料無料
蒸気エンジン博物館Höyrykonemuseoや産業博物館Teollisuusmuseoを併設。

スパイ博物館

住Satakunnankatu 18
TEL(03)212-3007
URL www.vakoilumuseo.fi
開6～8月
月～土 10:00～18:00
日 12:00～18:00
9～5月
毎日 12:00～18:00
休なし
料€10（ミュージアム・カードで入場可）

タンメルコスキ川の両側は公園になっていて、のんびり散歩するのにぴったりです。夏にはピクニックをしている地元っ子でにぎわっています。（東京都 ナナ '17）〔'24〕

時代を超えて愛されるムーミンをもっと知りたい！

ムーミン美術館 徹底NAVI

2021年に常設展をリニューアル。物語の名シーンを切り取った立体作品や原画が充実し、ムーミンファンの聖地となっている。2フロアからなる館内を、注目ポイント付きで解説！

1『たのしいムーミン一家』の表紙画。モランや飛行おにも描かれている

Check！
『たのしいムーミン一家』コーナーにある飛行おにの帽子の中に入ると、自分のシルエットが変化！

1F

1階にあるのは、『ムーミン谷の彗星』や『たのしいムーミン一家』など3作品のコーナー。注目は『たのしいムーミン一家』のカラー原画。立体作品に設置されたボタンを押すと物語の朗読が始まる（日本語あり）。スウェーデン語の語りはトーベ・ヤンソン本人。

Outside

館内はフラッシュや三脚不使用の撮影のみ可能。記念撮影は外で。タンペレホール内にはショップやライブラリー、フォトスポットなど楽しみいっぱい！

1 建物前の公園に立つムーミン像 2 美術館入口そばにある絶好のスポット 3 3つのフレーバーの美術館限定チョコレートバー€6.5～（下）とハードカバーのノート€17.9（上）

Check！
5階建て、高さ2mを超すムーミンやしき。よく見ると、サウナまで付いている！

1 地下へ続く階段には約20万個のビーズで作ったオブジェ『彗星』が輝く 2 名作『さびしがりやのクニット』が巨大な絵本に！

B1F

メインは、フロアのほぼ中央に置かれたムーミンやしき。物語のコーナーは、『ムーミンパパ海へいく』や『ムーミン谷の夏まつり』など9作品。ほか彗星の音を聞いたりニョロニョロの壁絵など、五感で楽しむインタラクティブな仕掛けがいっぱい！

ムーミン美術館

Muumimuseo Map P.494-B2

世界唯一、ムーミンの美術館

作者・トーベ・ヤンソンが寄贈した2000点にも及ぶコレクションを収蔵。館内は2フロアからなり、12冊の物語に沿ってミニチュアや貴重な原画を展示している。土・日曜15:00から英語の無料ガイドツアーを催行するほか、日本語ハンドブックの貸出あり。

住 Yliopistonkatu 55
TEL (03)243-4111
URL www.muumimuseo.fi
開 火～金10:00～18:00 土・日10:00～17:00
休 月、9/9～20
料 €14.5（5・9月を除く毎月第2金曜は無料、有料ガイドツアーは要予約）

タンペレホール内にある

●正教教会

Ortodoksinen Kirkko

Map P.494-B2

1896〜99年にかけて建設された教会。公園のような敷地の中に、ネオビザンチン様式の特徴ある塔がそびえている。礼拝や各種行事により開館時間が定まっていないため、訪問前に確認を。

塔はネオビザンチン様式

正教教会
住Tuomiokirkonkatu 27
TEL040-358-9099
URLwww.tampereort.fi
開毎日8:30〜16:00
（時期によって変動あり）
休なし
料無料

●アムリ労働者住宅博物館

Amurin työläismuseokortteli

Map P.494-A2

タンペレのアムリ地区は、タンペレの工業都市としての成長を支えた労働者の町。この博物館では1880年代から1970年代にかけての労働者の典型的な住宅を当時の場所にそのまま展示している。ほとんどの家には4家族が生活していたため、共同のキッチンに4つもかまどがあるのが特徴。住民の集会所だったサウナや商店などの展示も。当時の一般市民の生活がしのばれ興味深い。ノスタルジックな雰囲気のカフェKahvila Amurin Helmiを併設。

労働者の暮らしぶりが学べる

アムリ労働者住宅博物館
住Satakunnankatu 49
TEL(03)5656-6690
URL www.amurinmuseokortteli.fi
開5/14〜9/8
火〜日 10:00〜18:00
休 月、9/9〜5/13
料€9（金曜の15:00〜は無料）
（ミュージアム・カードで入場可）

CHECK!

サウナキャピタル

現存するフィンランド最古の公共サウナをはじめ、大小50以上のサウナ施設があるとされるタンペレ。2018年には「サウナの首都」を宣言し、町の活性化にも一役買っている。

COLUMN FINLAND

森と湖の国を体感する湖沼クルーズ

タンペレの周辺はフィンランドの湖水地方と呼ばれ、フィンランドでも特に湖が多く、美しい自然が見られるエリア。緑の森と透き通るブルーの湖水のコントラストは、眺めているだけで癒やされるようだ。そんな湖水地方を訪れるなら、網目のように張り巡らされた川を通って湖から湖へと移動するクルーズにぜひ乗ってみたい。タンペレからは、特に有名なふたつのクルーズが発着している。申し込みは下記ウェブサイトにて。

シルヴァー・ライン

Suomen Hopealinja

“スオミの銀の線”この名前を聞いただけでも、旅情を誘われ、乗ってみたくなるというもの。シルヴァー・ラインはタンペレ〜ハメーンリンナ間を結ぶ湖沼巡りの航路だが、湖や水路に沿って延々と銀柳の並木が続くため、この名が付けられた。所要約9時間。フィンランドの自然に触れながら、ゆったりと旅しよう。

■シルヴァー・ライン　Map P.494-B2
運6/23〜8/8の火
タンペレ発9:00　ハメーンリンナ着17:50
ハメーンリンナ発9:00　タンペレ着19:50
料片道€64
問い合わせ
TEL(010)422-5600　URLwww.hopealinjat.fi

詩人の道航路

Runoilijan Tie(Poet's Way)

ムスタラハティ港Mustalahtiから乗船し、ヴィラトVirratまで北上するコース。1908年建造という国内最古の長距離旅客船内で、季節食材のランチも楽しめる。所要時間はシルヴァー・ラインとほぼ同じ。

■詩人の道航路　Map P.494-A1
運5/6〜8/16
タンペレ発　水・金10:00
ヴィラト着　18:15
ヴィラト発　木・土11:00
タンペレ着　19:15
料片道€69
問い合わせ
TEL(010)422-5600　URLwww.hopealinjat.fi

町で最もホットなのが、サウナ・レストラン・クーマSaunaravintola Kuuma（MAP P.494-B2）だ。モダンな北欧料理を食し、2種のサウナで蒸された後はタンメルコスキ川にザブン！ 火〜金曜は早朝から営業し、朝食付きプランもある。

●タリピハ・ステイブル・ヤード **Tallipiha Stable Yards**

Map P.494-A1

旧フィンレイソン工場の敷地内にあったかつての厩舎。馬小屋や、厩務員の宿舎だった19世紀の建物が当時そのままに修復され、カフェやクラフトショップなどになっている。夏季には、工芸の実演や青空マーケット、園内を巡る馬車など、さまざまなイベントが催される。

かわいらしいショップが並ぶ

タリピハ・ステイブル・ヤード
住Kuninkaankatu 4
TEL045-326-7004
URL tallipiha.fi
料 無料
カフェ
営 毎日　10:00～18:00
休 なし
ショップ
営 月～金 11:00～18:00
　土・日 11:00～16:00
休 なし
　カフェ、ショップともにクリスマスシーズン（11月下旬～12月下旬）は営業時間の変更あり。

●ミュージアム・センター・ヴァプリイッキ **Museokeskus Vapriikki**

Map P.494-B1

1948年にタンペレで初めて走ったトロリーバス

タンメルコスキ川を挟んで、フィンレイソン工場の向かいにあった繊維・鉄工業のタンペッラ社の旧工場を利用した文化施設。メインとなる常設展ではタンペレの産業発展史や、フィンランドの独立をめぐる内戦で最大の激戦となった1918年のタンペレの戦いについて紹介。そのほか、ホッケーファン必見のフィンランド・ホッケーの殿堂Suomen Jääkiekkomuseo、自然史博物館Luonnontieteellinen Museo、郵便博物館Postimuseo、フィンランド・ゲーム博物館Suomen Pelimuseoなども集まっている。

ミュージアム・センター・ヴァプリイッキ
住Alaverstaanraitti 5
TEL(03)5656-6966
URL www.vapriikki.fi
開3・4月
　火・木～日 10:00～18:00
　水 10:00～20:00
　5・7月
　毎日 10:00～18:00
　6・8～2月
　火～日 10:00～18:00
休6・8～4月の月
料€15（金曜の15:00～は無料）
（ミュージアム・カードで入場可）

工場を改装した博物館

●レーニン博物館 **Lenin-museo**

Map P.494-A2

レーニンが1905年にスターリンと初めて対面を果たした労働者会館の3階にあり、1946年にフィンランドとソ連の和平の証として創設された。ロシア革命からペレストロイカにいたるソ連の歴史と両国関係の歩みについて展示している。

レーニン&スターリンと記念撮影ができる

レーニン博物館
住Hämeenpuisto 28
TEL010-420-9222
URLwww.lenin.fi
開6～8月
　毎日11:00～18:00
　9～5月
　火～日11:00～17:00
休9～5月の月
料€8（ミュージアム・カードで入場可）

COLUMN FINLAND

フィンランドNo.1のドーナツ！

タンペレの西は小高い丘になっており、頂上にはピューニッキ展望台Pyynikin näkötorniがある。展望台からは町と湖が一望するすばらしい眺めが楽しめる。また、展望台の下にあるカフェは、ムンッキMunkkiというフィンランド風ドーナツで有名。ふわふわのドーナツは、フィンランドで一番という評判だ。

景色を見ながら頬ばるのが格別だが、夏季や週末は混雑するうえに町の中心からやや遠い。実はタンペレ・マーケットホール内に支店があるので、時間がない人はこちらで購入しよう。

■ピューニッキ展望台&カフェ Map P.494-A2外
住Näkötornintie 20　TEL(03)212-3247
開毎日9:00～20:00（夏季は延長あり）　休なし　料€2
行き方▶▶▶
ライトレールでPyynikintori下車、徒歩12分。
■ピューニッキ・ドーナツカフェ Map P.494-B2
住Hämeenkatu 19（タンペレ・マーケットホール内）
TEL(03)4518-0063　URLwww.munkkikahvila.net
開月～金9:00～18:00　土9:00～16:00　休日

タンペレの名物といえば、豚の血入りの真っ黒なソーセージ、ムスタマッカラMustamakkara。タンペレのマーケットホールなどで購入できる。

●サルカニエミ
Särkänniemi
Map P.494-A1

夏季や休日は地元客でにぎわう

ナシヤルヴィ湖に突き出た半島に広がるアミューズメントパーク。遊園地や水族館、プラネタリウムなどさまざまな施設があり、高さ168m、北欧で2番目に高い展望タワーのNäsinneulaも。最上階が45分で一周する回転レストランになっており、食事をしながら眺望を堪能できる。また、湖畔のサラ・ヒルデン美術館Sara Hildénin taidemuseoにも足を運びたい。町が管理するこの美術館には国内外の近現代作品が集められ、個性的な企画展も注目を集めている。

サルカニエミ
住Laiturikatu 1
TEL020-713-0200
URL sarkanniemi.fi
開休料 施設により異なる
(遊園地は夏季のみの営業)
行き方▶▶▶
ライトレールでSärkänniemi下車、徒歩3分。

サラ・ヒルデン美術館
住Laiturikatu 13
TEL(03)5654-3500
URL www.sarahildenintaidemuseo.fi
開6～8月　毎日10:00～18:00
9～5月　火～日10:00～18:00
休9～5月の月
料€15（ミュージアム・カードで入場可）

タンペレのホテル

Scandic Tampere City
スカンディック・タンペレ・シティ　MAP P.494-B2

住Hämeenkatu 1　TEL030-030-8431
URL www.scandichotels.com
料Ⓢ€127～ Ⓓ€162～　CCA D M V

タンペレ駅の目の前にある高級ホテル。全面が大きなガラス張りになったホテル内は明るく、開放的な雰囲気。白を基調としたカラーリングに、モダンなデザインのインテリアが映える。室内に湯沸かし器あり。

Scandic Tampere Koskipuisto
スカンディック・タンペレ・コスキプイスト　MAP P.494-B2

住Koskikatu 5　TEL030-030-8430
URL www.scandichotels.com
料Ⓢ€124～　Ⓓ€144～　CCA D M V

町の中心部にあり、観光に便利。こまめに改装しているので客室は快適。セーフティボックスは一部にある。プールやサウナも併設されている。

Omena Hotel Tampere
オメナ・ホテル・タンペレ　MAP P.494-B2

住Hämeenkatu 7　TEL060-055-5222
URL www.omenahotels.com　料ⓈⒹ€71～　CCA D M V

ヘルシンキにある同名ホテル(→P.473)と同じ経営。予約や支払いのシステムは同様。駅やショッピングセンターにも近く便利な立地。2021年に全面改装を行い、各部屋に電子レンジや冷蔵庫を備える。

Dream Hostel
ドリーム・ホステル　MAP P.494-B2

住Åkerlundinkatu 2　TEL045-236-0517
URL www.dreamhostel.fi　料ドミトリー€23～ Ⓢ€70～
Ⓓ€75～（YH会員は割引あり）　朝食€12.5　CCA M V

国内No.1ホステルに選ばれたことがあり、モダンな客室は防音もしっかり。ドミトリーは2～16人を収容し、タオルとロッカーが有料。コーヒー、紅茶は無料。

タンペレのレストラン

Kahvila Runo
カハヴィラ・ルノ　MAP P.494-B1

住Ojakatu 3　TEL(03)213-3931
URL kahvilaruno.fi
営月～金 9:00～20:00　土 9:00～19:00　日 10:00～20:00
休なし　予€7～　CCM V

レトロな内装が人気のカフェ。注文はレジで行うセルフサービス方式。人気はチーズケーキ€7やシナモンロール€3.5など。

Plevna
プレヴナ　MAP P.494-B1

住Itäinenkatu 8　TEL(03)260-1200　URL plevna.fi
営月 11:00～23:00　火～木 11:00～24:00
金・土 11:00～翌2:00　日 12:00～23:00（時期によって変動あり）　休なし　予€20～　CCA D M V

旧フィンレイソン工場内にある地ビールレストラン。自家醸造ビールは約20種で0.25ℓ €4.5～。ミートボール€14.5などが人気。

タンペレのショッピング

Finlayson
フィンレイソン　MAP P.494-A1

住Kuninkaankatu 3　TEL040-019-3133
URL www.finlayson.fi　営月～金 10:00～18:00
土 10:00～17:00　日 12:00～16:00
休なし　CCD M V

タンペレ生まれの有名テキスタイルメーカー、フィンレイソンのオンリーショップ。おみやげにぴったり。

Vahdin talo
バッハディン・タロ　MAP P.494-A1

住Kuninkaankatu 4　TEL040-776-1350
URL www.tallipiha.fi
営月～金 11:00～18:00　土・日 11:00～16:00
休なし　CCD M V

タリピハ・ステイブル・ヤード内。ファブリックやポストカードなど、レトロでかわいい雑貨が揃う。

バスタブ　テレビ　ドライヤー　ミニバーおよび冷蔵庫　ハンディキャップルーム　インターネット（無料）
一部のみ　一部のみ　貸し出し　一部のみ　インターネット（有料）

Hämeenlinna

ハメーンリンナ

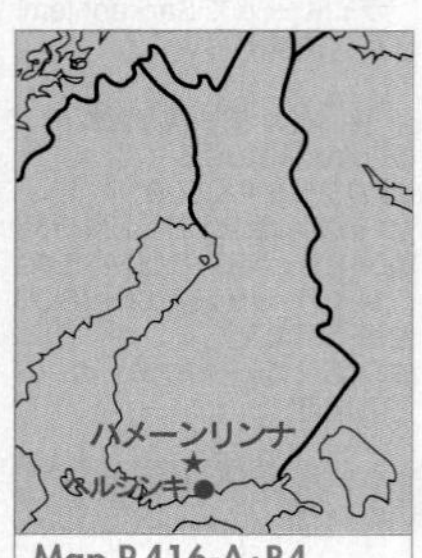

Map P.416-A・B4

人口:6万8319

市外局番:03

ハメーンリンナ情報のサイト
URL visithame.fi/ja(日本語)
f @Visithame
@visithame

ハメーンリンナの行き方

ヘルシンキから1時間に1～2便運行、所要約1時間5分。
ヘルシンキから1時間に1～3便運行している。所要約1時間20～40分。
タンペレからシルヴァー・ライン(→P.497)で約9時間。

ハメーンリンナの観光案内所 i Map P.500
住 Wetterhoffinkatu 2
TEL (03)621-3370
URL www.hameenlinna.fi
開 月～金9:00～16:00
休 土・日

シベリウス生誕の家
住 Hallituskatu 11
TEL (03)621-2755
URL hmlmuseo.fi
開 6～8月
火～日11:00～17:00
9～5月
火～日12:00～16:00
休 月
料 €8(ミュージアム・カードで入場可)

ハミ城
住 (029)533-6932
URL www.kansallismuseo.fi
開 1～4月、9/1～12/15
火～金10:00～16:00
土・日11:00～16:00
5月
月～金10:00～16:00
土・日11:00～16:00
6～8月
毎日　10:00～17:00
休 1～4月と9/1～12/15の月、12/16～31
料 €14(ミュージアム・カードで入場可)

ハメーン(ハミの)リンナ(城)という名のとおり、昔はスオミ(フィンランド)民族のうちハミ部族の根拠地で、古い文化と独特な気風がある。ここはシルヴァー・ラインのターミナルでもあり、大作曲家シベリウスの生家など見どころも多い。夏の野外劇場や民俗舞踊など催しも多彩だ。

森と湖の静かな光景が広がる

ハメーンリンナの歩き方

ハメーンリンナの町自体は小さく、歩いて十分回れる。鉄道駅から町の中心にあるマーケット広場Kauppatoriまでは徒歩15分程度で、観光案内所は広場の南東にある。シベリウス生誕

の家Sibeliuksen Syntymäkotiは広場から西に1ブロックの所にありホテルやショップもこの周辺に多い。町最大の見どころは、湖沿いにそびえるハミ城Hämeenlinna。13世紀末に建設されたもので、現在は博物館となっている。すぐそばには刑務所博物館Vanki lamuseoや軍事博物館Museo Militariaもあり、まとめて回ることができる。町なかにある市立のスコグスター博物館Museo Skogsterも必見。

バナヤベシ湖の湖畔に立つハミ城。周辺には緑豊かな公園が広がる

軍事博物館
TEL(03)682-4600
URL www.museomilitaria.fi
開5～8月
　毎日　10:00～17:00
　9～4月
　火～日　11:00～17:00
休9～4月の月
料€11(ミュージアム・カードで入場可)
ハミ城との共通チケット
料5～8月　€23(軍事・刑務所博物館)
　9～12月　€17(軍事博物館のみ)

スコグスター博物館
住Raatihuoneenkatu 8
TEL(03)621-2979
URL hmlmuseo.fi
開火・木～日　11:00～17:00
　水　11:00～18:00
休月
料€10(ミュージアム・カードで入場可)

1920年代の貯蓄銀行を再現

エクスカーション

アウランコ
Aulanko
Map P.500外/P.416-A4

シルヴァー・ライン(→P.497)の寄港地、スカンディック・アウランコの周辺に、広大な森林が広がっている。ここでぜひ行ってみてほしいのは、森林内にある古い塔。高さ33mの塔の上からはフィンランドらしい森と湖のすばらしい風景を見渡せる(入場無料)。森林内のところどころに湖や塔の絵の標識があるので、それに従って歩こう。周辺にはキャンプ場がいくつかあり、週末ともなればヘルシンキから家族連れが休暇にやってくる。

アウランコ
行き方▶▶▶
市バス68番でHernetie P下車、徒歩20分。

アウランコのホテル
スカンディック・アウランコ
Scandic Aulanko
住Aulangontie 93
TEL 030-030-8438
URL www.scandichotels.com
料Ⓢ€132～ Ⓓ€157～
CC A D M V
シルヴァー・ラインの乗降場所がすぐ裏にある。

イッタラ・ヴィレッジ(イッタラ・ラーシマキ)
Iittala Village(Iittala Lasimäki)
Map P.416-A4

ハメーンリンナから25km離れた町イッタラIittalaに、フィンランドを代表するガラス製品の有名ブランド、イッタラの工場がある。職人たちが真っ赤に焼けたガラスの塊にさまざまな形を与えていく様子が見学でき、興味深い。敷地内にあるガラス博物館には色とりどりのガラスの芸術品が並んでいる。花瓶やカップが揃うイッタラのアウトレットショップもあるので見逃せない。

工場では一切無駄のない職人たちの動きに見惚れてしまう

イッタラ・ヴィレッジ(イッタラ・ラーシマキ)
TEL(02)0439-6230
URL iittalavillage.fi/ja(日本語)
行き方▶▶▶
ハメーンリンナからは鉄道が便利。最寄り駅のイッタラまで普通列車で所要12～19分。バスなら、長距離バスターミナルから500番、501番、510番のバスで所要約35分。月～金曜の1日7便前後運行。最寄りのバス停から徒歩約7分。ヘルシンキからはタンペレ行きの普通列車で所要約1時間50分。タンペレからはヘルシンキ行きで所要約35分。駅から徒歩15分。

ハメーンリンナのホテル

Scandic Hämeenlinna City
スカンディック・ハメーンリンナ・シティ　MAP P.500

住Raatihuoneenkatu 16　TEL 030-030-8437
URL www.scandichotels.com
料Ⓢ€128～ Ⓓ€148～　CC A D M V
マーケット広場から1ブロック。近くにスーパーやデパートがあり便利。サウナとプールがある。

Hotelli Emilia
エミリア　MAP P.500

住Raatihuoneenkatu 23　TEL(03)612-2106
URL hotelliemilia.fi
料Ⓢ€109～ Ⓓ€129～　CC A D M V
スカンディック・ハメーンリンナ・シティのはす向かいにある手頃なホテル。レストランが評判。

バスタブ　一部のみ　テレビ　一部のみ　ドライヤー　貸し出し　ミニバーおよび冷蔵庫　一部のみ　ハンディキャップルーム　インターネット(無料)　インターネット(有料)

Turku

トゥルク

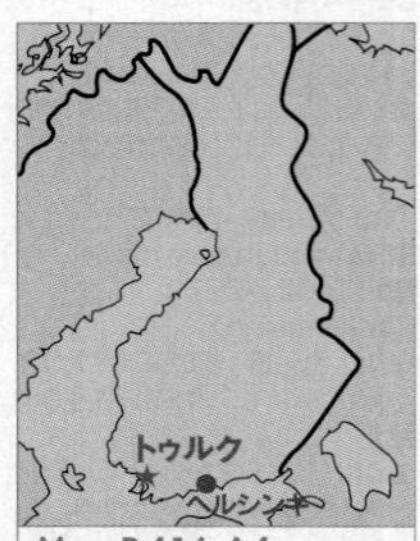

Map P.416-A4
人口:20万1863
市外局番:02
トゥルク情報のサイト
URL visitturku.fi
@VisitTurku
@visitturku
@visitturku

ヘルシンキから列車で約2時間。フィンランド最古の町トゥルクは国土の西の外れにあり、オーランド諸島やスウェーデンに最も接近している。中世の初期、スウェーデンがフィンランドへ進出し始めると、ここへ城や教会を建て、フィンランド支配のための基地にしてしまった。結局1812年にロシアの皇帝アレクサンドル1世がヘルシンキに遷都するまでフィンランドの都として栄え、首都を譲り渡したあとも西海岸に広がるスウェーデン文化圏の中心地となっている。オーボÅboというスウェーデン語の市名ももっており、スウェーデンの本土以上に古き懐かしきスウェーデンを感じさせてくれる町だ。

トゥルクのシンボル、港沿いにあるトゥルク城

トゥルクの行き方

空港はあるが、ヘルシンキからの直行便はない。ストックホルムなどヨーロッパからの便のみ。空港から市バス1番でマーケット広場まで約25分、€3(深夜便は€5)。

2022年より線路工事のため、ヘルシンキからの特急列車はトゥルク手前のクーピタKupittaaが終点。所要約1時間50分。クーピタからは接続バスで約8分。もしくはトイヤラToijala (Akaa)経由で乗り換えて所要約2時間50分。

ヘルシンキから所要2時間10分~2時間50分。30分~1時間ごとに便がある。

ストックホルムからタリンク・シリヤラインとバイキングラインが運航(→P.558)。

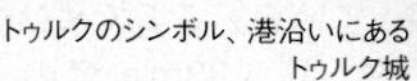

トゥルクの歩き方

トゥルクの町の中心は、鉄道駅から南に5ブロックのマーケット広場Kauppatori周辺。近くにデパートやショッピングセンター、ホテル、レストランが集中しており、観光案内所もマーケット広場から南に1ブロックの場所。広場の北には正教教会が立つ。市内を走るバスもマーケット広場を囲む道路から発着している。長距離バスターミナルは町の北西部にある。

アウラ川沿いはのんびりするのにぴったり

町の西外れに立っているのが、トゥルクのランドマークであるトゥルク城。そのすぐそば、アウラ川Aurajokiの河口にフェリーのターミナルがある。フェリーでトゥルク入りした場合は、トゥルク城を最初に見学してもいい。また、アウラ川の南岸にはいくつかの美術館が点在しているが、半日もあれば十分見て回れる。

町はそれほど大きくないのだが、見どころは少しずつ離れているので、観光には市バスを利用するのが便利。特に空港とマーケット広場、トゥルク港の間を結ぶ市バス1番は使い勝手がいい。市バスは1日券が割安でおすすめ。

おもな見どころ

●トゥルク大聖堂

Turun Tuomiokirkko

Map P.502

アウラ川の南岸にある大聖堂は、1300年に建てられた歴史ある建物。フィンランドで最も由緒ある教会とされている。教会の歴史を詳しく展示する聖堂博物館Tuomiokirkkomuseoも併設し、トゥルクの歴史を垣間見ることができる。715年が過ぎた今でも教会活動に利用されている。高さ101mの石造りの塔は遠くからでも目立ち、町歩きの目印にもなる。

中世の趣を色濃く残す大聖堂

●シベリウス博物館

Sibelius Museo

Map P.502

大聖堂の裏にあり、コンクリートの近代的な建物が目を引く。フィンランドを代表する大作曲家シベリウスの遺稿や資料のほか、世界各地から集められた数々の民族楽器が展示されている。2月上旬～5月上旬と9月上旬～11月下旬の水曜の夜19:00から開かれるコンサート（€15～）が人気。

●トゥルク美術館

Turun taidemuseo

Map P.502

1904年にオープンした歴史ある美術館で、2004年に開館100周年を記念して100年前の状態に復元され、再オープンした。おもにフィンランド人アーティストの作品を収蔵しており、期間ごとに少しずつ作品を入れ替えて展示している。館内にはおしゃれなカフェもある。

美術館内は写真撮影が許可されている

トゥルクの観光案内所ⓘ
Map P.502
住Aurakatu 8
TEL(02)262-7444
URLvisitturku.fi
開月～木10:00～17:00
　金　　9:00～16:00
休土・日

ミュージアム・カード
全国のおもな博物館・美術館で使用できる共通パスがお得（→P.453欄外）。2024年2月現在、トゥルクには18の対象施設がある。

市バス
TEL(02)262-0100
URLwww.foli.fi
料シングルチケット€3（車内での購入は€5）
1日券（24時間有効）€8

トゥルク大聖堂
TEL040-341-7100
URLwww.turunseurakunnat.fi
開毎日9:00～18:00
休なし
料無料（博物館は€2、ミュージアム・カードで入場可）

祭壇の周りにはイエスの物語を描いた壁画がある

シベリウス博物館
住Piispankatu 17
TEL050-337-6906
URLsibeliusmuseum.fi
開水～日11:00～16:00
休月・火
料€7（ミュージアム・カードで入場可）

シベリウスファンはもちろん、そうでなくても十分楽しめる

トゥルク美術館
住Aurakatu 26
TEL(02)262-7100
URLturuntaidemuseo.fi
開火～金11:00～19:00
　土・日11:00～17:00
休月
料€13（毎月第1金曜の16:00～は無料）（ミュージアム・カードで入場可）

夏のマーケット広場には、野菜や花などを販売する屋台やカフェが出て、とってもにぎやか。（千葉県 Ken '17）（'24）

ルオスタリンマキ野外手工芸博物館 Luostarinmäen käsityöläismuseo

Map P.502

人がいたら、気軽に話しかけてみて!

1827年に発生した大火をかろうじて逃れた、18世紀から19世紀にかけての建物を移築。約80の木造家屋が並び、当時のままの衣装を付けた人たちが昔の作業の様子などを見せてくれる。手工芸品などを販売する小さな店も入っている。

ルオスタリンマキ野外手工芸博物館
住Vartiovuorenkatu 2
TEL(02)262-0350
URL www.turku.fi/luostarinmaki
開5/4～6/2、8/12～9/15、11/30～12/31
火～日　9:00～17:00
6/3~8/11
毎日　8:00～18:00
休5/4～6/2と8/12～9/15と11/30～12/31の月、9/16～11/29、1/1～5/3
料€10(ミュージアム・カードで入場可)

薬局博物館とクウェンセル屋敷 Apteekkimuseo ja Qwenselin talo

Map P.502

往時を偲ばせる看護服姿のスタッフに迎えられ奥へ進むと、200年以上前の薬局や薬草室が再現されタイムスリップ感満点。トゥルクに現存する最古の木造家屋であるクウェンセル屋敷では、18世紀のブルジョワ貴族の生活を垣間見られる。

薬局博物館とクウェンセル屋敷
住Läntinen Rantakatu 13b
TEL(02)262-0280
URL www.turku.fi/apteekkimuseo
開火～日10:00～18:00
休月
料€7(ミュージアム・カードで入場可)

薬局の展示品はすべて当時のもの

ヴァイノ・アールトネン美術館 Wäinö Aaltonen Museo

Map P.502

彫刻家ヴァイノ・アールトネンの作品を中心に、フィンランドの現代美術など幅広いジャンルの芸術品を展示している。

ヴァイノ・アールトネン美術館
住Itäinen Rantakatu 38
TEL(02)262-0850
URL www.wam.fi
開火～日10:00～18:00
休月
料€10(ミュージアム・カードで入場可)

トゥルク城 Turun linna/Åbo slott

Map P.502

アウラ川の河口を守る石造りの堅固なトゥルク城は、13世紀後半、当時の支配国スウェーデンによってフィンランド統治のために建築された。その後、数世紀にわたり要塞として活躍、16世紀には全盛期を迎えた。ちょうどスウェーデン王グスタフ1世が勢力を広げていた頃である。現在、城内は歴史博物館として公開されている。見応えがあるのでじっくり見るなら2時間は必要。

フィンランド最大の古城

トゥルク城
住Linnankatu 80
TEL(02)262-0300
URL www.turku.fi/turunlinna
開6/3～9/1
毎日　10:00～18:00
9/2～6/2
火～日 10:00～18:00
休9/2～6/2の月
料€16(9/2～6/2 は €14、ミュージアム・カードで入場可)

ミュージアムショップには西洋甲冑のレプリカも

COLUMN FINLAND

フィンランド最大のトゥルク音楽祭

毎年8月に開かれるトゥルク音楽祭Turun Musiikkijuhlatは、フィンランド最大の文化行事のひとつ。フィンランドの伝統的な音楽をはじめ、クラシックのオーケストラ演奏、室内楽、野外コンサートなど、さまざまな内容になっている。チケットの料金は演目や座席によって異なるが、$20～200程度。2024年は8月8～29日の開催予定。

トゥルク音楽祭
TEL(040)524-5531　URL turunmusiikkijuhlat.fi

日本の味が恋しくなったら、日本人オーナーの安子さんが切り盛りする、やすこの台所（MAP P.502）へ。おにぎりセット€14、豚のしょうが焼き€18など家庭料理の定番が揃い、日本好きの地元っ子たちにも親しまれている。

エクスカーション

ラウマ旧市街

Old Rauma

Map P.416-A4

かわいらしい色の家が並ぶ

トゥルクの北西約90kmに位置するラウマは、1400年頃のフランシスコ会修道院を中心に発展した町。スカンジナビアに現存する最も大きな木造家屋の町といわれ、ユネスコの世界遺産に登録されている。当時の町並みは1682年の大火によって失われたものの、18世紀から19世紀にかけて再建された。港町であったラウマでは、長い航海から帰った夫が自分の家をひと目で見つけられるようにと、青、黄色、緑など鮮やかな目立つ色で塗ったという。家屋も窓が二重構造になっていたり、窓を開けずに外の様子がわかるのぞき鏡（ゴシップ・ミラー）が付いていたりと防寒に腐心していた様子がうかがえる。町なかには18世紀に建てられ、現在はラウマ博物館としてラウマのアンティークレースなどを展示する旧市庁舎Vanha Raatihuoneや美しいフレスコ画が必見の聖十字架教会Pyhän Ristin kirkkoなどの見どころがある。

旧市街のシンボル、旧市庁舎

伝統的なボビンレースでも知られる

ラウマ旧市街
行き方▶▶▶
トゥルクの長距離バスターミナルから6:10～20:00（土曜は7:40～、日曜は9:35～21:00）の30分～1時間ごとに出発。所要1時間20分～1時間45分。€5～14程度。

ラウマ旧市街の観光案内所
住Savilankatu 8
TEL(02)834-3512
URLwww.visitrauma.fi
開水～金12:00～16:00
休土～火
上記の時間はスタッフが常駐。電話やメールには月～金9:00～15:00も対応可。

旧市庁舎（ラウマ博物館）
住Kauppakatu 13
TEL(044)793-3532
URLwww.rauma.fi/museo
開6～8月
火～日　10:00～17:00
9～5月
火～金　12:00～17:00
土・日　11:00～16:00
休月
料€8（ミュージアム・カードで入場可）

トゥルクのホテル

Radisson Blu Marina Palace Hotel

ラディソン・ブル・マリーナ・パレス　MAP P.502

住Linnankatu 32
TEL020-123-4710
URLwww.radissonhotels.com
料Ⓢ€159～ Ⓓ€179～
朝食€33
CCA D M V

アウラ川沿いにある、眺めのいいホテル。フィットネスルームやスパ、レストランなどがある。

Hotel Seaport

シーポート　MAP P.502

住Toinen Poikkikatu 4
TEL(02)283-3000
URLwww.hotelseaport.fi
料Ⓢ€95～ Ⓓ€110～
CCA M V

古い倉庫を改装した、趣のあるホテル。赤れんがの外観が美しい。

Park Hotel Turku

パーク・ホテル・トゥルク　MAP P.502

住Rauhankatu 1　TEL(02)273-2555
URLparkhotelturku.fi
料Ⓢ€118(132)～ Ⓓ€148(172)～　CCA J M V

1902年築の建物を利用。全20室の客室はアンティークの家具でまとめられている。サウナあり（1人€15）。

Bed & Breakfast Tuure

ベッド・アンド・ブレックファスト・トゥーレ　MAP P.502

住Tuureporinkatu 17C　TEL(02)233-0230
URLwww.tuure.fi
料Ⓢ€49～ Ⓓ€65～
CCM V

朝食付きのエコノミーな宿。駅、中心街に近い好立地。共用のパソコンは無料。要事前予約。

バスタブ　テレビ　ドライヤー　ミニバーおよび冷蔵庫　ハンディキャップルーム　インターネット(無料)
一部のみ　一部のみ　貸し出し　一部のみ　インターネット(有料)

Naantali

ナーンタリ

Map P.416-A4
人口:1万9999
市外局番:02
ナーンタリ情報のサイト
URL visitnaantali.com

ナーンタリの行き方

ヘルシンキから直接のアクセス方法はないので、列車やバスでトゥルクまで行き、バスに乗り換えることになる。トゥルクからは、Puutoriからナーンタリ行きのバス6、7番で約40分。朝4:58頃から翌1:30頃まで、10〜20分ごとに運行。日曜と22:00以降は本数が少なくなる。

アウラ川クルーズでナーンタリへ

トゥルクのアウラ川沿いから蒸気船ウッコペッカUkkopekkaに乗れば、クルーズを楽しみながら、ナーンタリまで行ける。所要約2時間。

ウッコペッカ
TEL(02)515-3300
URL www.ukkopekka.fi
運 6/5〜8/17
トゥルク発
11:00
ナーンタリ発
15:00
料 片道€32

ナーンタリは、古都トゥルクの西方約13kmに位置する小さな町。町の名が中世のスウェーデン語で優美な谷を意味する「Nadendal」に由来しているとおり、海に面し、豊かな自然に囲まれた町だ。最大の見どころは、入江に浮かぶ小さな島を利用したムーミンワールド。日本でもおなじみのムーミンの世界を再現したテーマパークだ。

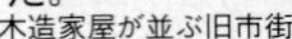

木造家屋が並ぶ旧市街

ナーンタリの歩き方

町のシンボルは丘の上にあるナーンタリ教会

ナーンタリは、トゥルクからの日帰りの観光場所としても人気だが、ヘルシンキから訪れ、ムーミンワールドでたっぷり遊び、のんびりとした町の雰囲気を存分に楽しみたいなら1泊するのがおすすめ。町の中心は、さまざまなヨットが停泊するヨットハーバー付近。周辺には入江を囲むようにしてカフェやレストランが建ち並び、港を眺めながらのんびりと食事をしたり、散歩を楽しむ人々で終日にぎわっている。観光案内所はトゥルクからのバスが停まるバスターミナルから港へ行く途中にあるので、先に訪れて地図をもらい、帰りのバスの時刻などを調べておくといい。最大の見どころは、町の北西の海上に浮かぶ小さな島、カイロ島にあるムーミンワールドだ。島全体をテーマパークとして利用したムーミンワール

町の歴史がわかる博物館

ドは、子供から大人まで楽しめる人気のスポット。観光には半日ほど時間をとりたい。

港の南東に広がる旧市街には、18世紀から19世紀にかけて建てられたパステルカラーの木造家屋が並んでいる。ブティックやアートギャラリーとして開放されている家屋も多いので、かわいらしい町並みを見学しながらそぞろ歩きを楽しもう。旧市街の中心部には、昔のナーンタリの町や人々の暮らしぶりを紹介するナーンタリ博物館Naantalin Museoもある。時間があれば、ムーミン・ショップでおみやげ探しに奔走するのもいい。

また、ナーンタリは古くからスパの充実した保養地としても知られ、フィンランド屈指のリゾート地にもなっている。町の北の外れには、スパ設備やメニューが充実したナーンタリ・スパがあり、訪れる人の心と体を癒やしてくれる。

効能の異なるスパが評判のナーンタリ・スパ

ナーンタリの観光案内所
Map P.506
住Nunnankatu 2
TEL(02)435-9800
URL visitnaantali.com
開月～金　9:00～16:30
休土・日

ナーンタリ博物館
住Mannerheiminkatu 21
TEL(02)435-2727
開5/15～8/31
火～日 11:00～18:00
休月、9/1～5/14
料€5

ムーミン・ショップ
MAP P.506
住Mannerheiminkatu 3
TEL(02)511-1111
営6/11～6/30、
8/1～8/18
毎日　11:00～18:00
7月
毎日　10:00～18:00
休8/19～6/10

ナーンタリのホテル

Naantali Spa Hotel
ナーンタリ・スパ　MAP P.506外
住Matkailijantie 2
TEL(030)04-4550
URL www.naantalispa.fi
料Ⓢ€153～ Ⓓ€166～
CC A D M V

海に面して立つ5つ星のリゾートホテル。ボディトリートメントやフィンランド式マッサージなど、男女問わず楽しめるスパ設備&メニューが魅力。

Hotel Amandis
アマンディス　MAP P.506
住Nunnakatu 6
TEL 050-538-1956
URL www.amandis.fi
料ⓈⒹ€195～
CC M V

港に面したカフェを併設したこぢんまりとしたホテル。2019年に改装しモダンな内装になった。自家製ケーキやワッフルが人気のカフェを併設。

Hotelli Villa Antonius
ヴィラ・アントニアス　MAP P.506
住Mannerheiminkatu 9
TEL(02)435-1938
URL cafeantonius.fi
料ⓈⒹ€165～
CC V

旧市街にあるおしゃれなミニホテル。朝食は石造りの暖炉や内装がすてきな1階のカフェでも取れる。オーナーの手作りケーキが有名。

Kaivo 13
カイボ・コルメトイスタ　MAP P.506
住Kaivokatu 13
TEL 040-570-3832
URL kaivokatu13.com
料Ⓢ€60～ Ⓓ€70～
CC M V

家族経営の小さなホテル。バス・トイレ共用の客室とアパートタイプがあり、ムーミンやマリメッコのファブリックでまとめられている。

ナーンタリのレストラン

Merisali
メリサリ　MAP P.506
住Nunnakatu 1　TEL(02)435-2451　URL www.visitnaantali.fi/merisali　営3月下旬～10月上旬　日～木 9:00～翌1:00　金・土 9:00～翌3:00頃　休10月上旬～3月下旬　予ランチ€14～、ディナー€20～　CC D M V

店内は吹き抜けで開放的。地元の新鮮な魚介や野菜を使った料理がビュッフェで味わえる。ピザ€14～が人気メニュー。

Eris Kummallinen Kahvila
エリス・クーマリネン・カハヴィラ　MAP P.506
住Kaivokatu 5　TEL(02)511-1111　URL www.muumimaailma.fi　営6/1～10、8/8～18　毎日11:00～18:00　6/11～30、8/1～7　毎日10:00～19:00　7月　毎日9:00～19:00　休8/19～5/31　予€5～　CC M V

ムーミンワールド直営のカフェ。内装はムーミンの世界観を意識しており、パパのボートを思わせるインテリアも。

バスタブ　テレビ　ドライヤー　ミニバーおよび冷蔵庫　ハンディキャップルーム　インターネット（無料）
一部のみ　一部のみ　貸し出し　一部のみ　インターネット（有料）

あのムーミンたちが暮らす島

ムーミンワールドでたっぷり遊ぶ

ムーミンに会えるテーマパークへ。テーマパークといってもアトラクションはなく、自然を生かした敷地にムーミン谷が再現されている。住人になった気分でのんびり過ごそう。

10:00

橋を渡ってムーミンワールドへ！

ナーンタリの町から橋を渡れば、そこはもうムーミンたちが暮らすムーミン谷！ ゲートでチケットを購入したら、いざ中へ。

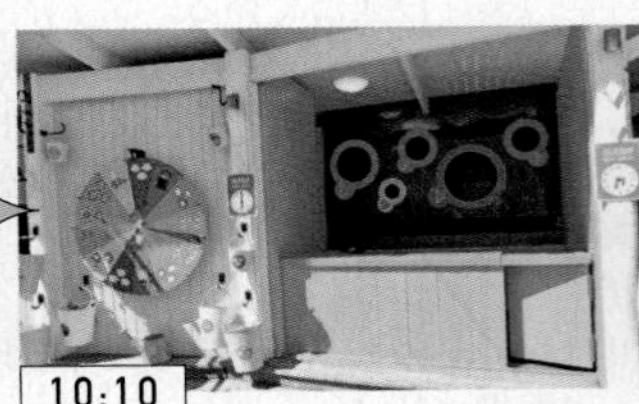

10:10

プロムナードでひと遊び

エンマ劇場の脇を抜け、園内中心へ。途中にあるプロムナードにはミニゲームが並び、注目はムーミンキャラのフェイスペイント☆

フェイスペイントは10分くらいで描いてくれる

10:30

ムーミンハウス

いよいよ、ムーミンハウスへ！ 青いハウス前ではムーミンとその仲間たちがお出迎え。記念撮影したり、ハグしたりと自由に楽しもう。

朝はムーミンと仲間たちがたくさんいます！

内部をチェック！

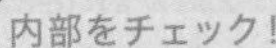

1F キッチン&ダイニング

2F スノークのおじょうさんの部屋

3F パパとママの寝室

4F 屋根裏部屋

イベントをチェック！

エンマの劇場ではムーミンと仲間たちによるショー、スモールステージはキャラクターと一緒にダンスや体操が楽しめるイベントが行われている。2024年は12:00〜16:00の毎正時に開催。内容はウェブサイトで確認を。

攻略アドバイス

ムーミンワールドを効率よく回るためのコツを紹介。くまなく回るには、最低3時間は必要。

- 朝一番はキャラクターにたくさん会える
- イベントの時間をチェック
- ランチは持参もOK

11:30

スノークの発明公園

ムーミンたちとの触れ合いを楽しんだら、森の中を通ってスノークの発明公園へ。ここにはよくトゥーティッキがいて、一緒にワークショップに参加することができる。

12:30

スナフキンのキャンプ

敷地内の最高所にある展望台を過ぎると、スナフキンのキャンプに到着。運がよければ本を読んだりギターを弾いたりするスナフキンに出会える。

14:00

魔女の家

ランチを食べたら、おさびし山の麓にある魔女の家へ。魔女と弟子のアリサがいて、お話してくれる。本気で魔女を怖がる子供がかわいい!

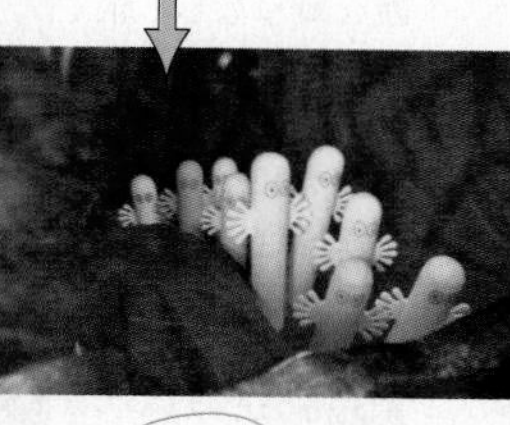

14:30

ニョロニョロの洞窟

ミステリアスな生き物、ニョロニョロが住む洞窟の中に潜入! 内部ではビリビリと電気の音がする。洞窟を出たら、トレイルを伝って海の方へ。

15:00

水浴び小屋

海岸にあるのは、ムーミンパパが作った水浴び小屋。冬の間はトゥーティッキの家となる。小屋のそばにいるのは、竜のエドワード。

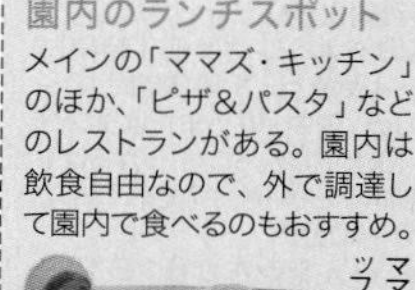

15:30

ギフトショップ

これで、園内はぐるりと一周したことになる。最後はポストオフィスからはがきを出したり、おみやげを買ったりとのんびり過ごそう。

ムーミンワールド限定のおみやげもあるスニフズ・ショップ

園内のランチスポット

メインの「ママズ・キッチン」のほか、「ピザ&パスタ」などのレストランがある。園内は飲食自由なので、外で調達して園内で食べるのもおすすめ。

ママズ・キッチンはビュッフェ形式

ムーミンワールド

Muumimaailma Map P.506

話題のムーミン谷はここにあります!

ナーンタリの北西に浮かぶ小さな島を丸ごと利用して、ムーミンの世界を実現したテーマパーク。ムーミン谷さながらの森に物語の舞台が再現されていて、大人も子供も楽しめる。

住Kaivokatu 5 TEL(02)511-1111
URL www.muumimaailma.fi
開6/11〜6/30、8/1〜8/18 毎日11:00〜17:00 7月 毎日10:00〜17:30
休8/19〜6/10
料1日券€41、2日券€50
※ムーミンワールドの公式アプリをダウンロードしておくと便利。マップの確認やレストランでのモバイルオーダーなどができる。URL www.moominworld.fi/app

- A 出入り口
- B エンマの劇場
- C プロムナード
- D ママズ・キッチン(レストラン)
- E スニフズ・ショップ
- F ムーミン・ポストオフィス
- G ムーミンハウス
- H ムーミントロールの家
- I スモールステージ
- J ヘムレンさんの家
- K 水浴び小屋
- L スノークの発明公園
- M マドラーとファジーの壺
- N スナフキンのキャンプ
- O 魔女の家
- P ニョロニョロの洞窟

Jyväskylä

ユヴァスキュラ

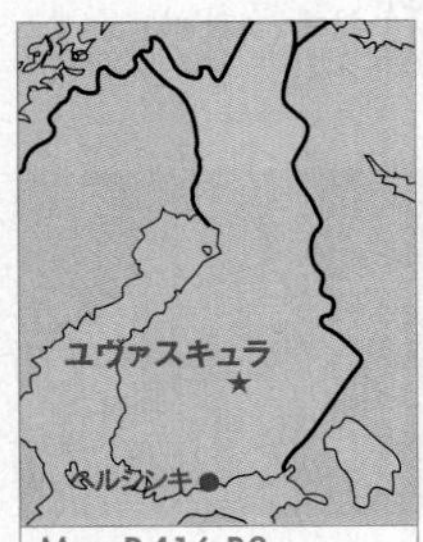

Map P.416-B3
人口:14万7746
市外局番:014
ユヴァスキュラ情報のサイト
URL visitjyvaskyla.fi
f @visitjyvaskylaregion
◎ @visitjyvaskylaregion

ユヴァスキュラの町が建設されたのは1837年。大半の建物は第2次世界大戦以降に建てられたものだが、建設往時をしのばせる木造建築も点在している。また、ユヴァスキュラといえば現代建築の巨匠、アルヴァ・アアルト設計の建築群が有名で、ユヴァスキュラ大学のキャンパスや郊外のサイナッツァロにあるタウンホールなどが代表作として知られている。

にぎやかなショッピング街をひとたび離れれば、緑豊かな森が、緩やかに波打つ大地にどこまでも広がっている。大小の湖と島々が美しい景観を織りなし、旅行者の目を楽しませてくれる。ぜひ時間を取って、郊外まで足を延ばしてみよう。

展望台からユヴァスヤルヴィ湖の湖畔に広がる大学街を望む

•ユヴァスキュラの行き方•

✈ヘルシンキから1日0〜2便、所要約50分。

🚃ヘルシンキから1時間に1〜4便運行、所要3時間10〜40分。途中、直行またはタンペレを経由する。タンペレからは1時間に1〜4便、所要約1時間30〜40分。

🚌ヘルシンキから1日15〜30便運行しており、所要3時間30分〜4時間。タンペレからは1日6〜18便運行、所要2時間〜2時間10分。

ユヴァスキュラの観光案内所 ℹ
Map P.510
住 Asemakatu 7
TEL (014)569-0113
URL visitjyvaskyla.fi
開 月　10:00〜17:00
　火〜金　10:00〜16:00
休 土・日

ユヴァスキュラの市バス
URL linkki.jyvaskyla.fi
運賃はゾーン制。最低料金(1ゾーン)は€3.5。1日券€10はRキオスクやフォーラム内のインフォメーションなどで購入できる。

サイナッツァロのタウンホールには、ゲストルームが2室あり宿泊ができます。アアルトと2番目の妻であるエリッサの名がつけられた部屋は、アアルトも何度か泊まったとか。

ユヴァスキュラの歩き方

ユヴァスキュラの中心街はユヴァスヤルヴィ湖Jyväsjärviの北西岸にある。観光案内所はショッピングセンター、フォーラムForumの2階にある。

メインストリートはデパートやブティックが軒を連ねるにぎやかなカベリカツ通りKavelykatu。中心街の北側には丘が広がり、丘の上にはユヴァスキュラ大学博物館Jyväskylän Yliopiston taidemuseoの自然史館がある。建物には眺望抜群の塔があるので、散歩がてら上ってみるといい。

博物館にははく製も展示されている

アルヴァ・アアルトの建築はユヴァスキュラ大学Jyväskylän Yliopistoのキャンパスをはじめ市内の随所で見ることができる。大学内は見学自由で、学生食堂なども利用できる。大学向かいには、やはりアアルトが建物を設計したアルヴァ・アアルト博物館Alvar Aalto Museoと、フィンランド中部の歴史や文化に関する展示のある中央フィンランド博物館Keski-Suomen Museoがある。市内の自衛団会館、市立劇場、旧警察署などもアアルトの設計によるものだ。劇場にはカフェレストランも入っており、アアルトデザインの美しい内装が楽しめる。

郊外の湖に浮かぶ小さな島サイナッツァロSäynätsaloにはアルヴァ・アアルト設計のタウンホールKunnantaloがあるが、湖岸を散歩するだけでも行ってみる価値のある美しい場所だ。フィンランドの自然を存分に満喫しよう。

旧警察署など、町なかにもアアルトの建築物が並ぶ

ユヴァスキュラ大学博物館（自然史館）
TEL 040-805-4043
URL tiedemuseo.jyu.fi
開 火～金12:00～18:00
　土・日12:00～17:00
休 月　料 無料
南にあるユヴァスキュラ大学のキャンパスには文化史館もある。
展望塔
開 火～金11:00～18:00
　土　12:00～18:00
休 日・月　料 無料

アルヴァ・アアルト博物館
住 Alvar Aallon katu 7
TEL 044-790-9827
URL aalto2.museum
開 5～8月　火～日10:00～18:00
　9～4月　火～日11:00～18:00
休 月
料 €17（中央フィンランド博物館と共通）

中央フィンランド博物館
TEL 044-790-9827
URL www.jyvaskyla.fi/keskisuomenmuseo
開 5～8月　火～日10:00～18:00
　9～4月　火～日11:00～18:00
休 月
料 €17（アルヴァ・アアルト博物館と共通）

タウンホール
住 Parviaisentie 9
TEL 040-197-1091
URL tavolobianco.com
開 6～8月　毎日12:00～16:00
　9～5月は要予約
休 なし
料 €10
行き方▶▶▶
アセマカツ通りAsemakatuの近距離バス乗り場から16、21番のバスで所要約26分。30分に1便程度。土・日曜は本数が少なくなる。運賃は€5.5。タウンホールはバス停から徒歩1分。

ユヴァスキュラのホテル

Original Sokos Hotel Alexandra
オリジナル・ソコス・ホテル・アレキサンドラ　MAP P.510
住 Hannikaisenkatu 35　TEL 020-123-4642
URL www.sokoshotels.fi
料 Ⓢ€156～ Ⓓ€166～　CC A D M V
駅前にあるスタイリッシュなホテル。館内には3つのレストランがあるほかサウナの利用も可能。

Hotelli Milton
ミルトン　MAP P.510
住 Hannikaisenkatu 29　TEL (014)337-7900
URL hotellimilton.com
料 Ⓢ€90(85)～ Ⓓ€140(120)～　CC M V
駅前の好立地に立つアットホームなホテル。レストランはないがロビーバーとサウナを併設。

Scandic Jyväskylä City
スカンディック・ユヴァスキュラ・シティ　MAP P.510
住 Väinönkatu 3　TEL 0300-308-441
URL www.scandichotels.com
料 Ⓢ€123～ Ⓓ€140～　CC A D M V
プールやフィットネスセンター、サウナのあるきれいなホテル。

Omena Hotel Jyväskylä
オメナ・ホテル・ユヴァスキュラ　MAP P.510
住 Vapaudenkatu 57　TEL 0600-555-222
URL www.omenahotels.com　料 ⓈⒹ€55～　CC M V
予約はインターネットのみ。予約時に送られてくる番号（ドアコード）を控え、ホテルと部屋の入口で番号を入力し中に入る。支払いも予約時に行う。

バスタブ　テレビ　ドライヤー　ミニバーおよび冷蔵庫　ハンディキャップルーム　インターネット（無料）
一部のみ　一部のみ　貸し出し　一部のみ　インターネット（有料）

Åland Islands

オーランド島

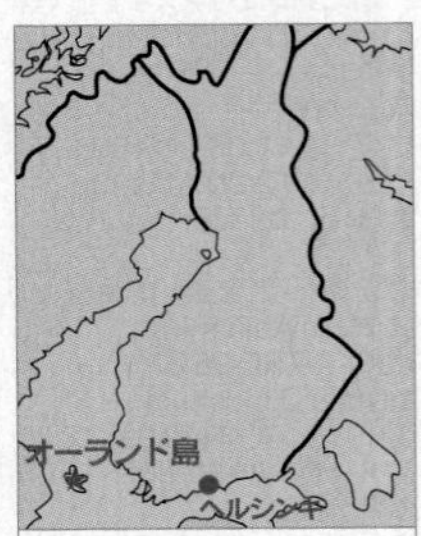

Map P.416-A4

人口:1万1812
(マリエハムン)

市外局番:018

オーランド島情報のサイト
URL visitaland.com
@VisitAland
@visit_aland

• オーランド島の行き方 •

トゥルクから1日1～2便運航、所要約30分。ストックホルムからもポプール航空Popul Airが1日1～2便。所要約35分。

ヘルシンキ、ストックホルム、トゥルクからタリンク・シリヤライン(→P.558)とバイキングラインが1日1～2便運航。それぞれオーランド島のマリエハムン港かロングネス港Långnäsに寄港する。所要時間は船により異なるが、ヘルシンキから約11時間15分、トゥルクから約5時間25分、ストックホルムから約7時間。また、エッケロ・ラインEckerö Linjenがストックホルム郊外のグリスハムン港Grisslehamnとオーランド島のエッケロを結んでいる。1日2～3便運航、所要約2時間。

マリエハムンの
観光案内所
Map P.513
住 Storagatan 8
TEL (018)24-000
URL visitaland.com
開 6/1～24
月～土 9:00～17:00
6/25～8/6
月～金 9:00～18:00
土・日 9:00～17:00
8/7～31
月～土 9:00～17:00
9～5月
月～金10:00～17:00
休 6/1～24と8/7～31の日、9～5月の土・日

真ん中がオーランド島の島旗

ボスニア湾の入口に散らばるオーランド諸島。そのなかで最大の島がオーランド島だ。かつてスウェーデン領であったが、19世紀初頭にフィンランドがロシアに侵略されるのと同時にロシアに併合されてしまった。しかしクリミア戦争の際に英仏連合軍によって解放され、非武装地域とされた。その後ロシア革命でロシア帝国が崩壊し、それに乗じた住民が再びスウェーデンへの帰属を望んだがフィンランド政府はそれを許さず、1921年にフィンランドへ帰属することになった。

現在ではフィンランド共和国の一部でありながら、スウェーデン語を唯一の公用語とし、外交、司法、国税などを除く内政を取り仕切る自治政府をもつ自治領となっている。オーランド島が独自の島旗をもち、独自の郵便切手を発行する権利をもつのはこのためだ。島に流れる空気がどこか特有に感じるのは、こうした歴史をくぐり抜け育んできた独自の文化が存在するからだろう。

• オーランド島の歩き方 •

拠点となるのは、島内最大の町マリエハムンMariehamn。町のメインストリートは、小さなショップやレストランが並ぶトリーガータン通りTorggatanだ。観光案内所は、通りの中ほどから西へ延びるストラガータン通りStoragatan沿いにある。町には海沿いを巡る約8kmのフットパスが整備されており、赤い木造家屋や赤土の道などオーランド島らしい光景を眺めながら散策が楽しめる。また、町なかにはリラ・ホルメンLilla Holmenをはじめいたるところにビーチが点在し、夏季には周辺各国から観光客が押し寄せるが、公共の交通機関はそれほど整備されていない。中心部だけならレンタサイクルで事足りるが、島内を回るには、本数の少ないバスを上手に利用するかレンタカーが一般的。

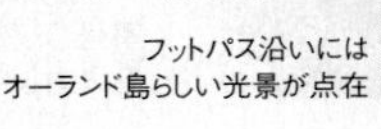
フットパス沿いには
オーランド島らしい光景が点在

おもな見どころ

オーランド海洋博物館 Ålands Sjöfartsmuseum

Map P.513

世界でも有数の、大型帆船が活躍した時代に関する博物館。船内の様子なども再現されている。なかでも博物館の向かいに停泊しているポマーン号Museifartyget Pommernは、4本マストの大型帆船で唯一もとのままの状態で保存されている。こちらも博物館の一部として船内が公開されている。この船は輸送船として使われていたもので、広い船倉が興味深い。

オーランド博物館 Åland Museum

Map P.513

この博物館には、フィンランドやスウェーデンから集められた現代美術の作品が展示されているほか、漁の方法の変遷や民族楽器などオーランド島の人々の暮らしに密着した展示がなされている。オーランド美術館も併設。

かつての暮らしぶりがわかる博物館

バドフス・バリエット Badhus Berget

Map P.513

マリエハムンの中心から坂道を上り徒歩約20分

町の西側、小高い丘の上にある展望地。マリエハムンの町並みや周囲に浮かぶアーキペラゴ（群島域）を一望できる。丘の上に立つ塔には登れないが、周辺にはベンチが配され、ひと休みできる環境も整う。

エッケロ・ライン
TEL(018)28-300
URL www.eckerolinjen.ax

海洋国家を象徴する海洋博物館

オーランド海洋博物館
住Hamngatan 2
TEL(018)19-930
URL sjofartsmuseum.ax
開6～8月
毎日　10:00～17:00
9～5月
毎日　11:00～16:00
休なし
料€16.5（帆船ポマーン号と共通）

帆船ポマーン号
開5・9月　毎日11:00～16:00
6～8月　毎日10:00～17:00
休10～4月

オーランド博物館
住Storagatan 1
TEL(018)25-426
URL www.museum.ax
開5～8月
毎日　10:00～17:00
9～4月
火・水・金～日11:00～17:00
木　11:00～19:00
休9～4月の月
料€8

バドフス・バリエット
開散策自由
料無料

マメ知識

オーランド島パンケーキ

オーランド島を訪れたなら一度は食べておきたいのが、オーランド・パンケーキÅland Pannkaka。しっとりしたパン生地にたっぷりの生クリーム、ふわっと香るシナモンの香りが絶妙な定番の島民食だ。たいていのカフェやレストランで食べられる。

一度はぜひ召し上がれ

ボマルスン
TEL(018)25-437
URL www.museum.ax
料 寄付程度

●ボマルスン Bomarsund

Map P.513 外

ロシアがオーランド諸島を併合した際に建設を始めた要塞だが、未完成のままクリミア戦争が勃発し、英仏連合軍に破壊された。現在では広大な敷地に廃墟が広がっている。

戦争で破壊された要塞跡

カッスルホルム城
住 Tosarbyvägen 5
TEL(018)25-730
URL www.museum.ax
開 5/2〜9/30
　毎日10:00〜17:00
休 10/1〜5/1
料 €8
行き方▶▶▶
市内中心部のバスターミナルから市バス4番で所要約30分、Kastelholm下車、徒歩12分。

マメ知識
オリジナルの郵便切手
オーランド島ならではの思い出みやげにぴったりなのが、島独自のオリジナル切手。郵便局には、オーランド島の風景やトーベ・ヤンソン画の切手などさまざまな切手が揃う。

記念にはがきを出してみては？

●カッスルホルム城 Kastelholms Slott

Map P.513 外

城の内部が見学できる

1380年に建てられたオーランド島唯一の中世の城。スウェーデン王、グスタフ・ヴァーサ王時代に王城となったが、1634年、オーランド島がトゥルク（スウェーデン語でオーボÅbo）の統治下に入って以降、徐々に崩壊の一路をたどる。その後1745年の火災により残っていた大部分も破壊されるが、幾度となく修復が繰り返され、現在の姿になった。静かな水辺にひっそりとたたずむ城は、破壊の跡こそ残るが、淡いピンク色の石壁と周囲の自然が調和しまるで絵のような美しさ。周辺にはオーランド島の昔の建物を移築展示する野外博物館Jan Karlsgårdenもある（開 5/2〜9/22 毎日10:00〜17:00 料 無料）。

20棟ほどの建物が集まる野外博物館

オーランド島のホテル

Park Alandia Hotell

パーク・アランディア　MAP P.513

住 Norra Esplanadgatan 3　TEL(018)14-130
URL www.parkalandia.com　料 ⓈⒹ€114〜
CC A D M V

並木のあるメイン通り沿いに立つ瀟洒なホテル。併設のカフェバーは地元の人々にも人気。プールとサウナも併設。

Hotell Savoy

サヴォイ　MAP P.513

住 Nygatan 12　TEL(018)15-400
URL www.alandhotels.fi　料 ⓈⒹ€95〜
CC A D M V

部屋はゆったりサイズで、くつろげる雰囲気。町の中心にあり観光に便利。レストランやプールあり。

オーランド島のレストラン

Restaurang Cikada

シカダ　MAP P.513

住 Hamngatan 1
TEL(018)16-333
URL www.cikada.fi
営 月〜土 7:00〜10:00/16:00〜22:00
　日　　8:00〜11:00/16:00〜22:00
休 なし
予 €10〜
CC M V

帆船ポマーン号の近くにあるホテルのレストラン。地元の食材や自然食材を使用したオーランドスタイルの料理を提供する。宿泊客以外も利用できる朝食が人気。また、ディナーでは肉料理や魚料理などが良心的な値段で味わえる。テラス席もある。

バスタブ　テレビ　ドライヤー　ミニバーおよび冷蔵庫　ハンディキャップルーム　インターネット（無料）
一部のみ　一部のみ　貸し出し　一部のみ　インターネット（有料）

Savonlinna

サヴォンリンナ

サヴォンリンナは、大サイマー湖Saimaaを形作るハウキヴェシ湖Haukivesiとピーラヤヴェシ湖Pihlajavesiに挟まれた、フィンランド屈指のリゾート地。サヴォンリンナ地方の面積は4000km^{2}だが、その半分は湖である。広がる湖面と狭い入江。入り組んだ湖岸とマツに覆われた島々。こうした美しい地形は、氷河が私たちに残してくれたプレゼントだ。また、ここは昔から湖上交通の中心地でもあり、夏季は北のクオピオへ向かうサイマー湖クルーズの船が出ている。

町のシンボルは、フィンランド3古城のひとつに数えられるオラヴィ城。約530年前、当時フィンランドを支配していたスウェーデンが、東の大国ロシアに対する軍事上の目的から建設したという。

ドラゴンクエストの城のモデルにもなったオラヴィ城

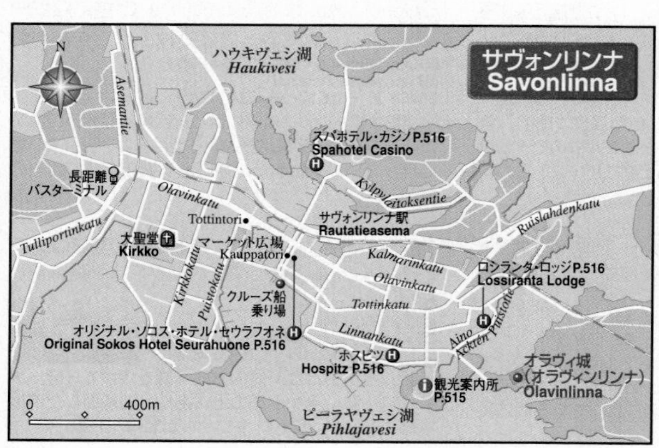

Map P.416-B4
人口:3万1843
市外局番:015
サヴォンリンナ情報のサイト
URL www.savonlinna.fi
X @SLN_Kaupunki
f @savonlinnankaupunki
@cityofsavonlinna

サヴォンリンナの行き方

鉄道 ヘルシンキからインターシティでパリッカラParikkalaまで行き、普通列車に乗り換える。ヘルシンキからパリッカラまでは1日3～5便、パリッカラからサヴォンリンナまではヘルシンキからの列車の到着に合わせて便があるため、それほど待たずに乗れる。ヘルシンキからの所要時間は約4時間10分。

バス ヘルシンキから1日1便運行、所要4時間45分～5時間20分。

サヴォンリンナの観光案内所

Map P.515
住 Riihisaari
TEL 044-4174466
URL visitsavonlinna.fi
開 毎日　10:00～17:00
休 なし

おみやげや新鮮な果物が並ぶマーケット広場

CHECK!

クルーズ情報

6~8月は小型船やボートで気軽に湖上クルーズを楽しめる。大サイマー湖を周遊する定期観光船が€23~、所要約1時間。クオピオへの定期観光船は€145~。ほかにも、ボートをチャーターしてのオリジナルツアーなどいろいろあるので、観光案内所に問い合わせを。

オラヴィ城(オラヴィンリンナ)
住57130 Savonlinna
TEL(02)9533-6942
URL www.kansallismuseo.fi/fi/olavinlinna
開6月・8/5~31
　毎日　11:00~18:00
7/1~8/4
　毎日　10:00~17:00
9~5月
　月~金10:00~16:00
　土・日11:00~16:00
休なし　料€14
庭と1階の展示室以外は、ガイドツアー(6~8月は英語あり。所要約1時間)での見学のみ。

CHECK!

サヴォンリンナのオペラ・フェスティバル

毎年7月にオラヴィ城をはじめとするいくつかの会場で、オペラ・フェスティバルが行われる。2024年は7/5~8/4の開催予定。詳しくは以下へ問い合わせを。
TEL(015)47-6750
URL operafestival.fi
料€49.6~224.6
※オペラ・フェスティバルの開催期間中はホテルの宿泊料金が上がる。

サヴォンリンナの歩き方

サヴォンリンナの見どころは、何といってもオラヴィ城(オラヴィンリンナ)Olavinlinnaと大サイマー湖だ。駅前の広い通りを横切り、坂を下ると露店の並ぶマーケット広場Kauppatoriがある。大勢の観光客が集まる、花の咲き乱れる広場には、華やいだ雰囲気が漂う。広場のすぐ隣が多くの船が発着する港となっている。

港からは多くのサヴォンリンナの周遊観光船や、クオピオKuopioへ行く定期船が発着しており、観光客はもちろん、地元の人の足としても利用されている。いずれも、6~8月の期間運航となる。せっかくここに来たからには、サヴォンリンナの周辺を巡る周遊観光船だけでも乗りたい。森と湖のすばらしい眺めを味わえるので、十分満足できるだろう。

オラヴィ城は、港から湖岸沿いに東へ歩いた所にある、小島の上に建てられた要塞だ。この島はサヴォンリンナの南北にあるふたつの湖を結ぶ水路にあり、軍事上重要な意味をもっていた。1457年、スウェーデンがロシアとの国境地帯に築いたこの城は、フィンランド3古城のひとつに数えられている。湖に突き出た古城というとスイスのシヨン城が有名だが、3本の塔をもつこの城はそれよりはるかに大きく、内部は外観以上に複雑に入り組んでいる。1階に展示室があり、見学することができるが、ほかの場所は1時間ごとに行われるガイドツアーへの参加が必要。

オラヴィ城1階の展示室

サヴォンリンナのホテル

Hotelli Hospitz
ホスピツ　MAP P.515

住Linnankatu 20　TEL(015)51-5661
URL hospitz.com
料ⓈⒹ€125(99)~　CC D J M V

静かな住宅街の中のオレンジ色の目立つ建物。裏側は芝生の庭、そして湖。ビーチもすぐなので、サウナのあとで湖で泳いで、そのあと庭でビール、という過ごし方も楽しめる。

Original Sokos Hotel Seurahuone
オリジナル・ソコス・ホテル・セウラフオネ　MAP P.515

住Kauppatori 4-6　TEL010-764-2200
URL www.sokoshotels.fi
料Ⓢ€156~Ⓓ€174~　CC A D M V

港脇のマーケット広場に面した近代的な外観のホテル。自然光を上手に取り入れる北欧らしい設計で、居心地がいい。朝はホテル前に出る露店を見て回るのも楽しい。

Lossiranta Lodge
ロシランタ・ロッジ　MAP P.515

住Aino Acktén Puistotie
TEL(044)511-2323　URL www.lossiranta.net
料Ⓢ€180(110)~Ⓓ€340(140)~　CC A D M V

全室テラス付きのブティックホテルで、オラヴィ城の優雅なたたずまいを望むことができる。客室はラグジュアリーなファブリックで整えられ、それぞれ内装が異なっている。

Spahotel Casino
スパホテル・カジノ　MAP P.515

住Kylpylaitoksentie 7
TEL(0293)200-540
URL www.spahotelcasino.fi
料Ⓢ€119~Ⓓ€134~　CC A D M V

駅から市街とは反対の方向へ橋を渡って3分。大サイマー湖に浮かぶ島の上にあり、湖に面した部屋は眺めがいい。スパ、サウナなど施設が充実。

バスタブ　テレビ　ドライヤー　ミニバーおよび冷蔵庫　ハンディキャップルーム　インターネット(無料)
一部のみ　一部のみ　貸し出し　一部のみ　インターネット(有料)

COLUMN FINLAND

フィンランドの原風景が広がる 北カレリア地方の旅

北カレリアの中心ヨエンスー

フィンランド中部の東、ロシアとの国境付近に広がるカレリア地方Kareliaは、フィンランドの原風景と呼ばれるところ。特に北部の北カレリアは歴史的にも重要な地で、フィンランド人のアイデンティティの確立につながった民族叙事詩『カレワラ』はおもに北カレリアに残る伝承を編纂したもの。かのシベリウスが作曲した『フィンランディア』もまた、北カレリア地方の風景からインスピレーションを得たものとされている。『カレワラ』にも登場する弦楽器のカンテレや伝統衣装など、民俗文化も色濃く残っている。

北カレリアには、広大なピエリネン湖Pielinenを中心に、たくさんの湖沼が点在している。ゲートウエイとなるのはヨエンスーJoensuuの町。1848年、ロシア皇帝ニコライ1世によって建設された都市で、町なかに今も残るギリシア正教の教会などに往時の面影が見受けられる。フィンランド語で「河口」という意味をもつこの町は、ピエリス川Pielisjokiの河口に位置し、古くから木材などを運ぶ交通の要衝として発展してきた。北カレリアの中心都市とはいえ、町の規模は小さく、徒歩で半日もあれば歩き回れてしまう。夏ならば、町の中心にあるマーケット広場Kauppatoriに行ってみよう。農作物やハンドメイドの工芸品が売られており、活気がある広場だ。コスキカツ通りKoskikatuを挟んで広場の向かいに立つのが、北カレリアの文化や歴史を紹介する博物館や観光案内所がある総合施設、カレリクムCarelicum。ほか、1887年建立のフィンランド国内で2番目に大きな木造教会ヨエンスー・ギリシア正教会OrtodoksinenKirkkoやネオゴシックスタイルで建てられたヨエンスー・ルーテル教会Ev. lut. kirkkoなどがある。

川に沿って発展した町、ヨエンスー
©Igor Grochev / shutterstock.com

風光明媚なコリ国立公園
©Tatiana Mihaliova / shutterstock.com

コリ国立公園でハイキング

ヨエンスーに来たらぜひ、周囲の雄大な自然を楽しみたい。シベリウスが交響詩『フィンランディア』を書き上げたといわれる場所、コリ国立公園Koli National Parkは、ピエリネン湖の西岸に位置する自然公園。湖を見下ろすウッコ・コリUkko-Koli（コリの翁）はフィンランド南部の最高峰で、ここからの光景は息をのむほどにすばらしい。

■ヨエンスー　Map P.416-B3
行き方▶▶▶
✈ヘルシンキから1日1～2便運航、所要約1時間。空港から市内へは、飛行機の時間に合わせて空港バスが運行。片道€5。
🚃ヘルシンキから1日7～8便運行、所要約4時間30分。
🚌ヘルシンキから1日1～2便運行、所要8時間。

■ヨエンスーの観光案内所ⓘ
住Koskikatu 5（カレリクム内）
TEL(013)337-5222
URLwww.joensuu.fi

■コリ国立公園　Map P.416-B3
行き方▶▶▶
ヨエンスーの町と空港からタクシーのチャーターができる。所要約1時間。料金は片道€160～。電話（TEL020-741-4393）にて要予約。

■コリ国立公園の観光案内所ⓘ
住Kolintie 94 A
TEL(045)138-7429
URLwww.koli.fi

Oulu

オウル

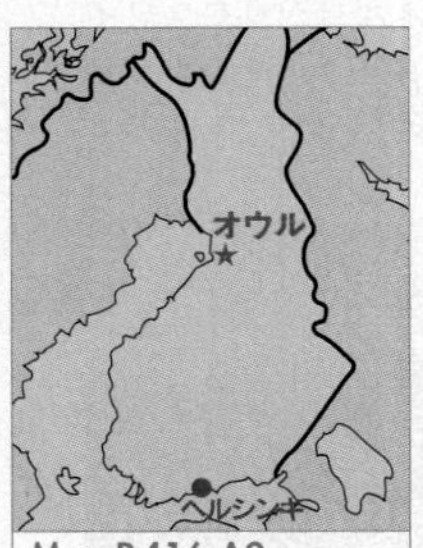

Map P.416-A2

人口:21万4633

市外局番:08

オウル情報のサイト
URL visitoulu.fi

フィンランド中部最大の町。ボスニア湾の沿岸にあり、19世紀にはタールの輸出港として栄えた。現在はフィンランドにおけるIT産業の最先端都市として知られている。ふたつの大学を要する学生街でもあり、教育視察も盛んに行われている。起業家を目指す若い才能が集まる活気ある町だ。

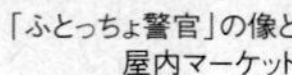
「ふとっちょ警官」の像と
屋内マーケット

オウルの行き方

✈ヘルシンキから1日5～8便運航、所要約1時間。空港から市内までは市バス8、9番で約30分。片道€5.8。

🚃ヘルシンキから1日9～12便、所要5時間30分～9時間55分。途中、タンペレを経由する便も多い。ロヴァニエミからも1日3～5便、所要約2時間30分。

🚌ヘルシンキから1日5～14便運行、所要8～12時間。ロヴァニエミから1日2～7便、所要3～4時間。

オウルの歩き方

町の中心は、オウル川Oulujokiの南、ボスニア湾に面した港の周辺。鉄道駅とバスターミナルは隣り合っており、港までは徒歩20分ほど。通りは碁盤の目になっていてわかりやすい。

メインストリートはカウップリエン通りKauppurienkatuで、港そばの広場に立つのがオウルのシンボル「ふとっちょ警官の像」。像のすぐ横にはれんが造りのマーケットがあり、内部は生鮮食品の屋台やカフェが並んでいる。運河になった港沿いに並ぶ赤い木造家屋群は、ショップやカフェが入るオウルの人気スポット。

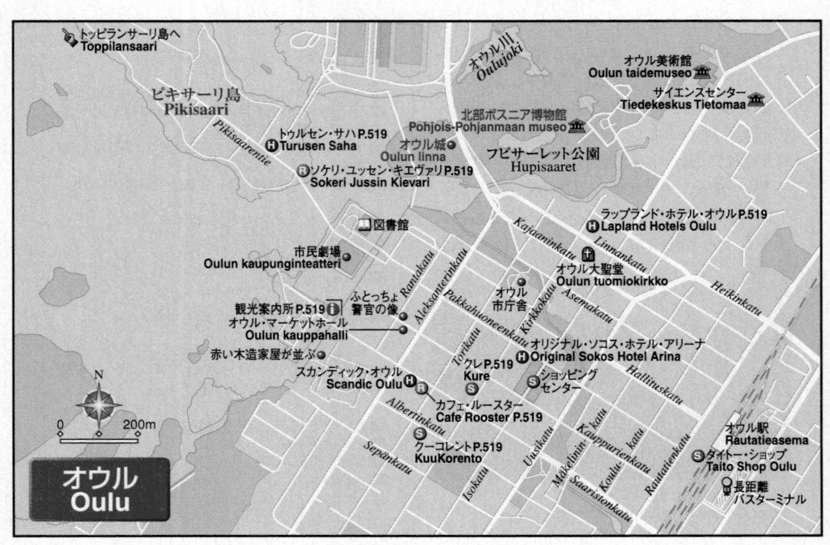

日本でも人気の木工製品ロヴィLoviを扱うデザインショップ、タイトー・ショップTaito Shop Ouluがオウル駅のすぐ隣にある。さまざまなワークショップも行っており、カフェも併設する。@taitoshopoulu

運河沿いに並ぶ、赤い木造家屋

夏にはカヌーやSUPなどのアクティビティも楽しめる。

ボスニア湾にはいくつかの島が浮かんでおり、最大の島であるトッピランサーリ島Toppilansaariにはレクリエーションパークのほかビーチもあり、夏には海水浴、冬にはウインターアクティビティが楽しめる。町の中心から橋で渡れるピキサーリ島Pikisaariは、多くのアーティストが暮らすエリア。ギャラリーやショップもあり、散策するのが楽しい。

見どころは多くないが、町の歴史やこの地方の主要産業であったタールについての展示がある北部ボスニア博物館Pohjois-Pohjanmaan museoなどがある。博物館のある周辺は公園になっており、西の端にはピンク色のオウル城Oulun linnaもある。城は夏季のみ営業のカフェとなっている。

オウルの観光案内所 ℹ
Map P.518
住 Kauppatori 1
TEL (08)5584-1330
URL visitoulu.fi
開 月～金9:00～17:00
休 土・日

北部ボスニア博物館
住 Ainolanpolku 1
TEL 044-703-7161
URL pohjoispohjanmaanmuseo.fi
※2024年4月現在、改装のためクローズ中。

オウルのホテル

Lapland Hotels Oulu
ラップランド・ホテル・オウル MAP P.518

住 Kirkkokatu 3　TEL (08)881-1110
URL www.laplandhotels.com
料 Ⓢ€153～ Ⓓ€171～　CC M V

オウル大聖堂のすぐ横にある高級ホテル。客室は広く、快適。サウナがあり、宿泊客は無料で利用可。ラップランドの食材を使ったレストランも評判。

Turusen Saha
トゥルセン・サハ MAP P.518

住 Pikisaarentie 10　TEL 044-972-6031
URL www.turusensaha.fi
料 ⓈⒹ€98～　朝食€12.5　CC M V

ピキサーリ島にあるエコノミーな宿。予約時に携帯番号を教え、チェックイン前にSMSで送られてくるコードで部屋のドアを開けるシステム。

オウルのレストラン

Sokeri Jussin Kievari
ソケリ・ユッセン・キエヴァリ MAP P.518

住 Pikisaarentie 2　TEL 044-762-0996　URL www.sokerijussi.fi
営 月～土11:00～22:00　日12:00～21:00
休 なし　予 €30～　CC A D M V

フィンランド料理ならここ。地元の食材を使い、昔ながらのレシピで伝統的な料理を作る。木造の趣ある建物は、かつては木材の倉庫として使われていた。

Cafe Rooster
カフェ・ルースター MAP P.518

住 Torikatu 26　TEL 020-711-8280　URL rooster.fi
営 月・火 10:30～21:00　水・木 10:30～22:00　金 10:30～23:00　土12:00～23:00　休 日　予 €15～　CC M V

歴史ある建物を利用したおしゃれなカフェ。ハンバーガーやサラダのほか、平日にはお得なランチセット€13.5も。下にはパブが併設されている。

オウルのショッピング

Kure
クレ MAP P.518

住 Kirkkokatu 14　TEL 040-027-2754　URL kurestore.fi
営 月～金11:00～19:00　土11:00～17:00
休 日　CC A D M V

オウルや周辺地域で生まれたブランドを扱うセレクトショップ。ファッションから生活雑貨まで幅広い品揃え。カルフのスニーカーなど定番ブランドもある。

KuuKorento
クーコレント MAP P.518

住 Albertinkatu 6　TEL 044-759-1110
営 火～金11:00～17:00　土11:00～16:00
休 日・月　CC M V

ステーショナリーや、ジュエリー、化粧品などの雑貨を扱う。フィンランドを拠点に活動するイラストレーターのポストカード€1.95～が人気。

バスタブ　テレビ　ドライヤー　ミニバーおよび冷蔵庫　ハンディキャップルーム　インターネット（無料）
一部のみ　一部のみ　貸し出し　一部のみ　インターネット（有料）

COLUMN FINLAND

地元人気No.1のオーロラリゾート ルカ&クーサモ

30分もあれば動き回れるほどこぢんまり。地図は観光案内所のウェブサイトでダウンロード可能

フィンランドの北部にあるルカRukaは、夏はハイキング、冬はスキーと、1年を通して楽しめる山岳リゾート。中心となるのは、スキー場の麓に開けたルカ・ビレッジRuka Villageで、500m四方ほどの小さなエリアにホテルやレストランが集中する。ビレッジがあるのは北緯66度29分。北極圏ではないものの、オーロラ・オーバルの真下にあるため、実はオーロラ観賞のスポットとしても地元では有名なのだ。

オーロラ目的ならアクティビティ会社のツアーに参加して、郊外に移動してオーロラが出るのを待つことになる。アクティビティ会社はビレッジ内に2軒あり、それぞれオーロラウオッチングツアーを催行している。

昼間に楽しめるウインターアクティビティも充実。定番の犬ぞりやトナカイぞり、スノーシューのほか特殊なフローティングスーツを着て凍った川に流されるツアーなどユニークなものもある。

ルカへの玄関口となるのが、空港のあるクーサモKuusamo。空港からルカ・ビレッジまでは飛行機の到着時間に合わせて直通バスが運行しているので、アクセスも楽々。クーサモにもホテルがあり、町の規模もルカより断然大きいが、オーロラ観賞が目当てならルカ・ビレッジ滞在がおすすめ。ルカ・ビレッジからクーサモの町にはスキーバスSkibusが走っているので、足を延ばしてみるのもおすすめ。町なかにはビャルミアBjarmia（URL bjarmia.fi）という陶器工房兼ショップがあり、おみやげにぴったりのアイテムが揃っている。

また、クーサモとルカの周辺は、ユニークなサウナ体験ができる場所としても有名。ポホヨラン・ピルッティPohjolan Pirttiは、3つのサウナと屋外ジェットバスを備えた本格的なサウナ施設で、団体での貸し切りのほか火曜日の夜限定で公共サウナ（オープンサウナ）としても利用できる。ほか、ルカン・サロンキ・シャレーRukan Salonki Chaletsという宿泊施設には氷で作ったアイスサウナもあり、人気を呼んでいる。

充実したアクティビティと、オーロラ観賞。そしてサウナなどフィンランドならではの体験ができるルカ&クーサモは、フィンランド人率8割の穴場オーロラリゾートだ。

■クーサモ Map P.416-B2
行き方▶▶▶✈ヘルシンキから週5便運航、所要約1時間40分。空港からルカ・ヴィレッジまでは、飛行機の到着時間に合わせてエアポートバスが運行。所要約30分、片道€12～。

■ルカ・ビレッジの観光案内所ℹ
住Rukatunturintie 9 TEL040-6896-802
URLwww.ruka.fi 開毎日10:00～19:00 休なし
ショッピングセンターの中に入っている。町やスキー場の地図、各種パンフが手に入るほか、アクティビティの予約もできる。

■アクティビティ会社
ルカ・パルヴェル Ruka Palvelu
住Rukankyläntie 13
TEL(08)860-8600 URLrukapalvelu.fi
ルカ・アドベンチャー Ruka Adventure
住Rukanriutta 11
TEL(08)852-2007 URLwww.rukaadventures.fi

■サウナ施設
ポホヨラン・ピルッティ
TEL040-509-8085 URLwww.pohjolanpirtti.fi
貸し切りサウナ 料€600～（10人まで）
オープンサウナ 催火17:30発 所要約5時間
料€310(2人から予約可)
ルカン・サロンキ・シャレー
住Salongintie 2
TEL040-534-9183 URLrukansalonkilomat.fi
スモークサウナ貸し切り 料€150～

3つのサウナとホットタブを備えるポホヨラン・ピルッティ

クーサモには湖畔の宿が点在するが、Villa Iglu Resortは食事にもこだわる宿泊施設。周辺は人工の光がほとんどなくオーロラ観測にもいい。空港からの送迎も可能だ(有料)。URLvilla-iglu-fi.book.direct/en-gb

Rovaniemi

ロヴァニエミ

クリスマスの夜、プレゼントの入った袋を乗せて、ソリはトナカイに引かれ進んでいく。こっちの家、あっちの家と、子供たちの安らかな寝顔を見ながら、枕元の靴下にプレゼントを入れて帰っていく、真っ赤な服に白いお髭のおじいさん。彼の名前はサンタクロース。そのサンタクロースが住む村があるのがロヴァニエミだ。

ヘルシンキから北へ835kmのロヴァニエミはラップランド州の州都で、北極圏の南約8kmに位置している。ラップランドの玄関であり、交通、通信の要衝、行政の中心地となっている。

1944年にナチス・ドイツ軍により徹底的に破壊された歴史をもち、その後、建築家アルヴァ・アアルトの設計に基づいて、まったく新しい町に生まれ変わった。今は近代的な町ながら、周囲を白樺林などの緑に囲まれ、公園の中にいるように感じる。町の周囲にはウインタースポーツの施設も多く、冬にはスキー大会が開かれる。毎冬ロヴァニエミをスタートして、零下40度にもなる厳寒の雪の道路2000kmを走破する、北極圏ラップランドラリーも有名だ。

一年中サンタクロースに出会える公式な「サンタクロースの故郷」

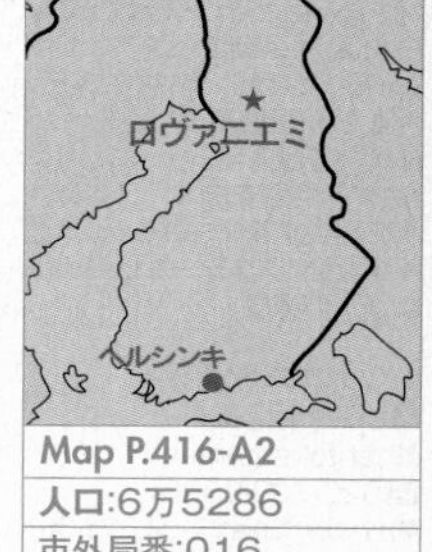

Map P.416-A2
人口:6万5286
市外局番:016
ロヴァニエミ情報のサイト
URL www.visitrovaniemi.fi
X @VisitRovaniemi
f @VisitRovaniemi.fi
@visitrovaniemi

ロヴァニエミの行き方

✈ヘルシンキから1日2～8便、所要約1時間15～45分。
🚌ヘルシンキから1日2便運行し、うち1便が夜行バス。所要11時間20～50分。ノルウェーのカラショークやトロムソからエスケリセン・ラピンリンジャット社Eskelisen Lapinlinjatのバスが1日1便ある。(トロムソ便は6/9～9/14の期間運行)

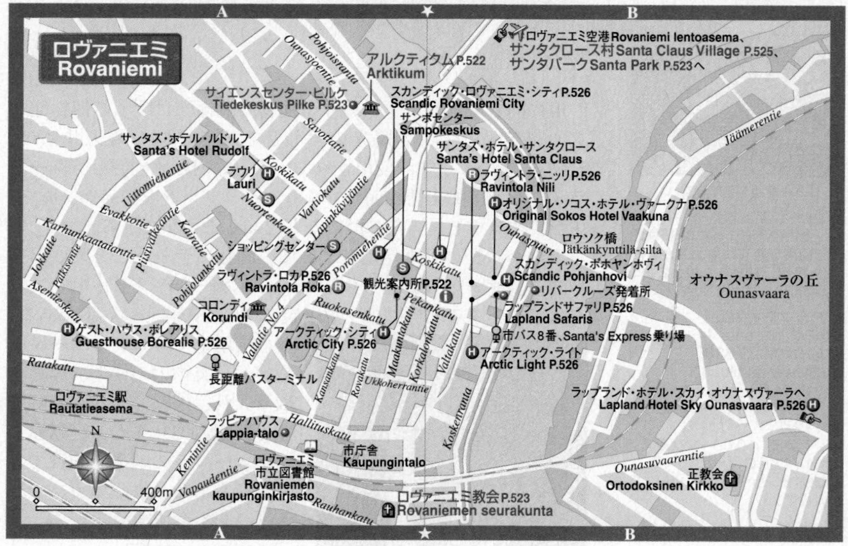

🚃ヘルシンキからインターシティまたはペンドリーノで所要8時間20分〜11時間50分。1日7〜10便、4便前後は途中のオウルなどで乗り継ぎ。

空港から市内へ
ロヴァニエミ空港Rovaniemen lentoasema（RVN）からサンタパークやサンタクロース村を経由して、ロヴァニエミ駅Rautatieasemaへ行くエアポートバスが1日7前後運行。片道€8。予約不要で、チケットは車内で購入可。中心部とサンタクロース村を結ぶバスには空港を経由する便もあるが、本数は少ない。タクシーなら中心部まで€30程度。

ロヴァニエミ空港
Map P.521-B外
住Lentokentäntie
TEL020-708-6506
URLwww.finavia.fi/en/airports/rovaniemi

ロヴァニエミの観光案内所ℹ
Map P.521-B
住Koskikatu 12
TEL040-829-0676
URLwww.visitrovaniemi.fi
開月〜金9:00〜17:00
休土・日

ロヴァニエミ市立図書館
住Jorma Eton tie 6
TEL050-315-1485
URLwww.rovaniemi.fi/Vapaa-aika/Kirjastot
開月〜木 9:00〜20:00
金 9:00〜18:00
土 11:00〜16:00
休日

アアルト建築を見ておきたい

ミュージアム・カード
全国のおもな博物館・美術館で使用できる共通パスがお得（→P.453欄外）。ロヴァニエミには6つの対象施設がある。

アルクティクム
住Pohjoisranta 4
TEL(016)322-3260
URLwww.arktikum.fi
開1〜11月
火〜日10:00〜18:00
12月
毎日 10:00〜18:00
休1〜11月の月
料€18（ミュージアム・カードで入場可）

ロヴァニエミの歩き方

川から西へ延びるコスキカツ通りKoskikatuが町のメインストリート。道の両側には、ショッピングセンターのサンポセンターSampokeskusやレストランが並ぶ。アーケードを抜けた先にあるのが、町を南北に走るロヴァカツ通りRovakatu。ロヴァカツ通りを南に行くとアルヴァ・アアルト設計の市庁舎やロヴァニエミ市立図書館Rovaniemen kaupunginkirjasto、ラッピアハウスLappia-taloへ、北へ行くとアルクティクムへ出られる。見どころは町の中心から離れた位置にあるが、徒歩10分ほどで行けるので、観光は徒歩で十分だ。郊外のサンタクロース村へはバスまたはタクシーで行こう。鉄道駅、長距離バスターミナルは町の南西にあり中心部へは徒歩約20分。どちらもすぐそばに市バスのターミナルがある。

川に面した町で、松明をイメージしたロウソク橋Jätkänkynttilä-siltaが架かっている。橋を渡った向こうにそびえるのはオウナスヴァーラの丘Ounasvaara。丘の頂上にはラップランド・ホテル・スカイ・オウナスヴァーラがあり、ホテル内には眺望のいいレストランもある。夏なら沈まない太陽を、冬ならオーロラを見るベストポイントとして評判。丘までは車で約10分、歩くと1時間かかる。

オウナスヴァーラの丘へ続くロウソク橋

おもな見どころ

アルクティクム　Arktikum

Map P.521-A

川に面して立つガラス張りの建物で北極圏に関する博物館がアルクティクムだ。陽光の差し込むガラス張りの天井には、1000枚ものガラスが使用されている。館内は北極圏センターとラップランド郷土博物館からなり、ラップランドの自然、歴史、生活史やロヴァニエミの歴史などを知ることができる。

入口から長い廊下が延びていて、両脇にテーマごとの展示室が並ぶ。サーメの衣装や生活様式、グリーンランドやアラスカをはじめとする北極圏の少数民族についての詳しい展示がある。どの展示室でもコンピューターや映像、実物大の模型、写真を取り入れ、体験しながら理解できる仕組みだ。また、寝転びながらオーロラの映像を観賞できる場所もある。併設のカフェレストランもおすすめ。

サーメの文化についての展示

●サイエンスセンター・ピルケ　Tiedekeskus Pilke

Map P.521-A

林野庁の建物内にある博物館。フィンランドの森林と人々の生活との関わりについて、インタラクティブな展示を通して楽しみながら学ぶことができる。注目は、中央ホールにある伐採に使うクレーンで、運転席に乗ることもできる。各展示に設置された端末では日本語の説明も表示可能だ。フィンランドの森に関連した雑貨が揃うショップはおみやげ探しにもおすすめ。

サイエンスセンター・ピルケ
住Ounasjoentie 6
TEL0206-397-820
URLwww.tiedekeskus-pilke.fi
開火～金　9:00～18:00
　土・日　10:00～16:00
休月(ショップは無休)
料€7(アルクティクムとの共通券€25、ミュージアム・パスで入場可)

●ロヴァニエミ教会　Rovaniemen seurakunta

Map P.521-A

第2次世界大戦中に破壊され、1950年にB. Liljeqvistの設計によって再建された教会。内部には『生命の泉』というフレスコ画が描かれている。教会の裏には、第2次世界大戦で戦死した兵士たちの眠る墓地があり、30cm四方の御影石に名前や年齢が刻まれている。墓石のそばには、ふたつのモニュメントがあり、ひとつは、死んで横たわる戦友を見つめるふたりの兵士像。もうひとつは悲しみに暮れる家族たちの像だ。像の背後にある石碑には、戦争中、疎開先のスウェーデンで亡くなったロヴァニエミ出身の人々の名前がまとめて刻まれている。

ロヴァニエミ教会
住Rauhankatu 70
TEL(016)335-511
URL www.rovaniemenseurakunta.fi
開月～金11:00～14:00
　夏季、クリスマスシーズン
　毎日　9:00～21:00
休夏季とクリスマスシーズン以外の土・日
料無料

鮮やかな色合いの『生命の泉』

●サンタパーク　Santa Park

Map P.521-B 外

クリスマスをテーマにしたユニークなテーマパーク。まず驚いてしまうのが、テーマパークがもともとは核シェルターとして造られた人工洞窟内にあるということ。メインゲートから200mの岩のトンネルを行くと、プラザ広場に到着。そこは高さ11m、直径33mの洞窟の中心部だ。中心部の周りにドーナツ型に通路が巡らされ、アトラクションやミニシアターの部屋が並んでいる。

制作体験もできる

サンタパーク
住Tarvantie 1
TEL060-030-1203
URLsantapark.fi
開6/27～8/8
　月～土10:00～17:00
　11/7～30
　毎日　10:00～17:00
　12/1～1/9
　毎日　10:00～18:00
休上記以外
料€39～42(夏季は€17.5)
行き方▶▶▶
　中心部からSanta's Expressというバスでアクセスできる。1日6～11便。バスはサンタクロース村まで行く。サンタクロース村から歩けば30分ほど。

エクスカーション

●ラヌア野生動物公園　Ranua Wildlife Park

Map P.416-B2

ラヌアはロヴァニエミから南東へ約80kmの所にある。人気の観光スポットは、町の中心部から北西へ約2.5km離れた場所にあるラヌア・リゾートRanua Resort。なかでも大人気なのが野生動物公園だ。園内にはホッキョクグマやムース、オオカミ、ホッキョクギツネなど寒い地方の動物50種約150頭が暮らし、2.8kmにおよぶ散策道を歩いて見て回ることができる。ショートコースなら45分、全部歩いて約2時間。

ホッキョクグマやムースなど北極圏の動物が中心

ラヌア野生動物公園
住Rovaniementie 29
TEL040-517-7436
URLranuaresort.com
開6～8月
　毎日　9:00～19:00
　9～5月
　毎日 10:00～16:00
休なし
料大人€23.5
　(オンライン購入は€21.5)
行き方▶▶▶
　ロヴァニエミの長距離バスターミナルから1日1～6便バスが運行。所要約1時間15分。

北欧の夏は、白夜の時期。特に北のほうだと深夜24:00を過ぎても明るいので、夜更かしし過ぎないように注意して。アイマスクなどがあると、重宝します。（埼玉県 そめ '16）('24)

憧れのサンタクロースが暮らす村
サンタクロース村でしたいコト 5

ラップランドのコルヴァントゥントゥリ山に住むサンタさんは、毎日みんなに会うために、サンタクロース村へと降りてくる。村の中には、サンタさんに関連する楽しみがいっぱい！ 絶対したい5つのことをご紹介！

したいコト 1

サンタに会う

サンタクロース村のメインといえば、やっぱりサンタミーティング。サンタクロース・オフィスでは、サンタさんと直接会って言葉を交わし、プロのカメラマンによる記念撮影ができる。撮った写真は購入可（プリント€35、ダウンロード版€50、両方€80）。また、クリスマスハウスでもサンタさんに会える。

❶サンタクロース・オフィス
TEL 020-799-999
URL santaclausoffice.com
開 1/1〜3/2、6〜8月、11/1〜24
毎日 9:00〜18:00
3/3〜5/31、9・10月
毎日 10:00〜17:00
11/25〜12/17
毎日 9:00〜19:00
12/18〜31
毎日 8:00〜20:00
休 なし
料 無料

サンタクロース・オフィスへGo!

ロヴァニエミからのバスが到着するバス停。ここにもサンタクロースが！

北極圏

まずは観光案内所へ。日付入りの北極圏到着証明書（€4〜6）をゲット！

外に出て、サンタクロース・オフィスへ！三角屋根のイラストが目印

オフィス内へ。受付を通り通路へ出ると、もうそこはメルヘンの世界！

いよいよサンタさんにご対面！

サンタクロース・オフィスにて。サンタさんの部屋には、世界中の子供たちから届いた手紙が置かれている

1 天井に通気口があり、煙が逃げていく 2 サーモンはサワークリームとパンが付いて€22

したいコト 2
サンタメールを申し込む

村の郵便局では、サンタさんのメッセージがクリスマスシーズンに届けられるサンタメール€9.9が大人気。日本語を含む13ヵ国語が用意されており、申込用紙に宛先を記入するだけでOKだ。

❷サンタクロース・メイン・ポストオフィス

TELなし 開1/7～2/28、11月 毎日10:00～18:00　3～5月、9・10月 毎日10:00～17:00　6～8月 毎日9:00～18:00　12/1～1/6 毎日9:00～20:00 休なし

1 はがきにサンタクロース村の消印を押してクリスマスに届けてくれるサービスもある。クリスマスに届けてもらいたい場合は赤、すぐに届けたい場合は黄色のポストへ 2 クリスマスカードの種類もいろいろ揃っている 3 世界各国から届くサンタさんへの手紙

したいコト 4
コタの中でサーモンランチ

コタとは、ラップランドに暮らす先住民族のサーメが暮らすテントのこと。円錐型のコタを模した建物で、炭火焼きのサーモンランチはいかが？ じっくり焼き上げたサーモンは、柔らかくてジューシー。

❹サンタズ・サーモン・プレイス
Santa's Salmon Place

住Pukinpolku 3 TEL046-545-1507
URLsantas-salmon-place.com
営3・11月　毎日11:00～17:00
6～8月　毎日12:00～17:00
12～2月　毎日11:00～18:00
休4・5・9・10月 予€25～ CCM V

したいコト 3
トナカイと遊ぶ

サンタさんのそりを引っ張る、トナカイとの触れ合いを楽しもう！ サンタクロース・オフィスの裏にあるトナカイファームでは、冬になるとトナカイそりが楽しめる。夏はトナカイへの餌やり€5が体験できる。

❸サンタクロース・レインディア
Santa Claus Reindeer

住Joulumaantie 13 TEL040-833-9818
URLwww.santaclausreindeer.fi
営10:00～16:00（クリスマスシーズンは延長あり） 休夏季の日 料トナカイそり€25～（短いコースは予約不要）

1 トナカイのそりに乗れば、誰でもサンタクロース気分に！ 2 レストランを併設している

したいコト 5
サンタグッズを探す

敷地内にはクリスマスグッズやフィンランドならではのおみやげがたくさん！ 観光案内所のある建物やサンタクロース・オフィスのショップで探してみて！

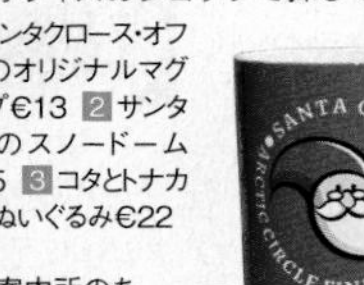

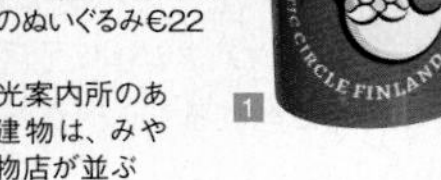

1 サンタクロース・オフィスのオリジナルマグカップ€13 2 サンタさんのスノードーム€7.5 3 コタとトナカイのぬいぐるみ€22

観光案内所のある建物は、みやげ物店が並ぶ

サンタクロース村

Santa Claus Village
Map P.521-B外

サンタさんのテーマパーク

北緯66度33分、北極圏のちょうど真上にあるサンタクロース村は、365日サンタに会えるテーマパーク。サンタクロース・オフィスを中心に、ポストオフィスやショップ、レストランなどが並んでいる。

TEL(018)356-2096（観光案内所）
URLsantaclausvillage.info
開施設によって異なる
休なし　料無料

行き方 ›››

　ロヴァニエミ駅やラップランドサファリ前から市バス8番で所要約30分、Arctic Circle下車、€3.6。11～3月はSanta Claus Busも運行し、片道€4、往復€7。どちらもほぼ1時間ごとに運行し、チケットは運転手から購入する（カード払い可）。エアポートバス（→P.522欄外）も停車する。

施設の場所が入れ替わることがある。最新情報はウェブサイトまたは現地でもらえる地図で確認を。

ロヴァニエミのホテル

Original Sokos Hotel Vaakuna
オリジナル・ソコス・ホテル・ヴァークナ　MAP P.521-B

住Koskikatu 4　TEL020-123-4695
URL www.sokoshotels.fi
料Ⓢ€135～ Ⓓ€153～　CC A D M V

町を代表する高級ホテル。男女別のサウナの利用は無料。フランス料理をはじめとするふたつのレストランを併設。ショッピングセンターが目の前にあり便利。

Lapland Hotel Sky Ounasvaara
ラップランド・ホテル・スカイ・オウナスヴァーラ　MAP P.521-B外

住Juhannuskalliontie　TEL(016)323-400
URL www.laplandhotels.com
料Ⓢ€157～ Ⓓ€179～　CC A M V

オウナスヴァーラの丘の頂上にあり、屋上のテラス(宿泊者は無料)はオーロラのビュースポット。共用サウナのほか、サウナ付きの部屋も。空港送迎は要問い合わせ。

Scandic Rovaniemi City
スカンディック・ロヴァニエミ・シティ　MAP P.521-A

住Koskikatu 23　TEL030-030-8472
URL www.scandichotels.com
料Ⓢ€121～ Ⓓ€137～　CC A D M V

町の中心に位置するホテル。サウナやレストラン、バー、フィットネスセンターが併設されている。どの部屋もゆったりした造りで広いデスクを備える。

Arctic City Hotel
アークティック・シティ　MAP P.521-A

住Pekankatu 9　TEL(016)330-0111
URL www.arcticcityhotel.fi
料ⓈⒹ€138～　CC A D M V

市街中心部にあるスタイリッシュな雰囲気のホテル。1階のレストラン＆バーが人気。全室に湯沸かし器やワークデスクを備えている。

Arctic Light Hotel
アークティック・ライト　MAP P.521-B

住Valtakatu 18　TEL020-171-0100
URL www.arcticlighthotel.fi
料ⓈⒹ€149～　CC A M V

旧市庁舎を改装したデザインホテル。客室にはバスローブやスリッパを備えるなどアメニティが充実している。有名シェフ監修の朝食も好評だ。サウナあり。

Guesthouse Borealis
ゲスト・ハウス・ボレアリス　MAP P.521-A

住Asemieskatu 1　TEL(044)313-1771
URL www.guesthouseborealis.com
料Ⓢ€63～87 Ⓓ€80～132
アパートメント€140～330　CC M V

駅前の坂を上った所にある白い壁のゲストハウス。室内は清潔で、全室シャワー、トイレ付き。

ロヴァニエミのレストラン

Ravintola Roka
ラヴィントラ・ロカ　MAP P.521-A

住Ainonkatu 3LH2　TEL050-311-6411　URL www.ravintolaroka.fi
営月～木12:00～22:00　金・土12:00～22:00　日12:00～21:00
休なし　予€30～　CC D M V

ラップランドの食材を使ったビストロメニューが揃い、見た目も華やか。冬季はウォークインのみで予約不可。

Ravintola Nili
ラヴィントラ・ニッリ　MAP P.521-B

住Valtakatu 20　TEL040-036-9669　URL nili.fi
営毎日17:00～23:00 (時期によって異なる)　休なし
予€25～　CC A D M V

ラップランド料理の人気店。トナカイ肉€29.7～など地元産の肉や旬の魚を使ったメニューが楽しめる。

COLUMN FINLAND

冬も、夏も楽しさいっぱい！ ロヴァニエミのアクティビティ

ロヴァニエミの自然に触れるならアクティビティに参加するのがいちばん。ラップランドサファリLapland Safarisでは、季節に合わせたさまざまな個人向けツアーを催行。ウェブサイトや電話で簡単に予約ができる。

通年催行され人気があるのは、トナカイ牧場や地元の民家を訪ねたあとサンタクロース村に行くSanta Claus Safari。6～7月なら白夜を体験できるツアーMidnight Sun Experienceがおすすめ。冬季なら、トナカイぞりを手軽に楽しめるReindeer Safariや、さらに長距離の犬ぞり体験ができるHusky Safariに参加してみよう。ツアーはすべて英語で行われる。

■ラップランドサファリ　Map P.521-B
住Koskikatu 1　TEL(016)331-1200
URLwww.laplandsafaris.com
営6月上旬～8月　月～土10:00～14:00(電話受付は～16:00)
12～4月上旬　毎日8:00～18:00 (電話受付は～22:00)
(月により変動あり)
休6月上旬～8月の日、4月上旬～6月上旬、9～11月

Santa Claus Safari
催6～8月、12月～4月上旬頃　所要約6時間　料夏季€171～　冬季€247～　夏季はボートでのリバークルーズ、冬季はスノーモービルでトナカイ牧場へ行く。冬はトナカイぞりも楽しめる。

Midnight Sun Experience
催6・7月　所要約3時間　料€116

Reindeer Safari
催12月～4月上旬頃　所要約4時間　料€189～

Husky Safari
催12月～4月上旬頃　所要約1時間45分　料€158～

バスタブ／一部のみ　テレビ／一部のみ　ドライヤー／貸し出し　ミニバーおよび冷蔵庫／一部のみ　ハンディキャップルーム　インターネット(無料)　インターネット(有料)

Saariselkä
サーリセルカ

フィンランド最北のリゾート

ロヴァニエミの北約300km、ラップランドの北部に位置するサーリセルカは、フィンランド最北の通年型リゾート地だ。国内第2位の広さをもつウルホ・ケッコネン国立公園の懐に抱かれるこの小さな町には、自然を満喫するためのアクティビティが豊富に揃う。冬には光のカーテン、オーローラが上空に舞い、犬ぞりやクロスカントリースキーを楽しめる。やがて雪が解け夏になれば、太陽がいつまでも頭上を照らし、雪解け水を運ぶ水流がきらきらと輝く。秋には白樺やヤマナラシの木々が黄葉し、地表をベリー類の葉が深紅に染め上げ、ハイキングのベストシーズンを迎える。

Map P.416-B1
市外局番:016
サーリセルカ情報のサイト
URL laplandnorth.fi
@laplandnorth
@laplandnorth

サーリセルカの行き方

✈ヘルシンキからイヴァロIvaloまで行く。1日1～5便、所要約1時間30分。イヴァロ空港からは空港バスを利用できる。所要約30分。
🚌ロヴァニエミからは1日2～5便、所要約3時間30分。ノルウェーのカラショークから国境を越えるバスが1日1便運行。カラショーク発9:15、サーリセルカ着は13:42。

サーリセルカの観光案内所

観光案内所はないので、観光の相談は各ホテルまたはツアー会社へ。

スキー・バス　Ski Bus

11月下旬から4月下旬まで、主要ホテルとスキー場をつなぐバスが巡回する。時刻表はホテルか観光案内所で。

サーリセルカの歩き方

ホテルやツアー会社はすべてサーリセランティ通りSaariseläntie沿いにある。長距離バスは主要各ホテル前に停車する。町は小さいので、端から端まで歩いても20分程度。町の入口にはスーパーマーケットがある。

おもな見どころ

ウルホ・ケッコネン国立公園
URL www.luontoon.fi
入口はSanta's Hotel Tunturiの裏にある。

ウルホ・ケッコネン国立公園 The Urho Kekkonen National Park

Map P.527

面積2550km^{2}とフィンランドで2番目に大きく、第8代大統領の名を冠した国立公園。2kmや6kmほどの気軽なハイキングコースもある。透明な水の流れる清流に白樺やマツの木が生い茂る。園内の奥はなだらかな丘になっており、広大な森を一望できる。ライチョウやトナカイの群れを見ることもできる。数日のトレッキングや、2〜3週間かけてロシアとの国境まで本格的に歩くこともできる。

秋には美しい紅葉が見られる

エクスカーション

イナリ
行き方▶▶▶
サーリセルカからバスが1日1〜3便運行、所要約1時間40分。途中、イヴァロで乗り換える場合もある。

イナリの観光案内所
住 Inarintie 46
TEL 040-168-9668
URL www.inari.fi
開 6〜9月
毎日 9:00〜18:00
10〜5月
月〜土 10:00〜17:00
休 10〜5月の日

シーダ
住 Inarintie 46
TEL 040-089-8212
URL siida.fi
開 6〜9月
毎日 9:00〜18:00
10〜5月
月〜土 10:00〜17:00
休 10〜5月の日
料 €15

イナリ Inari

Map P.416-A1

サーリセルカの北約70kmの所。イナリ湖の湖畔にあり、人口はわずか500人余り。ラップランドやサーメの人々の文化を知ることのできる複合文化施設、シーダSiidaがある。館内はシャーマンの太鼓など彼らの精神を紹介する展示がされているサーミ博物館Sámi Museumのほかシアターもあり、オーロラのビデオなどを上映している。また屋外には広い敷地内にサーメの家が復元されている野外博物館Openair Museumもある。

COLUMN FINLAND

オーロラが見られる宿泊施設

サーリセルカの郊外に、一風変わった宿泊施設がある。森の中に並ぶグラスイグルーに宿泊すると、ベッドに寝転んだままガラス張りの天井からオーロラ観測ができるのだ。外が極寒でも暖かい室内でオーロラが見られるので快適。人気なので早めの予約が必要だ。

ほかにもログキャビンやキッチン併設のケログラスイグルーといった宿泊施設があるほか、レストランやサウナが揃う。

特殊なガラスなので室内が暖かくても曇りにくい

カクシラウッタネン・アークティック・リゾート
Kakslauttanen Arctic Resort
Map P.527外
住 Kakslauttanen TEL (016)66-7101
URL www.kakslauttanen.fi
開 6〜4月 スノーイグルーは11〜4月のみ
料 グラスイグルー Ⓢ€411〜 Ⓓ€569〜
ケログラスイグルー Ⓢ€840〜 Ⓓ€922〜
ログキャビン Ⓢ€333〜 Ⓓ€469〜
スノーイグルー Ⓢ€411〜 Ⓓ€569〜
CC A D M V
行き方▶▶▶
町からタクシーで約15分。イヴァロ空港から送迎あり（有料、要予約）。

●タンカヴァーラ

Tankavaara

Map P.416-B1

19世紀の中頃から、金が採れるということで、大勢の人々が集まってきたといわれる町。見どころはタンカヴァーラ国際金博物館Kultamuseo Tankavaaran Kultakyla。金を採掘する道具や鉱石のサンプルを展示しているほか、砂金の採集体験€24もできる。敷地内には、タンカヴァーラ・ゴールド・ビレッジTankavaara Gold Villageという19世紀の町並みを再現したエリアもあり、ホテルやレストランが集まる。

タンカヴァーラ国際金博物館
住Tankavaarantie 11C
TEL(016)626-171
URLwww.kultamuseo.fi
開6～9月
毎日　10:00～17:00
10～5月
月～金10:00～16:00
休10～5月の土・日
料€12

サーリセルカのホテル

Santa's Hotel Tunturi
サンタズ・ホテル・トゥントゥリ　MAP P.527

住Lutontie 16　TEL040-010-2191
URL santashotels.fi　料Ⓢ€110～ Ⓓ€117～
CC A D J M V

サーリセルカの最高級ホテル。全260室の客室は落ち着いた雰囲気。アパートタイプの客室もある。ラップランド料理が楽しめるレストランを併設。

Holiday Club Saariselkä
ホリデイ・クラブ・サーリセルカ　MAP P.527

住Saariseläntie 7　TEL030-087-0969
URL www.holidayclubresorts.com
料Ⓢ Ⓓ €144～　CCA M V

スパやサウナ、レジャー向けのプール、アラカルトのレストランなどを完備。サウナ付きの客室以外はすべてダブルルーム。

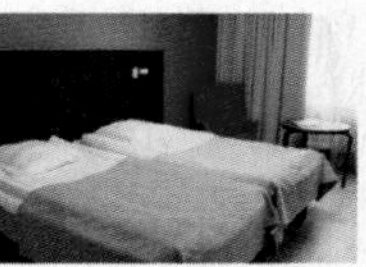

Lapland Hotel Riekonlinna
ラップランド・ホテル・リエコンリンナ　MAP P.527

住Saariseläntie 13
TEL (016) 559-4455
URL www.laplandhotels.com
料Ⓢ€139～ Ⓓ €149～
CCA D M V

町の端にある高級ホテル。ほとんどの客室にはバルコニーが付いており、ゆったりと過ごせる。多国籍料理を提供するレストランをはじめ、ジム、サウナを完備。

Saariselkä Inn
サーリセルカ・イン　MAP P.527

住Saariseläntie 10　TEL044-729-0006
URL www.saariselkainn.fi
料Ⓢ Ⓓ €139(89)～　CCM V

パブを併設したログハウス風の手頃な宿。サウナ付きのコテージ(6人向け)€390(240)～もある。みやげが買えるギフトショップも併設している。

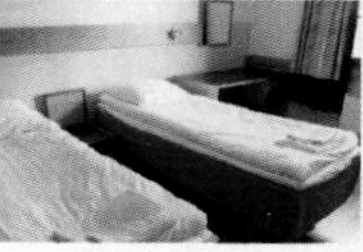

イナリ

Hotelli Inari
イナリ　MAP P.416-A1

住Inarintie 40　TEL040-179-6069
料Ⓢ€143～ Ⓓ €159～
CCM V

イナリ湖の湖畔にあるホテル。湖側にサウナ付きの客室あり。地産の食材を使った料理も評判。

Wilderness Hotel Juutua
ウィルダネス・ホテル・ユートア　MAP P.416-A1

住Saarikoskentie 2　TEL (050) 430-9648
URL wildernesshotels.fi
料Ⓢ€109～ Ⓓ €139～　CCM V

ユートア川の川沿いにあるホテル。2023年に新しい宿泊棟ができ、30室の客室が新たに加わった。パノラマの窓を備える高級レストランや、サウナも併設。

サーリセルカのレストラン

Teerenpesä
テーレンペサ　MAP P.527

住Saariseläntie 5
TEL(016)66-8001
URL teerenpesa.fi
営 毎日15:00～23:00LO(時期によって異なる)
休 ウェブサイトで要確認
予€30～　CCD M V

カジュアルで入りやすい、ラップランド料理を提供するレストラン。トナカイのサーロイン€38.9～や伝統のサーモンスープ€16.5～など、北極圏らしい味が楽しめる。日本語メニューあり。入口から向かって左はバーになっている。

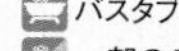 バスタブ　TV テレビ　ドライヤー　ミニバーおよび冷蔵庫　ハンディキャップルーム　インターネット(無料)
一部のみ　一部のみ　貸し出し　一部のみ　インターネット(有料)

Levi

レヴィ

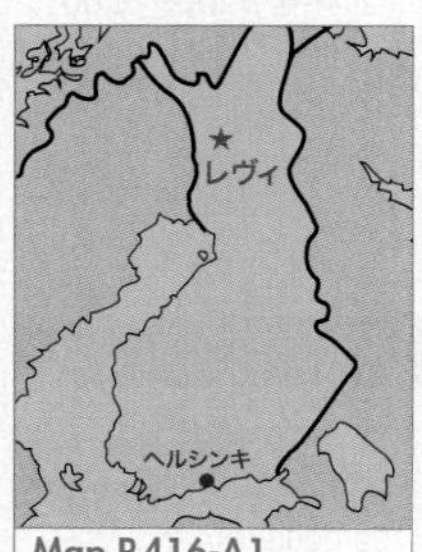

Map P.416-A1

市外局番:016

レヴィ情報のサイト
URL www.levi.fi
@levilapland
@levilapland

北部フィンランドにあるレヴィは、フィンランド国内最大のスキー場を要するリゾート地。北緯68度、オーロラ・オーバルの真下にある村は、秋から冬には上空をオーロラが舞う。ホテルの選択肢の多さやアクティビティの多彩さでも知られ、絶好のオーロラ観測地として人気上昇中だ。また、2019年に公開した映画『雪の華』の舞台でもある。

約1400mのゴンドラ、Godoli2000に乗ってたどり着くレヴィ山の山頂

レヴィへの行き方

ヘルシンキからキッティラKittiläまで行く。1日1～6便（夏季は減便）、所要約1時間30分。キッティラ空港からレヴィまでは飛行機の時間に合わせてバスが運行、所要20～40分。片道€10。

最寄り駅はフィンランド最北端の駅コラリKolari。ヘルシンキから寝台が1日1～2便運行。直行またはタンペレを経由。ロヴァニエミからはケミ経由で1日1便、所要約6時間。コラリ駅からは列車の時間に合わせてバスが運行している。

ロヴァニエミから1日4～5便、所要2時間30分～3時間。

レヴィの観光案内所

Map P.530

住 Myllyjoentie 2
TEL (016)639-3300
URL www.levi.fi
開 夏季
月～金 9:00～16:00
冬季
月～金 9:00～16:00
土・日10:00～16:00
休 夏季の土・日

レヴィの歩き方

スキー場の北側に広がるのが、ホテルが集まるタウンエリア。メインストリートは歩行者専用のケスクスクヤ通りKeskuskujaで、ツアー会社やレストラン、スポーツ用品店、みやげ物店が両脇に並ぶ。すぐそばにあるZero Pointは、スキー場のベースステーション。リフト券の販売のほか、レンタル、スクールの申し込みもできる。Zero Pointの前には教会があるが、ほかに見どころはなく徒歩で20分もあればすべて歩き回れてしまう。大型のホテルはケスクスクヤ通りの周辺、幹線道路沿いに点在している。

一方、タウンエリアの周辺は豊かな自然の宝庫。冬には犬ぞりやスノーモービル、夏にはハイキングやカヌーなど森や湖を舞台とした各種アクティビティが行われる。アクティビティは

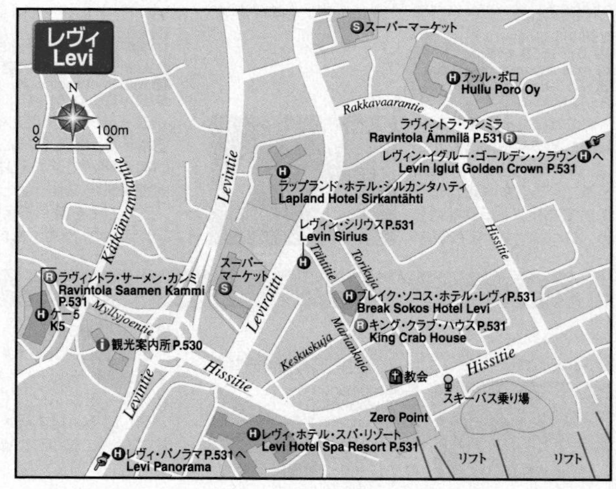

レヴィン・シリウス（→P.531）は、貸し別荘と同じ使い勝手の宿泊施設で連泊が基本。2019年建築と新しく、設備も充実している。人数が多いほど快適にお得に泊まることができる物件だ。6と9が最も小さな部屋。

メインストリートのケスクスクヤ通り

ホテルのほか、観光案内所やウェブサイトでも申し込める。観光案内所には季節ごとのアクティビティを網羅した資料が置かれており、スタッフに相談もできる（日本語不可）ので、ぜひ活用してみて。ほか氷でできたホテルがあるアイスギャラリーや地元出身の画家サレストニエミの美術館Särestöniemi Museo（URL www.sarestoniemimuseo.com）などの見どころがある。郊外の見どころへは、基本的にタクシーかレンタカーで移動する。曜日限定でツアーを行っている場合があるので、観光案内所で確認してみよう。

レヴィのスキー場
スキー場は山全体に広がっており、タウンサイト以外にもたくさんのゲレンデがある。各ゲレンデを結んでスキーバスが運行。リフト券は共通。山頂へ行くゴンドラGodoli2000はタウンサイトとは違うゲレンデから出ている。

リフト料金
料1回券€9.5、3時間券€43～、1日券€51.5～ Godoli2000 €9.5

スキーバス
料€4
乗り場はZero Pointのすぐ横。チケットはZero Pointまたはオンラインで購入可能。

レヴィのホテル

Levi Hotel Spa Resort
レヴィ・ホテル・スパ・リゾート　MAP P.530

住Levintie 1590　TEL(016)646-301
URL www.levihotelspa.fi　料Ⓢ€98～ Ⓓ€118～　CC A D M V

町中にある大型ホテル。客室はいくつかの建物に分かれており、バルコニー付きの部屋もある。屋内プールやジャクージのあるスパを併設(€24)。

Break Sokos Hotel Levi
ブレイク・ソコス・ホテル・レヴィ　MAP P.530

住Tähtitie 5　TEL(016)321-5500
URL www.sokoshotels.fi　料Ⓢ€166～ Ⓓ€188～　CC A D M V

ケスクスクヤ通りにあるシティタイプのホテル。3つの建物に分かれた客室はフロアごとにテーマが異なり、スタイリッシュ。無料で利用できるサウナあり。

Levin Iglut Golden Crown
レヴィン・イグルー・ゴールデン・クラウン　MAP P.530外

住Harjatie 2　TEL045-162-5606
URL leviniglut.net　料ⓈⒹ€390～　CC A D M V

山の中腹にあるガラスイグルー。ガラス張りの部屋からは、寝ながらオーロラが観られる。町中からは離れているので、静かにリラックスしたい人向け。レストランUtsuの料理も好評。屋外スパとサウナ併設のノーザンライトハウスもある。

Levin Sirius
レヴィン・シリウス　MAP P.530

住Tähtitie 2　TEL(016)639-3300
URL www.levi.fi　料ⓈⒹ€525～(3泊以上から)　CC M V

アパートタイプの宿。広く最新設備が整う部屋は全室サウナとキッチン付き。リネン類や退出時の掃除が必要だが、別料金で手配も可能。3連泊からの滞在。

Hotel Levi Panorama
レヴィ・パノラマ　MAP P.530外

住Tunturitie 205　TEL(016)336-3000
URL levipanorama.fi　料Ⓢ€147～ Ⓓ€165～　CC A D J M V

スキー場の中腹にあり、オーロラを観るには最適な環境。客室は7つのタイプがあり、どれも窓が大きく眺めがよい。レストランやサウナなど設備も充実。

レヴィのレストラン

King Crab House
キング・クラブ・ハウス　MAP P.530

住Mariankuja 6　TEL(0400)138-333
URL www.kingcrabhouse.fi　営毎日12:00～22:00LO
休5・6・8月　予€30～　CC M V

新鮮なシーフードが評判。キングクラブは150g €31で、白ワイン蒸しやチリココナッツなど3つの味から選べる。キングクラブスープ€15～もぜひ。

Ravintola Saamen Kammi
ラヴィントラ・サーメン・カンミ　MAP P.530

住Kätkänrannantie 2　TEL(016)639-1100
URL www.kammi.fi　営完全予約制
休なし　予€62～　CC A D J M V

サーメがテーマのレストラン。完全予約制。伝統衣装を身につけたスタッフが、ラップランドの伝統料理をコース€62で振る舞ってくれる。

Ravintola Ämmilä
ラヴィントラ・アンミラ　MAP P.530

住Rakkavaarantie 3　TEL040-714-8894
URL www.hulluporo.fi/en/restaurants/ravintola-ammila
営毎日11:00～23:00　休なし　予ランチ€16～、ディナー€40～　CC M V

ラップランドの伝統料理を提供。人気メニューはトナカイのフィレ€42など。ランチビュッフェ€16～も評判。

バスタブ　テレビ　ドライヤー　ミニバーおよび冷蔵庫　ハンディキャップルーム　インターネット(無料)
一部のみ　一部のみ　貸し出し　一部のみ　インターネット(有料)

Let's Talk in Finnish

フィンランド語を話そう

会話集と役に立つ単語集

役に立つ単語その1

入口	sisäänkäynti	シサーン カウンティ
出口	uloskäynti	ウロス カウンティ
右	oikea	オイケア
左	vasen	ヴァセン
前	edessä	エデッサ
後ろ	takana	タカナ
暑い	kuuma	クーマ
寒い	kylmä	キュルマ
たくさん	paljon	パリヨン
少し	vähän	ヴァハン
よい	hyvä	ヒュヴァ
(値段が)高い	kallis	カッリス
大きい	iso	イソ
小さい	pieni	ピエニ
トイレ	W.C.	ヴェーセー
空き	vapaa	ヴァパー
使用中	varattu	ヴァラットゥ
男性	mies	ミエス
女性	nainen	ナイネン
大人	aikuinen	アイクイネン
子供	lapsi	ラプシ
学生	opiskelija	オピスケリヤ
危険	vaarallinen	ヴァーラッリネン
警察	poliisi	ポリーシ
病院	sairaala	サイラーラ
開館	auki	アウキ
閉館	suljettu	スリェットゥ
押す	työnnä	トゥオンナ
引く	vedä	ヴェダ
領収書	kuitti	クイッティ
空港	lentoasema	レントアセマ
港	satama	サタマ
トラム	raitiovaunu	ライティオヴァウヌ
地下鉄	metro	メトロ
列車	juna	ユナ
船	laiva	ライヴァ
切符	lippu	リップ
切符売り場	lipunmyynti	リプンミューンティ
プラットホーム	laituri	ライトゥリ
どこから	mistä	ミスタ
どこへ	mihin	ミヒン
出発	lähtö	ラヒト
到着	saapumis	サープミス
片道	meno	メノ
往復	menopaluu	メノパルー
1等	ensimmäinen luokka	エンシンマイネン ルオッカ
2等	toinen luokka	トイネン ルオッカ
時刻表	aikataulu	アイカタウル
禁煙	tupakointi kielletty	トゥパコインティ キエレットゥ
国内線	kotimaa lentoliikenne	コティマ レントリーケンネ
国際線	kansainvälinen lentoliikenne	カンサインヴァリネン リーケンネ
ホテル	hotelli	ホテッリ
ユースホステル	retkeilymaja	レトゥケイルマヤ
キャンプ場	leirintäalue	レイリンタ アルエ
観光案内所	matkailu opastus	マトゥカイル オパストゥス
美術館、博物館	(taide)museo	(タイデ)ムセオ
教会	kirkko	キルッコ
修道院	luostari	ルオスタリ

役に立つ単語その2

(月)		
1月	tammikuu	タンミクー
2月	helmikuu	ヘルミクー
3月	maaliskuu	マーリスクー
4月	huhtikuu	フフティクー
5月	toukokuu	トウコクー
6月	kesäkuu	ケサクー
7月	heinäkuu	ヘイナクー
8月	elokuu	エロクー
9月	syyskuu	シュースクー
10月	lokakuu	ロカクー
11月	marraskuu	マッラスクー
12月	joulukuu	ヨウルクー
(曜日)		
月	maanantai	マーナンタイ
火	tiistai	ティースタイ
水	keskiviikko	ケスキヴィーッコ
木	torstai	トルスタイ
金	perjantai	ペリヤンタイ
土	lauantai	ラウアンタイ
日	sunnuntai	スンヌンタイ

(時間)		
今日	tänään	タナーン
昨日	eilen	エイレン
明日	huomenna	フオメンナ
朝	aamu	アーム
昼	keskipäivä	ケスキパイヴァ
夜	yö	ユオ
午前	aamupäivä	アームパイヴァ
午後	iltapäivä	イルタパイヴァ

(数)		
0	nolla	ノッラ
1	yksi	ユクシ
2	kaksi	カクシ
3	kolme	コルメ
4	neljä	ネリヤ
5	viisi	ヴィーシ
6	kuusi	クーシ
7	seitsemän	セイツェマン
8	kahdeksan	カハデクサン
9	yhdeksän	ユフデクサン
10	kymmenen	キュンメネン

役に立つ単語その３

パン	leipä	レイパ
ハム	kinkku	キンック
チーズ	juusto	ユースト
卵	muna	ムナ
バター	voi	ヴォイ
ニシン	silli	シッリ
イワシ	sardiini	サルディーニ
ロブスター	hummeri	フンメリ
アンチョビー	anjovis	アンヨ
ヒラメ	kampela	カンペラ
トナカイ肉	poronliha	ポロンリハ
シカ肉	hirvenliha	ヒルヴィンリハ
ブタ肉	sianliha	シアンリハ
ビーフステーキ	naudanpihvi	ナウダンピフヴィ
ラムステーキ	lampaanpihvi	ランパーンピフヴィ
フルーツ	hedelmä	ヘレルマト
オレンジ	appelsiini	アッペルシーニ
リンゴ	omena	オメナ
飲み物	juoma	ユオマ
コーヒー	kahvi	カハヴィ
紅茶	tee	テー
牛乳	maito	マイト
ビール	olut	オルット
生ビール	tynnyri olut	トゥオッピオルットゥ
白ワイン	valkoviini	ヴァルコウヴィーニ
赤ワイン	punaviini	プナヴィーニ

役に立つ会話

(あいさつ)		
やあ／ハイ	Terve.	テルヴェ！
こんにちは	Päivää.	パイヴァー
おはよう	Huomenta.	フオメンタ
こんばんは	Iltaa.	イルター
おやすみなさい	Yötä.	ユオタ
さようなら	Näkemiin.	ナケミーン

(返事)		
はい	Kyllä.	キュッラ
いいえ	Ei.	エイ
ありがとう	Kiitos.	キートス
すみません	Anteeksi.	アンテークシ
ごめんなさい	Anteeksi.	アンテークシ
どういたしまして	Olkaa Hyvä.	オルカー　ヒュヴァ
わかりました	Ymmärrän.	ユンマラン
わかりません	En ymmärrä.	エン　ユンマラ

(尋ねごとなど)

〜はどこですか？
Missä on 〜？
ミッサ　オン　〜？

いくらですか？
Paljonko maksaa?
パリヨンコ　マクサー？

お勘定をお願いします
Saanko laskun?
サーンコ　ラスクン？

いつですか？
Milloin?　ミツロイン？

何時ですか？
Mitä kello on?
ミタ　ケッロ　オン？

何個ですか？
Kuinka monta?
クインカ　モンタ？

お名前は何ですか？
Mikä nimesi on?
ミカ　ニメシ　オン？

私の名前は〜です
Nimeni on 〜.
ニメニ　オン　〜

フィンランド語で何といいますか？
Mikä tämä on suomeksi ?
ミカ　タマ　オン　スオメクシ？

〜が欲しい
Haluan 〜.　ハルアン　〜

〜へ行きたい
Haluan mennä 〜.
ハルアン　メンナ　〜

フィンランドの歴史

原始部族時代

最初の人類の痕跡は、紀元前700年頃。彼らはウラル山脈のほうからやってきて、湾を渡ってフィンランドに上陸し、各地に散ったといわれる。しかし現代のフィンランド人はその直接の子孫ではなく、紀元1世紀頃にフィンランド湾南岸から移住した民族とするのが定説。主力のスオミ族は現在のエストニアから船で北上し、フィンランドの南西部に上陸した。そこから先住民のサーメ人を追い出しながら北と東へ広がったが、この部族をハメ人という。またその頃、カレリア人がラドガ湖の周辺に定着していたが、やがて両者が重なった部分にサボ人が出現した。ハメ、カレリア、サボの3大部族が形成された。原始部族時代のフィンランドはスウェーデンとロシアの東西2大勢力の衝突の場となった。

スウェーデン統治下時代

12世紀、スウェーデン王エリック9世(1160年没)は十字軍の名のもとにフィンランドに攻め入ると、3大部族を次々とその支配下に入れた。そのとき、王にともなわれた司教ヘンリックが、フィンランドにカトリック信仰の基を築いた。一方、南東からはノヴゴロド王国が勢力を伸ばしてきた。1323年、両国の間にパヒキナサーリ条約が結ばれ国境が確定されたが、これによりカレリアは東西に2分された。カルマル連合から離脱したスウェーデンのグスタフ1世(在位1523〜60年)は、宗教改革を断行してルター派を受け入れ、フィンランドにおける勢力を北方へ伸ばすとともに領内をルター派に改宗させていった。1599年、カール9世(在位1599〜1611年)は、重税のために蜂起したフィンランドの農民一揆を利用してフィンランド貴族を一掃すると王権を確立した。次に、グスタフ2世の治下で強力となったスウェーデンは、武力によってロシアを封じ込め、1617年ストルボバの和議により東カレリアとイングリア(現在のレニングラード地方)を手に入れ、エストニアを併合してさらにポーランドを押さえた。

スウェーデン人のフィンランド総督ブラへ(1602〜80年)の時代には工業が興り交通が整備され、トゥルク大学が設立された。しかしカール12世はピョートル1世率いるロシア軍と戦い、1709年大敗を喫した。スウェーデンが兵を引き揚げたため、フィンランド人の必死の抵抗もむなしく、ロシア軍はフィンランドを侵略した。1721年のニースタードの和議で、スウェーデンはすべてのフィンランドの土地を失った。

ロシア統治下時代

ナポレオン戦争において、ナポレオンはスウェーデンをイギリスに対する大陸封鎖に参加させるために、ロシアがフィンランドを占領してスウェーデンに圧力をかけることを認めた。そのためロシア皇帝アレクサンドル1世は、1808年フィンランドに出兵した。フィンランドは善戦したがスウェーデンが援兵を出さなかったので、全土がロシアに占領された。1809年、ロシア皇帝を君主とする自治公国としてロシアに併合されるが、スウェーデン時代からの諸制度は保存されたおかげで国としての輪郭ができ、フィンランド人としての自覚が高まった。民族叙事詩『カレワラ』集成などの文化運動も、強制されていたスウェーデン語との闘争へと次第に高揚していった。

19世紀末からは、汎スラブ主義の高まり、国際対立の中でのサンクトペテルブルク(レニングラード)防衛の必要などから、フィンランドの自治権を奪おうとするロシア化政策が強行された。それにともないフィンランド人に民族的自覚が燃え上がり、独立の気運が高まった。1904年、ついにロシア総督が殺される事件が発生し、ロシア皇帝の勢力が後退。そして1917年のロシア革命により帝政ロシアが崩壊すると、それに乗じて同年12月、フィンランドは独立を達成した。

独立時代

共和国として新生したフィンランドは国の安全保障を求めて苦難の道を歩み始める。1939年、ドイツがポーランドに侵攻して第2次世界大戦が始まると、その直後の10月、ソ連はレニングラードの防衛を理由としてフィンランドにカレリア地峡の土地を要求。これをフィンランドが拒否するとソ連は50万の大軍を動員してフィンランドに攻め込み、「冬戦争」(第1次ソビエト・フィンランド戦争)に突入した。マンネルヘイム元帥に指揮されたフィンランド軍は善戦するが、南東部を割譲せざるを得なかった。1941年、ナチス・ドイツの対ソ戦争が始まると、巻き込まれたフィンランドはドイツ軍に協力し、ソ連と戦うこととなった(第2次ソビエト・フィンランド戦争)。しかし1944年にソ連と休戦協定を結び戦線を離脱すると、ドイツ軍はラップランドを徹底的に破壊した。一方ソ連からは、カレリア地方などの割譲、さらに国民所得の1割に及ぶ2億ドルもの巨額な賠償金を課せられた。

戦後、不可能といわれた賠償金を支払い期限の半分強の6年間で支払い切ると、その後政治的にも外交的にも安定し、1952年にはヘルシンキでオリンピックが開催された。さらに、1955年には国連と北欧評議会に加盟。2023年4月にはNATO(北大西洋条約機構)に新規加盟した。これにより、経済、社会面でも急速な発展をとげ、世界で最も生活水準の高い先進民主主義国、福祉国家のひとつとなった。

タンペレのマーケットホール

旅の準備と技術

旅の準備

旅の技術

Preparation
旅の情報収集

Visit Denmark
URL www.visitdenmark.com
Visit Norway
URL www.visitnorway.com
Visit Sweden
URL visitsweden.com
在日スウェーデン大使館
スウェーデン観光文化センターサイト
URL letsgo-sweden.com
Visit Finland
URL www.visitfinland.com

主要都市のソーシャルメディア
コペンハーゲン
X @VisitCopenhagen
f @VisitCopenhagen
@visitcopenhagen
オスロ
X @VisitOSLO
f @VisitOslo
@visitoslo
ストックホルム
X @visitstockholm
f @visitstockholm
@visitstockholm
ヘルシンキ
X @VisitHelsinki
f @myhelsinki
@myhelsinki

空港にも簡易型の観光案内所がある

日本での情報集め

デンマークはVisit Denmark、ノルウェーはVisit Norway、スウェーデンはVisit Sweden、フィンランドはVisit Finlandがウェブサイトで情報を発信している。在日スウェーデン大使館のサイトでも情報が手に入るが、政府観光局としての業務は行っていない。歴史や地理など一般的な内容はもちろん、イベント情報や緊急時の連絡先など、旅行に役立つ情報が満載なので、出発前にぜひチェックしておきたい。

現地での情報集め

北欧には、町に観光案内所のオフィスがあることが多い。観光案内所のスタッフは、交通案内から見どころ、イベントの情報までを網羅するその町のエキスパート。「おすすめは何ですか？」というような曖昧な質問ではなく、「○○美術館の開館時間は ？」「○○のイベントに参加するには ？」というように具体的な質問をしよう。また、その町の地図や、町を紹介する小冊子、ホテルやレストランなどのパンフレットはたいてい無料でもらえる。ホテルや民宿（プライベートルーム、B&Bなどと呼ばれる）の紹介をしてくれるところや（手数料が必要な場合もある）、ちょっとしたおみやげを販売していることもある。「北極圏」や「最果ての町」の「到達証明書」など、そこでしか手に入らないようなものもあるので、いい記念になる。

注意したいのは、オープンする時間。各国の首都や、旅行者の集まるベルゲンなどの大都市を除いて、特に小さな町で夏季以外の週末は閉まってしまうことが多い。オープンする時間も季節により変動するので気をつけよう。

観光客の強い味方、観光案内所

インターネットでの情報集め

北欧は日本とは比べものにならないIT先進国。インターネットでの情報発信も盛んだ。各地のツーリストインフォメーションもサイトをもっていることが多いので、いろいろ探してみよう。ここでは、日本語で役に立つ情報が手に入るサイトを紹介する。近年では、エックスやフェイスブックといったソーシャルメディアからもさまざまな情報が得られる。その日のイベントやレストランのオープン情報など、最新ニュースを得るには便利だ。

お役立ちウェブサイト

※（日）は日本語

総合情報

地球の歩き方ホームページ（日）
URL www.arukikata.co.jp
基本情報や北欧諸国の最新の為替レート、天気などもわかる。

Visit Denmark
URL www.visitdenmark.com

Visit Norway
URL www.visitnorway.com

Visit Sweden
URL visitsweden.com

在日スウェーデン大使館
スウェーデン観光文化センターサイト（日）
URL letsgo-sweden.com

Visit Finland
URL www.visitfinland.com

駐日デンマーク王国大使館（日）
URL japan.um.dk

駐日ノルウェー大使館（日）
URL www.norway.no/japan

在日スウェーデン大使館（日）
URL www.swedenabroad.se/ja/embassies/japan-tokyo

駐日フィンランド大使館（日）
URL finlandabroad.fi/web/jpn/ja-frontpage

都市情報

北欧の各都市の見どころやホテル、イベントなどの旅行情報も手に入る。直前に最新情報をチェックしよう。

デンマーク全般
URL www.visitdenmark.com

コペンハーゲン
URL www.visitcopenhagen.com

オーデンセ
URL www.visitodense.com

オーフス
URL www.visitaarhus.com

ノルウェー全般
URL www.visitnorway.com

オスロ
URL www.visitoslo.com

ベルゲン
URL www.visitbergen.com

スウェーデン全般
URL visitsweden.com

ストックホルム
URL www.visitstockholm.com

ヨーテボリ
URL www.goteborg.com

フィンランド全般
URL www.visitfinland.com
URL www.visitfinland.com/ja（日）

ヘルシンキ
URL www.myhelsinki.fi

ロヴァニエミ
URL www.visitrovaniemi.fi

交通情報

SAS
URL www.flysas.com/jp-ja（日）
URL www.flysas.com

フィンエアー
URL www.finnair.com/jp-ja（日）
URL www.finnair.com

JAL
URL www.jal.co.jp/jp/ja

ANA
URL www.ana.co.jp

●デンマーク

デンマーク国鉄
URL www.dsb.dk

国際バス
URL global.flixbus.com

●ノルウェー

Vy社（鉄道）
URL www.vy.no

SJ Nord社（鉄道）
URL www.sj.no

国際・国内長距離バス
URL www.nor-way.no
URL www.vybuss.com

フィヨルド地方のバス
URL www.skyss.no

●スウェーデン

スウェーデン鉄道
URL www.sj.se

国内長距離バス
URL global.flixbus.com

●フィンランド

フィンランド鉄道
URL www.vr.fi

国内長距離バス
URL www.matkahuolto.fi

格安バス
URL www.onnibus.com

Preparation

旅のシーズンと気候

旅のシーズン早見表

	イベント
デンマーク	チボリ公園オープン（コペンハーゲン）3月22日～9月4日
	レゴランド（ビルン）3月23日～11月3日
	夜警ツアー（リーベ3月23日～10月19日、エーベルトフト6月26日～8月28日など）
	クリスマス 11月下旬～12月25日
ノルウェー	フィヨルドクルーズ（フィヨルド地方）5～9月
	ハイキング（フィヨルド地方）5月中旬頃～9月中旬
	ノールカップ行きのバス運行（夏季）6～9月
	クリスマス 11月下旬～12月25日
スウェーデン	群島クルーズ（ストックホルム）5月3日～10月13日
	ヒットシルの夕べ（ガラスの王国）6月中旬～8月
	ザリガニ・パーティ 8月
	クリスマス 11月下旬～12月25日
フィンランド	ムーミンワールド（ナーンタリ）6月11日～8月18日
	湖水クルーズ（タンペレ6月上旬～8月下旬、サヴォンリンナ6～8月）
	クリスマス 11月下旬～12月25日
ラップランド	ハイキング 6月下旬～9月中旬
	極夜 11月下旬～1月下旬
	白夜 5月下旬～7月下旬
	黄葉 8月下旬～9月中旬
	オーロラ 9月中旬～3月下旬

	1月	2月	3月	4月	5月	6月	7月	8月	9月	10月	11月	12月
アドバイス	町ではセールが開催される頃。ラップランドは太陽の昇らない極夜の時期。	1年で最も冷え込む時期。都市だけを訪れるとしてもしっかりと着込んでいこう。	一日一日と日が長くなるが春はまだ先。ラップランドのオーロラツアーもまだまだ多い。	南では花が咲き春が到来。カフェにはテラスもオープンしにぎわう。	気温も上がり、フィヨルドもシーズン始め。中旬にはラップランドも雪解けを迎える。	さわやかな初夏。夏至祭には各地でイベント開催。ラップランドは7月まで白夜。	バカンスシーズン。ホテルは非常に混雑。一部のレストランはバカンスのため休業。	夏のセール時期。ラップランドも日は長いが、下旬には気温が下がり秋の気配が漂う。	ラップランドでは中旬からオーロラシーズン。色づいたベリーや黄葉も美しい。	日が短くなり、気温も下がる。町にも秋が訪れる。各クルーズもシーズンオフ。	本格的な冬になる。下旬からはいよいよクリスマスシーズンが到来。町が浮き立つ。	町はクリスマス一色。ラップランドでは中旬頃から太陽の昇らない極夜となる。

※上記のイベント、開園時期、ツアー開催時期中にはそれぞれ休園日や未開催日も含まれています。

主要都市の月別平均最高・最低気温(℃)、月別平均降水量(mm)

		1月	2月	3月	4月	5月	6月	7月	8月	9月	10月	11月	12月
デンマーク コペンハーゲン	最高	4	5	7	9	15	18	20	21	16	13	8	5
	最低	1	2	4	6	11	15	16	17	14	11	7	4
	降水量	33	66.1	61.7	80.1	39.4	105.7	92.4	93.2	88.5	98.3	83.8	66.3
ノルウェー オスロ	最高	1	0	2	6	12	15	21	20	13	8	2	−2
	最低	−2	−4	−2	−1	6	9	16	13	8	3	−1	−4
	降水量	42.9	67.3	51.2	60.9	89	146.1	86	176.9	181.1	202.3	164.7	116.1
トロムソ	最高	−1	−3	−1	2	5	12	16	14	13	4	−2	−4
	最低	−4	−8	−6	−2	3	8	12	7	8	2	−4	−6
	降水量	176.8	113.3	131.3	74.1	93.5	75.5	95.4	194.4	10.7	151.9	186.2	145.4
スウェーデン ストックホルム	最高	1	2	6	8	15	18	22	22	16	10	5	2
	最低	−1	−1	1	1	7	13	17	17	12	7	3	0
	降水量	34	31.6	46.9	46.2	22.5	57.4	29.6	91.1	93.7	167.8	79.1	78.1
キールナ	最高	−7	−9	−5	−1	4	13	17	15	9	1	−6	−8
	最低	−12	−14	−11	−7	0	8	13	10	5	−1	−9	−11
	降水量	52.1	24.2	35.1	44.7	38	71.1	194.7	145.3	102.1	74.1	120	81
フィンランド ヘルシンキ	最高	0	0	3	5	12	16	20	20	14	8	5	2
	最低	−2	−2	0	1	7	12	17	14	12	5	3	0
	降水量	36.7	38.1	76.2	64.8	27.7	80	36.1	89.8	61.8	190.1	128.1	151.9
ロヴァニエミ	最高	−5	−6	−2	1	5	13	21	17	11	3	−2	−6
	最低	−9	−11	−7	−5	1	9	16	13	7	0	−4	−9
	降水量	61.2	18.6	58.8	54.4	53.2	54.8	85.3	76.8	57	63.7	114.3	80.3

主要都市の日の出・日の入り時刻

	1月	2月	3月	4月	5月	6月	7月	8月	9月	10月	11月	12月
デンマーク コペンハーゲン	8:28 16:10	7:32 17:14	6:23 18:13	6:03 20:15	4:57 21:14	4:25 21:55	4:47 21:44	5:42 20:45	6:42 19:27	7:41 18:09	7:45 16:03	8:33 15:37
ノルウェー オスロ	9:02 15:50	7:53 17:08	6:31 18:19	5:58 20:35	4:38 21:48	3:53 22:41	4:22 22:23	5:32 21:09	6:46 19:38	7:57 18:08	8:15 15:47	9:13 15:11
トロムソ	地平線下	8:12 15:43	6:03 17:42	4:39 20:49	1:31 23:49	白夜	白夜	3:47 21:49	5:59 19:19	7:57 17:02	9:28 13:28	地平線下
スウェーデン ストックホルム	8:29 15:25	7:21 16:41	6:02 17:50	5:31 20:03	4:13 21:14	3:30 22:05	3:58 21:49	5:06 20:38	6:17 19:08	7:26 17:14	7:42 15:22	8:38 14:47
キールナ	10:05 13:31	7:53 15:52	5:57 17:38	4:46 20:31	2:24 22:45	白夜	白夜	4:02 21:24	5:57 19:10	7:43 17:05	8:51 13:56	地平線下
フィンランド ヘルシンキ	9:09 15:51	7:58 17:11	6:36 18:23	5:59 20:42	4:40 21:54	3:54 22:49	4:23 22:30	5:35 21:15	6:49 19:42	8:01 18:11	8:21 15:50	9:20 15:12
ロヴァニエミ	10:16 14:36	8:23 16:38	6:34 18:16	5:32 21:01	3:28 22:58	白夜	2:41 24:05	4:52 21:50	6:37 19:46	8:16 17:49	9:11 14:52	10:59 13:25

※データは、月の中日のものを採用しています。

Preparation

旅のプランニング

広い北欧を回るには、目的地や移動手段などしっかりとした計画を立てて巡ることが肝心。ここでは、旅のテーマや目的地ごとに6つのモデルコースを紹介。期間に応じていくつかのコースを組み合わせて旅行するのもいい。

Route1 北欧の4ヵ国都市巡り

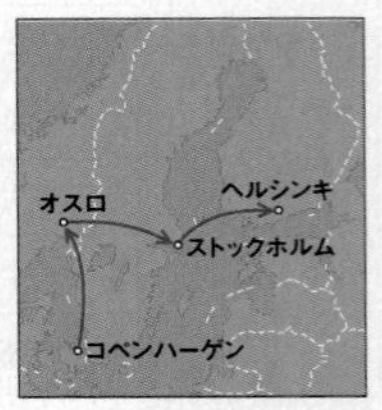

北欧4ヵ国の首都を巡る旅。すべて飛行機で移動することも可能だが、ストックホルム→ヘルシンキ間はタリンク・シリヤライン（→P.558）かバイキングラインの豪華客船を利用したい。コペンハーゲンからオスロに行く場合も、飛行機ではなく鉄道を利用して行くのがおすすめ。

1日目	コペンハーゲン着
2日目	コペンハーゲン観光
3日目	コペンハーゲン 🚃 オスロ ※1
4日目	オスロ観光 ※2
5日目	オスロ ✈ ストックホルム
6日目	ストックホルム観光
7日目	ストックホルム 🚢 ヘルシンキ
8日目	ヘルシンキ観光
9日目	ヘルシンキ発

※1 コペンハーゲン～オスロの直通列車はないので、マルメやヨーテボリで乗り換えることになる。

※2 オスロ観光をやめて、ソグネフィヨルド観光を選ぶこともできる。オスロから列車でアクセスする場合はプラス1日。ベルゲンからストックホルムまで飛行機で飛べば、日数も変わらずに行ける。

1 元老院広場から見上げるヘルシンキ大聖堂
2 コペンハーゲンは自転車天国！
3 ストックホルムの旧市街ガムラ・スタン

Route2 ノルウェー3大フィヨルド観光

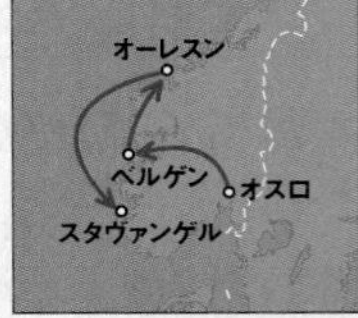

ノルウェーの西海岸線一帯に広がるフィヨルド。大自然が造り出した迫力ある造形美を見ようと多くの観光客が訪れる。フィヨルドの代名詞的存在といえる3つのフィヨルドを巡る旅へ出かけよう。

1日目	オスロ 🚃 🚢 🚌 ソグネフィヨルド観光 🚃 ベルゲン
2日目	ベルゲン観光 ※1
3日目	ベルゲン ✈ オーレスン
4日目	オーレスン 🚌 🚢 ガイランゲルフィヨルド観光
5日目	ガイランゲルフィヨルド観光 🚌 オーレスン
6日目	オーレスン ✈ スタヴァンゲル ※2
7日目	スタヴァンゲル 🚌 リーセフィヨルド観光
8日目	スタヴァンゲル発

※1 ベルゲン観光をしないで、ハダンゲルフィヨルドを訪れるのもおすすめ。

※2 オーレスン→スタヴァンゲルの直行便はないので、ベルゲンやオスロを経由して行くことになる。所要3時間～。

1 雄大な景色が広がるガイランゲルフィヨルド 2 リーセフィヨルドのハイライト、プレーケストーレン 3 カラフルな家が並ぶベルゲンのブリッゲン地区

Route3 ヨーロッパの最北端を目指す旅

1日目	ストックホルム ナルヴィーク
2日目	ナルヴィーク ロフォーテン諸島
3日目	ロフォーテン諸島観光
4日目	ロフォーテン諸島 トロムソ※1
5日目	トロムソ アルタ※2
6日目	アルタ ホニングスヴォーグ
7日目	ホニングスヴォーグ ノールカップ観光
8日目	ホニングスヴォーグ発

※１夏季なら、フッティルーテンはトロルフィヨルドに寄ることもある。なお、出発は４日目の夜。
※２一気にホニングスヴォーグへも行けるが、ぜひ１泊して世界遺産であるアルタのロック・アートを見学しよう。

ヨーロッパ最北の地、ノールカップを目指す旅。北極圏を走る国際寝台列車でノルウェーのナルヴィークへ行き、入り組んだノルウェーの海岸線をフッティルーテンで北上。フィヨルド観光も楽しめる贅沢なコースだ。旅のシーズンは夏。真夜中の太陽が見られる時期でもある。

ノールカップ
ホニングスヴォーグ
ロフォーテン諸島
アルタ
トロムソ
ナルヴィーク
ストックホルム

１ ノールカップの岬に建つモニュメント
２ ノールランストーグの車窓からの眺め

Route4 スウェーデン、デンマークの古都＆古城巡り

1日目	ストックホルム到着
2日目	ストックホルム観光 マルメ
3日目	マルメ ルンド観光※1
4日目	マルメ ヘルシンボリ観光
5日目	マルメ コペンハーゲン※2
6日目	コペンハーゲン ヘルシンオア他
7日目	コペンハーゲン観光
8日目	コペンハーゲン発

※１ルンドやヘルシンボリは、マルメから十分日帰りできる。マルメに連泊して荷物を動かす手間をなくそう。
※２マルメ〜コペンハーゲンは列車で約40分なので、マルメを観光してから移動しても大丈夫。

ストックホルムを出発して、中世ヨーロッパの香り漂う古都へ。スウェーデンとデンマークの国境付近は、古くから両国の紛争が勃発したエリアであり、そのせいか古城が多いのが特徴だ。マルメとコペンハーゲンを中心としたオーレスン地方を回る旅。

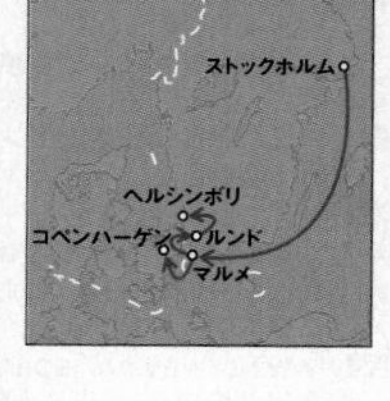

１ ヘルシンオアにそびえ立つクロンボー城
２ ヘルシンボリにあるシェールナンへの入口

Route5 おとぎの国デンマーク アンデルセン＆レゴランド探訪

ビルンにあるレゴランド

1日目	コペンハーゲン オーデンセ
2日目	オーデンセ レゴランド
3日目	レゴランド コペンハーゲン
4日目	コペンハーゲン観光
5日目	コペンハーゲン発

世界的童話作家であるアンデルセン生誕の地オーデンセと、デンマーク生まれのおもちゃ、レゴのテーマパーク、レゴランドで思いっきり童心に返ろう。レゴランドからオーフスやオールボーなどのユトランド半島の町を回るのもおすすめ。

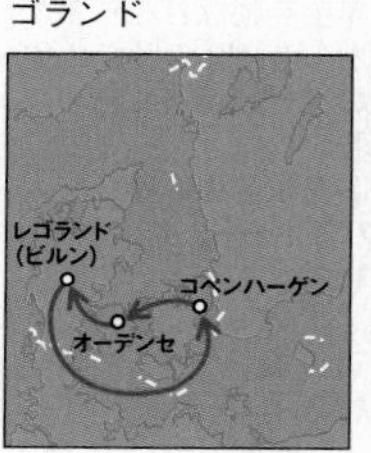

Route6 フィンランド童話の世界へ ムーミンとサンタクロースに会いに

ロヴァニエミのサンタパーク

1日目	ヘルシンキ トゥルク ナーンタリ観光
2日目	トゥルク タンペレ
3日目	タンペレ ロヴァニエミ
4日目	ロヴァニエミ観光
5日目	ロヴァニエミ発

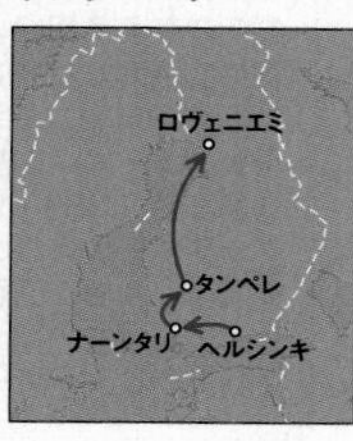

ムーミンとサンタクロースに会いに、北極圏まで足を延ばそう。ナーンタリへはトゥルクから日帰りして、タンペレへ移動。タンペレからロヴァニエミへの列車は１日数便あるが、乗り換えなしで行ける寝台列車の利用がおすすめ。

Preparation

出発までの手続き

パスポート（旅券）の取得

パスポートは、海外で持ち主の身元を公的に証明する唯一の公文書。これがないと日本を出国することもできないので、海外に出かける際はまずパスポートを取得しよう。商用や留学などで在留許可を取る人は申請の際にパスポートが必要になるので、早めに取得しておきたい。パスポートは5年間有効のものと10年間有効のものがある。ただし、18歳未満の人は5年用しか取得することができない。パスポートの申請は代理人でも行うことができるが、受け取りは必ず本人が行かなければならない。原則として、パスポートの申請は、住民登録している都道府県にあるパスポート申請窓口で行う。

申請から受領までの期間は窓口の休業日を除いておよそ1〜2週間程度。申請時に渡される旅券引換書に記載された交付予定日に従って申請後6ヵ月以内に受け取りに行くこと。発給手数料は5年用が1万1000円（12歳未満は6000円）、10年用は1万6000円。

申請書の「所持人自署」欄に署名したサインがそのままパスポートのサインになる。署名は漢字でもローマ字でも構わないが、クレジットカードなどと同じにしておいたほうが無難だ。また、パスポートと航空券などのローマ字氏名表記が1文字でも異なると、航空機などに搭乗できないので注意しよう。結婚などで姓名が変わったときは、持っているパスポートを返納し、新たにパスポートの発給を申請する必要がある。

パスポート（旅券）新規申請に必要な書類

①一般旅券発給申請書（1通）
用紙は各都道府県の申請窓口か、外務省のウェブサイトで手に入る。5年用と10年用では申請書が異なる。

②戸籍謄本（戸籍全部事項証明書）（1通）
6ヵ月以内に発行されたもの。本籍地の市区町村の役所で発行してくれる。代理人の受領、郵送での取り寄せも可。有効期間内の旅券を切り替える場合、戸籍の記載内容に変更がなければ省略可。家族で同時に申請する場合は、申請者全員の載っている謄本1通でよい。

③顔写真（1枚）
タテ4.5×ヨコ3.5cmの縁なし、無背景、無帽、正面向き、上半身の入ったもので6ヵ月以内に撮影されたもの。白黒でもカラーでも可。スナップ写真不可。なお、写真要件の詳細は上記の欄外の外務省ウェブサイトを参照のこと。

④身元を確認するための書類
失効後6ヵ月以内のパスポート、運転免許証、住民基本台帳カード、個人番号カード（マイナンバーカード）など、官公庁発行の写真付き身分証明書ならひとつでOK。健康保険証、年金手帳などならふたつ必要（うち1点は写真付きの学生証、会社の身分証明書でも可）。コピーは不可。

⑤パスポートを以前に取得した人は、そのパスポート

⑥住民票（1通）
住民登録している都道府県で申請する場合は不要。ただし居所申請など特別な場合は必須。

パスポートに関する情報
パスポート申請先都道府県ウェブサイトへのリンク
URL www.mofa.go.jp/mofaj/toko/passport/pass_6.html
外務省（パスポート）
URL www.mofa.go.jp/mofaj/toko/passport/index.html
オンライン申請に関しては上記ウェブサイトを参照。

各国の大使館

駐日デンマーク王国大使館
住 〒150-0033 東京都渋谷区猿楽町29-6
TEL (03) 3496-3001（緊急時のみ）
URL japan.um.dk
開 月〜金9:30〜12:00/13:30〜16:30
来館はウェブサイトで要事前予約。
休 土・日、および日本とデンマークの祝日

駐日ノルウェー大使館
※2024年4月現在、改修工事にともない一時移転中。詳しくはウェブサイトで要確認。
URL www.norway.no/japan
滞在ビザの申請はVFSノルウェーセンター（URL visa.vfsglobal.com/jpn/ja/nor）へ。

在日スウェーデン大使館
住 〒107-6016 東京都港区赤坂1-12-32 アーク森ビル16階
TEL (03) 5562-5050
URL www.swedenabroad.se/ja/embassies/japan-tokyo
開 電話受付
月〜金 9:00〜12:00/15:00〜17:00
休 土・日、および日本とスウェーデンの祝日の一部

駐日フィンランド大使館
住 〒106-8561 東京都港区南麻布3-5-39
TEL (03) 5447-6000
URL finlandabroad.fi/web/jpn/ja-frontpage
開 月・火・木・金 9:00〜12:00
水 13:00〜17:00
電話受付
火・金 10:00〜12:00
休 土・日、および日本とフィンランドの祝日

シェンゲン・ビザ

日本人の場合、180日間に90日以内の滞在であれば4ヵ国ともビザの取得は不要。商用や留学などで91日以上滞在するまたは就労予定の人は、それぞれの国の大使館に問い合わせを行い、在留許可を取得すること。

入国時のパスポートの有効残存日数は、シェンゲン協定加盟国出国予定日から数えて3ヵ月以上。パスポートセンターでは、期限切れとなる1年前から更新手続きを受け付けている。また、シェンゲン規定により、入国の際に帰りの日本への航空券の提示を求められることがある。

国際運転免許証

北欧で車を運転するには、日本で国際運転免許証International Driving Permitを取得する必要がある。

所持する日本の運転免許証を発行している都道府県の運転免許更新センターか運転免許試験場、指定警察署で、右記の必要書類と手数料を添えて申請する。有効期限は1年間。

ISICカード（国際学生証）

ユネスコが推奨するISIC国際学生証を持っていると世界共通の学生身分証明証として有効なほか、国内外の美術館や博物館などの入館料や交通機関の割引など、世界中で約15万件以上の学割特典が適用される。また国際学生証の資格条件がなくても30歳以下の人はIYTC国際青年証を取得することができ、さまざまな特典を受けられる。どちらもバーチャルカードでの発行で、有効期限は発行日から翌年の発行月末日まで。

海外旅行傷害保険

海外旅行傷害保険はすべて掛け捨てだが、体調不良や盗難など、慣れない土地では何が起こるかわからない。海外での事故や病気に対しては、日本の健康保険が適用されないため、保険は安心料と思って必ず入っておこう。例えば、突然病気になったとき、保険会社によっては、日本語の無料電話で病院の紹介・予約をしてくれるし、治療費は保険会社から直接病院に支払われる。

海外旅行保険の種類は、傷害保険（死亡、後遺障害、治療費用）を基本に、疾病保険（治療費用、死亡）、賠償責任保険（誤って物を破損したり、他人を傷つけたりした場合など）、救援者費用保険（日本から救援者が駆けつけるための費用）、携行品保険（旅行中に荷物を紛失、破損または盗難）の特約がある。

欧州旅行にも電子渡航認証が必要に！

2025年より、ビザを免除されている日本やアメリカなどの国民がシェンゲン協定加盟国（北欧4ヵ国など27ヵ国）にビザなしで入国する際、ETIAS（エティアス、欧州渡航情報認証制度）電子認証システムへの申請が必須となる予定。

URL etias-web.com

国際運転免許証申請時の必要書類

①所持する有効な運転免許証（有効期限の切れた国際運転免許証を持っている場合は、その免許証）
②有効なパスポート（申請中の場合は旅券引換書でも可）など、渡航を証明するもの
③写真1枚（タテ4.5cm×ヨコ3.5cm。上三分身、枠なし、無帽、正面、無背景、6ヵ月以内に撮影されたもの。白黒、カラーどちらでも可）
④窓口備え付けの申請書。手数料は2350円

国際学生証と国際青年証の問い合わせ先

ISIC Japan
アイジック・ジャパン
E-MAIL info@isicjapan.jp
URL isicjapan.jp

ISIC国際学生証

申請費用2200円
オンライン申請に必要な書類:学生証または在学証明書（有効期限が記載された面を含む）。証明用顔写真（パスポート申請時に使用する写真に準じたもの。無背景、無帽、バストショット。450×540ピクセル以上のデータ）

IYTC国際青年証

申請費用2200円
オンライン申請に必要な書類:免許証またはパスポート。証明用顔写真（パスポート申請時に使用する写真に準じたもの。無背景、無帽、バストショット。450×540ピクセル以上のデータ）

インターネットで保険加入

「地球の歩き方」ホームページでは海外旅行保険情報を紹介している。保険のタイプや加入方法の参考に。

URL www.arukikata.co.jp/web/article/item/3000681

渡航先で最新の安全情報を確認できる「たびレジ」に登録しよう

外務省の提供する「たびレジ」に登録すれば、渡航先の安全情報メールや緊急連絡を無料で受け取ることができる。出発前にぜひ登録しよう。

URL www.ezairyu.mofa.go.jp/index.html

Preparation

旅の予算とお金

最も節約しやすい部分
宿泊費は最も節約しやすい。ユースホステルに宿泊し、朝食は自分で買ってきた果物とジュースなどで済ませれば多少安上がり。

町までの交通費
コペンハーゲンとヘルシンキは空港から町までは近い。コペンハーゲンは鉄道で約800円、ヘルシンキは電車で約680円。オスロ、ストックホルムは若干遠く、オスロは鉄道で3413円、ストックホルムはバスで2136円。どの国も終点から観光案内所までは歩ける距離だ。観光案内所でホテルを紹介してもらうと手数料がかかる場合がある。デポジットや宿泊料の前払いを求められたら、クレジットカードを使えばいい。あとはホテルまでの交通費と夕食代。

買い物するなら空港も便利
北欧では旅行者も高率の税金が含まれた商品を購入することとなる。そのためスーパーを訪れても安いおみやげが見つからないこともある。
空港で売られている商品は市中の価格より割高であることが多いが、ブランド品の商品なら価格は一緒で、空港スタッフが免税手続きに慣れているぶん購入手続きがスムーズに進められる。バーゲン品が売られていることもあるので、空港でもショップをのぞいてみるといい。金額的にもお得な買い物ができることがある。

スーパーマーケットで食材を買って自炊する手も

北欧の物価

北欧の物価は高い。日本も物価が高いといわれるが、物の値段は日本以上に高い。同じ額を払った場合の満足度は、日本と比べると低いと言わざるを得ない。安く上げる方法が少ないのが節約派にはつらいところ。ここでは、北欧を旅するのにいくらぐらいかかるのか、あるいはいくらぐらいかければ北欧を旅行できるのか、ひとり旅を例にとりシミュレートしてみた。

とことん節約派の旅

とにかく予算を切り詰めたい、限られた予算で可能な限り長く旅行したい、という人はだいたいこんな感じになる。

宿泊費	ユースホステル（朝食付き）	4500～7000円
昼食	カフェでランチセット	2000円
夕食	街頭でホットドッグとコーラ	1200円
入館料	学割で美術館と博物館２ヵ所	2000円
交通費	バスに２回乗車	800円
おやつ	アイスクリーム（２スクープ）	1000円
合計		1万1500～1万4000円

これはあくまでも最低限これだけかかるということ。ユースホステルで自炊でもするのならともかく、毎日こんな食事ではさびしい。デンマーク以外ではお酒も高い（ビール小瓶1本が1000円ぐらい）。スモーカーはもっと大変で、マルボロ1箱2000円くらいはする。あらかじめ鉄道パスを持っていなければ、都市間の移動にもお金がかかる。節約派には厳しい。

ケチケチしたくないけれど、あまり散財もできない派

スタンダードに近い旅行をしようと思うと、どうしても以下のようになる。

宿泊費	中級に近いホテルのシングル	1万3000円
昼食	カフェでランチセット	2000円
おやつ	カフェでコーヒー	600円
夕食	安めのレストランで	4000円
入館料	美術館と博物館２ヵ所	5000円
交通費	バスと地下鉄に計２回乗車	800円
合計		2万5400円

特に地方に行くと宿泊の選択肢が少なくなり、ユースホステルか中級以上のホテルのどちらか、ということが多い。バス、トイレが共同になっているような安めのホテル（8000円ぐらい）が見つけられれば多少安上がりにできる。

せっかくだからしっかり楽しみたい派

スタンダード以上の旅行をする場合の最低ラインは以下のとおり。

宿泊費	やや立派なホテルのシングル	3万円
昼食	レストランで本日のランチ	3000円
おやつ	カフェでコーヒーとケーキ	2000円
夕食	レストランでコースメニュー	1万円
入館料	美術館2ヵ所	6000円
交通費	バスとトラムに計2回乗車	1000円
交通費	ホテルから駅までタクシー	2500円
寝酒	ホテルのバーでビール2杯	4000円
合計		5万8500円

いいホテルに泊まると朝食のビュッフェも豪華版。ただしそこでしっかり食べて昼を抜こうなどという了見は、ここの趣旨に反する。せっかくはるばる来たのだし、ちょっとリッチに……などと考えるとすぐにこれぐらいの出費になる。

北欧の割引制度

北欧諸国では、ほとんどの美術館や博物館、交通機関においてシニアや子供、学生の割引料金を実施しており、場所によっては50%の割引を受けられるところもある。シニアや子供はパスポートを見せれば通じるが、学生の場合は、日本の学生証では通じないのでISIC国際学生証を作っていくこと。作り方は(→P.543)参照のこと。

両替について

銀行や空港のほか、フェリーやバスのターミナルや駅などで両替できる。町なかにはFOREXという両替所があるので、まず困ることはないだろう。日本円の通用度はかなり高いが、地方の都市などでごくまれに通用しないところもある。また一度の両替で手数料が1000円近くかかるので、何度も両替するのは避けたい。

空港や中央駅などに両替所がある

両替は最低限にとどめよう

北欧はクレジットカードをはじめとする完全な電子マネー社会。近年では4ヵ国とも現金を受け付けないところが急増している。博物館など観光施設やレストラン、ショップでも同様なので、多額の現金を持っていても使い切れないということになる可能性も。バスなど公共交通機関でもほぼ100%クレジットカードが利用できる。現金の両替は最低限にしておこう。

タックスフリー商品はまとめ買いが有利

タックスフリーで買い物をする場合、還付率は購入金額が大きいほど高くなる。例えばフィンランドでグローバルブルーのサービスを利用した場合、その還付率は7.5～16%の幅がある。還付率は1日に1店舗で購入したときの金額をもとに計算するので、購入したいものがわかっているときはできるだけ同日に1店舗で購入したほうが、還付率が大きくなる。セレクトショップならさまざまなブランドの商品が揃うので、まずはセレクトショップで品揃えをチェックしておくといい。

地方都市での両替

地方都市の場合、両替所がなく、銀行での両替しか手段がないことが多い。ここで注意したいのは、銀行は土・日曜は閉まってしまうということ。手持ちの現金がなくならないよう、平日のうちに忘れずに両替しておこう。

外貨から外貨の両替について

それぞれ違う通貨を使用している北欧の4ヵ国。使うぶんだけを両替したつもりでいても、思いのほかお金が残ってしまうこともある。そんなときは外貨から外貨（ユーロ€→スウェーデンSEKなど）の両替をしよう。ただし小銭は両替できないので、なるべくその国で使い切るといい。

持っていくお金について

銀行や町なかの両替所など、たいていどこででも日本円から現地通貨への両替ができる。特に地方都市に行かないのであれば、ユーロなどに両替していく必要はなく、日本円をそのまま持っていけばOKだ。4ヵ国ともキャッシュレスが進み、ホテルやレストランのほか小さな商店であってもレジがなく、クレジットカードでないと受け付けてくれない店が急激に増えてきている。さらにクレジットカードは、北欧諸国を旅するうえで最もレートがよい。都市部はもちろん、地方都市でも通用率が非常に高い。大きな額の金額を支払うときは、クレジットカードの利用が便利でお得だし、そもそも現金が使えない場合も。またキャッシングができるATMも町のいたるところにある。

このような状況を考えると、クレジットカードをメインと考えて、それに出国や帰国時用の日本円と、現地で万が一のため両替するぶんの日本円を組み合わせるといい。

クレジットカード

北欧諸国は完全なクレジットカード社会といってもよく、通用度は世界でもトップクラス。物価も高いので利用する機会は多いだろう。高級ホテルやレストラン、ショップのほか、バスなどの交通機関でも使用できるケースが多い。また、デポジットとしてカードの提示をしなくてはならないこともある。

万一盗難に遭った場合は、カード発行金融機関に連絡して不正使用されないように差し止めよう。スムーズな対応ができるよう、カード番号を控えておくといい。

海外専用プリペイドカード

海外専用プリペイドカードは、カード作成時に審査がなく、外貨両替の手間や不安を解消してくれる便利なカードのひとつ。出発前にコンビニATMなどで円をチャージ（入金）し、入金した残高の範囲内で渡航先のATMで現地通貨の引き出しやショッピングができる。各種手数料が別途かかるが、使い過ぎや多額の現金を持ち歩く不安もない。

デビットカード

使用方法はクレジットカードと同じだが、後払いではなく発行銀行の預金口座から原則「即時引き落とし」になる。口座の残高以上は使えないので、予算管理でも便利。ATMで現地通貨も引き出し可能だ。

ATMが便利

北欧諸国では、ATMを町のあちこちで見かける。国際キャッシュカードの種類によっては、クレジットカード利用に次いで有利なレートで現地通貨を引き出せるので、レート面を考えても使う価値がある。

暗証番号を確認しておこう

クレジットカードを使う場合、いわゆるデビットカードのように、サインレスで使えるお店もある。そのときはPIN（暗証番号）が必要となるので、日本を出発する前に確認しておくこと。

海外専用プリペイドカード取り扱い会社

マスターカードプリペイドマネージメントサービスジャパン発行
「CASH PASSPORT platinum キャッシュ・パスポート プラチナ」
URL www.cashpassport.jp

三井住友カード発行
「Visaプリペ」
URL www.smbc-card.com/prepaid/visaprepaid/index.jsp

トラベレックスジャパン発行
「Travelex Money Card トラベレックスマネーカード」
URL www.travelex.co.jp/travel-money-card

デビットカード

JCB、VISAなど国際ブランドで、複数の金融機関がカードを発行している。
URL www.jcb.jp/products/jcbdebit
URL www.visa.co.jp/pay-with-visa/find-a-card/debit-cards.html

トラベラーズチェック

トラベラーズチェックは、現金と同様に扱われる額面が記載された旅行小切手。2014年に国内販売が終了したが、すでに購入したトラベラーズチェックに関しては、各金融機関で引き続き換金可能。

ATMで現地通貨を引き出そう

Preparation

北欧への行き方

空路

「北欧」と聞くと何となくはるか遠くにある印象を受けるが、実は日本から最も近いヨーロッパ。東京とコペンハーゲンやヘルシンキを結ぶ直行便があり、十数時間かかるイギリスやイタリアなどに比べると、所要時間も短く、かつ楽に行くことができる。北欧へ飛ぶ飛行機は直行便、または乗り継ぎを要する経由便の2種類。直行便は乗り継ぎがないぶん所要時間が短く快適な移動がかなう。またロストバゲージに遭遇する確率も低い。経由便の場合は、直行便よりも料金がお得な場合が多い。ただし乗り継ぎ時間の調整が難しい場合もあるので注意が必要。

直行便

北欧への直行便を運航しているのは、SAS（SK）、フィンエアーFinnair（AY）、JAL（JL）の3社。SASは羽田空港からコペンハーゲンへ、フィンエアーは成田国際空港、羽田空港、関西国際空港、中部国際空港（セントレア）からヘルシンキへ、JALは羽田空港からヘルシンキへ便がある。また、ANAは2024年度内に羽田空港からストックホルムまでの直行便を就航する予定。

直行便を利用した場合、オスロ（ノルウェー）へは、いずれの都市からも同日乗り継ぎが可能。ヨーロッパ各都市からの経由でも、同日乗り継ぎが可能な便が多い。ほかにもベルゲン、ヨーテボリ、ロヴァニエミなど北欧の主要都市へも、直行便から乗り継いでの同日着がたいてい可能だ。

SAS
URL www.flysas.com/jp-ja
（日本語）
コールセンター
TEL 050-6864-8086

JAL
URL www.jal.co.jp/jp/ja
コールセンター
FREE 0570-025-031

予約クラスの組み合わせができる

SASでは、ヨーロッパへの往復航空券購入の際に、予約クラスを組み合わせて購入できるシステムを採用している。これを使えば、行きはSAS GO（エコノミークラス）で帰りはSAS BUSINESS（ビジネス）を使うという組み合わせも可能。ネットからの予約の際にもクラスを選ぶことができる。往復ともに上級クラスを利用する必要がないならば、往復を同じ予約クラスで予約するよりも割安な料金で利用できる。

■日本と北欧を結ぶ直行便時刻表

コペンハーゲン（CPH）行き						日本行き				
発着地	曜日	便名	出発時刻	到着時刻	所要時間	曜日	便名	出発時刻	到着時刻	所要時間
東京（HND）	火・木・金・日	SK0984	11:45	18:15	13時間30分	月・水・木・土	SK0983	12:25	7:55+	12時間30分
ヘルシンキ（HEL行き）						**日本行き**				
東京（HND）	火・木・金・土・日	JL0047	8:25	15:40	13時間15分	月・水・金・土・日	JL0048	17:40	13:55+	14時間15分
東京（HND）	毎日	AY0062	21:50	4:40+	12時間50分	毎日	AY0061	18:30	13:50+	13時間20分
東京（NRT）	火〜日	AY0074	23:05	5:55+	12時間50分	火〜日	AY0073	17:35	12:55+	13時間20分
大阪（KIX）	月・火・水・金・日	AY068	22:25	5:30+	13時間5分	月・火・木・土・日	AY067	17:05	11:55+	12時間50分
名古屋（NGO）	5月下旬〜10月下旬の月・金	AY080	22:50	5:55+	13時間5分	5月下旬〜10月下旬の木・日	AY079	0:15	19:05	12時間50分

※スケジュールは変更になる場合があるので必ず確認を。なお、上記フライトスケジュールの調査時期は2024年4月。（SK=SAS、AY=フィンエアー、JL=日本航空JAL。+=翌日着）

経由便

直行便の予約が取れなくても、ヨーロッパ各地を経由して行ける。成田国際空港からなら、ドイツのフランクフルトやミュンヘン、スイスのチューリヒ、オランダのアムステルダム、イギリスのロンドン、フランスのパリを経由して行けは、同日に北欧の各都市に入ることが可能。所要時間はだいたい15〜20時間程度。関西国際空港からならパリやミュンヘン、アムステルダム、羽田空港からならフランクフルトやミュンヘン、ロンドン、パリを経由していくのが便利だ。

航空券の種類

航空券にはさまざまな種類があるが、概して便利なチケットほど高い。現在一般的に個人旅行者に利用されているのは、いわゆる格安航空券と、ペックス運賃による航空券だ。

格安航空券は、航空会社が団体旅行用に卸売りした航空券を旅行会社がばら売りしたもの。航空会社からの直接購入はできず、扱っている旅行会社に問い合わせる必要がある。

ペックス運賃は、航空会社が扱う正規の割引運賃。格安航空券よりも有効期間が長いことが多く、希望のフライトに予約が入るかどうかもすぐにわかる。運賃は格安航空券とほぼ変わらない。各チケットは旅行会社や航空会社のほか、Free BirdやSky Scannerなどの予約サイトでも可能。いずれにせよ、カウンターで直接購入するよりも、ウェブサイトでの購入が簡単だ。

ローコストキャリア（LCC）は、2024年4月現在、日本から北欧4ヵ国へ乗り入れているものはない。北欧内なら、ノルウェー・エア・シャトルNorwegian Air Shuttle（→P.554）が4ヵ国各地やヨーロッパへ運航している。

陸路

鉄道

近隣諸国から鉄道で入国できるのは、ドイツ〜デンマーク間とドイツ〜スウェーデン間。

ドイツからデンマーク、スウェーデンへ

デンマークのユトランド半島はドイツと陸続きとなっており、ハンブルク〜コペンハーゲン間の国際列車が1日3便運行、所要約4時間40分。ハンブルク〜オーデンセ間は1日3便運行しており、所要約3時間30分。

スウェーデンへは、ベルリン〜ストックホルム間を結んで直通の寝台列車ベルリン・ナイト・エクスプレスBerlin Night Expressが4〜9月まで土曜を除く毎日1便運行。ベルリン発21:10、ストックホルム着は翌13:20。列車は途中、フェリーに乗ってバルト海を渡る。

フィンエアー
URL www.finnair.com/jp-ja
（日本語）
コールセンター
TEL (03) 4477-4866

ANA
URL www.ana.co.jp
コールセンター
FREE 0570-029-767

eチケット
eチケットとは、座席や予約、個人名など航空券に記載されていた情報をデータ化した電子航空券のこと。eチケットの場合、チケット購入後に従来の航空券の代わりにフライトスケジュールが記載されたレシート（eチケットお客様控え）が発行され、その用紙を1枚持って自動チェックイン機またはチェックインカウンターに行くだけで簡単に搭乗券をもらえる。紛失してもすぐにレシートは再発行が可能と、安全面でもメリットが多い。

オーバーブッキング
通常航空会社はキャンセル客が出るのを見越して座席数よりも多いチケットを販売する。当日、キャンセル客が少なく席数が足りなくなることが、オーバーブッキング（予約超過）だ。その場合、チェックインの遅かった人は予約していた便に乗れなくなってしまうことがある。このような事態を極力防ぐためにも、早めのチェックインを心がけよう。チェックインは、搭乗時間の2時間前くらいが理想的。

燃油サーチャージ
航路や海路を利用した場合、通常の運賃とは別に燃料代が付加されるシステムが「燃油サーチャージ」。料金は各旅行会社によって異なる。

国際観光旅客税
日本からの出国には、1回につき1000円の国際観光旅客税がかかる。原則として支払いは航空券代に上乗せされる。

ドイツ鉄道
URL www.bahn.de

ベルリン・ナイト・エクスプレス
URL www.snalltaget.se/en/berlin

長距離バス

コペンハーゲンやオスロ、ストックホルムとヨーロッパ各地を結んで、フリックスバスFlixBusが長距離バスを運行している。ヨーロッパから北欧へバスで行く場合の玄関口はコペンハーゲンで、ドイツのベルリンやハンブルク、ハノーファーなどから直通バスがある。フランスやチェコ、オランダなどヨーロッパ諸国からの直通バスはほとんどなく、一度ドイツの各都市で乗り換えるのが一般的。ストックホルム、オスロへ行くには、ほとんどがコペンハーゲンで乗り換え。シーズンによって金額、便数とも異なるので、ウェブサイトなどで必ず事前に確認すること。

大型のバスなら快適

■ヨーロッパ諸国からのおもなバス路線

ルート	便数	所要時間
ハンブルク～コペンハーゲン	1日5～8便	5時間30分～8時間
ベルリン～コペンハーゲン	1日3便	8時間～9時間15分
ハノーファー～コペンハーゲン	1日3便	8～10時間

海路

フェリー

海に囲まれた北欧各国は、イギリスやポーランド、ドイツやバルト3国など周辺諸国からの船の便も多い。船は比較的大型なので揺れも少なく、それほど苦にはならない。人気の航路は満席になることもあるので、早めの予約を心がけよう。

フリックスバス社
URL global.flixbus.com

ステナ・ライン
Stena Line
URL www.stenalinetravel.com

カラー・ライン
Color Line
TEL +45(国番号)-99-56-1900
URL www.colorline.com

フィンラインズ
Finnlines
ヘルシンキ
TEL (09)2314-3100
URL www.finnlines.com

ポルフェリーズ
Polferries
ストックホルム
TEL (08)5206-8660
グダンスク(ポーランド)
TEL +48(国番号)-22-230-2222
URL polferries.pl

タリンク・シリヤライン
Tallink Silja Line
TEL +49(国番号)-(0)40-547-541-222
URL en.tallink.com/ja/japanese

■おもなフェリー路線

ルート	便数	所要時間	フェリー会社
キール～ヨーテボリ	1日1便	約14時間30分	ステナ・ライン
キール～オスロ	1日1便	約20時間	カラー・ライン
トラヴェミュンデ(ドイツ)～ヘルシンキ	1日1便	約29時間	フィンラインズ
トラヴェミュンデ～マルメ	1日2便	9時間15分	フィンラインズ
グダンスク～ニネスハムン	月～土の1日1便	約18時間	ポルフェリーズ
タリン～ストックホルム	1日1便	約17時間30分	タリンク・シリヤライン
タリン～ヘルシンキ	1日7便※	2時間～3時間30分	タリンク・シリヤライン
リガ～ストックホルム(2024年4月現在運航休止中)	1日1便	約18時間	タリンク・シリヤライン

※時期や曜日によって異なる。

Preparation

旅の持ち物

ラップランド旅行時の注意
北極圏にあるラップランドといっても、夏になれば気温が30度以上になることもある。ただし天候は変わりやすく、朝晩や荒天時には夏でも真冬並みの寒さになることがあるので、防寒具を忘れずに持参すること。夏(6・7月)は非常に蚊が多いので、虫よけを持っていくようにしよう。虫よけは現地でも購入可能。

女性は基礎化粧品に注意
日本よりとにかく乾燥している北欧諸国。特に夏に旅行する場合、日本の夏用の化粧品を持っていくと保湿が足りなくなってしまう。現地調達も可能だが、心配な人は冬用の化粧品を持参するか、保湿液をひとつ入れておくと心強い。

機内に持ち込めないもの
万能ナイフやはさみなどの刃物は、受託手荷物に入れること。ガスやオイル(ライター詰替用も)、キャンピング用ガスボンベは受託手荷物に入れても輸送不可。

北欧旅行の服装

基本的には普段の日本での服装に1枚上着を足すぐらいで大丈夫だ。夏は日差しが強く、空気も乾燥しているので極めて快適だ。南部なら太陽が出ていれば昼間はTシャツ1枚で十分だが、日が陰ると寒さを感じることもある。夏でも薄手の上着か長袖のシャツを1枚持参するといいだろう。北極圏まで行くのなら、夏でも必ずしっかりした上着やフリースを1枚用意しよう。

冬場になると、建物の中はよく暖房が効いているので快適に過ごすことができる。ホテルの部屋の中などは、Tシャツ1枚でも暖かい。ただし外は当然酷寒の世界なので、十分な対策が必要だ。着脱の簡単な衣類を重ね着するのがいいだろう。特にオーロラなどを見に北極圏のほうまで行く場合はしっかりした上着、雪の上でも暖かく滑りにくい靴、手袋と帽子は必需品。上着はロングコートよりも、ハーフコート程度の丈のものが動きやすくておすすめできる。フードが付いていれば暖かいのでなおいい。

荷物について

スーツケースかバックパックかは、旅先での目的や持ち物によって異なってくる。バックパックは両手が自由に使えて動きやすいという利点があるが、中身が取り出しにくいし、鍵がかからないものが多いのでやや不安がある。その点スーツケースなら、丈夫で鍵もかかるので安心だが、やはり動きにくく、移動の多い旅には不向きだ。ソフトタイプのキャリーバッグなら、鍵もかかり、動きもそれほど制限されないので便利。個人で移動が多いならバックパックやソフトタイプのキャリーバッグ。移動もホテルもすべて込みのパッケージツアーならスーツケースを持っていくといいだろう。

受託手荷物(チェックイン・バゲージ)

受託手荷物は、SASの日本からの直行便のエコノミークラスの場合、23kgまでで1人1個、ANAとJAL、フィンエアーは23kgまでで1人2個と定められている。それ以上はエクストラバゲージとなり、超過料金を取られるので注意すること。その他の航空会社利用の場合、より厳しいことがあるので事前に確認しておこう。自転車やスキーなどの大きな荷物を持ち込む場合は、航空券の予約時に相談すること。

機内持ち込み手荷物

機内持ち込みの手荷物は、SASとフィンエアーのエコノミークラスの場合、身の回りの品1個のほか8kgまでの手荷物1個を持ち込みできる。大きさは55×40×23cm以内のものというのが原則。ANAとJALは身の回りの品1個のほか、手荷物1個を持ち込み可能。合計10kgまでのもので、55×40×25cm、縦・横・高さの合計115cm以内。また、2007年から日本を出発する国際線の航空機内に100mℓ以上の容器に入った液体物（ジェル、スプレー、歯磨き粉、クリーム、ローション類なども含む）は持ち込みが制限されている。ただし、100ml以下の容器に入った液体を、縦と横の長さの合計が40cm以内のジッパー付きのプラスチック製の透明な袋（ひとりにつき1つまで）に入れれば機内に持ち込める。医薬品や幼児用のミルクなど除外されるものもある。詳細は利用航空会社に確認を。

電子機器の機内での使用について

電波を発しない電子機器、デジタルカメラやポータブルプレイヤー、電子手帳、ゲーム機器などは常時使用可。携帯やタブレット端末などは電波を発しない状態（機内モード）にしていれば常時使用可能。電子機器間だけでの接続であれば、BluetoothやWi-Fi接続が認められることもある。

機材や航空会社により異なることもあるので、事前に確認すること。

航空機内の液体物持ち込み制限について

国土交通省

URL www.mlit.go.jp/koku/15_bf_000006.html

■免税で持ち込めるアルコール、たばこ類

	デンマーク	ノルウェー	スウェーデン	フィンランド
酒	スピリッツ類など1ℓ、または強化ワインか発泡ワイン2ℓ、ワイン4ℓ、ビール16ℓのいずれか	スピリッツ類1ℓとアルコール度数2.5～22%のアルコール1.5ℓ、ビール2ℓ	スピリッツ類1ℓとワイン2ℓ、またはワイン4ℓ、ビール16ℓのうちいずれか	アルコール度数22%以上のもの1ℓ、あるいは22%未満の酒類やスパークリングワイン2ℓ、そのほかにワイン4ℓとビール16ℓ
たばこ	紙巻き200本、細巻きの葉巻100本、葉巻50本、刻みたばこ250gのいずれか	紙巻き200本、シガーなどその他たばこ250gと巻紙200枚のいずれか	紙巻き200本、葉巻50本、細巻きの葉巻100本、刻みたばこ250gのいずれか	紙巻き200本、細巻きの葉巻100本、葉巻50本、刻みたばこ250gのいずれか
そのほか	肉類などの生ものは持ち込めない	酒類、たばこは18歳以上のみ持ち込み可。度数22%以上の酒類は20歳以上	酒類は20歳以上、たばこは18歳以上のみ持ち込み可	アルコール度数22%以上の酒類は20歳以上のみ、たばこは18歳以上のみ持ち込み可

■旅の持ち物チェックリスト

	持ち物	チェック		持ち物	チェック		持ち物	チェック
貴重品	パスポート		日用品	ちり紙		そのほか	爪切り、耳カキ	
貴重品	クレジットカード		日用品	洗剤		そのほか	万能ナイフ	
貴重品	現金（日本円）		衣類	シャツ		そのほか	スプーン、フォーク	
貴重品	eチケット（航空券）		衣類	下着		そのほか	サンダル、スリッパ	
貴重品	鉄道パス		衣類	手袋		そのほか	サングラス	
貴重品	海外旅行保険		衣類	帽子		そのほか	傘など雨具	
貴重品	国際運転免許証		衣類	靴下		そのほか	腕時計	
貴重品	YH会員証、国際学生証など		衣類	パジャマ		そのほか	目覚まし時計	
貴重品	顔写真（4.5×3.5cmを2枚）		衣類	コート、ジャンパー		そのほか	カメラ＆メモリー	
日用品	石鹸、シャンプー		衣類	リネン		そのほか	スマートフォン	
日用品	タオル		衣類	寝袋		そのほか	マスク	
日用品	バスタオル		薬品類	各種薬		そのほか	双眼鏡	
日用品	歯ブラシ＆歯磨き		薬品類	生理用品		そのほか	使い捨てカイロ	
日用品	ひげそり		そのほか	筆記用具		そのほか	文庫本	
日用品	化粧品		そのほか	メモ帳		そのほか	会話集	
日用品	除菌シート		そのほか	裁縫道具		そのほか	ガイドブック	

Technique

出入国の手続き

各航空会社の利用ターミナル
SAS
羽田空港
第3ターミナル
フィンエアー
成田国際空港
第2ターミナル
羽田空港
第3ターミナル
関西国際空港
第1ターミナル
JAL
羽田空港
第3ターミナル

成田国際空港
TEL (0476) 34-8000
URL www.narita-airport.jp

羽田空港
TEL (03) 5757-8111
URL tokyo-haneda.com

関西国際空港
TEL (072) 455-2500
URL www.kansai-airport.or.jp

中部国際空港（セントレア）
TEL (0569) 38-1195
URL www.centrair.jp

セキュリティチェック
機内持ち込み手荷物のX線検査とボディチェックがある。ナイフ類や100㎖を超える液体物は必ず受託手荷物に入れておくこと（→P.551）。昨今は近年多発している航空事故にともない、セキュリティチェックが強化されている。

コピー商品の購入は厳禁！
旅先で偽ブランド品や、ゲームなどを違法に複製した「コピー商品」を絶対に購入しないように。これらの品物を持って帰国すると、空港の税関で没収されるだけでなく、損害賠償請求を受ける可能性も。

Visit Japan Web
日本入国時の「税関申告」をウェブで行うことができるサービス。
URL services.digital.go.jp/visit-japan-web

日本出国

①**出発空港に集合**：目安はフライトの2時間前。

②**搭乗手続き（チェックイン）**：利用する航空会社か提携航空会社のカウンターでチェックイン。カウンターの入口で受託手荷物チェックを受けたら、カウンターへと進む。航空券もしくはeチケット、パスポートを係員に手渡し、荷物を預ける。手続き後搭乗券（ボーディングパス）と帰りの航空券、パスポートが返される。そのときにクレームタグ（託送荷物引換証）をもらえる（たいていは航空券の裏に貼り付けてある）。現地空港で荷物が出てこないときはこれが証明となるので、大切に保管しておくこと。その後、搭乗時刻とゲートが案内される。

③**手荷物検査（セキュリティチェック）**：危険防止のため金属探知器をくぐり、機内持ち込み手荷物の検査を受ける。

④**税関**：日本から外国製の時計、カメラ、貴金属などを持ち出す場合は「外国製品の持出し届け」に記入して係員に届けること。これをしないと海外で購入したとみなされ、帰国の際に課税される可能性がある。また、100万円相当額を超える現金などを携帯する場合は「支払手段等の携帯輸出・輸入申告書」の提出が必要。

⑤**出国審査**：顔認証ゲートを利用し、本人照合を行う。パスポートにスタンプは押されないが、希望者は別のカウンターで押してもらえる。

⑥**搭乗**：搭乗開始は通常、出発時刻の40分前から。なお、搭乗時間やゲートは変更することがあるので、モニター画面などでチェックしよう。

シェンゲン協定加盟国を経由しての北欧入国

1997年に加盟国内に住む加盟国籍の人の通行を自由としたシェンゲン協定（→P.543）が調印され、加盟国内の移動についてはすべて国内移動と同じとし、国境での入国審査が廃止された。

日本人がこのシェンゲン協定加盟国を訪れる際も、初めに入国した国で入国審査を行えば、その後加盟国内の入国審査は基本的にない。

シェンゲン協定実施国（2024年4月現在）

アイスランド、イタリア、エストニア、オランダ、オーストリア、ギリシア、クロアチア、スイス、スペイン、ドイツ、ハンガリー、フランス、ベルギー、ポルトガル、ルクセンブルク、デンマーク、ノルウェー、スウェーデン、フィンランド、ラトヴィア、リトアニア、マルタ、チェコ、ポーランド、スロヴァキア、スロヴェニア、リヒテンシュタインの計27ヵ国。

北欧入国

①**入国審査**：空港に到着したら順路に従って入国審査のカウンターImmigrationへ。係官にパスポートを渡す。滞在日数や渡航目的等を聞かれることがあるが、慌てず答えよう。
②**荷物の受け取り**：入国審査の次は受託手荷物の受け取り。利用した便名をよく確認しよう。荷物がなかったり、破損していたりした場合は、クレームタグを持ってバゲージクレームBaggage Claimへ。
③**税関審査**：通常ほとんどノーチェックだが、ごくまれに荷物をチェックされることもある。これで到着の手続きは完了。いよいよ北欧の旅が始まる。

北欧出国

飛行機の搭乗手続きを済ませたら、出国審査。パスポートを渡し、パスポートに出国のスタンプを押してもらう。VATの還付を受ける人は、所定の手続きをする（各国のジェネラルインフォメーションを参照）。

日本帰国

飛行機を降りたらまず検疫を通過。体に不調がある人は検疫のオフィスで相談すること。次に入国審査。端末機器でパスポートをスキャンして顔写真の撮影を行う。機内預けにしていた荷物を、便名が表示されているターンテーブルからピックアップ。「携帯品・別送品申告書」を税関に提出し、税関検査を受ける。別送品がある場合は2通の提出が必要で、うち1通は確認印を押されて渡され、後日別送品を受け取る際に必要。

おもな輸入禁止品物

・麻薬、大麻、覚醒剤や指定薬物などの不正薬物
・けん銃等の銃砲、銃砲弾、その部品など
・爆発物、火薬類、化学兵器原材料、病原体など
・貨幣、紙幣、有価証券、クレジットカードなどの偽造品など
・わいせつな雑誌やDVD、児童ポルノなど
・偽ブランド品、海賊版などの知的財産侵害物品
・家畜伝染病予防法と植物防疫法、外来生物法で定める特定の動物や植物およびそれらの製品

輸入が規制されている品物

ワシントン条約により輸入が規制されている動植物と、それらを原料にした漢方薬や工芸品などの加工品・製品は相手国の輸出許可書などがなければ日本国内には持ち込めない。なお、植物（果物、切花、野菜、米等含む）、動物（生きている哺乳動物や鳥類、生肉、乾燥肉、ハム、ソーセージ等含む）は、税関検査の前に検疫カウンターで検疫を受ける必要がある。個人で使用する場合の医薬品2ヵ月分以内（処方せん医薬品は1ヵ月分以内）、化粧品は標準サイズで1品目24個以内など、一定数量を超える医薬品類は厚生労働省の手続きが必要。

「携帯品・別送品申告書」の提出について

海外からの帰国時には免税範囲を超える物品や別送品の有無にかかわらず、「携帯品・別送品申告書」を税関検査時に提出する必要がある。申告書は空港で手に入る。家族が同時に税関検査を受ける場合は代表者1名が申告書を記入し、「同伴家族」欄に本人を除く同伴家族の人数を記入。

■持ち込み免税範囲

品名	数量または価格	備考
酒類	3本	1本760mℓ
たばこ	紙巻たばこのみ200本。加熱式たばこのみの場合個装等10個（※1箱あたりの数量は紙巻たばこ20本に相当する量）、葉巻たばこのみの場合50本、その他のたばこ250g	特になし
香水	2オンス	1オンス約28mℓ（オーデコロン、オードトワレは含まれない）
そのほかの品目	海外市価の合計金額20万円まで	合計金額が20万円を超える場合は20万円以内におさまる品目が免税。1個で20万円を超える品物は全額について課税。同一品目の海外市価の合計額が1万以下のものは原則として免税

※上記は携帯品、別送品（帰国後6ヵ月以内に輸入するもの）を合わせた範囲。
詳しくは、税関のウェブサイトURL www.customs.go.jp を参照

■免税範囲を超えた場合の税金

酒類はウイスキー、ブランデー800円、ラム、ジン、ウオッカ500円、リキュール400円、蒸留酒（焼酎など）300円、その他（ワイン、ビールなど）200円　※いずれも1ℓにつき。
たばこは紙巻たばこ1本につき15円。その他の品目は15%（関税が無税のものを除く）。

Technique

北欧4ヵ国の交通

SAS
デンマーク
TEL 70-102000
ノルウェー
TEL 21-896400
スウェーデン
TEL 0770-727727
フィンランド
TEL (09)8171-0062
URL www.flysas.com

フィンエアー
フィンランド
TEL (09)818-0800
デンマーク
TEL 69-918000
ノルウェー
TEL 23-963051
スウェーデン
TEL 0775-888937
URL www.finnair.com

ノルウェー・エア・シャトル
URL www.norwegian.com

4ヵ国の移動方法

北欧4ヵ国の間は、飛行機や鉄道、バス、フェリーでスムーズに移動することができる。国境を越える際の入国審査はまったくない。まるでひとつの国を旅行するように気軽だ。とはいってもなにしろ広い。4ヵ国を合わせると日本が5つ入ってしまうほどの面積がある。そんな北欧では忙しい移動は似合わない。景色を楽しみながら、のんびりと旅をしたい。

飛行機の旅

北欧諸国を短時間で効率よく移動したい人には飛行機がおすすめ。4ヵ国の各主要都市間を結んで、SAS（SK）が運航している。フィンエアーFinnair（AY）も、フィンランドとほかの3ヵ国の主要都市間を運航している。同じ航空会社がカバーするエリア内の移動は便利だが、地方都市からほかの国の地方都市、あるいはその逆のコースを取る場合は直行便が少ないので注意。

また、特に冬季には運航スケジュールが変更になることが多い。SASやフィンエアーのウェブサイトでは、北欧都市間の運航スケジュールが検索できるので、しっかり調べて予定を立てよう。

北欧のLCC（ローコストキャリア）といえば、有名なのがノルウェー・エア・シャトルNorwegian Air Shuttle（DY）。北欧4ヵ国はもちろん、ヨーロッパ各地に路線をもっている。

■北欧主要都市間のおもなフライト（直行便のみ）

路線	所要時間	便数(航空会社)
コペンハーゲン(D)～オスロ(N)	1時間10分	7～13便(SK)
コペンハーゲン(D)～ストックホルム(S)	1時間15分	6～10便(SK)
コペンハーゲン(D)～ヘルシンキ(F)	1時間35分	1～3便(SK)、3～5便(AY)
コペンハーゲン(D)～ベルゲン(N)	1時間20分	5～6便(SK)
コペンハーゲン(D)～スタヴァンゲル(N)	1時間10分	4～5便(SK)
コペンハーゲン(D)～トロンハイム(N)	1時間35分	2～3便(SK)
コペンハーゲン(D)～ヨーテボリ(S)	50分	3便(SK)
オスロ(N)～ストックホルム(S)	1時間	4～10便(SK)
オスロ(N)～ヘルシンキ(F)	1時間25分	3～4便(AY)
オスロ(N)～オールボー(D)	1時間10分	土曜を除く1日1便(SK)
ストックホルム(S)～トロンハイム(N)	1時間15分	週1～7便(SK)
ストックホルム(S)～ヘルシンキ(F)	1時間	2～6便(SK)、4～7便(AY)
ストックホルム(S)～トゥルク(F)	55分	土曜を除く1日2～4便(SK)

■国名　(D): デンマーク、(N): ノルウェー、(S): スウェーデン、(F): フィンランド　2024年4月現在
■航空会社　SK:SASおよびその系列会社　AY: フィンエアー

鉄道の旅

ノルウェー最北の駅ナルヴィークからスウェーデンの南端近くにあるマルメまで列車で行くと、丸1日以上かかる。これをコペンハーゲンまでつなぐと、さらに40分。そんなに時間ばかりかかるのなら、いっそ夜行列車ばかりで移動しようなどとは思わないでほしい。確かに移動するだけでつぶれてしまう日もあるかもしれないが、車窓いっぱいに広がる雄大な風景を見ないで済ませるなんてもったいない話だ。

長距離列車や優等列車はたいてい予約（座席指定）が必要で、時刻表に®のマークで表示されている。予約は通常切符の購入と同時に行われるので、料金は運賃に加算される。座席指定券が必要になるのは、鉄道パスなどで乗車する場合だ。

ヨーロッパではよくあるが、同じ列車が途中駅で分割されて違う目的地へ向かうこともあるので、乗車の際はその「列車」ではなく、「車両」がどこへ行くのかを確認すること。不安な点があれば、駅員に確認してみよう。

デンマーク〜ノルウェー

デンマークとノルウェーを結ぶ直通列車はない。コペンハーゲンからオスロまで行くには、インターシティや普通列車を利用してスウェーデンのマルメやヨーテボリへ行きオスロ行きに乗り換える。コペンハーゲン〜マルメ間は24時間、10〜20分ごとに運行、所要約40分。コペンハーゲン〜ヨーテボリ間は5:30〜20:30間の1時間に1便、所要約4時間。ヨーテボリ〜オスロ間は所要約3時間45分、1日7〜9便運行。

配慮の行き届いた車両

北欧の鉄道には、さまざまな特別車両がある。子供連れ専用車両、家族連れ専用コンパートメント、自転車持ち込み可能車両、ペット同伴可能車両などだ。可能な限り多くの人に快適に利用してもらおうという姿勢がうかがえる。

気楽に移動はできるが……

鉄道を利用してノルウェーに入国する際だけは例外で、特にスウェーデン方面から列車でオスロに到着すると、抜き打ちの麻薬捜査に遭遇して、厳しく所持品の検査をされることがある。

コペンハーゲン中央駅

オスロ中央駅

ストックホルム中央駅

ヘルシンキ中央駅

北欧最北の列車、ノールランストーグ鉄道

デンマーク〜スウェーデン

コペンハーゲンとマルメと結ぶ列車

コペンハーゲン〜マルメ間は24時間、10〜20分ごとに列車が運行されている。所要約40分。マルメからはスウェーデン国内各地に列車がある。また、マルメ〜ストックホルム間は高速列車(スナッブトーグSnabbtåg)のX2000で所要約4時間25分、1時間に1便の運行。コペンハーゲンからヨーテボリまではÖresundtågが運行。

ノルウェー〜スウェーデン

オスロ〜ストックホルム間はインターシティで約5時間40分、直通列車は1日1〜2便運行と便が少ないので、ヨーテボリ経由で行くのも手だ。オスロ〜ヨーテボリ間は1日3〜7便運行、所要3時間30分。

また、ストックホルムからラップランドのキールナを経由してナルヴィークまでも列車が走っている。そもそもはキールナで産出された鉄鉱石を運び出すために建設された路線で、北欧最北の旅客鉄道としても知られている。ストックホルムから1日2便運行しており、うち1便はボーデンBodenで乗り換え。また、ストックホルム発18:08、ナルヴィーク着翌日12:40という直通の寝台列車もある。

ノルウェー〜フィンランド

ノルウェーとフィンランドの国境は北極圏に位置しており、鉄道は通っておらず、移動手段はバスのみ。

スウェーデン〜フィンランド

北欧4ヵ国のなかでフィンランドの鉄道だけ線路の幅が広いので（ロシアと同じ)、スウェーデンとの直通列車はない。

便利な鉄道パス

北欧諸国を気の向くままに歩いてみたい人におすすめなのが鉄道パス。ユーレイルスカンジナビアパス（旧スカンレイルパス）なら有効期間内にデンマーク、ノルウェー、スウェーデン、フィンランドの北欧4ヵ国の鉄道で自由に利用することができる。1ヵ月の有効期間内のうち3〜8日の通用日数分任意の日を選べるフレキシータイプで、28歳未満の人が利用できるユースパスや、60歳以上の人が利用できるシニアパスなど、種類もさまざまだ。フェリーやバスなどの割引特典もある。

ユーレイルグローバルパスは、ヨーロッパ33ヵ国の鉄道が乗り放題になるお得なパスだ。そのほか、1ヵ国のみ有効のパスなどもあるので、旅のプランに合わせて活用しよう。

ユーレイルスカンジナビアパス
URL www.eurail.com/en/eurail-passes/one-country-pass/scandinavia

鉄道パスを持っていても別途必要な追加料金

国際列車、夜行列車、高速列車は、利用の際に座席や寝台の予約が必要で、その際座席指定料金が必要になる。これは鉄道パスの料金には含まれていないので、ユーレイルスカンジナビアパスを持っていたとしても、追加で支払う必要がある。鉄道パスを持っていても、鉄道を利用するのにまったくお金がかからないわけではないので注意。

鉄道パスの購入と利用について

すべての鉄道パスは対象がヨーロッパ居住者以外であるため、基本的に現地では購入できない。必ず日本で購入していくこと。使用開始の際には、発券日から11ヵ月以内に現地の駅窓口にて手続き（アクティベート）を行う（オンラインで購入した場合は不要）。この手続きを行っていないパスは利用できず、無賃乗車となってしまうので注意しよう。

ユーレイルスカンジナビアパス（料金:円）
料 大人
3日分 3万6300
4日分 4万1100
5日分 4万5400
6日分 4万9500
8日分 5万6100
ユース
3日分 3万1300
4日分 3万4500
5日分 3万9300
6日分 4万2800
8日分 4万8400
※料金はすべて1等（個別）の料金。2024年4月現在のもの。為替レートの変動に合わせて毎月変更されるので、最新の料金については要問い合わせ。

長距離バスの旅

北欧諸国はバス路線も整備されており、行き来しやすい。デンマーク、ノルウェー、スウェーデンはフリックスバス社Flixbusやブイワイ・バス社Vy Busの長距離バスが、フィンランドは国内最大手のバス会社であるマトカフオルト社Matkahuoltoと、ラップランドのロヴァニエミやサーリセルカ、イナリなどを通り、ノルウェーのトロムソやカラショークまで走るエスケリセン・ラピンリンジャット社Eskelisen Lapin Linjatが国際バスを運行している。

フリックスバス社
URL global.flixbus.com

ブイワイ・バス社
TEL 40-705070
URL www.vybuss.com

マトカフオルト社
TEL 0200-4000
URL www.matkahuolto.fi

エスケリセン・ラピンリンジャット社
TEL (016) 342-2160
URL www.eskelisen.fi

デンマーク〜ノルウェー

コペンハーゲンからオスロまでフリックスバス社やネットブス社のバスが毎日2〜8便運行。所要8時間〜8時間20分。

デンマーク〜スウェーデン

フリックスバス社のバスがコペンハーゲンからストックホルムまで1日2〜5便運行。所要9時間30分〜10時間25分。コペンハーゲンからヨーテボリまでは、直行便が毎日4〜7便運行。所要約4時間30分〜5時間15分。

ノルウェー〜スウェーデン

スウェーデンのストックホルムからノルウェーのオスロまでフリックスバス社の長距離バスが1日2〜3便運行。所要約7時間30分。

フィンランド〜ノルウェー

フィンランドのロヴァニエミからノルウェーの北部までエスケリセン・ラピンリンジャット社のバスが1日1便運行。カラショークまで所要約6時間（1年を通して運行）、トロムソまで所要約7時間50分（6/1〜9/14の運行）、イナリまで所要約5時間15分（1年を通して運行）。

フィンランド〜ノルウェー国境を走るエスケリセン・ラピンリンジャット社のバス

船の旅

北欧を旅するもうひとつの足は船だ。船上から眺めるフィヨルドやアーキペラゴ（群島）は美しく、クルーズ気分も満喫できる。なかでも景色の美しさで有名なのは、ストックホルムとヘルシンキを結ぶフェリー路線と、ノルウェーの沿岸を行くフッティルーテン（沿岸急行船）Hurtigrutenだろう。

ストックホルムとヘルシンキを結ぶ、タリンク・シリヤラリンの豪華フェリー

バイキングライン
スウェーデン
TEL (08) 452-4000
ヘルシンキ
TEL 0600-41577
URL www.vikingline.com

バイキングラインのスケジュール
ヘルシンキ　ストックホルム
17:15発→翌10:00着
ストックホルム　ヘルシンキ
16:30発→翌10:10着
（時期によって多少異なる）

ストックホルム～ヘルシンキ間の豪華フェリー

北欧を船で旅するならぜひこのコースを組み込みたい。バイキングラインとタリンク・シリヤラインの2社がそれぞれの船の豪華さを競いながら運航している。

船内にはレストランやバー、サウナ、ジャクージ、免税店、カジノ、おもちゃ売り場まで揃っており、まるで浮かぶ豪華ホテル。タリンク・シリヤラインの2隻は船内に巨大な吹き抜けがあり、船の中にいるとは思えないほどの開放感がある。

タリンク・シリヤライン
TEL+49(国番号)-(0)40-547-541-222（カスタマーサービス）
URL en.tallink.com/ja/japanese

タリンク・シリヤラインのスケジュール
ヘルシンキ　ストックホルム
17:00発→翌10:00着
ストックホルム　ヘルシンキ
16:45発→翌10:30着
（時期によって多少異なる）

フッティルーテン（沿岸急行船）Hurtigruten

西海岸最大の都市ベルゲンと、ロシア国境近くの町ヒルケネスを結ぶフッティルーテンはルート上の美しい景観が特に有名で、年間を通じて運航している。

全行程12日という長い航海だが、ノルウェーの大自然をのんびりと楽しめる。夏の間は真夜中の太陽に憧れて北を目指す観光客でにぎわう。秋から冬にかけては黄葉やオーロラなど北欧らしい自然を味わうことができるだろう。寄港地ではエクスカーションツアーなどのプログラムも組まれており、飽きさせない。

フッティルーテン
TEL+44(国番号)-(0)20-3993-3265
URL www.hurtigruten.com

フッティルーテンの日本での問い合わせ先
フッティルーテン
URL www.hurtigruten.jp
インターナショナル・クルーズ・マーケティング（予約先）
住 東京都渋谷区神宮前1-19-17
TEL 03-6434-5401
URL www.icmjapan.co.jp

そのほかのおもなフェリー航路

ストックホルム～トゥルク（マリエハムン経由）

タリンク・シリヤラインとバイキングラインが、昼便と夜便の1日1～2便運航している。どちらもオーランド島のマリエハムン港、またはロングネス港Långnäsに寄港する。所要時間11時間35分～12時間5分。タリンク・シリヤラインはユーレイルグローバルパスかユーレイルスカンジナビアパスを持っていれば割引になる。

オスロ～コペンハーゲン

DFDSシーウェイズDFDS Seawaysが1日1便運航している。所要時間は約19時間。

DFDSシーウェイズ
TEL+44(国番号)-330-333-0245
URL www.dfds.com

オスロ～フレデリクスハウン

DFDSシーウェイズが週3便運航している。所要約10時間。

フレデリクスハウン～ヨーテボリ

ステナ・ラインStena Lineの大型客船が運航している。1日2～4便運航、所要約3時間40分。便も多いので便利だ。

ステナ・ライン
URL www.stenalinetravel.com

ヘルシンオア～ヘルシンボリ

オーレスンラインØresundslinjenが運航しており、所要約20分。鉄道の延長気分で利用できる。24時間運航されており、深夜を除いて15～30分ごとに出発。

オーレスンライン
TEL 88-711900
URL www.oresundslinjen.dk

レンタカーの旅

時間に束縛されることなく気ままに旅行したい人には、レンタカーが最適。北欧諸国の道路はしっかり整備されており、標識などの表示もわかりやすい。右側通行にさえ慣れれば、交通量も少なく快適なドライブを楽しめる。ラップランド地方などの森の中を走っていて、トナカイの群れに出くわしたりするのも車旅行ならでは。レンタカー会社のオフィスは空港や大きな駅にはたいていあるが、ハーツやエイビスなど大手のレンタカー会社を利用すれば日本から予約ができて便利だ。特に地方の空港などでは予約しておかないと窓口が開いていないこともあるので、予約しておいたほうが無難。日本で車種や日数、保険内容まで決定でき、現地に着いたら予約確認書を見せるだけと、手続きも簡単で安心だ。

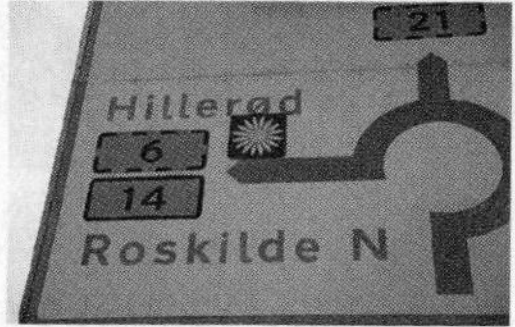

わかりやすい標識

オートマチック車か、マニュアル車か？

北欧でのレンタカーは、ほとんどがマニュアル車。都市部ならオートマチック車もあるが、車種や大きさが限定されることが多く、料金も高くなる場合がある。地方では、オートマチック車はまずないと思っていたほうがいい。

給油方法

デンマークで見かけるこの標識は、ビューポイントという意味だ

北欧のガソリンスタンドはほとんどがセルフサービス。給油するときは、まずノズルを外して給油口に入れ、レバーを引く。満タンになったら自然に止まる。終わったらノズルをもとに戻して、レジに行って精算する。

北欧でのドライブ注意事項

❶国際運転免許証と日本の運転免許証の両方を携行する。
❷現金では借りられないことが多いので、クレジットカードを用意しておく。
❸運転席、助手席、後席ともにシートベルトを必ず締める。
❹昼夜を問わず前照灯を点灯する（レンタカーは自動的に点灯する設定の車がほとんど）。
❺歩行者優先（日本で見られるように警笛を鳴らして歩行者を蹴散らすような行為は厳禁）。
❻優先道路表示のない交差点では、右から来た車が優先。
❼飲酒運転の処罰は厳しい。
❽スピードの出し過ぎに注意。取り締まりもときどき行われている。

レンタカー会社の日本での海外予約センター

ハーツHertz
FREE 0800-999-1406
URL www.hertz.com

エイビスAVIS
FREE 0120-311911
URL www.avis-japan.com

年齢制限に注意

北欧諸国の場合、レンタカー会社や車種によっては21歳、25歳、または30歳以上でないと借りられない場合もある。

Technique

ホテルについて

北欧のホテル

北欧諸国の宿泊費は、ほかのヨーロッパ諸国と比べても高い。各国の首都なら、最低でも1泊1万円以上は覚悟しなくてはならない。いわゆる安宿が少なく、ホテルと名が付けばたいてい中級以上になってしまう。近年では、フロントを設けず、予約時に送られてくるドアコードでチェックインをするセルフ形式のホテルも増えてきている。

安く泊まりたい人は

定番は、ユースホステル。北欧全体約140軒のユースホステルがある。大部屋が少なく個室や2〜4人用の小さな部屋がたくさんあるのが特徴で、年齢を問わず誰でも利用でき、快適さにかけてはヨーロッパでも最高クラスと断言できる。枕カバーやシーツは別料金で貸し出しているところが多い。ただしレセプションのオープン時間は22:00前後までが一般的で、夜間は鍵を閉めている宿も少なくない。なので、到着が遅れる際にはその旨を宿へ事前に連絡しておくことをおすすめする。また、9月から5月の中旬にかけては閉まるところが多いので注意が必要。

また、朝食付きの民宿、B&B（Bed & Breakfast）も定番だ。たいていは、自宅の一角を宿として開放しており、ホストの個性が反映された北欧スタイルの生活を垣間見られるのが魅力。最近話題のAirbnbも、北欧では一般的に利用されている。こちらはウェブサイトで簡単に予約することができる。

ホテルの予約

北欧のホテルは1年を通じて混雑している。予約なしで到着するのは、できる限り避けよう。予約は電話でもOKだが、インターネットがベスト。ホテルの公式ホームページのほか、ホテルの予約サイトを利用するのもいい。予約サイトなら、地図や設備内容、料金などが一覧でき、多数のホテルを比較検討することもできる。なおインターネットの場合は、基本的にクレジットカード決済。北欧はホテルに限らず完全なカード社会なので、1枚は必ず用意しておくこと。

日本ユースホステル協会
住〒151-0052
東京都渋谷区代々木神園町3-1
国立オリンピック記念
青少年総合センター
センター棟3階
URL www.jyh.or.jp

ユースホステル会員証
有効期間：取得日から1年間。
登録料：成人パス（満19歳以上）2500円
URL www.jyh.or.jp
※ユースホステル会員証については、「地球の歩き方ホームページ」でも、簡単な情報収集ができる。
URL www.arukikata.co.jp

各国のYH宿泊料金（1人目安）
デンマーク
200〜700DKK
ノルウェー
350〜700NOK
スウェーデン
230〜620SEK
フィンランド　€28〜60

各国のB&B検索サイト
デンマーク
URL www.bedandbreakfastdanmark.dk
ノルウェー
URL www.bedandbreakfast.eu/en/c/3144096/norway
スウェーデン
URL www.bedandbreakfast.eu/en/c/2661886/sweden
フィンランド
URL www.bedandbreakfast.eu/en/c/660013/finland

ホテルの予約サイト
エクスペディア
URL www.expedia.co.jp
ホテルズドットコム
URL jp.hotels.com
ブッキング・ドットコム
URL www.booking.com

■ホテル料金の目安（大都市のツイン）

	デンマーク	ノルウェー	スウェーデン	フィンランド
高級	1600 〜 3200DKK	1300 〜 3500NOK	1100 〜 4500SEK	€100 〜 300
中級	1000 〜 2500DKK	800 〜 2500NOK	800 〜 3500SEK	€100 〜 220
エコノミー	500 〜 1100DKK	700 〜 1000NOK	700 〜 2600SEK	€65 〜 100

Airbnbの予約方法

現地の人が提供するアパートなどの宿泊施設を検索できる『Airbnb』。手頃な値段の部屋が多く、世界中の旅行者に人気。

Airbnb
URL www.airbnb.jp

Check!
Airbnb利用時に気をつけること
・利用者の評価を確認
・チェックイン・アウトの方法
・ハウスルールを遵守する
・家電などの使い方を聞いておく

①宿泊先を探す

都市の名前を入れたら、宿泊したいエリアを入力し検索。値段やベッド数、写真が出てくるので気になる物件をチェックしよう。

②予約する

宿泊したい物件のホストに「予約リクエスト」を送る。送る前に、宿泊日程や料金を再度確認。通常24時間以内に返信が来る。

③チェックイン

チェックインの方法は、鍵の手渡しやドアの暗証番号案内などホストによってさまざま。チェックイン対応時間と合わせて確認しておくこと。

④チェックアウト

チェックイン同様、ホストにより異なるので事前に確認しておこう。Airbnbのホームページにレビューを書けば次の宿泊者の役に立つ。

ユニークな宿泊施設

クロ Kro、マナーハウス Manor House

クロはデンマークの地方にある昔ながらの旅籠。国王の地方行事の際に使われたり、レストランが有名だったりと、それぞれが特徴をもっている。設備も料金も千差万別だが、古きよき時代のデンマークをしのぶには格好の宿だ。

デンマークの旅籠、クロ

マナーハウスはフィンランド各地に15世紀から18世紀頃から残る古い領主の館や別荘をホテルとして利用しているもの。ほとんどが湖のほとりや海辺など美しい環境のなかにあり、クロ同様雰囲気を楽しむには最適の宿といえる。

ファームステイ

農家、または元農家に宿泊し、家族との交流が楽しめる。フィンランドでは、美しい自然に囲まれてフィンランド流の暮らしを満喫できる。家庭料理も楽しみ。

クロの予約
Small Danish Hotels
TEL 75-648700
URL www.smalldanishhotels.com

フィンランドのファームステイの日本での予約先
北欧旅行フィンツアー
TEL (03)6432-3455
URL www.nordic.co.jp
E-MAIL rsv@nordic.co.jp

ファームステイの料金
2万円〜(1人3食付き1泊当たりの料金。ファームによって異なる)12歳未満の子供には割引あり。
※日本発の航空券と合わせて申し込むこと。

Technique

国際電話について

電話会社問い合わせ先

au

FREE 157（auの携帯から無料）/0120-929-818（UQ mobileの携帯から無料）

URL www.au.com

NTTドコモ

FREE 151（NTTドコモの携帯から無料）/0120-800000

URL www.docomo.ne.jp

ソフトバンク（携帯）

FREE 157（ソフトバンクの携帯から無料）/0800-919-0157

URL www.softbank.jp/mobile

プリペイドカード

brastel「ブラステルカード」

URL www.brastel.com/pages/jpn/spc

北欧の電話事情

電話をかける方法はホテルの電話、携帯電話、公衆電話のいずれか。ホテルの電話の場合、手数料等を取られ割高になる。携帯電話の普及により、町なかの公衆電話はほぼない。大きな駅や空港で見かけることがある程度。

オペレーターに申し込む電話

KDDIの「ジャパンダイレクト」などを利用すれば、日本のオペレーターを通して電話がかけられる。相手先が料金を支払うコレクトコールができるので、手持ちのお金がないときにも便利だが、料金はかなり割高。

プリペイドカード

日本国内の空港やコンビニで購入可能。使う際、まずは各電話会社のアクセス番号にダイヤルする。次に、カード裏のスクラッチを削ると出てくるカード固有の番号をダイヤルする。それ以降は基本的に音声ガイドに従って操作すればいい。

INFORMATION

北欧でスマホ、ネットを使うには

スマホ利用やインターネットアクセスをするための方法はいろいろあるが、一番手軽なのはホテルなどのネットサービス（有料または無料）、Wi-Fiスポット（インターネットアクセスポイント。無料）を活用することだろう。主要ホテルや町なかにWi-Fiスポットがあるので、宿泊ホテルでの利用可否やどこにWi-Fiスポットがあるかなどの情報を事前にネットなどで調べておくとよい。ただしWi-Fiスポットでは、通信速度が不安定だったり、繋がらない場合があったり、利用できる場所が限定されたりするというデメリットもある。そのほか契約している携帯電話会社の「パケット定額」を利用したり、現地キャリアに対応したSIMカードを使用したりと選択肢は豊富だが、ストレスなく安心してスマホやネットを使うなら、以下の方法も検討したい。

☆海外用モバイルWi-Fi ルーターをレンタル

北欧で利用できる「Wi-Fiルーター」をレンタルする方法がある。定額料金で利用できるもので、「グローバルWiFi（【URL】https://townwifi.com/）」など各社が提供している。Wi-Fiルーターとは、現地でもスマホやタブレット、PCなどでネットを利用するための機器のことをいい、事前に予約しておいて、空港などで受け取る。利用料金が安く、ルーター1台で複数の機器と接続できる（同行者とシェアできる）ほか、いつでもどこでも、移動しながらでも快適にネットを利用できるとして、利用者が増えている。

▼グローバルWiFi

海外旅行先のスマホ接続、ネット利用の詳しい情報は「地球の歩き方」ホームページで確認してほしい。

【URL】http://www.arukikata.co.jp/net/

Technique

インターネットについて

ネット接続の環境

北欧諸国ではインターネットが広く普及している。ほとんどがWi-Fiとなっており、対応のパソコンやスマートフォンを持っていけば、町なかや多くの宿泊施設でインターネット接続が可能。空港やショッピングセンターなどの施設でも無料のWi-Fiが使えることがある。インターネットカフェもあちこちにあるが、日本語の入力には対応していないことが多いので、メール送信の必要性が高いなら、自分の情報機器を持っていったほうがよい。

ホテルでのネット接続

Wi-Fiによる接続の場合は、まずWi-Fiのネットワークに接続し、次にブラウザーを起動。するとログイン画面が自動的に表示されるので、指示に従って必要事項を入力する。有料の場合は、事前に購入したクーポンのアクセス用コードを入力するか、クレジットカードでの決済を行うのが一般的。無料で利用できるホテルもあるが、その場合でもログイン用のアクセス用コードが必要なことが多いので、ネット接続の予定があるならチェックインの際にその旨を申し出よう。

公共スペースでのネット接続

空港やショッピングセンター、レストラン、カフェでは、ほとんどの場合無料のWi-Fiサービスがある。パスワードが必要な場合もあるので、店員に確認しよう。また、最近では鉄道や長距離バスもWi-Fiフリーということが多くなっている。

スマートフォンを現地で使う

日本で使用しているスマートフォンを海外で使うには、いくつかの方法がある。ひとつ目は現地で無料のWi-Fiを使う。2つ目はモバイルWi-Fiルーターをレンタル、3つ目が現地でプリペイド式のSIMを購入、4つ目は何の手続きもなしに利用する。それぞれの特長を知り、どのように接続するか考慮しよう。

モバイル WI-FI ルーターをレンタル

ルーターは日本国内の空港で借りられ、スマートフォンのほか、Wi-Fi搭載のパソコン、タブレットでも使用できる。ネットから予約し、出発空港で受け取る。成田空港、羽田空港、関西国際空港には当日レンタルに対応している会社もあるが、品切れの場合もあるのであらかじめ予約しておくと安心。ルーターは複数のデバイスに対応しており、数人でシェアして使えば割安に

ネット接続が無料のホテルがほとんど

サービス競争の結果、ホテルの多くがWi-Fi接続サービスを無料で提供するようになっている。

アクセスの際のログイン方法はホテルによって異なる。共通のコードを使用することもあれば、個人ごとにアカウントを渡されることもある。チェックインの際にネット接続の方法を確認しよう。

アクセス用コードの入力によってログインできる

手荷物管理には十分な注意を！

北欧の治安は悪くはないが、公共スペースでのネット接続の際は、置き引きの被害に遭わないよう手荷物をしっかりと管理すること。

インターネットを使うには

「地球の歩き方」ホームページでは、北欧でのスマートフォンなどの利用にあたって、各携帯電話会社の「パケット定額」や海外用モバイルWi-Fiルーターのレンタルなどの情報をまとめた特集ページを公開中。

URL www.arukikata.co.jp/net

「地球の歩き方」公式LINEスタンプが登場！

旅先で出合うあれこれがスタンプに。旅好き同士のコミュニケーションにおすすめ。LINE STOREで「地球の歩き方」と検索!

おもな海外用モバイルWi-Fiルーターのレンタル問い合わせ先

グローバルWiFi
FREE 0120-510-670
URL townwifi.com

イモトのWiFi
FREE 0120-800-540
URL www.imotonowifi.jp

e-SIM
端末に手動で挿入するSIMではなく、元々端末に組み込まれているSIMのこと。ネットで購入・契約し端末側を操作すればすぐに使うことができる。持っているスマートフォンが対応していない場合もあるので、事前に確認を。

SIMロック
プリペイド式のSIMカードを利用する場合、SIMロックフリーのスマートフォンが必要となる。2021年10月1日以降に発売した携帯電話の場合、あらかじめSIMロックが外されているが、それ以前のものはロックを外す必要がある。

なる。日数、渡航先、容量によって値段が変わる。

プリペイド式のSIMを購入する

旅慣れた人や長期滞在者がよく利用するのが、現地でプリペイド式のSIMカードを購入する方法。カードは現地の空港やコンビニエンスストアなどで簡単に購入できるが、使用の際に設定（アクティベート）が必要なことも。SIMカードを購入する際は、通信速度やエリア、日数に注意しよう。複数の国を周遊する場合、国が変わるとSIMも変わるが、複数国に対応するSIMもあるので、購入時に確認すること。

手続きなしにそのまま利用する

日本でなんの手続きもなしにスマートフォンを海外で利用すると、自動的に海外パケット定額で利用する方法となる。料金はキャリアや契約内容によって異なるが、1日あたり980～2980円。普段は利用しないが、いざというときに使いたい場合などに役立つ。

おすすめの無料アプリ

交通系アプリ

コペンハーゲン、オスロ、ストックホルム、ヘルシンキの各首都では、公共交通機関の公式アプリでチケットの購入やルート検索ができる。スマートフォンにダウンロードしておけば、スムーズに移動できる。各国とも英語の表示がある。

DOT
コペンハーゲン（デンマーク）の交通系公式アプリ。

SL
ストックホルム（スウェーデン）の交通系公式アプリ。

Ruter-Mobility in Oslo/Viken
オスロ（ノルウェー）の交通系公式アプリ。

HSL
ヘルシンキ（フィンランド）の交通系公式アプリ。

その他の便利アプリ

Google Map
王道地図アプリ。Wi-Fi接続があれば行きたい場所への経路検索ができるほか、アカウントと連動してお気に入りスポットの登録、マイマップの作成も可。

Google 翻訳
手書き文字やカメラ入力、会話音声などからも翻訳可能。カメラでメニューを撮影すれば、日本語に変換してくれ便利。

外務省海外安全アプリ
外務省提供の海外安全アプリ。GPSを利用して現在地や周辺国・地域の安全情報が得られる。緊急の連絡先の確認もできる。

World Currency Converter Tool
その日の為替レートを簡単に検索できるアプリ。北欧を周遊する場合、すべての国で通貨・為替レートが違うので、非常に便利。

Technique

旅の安全とトラブル対策

北欧の治安

社会福祉がすみずみまで行き届き、生活水準も高い北欧は治安のよい地域だといわれてきた。しかし物価高や移民・難民の流入、最近では旧東欧からのプロの窃盗団が増加し、都市部を中心に徐々に犯罪が増加している。

さまざまな犯罪手口

ここ数年多くなっているのが、旧東欧を中心とした国々から来たプロの窃盗団による犯罪。彼らの手口はホテルの朝食（ビュッフェ）時のちょっとした隙を狙い、荷物を奪って逃げたり、デパートやショップで買い物客が少しの間荷物から目を離したところを置き引きしたりするなど、単純だが実に巧妙だ。窃盗団は一見紳士然とした人たちばかりなので、見分けるのは非常に難しい。

また、麻薬は北欧でも大きな社会問題となっていて、これに関するトラブルも増加している。単なる服用でもかなりの重罪となるので、決して手は出さないように。大都市の夜の公園は麻薬常習者のたまり場となりやすいので、近寄るのは避けたほうがいいだろう。

基本的な被害防止策

スリや置き引きなどの窃盗犯は、こちらが気を抜いた瞬間を狙ってくる。ホテルのような場所でも絶対安全ということはあり得ないので、どんなことがあっても荷物から目を離さないことが大切だ。麻薬については危険なエリアを把握し、万一密売人などが近づいてきても毅然とした態度で断ることが必要。

被害に遭ったら

①パスポート

パスポートの紛失や焼失、盗難に遭ったら速やかに警察署で紛失証明書を発行してもらう。次に日本大使館・領事館等（→P.570）で紛失届と同時に新規パスポートまたは帰国のための渡航書の発給申請を行う。新規パスポート発給申請には、写真2葉に加え紛失一般旅券等届出書1通、警察署などで発行した紛失証明書、身元確認書類、一般旅券発給申請書1通、6ヵ月以内に発行された戸籍謄本（戸籍全部事項証明書）1通、手数料が必要。発行までに1～2週間。新規発給が待てない場合は、「帰国のための渡航書」を発給してもらう。写真1葉、手数料に加え、渡航書発給申請書1通、戸籍謄本（戸籍全部事項証明書）1通または日本国籍があることを確認できる書類、旅行の日程などが確認できる書類（航空券や旅行会社作成の日程表）。所要1～3日。

各国の緊急連絡先

デンマーク
警察、消防、救急車 112
ノルウェー
警察 112、消防 110、救急車 113
スウェーデン
警察、消防、救急車 112
フィンランド
警察、消防、救急車 112

万一に備えて控えておくもの

パスポートは必ずコピーを取っておくか、パスポート番号、発行地をメモしておくこと。クレジットカード番号と有効期限、クレジットカードの緊急連絡先、海外旅行保険の現地および日本の連絡先を控えておこう。

海外の安全情報についての問い合わせ先

外務省領事サービスセンター海外安全相談班
住 〒100-8919
東京都千代田区霞が関2-2-1
TEL (03) 3580-3311（代表）
（内線2902、2903）
URL www.mofa.go.jp/mofaj/
（外務省）
URL www.anzen.mofa.go.jp
（海外安全ホームページ）
開 9:00～12:30、
13:30～17:00
休 土・日、祝日
「たびレジ」に登録すると海外安全情報を無料で受けとることができる。
URL www.ezairyu.mofa.go.jp/index.html

手数料について

10年用パスポート1万6000円、5年用パスポート1万1000円（12歳未満は6000円）、渡航書発給申請書2500円。すべての手数料は現地通貨建て現金でのみ支払い可能。

パスポート紛失による再発給時に必要な書類

失効手続き
紛失一般旅券等届出書、現地警察署が発行した紛失証明書、写真1葉（縦4.5cm×横3.5cm、6ヵ月以内に撮影したもの、無帽、無背景）
発給手続き
一般旅券発給申請書、渡航書発給申請書、手数料、現地警察署の発行した紛失証明書、写真1葉（縦4.5cm×横3.5cm、6ヵ月以内に撮影したもの、無帽、無背景）、戸籍謄本1通、旅行日程が確認できる書類

クレジットカード紛失時の連絡先

アメリカン・エキスプレス
TEL 44-20-8840-6462
ダイナースクラブ(Diners)
TEL 81-3-6770-2796
JCB
デンマーク、ノルウェー、スウェーデン
TEL 00-800-00090009
フィンランド
TEL 0800-1-181-30
マスターカード
デンマーク
TEL 8001-6098
ノルウェー
TEL 800-12697
スウェーデン
TEL 020-791-324
フィンランド
TEL 08001-156234
VISAカード
デンマーク
TEL 8088-4349
ノルウェー
TEL 800-11-569
スウェーデン
TEL 0200-285-385
フィンランド
TEL 0800-11-0057
セゾンカード
デンマーク
TEL 8001-0139
ノルウェー、フィンランド
TEL 81-3-5992-8300
スウェーデン
TEL 020-792-227

各都市のおもな警察署

デンマーク(コペンハーゲン)
住 Banegårdspladsen 1
(コペンハーゲン中央駅舎内)
TEL 33-148888
ノルウェー(オスロ)
住 Grønlandsleiret 44
TEL 22-669050
スウェーデン(ストックホルム)
住 Polhemsgatan 30
TEL 114-14
フィンランド(ヘルシンキ)
住 Pasilanraitio 11
TEL 0295-470011

②クレジットカード

すぐにカード会社や銀行に連絡して、カードの使用停止と再発行の手続きを取る。きちんと紛失や盗難の届けが出ていれば、カードが不正使用されても保険でカバーされる。カード番号や有効期限などのデータや緊急連絡先は必ず控えておくこと。その後の対応はカード会社によってさまざまで、再発行されたカードを最寄りのオフィスから届けてくれるところもある。

③eチケット(航空券)

近年では紙で発行された航空券ではなく、電子化されたeチケットが利用されている。この場合、「eチケットお客様控え」を航空券の代わりに携帯することになるが、コンピューター管理されているのでもし紛失してしまっても各航空会社、または購入した旅行代理店に連絡すればすぐに再発行してもらえる。

病気・けが

常備薬を持参する

旅行中いちばん多い病気は下痢と風邪。持ってきている薬を飲み、1日ゆっくり眠ることが大事。どちらも旅の疲労によるものが大きいため、無理して旅を続け、こじらせることにならないように注意しよう。市内の薬局では、風邪薬や頭痛薬、解熱剤、胃腸薬などを購入することができる。薬局の表示は、デンマーク、ノルウェー、スウェーデンはApotek、フィンランドはApteekki。ただし、購入した薬が日本人の体質に合わない場合もあるので、常備薬は必ず持参したほうがいい。

病気やけがをしたときは

旅行中、不安になるような症状があったら、病院へ行こう。大都市では24時間受付の医療サービスとして病院の紹介や予約をしてくれるところもある。地方で病院が見つからない時は、宿泊しているホテルのフロントで教えてもらおう。海外旅行傷害保険(→P.543)に加入している場合、海外旅行保険証に記載されている日本語サービスに電話をすれば、24時間日本語対応サービスや病院の紹介から日本語医療サービス、キャッシュレス医療サービスなどを受けられる場合がある。詳しい内容は各保険会社で確認しよう。

■各種医療サービスと病院

デンマーク(コペンハーゲン)	ノルウェー(オスロ)	スウェーデン(ストックホルム)	フィンランド(ヘルシンキ)
緊急医療サービス(24時間受付) TEL 70-113131	救急医療電話サービス(24時間受付) TEL 116117	救急医療電話サービス(24時間受付) TEL 1177	救急医療サービス(24時間受付) TEL 116117
Bispebjerg Hospital 住 Bispebjerg Bakke 23 TEL 38-635000	Volvat Medisinske Senter 住 Borgenveien 2A TEL 22-957500	Södersjukhuset 住 Sjukhusbacken 10 TEL (08)123-61000	Haartman Hospital 住 Haartmaninkatu 4 TEL (09)4717-1120

さくいん

※名称のあとに付いている( )内のアルファベットは、
D＝デンマーク、N＝ノルウェー、S＝スウェーデン、F＝フィンランドを表します。

Technique

旅のイエローページ

航空会社

SAS SAS
4カ国の各主要都市を結んでいる。
URL www.flysas.com/jp-ja(日)
URL www.flysas.com
デンマーク TEL 70-102000
ノルウェー TEL 21-896400
スウェーデン TEL 0770-727727
フィンランド TEL (09)8171-0062

フィンエアー Finnair
フィンランドを中心に、ほかの3カ国の各主要都市を結ぶ。
URL www.finnair.com/jp-ja(日)
URL www.finnair.com
デンマーク TEL 69-918000
ノルウェー TEL 23-963051
スウェーデン TEL 0775-888937
フィンランド TEL (09)818-0800

鉄道会社

デンマーク鉄道 DSB(Danske Statsbaner)
TEL 70-131415
URL www.dsb.dk
デンマーク国内をカバーしている、国内最大の鉄道会社。

Vy社 Vy
TEL 61-051910
URL www.vy.no
ノルウェーの鉄道会社で、オスロ周辺やフィヨルド地方に路線がある。

スウェーデン鉄道 SJ(Statens Järnvägar)
TEL 0771-757575
URL www.sj.se
スウェーデン国内に数多くの路線を運行している。

フィンランド鉄道 VR(Valtionrautatiet)
TEL 0600-41900
URL www.vr.fi
フィンランド国内の中部から南部を結ぶ路線を持つ。

長距離バス会社

フリックスバス社 FlixBus
URL global.flixbus.com
デンマーク、ノルウェー、スウェーデンを運行する。

ブイワイ・バス社 Vy Buss
TEL 40-705070 URL www.vybuss.com
デンマークやノルウェー、スウェーデンを結ぶバス会社。

マトカフオルト社 Matkahuolto
TEL 0200-4000 URL www.matkahuolto.fi
フィンランドに多くの路線を持つ国内最大手のバス会社。

エスケリセン・ラピンリンジャット社 Eskelisen Lapin Linjat
TEL (016)342-2160 URL www.eskelisen.fi
ラップランドのロヴァニエミやサーリセルカ、イナリなどを通り、ノルウェーのトロムソやカラショークまでを走る。

日本大使館

在デンマーク日本国大使館 Japans ambassade i Danmark
MAP P.57-C4外
住 Havneholmen 25, 9F, Copenhagen
TEL 33-113344
URL www.dk.emb-japan.go.jp
開 月～金9:00～12:00/13:30～16:00
休 土・日、祝日

在ノルウェー日本国大使館 Japans ambassade i Norge
MAP P.170-B2
住 Haakon VIIs gate 9, Oslo
TEL 22-012900 URL www.no.emb-japan.go.jp
開 月～金9:00～12:30/13:30～16:00
休 土・日、祝日

在スウェーデン日本国大使館 Japanska Ambassaden i Sverige
MAP P.307-D2
住 Gärdesgatan 10, Stockholm
TEL (08)5793-5300 URL www.se.emb-japan.go.jp
開 月・火・木・金9:30～12:00/14:00～16:00
水9:30～12:00/14:00～17:00
休 土・日、祝日

在フィンランド日本国大使館 Japanin Suomen-suurlähetystö
MAP P.438-B
住 Unioninkatu 20-22 (5F), Helsinki
TEL (09)686-0200 URL www.fi.emb-japan.go.jp
開 6～8月 月～金9:00～12:00/13:30～16:00
9～5月 月～金9:30～12:00/13:30～16:30
※2024年4月現在、領事窓口は予約制。
休 土・日、祝日

クレジットカード紛失時の連絡先

アメリカン・エキスプレス
TEL 44-20-8840-6462
ダイナースクラブ
TEL 81-3-6770-2796

JCB
デンマーク、ノルウェー、スウェーデン
TEL 00-800-00090009
フィンランド
TEL 0800-1-181-30

マスターカード
デンマーク TEL 8001-6098
ノルウェー TEL 800-12697
スウェーデン TEL 020-791-324
フィンランド TEL 08001-156234

VISAカード
デンマーク TEL 8088-4349
ノルウェー TEL 800-11-569
スウェーデン TEL 0200-285-385
フィンランド TEL 0800-11-0057

セゾンカード
デンマーク TEL 8001-0139
ノルウェー、フィンランド TEL 81-3-5992-8300
スウェーデン TEL 020-792-227

地球の歩き方 関連書籍のご案内

北欧4国とその周辺諸国をめぐるヨーロッパの旅を「地球の歩き方」が応援します!

地球の歩き方 ガイドブック

- A01 ヨーロッパ ¥1,870
- A02 イギリス ¥2,530
- A03 ロンドン ¥1,980
- A04 湖水地方&スコットランド ¥1,870
- A05 アイルランド ¥2,310
- A06 フランス ¥2,420
- A07 パリ&近郊の町 ¥2,200
- A08 南仏 プロヴァンス ¥1,760
- A09 イタリア ¥2,530
- A10 ローマ ¥1,760
- A11 ミラノ ヴェネツィア ¥1,870
- A12 フィレンツェとトスカーナ ¥1,870
- A13 南イタリアとシチリア ¥1,870
- A14 ドイツ ¥1,980
- A15 南ドイツ フランクフルト ¥2,090
- A16 ベルリンと北ドイツ ¥1,870
- A17 ウィーンとオーストリア ¥2,090
- A18 スイス ¥2,200
- A19 オランダ ベルギー ルクセンブルク ¥2,420
- A20 スペイン ¥2,420
- A21 マドリードとアンダルシア ¥1,760
- A22 バルセロナ&近郊の町 ¥1,760
- A26 チェコ ポーランド ¥1,870
- A29 北欧 デンマーク ノルウェー スウェーデン フィンランド ¥2,640
- A30 バルトの国々 ¥1,870

地球の歩き方 aruco

- 01 aruco パリ ¥1,650
- 06 aruco ロンドン ¥1,650
- 15 aruco チェコ ¥1,320
- 16 aruco ベルギー ¥1,430
- 17 aruco ウィーン ブダペスト ¥1,320
- 18 aruco イタリア ¥1,760
- 20 aruco クロアチア ¥1,430
- 21 aruco スペイン ¥1,320
- 26 aruco フィンランド エストニア ¥1,430
- 28 aruco ドイツ ¥1,760
- 36 aruco フランス ¥1,430

地球の歩き方 Plat

- 01 Plat パリ ¥1,320
- 04 Plat ロンドン ¥1,320
- 06 Plat ドイツ ¥1,320
- 08 Plat スペイン ¥1,320
- 11 Plat アイスランド ¥1,540
- 14 Plat マルタ ¥1,540
- 15 Plat フィンランド ¥1,320

地球の歩き方 aruco 国内版

aruco 東京で楽しむ北欧 ¥1,430

※表示価格は定価（税込）です。改訂時に価格が変更になる場合があります。

地球の歩き方 シリーズ一覧

2024年6月現在

＊地球の歩き方ガイドブックは、改訂時に価格が変わることがあります。＊表示価格は定価（税込）です。＊最新情報は、ホームページをご覧ください。www.arukikata.co.jp/guidebook/

地球の歩き方 ガイドブック

A ヨーロッパ

A01	ヨーロッパ	¥1870
A02	イギリス	¥2530
A03	ロンドン	¥1980
A04	湖水地方&スコットランド	¥1870
A05	アイルランド	¥2310
A06	フランス	¥2420
A07	パリ&近郊の町	¥2200
A08	南仏プロヴァンス コート・ダジュール&モナコ	¥1760
A09	イタリア	¥2530
A10	ローマ	¥1760
A11	ミラノ ヴェネツィアと湖水地方	¥1870
A12	フィレンツェとトスカーナ	¥1870
A13	南イタリアとシチリア	¥1870
A14	ドイツ	¥1980
A15	南ドイツ フランクフルト ミュンヘン ロマンチック街道 古城街道	¥2090
A16	ベルリンと北ドイツ ハンブルク ドレスデン ライプツィヒ	¥1870
A17	ウィーンとオーストリア	¥2090
A18	スイス	¥2200
A19	オランダ ベルギー ルクセンブルク	¥2420
A20	スペイン	¥2420
A21	マドリードとアンダルシア	¥1760
A22	バルセロナ&近郊の町 イビサ島／マヨルカ島	¥1760
A23	ポルトガル	¥2200
A24	ギリシアとエーゲ海の島々&キプロス	¥1870
A25	中欧	¥1980
A26	チェコ ポーランド スロヴァキア	¥1870
A27	ハンガリー	¥1870
A28	ブルガリア ルーマニア	¥1980
A29	北欧 デンマーク ノルウェー スウェーデン フィンランド	¥2640
A30	バルトの国々 エストニア ラトヴィア リトアニア	¥1870
A31	ロシア ベラルーシ ウクライナ モルドヴァ コーカサスの国々	¥2090
A32	極東ロシア シベリア サハリン	¥1980
A34	クロアチア スロヴェニア	¥2200

B 南北アメリカ

B01	アメリカ	¥2090
B02	アメリカ西海岸	¥2200
B03	ロスアンゼルス	¥2090
B04	サンフランシスコとシリコンバレー	¥1870
B05	シアトル ポートランド	¥2420
B06	ニューヨーク マンハッタン&ブルックリン	¥2200
B07	ボストン	¥1980
B08	ワシントンDC	¥2420
B09	ラスベガス セドナ&グランドキャニオンと大西部	¥2090
B10	フロリダ	¥2310
B11	シカゴ	¥1870
B12	アメリカ南部	¥1980
B13	アメリカの国立公園	¥2640
B14	ダラス ヒューストン デンバー グランドサークル フェニックス サンタフェ	¥1980
B15	アラスカ	¥1980
B16	カナダ	¥2420
B17	カナダ西部 カナディアン・ロッキーとバンクーバー	¥2090
B18	カナダ東部 ナイアガラ・フォールズ メープル街道 プリンス・エドワード島 トロント オタワ モントリオール ケベック・シティ	¥2090
B19	メキシコ	¥1980
B20	中米	¥2090
B21	ブラジル ベネズエラ	¥2200
B22	アルゼンチン チリ パラグアイ ウルグアイ	¥2200
B23	ペルー ボリビア エクアドル コロンビア	¥2200
B24	キューバ バハマ ジャマイカ カリブの島々	¥2035
B25	アメリカ・ドライブ	¥1980

C 太平洋 / インド洋島々

C01	ハワイ オアフ島&ホノルル	¥2200
C02	ハワイ島	¥2200
C03	サイパン ロタ&テニアン	¥1540
C04	グアム	¥1980
C05	タヒチ イースター島	¥1870
C06	フィジー	¥1650
C07	ニューカレドニア	¥1650
C08	モルディブ	¥1870
C10	ニュージーランド	¥2200
C11	オーストラリア	¥2750
C12	ゴールドコースト&ケアンズ	¥2420
C13	シドニー&メルボルン	¥1760

D アジア

D01	中国	¥2090
D02	上海 杭州 蘇州	¥1870
D03	北京	¥1760
D04	大連 瀋陽 ハルビン 中国東北部の自然と文化	¥1980
D05	広州 アモイ 桂林 珠江デルタと華南地方	¥1980
D06	成都 重慶 九寨溝 麗江 四川 雲南	¥1980
D07	西安 敦煌 ウルムチ シルクロードと中国北西部	¥1980
D08	チベット	¥2090
D09	香港 マカオ 深圳	¥2420
D10	台湾	¥2090
D11	台北	¥1980
D13	台南 高雄 屏東&南台湾の町	¥1980
D14	モンゴル	¥2420
D15	中央アジア サマルカンドとシルクロードの国々	¥2090
D16	東南アジア	¥1870
D17	タイ	¥2200
D18	バンコク	¥1980
D19	マレーシア ブルネイ	¥2090
D20	シンガポール	¥1980
D21	ベトナム	¥2090
D22	アンコール・ワットとカンボジア	¥2200
D23	ラオス	¥24
D24	ミャンマー（ビルマ）	¥20
D25	インドネシア	¥24
D26	バリ島	¥22
D27	フィリピン マニラ セブ ボラカイ ボホール エルニド	¥22
D28	インド	¥26
D29	ネパールとヒマラヤトレッキング	¥22
D30	スリランカ	¥18
D31	ブータン	¥19
D33	マカオ	¥17
D34	釜山 慶州	¥15
D35	バングラデシュ	¥20
D37	韓国	¥20
D38	ソウル	¥18

E 中近東 アフリカ

E01	ドバイとアラビア半島の国々	¥20
E02	エジプト	¥25
E03	イスタンブールとトルコの大地	¥20
E04	ペトラ遺跡とヨルダン レバノン	¥20
E05	イスラエル	¥20
E06	イラン ペルシアの旅	¥22
E07	モロッコ	¥19
E08	チュニジア	¥20
E09	東アフリカ ウガンダ エチオピア ケニア タンザニア ルワンダ	¥20
E10	南アフリカ	¥22
E11	リビア	¥22
E12	マダガスカル	¥19

J 国内版

J00	日本	¥33
J01	東京 23区	¥22
J02	東京 多摩地域	¥20
J03	京都	¥22
J04	沖縄	¥22
J05	北海道	¥22
J06	神奈川	¥24
J07	埼玉	¥22
J08	千葉	¥22
J09	札幌・小樽	¥22
J10	愛知	¥22
J11	世田谷区	¥22
J12	四国	¥24
J13	北九州市	¥22
J14	東京の島々	¥26

地球の歩き方 aruco

●海外

1	パリ	¥1650
2	ソウル	¥1650
3	台北	¥1650
4	トルコ	¥1430
5	インド	¥1540
6	ロンドン	¥1650
7	香港	¥1320
9	ニューヨーク	¥1650
10	ホーチミン ダナン ホイアン	¥1650
11	ホノルル	¥1650
12	バリ島	¥1650
13	上海	¥1320
14	モロッコ	¥1540
15	チェコ	¥1320
16	ベルギー	¥1430
17	ウィーン ブダペスト	¥1320
18	イタリア	¥1760
19	スリランカ	¥1540
20	クロアチア スロヴェニア	¥1430
21	スペイン	¥1320
22	シンガポール	¥1650
23	バンコク	¥1650
24	グアム	¥1320
25	オーストラリア	¥1760
26	フィンランド エストニア	¥1430
27	アンコール・ワット	¥1430
28	ドイツ	¥1760
29	ハノイ	¥1650
30	台湾	¥1650
31	カナダ	¥1320
33	サイパン テニアン ロタ	¥1320
34	セブ ボホール エルニド	¥1320
35	ロスアンゼルス	¥1320
36	フランス	¥1430
37	ポルトガル	¥1650
38	ダナン ホイアン フエ	¥1430

●国内

北海道	¥1760
京都	¥1760
沖縄	¥1760
東京	¥1540
東京で楽しむフランス	¥1430
東京で楽しむ韓国	¥1430
東京で楽しむ台湾	¥1430
東京の手みやげ	¥1430
東京おやつさんぽ	¥1430
東京のパン屋さん	¥1430
東京で楽しむ北欧	¥1430
東京のカフェめぐり	¥1480
東京で楽しむハワイ	¥1480
nyaruco 東京ねこさんぽ	¥1480
東京で楽しむイタリア&スペイン	¥1480
東京で楽しむアジアの国々	¥1480
東京ひとりさんぽ	¥1480
東京パワースポットさんぽ	¥1599
東京で楽しむ英国	¥1599

地球の歩き方 Plat

1	パリ	¥1320
2	ニューヨーク	¥1320
3	台北	¥1100
4	ロンドン	¥1650
6	ドイツ	¥1320
7	ホーチミン/ハノイ/ダナン/ホイアン	¥1320
8	スペイン	¥1320
9	バンコク	¥1540
10	シンガポール	¥1540
11	アイスランド	¥1540
13	マニラ セブ	¥1650
14	マルタ	¥1540
15	フィンランド	¥1320
16	クアラルンプール マラッカ	¥1650
17	ウラジオストク／ハバロフスク	¥1430
18	サンクトペテルブルク／モスクワ	¥1540
19	エジプト	¥1320
20	香港	¥1100
22	ブルネイ	¥1430
23	ウズベキスタン サマルカンド ブハラ ヒヴァ タシケント	¥16
24	ドバイ	¥13
25	サンフランシスコ	¥13
26	パース／西オーストラリア	¥13
27	ジョージア	¥15
28	台南	¥14

地球の歩き方 リゾートスタイル

R02	ハワイ島	¥16
R03	マウイ島	¥16
R04	カウアイ島	¥18
R05	こどもと行くハワイ	¥15
R06	ハワイ ドライブ・マップ	¥19
R07	ハワイ バスの旅	¥13
R08	グアム	¥14
R09	こどもと行くグアム	¥16
R10	パラオ	¥16
R12	プーケット サムイ島 ピピ島	¥16
R13	ペナン ランカウイ クアラルンプール	¥16
R14	バリ島	¥14
R15	セブ&ボラカイ ボホール シキホール	¥16
R16	テーマパークｉｎオーランド	¥18
R17	カンクン コスメル イスラ・ムヘーレス	¥16
R20	ダナン ホイアン ホーチミン ハノイ	¥16

地球の歩き方　御朱印

	御朱印でめぐる鎌倉のお寺　三十三観音完全掲載　三訂版	¥1650
	御朱印でめぐる京都のお寺　改訂版	¥1650
	御朱印でめぐる奈良のお寺	¥1760
	御朱印でめぐる東京のお寺	¥1650
	日本全国この御朱印が凄い！　第壱集　増補改訂版	¥1650
	日本全国この御朱印が凄い！　第弐集　都道府県網羅版	¥1650
	御朱印でめぐる全国の神社　開運さんぽ	¥1430
	御朱印でめぐる高野山　三訂版	¥1760
	御朱印でめぐる関東の神社　週末開運さんぽ	¥1430
	御朱印でめぐる秩父の寺社　三十四観音完全掲載　改訂版	¥1650
	御朱印でめぐる関東の百寺　坂東三十三観音と古寺	¥1650
	御朱印でめぐる関西の神社　週末開運さんぽ	¥1430
	御朱印でめぐる関西の百寺　西国三十三所と古寺	¥1650
	御朱印でめぐる東京の神社　週末開運さんぽ　改訂版	¥1540
	御朱印でめぐる神奈川の神社　週末開運さんぽ　改訂版	¥1540
	御朱印でめぐる埼玉の神社　週末開運さんぽ　改訂版	¥1540
	御朱印でめぐる北海道の神社　週末開運さんぽ	¥1430
	御朱印でめぐる九州の神社　週末開運さんぽ　改訂版	¥1540
	御朱印でめぐる千葉の神社　週末開運さんぽ　改訂版	¥1540
	御朱印でめぐる東海の神社　週末開運さんぽ	¥1430
	御朱印でめぐる京都の神社　週末開運さんぽ　改訂版	¥1540
	御朱印でめぐる神奈川のお寺	¥1650
	御朱印でめぐる大阪　兵庫の神社　週末開運さんぽ	¥1430
	御朱印でめぐる愛知の神社　週末開運さんぽ　改訂版	¥1540
	御朱印でめぐる栃木　日光の神社　週末開運さんぽ	¥1430
	御朱印でめぐる福岡の神社　週末開運さんぽ　改訂版	¥1540
	御朱印でめぐる広島　岡山の神社　週末開運さんぽ	¥1430
	御朱印でめぐる山陰　山陽の神社　週末開運さんぽ	¥1430
	御朱印でめぐる埼玉のお寺	¥1650
	御朱印でめぐる千葉のお寺	¥1650
	御朱印でめぐる東京の七福神	¥1540
	御朱印でめぐる東北の神社　週末開運さんぽ　改訂版	¥1540
	御朱印でめぐる全国の稲荷神社　週末開運さんぽ	¥1430
	御朱印でめぐる新潟 佐渡の神社　週末開運さんぽ	¥1430
	御朱印でめぐる静岡 富士 伊豆の神社　週末開運さんぽ　改訂版	¥1540
	御朱印でめぐる四国の神社　週末開運さんぽ	¥1430
	御朱印でめぐる中央線沿線の寺社　週末開運さんぽ	¥1540
	御朱印でめぐる東急線沿線の寺社　週末開運さんぽ	¥1540
	御朱印でめぐる茨城の神社　週末開運さんぽ	¥1430
	御朱印でめぐる関東の聖地　週末開運さんぽ	¥1430
	御朱印でめぐる東海のお寺	¥1650
	日本全国ねこの御朱印＆お守りめぐり　週末開運にゃんさんぽ	¥1760
	御朱印でめぐる信州 甲州の神社　週末開運さんぽ	¥1430
	御朱印でめぐる全国の聖地　週末開運さんぽ	¥1430
	御朱印でめぐる茨城のお寺	¥1650
	御朱印でめぐる全国のお寺　週末開運さんぽ	¥1540
	日本全国 日本酒でめぐる　酒蔵＆ちょこっと御朱印〈東日本編〉	¥1760
	日本全国 日本酒でめぐる　酒蔵＆ちょこっと御朱印〈西日本編〉	¥1760
	関東版ねこの御朱印＆お守りめぐり　週末開運にゃんさんぽ	¥1760
52	一生に一度は参りたい！　御朱印でめぐる全国の絶景寺社図鑑	¥2479
53	御朱印でめぐる東北のお寺　週末開運さんぽ	¥1650
54	御朱印でめぐる関西のお寺　週末開運さんぽ	¥1760
D51	鉄印帳でめぐる全国の魅力的な鉄道40	¥1650
	御朱印はじめました　関東の神社　週末開運さんぽ	¥1210

地球の歩き方　島旅

1	五島列島　3訂版	¥1650
2	奄美大島　喜界島　加計呂麻島（奄美群島①）4訂版	¥1650
3	与論島　沖永良部島　徳之島（奄美群島②）改訂版	¥1650
4	利尻　礼文　4訂版	¥1650
5	天草　改訂版	¥1760
6	壱岐　4訂版	¥1650
7	種子島　3訂版	¥1650
8	小笠原　父島　母島　3訂版	¥1650
9	隠岐　3訂版	¥1870
10	佐渡　3訂版	¥1650
11	宮古島　伊良部島　下地島　来間島　池間島　多良間島　大神島　改訂版	¥1650
12	久米島　渡名喜島　改訂版	¥1650
13	小豆島～瀬戸内の島々1～　改訂版	¥1650
14	直島　豊島　女木島　男木島　犬島～瀬戸内の島々2～	¥1650
15	伊豆大島　利島～伊豆諸島1～　改訂版	¥1650
16	新島　式根島　神津島～伊豆諸島2～改訂版	¥1650
17	沖縄本島周辺15離島	¥1650
18	たけとみの島々　竹富島　西表島　波照間島　小浜島　黒島　鳩間島　新城島　由布島　加屋	¥1650
19	淡路島～瀬戸内の島々3～　改訂版	¥1760
20	石垣島　竹富島 西表島 小浜島 由布島 新城島 波照間島	¥1650
21	対馬	¥1650
22	島旅ねこ　にゃんこの島の歩き方	¥1344
23	屋久島	¥1760

地球の歩き方　旅の図鑑

W01	世界244の国と地域	¥1760
W02	世界の指導者図鑑	¥1650
W03	世界の魅力的な奇岩と巨石139選	¥1760
W04	世界246の首都と主要都市	¥1760
W05	世界のすごい島300	¥1760
W06	地球の歩き方的！　世界なんでもランキング	¥1760
W07	世界のグルメ図鑑　116の国と地域の名物料理を食の雑学とともに解説	¥1760
W08	世界のすごい巨像	¥1760
W09	世界のすごい城と宮殿333	¥1760
W10	世界197ヵ国のふしぎな聖地＆パワースポット	¥1870
W11	世界の祝祭	¥1760
W12	世界のカレー図鑑	¥1980
W13	世界遺産　絶景でめぐる自然遺産　完全版	¥1980
W15	地球の果ての歩き方	¥1980
W16	世界の中華料理図鑑	¥1980
W17	世界の地元メシ図鑑	¥1980
W18	世界遺産の歩き方　学んで旅する！　すごい世界遺産190選	¥1980
W19	世界の魅力的なビーチと湖	¥1980
W20	世界のすごい駅	¥1980
W21	世界のおみやげ図鑑	¥1980
W22	いつか旅してみたい世界の美しい古都	¥1980
W23	世界のすごいホテル	¥1980
W24	日本の凄い神木	¥2200
W25	世界のお菓子図鑑	¥1980
W26	世界の麺図鑑	¥1980
W27	世界のお酒図鑑	¥1980
W28	世界の魅力的な道	¥1980
W29	世界の映画の舞台＆ロケ地	¥2090
W30	すごい地球！	¥2200
W31	世界のすごい墓	¥1980
W32	日本のグルメ図鑑	¥1980
W34	日本の虫旅	¥2200

地球の歩き方　旅の名言＆絶景

ALOHAを感じるハワイのことばと絶景100	¥1650
自分らしく生きるフランスのことばと絶景100	¥1650
人生観が変わるインドのことばと絶景100	¥1650
生きる知恵を授かるアラブのことばと絶景100	¥1650
心に寄り添う台湾のことばと絶景100	¥1650
道しるべとなるドイツのことばと絶景100	¥1650
共感と勇気がわく韓国のことばと絶景100	¥1650
人生を楽しみ尽くすイタリアのことばと絶景100	¥1650
今すぐ旅に出たくなる！　地球の歩き方のことばと絶景100	¥1650
悠久の教えをひもとく　中国のことばと絶景100	¥1650

地球の歩き方　旅と健康

地球のなぞり方 旅地図 アメリカ大陸編	¥1430
地球のなぞり方 旅地図 ヨーロッパ編	¥1430
地球のなぞり方 旅地図 アジア編	¥1430
地球のなぞり方 旅地図 日本編	¥1430
脳がどんどん強くなる！　すごい地球の歩き方	¥1650

地球の歩き方　旅の読み物

今こそ学びたい日本のこと	¥1760
週末だけで70ヵ国159都市を旅したリーマントラベラーが教える自分の時間の作り方	¥1540
史跡と神話の舞台をホロホロ！　ハワイ・カルチャーさんぽ	¥1760

地球の歩き方　BOOKS

ハワイ ランキング＆マル得テクニック！	¥1430
台湾 ランキング＆マル得テクニック！	¥1430
御船印でめぐる船旅	¥1870
BRAND NEW HAWAII　とびきりリアルな最新ハワイガイド	¥1650
FAMILY TAIWAN TRIP　#子連れ台湾	¥1518
GIRL'S GETAWAY TO LOS ANGELES	¥1760
HAWAII RISA'S FAVORITES　大人女子はハワイで美味しく美しく	¥1650
LOVELY GREEN NEW ZEALAND　未来の国を旅するガイドブック	¥1760
MAKI'S DEAREST HAWAII	¥1540
MY TRAVEL, MY LIFE Maki's Family Travel Book	¥1760
いろはに北欧	¥1760
ヴィクトリア朝が教えてくれる英国の魅力	¥1320
ダナン＆ホイアン　PHOTO TRAVEL GUIDE	¥1650
とっておきのフィンランド	¥1760
フィンランドでかなえる100の夢	¥1760
マレーシア　地元で愛される名物食堂	¥1430
香港　地元で愛される名物食堂	¥1540
最高のハワイの過ごし方	¥1540
子連れで沖縄　旅のアドレス＆テクニック117	¥1100
食事作りに手間暇かけないドイツ人、手料理神話にこだわり続ける日本人	¥1100
台北　メトロさんぽ　MRTを使って、おいしいとかわいいを巡る旅	¥1518
北欧が好き！　フィンランド・スウェーデン・デンマーク・ノルウェーの素敵な町めぐり	¥1210
北欧が好き！2　建築＆デザインでめぐるフィンランド・スウェーデン・デンマーク・ノルウェー	¥1210
日本全国　開運神社　このお守りがすごい！	¥1522
地球の歩き方　ディズニーの世界　名作アニメーション映画の舞台	¥2420

地球の歩き方　スペシャルコラボ BOOK

地球の歩き方　ムー	¥2420
地球の歩き方　JOJO　ジョジョの奇妙な冒険	¥2420
地球の歩き方　宇宙兄弟　We are Space Travelers!	¥2420
地球の歩き方　ムーJAPAN　～神秘の国の歩き方～	¥2420

あなたの**旅の体験談**をお送りください

「地球の歩き方」は、たくさんの旅行者からご協力をいただいて、
改訂版や新刊を制作しています。
あなたの旅の体験や貴重な情報を、これから旅に出る人たちへ分けてあげてください。
なお、お送りいただいたご投稿がガイドブックに掲載された場合は、
初回掲載本を1冊プレゼントします！（発送は国内に限らせていただきます）

ご投稿はインターネットから！

URL www.arukikata.co.jp/guidebook/toukou.html
画像も送れるカンタン「投稿フォーム」
※左記の二次元コードをスマートフォンなどで読み取ってアクセス！

または「地球の歩き方　投稿」で検索してもすぐに見つかります

地球の歩き方　投稿

▶投稿にあたってのお願い

★ご投稿は、次のような《テーマ》に分けてお書きください。

《新発見》――――ガイドブック未掲載のレストラン、ホテル、ショップなどの情報
《旅の提案》―――未掲載の町や見どころ、新しいルートや楽しみ方などの情報
《アドバイス》――旅先で工夫したこと、注意したこと、トラブル体験など
《訂正・反論》―――掲載されている記事・データの追加修正や更新、異論、反論など

※記入例「○○編20XX年度版△△ページ掲載の□□ホテルが移転していました……」

★データはできるだけ正確に。
ホテルやレストランなどの情報は、名称、住所、電話番号、アクセスなどを正確にお書きください。
ウェブサイトのURLや地図などは画像でご投稿いただくのもおすすめです。

★ご自身の体験をお寄せください。
雑誌やインターネット上の情報などの丸写しはせず、実際の体験に基づいた具体的な情報をお待ちしています。

▶ご確認ください

※採用されたご投稿は、必ずしも該当タイトルに掲載されるわけではありません。関連他タイトルへの掲載もありえます。
※例えば「新しい市内交通パスが発売されている」など、すでに編集部で取材・調査を終えているものと同内容のご投稿をいただいた場合は、ご投稿を採用したとはみなされず掲載本をプレゼントできないケースがあります。
※当社は個人情報を第三者へ提供いたしません。また、ご記入いただきましたご自身の情報については、ご投稿内容の確認や掲載本の送付などの用途以外には使用いたしません。
※ご投稿の採用の可否についてのお問い合わせはご遠慮ください。
※原稿は原文を尊重しますが、スペースなどの関係で編集部でリライトする場合があります。

STAFF

企画・制作 Producer	梅崎愛莉 Airi Umezaki ／ 高見ひかり Hikari Takami
編集 Editors	(有)グルーポ・ピコ Grupo Pico 田中健作 Kensaku Tanaka ／ 吉山眞未 Mami Yoshiyama
写真 Photographers	武居台三(グルーポ・ピコ) Taizo Takei (Grupo Pico) 川島義都 Yoshikuni Kawashima
取材 Reporters	(有)グルーポ・ピコ Grupo Pico 田中健作 Kensaku Tanaka 佐々木恵 Megumi Sasaki ／ グルービー美子 Miko Grooby
デザイン Designers	酒井デザイン室 SAKAI DESIGN OFFICE 大池てるみ Terumi Oike
イラスト Illustrators	有栖サチコ Sachiko Alice みよこみよこ Miyoko Miyoko
地図 MAP	辻野良晃 Yoshiaki Tsujino TOM 冨田富士男 TOM Tonda Fujio 株式会社東京印書館 Tokyo Inshokan Printing Co.,Ltd. (株)ジェオ Geo Co.,Ltd.
校正 Proofreading	ひらたちやこ Chiyako Hirata
表紙 Cover Design	日出嶋昭男 Akio Hidejima

協力 Special Thanks デンマーク王国大使館、ノルウェー王国大使館、スウェーデン大使館、フィンランド大使館、フィンランド政府観光局、Visit Denmark、Visit Norway、Visit Sweden、Visit Finland、Fjord Norway、Hurtigruten、Visit Gällivare Lapland、Visit Levi、Visit Oulu、Ruka-Kuusamo Tourist Association、北欧トラベル／ツムラーレコーポレーション、フッティルーテン、水野純、Albatros expeditions、H.C. Andersen Hus、Munch-Museet、iStock

本書の内容について、ご意見・ご感想はこちらまで
〒141-8425 東京都品川区西五反田2-11-8
株式会社地球の歩き方
地球の歩き方サービスデスク「北欧編」投稿係
URL ▶ https://www.arukikata.co.jp/guidebook/toukou.html
地球の歩き方ホームページ(海外・国内旅行の総合情報)
URL ▶ https://www.arukikata.co.jp/
ガイドブック『地球の歩き方』公式サイト
URL ▶ https://www.arukikata.co.jp/guidebook/

地球の歩き方 A29
北欧
デンマーク ノルウェー スウェーデン フィンランド 2025〜2026年版

2024年 7月 2日 初版第1刷発行

Published by Arukikata. Co.,Ltd.
2-11-8 Nishigotanda, Shinagawa-ku, Tokyo, 141-8425

著作編集 地球の歩き方編集室
発 行 人 新井邦弘
編 集 人 由良暁世
発 行 所 株式会社地球の歩き方
〒141-8425 東京都品川区西五反田2-11-8
発 売 元 株式会社Gakken
〒141-8416 東京都品川区西五反田2-11-8
印刷製本 TOPPAN株式会社

※本書は基本的に2023年9月〜11月の取材データに基づいて作られています。
発行後に料金、営業時間、定休日などが変更になる場合がありますのでご了承ください。
更新・訂正情報:https://www.arukikata.co.jp/travel-support/

●この本に関する各種お問い合わせ先
・本の内容については、下記サイトのお問い合わせフォームよりお願いします。
URL ▶ https://www.arukikata.co.jp/guidebook/contact.html
・広告については、下記サイトのお問い合わせフォームよりお願いします。
URL ▶ https://www.arukikata.co.jp/ad_contact/
・在庫については Tel 03-6431-1250(販売部)
・不良品(乱丁、落丁)については Tel 0570-000577
学研業務センター 〒354-0045 埼玉県入間郡三芳町上富279-1
・上記以外のお問い合わせは Tel 0570-056-710(学研グループ総合案内)

※本書は株式会社ダイヤモンド・ビッグ社より1987年5月に発行したもの(2020年8月に改訂第32版)の最新・改訂版です。
学研グループの書籍・雑誌についての新刊情報・詳細情報は、下記をご覧ください。
学研出版サイト https://hon.gakken.jp/